rororo film
Herausgegeben von Ludwig Moos

Stars machen für die meisten Kinogänger und Fernsehzuschauer den stärksten Reiz des Films aus. Ob komisch oder elegant, mannhaft oder verführerisch, geheimnisvoll oder abstoßend – sie fesseln in ihren Rollen die Phantasie der Millionen, laden ein zu Identifikation oder Ablehnung. Und sie wecken die Neugier der Fans, die nie genug über sie erfahren können. Das Lexikon bietet in kompakten und kritischen Biografien sorgfältig recherchierte Informationen zu mehr als tausend Stars des internationalen Films. Es erfaßt komplett die Liste ihrer Kinofilme und – soweit feststellbar – auch der Fernsehproduktionen. Neben den Hollywood-Größen sind erstmals auch die Stars des europäischen Kinos in Ost und West angemessen vertreten, andere Filmländer wie China, Japan oder Indien sind soweit wie möglich berücksichtigt.

Lexikon Filmschauspieler International

Herausgegeben von
Hans-Michael Bock

Band 2

L-Z

rororo

Rowohlt

In Zusammenarbeit mit
CineGraph – Hamburgisches Centrum für
Filmforschung e. V.

Redaktion der Originalausgabe:
Susanne Lando, Ingrun Spazier, Katja Uhlenbrok,
Robert Wohlleben

Mit Beiträgen von Rolf Aurich, Manfred Behn,
Francesco Bono, Alexander Donev, Jerzy Maśnicki,
Fumiko Matsuyama, Kamil Stepan

Mitarbeit und UpDates:
Thomas Brandlmeier, Malte Hagener, Ariane Heimbach,
Gerti Keller, Petra Lange-Berndt, Birte Lüdeking,
Peer Moritz, Stephanie J. S. Neumann,
Alexandra Obradović, Susanne Raff, Sibylle Sturm,
John-Paul Trutnau

Sysdämmelliset kiitokset Markku Salmi

Dank an Peter von Bagh, Ildikó Berkes, Elisabeth Bono,
Geoffrey Donaldson, Manuela Heise, Anne Jespersen,
Bettina Melchert, Dana Ranga, Hanns-Georg Rodek,
Heiner Roß, Jörg Schöning, Stephan Schröder,
Viola Shafik, Georges Sturm, Kerstin Tschöcke,
Wendy Hsiao Wang, Marie Zillén

Datentechnische Beratung:
Detlef Balzer

Aktualisierte Taschenbuchausgabe

Veröffentlicht im Rowohlt
Taschenbuch Verlag GmbH,
Reinbek bei Hamburg,
Oktober 1997

Umschlaggestaltung Factor Design
(Foto: Interfoto Pressebildagentur, München)
Satz Aldus und Frutiger (Linotronic 500)
Gesamtherstellung Clausen & Bosse, Leck
Printed in Germany
2690-ISBN 3 499 16524 4

L

Ladd, Alan
(Alan Walbridge Ladd)
*3. 9. 1913 Hot Springs (Arkansas)
†29. 1. 1964 Palm Springs (California)

Besuch der Hollywood High School. Ab 1932 beim Film, Komparse, Kleindarsteller und Bühnenarbeiter im Studio. Schauspielunterricht in der Bard Dramatic School. Rundfunkarbeit. 1939 erste größere Filmrolle in Frank Lloyds *Rulers of the Sea*. 1942 Vertrag bei Paramount. Start der Filmkarriere als gedungener Killer in Frank Tuttles *This Gun for Hire* mit Veronica Lake. Erfolg als emotionsloser, kalter Blonder überwiegend in Krimis und Actionfilmen, so als Ed Beaumont in Stuart Heislers *The Glass Key* und als Gangster in Tuttles *Lucky Jordan*. Im Krieg Mitwirkung an Army-Aufklärungsfilmen. 1946 verkörpert er – wiederum mit Veronica Lake – einen Kriegsveteranen in dem von Raymond Chandler geschriebenen Krimi *The Blue Dahlia* (George Marshall). 1948 Gründung einer eigenen Rundfunkstation. In Elliott Nugents Verfilmung von *The Great Gatsby* spielt er die Titelrolle des Hollywoodproduzenten. Letzte große Filmaufgabe ist 1952 die Rolle eines legendenhaften Westerners in George Stevens' *Shane*. 1954 Gründung der eigenen Filmfirma Jaguar Productions. 1954–59 bei Warner Bros. kaum noch bedeutende Aufgaben. 1958 überzeugend als John Chandler in *The Proud Rebel* (Michael Curtiz), in dem auch sein Sohn David (*1937) mitspielt. Ab 1959 auch TV-Arbeit. Sein Sohn David ist Produzent, Studiochef von Paramount, schließlich der eigenen The Ladd Company und M-G-M.

[US] 1932: Once in a Lifetime. 1933: Saturday's Millions. 1936: Pigskin Parade (Der springende Punkt). 1937: The Last Train from Madrid; Souls at Sea (Schiffbruch der Seelen); All Over Town; Hold 'em Navy; The Goldwyn

Follies. 1938: Come on, Leathernecks; Freshman Year (Mr. Trent schlägt dem Alter ein Schnippchen). 1939: The Green Hornet [Serial]; Hitler – Beast of Berlin; Rulers of the Sea (Herrscher der Meere); Those Were the Days. 1939/40: Brother Rat and a Baby. 1940: Blame it on Love [KF]; Meat and Romance [KF]; In Old Missouri; Gangs of Chicago; Cross-Country Romance; The Light of Western Stars; Captain Caution (Überfall auf die Olive Branch); Wildcat Bus; The Howards of Virginia; Meet the Missus; Her First Romance; Victory. 1940/41: Citizen Kane (Citizen Kane). 1941: Cadet Girl; Paper Bullets/Gangs Inc.; Petticoat Politics; The Reluctant Dragon; I Look at You [KF]; The Black Cat; They Met in Bombay (Fluchtweg unbekannt); Great Guns (Dick und Doof – Schrecken der Kompanie). 1941/42: This Gun for Hire (Die Narbenhand). 1942: Star Spangled Rhythm; The Glass Key (Der gläserne Schlüssel); Joan of Paris; Lucky Jordan (Die Gangsterfalle). 1943: China; Letter from a Friend [DOK]. 1944: And Now Tomorrow (Der Morgen gehört uns); Skirmish on the Home Front [KDOK]. 1945: Duffy's Tavern; Salty O'Rourke (Gauner und Gangster); Hollywood Victory Caravan [KDOK]. 1946: Two Years Before the Mast (In Ketten um Kap Horn); O.S.S.; The Blue Dahlia (Die blaue Dahlie). 1947: Calcutta (Kalkutta); Variety Girl; Wild Harvest (Rauhe Ernte); My Favorite Brunette (Detektiv mit kleinen Fehlern). 1948: Beyond Glory; Whispering Smith (Der Todesverächter); Saigon (Schmuggler von Saigon). 1949: The Eyes of Hollywood [KF]; American Portrait [KF]; Chicago Deadline (Todesfalle von Chikago); The Great Gatsby. 1950: Captain Carey U.S.A.; Branded (Das Brandmal). 1951: The Road to Hope [KF]; Red Mountain (Die Hölle der roten Berge); Appointment With Danger. 1952: The Iron Mistress (Im Banne des Teufels); Shane (Mein großer Freund Shane); The Sporting Oasis [KF]; Botany Bay (Das Schiff der Verurteilten); Thunder in the East (Donner in Fern-Ost). 1953: Desert Legion (Die Legionäre der Sahara); The Red Beret [GB]; Hell Below Zero (Hölle unter Null) [GB]. 1954: Saskatchewan (Sasketschewan); Drum Beat (Der einsame Adler) [D,P]; The Black Knight (Unter schwarzem Visier) [GB]. 1955: The McConnell Story (Wolkenstürmer). 1956: Santiago (Geheime Fracht); A Cry in the Night (Schrei in der Nacht) [P]; Hell on Frisco Bay (Blutige Straßen) [D,P]. 1957: Boy on a Dolphin (Der Knabe auf dem Delphin); The Big Land (Herrscher über weites Land) [D,P]. 1958: The Deep Six (Durchbruch bei Morgenrot) [D,P]; The Badlanders (Geraubtes Gold); The Proud Rebel (Der stolze Rebell); Island of Lost Women [P]. 1959: Ivy League [P – TV]; The Man in the Net (Das tödliche Netz) [D,P]. 1960: All the Young Men (Und der Herr sei uns gnädig) [D,P]; Guns of the Timberland (Er kam, sah und siegte) [D,P]; One Foot in Hell (Vergeltung ohne Gnade). 1961: Orazi e Curiazi (Die verlorene Legion) [IT]. 1962: 13 West Street (Der Tiger ist unter uns) [D,P]. 1964: The Carpetbaggers (Die Unersättlichen).

Lafont, Bernadette

*26. 10. 1938 Nîmes

Entstammt einer Verlegerfamilie. Ausbildung zur Tänzerin an der Oper in Nîmes; Auftritte in Operetten und Musicals; Fotomodell. 1956–58 Ehe mit Gérard Blain, der sie mit dem Kreis um die Cahiers du cinéma bekannt macht. Sie beginnt ihre Karriere mit François Truffauts Debütfilm *Les mistons* (1957) und wird durch ihre mit Improvisationstalent gespielten Rollen in Claude Chabrols *Le beau Serge* und *A double tour* zum weiblichen Star für die Nouvelle vague. Im folgenden spielt sie Frauen, die sich gesellschaftlichen Normen mit Leichtigkeit und Unnachsichtigkeit entziehen oder verweigern, z. B. in Nelly Kaplans *La fiancée du pirate*, in Moshe Mizrahis *Stances à Sophie* oder in Truffauts *Une belle fille comme moi*. Anfang der 70er Jahre als Charakterdarstellerin in einigen Filmen der neuen Regie-Generation. 1986 César für ihre Rolle in Claude Millers *L'effrontée*. 1978 Erinnerungen «La fiancée du cinéma».

[FR] 1957: Les mistons (Die Unverschämten) [KF]; I giovani mariti/Les jeunes naris (Liebe hat kurze Beine) [IT/FR]. 1957/58: Le beau Serge (Die Enttäuschten). 1959: A double tour/A doppia mandata (Schritte ohne Spur) [FR/IT]; L'Eau à la bouche (Die Katze läßt das Mausen nicht); Bal de nuit (Die Hölle der Jungfrauen). 1959/60: Les bonnes femmes (Die Unbefriedigten). 1960: Les mordus (Die Verschworenen). 1960/61: Les godelureaux (Speisekarte der Liebe) [FR/IT]. 1961: Me faire ça à moi! (Wie leicht kann das ins Auge gehn!); Jusqu'à plus soif; Tire-au-flanc 62. 1961/62: Une grosse tête (Eddie und die scharfen Kurven). 1962: Les femmes d'abord (Eddie krault nur kesse Katzen); Un clair de lune à Maubeuge (Mondschein über Maubeuge); Et Satan conduit le bal. 1964: L'Avatar botanique de Mademoiselle Flora [KF]; La chasse à l'homme/Caccia al maschio (Jagd auf Männer) [FR/IT]; Tous les enfants du monde; Pleins feux sur Stanislas (Rendezvous der Killer). 1965: Compartiment tueurs (Mord im Fahrpreis inbegriffen); Les bons vivants/Per favore, chiudete le persiane (Die Damen lassen bitten) [EP – FR/IT]. 1966: Je ne sais pas [KF]; Un idiot à Paris (Die Dirne und der Narr); Le voleur (Der Dieb von Paris). 1967: Les idoles; Le révélateur; Lamiel (Lamiel... ich liebe die Liebe); Falak (Wände) [HU]. 1968: L'Amour c'est gai, l'amour c'est triste (Liebe macht lustig, Liebe tut weh); Le dernier voyage du Commandant Le Bihan [KF]. 1969: Le voleur de crimes; Paul; La fiancée du pirate (Moneten fürs Kätzchen); Marie et le curé [KF]; Piège; Sex Power. 1970: La décharge [TV]; Les stances à Sophie; L'Amour c'est gai, l'amour c'est triste (Liebe macht lustig, Liebe tut weh); Elise ou La vraie vie (Elise oder das wahre Leben); Cain de nulle part. 1970–72/1990: Out 1 – Noli me tangere/Out 1 – spectre (Out 1 – Noli me tangere) [Lang- + Kurzfassung]. 1971: Valparaiso, Valparaiso; La famille; What a Flash; Catch Me a Spy/ Les doigts croisés [GB/FR]; L'Oeuf; Étoile aux dents/Poulou de Magnifique; Je, tu, elles.../Elles plus belles. 1972: Les gants blancs du diable; Une belle fille comme moi (Ein schönes Mädchen wie ich); Trop jolies pour être honnêtes. 1973: La maman et la putain (Die Mama und die Hure); L'Histoire très bonne et très courte de Colinot Trousse-Chemise; Défense de savoir (Gefährliches Wissen/Mord paßt nicht in sein Konzept). 1974: Permettete, signora, che ami vostra figlia? [IT/FR]; Une baleine qui avait mal aux dents; Zig-Zig/Due prostitute a Pigalle [FR/IT]; Un divorce heureux. 1975: La ville bidon; La porte du large [TV]; L'Ordinateur des pompes funèbres/Caccia al montone (Computer morden leise) [FR/IT]; Vincent mit l'âne dans le pré. 1976: Qu'il est joli garçon l'assassin de papa; Le trouble-fesses/Le gaffeur; Noroît (Nordwestwind); Un type comme moi ne devrait jamais mourir; Strauberg ist da [BRD]. 1977: L'Irrévoalution; La tortue sur le dos (Die Schildkröte auf dem Rücken). 1977/78: Violette Nozière (Violette Nozière). 1978: Chaussettes surprises (Der kleine Spinner mit dem großen Socken); La frisée aux lardons. 1979: Il ladrone/Le Larron [IT/FR]; Certaines nouvelles; La gueule de l'autre; Nous maigrirons ensemble; Retour en force. 1980: Le roi des cons (Schatz, das ist ein starkes Stück); Une merveilleuse journée. 1981: Si ma gueule vous plaît. 1982: On n'est pas sorti de l'auberge (Wenn Leckerbissen locken); L'Homme, la bête et la vertu [TV]; Cap Canaille [FR/BE]. 1983: Un bon petit diable; Les beaux quartiers [TV]; Canicule (Dog Day – Ein Mannbanicule (Dog Day – Ein Mann rennt um sein Leben); La bête noire; Gwendoline (Gwendoline). 1984: Désiré (Désiré – immer zu Diensten). 1985: L'Effrontée (Das freche Mädchen); Le pactole (Der kleine Coup). 1985/86: Inspecteur Lavardin (Inspektor Lavardin oder Die Gerechtigkeit) [FR/CH]. 1986: Masques (Masken); Waiting for the Moon (Warten auf den Mond) [US]. 1986/87: Babettes gæstebud (Babettes Fest) [DK]. 1987: Deux minutes de soleil en plus; Les saisons du plaisir (Ein turbulentes Wochenende). 1988: Prisonnières (Gefangene). 1989: L'Air de rien. 1990: Plein fer (Blanker Stahl); Boom boom [ES/BE/BG]. 1991: Sam suffit (La femme normale) [FR/JP]; Cherokee; Ville à vendre; Dingo [AU/FR]. 1992: Sissi [DE/FR]. 1994: Personne ne m'aime (Niemand liebt mich) [FR/CH]; Zadoc et le bonheur. 1994/95: Les fils de Gascogne. 1995: Rainbow pour Rimbaud. 1996: Généalogies d'un crime (Genealogien eines Verbrechens). 1996/97: Nous sommes tous encore ici.

Lake, Veronica

(Constance Frances Marie Ockelman)
*14. 11. 1919 Brooklyn (New York)
†7. 7. 1973 Burlington (Vermont)

Besuch der Bliss Hayden School of Acting. 1939 Filmdebüt. Zunächst kleine Filmrollen. Erste größere Rolle 1941 als Sally Vaughn in Mitchell Leisens *I Wanted Wings*. Im selben Jahr überzeugend in Preston Sturges' Sozialkomödie *Sullivan's Travels*. Populär wird die Blondine mit der langen Haartolle als Partnerin von Alan Ladd in Gangsterfilmen, so als Ellen Graham in *This Gun for Hire* (Frank Tuttle) und als Janet Henry in Dashiell Hammetts *The Glass Key* (Stuart Heisler). Sie spielt die Hexe Jennifer in René Clairs *I Married A Witch*, ist 1944 die Nazi-Agentin Dora Bruckmann in Tuttles *The Hour Before the Dawn*. Die beiden letzten Filme mit Ladd sind *The Blue Dahlia* (George Marshall) und *Saigon* (Leslie Fenton). Obwohl sie zu einer der führenden Filmschauspielerinnen geworden ist, verläßt sie 1948 Hollywood. Statt dessen wieder überwiegend Bühnentätigkeit. 1963 Comeback am Off-Broadway mit «Best Food Forward». 1969 Übersiedelung nach Ipswich (England). 1969 Memoiren «The Autobiography of Veronica Lake».

[US] 1939: The Wrong Room [KF]; Sorority House; All Women Have Secrets. 1939/40: Young As You Feel. 1940: Forty Little Mothers. 1941: I Wanted Wings; Hold Back the Dawn (Das goldene Tor); Sullivan's Travels (Sullivans Reisen). 1941/42: This Gun for Hire (Die Narbenhand). 1942: Star Spangled Rhythm; I Married a Witch (Meine Frau, die Hexe); The Glass Key (Der gläserne Schlüssel). 1943: So Proudly We Hail (Mutige Frauen). 1944: The Hour Before the Dawn. 1944/45: Bring on the Girls. 1945: Hold That Blonde!; Duffy's Tavern; Out of This World. 1945/46: Miss Susie Slagle's. 1946: The Blue Dahlia (Die blaue Dahlie). 1947: Variety Girl; Ramrod (Die Farm der Gehetzten). 1948: Isn't It Romantic?; The Sainted Sisters; Saigon (Schmuggler von Saigon). 1949: Slattery's Hurricane (Sturmflug). 1952: Stronghold. 1966: Footsteps in the Snow [CA]. 1973: Flesh Feast/Time for Terror [D,P].

Lamarr, Hedy

(Hedwig Eva Maria Kiesler)
*9. 11. 1914 Wien

Hauslehrerunterricht, Privatschulen und Höhere Mädchenschule in der Schweiz. Als Hedwig Kiesler Mitarbeit an frühen österreichischen Tonfilmen Georg Jacobys: *Geld auf der Straße* und *Sturm im Wasserglas*. Schauspielunterricht in Wien. 1931 von Alexis Granowsky nach Berlin engagiert, in seiner Zeitsatire *Die Koffer des Herrn O. F.* und Carl Boeses *Man braucht kein Geld*. An Max Reinhardts Theaterschule am Deutschen Theater; vereinzelt Nebenrollen in seinen Inszenierungen. 1931/32 Theater in der Josefstadt und Raimundtheater in Wien. Publikumserfolg durch Gustav Machatýs *Ekstase*. Der Film wird wegen einiger sanfter Nacktszenen zum Skandal. 1937 nach London, von Louis B. Mayer nach Hollywood verpflichtet. Zehn-Jahres-Vertrag bei M-G-M; in Erinnerung an die verstorbene Barbara La-Marr wird Lamarr ihr Künstlername. Während des Krieges in Hörspielen des Lux Radio Theatre, Auftritte in der Hollywood Canteen; mit dem Komponisten George Antheil Entwicklung eines Steuersystems für Torpedos, das für die moderne Kommunikationstechnik große Bedeutung hat. Hauptrolle in Cecil B. DeMilles *Samson and Delilah*. 1946/47 produziert Kiesler als Mitgründerin der Produktionsfirma Mars Film Corporation zwei eigene Filme. Ein in Italien begonnenes Projekt unter dem Arbeitstitel «Eterna femmina» bleibt unvollendet; die Episode um Helena wird als *L'Amante di Paride* (Marc Allégret), weitere Episoden als *I cavalieri dell'illusione* veröffentlicht.

1930: Geld auf der Straße [D,Script – AT/DE]. 1930/31: Sturm im Wasserglas/Die Blumenfrau von Lindenau [D,Script – AT/DE]. 1931: Die Koffer des Herrn O.F./Bauen und heiraten [DE]; Man braucht kein Geld [DE]. 1932: Ekstase (Symphonie der Liebe) [Dt. Version – CS]; Extase [Fr. Version – CS]. 1938: 1938: Algiers [US]; Her Jungle Love [US]. 1939: Lady of the Tropics [US]. 1939/40: I Take This Woman [US]. 1940: Boom Town (Der Draufgänger) [US]; Comrade X [US]. 1940/41: Come Live With Me (Komm, bleib bei mir) [US]. 1941: Ziegfeld Girl (Mädchen im Rampenlicht) [US]; H. M. Pulham, Esq. [US]. 1942: Tortilla Flat [US]; Crossroads [US]; White Cargo [US]. 1943: The Heavenly Body [US]. 1944: The Conspirators (Der Ring der Verschworenen) [US]; Experiment Perilous (Experiment in Terror) [US]. 1945: Her Highness and the Bellboy [US]; House of Dracula [US]. 1946: The Strange Woman [D,P – US]. 1947: Dishonoured Lady (Frau ohne Moral?) [D,P – US]. 1948: Let's Live a Little [US]. 1949: Samson and Delilah (Samson und Delilah) [US]. 1950: A Lady Without Passport [US]; Copper Canyon (Flammendes Tal) [US]. 1951: My Favorite Spy (Spione, Liebe und die Feuerwehr) [US]. 1953: I cavalieri dell'illusione (Abenteuer der vier Musketiere) [D,P – EP – IT]. 1954: L'amante di Paride [D,P – EP – IT]. 1957: Zane Grey Theatre: Proud Woman [TV – US]; The Story of Mankind [TV – US]. 1957/58: The Female Animal [TV – US].

Lambert, Christopher
(Christophe Guy Denis Lambert)
*29. 3. 1957 New York City
Nach kleineren Rollen hat er 1984 mit seiner Tarzan-Interpretation in Hugh Hudsons *Greystoke* internationalen Erfolg. Die mystischen High-Tech-Produktionen der *Highlander*-Serie lassen ihn an der Seite Sean Connerys finster-martialisch, aber auch verkrampft romantisch wirken, ohne daß es dem finanziellen Erfolg dieser Science-fiction-Märchen schadet. Seine schauspielerischen Differenzierungsfähigkeiten kann er in Luc Bessons *Subway* zeigen; für die Rolle des Erpressers aus Liebe erhält Christophe Lambert – so in Frankreich genannt – 1986 den César. In Michael Ciminos Mafia-Film *The Sicilian* wirkt er eher marionettenhaft.

[FR] 1980: Le bar du téléphone (The Mad Mustangs). 1981: Putain d'histoire d'amour. 1982: Légitime violonce (Die Handlanger). 1984: Greystoke: The Legend of Tarzan, Lord of the Apes (Greystoke – Die Legende von Tarzan, Herr der Affen) [GB]; Paroles et musique (Duett zu dritt); Subway (Subway). 1985/86: Highlander (Highlander – Es kann nur einen geben) [GB]. 1986: I love you (I love you) [FR/IT]. 1986/87: The Sicilian (Der Sizilianer) [US]. 1987/88: To Kill a Priest (Der Priestermord) [US/FR]. 1988: Love Dream (Liebestraum – Lovedream) [IT]. 1989: Why Me? (Why me? – Warum gerade ich?) [US]. 1990: Highlander II: The Qickening (Highlander II – Die Rückkehr) [US]. 1991: Fortress (Fortress – Die Festung) [US]; Knight Moves/Knight Moves – Mörderisches Spiel [US/DE]. 1992: Max et Jérémie/Max e Jeremie devono morire (Max & Jérémie) [FR/IT]. 1993: Gunmen (Gunmen) [US]. 1994: The Road Killers [US]; Highlander III: The Sorcerer (Highlander III – Die Legende) [CA/FR/GB]. 1994/95: The Hunted (The Hunted – Der Gejagte) [US]. 1995: Tashunga/Grand Nord [FR/IT/NO/GB]; Nine Months [P – US]; Mortal Kombat [US]; Adrenalin: Fear the Rush [US]. 1996: Arlette; Hercule et Sherlock. 1996/97: Nirvana (Nirvana) [IT/FR/GB].

Lamprecht, Günter
*21. 1. 1930 Berlin-Mitte
In Kreuzberg aufgewachsen. Grundschule, abgebrochene Dachdeckerlehre, Arbeiter in einer Knopffabrik. Lehre als Orthopädiehandwerker, drei Jahre Berufspraxis; Amateurboxer, Training mit Bubi Scholz. 1953 Schauspielunterricht in Berlin, 1955 Debüt am Schillertheater. 1955–85 an Bühnen in Bochum, Oberhausen, Wiesbaden, Heidelberg, Essen, Köln, Hamburg, an der Freien Volksbühne Berlin und bei Festspielen in Recklinghausen und Schwäbisch Hall. Rundfunkarbeit. Ab 1968 häufig im Fernsehen in Charakterrollen, z. B. als Trinker Manfred Burger in *Rückfälle* (Peter Beauvais). Erste Filmrolle 1975 in Ottokar Runzes *Das Messer im Rücken*. Beachtung als bankrotter Bäcker Georg Baum in Erwin Keuschs *Das Brot des Bäckers*. Für Rainer Werner Fassbinder als Wetzel in *Die Ehe der Maria Braun* und als Franz Biberkopf im TV-Mehrteiler *Berlin Alexanderplatz*. Titelrolle in *Milo Barus – der stärkste Mann der*

Welt mit der Lebensgeschichte des Wiener Kraftmenschen Emil Bahrus. 1982 Auszeichnung mit dem «Chaplin-Schuh». Weitere Rollen u. a. der Operetten-Kapitän der «Weser» in Wolfgang Petersens *Das Boot* und als Nazi-Hauptmann in *Zu Freiwild verdammt* (Jerzy Hoffman). In der TV-Serie *Roncalli* als Krediteintreiber Kosinski, der schließlich für den Weißclown einspringt. Als Kommissar Franz Markowitz auf dem Berliner Kiez in der Reihe *Tatort*.

[BRD] 1966/67: Das Kriminalmuseum: Das Amulett [TV]. 1968: Die Söhne [TV]; Der Meisterboxer [TV]. 1969: Der Vetter Basilio [TV]. 1970: Tatort: Taxi nach Leipzig [TV]; Der Pott [TV]. 1971: Sohn gegen Vater [TV]. 1973: Martha [TV]; Welt am Draht [TV]. 1974: Rosenmontag [TV]; Reporter [TV]; Haus ohne Hüter [TV]. 1974/75: Stellenweise Glatteis [TV]. 1975: Ein Haus für uns [TVS]; Das Messer im Rücken; Tatort: Kurzschluß [TV]. 1976: Das Brot des Bäckers; Weder Tag noch Stunde [TV]; Wir sind Utopia [TV]; Sonderdezernat K 1: Der Stumme [TV – CH]; Um Haus und Hof [TVS]; Tatort: Flieder für Jaczek [TV]; Insel der Rosen [TV]; Notwehr [TV]; Die Ilse ist weg [TV]. 1976/77: Planübung [TV]. 1977: Bürger [TVS]; Kennen Sie die Lindemanns? [TVS]; Rückfälle [TV]. 1978: Der Galgensteiger [TV – CH]; Marija [TV]; Strafsache gegen F [TV]; Die Ehe der Maria Braun; Martha und Laura auf See [TV]. 1978/79: Die große Flatter [TV]. 1979: Die Schattengrenze [TV]; Tödlicher Ausgang [TV]; Die Ratten [TV]. 1979/80: Berlin Alexanderplatz. 13 Teile und Epilog. [TV]. 1980/81: Das gefrorene Herz [TV – CH]; Das Kätchen von Heilbronn oder Die Feuerprobe [TV]; Das Boot; Tatort: Schattenboxen [TV]. 1981: Der Regenmacher [TV]; Künstlerporträt: Günter Lamprecht [TV-DOK]. 1981/82: Flüchtige Bekanntschaften [TV]; Milo Barus. Der stärkste Mann der Welt; Tatort: Das Mädchen auf der Treppe [TV]. 1982: Das Traumschiff [TVS]; Der Besuch der alten Dame [TV – CH]. 1982/83: Liebe ist kein Argument. 1983: Wedle wyroków twoich/Zu Freiwild verdammt [PL/BRD]. 1983/84: Gnadenlos [TV]; Is' was, Kanzler?!? 1984: Der Alte: Brennweite Tausend [TV]; Das leise Gift [TV]; Ein Mann namens Parvus [TV]; Komplizen [TV]; Super. 1984/85: Liebfrauen [TV]. 1985: Der Alte: Gigolo ist tot [TV]; Rouge baiser/Rote Küsse [FR/BRD]. 1985/86: Christian Rother – Bankier für Preussen [TVS]. 1986: Roncalli [TVS]. 1987: Beruf: Schauspieler heute [TV]; Geschichten aus der Heimat. Teil 13. EP 4: Gut Nacht [TV-EP]; Die Erbschaft [TV]; Gegen die Regel [TV]. 1988: Justitias kleine Fische [TVS]; Morgen in Shanghai [TVS]. 1989: Die Männer vom K3: Augen zu und durch [TV]; Dort oben bei diesen Leuten [TV]. 1989/90: Tatort: Tini [TV]. 1990: Ron & Tanja [TVS]. 1990/91: Tatort: Tödliche Vergangenheit [TV]. 1991: Der Tod zu Basel [TV – CH/DE]; Unter dem Berg [TV]; Herrengold [TV]; Tatort: Blutwurstwalzer [TV]. 1992: Herzsprung; Tatort: Berlin – beste Lage [TV]; Moebius; Tatort: Hundstage [TV]. 1993: Tatort: Die Sache Baryschna [TV]. 1993/94: Die Schattengrenze [TV]; Gefährliche Verbindung [TV]; Der letzte Kosmonaut [TV]. 1994: Tatort: Geschlossene Akten [TV]; Angst [TV]. 1996: Berlin – Moskau [TV]. 1997: Friedrich und der verzauberte Einbrecher.

Lancaster, Burt

(Burton Stephen Lancaster)
* 2. 11. 1913 New York City
† 21. 10. 1994 Los Angeles

Besuch der DeWitt Clinton High School und der New York University. 1932–39 Tourneen mit Wanderbühnen und im Zirkus. Mit dem Akrobaten Nick Cravat bildet er das populäre Artisten-Duo Lang & Cravat. Nach einem Unfall Arbeit als Vertreter und Feuerwehrmann in Chicago. 1942 Mitarbeit bei der Entertainment Section der US Army in Europa. Eine Rolle in der Broadway-Inszenierung «A Sound of Hunting» führt zum Filmvertrag mit dem Produzenten Hal Wallis. 1946 erregt sein Filmdebüt als stummer Gangster «Swede» in Robert Siodmaks *The Killers* Aufmerksamkeit. Er spielt den verbitterten Sohn von Edward G. Robinson in Irving Reis' *All My Sons* und den Ehemann Barbara Stanwycks in Anatole Litvaks *Sorry, Wrong Number*. 1948 mit Harold Hecht Gründung der Filmfirma Hecht-Norma Productions (später Hecht-Hill-Lancaster). Er ist einer der ersten Stars, die als unabhängige Produzenten auftreten. Neben vielen seiner eigenen Filme ist er auch für andere Produktionen verantwortlich, so 1955 für Delbert Manns *Marty*, der mit mehreren Oscars ausgezeichnet wird. Als Schauspieler zunächst hauptsächlich in athletischen Rollen in Abenteuerfilmen, so als italienischer Rebell Dardo mit Jacques Tourneurs *The Flame and the Arrow* oder als indianischer Sportler in Michael Curtiz' *Jim Thorpe – All American*. Oscar-Nominierung 1953 für seinen aufgeblasenen Sergeant Warden in Fred Zinnemanns *From Here to Eternity*. 1954 überzeugend in zwei Filmen von Robert Aldrich: als Indianer in *Apache* und als Bandit neben Gary Cooper im Western *Vera Cruz*. Regiedebüt mit *The Kentuckian* – zugleich Rolle des Big Eli. Ab Mitte der 50er Jahre wird er zunehmend auch als sensibler Charakterdarsteller eingesetzt, so als Lastwagenfahrer neben Anna Magnani in *The Rose Tattoo* (Daniel Mann). Für den Artisten in Carol Reeds *Trapeze* erhält er den Darstellerpreis der Filmfestspiele Berlin. Oscar für die Titelrolle des Scharlatans in Richard Brooks' *Elmer Gantry* (1960), Oscar-Nominierung für seine Darstellung des lebenslangen Gefangenen und Ornithologen Robert Strout in John Frankenheimers *Birdman of Alcatraz* (1962). Ab 1963 auch in Europa. Zusammenarbeit mit Luchino Visconti, so als sizilianischer Fürst in *Il Gattopardo*. 1963/64 in zwei Filmen von John Frankenheimer: als General im Politthriller *Seven Days in May* und neben Jeanne Moreau in *Le train*. In Bernardo Bertoluccis großem Epos *Novecento* spielt er den Familien-Patriarchen. Neben Paul Newman als Journalist und Mythenmacher Ned Buntline in Robert Altmans *Buffalo Bill and the Indians*. Für die sensible Darstellung des alten Gangsters Lou in Louis Malles *Atlantic City* wird er zum Oscar nominiert. 1982/83 ist er in Bill Forsyths *Local Hero* der ökologisch angehauchte texanische Ölmagnat in Schottland. 1978 übernimmt er die Moderation der sowjetisch-amerikanischen TV-Dokumentarserie *Velikaja Otečestwennaja / The Unknown War* von Roman Karmen. In den 80er Jahren verstärkt Fernseharbeit, so als Mordopfer Leon Klinghoffer in *Voyage of Terror: The Achille Lauro Affair*.

[US] 1946: The Killers (Rächer der Unterwelt). 1947: Brute Force (Zelle R 17); I Walk Alone (14 Jahre Sing Sing); Variety Girl; Desert Fury (Liebe gewinnt). 1948: Kiss the Blood Off My Hands (Bis zur letzten Stunde); Sorry, Wrong Number (Du lebst noch 105 Minuten); All My Sons (Alle meine Söhne); Criss Cross (Gewagtes Alibi). 1949: Rope of Sand (Blutige Diamanten). 1950: Mister 880; The Flame and the Arrow (Der Rebell). 1951: Vengeance Valley (Tal der Rache); Ten Tall Men (Frauenraub in Marokko); Jim Thorpe – All American. 1952: The Crimson Pirate (Der rote Korsar); The First Time [P]. 1953: Come Back, Little Sheba (Kehr zurück, kleine Sheba); Three Sailors and a Girl; The Key [KF]; South Sea Woman (Flucht aus Shanghai); From Here to Eternity (Verdammt in alle Ewigkeit). 1954: Apache (Massai); Vera Cruz (Vera Cruz); Marty (Marty) [P]; His Majesty O'Keefe (Weißer Herrscher über Tonga) [GB]. 1955: The Rose Tatoo (Die tätowierte Rose); The Kentuckian (Der Mann aus Kentucky) [D,R]. 1956: Trapeze (Trapez); The Bachelor Party [P]; The Rainmaker (Der Regenmacher); Playtime in Hollywood [KF]. 1957: The Sweet Smell of Success (Dein Schicksal in meiner Hand); Gunfight at the O.K. Corral (Zwei rechnen ab). 1958: Run Silent, Run Deep (U 23 – Tödliche Tiefen); Separate Tables (Getrennt von Tisch und Bett). 1959: Take a Giant Step (Spring über deinen Schatten) [P]; The Devil's Disciple (Der Teufelsschüler) [GB]; Summer of the Seventeenth Doll (Der Sommer der 17. Puppe) [P – AU/GB]. 1960: The Unforgiven (Denen man nicht vergibt); Elmer Gantry (Elmer Gantry). 1961: The Young Savages (Die jungen Wilden); Judgment at Nuremberg (Urteil von Nürnberg). 1962: Birdman of Alcatraz (Der Gefangene von Alcatraz); A Child Is Waiting (Ein Kind wartet); Il Gattopardo/Le guepárd (Der Leopard) [IT/FR]. 1963: The List of Adrian Messenger (Die Totenliste). 1963/64: Seven Days in May (Sieben Tage im Mai). 1964: Le train/Il treno (Der Zug) [FR/IT]. 1965: The Hallelujah Trail (40 Wagen westwärts). 1966: The Professionals (Die gefürchteten Vier). 1967: Getting Through [KF]; Star Salute [KF]; All About People. 1968: The Scalphunters (Mit eisernen Fäusten); The Swimmer (Der Schwimmer). 1969: In Name Only [TV]; Castle Keep (Das Schloß in den Ardennen) [US/YU]; The Gypsy Moths (Die den Hals riskieren). 1970: Airport (Airport); King: A Filmed Record ... Montgomery to Memphis («... dann war mein Leben nicht umsonst» – Martin Luther King). 1971: Valdez Is Coming (Valdez); Lawman (Lawman). 1972: Ulzana's Raid (Keine Gnade für Ulzana). 1973: Executive Action (Unternehmen Staatsgewalt); Scorpio (Scorpio der Killer). 1974: The Midnight Man (Der Mitternachtsmann) [D,CoR,CoA,CoP]; Gruppo di famiglia in un interno/Conversation pièce (Gewalt und Leidenschaft) [IT/FR]. 1976: Buffalo Bill and the Indians or Sitting Bull's History Lesson (Buffalo Bill und die Indianer); Novecento (Atto I e II)/1900 (I + II) /1900. 1. Gewalt, Macht, Leidenschaft / 2. Kampf, Liebe, Hoffnung [IT/FR/BRD]; Mosè/Moses (Moses) [TV – IT/GB]; Victory at Entebbe (Unternehmen Entebbe) [TV]; Cassandra Crossing [BRD/IT]. 1977: The Island of Dr. Moreau (Die Insel des Dr. Moreau); Twilight's Last Gleaming (Das Ultimatum). 1978: Go Tell the Spartans (Die letzte Schlacht); Velikaja Otečestwennaja/ The Unknown War [TV-DOK]; 1979: Arthur Miller – On Home Ground [DOK – CA]; Zulu Dawn (Die letzte Offensive). 1980: Atlantic City U.S.A. (Atlantic City) [CA]. 1981: Cattle Annie and Little Britches (Zwei Mädchen und die Doolin-Bande); La pelle/La peau (Die Haut) [IT/FR]. 1982: Marco Polo (Marco Polo) [TVS – IT/US/JP/CN/BRD]. 1982/83: Local Hero (Local Hero) [GB]. 1983: The Osterman Weekend (Das Osterman-Weekend). 1985: A Little Treasure (Staubige Dollars); Scandal Sheet (Tödliche Schlagzeilen) [TV]. 1986: On Wings of Eagles (Auf den Schwingen des Adlers) [TV]; Tough Guys (Archie und Harry – Sie können's nicht lassen); Väter und Söhne [TVS – BRD]; The Life of Barnum (Barnum) [TV – CA/US]. 1986/87: Il giorno prima/Contrôle [IT/FR/CA]. 1988: Rocket Gibraltar (Rocket Gibraltar); Jeweller's Shop (Der Laden des Goldschmieds) [TV – EURO]; I promessi sposi/Die Verlobten [TV – EURO]. 1989: Field of Dreams (Feld der Träume). 1990: The Phantom of the Opera (Das Phantom der Oper) [TV – IT]; Sequestro dell' Achille Lauro/Die Entführung der Achille Lauro [TV – IT/BRD]. 1991: Seperate But Equal (Gleichheit kennt keine Farbe) [TV].

Lanchester, Elsa

(Elizabeth Sullivan)
*28. 10. 1902 Lewisham (London)
†26. 12. 1986 Woodland Hills (California)

Tochter zweier prominenter Sozialisten, bereits im Alter von 11

Jahren Schülerin an Isadora Duncans Bellevue School in Paris. Anschließend an der Schule von Margaret Morris in London-Chelsea, dort 1918 auch Tanzlehrerin. 1920 Bühnendebüt in einer Music Hall und Gründung eines Theaters für Kinder in Soho. 1922 erstmals an den West-End-Theatern. 1924 in London Eröffnung eines Theater-Nachtclubs. Im selben Jahr «Filmdebüt» im Amateurfilm *The Scarlet Woman*. 1927 Bekanntschaft und in den späten 20er Jahren auf der Bühne häufig Zusammenarbeit mit dem Schauspieler und Regisseur Charles Laughton, 1929–62 ihr Ehemann. 1931 erstmals in New York auf der Bühne. 1932 kurzer Vertrag mit M-G-M. Unter der Regie von Alexander Korda spielt die kecke rothaarige und zierliche Lanchester 1933 als Anne of Cleves neben Laughton im Welterfolg *The Private Life of Henry VIII*. 1933/34 mit Laughton am Old Vic in London. Die oft in exzentrischen Rollen eingesetzte Charakterdarstellerin wird populär mit der Doppelrolle als Geliebte des Monsters und als Mary Shelley in James Whales *Bride of Frankenstein*. 1938 als altjüngferliche Missionars-Schwester, die sich in einen Nichtsnutz (Laughton) verliebt, in *Vessel of Wrath*, der einzigen Regiearbeit Erich Pommers. 1939 endgültige Übersiedlung in die USA, 1950 Einbürgerung. Ab 1941 häufig in Revuen und Cabarets. In den 40er Jahren Filmauftritte u. a. bei Julien Duvivier, Robert Siodmak oder John Farrow, dann seltener. In Billy Wilders Gerichtsfilm *Witness for the Prosecution* (1957) als Krankenschwester, die sich mit Laughton als kränkelndem Verteidiger Wortgefechte liefert. Dankbare Aufgaben in der Hexengeschichte *Bell, Book and Candle* (Richard Quine) und im Ratten-Thriller *Willard* (Daniel Mann). 1951–61 Tournee mit der selbsterarbeiteten Ein-Frau-Show «Elsa Lanchester – Herself». In den 60er Jahren auch in amerikanischen TV-Produktionen. Memoiren: «Charles Laughton and I» (1939) und «Elsa Lanchester Herself» (1983).

[GB] 1924: The Scarlet Woman [KF – GB]. 1927: One of the Best [GB]. 1927/28: The Constant Nymph (Die treue Nymphe) [GB]. 1928: The Tonic [KF – GB]; Bluebottles [KF – GB]; Day-Dreams [KF – GB]. 1928/29: Mr. Smith Wakes Up [KF – GB]. 1929: Comets [GB]. 1930: Ashes [KF – GB]; The Love Habit [GB]. 1930/31:The Stronger Sex [GB]; Potiphar's Wife [GB]. 1931: The Officer's Mess [GB]. 1933: The Private Life of Henry VIII (Das Privatleben Heinrichs VIII.) [GB]. 1934: The Private Life of Don Juan (Das Privatleben des Don Juan) [GB]. 1935: Frankie and Johnny [KF]; David Copperfield (David Copperfield); Naughty Marietta (Tolle Marietta); Bride of Frankenstein (Frankensteins Braut); The Ghost Goes West (Ein Gespenst geht nach Amerika) [GB]; Miss Bracebirdle Does Her Duty [KF]. 1936: Rembrandt (Rembrandt) [GB]. 1937: Vessel of Wrath [GB]. 1941: Ladies in Retirement (Das Geheimnis der drei Schwestern). 1942: Tales of Manhattan (Sechs Schicksale); Son of Fury (Abenteuer in der Südsee). 1943: Lassie Come Home (Heimweh); Forever and a Day (Auf ewig und drei Tage); Thumbs Up. 1944: Passport to Destiny. 1946: The Razor's Edge (Auf Messers Schneide); The Spiral Staircase (Die Wendeltreppe). 1947: Northwest Outpost (Ich kann mein Herz nur einmal verschenken); The Bishop's Wife (Jede Frau braucht einen Engel). 1948: The Big Clock (Spiel mit dem Tode). 1949: The Secret Garden; Come to the Stable (... und der Himmel lacht dazu); The Inspector General (Die sündige Stadt/Der falsche Revisor). 1949/50: Buccaneer's Girl (Die Piratenbraut). 1950: Mystery Street; Pretty Girl (Das skandalöse Mädchen); Frenchie (Revolverlady). 1952: Les Misérables (Die Legion der Verdammten); Dreamboat (Casanova wider Willen); Androcles and the Lion (Androklus und der Löwe). 1953: The Girls of Pleasure Island. 1954: 3 Ring Circus (Im Zirkus der drei Manegen); The Glass Slipper (Der gläserne Pantoffel); Hell's Half Acre. 1957: Witness for the Prosecution (Zeugin der Anklage). 1958: Bell, Book and Candle (Hilfe! Meine Braut ist übersinnlich). 1964: Honeymoon Hotel (Hotel für Liebespaare); Mary Poppins (Mary Poppins); Pajama Party. 1965: That Darn Cat! (Alles für die Katz). 1965–66: The John Forsythe Show [TVS]. 1966/67: Easy Come, Easy Go (Seemann ahoi). 1967: In Name Only [TV]; Blackbeard's Ghost (Käpt'n Blackbeard's Spuk-Kaschemme). 1969: In Name Only [TV]; Rascal; My Dog, the Thief (Ein dicker Hund) [TV]; Me, Natalie (Ich, Natalie). 1970–71: Nanny and the Professor (Nanny und der Professor) [TVS]. 1971: Willard. 1973: Arnold; Terror in the Wax Museum (Der Bucklige vom Horror-Kabinett). 1976: Murder by Death (Eine Leiche zum Dessert/ Verzeihung, sind Sie der Mörder?). 1980: Die Laughing.

Landa, Max

(Max Landau)
*24. 4. 1880 Wien
†9. 11. 1933 Bled (Jugoslawien)

Gymnasium in Wien. Schauspielunterricht. Mit 19 zur Bühne, zunächst einige Jahre an Schmieren. Weitere Stationen: Hannover, Deutsches Theater Berlin, Hamburg, Breslau sowie Kleines Theater, Lessing-Theater und Künstler-Theater in Berlin. 1913 von Asta Nielsen für *Die Suffragette* engagiert; bis 1914 neben der Nielsen in sechs weiteren Filmen, u. a. *Engelein*, *Engeleins Hochzeit* und *Aschenbrödel*. 1915 startet Joe May mit *Das Gesetz der Mine* die erfolgreiche Joe-Deebs-Detektivserie, bis 1916 mit Landa als Hauptdarsteller. Er findet in diesen schnell produzierten Unterhaltungsfilmen seine Bestimmung als hocheleganter, kosmopolitischer Gentleman-Detektiv mit Monokel: Er löst Kriminalfälle wie andere Leute Schachaufgaben. Danach hat er in Produktionen der Oliver-Film weitere Fälle zu lösen, insbesondere unter der Regie von Felix Basch. 1918/19 dreht E. A. Dupont die 12 Filme der weltumspannenden Max-Landa-Serie mit Titeln wie *Europa postlagernd, Das Geheimnis des Amerika-Docks, Die Apachen* und *Das Grand Hotel Babylon*. 1920–22 vier Filme in eigener Produktion. 1921 noch einmal neben Asta Nielsen in *Die Geliebte Roswolskys*.

[DE] 1911: Das Medium. 1913: Die Suffragette; Küsse nie die Magd zum Scherz; Engelein. 1914: Das Feuer; Der Mann im Keller; Die ewige Nacht; Engeleins Hochzeit; Die weißen Rosen. 1915: Das Gesetz der Mine; Die Schwestern; Violette Rosen; Sein schwierigster Fall; Der Geheimsekretär; Die Gespensteruhr; Aschenbrödel. 1916: Nebel und Sonne; Ein Blatt Papier; Professor Erichsons Rivale; Der Mann ohne Kopf; Der Hund mit dem Monokel; Fliegende Schatten. 1917: Krähen fliegen um den Turm; Der Onyxknopf; Das Klima von Vancourt; Die Kaukasierin; Sein bester Freund. 1917/18: Der lebendige Tote. 1918: Europa postlagernd; Mitternacht; Der lebende Schatten. 1918/19: Der Teufel; Die Japanerin. 1919: Das Geheimnis des Amerika-Docks; Die Apachen; Die Maske; Die Spione; Das Derby; Der Würger der Welt; Das Grand Hotel Babylon. 1920: Die Banditen von Asnières; Moriturus; Das Chamäleon (Don Pedros Masken); Das Experiment des Prof. Mithrany. 1921: Die Geliebte Roswolskys; Der Passagier von Nr.7. 1922: Die Perlen der Lady Harrison [D,P]; Das Licht um Mitternacht [D,P]; Die schwarze Schachdame [D,P]; Der politische Teppich [D,P]. 1924/25: Der Flug um den Erdball. 1. Von Paris bis Ceylon/2. Indien – Europa. 1925: Heiratsannoncen; Soll man heiraten?/Soll ein Mann heiraten?; Die Frau ohne Geld. 1925/26: Warum sich scheiden lassen? 1926: Trude, die Sechzehnjährige. 1926/27: Die leichte Isabell. 1927/28: Der Staatsanwalt klagt an. 1928: Anastasia, die falsche Zarentochter.

Langdon, Harry

*15. 6. 1884 Council Bluffs (Iowa)

†22. 12. 1944 Los Angeles

Als Kind Auftritt in Amateur-Shows, später in Medicine Shows, Zirkus- und Vaudeville-Programmen. Ab 1903 mit der komischen Nummer «Johnny's New Car» erfolgreiche USA-Tourneen bis Anfang der 20er Jahre. 1923 von den Hollywood-Produzenten Sol Lesser und Mack Sennett entdeckt. Als erster Kurzfilm kommt *Picking Peaches* (Erle C. Kenton) ins Kino. Weitere Kurzfilme, vor allem mit dem Regisseur Harry Edwards und Frank Capra als Gag-Schreiber, machen Langdon zu einem der führenden Filmkomiker. Sein Markenzeichen ist das glatte, weiße Baby-Face und sein naives Reagieren auf die Situationen des täglichen Lebens, im verzögerten Stil der klassischen Pantomime, ein Minimal-Komiker. 1925 Gründung der Harry Langdon Corporation, mit Edwards und Capra zu Warner Bros. Erfolge in selbstproduzierten Komödien, so in *Tramp, Tramp* (Edwards), in *The Strong Man* (Capra) und in *Long Pants* (Capra). 1927 wenig erfolgreiches Regiedebüt mit *Three's a Crowd*. Ab 1929 Filme für Hal Roach, Educational Films, Columbia und Producers Releasing Corporation. In der Tonfilmzeit nur noch Episodendarsteller. Ende der 30er Jahre Gagman für Laurel & Hardy. Auftritte als Elefantenbesitzer neben Oliver Hardy in *Zenobia* (Gordon Douglas) und neben Francis Langford in *All-American Coed* (LeRoy Prinz). Ab 1938 arbeitet Harry Langdon auch an Drehbüchern mit.

[US] 1923: Horace Greeley Jr. [KF; UA: 1925]; The White Wing's Bride [KF; UA: 1925].1924: Picking Peaches; The Luck of the Foolish; The Sea Squawk; The Hansom Cabman; His Marriage Wow; The First Hundred Years; Feet of Mud; The Cat's Meow; His New Mama; Shanghaied Lovers; Flickering Youth; All Night Long; Smile Please. 1925: Lucky Stars; Plain Clothes; Remember When?; Boobs in the Wood; There He Goes; His First Flame [UA: 1927]. 1926: Saturday Afternoon; Soldier Man; Tramp, Tramp, Tramp (Tramp) [D,P]; Ella Cinders; The Strong Man (Der starke Mann). 1927: Fiddlesticks; Long Pants (Die ersten langen Hosen) [D,P]; Three's a Crowd (Der Dritte stört) [D,R,P]. 1928: The Chaser (Der Schürzenjäger) [D,R,P]; Heart Trouble [D,R,P]; Skirt Shy.1929: Sky Boy; Hotter Than Hot; The Head Guy. 1930: The Fighting Parson; The Big Kick; The Shrimp; The King; A Soldier's Plaything; See America Thirst. 1932: The Big Flash; Tired Feed; Hallelujah, I'm a Bum. 1933: The Hitch Hiker; Knight Duty; Tied for Life; Marriage Humor; Hooks and Jabs; The Stage Hand [D,R,CoA – KF]; My Weakness; On Ice; A Roaming Romeo; Trimmed in Furs. 1934: Circus Hoodoo; Petting Preferred; Counsel on de Fence; Shivers. 1935: His Bridal Sweet; The Leathernecker; Atlantic Adventure; His Marriage Mixup; I Don't Remember. 1937: Wise Guys [R – GB]; Mad About Money/Stardust [GB]. 1938: A Doggone Mixup; Block-Heads (Dick und Doof – Lange Leitung/Die Klotzköpfe) [CoA]; Sue My Lawyer [D,CoA – KF]; There Goes My Heart (Millionärin auf Abwegen). 1938/39: Zenobia (Zenobia, der Jahrmarktselefant). 1939: The Flying Deuces (Dick und Doof in der Fremdenlegion) [CoA]; A Chump at Oxford (Dick und Doof als Studenten) [CoA]. 1939/40: Saps at Sea (Abenteuer auf hoher See) [CoA]. 1940: Sitting

Pretty; Goodness! A Ghost [D,CoA – KF]; Cold Turkey; Misbehaving Husbands. 1941: Beautiful Clothes (Make Beautiful Girls); Roadshow [CoA]; All-American Coed; Double Trouble. 1942: What Makes Lizzy Dizzy?; House of Errors [D,CoA]; Tire Man, Spare My Tires; Carry Harry; Piano Mooner [D,CoA – KF]; A Blitz on the Fritz. 1943: Blonde and Groom [D,A – KF]; Here Comes Mr. Zerk; Spotlight Scandals; To Heir Is Human. 1944: Defective Detectives; Hot Rhythm; Mopey Dope; Bride by Mistake; Block Busters. 1945: Snooper Service; Pistol Packin' Nitwits [D,CoA – KF]; Swingin' on a Rainbow.

Lange, Jessica

*20. 4. 1949 Cloquet (Minnesota)

Besuch der Cloquet High School sowie der University of Minnesota, 1971 für zwei Jahre nach Paris, Pantomime-Studium bei Etienne DeCroux, Tänzerin an der Opéra Comique. Rückkehr nach New York, Arbeit als Fotomodell und Schauspielunterricht. 1976 Filmdebüt in der weiblichen Hauptrolle in John Guillermins Remake von *King Kong* und 7-Jahres-Vertrag von Dino De Laurentiis. Neben Jack Nicholson spielt sie die mörderische Ehebrecherin Cora in Bob Rafelsons *The Postman Always Rings Twice*. 1982 Oscar-Nominierung für ihre Verkörperung der selbstzerstörerischen Schauspielerin Frances Farmer in Graeme Cliffords Biopic *Frances* und ein Oscar für die Nebenrolle der naiven Julie in *Tootsie* (Sydney Pollack). Ihre überzeugende und weitgefächerte Darstellungskraft bringt ihr in den nächsten Jahren weitere Oscar-Nominierungen ein: 1984 als Farmerin in *Country* (Richard Pearce), 1985 als Countrysängerin in *Sweet Dreams* (Karel Reisz) und 1990 als Anwältin zwischen Recht und Vaterliebe in *Music Box* (Costa-Gavras). In Martin Scorseses brutalem *Cape Fear* spielt sie die Ehefrau neben Robert De Niro. 1980 Bühnendebüt mit «Angel on My Shoulder». 1992 Broadway-Debüt als Blanche in «A Streetcar Named Desire». Auch als Produzentin tätig (u. a. bei *Country*).

[US] 1976: King Kong (King Kong). 1979: All That Jazz (Hinter dem Rampenlicht). 1980: How to Beat the High Cost of Living (Cash Maschine). 1981: The Postman Always Rings Twice (Wenn der Postmann zweimal klingelt). 1982: Frances (Frances); Tootsie (Tootsie). 1984: Country (Country); [D, P]; Cat on a Hot Tin Roof [TV]. 1985: Sweet Dreams (Sweet Dreams). 1986: Crimes of the Heart (Verbrecherische Herzen). 1988: Far North; Everybody's All – American (Ein Leben voller Leidenschaft); When I Fall in Love (Ein Leben voller Leidenschaft). 1989/90: Men Don't Leave (Verrückte Zeiten). 1990: Music Box (Music Box – Die ganze Wahrheit). 1991: Cape Fear (Kap der Angst); Blue Sky (Blue Sky) [UA: 1994]. 1992: Night and the City (Night and the City); Oh, Pioneers! [TV]. 1994/95: Losing Isaiah; Rob Roy (Rob Roy). 1995: A Streetcar Named Desire (Endstation Sehnsucht). 1997: A Thousand Acres.

Lanoux, Victor

(Victor Rubert Nataf)

*18. 6. 1936 Paris

Nach eher mäßigen Schulerfolgen wird er Arbeiter; Militärdienst und Teilnahme am Algerienkrieg. Seit 1959 als Bühnentechniker am Theater und im Filmstudio in Paris. 1960–66 mit Pierre Richard am Kabarett. 1964–70 am Théâtre National Populaire, 1972 Engagement in Villeurbane bei Roger Planchon. Lanoux schreibt Theaterstücke und inszeniert. Ab 1962 zahlreiche Engagements beim Fernsehen. 1964 Rolle in René Allios Brecht-Verfilmung *La vieille dame indignée*. Seither breites Rollenspektrum in amüsanten Filmen oder als skrupelloser Gangster bzw. Polizist. Aufmerksamkeit erregt er als unangenehmer Spießer in Yves Boissets *Dupont-Lajoie*. Ganz entgegengesetzt seine Rolle als unkonventioneller Ehemann in Jean-Charles Tacchelas Komödie *Cousin, cousine*, die ihn international bekannt macht. Als weinerlicher Macho ist er in Yves Roberts ironischem Kassenschlager *Un éléphant, ça trompe énormément*, als tragisch-scheiternder Politiker in Jean-Pierre Mockys *Y-at-il un Français dans la salle?* und als übereifriger Polizist in Samuel Fullers *Les voleurs de la nuit* zu sehen. Unternehmerische Tätigkeiten mit den Gesellschaften Les films de la Drouette und Régie Enterprise Vidéo. Längere Zeit hat er mit der Schauspielerin Marie-José Nat zusammengelebt.

[FR] 1964: La vieille dame indigne (Die unwürdige Greisin); La vie normale. 1968: Tu seras terriblement gentille. 1972: Trois Milliards sans ascenseur (Drei Milliarden ohne Fahrstuhl); Elle court, elle court, la banlieue/La pendolare (Durch Paris mit Ach und Krach) [FR/IT]; L'affaire Dominici (Die Affäre Dominici) [FR/IT]. 1973: Deux hommes dans la ville/Contro la legge (Endstation Schafott) [FR/IT]. 1974: Dupont-Lajoie (Monsieur Dupont). 1975: Adieu Poulet (Adieu, Bulle); Cousin, cousine (Cousin, Cousine); Folle à tuer/Una donna da uccidere (Zum Freiwild erklärt) [FR/IT]; Mort d'un guide. 1976: Une femme à sa fenêtre/Una donna alla finestra/Die Frau am Fenster [FR/IT/BRD]; Servante et maîtresse; Un éléphant, ça trompe énormément (Monsieur auf Abwegen). 1977: Le passé simple (Die einfache Vergangenheit); Nous irons tous au paradis (Wir kommen alle in den Himmel); Un moment d'égarement (Aller Anfang macht Spaß). 1978: Les chiens (Die Hunde);

La carapate (Der Sanfte mit den schnellen Beinen). 1979: Au bout du bout du banc; Un si joli petit village; Retour en force. 1980: Une sale affaire (Eine schmutzige Affäre). 1981: La revanche; Boulevard des assassins (Boulevard der Mörder). 1982: Y a-t-il un français dans la salle?; Un dimanche de flics (Zwei Profis steigen aus). 1983: Canicule (Dog Day – Ein Mann rennt um sein Leben); Stella. 1983/84: Louisiane [FR/IT]. 1984: Les voleurs de la nuit; La triche; La smala. 1986: Le lieu du crime (Schauplatz des Verbrechens); Sale destin (Schmutziges Schicksal). 1988: Rosso veneziano/Rouge Venise (Vivaldi – Skandalöse Abenteuer) [IT/FR]; L'invité surprise. 1992: Le bal des casse-pieds (Affenzirkus).

Lanovoj, Vasilij

(Vasilij Semenovič Lanovoj)
*16. 1. 1934 Moskau
Bis 1957 Ausbildung an der Ščukin-Schauspielschule in Moskau; Engagement am Vachtangov-Theater. Filmdebüt bereits während der Studienzeit: 1954 spielt er den Valentin Listovskij in *Attestat zrelosti* (Tat'jana Lukaševič). Auch später überzeugt Lanovoj besonders mit der Gestaltung junger romantischer Helden. Ein großer Erfolg ist 1957 die Titelrolle in *Pavel Korčagin* (Aleksandr Alov; Vladimir Naumov). 1966/67 spielt er den Anatol' Kuragin in Bondarčuks Tolstoj-Verfilmung *Vojna i mir* und 1968 in Aleksandr Zarchis *Anna Karenina* den Grafen Vronskij. 1971 wird er von den Lesern der Zeitschrift «Sovetskij ekran» für seinen Ivan Varavva in *Oficery* (Vladimir Rogovoj) zum besten Schauspieler des Jahres gewählt. Wiederholt verkörpert er den KGB-Chef Feliks Dzeržinskij, so 1968 in *Šestoe ijulja* (Julij Karasik) und 1982 in dem TV-Film *Boj na perekrestke* (Anatilij Tjukjunok). Lanovoj ist Volkskünstler und Lenin-Preisträger der UdSSR. 1983 erscheinen seine Memoiren «Sčastlivye vstreči» (Glückliche Begegnungen). 1985 moderiert er die TV-Dokumentarfilmserie *Strategija pobedy*.

[SU] 1954: Attestat zrelosti (Reifezeugnis). 1956: «300 let tomu ...». 1957: Pavel Korčagin (Wie der Stahl gehärtet wurde). 1961: Alye parusa (Das purpurrote Segel); Sil'nee uragana. 1962: Kollegi (Bewährung). 1966: Idu na grozu; Tovarišč pesnja; Vojna i mir (Krieg und Frieden). 1967: Parol' ne nužen (Parole unnötig). 1968: Šestoe ijulja (Der 6. Juli); Anna Karenina (Anna Karenina). 1970: Ljubov' Jarovaja (Ljubow Jarowaja). 1971: Oficery (Offiziere). 1972: Irkutskaja istorija (Irkutsker Geschichte) [TV]. 1972/73: Semnadcat' mgnovenij vesny (Siebzehn Augenblicke des Frühlings) [TV]. 1973: Pjat'desjat' na pjat'desjat' (50:50); Zdravstvujte, doktor [TV]. 1974: Junga Severnogo flota (Schiffsjunge der Nordmeerflotte). 1974–77: Soldaty svobody (Soldaten der Freiheit). 1976: Dni Turbinych (Die Tage des Turbins) [TV]; Anna i Komandor (Als du da warst). 1977: Vstreča na dalekom meridiane [TV]. 1978: Strannaja ženščina (Eine merkwürdige Frau). 1979: Velikaja Otečestvennaja. 1980: Temné slunce (Dunkle Sonne) [CS]; Ogareva 6; Petrovka 38 (Polizeistation Petrowka 38). 1982: Boj na perekrestke (Entscheidung am Kreuzweg). 1984: Pristupit' k likvidazii (Die letzten Wölfe); Vremja i sem'ja Konvej; Kartina [TV]. 1985: Strategija pobedy (Strategie des Sieges) [MOD – TV]. 1987: Poraženie [TV]; Kin-Dza-Dza! 1989: Ubit' dakona (Den Drachen töten). 1990: Bez v rebro. 1991: Nepredvidennye vizity [TV – RU]. 1992: Černyj kvadrat [RU]; Sleza knjazja t'my [RU]. 1993: Padenie [RU].

Łapicki, Andrzej

*11. 11. 1924 Riga
Während der deutschen Okkupation Polens im Untergrund Schauspielkurse, 1945 Diplom. Engagement am Słowacki-Teatr Krakau, dann an verschiedenen Bühnen in Łódź. Ab 1949 in Warschau, zunächst am Dramatyczny Teatr, später am Narodowy Teatr. Filmdebüt 1946 im ersten polnischen Nachkriegsfilm, Buczkowskis *Zakazane piosenki*. In den 50er Jahren überwiegend auf der Bühne tätig, 1953–60 Sprecher der Polnischen Wochenschau. 1960 Rückkehr zum Film. Er glänzt vorwiegend als Liebhaber, überzeugt aber auch in ganz anderen Rollen, etwa als Trinker in Tadeusz Konwickis *Salto* (1965). Andrzej Wajda gibt ihm interessante Aufgaben: in *Wszystko na sprzedaż* die Rolle des Regisseurs, die Wajda ursprünglich für sich selbst vorgesehen hat; Afranius in *Pilatus und andere* (1971), nach Bulgakovs Romanfragment «Der Meister und Margarita» in der BRD realisiert; 1972 der Dichter in *Wesele* nach Wyspiański. Als Regisseur versucht sich Łapicki 1962 mit einer Episode von *Spóźnieni przechodnie* und 1970 in *Maskarada*. 1959, 1962, 1964 und 1970 erhält er den Preis des Komitees für Radio und Fernsehen sowie 1973 den Preis des Ministeriums für Kultur und Kunst. Mehrfach wird er als populärster polnischer Schauspieler ausgezeichnet. Er arbeitet viele Jahre als Dozent an der Theaterhochschule in Warschau, ist ab 1981 ihr Rektor, Präsident des Verbandes der Polnischen Bühnenkünstler und wird 1989 zum Senator der Republik Polen gewählt.

[PL] 1946: Dwie godziny; Zakazane piosenki. 1947: Ulica [KF]; Jasne łany. 1948–50: Miasto nieujarzmione (Robinson Warszawski). 1950: Dwie brygady (Zwei Brigaden). 1953: Sprawa do załatwienia (Das sollte man regeln); Domek z kart; Żołnierz zwycięstwa (Der Soldat des Sieges). 1960: Powrót. 1961: Dziś w nocy umrze miasto (Die unvergessene Nacht). 1962: Spotkanie w «Bajce» (Um 7 Uhr im Café Märchen); Spòźnieni przechodnie [R – EP]. 1963: Naprawdê wczoraj (Eine Frau, die man nie vergessen kann); Pamiełnik pani Hanki. 1964: Życie raz jeszcze. 1965: Sposób bycia; Lekarstwo na miłość (Heilmittel gegen Liebe); Salto. 1966: Hamlet x 5 [KF]; Ktokolwiek wie ... (Wer kennt diese Frau?); Gdzie jest trzeci król? (Wo ist der dritte König?); Mistrz (Das Spiel seines Lebens) [TV]. 1967: Zbrodnia Lorda Artura Saville (Lord Arthur Savilles Verbrechen) [TV]; Kwestia sumienia (Eine Gewissensfrage) [TV]; Cześć, kapitanie (Gefährliche Begleitung) [TV]; Poczmistrz [TV]; Świat grozy. 2. Zbrodnia lorda Artura Saville; Klub szachistów (Der Klub der Schachspieler [TV]; Szach i mat (Schach und matt) [TV]; Poradnik matrymonialny (Eheberatung). 1967/68: Opowieści niezwykłe [TV]. 1968: Mistrz tańca (Der Tanzmeister) [TV]; Wszystko na sprzedaż (Alles zu verkaufen); Dancing w kwaterze Hitlera; Lalka (Die Puppe). 1969: Jarzębina czerwona (Rote Ebereschen); Przygody pana Michała (Die Abenteuer des Herrn Michal) [TVS]. 1970: Epilog norymberski [TV]; Maskarada (Maskerade) [R – TV]. 1971: Pilatus und andere – Ein Film für Karfreitag [TV – BRD]; Jak daleko stąd, jak blisko (Wie fern, wie nah ...). 1972: Stracona noc (Eine verlorene Nacht) [TV]; Wesele (Die Hochzeit). 1973: Zazdrość i medycyna (Eifersucht und Medizin). 1974: Ziemia obiecana (Das gelobte Land). 1977: Sprawa Gorgonowej (Der Fall Gorgonowa); Trzy po trzy [TV]. 1978: Panny z Wilka (Die Mädchen vom Wilkohof). 1980: Urodziny młodego warszawiaka. 1981: Da un paese lontano (Giovanni Paolo II)/From a Far Country – Pope John Paul II (Aus einem fernen Land – Papst Johannes Paul II) [IT/GB]; Debiutantka. 1985: Dziewczêta z Nowolipek. Rajska jabłon (Die Mädchen aus Nowolipki). 1986: W zawieszeniu (In der Schwebe); Rajska jabłoń (Der Paradiesapfelbaum). 1988: Gdziekolwiek jest, jeśliś jest .../Wo immer du bist/Whenever You Are [PL/BRD/US]. 1989: Stan posiadania [PL/BRD]; Opowieść o «Dziadach» Adama Mickiewicza. Lawa.

Latinovits, Zoltán

*9. 9. 1931 Budapest
†4. 6. 1976 Balatonszemes

Arbeit als Tischler, nach dem Krieg als Bauarbeiter, anschließend Studium am Budapester Polytechnikum, Diplom als Architekt. Statist am Theater in Debrecen, später Engagements in Miskolc, 1962 in Budapest am Lustspieltheater sowie am Thalia-Theater. Filmdebüt 1959 in *Gyalog a mennyországba* (Imre Fehér) als der junge Wissenschaftler Imre, verstrickt in eine Dreiecksbeziehung. In den folgenden anspruchsvollen Aufgaben beweist er sein breites darstellerisches Spektrum, so in der Hauptrolle des Theologen Gábor Csiky in *Fotó Háber* (Zoltán Varkonyi), als Bildhauer in *Sok hüség semmiért* (György Palásthy) und als Julias Geliebter Vili in *Alfa-Romeo és Julia* (Frigyes Mamcserov). 1970 Auszeichnung als bester Schauspieler beim Festival von San Sebastián für die Rolle des Schriftstellers in dem grotesk-philosophischen Film *Utazás a koponyám körül* von György Révész. Mehrfach arbeitet er mit Zoltán Fárbi, so als Erzähler in *Isten hozta, őrnagy úr* (1969), als Professor Wavra in *141 perc a befejezetlen mondatból* (1974) und zuletzt in *Az ötödik* (1976).

[HU] 1959: Gyalog a mennyországba (Zu Fuß in den Himmel). 1962: Az Aranyember (Goldmensch); Kertes házak utcája (Im Villenviertel). 1963: Oldás és kötés (Cantata profana); Fotó Háber (Foto Haber); Pacsirta (Die Lerche). 1964: Iszony (Die gute Partie); Karambol (Karambolage). 1965: Szegénylegények (Die Männer in der Todesschanze); Fény a redőny mögött (Licht hinterm Vorhang). 1966: Higeg napok (Kalte Tage); Sok hüség semmiért (Die Treue der Eva); Minden kezdet nehéz; Egy magyar nábob (Die Fehde der Geier); Aranysárkány (Der goldene Drachen); Kárpáthy Zoltán (Die Vergeltung); És akkor a pasas ... (Und dann hat der Kerl ...); Egy szerelem három éjszakája (Drei Nächte einer Liebe). 1967: Kereszetlő. (Taufe); Kártyavár (Das Kartenhaus); Fiúk a terről (Die Jungen vom Platz); Sellő a pecsétgyűrűn (Die Nixe auf dem Siegelring) [TV]; Tanulmány a nőkről (Eine Studie über die Frauen); Falak (Wände). 1968: Egri csillagok (Sterne von Eger); Csend és kiáltás (Stille und Schrei); Bánk bán [TV]; Alfa-Romeo és Julia (Alfa-Romeo und Julia); Hazai pálya (Eigenes Spielfeld); Le calde notti di Lady Hamilton/Lady Hamilton – zwischen Schmach und Liebe/Les amours de Lady Hamilton [IT/BRD/ES]; Mocorgo [TV]. 1969: A nagy kék jelzés (Urlaub ohne Jenö); Az alvilág professzora (Der Meisterverbrecher); Az örökös (Der Erbe); Isten hozta, őrnagy úr (Familie Toth); A rérg nyar (Ein unvergeßlicher Sommer); Én, Prenn Ferenc ... (Das unruhige Leben des Ferenc Prenn) [TV]. 1970: Utazás a koponyám körül (Reise um meinen Schädel); Szemtől szeme; Kékliszta szerelem [TV]. 1971: Szindbád (Sindbad); Csárdáskirálynő/Die Csardasfürstin [TV – HU/AT/BRD]; A legszebb férfikor (Die besten Mannesjahre). 1972: A Magyar ugarón (Brachland); Harminckét nevem volt (Meine 32 Namen); Volt egyszer egy család (Es war einmal eine Familie). 1974: A Pendragon legenda (Die Pendragon-Legende); A Dunai hajós (Der Donauschiffer); 141 perc a befejezetlen mondatból (Der unvollendete Satz). 1975: Az öreg (Der Alte); Legenda a nyúlpaprikásról (Die Hasengulasch-Legende). 1976: Amerikai anzix; Ballagó idö (Lausbuben in den Ferien); Labirintus (Das Labyrinth); Az ötödik (Das fünfte Siegel).

Laughton, Charles

*1. 7. 1899 Scarborough (North Yorkshire)
†15. 12. 1962 Hollywood (California)

Sohn eines Hoteliers, bis zum 16. Lebensjahr am Stonyhurst College, 1916 zur Ausbildung im

Hotelgewerbe nach London. 1917/18 Teilnahme am 1. Weltkrieg, Vergiftung durch deutsche Gasangriffe. Ab 1918 Arbeit im Hotel der Familie Laughton und Beteiligung an Amateur-Theatergruppen. 1925/26 Besuch der Royal Academy of Dramatic Art in London, 1926 Bühnendebüt. 1928 Mitwirkung in Kurzfilmen, die H. G. Wells für die Schauspielerin Elsa Lanchester schreibt. Spielfilmdebüt mit einer kleinen Rolle als mekkernder Restaurant-Gast in *Piccadilly*, E. A. Duponts letztem Stummfilm. 1932 Theaterdebüt am Broadway, daraufhin Paramount-Vertrag und ab 1933 erfolgreiche Hollywood-Karriere, daneben Auftritte in englischen Filmen und – teils zusammen mit Elsa Lanchester, ab 1929 seine Ehefrau – Bühnenarbeit alternierend in London (Old Vic) und am Broadway. 1937 mit Erich Pommer Gründung der Firma Mayflower Pictures, in deren drei Produktionen er die Hauptrollen übernimmt, so in Pommers *Vessel of Wrath* als versoffener Nichtsnutz an der Seite von Elsa Lanchester. Anschließend endgültig in die USA, 1950 Staatsbürgerschaft der USA. Der Mann mit den wulstigen Lippen und großen Augen im mächtigen Gesicht ist totaler Schauspieler. Er spielt z. B. 1932 den sadistischen Nero in *The Sign of the Cross* (Cecil B. de Mille), 1933 die Oscar-gekrönte Monarchenrolle in Alexander Kordas Welterfolg *The Private Life of Henry VIII*, den Butler in *Ruggles of Red Gap* (Leo McCarey), Captain Bligh in *Mutiny on the Bounty* (Frank Lloyd) und Quasimodo in William Dieterles *The Hunchback of Notre Dame*. 1947 als Galileo Galilei in Joseph Loseys Inszenierung des Stücks von Bertolt Brecht. 1948 als von Ann Todd abgewiesener Richter in Hitchcocks *The Paradine Case* und als mächtiger Medien-Tycoon im Film Noir *The Big Clock* (John Farrow). Bravouröse Leistungen in späten Filmen: 1957 als Strafverteidiger in Billy Wilders *Witness for the Prosecution* und 1962 in seiner letzten Rolle als Senator mit McCarthy-Meinungen in Otto Premingers *Advise and Consent*, einer Studie aus der Zeit des kalten Krieges. 1955 künstlerisch, aber nicht finanziell erfolgreich als Regisseur von *The Night of the Hunter*, einem expressionistisch inszenierten Thriller nach einem Drehbuch von James Agee und mit Robert Mitchum als falschem Prediger. In den letzten Lebensjahren auch TV-Auftritte.

[US] 1928: Frankie and Johnnie [KF – GB]; Day-Dreams [KF – GB]; Bluebottles [KF – GB]. 1928/29: Piccadilly (Nachtwelt (Piccadilly)) [GB]. 1929: Comets [GB]. 1930: Wolves [GB]. 1931: Down River [GB]. 1932: Devil and the Deep (Die Frau im U-Boot); The Old Dark House (Das Haus des Grauens); Payment Deferred (Zahlungsaufschub); If I Had a Million. 6. Ep: The Clerk (Wenn ich eine Million hätte) [EP]; The Sign of the Cross (Im Zeichen des Kreuzes); Island of Lost Souls. 1933: The Private Life of Henry VIII (Das Privatleben Heinrichs VIII.) [GB]; White Woman. 1934: The Barretts of Wimpole Street. 1934/35: Ruggles of Red Gap (Ein Butler in Amerika). 1935: Les Misérables (Die Elenden); Mutiny on the Bounty (Meuterei auf der Bounty). 1936: Rembrandt (Rembrandt) [GB]; I, Claudius [Unvollendet – GB]. 1937: Vessel of Wrath [D,P – GB]. 1938: St. Martin's Lane W.C.2 (St. Martin's Lane) [D,P – GB]. 1939: Jamaica Inn (Riff-Piraten) [D,P – GB]; The Hunchback of Notre Dame (Der Glöckner von Notre Dame). 1940: They Knew What They Wanted. 1941: It Started With Eve (Die ewige Eva). 1942: Stand By for Action; Tales of Manhattan (Sechs Schicksale) [EP]; The Tuttles of Tahiti. 1943: This Land Is Mine (Dies ist mein Land); The Man from Down Under; Forever and a Day (Auf ewig und drei Tage). 1944: The Suspect (Unter Verdacht); The Canterville Ghost (Das Gespenst von Canterville). 1945: Captain Kidd (Unter schwarzer Flagge). 1946: Because of Him. 1947: The Paradine Case (Der Fall Paradin); Arch of Triumph (Triumphbogen). 1948: The Bribe (Geheimaktion Carlotta); The Girl from Manhattan; The Big Clock (Spiel mit dem Tode); On Our Merry Way/A Miracle Can Happen. 1949: The Man of the Eiffel Tower/L'homme de la tour Eiffel (Der Mann vom Eiffelturm) [US/FR]. 1951: The Blue Veil (Das Herz einer Mutter); The Strange Door (Die merkwürdige Tür). 1952: Abbott and Costello Meet Captain Kidd (Abbott und Costello als Piraten wider Willen); O. Henry's Full House. Ep: The Cop and the Anthem (Vier Perlen. Ep: Der Vagabund und die Gerechtigkeit) [EP]. 1953: Salome (Salome); Young Bess (Die Thronfolgerin). 1953/54: Hobson's Choice (Herr im Haus bin ich) [GB]. 1955: The Night of the Hunter (Die Nacht des Jägers) [R]. 1957: Witness for the Prosecution (Zeugin der Anklage). 1959/60: Sotto dieci bandiere (Unter zehn Flaggen) [IT]. 1960: Spartacus (Spartacus). 1962: Advise and Consent (Sturm über Washington).

Laurel, Stan

(Arthur Stanley Jefferson)
* 16. 6. 1890 Ulverston (England)
† 23. 2. 1965 Hollywood

Sohn einer Schauspielerin und eines Theaterunternehmers. Besuch der King James Grammar School in Bishop Aukland, Durham. 1906 Bühnendebüt in Glasgow. Danach Inspizient (später auch Schauspieler und Komiker) bei der Levy and Cardwell Pantomime Company. 1910 Mitglied von Fred Karnos Truppe – zwei USA-Tourneen (u. a. mit Charlie Chaplin). 1912 bleibt er in Amerika, Vaudeville-Komiker. Nach dem Filmdebüt 1917 im Kurzfilm *Nuts In May* (Robin E. Williamson) vielbeschäftigter Schauspieler bei verschiedenen Studios – auch Serien-Star. Er beschäftigt sich mit allen Aspekten der Filmproduktion, Regiedebüt 1925 mit dem Kurzfilm *Yes, Yes, Nanette* (Co-Regie Clarence Hennecke). Ab 1923 beim Produzenten Hal Roach, der ihn 1926 mit Oliver Hardy zusammenbringt (zuvor nur ein zufälliges Zusammentreffen in *A Lucky Dog*). Zunächst unter der Regie von Leo McCarey, entwickeln sich Laurel & Hardy [l+h in der Filmografie] zum bekanntesten und erfolgreichsten Komikerduo der Filmgeschichte, in Deutschland bekannt als «Dick und Dof/Doof». Sie spielen in den nächsten 30 Jahren in über 100 meist kurzen Filmen zusammen. Der schmächtige verschmitzte Stan ist der bewegliche Teil des Duos, der allerdings bei seinen spontanen Einfällen selten die – meist katastrophalen – Folgen mit bedenkt und dann ratlos und weinend bei dem vergeblich Würde und Übersicht wahrenden Ollie Schutz und Hilfe sucht. Auch hinter der Kamera ist Laurel der kreativere Part. Neben den zahlreichen auf wenige Situationen beschränkten Kurzfilmen drehen Laurel & Hardy auch lange Spielfilme und überstehen mit ihrer Komik 1929 den Übergang zum Tonfilm, so als Banditen in Roachs *Fra Diavolo*, als vergeblich untreue Ehemänner in *Sons of the Desert* (William A. Seiter), als doppeltes Zwillingspaar in *Our Relations* (Harry Lachman) und in der Western-Parodie *Way Out West* (James W. Horne), in der sie auch als Tänzer und Sänger brillieren. In den Nebenrollen tauchen zahlreiche Komiker der klassischen Slapsticks auf, so Charlie Chase oder James Finlayson. 1940 endet die Verbindung mit Roach, danach weniger erfolgreiche Engagements bei anderen Studios. 1947 und 1954 Tourneen durch amerikanische und britische Music Halls. 1951 letzte Filmrolle neben Oliver Hardy in der italienisch-französischen Produktion *Atoll K* (Léo Joannon, John Berry). Nach dem Tod von Hardy Rückzug vom Kino. 1960 Special Oscar für seine Pionierleistung auf dem Gebiet der Filmkomödie.

[US] 1917: Nuts in May; A Lucky Dog; The Evolution of Fashion. 1918: Hickory Hiram; Bears and Bad Men; Do You Love Your Wife?; Frauds and Frenzies; Huns and Hyphens; Whose Zoo?; Phoney Photos; It's a Great to Be Crazy. 1919: No Place Like Jail; Just Rambling Along; Hustling for Health; Hoot Mon. 1921: The Rent Collector. 1922: Mud and Sand; The Weak-End Party; The Egg; The Pest; White Wings; When Knights Were Cold. 1923: The Soilers (Canister, der Goldsucher); Save the Ship; Scorching Sands; Short Orders; The Whole Truth; Roughest Africa; Pick and Shovel; Frozen Hearts; Collars and Cuffs; Gas and Air; Oranges and Lemons; Under Two Jags; The Handy Man; Kill or Cure; Mother's Joy (Mutters Liebling); A Man About Town; Noon Whistle. 1924: Brothers under the Chin; Postage Due (Der Sturz in den Briefkasten); Short Kilts; Smithy; Wild Open Spaces; Zeb versus Paprika; Near Dublin; Detained; Madam Mix-Up; Monsieur Don't Care; West of Hot Dog; Rupert of Hee-Haw; Mixed Nuts. 1925: Dr. Pyckle and Mr. Pride; Yes, Yes, Nanette [CoR]; Unfriendly Enemies [R]; Half-a-Man; Moonlight and Noses [R]; Wandering Papas [R]; Enough to Do [R]; Pie-Eyed; The Sleuth; The Snow Hawk; Somewhere In Wrong; Twins; Navy Blue Days. 1926: Never Too Old [CoR]; Should Tall Men Marry; The Merry Widower [CoR]; Wise Guys Prefer Brunettes [R]; Get'em Young; Madame Mystery [CoR]; Raggedy Rose [CoR]; On the Front Page/The Editor; Eve's Love Letters; 45 Minutes from Hollywood [l+h].1927: Seeing the World; Duck Soup [l+h]; Slipping Wives [l+h]; Love 'em and Weep [l+h]; Why Girls Love Sailors [l+h]; With Love and Hisses [l+h]; Sugar Daddies [l+h]; Sailors Beware! [l+h]; Now, I'll Tell One [l+h]; The Second Hundred Years (Kavaliere für 24 Stunden) [l+h]; Call of the Cukkoo (Das Haus der tausend Freuden) [l+h]; Hats Off (Hut ab) [l+h]; Do Detectives Think? [l+h]; Putting Pants on Philip (Der Jüngling aus der Fremde) [l+h]; The Battle of the Century (Alles in Schlagsahne) [l+h]; Flying Elephants [l+h]. 1927/28: Leave 'em Laughing (Nur mit Lachgas) [l+h]. 1928: The Finishing Touch (Das ideale Wochenendhaus) [l+h]; From Soup to Nuts (Prompte Bedienung) [l+h]; You're Darn Tootin' (Ihr könnt mir mal was blasen) [l+h]; Their Purple Moment (Dick und Dof im Sündenpfuhl) [l+h]; Should Married Men Go Home? (Dick und Dof spielen Golf) [l+h]; Early to Bed (Dick und Dof – Marsch ins Bett) [l+h]; Two Tars (Dick und Dof auf Heimaturlaub) [l+h]; Habeas Corpus [l+h]; We Faw Down (Dick und Dof auf Abwegen) [l+h]. 1928/29: Liberty (Dick und Dof in Freiheit dressiert) [l+h]. 1929: Berth Marks [l+h – KF]; Wrong Again [l+h]; That's My Wife [l+h]; Unaccustomed As We Are [l+h – KF]; Big Business [l+h]; Double Whoopee [l+h]; The Hollywood Revue of 1929 [l+h]; Men O' War [l+h]; Perfect Day [l+h]; They Go Boom [l+h]; Bacon Grabbers [l+h]; The Hoose Gow [l+h]; Angora Love [l+h]; Night Owls [l+h]. 1930: The Rogue Song (Banditenlied) [l+h]; Blotto [l+h – KF – Engl. + fr. + span. Version]; Brats (Glückliche Kindheit) [l+h]; Below Zero [l+h]; Hog Wild [l+h]; The Laurel and Hardy Murder Case (Spuk um Mitternacht) [l+h]; Another Fine Mess (Zwei Kuckuckseier) [l+h]; Be Big/The Chiselers (Sei ein Mann) [l+h – KF – Engl. + franz. + span. Version]. 1930/31: Pardon Us [l+h – Version]; Sous les verrons [l+h – Version]; Hinter Schloß und Riegel [l+h – Version]; Muraglie [l+h – Version]. 1931: Chickens Come Home

(So was kommt von so was) [l+h]; Laughing Gravy (Ein Hundewetter) [l+h]; Los calaveras [l+h – Version]; Les carottiers [l+h – Version]; The Stolen Jools [l+h]; Our Wife (Verkehrt verheiratet) [l+h]; Come Clean [l+h]; One Good Turn [l+h]; Beau Hunks [l+h]; On the Loose [l+h]; Helpmates (Wenn die Maus aus dem Haus ist) [l+h]. 1932: Any Old Port [l+h]; The Music Box (Die musikalische Kiste) [l+h]; The Chimp (Die Schimpansen-Dame) [l+h]; County Hospital (Harte Eier und Nüsse) [l+h]; Scram! (Vom Regen in die Traufe) [l+h]; Pack Up Your Troubles (Zwei Musketiere) [l+h]; Their First Mistake [l+h]; Towed in a Hole [l+h]. 1933: Twice Two [l+h]; Me and My Pal [l+h]; The Devil's Brother (Die Teufelsbrüder) [l+h]; The Midnight Patrol (Mitternachts-Patrouille) [l+h]; Busy Bodies [l+h]; Wild Poses [l+h]; Dirty Work (Dick und Doof als Schornsteinfeger) [l+h]; Sons of the Desert (Die «Wüsten»-Söhne) [l+h]; The Private Life of Oliver the Eighth/Oliver the Eighth [l+h]. 1934: Hollywood Party (Hollywood-Party) [l+h]; Going Bye Bye! [l+h]; Them Thar Hills (Laurel und Hardy auf der Walze) [l+h]; Babes in Toyland (Böse Buben im Wunderland/Dick und Doof – Rache ist süß) [l+h]; The Live Ghost (Spuk an Bord) [l+h]; Tit for Tat (Wie du mir, so ich dir) [l+h]. 1935: The Fixer-Uppers [l+h]; Thicker Than Water [l+h]; Bonnie Scotland (Wir sind vom schottischen Infanterieregiment) [l+h]. 1935/36: The Bohemian Girl [l+h – 1936 in DE verboten]. 1936: On the Wrong Trek [l+h]; Our Relations (Die Doppelgänger von Sacramento) [l+h – D,P]; Way Out West (Ritter ohne Furcht und Tadel/Zwei ritten nach Texas) [l+h – D,P]. 1936/37: Pick a Star (Sternschnuppen) [l+h]. 1938: The Rangers' Round-Up [P]; Songs and Bullets [P]; Swiss Miss (Dick und Doof als Salontiroler) [l+h]; Knight of the Plains [P]; Block-Heads (Dick und Doof – Lange Leitung/Die Klotzköpfe) [l+h]. 1938/39: Code of the Fearless [P]. 1939: In Old Montana [P]; Two Gun Troubadour [P]; The Flying Deuces (Dick und Doof in der Fremdenlegion) [l+h]; A Chump at Oxford (Wissen ist Macht/Dick und Doof als Studenten) [l+h]. 1939/40: Saps at Sea (Abenteuer auf hoher See) [l+h]. 1941: Great Guns (Dick und Doof – Schrecken der Kompanie) [l+h]. 1942: A-Haunting We Will Go (Dick und Doof als Geheimagenten) [l+h]; The Tree in a Test Tube. 1943: Air Raid Wardens (Schrecken aller Spione) [l+h]; Jitterbugs (Die Wunderpille) [l+h]; The Dancing Masters (Dick und Doof, die Tanzmeister) [l+h]. 1944: The Big Noise (Dick und Doof in geheimer Mission) [l+h]; Nothing But Trouble (Dick und Doof – Die Leibköche seiner Majestät) [l+h]. 1945: The Bullfighters (Stierkämpfer wider Willen) [l+h]. 1951: Atoll K. (Dick und Doof erben eine Insel) [l+h – FR]. [Die wechselnden Titel der z.T. stark verstümmelten deutschen TV-Fassungen sind nicht angegeben.]

Laurie, Piper

(Rosetta Jacobs)
* 22. 1. 1932 Detroit (Michigan)
Schulbesuch in Detroit und Los Angeles. 1949 Filmvertrag von Universal. 1950 Filmdebüt neben Ronald Reagan in *Louisa* (Alexander Hall). Zunächst kleine Rollen in zahlreichen Abenteuerfilmen und Komödien, u. a. neben Tony Curtis in *Son of Ali Baba* (Kurt Neumann). 1956 nach New York. Schauspielausbildung am Actors Studio und umfangreiche Fernseh-Tätigkeit. 1960 Off-Broadway-Debüt mit «The Alligators». 1961 Oscar-Nominierung für die Nebenrolle einer Alkoholikerin in Robert Rossens Billard-Drama *The Hustler*. In den 60er und 70er Jahren Konzentration auf Bühnen- und TV-Tätigkeit. 1965 Broadway-Erfolg mit Tennessee Williams' «The Glass Menagerie». Film-Comeback 1976 als bigotte Mutter in Brian DePalmas Schocker *Carrie* (Oscar-Nominierung Nebenrolle). Sie wird als Charakterdarstellerin bei Film, Fernsehen und Theater viel beschäftigt. Für ihre Nebenrolle in Randa Haines' Taubstummen-Melodram *Children of a Lesser God* (1986) zum drittenmal zum Oscar nominiert, erhält einen Emmy für ihre Rolle in der TV-Serie *Twin Peaks* (1990/91).

[US] 1950: The Milkman; The Prince Who Was a Thief (Die Diebe von Marshan); Louisa (Alter schützt vor Liebe nicht). 1951: Francis Goes to the Races. 1951/52: Has Anybody Seen My Gal? (Hat jemand meine Braut gesehen?). 1952: Son of Ali Baba (Der Sohn des Ali Baba); No Room for the Groom. 1953: The Golden Blade (Das goldene Schwert); The Mississippi Gambler (Die Welt gehört mir). 1954: Dawn At Socorro (Duell in Socorro); Dangerous Mission (Blut im Schnee); Johnny Dark (Männer, Mädchen und Motoren). 1955: Ain't Misbehavin'; Smoke Signal (Rauchsignale); The Best of Broadway: Broadway [TV]. 1956: Kelly and Me; Playhouse 90: The Ninth Day [TV]. 1957: Studio One: The Deaf Heart [TV]; Until They Sail (Land ohne Männer); Seven Lively Arts: The Changing Ways of Love [TV]; Playhouse 90: Winter Dreams [TV]. 1958: Playhouse 90: Days of Wine and Roses [TV]. 1959: Hallmark Hall of Fame: Winterset [TV]. 1961: The Hustler (Haie der Großstadt). 1975: The Woman Rebel [TV]. 1976: Carrie (Carrie – Des Satans jüngste Schwester). 1977: In the Matter of Karen Ann Quinlan (Zum Leben verurteilt) [TV]; Ruby. 1978: The Boss' Son (Der Sohn vom Boß); Rainbow [TV]. 1979: Tim (Tim – Kann das Liebe sein?) [AU]; Skag [TVS]. 1980: The Bunker [TV]. 1982: Mae West [TV]. 1983: The Thorn Birds (Dornenvögel) [TVS]. 1985: Return to Oz (Oz – Eine fantastische Welt); Tender Is the Night [TV – GB]; Tough Love (Der Ausweg) [TV]. 1986: Children of a Lesser God (Gottes vergessene Kinder). 1987: Appointment with Death (Rendezvous mit einer Leiche); Distortions (Distortions); Tiger Warsaw (Dirty Tiger). 1988: Dream a Little Dream (Dream a Little Dream). 1990: Rising Son [TV]. 1990–91: Twin Peaks (Twin Peaks) [TVS]. 1991: Other People's Money (Das Geld anderer

Leute). 1992: Trauma (Aura); Twin Peaks: Fire Walk With Me (Twin Peaks – Der Film); Storyville (Storyville). 1992/93: Rich in Love (Rich in Love). 1993: Wrestling Ernest Hemingway (Walter & Frank – Ein schräges Paar). 1994: Fighting for My Daughter (Verkauft und gedemütigt) [TV]; The Devil's Bed (Quälende Erinnerung); The Crossing Guard (Crossing Guard). 1995: The Grass Harp (Die Grasharfe). 1996: Road to Galveston (Weg nach Galveston).

Leander, Zarah

(Sara Stina Hedberg)
*15. 3. 1907 Karlstadt (Schweden)
†23. 6. 1981 Stockholm

Früh Klavierunterricht, 1913 erster Gesangsauftritt, Gymnasium; kurzzeitig Verlagssekretärin, 1926 Ehe mit dem Schauspieler Nils Leander. 1929–35 in Revuen, Operetten und Lustspielen in Schweden, Tourneen in skandinavische Länder, ab 1930 Schallplatten. In ersten Filmrollen als Vamp zwischen Halbwelt und Salon. 1936 nach Österreich, Operetten-Engagement im Theater an der Wien. Im deutschsprachigen Film zuerst als Revuesängerin in *Premiere* (Geza von Bolvary), einem Kriminalfilm im Theatermilieu. 1937 Ufa-Vertrag. Sie wird von Detlef Sierck mit Rollen unglücklich liebender Sängerinnen in den Melodramen *Zu neuen Ufern* und *La Habanera* zum Typus der leidensreichen femme fatale aufgebaut. Verzicht prägt die Rollencharakteristik, was in den nach Kriegsbeginn gedrehten Filmen *Es war eine rauschende Ballnacht*, *Der Weg ins Freie* und *Die große Liebe* auch als Empfehlung für die Frauen an der «Heimatfront» gemeint ist. 1943 nach der Forderung, die deutsche Staatsangehörigkeit anzunehmen und auf Bezahlung in Devisen zu verzichten, Bruch des Ufa-Vertrags und Rückkehr nach Schweden. Dort Auftrittsverbot, nach 1945 zunächst auch in Deutschland und Österreich. Erst ab 1949 wieder Gesangstourneen. Im Nachkriegsfilm nur noch Episodenrollen. Selbstdarstellung mit den alten Liedern in *Bei dir war es immer so schön*. Auftritte in Operetten und Musicals in Wien und der Bundesrepublik, Konzerttourneen, Fernsehauftritte. 1978 in Stockholm zuletzt auf der Bühne. 1973 deutsche Übersetzung der Autobiografie «Es war so wunderbar. Mein Leben».

[DE/BRD] 1930/31: Dantes mysterier (Dantes Geheimnisse) [Version – SE]; Dante's Mysteries [Version – SE]. 1931: Falska millionären (Der falsche Millionär) [SE]. 1935: Äktenskapsleken (Das Hochzeitsspiel/The Marriage Game) [SE]. 1936/37: Premiere [AT]. 1937: Zu neuen Ufern; La Habanera. 1938: Heimat; Der Blaufuchs. 1939: Es war eine rauschende Ballnacht; Das Lied der Wüste. 1939/40: Das Herz der Königin. 1940/41: Der Weg ins Freie. 1941/42: Die große Liebe. 1942/43: Damals. 1949/50: Gabriela. 1952: Cuba Cabana. 1953: Ave Maria. 1953/54: Bei Dir war es immer so schön. 1959: Der blaue Nachtfalter. 1964: Das Blaue vom Himmel [TV]. 1966: Come imparai ad amare le donne/Das gewisse Etwas der Frauen/Comment j'ai appris à aimer les femmes [IT/BRD/FR]. 1975: Herz mit Schnauze [TV-DOK]; Ein Walzer zu zweien [TV – BRD/AT].

Léaud, Jean-Pierre

*5. 5. 1944 Paris

Sohn des Drehbuchautors Pierre Léaud und der Schauspielerin Jacqueline Pierreux. 1958 von François Truffaut für seinen autobiografischen Film *Les quatre cent coups* ausgewählt als Antoine Doinel, spielt Léaud in vier weiteren Filmen das Alter ego des Regisseurs: zuletzt in *L'amour en fuite*. Er wird zum Prototyp des zarten, verunsicherten Manns, der immer etwas anderes als das Gegenwärtige möchte; durch liebenswerten Romantizismus, städtische Nervosität und inquisitorische Hektik treibt er seine weiblichen Partnerinnen an den Rand der Verzweiflung. Ähnlich auch bei Jean-Luc Godard in zahlreichen Filmen der 60er Jahre. 1966 in Berlin Auszeichnung für seine Rolle in Godards *Masculin – Féminin*. Léaud arbeitet auch mehrfach als Regieassistent für Truffaut und Godard. 1967 spielt er seine erste Bühnenrolle. 1972 setzt Bernardo Bertolucci ihn in *L'ultimo tango a Parigi* als zappeligen, filmbesessenen Gegenpart Marlon Brandos ein. Léaud kann sich nach dem Tod von Truffaut nur schwer von der Rolle des jungen, zur Regression neigenden Mannes freimachen. Wenige Filmauftritte werden in den 80er Jahren durch TV-Arbeiten ergänzt. 1990 bringt er sich in Aki Kaurismäkis ironischer Komödie *I Hired a Contract Killer* als lebensmüder Angestellter, der ganz allmählich die Freuden des Lebens wiederentdeckt, einem größeren Publikum wieder in Erinnerung. In *Irma Vep* spielt er einen exzentrischen Regisseur, der ein Stummfilmremake eines französischen Vampir-Klassikers dreht.

[FR] 1958/59: Les 400 coups (Sie küßten und sie schlugen ihn). 1959: Le testament d'Orphée (Das Testament des Orpheus). 1960: Boulevard (Lichter von Paris). 1962: L'Amour à vingt ans. 1. EP: Antoine et Colette (Liebe mit zwanzig) [EP – FR/IT/JP/PO/BRD]. 1964: Mata Hari, agent H 21/Mata Hari agente segreto H 21 (Mata Hari, Agent H.21) [D,RA – FR/IT]; Alphaville, une étrange aventure de Lemmy Caution/Agente Lemmy Caution: missione Alphaville

(Lemmy Caution gegen Alpha 60) [D,RA – FR/IT]. 1965: Masculin – Féminin/Masculinum – femininum (Masculin – Feminin oder Die Kinder von Marx und Coca-Cola) [FR/SE]; Le Père Noel a les yeux bleus; Pierrot le fou/Il bandito delle 11 (11 Uhr nachts) [FR/IT]. 1966: Le départ (Der Start); Made in USA (Made in USA). 1967: La Chinoise ou plutôt A la Chinoise (Die Chinesin); Le plus vieux métier du monde/Das älteste Gewerbe der Welt/L'amore attraverso i secoli. 5. EP: Anticipation [EP – FR/BRD/IT]; Week-end (Weekend) [FR/IT]. 1968: La concentration; Baisers volés (Geraubte Küsse); Dialog 20–40–60/Dialog 20 [EP – CS]; Le gai savoir (Fröhliche Wissenschaft) [TV]. 1969: Os herdeiros [BR]; Paul; Porcile/Porcherie (Der Schweinestall) [IT/FR]. 1970: Il leone a sette teste/Der Leone have sept cabeças (Der Löwe mit den 7 Köpfen) [IT/FR]; Domicile conjugale/Non drammatizziamo … è solo questione di corna! (Tisch und Bett) [FR/IT]. 1970–72/1990: Out 1 – Noli me tangere/Out 1 – spectre (Out 1 – Noli me tangere) [Lang- + Kurzfassung]. 1971: Les deux Anglaises et le continent (Zwei Mädchen aus Wales und die Liebe zum Kontinent); Une nouvelle aventure de Billy the Kid. 1972: Ultimo tango a Parigi/Dernier tango à Paris (Der letzte Tango in Paris) [IT/FR]. 1973: La maman et la putain (Die Mama und die Hure); La nuit américaine/Effetto notte (Die amerikanische Nacht) [FR/IT]. 1974: Les lolos de Lola. 1975: Umarmungen und andere Sachen [BRD]. 1978: L'Amour en fuite (Die Liebe auf der Flucht). 1979: On n'a pas fini d'en parler. 1980: Parano. 1981: Aiutami a sognare (Hilf mir träumen) [IT]; Pour Bonnie [KF – CH]. 1982: La cassure. 1983: Rebelote. 1984: L'Herbe rouge; Paris vu par… 20 ans après/Rue Fontaine [EP]. 1985: Csak egy mozi (Nur ein Film) [HU]; Détective (Détective). 1986: Corps et biens. 1987: Les keufs (Die Strichakademie); 36 fillette (Lolita 90). 1988: La couleur du vent. 1989: Bunker Palace Hôtel. 1990: I Hired a Contract Killer (I Hired a Contract Killer) [FI/SE]. 1991: Paris s'éveille (Paris erwacht); La vie de bohème (Das Leben der Bohème) [FR/VE/FI]. 1993: Contro il destino Paris s'eveille [TV – FR/IT]; La naissance de l'amour. 1994: Personne ne m'aime (Niemand liebt mich) [FR/CH]; Les cent et une nuits/A Hundred and One Nights (101 Nacht – Die Träume des Monsieur Cinéma) [FR/GB]. 1995: Le journal du séducteur; Mon homme. 1996: Irma Vep (Irma Vep); Pour R re!

Lee, Bruce

(Li Chen-fan)
*27. 11. 1940 San Francisco
†20. 7. 1973 Hongkong

Der Sohn eines chinesischen Opernsängers und einer eurasischen Mutter wächst ab 1944 in Hongkong auf. Bereits als Kind und Jugendlicher Auftritte in Hongkong-Filmen unter dem Namen Li Hsiao-lung. Rückkehr in die USA, Philosophie-Studium an der University of Washington in Seattle. Eröffnung einer Kampfsport-Schule. Gleichzeitig erste Rollen in TV-Serien wie *Batman*. 1966 als Chauffeur Kato in 26 Folgen der TV-Serie *The Green Hornet*. 1971 auf Veranlassung des Produzenten Raymond Chow nach Hongkong. Mit «Kung Fu»-Filmen unter der Regie von Lo Wie – *The Big Boss; Fist of Fury* – wird er weltweit zum Superstar des Genres. 1972 Regiedebüt – zugleich auch Hauptdarsteller und Drehbuchautor – mit *Return of the Dragon*. Lee und Chow unterbrechen die Dreharbeiten seines zweiten Films (1977 postum als *Game of Death* herausgebracht) für die englischsprachige Hollywood-Produktion *Enter the Dragon*. Kurz nach deren Vollendung stirbt Lee. Seine kultartige Popularität wird durch zahlreiche Nachahmer und die Verwertung seiner alten Filme und TV-Serien ausgebeutet. 1993 Biopic *Dragon – The Bruce Lee Story* von Rob Cohen mit Jason Scott Lee in der Titelrolle.

Bruce Lees Sohn Brandon Lee (1965–93), ebenfalls Filmschauspieler, stirbt während der Dreharbeiten zu *The Crow*, der mit Computerhilfe fertiggestellt wird.

[HK] 1944: Chin-men nü/Golden Gate Girl. 1946: Fu-kuei fu-yün/The Beginning of a Boy/The Birth of a Mankind. 1948: My Son A-chan. 1949: Hsi-lu Hsiang/Kid Cheung. 1951: Jen-chih ch'u/Infancy. 1953: Fu-chih kuo/Blame It on Father; Ch'ien-wan jen-chia/Countless Families; Wei-luo ch'un-hsiao/In the Face of Demolition; Tz'u-mu lei/A Mother's Tears. 1955: Ku-hsing hsüeh-lei/An Orphan's Tragedy; Erh-nü chai/We Owe It to Our Children; Ku-erh hsing/Orphan's Song. 1956: Cha-tien na-fu/The Wise Guys Who Fool Around; Tsao chih tang ch'u wo wu chia/Too Late for Divorce. 1957: Lei-yü/Thunderstorm. 1958: The Orphan/The Orphan Ah-sam. 1961: Jen-hai ku-hung/A Goose Alone in the World. 1965/66: Batman (Batman hält die Welt im Atem) [TVS – US]. 1966–67/74: Kato and the Green Hornet (Bruce Lee: Das Geheimnis der grünen Hornisse) [TVS + Kinofassung – US]; The Green Hornet (Bruce Lee: Der gelbe Taifun) [TVS + Kinofassung – US]. 1967–75: Ironside (Der Chef) [TVS – US]. 1968: Blondie [TVS – US]. 1969: Marlowe (Der Dritte im Hinterhalt) [US]. 1970: Longstreet [TVS – US]. 1971: T'ang-shan ta-hsiung/The Big Boss (Bruce Lee: Die Todesfaust des Cheng Li). 1972: Ching-wu men/Fist of Fury (Bruce Lee: Todesgrüße aus Shanghai); Meng lung kuo chiang/Way of the Dragon (Bruce Lee: Die Todeskralle schlägt wieder zu) [D,R,A – HK]. 1973: Enter the Dragon/Lung-cheng-hu tou (Bruce Lee: Der Mann mit der Todeskralle) [US/HK]. 1973/77: Szu-wan yu-hsi/Game of Death (Bruce Lee: Mein letzter Kampf). 1978: Circle of Iron/The Silent Flute (Das Geheimnis des blinden Meisters) [CoA – US].

Lee, Christopher

(Christopher Frank Carandini Lee)

* 27. 5. 1922 London

Mütterlicherseits italienischer, väterlicherseits englischer Herkunft. Studium am Wellington College, danach Bürojunge in London. Im 2. Weltkrieg Pilot der Royal Air Force in Südafrika und Rhodesien, dann im Intelligence Service. Ab 1947 durch Terence Young erste kleine Filmaufgaben. 1947–50 Vertrag mit Rank. Filmdebüt in Youngs Künstlerfilm *Corridors of Mirrors*. Dann etwa zehn Jahre lang relativ unbedeutende Rollen in Film und Fernsehen sowie am Theater. Lee paßt mit seinem Gardemaß von knapp 1,95 Metern und seinem stechenden Blick in keine der gängigen Kategorien für britische Schauspieler. Erst 1957 die passende Rolle und internationale Bekanntheit als Graf Frankenstein in *The Curse of Frankenstein* (Terence Fisher). Bei den auf Horrorfilme spezialisierten englischen Hammer Productions 1958 erstmals mit idealer Haltung und Gestik, kombiniert mit tiefer Stimme eine Vampir-Verkörperung in Fishers *Dracula*, im Unterschied von der ersten, eher melodramatischen Bela Lugosis (1931) auch mit gewisser sexueller Präsenz. Eine weitere populäre Rolle für ihn ist die des Fu Manchu. Häufigster Partner und Gegenspieler ist Peter Cushing. Noch 1982/83 spielen sie gemeinsam mit dem Amerikaner Vincent Price in einer britischen Hommage auf die alten Filme: *House of the Long Shadows* (Pete Walker). Eine der besten Leistungen 1970 als fanatischer Wissenschaftler Mycroft Holmes in Billy Wilders *The Private Life of Sherlock Holmes*. Zu Beginn der 70er Jahre allmählich Abwendung vom Horrorgenre und Auftritte in «seriöseren», finanziell besser ausgestatteten Projekten, darunter *The Three Musketeers* (Richard Lester), *Airport '77* (Jerry Jameson) und *1941* (Steven Spielberg). Seit Mitte der 70er Jahre in den USA ansässig, ist Lee auch in den 90er Jahren noch aktiv. Ab den frühen 50er Jahren auch Fernseharbeit, u. a. während der 60er Jahre in mehreren Folgen der Serie *The Avengers*. Zahlreiche Gastauftritte. 1997 als blinder Seher Teireisias in der TV-Serie *The Odyssey*. 1972 zusammen mit Anthony Nelson Keys Gründung der Charle magne Productions. 1977 veröffentlicht Lee, der sich auch als halbprofessioneller Opernsänger versucht hat, seine Autobiografie «Tall, Dark and Gruesome».

[GB] 1948: A Song for Tomorrow; Penny and the Pownall Case; Hamlet (Hamlet); Scott of the Antarctic (Scotts letzte Fahrt); My Brother's Keeper (Der Mann ohne Gewissen); Corridor of Mirrors (Im Banne der Vergangenheit); One Night with You. 1949: Trottie True. 1949/50: They Were Not Divided. 1950: Prelude to Fame (Das Wunder von San Marino). 1950/51: Captain Horatio Hornblower R. N. (Des Königs Admiral). 1951: Valley of the Eagles (Wölfe in der Nacht). 1952: Top Secret (Treffpunkt Moskau); Paul Temple Returns; The Crimson Pirate (Der rote Korsar) [US]; Babes in Bagdad [US]. 1952/53: Moulin Rouge (Moulin Rouge) [US]. 1953: Thought to Kill. EP: Parlour Trick [EP]; Innocents in Paris; The Mirror and Markheim [KF]; The Triangle. EP: American Duel [EP]. 1954: The Final Column; International Settlement; Destination Milan; The Death of Michael Turbin. 1954/55: Crossroads [KF]; That Lady/Esa Señor, la princesa da Eboli (Die Dame des Königs) [GB/ES]. 1955: Cockleshell Heroes (Himmelfahrtskommando); Storm Over the Nile (Sturm über dem Nil); Man in Demand: EP: The Prince of Vanity; The Dark Avenger (Der schwarze Prinz); Stranglehold [KF]; Police Dog. 1955/56: Moby Dick (Moby Dick) [US/GB]. 1956: Private's Progress (Der beste Mann beim Militär); The Battle of the River Plate (Panzerschiff Graf Spee); Beyond Mombasa (Jenseits Mombasa); Alias John Preston; Port Afrique (Port Afrika). 1956/57: Fortune Is a Woman (Am seidenen Faden); I'll Met by Moonlight. 1957: Amère victoire/Bitter Victory (Bitter war der Sieg) [FR/GB]; The Curse of Frankenstein (Frankensteins Fluch); The Traitor. 1957/58: A Tale of Two Cities (Zwei Städte); The Truth About Women. 1958: Corridors of Blood; Dracula (Dracula); Battle of the V 1. 1958/59: The Hound of the Baskervilles (Der Hund von Baskerville). 1959: Tempi duri per vampiri [IT]; Treasure of San Teresa/Rhapsodie in Blei/ Eddie – harte Schläge und Halunken [GB/BRD]; The Mummy (Die Rache der Pharaonen); The Man Who Could Cheat Death (Den Tod überlistet). 1959/60: Too Hot to Handle (Zu heiß zum Anfassen). 1960: The Two Faces of Dr. Jekyll (Schlag 12 in London); Beat Girl (Heiß auf nackten Steinen); The City of the Dead (Stadt der Toten); Taste of Fear (Ein Toter spielt Klavier); The Terror of the Tongs (Terror der Tongs). 1960/61: The Hands of Orlac (Die unheimlichen Hände des Dr. Orlak) [Version – FR/GB]; Les mains d'Orlac [Version – FR/GB]. 1961: Das Geheimnis der gelben Narzissen/The Devil's Daffodil [Version – GB/BRD]; Ercole al centro della terra (Vampire gegen Herakles) [IT]. 1961/62: The Pirates of Blood River (Piraten am Todesfluß); Das Rätsel der roten Orchidee [Version – BRD]. 1962: Sherlock Holmes und das Halsband des Todes/Sherlock Holmes et le collier de la mort/Sherlock Holmes – La valle del terrore [Version – BRD/FR/IT]; Im Namen des Teufels/The Devil's Agent [BRD/GB]; Im Namen des Teufels [Version – BRD]. 1963: Sfida al diavolo/Katarsis [IT]; La frusta e il corpo/Le corps et le fouet (Der Dämon und die Jungfrau)

[IT/FR]; The Devil-Ship Pirates; La vergine de Norimberga (Das Schloß des Grauens) [IT]. 1963/64: La cripta de l'incubo/La maladición de los Karlstein (Ein Toter hing am Glockenseil) [IT/ES]. 1964: Alfred Hitchcock Hour: The Sign of Satan [TV – US]; Il castello dei morti vivi (Das Schloß der lebendigen Toten) [IT/FR]; Dr. Terror's House of Horrors (Die Todeskarten des Dr.Schreck); The Gorgon (Die brennenden Augen von Schloß Bartimore). 1964/65: She (Herrscherin der Wüste). 1965: Theatre of Death (Haus des Schreckens); The Face of Fu Manchu (Ich, Dr. Fu Man Chu); Dracula – Price of Darkness (Blut für Dracula); The Skull (Der Schädel des Marquis de Sade); Rasputin, the Mad Monk. 1965/66: Circus of Fear/ Psycho-Circus (Das Rätsel des silbernen Dreiecks) [GB/US]. 1966: The Brides of Fu Manchu (Die 13 Sklavinnen des Dr. Fu Man Chu). 1966/67: Die Rache des Dr. Fu Man Chu/The Vengence of Fu Manchu [BRD/GB]; Five Golden Dragons (Die Pagode zum fünften Schrecken). 1967: Night of the Big Heat (Brennender Tod); Eve en la selva/ The Face of Eve (Diana – Tochter der Wildnis) [ES/GB]; Die Schlangengrube und das Pendel [BRD]; Victims of Terror [KF]. 1968: Dracula Has Risen from the Grave (Draculas Rückkehr); El castillo de Fu Manchú/Die Folterkammer des Dr. Fu Manchu [ES/BRD/IT]; Curse of the Crimson Altar (Die Hexe des Grafen Dracula); The Devil Rides Out (Die Braut des Teufels); Der Todeskuß des Dr. Fu Manchu [BRD]. 1969: Scream and Scream Again (Die lebenden Leichen des Dr. Mabuse); Eugenie [ES]; The Oblong Box (Im Todesgriff der roten Maske) [US/GB]; Nachts, wenn Dracula erwacht/Il Conte Dracula/El Conde Drácula [BRD/IT/ES]; El proceso de las brujas (El juez sangriento)/Der Hexentöter von Blackmoor/Il trono di fuoco [ES/BRD/IT]; The Magic Christian (Magic Christian – Ein Beatle im Paradies). 1969/70: Taste the Blood of Dracula (Wie schmeckt das Blut von Dracula); Julius Caesar [TV]. 1970: One More Time (Die Pechvögel) [US]; The Scars of Dracula (Dracula – Nächte des Entsetzens); The House That Dripped Blood (Todestanz der Vampire); Cuadecuc [ES]; The Private Life of Sherlock Holmes (Das Privatleben des Sherlock Holmes); Night of the Blood Monster [IT/ES/BRD]; El Umbracle [ES]. 1971: In Search of Dracula [DOK – US]; I, Monster; Hannie Caulder (In einem Sattel mit dem Tod). 1972: Panico en el transiberiano/Horror Express (Horror-Expreß) [ES/GB]; Poor Devil [TV – US]; Nothing But the Night (Das Dunkel der Nacht); Death Line (Tunnel der lebenden Leichen); Dracula A.D. 1972 (Dracula jagt Minimädchen); The Creeping Flesh (Nachts, wenn das Skelett erwacht). 1973: The Three Musketeers (The Queen's Diamond) (Die drei Musketiere) [PA]; The Satanic Rites of Dracula (Dracula braucht frisches Blut); The Wicker Man. 1974: Le boucher, la star et l'orpheline [FR]; Diagnosis: Murder [TV]; Space 1999: Earthbound [TV]; The Four Musketeers (The Revenge of Milady) (Die vier Musketiere der Königin) [PA]; Dark Places (Das Grab der lebenden Puppen); The Man with the Golden Gun (Der Mann mit dem goldenen Colt). 1975: Revenge of the Dead [US]; Killer Force (Die Söldner) [US]; Der flüsternde Tod [BRD]; The Keeper [CA]. 1976: To the Devil a Daughter (Die Braut des Satans); Dracula père et fils (Die Herren Dracula) [FR]. 1977: Meatcleaver Massacre; Starship Invasion (Invasion der Raumschiffe) [TV – CA]; Airport '77 (Verschollen im Bermuda-Dreieck) [US]. 1978: Harold Robbins' The Pirate (Der Pirat) [TV]; The Passage (Paß des Todes) [GB/US]; Caravans [US]; The Silent Flute (Das Geheimnis des blinden Meisters) [US]; Circle of Iron/The Silent Flute (Das Geheimnis des blinden Meisters) [US]; End of the World (Das Ende der Welt) [US]; Return from Witch Mountain [US]. 1979: Jaguar Lives! (Jaguar lebt) [US]; Bear Island (Die Bäreninsel in der Hölle der Arktis) [GB/CA]; 1941 (1941 – Wo, bitte, geht's nach Hollywood?) [US]; Arabian Adventure (Im Banne des Kalifen); Captain America II [TV – US]. 1980: Once Upon a Spy [TV – US]; Serial (Crazy Family/Eine total verrückte Familie) [US]; Desperate Moves [US]. 1980/81: The Salamander (Kennwort: Salamander) [US]. 1981: A Desperate Case [TV – US]; Stiegler or Steigler [US]; An Eye for an Eye (Der Gigant) [US]; Goliath Awaits [TV – US]. 1982: Charles and Diana: A Royal Love Story [TV – US]; The Return of Captain Invincible (Return of Captain Invincible) [AU]; Safari 3000 (Eine irre Safari) [US]; Massarati and the Brain (Massarati) [TV – US]; The Last Unicorn (Das letzte Einhorn) [S – US]. 1982/83: House of the Long Shadows (Das Haus der langen Schatten). 1984: New Magic [KF – US]; The Rosebud Beach Hotel (Rosebud Beach Hotel) [US]; The Far Pavilions (Palast der Winde) [TV]. 1985: Howling II: Your Sister is a Werewolf (Das Tier II) [US]; Mask of Murder (Investigator) [CA]. 1986: Shaka Zulu [TV – US]; The Disputation. 1987: The Girl (The Girl – Ein gefährliches Mädchen); Jocks (Jocks) [US]; Mio min Mio/Mio, moj Mio (Mio, mein Mio) [SE/SU/NO]; Dark Mission (Dark Mission) [FR/ES]. 1988: Murder Story (Murder Story) [NL]; The Return of the Musketeers (Rückkehr der Musketiere) [GB/FR/ES]. 1989: Honeymoon Academy (Flitterwochen) [US]; La Révolution française: 2. Les années terribles [FR/IT]; The Rainbow Thief; The Care of Time (Die Zeit läuft ab). 1989/90: Treasure Island (Die Schatzinsel) [US]. 1990: Gremlins 2: The New Batch (Gremlins 2 – Die Rückkehr der kleinen Monster) [US]; Il monastero [IT]; L'Avaro/El avaro [IT/FR/ES]; Sherlock Holmes and the Leading Lady [TV – EURO]; Panga/Curse III: Blood Sacrifice [US]. 1991: Shogun Mayeda (Shogun Mayeda) [US]; Incident at Victoria Falls [TV – GB/IT/BE/LU]; The Young Indiana Jones Chronicles (Die Abenteuer des jungen Indiana Jones) [TVS – US]; Double Vision (Das zweite Gesicht) [FR/CA/DE]. 1992: Innocent Blood (Bloody Mary – Eine Frau mit Biß) [US]; Jackpot [IT]; Alistair MacLean's Death Train (Death Train). 1993: Funny Man (Funny Man) [TV]. 1994: Police Academy VII: Mission to Moscow (Police Academy VII: Mission in Moskau) [US]; A Feast at Midnight; Tom and Viv (Tom & Viv) [GB/US]. 1995: The Stupids [US]; Moses (Die Bibel – Moses) [TV – DE/IT/US]. 1996: Sorellina (Prinzessin Alisea) [IT]. 1997: The Odyssey [TVS – US]; Ivanhoe [TV – GB].

Leigh, Janet

(Jeanette Helen Morrison)
*6. 7. 1927 Merced (California)
Studium der Musik und Psychologie am kalifornischen College of the Pacific. 1946 7-Jahres-Vertrag mit M-G-M, Filmdebüt als Farmerstochter in *The Romance of Rosy Ridge* (Roy Rowland). Sie wird auf den Typ des netten blonden Mädchens festgelegt, spielt 1949/50 auch bei Howard Hughes, Columbia und Universal. Beschäftigung in Abenteuerfilmen neben Tony Curtis, ihrem dritten Ehemann (1951–62), u. a. 1954 als Lady Ann in *The Black Shield of Falworth* (Rudolph Maté). Trotz eher schwacher Rollen erlangt sie in den 50er Jahren Starstatus. Bruch mit dem Image und darstellerischer Erfolg 1957 als Susan Vargas in Orson Welles' *Touch of Evil*. Höhepunkt ihrer Karriere wird 1960 die Nebenrolle des Mordopfers Marion in Alfred Hitchcocks *Psycho* (Oscar-Nominierung). 1962 überzeugend als Rosie in John Frankenheimers *The Manchurian Candidate*. Ab 1957 Fernseh-Tätigkeit, seit den 70er Jahren nahezu ausschließlich. In den 60er Jahren Engagement für das Peace Corps in Südafrika. 1975 Bühnenerfolg mit «Murder Among Friends» (1984). Autobiografie «There Really Was a Hollywood». Ihre Tochter Jamie Lee Curtis (*22.11.1958) ist ebenfalls erfolgreich als Schauspielerin tätig.

[US] 1947: The Romance of Rosy Ridge; If Winter Comes. 1948: Hills of Home (Lassies Heimat); Words and Music. 1948/49: Act of Violence (Akt der Gewalt). 1949: Little Women (Kleine tapfere Joe); Holiday Affair; That Forsyte Woman (Das Schicksal der Irene Forsyte); The Doctor and the Girl; The Red Danube (Schicksal in Wien). 1950: Jet Pilot (Düsenjäger) [UA: 1957]. 1950/51: It's a Big Country. 4. EP: Rosika, the Rose [EP]. 1951: Angels in the Outfield; Two Tickets to Broadway (Drei Frauen erobern New York); Strictly Dishonorable; Just This Once (Nur dies eine Mal). 1952: Confidentially Connie; Fearless Fagan; Scaramouche (Scaramouche, der galante Marquis). 1953: The Naked Spur (Nackte Gewalt); Houdini (Houdini, der König des Varieté); Walking My Baby Back Home. 1953/54: Prince Valiant (Prinz Eisenherz). 1954: Living It Up (Der sympathische Hochstapler/Patient mit Dachschaden); The Black Shield of Falworth (Der eiserne Ritter); Rogue Cop (Heißes Pflaster). 1955: My Sister Eileen (Meine Schwester Ellen); Pete Kelly's Blues (Es geschah in einer Nacht). 1956: Safari (Der König der Safari) [GB]. 1957: Touch of Evil (Im Zeichen des Bösen); The Sweet Smell of Success (Dein Schicksal in meiner Hand) [P]; Jet Pilot (Düsenjäger). 1958: The Perfect Furlough (Urlaubsschein nach Paris); The Vikings (Die Wikinger); The Defiant Ones (Flucht in Ketten) [P]. 1960: Who Was That Lady? (Wer war die Dame?); Pepe (Pepe – Was kann die Welt schon kosten?); Psycho (Psycho). 1962: The Manchurian Candidate (Botschafter der Angst). 1963: Bye Bye Birdie (Bye bye Birdie); Wives and Lovers (Ach Liebling … nicht hier!). 1965: Kid Rodelo (Ein Mann wie Kid Rodelo) [US/ES]. 1966: Harper (Ein Fall für Harper); Harper (Ein Fall für Harper); Three on a Couch (Drei auf einer Couch); An American Dream (Mord aus zweiter Hand); The Spy in the Green Hat/The Man From U.N.C.L.E.: The Concrete Overcoat Affair (Der Mann im grünen Hut). 1967: Ad ogni costo/Diamante a go-go/Top Job [IT/ES/BRD]. 1969: The Monk [TV]; Hello Down There; Honeymoon with a Stranger [TV]. 1970: The House on Greenapple Road [TV]; The Name of the Game: The Man Who Killed a Ghost [TV]; The Men From Shiloh: Jenny [TV]. 1971: The Deadly Dream [TV]. 1972: Night of the Lepus (Rabbits); One Is a Lonely Number. 1973: Murdock's Gang [TV]. 1975: Columbo: Forgotten Lady (Columbo: Tödliches Comeback) [TV]. 1977: Murder at the World Series [TV]. 1978: Telethon [TV]. 1979: Hagen [TVS]; Boardwalk (Promenade am Strand); The Fog (The Fog – Nebel des Grauens); Mirror, Mirror (Mirror, Mirror) [TV]. 1982: Tales of the Unexpected: Light Fingers [TV – GB]. 1985: On Our Way [TV]. 1986: The Fantasy Film World of George Pal.

Leigh, Vivien

(Vivian Mary Hartley)
*5. 11. 1913 Darjeeling (Indien)
†8. 7. 1967 London
Nach Rückkehr der Familie aus Indien Besuch einer englischen Klosterschule, Beteiligung an Schulaufführungen. Weitere Ausbildung in Frankreich, Deutschland und Italien, u. a. an der Comédie Française, in London für kurze Zeit an der Royal Academy of Dramatic Art. 1934 Filmdebüt mit der Rolle einer Schülerin in *Things Are Looking Up* (Albert de Courville). 1935 Bühnendebüt; 5-Jahres-Vertrag mit dem Produzenten Alexander Korda; 1938 weiterer Vertrag mit David O. Selznick. 1936 bei den Dreharbeiten zum historischen Abenteuerfilm *Fire Over England* (William K. Howard) lernt sie ihren zweiten Ehemann Laurence Olivier kennen. 1936/37 als Objekt von Conrad Veidts Avancen in der romantischen Spionagegeschichte *Dark Journey* (Victor Saville). 1939 erwirbt die schöne Frau mit dem ebenmäßigen Gesicht und den würdevollen Bewegungen internationalen Ruhm durch die Rolle der Scarlett O'Hara in *Gone With the Wind* (Victor Fleming); die Darstellung der Südstaatenschönheit wird mit einem Oscar ausgezeichnet. 1940 zusammen mit Olivier Theatertournee mit «Romeo und Ju-

lia», dabei Leighs Broadway-Debüt. Einschränkung der Filmarbeit zugunsten der Bühne. 1951 weiterer Oscar für die Darstellung der Blanche neben Marlon Brando in der Tennessee-Williams-Adaption *A Streetcar Named Desire* (Elia Kazan). Zu dieser Zeit hat sich Leighs Gesundheitszustand bereits verschlechtert, sie leidet an Depressionen und erkrankt an Tuberkulose, woran sie später stirbt.

[GB] 1934: Things Are Looking Up. 1935: The Village Squire; Gentleman's Agreement; Look Up and Laugh. 1936: Fire Over England (Feuer über England). 1936/37: Dark Journey. 1937: Storm in a Teacup (Sturm im Wasserglas); 21 Days/The First and the Last. 1937/38: A Yank at Oxford (Der Lausbub aus Amerika). 1938: Blind Dogs/Guide Dogs for the Blind [KF]; St. Martin's Lane W.C.2 (St. Martin's Lane). 1939: Gone With the Wind (Vom Winde verweht) [US]. 1940: Waterloo Bridge (Ihr erster Mann) [US]. 1941: That Hamilton Woman (Lord Nelsons letzte Liebe) [US]. 1945: Caesar and Cleopatra (Cäsar und Cleopatra). 1947/48: Anna Karenina (Anna Karenina). 1951: A Streetcar Named Desire (Endstation Sehnsucht) [US]. 1955: The Deep Blue Sea (Lockende Tiefe). 1961: The Roman Spring of Mrs. Stone (Der römische Frühling der Mrs. Stone) [GB/US]. 1965: Ship of Fools (Das Narrenschiff) [US].

Lemmon, Jack †

(John Uhler Lemmon III)
* 8. 2. 1925 Boston

Sohn eines Fabrikanten. Besuch der Rivers Country Day School in Chestnut Hill, später der Phillips Academy in Andover. 1947 Absolvierung der Harvard University. Bar-Pianist in New York. 1948 Sprecher bei Radio-Shows. Dann als Schauspieler und Produzent von TV-Serien. 1953 Broadway-Debüt mit «Room Service». Filmvertrag von Columbia, neben Judy Holliday in George Cukor *It Should Happen To You*. 1955 Nebenrollen-Oscar als Fähnrich Frank Thurlowe Pulver in der Militär-Komödie *Mister Roberts* (John Ford, Mervyn LeRoy). Seitdem vor allem Charakter-Komiker, der bisweilen Schwierigkeiten hat, mit den eigenen Worten und Bewegungen Schritt zu halten. Häufig unter der Regie von Billy Wilder, so in *Some Like It Hot* als Damen-Musiker Jerry, der von einem verliebten Millionär verfolgt wird, oder neben Shirley MacLaine als gutmütig-ausgenutzter Angestellter C. C. Baxter in *The Apartment*, 1963 als verliebter Ex-Flic in *Irma La Douce*, 1972 als verliebter Geschäftsmann in *Avanti!* Dabei häufig gemeinsam mit Walter Matthau, so als angeblich verletzter Kameramann in *The Fortune Cookie* (1966). Legendär als Altmänner-WG 1967 in *The Odd Couple* (Gene Saks) sowie 1993 in *Grumpy Old Men* (Donald Petrie) als Rentner, die sich in eine junge Witwe verlieben. In *Kotch*, Lemmons Regiedebüt, übernimmt Matthau 1971 die Hauptrolle. Daneben, mit den Jahren zunehmend, überzeugt Lemmon in dramatischen Rollen, so als Alkoholiker Joe in Blake Edwards' *Days of Wine and Roses*. 1973 Oscar als ruinierter Industrieller Harry Stoner in *Save The Tiger* (John G. Avildsen). Wiederholt wird er auf internationalen Festivals ausgezeichnet: in Cannes 1979 als Ingenieur eines Kernkraftwerks in *The China Syndrome* (James Bridges), noch einmal 1982 als amerikanischer Vater in Chile in *Missing* (Costa-Gavras); 1980 in Berlin als Werbeagent Scottie Templeton in *Tribute* (Bob Clark); schließlich 1992 in Venedig für die Rolle des Immobilienagenten Shelley «The Machine» Levene in *Glengarry Glen Ross* (James Foley). Die Kreuzschiff-Komödie *Out to Sea* kombiniert ihn wieder mit seinem mürrischen Partner Matthau. Das American Film Institute ehrt ihn 1988 mit einem Life Achievement Award. Fernseharbeit: 1976 im amerikanisierten Remake von John Osbornes *The Entertainer* (Donald Wrye), 1987 in O'Neills *Long Day's Journey Into Night* (Miller). Immer wieder Abstecher zum Theater: «Veteran's Day» in London, David Mamets «A Life in the Theatre» in Los Angeles. Sein Sohn Chris Lemmon (* 1954) arbeitet ebenfalls als Regisseur und Schauspieler.

[US] 1948: Kraft Theatre: Charley's Aunt [TV]. 1949: The Ad-Libbers [TV]. 1949–50: That Wonderful Guy [TVS]. 1950: Toni Twin Time [TV]; Once Too Often [KF]. 1951–52: The Couple Next Door [TVS]. 1952–53: Heaven for Betsy [TVS]. 1953/54: It Should Happen to You. 1954: Phfft! (Eine glückliche Scheidung); Extra Dollars [KF]. 1955: Mister Roberts (Keine Zeit für Heldentum); Three for the Show (Liebe im Quartett); My Sister Eileen (Meine Schwester Ellen). 1956: You Can't Run away from It (Ohne Liebe geht es nicht). 1957: Turn of Fate: Days of November [TV]; Turn of Fate: Most Likely to Succeed [TV]; Turn of Fate: The Victim [TV]; Turn of Fate: Voices in the Fog [TV]; Turn of Fate: Disappearance [TV]; Turn of Fate: Loudmouth [TV]; Operation Mad Ball (Selten so gelacht); Fire Down Below (Das Spiel mit dem Feuer) [D,Mundharmonika-Thema]. 1957–58: Alcoa Theatre [TVS]. 1958: Bell, Book and Candle (Hilfe! Meine Braut ist übersinnlich); Cowboy (Cowboy); The Last Hurrah (Das letzte Hurra). 1959: It Happened to Jane (Mit mir nicht, meine Herren); Some Like It Hot (Manche mögen's heiß). 1960: Le Voyage en Ballon [S – FR]; The Apartment (Das Appartement); Pepe (Pepe – Was kann die Welt schon kosten?);

The Wackiest Ship in the Army? (Auf schrägem Kurs). 1962: The Notorious Landlady (Noch Zimmer frei); Days of Wine and Roses (Die Tage des Weines und der Rosen) [D,P]. 1963: Irma La Douce (Das Mädchen Irma La Douce); Under the Yum Yum Tree (Ein Ehebett zur Probe). 1964: How to Murder Your Wife (Wie bringt man seine Frau um) [D,P]; Good Neighbor Sam (Leih mir deinen Mann). 1965: The Great Race (Das große Rennen rund um die Welt) [D,P]. 1966: The Fortune Cookie (Der Glückspilz) [D,P]. 1967: Luv (Versuch's doch mal mit meiner Frau) [D,P]; Cool Hand Luke (Der Unbeugsame) [P]; The Odd Couple (Ein seltsames Paar) [D,P]. 1969: The April Fools (Ein Frosch in Manhattan) [D,P]. 1969/70: The Out-of-Towners (Nie wieder New York) [D,P]. 1971: Kotch (Opa kann's nicht lassen) [R,P,(D)]. 1972: Avanti! (Avanti, Avanti) [D,P]; Save the Tiger (Save the Tiger) [D,P]; The War Between Men and Women (Der Krieg zwischen Männern und Frauen) [D,P]. 1973: Wednesday [KF]. 1974: Is Some One There? [KF]; The Front Page (Extrablatt). 1975: The Prisoner of Second Avenue (Das Nervenbündel). 1976: The Entertainer (Der Entertainer) [TV]; Alex and the Gypsy (Liebe und andere Verbrechen). 1977: Airport '77 (Verschollen im Bermuda-Dreieck); The Best of Ernie Kovacs [TV]. 1978: Plutonium: An Element of Risk [P,S – TV-DOK]. 1979: The China Syndrom (Das China-Syndrom); Ken Murray Shooting Stars [DOK]. 1980: Tribute (Ein Sommer in Manhattan) [CA]. 1981: Hollywood: The Gift of Laughter [TV]; Buddy Buddy (Buddy Buddy). 1982: Ernie Kovacs: Television»s Original Genius [TV]; Missing (Vermißt). 1983: Mass Appeal (Die Auseinandersetzung) [D,P]. 1985: Maccheroni (Macaroni) [IT]. 1986: That's Life! (That's Life – So ist das Leben). 1987: Long Day's Journey Into Night [TV]. 1988: The Murder of Mary Phagan (Marys Mörder). 1989: Dad (Dad). 1991: J.F.K. (J.F.K. – John F.Kennedy – Tatort Dallas). 1992: For Richer, For Poorer/Father, Son and the Mistress (Noch mehr Ärger mit Jack); The Player (The Player); Glengarry Glen Ross (Glengarry Glen Ross). 1993: Short Cuts (Short Cuts); Grumpy Old Men (Ein verrücktes Paar); A Life in the Theatre (A Life in the Theatre) [TV]. 1994/95: Getting Away With Murder. 1995: Grumpier Old Men (Der dritte Frühling); The Grass Harp (Die Grasharfe). 1996: Hamlet; My Fellow Americans. 1997: Out to Sea; 12 Angry Men [TV].

Leonov, Evgenij

(Evgenij Pavlovič Leonov)
*2. 9. 1926 Moskau
†29. 1. 1994 Moskau

Bis 1947 Ausbildung am Dramatischen Studio in Moskau; 1948 Engagement am Stanislavskij-Theater. Wichtige Bühnenrollen sind u. a. der Kreon in Jean Anouilhs «Antigone», der Sancho Pansa in dem Musical «The Man from La Mancha» und der Lariosik in «Die Tage der Turbins». Im Laufe der Jahre wendet sich Leonov vor allem dem komischen Rollenfach zu. Ab 1968 spielt er am Majakovskij-Theater, ab 1972 am Theater des Lenin-Komsomol. 1949 Filmdebüt in *Sčastlivyj rejs* (A. Ul'jabcev). Für die Rolle des Jakov Šibalok in *Donskaja povest'* (Vladimir Fetin) erhält er auf dem Allunionsfestival 1966 den Darstellerpreis. Anfang der 70er Jahre hat er besonderen Erfolg: als opportunistischer Filmvorführer in *Gori, gori, moja zvezda* (Aleksandr Mitta), als Mechaniker Ivan in *Belorusskij vokzal* (Andrej Smirnov) und in der Doppelrolle des Troškin und des Dozenten in Aleksandr Seryjs Komödie *Džentl'meny udači* sowie 1975 als Kolja in *Afonja* (Georgij Danelija) und als Potapov in *Premija* (Sergej Mikaeljan). Große Popularität erlangt er durch zahlreiche Rollen in TV-Filmen. Leonov erhält mehrere nationale Auszeichnungen. Sein Sohn Andrej Leonov ist ebenfalls Schauspieler.

[SU] 1949: Sčastlivyj rejs. 1951: Sportivnaja čest' (Sportehre). 1955: Morskoj ochotnik (Das Geheimnis der Bucht); Doroga. 1956: Delo Rumjanceva (Der Fall Rumjanzow). 1957: Nepovtorimaja vesna (Ein Frühling, der nie wiederkehrt). 1958: Trudnoe sčast'e (Das Geschenk des Zigeuners); Ulica polna neožidannostej (Die Straße ist voller Überraschungen). 1959: Proizvedenie iskusstva; Ne imej sto rublej. 1960: Povest' o molodoženach; Snežnaja skazka. 1961: Polosatyj rejs (Rette sich, wer kann). 1962: Devčata (So ein Mädel). 1963: Čeremuški; Krepostnaja aktrisa (Die leibeigene Schauspielerin); Mamočka i dva trutnja; Korotkie istorii [TV]. 1965: Nad nami Južnyj Krest [TV]; Donskaja povest' (Eine Geschichte vom Don). 1966: Tridcat' tri; Skazki russkogo lesa [TV]. 1967: Snežnaja koroleva (Die Schneekönigin); Zareč'enskie ženichi (Der Bräutigan vom anderen Ufer); Fitil' No 61; Fitil' No 63; Fitil' No 60. 1968: Pervyj kur'er/Pârvijat kurier (Der erste Kurier) [SU/BG]; Fitil' No 72; Zigzag udači; Fokusnik; Evgenij Urbanskij [S – DOK]; Urok literatury. 1969: Ne gorjuj! (Das Gastmahl der Rose); Virineja (Virinea); Fitil' No 87. 1970: Čaikovskij/Tchaikovsky (Tschaikowski) [SU/US]; Karusel' (Karussell) [TV]; Gori, gori, moja zvezda (Leuchte, mein Stern, leuchte); Mež vysokich chlebov. 1971: Belorusskij vokzal (Belorussischer Bahnhof). 1972: Echali v tramvae Il'f i Petrov [TV]; Džentl'meny udaèi (Gentlemen der Erfolge). 1973: Bol' šaja peremena (Große Pause) [TV]; Vključite severnoe sijanie; Gonščiki; Sovsem porpašij (Ganz unverbesserlich). 1974: Fitil' No 139; Doker. 1975: Staršij syn (Der älteste Sohn); Afonja (Laßt das mal Afonja machen); Front bez flangov (Front ohne Flanken); Premija (Die Prämie); Pod kamennym nebom; Solo dlja slona s orkestrom (Elefantensolo mit Orchesterbegleitung) [SU/CS]. 1976: Cirk v cirke/Cirkus v cirkuse (Zirkus im Zirkus) [SU/CS]; Ja – vodolaz-2; Odinnadcat' nadežd (Elf Hoffnungen); Šag navstrečy (Ein Schritt entgegen). 1977: Legenda o Tile (Till Ulenspiegel); Dlinnoe, dlinnoe delo (Ein langer, langer Gerichtsfall); Žnit'ba (Die Heirat). 1978: Nenavist' (Haß); Sme šnye ljudi (Komische Leute); I eto vse o nem [TV]; Mimino (Mimino); Duen'ja [TV]; Front za liniej fronta (Front hinter der Frontlinie). 1979: Otpusk v sentjabre [TV]; Obyknovennoe čudo (Das gewöhnliche Wunder); Osennyj marafon (Marathon im Herbst); Trassa [SU/CS]. 1980: O bednom gusare zamolvite slovo [TV]; Veroj i pravdoj; Za spičkami (Eine fröhliche Fuhre). 1983: Dom, kotoryj postroil Svift (Die Welt des Jonathan Swift) [TV]; Slezy kapali .../Der Gladiator [SU/BRD]; Unikum; Na perevale ne strejat (Der Mann am Paß); Karusel' [TV]. 1984: Vremja i sem'ja Konvej; Pervaja konnaja (Die erste Reiterarmee). 1987: Kin-Dza-Dza!. 1988: Ubit' drakona/Den Drachen töten [SU/BRD]. 1990: Pasport. 1993: Sysknoe byro «Feliks» [RU]; Amerikanskij deduška [RU].

Leuwerik, Ruth

(Ruth Purper, geb. Leeuverik)
*23. 4. 1926 Essen

Besuch von Lyzeen in Essen und Münster; höhere Handelsschule. Während des Krieges als Fräserin dienstverpflichtet, später Stenotypistin. Privater Schauspielunterricht, dann unterwegs mit dem Westfälischen Landestheater Münster. 1947–49 Theater in Bremen und Lübeck, 1953 Deutsches Schauspielhaus Hamburg, 1955 Schauspielhaus Düsseldorf. Filmdebüt 1950 in *13 unter einem Hut*. In den 50er Jahren in «Traumpaar»-Konstellationen: als mütterlich empfindsame Schönheit mit emanzipatorischer Tendenz im Zusammenspiel mit Dieter Borsche (in Harald Brauns *Vater braucht eine Frau*, seiner Thomas-Mann-Adaption *Königliche Hoheit* sowie in Wolfgang Liebeneiners *Königin Luise*) – oder mit O. W. Fischer in Helmut Käutners *Bildnis einer Unbekannten* und *Ludwig II. Glanz und Elend eines Königs*. 1954 Bundesfilmpreis für *Geliebtes Leben* (Rolf Thiele). 1955 als Fontanes Effi Briest in Rudolf Jugerts *Rosen im Herbst*. Bei Liebeneiner u. a. mit internationalem Erfolg in seinen beiden Filmen um *Die Trapp-Familie* und als Lagerärztin in *Taiga* (1958 Preis in San Francisco). Charakterrollen in der Gerhart-Hauptmann-Verfilmung *Dorothea Angermann* (Robert Siodmak), als Renate Müller in Liebeneiners *Liebling der Götter* nach der Biografie der 1937 verstorbenen Filmschauspielerin, als Ehemann und Geliebten fliehende Franziska in Käutners Alfred-Andersch-Verfilmung *Die Rote*. Neben Heinz Rühmann heiter und mütterlich in Käutners Curt-Goetz-Komödie *Das Haus in Montevideo*. Mit Martin Held in *Unordnung und frühes Leid* (Franz Seitz) nach Thomas Mann zuletzt auf der Leinwand. Seit 1963 auch Fernseharbeit, z. B. Titelrolle in *Hedda Gabler* nach Ibsen, Titelrolle in *Ninotschka*, neben O. W. Fischer in Peter Beauvais' Schnitzler-Adaption *Das weite Land*, als Konsulin in Franz Peter Wirths Elfteiler *Buddenbrooks* nach Thomas Mann. Auftritte in den Krimi-Reihen *Der Kommissar* und *Derrick*. In den 80er Jahren Rückzug auch von der Bühne.

[BRD] 1949/50: 13 unter einem Hut. 1952: Vater braucht eine Frau; Die große Versuchung. 1953: Ein Herz spielt falsch; Geliebtes Leben; Muß man sich gleich scheiden lassen?; Königliche Hoheit. 1954: Bildnis einer Unbekannten; Ludwig II. Glanz und Elend eines Königs. 1954/55: Geliebte Feindin. 1955: Rosen im Herbst. 1956: Die goldene Brücke; Die Trapp-Familie. 1956/57: Königin Luise. 1957: Auf Wiedersehen Franziska; Immer wenn der Tag beginnt. 1958: Taiga; Die Trapp-Familie in Amerika. 1958/59: Dorothea Angermann. 1959: Die ideale Frau; Ein Tag, der nie zu Ende geht. 1960: Liebling der Götter; Eine Frau fürs ganze Leben; Auf Engel schießt man nicht. 1961: Die Stunde, die du glücklich bist. 1962: Die Rote/La rossa [BRD/IT]. 1963: Elf Jahre und ein Tag; Das Haus in Montevideo; Hedda Gabler [TV]; Ein Alibi zerbricht [AT]. 1964/65: Ninotschka [TV]. 1970: Das weite Land [TV – AT/BRD]. 1970/71: Und Jimmy ging zum Regenbogen [BRD/AT]. 1974: Der Kommissar: Der Segelbootmord [TV]. 1975/76: Meine beste Freundin [TV]. 1976: Unordnung und frühes Leid. 1977: Derrick: Ein Hinterhalt [TV]. 1978/79: Buddenbrooks [TV – BRD/PL/AT]. 1980: Kaninchen im Hut [TV-EP]. 1982/83: Derrick: Der Täter schickte Blumen [TV].

Lewis, Jerry

(Joseph Levitch)
*16. 3. 1926 Newark
(New Jersey)

Sohn eines Entertainer-Ehepaars, das durch den amerikanischen Osten tingelt. Er wächst bei Verwandten auf. 1944 als Kartenabreißer im Paramount-Kino New York, dann Komiker und Conférencier. 1946 Zusammentreffen mit dem Sänger Dean Martin. Als Duo USA-Tourneen. Seit 1948 TV-Arbeit: u. a. mit Martin 1950–52 in *The Colgate Comedy Hour* und 1949–52 gemeinsame Radio-Show. 1948 von Hal B. Wallis für Paramount engagiert. Nach dem Filmdebüt in *My Friend Irma* (George Marshall) gemeinsam mit Martin in vielen finanziell erfolgreichen Militärlustspielen und Komödien, meist unter der Regie von Marshall oder Norman Taurog. Lewis ist der zappelige und tolpatschige Außenseiter (teils auch in Frauenkleidern) neben dem seriösen Martin. 1955 als Duo in *Artists and Models* unter der Regie von Frank Tashlin. 1956 Trennung von Martin. Ab 1953 entsteht ein Teil der Filme als Eigenproduktionen (York Pictures). Erster Solo-Erfolg 1957 in *The Delicate Delinquent* (Marshall). Auftritte in zahlreichen TV-Specials und Serien sowie Filmen. Mit Frank Tashlin (bisweilen unter Mitarbeit am Drehbuch) Weiterentwicklung des infantilen, fratzenschneidenden, frauenscheuen Trottels, u. a. in *Rock-A-Bye Baby*, als *The Geisha Boy* und 1960 in *Cinderfella*. Im selben Jahr Regiedebüt mit dem selbst produzierten Film *The Bell Boy* – zugleich Drehbuch und Hauptrolle. Zahlreiche selbstinszenierte und -produzierte Filme folgen, u. a. The *Nutty Professor* und *Which Way to the Front*. Von französischen (und deutschen) Kritikern zum bedeutenden Komiker und Autoren-Filmmacher stilisiert, ist er ab den 70er Jahren nur eine Randfigur der US-Filmszene. 1982 spielt er den von einem Fan verfolgten TV-Unterhalter in Martin Scorseses *The King of Comedy*. Die Comeback-Versuche *Hardly Working* und *Smorgasbord* erweisen sich selbst in Europa als Flops. Als ehemaliger Komiker und Vater von zwei unterschiedlich talentierten Söhnen in Peter Chelsoms *Funny Bones* (1994). Lewis engagiert sich für verschiedene Wohltätigkeitsveranstaltungen, z. B. im jährlichen «Muscular Dystrophy Teleton». 1967 Vorlesungen an der University of California (UCLA) über Filmregie und -produktion, 1971 als Buch: «The Total Film-Maker». 1982 Autobiografie: «Jerry Lewis in Person».

[US] 1949: My Friend Irma. 1950: My Friend Irma Goes West (Irma im goldenen Westen). 1950–52: Colgate Comedy Hour [TVS]. 1951: At War with the Army (Krach mit der Kompanie) [D,P]; Sailor Beware (Seemann, paß auf); That's My Boy. 1952: Jumping Jacks (Schrecken der Division); The Stooge (Der Prügelknabe); Road to Bali (Der Weg nach Bali). 1953: Mogambo (Der tollkühne Jockey); Money From Home; Scared Stiff (Starr vor Angst); The Caddy (Der Tolpatsch) [D,P]. 1954: Living It Up (Der sympathische Hochstapler/Patient mit Dachschaden) [D,P]; Paramount Presents Vistavision [KF]; 3 Ring Circus (Im Zirkus der drei Manegen). 1955: Artists and Models (Maler und Mädchen); You're Never Too Young (Man ist niemals zu jung) [D,P]. 1956: Hollywood or Bust (Alles um Anita); Pardners (Wo Männer noch Männer sind) [D,P]. 1957: The Sad Sack (Der Regiments-Trottel); The Delicate Delinquent (Der Held von Brooklyn – Dümmer als die Polizei erlaubt) [D,P]. 1958: The Geisha Boy (Der Geisha-Boy) [D,P]; Rock-a-Bye Baby (Fünf auf einen Streich) [D,P]. 1959: Visit to a Small Planet (Besuch auf einem kleinen Planeten); Li'l Abner; Don't Give up the Ship (Keiner verläßt das Schiff). 1960: Cinderfella (Aschenblödel/Der Familientrottel) [D,P]; The Bell Boy (Hallo, Page!) [D,R,A,P]. 1961: The Ladies' Man (Ich bin noch zu haben) [D,R,CoA,P]; The Errand Boy (Der Bürotrottel) [D,R,CoA,P]. 1962: It'$ Only Money (Geld spielt keine Rolle) [D,P]. 1963: Who's Minding the Store? (Der Ladenhüter) [D,P]; It's a Mad, Mad, Mad, Mad World (Eine total, total verrückte Welt); The Nutty Professor (Der verrückte Professor) [D,R,CoA,P]. 1964: The Disorderly Orderly (Der Tölpel vom Dienst) [D,P]; The Patsy (Die Heulboje) [D,R,CoA,P]. 1965: Boeing Boeing (Boeing Boeing); The Family Jewels (Das Familienjuwel) [D,R,CoA,P]. 1966: Three on a Couch (Drei auf einer Couch) [D,R,P]; Way ... Way out (Das Mondkalb) [D,P]; Man in Motion [KF]. 1967: The Big Mouth (Ein Froschmann an der Angel) [D,R,CoA,P]. 1967/68: Don't Raise the Bridge, Lower the River (Der Spinner) [GB]. 1968: Hook, Line and Sinker (Jerry, der Herzpatient) [D,P]. 1970: Which Way to the Front? (Wo, bitte, geht's zur Front?) [D,R,P]; One More Time (Die Pechvögel). 1979: Hardly Working (Alles in Handarbeit) [D,R,CoA]. 1982: The King of Comedy (The King of Comedy); Slapstick (of Another Kind) (Slapstick) [ANI]. 1983: Defective détéctive/Retenez-moi ... ou je fais un malheur (Jerry, der total beknackte Cop) [FR]; Smorgasbord/Cracking Up (Immer auf die Kleinen) [D,R,CoA]. 1984: Par où t'es rentré – on t'a pas vu sortir! (Jerry, der Privatdetektiv) [FR]. 1987: Fight for Life (An einem Freitagabend). 1989: Cookie (Cookie). 1992: Arizona Dream (Arizona Dream) [FR/US]. 1993: Mr. Saturday Night (Der letzte Komödiant – Mr. Saturday Night). 1994: Funny Bones (Funny Bones) [GB].

Liedtke, Harry

* 12. 10. 1882 Königsberg
† 28. 4. 1945 Bad Saarow-Pieskow

Nach dem Tod des Vaters 1896 in einem Waisenhaus. In Königsberg Gymnasium bis zur Primareife. Kaufmännische Lehre, dann in einer Kolonialwarenhandlung. Schauspielunterricht, Engagements am Stadttheater Freiberg (Sachsen), an Provinzbühnen, dann am Kleinen Theater Berlin, 1908 New German Theatre in New York. 1909 Deutsches Theater Berlin. 1913/14 Hof- und Nationaltheater Mannheim, dann Berliner Residenz-Theater. Nach einjähriger Militärzeit bis 1916 Deutsches Theater. Ab 1912 beim Film. Rollen nobler Elegants in Messter-Produktionen. Ab 1915 in Filmen vor allem von Rudolf del Zopp. In Stuart Webbs- und Joe Deebs-Detektivabenteuern von Ernst Reicher und Joe May, bei Paul Leni u. a. als Prinz in *Dornröschen*. Ernst Lubitsch setzt ihn bevorzugt als jugendlichen Charmeur in Burlesken ein wie der «Fledermaus»-Verfilmung *Das fidele Gefängnis* und in historischen Epen wie *Madame Dubarry*. *Der Mann ohne Namen* in der 6teiligen Verfilmung des Bestsellers «Peter Voß, der

Millionendieb». Als Draufgänger mit siegreicher Chuzpe Aufstieg zu einem der ersten männlichen Stars des deutschen Films. Der Übergang zum Tonfilm wird durch die Stimme erschwert: 1931 neben Lilian Harvey als enttäuschter Frauenheld in *Nie wieder Liebe*, 1933 Wechsel ins Fach graumelierter Herren und Väter als Baron neben Dolly Haas in *Der Page vom Dalmasse-Hotel*. Erst 1942 neben Käte Haack und deren Tochter Hannelore Schroth eine komplexere Rolle als Patriarch in *Sophienlund* (Heinz Rühmann). Zusammen mit der 3. Ehefrau, der Reinhardt-Schauspielerin Christa Tordy (Annelise Uhlhorn), wird er beim Einmarsch der Roten Armee umgebracht.

[DE] 1912: Die Rache ist mein. 1912/13: Harry Raupach. 1913: Zu spät; Eva; Schuldig; Der wankende Glaube. 1914: Das Vaterland ruft. 1914/15: Eine Liebesgabe; Über alles die Pflicht!; Der Krieg brachte Frieden. 1915: Meyer und Meier oder Die Kunststopferin; Von sieben die Häßlichste; Er soll dein Herr sein (oder: In der eigenen Schlinge gefangen); Die Tat von damals; Die Austernperle; Sein erstes Kind; Die Söhne des Grafen Steinfels. 1916: Liebe und List; Des Guten zuviel; Die einsame Frau; Der Amateur; Das Bild der Ahnfrau; Die Verschollene; Die bleiche Renate; Leutnant auf Befehl; Wie ich Detektiv wurde; Börse und Adel; Das rätselhafte Inserat; Arme Eva Maria. 1916/17: Die leere Wasserflasche. 1917: Die Hochzeit im Excentric-Club; Ehre; Lulu; Das fidele Gefängnis; Prima vera; Das Rätsel von Bangalor; Rafaela/Wer weiß?; Eine Nacht in der Stahlkammer; Der Ring der Giuditta Foscari; Dornröschen. 1918: Der Rodelkavalier; Das Mädel vom Ballett; Die Augen der Mumie Mâ; Der Flieger von Goerz; Der gelbe Schein; Die blaue Mauritius; Carmen; Mausi. 1918/19: Das Karussell des Lebens; Irrungen. 1919: Moral und Sinnlichkeit; Die Austernprinzessin; Rebellenliebe; Vendetta. Blutrache; Kreuziget sie!/Die Frau am Scheidewege; Die Tochter des Mehemed; Madame Dubarry; Tropenblut; Der Tempelräuber; Komtesse Dolly; Retter der Menschheit; Im Schatten des Geldes. 1919/20: So ein Mädel; Die Tänzerin Barberina. 1920: Indische Rache; Das einsame Wrack; Der Schauspieler der Herzogin; Der Gefangene. Sklaven des Jahrhunderts; Sumurun. 1920/21: Der Mann ohne Namen. 1. Der Millionendieb/2. Der Kaiser der Sahara/3. Gelbe Bestien/4. Die goldene Flut/5. Der Mann mit den eisernen Nerven/6. Der Sprung über den Schatten. 1921: Das Weib des Pharao. 1921/22: Das Spiel mit dem Weibe. 1922: So sind die Männer. 1922/23: Die Fledermaus. 1923: Die Liebe einer Königin; Der Kaufmann von Venedig; Der Seeteufel. 2 Teile; Die Finanzen des Großherzogs; Nanon. 1923/24: Ein Traum vom Glück. 1924: Die Hermannsschlacht; Orient; Die Puppenkönigin. 1924/25: Um Recht und Ehre. 1925: Liebe und Trompetenblasen; Die Frau für 24 Stunden; Gräfin Mariza; Der Abenteurer; Die Insel der Träume. 1925/26: Der Mann ohne Schlaf; Die Försterchristl. 1926: Die Wiskottens; Die Welt will belogen sein; An der schönen blauen Donau; Der Feldherrnhügel [DE/AT]; Der Veilchenfresser; Der Soldat der Marie; Kreuzzug des Weibes; Das Mädel auf der Schaukel; Die lachende Grille; Madame wünscht keine Kinder; Nixchen; Eine tolle Nacht. 1926/27: Faschingszauber. 1927: Die Geliebte; Das Fürstenkind; Die letzte Nacht/The Queen Was in the Parlour [DE/GB]; Regine, die Tragödie einer Frau; Die Spielerin; Das Schicksal einer Nacht; Ein Mädel aus dem Volke; Die rollende Kugel; Das Heiratsnest; Wochenendzauber; Der Bettelstudent; Mein Freund Harry. Harry Mac Gills geheime Sendung. 1927/28: Dragonerliebchen (Das Smoking-Girl). 1928: Amor auf Ski; Der Herzensphotograph; Großstadtjugend; Robert und Bertram; Das Spiel mit der Liebe (Harry und die Hochstaplerin); Der moderne Casanova; Der Faschingsprinz; Die Zirkusprinzessin; Ich küsse ihre Hand, Madame. 1928/29: Der Held aller Mädchenträume. 1929: Der lustige Witwer; Der schwarze Domino; Der Erzieher meiner Tochter; Vater und Sohn; Die Konkurrenz platzt. 1929/30: Donauwalzer; Delikatessen; O Mädchen, mein Mädchen, wie lieb' ich Dich! 1930: Der Korvettenkapitän; Die große Sehnsucht; Der keusche Josef. 1930/31: Der Liebesarzt; ... und das ist die Hauptsache. 1931: Nie wieder Liebe [Version]. 1932: Liebe in Uniform. 1933: Wenn am Sonntagabend die Dorfmusik spielt; Der Page vom Dalmasse-Hotel. 1933/34: Zwischen zwei Herzen. 1935: Liebesleute. 1936: Stadt Anatol. 1937: Gefährliches Spiel. 1937/38: Es leuchten die Sterne. 1938: Preußische Liebesgeschichte (Liebeslegende, 1950). 1941: Quax, der Bruchpilot. 1942: Sophienlund. 1944: Der Majoratsherr; Das Konzert.

Linda, Bogusław

* 27. 6. 1952 Toruń

1975 Diplom an der Theaterhochschule Krakau, Engagement am dortigen Stary Teatr, anschließend am Polski Teatr in Breslau, wo er auch als Schauspiel-Dozent tätig wird. 1981–83 am Współczesny-Teatr, 1983–86 am Studio-Teatr in Warschau als Schauspieler und Regisseur. Filmdebüt 1976 mit einer kleinen Rolle in *Dagny* (Haakon Sandóy). Erste Erfolge in Filmen von Agnieszka Holland: Für seine Leistung in *Gorączka* (1980) erhält er den Darstellerpreis des Nationalen Spielfilmfestivals Danzig, ebenso für die Hauptrolle in ihrem nächsten Film *Kobieta samotna*. Einen weiteren Darstellerpreis in Danzig 1987 für die Verkörperung eines Vertreters der Nach-1956-Generation in Krysztof Kieślowskis *Przypadek* und für seinen Fürstensohn Bolko in Filip Bajons *Magnat*. 1982 entsteht *Matka Królów* (Janusz Zaorski), in dem Linda eindrucksvoll einen jungen, in den

50er Jahren eingesperrten Kommunisten darstellt. Damit wird er zu einem der populärsten Schauspieler seiner Generation in Polen. Er kann Spötter, Narren, Liebhaber, ideale, komplizierte aber auch deformierte Charaktere spielen, so den zynischen Beamten des Sicherheitsamtes in Władysław Pasikowskis Filmdebüt *Kroll*, für den er 1991 den Darstellerpreis in Danzig erhält. Mehrfach arbeitet er in Ungarn. 1987 debütiert er mit *Koniec* und *Kocham kin ...* als Regisseur, 1990 folgt *Seszele*.

[PL] 1976: Dagny [PL/NO]. 1977: Wodzirej (Der Conferencier). 1979: Wściekły (Der Tollwütige). 1980: Gorączka (Fieber); Punkt widzenia [TVS]. 1981: Dreszcze (Schauder); Człowiek żelaza (Der Mann aus Eisen); Wierne blizny; Przypadek (Der Zufall möglicherweise); Kobieta samotna (Eine alleinstehende Frau); Wolny strzelec [TV]. 1982: Matka Królów [UA: 1987]; Danton (Danton) [FR/PL]; Elveszett illúziók [HU]. 1983: Eszkimo asszony fázik [HU]; Synteza; Ceremonia pogrzebowa (Ende und Anfang) [TV]. 1984: Szirmok, virágok, koszóruk (Blüten, Blumen, Kränze) [HU]. 1985: Megfelelo ember kényes [HU/FI]; Vásár [TV – HU]; Rośliny trujące [TV]; Tanie pieniądze. 1986: Biała wizytówka/Die Söhne der Fürsten [TVS – PL/BRD]; Inna wyspa; Magnat/Der Magnat [PL/BRD]; Maskarada; W zawieszeniu (In der Schwebe). 1987: Koniec [R]; Kocham kino ... [R]; Cienie/The Road Home [PL/GB]; Zabij mnie, glino. 1988: Dekalog VII (Dekalog, Sieben) [TV]; Crimen [TVS]; Chichot Pana Boga [TV]. 1989: Ostatni dzwonek; Sztuka kochania; Kaj i Magdalena [TVS – PL/FI]; En verdel til forskel [DK]; Potyautasok [PL/HU]; Porno. 1990: Seszele [R]; Kanalia [TV]. 1991: Kroll; In flagranti. 1992: Psy; Sauna [TV]; Wszystko, co najważniejsze. 1993: Pora na czarownice; Jańcio Wodnik. 1994: Psy 2 – Ostatnia krew. 1995: Tato; Prowokator. 1996: Slodko gorzki; Szamanka. 1997: Sara; Szczesliwego Nowego Jorku.

Lindblom, Gunnel

*18. 12. 1931 Göteborg

Ab 1950 Ausbildung am Stadttheater Göteborg. Zwischendurch 1954 und 1959 am Theater in Malmö. Zu ihren erfolgreichsten Rollen zählen das Gretchen im «Urfaust» und die Titelrolle in Strindbergs *Fröken Julie*, einer Produktion der BBC. Filmdebüt bereits 1952 in *Kärlek* bei Gustaf Molander. In ihren Filmrollen strahlt sie eine große Ruhe aus. Sehr bald wird sie auch von Ingmar Bergman entdeckt, der sie u. a. als stumme Frau in *Det sjunde inseglet* (1956), als Ingeri in *Jungfrukällan* (1959) und als Karin Persson in *Nattvardsgästerna* (1962) besetzt. Regiedebüt 1976/77 in *Paradistorg*. Für zwei weitere Regiearbeiten schreibt sie auch das Drehbuch selbst.

[SE] 1952: Kärlek. 1955: Flickan i regnet (Die Neue). 1956: Krut och kärlek Sången om den eldröda blomman (Heiß war meine Sehnsucht); Det sjunde inseglet (Das siebte Siegel). 1957: Smultronstället (Wilde Erdbeeren). 1959: Jungfrukällan (Die Jungfauenquelle). 1960: Goda vämnner trogna grannar. 1962: Nattvardsgästerna (Licht im Winter). 1963: Tystnaden (Das Schweigen); Min kära är en ros. 1964: Älskande par (Liebende Paare); Är du inte riktigt klok? (Bist du nicht gescheit?). 1966: Yngsjömordet; Svält. 1967: Den onda cirkeln. 1968: Flickorna (Die Mädchen). 1969: Fadern. 1971: Brother Carl (Zwillinge). 1974: Scener ur ett äktenskap (Szenen einer Ehe). 1976/77: Paradistorg [R]. 1977/78: Bomsalva. 1980/81: Sally och friheten [D,R]. 1984: Bakoum Jalusin/Bag jalousien [SE/DK]. 1986: Sommarkvällar på jorden (Sommernächte auf dem Planeten Erde) [R,A]. 1990/91: Sanna k vinnor [R,A,P – TV]; Guldburen [TV]. 1991: Capitán Escalaborns [ES]. 1994: Betraktelse [S,R,CoA]. 1995/96: I rollerna tre. 1997: Svenska hjältar.

Linder, Max

(Gabriel-Maximilien Leuvieille)

*16. 12. 1883 Caverne bei Saint Loubès

†30. 10. 1925 Paris

Zwei Jahre Besuch des Konservatoriums Bordeaux; kleinere Rollen im Theater. In Paris bis 1908 Auftritte in Boulevardtheatern. 1905 erste Rolle bei Théophile Pathé in Louis Gasniers *La première sortie d'un collégien*. Ab 1908 ausschließlich Filmarbeit; bis 1924 entstehen ca. 300 bis 500 Filme (Schätzungen von Filmhistorikern), die zum größten Teil verschollen sind; erst seit etwa 1960 hat eine systematische Suche nach Linder-Filmen eingesetzt. 1910 erster Film mit Linder als gelassenem Dandy Max; dieser Typus, dem er vielfältige Formen der Komik abgewinnt, macht ihn vor dem 1. Weltkrieg international höchst populär. Ab 1911 entstehen die Ein- und Zweiakter der Max-Serie in einer eigenen Firma, Linder führt Regie und schreibt zumeist die Drehbücher. 1911–13 zahlreiche Varieté-Auftritte in ganz Europa; Dreharbeiten während der Tourneen. 1917 Engagement in den USA bei der Essanay. 1921/22 eigene Produktionsfirma, die Max Linder Inc., in Hollywood. Sein Spiel voller psychologischer Feinheiten sowie die experimentierfreudige Schnitt- und Kameratechnik seiner Arbeiten haben starken Einfluß auf Charlie Chaplin und Buster Keaton. Der schwer neurasthenische Linder nimmt sich zusammen mit seiner Frau in einem Pariser Hotel das Leben.

[FR] 1905: La première sortie d'un collegien. 1906: Le pendu; Le poison; Le premier cigare d'un collegien; Les contrebandiers. 1907: Sganarelle; Une mauvaise vie; Idée d'apache; Débuts d'un patineur; La légende de Polichinelle; Pitou, bonne d'enfants; Le débuts d'un aéronaute; Un drame à Séville; Le domestique hypnotiseur. 1908: Une conquête; La très moutarde; La rencontre imprévue; Mon pantalon est décousu; Un tic nerveux contagieux; Mes voisins font danser. 1909: Mes voisins me font danser; Trop aimée; Un chien qui rapporte; Un cross country original; Un mariage au puzzle; Une poursuite mouvementée; La timidité vaincue (Ein Serum gegen Schüchternheit); Une campagne électorale; Le soulier trop petit; Le mariage forcé; Le chapeau-claque; Une séance de cinématographe; Le baromètre de la fidélité; N'embrassez pas votre bonne (Küsse nie die Magd im Scherz); La ratelier de la belle-mère; La petite rosse; L'ingénieux attentat; Je voudrais un enfant; Le bridge au plafond; Les débuts d'un yachtman (Max wird Segler); Amoureux de la Femme à Barbe (In eine bärtige Frau verliebt); Le petit jeune homme; Une conquête; Les surprises de l'amour; Un mariage à l'américaine (Amerikanische Hochzeit); En bombe; Petite rosse; À qui mon cœur?; Avant et ... après (Vorher und nachher); Le voleur mondain; La vengeance du bottier (Die Rache des Schuhhändlers). 1910: Max et la belle negresse; Max et la'inauguration de la statue (Max und die Denkmalseinweihung); Max et le téléphone; Max célibataire (Max bleibt ledig); Max et ses trois mariages; Max et son rivale (Max und sein Nebenbuhler); Max fait de la photo (Max will sie knipsen); Max aéronaute; Max a le feu sacré; Max joue le drame (Max als Tragöde); Max maîtresse de piano; L'idiot quise croit Max; Max et Clancy tombent d'accord; Le cauchemar de Max; La timidité guérie par le sérum (Ein Serum gegen Schüchternheit); Les exploits du jeune Tartarin (Prahlhansens Heldentaten); Une bonne pour monsieur, un domestique pour madame (Ein Dienstmädchen für den Herrn, einen Diener für die Frau); Jeune fille romanesque (Ein schwärmerisches Mädchen); Mauvaise vue (Schlechte Augen); Je voudrais un enfant; Soldat pour amour (Soldat aus Liebe); Le serment d'un prince (Der Schwur eines Fürsten); Le pacte (Der Vertrag); L'ingénieux attentat; Tout est bien qui finit bien (Der verliebte Max); Une ruse de mari; Le duel de Mr Myope (Maxens Duell); Le revolver arrange tout (Die Macht des Revolvers); Max fait du ski (Max lernt Skilaufen); Une représentation au cinéma; Les effets des pilules (Wirkung der Pillen/Maxens Pillen); Kirelor bandit par amour (Kyrelor, Bandit aus Liebe); Amour et fromage (Liebe und Käse); Max se trompe d'étage (Max hat sich in der Etage geirrt); Max est distrait (Der zerstreute Max); Trop aimée; Un mariage au puzzle; Une épreuve difficile/Max dans les Alpes (Max und das Edelweiß); La flûte merveilleuse; Un cross-country original; Les débuts de Max au cinéma (Max als Anfänger in der Kinematographie); Max champion de boxe (Max als Boxer); Comment Max Linder fait le tour du monde (Wie Max eine Weltreise macht); Mon chien rapporte; Le soupier trop petit; Max prend un bain (Maxens Bad); Quel est l'assassin? (Wer ist der Täter?); Max hypnotisé (Max ist hypnotisiert); Max manque un riche mariage (Max verfehlt eine reiche Heirat); Max cherche une fiancée (Max sucht eine Braut). 1911: Max amoureux de la teinturière; Max dans sa famille; Max et Jane font des crêpes; Max et son chien Dick (Max und sein Hund); Max lance la mode (Der Hoteldieb); Max veut faire du théâtre; Max reprend sa liberté; Max et son âne; Max, victime du quinquina; Max et Jane en voyage de noces; Max est charitable (Max als Wohltäter); Max ne se mariera pas; Max a trouvé une fiancée (Max hat eine Braut gefunden); Max se marie (Max heiratet); Max et sa belle-mère (Max und seine Schwiegermutter); Voisin ... voisine (Nachbar und Nachbarin); Max a un duel (Max duelliert sich); Max en convalescence (Max auf dem Wege zur Genesung). 1912: La fuite de gaz; Voyage de noces en Espagne; Une nuit agitée; Une idylle à la ferme; Que peut-il avoir?; Max peintre par amour; Max et les femmes; Max et l'Entente Cordiale; Max escamoteur; Max cocher de fiacre (Max wird Droschkenkutscher); Max pratique tous les sports (Max der Sportsmann); Match de boxe entre patineurs à roulettes; Le roman de Max; Le mal de mer; Max toréador (Max wird Torero); Max veut grandir; Amour tenace; Un pari original; La vengeance du domestique; Max professeur de tango (Max als Tangolehrer); Max Linder contre Nick Winter (Max Linder gegen Nick Winter); Max jockey par amour; Max emule de Tartarin; Max collectionneur de chaussures (Max als Stiefelsammler); Max boxeur par amour; Max bandit par amour; La malle au mariage; Un mariage au téléphone. 1913: Les escarpins de Max; La rivalité de Max; La ruse de Max; Le chapeau de Max (Maxens Hut); Le hasard et l'amour; Le rendez-vous de Max; Max à Monaco (Max in Monaco); Max a peur de l'eau (Max ist wasserscheu); Max asthmatique; Max et le billet doux; Max fait des conquêtes; Max n'aime pas les chats (Max ist ein Katzenfeind); Max part en vacances; Max virtuose; Qui a tué Max? (Max will sterben); Un mariage imprévu; Max au couvent; Le duel de Max; Un enlèvement en hydroplane. 1914: Max médecin malgré lui; Max sauveteur; N'embrassez pas votre bonne; Max décoré (Max und sein Orden); Max et le bâton rouge; Max illusioniste (Max als Zauberkünstler); Max et le commissaire; L'anglais tel que Max le parle; Max et la doctoresse (Max und Doktorin); Max dans les airs; Max et le mari jaloux; Max maître d'hôtel; Max pédicure (Max, der Hühneraugen-Operateur); Le 2 août 1914. 1915: Max et le sac; Max devrait porter des bretelles; Max et l'espion. 1916: Max et la Main-qui-étreint; Max entre deux feux. 1917: Max Wants a Divorce [US]; Max Comes Across [US]; Max in a Taxi [US]. 1919: Le petit café. 1920: Le feu sacré. 1921: Seven Years Bad Luck [US]; Be My Wife [US]. 1922: The Three Must-Get-Theres [US]. 1923: Au secours! [CoA]. 1924: Clown aus Liebe/Der Zirkuskönig/Le roi de cirque [AT]. [Wegen der Quellenlage wurde auf eine Aufschlüsselung der Kategorien der Beteiligung verzichtet, zeitgenössische deutsche Titel konnten nur teilweise identifiziert bzw. zugeordnet werden.]

Lingen, Theo
(Franz Theodor Schmitz)
*10. 6. 1903 Hannover
†10. 11. 1978 Wien

Gymnasium bis zur Unter-Prima. Mit 18 Jahren Bühnendebüt am hannoverschen Boulevardtheater Schauburg, 1921 Residenztheater. 1923–25 ist Lingen (Künstlername nach der Geburtsstadt des Vaters) an Theatern in Halberstadt und Münster. 1926 Neues Theater Frankfurt am Main. 1929 als Macheath in Brecht/Weills «Die Dreigroschenoper» am Theater am Schiffbauerdamm erstmals in Berlin. Volksbühne; Kabaretts und Revuen am Kurfürstendamm. 1932/33 Berliner Komödie und Komödienhaus. Ab 1930 Filmarbeit in Komödien und musikalischen Lustspielen wie *Dolly macht Karriere*. Freundliche Schurken in Fritz Langs Krimis *M* und *Das Testament des Dr. Mabuse*. Ab 1933 ausschließlich komische Rollen penibler Charaktere wie näselnder Diener oder Würdenträger, in aussichtslosen Lagen um Etikette bemüht; im Verlauf der Filmkarriere zunehmend nervös bis zur Hysterie gesteigert. Vertreter preußischer Akkuratesse in Filmen mit Hans Moser. 1936 erstmals Regie in der vierteiligen *Eulenspiegel*-Kurzfilm-Serie; 1939–56 Regie bei 18 Spielfilmen, teils nach eigenen Drehbüchern oder Buchvorlagen. 1936–44 Preußisches Staatstheater. Nach Kriegsende zusammen u. a. mit Paul Kemp und Johannes Heesters an der Wanderbühne Künstlergemeinschaft Bad Ischl. 1946 österreichische Staatsangehörigkeit. 1948 Burgtheater, ab 1951 auch Berliner Renaissance-Theater, 1953 Gastspiel in Buenos Aires, später in der Bundesrepublik und der Schweiz. Im Nachkriegsfilm zunächst Hauptrollen in Remakes früher Tonfilm-Erfolge, in Sport-Klamauk wie *Der Theodor im Fußballtor* und in Adaptionen von Arnold-&-Bach-Schwänken. Rollen in Heimatfilmen wie *Heidi* und in Schund wie *Das Liebesleben des schönen Franz*. Im Fernsehen zuweilen seriöse Rollengestaltung, so Riccaut de la Marlinière in *Minna von Barnhelm*. Auch Moderation von Unterhaltungssendungen und Präsentation früher Filmsketche. Eigene Bühnenstücke, Opern- und Operettenlibretti. Bücher u. a. «Ich über mich. Interview eines Schauspielers mit sich selbst» (1963). Die der Ehe mit der Sängerin Marianne Zoff, geschiedene Brecht, entstammende Tochter Ursula (*1928) wird ebenfalls Schauspielerin; die Brecht-Tochter Hanne Hiob (*1923) wächst bei ihnen auf.

[DE] 1930: Dolly macht Karriere; Zwei Krawatten; Das Flötenkonzert von Sanssouci; Die Firma heiratet. 1930/31: M. 1931: Nie wieder Liebe [Version]; Meine Frau, die Hochstaplerin; Zwei himmelblaue Augen; Ronny. 1931/32: Der Frauendiplomat; Die Gräfin von Monte Christo. 1932: Ein toller Einfall; Moderne Mitgift; Mein Name ist Lampe [KF]; Das Testament des Cornelius Gulden; Flucht nach Nizza; Friederike; Zigeuner der Nacht; Der Orlow/Der Diamant des Zaren; Im Bann des Eulenspiegels; Nur ein Viertelstündchen [KF]; Der große Bluff; Marion, das gehört sich nicht; Eine Stadt steht Kopf; So ein Mädel vergißt man nicht [DE/AT]; Welle 4711 [KF]; Meine Frau, seine Frau [KF]; Das Abenteuer einer schönen Frau/Das Abenteuer der Thea Roland. 1932/33: ... und wer küßt mich?; Die kleine Schwindlerin; Das Testament des Dr. Mabuse. 1933: Gipfelstürmer; Liebe muß verstanden sein; Kleiner Mann – was nun?; Wie werde ich energisch? [KF]; Walzerkrieg; Zwei im Sonnenschein; Ein Unsichtbarer geht durch die Stadt; Gutgehendes Geschäft zu verkaufen [KF]; Kleines Mädel – großes Glück; Höllentempo; Ihre Durchlaucht, die Verkäuferin; Keine Angst vor Liebe; Das Lied vom Glück; Die Goldgrube [KF]; Der Jäger aus Kurpfalz; Die Finanzen des Großherzogs; Schlagerpartie [KF]; Ein Mädel wirbelt durch die Welt; Das Blumenmädchen vom Grand-Hotel. 1933/34: Konjunkturritter; Ich kenn' Dich nicht und liebe Dich; Der Doppelgänger; Csibi, der Fratz (Früchtchen) [AT]; Mein Herz ruft nach Dir [D,CoR]; Schön ist es, verliebt zu sein. 1934: Abschiedssymphonie [KF]; ... heute abend bei mir; Herr oder Diener [KF]; Ein Walzer für Dich; Der Doppelbräutigam [CS/DE]; Gern hab' ich die Frau'n geküßt; Liebe dumme Mama; Frühjahrsparade/Tavoszi parádé [AT/DE/HU]; Ich heirate meine Frau; Ich sehne mich nach Dir; Ihr größter Erfolg; Petersburger Nächte; Die Katz' im Sack [FR/DE]. 1934/35: Winternachtstraum; Ein falscher Fuffziger; Der Schlafwagenkontrolleur; Der Himmel auf Erden [AT]. 1935: Held einer Nacht [CS/DE]; Das Einmaleins der Liebe; Ich liebe alle Frauen; Im weißen Rößl [AT/DE]; Der Ammenkönig; Der Kurier des Zaren [FR/DE]. 1935/36: Wer zuletzt küßt (Ungeküßt soll man nicht schlafen geh'n) [AT]; Die Entführung. 1936: Opernring (Im Sonnenschein) [AT]; Der verkannte Lebemann; Wie Eulenspiegel zu Marburg den Landgrafen malte [D,R,CoA – KF]; Wie Eulenspiegel ein Urteil spricht [D,R,CoA – KF]; Wie Eulenspiegel sich einmal erbot, zu fliegen [D,R,CoA – KF]; Wie Eulenspiegel den Neunmalweisen Rede und Antwort steht [D,R,CoA – KF]; Ein Hochzeitstraum; Die Leute mit dem Sonnenstich; Fräulein Veronika (Alles für Veronika) [CH]; Es geht um mein Leben. 1936/37: Der Mann, von dem man spricht [AT]; Premiere [AT]. 1937: Gefährliches Spiel; Heiratsinstitut Ida & Co; Die Austernlilli; Unentschuldigte Stunde (Die unentschuldigte Stunde) [AT]; Zauber der

Bohème [AT]; Die verschwundene Frau [AT]; Der Tiger von Eschnapur; Das indische Grabmal; Fremdenheim Filoda. 1937/38: Immer, wenn ich glücklich bin [AT]; Finale (Die unruhigen Mädchen) [AT]; Es leuchten die Sterne. 1938: Diskretion – Ehrensache; Der Optimist; Dir gehört mein Herz [IT/DE]; Tanz auf dem Vulkan; Marionette [IT]. 1938/39: Drunter und drüber; Das Abenteuer geht weiter (Jede Frau hat ein süßes Geheimnis). 1939: Marguerite: 3 (Eine Frau für Drei) [D,R]; Hochzeitsreise zu dritt; Opernball; Der ungetreue Eckehart; Rote Mühle. 1939/40: Ihr Privatsekretär. 1940: Was wird hier gespielt? [D,R,CoA]; Das Fräulein von Barnhelm; Herz modern möbliert [D,R]; Rosen in Tirol; Sieben Jahre Pech. 1940/41: Hauptsache, glücklich! [R]. 1941: Dreimal Hochzeit; Frau Luna [D,R]; Was geschah in dieser Nacht? [D,R]; Sonntagskinder. 1941/42: Wiener Blut; Sette anni di felicità [Version – IT/DE]; 7 Jahre Glück [IT/DE]. 1942: Liebeskomödie [D,R]; Johann [D,CoA]. 1942/43: Tolle Nacht [D,R]. 1943: Das Lied der Nachtigall [D,R,CoA]. 1943/44: Es fing so harmlos an [D,R,CoA]. 1944: Schuß um Mitternacht. 1944/45: Glück muß man haben (Operettenklänge) [D,R,CoA]; Liebesheirat [D,R,CoA]; Philine [D, R]. 1945/46: Tanzrausch [Version – HU]. 1946: XIV. Renée/Renée XIV. Der König streikt [Unvollendet – HU]. 1947: Wiener Melodien [CoR – AT]; Hin und her [D,R,CoA – AT]. 1949: Nichts als Zufälle; Um eine Nasenlänge. 1950: Der Theodor im Fußballtor; Es schlägt 13 (Jetzt schlägt's 13) [AT]. 1950/51: Die Mitternachtsvenus. 1951: Hilfe, ich bin unsichtbar; Durch Dick und Dünn [D,R,CoA]. 1952: Die Diebin von Bagdad; Schäm Dich, Brigitte! (Wir werden das Kind schon schaukeln) [AT]; Man lebt nur einmal; Heidi [CH]. 1953: Heute Nacht passiert's; Die vertagte Hochzeitsnacht; La figlia del reggimento [BRD/IT]; Die Tochter der Kompanie [BRD/IT]; Heimlich, still und leise; Hurra – ein Junge! 1954: Räubergeschichte [TV]. 1954/55: Heidi und Peter [CH]. 1955: Wie werde ich Filmstar? [D,R]; Wenn die Alpenrosen blüh'n; Die Wirtin zur Goldenen Krone [D,R – AT]. 1955/56: Ein Herz und eine Seele (... und wer küßt mich?) [AT]. 1956: Ein tolles Hotel [AT]; Das Liebesleben des schönen Franz [AT]; Opernball [AT]; Meine Tante – Deine Tante; Der Mustergatte; Wo die Lerche singt [AT]; Halluzinationen [TV]; August, der Halbstarke [AT]; Vater macht Karriere [AT/BRD]. 1957: Die Unschuld vom Lande; Familie Schimek [AT]; Mit Rosen fängt die Liebe an [AT]; Drei Mann auf einem Pferd; Egon, der Frauenheld; Die Beine von Dolores; Almenrausch und Edelweiß [AT]. 1957/58: Was Ihr wollt [TV]. 1958: Im Prater blüh'n wieder die Bäume [AT]; Ein Lied geht um die Welt; Eine Reise ins Glück; Die Sklavenkarawane/Caravana de esclavos [BRD/ES]; König Hirsch [TV – AT]. 1959: Die Nacht vor der Premiere; Die gute Sieben [TV]; Der Löwe von Babylon/Las ruinas de Babilonia [BRD/ES]; Die Gans von Sedan/Une fleur au fusil [BRD/FR]. 1960: Pension Schöller; Sie können's mir glauben [D,R – TV]; Eine Frau fürs ganze Leben; Der Teufel hat gut lachen (3 schräge Vögel/Eine Nacht in Campione) [CH]. 1960/61: Die Kassette [TV]. 1961: Bei Pichler stimmt die Kasse nicht [D,CoA]. 1962: Die Schule der Gattinen [D,R – TV]. 1963: Berlin-Melodie [TV]; Der Musterknabe [AT]; Minna von Barnhelm [TV]; Die Schule der Gatten [D,R – TV]. 1964: Das alte Hotel [TVS – AT]; König Cymbelin [TV – AT]; Tonio Kröger; Kolportage [TV – AT]. 1965: Don Juan oder Die Liebe zur Geometrie [TV]; Die fromme Helene. 1966 Schwarzer Peter [TV]. 1967: Willy Maertens [TV]; Das große Glück [AT]. Die Heiden von Kummerow und ihre lustigen Streiche; Der Vogelhändler [TV]; Die Lümmel von der ersten Bank. 1. Zur Hölle mit den Paukern. 1968: Zum Teufel mit der Penne. Die Lümmel von der ersten Bank. 2. Teil; Wenn die kleinen Veilchen blühen [TV]; Pepe, der Paukerschreck. Die Lümmel von der ersten Bank. 3. Teil; Herbst [TV]; Was Ihr wollt [TV]; Donaug'schichten. 2. Staffel [TVS]. 1969: Königin einer Nacht [TV]; Christoph Kolumbus oder Die Entdeckung Amerikas [TV]; Hurra, die Schule brennt. Die Lümmel von der ersten Bank. 4. Teil. 1970: Johann Strauß und seine Zeit [TV – AT]; Wir hau'n die Pauker in die Pfanne. Die Lümmel von der ersten Bank. 5. Teil; Die Feuerzangenbowle. 1970/71: Wer zuletzt lacht, lacht am besten. 1971: Tante Trude aus Buxtehude; Morgen fällt die Schule aus. Die Lümmel von der ersten Bank. 6. Teil; Hilfe, die Verwandten kommen; Wenn mein Schätzchen auf die Pauke haut; Ball im Savoy [TV]; Die tollen Tanten schlagen zu. 1972: Betragen ungenügend!; Hauptsache Ferien; Immer Ärger mit Hochwürden. 1973: Orpheus in der Unterwelt [TV]. 1974: Die Powenzbande [TV]; Hochzeitsnacht im Paradies [TV]; Der Monddiamant [TV]; Im Hause des Kommerzienrates [TV]. 1974/75: Hoftheater [TVS]. 1975: Tristan [TV]; Beschlossen und verkündet [TVS]; Damals wie heute [TV]; Der Geheimnisträger; Lady Dracula. 1976: Lingen über Lingen [D,A – TV]. 1977: Pariser Geschichten: Der unbequeme Wasserträger [TV]; Egon Friedell – Genie, Kauz und Dilettant [TV-DOK]. 1977/78: Kleine Geschichten mit großen Tieren. Ep: Chef III [TV-EP].

Lion, Margo

*28. 2. 1899 Konstantinopel
†25. 2. 1989 Paris

Die spindeldürre, elegante Deutsch-Französin steigt in den frühen 20er Jahren in Berlin als exzentrische Diseuse zum Star der Kabaretts auf, in Trude Hesterbergs Wilder Bühne, beim Roland von Berlin, im Kabarett der Komiker und in Friedrich Hollaenders Tingel-Tangel. In der Revue «Es liegt in der Luft» (1928) macht sie mit der Nachwuchskraft Marlene Dietrich im lesbisch angehauchten Duett «Wenn die beste Freundin», geschrieben von Lions Mann Marcellus Schiffer und Mischa Spoliansky, Furore. G. W. Pabst besetzt sie in der französischen Version von *Die 3-Groschen-Oper* als Jenny. Von der Ufa mit

Gesangsverpflichtung in einigen französischen Versionen eingesetzt, zuletzt in *Le Dieux s'amusent* (1935), Schünzels *Amphitryon*-Satire. Ab 1933 in Paris. Dort erneute Zusammenarbeit mit Pabst im Lorre-Film *Du haut en bas*. Die eigenwillige Diseuse arbeitet mit Julien Duvivier (*La bandera*) und Marcel Carné (*Jenny*), 1936/37 Erfolg mit drei Pierre-Chenal-Filmen: *L'homme de null part, L'alibi, L'affaire Lafarge*. Daneben Revue-Auftritte und Schallplattenaufnahmen. Während der deutschen Okkupation weicht sie nach Marseille aus. Nach dem Krieg mit redegewandt-burschikosem Auftreten neben ihrer alten Partnerin Marlene Dietrich als Schwester von *Martin Roumagnac* im Film von Georges Lacombe. Ab Mitte der 50er bis in die 70er nur noch sporadisch im Film, so in Jacques Demys *Lola*.

[FR] 1930: L'opéra de quat'sous [Version – DE/FR]. 1931: L'inconstante [Version – DE]; Calais – Douvres [Version – DE]; Die Koffer des Herrn O.F. [DE]. 1932: Stupéfiants [Version – DE]. 1933: La voix sans visage (Die Stimme ohne Gesicht); Du haut en bas; Incognito. 1935: Les Dieux s'amusent [Version – DE]; La bandéra (Kompanie der Verlorenen). 1936: L'homme de nulle part; Jenny. 1937: La danseuse rouge; L'alibi (Alibi); L'affaire Lafarge; Claudine à l'école. 1938: Je chante. 1939: Jeunes filles en détresse. 1945: Tant que je vivrai. 1946: Martin Roumagnac (Martin Roumagnac); La foire aux chimères (Der blinde Engel). 1947: Le diable souffle; Une nuit à Tabarin (Eine Nacht im Tabarin). 1948: Femme sans passé; La femme que j'ai assassiné; La danse de mort/La prigioniera dell'isola [FR/IT]. 1949: Le furet. 1950: L'aiguille rouge (Verträumte Tage); Quai de Grenelle (Dein Weg ist dir bestimmt); Ballerina; Les amants de Bras-mort. 1952: Les amours finissent à l'aube. 1953: Mam'zelle Nitouche/Santarellina (Mamsell Nitouche) [FR/IT]. 1953/54: Le grand jeu/Il grande giuoco (Die letzte Etappe) [FR/IT]. 1959: Katia (Katja, die ungekrönte Kaiserin); Julie la rousse (Rote Haare – freche Lippen). 1960: Lola/Donna di vita (Lola) (Lola, das Mädchen aus dem Hafen) [FR/IT]; Le dialogue des Carmélites/I dialoghi delle Carmelitane (Opfergang einer Nonne) [FR/IT]. 1961: Jusqu'à plus soif. 1970: La faute de l'Abbé Mouret/L'amante del prete [FR/IT]; La rupture/All'ombra del delitto (Hallucination) (Der Riß) [FR/IT/BE]; Le petit matin. 1971: La vie facile. 1975: Docteur Françoise Gailland (Dr. med. Françoise Gailland).

Lisi, Virna
(Virna Pieralisi)
* 8. 10. 1936 Jesi
Nach ihrem Filmdebüt als 16jährige wirkt sie in einer Anzahl von Filmen in kleinen, unbedeutenden Rollen mit. Auch die Titelrolle in *La donne del giorno* (Francesco Maselli) bringt ihr nicht den Durchbruch. Sie wendet sich dem Ausland zu. 1961/62 verpflichtet Joseph Losey sie für seine französische Produktion *Eva*. In Hollywood spielt sie 1964 an der Seite von Jack Lemmon die Hauptrolle in Richard Quines Komödie *How to Murder Your Wife*. Zurück in Italien, arbeitet Lisi in den 60er Jahren in einer großen Zahl qualitativ unterschiedlicher Filme u. a. unter den Regisseuren Pasquale Festa Campanile, Nanny Loy, Pietro Germi und Mauro Bolgnini. In den 70er Jahren übernimmt sie mangels befriedigender Aufgaben kaum Rollen. Ende der 70er Jahre wandelt sich Lisi erfolgreich zur Charakterdarstellerin und überzeugt u. a. in Liliana Cavanis *Al di là del bene e del male* und in Salvatore Samperis *Ernesto*. Sie liefert eine beachtliche Leistung als Mutter in Alberto Lattuadas Film *La cicala* (1979/80). Dann ist Lisi vornehmlich im italienischen Fernsehen tätig und erneuert damit ihre Popularität. 1994 wird sie für ihre Katharina von Medici in Patrice Chereaus Blutbad *La Reine Margot* mit dem Schauspielerpreis in Cannes ausgezeichnet.

[IT] 1953: ... e Napoli canta. 1954: La corda d'acciaio (Das Todesseil); Violenza sul lago (Gewalt am See); Il vetturale del Moncenisio; Ripudiata; Piccola santa; Il cardinale Lambertini; Desiderio 'e sole; Lettera napoletana. 1955: Luna nuova; Lo scapolo/El soltero [IT/ES]; Les hussards [FR]; Le diciottenni (Mädchen von 18 Jahren); La rossa. 1956: La donna del giorno (Karriere um jeden Preis). 1957: Il conte di Matera. 1958: Totò, Peppino e le fanatiche (Totò und Peppino); Vite perdute (La legge del mitra) (Und den Henker im Nacken). 1958/59: Il padrone delle ferriere/Felipe Derblay [IT/ES]. 1959: Un militare e mezzo (Kasernengeflüster); Caterina Sforza, leonessa di Romagna; Il mondo del miracoli (Theaterträume). 1961: Dott. Tanzanella, medico personale del... fondatore dell'impero (Sua eccellenza si fermò a mangiare); Romolo e Remo/Romulus et Rémus (Romulus und Remus) [IT/FR]; Cinque marines per cento ragazze. 1961/62: Eva/Eve (Eva) [IT/FR]. 1962: Il giorno più corto. 1962/63: Les bonnes causes/Il delitto Dupré (Des Teufels schwache Seite/Mordfall Dupré) [FR/IT]. 1963: La tulipe noire/Il tulipano nero/El tulipán negro (Die schwarze Tulpe) [FR/ES/IT]. 1964: How to Murder Your Wife (Wie bringt man seine Frau um) [US]; Coplan prend des risques/Agente Coplan: missione spionaggio (FBI-Agent Cooper – Der Fall Tex) [FR/IT/BE]. 1964/65: Le bambole/Les poupées. 1. EP: La telefonata (Die Puppen) [EP – IT/FR]. 1965: Oggi, domani, dopodomani. 2. EP: L'ora di punta [EP – IT/FR]; Made in Italy. 3. EP: La donna (Made in Italy) [EP – IT/FR]; Casanova '70/Casanova (Casanova '70) [IT/FR]; La donna del lago; Una vergine per il principe/Une vierge pour le prince (Eine Jungfrau für den Prinzen) [IT/FR]. 1966: Not with My Wife, You Don't (Finger weg von meiner Frau) [US]; Signore e signori/Ces nessieurs dames (Aber, aber, meine Herren ...) [IT/FR]; Assault on a Queen (Überfall auf die Queen Mary) [US]. 1967: Arabella; Le dolci signore (Ladies, Ladies); La ragazza e il generale/La fille et le général (Das Mädchen und der General) [IT/FR]; La vingt-cinquième heure/La venticinquesima ora (Die 25. Stunde) [FR/IT]. 1968: The Secret of Santa Vittoria (Das Geheimnis von Santa Vittoria) [US]; Meglio vedova (Lieber eine junge Witwe) [IT/FR]; Tenderly/Il suo modo di fare/The Girl Who Couldn't Say No (Das Mädchen, das nicht ja sagen konnte) [IT/GB]. 1968/69: If It's Tuesday, This Must Be Belgium (So reisen und so lieben wir) [US]. 1969: L'Arbre de Noel/L'Albero di Natale (Pascal) [FR/IT]; Le temps des loups/Uccidi, uccidi, uccidi ancora (Schüsse aus der Manteltasche) [FR/IT]. 1970: The Statue [GB]; Un beau monstre/Il bel mostro (Der letzte Tanz des blonden Teufels) [FR/IT]; Giochi particolari [IT/FR]. 1971: Roma bene/Scandale à Rome/Roma Bene-Liebe und Sex in Rom [IT/FR/BRD]. 1972: Les galets d'Etretat [FR]; Barbe-Bleue/Barbablù/Blaubart [FR/IT/BRD]. 1973: Zanna Bianca/Colmillo blanco/Croc-Blanc (Wolfsblut) [IT/ES/FR]; Le serpent/Il serpente/Die Schlange [FR/IT/BRD]. 1974: Il ritorno di Zanna Bianca/Die Teufelsschlucht der wilden Wölfe/Le retour de Buck le loup [IT/BRD/FR]. 1977: Al di là del bene e del male/Au-delà du bien et du mal/Jenseits von Gut und Böse [IT/FR/BRD]. 1978: Ernesto [IT/ES/BRD]. 1979/80: La cicala; Bugie bianche (Gestohlene Herzen). 1980: Miss Right [US]. 1982: Sapore di mare (Gelati und Amore). 1984: Amarsi un po' (Ein bißchen verliebt); Christopher Columbus/Christoph Columbus [TV – IT/DE/US]. 1988: I ragazzi di via Panisperna (Enrico Fermi – Im Banne des Atoms) [TV]; I Love N.Y. [US]; Se un giorno busserai alla mia porta [TV]. 1989: E non se ne vogliono andare! [TV]; Buon Natale, Buon Anno/Joyeux Noël (Gino & Elvira – Alte Liebe rostet nicht) [IT/FR]. 1990 E se poi non se ne vanno? [TV]; I misteri della giungla nera (Das Geheimnis des schwarzen Dschungels) [TV]. 1992: Passioni [TV]. 1994: La Reine Margot (Die Bartholomäusnacht) [FR]. 1996: Và dove ti porta il cuore/Geh, wohin dein Herz dich trägt [IT/FR/DE].

Lloyd, Harold

(Harold Clayton Lloyd)
*20. 4. 1893 Burchard (Nebraska)
†8. 3. 1971 Hollywood

Besuch der School of Dramatic Art in San Diego. Mitglied eines Tourneetheaters. 1913 Auftritt in Los Angeles, Statist in den Edison- und Universal-Studios. 1914 mit Hal Roach Entwicklung der komischen Filmfigur «Willie Work» als Chaplin-Imitation. 1915–17 als «Lonesome Luke» in fast 100 Einaktern, oft mit Bebe Daniels und Snub Pollard. Trotz Erfolges 1917 Entwicklung einer neuen Serie mit einem nervösen jungen Mann mit Hornbrille und Strohhut als Helden. Sehr schnell weltweite Popularität. In Deutschland als «Er» bekannt, ist diese Figur mit allen Attributen des amerikanischen Durchschnittsbürgers ausgestattet. Lloyd bleibt ihr bis zu seiner letzten Filmrolle 1947 in *Mad Wednesday* (Preston Sturges) treu. Ab 1921 dreht er lange Spielfilme. Bis 1923 Produktion in Zusammenarbeit mit Roach, danach allein. Regie führt meist Fred Newmeyer, manchmal auch gemeinsam mit Sam Taylor, so *Safety Last*, *Girl Shy* oder als scheuer Collegestudent in *The Freshman*. 1927 in *The Kid Brother* (Ted Wilde, J. A. Howe). In den 20er Jahren übertrifft seine Popularität zeitweise die der Kollegen Keaton und Chaplin. Nach der Einführung des Tons schwindet seine Wirksamkeit, er tritt nur noch gelegentlich vor die Kamera, so 1932 in *Movie Crazy* (Clyde Bruckman). Obwohl nie nominell Regisseur seiner Produktionen, prägt er diese genauso wie Chaplin und Keaton ihre Werke. 1953 Ehren-Oscar für das Gesamtwerk. Da er die Kontrolle über seine Produktionen behält, macht er ein Vermögen und kann sie in den 60er Jahren erfolgreich in Kompilationen auswerten. Veröffentlichung der Bücher «An American Comedy: An Autobiography» (1928) und «Harold Lloyd's World of Comedy» (1964).

[US] 1913: Hide and Seek; The Old Monk's Tale; A Little Hero; His Chum the Baron; Cupid in the Dental Parlor; Twixt Love and Fire; From Italy's Shore; Samson and Delilah; Algy on the Force. 1914: Willie's Haircut; The Wizard of Oz; Willie; The Hungry Actors; His Heart, His Hand And His Sword. 1915: Into The Light; Love, Loot and Crash; Willie Goes to Sea; Willie Runs the Park; Just Nuts; Miss Fatty's Seaside Lovers; Lonesome Luke; Once Every Ten Minutes; Court House Crooks; Soaking the Clothes; Pressing His Suit; Terribly Stuck Up; A Mixup for Mazie; Some Baby; Fresh from the Farm; Giving Them Fits; Bughouse Bellhops; Tinkering with Trouble; Great While It Lasted; Ragtime Snap Shots; A Foozle at a Tea Party; Ruses, Rhymes, Roughnecks; Peculiar Patients Pranks; Lonesome Luke, Social Gangster; Luke Leans to the Literary; Spit Ball Sadie. 1916: Luke Lugs Luggage; Luke the Candy Cut-Up; Luke Foils the Villain; Luke and the Rural Roughnecks; Luke Pipes the Pippins; Lonesome Luke, Circus King; Luke's Double; Them Was the Happy Days; Luke and the Bomb Throwers; Luke's Late Lunchers; Luke Laughs Last; Luke's Fatal Flivver; Luke's Society Mixup; Luke's Washful Waiting; Luke Rides Roughshod; Luke – Crystral Gazer; Luke's Lost Lamb; Luke Does the Midway; Luke Joins the Navy; Luke and the Mermaids; Luke's Speedy Club Life; Luke and the Bang-

Tails; Luke, the Chauffeur; Luke's Preparedness Preparation; Luke, the Gladiator; Luke, Patient Provider; Luke Lolls in Luxury; Luke's Newsie Knockout; Luke's Movie Muddle; Luke, Rank Impersonater; Luke's Fireworks Fizzle; Luke Locates the Loot; Lukes Shattered Sleep; Luke's Lost Liberty. 1917: Luke's Busy Day; Luke's Trolley Trouble; Lonesome Luke, Lawyer; Luke Wins Ye Ladye Faire; Lonesome Luke's Lively Life; Lonesome Luke on Tin Can Alley; Lonesome Luke's Honeymoon; Lonesome Luke, Plumber; Lonesome Luke in Stop! Luke! Listen!; Lonesome Luke, Messenger; Lonesome Luke, Mechanic; Lonesome Luke's Wild Women; Over the Fence; Lonesome Luke Loses Patients; Pinched; By the Sad Sea Waves; Lonesome Luke in Birds of a Feather; Bliss; Lonesome Luke from London to Laramie; Rainbow Island; The Flirt; Lonesome Luke in Love, Laughs and Lather; All Aboad; Lonesome Luke in We Never Sleep; Move On; Bashful; Lonesome Luke in Clubs Are Trump; The Tip. 1918: The Big Idea; The Lamb; Hit Him Again; Beat It; A Gasoline Wedding; Here Come the Girls; Look Pleasant Please («Er» als Photograph); Let's Go; On the Jump; Follow the Crowd; Pipe the Whiskers; It's a Wild Life; Hey There; Kicked Out; The Non-Stop Kid; Two-Gun Gussie; Fireman, Save My Child («Er» als Feuerwehrmann); The City Slicker; Sic 'em Towser; Somewhere in Turkey («Er» bei den Türken); Are Crooks Dishonest?; An Ozark Romance («Er» fängt Bären); Kicking the Germ out of Germany; That's Him; Bride and Gloom; Two Scrambled; Bees in His Bonnet; Swing Your Partners; Why Pick on Me?; Nothing but Trouble; Hear 'em Rave; Take a Chance; She Loves Me Not; Wanted – $5000; Going! Going! Gone!; Ask Father; On the Fire; Look out Below; Next Aisle Over; Ring up the Curtain. 1919: I›m on My Way; Dutiful Dub; Young Mr Jazz («Er» als Mr. Jazz); A Sammy in Siberia; Just Dropped In; Crack Your Heels; Si, Senor; Before Breakfast; The Marathon («Er» als Marathonläufer); Back to the Woods; Pistols for Breakfast; Swat the Crook; Off the Troley; Spring Fever (Schwüle Frühlingstage); Billy Blazes, Esq.; Just Neighbors (Zwei gute Nachbarn); At the Old Stage Door («Er» als Kulissenschieber); Never Touched Me; A Jazzed Honeymoon; Count Your Change; Chop Suey & Co.; Heap Big Chief («Er» als Präriejäger); Don't Shove; Be My Wife; The Rajah («Er» – Träume sind Schäume); He Leads, Others Follow; Soft Money; Count the Votes; Pay Your Dues; Bumping into Broadway; His Only Father; Captain Kidd's Kids; From Hand to Mouth (Harold Lloyd: Von der Hand in den Mund); His Royal Slyness («Er» als falscher Prinz). 1920: Haunted Spooks («Er» im Hause des Schreckens); An Eastern Westerner («Er» im Wilden Westen); High and Dizzy («Er» heilt die Mondsüchtigen); Get Out and Get Under (Harold Lloyd: Der Autonarr); Number Please (Harold Lloyd: Die Nummer, bitte?). 1921: Now or Never («Er» im Schlafwagen); Among Those Present («Er» auf Fuchsjagd); I Do («Er» als zwanzigfacher Familienvater); Never Weaken («Er» im Paradies); A Sailor-Made Man (Matrose wider Willen). 1922: Grandma's Boy (Großmutter Junge); Doctor Jack (Dr. Jack). 1923: Safety Last (Ausgerechnet Wolkenkratzer); Why Worry (1000 : 1 = Harold Lloyd). 1924: Girl Shy (Mädchenscheu) [D,P]; Hot Water (Harolds liebe Schwiegermama) [D,P]. 1925: The Freshman (Harold Lloyd, der Sportstudent) [D,P]. 1926: For Heaven's Sake (Um Himmels Willen, Harold Lloyd!) [D,P]. 1927: The Kid Brother (Harold der Pechvogel) [D,P]. 1928: Speedy (Los – Harold – Los) [D,P]. 1929: Welcome Danger (Harold, der Drachentöter) [D,P]. 1930: Feet First (Harold, halt dich fest!) [D,P]. 1932: Movie Crazy (Filmverrückt). 1934: The Cat's Paw (Harold Lloyd, der Strohmann). 1935/36: The Milky Way (Ausgerechnet Weltmeister). 1938: Professor Beware (Der gejagte Professor) [D,P]. 1941: A Girl, a Guy, and a Gob [P,(R)]. 1942: My Favorite Spy. 1947: The Sin of Harold Diddlebock/Mad Wednesday! (Verrückter Mittwoch). 1953: Color Comes of Age.

Loebinger, Lotte

*10. 10. 1905 Kattowitz

Nach Schulbesuch Kindergärtnerin, später Verkäuferin in Kiel. Mitarbeit im Kommunistischen Jugendverband, vor allem in Agitprop-Gruppen. 1925 in Breslau zuerst auf der Bühne. Ab 1927 Elevin an der Berliner Volksbühne, an der Piscatorbühne am Nollendorfplatz und im 1930 gegründeten Piscator-Kollektiv. 1927 Ehe mit dem kommunistischen Funktionär Herbert Wehner. Filmdebüt in Fritz Langs *M*. 1933 Emigration aufgrund des antifaschistischen Engagements. Mit einer Gruppe jüdischer Schauspieler nach Polen, dort ausgewiesen; über Prag in die Sowjetunion. Dort 1934 in Piscators *Vosstanie rybakov* nach Anna Seghers' «Aufstand der Fischer von Santa Barbara». 1936 Mutter Lembke im antifaschistischen Emigranten-Film *Borzy* (Gustav von Wangenheim). In Moskau Sprecherin beim sowjetischen Allunions-Radiokomitee Moskau, Lektorin und Deutschlehrerin. 1945 nach Ost-Berlin, zunächst Kleines Theater unter den Linden, 1950/51 Deutsches Theater, 1951 Maxim Gorki Theater. 1946 in Gerhard Lamprechts Jugend- und Trümmerfilm *Irgendwo in Berlin*. Zahlreiche Rollen lebenserfahrener, mütterlicher Frauen, so die Fürsorgerin Herta Scholz in *Frauenschicksale* (Slatan Dudow). Als bitter und mißtrauisch, aber nicht böse gewordene Bauersfrau Situra in Kurt Maetzigs *Schlösser und Katen*. Ab 1959 auch in TV-Filmen, z. B. Mutter Mörschel in *Kleiner Mann – was nun?* Äußerst gegensätzliche Rollen in zwei TV-Filmen von Thomas Langhoff: als schrullige Druckerei-Hilfsarbeiterin Klara in *Ich will nicht leise sterben*; als bornierte wie jedoch auch als sympathische Kleinbürgerin Julia in *Guten Morgen, du Schöne!* nach einem Tonbandprotokoll von Maxie Wander.

[DE/DDR] 1930/31: M. 1932: Eine Stadt steht Kopf. 1934: Vosstaniji rybakov (Der Aufstand der Fischer) [SU]. 1936: Borzy (Kämpfer) [SU]. 1946: Irgendwo in Berlin. 1947/48: Grube Morgenrot; Straßenbekanntschaft. 1948: Und wieder 48! 1949/50: Dr. Semmelweis – Retter der Mütter/Stunde der Entscheidung. 1950: Saure Wochen – frohe Feste; Das kalte Herz. 1952: Frauenschicksale. 1953/54: Ernst Thälmann – Sohn seiner Klasse. 1954: Der Teufel vom Mühlenberg. 1954/55: Einmal ist keinmal. 1955: 52 Wochen sind ein Jahr. 1956: Schlösser und Katen. 1. Der krumme Anton./2. Annegrets Heimkehr. 1957: Jahrgang 21/Ročník jedenadvacet [DDR/CS]. 1957/58: Sie kannten sich alle. 1959: Musterknaben. 1959/60: Der Moorhund. 1960: Immer am Weg Dein Gesicht [TV]; Toter Winkel [TV]; Gerichtet bei Nacht [TV]. 1961: Tempel des Satans [TV]. 1963: Der fünfzigste Geburtstag [TV]. 1964: Als Martin 14 war. 1965: Die Richterin [TV]; Engel im Fegefeuer; Ich glaube an den Menschen [TV]. 1966: Blaulicht: Ein Mann zuviel [TV]; Frau Jenny Treibel oder Wo sich Herz zum Herzen findet [TV]. 1967: Kleiner Mann – was nun? [TV]. 1970: Djamila [TV]; Verspielte Heimat. 1971: Liebeserklärung an G.T.; Die Braut Nadja [TV]; Regina B [TV]. 1971/72: Lützower. 1973: Der Wüstenkönig von Brandenburg; Für die Liebe noch zu mager? 1973/74: Die Mission [TV]; Zwischen vierzig und fünfzig [TV]. 1975: Bin ich Moses? [TV]. 1976/77: Abschied vom Frieden [TV]. 1977: Ich will nicht leise sterben [TV]; Auftrag: Überleben [TV]. 1978: Blanka [TV]. 1978/79: Tull [TV]. 1979: … noch einmal so leben [TV]; Guten Morgen, du Schöne! 3. Barbara [TVS]; Karlchen, durchhalten! [TV]. 1979/80: Das Mädchen Störtebeker [TVS]. 1980: Als Unku Edes Freundin war … 1981: Die Erbschaft [TV]. 1981/82: Der Prinz hinter den sieben Meeren. 1982: Woll'n wir tauschen? [TV]; Melanie van der Straaten [TV]. 1982–84: Drei Schwestern [TV]. 1982/83: Der Mann und sein Name [TV]. 1983: Der Mann mit dem Ring im Ohr; Flüchtige Bekanntschaft [TV]. 1983–85: Mein lieber Onkel Hans [TV]. 1983/84: Der Staatsanwalt hat das Wort: Ein Kartenhaus [TV]. 1984/85: Jan auf der Zille. 1986: Käthe Kollwitz – Bilder eines Lebens. 1987/88: Tiere machen Leute [TVS]. 1988: Grüne Hochzeit. 1989: Testamente [TV]. 1989/90: Hitlerjunge Salomon/Europa, Europa [BRD/FR]. 1991: Ein Engel namens Flint [TVS]. 1992: Heller Tag. 1994: Tatort: Ein ehrenwertes Haus [TV]; Adamski [TV]; Ein letzter Wille [TV].

Lollobrigida, Gina

* 4. 7. 1927 Subiaco

Nach dem Besuch eines Liceo artistico (künstlerische Oberschule) zunächst Modell für Fotoromane. 1947 belegt sie beim «Miss Italia»-Wettbewerb einen dritten Platz und kommt zum Film. Nach einer Serie kleinerer Rollen verpflichtet Alberto Lattuada sie für *Il delitto di Giovanni Episcopo*, 1949 beschäftigt sie Luigi Zampa in *Campane a martello*. Der amerikanische Film-Tycoon Howard Hughes läßt sie nach Hollywood kommen, aber Lollobrigida hat jenseits des Atlantiks keinen Erfolg und kehrt bald wieder zurück. Anfang der 50er Jahre arbeitet sie in Frankreich, macht in Christian-Jacques *Fanfan, la Tulipe* und in René Clairs *Les belles-de-nuit* auf sich aufmerksam. Internationale Popularität erringt sie erst neben Vittorio De Sica in der volkstümlichen Rolle der Bersagliera in zwei Filmen von Luigi Comencini: *Pane, amore e fantasia* und *Pane, amore e gelosia*. Die «Lollo» wird zum Prototyp der italienischen Schönheit, der «Sexbombe», deren Filme erfolgreich in alle Welt exportiert werden. Sie nutzt ihre Popularität und dreht eine Reihe von Filmen unterschiedlicher Qualität in Europa und in Hollywood, z. B. 1953 *Beat the Devil* (John Huston), in dem sie an der Seite von Humphrey Bogart spielt, in Frankreich u. a. Jules Dassins *La loi* (1958). Mitte der 60er Jahre arbeitet sie wieder in Italien, vorzugsweise in Filmen Mauro Bologninis (*Un bellissimo novembre*) und Blazettis (*Io, io, io … e gli altri*). 1971 willigt sie ein, in der italienischen Fernsehproduktion *Le avventure di Pinocchio* die Rolle der guten Fee «Turchina» zu übernehmen. Seit 1973 immer seltenere Auftritte in Film und Fernsehen, z. B. italienische Cousine in der amerikanischen TV-Serie *Falcon Crest*. Ab den 70er Jahren widmet sich Lollobrigida immer mehr ihrem Hobby, der Fotografie.

[IT] 1946: L'elisir d'amore; Lucia di Lammermoor (Lucia di Lammermoor); Aquila nera (Schwarzer Adler). 1947: A Man About the House (Romanze im Süden); Il delitto di Giovanni Episcopo; Il segreto di Don Giovanni. 1948: Pagliacci (Bajazzo); La danse de mort/La prigioniera dell'isola [FR/IT]; Follie per l'opera. 1949: Campane a martello; Miss Italia; A Tale of Five Cities/Passaporto per l'oriente. 2. Ep. [EP – GB/IT]; Anselmo ha fretta (Länger kann die Braut nicht warten). 1950: Cuori senza frontiere (Herzen kennen keine Grenzen); Alina (Zwischen Liebe und Laster); Vita da cani. 1951: La città si difende (Jagd ohne Gnade); Amor non ho! Però, però …; Achtung! Banditi!; Enrico Caruso, leggenda di una voce (Wunder einer Stimme – Enrico Caruso). 1951/52: Fanfan la Tulipe (Fanfan, der Husar) [FR/IT]. 1952: Les belles-de-nuit/Le belle della notte (Die Schönen der Nacht) [FR/IT]; Moglie per una notte (Frau für eine Nacht); Altri tempi. 9. Ep: Il processo di Frine (Andere Zeiten) [EP]; Le infedeli (Untreue). 1952/53: La provinciale (Gefährliche Schönheit). 1953: Pane, amore e fantasia (Liebe, Brot und Phantasie); Beat the Devil (Schach dem Teufel) [US]. 1953/54: Le grand jeu/Il grande giuoco (Die letzte Etappe) [FR/IT]. 1954: Pane, amore e gelosia (Liebe, Brot und Eifersucht); Il maestro di Don Giovanni/Crossed Swords (Gekreuzte Klingen) [IT/US]; La romana/La belle romaine (Die freudlose Straße) [IT/FR]. 1955: La donna più bella del mondo/La belle des belles (Die schönste Frau der Welt) [IT/FR]. 1956: Notre-Dame de Paris (Der Glöckner von Notre-Dame) [IT/FR]; Trapeze (Trapez) [US]. 1957/58: Anna di Brooklyn (Anna von Brooklyn) [IT/FR]. 1958: La loi/La legge (Wo der heiße Wind weht) [FR/IT]. 1959: Never So Few (Wenn das Blut kocht) [US]; Solomon and Sheba (Salomon und die Königin von Saba) [US]. 1960: Go Naked in the World (Geh nackt in die Welt) [US]. 1961: Come September (Happy-End im September) [US]. 1962: La bellezza d'Ippolita/La beauté d'Hyppolite (Die schöne Ippolita) [IT/FR]; Venere imperiale/Vénus Imperiale (Kaiserliche Venus) [IT/FR]. 1963: Mare matto/La mère à boire (Verrückte Seefahrt) [IT/FR]. 1964: Woman of Straw (Die Strohpuppe) [GB]. 1964/65: Le bambole/Les poupées. 4. Ep: Monsignor Cupido (Die Puppen) [EP – IT/FR]. 1965: Io, io, io ... e gli altri [IT/FR]; Strange Bedfellows (Fremde Bettgesellen) [US]. 1966: Le piacevoli notti. 2. Ep [EP]; Hotel Paradiso (Hotel Paradiso) [GB]; Les sultans/L'amante italiana (Nur eine Nacht, Chérie) [FR/IT]. 1967: Cervantes/Le avventure e gli amori di Miguel Cervantes/Les aventures extraordinaires de Cervantes (Cervantes, der Abenteurer des Königs) [ES/IT/FR]; La morte ha fatto l'uovo/La mot a pondu un œuf (Die Falle) [IT/FR]. 1968: Buona sera, Mrs. Campbell (Buona Sera, Mrs. Campbell) [US]; Stuntman (Liebe, Laster und Ganoven) [IT/FR]; The Private Navy of Sgt. O'Farrell (Wo bitte, gibt's Bier an der Front?) [US]; Un bellissimo novembre/Ce merveilleux autômne (Ein heißer November) [IT/FR].1970: El hombre de Rio Malo/ ... e continuavano a fregarsi il milione di dollari/Les quatre mercenaires d'El Paso [ES/IT/FR]. 1971: Le avventure di Pinocchio/Les Aventures de Pinocchio/Pinocchio [TVS – IT/FR/BRD].1972: King, Queen, Knave/Herzbube [US/BRD]. 1973: No encontre rosas para mi madre/Peccato mortale/Roses rouges et piments verts [ES/IT/FR]. 1975: Portrait of Fidel Castro [R – DOK]. 1977: Nido de viudas [ES]. 1982: Stelle emigranti. 1984: Falcon Crest (Falcon Crest) [TVS – US]. 1985: Deceptions [TV – US]. 1990: La romana. 1994: Les cent et une nuits/A Hundred and One Nights [FR/GB]. 1997: XXL [FR].

Lombard, Carole
(Jane Alice Peters)
*6. 10. 1908 Fort Wayne (Indiana)
†16. 1. 1942 Flugzeugabsturz bei Las Vegas

Als Kind Tanz- und Schauspielunterricht. 1921 Filmdebüt als 13jährige in Allan Dwans *A Perfect Crime*. Besuch der Fairfax High School und der Marian Nolks Dramatic School. 1925 Hauptrolle neben Edmund Lowe in *Marriage in Transit* (R. William Neill) und Vertrag von William Fox. Mitwirkung in Western – u. a. als Partnerin von Buck Jones – und Komödien. 1927 Lösung des Vertrages und Arbeit für Mack Sennetts Slapstick Comedies – u. a. Partnerin von Billy Bevan, Mack Swain und Chester Conklin. Ab 1930 bei Paramount, entwickelt sie sich in Lustspielen und Komödien zu einem der populärsten Stars der 30er Jahre. Auch in Filmen mit ihrem ersten Ehemann William Powell, u. a. in *Ladies' Man* (Lothar Mendes). Mit John Barrymore als umworbener Star Lily Garland in Howard Hawks' *Twentieth Century*, einem Klassiker der Screwball Comedies. In Mitchell Leisens *Hands Across the Table* als Maniküre Regi Allen zwischen Fred McMurray und Ralph Bellamy. 1936 Oscar-Nominierung mit der Hauptrolle in Gregory La Cavas *My Man Godfrey* mit William Powell. Neben Fredric March in Ben Hechts zynischer Presse-Komödie *Nothing Sacred* (William A. Wellman). 1940 in *They Knew What They Wanted* (Garson Kanin) als von Charles Laughton umworbene Kellnerin Amy Peters. Höhepunkte werden ihre letzten beiden Filme: Alfred Hitchcocks Ehe-Verwirrung *Mr. And Mrs. Smith* und Ernst Lubitschs Anti-Nazi-Komödie *To Be Or Not To Be*. Über ihre Beziehung zu Clark Gable (Ehe ab 1939) entsteht 1965 der Spielfilm *Gable and Lombard* (Sidney J. Furie) mit Jill Clayburgh in der weiblichen Hauptrolle.

[US] 1921: A Perfect Crime. 1925: Marriage in Transit; Gold and the Girl; Hearts and Spurs; Durand of the Bad Lands. 1926: The Road to Glory. 1927: Hold That Pose [KF]; A Gold Digger At Weepah [KF]; The Girl from Everywhere [KF]; Smith's Pony [KF]. 1928: The Swim Princess [KF]; Run, Girl, Run [KF]; His Unlucky Night [KF]; The Campus Vamp [KF]; The Best Man [KF]; The Girl from Nowhere [KF]; The Beach Club [KF]; The Campus Carmen [KF]; The Bicycle Flirt [KF]; Divine Sinner; Power; Me, Gangster; Show Folks. 1929: Matchmaking Mamas [KF]; Big News; Ned McCobb's Daughter; High Voltage; The Racketeer; Dynamite. 1930: The Arizona Kid; Safety in Numbers; Fast and Loose. 1931: It Pays to Advertise; Man of the World; Ladies' Man; Up Pops the Devil; I Take This Woman. 1931/32: No One Man. 1932: Sinners in the Sun; Virtue (Unbescholten); No More Orchids; No Man of Her Own. 1933: From Hell to Heaven; Supernatural; The Eagle and the Hawk; Brief Moment; White Woman. 1933/34: Bolero (Bolero). 1934: We're Not Dressing; Twentieth Century (Napoleon vom Broadway); Now and Forever (Treffpunkt Paris!); Lady by Choice; The Gay Bride. 1934/35: Rumba. 1935:

Hands Across the Table (Liebe im Handumdrehen). 1936: Love before Breakfast; The Princess Comes Across (Kabine B 50); My Man Godfrey (Mein Mann Godfrey). 1937: Swing High, Swing Low (Mal oben, mal unten); Nothing Sacred (Denen ist nichts heilig); True Confession (Ein Mordsschwindel). 1938: Fools for Scandal (Madame haben geläutet?); Made for Each Other (Ein ideales Paar). 1939: In Name Only (Nur dem Namen nach). 1939/40: Vigil in the Night. 1940: They Knew What They Wanted. 1941: Mr. and Mrs. Smith (Mr. und Mrs. Smith). 1942: To Be or Not to Be (Sein oder Nichtsein).

Łomnicki, Tadeusz

* 18. 7. 1927 Podhajce bei Lwów

† 22. 2. 1992 Posen

Während der deutschen Okkupation Schauspielunterricht im Untergrund. Nach 1945 Fortsetzung der Ausbildung im Studio des Stary Teatr in Krakau. Ab 1949 Schauspieler und Regisseur am Współczesny-Teatr. Filmdebüt 1946 in *Dwie godziny*. Herausragende Leistungen bietet er unter der Regie von Andrzej Wajda 1954 als Arbeiterjunge Stach in *Pokolenie* und 1960 als Sportarzt und Jazzfanatiker Bazyli in *Niewinni czarodzieje*. Er überzeugt als Oberleutnant im 2. Teil von Andrzej Munks *Eroica* oder als Grzegorz in der von Aleksander Ford realisierten Hłasko-Adaption *Ósmy dzień tygodnia*. In historischen Filmen entwickelt er sich zum vielseitigen Charakterdarsteller. Für die Titelrolle in Jerzy Hoffmans Sienkiewicz-Verfilmung *Pan Wołodyjowski* erhält er 1969 den Darstellerpreis des Festivals in Moskau. Łomnicki – 1971–81 Rektor der Warschauer Theaterhochschule und 1975–81 Leiter des Teatr na Woli in Warschau – wird 1957, 1969 und 1978 mit dem Staatspreis ausgezeichnet. 1980 tritt er als Adam in Krzysztof Zanussis *Kontrakt* auf. Im folgenden Jahr gibt ihm Kieślowski in *Przypadek* mit der Gestalt des alten, in den 50er Jahren zu Unrecht verurteilten Kommunisten Werner eine seiner interessantesten Aufgaben. Seine letzte Rolle erhält er von Jerzy Skolimowski in der Gombrowicz-Dramatisierung *Ferdydurke*. Łomnicki, der in Polen als hervorragendster Schauspieler seiner Generation gilt, wird von Ludwik Perski 1992 in der dreiteiligen TV-Dokumentation *Ja, Komediant* gewürdigt.

[PL] 1946: Dwie godziny. 1948: Stalowe serca. 1950: Dwie brygady (Zwei Brigaden). 1951: Załoga (Junge Matrosen). 1953: Żołnierz zwycięstwa (Der Soldat des Sieges); Piątka z ulicy Barskiej (Die Fünf aus der Barska-Straße). 1954: Pokolenie (Eine Generation). 1956: Trzy kobiety (Drei Frauen). 1957: Eroica (Eroica – Polen 44) [EP]. 1958: Baza ludzi umarłych (Himmelfahrtskommando); Ósmy dzień tygodnia/ Der 8. Wochentag [PL/BRD]. 1959: Zamach (Attentat); Kamienne niebo. 1960: Czas przeszły (Vergangenheit); Niewinni czarodzieje (Unschuldige Zauberer). 1962: Zerwany most (Die abgerissene Brücke). 1963: Mansarda; Wiano. 1964: Pierwszy dzień wolności (Der erste Tag der Freiheit); Życie raz jeszcze (Das Leben noch einmal). 1965: Głos ma prokurator (Der Staatsanwalt hat das Wort); Potem nastąpi cisza. 1966: Bariera (Barriere); Kontrybucja; Angeklagt nach § 218 /Der Arzt stellt fest [BRD/CH]. 1967: Stajnia na Salwatorze (Der Stall am Salvator); Fatalista (Der Fatalist) [TV]; Morderca zostawia ślad (Der Mörder hinterläßt Spuren); Zabijaka [TV]. 1967–81: Ręce do góry. 1968: Pan Wołodyjowski (Leben, Liebe und Tod des Obersten Wolodyjowski). 1969: Przygody pana Michała (Die Abenteuer des Herrn Michal) [TVS]. 1970: Mała ankieta [TV]; Pan Dodek. 1971: Gwiazda wytrwałości [TV]. 1972: Poślizg (Unfallstrecke). 1973: Listy naszych czytelników [TV]; Nagrody i odz naczenia (Schicksale am Kreuzweg). 1974: Potop (Sintflut). 1974–77: Soldaty svobody (Soldaten der Freiheit) [SU]. 1976: Człowiek z marmuru (Der Mann aus Marmor). 1977: Akcja pod Arsenałem; Granica (Erinnere dich, erinnere dich an alles); Tańcz ący jastr ząb. 1978: ... gdziekolwiek jesteś, Panie Prezydencie ... (Wo immer Sie sind, Herr Präsident). 1979: Klucznik [TV]. 1980: Kontrakt (Die Braut sagt nein) [TV]; Wizja lokalna 1901. 1981: Przypadek (Der Zufall möglicherweise); Limuzyna Daimler-Benz/Der Konsul [PL/ BRD]. 1984: Dom wariatów. 1985: Miłość z listy przebojów. 1986: Kronika wypadków miłosnych (Chronik von Liebesunfällen). 1988: Dekalog VIII (Dekalog, Acht) [TV]. 1989: Opowieść o «Dziadach» Adama Mickiewicza. Lawa. 1990: All of me [BRD]; Napoleon w Europie. Warszawa/Napoléon. Marie Walewska [TVS – PL/FR]; Pensjonat «Słoneczny blask»/Pensionat Sonnenschein [PL/BRD]; Seszele. 1991: Ferdydurke/30 Door Key [PL/GB/FR]. 1992: Ja, Komediant [TV-DOK].

Lonsdale, Michel

(Michaël Crouch)

* 24. 5. 1931 Paris

Französische Mutter und englischer Vater. Kindheit in London und Marokko. Bei Radio Rabat im 2. Weltkrieg als Sprecher im Kinderfunk. 1947 Rückkehr nach Paris; dort 1952–55 Schauspielunterricht bei Tania Balachova. 1955 erster Bühnenauftritt unter Raymond Rouleau am Théâtre des Mathurins. In zahlreichen Shakespeare-Inszenierungen und in modernen Stücken, für die er seit 1973 auch Regie führt. Beim Film seit Beginn der 60er Jahre in zahlreichen Nebenrollen, gleichermaßen professionell in durchschnittlichen wie ambitionierten Projekten. Enge Zusammenarbeit mit Alain Robbe-Grillet und Marguerite Duras, den Repräsentanten des Nouveau roman im französischen Film, sowie tragende Rollen in Filmen von François Truffaut und Jacques Rivette. Zu den herausragenden Rollen des improvisationsfreudigen Lonsdale gehören die des Innenministers Pucheu in Costa-Gavras' *Section spéciale* und die des besessenen Sammlers in Catherine Binets *Les jeux de la comtesse Dolingen de Gratz*. Große internationale Erfolge als Polizeichef in Fred Zinnemanns *The Day of the Jackal* und als Finsterling in dem Bond-Film *Moonraker* (Lewis Gilbert). Seit den 60er Jahren auch in Kurzfilmen und in zahlreichen Fernsehinszenierungen beschäftigt.

[FR] 1956: C'est arrivé à Aden. 1958: Une balle dans le canon (Eine Kugel im Lauf). 1959: La main chaude/La mano calda [FR/IT]. 1960: Les portes claquent (Die kleinen Sünderinnen). 1961: Adorable menteuse; La dénonciation; Nom d'une pipe [KF]; Les snobs. 1961/62: Le rendez-vous de minuit (Das fremde Gesicht). 1962: Le bureau des mariages [KF]; Le procès/Der Prozeß/Il processo [FR/BRD/IT]; Le crime ne paie pas/Il delitto non paga. 4. EP: L'homme de l'avenue (Verbrechen aus Liebe) [EP – FR/IT]. 1964: Jaloux comme un tigre; Les copains; Tous les enfants du monde [Unvollendet]; Behold a Pale Horse/Et vient le jour de vengeance (Deine Zeit ist um) [US/FR]; Le loup et le chien [KF]. 1965: Comédie [KF]; Le mari [KF]; Je vous salue, Mafia!/Da New York: Mafia uccide! (Grüße an die Mafia) [FR/IT]. 1965/66: La bourse et la vie/Geld oder Leben [FR/IT/BRD]. 1966: Le fer à repasser [KF]; Paris brûle-t-il?/Is Paris Burning? (Brennt Paris?) [FR/US]; Le judoka, agent secret/Carnet per un morto (Unser Mann von Interpol) [FR/IT]. 1967: L'Authentique procès de Carl Emmanuel Jung; La mariée était en noir/La sposa in nero (Die Braut trug Schwarz) [FR/IT]; L'Homme à la Buick (Der Mann mit dem Buick); Les compagnons de la Marguerite/Come cambiare moglie (Die Freunde der Margerite) [FR/IT]. 1968: La pince à ongles [KF]; La grande lessive (Die große Aktion); Baisers volés (Geraubte Küsse). 1969: Détruire, dit-elle; L'Étalon; Hibernatus/Louis de Funès e il nonno surgelato (Der Winterschläfer, Louis taut auf) [FR/IT]; L'Hiver [KF]; Le jeu de la puce; Projet Orfée [KF]. 1970: La rose et le revolver; Un troisième. 1970–72/1990: Out 1 – Noli me tangere/Out 1 – spectre (Out 1 – Noli me tangere) [Lang- + Kurzfassung]. 1970/71: Le souffle au coeur/Il Soffio al cuore/Herzflimmern (Herzflimmern) [FR/IT/BRD]. 1971: Jaune le soleil; La vieille fille/La tardona (Das späte Mädchen) [FR/IT]; Boris et Pierre [KF]; Chut!; Le printemps; Station service [KF]; Les assassins de l'ordre/Inchiesta su un delitto della polizia (Mörder nach Vorschrift) [FR/IT]; La poule [KF]; Il était une fois un flic/C'era una volta un commissario ... (Ein toller Bluff) [FR/IT]; Papa, les petits bateaux. 1972: La raison du plus fou est toujours la meilleure; Les musiciens du culte [KF]; L'Automne; The Day of the Jackal/Chacal (Der Schakal) [GB/FR]. 1973: La fille au violoncelle (Das Mädchen mit dem Cello) [FR/CH]; Un linceul n'a pas de poches; Les jeu des preuves [KF]; La grande Paulette; Duo [KF]; Les grands sentiments font les bons gueuletons. 1973/74: Stavisky/Stavisky, il grande truffatore (Stavisky) [FR/IT]. 1974: Caravan to Vaccares (Duell in Vaccares) [GB/FR]; Galileo (Galileo) [GB/CA]; Glissements progressifs du plaisir; La vérité sur l'imaginaire passion d'un inconnu; Le fantôme de la liberté/Il fantasma della libertà (Das Gespenst der Freiheit) [FR/IT]; Les suspects/La polizia indaga: Siamo tutti (Die Verdächtigen) [FR/IT]; Une baleine qui avait mal aux dents; Section spéciale/L'affare della Sezione Speciale/Sondertribunal [FR/IT/BRD]; Sérieux comme le plaisir. 1974/75: The Romantic Englishwoman/Une anglaise romantique (Die romantische Engländerin) [GB/FR]. 1975: La choisie; Les oeufs brouillés; NE; La traque/Il sapore della paura (Ein wildes Wochenende) [FR/IT]; India Song (India Song); Le téléphone rose (Das Kätzchen); Aloise (Aloise); Folle à tuer/Una donna da uccidere (Zum Freiwild erklärt) [FR/IT]; Les rideaux déchirés. 1975/76: M. Klein/Mr. Klein (Mr. Klein) [FR/IT]. 1976: Le diable dans la boîte; L'Eden Palace. 1977: L'Imprécateur (Die Ankläger); Aurais dû faire gaffe, le choc est terrible; Bartleby; Jacques Prévert [KF]; Une sale histoire; Die linkshändige Frau [BRD]; L'Adieu nu. 1978: The Passage (Paß des Todes) [GB/US]. 1979: Moonraker (Moonraker – streng geheim) [GB]; Samedi-Dimanche [KF]. 1980: Les jeux de la comtesse Dolingen de Gratz; Jean sans terre [TV]; Chariots of Fire (Die Stunde des Siegers) [GB]; The Bunker [TV – US]; The Bunker [TV – US]. 1981: Seuls [CH]; La leçon de chant [KF]; Le rose et le blanc. 1981/82: Smiley's People (Smiley's Leute) [TV – GB]. 1982: Douce enquête sur la violence. 1983: Enigma (Enigma) [GB]; La voix humaine [R]; Une jeunesse (Das Geld bleibt unter uns); Erendira/Die unglaubliche und traurige Geschichte von der unschuldigen Erendira und ihrer herzlosen Großmutter [FR/MX/BRD]. 1984: Le juge (Der Richter von Marseille); Dagobert/Le bon roi Dagobert (Der dicke König Dagobert) [IT/FR]. 1984/85: The Holcroft Covenant (Der tödliche Pakt/Der 4 ½-Billion-Dollar-Vertrag) [GB]. 1985: L'Éveillé du pont de l'Alma; Billy-Ze-Kick (Billy-Ze-Kick). 1987: Der Madonna-Mann [BRD]. 1988: Souvenir [GB]; Niezwykla podroz Balthazara Kobera [PL]. 1986: Der Name der Rose/Il nome della rosa/Le nom de la rose [BRD/IT/FR]; Le tiroir secret (Die Geheimschublade) [TVS]. 1990: Un cane sciolto 2 [TV – IT]. 1991: Maigret – la grande perche (Maigret – Das Verhör); Ma vie est un enfer (Mein Leben ist die Hölle); Woyzeck [FR/ES]; Un cane sciolto 3 [TV – IT]. 1992/93: The Remains of the Day (Was vom Tage übrig blieb) [GB/US]. 1994/95: Nelly & Monsieur Arnaud [FR/IT/DE]; Jefferson in Paris (Jefferson in Paris) [US].

López Vázquez, José Luis

(José Luis López Vázquez de la Torre)
*11. 3. 1922 Madrid
Kommt als Zeichner, Kostüm- und Bühnenbildner zum Film, Regieassistent von Pío Ballestros und Enrique Herreros. Als

Schauspieler beginnt er am Teatro María Guerrero in Madrid, später wird er Mitglied der Kompanie von Conchita Montes und Alberto Closas. Er debütiert als Filmschauspieler in einer Nebenrolle in *Esa pareja feliz* (Juan Antonio Bardem, Luis G. Berlanga) und wird einer der populärsten Darsteller seiner Generation. In den 50er und 60er Jahren weitgehend auf Komödien festgelegt. Herausragend ist er in den Filmen von Marco Ferreri und Berlanga. Seine Popularität erreicht einen Höhepunkt im Zusammenspiel mit Gracita Morales und durch die Hauptrolle in der TV-Serie *Tercero izquierda*. Mit *Peppermint frappé* von Carlos Saura beginnt die zweite Phase seiner Karriere, in der er als Charakterschauspieler brilliert und 1971 für *El bosque del lobo* (Pedro Olea) und 1972 für *Mi querida señorita* (Jaime de Armiñán) den Darstellerpreis beim Chicago Film Festival gewinnt. Dies bringt ihm eine Rolle in George Cukors *Travels With My Aunt* ein. Er bleibt weiterhin auch ein erfolgreicher Komödiant.

[ES] 1951: Esa pareja feliz. 1953: Novio a la vista; El diablo toca la flauta. 1954: Un día perdido; Un caballero andaluz (Die wunderbare Liebe der Bianca Maria); Felices pascuas. 1955: Esa voz es una mina; La lupa; Familia provisional. 1956: Expreso de Andalucía/Il mondo sará nostro (Die Welt wird uns gehören) [ES/IT]; La vida en un bloc. 1957: El fotogénico; El inquilino; Muchachas de azul; El aprendiz de malo; Madrugada; Un marido de ida y vuelta; Los jueves, milagro/Arrivederci Dimas [ES/IT]. 1958: Una muchachita de Valladolid; La noche y el alba; El pisito (Die kleine Wohnung). 1959: El cerro de los locos; De espaldas a la puerta; Una gran señora; Un ángel tuvo la culpa; Se vende un tranvía; Los tramposos. 1959/60: Días de feria. 1960: Los económicamente débiles; Un bruto para Patricia; 091, policía al habla; El cochecito (Der Rollstuhl); Trío de damas; Navidades en junio; Adiós, Mimi Pompón. 1961: El pobre García; Martes y trece/Sexta-feria, 13 [ES/PT]; Usted puede ser un asesino; Solteros de verano; Los pedigüeños; Cuidado con las personas formales; Plácido (Placido); Tres de la Cruz Roja; Tú y yo somos tres [ES/AR]. 1962: Los derechos de la mujer; I motorizzati/Los motorizados [IT/ES]; Chica para todo; Atacos a las tres; Accidente 703 [ES/AR]; Sabían demasiado; Fin de semana; Una isla con tomate; Vamos a contar mentiras; Vuelve San Valentín. 1963: Gli imbroglioni/Los mangantes [IT/ES]; El verdugo/La ballata del boia (Der Henker) [ES/IT]; Se vive una vez; Las hijas de Elena; Operación Embajada; Confidencias de un marido; El cálido verano del señor Rodríguez. 1964: Operación Dalila/Operation Delilah [ES/US]; Casi un caballero; Totó de Arabia/Totò d'Arabia [ES/IT]; Los palomos; Vacaciones para Ivette; La chica del trébol/La ragazza meravigliosa [ES/IT]. 1964/65: Umorismo in nero/Humorismo negro/Humour noir. 2. Ep: La mandrilla [EP – IT/ES/FR]. 1965: Es mi hombre; Un vampiro para dos; Zarabanda bing ... bing/Baleari, operazione Oro/Barbouze chérie (Operation Gold) [ES/IT/FR]; La visita que no tocó el timbre. 1966: Las viudas. Ep: El retrato de Regino [EP]; Operación Plus Ultra; Operación secretaria; Amor a la española/Una sueca entre nosotros [ES/AR]; Los guardiamarinas. 1967: Operación cabaretera; Crónica de nueve meses [ES/IT]; Sor Citróen; El turismo es un gran invento; Novios 68; Peppermint frappé (Peppermint Frappé); Operación Mata-Hari; Cuarenta grados a la sombra [ES/AR]; Una señora estupenda [ES/MX]; Un millón en la basura; Los chicos del Preu. 1968: Mi marido y sus complejos; No somos ni Romeo ni Julieta; Objetivo Bi-ki-ni; Cuidado con las señoras. 1969: Pecados conyugales; Déle color al difunto; Estudio amueblado 2-P; ¿Por qué pecamos a los cuarenta?; ¡Vivan los novios! 1970: La otra residencia; El bosque del lobo; A mí las mujeres ni fu ni fa; Préstame 15 días; La última señora Anderson/In fondo alla piscina [ES/IT]; Crimen imperfecto; Españolas en París; En un lugar de la Manga; El astronauta; La decente; El jardín de las delicias. 1971: Black Story (La historia negra de Peter P. Pérez); Blanca por fuera y rosa por dentro; Mi querida señorita (Mein geliebtes Fräulein); No firmes más letras, cielo; Les pétroleuses/Le pistolere/Las Petroleras (Petroleum-Miezen) [FR/IT/ES]; La graduada; Venta por pisos; La cera virgen. 1972: Travels With My Aunt (Reisen mit meiner Tante) [US]; La cabina [TV]; Colpo grosso, grossissimo, anzi probabile/Ella, ellos y la ley [IT/ES]; Dos chicas de revista; La descarriada; El vikingo; Mil millones para una rubia. 1973: Habla, mudita (Der Stumme); Mi profesora particular; Un casto varón español; Las señoritas de mala compañía; La prima Angélica; Un casto varón español; Doctor, me gustan las mujeres, ¿es grave?; No es bueno que el hombre esté solo; Lo verde empieza en los Pirineos. 1974: Duerme, duerme, mi amor; Manchas de sangre en un coche nuevo; Una pareja ... distinta; La revolución matrimonial; Gaudí. 1975: Zorrita Matínez; La cuidad quemada; Este señor de negro [TVS]; Canciones de nuestra vida; Nosotros los decentes; El señor está servido. 1977: Doña Perfecta; El apolítico; El monosabio; Niñas ... ¡al salón!; La escopeta nacional; Casa de citas/Cara al sol que más calienta [ES/MX]. 1978: Piccole labbra/Historia de Eva [IT/ES]; Nunca en horas de clase; El fascista, la beata y su hija desvirgada [ES/VE]. 1978/79: Letti selvaggi/Camas calientes (Wilde Betten – Lippenstift Tigerinnen) [EP – IT/ES]. 1979: La familia bien, gracias; La verdad sobre el caso Savolta/Nell'occhio della volpe [ES/IT/FR]; Jugando a papás; La miel; F.E.N.; I viaggiatori della sera/Los viajeros del atardecer [IT/ES]. 1980: Patrimonio nacional; Los embazados; ¡Que verde era mi duque!; El y él; Nostalgia de comedia muda [KF]; El divorcio que viene; Plein sud/Huída al sur (La desbandada) [FR/ES]; El gran secreto. 1981: Puente aéreo; 127 millones, libres de impuestos; Profesor Eroticus [ES/MX]; Per favore, occupati di Amelia!/Por favor, ocúpate de Amelia [IT/ES]; Adolescencia; Pájaros de ciudad. 1982: La colmena (Der Bienenkorb); Morte in Vaticano/Muerte en el Vaticano (Das Vatikan-Komplott) [IT/ES]; De camisa vieja a chaqueta nueva; El fascista, doña Pura y el follón de la escultura; Nacional III. 1983: El Cid Cabreador; Juana la Loca ... de vez en cuando; Mi amigo el vagabundo; Akelarre; La avispita ruinasa; Un genio en apuros. 1984: El rollo de septiembre; Café, coca y puro; Operación Mantis; Violines y trompetas; El elegido; Play-boy en paro. 1985: La corte de Faraón; El orden cómico; Crónica sentimental en rojo; La gran comedia. 1986: Los presuntos; Capullito de alhelí; La verdad oculta; Mi general; Hay que deshacer la casa. 1987: Moros y cristianos. 1988: Esquilache; Soldadito español. 1989: La forja de un rebelde; El rey del mambo; Pareja enloquecida busca madre de alquiler. 1990: Disparate nacional. 1991: El largo invierno; Los gusanos no llevan bufanda; Fuera de juego. 1992: El juego de los mensajes invisibles; El maestro de esgrima. 1993: Todos a la carcel. 1996: Sombras y luces: Cien años de cine español [DOK]; Demasiado caliente para ti.

Loren, Sophia

(Sofia Villani Scicolone)
*29. 9. 1934 Rom

Sie verbringt die Kriegsjahre in Neapel, wo die Mutter vergeblich versucht, Karriere als Schauspielerin zu machen. Zunächst Fotomodell; über Schönheitswettbewerbe kommt sie zum Film. Unter dem Pseudonym Sofia Lazzaro wirkt sie in einer Anzahl unbedeutender Filme mit. 1952/53 spielt sie ihre erste Hauptrolle in *Africa sotto i mari* (Giovanni Roccardi) und verwendet erstmals den Künstlernamen Sophia Loren, den angeblich der Produzent Goffredo Lombardo für sie gewählt hat. 1953 begegnet sie auf dem Set von *Aida* (Clemente Fracassi) dem Produzenten Carlo Ponti, der ihr einen langfristigen Vertrag anbietet und den sie etwas später heiratet. Sie verkörpert den Idealtyp des schönen, etwas leichtfertigen Mädchens aus dem Volke und ist mit den verschiedensten Variationen dieser Figur erfolgreich: *Carosello napoletano*, ein musikalischer Film von Ettore Giannini, die Pizzaköchin in Vittorio de Sicas *L'oro di Napoli*, das Mädchen aus dem römischen Stadtviertel Trastevere in Alessandro Blasettis Lustspiel *Peccato che sia una canaglia* (alle 1954). Mitte der 50er Jahre gehen Ponti und Loren nach Hollywood, um eine internationale Karriere aufzubauen. Doch nicht *Houseboat* (Melville Shavelson) oder *That Kind of Woman* (Sidney Lumet), sondern die italienisch-französische Co-Produktion *La ciociara* verhilft der Loren 1960 zum Star-Status. Für die Hauptrolle, die sie unter der Regie von de Sica spielt, wird sie mit dem Oscar und dem Schauspielerpreis in Cannes ausgezeichnet. Wie keinem anderen gelingt es de Sica, Lorens künstlerisches Potential zu nutzen: Mit *Matrimonio all'italiana*, nach einem erfolgreichen Lustspiel des in Italien sehr populären Edoardo De Filippo, können sie ihren Erfolg wiederholen. In den 70er Jahren beschränkt Loren ihre Auftritte im Film auf «besondere Mitwirkungen». 1977 bietet ihr Ettore Scola die Hauptrolle neben Marcello Mastroianni in *Una giornata particolare* an: Der Loren gelingt es hier, mit besonderer Einfühlung die Gestalt einer in ihrem Dasein eingeengten Hausfrau zur Zeit des Faschismus zu zeichnen. 1981 veröffentlicht sie ihre Autobiografie. Nachdem Loren wegen Steuerhinterziehung in die Schlagzeilen geraten war, versucht sie 1984 ein Comeback und spielt neben ihrem Sohn Edoardo Ponti in Maurizio Ponzis Komödie *Aurora (Qualcosa di biondo)*. 1989, 30 Jahre nach dem Welterfolg von *La ciociara* spielt sie dieselbe Rolle nochmals in dem TV-Remake von Dino Risi. In Robert Altmans *Prêt-à-Porter* gibt es ein ironisch gebrochenes Wiedersehen von Loren und Mastroianni.

[IT] 1949/50: Cuori sul mare. 1950: Lebbra bianca; Luci del varietà (Lichter des Varieté); Le sei mogli di Barbablú; Il voto; Tototarzan. 1951: Il mago per forza; Io sono il Capataz; Milano miliardaria; Era lui ... si! si!; Anna (Anna) [IT/FR]; Quo vadis (Quo vadis?) [US]. 1951/52: E' arrivato l'accordatore; Il sogno di Zorro (Zorro der Held). 1952: La favorita; La tratta delle bianche (Mädchenhandel). 1952/53: Africa sotto i mari (Weiße Frau in Afrika). 1953: Un giorno in pretura (Drei Sünderinnen); Il paese dei campanelli/Ces voyous d'hommes [IT/FR]; Ci troviamo in galleria; Aida (Aida); La domenica della buona gente (Sonntag in Rom). 1953/54: Due notti con Cleopatra (Zwei Nächte mit Cleopatra); Tempi nostri. 9. EP: La macchina fotografica/Temps d'aujourd'hui (Tempi nostri) [EP – IT/FR]. 1954: L'Oro di Napoli. 2. EP: Pizze a credito (Das Gold von Neapel) [EP]; Attila/Attila, fléau de Dieu (Attila, die Geißel Gottes) [IT/FR]; Carosello napoletano (Karussell Neapel); La donna del fiume (Die Frau vom Fluß); Miseria e nobiltà (Verkaufte Unschuld); Pellegrini d'amore (Für Männer gefährlich); Peccato che sia una canaglia (Schade, daß du eine Kanaille bist!). 1955: La fortuna di essere donna/La chance d'être femme (Wie herrlich, eine Frau zu sein) [IT/FR]; Il segno di Venere (Im Zeichen der Venus); Pane, amore e .../Pain, amour, ainsi soit-il (Liebe, Brot und tausend Küsse) [IT/FR]; La bella mugnaia (Eine Frau für schwache Stunden). 1957: Legend of the Lost (Die Stadt der Verlorenen) [US]; Boy on a Dolphin (Der Knabe auf dem Delphin)

[US]; The Pride and the Passion (Stolz und Leidenschaft) [US]; Desire Under the Elms (Begierde unter Ulmen) [US]. 1958: Houseboat (Hausboot) [US]; The Black Orchid (Die schwarze Orchidee) [US]; The Key (Der Schlüssel) [GB]. 1959: That Kind of Woman (So etwas von Frau) [US]. 1960: Heller in Pink Tights (Die Dame und der Killer) [US]; The Millionairess (Die Millionärin) [GB]; La ciociara (Und dennoch leben sie) [IT/FR]; It Started in Naples (Es begann in Neapel) [US]; A Breath of Scandal/Olympia (Prinzessin Olympia) [US]. 1961: El Cid (El Cid) [US]; Madame Sans-Gêne (Madame sans Gêne) [IT/FR/ES]. 1961/62: Boccaccio '70/Boccacè 70. 4. EP: La riffa (Boccaccio 70) [EP – IT/FR]. 1962: Showman [DOK – US]; The World of Sophia Loren [TV-DOK – US]; Le couteau dans la plaie/Il coltello nella piaga (Terza dimensione) (Die dritte Dimension) [FR/IT]; I sequestrati di Altona/Les sequestres d'Altona (Die Eingeschlossenen) [IT/FR]. 1963: Ieri, oggi, domani/Yesterday, Today and Tomorrow/Hier, aujourd'hui et demain (Gestern, heute und morgen) [IT/FR]. 1964: The Fall of the Roman Empire (Der Untergang des römischen Reiches) [US]; Matrimonio all'italiana/Mariage à l'italienne (Hochzeit auf italienisch) [R – IT/FR]. 1964/65: Operation Crossbow (Geheimaktion Crossbow) [GB/IT]. 1965: Judith (Judith) [US/GB/IL]; Lady L (Lady L.) [US/FR/IT]. 1966: A Countess from Hong Kong (Die Gräfin von Hongkong) [GB]; Arabesque (Arabeske) [US]. 1966/67: C'era una volta/La belle el la cavalier/More than a Miracle/Happily Ever After (Schöne Isabella) [IT/FR]. 1967: With Love, Sophia [TV-DOK – US]; Questi fantasmi/Fantômes à l'italienne (Die Über-Sinnliche) [IT/FR]. 1968: Sophia! [TV-DOK – US]. 1969: I girasoli/Les fleurs du soleil (Sonnenblumen) [IT/FR]. 1970: La moglie del prete/La femme du prêtre (Die Frau des Priesters) [IT/FR]. 1971: La Mortadella/Mortadella (Mortadella) [IT/FR]. 1972: Bianco, rosso e .../Une bonne plaque/Blanco, rojo y ... (Die Sünde) [IT/FR/ES]; Man of La Mancha/L'uomo della Mancha (Der Mann von La Mancha) [US/IT]. 1973/74: Il viaggio/Le voyage (Die Reise nach Palermo) [IT/FR]. 1974: Brief Encounter/Breve incontro (Flüchtige Begegnung) [GB/IT]; Verdict/L'accusa è: vio enza carnale e omicidio (Das Urteil) [FR/IT]. 1974/75: La pupa del gangster/La pepée du gangster (Die Puppe des Gangsters) [IT/FR]. 1976: Angela (Angela) [CA]; Cassandra Crossing [BRD/IT]. 1977: Una giornata particolare (Ein besonderer Tag) [IT/CA]. 1978: Brass Target (Verstecktes Ziel) [US]; Fatto di sangue fra due uomini per causa di una vedova (si sospettano moventi politici) (Blutfehde). 1979: Firepower (Firepower) [GB]. 1980: Sophia Loren: Her Own Story (Sophia Loren – Mein Leben) [TV – US]. 1984: Aurora/Qualcosa di biondo (Aurora) [TV – US/IT]. 1986: Courage (Drugfighter/Mit dem Mut der Verzweiflung) [TV – US]. 1988: Mario Puzo's The Fortunate Pilgrim [TV – US]. 1990: Sabato, domenica e lunedì (Samstag, Sonntag, Montag). 1994: Prêt-à-Porter – Ready to Wear (Prêt-à-Porter) [US]. 1995: Grumpier Old Men (Der dritte Frühling) [US]. 1997: Soleil [FR].

Lorre, Peter
(Ladislav Loewenstein)
* 26. 6. 1904 Rószahegy (Ungarn)
† 23. 3. 1964 Hollywood

Deutsche Privatschule in Bráila, nach Übersiedlung der Familie nach Mölding Bürgerschule in Wien. Abgebrochene Banklehre. Im Stegreiftheater von Jacob Moreno, dem späteren Begründer des «Psycho-Dramas», von ihm der Künstlername Peter Lorre. Ab 1924 an Theatern in Breslau, Zürich und Wien. 1929 bei Bert Brecht als Fabian in Fleißers «Pioniere in Ingolstadt» am Theater am Schiffbauerdamm Berlin. Anschließend an anderen Berliner Bühnen. 1931 Erfolg als Galy Gay in der Uraufführung von Brechts «Mann ist Mann». Stark beachtetes Leinwanddebüt als Kindermörder in Fritz Langs Tonfilm *M* (1930/31): Lorre gelingt es, mit Hilfe seiner kleinen, gedrungenen Gestalt und den großen, runden Augen je nach Situation souveräne Spießigkeit, besinnungslose Brutalität oder blanke Angst auszudrücken. Kleinere Filmrollen mit oft komischen Zügen, so in *Die Koffer des Herrn O.F.* 1933 über Österreich, Frankreich und England nach Hollywood ins Exil. Aufstieg zu einem der meistbeschäftigten Schauspieler. Zuerst als glatzköpfiger «mad scientist» Dr. Gogol in Karl Freunds *Mad Love*. Als Raskolnikov in Josef von Sternbergs Dostojevski-Verfilmung *Crime and Punishment*. Oft in Horror- und Kriminalfilmen. Titelrolle in der Serie um den japanischen Detektiv *Mr. Moto*. In mehreren Filmen mit Humphrey Bogart, u. a. als Joël Cairo in *The Maltese Falcon* und als Taschendieb Ugarte in *Casablanca*. Mehrfach als komisch-gefährliches Paar mit Sydney Greenstreet. Mehrere unverwirklichte Filmpläne mit Bert Brecht. 1946–49 eigene Firma «Lorre Incorporated». 1949 Rückkehr nach Europa. Hauptrolle in dem selbstinszenierten Film *Der Verlorene*, 1952 mit einem Bundesfilmpreis ausgezeichnet. Nach Mißerfolg beim Publikum Rückkehr in die USA. Theaterarbeit an der Ostküste. Filmauftritte u. a. in *Beat the Devil* und viel im Fernsehen. Neue Popularität neben Vincent Price und Boris Karloff in Roger Cormans *Tales of Terror* und *The Raven* sowie Jacques Tourneurs *The Comedy of Terrors*.

[US] 1930/31: M [DE]. 1931: Bomben auf Monte Carlo [DE]; Die Koffer des Herrn O.F./Bauen und heiraten [DE]. 1931/32: Fünf von der Jazzband [DE]. 1932: Schuß im Morgengrauen [DE]; Der weiße Dämon [DE]; Stupéfiants [Version – DE]; F.P. 1 antwortet nicht

[DE]. 1933: Was Frauen träumen [DE]; Unsichtbare Gegner [Version – AT]; Les requins du pétrole [Version – AT]; Du haut en bas [FR]. 1934: The Man Who Knew Too Much (Der Mann, der zuviel wußte) [GB]. 1935: Mad Love; Crime and Punishment (Schuld und Sühne). 1936: Secret Agent (Der Geheimagent) [GB]; Crack-up. 1936/37: Nancy Steele Is Missing. 1937: Think Fast, Mr. Moto (Mr. Moto und der Schmugglerring); Lancer Spy; Thank You, Mr. Moto (Mr. Moto und der China-Schatz). 1938: Mr. Moto's Gamble (Mr. Moto und der Wettbetrug); Mr. Moto Takes a Chance (Mr. Moto und der Dschungelprinz); I'll Give a Million; Mysterious Mr. Moto (Mr. Moto und der Kronleuchter); Mr. Moto's Last Warning (Mr. Moto und die Flotte). 1939: Danger Island (Mr. Moto und die geheimnisvolle Insel); Mr. Moto Takes a Vacation (Mr. Moto und sein Lockvogel). 1939/40: Strange Cargo (Die wunderbare Rettung); I Was an Adventuress. 1940: Island of Doomed Men; The Stranger on the Third Floor; You'll Find Out; The Face Behind the Mask (Das Gesicht hinter der Maske). 1940/41: Mr. District Attorney. 1941: They Met in Bombay (Fluchtweg unbekannt); The Maltese Falcon (Die Spur des Falken); All Through the Night (Agenten der Nacht); Arsenic and Old Lace (Arsen und Spitzenhäubchen). 1942: In This Our Life (Ich will mein Leben leben); Invisible Agent; The Boogey Man Will Get You; Casablanca (Casablanca). 1943: Background to Danger; The Constant Nymph (Liebesleid/Jungfräuliche Liebe; 1949); The Cross of Lorraine; Passage to Marseille (Fahrkarte nach Marseille). 1944: The Mask of Dimitrios (Die Maske des Dimitrios); The Conspirators (Der Ring der Verschworenen); Hollywood Canteen (Hollywood-Kantine). 1944/45: Hotel Berlin (Hotel Berlin). 1945: Confidential Agent (Jagd im Nebel). 1945/46: Three Strangers (Drei Fremde); Black Angel (Vergessene Stunde); The Chase. 1946: The Verdict (Hier irrte Scotland Yard); The Beast with Five Fingers (Die Bestie mit den fünf Fingern). 1947: My Favorite Brunette (Detektiv mit kleinen Fehlern). 1948: Casbah (Casbah – Verbotene Gassen). 1949: Rope of Sand (Blutige Diamanten); Quicksand. 1949/50: Double Confession [GB]. 1950/51: Der Verlorene [D,R,CoA – BRD]. 1952: The Lux Video Theatre: Taste [TV]; Suspense: The Tortured Hand [TV]. 1953: Beat the Devil/Il tesoro dell' Africa (Schach dem Teufel) [GB/IT]; The United States Steel Hour Presents the Theatre Guid: The Vanishing Point [TV]. 1954: The Schlitz Playhouse of Stars: The Pipe [TV]; Climax!: Casino Royale [TV]; 20,000 Leagues Under the Sea (20000 Meilen unter dem Meer); The Best of Broadway: Arsenic and Old Lace [TV]. 1954/55: Climax!: The Fifth Wheel [TV]. 1955: Eddie Cantor Comedy Theatre: The Sure Cure [TV]; Producers Showcase: Reunion in Vienna [TV]; Climax!: A Promise to Murder [TV]; Rheingold Theatre: The Blue Landscape [TV]; The Screen Directors' Playhouse: Number 5 Checked Out [TV]. 1955/56: Studio 57: The Finishers [TV]; Meet Me in Las Vegas (Viva Las Vegas!). 1956: 20th Century-Fox Hour: Operation Cicero [TV]; Climax!: The Man Who Lost His Head [TV]; Congo Crossing (Blutroter Kongo); Around the World in 80 Days (In 80 Tagen um die Welt); Playhouse 90: Seidman and Son [TV]. 1957: Climax!: A Taste for Crime [TV]; Playhouse 90: The Last Tycoon [TV]; The Buster Keaton Story (Der Mann, der niemals lachte); Silk Stockings (Seidenstrümpfe); The Sad Sack (Der Regiments-Trottel); The Story of Mankind [TV]; Playhouse 90: The Jet-Propelled Couch [TV]; Hell Ship Munity; Alfred Hitchcock Presents: The Diplomatic Corpse [TV]. 1959: The Big Circus (Die Welt der Sensationen); Five Fingers: Thin Ice [TV]; Scent of Mystery; The Best of the Post: The Baron Loved His Wife [TV]. 1959/60: Playhouse 90: The Cruel Day [TV]; Wagon Train: The Alexander Portlass Story [TV]. 1960: Alfred Hitchcock Presents: Man from the South [TV]; Werbefilm für Lincoln-Mercury-Autos von Ford; Rawhide: Incident of the Slavemaster [TV]; Checkmate:The Human Touch [TV]. 1961: Voyage to the Bottom of the Sea (Unternehmen Feuergürtel). 1962: Tales of Terror. 2. Ep: The Black Cat (Der grauenvolle Mr. X) [EP]; Five Weeks in a Balloon (Fünf Wochen im Ballon); Route 66: Lizard's Leg and Owlet's Wing [TV]; The Raven (Der Rabe – Duell der Zauberer). 1963: 77 Sunset Strip: «5» [TV]; The DuPont Show of the Week: Diamond Fever [TV]; Kraft Suspense Theatre: The End of the World, Baby [TV]; The Comedy of Terrors («Ruhe sanft» GmbH). 1964: Muscle Beach Party; The Patsy (Die Heulboje).

Lothar, Hanns

(Hans Lothar Neutze)
*10. 4. 1929 Hannover
†11. 3. 1967 Hamburg

Jüngerer Bruder der Schauspieler Horst-Michael und Günther Neutze. Erste Theater-Kontakte bereits während der Schulzeit in Hannover; 1941 erstmals auf der Bühne. 1945–52 Städtische Bühnen Hannover, dann Kleines Theater am Zoo in Frankfurt. 1955–62 Thalia Theater Hamburg. Mit Samy Molcho Mitte der 60er Jahre Tournee mit dem Zwei-Personen-Stück «Kataki». In den 50er und 60er Jahren populär als sensibel wandlungsfähiger Darsteller ohne Rollenschemata und ohne die Starqualitäten eines Helden. 1955 erste TV-Rolle in *Das heiße Herz* (Rudolf Steinböck). Größter Kinoerfolg als wahnbefangener Christian in Alfred Weidenmanns *Buddenbrooks*, 1960 mit einem Bundesfilmpreis ausgezeichnet. 1961 Filmband in Gold für die Nebenrolle in *Der letzte Zeuge*. Die Tochter Susanne Lothar (*15. 11. 1960) aus der Ehe mit der Schauspielerin Ingrid Andree ist ebenfalls Schauspielerin.

[BRD] 1951: Die Schuld des Dr. Homma. 1955: Das heiße Herz [TV]; Der Fall Winslow [TV]. 1955/56: Das träumende Mädchen [TV]. 1956: Keiner stirbt leicht [TV]. 1957: Die Festung [TV]; Das heiße Herz. 1958: Biedermann und die

Brandstifter [TV]; Stunde der Wahrheit [TV]; Der Tod auf dem Rummelplatz [TV]; Begegnung in Singapur [TV]; Der Tod des Handlungsreisenden [TV]. 1959: Ende des sechsten Stocks [TV]; Menschen im Netz; Buddenbrooks. 2 Teile. 1960: Sturm im Wasserglas; Das Lied der Taube [TV]; Die Verwandlung [TV]; Der letzte Zeuge; An heiligen Wassern [CH]. 1961: Bis zum Ende aller Tage; One, Two, Three (Eins, zwei, drei) [US]. 1961/62: Wenn beide schuldig werden [AT]. 1962: Stalingrad [TV]; Seelenwanderung [TV]. 1963: Was Ihr wollt [TV – BRD/CH]; Wochentags immer; Freundschaftsspiel [TV]; Das Himmelbett [TV]; Kleider machen Leute [TV]; Schloß Gripsholm; Der schlechte Soldat Smith [TV]; Piccadilly null Uhr zwölf. 1963/64: Das Haus in der Karpfengasse. 1964: Flug in Gefahr [TV]; Polizeirevier Davidswache; Emil and the Detectives (Emil und die Detektive) [US]. 1964/65: Der Fall Harry Domela [TV]. 1965: Die Katze im Sack [TV]; Der neue Mann [TV – BRD/CH]; Vier Schlüssel. 1965/66: Lange Beine – lange Finger. 1966: Wir machen Musik [TV]; Stoppt die Welt – ich möchte aussteigen! [TV]; Der Fall Lothar Malskat [TV].

Love, Bessie

(Juanita Horton)
*10. 9. 1898 Midland (Texas)
†26. 4. 1986 London

Besuch der Los Angeles High School. Filmdebüt als Piedmont Girl in David W. Griffith' Südstaaten-Epos *The Birth of a Nation* (1914/15), in dessen *Intolerance* als Braut von Kanaan. Zusammenarbeit mit William S. Hart und Douglas Fairbanks. Ab 1918 Tätigkeit für Pathé und Vitagraph. 1920 zusammen mit Andrew Callaghan Gründung einer eigenen Firma. In den 20er Jahren wechselhafte Karriere, u. a. als Drogensüchtige in *Human Wreckage* (John Griffith Wray) oder Charleston tanzend in der Komödie *The King on Main Street* (Monta Bell). Für ihren Auftritt als Sängerin und Tänzerin in Harry Beaumonts Tonfilm *The Broadway Melody* wird sie für einen Oscar nominiert. Anfang der 30er Jahre Rückzug vom amerikanischen Film. 1935 Übersiedlung nach London. Dort Arbeit für Theater, Radio und Film. Bis in die 80er Jahre kleine Rollen in zahlreichen Filmen in Europa, später auch wieder in den USA: u. a. *Isadora* (Karel Reisz), *Sunday, Bloody Sunday* (John Schlesinger), *Ragtime* (Milos Forman) und *Reds* (Warren Beatty), zuletzt in Tony Scotts Schocker *The Hunger*.

[GB] 1914/15: The Birth of a Nation (Die Geburt einer Nation) [US]. 1915/16: Acquitted [US]. 1916: The Flying Torpedo [US]; The Aryan (Die Sklavin des Banditen) [US]; The Good Bad Man [US]; Reggie Mixes In [US]; Stranded [US]; The Mystery of the Leaping Fish [KF – US]; «Hell-to-Pay» Austin [US]; Intolerance (Intoleranz) [US]; A Sister of Six [US]. 1916/17: Nina, the Flower Girl [US]. 1917: The Heiress at «Coffee Dan's» [US]; A Daughter of the Poor [US]; Cheerful Givers [US]; Sawdust Ring [US]; Wee Lady Betty [US]; Polly Ann [US]. 1918: A Little Sister of Everybody [US]; The Great Adventure [US]; How Could You, Caroline? [US]; The Dawn of Understanding [US]; The Enchanted Barn [US]; Carolyn of the Corners [US]. 1919: The Wishing Ring Man [US]; A Yankee Princess [D,A – US]; A Little Boss [US]; Cupid Forecloses [US]; A Fighting Colleen [US]; Over the Garden Wall [US]; Fegeen [US]. 1920: Bonnie May [D,P – US]; The Midlanders [D,P – US]; Penny of Top Hill Trail [US]. 1921: The Spirit of the Lake [US]; The Honor of Ramirez [US]; The Swamp [US]; The Sea Lion [US]. 1922: Night Life in Hollywood [US]; The Vermilion Pencil [US]; Forget-Me-Not [US]; Bulldog Courage [US]; The Village Blacksmith [US]; Three Who Paid [US]. 1923: The Adventures of Prince Courageous [Serial – US]; Mary of the Movies [US]; Deserted at the Altar [US]; The Ghost Patrol [US]; Souls for Sale [US]; Purple Dawn [US]; Human Wreckage [US]; The Eternal Three [US]; St. Elmo [US]; Slave of Desire [US]; Gentle Julia [US]. 1924: Torment [US]; The Woman of the Jury [US]; Those Who Dance [US]; Dynamite Smith [US]; Sundown [US]. 1925: The Silent Watcher [US]; Tongues of Flame [US]; The Lost World (Die Verlorene Welt) [US]; Soul-Fire [US]; A Son of His Father [US]; New Brooms [US]; The King on Main Street (Durchlaucht macht eine Anleihe) [US]. 1926: The Song and Dance Man [US]; Lovey Mary [US]; Young April [US]; Going Crooked [US]. 1927: Amateur Night [KF – US]; The American [US]; Rubber Tires [US]; A Harp in Hock [US]; Dress Parade [US]. 1928: The Swelled Head [KF – US]; The Matinee Idol [US]; Sally of the Scandals [US]; Anybody Here Seen Kelly? [US]. 1929: The Broadway Melody [US]; The Idle Rich [US]; The Hollywood Revue of 1929 (Wir schalten um auf Hollywood) [US]; The Girl in the Show [US]. 1930: Chasing Rainbows [US]; Conspiracy [US]; Good News [US]; See America Thirst [US]; They Learned about Women [US]. 1931: Morals for Women [US]. 1936: Live Again. 1941: Atlantic Ferry. 1942: London Scrapbook [KF]. 1943: San Demetrio-London [A]. 1945: Journey Together. 1951: No Highway/No Highway in the Sky (Die Reise ins Ungewisse) [GB/US]; The Magic Box. 1953: The Weak and the Wicked. 1954: Beau Brummell (Beau Brummel) [US]; The Barefoot Contessa/La contessa scalza (Die barfüßige Gräfin) [US/IT]. 1955: The Glorification of Al Toolum [TV]; Indoor Sport [TV]; Touch and Go (Meine bessere Hälfte). 1956: The Male Animal [TV]. 1957: The Ambassadors of the Mezzanine [TV]; The Staring Match [TV]; Our Town [TV]; The Wooden Dish [TV]; The Story of Esther Costello (Esther Costello). 1958: Next to No Time!; Nowhere to Go (Gejagt). 1959: South [TV]; Skyline For Two [TV]; Too Young to Love. 1960: International Detective [TVS]; Bridge of Sighs [TV]; Emergency-Ward 10 [TVS]; A Young Lady of Property [TV]; The Silver Whistle [TV]. 1961: Joker's Justice [TV]; A Woman of Fifty [TV]; Harpers

W.1 [TVS]; The Greengage Summer (Es geschah in diesem Sommer); The Roman Spring of Mrs. Stone (Der römische Frühling der Mrs. Stone) [GB/US]. 1962: Portrait of a Girl [TV]. 1963: Never Play Cards With Strangers [TV]; Children of the Damned; The Wild Affair. 1964: A Kiss Before Dying [TV]. 1965: The Pistol [TV]; Promise Her Anything (Versprich ihr alles). 1967: I'll Never Forget What's 'is Name (Was kommt danach?); Battle Beneath the Earth. 1968: Bon Voyage [TV]. 1968/69: Isadora (Isadora). 1969: Where Are You Going To, My Pretty Maid? [TV]; When Did You Start To Stop Seeing Things? [TV]; On Her Majesty's Secret Service (James Bond 007 – Im Geheimdienst Ihrer Majestät). 1970: A Good Spec [TV]. 1971: The Beater and the Game [TV]; Great Day [TV]; Catlow (Catlow – Leben ums Verrecken); Sunday, Bloody Sunday (Sunday, Bloody Sunday). 1973: Cat and Mouse (Andersons Rache) [TV]. 1975: Vampyres. 1976: The Ritz [US]. 1981: Reds (Reds) [US]; Lady Chatterley's Lover/L'amant de Lady Chatterley (Lady Chatterleys Liebhaber) [GB/FR]; Ragtime (Ragtime) [US]. 1982/83: The Hunger (Begierde) [US].

Loy, Myrna

(Myrna Adele Williams)
*2. 8. 1905 Raidersburg (Montana)
†14. 12. 1993 Manhattan (New York)

Tochter eines Ranchers. 1918–20 Westlake School in Los Angeles, später Venice High School, Ballett-Unterricht. 1923 als Tanzgirl in Grauman's Chinese Theatre. Gleichzeitig in der Filmschnitt-Abteilung von Warner Bros. Erste Filmaufgaben als Tänzerin in orientalischen Szenen historischer Filme. 1926 Vertrag von Warner Bros. Beschäftigung vor allem als Vamp und exotische Schönheit. Sie spielt u. a. 1927 eine schwarze Spionin in *Ham and Eggs at the Front* (Roy Del Ruth) und 1931 die niederträchtige Morgan le Fay in *A Connecticut Yankee* (David Butler). In den 30er Jahren langsam Erweiterung des Rollenspektrums. 1931 Wechsel zu M-G-M. Als Countess Valentine im Maurice-Chevalier-Musical *Love Me Tonight* (Rouben Mamoulian), im nächsten Jahr Coco in der Pagnol-Verfilmung *Topaze* (Harry D'Abbadie D'Arrast). Nach dem Erfolg in *Manhattan Melodrama* neben Clark Gable und William Powell wird sie von Regisseur W. S. Van Dyke in der Dashiell-Hammett-Verfilmung *The Thin Man* in der Rolle der Nora Charles besetzt. In der erfolgreichen Serie bildet sie als elegante, patente und schlagfertige Amateur-Detektivin mit William Powell ein beliebtes Filmpaar. Ihr Image wandelt sich zu dem einer der populärsten Sophisticated Ladies des US-Kinos der 30er Jahre. Die «Queen of the Movies» spielt neben den männlichen Topstars: so mit Cary Grant in *Wings in the Dark* (James Flood), mit Spencer Tracy als Juwelendiebin in *Whipsaw* (Sam Wood) und wiederholt mit Clark Gable (*Parnell, Test Pilot, Too Hot to Handle*). Während des Krieges Engagement für das Rote Kreuz, danach für die UNESCO und die Vereinten Nationen. Nur noch gelegentlich im Film, so 1946 als geduldige Ehefrau Milly in *The Best Years of Our Lives* (William Wyler). In 50er und 60er Jahren Beteiligung an Wahlkampagnen für liberale Politiker der Democratic Party wie Adlai Stevenson und Eugene McCarthy. In 70er Jahren Fernseharbeit. In den 80er Jahren erhält sie zahlreiche Ehrungen, darunter 1991 einen speziellen Ehren-Oscar für ihr Lebenswerk.

[US] 1923: The Ten Commandments (Die zehn Gebote). 1925: Pretty Ladies; Satan in Sables (Hütet euch vor den Frauen); Sporting Life. 1926: Ben-Hur (Ben Hur); The Wanderer; The Caveman; The Love Toy; The Gilded Highway; Why Girls Go Back Home; The Exquisite Sinner; So This Is Paris (So ist Paris); Don Juan; Across the Pacific; Millionaires; The Third Degree; Finger Prints; When a Man Loves. 1927: Bitter Apples; The Climbers; Simple Sis; The Heart of Maryland; A Sailor's Sweetheart; The Jazz Singer (Der Jazz-Sänger); The Girl from Chicago (Razzia); If I Were Single; Ham and Eggs at the Front (Der Deserteur). 1928: What Price Beauty; A Girl In Every Port; Turn Back the Hours; Crimson City; Pay As You Enter; State Street Sadie; The Midnight Taxi; Noah's Ark (Die Arche Noah); Beware of Married Men. 1929: Fancy Baggage; Hardboiled Rose; The Desert Song; The Black Watch; The Squall; The Great Divide; Evidence; The Show of Shows. 1930: Cameo Kirby; Isle of Escape; Under a Texas Moon; Cock o' the Walk; Bride of the Regiment; Jazz Cinderella; The Last of the Duanes; Rogue of the Rio Grande; Renegades (Die Abtrünnigen); The Truth about Youth; The Devil to Pay; The Devil to Pay. 1930/31: Body and Soul. 1931: The Naught Flirt; A Connecticut Yankee (Der Boß); Hush Money; Transatlantic; Rebound; Skyline; Consolation Marriage; Arrowsmith. 1931/32: Vanity Fair. 1932: Emma (Emma, die Perle); The Wet Parade; The Woman in Room 13; New Morals for Old; Love Me Tonight (Schloß im Mond); Thirteen Women; The Mask of Fu Manchu (Die Maske des Fu Manchu); The Animal Kingdom. 1932/33: Scarlet River. 1933: Topaze; The Barbarian (Liebeslied der Wüste); When Ladies Meet; Penthouse; Night Flight (Nachtflug); The Prizefighter and the Lady (Männer um eine Frau). 1934: Men in White; Manhattan Melodrama; The Thin Man (Der dünne Mann); Stamboul Quest; Evelyn Prentice (Ich kämpfe für dich); Broadway Bill. 1934/35: Wings in the Dark. 1935: Whipsaw. 1935/36: Wife vs. Secretary (Seine Sekretärin). 1936: Petticoat Fever; The Great Ziegfeld (Der große Ziegfeld); To Mary – With Love; Libeled Lady (Lustige Sünder); After the Thin Man (... und so was nennt sich Detektiv). 1937: Parnell; Double Wedding (Doppelhochzeit); Man-Proof (Mannes-Test). 1938: Test Pilot (Der Werkpilot); Too Hot to Handle (Abenteuer in China/Zu heiß zum Anfassen). 1939: Lucky Night; The Rains Came (Nacht über Indien); Another Thin Man (Dünner Mann, 3. Fall). 1940: I Love You Again (Liebling, du hast dich verändert); Third Finger, Left Hand. 1941: Shadow of the Thin Man (Der Schatten des dünnen Mannes); Love Crazy. 1943: Show Business at War [KF]. 1944: The Thin Man Goes Home (Der dünne Mann kehrt heim). 1946: So Goes My Love; The Best Years of Our Lives (Die besten Jahre unseres Lebens). 1947: Song of the Thin Man (Das Lied vom dünnen Mann); The Senator Was Indiscreet; The Bachelor and the Bobby Soxer (So einfach ist die Liebe nicht). 1948: Mr. Blandings Builds His Dream House (Nur meiner Frau zuliebe). 1949: The Red Pony (Gabilan, mein bester Freund); That Dangerous Age (Frauen im gefährlichen Alter) [GB]. 1950: Cheaper by the Dozen (Im Dutzend billiger). 1952: Belles on Their Toes (Im Dutzend heiratsfähig). 1956: The Ambassador's Daughter (Die große und die kleine Welt). 1958: Lonelyhearts (Das Leben ist Lüge). 1960: Midnight Lace (Mitternachtsspitzen); From the Terrace (Von der Terrasse). 1969: The April Fools (Ein Frosch in Manhattan). 1971: Death Takes a Holiday [TV]; Do Not Fold, Spindle or Mutilate [TV]. 1972: Columbo: Etude in Black (Columbo: Etude in Schwarz) [TV]; The Couple Takes a Wife [TV]. 1974: The Elevator (Fahrstuhl des Schreckens) [TV]; Indict and Convict [TV]; Airport 1975 (Giganten am Himmel). 1978: The End (Nobody Is Perfect); Panic at Lakewood Manor (Hotel des Todes) [TV]. 1980: Just Tell Me What You Want (Sag' mir, was Du willst). 1981: Summer Solstice [TV].

Lüders, Günther

(Günther Karl Georg Lüders)
*5. 3. 1905 Lübeck
†1. 3. 1975 Düsseldorf

1911–21 Katharineum in Lübeck bis zur Primareife; unabgeschlossene kaufmännische Lehre. Schauspielunterricht. Wanderbühne. 1924–34 Theater in Lübeck, Dessau und Frankfurt/Main. Ab 1934 in Berlin. 1935 kurz inhaftiert und Auftrittsverbot. 1939–40 Kriegsfreiwilliger. 1934 Filmdebüt als Presseattaché Barrick in *Die Insel* (Hans Steinhoff). Selten Hauptrollen wie in *Der Etappenhase*. Spezialisierung auf Nebenrollen schrulliger Gestalten mit norddeutschem Zungenschlag, populär vor allem durch seemännische Rollen wie der Matrose Jens in Helmut Käutners *Große Freiheit Nr. 7*. Nach Kriegsende in Berlin an der Tribüne, 1947–54 Schauspielhaus Düsseldorf. Im Nachkriegsfilm oft Klamaukrollen. Überzeugend komisch in Filmen Kurt Hoffmanns: Kammerdiener Johann Kesselhut in *Drei Männer im Schnee*, Baron Sperling in *Das Wirtshaus im Spessart*. Lüders' Komik verwirrt mit Changeant von Törichtem und Gescheitem. Rollen literarischer Charaktere: in der «Effi Briest»-Verfilmung *Rosen im Herbst* als Alonso Grieshübler sowie in den Thomas-Mann-Adaptionen *Königliche Hoheit*, *Buddenbrooks* und *Tonio Kröger*. Drei selbstinszenierte Filme nach literarischen Vorlagen: *Wenn wir alle Engel wären* (nach Heinrich Spoerl), *Vater, unser bestes Stück* und *Ihr 106. Geburtstag*. Zahlreiche TV-Auftritte; beim Jungen Deutschen Film als Lehrer Hartmann in *Ich bin ein Elefant, Madame!* (Peter Zadek). In den 50er Jahren Stadttheater Wuppertal. In den 60ern Schauspieldirektor, dann Regisseur und Schauspieler am Württembergischen Staatstheater Stuttgart. Schließlich Gastspiele und Tourneen.

[DE/BRD] 1934: Die Insel; Fräulein Liselott; Fürst Woronzeff; Ein Kind, ein Hund, ein Vagabund/Vielleicht war's nur ein Traum; Herz ist Trumpf. 1934/35: Die törichte Jungfrau. 1935: Lärm um Weidemann; Postlagernd XYZ [KF]. 1936: Spiel an Bord. 1936/37: Die Kreutzersonate; Meine Frau, die Perle; Der Etappenhase. 1937: Alarm in Peking; Die Holzauktion [KF]; Autobus S; Florentine [AT]. 1937/38: Das Ehesanatorium; Musketier Meier III. 1938: Der Haustyrann [KF]; Schwarzfahrt ins Glück; Ein Mädchen geht an Land; Nanu, Sie kennen Korff noch nicht! 1939: Männer müssen so sein; Der überraschende Säugling [KF]; Das Fenster im 2. Stock [KF]; Schneider Wibbel; In letzter Minute; Hochzeitsreise zu dritt; Mein Mann darf es nicht wissen; Rote Mühle. 1939/40: Casanova heiratet; Alles Schwindel. 1940: Herzensfreud – Herzensleid; Wunschkonzert. 1940/41: Am Abend auf der Heide. 1941: Frau Luna; Sechs Tage Heimaturlaub; Ehe man Ehemann wird. 1941/42: Geheimakte WB 1. 1942: Weiße Wäsche; Hab' mich lieb!; Ein Walzer mit dir. 1942/43: Floh im Ohr. 1943: Fritze Bollmann wollte angeln; Leichtes Blut; Ein schöner Tag; Ein Mann für meine Frau. 1943/44: Neigungsehe; Große Freiheit Nr. 7. 1944: Meine Herren Söhne. 1944/45: Wir seh'n uns wieder [Nicht aufgeführt]; Die Schenke zur ewigen Liebe; Verlobte Leute [Unvollendet]; Tierarzt Dr. Vlimmen [Unvollendet]; Frau über Bord (Das Mädchen Juanita). 1948: Die Zeit mit Dir. 1951: Kommen Sie am Ersten. 1952: Der Mann in der Wanne/Verlobung in der Badewanne [AT]; Vater braucht eine Frau; Der Tag vor der Hochzeit. 1952/53: Skandal im Mädchenpensionat. 1953: Ein Herz spielt falsch; Keine Angst vor großen Tieren; Musik bei Nacht; Der Vogelhändler; Briefträger Müller; Muß man sich gleich scheiden lassen?; Königliche Hoheit. 1953/54: Das ideale Brautpaar. 1954: ... und ewig bleibt die Liebe; Das sündige

Dorf; Heideschulmeister Uwe Karsten. 1955: Drei Männer im Schnee [AT]; Der falsche Adam; Krach um Jolanthe/Das fröhliche Dorf; Rosen im Herbst; Der Frontgockel; Ciske – de rat [NL]; Ciske – Ein Kind braucht Liebe [Version – NL/BRD]; Vatertag. 1955/56: Hilfe – sie liebt mich. 1956: Lumpazivagabundus; Das Sonntagskind/Schneider Wibbel; Wenn wir alle Engel wären [R]; Manöverball; Poveri, ma belli/Pauvres, mais belles (Ich laß mich nicht verführen) [IT/FR]; Rot ist die Liebe. 1956/57: Robinson soll nicht sterben. 1957: Vater, unser bestes Stück [R]; Alle Wege führen heim; Kein Auskommen mit dem Einkommen; Das Wirtshaus im Spessart. 1957/58: Lilli, ein Mädchen aus der Großstadt. 1958: Hoppla, jetzt kommt Eddie; Ihr 106. Geburtstag/Der Stolz der Familie [R]; Auferstehung / Resurrezione / Résurrection [BRD/IT/FR]; Dreizehn kleine Esel und der Sonnenhof/Dreizehn alte Esel; Ohne Mutter geht es nicht. 1959: Liebe auf krummen Beinen; Dame Kobold [R – TV]; Mein Freund Harvey [TV]; Bobby Dodd greift ein; O Wildnis [TV]; Buddenbrooks. 2 Teile. 1960: Zwei alte Damen feuern [TV]; Kriminaltango [AT]; Mal drunter – mal drüber. 1963: Schönes Weekend, Mr. Bennet [TV]; Der Mantel [TV]. 1964: Tonio Kröger. 1965/66: Drei Schwestern [TV]. 1968: Wunderliche Geschichten: Die Stimme im Glas [TV]. 1968/69: Ich bin ein Elefant, Madame! 1969: Komm, flüstere in mein gutes Ohr [TV]; Herzblatt oder Wie sag ich's meiner Tochter? 1970: Dem Täter auf der Spur: Froschmänner [TV]; Die Heirat [TV]; Tournee. Ein Ballett tanzt um die Welt [TVS]. 1971: Die Eroberung [TV]. 1972: Schule der Frauen [TV]. 1973: Dem Täter auf der Spur: Blinder Haß [TV]. 1974: Anneliese Rothenberger gibt sich die Ehre [TV – AT/BRD]; Sonderdezernat K1: Flucht [TV].

Ludwig, Rolf

*28. 7. 1925 Stockholm

Kindheit und Volksschule in Dresden-Leuben. 1939 Lehre als Kartolithograf, Stein- und Offsetdrucker. 1942 Reichs-Arbeitsdienst, 1943 Luftwaffe, abgeschossen. Bis 1947 britische Kriegsgefangenschaft; im Gefangenenlager Beteiligung am Lagertheater. Danach Hamburger Kammerspiele und Stadttheater Lübeck. 1948 Rückkehr nach Dresden. Kurz an der Staatlichen Akademie für Musik und Theater, dann Volksbühne Dresden. 1950 nach Berlin: Operetten-Bühne Metropol, 1952 Theater am Schiffbauerdamm, 1954–64 und 1969–76 Volksbühne. Gastrollen an der Staatsoper unter den Linden. 1964–69 und ab 1977 Deutsches Theater, dort Entwicklung vom Komiker zu einem der großen Charakterdarsteller der DDR-Bühnen. Seit Anfang der 50er Jahre im Film, vorwiegend in kauzigen und komischen Nebenrollen. Paraderolle in Slatan Dudows *Der Hauptmann von Köln*, einer Satire auf Militarismus und die westdeutsche Wirtschaftswunder-Gesellschaft. Auch negative Helden wie der Juniorchef in *Weg nach Füssen* nach Johannes R. Becher oder alltägliche Gestalten wie der Dorfbürgermeister im TV-Fünfteiler *Verflucht und geliebt*. Zwischen Verständnis und Brutalität schwankender, drogenab-hängiger Gefängnis-Arzt in Günter Rückers und Günther Reischs *Die Verlobte*. Bei Egon Günther mehrfach in bedeutenden Nebenrollen, z. B. autoritärer Vater in *Abschied* und übereifrig-serviler Kellner Mager in *Lotte in Weimar*. 1990 Titelrolle des isolierten Dichters *Stein* in Günthers nachwende-Film.

[DDR] 1951/52: Sein großer Sieg. 1952/53: Die Unbesiegbaren. 1954: Ede sonnabends [KF]; Sommerliebe; Wer seine Frau lieb hat. 1955: Drei Mädchen im Endspiel; Der Diener zweier Herren [TV]; Der Richter von Zalamea; Der Teufelskreis. 1955/56: Thomas Müntzer; Mich dürstet. 1956: Das Feuerzeug; Der Hauptmann von Köln; Fuchs tönende Wochenschau [KF]. 1957: Bennos böses Ich [KF]; Das Gesellschaftsspiel [KF]. 1958: Im Sonderauftrag. 1958/59: Der kleine Kuno. 1959: Das Leben beginnt; Guter Rat ist billig [KF]. 1959/60: Hochmut kommt vor dem Knall; Die heute über 40 sind. 1960: Pascha in Nöten [KF]. 1960/61: Der Mann mit dem Objektiv; Italienisches Capriccio; Der Fall Gleiwitz. 1962: Der Weg nach Füssen [TV]. 1963/64: Viel Lärm um nichts. 1964: Asphalt-Story [TV]. 1964/65: Solange Leben in mir ist. 1965/66: Flucht ins Schweigen. 1966: Die Perser [TV]. 1967: Kleiner Mann – was nun? [TV]; Laurencia [TV]. 1967/68: Der Streit um den Sergeanten Grischa [TV]; Abschied. 1968: Jungfer, Sie gefällt mir. 1968/1987: Die Russen kommen. 1969: Tödlicher Irrtum; Netzwerk; Nathan der Weise [TV]; Seine Hoheit – Genosse Prinz. 1970: Die Heirat. 1971: Trotz alledem!; Kretschinskis Hochzeit [TV]; Der Dritte; Arzt wider Willen [TV]; Optimistische Tragödie [TV]. 1972: Ein Engel reist ins Paradies [TV]; Die Legende von Paul und Paula. 1972/73: Zement [TV]. 1973: Die Zwillinge [TV]; Polizeiruf 110: Der Ring mit dem blauen Saphir [TV]. 1974/75: Eine Pyramide für mich; Die unheilige Sophia [TV]; Requiem für Hans Grundig [TV]; Lotte in Weimar. 1976: Die Geheimakte [TV-EP]; Süßer Vogel Jugend [TV]; Camping – Camping [TV]; Die Trauerrede und andere heitere Begebenheiten [TV-EP]. 1976/77: Wer reißt denn gleich vor'm Teufel aus? 1977: Ein Trompeter kommt [TV]; Ich zwing dich zu leben; Polizeiruf 110: Des Alleinseins müde [TV]; Vier Tropfen. EP: Quitt [TV-EP]; Vier Tropfen. EP: Das Fest [TV-EP]. 1977/78: Zünd an, es kommt die Feuerwehr. 1979: Die Rache des Kapitäns Mitchell [TV]; Kennst Du das Land [TV]. 1979/80: Levins Mühle; Die Verlobte. 1980: «Kommt ein Vogel geflogen ...» [TV]; Polizeiruf 110: Der Hinterhalt [TV]; Pugowitza. 1980/81: Verflucht und geliebt [TV]. 1981/82: Das Graupenschloß [TV]; Generalprobe [TV]. 1982: Der entführte

Prinz [TV]; Komm mit mir nach Chicago [TV]; Wiederbegegnung [TV]. 1982/83: Der Mann und sein Name [TV]; Es geht einer vor die Hunde [TV]; Hommage à Hölderlin [KF]; Moritz in der Litfaßsäule. 1983: Die ewigen Gefühle [TV – BRD]. 1983/84: Einzug ins Paradies [TVS]; Meine Frau Inge und meine Frau Schmidt; Wo andere schweigen. 1984: Die Grünstein-Variante [BRD]. 1984–86: Bebel und Bismarck [TV]. 1985–87: Sansibar oder Der letzte Grund [TV – BRD]. 1985/86: Das Buschgespenst [TV]; Das Schulgespenst; Stielke, Heinz, fünfzehn ... 1986: Die lustigen Weiber von Windsor [TV]; Käthe Kollwitz – Bilder eines Lebens; Schauspielereien: Ein ehrlicher Finder [TV]. 1986/87: Schwein gehabt; Der Staatsanwalt hat das Wort: Unter einem Dach [TV]; Schauspielereien: Genau auf Tag und Stunde [TV]; Wallenstein [TV]. 1987: Ganz in Familie [TV]. 1987/88: Späte Ankunft [TV]. 1988: Der blaue Boll [TV]. 1990/91: Stein. 1991: Die Jüdin von Toledo [TV]. 1992: Lenz (Ich aber werde dunkel sein) [TV]. 1993: Der Biberpelz [TV]. 1995: Ärzte: Herberge für einen Frühling [TV]; Nikolaikirche.

Lugosi, Bela

(Béla Ferenc Dezsö Blasko)
* 20. 10. 1882 Lugos (Ungarn)
† 16. 8. 1956 Hollywood

Bergarbeiter und Mitglied einer Wanderbühne. 1902 Bühnendebüt in Deva – als Béla Lugossy. 1908 Schauspieler in Debrecen, Szeged und schließlich in Budapest am Nemzeti Szinház (Nationaltheater). Nach Kriegsdienst erneut am Theater. 1916 Filmdebüt als Dorian Grays Diener in *Az élet királya* (Alfréd Deésy). 1919 wegen seines Engagements für die ungarische Räterepublik Emigration über Wien nach Berlin. 1919/20 in deutschen Produktionen u. a. unter der Regie von Richard Eichberg, F. W. Murnau und Wolfgang Neff. Marie Luise Droop setzt ihn in ihren Karl-May-Filmen *Die Todeskarawane* und *Die Teufelsanbeter* ein. 1921 weiter nach New York. Zunächst Theaterarbeit, ab 1923 sporadisch im Film. 1927 Erfolg am Broadway als «Dracula», Tod Brownings Verfilmung (1930/31) legt ihn endgültig auf den Typ des Vampirs fest. Er ist neben Boris Karloff der populärste Schauspieler des amerikanischen Horrorfilms der 30er und 40er Jahre, verkörpert Dracula und Verwandtes in zahlreichen Sequels, Persiflagen, auf der Bühne, schließlich auch in der Realität. Seit Mitte der 40er Jahre auch Radio-Tätigkeit – vor allem in der Radio-Show «Mystery House». Abstecher in andere Genres – so 1939 als Sowjet-Kommissar in Ernst Lubitschs *Ninotchka* – bleiben Ausnahme. Verarmt und morphiumsüchtig, gehört er zur Filmtruppe des Regie-Transvestiten Ed Wood, in dessen *Plan 9 From Outer Space* Lugosi 1956 (postmortal) zum letztenmal erscheint. In Tim Burtons Biopic *Ed Wood* (1994) wird Lugosi von Martin Balsam – oscargeehrt – verkörpert.

[US] 1916: Az élet királya/Dorian Gray [HU]; Alarcosbál [HU]. 1917: A leopárd (Der Leopard) [HU]; Tavaszi vihar (Frühlingssturm) [HU]. A nászdal (Das Hochzeitslied) [HU]; Az ezredes (Der Herr Oberst) [HU]. 1918: Kúzdelem a létért (Der Kampf ums Leben) [HU]; Lulu (Hoch der goldene Leichtsinn) [HU]; Casanova (Casanova) [HU]; Kilencvenkilenc (Droschke 99/Die gefahrvolle Wette) [HU]. 1919: Sklaven fremden Willens [DE]. 1919/20: Das ganze Sein ist flammend Leid [DE]. 1920: Der Tanz auf dem Vulkan. 1. Sybil Joung/2. Der Tod des Großfürsten [Verboten – DE]; Der Fluch der Menschheit. 1. Die Tochter der Arbeit/2. Im Rausche der Milliarden [DE]; Nat Pinkerton im Kampf. 1. Das Ende des Artisten Bartolini [DE]; Der Januskopf [DE]; Die Frau im Delphin oder 30 Tage auf dem Meeresgrund [DE]; Die Todeskarawane [DE]; Apachenrache. 3. Die verschwundene Million [DE]; Lederstrumpfs Abenteuer. 1. Der Wildtöter/2. Der letzte Mohikaner [DE]; Die Teufelsanbeter/Bei den Teufelsanbetern [DE]. 1923: The Silent Command. 1924: The Rejected Woman. 1925: The Midnight Girl; Daughters Who Pay; Punchinello [KF]; Prisoners. 1928: How to Handle Women. 1929: Veiled Woman; Thirteenth Chair. 1930: Such Men Are Dangerous/The Mask of Love; Wild Company; Renegades (Die Abtrünnigen); Viennese Nights; Oh, For a Man!; Murders in the Rue Morgue (Mord in der Rue Morgue). 1930/31: Dracula (Dracula). 1931: Fifty Million Frenchmen; Women of All Nations; The Black Camel (Charlie Chan: Der Tod ist ein schwarzes Kamel); Broadminded. 1932: White Zombie; Chandu, the Magician; Island of Lost Souls. 1932/33: The Death Kiss. 1933: Whispering Shadow [Serial]; Hollywood on Parade [KF]; Night of Terror; International House; The Devil's in Love. 1934: The Black Cat (The Black Cat); Gift of Gab; The Return of Chandu [Serial]; The Mysterious Mr. Wong; The Best Man Wins. 1935: Mark of the Vampire (Das Zeichen des Vampirs); The Raven (Der Rabe); Murder by Television; The Mystery of the Mary Celeste [GB]; The Invisible Ray (Tödliche Strahlen). 1936: Shadow of Chinatown [Serial]; Postal Inspector. 1937: S.O.S. Coast Guard [Serial]. 1938/39: Son of Frankenstein (Frankensteins Sohn). 1939: The Gorilla; The Phantom Creeps [Serial]; Ninotchka (Ninotschka); The Dark Eyes of London (Der Würger) [GB]. 1939/40: The Saint's Double Trouble; Black Friday (Schwarzer Freitag). 1940: You'll Find Out; The Devil Bat. 1941: The Black Cat; The Invisible Ghost; Spooks Run Wild; The Wolf Man (Der Wolfsmensch). 1941/42: Black Dragons. 1942: The Ghost of Frankenstein; The Corpse Vanishes; Bowery at Midnight; Night Monster. 1942/43: Frankenstein Meets the Wolf Man; The Ape Man. 1943: Ghosts on the Loose; The Return of the Vampire. 1943/44: Voodoo

Man. 1944: The Return of the Ape Man; One Body Too Many. 1945: Zombies on Broadway; The Body Snatcher (Der Leichendieb). 1946: Genius at Work. 1946/47: Scared to Death. 1948: Abbott and Costello Meet Frankenstein (Mein Gott, Frankenstein). 1952: Bela Lugosi Meets a Brooklyn Gorilla; Mother Riley Meets the Vampire [GB]. 1953: Glen or Glenda?/I Changed My Sex/I Led Two Lives/The Transvestite. 1954: The Bride of the Monster (Die Rache des Würgers). 1956: The Black Sleep (Die Schreckenskammer des Dr. Thosti); Plan 9 From Outer Space (Plan 9 aus dem Weltall).

Łukaszewicz, Olgierd

*7. 9. 1946 Chorzów

Nach dem Diplom 1968 an der Theaterhochschule Krakau Engagement am dortigen Rozmaitości-Teatr. Ab 1970 in Warschau am Dramatyczny Teatr, am Współczesny-Teatr, 1974 am Powszechny-Teatr. 1969 und 1971 erste große Filmrollen in Kazimierz Kutz' Schlesien-Filmen: in *Sól ziemi czarnej* als junger Aufständischer und in *Perław koronie* als streikender Bergmann Jaś. 1971 erhält er den Zbigniew-Cybulski-Preis als bester polnischer Nachwuchsdarsteller. 1970 überträgt ihm Andrzej Wajda in seiner Iwaszkiewicz-Adaption *Brzezina* die Rolle des schwerkranken Stanisław. In den 70er und 80er Jahren häufig in Literatur-Verfilmungen: 1974 in Borowczyks *Dzieje grzechu* nach Stefan Żeromski; 1979 als K.u.k.-Oberleutnant in *Lekcja martwego języka* (Janusz Majewski) nach Kuśniewicz; 1980 als Leon in Agnieszka Hollands *Gorączka,* schließlich als Fürst Odrowąż in *Wierna rzeka* (Zbigniew Chmielewski), ebenfalls nach Żeromski. Vor allem als Albert in Machulskis Komödie *Seksmisja* (1983) wird er populär. Sein Bruder Jerzy Łukaszewicz ist Kameramann und Regisseur.

[PL] 1967: Jowita. 1968: Dancing w kwaterze Hitlera; Ostatnie dni (Die letzten Tage). 1969: Dzieci z naszej szkoły [TVS]; Sól ziemi czarnej (Das Salz der schwarzen Erde); Znicz olimpijski (Olympisches Feuer). 1970: Romantyczni (Die Romantiker); Brzezina (Das Birkenwäldchen) [TV]; Pogoń za Adamem. 1971: Magia Jerzego Nowosielskiego [KF]; Wezwanie; Perła w koronie (Eine Perle in der Krone); Bicie serca (Das verräterische Herz) [TV]. 1972: Stracona noc (Eine verlorene Nacht) [TV]; Przyjęcie na 10 osób plus 3 [TV]; Wesele (Die Hochzeit); Przeprowadzka. 1973: Zasieki. 1974: Dzieje grzechu (Geschichte einer Sünde). 1975: Znikąd donikąd; Noce i dnie (Nächte und Tage). 1976: Zaklęty dwór (Das verwunschene Schloß) [TVS]; Dagny [PL/NO]. 1977: Lalka (Die Puppe) [TVS]; Jörg Ratgeb, Maler [DDR]. 1978: Sowizdrzał Świętokrzyski; Układ krążenia [TVS]. 1979: Operacja «Himmler» (Operation Gleiwitz) [TV]; Placówka (Vorposten) [TV]; Lekcja martwego języka. 1980: Gorączka (Fieber); Głosy; Królowa Bona (Königin Bona) [TVS]. 1981: Klejnot wolnego sumienia; Szarża, czyli przypomnienie kanonu; Ślepy bokser [TV]. 1982: Wilczyca (Die Wölfin); Dolina Issy; Przesłuchanie (Verhör einer Frau); Sonjas Rapport [DDR]. 1983: Wierna rzeka [UA: 1987]; Widziadło; Seksmisja (Sexmission); Wir (Im Sog) [TV]. 1984: Zamiana [TV]. 1985: Dziewczęta z Nowolipek. Rajska jabłon (Die Mädchen aus Nowolipki); C. K. Dezerterzy (K.u.K. Deserteure). 1986: Rykowisko (Brunftzeit); Biała wizytówka/Die Söhne der Fürsten [TVS – PL/BRD]; Magnat/Der Magnat [PL/BRD]; Rajska jabłoń (Der Paradiesapfelbaum). 1987: Kingsajz; Zabij mnie, glino; Krótki film o zabijaniu (Ein kurzer Film über das Töten). 1988: Alchemik. 4 Teile; Dekalog II (Dekalog, Zwei) [TV]; Dotknięci. 1989: Sztuka kochania; Modrzejewska [TVS]. 1990: Mit den Clowns kamen die Tränen [TV – BRD]. 1991: Das Schweigen der Liebe [TV – DE]. 1992: Nocne ptaki [TV]. 1993: Jańcio Wodnik. 1995: Ptaki niebieskie; Pokuszenie.

Lupino, Ida

*4. 2. 1916 London

† 3. 8. 1995 Los Angeles

Tochter der Schauspieler Connie Emerald und Stanley Lupino. Besuch der Royal Academy of Dramatic Art in London. Bühnen-Debüt als 12jährige im Tom Thumb Theatre. Statistin in den Studios der British International Pictures. Filmdebüt 1931 in *The Love Race*. 1933 mit Paramount-Vertrag nach Hollywood. Nach zahlreichen unauffälligen Rollen ist 1939 die Prostituierte Bessie Broke in *The Light That Failed* (William A. Wellman) ihre erste bedeutende Aufgabe. 1940 Wechsel zu Warner Bros. Erfolg in Filmen von Raoul Walsh, so als hinterhältige Ehebrecherin in *They Drive By Night* oder als Freundin des Gangsters Humphrey Bogart in *High Sierra*. Im selben Jahr spielt sie die flüchtige Ruth Webster in der Jack-London-Verfilmung *The Sea Wolf* (Michael Curtiz) und ist neben ihrem ersten Ehemann Louis Hayword die mörderische Haushälterin in *Ladies in Retirement* (Charles Vidor). In *The Hard Way* (Vincent Sherman) als ambitionierte Helen, die ihre Schwester am Broadway durchsetzt. Sie spielt in Gangsterfilmen, Komödien und Melodramen, wie Jean Negulescos *Road House*. 1949 Gründung der Emerald Productions, bei der ersten Produktion *Not Wanted* ist sie am Drehbuch beteiligt und übernimmt nach Erkrankung Elmer Cliftons (ungenannt) die Regie. Bis 1953 inszeniert, produziert und schreibt sie weitere fünf Low-budget-Produktionen. 1950 mit Collier Young Gründung der Filmmakers Company. 1952 zusammen mit Dick Powell, Charles Boyer und David Niven Gründung der TV-Firma Four Star Production.

Häufig TV-Regie: u. a. mehrere Folgen der Serie *On Trial*. Bis 1957 spielt sie mit ihrem dritten Ehemann Howard Duff in 66 Folgen der Serie *Mr. Adams and Eve*. Mitte der 50er Jahre Rückzug vom Film. 1965/66 noch einmal Filmregie mit der Schul-Komödie *The Trouble With Angels*. Ab 1969 wieder einige Aufgaben in Film und Fernsehen, so 1972 als Mutter in Sam Peckinpahs *Junior Bonner*.

[US] 1931: The Love Race [GB]. 1932: Her First Affaire [GB]. 1932/33: Money for Speed [GB]. 1933: High Finance [GB]; Prince of Arcadia [GB]; The Ghost Camera [GB]; I Lived With You [GB]. 1933/34: Search for Beauty. 1934: Ready for Love; Come on, Marines!. 1935: Paris in Spring; Peter Ibbetson (Peter Ibbetson); Smart Girl. 1936: One Rainy Afternoon; Anything Goes; The Gay Desperado; Yours for the Asking. 1936/37: Let's Get Married. 1937: Fight for Your Lady; Artists and Models (Künstlerball); Sea Devils. 1939: The Lone Wolf Spy Hunt; The Lady and the Mob; The Light That Failed; The Adventures of Sherlock Holmes. 1940: They Drive by Night (Nachts unterwegs). 1940/41: The Sea Wolf (Der Seewolf). 1941: Ladies in Retirement (Das Geheimnis der drei Schwestern); High Sierra (Entscheidung in der Sierra); Out of the Fog (Ufer im Nebel). 1942: Moontide (Nacht im Hafen); The Hard Way; Life Begins at Eight Thirty. 1942/43: Devotion [UA: 1946]. 1943: Forever and a Day (Auf ewig und drei Tage); Thank Your Lucky Stars. 1944: In Our Time; Hollywood Canteen (Hollywood-Kantine). 1945: Pillow to Post. 1946: The Man I Love (Besuch in Kalifornien); Young Widow (Der junge Löwe) [CoP]. 1947: Deep Valley (Das tiefe Tal); Escape Me Never. 1948: The Judge [P]; Road House (Nachtclub-Lilly). 1949: Woman in Hiding (Dein Leben in meiner Hand); Not Wanted (Verführt) [CoA,CoP,(CoR)]; Lust for Gold (Der Berg des Schreckens). 1950: Outrage [R,CoA]; Never Fear (Lügende Lippen) [R]; The Vicious Years [P]. 1951: Hard, Fast and Beautiful [R,CoA]; On Dangerous Ground; On the Loose [P]. 1952: Beware, My Lovely. 1952–56: Four Star Playhouse [TVS]. 1953: The Bigamist (Der Mann mit zwei Frauen) [R,CoA]; The Hitch-Hiker [R,CoA]; Jennifer. 1954: Private Hell 36 (Hölle 36) [CoA]; Mad At the World [P]. 1955: The Big Knife (Hollywood-Story); Women's Prison (Revolte im Frauenzuchthaus); The Screen Directors' Playhouse: Number 5 Checked Out [R – TV]. 1956: While the City Sleeps (Die Bestie); On Trial: The Trial of Mary Surratt [R – TVS]; Strange Intruder. 1956–57: Mr. Adams and Eve [TVS]. 1959: Have Gun – Will Travel: Lady With a Gun [R – TV]; Twilight Zone: The Sixteen-Millimeter Shrine [TV]; Lux Playhouse: Various Temptations [TV]. 1960: Alfred Hitchcock Presents: Sybilla [R – TV]. 1963: The Fugitive: The Glass Tightrope [R – TV]; Breaking Point: Heart of Marble, Body of Stone [R – TV]; Kraft Suspense Theatre: One Step Down [TV]; The Untouchables: Man in the Cooler [R – TV]. 1964: Dr. Kildare: To Walk With Grace [R – TV]; Burke's Law: Who Killed Lenore Wingfield [TV]. 1965: The Virginian: We've Lost a Train [TV]. 1965/66: The Trouble with Angels (Immer Ärger mit den Engeln) [R]. 1966: The Virginian: Deadeye Dick [R – TV]. 1967: I Love a Mystery [TV; UA: 1973]; Dundee and the Culhane: Thy Brother's Keeper Brief [R – TV]. 1969: Backtrack [TV]. 1971: Women in Chains (Terror in Block C) [TV]; Deadhead Miles. 1972: Female Artillery [TV]; The Letters/The Forresters: Dear Karen [TV]; Junior Bonner (Junior Bonner); The Strangers in 7A [TV]. 1975: The Devil's Rain (Nachts, wenn die Leichen schreien). 1976: The Food of the Gods (Die Insel der Ungeheuer). 1978: My Boys Are Good Boys.

M

MacDonald, Jeanette
(Jeanette Anne McDonald)
*18. 6. 1901 Philadelphia (Pennsylvania)
†14. 1. 1965 Houston (Texas)

Besuch der Washington Irving und der Julia Richmann High Schools. Fotomodell, 1920 Broadway-Debüt als Tanzgirl. 1923 erstmals Hauptrolle als Sängerin. 1925–29 einer der führenden Stars in Musicals und Operetten. 1929 Filmdebüt mit der Hauptrolle der Königin Louise von Sylvania als Partnerin von Maurice Chevalier in der ironischen Filmoperette *The Love Parade* (Ernst Lubitsch) und Vertrag mit Paramount. 1932/33 in zwei Filmen erneut neben Chevalier, u. a. als Prinzessin Jeannette in *Love Me Tonight* (Rouben Mamoulian). 1933–42 bei M-G-M, meist in Musikfilmen, Titelrolle der lebenslustigen Witwe in Lubitschs *The Merry Widow*. 1935 in *Naughty Marietta* als Prinzessin Marietta erstmals Partnerin von Nelson Eddy, mit dem sie in 8 erfolgreichen Musicals – meist unter der Regie von W. S. Van Dyke und Robert Z. Leonard – das erfolgreichste Gesangsduo der 30er Jahre bildet. In *Rose Marie* singen sie ihren berühmtesten Schlager: «Indian Love Call»; die Titel ihrer süßlichen Filme sind Programm: *The Girl of the Golden West*, *Sweethearts*, *Bitter Sweet*. Daneben spielt sie u. a. 1936 neben Clark Gable in *San Francisco* und singt den Titelsong. Im Krieg schwindet ihre Popularität. Letzte Filmrolle 1948 in *The Sun Comes Up* (Richard Thorpe). Ab 1943 wieder verstärkt auf der Bühne, jetzt auch in Opern, so «Romeo and Juliet» in Montreal, «Faust» an der Chicago Civic Opera. Am Broadway als Partnerin ihres Mannes Gene Raymond. Auch Auftritte in TV-Shows und 1957 in Las Vegas.

[US] 1929: The Love Parade (Liebesparade). 1929/30: The Vagabond King (Der König der Vagabunden). 1930: Galas de la Paramount [Version]; Let's

Go Native; Monte Carlo (Monte Carlo); The Lottery Bride; Oh, For a Man! 1931: Don't Bet on Women; Annabelle's Affairs. 1931/32: One Hour with You (Eine Stunde mit Dir). 1932: Love Me Tonight (Schloß im Mond). 1933: The Cat and the Fiddle (Liebe nach Noten). 1934: The Merry Widow (Die lustige Witwe); La veuve joyeuse [Version]. 1935: Naughty Marietta (Tolle Marietta); Rose Marie (Rose Marie). 1936: San Francisco (San Franzisko); Maytime (Maienzeit). 1937: The Firefly (Tarantella). 1938: The Girl of the Golden West (Im goldenen Westen); Sweethearts. 1938/39: Broadway Serenade (Irrwege der Liebe). 1939/40: New Moon. 1940: Bitter Sweet. 1941: Smilin' Through (Im Banne der Vergangenheit). 1942: I Married an Angel. 1943: Cairo. 1944: Follow the Boys. 1948: Three Daring Daughters; The Sun Comes Up. 1956: Screen Directors' Playhouse: Prima Donna [TV]. 1957: Playhouse 90: Charley's Aunt [TV].

MacLaine, Shirley
(Shirley MacLean Beaty)
*24. 4. 1934 Richmond (Virginia)

Mit zwei Jahren Ballett-Unterricht. Ab 1950 als Tänzerin in Musical-Produktionen wie «Oklahoma!», «Me and Juliet» und «The Pajama Game». 1954 Filmvertrag von Produzent Hal Wallis. 1955 Filmdebüt als junge Witwe Jennifer in Alfred Hitchcocks schwarzer Komödie *The Trouble With Harry*. Dadurch zunächst Festlegung auf komische Rollen. 1958 in der dramatischen Rolle der Provinz-Prostituierten Ginny in Vincente Minnellis *Some Came Running* (Oscar-Nominierung). 1959 verkörpert sie das heiratslustige Provinzmädchen Meg Wheeler in der Komödie *Ask Any Girl* (Charles Walters) und ist Co-Star von Frank Sinatra als unabhängige Saloon-Besitzerin in *Can-Can* (Walter Lang). Zweite Oscar-Nominierung sowie zahlreiche andere Auszeichnungen als herumgereichtes Lift-Girl Fran Kubelik neben Jack Lemmon in Billy Wilders bitterer Komödie *The Apartment*. 1961 als lesbische Lehrerin Martha Dobie neben Audrey Hepburn in The *Children's Hour* (William Wyler). In den 60er Jahren jedoch meist als lebenslustige, oft naive junge Frau, so mit Robert Mitchum in Robert Wises *Two for the Seesaw*, als Pariser Prostituierte in Wilders Musical *Irma la Douce* (Oscar-Nominierung), 1968 als gutherzige Dirne in Bob Fosses *Sweet Charity*. 1967 inszeniert Vittorio de Sica mit ihr und einer internationalen Herren-Besetzung den amerikanisch-französischen Episodenfilm *Woman Times Seven*, in dem sie ihre Gestaltungsvielfalt beweisen kann. In den 70er Jahren verstärkt als Sängerin und Tänzerin, so 1971–72 in der TV-Serie *Shirley's World*. Shows und Tourneen: 1974 Las Vegas, 1976 Europa. MacLaine, die sich wiederholt politisch engagiert (Wahlkampagnen für Robert Kennedy und George McGovern), bereist 1974 die VR China und berichtet darüber in einem Buch «You Can Get There from Here» und dem Dokumentarfilm *The Other Half of the Sky: A China Memoir* (Produktion, Buch, Co-Regie mit Claudia Weill), der für einen Oscar nominiert wird. Daneben nur wenige, meist ernste Filmrollen. 1971 überzeugend als verbitterte Ehefrau in Frank D. Gilroys *Desperate Characters*. 1977 Oscar-Nominierung als alternde Tanzlehrerin Deedee Rogers in *The Turning Point* (Herbert Ross). Als autoritäre Mutter Aurora in James L. Brooks' *Terms of Endearment* (1983) erhält sie einen Oscar. Titelrolle der kauzigen Klavierlehrerin in *Madame Sousatzka* (John Schlesinger). Neben Sally Field, Dolly Parton, Daryl Hannah und Julia Roberts im Frauen-Melodram *Steel Magnolias* (Herbert Ross), 1990 als Doris Mann in *Postcards from the Edge* (Mike Nichols), der Verfilmung von Carrie Fishers autobiografischem Hollywood-Roman. Seit 1970 auch Buch-Autorin, mit starkem Interesse an Esoterik und Reinkarnation: «Don't Fall Off the Mountains» (Memoiren, 1970), «Out on a Limb» (1984), «Dancing in the Light» (1985), «It's All in the Playing» (1987), «Going Within» (1989). Ihr Bruder ist der Schauspieler, Regisseur und Produzent Warren Beatty.

[US] 1955: Artists and Models (Maler und Mädchen); The Trouble with Harry (Immer Ärger mit Harry). 1956: Around the World in 80 Days (In 80 Tagen um die Welt). 1957: Hot Spell (Hitzewelle). 1958: The Matchmaker (Die Heiratsvermittlerin); Some Came Running (Verdammt sind sie alle); The Sheepman (In Colorado ist der Teufel los). 1959: Career (Viele sind berufen); Can-Can (Ganz Paris träumt von der Liebe); Ask Any Girl (Immer die verflixten Frauen). 1960: The Apartment (Das Appartement); All in a Night's Work (Alles in einer Nacht); Ocean's Eleven (Frankie und seine Spießgesellen). 1961: The Children's Hour (Infam); Two Loves (Der Fehltritt). 1962: My Geisha (Meine Geisha); Two for the Seesaw (Spiel zu zweit). 1963: Irma La Douce (Das Mädchen Irma La Douce). 1964: The Yellow Rolls Royce (Der gelbe Rolls-Royce) [EP – GB]; What a Way to Go! (Immer mit einem anderen). 1965: John Goldfarb, Please Come Home! (Eine zuviel im Harem). 1966: Gambit (Das Mädchen aus der Cherry-Bar). 1967: Woman Times Seven/Sept fois femme. 1. EP: Funeral Procession (Paulette)/2. EP: Amateur Night (Maria Teresa) / 3. EP: Two Against One (Linda) / 4. EP: The Super-Simone (Edith) /

5. EP: At the Opera (Eve) / 6. EP: The Suicides (Marie) / 7. EP: Snow (Jeanne) (Siebenmal lockt das Weib) [EP – US/FR]. 1968: The Bliss of Mrs. Blossom (Hausfreunde sind auch Menschen) [GB]; Sweet Charity (Sweet Charity). 1970: Two Mules for Sister Sara (Ein Fressen für die Geier). 1971: Desperate Characters (Verzweifelte Menschen). 1971/72: Shirley's World [TVS – GB]. 1972: The Possession of Joel Delaney. 1973: Year of the Woman. 1974: The Other Half of the Sky: A China Memoir [D,CoR,A,P – DOK]. 1977: The Turning Point (Am Wendepunkt); Sois belle et tais-toi (Sei schön und halt den Mund) [DOK; UA: 1981 – FR]. 1980: Loving Couples (Ein Walzer vor dem Frühstück); A Change of Seasons (Jahreszeiten einer Ehe); Being There (Willkommen, Mr. Chance). 1981: Sois belle et tais-toi (Sei schön und halt den Mund) [FR]. 1983: Terms of Endearment (Zeit der Zärtlichkeit). 1984: Cannonball Run II (Highway 2 – Auf dem Highway ist wieder die Hölle los). 1987: Out On a Limb [D,CoA]. 1988: Madame Sousatzka (Madame Sousatzka) [GB/US]. 1989: Steel Magnolias (Magnolien aus Stahl – Die Stärke der Frauen). 1990: Defending Your Life (Rendezvous im Jenseits – eine himmlische Komödie über das Leben danach); Waiting for the Light (Zeichen und Wunder); Postcards from the Edge (Grüße aus Hollywood). 1992: Used People (Die Herbstzeitlosen). 1993: Wrestling Ernest Hemingway (Walter & Frank – Ein schräges Paar); Guarding Tess (Tess und ihr Bodyguard). 1995: Mrs. Winterbourne (Mrs. Winterbourne); The West Side Waltz [TV]. 1996: The Celluloid Closet [DOK]; The Evening Star (Jahre der Zärtlichkeit).

MacMurray, Fred

(Frederick Martin MacMurray)
*30. 8. 1908 Kankakee (Illinois)
†5. 11. 1991 Santa Monica

Sohn eines Geigers. Besuch der Shattuck Boys Academy, Beaver Dam High School und des Carroll College in Waukesha, Wisconsin. Ab 1928 als Sänger und Saxophonist der Royal Purples Band, Chicago. 1929 erster Filmkontakt als Statist. 1930 Broadway-Debüt in «Three's A Crowd» mit The California Collegians Band, 1933 in «Roberta». 1934 Paramount-Vertrag. Erste Hauptrolle in *Grand Old Girl* (John S. Robertson). Er wird einer der meistbeschäftigten Paramount-Schauspieler, oft in leichten Komödien. Häufig Zusammenarbeit mit dem Regisseur Mitchell Leisen, so als Partner von Barbara Stanwyck in *Remember The Night*, neben Marlene Dietrich in *The Lady Is Willing*. Bisweilen auch in dramatischen Rollen, z. B. als gerissener Versicherungsagent Walter Neff in Billy Wilders *Double Indemnity*, einem der besten Filme der schwarzen Serie. 1945 zu 20th Century-Fox. Neben Claudette Colbert als Hühnerfarmer MacDonald in *The Egg and I* (Chester Erskine). 1954 spielt er den Lieutenant Keefe in *The Caine Mutiny* (Edward Dmytryk). Mehrere Western. Ab 1959 Zusammenarbeit mit dem Walt-Disney-Studio, dort Erfolg in Charles Bartons *The Shaggy Dog* und als *The Absent-Minded Professor* (Robert Stevenson). 1960 ist er der berechnende Boss von Shirley MacLaine in Wilders *The Appartment*. 1978 letzte Filmrolle als Clarence in Irwin Allens *The Swarm*. Ab 1960 umfangreiche TV-Arbeit. Besonders 1960–72 als «Vater unser bestes Stück» in 369 Folgen der Serie *My Three Sons*.

[US] 1929: Girls Gone Wild; Tiger Rose. 1935: Grand Old Girl; The Gilded Lily; Car 99 (Polizeiauto 99); Men without Names (Männer ohne Namen); Alice Adams; Hands Across the Table (Liebe im Handumdrehen). 1936: The Bride Comes Home (Frauen-Launen); The Trail of the Lonesome Pine (Kampf in den Bergen); Thirteen Hours By Air; The Princess Comes Across (Kabine B 50); The Texas Rangers (Grenzpolizei Texas). 1936/37: Champagne Waltz. 1937: Maid of Salem (Im Kreuzverhör); Swing High, Swing Low (Mal oben, mal unten); Exclusive (Exklusiv); True Confession (Ein Mordsschwindel). 1938: Cocoanut Grove; Men with Wings; Sing You Sinners; Cafe Society. 1939: Invitation to Happiness; Honeymoon in Bali. 1939/40: Too Many Husbands. 1940: Remember the Night (Die unvergeßliche Nacht); Little Old New York; Rangers of Fortune. 1941: Virginia; One Night in Lisbon; Dive Bomber; The Lady Is Willing. 1942: Take a Letter, Darling (Liebling, zum Diktat); The Forest Rangers (Lodernde Flammen); Star Spangled Rhythm; New York Town. 1943: Flight for Freedom; No Time for Love (Keine Zeit für Liebe); The Last Will and Testament of Tom Smith [KF]; Above Suspicion. 1943/44: Standing Room Only (Stehplatz im Bett). 1944: Murder, He Says; And the Angels Sing; Skirmish on the Home Front [KF]; Double Indemnity (Frau ohne Gewissen); Practically Yours (Sturzflug ins Glück). 1944/45: Where Do We Go from Here? 1945: Captain Eddie; Pardon My Past [D,P]. 1946: Smoky (Smoky, König der Prärie). 1947: Singapore (Singapur); The Egg and I (Das Ei und ich); Suddenly It's Spring. 1948: Don't Trust Your Husband (Der Pantoffelheld); Family Honeymoon (Fünf auf Hochzeitsreise); The Miracle of the Bells (Die Glocken von Coaltown); On Our Merry Way/A Miracle Can Happen. 1949: Father Was a Fullback. 1950: Borderline [D,P]; Never a Dull Moment. 1951: Callaway Went Thataway (Der Cowboy, den es zweimal gab); A Millionaire for Christy. 1953: The Moonlighter; Fair Wind to Java (Der Rebell von Java). 1954: Woman's World (Die Welt gehört der Frau); The Caine Mutiny (Die Caine war ihr Schicksal); Pushover (Schachmatt). 1955: The Rains of Ranchipur (Der große Regen); The Far Horizons (Am fernen Horizont); General Electric Theatre: Bachelor's Bride [TV]; Gun Point (In Acht und Bann); There's Always Tomorrow (Es gibt immer ein Morgen). 1957: Quantez (Quantez, die tote Stadt); A Gun for a

Coward (Schieß oder stirb!); 20th Century-Fox Hour: False Witness [TV]; Day of the Bad Man (Die letzte Kugel). 1958: Good Day for a Hanging (Der Henker wartet schon). 1959: Face of a Fugitive (Auf heißer Fährte); The Oregon Trail (Mit Büchse und Colt); The Shaggy Dog (Der unheimliche Zotti). 1960: The Apartment (Das Appartement). 1960–72: My Three Sons (Vater ist der Beste) [TVS]. 1960/61: The Absent-Minded Professor (Der fliegende Pauker). 1962: Bon Voyage! (Champagner in Paris). 1962/63: Son of Flubber (Der Pauker kann's nicht lassen). 1964: Kisses for My President (Prinzgemahl im Weißen Haus). 1966: Follow Me, Boys! (Vierzig Draufgänger). 1967: The Happiest Millionaire (Der glücklichste Millionär). 1974: Charley and the Angel; The Chadwick Family [TV]. 1975: Beyond the Bermuda Triangle (Vermißt im Bermuda-Dreieck) [TV]. 1978: The Swarm (Der tödliche Schwarm).

Madaras, József

*12. 8. 1937 Rigmány

Arbeit als Gärtner und Fräser, anschließend bis 1958 Studium an der Budapester Theater- und Filmhochschule. Engagements an verschiedenen Bühnen des Landes, u. a. in Budapest am Attila-Jósef- sowie am Thalia-Theater. Synchronsprecher im Pannonia-Studio; ab 1978 Ensemble-Mitglied der staatlichen Produktionsfirma Mafilm. Filmdebüt 1959 in Miklós Jancsós *A mi földünk*, unter dessen Regie er später die Protagonisten zahlreicher Filme verkörpert, so den Kommandanten in dem Ende des 1. Weltkrieges spielenden *Csillagosok, katonák* (1966), den ungarischen Soldaten Károly zur Zeit der sowjetischen Invasion in Ungarn in *Csend és kiáltás* (1968), den Vater Kéller in *Fényes szelek* (1969) und den Bálint Hegedüs in dem 1972 in Cannes preisgekrönten *Még kér a nép* (1971). Herausragend ist seine Gestaltung des Schuldirektors in *Pókfoci* (János Rósza, 1976).

[HU] 1959: A harangok Rómába mentek (Die Glocken gingen nach Rom); A mi földünk. 1961: Pesti háztetök (Auf den Dächern von Budapest). 1962: Angyalok földje (Das Land der Engel); Isten öszi csillaga (Stern am Herbsthimmel); Legenda a vonaton (Die lieben Mitmenschen). 1963: Bálvány (Das Idol); Germinal [HU/FR]. 1964: A Tenkes kapitánya (Der Kapitän vom Tenkesberg) [TV]; Déltöl hajnalig (Von Mittag bis Morgengrauen); Így jöttem (So kam ich). 1965: Szegénylegények (Die Männer in der Todesschanze). 1966: Higeg napok (Kalte Tage); Apa (Vater); Csillagosok, katonák/Zvezdy i soldaty (Sterne an den Mützen) [HU/SU]; Othello gyulaházán (Viel Lärm um Othello) [TV]; Sikátor (Winkelgasse); A princ a katona (Prinz, der Soldat). 1967: Budapesten harcoltak (Reifejahre) [TV]. 1968: A hamis Izabella (Die falsche Isabella); Csend és kiáltás (Stille und Schrei). 1969: Fényes szelek (Schimmernde Winde); Feldobott kő (Wie der Kies fällt); Az oroszlán ugrani készül; Sirokkó (Schirocco) [FR/HU]; Bors (1000 Kilometer ohne Marschbefehl) [TV]; Beszélő (Der wundersame Kaftan); Legenda egy páncélvonatról (Legende über einen Panzerzug) [TV]; Egy őrült éjszaka (Verrückte Nacht). 1970: Gyula vitéz télen-nyáron (Ritter des Bildschirms); Égi bárány; Őrjárat az égen (Patrouillen am Himmel) [TV]; Arc (Gesicht); Szép magyar komédia (Galante Geschichten); Kapaszkodj a fellegekbe! (Halt dich an den Wolken fest) [HU/SU]. 1971: A fekete város (Die schwarze Stadt) [TV]; Még kér a nép (Roter Psalm); Horizont (Horizont); Végre hétfő! (Endlich Montag); Hahó, Öcsi! (Hallo, Brüderchen!). 1972: Romantika; A Müller család halála (Der Tod der Familie Müller) [TV]; Nincs idő. (Jenseits der Zeit). 1973: Harmadik nekifutás (Der dritte Anlauf); Pókháló (Spinnennetz); Álljon meg a menet (Moment mal!); La tecnica e il rito (Die Technik und der Ritus) [IT]. 1974: Hajduk (Unbändige Heiducken); Szikrázo lányok (Kampflustige Mädchen); Szerelmem Elektra (Meine Liebe – Elektra); Bekötött szemmel (Verbundene Augen); A Dunai hajós (Der Donauschiffer); Az utolso tanctanar (Der letzte Tanzlehrer). 1975: Az idők kezdetén (Zu Beginn der Zeiten); Kopjások (Sein Auftrag hieß: Mord). 1976: Azonosítás (Identifizierung); Kántor (Kántor fahndet) [TVS]; Járvány (Epidemie); Budapesti mesék (Budapester Legende); A járvány; Arvácska (Niemandskind); Pókfoci (Spinnenlauf). 1977: Vámhatár (Zollgrenze); ? (Helft! Helft!) [TV]; A csillagszemü (Sternenauge); Apám néhány boldog éve (Die glücklichen Jahre meines Vaters); Ékezet (Der Akzent). 1978: Allegro barbaro (Allegro barbaro); Nyolcvan huszár (80 Husaren); Dűbörgö csend (Dröhnende Stille); Az eröd (Die Festung); A ménesgazda (Das Gestüt); Egyszeregy (Peter-Paul). 1979: Magyar rapszódia (Ungarische Rhapsodie); Treno tu Istanbul/Orient-Express [TVS – IT/HU]. 1980: Zendül az osztály (Schülerrevolte) [TV]; Köszönöm, megvagyunk (Danke, es geht). 1981: A zsarnok szive, avagy Boccaccio Magyarországon (Das Herz des Tyrannen). 1984: Faustus, Faustus, Faustus [TV]. 1986: Szörnyek évadja; Gondviselés. 1989: Howling V: The Rebirth [US]. 1991: Könyörtelen idök.

Madsen, Harald

*20. 11. 1890 Silkeborg (Jütland)

†13. 7. 1949 Kopenhagen

1904 Akrobat und Schlangenmensch im Wanderzirkus August Miehe, ab 1915 Mitglied des Clownstrios «Die Miehe-Brüder». 1917 erster Filmauftritt in der schwedischen Produktion *Alexander den store* (Gustaf Molander). 1920 entdeckt ihn der Regisseur Lau Lauritzen für die Produktionsfirma Palladium und bildet aus dem langen mageren Carl Schenstrøm und dem kleinen rundlichen Madsen das Komikerpaar Fyrtårnet og Bivognen (Leuchtturm und Beiwagen), kurz Fy & Bi (f+b in der Filmografie). Die Filme der Groteskkomiker haben unter wechselnden Namen international Erfolg, in Deutschland heißen sie Pat und Patachon, in Frankreich Doubleplatte et Patachon, in England Long and Short, in den USA Ole & Axel. Ab 1921 entstehen an Originalschauplätzen regelmäßig Filme, zunächst Zweiakter, die die beiden – meist in der Rolle von heruntergekommenen Landstreichern – in unterschiedliche Situationen stellen, die sie mit Witz und ein wenig Bosheit zu bestehen versuchen. Ab Mitte der 20er Jahre arbeiten die beiden auch in Österreich und England, wo sie sich 1929 mit *Alf's Carpet* auch dem Tonfilm zuwenden. Die Filme der 30er Jahre entstehen nun überwiegend für den deutschen Markt, die Regisseure sind Komödien-Routiniers Georg Jacoby, Carl Boese, E. W. Emo, Fred Sauer und Carl Lamac. 1940 stehen beide in *I de gode gamle dage* zum letzten Mal gemeinsam vor der Kamera. Nebenbei betreibt Madsen wieder einen Zirkus, in dem bisweilen auch Schenstrøm auftritt; nach Kriegsbeginn macht der Zirkus jedoch Pleite. 1947 versucht Madsen mit Carl Reinholdz als neuem Partner (Schenstrøm stirbt 1941) als Calle und Palle in der schwedischen Produktion *Hjältar mot sin vilja* vergeblich ein Comeback. Die Filme von Pat und Patachon werden nach dem Krieg z. T. neu synchronisiert und durch das ZDF für das Fernsehen verstümmelt.

[DK] 1917: Alexander den store [SE]. 1921: Sol, sommer og studiner [f+b]; Film, flirt og forlovelse [f+b]; Landligger-idyl vandgang [f+b]. 1922: Han, hun og Hamlet (Er, sie und Hamlet) [f+b]; Mellem muntre musikanter (Die beiden Musikanten) [f+b]. 1923: Blandt byens børn [f+b]; Kan kaerlighed kureres? [f+b]; Vore venners vinter (Pat und Patachon im Schnee) [f+b]; Dårskab, dyd og driverter (Pat und Patachon als Menschenfresser) [f+b]; Lille Lise Let-på-taa (Pat und Patachon und die kleine Tänzerin) [f+b]. 1924: Professor Petersens plejebørn (Pat und Patachon's Kampf mit dem Drachen) [f+b]; Raske Riviera rejsende (Pat und Patachon auf Weltreise) [f+b]; Ole opfinders offer (Pat und Patachon als Müller) [f+b]. 1925: Takt, tone og tosser (Zirkus Pat und Patachon) [f+b]; Polis Paulus' påskasmäll (Pat und Patachon als Polizisten) [f+b]; Zwei Vagabunden im Prater (Pat und Patachon im Prater) [f+b – AT]; Grønkøbings glade gavtyve (Pat und Patachon als Millionäre) [f+b]. 1925/26: Lykkehjulet (Die lustigen Vagabunden mit Pat und Patachon) [f+b]. 1926: Ulvejaegerne (Pat und Patachon auf der Wolfsjagd) [f+b]; Dødsbokseren (Pat und Patachon auf hoher See) [f+b]; Die Schwiegersöhne (Pat und Patachon als Schwiegersöhne) [f+b – DE]; Ebberöds bank (Bankhaus Pat und Patachon) [f+b – SE]; Don Quixote (Don Quichotte) [f+b]. 1927: Pat und Patachon sind wandermüde [f+b – KF – DE]; Vester vov vov (Pat und Patachon am Nordseestrand) [f+b]; Tordenstenene (Pat und Patachon auf dem Pulverfaß) [f+b]; Kongen af Pelikanien (Pat und Patachon in Pelikanien) [f+b]; Cocktails (Pat und Patachon, die blinden Passagiere) [f+b – GB]. 1928: Kraft og Skønhed (Pat und Patachon auf dem Wege zu Kraft und Schönheit) [f+b]; Filmens helte (Pat und Patachon. Die Filmhelden) [f+b]. 1929: Alf's Carpet (Pat und Patachon im Raketenomnibus) [f+b – GB]; Kys, klap og kommers (Pat und Patachon als Detektive) [f+b]; Hallo, Afrika forude (Pat und Patachon als Kannibalen) [f+b]; Højt på en kvist (Pat und Patachon als Modekönige) [f+b]; Hr. Tell og søn (Pat und Patachon als Kunstschützen) [f+b]. 1930: Fy og Bi prøvefilm [f+b – KF]; Tausend Worte Deutsch [f+b – DE]; Pas på pigerne (Pat und Patachon auf Freiersfüßen) [f+b]. 1931: Krudt med knald (Knall und Fall) [f+b]; Fy og Bi i kantonnement (Schritt und Tritt) [f+b]. 1932: Lumpenkavaliere [f+b – DE]; Han, hun og Hamlet (Pat und Patachon schlagen sich durch) [f+b]. 1935: Zirkus Saran (Knox und die lustigen Kavaliere) [f+b – DE]. 1936: Mädchenräuber [f+b – DE]; Blinde Passagiere [f+b – DE]. 1937: Bleka greven (Pat und Patachon als Detektive) [f+b – SE]; Eine Insel wird entdeckt (Pat und Patachon im Paradies) [f+b – DE]. 1940: I de gode gamle dage [f+b]. 1947: Hjältar mot sin vilja [SE].

Magee, Patrick

(Patrick Joseph Gerard Magee)
*31. 3. 1922 Armagh (Nordirland)
†14. 8. 1982 London

Frühe Schauspiel-Erfahrungen in Irland mit Anew McMaster's Company. Anfang der 50er Jahre nach Großbritannien und dort als «Pat Magee» bei Radio und Theater. 1975 kleine Rolle in Samuel Becketts erstem Hörspiel «All That Fall». 1958 Bühnendebüt in den West-End-Theatern. Im selben Jahr schreibt Beckett speziell für ihn das Bühnenstück «Krapp's Last Tape». 1964 zur Royal Shakespeare Company, 1965 Broadway-Debüt als Marquis de Sade in Peter Weiss' «Marat / Sade». 1960 Filmdebüt als Gefängniswärter und Gegenspieler von Stanley Baker in *The Criminal* (Joseph Losey). 1963 für Francis Ford Coppola in dessen offiziellem Regie-Debüt *Dementia 13* als Familiendoktor. Besonders überzeugend die Rollen in den beiden Bühnenadaptionen *Marat / Sade* von Peter Brook und *The Birthday Party* von William Friedkin. Aber auch den bösartigen Schriftsteller Mr. Alexander in Stanley Kubricks *A Clockwork Orange* (1972) spielt er mit der ihm eigenen Düsterkeit, ein weiteres Mal unter Kubrick in *Barry Lyndon* als irischer Glücksspieler. Weitere Arbeiten u. a. *Jonathan Swift* für das irische Fernsehen. Auf der Bühne, in Radio und Fernsehen zahlreiche Auftritte in Werken von Samuel Beckett, so in einer TV-Adaption von *Krapp's Last Tape*. Magee hat in seinem Leben drei große Lieben: seine Familie, die Bühne und bedauerlicherweise auch den Alkohol. Er scheint die häufigen Filmangebote nur wegen des lukrativen Nebeneinkommens anzunehmen.

[GB] 1960: The Criminal (Die Spur führt ins Nichts); Rag Doll. 1961: Never Back Losers. 1962: A Prize of Arms (Das Netz); The Boys. 1962/63: Ricochet (Küsse für den Mörder). 1963: Operacija Ticijan/Operation Titian (Operation Tizian) [YU/US]; The Very Edge; The Young Racers [US]; The Servant (Der Diener); Dementia 13 (Dementia 13) [US/IE]; Zulu (Zulu); Séance on a Wet Afternoon (An einem trüben Nachmittag). 1964: The Masque of the Red Death (Satanas – Das Schloß der blutigen Bestie) [US/GB]. 1965: Monster of Terror (Das Grauen auf Schloß Wittley); The Skull (Der Schädel des Marquis de Sade). 1967: Jonathan Swift [TV – IE]; The Persecution and Assassination of Jean-Paul Marat as Performed by the Inmates of the Asylum of Charenton Under the Direction of the Marquis de Sade (Die Verfolgung und Ermordung Jean Paul Marats, dargestellt durch die Schauspieltruppe des Hospizes zu Charenton unter Anleitung des Herrn de Sade). 1967/68: Decline and Fall. 1968: The Birthday Party; Lo sbarco di Anzio (Schlacht um Anzio) [IT]. 1969: Destiny of a Spy [TV – US]; Hard Contract (Der Killer und die Dirne) [US]. 1970: Cromwell (Cromwell); King Lear [GB/DK]; You Can't Win 'em All (Zwei Kerle aus Granit). 1971: Friend; The Trojan Women (Die Troerinnen) [US]; Demons of the Mind. 1972: Young Winston (Der junge Löwe); A Clockwork Orange (Uhrwerk Orange); Pope Joan (Papst Johanna); Tales from the Crypt. 3. Ep: Blind Alleys (Geschichten aus der Gruft); Asylum (Asylum); Krapp's Last Tape [TV]. 1973: Lady Ice (Diamantenlady) [US]; ... and Now the Sceaming Starts (Embryo des Bösen); The Final Programme (Verrückt und gefährlich); Luther. 1973–75: Barry Lyndon (Barry Lyndon). 1973/74: Histoire de l'œil/Simona [BE/IT]. 1974: A Killer in Every Corner [TV]; Galileo (Galileo) [GB/CA]. 1976: Beasts: What Big Eyes [TV]. 1977: You Can Never Tell [TV]; Telefon (Telefon) [US]. 1978: Kidnapped [TVS]. 1978/79: Les scœurs Brontë (Die Schwestern Brontë) [FR]. 1979: Churchill and the Generals [TV]. 1980: Rough Cut (Der Löwe zeigt die Krallen); The Monster Club; Hawk the Slayer (Der Hüter des magischen Schwertes); Sir Henry at Rawlinson End; The Flipside of Dominick Hide [TV]; Chariots of Fire (Die Stunde des Siegers). 1980/81: Black Cat (Gatto nero) [IT]. 1981: Dr. Jekyll et les femmes [FR]. 1982: Silence to Silence. Samuel Beckett [TV – IE]; Another Flip for Dominick [TV]. 1988: King Lear [TV].

Magnani, Anna

*7. 3. 1908 Alexandria
†26. 9. 1973 Rom

Mit 15 Jahren Schauspielstudium an der Accademia d'Arte Drammatica in Rom. Danach arbeitet sie intensiv am Theater und wechselt wiederholt die Schauspielgruppen. 1934 Filmdebüt in einer kleinen Rolle in *La cieca di Sorrento* (Nunzio Malasomma). Sie heiratet den Regisseur Goffredo Alessandrini und übernimmt kleine Film-Rollen, während sie ihre Bühnenkarriere fortsetzt. 1941 fällt sie in der Rolle einer Tänzerin in Vittorio de Sicas *Teresa Venerdí* auf, muß 1943 wegen ihrer Schwangerschaft auf die Hauptrolle in Luchino Viscontis Erstlingsfilm *Ossessione* verzichten und beschränkt sich auf kleinere Charakterrollen, wie in *Campo de' Fiori* (Mario Bonnard) und *L'ultima carrozzella* (Mario Mattòli), jeweils mit Aldo Fabrizi. 1944 in Roberto Rossellinis *Roma, città aperta*; es wird ein Meisterwerk des italienischen Neorealismus und markiert für Magnani den ersten bedeutenden Schritt zur Berühmtheit. Für ihre Leistung gewinnt sie ihren ersten Nastro d'argento, den italienischen Oscar. Magnanis Frauentyp ist nun festgelegt: dunkelhaarig, keine Schönheit, immer dramatisch unordentliche Frisuren. Mit den von ihr verkörperten Frauengestalten aus dem Volk, insbesondere dem römischen Proletariat und Kleinbürgertum, wird sie zu einer der bedeutendsten Schauspielerinnen des italienischen Films. Es folgen Hauptrollen in Filmen, die oft nicht ihrem Talent entsprechen, u. a. *Il bandito* (Alberto Lattuada) und *Assunta Spina* (Mattòli). In Viscontis *Bellissima* herausragend als Mutter aus dem Volk, die versucht, aus ihrer Tochter einen Filmstar zu machen. 1952 verpflichtet Jean Renoir sie für *La carozza d'oro*. Danach geht Magnani, wie viele andere italienische Schauspielerinnen jener Jahre, nach Hollywood, wo sie nur wenige Filme dreht, 1955 Oscar für ihre Leistung in *The Rose Tattoo* (Daniel Mann). In Italien gelingt ihr 1962 die unvergeßliche Darstellung der *Mamma Roma* (Pier Paolo Pasolini). Der Film macht sie zum Inbegriff der «Romanità» und des heldenhaften Lebens vieler einfacher Frauen in den Kriegsjahren. In den folgenden Jahren zieht sich Magnani langsam vom Film zurück. Ihr letzter Auftritt ist für einige Sekunden in Federico Fellinis *Roma*.

[IT] 1934: La cieca di Sorrento; Tempo massimo. 1935: Quei due. 1936: Cavalleria; Trenta secondi d'amore. 1938: La principessa Tarakanova. 1940: Una lampada alla finestra. 1941: La fuggitiva; Teresa Venerdí (Verliebte Unschuld). 1941/42: La fortuna viene dal cielo. 1942: Finalmente soli. 1943:

L'avventura di Annabella; Campo de' Fiori; La vita è bella; L'ultima carrozzella. 1944: Il fiore sotto gli occhi. 1945: Roma, città aperta (Rom – offene Stadt); Quartetto pazzo; Abbasso la miseria! 1946: Un uomo ritorna; Abbasso la ricchezza!; Avanti a lui tremava tutta Roma; Il bandito/Le bandit (Bandito) [IT/FR]. 1947: Lo sconosciuto di San Marino; L'onorevole Angelina. 1947/48: Assunta Spina (Die Gezeichnete); L'amore. 1. Ep: La voce umana/ 2. Ep: Il miracolo (Amore) [EP]. 1948: Molti sogni per le strade. 1949: Vulcano (Vulcano). 1951: Bellissima (Belissima); Camicie rosse (Anita Garibaldi). 1952: La carrozza d'oro/Le carrosse d'or (Die goldene Karosse) [IT/FR]. 1953: Siamo donne. 5. Ep: Anna Magnani [EP]. 1955: Carosello di varietà; The Rose Tattoo (Die tätowierte Rose) [US]. 1956: Suor Letizia (Schicksal einer Nonne). 1957/58: Wild Is the Wind (Wild ist der Wind) [US]. 1958: Nella città l'inferno/L'Enfer dans la ville (Hölle in der Stadt) [IT/FR]. 1959: The Fugitive Kind (Der Mann in der Schlangenhaut) [US]. 1960: Risate di gioia (Dieb aus Leidenschaft). 1962: Mamma Roma (Mamma Roma). 1963: Le magot de Joséfa (Das Ekel von Josefa) [FR]. 1965: Made in Italy. 5. Ep: La famiglia (Made in Italy) [EP – IT/FR]. 1969: The Secret of Santa Vittoria (Das Geheimnis von Santa Vittoria) [US]. 1971: ... correva l'anno di grazia 1870. 1972: Roma (Fellinis Roma) [IT/FR]. 1975: Un sorriso, uno schiaffo, un bacio in bocca. 1979: Io sono Anna Magnani [DOK – BE].

Makarova, Inna

(Inna Vladimirovna Makarova)
*28. 7. 1926 Taiga (Gebiet Novosibirsk)

Bis 1948 Studium an der Moskauer Filmhochschule VGIK bei Sergej Gerasimov und Tamara Makarova. Gerasimov gibt ihr die erste Filmrolle: die Ljuba Ševcova in der Fadeev-Verfilmung *Molodaja gvardija* (1947/48). Heldinnen von leidenschaftlichem Optimismus verkörpert sie auch als Nonna in *Delo Rumjanceva* (Iosif Chejfic), als Katja in *Vysota* (Aleksandr Zarchi) und 1962 als Nadja in *Devčata* (Anatolij Vechotko). 1966 hat sie in *Ženščiny* (Pavel Ljubinov) als Dusja großen Erfolg und erhält den Schauspielerpreis der sowjetischen Kritik. Makarova gestaltet einige der schönsten Frauenporträts des Sowjetfilms der 60er und 70er Jahre. Dazu gehört auch 1975 ihre Inna Kovaleva in *Ešče ne večer* (Nikolaj Rozancev) und ihre Larisa in *Bezotvetnaja ljubov'* (1980). In vielen Rollen zeigt sie ein Talent für komödiantische Situationen. Sie erhält mehrere nationale Auszeichnungen. Ihre Tochter Natal'ja Bondarčuk (*1950) ist ebenfalls Filmschauspielerin und Regisseurin.

[SU] 1947/48: Molodaja gvardija (Die junge Garde). 1952: Sel'skij vrač (Aus dem Tagebuch einer Ärztin). 1953: Vozvraščenie Vasilija Bortnikova (Drei Menschen). 1956: Dimitrovgradci [BG]; Dorogoj moj čelovek (Daß es dich gibt); Delo Rumjanceva (Der Fall Rumjanzow). 1957: Vysota (Die Höhe). 1959: Naš korrespondent (Die Journalistin). 1962: Brat'ja Komarovy (Hurra, wir haben Ferien); Devčata (So ein Mädel). 1964: Bol'šaja ruda; Molodoženy (Jungvermählte). 1965: Ženit'ba Bal'zaminova (Wer heiratet wen?); Oni ne projdut; Palata. 1966: Ženčiny (Frauen). 1967: Malen'kij beglec (Der kleine Ausreißer). 1968: Noven'kaja (Die Neue); Urok literatury. 1969: Prestuplenie i nakazanie (Schuld und Sühne). 1970: Ljubov' Jarovaja (Ljubow Jarowaja). 1972: Russkoe pole (Russisches Feld). 1973: Inžener Prončatov (Ingenieur Prontschatow) [TV]. 1974: Neispravimyj lgun (Der unverbesserliche Lügner). 1975: Nevesta c Severa [TV]; Ešče ne večer (Noch ist es nicht Abend ...). 1976: Moe delo (Als der Neue kam) [TV]. 1977: Pošechonskaja starina (Provinz Poschchonien). 1980: Bezotvetnaja ljubov'. 1982: Kontrol'naja po special'nosti (Die Belegarbeit); Pečniki (Ofensetzer) [TV]. 1983: živaja raduga. 1984: Mertvye duši (Tote Seelen) [TV]. 1985: Marica [TV]; Detstvo Bembi (Bambi). 1986: Junost' Bembi; Lermontov (Lermontow). 1988: Sorokovoj den' [TV]; Ssuda na brak; Po sledam fil'ma «Molodaja gvardija» [S].

Makarova, Tamara

(Tamara Fedorovna Makarova)
*13. 8. 1907 St. Petersburg

Studium am Leningrader Institut für darstellende Kunst bei Sergej Gerasimov, ihrem späteren Lebensgefährten. Ihre Filmarbeit ist eng mit seinem Schaffen verbunden. Filmdebüt 1927 in *Čužoj pidžak* (B. Špis). Sie tritt zunächst in kleineren Episodenrollen auf. In Vsevolod Pudovkins erstem Tonfilm *Dezertir* spielt sie 1933 die Deutsche Greta Zeile und wird bald eine der meistbeschäftigten und populärsten Schauspielerinnen des Sowjetfilms der 30er und 40er Jahre. 1934 arbeitet sie zum ersten Mal unter der Regie von Gerasimov: In der Komödie *Ljublju li tebja* spielt sie die Natal'ja. Makarova ist besonders erfolgreich als Interpretin junger selbstbewußter Frauen. Viele Jahre leitet sie zusammen mit Gerasimov eine Meisterklasse an der Moskauer Filmhochschule VGIK. Zu ihren schönsten Filmrollen zählen die Auslandskorrespondentin Panina in *Žurnalist* (1967) und die Sofija Andreevna in *Lev Tolstoj* (1984). Tamara Makarova erhält mehrere nationale Auszeichnungen.

[SU] 1927: Čužoj pidžak. 1929: Novyj Vavilon (Kampf um Paris). 1931: Polden'; Sčastlivyj Kent. 1932: Toledo. 1933: Konvejer smerti; Dezertir (Der Deserteur). 1934: Ljublju li tebja ?. 1935: Sekret firmy. 1936: Semero smelych (Die sieben Kühnen). 1938: Komsomol'sk (Stadt der Jugend); Velikoe zarevo. 1939: Učitel'. 1941: Maskarad (Maskerade). 1943: Nepobedimye. 1944: Bol'šaja zemlja. 1946: Kljatva (Der Schwur); Kamennyj cvetok (Die steinerne Blume). 1947/48: Molodaja gvardija (Die junge Garde). 1948: Povest' o nastojaščem čeloveke (Der wahre Mensch); Pervoklassnica (Ihr großer Tag). 1950: Tri vstreči (Und wieder zusammen). 1952: Sel'skij vrač (Aus dem Tagebuch einer Ärztin). 1956: Doroga pravdy (Weg der Wahrheit). 1958: Pamjat' serdca. 1960: Vesennie grozy. 1961: Budni i prazdniki [Film-Porträt]. 1962: Ljudi i zveri/Menschen und Tiere [SU/DDR]. 1967: Žurnalist. 1973: Ljubit' čeloveka (Den Menschen lieben); O kino, kino [TV-Porträt]. 1974: Petr Martynovič i gody bol'šoj žizni. 1975: Dočki-materi (Töchter und Mütter). 1981: Junost' Petra/Peters Jugend [SU/DDR]. V načale slavnych del/Peters Jugend. 2. Teil [SU/DDR]; 1984: Lev Tolstoj (Lew Tolstoi). 1988: Po sledam fil'ma «Molodaja gvardija» [S].

Malden, Karl

(Karl Malden Sekulovich)
*22. 3. 1914 Chicago

Besuch der Emerson High School in Gary, Indiana, sowie des Arkansas State Teachers College in Conway. 1933–36 Schauspielausbildung an der Goodman Theatre Dramatic School in Chicago. 1937 Broadway-Debüt in Clifford Odets' «Golden Boy». Seitdem umfangreiche Theater-Tätigkeit. Erfolgreich in «A Streetcar Named Desire» (1947), «All My Sons» und «Key Largo». Filmdebüt 1940. Seine Karriere beginnt 1947 mit *Boomerang!* durch eine enge Zusammenarbeit mit Elia Kazan, Höhepunkte: 1951 Nebenrollen-Oscar als brutaler Mitch (wie schon auf der Bühne) in *A Streetcar Named Desire*, 1954 als New Yorker Hafen-Pater Barry in *On the Waterfront* (Nominierung Nebenrollen-Oscar) und als Archie Lee in *Baby Doll*. 1956 einzige Filmregie mit *Time Limit* über einen Militär-Prozeß im Korea-Krieg. In den 60ern zuverlässiger Charakter-Darsteller – häufig positiver Respektspersonen – in Filmen verschiedener Genres: Dad Longworth in Marlon Brandos Regie-Versuch *One-Eyed Jacks*, als Gefängnis-Direktor Harvey Shoemaker in John Frankenheimers *Birdman of Alcatraz*, Captain Wessels in John Fords *Cheyenne Autumn*, Tom Fitch in Henry Hathaways *Nevada Smith* und General Omar Bradley in Franklin J. Schaffners *Patton*. Aus Mangel an interessanten Filmaufgaben Anfang der 70er Jahre verstärkt TV-Arbeit. Popularität vor allem durch Rolle des knubbelnasigen Kommissars in der TV-Serie *The Streets of San Francisco*, den er 1972–77 in 120 Folgen spielt. Auch danach in der Hauptsache TV-Arbeit. 1984 Emmi als rechtsuchender Vater einer Ermordeten im TV-Film *Fatal Vision* (David Greene). 1989–92 Präsident der Academy of Motion Picture Arts and Sciences.

[US] 1940: They Knew What They Wanted. 1944: Winged Victory. 1947: 13 Rue Madeleine; Boomerang! (Bumerang); Kiss of Death (Der Todeskuß). 1950: The Gunfighter (Der Scharfschütze); Where the Sidewalk Ends (Faustrecht der Großstadt) 1951: The Sellout (Verkauft und verraten); Decision Before Dawn (Entscheidung im Morgengrauen); A Streetcar Named Desire (Endstation Sehnsucht); The Halls of Montezuma (Okinawa). 1952: Diplomatic Courier (Kurier nach Triest); Ruby Gentry (Wildes Blut); Operation Secret (Der tote Zeuge). 1952/53: I Confess (Ich beichte/Zum Schweigen verurteilt). 1953: Take the High Ground! (Sprung auf, marsch, marsch). 1954: On the Waterfront (Die Faust im Nakken); Phantom of the Rue Morgue (Der Würger von Paris). 1956: Baby Doll (Baby Doll – Begehre nicht des anderen Weib). 1957: Bombers B-52 (Bomber B-52); Fear Strikes Out (Die Nacht kennt keine Schatten); Time Limit (Wenn Männer zerbrechen). 1958: The Hanging Tree (Der Galgenbaum). 1960: The Great Impostor (Ein charmanter Hochstapler); Pollyanna (Alle lieben Pollyanna). 1961: Parrish (Sein Name war Parrish); One-Eyed Jacks (Der Besessene). 1961/62: All Fall Down (Mein Bruder... ein Lump). 1962: Birdman of Alcatraz (Der Gefangene von Alcatraz); How the West Was Won (Das war der Wilde Westen) [EP]; Gypsy (Gypsy – Königin der Nacht). 1963: Come Fly with Me (Flieg mit mir ins Glück) [US/GB]. 1963/64: Dead Ringer (Der schwarze Kreis). 1964: Cheyenne Autumn (Cheyenne). 1965: The Cincinnati Kid (Cincinnati Kid). 1966: Nevada Smith (Nevada Smith); Murderer's Row (Die Mörder stehen Schlange). 1966/67: Hotel (Das Hotel); Adventures of Bullwhip Griffin (Bullwhip Griffin oder Goldrausch in Kalifornien). 1967: The Billion Dollar Brain (Das Milliarden-Dollar-Gehirn) [GB]. 1968: Hot Millions (Das Millionending) [GB]; Blue (Inferno am Fluß). 1969: Patton (Patton – Panzer nach vorn). 1970: Il gatto a nove code/Die neunschwänzige Katze/Le chat à neuf queues [IT/BRD/FR]. 1971: Wild Rovers (Missouri). 1972: Un verano para matar (Summertime Killer) [ES/FR/IT]. 1972–77: The Streets of San Francisco (Die Straßen von San Francisco) [TVS]. 1977: Captains Courageous (Junge über Bord) [TV]. 1979: Beyond the Poseidon Adventure (Jagd auf die Poseidon); Meteor (Meteor); Skag [TV]. 1980: Wildcatters [TV]. 1981: Miracle on Ice [TV]; Word of Honor (Der unbekannte Zeuge) [TV]. 1982: Suton/Twilight Time (Dämmerung) [YU]. 1983: The Sting II (Zwei ausgekochte Gauner). 1984: With Intent to Kill [TV]; Fatal Vision (Ich bin kein Mörder) [TV]. 1985: Alice Through the Looking Glass [TV]; Alice in Wonderland [TV]. 1986: Billy Galvin (Billy Galvin). 1987: Deliria [IT]; Nuts (Nuts... Durchgedreht). 1988: My Father, My Son (Mein Vater – mein Sohn) [TV]. 1989: The Hijacking of the Achille Lauro [TV]. 1990: Call Me Anna. 1992: Back to the Streets of San Francisco (Zurück auf die Straßen von San Francisco) [TV]. 1993: They've Taken Our Children: The Chowchilla Kidnapping (Schulfahrt ohne Wiederkehr) [TV].

Malini, Hema

*1948 Madras

Nach Vyjayanthimala ist sie die bedeutendste Darstellerin des Hindi-Films. Zunächst Ausbildung zur Tänzerin. Filmdebüt 1968 in *Sapnon Ka Saudagar* (Raj Kapoor). Viel Anerkennung erntet sie mit einer Doppelrolle in *Seeta Aur Geeta* (Ramesh Sippy). Ihr Erfolg ist vor allem verbunden mit Filmen von Pramod Chakravarty (*Naya Zamana*). Unter Regie von Dev Anand spielt sie bevorzugt in Thillern und Liebesfilmen (*Johnny Mera Naam, Tere Mere Sapne, Chhupa Rustom, Amir Garib*). Mit den lyrisch-realistischen Filmen von Gulzar (*Khushboo, Kinara, Meera*) unternimmt sie den Versuch, sich von dem Glamour-Image zu trennen. Als Regisseurin erprobt sie sich in der TV-Serie *Noopur* (1990) und mit *Dil Ashna Hai* (1991). Hema Malini ist mit dem Regisseur Dharmendra verheiratet.

[IN] 1968: Sapnon Ka Saudagar. 1969: Jahan Pyar Mile; Waris. 1970: Johnny Mera Naam; Sharafat; Abhinetri; Aansoo Aur Muskaan; Tum Haseen Main Jawan. 1971: Andaz; Paraya Dhan; Naya Zamana; Tere Mere Sapne; Lal Patthar. 1972: Raja Jani; Seeta Aur Geeta; Gora Aur Kala; Babul Ki Galiyan; Bhai Ho To Aisa. 1973: Jugnu; Chhupa Rustom; Joshila; Shareef Badmash; Gehri Chaal. 1974: Dost; Haath Ki Safai; Amir Garib; Prem Nagar; Pathar Aur Payal; Dulhan; Kunwara Baap; Kasauti. 1975: Kehte Hain Mujhko Raja; Pratigya; Mrig Trishna; Dharmatma; Do Thug; Khushboo; Sholay; Sanyasi; Sunehra Sansar. 1976: Jaaneman; Mehbooba; Sharafat Chhod Di Maine; Maa; Naach Utha Sansar; Ginny Aur Johnny; Das Numbri; Charas; Aap Beeti. 1977: Dhoop Chhaon; Swami; Shirdi Ke Sai Baba; Chala Murari Hero Banne; Chacha Bhatija; Tinku; Kinara; Dream Girl; Palkon Ki Chhaon Mein. 1978: Dillagi; Trishul; Cinema Cinema; Apna Khoon; Azad. 1979: Hum Tere Aashiq Hain; Dil Ka Heera; Janata Havaldar; Meera; Radnadeep. 1980: Alibaba Aur Chalis Chor; Do Aur Do Paanch; Aas Paas; The Burning Train; Bandish. 1981: Krodhi; Jyoti; Kudrat; Dard; Kranti; Naseeb; Maan Gaye Ustad; Meri Awaaz Suno; Satte Pe Satta. 1982: Baghavat; Rajput; Desh Premi; Suraag; Farz Aur Kanoon; Justice Choudhury; Samrat; Do Dishayen; Meharbani. 1983: Razia Sultan; Andha Kanoon; Ek Naya Itihaas; Babu; Taqdeer; Nastik. 1984: Phaansi Ke Baad; Raj Tilak; Ram Tera Desh; Ek Nai Paheli; Hum Dono; Qaidi; Sharara; Durga. 1985: Aandhi Toofan; Yudh; Ramkali. 1986: Anjaam; Ek Chadar Maili Si. 1987: Hirasat; Jaan Hatheli Pe; Kudrat Ka Kanoon; Apne Apne; Seetapur Ki Geeta. 1988: Vijay; Rihaee; Tohfa Mohabbat Ka; Mulzim; Mohabbat Ke Dushman. 1989: Galiyon Ka Badshah; Deshwasi; Santosh; Sachche Ka Bol Bala; Desh Ke Dushman; Paap Ka Ant. 1990: Lekin …; Jamai Raja; Noopur [D,R – TV]; Shadayantra. 1991: Hai Meri Jaan; Indira; Dil Ashna Hai [D,R]. 1992: Marg; Aman Ke Farishte. 1997: Himalay Putra.

Malkovich, John

*9. 12. 1953 Christopher (Illinois)

Erste schauspielerische Erfahrungen an der Eastern Illinois University. 1976 Mitglied der Steppenwolf Theatre Group in Chicago, Erfolge u. a. in «The Glass Menagerie»; ab Ende der 70er Jahre auch als Regisseur: Harold Pinters «No Man's Land», Shaws «Arms and the Man» und Sam Shepards «Coyote Ugly». Für seine Inszenierung von Lanford Wilsons «Balm in Gilead» erhält er 1980 den Jefferson Award. Im folgenden Jahr im Pilotfilm zur TV-Serie *American Dream*. 1982 Erfolg in Shepards «True West». 1984 Zusammenarbeit mit Dustin Hoffman in Millers «Death of a Salesman» am Broadway. Filmdebüt 1983/84: in *The Killing Fields* (Roland Joffé) spielt er einen Kriegsfotografen und wird als blinder Pensionsgast in Robert Bentons *Places in the Heart* für den Nebenrollen-Oscar nominiert. In den nächsten Jahren beweist er sein schauspielerisches Können in einer Vielfalt von unterschiedlichsten Rollen: als verführerischer französischer Aristokrat des 18. Jahrhunderts in *Dangerous Liaisons* (Stephen Frears), als seelenvoller Abenteurer in Nordafrika in Bernardo Bertoluccis *The Sheltering Sky*, als Tramp und Landarbeiter in *Of Mice and Men* (Gary Sinise). In Wolfgang Petersens *In the Line of Fire* ist er als fanatischer Attentäter Gegenspieler von Clint Eastwood. Titelrolle in Volker Schlöndorffs *Der Unhold*. Gleichzeitig umfangreiche Theaterarbeit in New York und London. Malkovich engagiert sich darüber hinaus auch als Produzent.

[US] 1981: Word of Honor (Der unbekannte Zeuge) [TVS]; American Dream [TV]. 1983: True West [TV]. 1983/84: The Killing Fields (The Killing Fields – Schreiendes Land) [GB]. 1984: Places in the Heart (Ein Platz im Herzen). 1985: Death of a Salesman (Tod eines Handlungsreisenden) [TV]; Eleni [TV]. 1987: The Glass Menagerie (Die Glasmenagerie); Empire of the Sun (Das Reich der Sonne); Making Mr. Right (Making Mr. Right – Ein Mann à la carte). 1988: Dangerous Liaisons (Gefährliche Liebschaften); The Accidental Tourist (Die Reisen des Mr. Leary) [CoP]; Miles from Home (Miles from Home). 1989/90: The Sheltering Sky (Der Himmel über der Wüste) [GB/IT]. 1991: The Object of Beauty (Object of Beauty) [US/GB]; Shadows and Fog (Schatten und Nebel); Queens Logic (Geboren in Queens). 1992: Jennifer 8 (Jennifer 8); Alive (Überleben!); Of Mice and Men (Von Mäusen und Menschen); Old Times [TV – GB]. 1993: Heart of Darkness (Heart of Darkness) [TV]; In the Line of Fire (In the Line of Fire – Die zweite Chance). 1994/95: O Convento/Le couvent [PT/FR]. 1995: Mulholland Falls (Mulholland Falls. Nach eigenen Regeln); Jenseits der Wolken/Par-delà les nuages/Al di là delle nuvole [DE/FR/IT]. 1996: Mary Reilly (Mary Reilly); The Portrait of a Lady (Portrait of a Lady); Der Unhold / Le Roi des aulnes / The Ogre [DE/FR/GB]. 1997: Con Air (Con Air); Primary Colors.

Manès, Gina

(Blanche Moulin)
*7. 4. 1893 Paris
†6. 9. 1989 Toulouse

Aus wohlhabendem Elternhaus; Besuch einer Schule für Vortragskunst in Korsika. Erste Ehe mit 16 Jahren; nach der Scheidung Heirat des Schauspielers Georges Charlia. Auftritte als Revuetänzerin und am Theater in Nebenrollen. 1918 durch Zusammentreffen mit Louis Feuillade erste Rolle beim Film. Wird zum Stummfilmstar der französischen Avantgardisten Jean Epstein (*Cœur fidèle*), Germaine Dulac (*Ame d'artiste*) und Marcel L'Herbier (*Nuits de prince*). In *Napoléon vu par Abel Gance* spielt sie mit erotischer Ausstrahlung die Josephine. In Berlin entsteht Jacques Feyders düstere Zola-Verfilmung *Thérèse Raquin*; in der Titelrolle zeigt Gina Manès eindrucksvoll die Tragik der Gattenmörderin. Im Tonfilm übernimmt sie kaum bedeutende Rollen; sie hält statt dessen das Publikumsinteresse durch allerlei Exzentrizitäten wach. Nach einem Unfall im November 1942 pausiert sie. Dann nur noch wenige Auftritte in Nebenrollen. In den 30er Jahren macht sie sich in Marokko mit einem Restaurant selbständig, später führt sie eine Schauspielschule.

[FR] 1919: L'homme sans visage. 1920: Le secret d'Alta Roca; Les six petites filles; Tue-la-mort. 1921: Le sept de trèfle; L'homme aux trois masques. 1923: La nuit rouge; La dame de Monsoreau; Cœur fidèle; L'auberge rouge. 1924: Ame d'artiste; La main qui a tué; Le cavalier de minuit. 1925: Le soleil de minuit; Naples au baiser de feu. 1925–27: Napoléon vu par Abel Gance (Napoleon). 1926: Le train sans yeux. 1927: Sables. 1928: Thérèse Raquin. 1929: Un soir au Cocktail's Bar; Le requin; Nuits de princes; Quartier Latin. 1930: Une belle garce. 1930/31: Grock [Fr. Version – DE]. 1931: Sous le casque de cuir; Salto mortale [Fr. Version – DE]; L'ensorcellement de Séville. 1932: La tête d'un homme; Pax. 1933: La voie sans disque; L'amour qu'il faut aux femmes [Version – DE/FR]. 1934/35: Barcarolle d'amour [Version – DE]; Napoléon Bonaparte. 1935: La famille Pont-Biquet; Le diable en bouteille [Version – DE]; Divine. 1935/36: Mayerling. 1936: La brigade en jupons; La mystérieuse lady; La tentation; Les loups entre eux; Les réprouvés; Maria de la Nuit. 1937: Mollenard/Capitaine corsaiere; Nostalgie. 1938: Le mariage de Véréna; Le récif de corail; La maison du Maltais (Das Leben ist kein Roman); Gosse de riche; Fort Dolorès; S.O.S. Sahara. 1940: Retour au bonheur. 1944: Les caves du Majestic. 1946: Le bâteau à soupe. 1949: La danseuse de Marrakech (Die Tänzerin von Marrakesch). 1954: Le vicomte de Bragelonne/Il visconte di Bragelonne (Der Graf und die drei Musketiere) [FR/IT]; Marchandes d'illusions (Verfemte Frauen); La belle Otéro/La bella Otero (Eine Frau erobert die Welt) [FR/IT]; Crime au concert Mayol [FR/IT]. 1955: Milord l'Arsouille (Der Graf von Orly); La loi des rues (Das Gesetz der Straße). 1956: Les lumières du soir; Paris, Palace Hôtel (Paris, Palace Hotel) [FR/IT]. 1957: Rafles sur la ville (Nacht über Paris/Montmartre null Uhr dreißig; Un certain M. Jo (Ein gewisser Monsieur Jo); Mimi Pinson (Mimi). 1958: Les amants de demain; Le joueur/Il giocatore (Das Spiel war sein Fluch) [FR/IT]. 1962: Le bonheur est pour demain. 1965: Pas de panique.

Manfredi, Nino

(Saturnino Manfredi)
*22. 3. 1921 Castro dei Volsci

Nach Jurastudium Diplom an der Accademia d'Arte Drammatica Rom. Zunächst Rundfunk-Arbeit, dann am Piccolo Teatro in Mailand und großer Erfolg als Ferenc Molnars «Liliom». Erster Film 1948 *Tenori per forza*. Erst in den 60er Jahren erhält er seinen Fähigkeiten entsprechende Aufgaben. Die erste Hauptrolle 1959 in Gianni Puccinis *L'impiegato*. Sein Können beweist Manfredi anschließend in der Rolle eines vom Pech verfolgten, armen Mannes in *A cavallo della tigre* (Luigi Comencini) und in *Anni ruggenti* (Luigi Zampa) als einfacher Angestellter, der mit einem mächtigen Drahtzieher des faschistischen Regimes verwechselt wird. 1962 dreht er seinen ersten Film als Regisseur: *L'amore difficile*. In den folgenden Jahren entwickelt sich Manfredi zu einem der populärsten Komiker des italienischen Films. Er verkörpert meist Figuren, deren dramatische Erlebnisse dem Zuschauer grotesk und lachhaft erscheinen, u.a. *El verdugo* (Luis García Berlanga) und *Vedo nudo* (Dino Risi). Seine darstellerische Leistung ist oft besser als die Filme. Manfredis zweite Regiearbeit, *Per grazia ricevuta* (1970/71), ist ein ungewöhnlicher, intelligenter Film. In den 70er Jahren erweitert er seine Galerie von grotesken, doch menschlichen Figuren: Vom kirchlichen Würdenträger in *In nome del Papa Re* (Luigi Magni) zum Wichtigtuer Trafficone in *La mazzetta* (Sergio Corbucci) und illegalen Kaffee-Vertreter in *Café express* (Nanny Loy). 1981 inszeniert und interpretiert Manfredi mit wenig Erfolg *Nudo di donna,* begonnen in Zusammenarbeit mit Alberto Lattuada. Ab den 60er Jahren oft Auftritte in Fernsehshows. In den 80ern spärlicher im Fernsehen und erfolgreiche Rückkehr zur Bühne. Er gibt eine Sammlung römischer Redensarten heraus und veröffentlicht ein Kochbuch.

[IT] 1948: L'Astuto Barone/L'Eredità contessa; Tenori per forza [KF]. 1949: Torna ... a Napoli (Simme e' Napule, paisà); Monastero di Santa Chiara. 1951: Anema e core. 1952: Ho scelto l'amore; La prigioniera della torre di fuoco. 1952/53: Viva il cinema!. 1953: Canzoni, canzoni, canzoni [EP]; C'era una volta Angelo Musco; La domenica della buona gente (Sonntag in Rom). 1954: Ridere, ridere, ridere!. 1955: Prigionieri del male/Revelación [IT/ES]; Gli innamorati/Les amoureux (Die Verliebten) [IT/FR]; Non scherzare con le donne; Lo scapolo/El soltero [IT/ES]. 1956: Totò, Peppino e ... la malafemmina; Guardia, guardia scelta, brigadere e maresciallo; Tempo di villeggiatura (Das fröhliche Urlaubshotel). 1957: Assassinio col botto (Adorabili e bugiarde); Femmine tre volte/Operación Popoff [IT/ES]; Susanna tutta panna/Susana, pura nata (Susanna süß wie Sahne) [IT/ES]. 1958: Camping [D, CoA]; Carmela è una bambola (Liebesspuk um Mitternacht); Guardia, ladro e cameriera (Nachtwächter, Dieb und Dienstmädchen); Don Vesuvio/Don Vesuvio und das Haus der Strolche [IT/BRD]; Kanonen-Serenade/Pezzo, capopezzo e capitano [BRD/IT]; Venezia, la luna e tu/Venise, la lune et toi (Der Windhund von Venedig) [IT/FR]; Caporale di giornata. 1959: Audace colpo dei soliti ignoti/Hold-up à la milanaise (Diebe sind auch Menschen) [IT/FR]; I Ragazzi dei Parioli; L'Impiegato [D, CoA]. 1960: Crimen/Chacun son alibi (Die Leiche ist im falschen Koffer) [IT/FR]; Le pillole di Ercole. 1961: Il giudizio universale/Le jugement dernier (Das Jüngste Gericht findet nicht statt) [IT/FR]; Il carabiniere a cavallo (Der berittene Karabiniere); A cavallo della tigre (Vergewaltigt in Ketten). 1962: L'Amore difficile/Erotica. 3. EP: L'Avventura di un soldato [D,R,CoA – EP – IT/BRD]; I motorizzati/Los motorizados [IT/ES]; Anni ruggenti; La parmigiana (Das Mädchen aus Parma). 1963: I cuori infranti. 2. EP: E vissero felici [D,CoA – EP]; El verdugo/La ballata del boia (Der Henker) [ES/IT]; Alta infedeltà. 1. EP: Scandaloso/Haute infidelité (Ehen zu dritt) [EP – IT/FR]. 1964: Il gaucho/Un italiano en la Argentina [IT/AR]; Questa volta parliamo di uomini (Diesmal sprechen wir über Männer) [EP]; Controsesso. 1. EP: Cocaina di domenica [EP – IT/FR]; Controsesso. 3. EP: Una donna d'affari [EP – IT/FR]. 1964/65: Le bambole/Les poupées. 1. EP: La telefonata (Die Puppen) [EP – IT/FR]. 1965: Io, io, io ... e gli altri [IT/FR]; Thrilling. 1. EP: Il vittimista [EP]; Io la conosceve bene/Je le coniassais bien/Ich habe sie gut gekannt [IT/FR/BRD]; I complessi/Les complexés. 1. EP: Una giornata decisiva (Einmal zu wenig, einmal zu viel) [EP – IT/FR]; Made in Italy. 4. EP: Cittadini, stato e chiesa (Made in Italy) [EP – IT/FR]. 1966: Operazione San Gennaro/Unser Boss ist eine Dame/Opération San Gennaro [IT/BRD/FR]; Adulterio all'italiana (Seitensprung auf italienisch); Una rosa per tutti (Eine Rose für alle) [D,CoA]. 1967: Il padre di famiglia/Jeux d'adultes (Familienvater) [IT/FR]. 1968: Italian Secret Service/Les Russes ne boiront pas de Coca Cola! [IT/FR]; Riusciranno i nostri eroi a ritrovare l'amico misteriosamente scomparso in Africa?; Straziami, ma di baci saziami/Fais-moi très mal ...mais couvre-moi de baisers [IT/FR]. 1969: Vedo nudo. 2. EP: Processo a porte chiuse [EP]; Vedo nudo. 6. EP: Motrice mia [EP]; Vedo nudo. 3. EP: Ornella: ovvero la doppia vita [EP]; Vedo nudo. 1. EP: La diva [EP]; Nell'anno del Signore/Les conspirateurs (Im Jahre des Herrn) [IT/FR]; Vedo nudo. 5. EP: L'ultimo vergine [EP]; Vedo nudo. 4. EP: Il guardone [EP]; Vedo nudo. 7. EP: Vedo nudo [EP]. 1969/70: Contestazione generale. 3. EP: Concerto a tre pifferi (Generalstreik) [EP]; Rosolino Paternò soldato/Rosolino Paternò-General i vojnik (Stoßtrupp Avola – Ja, wo sind denn die Kanonen) [IT/YU]. 1970/71: Per grazia ricevuta (Die schielende Heilige) [D,R,CoA]. 1971: La betía, ovvero nell'amore per ogni gaudenza ci vuole sofferenza/La betía [IT/YU]; Le avventure di Pinocchio/Les Aventures de Pinocchio/Pinocchio [TVS – IT/FR/BRD]; Roma bene/Scandale à Rome/Roma Bene – Liebe und Sex in Rom [IT/FR/BRD]; Trastevere. 1972: Girolimoni – Il mostro di Roma (Girolimoni – das Ungeheuer von Rom); Lo chiameremo Andrea. 1973: Pane e cioccolata (Brot und Schokolade) [D,CoA]. 1974: C'eravamo tanto amati (Wir hatten uns so geliebt). 1975: Attenti al buffone! [D, CoA]; Un sorriso, uno schiaffo, un bacio in bocca. 1976: Signore e signori, buonanotte. 12. EP: Il Santo Soglio [EP]; Basta che non si sappia in giro! ... 2. EP: Il superiore [EP]; Quelle strane occasioni. 2. EP: Il cavalluccio svedese [EP]; Basta che non si sappia in giro! ... 3. EP: L'equivoco [EP]; Brutti, sporchi e cattivi (Die Schmutzigen, die Häßlichen und die Gemeinen). 1977: In nome del Papa Re. 1978: Il giocattolo (Das gefährliche Spielzeug) [D,CoA]; La mazzetta. 1979: Gros câlin/Cocco mio [IT/FR]. 1979/80: Café Express (Café Express) [D,CoA]. 1981: Nudo di donna/Nu de femme (Die nackte Frau) [D,R, CoA – IT/FR]. 1982: Spaghetti House (Spaghetti House) [D,CoA]; Testa o croce. 1. EP: Il figlio del Beduino [EP]. 1983: Questo e quello. EP: L'incontro [D,CoA – EP]. 1985: Il tenente dei carabinieri (Cordelli gegen die Mafia). 1986: Grandi Magazzini (Im Kaufhaus ist die Hölle los). 1987: Secondo Ponzio Pilato (Die wundersamen Erlebnisse des Pontius Pilatus); Helsinki Napoli-All Night Long [FI/BRD/CH/IT]; I picari/Los alegres picaros (Vagabunden wie wir) [IT/ES]. 1990: Alberto Express (Alberto und die Tradition) [FR]; In nome del popolo sovrano; Mima (Mima) [FR]. 1992: Un commissario a Roma [TV]. 1994/95: Colpo di luna [IT/FR]. 1995: De Vliegende Hollander [NL/BE].

Mangano, Silvana

*21. 4. 1930 Rom
†16. 12. 1989 Madrid

Tanzunterricht; über einen Schönheitswettbewerb und als Fotomodell gelangt sie zum Film, anfangs als Statistin, bis Guiseppe de Santis sie 1948 für die Hauptrolle in *Riso amaro* verpflichtet. Mangano erlangt in der Rolle einer aufreizenden, unruhigen Reisarbeiterin sofort internationalen Erfolg und wird neben Anna Magnani zum Symbol des italienischen Neorealismus. 1950 verkörpert sie eine leidenschaftliche Frau aus dem Volk in *Il brigante Musolino* (Mario Camerini). Titelrolle in Alberto Lattuadas *Anna*, der Geschichte einer Nachtklubtänzerin, die sich zum Eintritt in ein Kloster entschließt. 1955 Donatello-Preis für ihre Leistung in Vittorio de Sicas *L'oro di Napoli*. 1956/57 spielt sie wieder unter de Santis mit Yves Montand in *Uomini e lupi*. Anfang der 60er Jahre ändert sich Manganos Rollentypus: aus dem sinnlichen Mädchen wird eine geheimnisvoll anziehende Frau, manchmal Unheil bringend, manchmal selbst ein Opfer. Der künstlerischen Zusammenarbeit mit Pier Paolo Pasolini und Luchino Visconti verdankt sie in den 60er und 70er Jahren ihre ausgereiftesten Rollen. 1967 als majestätisch würdevolle Iokaste in Pasolinis Adaption der griechischen Tragödie *Edipo Re*, in *Teorema* als besorgte Frau aus dem Bürgertum, die auf Gnade wartet. In Viscontis *Morte a Venezia* ist sie die adlige Mutter des schönen Jünglings. Kühl, tiefgründig und makellos, wie auch in ihren Rollen in Viscontis *Ludwig* und *Gruppo di famiglia in un interno*. Mitte der 70er verläßt sie Italien und das Kino und siedelt mit ihrem Mann, dem Produzenten Dino De Laurentiis, nach New York über. 1984 ein kurzer Auftritt in David Lynchs Science-fiction-Film *Dune*, zuletzt 1986/87 neben Marcello Mastroianni in Nikita Michalkows *Oci ciornie*.

[IT] 1946: L'elisir d'amore. 1947: Il delitto di Giovanni Episcopo. 1948: Gli uomini sono nemici/Carrefour des passions [IT/FR]. 1948/49: Riso amaro (Bitterer Reis). 1949: Black Magic/Cagliostro (Graf Cagliostro) [US]; Il lupo della Sila (Der Wolf der Silaberge). 1950: Il brigante Musolino (Freiwild). 1951: Le rendez-vous de Cannes [KF – FR]; Anna (Anna) [IT/FR]. 1954: Mambo (Mambo) [US]; L'oro di Napoli. 4. Ep: Teresa (Das Gold von Neapel) [EP]; Ulisse (Die Fahrten des Odysseus). 1956/57: Uomini e lupi/Hommes et loups (Frauen und Wölfe) [IT/FR]. 1957: La diga sul Pacifico (Heiße Küste). 1958: La tempesta/La tempête (Sturm im Osten) [IT/FR]. 1959: La grande guerra/La grande guerre (Man nannte es den großen Krieg) [IT/FR]. 1959/60: Jovanka e le altre (Jovanka und die anderen). 1960: Crimen/Chacun son alibi (Die Leiche ist im falschen Koffer) [IT/FR]. 1961: Una vita difficile; Il giudizio universale/Le jugement dernier (Das jüngste Gericht findet nicht statt) [IT/FR]; Barabba (Barabbas). 1962/63: Il processo di Verona/Le procès de Verone [IT/FR]. 1964: La mia signora; Il disco volante. 1965: Io, io, io ... e gli altri [IT/FR]. 1966: Le streghe/Les sorcières. [EP – IT/FR]; Scusi, lei è favorevole o contrario? 1967: Edipo Re (Edipo Re – Bett der Gewalt). 1967/68: Capriccio all'italiana [EP]. 1968: Teorema (Teorema – Geometrie der Liebe); Viaggio de lavoro. 1970: Morte a Venezia (Tod in Venedig) [IT/FR]. 1970/71: Scipione detto anche l'africano [IT/FR/BRD]. 1971: Il Decameron/Le Décameron/Decameron [IT/FR/BRD]. 1972: Lo scopone scientifico (Teuflisches Spiel); Ludwig/Ludwig ... ou le crépuscule des dieux/Ludwig II. [IT/FR/BRD]; D'amore si muore. 1974: Gruppo di famiglia in un interno/Conversation pièce (Gewalt und Leidenschaft) [IT/FR]. 1984: Dune (Der Wüstenplanet) [US]. 1986/87: Oci ciornie/Occhi neri (Schwarze Augen) [IT/SU].

Mansfield, Jane

(Vera Jayne Palmer)
*19. 4. 1933 Bryn Mawr (Pennsylvania)
†29. 6. 1967 bei New Orleans

Besuch der Highland Park School, Dallas, und Drama School der University of Texas. 1951 Bühnendebüt mit «Ten Nights in a Barroom» in Austin, Texas. Schauspielunterricht bei Baruch Lumet. 1953 Mitwirkung an Produktionen des Dallas Institute for the Performing Arts. Fotomodell. 1954 TV-Debüt, im folgenden Jahr Broadway-Debüt mit George Axelrods «Will Success Spoil Rock Hunter?» (später auch verfilmt) und Filmdebüt. Vor allem Frank Tashlin besetzt sie in seinen Lustspielen, so als blondes Dummchen neben zahlreichen Rock-'n'-Roll-Stars in *The Girl Can't Help It*. Sie wird ein Sexsymbol der 50er und frühen 60er Jahre und gilt zeitweise als Konkurrentin von Marilyn Monroe, ist aber auch häufig Opfer der Boulevardpresse, vor allem in ihrer Ehe mit dem Muskelmann Mickey Hargitay. Erst Warner Bros., dann 20th Century-Fox verlängern ihre Verträge nicht. Einige Filmaufgaben in England und Italien folgen, Gastauftritt 1963 in *Heimweh nach St. Pauli* (Werner Jacobs). 1980 biografischer Fernsehfilm *The Jayne Mansfield Story* von Dick Lowry mit Loni Anderson in der Titelrolle und Arnold Schwarzenegger als Hargitay.

[US] 1954: Lux Video Theatre: The Angel Went AWOL [TV]; Female Jungle [UA: 1956]. 1955: Hell on Frisco Bay (Blutige Straßen); Pete Kelly's Blues (Es geschah in einer Nacht); Illegal (Schakale der Unterwelt); The Burglar (Ein

Toter lügt nicht). 1956: The Girl Can't Help It (Schlagerpiraten); Down You Go [TVS]. 1957: Kiss Them for Me; Will Success Spoil Rock Hunter? (Sirene in Blond); The Wayward Bus (Wo alle Straßen enden). 1958: The Sheriff of Fractured Jaw (Sheriff wider Willen) [GB]. 1959/60: Too Hot to Handle (Zu heiß zum Anfassen) [GB]. 1960: The Challenge (Sie pfiff und die Kerle kuschten) [GB]; Gli amori di Ercole (Die Liebesnächte des Herkules) [IT]. 1961: The George Raft Story (Der tanzende Gangster). 1962: It Happened in Athens (Es geschah in Athen). 1963: Panic Button; Promises! Promises!; Heimweh nach St. Pauli [BRD]. 1963–66: Burke's Law [TVS]. 1964: Einer frißt den anderen/L'ora di uccidere [BRD/IT]; L'amore primitivo (Primitive Liebe) [IT]. 1965: The Jayne Mansfield Show [TV]. 1966: The Fat Spy; Las Vegas Hillbillies. 1967: The Wild Wild World of Jane Mansfield [DOK]; A Guide for the Married Man (Leitfaden für Seitensprünge); Spree/Here's Las Vegas. 1968: Single Room Furnished.

Mara, Lya

(Alexandra Gudowitsch)
*1. 8. 1895 Riga
† (?) Schweiz (?)

Katholisches Pensionat, dann Gymnasium. Ballettschule in Riga. Am Ballett des Staatstheaters Riga. 1913 nach Warschau, Aufstieg zur Primaballerina. Als Mia-Mara 1916 in einigen polnischen Filmen neben Pola Negri. Ab 1917 in Berlin erfolgreich in zahlreichen Unterhaltungsfilmen des Regisseurs und Produzenten Friedrich Zelnik, den sie im selben Jahr heiratet. Maßgeschneiderte Rollen nach dem Muster «Unschuld mit Sex-Appeal» in oft hanebüchener Kolportage: die falschen Verdächtigungen ausgesetzte mondäne, aber ehrliche Dame wie in *Die Ehe der Fürstin Demidoff* oder das schöne, unschuldig-neckische Mädel aus der Vorstadt wie z. B. *Das Mädel von Piccadilly*. Die Stummfilm-Operetten *Die Försterchristel, An der schönen blauen Donau, Die lachende Grille, Das tanzende Wien, Heut' tanzt Mariett* sind große Kassenerfolge, Maras Partner sind u. a. Harry Liedtke, Wilhelm Dieterle, Harry Halm und Fred Louis Lerch. 1927/28 erscheinen 100 Hefte einer Romanreihe «Lya. Der Herzensroman einer Kinokönigin». Im Tonfilm nur noch die musikalische Komödie *Jeder fragt nach Erika*. 1932 mit Zelnik nach London, ihr Verbleiben nach seinem Tod (1950) ist unbekannt.

[DE] 1916: Wściekły rywal (Der wütende Rivale) [PL]; Studenci (Studentenliebe) [PL]; Chcemy męża/Warszawka (Wir wollen einen Ehemann/Warschauer) [PL]; Bestia (Die Bestie) [PL]. 1917: Das Geschlecht der Schelme.1. Das Geschlecht der Grafen von Gheyn; Halkas Gelöbnis. 1917/18: Die Rose von Dschiandur. 1918: Die Serenyi; Die Nonne und der Harlekin; Die Rothenburger/Leib und Seele; Das Geschlecht der Schelme. 2. Teil; Margarete. Die Geschichte einer Gefallenen. 1918/19: Charlotte Corday. 1919: Die kleine Stasiewska; Die Damen mit den Smaragden; Das Fest der Rosella; Manon. Das hohe Lied der Liebe; Maria Evere; Die Erbin von Monte Christo; Das Haus der Unschuld. 1920: Eine Demimonde-Heirat; Die Prinzessin vom Nil; Die Erlebnisse der berühmten Tänzerin Fanny Elßler; Yoshiwara, die Liebesstadt der Japaner; Anna Karenina; Kri-Kri, die Herzogin von Tarabac; Fasching. 1920/21: Die Geliebte des Grafen Varenne; Miss Beryll ... die Laune eines Millionärs. 1921: Aus den Memoiren einer Filmschauspielerin; Trix, der Roman einer Millionärin; Tanja, die Frau an der Kette; Das Mädel von Piccadilly. 2 Teile; Die Ehe der Fürstin Demidoff. 1921/22: Die Geliebte des Königs. 1922: Yvette, die Modeprinzessin; Die Tochter Napoleons; Erniedrigte und Beleidigte; Das Mädel aus der Hölle; Lyda Ssanin; Die Männer der Sybill. 1923: Daisy. Das Abenteuer einer Lady; Auferstehung. Katjuscha Maslowa; Nelly, die Braut ohne Mann. 1924: Die Herrin von Monbijou; Das Mädel von Capri; Auf Befehl der Pompadour; Ein Weihnachtsfilm für Große [KF]. 1924/25: Die Venus vom Montmartre. 1925: Frauen, die man oft nicht grüßt; Die Kirschenzeit. 1925/26: Die Försterchristl. 1926: An der schönen blauen Donau; Die lachende Grille. 1926/27: Der Zigeunerbaron. 1927: Das tanzende Wien. 1927/28: Heut' tanzt Mariett. 1928: Mary Lou; Mein Herz ist eine Jazzband; Der rote Kreis/The Crimson Circle. 1931: Jeder fragt nach Erika.

Marais, Jean

(Jean Alfred Villain-Marais)
*11. 12. 1913 Cherbourg

Lehre bei einem Porträtfotografen; Retuscheur in Paris; daneben Studium der bildenden Kunst am Konservatorium. 1936 Schauspielunterricht bei Charles Dullin, kleinere Bühnenrollen in Paris. 1933–36 Zusammenarbeit mit Marcel L'Herbier. 1937 wird Jean Cocteau auf ihn aufmerksam und gibt ihm Hauptrollen in seinen Theaterstücken. 1939/40 Militärdienst, dann bis 1942 Theaterarbeit im besetzten Frankreich. 1943 wird er als moderner Tristan in Jean Delannoys *L'éternel retour* (Buch von Jean Cocteau) international bekannt. Ende 1943 Soldat in der amerikanischen Armee. Nach Kriegsende Hauptrollen in allen poetischen Klassikern Cocteaus von *La belle et la bête* bis *Le testament d'Orphée*. Daneben, als französisches Echo auf Douglas Fairbanks, besonders erfolgreich als draufgängerischer Fechter und Liebhaber in zahlreichen Kostümfilmen, so in Pierre Billons *Ruy Blas* und in Robert Vernays *Le comte de Monte Cristo*. Für die Actionszenen seiner Kostümfilme muß der athletische Marais sich nicht doubeln lassen. In den 60er Jahren kann er sein komödiantisches Talent in den drei *Fantômas*-Filmen von André Hunebelle ausspielen: Als Gegner von Louis de Funès taucht er außer in der Titelrolle in 14 weiteren Rollen auf. Marais verfaßt literarische Werke, ist Autor eines Balletts. Seine Inszenierungen von Cocteau-Stücken gehören in den 50er Jahren zu den international erfolgreichsten französischen Regiearbeiten. Nach Jacques Demys *Peau d'âne* (1970) werden Malerei und Bildhauerei sein wesentlicher Lebensinhalt. Mehrere Bände Erinnerungen: 1957 «Mes quatre vérités», 1975 «Histoires de ma vie»; 1978 «Contes».

[FR] 1933: Dans les rues; Etienne; L'Épervier (Der Falschspieler) [D,CoR]. 1934: Le scandale; L'Aventurier. 1935: Le bonheur. 1936: Les hommes nouveaux (Die neuen Männer). 1937: Nuits de feu (Eifersucht, Mordprozeß Andrejew); Drôle de drame (Ein sonderbarer Fall); Abus de confiance (Vertrauensbruch). 1941: Le pavillon brûle. 1942: Le lit à colonnes. 1943: L'Éternel retour (Der ewige Bann); Carmen (Carmen); Voyage sans espoir (Reise ohne Hoffnung). 1945: La Belle et la Bête (Die Schöne und die Bestie). 1946: Les Chouans. 1947: L'Aigle à deux têtes (Der Doppeladler); Ruy Blas (Der Geliebte einer Königin). 1948: Aux yeux du souvenir (Treffpunkt Rio); Le secret de Mayerling (Das Geheimnis von Mayerling); Les parents terribles (Die schrecklichen Eltern). 1949: Orphée (Orpheus); Ceux du Tschad [KF]; Leclerc . 1950: Le château de verre/ L'amante di una notte (Rendezvous in Paris) [FR/IT]. 1951: Les miracles n'ont lieu qu'une fois/I miracoli non si ripetono (Einmal nur leuchtet die Liebe) [FR/IT]. 1951/52: Nez-de-cuir, gentilhomme d'amour/«Naso di cuoio», gentiluomo d'amore [FR/IT]. 1952: L'Appel du destin (Konzert in Venedig). 1952/53: La voce del silencio/La voix du silence (Männer ohne Tränen) [IT/FR]. 1953: Si Versailles m'était conté (Versailles – Könige und Frauen); Les amants de minuit (Geliebte um Mitternacht); Le guérisseur (Der Arzt und das Mädchen); Julietta (Julietta); Dortoir des grandes (Im Schlafsaal der großen Mädchen). 1954: Le comte de Monte-Cristo. 2. La vengeance/La vendetta di Montecristo (Der Graf von Monte Christo. 2. Heimkehr und Rache [FR/IT]; Le comte de Monte-Cristo. 1. La trahision./Il tresoro di Montecristo (Der Graf von Monte Christo. 1. Glück und Verbannung [FR/IT]. 1954/55: Napoléon/Napoleone Bonaparte (Napoleon) [FR/IT]. 1955: Toute la ville accuse; Futures vedettes (Reif auf junge Blüten); Goubbiah (Goubbiah – Meine Liebe) [FR/YU]; Si Paris nous était conté. 1956: S.O.S Noronha [FR/IT/BRD]; Elena et les hommes/Eliana e gli uomini (Weiße Margeriten) [FR/IT]. 1956/57: Typhon sur Nagasaki/Wasureenu bojo (Taifun über Nagasaki) [FR/JP]. 1957: Le notti bianche/Nuits blanches (Weiße Nächte) [IT/FR]; La tour, prends garde/Agli ordine del re (Des Königs bester Mann) [FR/IT]; Un amour de poche (Alchemie der Liebe). 1958: La vie à deux (Das Leben zu zweit); Chaque jour a son secret (Jeder Tag birgt ein Geheimnis). 1959: Le bossu/La spada degli Orléans (Der Gejagte) [FR/IT]; Le testament d'Orphée (Das Testament des Orpheus). 1959/60: Austerlitz/Napoleone ad Austerlitz (Austerlitz – Glanz einer Kaiserkrone) [FR/IT]. 1960: Le capitaine Fracasse/Capitan Fracassa (Fracass, der freche Kavalier) [FR/IT]; Napoléon II, l'Aiglon (Kaiserliche Hoheit); Le testament d'Orphée (Das Testament des Orpheus); Le capitan/Il capitano del Re (Mein Schwert für den König) [FR/IT]; La princesse de Clèves/ La principessa di Clèves (Prinzessin Cleve) [FR/IT]. 1961: Il ratto delle Sabine/L'enlèvement des Sabines (Der Raubder Sabinerinnen) [IT/FR]; Le miracle des loups/La contigura dei potenti (Im Zeichen der Lilie) [FR/IT]; Ponzio Pilato/Ponce Pilate (Pontius Pilatus) [IT/FR]. 1962: Le mascue de fer/L'uomo dalla maschera di ferro (Die eiserne Maske) [FR/IT]; Les mystères de Paris/I misteri di Parigi (Die Geheimnisse von Paris) [FR/IT]. 1963: L'Honorable Stanislas, agent secret/Spionaggio senza frontiere (Der ehrenwerte Stanislas) [FR/IT]. 1964: Patate/L'amico di famiglia (Monsieur geht fremd) [FR/IT]; Fantômas/Fantomas 70 (Fantomas/Fantomas 70) [FR/IT]; Le gentleman de Cocody/Donne, mitra e diamanti (Pulverfaß und Diamanten) [FR/IT]; Pleins feux sur Stanislas (Rendezvous der Killer). 1965: Train d'enfer (Der Zug zur Hölle); Fantômas se déchaîne/Fantomas minaccia il mondo (Fantomas gegen Interpol) [FR/IT]. 1966: Fantômas contre Scotland Yard/Fantomas contro Scotland Yard (Fantomas bedroht die Welt) [FR/IT]; Le saint prend l'affût (Der Lord mit der MP). 1967: Sept hommes et une garce (Sieben Männer und eine Frau) [FR/RO]. 1968: Le paria/Jaque mate (Paria) [FR/ES]. 1969: Renaud et Armide [TV]; La provocation. 1970: Le jouet criminel; Robert Macaire (Gauner von Format) [TV]; Peau d'âne. 1971: Joseph Balsamo [TV]. 1976: Vaincre à Olympie [TV]. 1977: Restez donc avec nous [TV]. 1980: Les parents terribles [TV]. 1983: Ombre et secrets [KF]. 1985: Parking; Le lien de parenté. 1992: Les enfants du naufrageur (Ein Fall für die Inselkinder). 1993: Zeit der Götter [DOK – DE]. 1994: Les misérables. 1995: Io ballo da sola/ Beauté volée/Stealing Beauty (Gefühl und Verführung) [IT/FR/GB].

Marceau, Sophie

(Sophie Maupu)
*17. 11. 1966 Paris

Tochter einer Verkäuferin und eines LKW-Fahrers. 1980 aus Tausenden von Bewerberinnen für Claude Pinoteaus *La boum* ausgewählt, erzielt sie mit dem turbulenten Teenagerfilm und der Fortsetzung von 1982 einen Riesenerfolg. Nach Schulabschluß 1984 in Alain Corneaus *Fort Saganne* neben Gérard Depardieu und Catherine Deneuve in einer Rolle, die mehr erfordert als unbefangene Keckheit. Andrzej Zulawski, mit dem sie eine Zeitlang zusammenlebt, läßt sie in einigen seiner düsteren Erotik-Thriller auftreten: *L'amour braque, Mes nuits sont plus belles que vos jours* und *La note bleu*.

[FR] 1980: La boum (Die Fete). 1982: La boum 2 (Die Fete geht weiter). 1984: Joyeuses Pâques (Fröhliche Ostern); Fort Saganne. 1984/85: Police (Der Bulle von Paris). 1985: L'Amour braque (Liebe und Gewalt). 1986: Descente aux enfers (Abstieg zur Hölle). 1988: L'Étudiante/Il tempo delle mele 3 (Die Studentin) [FR/IT]; Chouans! (Chouans! – Revolution der Leidenschaft). 1989: Mes nuits sont plus belles que vos jours (Meine Nächte sind schöner als deine Tage). 1989/90: Pacific Palisades [US]. 1991: La note bleue; Pour Sacha (Im Schatten der Golanhöhen). 1993: Fanfan (Fanfan und Alexandre). 1994: La fille de d'Artagnan (D'Artagnans Tochter). 1994/95: Braveheart (Braveheart) [US]. 1995: Jenseits der Wolken/Par delà les nuages/Al di là delle nuvole [DE/FR/IT]. 1996: Firelight [US]; Marquise. 1996/97: Leo Tolstoy's Anna Karenina (Anna Karenina) [US].

March, Fredric

(Ernest Frederick McIntyre Bickel)
*31. 8. 1899 Racine (Wisconsin)
†14. 4. 1975 Los Angeles

Besuch der Racine High School und Ökonomiestudium an der University of Wisconsin. 1920 in New York an der National City Bank und erster kleiner Bühnenauftritt sowie Filmarbeit als Statist. 1926 Broadway-Debüt mit «The Devil in the Cheese». Später Tourneen mit Theatre Guild Repertory Company. Nach Einführung des Tonfilms 1928 Vertrag bei Paramount und erste richtige Filmrolle in *The Dummy* (Robert Milton). Mit Frank Tuttles *The Studio Murder Mystery* beginnt die Zusammenarbeit mit seiner Ehefrau Florence Eldridge. Weitere Filmpartnerinnen sind u. a. Clara Bow und Mary Astor. 1930 Oscar-Nominierung als Schauspieler Tony Cavendish in George Cukors *The Royal Family of Broadway* (bereits 1927 Bühnenerfolg). 1931 Oscar und Darstellerpreis beim Festival in Venedig für die Titelrolle in Rouben Mamoulians *Dr. Jekyll and Mr. Hyde*. Rollen in Kostüm- und historischen Filmen folgen: Earl of Bothwell in *Mary of Scotland* (John Ford), Jean Lafitte in *The Buccaneer* (Cecil B. DeMille). Hauptsächlich erfolgreich und ausgezeichnet in Gegenwartsrollen von Männern in psychischen Krisen: 1937 Oscar-Nominierung als alkoholkranker Schauspielstar in William A. Wellmans *A Star Is Born*, 1946 zweiter Oscar als Kriegsheimkehrer Dr. Stephenson in William Wylers *The Best Years of Our Lives*, 1951 Darstellerpreis in Venedig als Handelsreisender Willy Loman in Arthur Millers *Death of a Salesman* (Laslo Benedek). 1955 spielt er eindringlich den von Gangstern bedrohten Familienvater in *The Desparate Hours* (Wyler). 1960 erhält er in Berlin den Darstellerpreis für seinen fanatischen Konservativen in Stanley Kramers *Inherit the Wind*. Parallel zum Film arbeitet er am Theater: 1942 am Broadway in Thornton Wilders «The Skin of Our Teeth», 1951 in Lillian Hellmans «The Autumn Garden» und 1956 in der Uraufführung von Eugene O'Neills «A Long Day's Journey into Night». Auch TV-Arbeit: 1954 im TV-Musical *A Christmas Carol* von Maxwell Anderson nach Charles Dickens.

[US] 1920: The Devil. 1921: Paying the Piper; The Great Adventure. 1929: The Dummy; The Wild Party; The Studio Murder Mystery; Paris Bound; Jealousy; Footlights and Fools; The Marriage Playground. 1930: Sarah and Son; Paramount on Parade. EP: The Montmartre Girl [EP]; Ladies Love Brutes; True to the Navy; Manslaughter; Laughter; The Royal Family of Broadway. 1931: Honor Among Lovers; The Night Angel; My Sin; Dr. Jekyll and Mr. Hyde (Dr. Jekyll und Mr. Hyde). 1932: Strangers In Love (Verhaftung um Mitternacht); Merrily We Go to Hell (Joan und Jerry); Make Me a Star (Mach mich zum Star); Smilin' Through (Liebesleid); The Sign of the Cross (Im Zeichen des Kreuzes). 1932/33: Tonight Is Ours (Aufruhr in Utopia). 1933: The Eagle and the Hawk; Design for Living (Serenade zu dritt); All of Me; Good Dame. 1934: Death Takes a Holiday; The Affairs of Cellini; The Barretts of Wimpole Street; We Live Again. 1935: Les Misérables (Die Elenden); Anna Karenina (Anna Karenina); The Dark Angel (Der Weg im Dunkel). 1935/36: Anthony Adverse. 1936: Mary of Scotland (Maria von Schottland); The Road to Glory. 1937: A Star Is Born (Ein Stern geht auf); Nothing Sacred (Denen ist nichts heilig); The Buccaneer (Der Freibeuter von Louisiana). 1938: There Goes My Heart (Millionärin auf Abwegen); Trade Winds. 1940: Susan and God (Susan und der liebe Gott); Victory. 1940/41: So Ends Our Night. 1941: One Foot in Heaven (Schritt in den Himmel). 1942: Bedtime Story; I Married a Witch (Meine Frau, die Hexe). 1944: The Adventures of Mark Twain (Die Abenteuer des Mark Twain); Tomorrow the World. 1946: The Best Years of Our Lives (Die besten Jahre unseres Lebens). 1948: Another Part of the Forest (Aus dem Dunkel des Waldes); Live Today for Tomorrow. 1949: Christopher Columbus (Christoph Columbus) [GB]. 1950/51: It's a Big Country [EP]. 1951: Death of a Salesman (Tod eines Handlungsreisenden). 1952/53: Man on a Tightrope (Ein Mann auf dem Drahtseil). 1953: Omnibus: The Last Night of Don Juan [TV]. 1954: Shower of Stars: A Christmas Carol [TV]; The Best of Broadway: The Royal Family [TV]; Shower of Stars: A Christmas Carol [TV]; Executive Suite (Die Intriganten); The Bridges at Toko-

Ri (Die Brücken von Toko-Ri). 1955: The Desperate Hours (An einem Tag wie jeder andere); Alexander the Great (Alexander der Große). 1956: Producers Showcase: Dodsworth [TV]; Producers' Showcase: Dodworth [TV]; The Man in the Gray Flannel Suit (Der Mann im grauen Flanell). 1958: The Winslow Boy [TV]. 1959: The DuPont Show of the Month: Hamlet [TV]; Middle of the Night (Mitten in der Nacht). 1960: Inherit the Wind (Wer den Wind sät). 1961: Tales From Dickens [TVS – GB]; The Young Doctors (Chefarzt Dr.Pearson). 1962: I sequestrati di Altona/Les sequestres d'Altona (Die Eingeschlossenen) [IT/FR]. 1963/64: Seven Days in May (Sieben Tage im Mai). 1965: Hallmark Hall of Fame: Inherit the Wind [TV]. 1966: Legacy of Rome [TV-DOK]; Hombre (Man nannte ihn Hombre). 1969/70: ... tick ... tick ... tick ... (... tick ... tick ... tick ...). 1973: The Iceman Cometh.

Mareckaja, Vera

(Vera Petrovna Mareckaja)
* 31. 7. 1906 Moskau
† 17. 8. 1978 Moskau

Studium am Studio des Moskauer Vachtangov-Theaters. Ab 1924 gehört sie zum Ensemble des Theaters. Weitere Bühnenengagements 1936–40 in Rostov (Don) am Gorkij-Theater, ab 1940 am Mossovjet'-Theater. Filmdebüt 1925: bei Jakov Protazanov spielt sie die Katja in *Zakrojščik iz Toržka*. 1928 verkörpert sie in Boris Barnets Komödie *Dom na Trubnoj* ein Bauernmädchen, das zwar naiv ist, aber um moralische und soziale Integrität kämpft. Dieses Rollenfach spielt sie in verschiedenen Filmen. Herausragend ist 1940 ihre Aleksandra Sokolova in *Člen pravitel'stva* (Aleksandr Zarchi, Iosif Chejfic). Bei Fridrich Ermler spielt sie 1943 die tragische Rolle einer Partisanin und Rächerin in *Ona zaščiščaet Rodinu*. Ihre großen Erfolge sind mit dem Tonfilmschaffen von Mark Donskoj verbunden: u. a. 1947 die Lehrerin Varvara Vasil'evna in *Sel'skaja učitel'nica*, 1956 die Titelgestalt in der Verfilmung von Gorkijs Roman *Mat'*. Mareckaja erhält mehrere nationale staatliche Auszeichnungen. 1973 dreht Lev Elagin für das sowjetische Fernsehen über sie das Filmporträt *Čto vy znaete o Mareckoj?*

[SU] 1925: Ego prizyv (Sein Mahnruf); Žakrojščik iz Toržka (Der Schneider von Torshok). 1926: Otec; Zelenyj zmij. 1927: Zemlja v plenu (Der gelbe Paß). 1928: Don Diego i Pelageja; Dom na Trubnoj (Das Haus in der Trubnaja-Straße); Prostye serdca. 1929: Živoj trup (Der lebende Leichnam); Sto dvadcat' tysjač v god. 1930: Mirovoe imja; Stydno skazat'; Dva-Bu'di-Dva. 1933: Černyj barak. 1934: Četyre vizita Samuelja Vul'fa. 1935: Ljubov' i nenavist'. 1936: Pokolenie pobeditelej. 1937: Zori Pariža. 1940: Člen pravitel'stva (Im Kampf ums Glück). 1941: Delo Artamonovych (Das Werk der Artamonows). 1943: Kotovskij; Ona zaščiščaet Rodinu. 1944: Svad'ba (Die Hochzeit). 1947: Sel'skaja učitel'nica (Erziehung der Gefühle). 1950: U nich est' Rodina (Sie haben eine Heimat). 1956: Mat' (Die Mutter). 1957: Poljuško-pole. 1962: Sredi dobrych ljudej (Natascha). 1964: Legkaja žizn' (Liebe und Fleckenwasser). 1970: Nočnoj zvonok. 1973: Čto vy znaete o Mareckoj? [TV-DOK].

Marian, Ferdinand

(Ferdinand Haschowec)
* 4. 8. 1902 Wien
† 7. 8. 1946 bei München

Er übernimmt den Künstlernamen vom Vater, einem Baß an der Wiener Volksoper. Realgymnasium und Ingenieursstudium am Technologischen Gewerbemuseum in Wien abgebrochen. Nach Gelegenheitsarbeiten 1924 Charge am Stadttheater Graz, an Bühnen in Trier, München-Gladbach, Aachen, Hamburg und München. 1938 Deutsches Theater Berlin. Erste Filmerfolge 1937 neben Pola Negri in *Madame Bovary* (Gerhard Lamprecht) und neben Zarah Leander in *La Habanera* (Detlef Sierck). Festlegung auf innerlich kalte und verkommene, aber elegante Schurken und Frauenhelden. Rollen «gefährlicher» Engländer in zwei antibritischen Propagandafilmen: Friedensrichter im Kampf gegen irische Patrioten in *Der Fuchs von Glenarvon* (Max W. Kimmich), Cecil Rhodes in *Ohm Krüger* (Hans Steinhoff). Umstrittene Darstellung der Titelrolle in dem antisemitischen Hetzfilm *Jud Süß* (Veit Harlan). Danach Rollen in eher unpolitischen Unterhaltungsfilmen, u. a. *Romanze in Moll* (Helmut Käutner). Ende 1944 nach Österreich. Nach Kriegsende in München, dann in Freising ansässig. Berufsverbot wegen der Mitwirkung an *Jud Süß*, der tödliche Autounfall könnte ein damit zusammenhängender Freitod gewesen sein.

[DE] 1933: Der Tunnel. 1936: Ein Hochzeitstraum. 1936/37: Die Stimme des Herzens. 1937: Madame Bovary; La Habanera. 1938: Nordlicht (Rivalen im Nordmeer). 1938/39: Der Vierte kommt nicht. 1939: Morgen werde ich verhaftet; Dein Leben gehört mir. 1939/40: Aus erster Ehe. 1940: Der Fuchs von Glenarvon; Jud Süß. 1940/41: Ohm Krüger. 1942: Ein Zug fährt ab. 1942/43: Romanze in Moll; Münchhausen; Reise in die Vergangenheit. 1943: Tonelli; In flagranti. 1943/44: Freunde [Verboten]. 1944/45: Die Nacht der 12; Dreimal Komödie (Liebeswirbel). 1945: Das Gesetz der Liebe.

Marken, Jane

(Jane Krab)
* 13. 1. 1895 Paris
† 1. 12. 1976 Paris

Auftritte am Théâtre de l'Odéon und in Boulevardstücken. Filmdebüt unter der Regie von Abel Gance, dann unter der Regie von Georges Monca. 1920 lernt sie bei Dreharbeiten Jules Berry kennen und heiratet ihn; Unterbrechung der Filmarbeit, da Berry sich als krankhaft eifersüchtig erweist. Nach der Trennung u. a. in Filmen von Jean Renoir, Marcel Carné, Julien Duvivier, Sacha Guitry und Jacques Becker. Als Madame Dufour läßt sie sich in Renoirs *Une partie de campagne* den Hof machen, während ihr Mann sein Mittagsschläfchen hält; erinnernswert auch ihre leichtlebige Madame Hermine in Carnés *Les enfants du paradis* oder die Concierge, mit der Louis Jouvet in Jean Drévilles *Copie conforme* schäkert. Zunächst spielt sie attraktive, unkomplizierte Frauen und herzensgute Mütter, dann alternde, wehmütige Frauen, später rundliche Damen, die sich in Intrigantinnen verwandeln können, wie die Josserand in Duviviers *Pot-Bouille*.

[FR] 1915: Fioritures. 1919: Deux coqs vivaient en paix; Madame et son filleul. 1920: Chouquette et son as. 1932: Ce cochon de Morin. 1933: La guerre des valses [Version – DE/FR]; Le maître de forges. 1934: La dame aux camélias (Die Kameliendame). 1934/35: Napoléon Bonaparte. 1935: La marmaille; Le chemineau; Ferdinand le noceur. 1936: Un grand amour de Beethoven; L'ange du foyer; La garçonne; L'homme à abattre; Une partie de campagne (Eine Landpartie). 1937: Gueule d'amour. 1938: Trois valses (Drei Walzer); Remontons les Champs-Elysées; Hôtel du Nord. 1939: Paradis perdu; Sans lendemain (Ohne ein Morgen). 1940: La nuit merveilleuse. 1941: Une femme dans la nuit; Les deux timides. 1942: Lumière d'été (Weibergeschichten). 1943: Adrien; L'éternel retour (Der ewige Bann); Les petites du Quai aux Fleurs. 1943/44: Les enfants du paradis (Kinder des Olymp). 1944: Falbalas (Haute Couture). 1945: L'idiot (Der Idiot); Le pays sans étoiles; Nuits d'alerte; Un ami viendra ce soir. 1946: Les portes de la nuit (Pforten der Nacht); L'idiot (Der Idiot); Pétrus (Freibeuter der Liebe); Le beau voyage; L'homme au chapeau rond (Der ewige Gatte); Copie conforme (In Teufels Krallen); Parade du rire; L'Arche de Noé; L'amour autour de la maison. 1947: Clochemerle; Route sans issue (Im Schatten einer Lüge); Dédée d'Anvers (Schenke zum Vollmond). 1948: Rapide de nuit; Ces dames aux chapeaux verts; Le secret de Mayerling (Das Geheimnis von Mayerling); Une si jolie petite plage (Ein hübscher kleiner Strand); La femme que j'ai assassiné; Retour à la vie/Le retour de Tante Emma [EP]. 1949: Lady Paname; Manèges (Eine Frau im Sattel); La Marie du port (Hafen der Verlockung). 1950: Knock ou le triomphe de la médecine (Dr. Knock läßt bitten); La passante; Ma Pomme (Der Vagabund von Paris); Caroline chérie (Im Anfang war nur Liebe); Chéri. 1951: Boîte de nuit (Rhythmus der Nacht); Et ta sœur?; Monsieur Leguignon, lampiste; Le dindon; Deux sous de violettes; Dupont-Barbès/Malou de Montmartre (Madeleine, Roman einer Verlorenen). 1951/52: L'uomo della mia vita/L'homme de ma vie (Der Mann meines Lebens) [IT/FR]. 1952: Monsieur Taxi; Le secret d'une mère; Le trou normand. 1953: Maternité clandestine (Engel der Halbstarken); Capitaine Pantoufle; Les compagnes de la nuit (Gefährtinnen der Nacht); Mam'zelle Nitouche/Santarellina (Mamsell Nitouche) [FR/IT]. 1954: Leguignon guérisseur. 1955: Chiens perdus sans collier/Cani perduti senza collare (Wie verlorene Hunde) [FR/IT]; Tant qu'il y aura des femmes. 1955/56: Marie-Antoinette, reine de France/Maria Antonietta, regina di Francia (Der Liebesroman einer Königin) [FR/IT]. 1956: Pitié pour les vamps (Frauen, die man nie vergißt); Et Dieu créa la femme (Und immer lockt das Weib); L'inspecteur aime la bagarre. 1957: Pot-Bouille (Der schöne Octave); Les trois font la paire (Die Zwillinge und der Mörder). 1958: Maxime (Die Affären von Madame M.); Ce corps tant désiré (Mädchen des Lasters); Des femmes disparaissent (Blonde Fracht und schwarze Teufel); La vie à deux (Das Leben zu zweit); Le miroir à deux faces/Lo specchio a due facce (Der Tag und die Nacht) [FR/IT].

Marković, Rade

* 14. 10. 1921 Belgrad

Ingenieursstudium am Polytechnikum in Belgrad, dann als Schauspieler am Dramatischen Theater, u. a. in Brechts «Der gute Mensch von Sezuan» und in Millers «The Crucible». Seit 1947 beim Film; breites Rollenspektrum vom Partisanen bis zum Gestapo-Offizier. Überwiegend jedoch positiver Held des Widerstands gegen die deutsche Besatzung: als erfahrener Ausbilder junger Partisanen in Ostojićs *Saša* (1962), als Organisator eines Anschlags auf den Befehlshaber eines Lagers in *Bomba u 10.10.* (Časlav Damjanović). Auch in bulgarischen und tschechoslowakischen Filmen. 1964 Schauspielerpreis des bulgarischen nationalen Festivals in Varna für seine Rolle als romantischer Deserteur im 1. Weltkrieg in *Kradecât na praskovi* (Vâlo Radev).

[YU] 1947: Slavica. 1948: Besmrtna mladost (Unsterbliche Jugend); Sofka. 1950: Čudotvorni mač (Das wundertätige Schwert). 1953: Daleko je sunce (Die Sonne ist fern). 1954: Sumnjivo lice (Eine verdächtige Person). 1955: Šolaja (Solaja); Lažni car (Der falsche Zar). 1957: Zenica (Ein Herz entscheidet sich); Mali Čovek (Ein kleiner Mann); Tuđa zemlja (Fremde Erde). 1958: Te noći (In jener Nacht); Tri prani (Drei Wünsche) [CS]. 1961: Pesma (Die Libelle); Prvi građanin male varoši (Frühling in der kleinen Stadt); Leto je krivo za sve (Der Sommer ist an allem schuld). 1962: Saša (Sascha). 1963: Radopolje; Operacija Ticijan/Operation Titian (Operation Tizian) [YU/US]. 1964: Kradecât na praskovi (Der Pfirsichdieb) [BG]; Put oko sveta (Die Weltreise). 1965: Devojka (Das Mädchen); Druga strana medalje (Die Untersuchungen gehen weiter); Anděl blaž.ené smrti (Der lächelnde Todesengel) [CS]. 1966: Vojnik/The Soldier (Der Soldat) [YU/GB]; Roj (Tiefe Brunnen); Vreme ljubavi (Zeit der Liebe); Štićenik (Der Schützling). 1967: Kako su se voleli Romeo i Julija (Romeo und Julia von heute); Hasanaginica (Die Frau des Hasan Aga); Nož (Das Messer); Comandamenti per un ganster/Poslednji obračun (Hölle vor dem Tod) [IT/YU]; Diverzanti (Männer in Nacht und Flammen); Bomba u 10.10/The Bomb at 10.10 (Bombe um 10.10) [YU/US]. 1968: Bekstva (Die Flucht); Delije (Die Tapferen); Goli čovek (Geflüster um Katina). 1969: Neka daleka svetlost (Etwas träumerisches Licht); Touha zvaná Anada (Sehnsucht genannt Anada) [CS]. 1970: Burduš; Biciklisti (Radfahrer). 1971: Valter brani Sarajevo (Einer ist Sarajevo); Klopka za generala (Der Doktor stellt eine Falle); Balada o svirepom (Wenn die Wölfe heulen). 1972: Si te vdiset; Sutjeska (Sutjeska. Heldenkampf in Bosnien). 1974: SB zatvara krug (Die Schlinge); Otpisani (Explosion in der Zentralgarage). 1975: Kuća (Kalkulierte Liebe); Pavle Pavlović (Der richtige Schritt). 1976: Povratak otpisanih (Rückkehr der Verlorenen). 1977: Specijalno vaspitanje (Man nennt sie schwer erziehbar). 1979: Lovo čuvar (Wildhüter); Nacionalna klasa do 785 cm³ (Die nationale Klasse bis zu 785 cm³); Trofej (Die Trophäe). 1980: Majstori, majstori. 1981: Kraljevski voz (Der Zug nach Kraljevo); Dečko koji obećava. 1982: Variola vera (Pocken). 1983: Nabujala reka/Perroi vershues (Der anschwellende Fluß); Kako sam sistematski uništen od idiota (Wie ich systematisch durch Verrückte vernichtet wurde). 1986: Lijepe žene prolaze kroz grad. 1989: Najbolji; Sabirni centar. 1989/1994: Seobe [TV–YU/FR]. 1992: Tito i ja. 1993: Pun mesec nad Beogradom. 1996: Ubistvo s predumisljajem.

Marsh, Mae

(Mary Warne Marsh)
*9. 11. 1895 Madrid (New Mexico)
† 12. 2. 1968 Hermosa Beach (California)

1906 nach Los Angeles, Besuch des Convent of the Immaculate Heart. Telefonistin. Ihre Anfänge in der Filmindustrie sind mit David W. Griffith und der American Biograph verbunden: 1912 als Statistin in *The Lesser Evil* und erste größere Filmrolle in *Man's Genesis*, Beginn der Zusammenarbeit mit Robert Harron. Weitere Filmaufgaben bei Griffith sind u. a. «Apple-Pie-Mary» in *Home Sweet Home*, die Hauptrolle der Südstaatlerin Flora Cameron in *The Birth of a Nation*, und «Little Dear One» in *Intolerance*. 1916 Wechsel zu Samuel Goldwyn, 1920 zur Robertson-Cole Company. 1920 Bühnendebüt mit der Komödie «Brittie». Anfang der 20er Jahre Tätigkeit in Europa, vor allem in England, so in Herbert Wilcox' *Flames of Passion*. 1923 letzte Filmrolle bei Griffith als Teazie in *The White Rose*. 1924 weibliche Hauptrolle im deutschen Film *Arabella* (Karl Grune). In der Tonfilmzeit nur noch Episodenrollen. Nach dem 2. Weltkrieg besetzt John Ford sie vor allem in seinen klassischen Western, so 1946 in *My Darling Clementine*, 1956 in *The Searchers* und 1964 in *Cheyenne Autumn*. 1921 erscheint ihr Buch «Screen Acting».

[US] 1912: The Lesser Evil [KF]; The Old Actor [KF]; Man's Genesis [KF]; Sands of Dee [KF]; The New York Hat [KF]. 1913: A Girl's Strategem; The Telephone Girl and the Lady; Love in an Apartment Hotel [KF]; Fate [KF]; The Battle of Elderbush Gulch (Die Waisen der Ansiedlung) [KF]. 1914: Judith of Bethulia (Judith von Bethulien); Brute Force [KF]; Home, Sweet Home [KF]; The Escape [KF]; The Avenging Conscience, or Thou Shalt Not Kill [KF]. 1914/15: The Birth of a Nation (Die Geburt einer Nation). 1915: Her Shattered Idol. 1916: Hoodoo Ann; A Child of the Paris Streets; The Wild Girl of the Sierras; The Marriage of Molly-O; Intolerance (Intoleranz); The Mother and the Law [= Intolerance. Ep: The Modern Story; UA: 1919]; The Little Liar; The Wharf Rat. 1917: Polly of the Circus; Sunshine Alley; The Cinderella Man. 1918: Fields of Honor; The Beloved Traitor; The Face in the Dark; All Woman; The Glorious Adventure; Money Mad; Hidden Fires; The Racing Strain. 1919: The Bondage of Barbara; Spotlight Sadie. 1920: The Little 'fraid Lady. 1921: Nobody's Kid. 1922: Flames of Passion; Till We Meet Again; Paddy the Next Best Thing [GB]. 1923: The White Rose (Die weiße Rose); Southern Love [GB]. 1924: Arabella [DE]; Daddies. 1925: Tides of Passion; The Rat (Die Ratte von Paris) [GB]. 1931: Over the Hill. 1932: Rebecca of Sunnybrook Farm; That's My Boy. 1933: Alice in Wonderland. 1934: Little Man, What Now?; Bachelor of Arts. 1934/35: Black Fury (In blinder Wut). 1936: Hollywood Boulevard. 1939: The Man Who Wouldn't Talk. 1940: The Grapes of Wrath (Früchte des Zorns); Young People. 1941: Great Guns (Dick und Doof – Schrecken der Kompanie); Blue, White and Perfect. 1942: Tales of Manhattan (Sechs Schicksale). 1943: Dixie Dugan. 1944: Jane Eyre (Die Waise von Lowood). 1945: A Tree Grows in Brooklyn (Ein Baum wächst in Brooklyn). 1946: The Late George Apley; My Darling Clementine (Faustrecht der Prärie). 1948: Deep Waters; The Snake Pit (Die Schlangengrube). 1949: Three Godfathers (Spuren im Sand); Impact; A Letter to Three Wives (Ein Brief an drei Frauen); The Fighting Kentuckian (In letzter Sekunde). 1950: When Willie Comes Marching Home (So ein Pechvogel); The Gunfighter (Der Scharfschütze). 1951: That's My Boy. 1952: Night Without Sleep. 1953: Sun Shines Bright (Wem die Sonne lacht); A Blueprint for Murder. 1954: A Star Is Born (Ein neuer Stern am Himmel). 1955:

The Tall Men (Drei Rivalen); Prince of Players (König der Schauspieler). 1956: Julie (Mord in den Wolken); Girls in Prison; The Searchers (Der schwarze Falke); While the City Sleeps (Die Bestie). 1957: The Wings of Eagles (Dem Adler gleich). 1958: Cry Terror! (In brutalen Händen). 1960: Sergeant Rutledge (Mit einem Fuß in der Hölle). 1961: Two Rode Together (Zwei ritten zusammen). 1963: Donovan's Reef (Die Hafenkneipe von Tahiti). 1964: Cheyenne Autumn (Cheyenne). 1967: Arabella [IT].

Marshall, Herbert

(Herbert Brough Falcon Marshall)
* 23. 5. 1890 London
† 22. 1. 1966 Beverly Hills (California)

Sohn des Schauspielerpaars Ethel May Turner und Percy F. Marshall. Schulausbildung am St. Mary's College in Harlow, Essex, dann Büroangestellter in London. Die Arbeit als Geschäftsführer eines Theateragenten weckt das Interesse für den Schauspielerberuf. 1911 Bühnendebüt in Buxton, 1913 in London und 1915 am Broadway. Im 1. Weltkrieg Verlust des rechten Beins. 1918 am Lyric Opera House, Hammersmith. In den 20er Jahren in London und New York Aufstieg zum führenden Bühnendarsteller. 1927 Filmdebüt im britischen Stummfilm *Mumsie* (Herbert Wilcox). 1929 Paramount-Vertrag und Rolle im Hollywood-Film *The Letter* (Jean de Limur), einer Somerset-Maugham-Adaption (1940 auch Mitwirkung in William Wylers Remake). Ab 1932 Konzentration auf Filmarbeit und fortan in Hollywood. Die wohltönende Stimme ermöglicht einen mühelosen Übergang zum Tonfilm. Daneben auch Beschäftigung beim Rundfunk. Die wohl beste Filmrolle 1932 als Juwelendieb Gaston Monescu / La Valle in Ernst Lubitschs geistreicher und eleganter Komödie *Trouble in Paradise*. Der gutaussehende Marshall arbeitet häufig an der Seite von Frauenstars wie Marlene Dietrich (*Blonde Venus*), Claudette Colbert (*Four Frightened People*), Greta Garbo (*The Painted Veil*), Merle Oberon (*The Dark Angel*), Katherine Hepburn (*A Woman Rebels*), Bette Davis (*The Little Foxes*), Jean Peters (*Anne of the Indies*) oder Jean Simmons (*Angel Face*). In den 50er und 60er Jahren nehmen die Filmaufgaben an Bedeutung ab, Fernseh-Auftritte kommen hinzu.

[US] 1927: Mumsie [GB]. 1927/28: Dawn [GB]. 1929: The Letter [GB]. 1930: Murder! [GB]. 1931: Secrets of a Secretary; The Calendar [GB]; Michael and Mary [GB]. 1932: The Faithful Heart [GB]; Blonde Venus (Die blonde Venus); Trouble in Paradise (Ärger im Paradies); Evenings for Sale. 1933: I Was a Spy; The Solitaire Man. 1933/34: Four Frightened People; Riptide. 1934: Outcast Lady; The Painted Veil (Der bunte Schleier); The Good Fairy. 1935: The Flame Within; Accent on Youth (Eine Frau von 20 Jahren); The Dark Angel (Der Weg im Dunkel); If You Could Only Cook (Wenn sie nur kochen könnte); The Lady Consents. 1936: Till We Meet Again; Forgotten Faces; Girls' Dormitory; A Woman Rebels (Ein aufsässiges Mädchen); Make Way for a Lady. 1937: Breakfast for Two; Angel (Engel). 1937/38: Mad About Music. 1938: Woman Against Woman; Always Goodbye; Zaza. 1940: A Bill of Divorcement/Never to Love; Foreign Correspondent (Mord); The Letter (Das Geheimnis von Malampur). 1941: When Ladies Meet; The Little Foxes (Die kleinen Füchse); Adventures in Washington; Kathleen. 1942: The Moon and Sixpence (Der Besessene von Tahiti). 1943: Young Ideas; Forever and a Day (Auf ewig und drei Tage); Flight for Freedom. 1944: Andy Hardy's Double Trouble; The Shining Future [KF]. 1945: The Enchanted Cottage; The Unseen (Der Tod wohnt nebenan). 1945/46: Duel in the Sun (Duell in der Sonne). 1946: The Razor's Edge (Auf Messers Schneide); Crack-up. 1947: Ivy (Ivy). 1948: High Wall (Anklage: Mord). 1949: The Secret Garden. 1950: Black Jack (Der schwarze Jack) [FR/ES]; The Underworld Story (Der Gangsterboß von Roket City). 1951: Robert Montgomery Presents: An Inspector Calls [TV]; Anne of the Indies (Die Piratenkönigin). 1952: Angel Face (Engelsgesicht); Something to Live For (Wofür sich das Leben lohnt); The Unexpected [TVS]. 1954: Gog; The Black Shield of Falworth (Der eiserne Ritter); Riders to the Stars (R 3 überfällig); Best of Broadway: The Philadelphia Story [TV]. 1955: Lux Video Theatre: The Browning Version [TV]; The Virgin Queen (Die jungfräuliche Königin). 1956: Lux Video Theatre: Now Voyager [TV]; Wicked As They Come (Keiner ging an ihr vorbei) [GB]; The Weapon (Im Schatten der Angst) [GB]. 1958: The Fly (Die Fliege); Stage Struck (Eines Tages öffnet sich die Tür); Playhouse 90: The Mystery of Room 13 [TV]; Studio One: Balance of Terror [TV]. 1960: College Confidential; Midnight Lace (Mitternachtsspitzen). 1961: Zane Grey Theatre: The Atoner [TV]; A Fever in the Blood (Rivalen um die Macht). 1962: Five Weeks in a Balloon (Fünf Wochen im Ballon). 1963: 77 Sunset Strip: «5» [TV]; The List of Adrian Messenger (Die Totenliste); The Caretakers (Frauen, die nicht lieben dürfen). 1965: The Third Day (Der dritte Tag).

Martin, Dean

(Dino Paul Crocetti)
* 17. 6. 1917 Steubenville (Ohio)
† 25. 12. 1995 Beverly Hills (California)

Amateur-Boxer, Tankwart, Stahlarbeiter und Croupier. Auftritte als Sänger der Ernie McKay's Band in Spielcasinos – als Dino Martino. 1946 Sänger im New Yorker «Rio Bamba». Dort Zusammentreffen mit Jerry Lewis, gemeinsame Auftritte in Night Clubs, Radio- und Fernsehprogrammen. Martin und Lewis werden eines der erfolgreichsten Komiker-Duos des amerikanischen Showbusiness. 1949 durch Produzent Hal Wallis Verpflichtung nach Hollywood, Auftritte als seriöser Sänger neben dem infantil-zappeligen Lewis in zahlreichen Komödien [siehe Jerry Lewis]. 1956 Trennung von Lewis, erstmals allein in *Ten Thousand Bedrooms* (Richard Thorpe). Als singender Komiker und Schauspieler tritt er vor allem in Komödien und Western auf. Erfolg 1959 als versoffener Sheriff Dude in Hawks' Western *Rio Bravo*, 1959 neben Shirley MacLaine als selbstsüchtiger Karrieremacher in *Career* (Joseph Anthony). An der Seite von Judy Holiday in Minnellis *Bells Are Ringing*. Dann in einigen Filmen mit Frank Sinatra und seiner Freundes-Clique («Rat Pack»), so in *Robin and the 7 Hoods* (Gordon Douglas). In Billy Wilders sarkastischer Komödie *Kiss Me, Stupid* spielt er den Sänger Dino. 1965/66 zum ersten Mal als Geheimagent Matt Helm in *The Silencers* (Phil Karlson). In den 70er und 80er Jahren gelegentlich Gastauftritte in Filmen. 1965–74 eigenes TV-Programm: *The Dean Martin Show*. Gleichzeitig weiterhin Arbeit als Sänger.

[US] 1949: My Friend Irma. 1950: My Friend Irma Goes West (Irma im goldenen Westen). 1951: At War with the Army (Krach mit der Kompanie) [D,P]; That's My Boy; Sailor Beware (Seemann, paß auf). 1952: The Stooge/ Jumping Jacks (Der Prügelknabe); Road to Bali (Der Weg nach Bali). 1953: Scared Stiff (Starr vor Angst); The Caddy (Der Tolpatsch) [D,P]; Money From Home. 1954: Living It Up (Der sympathische Hochstapler/Patient mit Dachschaden) [D,P]; 3 Ring Circus (Im Zirkus der drei Manegen); Paramount Presents Vistavision [KF]. 1955: Artists and Models (Maler und Mädchen); You're Never Too Young (Man ist niemals zu jung) [D,P]. 1956: Pardners (Wo Männer noch Männer sind) [D,P]; Hollywood or Bust (Alles um Anita). 1957: Ten Thousand Bedrooms (10000 Schlafzimmer). 1958: The Young Lions (Die jungen Löwen); Some Came Running (Verdammt sind sie alle). 1959: Career (Viele sind berufen); Rio Bravo (Rio Bravo). 1960: All in a Night's Work (Alles in einer Nacht); Who Was That Lady? (Wer war die Dame?); Ocean's Eleven (Frankie und seine Spießgesellen); Bells Are Ringing (Anruf genügt – komme ins Haus); Pepe (Pepe – Was kann die Welt schon kosten?). 1961: Ada (Ada Dallas). 1961/62: Sergeants 3 (Die siegreichen Drei) [D,P]. 1962: Who's Got the Action? (Immer nur deinetwegen) [D,P]; The Road to Hong Kong (Der Weg nach Hongkong) [GB]. 1963: Toys in the Attic (Puppen unterm Dach) [D,P]; 4 for Texas (Vier für Texas) [D,P]; Come Blow Your Horn (Wenn mein Schlafzimmer sprechen könnte); Who's Been Sleeping in My Bed? (Wer hat in meinem Bett geschlafen?). 1964: Robin and the Seven Hoods (Sieben gegen Chikago); Kiss Me, Stupid (Küß mich, Dummkopf) [D,P]; What a Way to Go! (Immer mit einem anderen). 1965: Marriage on the Rocks (Dreimal nach Mexiko); The Sons of Katie Elder (Die vier Söhne der Katie Elder). 1965–74: The Dean Martin Show [TVS]. 1965/66: The Silencers (Leise flüstern die Pistolen) [D,P]. 1966: Murderer's Row (Die Mörder stehen Schlange) [D,P]; Texas Across the River (Zwei tolle Kerle in Texas). 1967: The Ambushers (Wenn Killer auf der Lauer liegen) [D,P]; Rough Night in Jericho (Als Jim Dolan kam). 1967/68: How to Save a Marriage – and Ruin Your Life (Zärtlich schnappt die Falle zu). 1968: Five Card Stud (Todfeinde); The Wrecking Crew (Rollkommando) [D,P]; Bandolero! (Bandolero!). 1970: Airport (Airport); Charlie's Angels: Angels in Vegas (Drei Engel für Charlie: Mord in Las Vegas) [TV]. 1971: Something Big (El Capitano). 1973: Showdown (Die Geier warten schon). 1974: Mr. Ricco (Was nützt dem toten Hund ein Beefsteak?). 1980: Cannonball Run (Auf dem Highway ist die Hölle los). 1984: Cannonball Run II (Highway 2 – Auf dem Highway ist wieder die Hölle los). 1985: Half Nelson [TV]. 1993: A Bronx Tale (In den Straßen der Bronx) [CoM].

Martin, Steve

*14. 8. 1945 Waco (Texas)

Als Teenager Komparse im Birdcage Theatre des kalifornischen Vergnügungsparks Knots Berry Farm. Später Studium der Theaterwissenschaft an der University of California in Los Angeles. Anfang der 60er Jahre Textautor für TV-Shows – vor allem für *Smother Brothers Comedy Hour*. Ende der 60er Jahre Verfasser eigener komischer Sketche. Auftritte als Komiker. Entwicklung eines eigenen schrillen Komikstils als «Wild and Crazy Guy». Im Fernsehen als Gast in Johnny Carsons *Tonight Show, Saturday Night Live* sowie mehreren Steve-Martin-Specials. Gleichzeitig Produktion von Schallplatten: u. a. «Wild and Crazy Guy», «Comedy Is Not Pretty». 1977 Filmdebüt. Wiederholt Zusammenarbeit mit dem Regisseur Carl Reiner, so in *The Jerk*, einer Satire auf den amerikanischen Traum. Er wird mit seiner weiterentwickelten Bühnen-Figur und eher groben Grimassen einer der erfolgreichsten amerikanischen Filmkomiker der 80er Jahre, ist häufig auch an den Drehbüchern seiner Filme beteiligt. 1981 als ungeschickt-erfolgreicher Privatdetektiv neben vielen Krimi-Stars der 40er Jahre (in Ausschnitten) in *Dead Men Don't Wear Plaid*. 1983 als Gehirnchirurg Michael Hfuhruhurr in *The Man With Two Brains*. In Frank Oz' Musical *Little Shop of Horrors* spielt er den sadistischen Zahnarzt. Wechsel zu gedämpfterer Komik in romantischen Komödien. Großer Erfolg an der Seite von Daryl Hannah als langnasiger Charlie Bales in *Roxanne* (Fred Schepisi). 1990 mit seiner Ehefrau Victoria Tennant in Mick Jacksons *L.A. Story*. Sammlung komischer Short Stories «Cruel Shoes» 1979 auf US-Bestseller-Liste.

[US] 1977: The Absent-Minded Waiter [D,A,P – KF]. 1978: Sgt. Pepper's Lonely Hearts Club Band (Sgt. Pepper's Lonely Hearts Club Band); The Kids Are Allright [GB]. 1979: The Muppet Movie (Muppet Movie) [GB]; The Jerk (Reichtum ist keine Schande) [D,CoA,P]. 1981: Dead Men Don't Wear Plaid (Tote tragen keine Karos) [D,CoA,P]. 1982: Pennies from Heaven (Tanz in den Wolken). 1983: The Lonely Guy (Ein Single kommt selten allein) [D,P]; The Man With Two Brains (Der Mann mit zwei Gehirnen) [D,CoA,P]. 1984: All of Me (Solo für 2). 1985: The History of White People in America [TV]; Movers & Shakers (Achtung, Dinosaurier!). 1986: Little Shop of Horrors (Der kleine Horrorladen); ¡Three Amigos! (Drei Amigos) [D,CoA,P]. 1987: Planes, Traines & Automobiles (Ein Ticket für zwei); Roxanne (Roxanne) [D,A,P]. 1988: Dirty Rotten Scoundrels (Zwei hinreißend verdorbene Schurken). 1989: Parenthood (Eine Wahnsinnsfamilie). 1990: My Blue Heaven (My Blue Heaven); L.A. Story (Los Angeles – ich liebe dich) [D,A,P]. 1991: Father of the Bride (Vater der Braut); Grand Canyon (Grand Canyon – Im Herzen der Stadt). 1992: Housesitter (Housesitter – Lügen haben schöne Beine); Leap of Faith (Der Schein-Heilige). 1993: And the Band Played On (... und das Leben geht weiter). 1994: Lifesavers; Simple Twist of Fate (Der Zufalls-Dad); Mixed Nuts (Lifesavers – Die Lebensretter). 1995: Theremin: An Electronic Odyssey [DOK]; Father of the Bride Part II (Vater der Braut 2. Ein Geschenk des Himmels); Sgt. Bilko (Immer Ärger mit Sergant Bilko).

Martinelli, Elsa

(Elsa Tia)
* 13. 1. 1932 Grosseto
Die Verkäuferin kommt über den Beruf des Mannequins und Fotomodells durch Kirk Douglas zum Film. 1954/55 verkörpert sie an seiner Seite eine junge Indianerin in *The Indian Fighter* (André de Toth). Es folgt ein Vertrag in Hollywood. Wegen ihres ansehnlichen Äußeren wird Martinelli vor allem in Rollen eleganter junger Frauen und Playgirls eingesetzt. 1956 gewinnt sie für ihre Leistung in *Donatella* (Mario Monicelli) den Darstellerpreis in Berlin. Zwischen Rom und Hollywood wechselnd, verkörpert Martinelli Charaktere unterschiedlicher dramatischer Prägung in verschiedenen Genres: Komödien, Kriminal-, auch Abenteuerfilme. Besonders gute Leistungen sind die Hilda in Orson Welles' Kafka-Adaption *Le procès* und die «Dallas» in Howard Hawks' Afrika-Abenteuer *Hatari!* In Italien verdankt Martinelli einen ihrer besten Auftritte Giuseppe Fina, der sie für die Hauptrolle in *Pelle viva* verpflichtet. 1965 überzeugt sie in Elio Petris Science-fiction-Satire *La decima vittima*. Anfang der 70er Jahre zieht sich Martinelli vom Film zurück; zuletzt 1976 in Luigi Faccinis *Garofano rosso*, und 1985 in Alberto Sordis enttäuschendem *Sono un fenomeno paranormale*. Seither ist Martinelli nur noch im Fernsehen aufgetreten.

[IT] 1954/55: The Indian Fighter (Zwischen zwei Feuern) [US]. 1955: La risaia (Das Reismädchen); Donatella (Junge Liebe in Rom). 1956: Four Girls in Town (Wem die Sterne leuchten) [US]. 1957: Manuela (Manuela) [GB]; La mina/Este chica es para mi [IT/ES]. 1958: I battellieri del Volga/Les bateliers de la Volga (Wolgaschiffer) [IT/FR]. 1959: La notte brava/Les Garçons (Wir von der Straße); Costa azzurra/Le miroir aux alouettes [IT/FR]; Ciao, ciao bambina! (Tschau, tschau, Bambina); Tunisi Top Secret [IT/BRD]. 1960: I Piaceri del sabato notte (Call-Girls); La ménace/La minaccia (Die Drohung) [FR/IT]; Un amore a Roma/L'inassouvie/Liebesnächte in Rom [IT/FR/BRD]; Le capitan/Il capitano del Re (Mein Schwert für den König) [FR/IT]; Il sangue e la rosa/ ... e mourir de plaisir (Und vor Lust zu sterben) [IT/FR]; Il carro armato dell'8 settembre. 1961: Hatari! (Hatari!) [US]. 1962: The Pigeon That Took Rome (Es begann in Rom) [US]; Le procès/Der Prozeß/Il processo [FR/BRD/IT]; Pelle viva. 1963: Rampage (Bring sie lebend heim) [US]; The V.I.P.s (Hotel International) [GB]. 1964: De l'amour/La calda pelle (De l'amour) [FR/IT]. 1964/65: Le meravigliose avventure di Marco Polo (Lo scacchiere di Dio)/La fabuleuse aventure de Marco Polo (L'echequier de Dieu) (Im Reich des Kublai Khan) [IT/FR]. 1965: L'or du duc [FR]; Un milliard dans un billard/Diamanten-Billiard/Allarme in 5 banche [FR/BRD/IT]; Je vous salue, Mafia!/Da New York: Mafia uccide! (Grüße an die Mafia) [FR/IT]; La decima vittima/La dixième victime/The Tenth Victim (Das 10.Opfer) [IT/FR]. 1966: Maroc 7 (Marokko 7) [GB]; Come imparai ad amare le donne/Das gewisse Etwas der Frauen/Comment j'ai appris à aimer les femmes [IT/BRD/FR]. 1967: Manon 70 (Hemmungslose Manon) [FR/IT/BRD]; Woman Times Seven/Sept fois femme. 4. Ep: Edith (Siebenmal lockt das Weib) [EP – US/FR]; Le plus vieux métier du monde. Ep: Nuits romaines (Das älteste Gewerbe der Welt) [EP – FR]. 1967/68: The Belle Starr Story (Mein Körper für ein Pokerspiel); Un dollaro per 7 vigliacchi/El millón de Madigan (Zwei Nummern zu groß) [IT/ES]. 1968: Qualcuno ha tradito/Requiem pour une canaille (Null Uhr sieben kommt John Harris) [IT/FR]; Candy (Candy) [US]. 1969: L'amica; If It's Tuesday, This Must Be Belgium (So reisen und so lieben wir) [US]; Una sull'altra/Perversion Story/Una historia perversa (Nackt über Leichen) [IT/FR/ES]; Les chemins de Khatmandou (Katmandu) [FR]; Maldonne [FR]. 1969/70: OSS 117 prend des vacances [FR/BR/IT]. 1971: La part des lions/L'ultima rapina a Parigi (Der Löwenanteil) [FR]; La Araucana/L'Araucana, massacro degli dei [ES/IT]. 1976: Garofano rosso. 1985: Sono un fenomeno paranormale. 1988: Atelier [TV].

Marvan, Jaroslav

* 11. 12. 1901 Prag
† 21. 5. 1974 Prag

Als Student Mitglied einer Laienbühne in Prag, später Beamter. 1924 von Vlasta Burian an sein Theater verpflichtet. Später Engagement am Nationaltheater Prag. Filmdebüt 1926 in *Falešná kočička* (Svatopluk Innemann). Marvan wird häufig in Nebenrollen besetzt und verkörpert überwiegend den Typus der Vorgesetzten mittleren Ranges: Militärs, Beamte, Bürgermeister. In zahlreichen Filmen spielt er unter Regie von Martin Frič (Fritsch), u.a. als Oberst Kraus in *Dobrý voják Švejk* (1931), als Kabača in *Anton Špelec, ostrostřelec* (1932), als Mühlenbesitzer in *Páter Vojtěch* (1936), als Advokat in *Roztomilý člověk* (1941) und als Kanzleichef in *Valentin dobrotivý* (1942). Nach 1945 profiliert er sich auch in komischen Rollen, durch die veraltete Ansichten und Gewohnheiten in liebenswürdiger Weise lächerlich gemacht werden, so als Herr Engel in den Filmen Bořivoj Zemans *Dovolená s Andělem* (1953) und *Anděl na horách* (1955). In seinen letzten Lebensjahren ist er vor allem populär als Inspektor Vacátko in Spiel- und Fernsehfilmen über historische Kriminalfälle in Prag, u.a. in *Hříšné lidé města pražského*. Marvan erhält zahlreiche staatliche Auszeichnungen: 1940 Nationaler Filmpreis, 1951 Staatspreis, 1955 Verdienter Künstler.

[CS] 1925: Karel Havlíček Borovský/1848. 1926: Švejk v ruském zajetí; Falešná kočia; Dobrý voják Švejk. 1927: Moderý démant. 1928: Páter Vojtěch. 1929: Pulkovník Švec. 1930: C. a k. polní maršálek; Svatý Václav. 1930/31: Kdyz struny lkaji (Ihr Junge) [CS/DE/AT]. 1931: Aféra pulkovníka Redla; Miláček pluku; To neznáte Hadimršku; Karel Havlíček Borovský; Dobrý voják Švejk. 1932: Anton Špelec, ostrostřelec (Anton Špelec, der Scharfschütze); Malostranští mušketýři; Šenkýřka U divoké krásy (Die Wirtin zur wilden Schönheit); Děvčátko, neříkej ne!; Funebrák (Der Leichenbestatter); Růžové kombiné (Das rosa Hemd). 1933: Revisor; Řeka; Pobočník Jeho Vysosti (Der Adjutant seiner Hoheit); Záhada modrého pokoje; Okénko. 1934: Hrdinný kapitán Korkorán; Nezlobte dědečka; Na růžích ustláno (Auf Rosen gebettet); Grandhotel Nevada; Anita v ráji; Pozdní máj; Mazlíček; Za řádovými dveřmi; U nás v Kocourkově (Bei und in Krähwinkel); Pokušení paní Antonie (Die Versuchung der Frau Antonie). 1935: První políbení; Jedenácté přikázání; Ať žije nebožtík; Hrdina jedné noci; Pan otec Kafafiát; Jánošík. 1936: Divoch; Vzdušné torpédo 48; Páter Vojtěch; Lojzička; Tři kroky od těla; Trhani; Komediantská princezna (Die Komödiantenprinzessin); Sextánka; Ulička v ráji; Tři muži ve sněhu. 1937: Advokátka Věra; Lidé pod horamí; Poručík Alexander Rjepkin; Hordubalové; Lízin let do nebe; Švanda dudák; Armádní dvojčata; Tři vejce do skla; Důvod k rozvodu; Srdce na kolejích; Rozvod paní Evy; Klatovští dragouni; Jarčin profesor. 1938: Cestou křížovou; Ducháček to zařídí; Bláhové děvče; Škola, základ života; Děti na zakázku; V pokušení; Zborov; Vandiny trampoty; Pozor, straší!; Stříbrná oblaka; Milování zakázáno. 1938/39: Lízino štěsti. 1939: Studujeme za školou; Paní Morálka kráčí městem; Svátek věřitelů; Venoušek a Stázička; Cesta do hlubin študákovy duše; Dobře situovaný pán; Paní kačka zasahuje; Srdce v celofánu; Bílá jachta ve Splitu; Tulák Macoun; Umlčené rty; U svatého Matěje; U pokladny stál; Teď zas my; Kristián. 1940: Pelikán má alibi; Píseň lásky; Baron Prášil; Muzikantská Liduška; Přítelkyně pana ministra; Dva týdny štěstí; Katakomby; Konečně sami; To byl český muzikant; Poznej svého muže. 1941: Nebe a dudy; Paličova dcera (Die Tochter des Brandstifters); Provdám svou ženu; Tetička; Přednosta stanice; Těžký život dobrodruha; Noční motýl; Roztomilý člověk. 1942: Městečko na dlani; Valentin Dobrotivý (Valentin, der Gutmütige); Ryba na suchu; Karel a já; Zlaté dno. 1943: Tanečnice (Nachtfalter); Bláhový sen. 1944: Paklíč; Neviděli jste Bobíka?; U pěti veverek; Počestné paní Pardubické. 1945: Prstýnek; 13. revír (Das dreizehnte Revier) [Unvollendet]. 1946: Průlom; Nezbedný bakalář; Řeka čaruje; Praně začínáme; Lavina. 1947: Nikdo nic neví; Poslední mohykán (Der letzte Mohikaner); Čapkovy povídky. 1948: Želený dědek; Železný dědek. 1949: Němá barikáda; Revoluční rok 1848 (Frühlingsstürme). 1950: Veselý souboj (Fröhlicher Wettstreit). 1951: Bylo to v máji (Es war im Mai). 1952: Velké dobrodružství; Veliké dobrodružstvi (Das große Abenteuer); Haškovy povídky ze starého mocnářství (Die gute alte Zeit). 1953: Expres z Norimberka (Es geschah im Nürnberg-Expreß); Dovolená s Andělem (Urlaub mit Engel); Plavecký mariáš (Flößer-Einmaleins); Jestřáb kontra Hrdlička. 1954: Ještě svatba nebyla (Hochzeit war noch nicht); Hudba z Marsu (Musik vom Mars); Cirkus bude (Der Zirkus spielt doch). 1955: Vzorný kinematograf Haška Jaroslava; Anděl na horách (Engel im Gebirge). 1956: Kudy kam? (Meine Frau und ich); Dobrý. voják Švejk. 2 Teile (Der brave Soldat Schwejk. 2 Teile). 1957: Poslušně hlásím (Melde gehorsamst); Váhavý střelec (Keine Angst vor großen Sprüngen); Připad ještě nekončí (Der Fall ist noch nicht abgeschlossen). 1958: O věcech nadpřirozených. 2. Tajemství písma (Von übernatürlichen Dingen); Muž mnoha tváří. 1959: Pět z miliónu; Král Šumavy (König des Böhmerwaldes); Medvěd a strašidla (Spuk in der Mühle); Slečna od vody (Die Wassernixe); O medvědu Ondřejovi [KF]. 1960: Chlap jako hora (Ein Kerl wie ein

Baum); Lidé jako ty (Leute wie du und ich). 1961: Sedmý kontinent (Der siebente Kontinent). 1962: Pirosbetűs hétköznapok/Neděle ve všední den (Sonntag am Wochentag) [HU/CS]. 1963: Bol'šaja doroga [SU]; Einstein kontra Babibský (Einstein kontra Babibský). 1964: Zkáza Jeruzaléma [KF]; Příběh dušičkový; Táto, sežeň štěně! (Vati, kauf' uns ein Hündchen). 1965: Horký vzduch; Čintamani a podvodník (Der Teppichsammler und der Heiratsschwindler); Ztracená tvář. 1966: Fantom Morrisvillu (Das Phantom von Morrisville). 1967: Klec pro dva. 1968: Hříšné lidé města pražského [TV]; Šíleně smutná princezna (Die wahnsinnig traurige Prinzessin). 1969: Touha zvaná Anada (Sehnsucht genannt Anada). 1971: Partie krásného dragouna (Die Partien des schönen Dragoners); Pěnička a Paraplíčko (Kassendiebromanze); Muž, který rozdával smích; Vražda v hotelu Excelsior (Mord im Hotel Excelsior); F. L. Věk [TV]. 1972: Smrt černého krále (Der Tod des schwarzen Königs). 1973: Noc na Karlštejně (Eine Nacht auf Karlstein).

Marvin, Lee

*19. 2. 1924 New York City
†29. 8. 1987 Tucson (Arizona)

Schulbesuch in New York und Florida. US Marine Corps. 1947 Schauspiel-Debüt in «Roadside» auf der Bühne des Maverick Theatre in Woodstock. Schauspiel-Ausbildung am New Yorker American Theatre Wing. 1951 Broadway-Debüt in der Dramatisierung von Melvilles «Billy Budd». 1950/51 Filmdebüt. Früher Höhepunkt ist die Rolle des brutalen Gangsters Vince Stone in Fritz Langs *The Big Heat*. Einsatz vor allem in Actionfilmen und Western: neben Marlon Brando als Chino in *The Wild One* (Laslo Benedek), als Hector David in *Bad Day at Black Rock* (John Sturges). In den 50er Jahren häufig auch im Fernsehen. Popularität 1957–60 als Kommissar in Chicago in 117 Folgen der TV-Serie *M Squad*. Anfang der 60er Jahre in einigen Filmen neben John Wayne u. a. 1962 als Outlaw Liberty Valance in *The Man Who Shot Liberty Valance* (John Ford). 1965 wird er als heruntergekommener Westerner Tim Strawn in der Western-Komödie *Cat Ballou* (Eliot Silverstein) mit dem Oscar und dem Darstellerpreis in Berlin ausgezeichnet. Überzeugend als Major Reisman in Robert Aldrichs Kriegsabenteuer *The Dirty Dozen*, als Gangster Walker in John Boormans *Point Blank* und als goldsuchender (und einen Hit-Song brummelnder) Ben Rumson in Joshua Logans Western-Musical *Paint Your Wagon*. Häufig in Uniformrollen, so als Sergeant Possum in Sam Fullers *The Big Red One* und Colonel Nick Alexander in Menahem Golans *The Delta Force*, seiner letzten Filmrolle.

[US] 1950/51: Teresa (Teresa). 1951: You're in the Navy Now. 1952: Hangman's Knot; The Duel at Silver Creek (Schüsse in Neu Mexiko); Down Among the Sheltering Palms; Eight Iron Men; We're Not Married (Wir sind gar nicht verheiratet); Diplomatic Courier (Kurier nach Triest). 1953: The Stranger Wore a Gun (Der schweigsame Fremde); Seminole (Seminola); The Wild One (Der Wilde); Gun Fury (Mit der Waffe in der Hand); The Glory Brigade; The Big Heat (Heißes Eisen). 1954: The Caine Mutiny (Die Caine war ihr Schicksal); Gorilla at Large (Der Würger von Coney Island); A Life in the Balance; Bad Day at Black Rock (Stadt in Angst); The Raid (Unter zwei Flaggen). 1955: Not As a Stranger (... und nicht als ein Fremder); Pete Kelly's Blues (Es geschah in einer Nacht); I Died a Thousand Times (Gegen alle Gewalten); Violent Saturday (Sensation am Sonnabend); Shake out on 101. 1956: Seven Men from Now (Der Siebente ist dran); The Rack (Anklage: Hochverrat); Pillars of the Sky (Dem Tode entronnen); Attack! (Ardennen 1944). 1957: Raintree County (Das Land des Regenbaums); The Missouri Traveler. 1957–60: M Squad (Dezernat M) [TVS]. 1958–59: Desilu Playhouse: Man in Orbit [TV]. 1959–62: The Untouchables: Element of Danger [TV]; The Untouchables: A Fist of Five [TV]; The Untouchables: Nick Acropolis Story [TV]. 1959–63: Twilight Zone: Steel [TV]; Twilight Zone: Grave [TV]. 1960: Route 66: Sheba [TV]. 1960–63: Route 66: Mon Petit Chou [TV]. 1961: The Comancheros (Die Comancheros). 1961–62: The Dick Powell Show: Losers [TV]; The Dick Powell Show: Epilogue [TV]. 1962: The Man Who Shot Liberty Valance (Der Mann, der Liberty Valance erschoß). 1962–69: The Virginian: It Tolls for Thee (Die Leute von der Shiloh Ranch) [TV]. 1963: Donovan's Reef (Die Hafenkneipe von Tahiti). 1964: The Killers (Der Tod eines Killers) [TV]. 1965: Ship of Fools (Das Narrenschiff); Cat Ballou (Cat Ballou). 1966: The Professionals (Die gefürchteten Vier). 1967: The Dirty Dozen (Das dreckige Dutzend) [US/GB]; Point Blank (Point Blank); Tonite Let's All Make Love in London [DOK – GB]. 1968: Sergeant Ryker; Hell in the Pacific (Die Hölle sind wir). 1969: Paint Your Wagon (Westwärts zieht der Wind). 1970: Monte Walsh (Monte Walsh). 1972: Pocket Money (Zwei glücklose Cowboys); Prime Cut (Die Professionals). 1973: The Iceman Cometh; The Emperor of the North Pole (Ein Zug für zwei Halunken). 1974: The Klansman (Verflucht sind sie alle); The Spikes Gang (Vier Vögel am Galgen). 1976: Shout at the Devil (Brüll den Teufel an) [GB]; The Meanest Man in the West (Gesetz des Westens); The Great Scout and Cathouse Thursday (Der Supermann des Wilden Westens). 1978: Avalanche Express (Lawinenexpreß) [IE]. 1980: The Big Red One (Die unbesiegbare Erste). 1981: Death Hunt (Yukon). 1983: Gorky Park (Gorky Park); Canicule (Dog Day – Ein Mann rennt um sein Leben) [FR]. 1984/85: The Dirty Dozen: The Next Mission (Das dreckige Dutzend. 2) [TV]. 1985: The Delta Force (Delta Force).

The Marx Brothers
Chico (Leonard Marx)
*26. 3. 1886 New York City
†11. 10. 1961 Beverly Hills
Harpo (Adolph, genannt Arthur Marx)
*21. 11. 1888 New York City
†28. 9. 1964 Los Angeles
Groucho (Julius Henry Marx)
*2. 10. 1890 New York City
†19. 8. 1977 Los Angeles
Zeppo (Herbert Marx)
*25. 2. 1901 New York City
†30. 11. 1979 Palm Springs

Söhne einer Familie jüdisch-elsässisch-ostfriesischer Herkunft. Durch ihre Mutter früher Kontakt zum Showbusiness. Chico und Harpo treten als Sänger-Duo auf Vaudeville-Bühnen auf, Groucho in verschiedenen Gesangsgruppen. In den 20er Jahren langsam Erfolg als Komiker-Gruppe The Marx Brothers. Herausarbeitung und Festlegung ihrer Rollen: Chico als raffinierter Macher mit italienischem Akzent; Harpo als Stummer mit blonder Lockenpracht und ausdrucksstarker Mimik; Groucho mit Frack, Zigarre und angemaltem Schnauzbart ist der oft brutale, hinterhältige Zyniker; zu ihnen stößt Margaret Dumont (1889–1965) als weiblicher Gegenpart – auch später im Film. 1925 Broadway-Erfolg mit der Show «The Cocoanuts», 1928 «Animal Crackers». Der «normale», elegante Zeppo zieht sich 1933 zurück, arbeitet u. a. als Theateragent.

1925 Filmdebüt von Harpo, 1929 alle vier Marx Brothers in der verfilmten Version des Broadway-Erfolges *The Cocoanuts*. Auf der Leinwand toben sie den temporeichen, anarchischen Humor ihrer Bühnenshows in verschiedenen Situationen aus: 1931 als blinde Passagiere eines Ozeandampfers in Norman Z. McLeods *Monkey Business*. 1933 ist Groucho in Leo McCareys *Duck Soup* Rufus T. Firefly, der unnachgiebige Präsident von Freedonia. In Sam Woods *A Night in the Opera* chaotisieren sie die Oper, in *A Day at the Races* (Wood) die Rennbahn, in Charles F. Riesners *The Big Store* ein Kaufhaus. Die drei Brüder arbeiten gelegentlich auch getrennt. Der letzte gemeinsame Film als Trio ist 1949 *Love Happy* (David Miller). 1957 Auftritt aller Brüder in Irwin Allens *The Story of Mankind* – jedoch in Einzelrollen: Chico als Mönch, Groucho als Peter Minuit und Harpo als Sir Isaac Newton.

Ab 1934 Radio-Arbeit von Chico und Groucho. Anfang der 40er Jahre Tourneen von Chico und Harpo mit Band. Während sich Harpo früh zurückzieht (1961 Buch «Harpo Speaks!»), spielt Chico auch im Fernsehen, so 1950/51 in der TV-Show «The College Bowl».

Groucho, der jüngste der drei, bleibt am aktivsten: 1943/44 mit dem eigenen Radio-Programm «The Pabst Blue Ribbon Show», solo in mehreren Filmen, so in *Copacabana* (Alfred E. Green), in *Double Dynamite* (Irving Cummings) oder in *Skidoo* (Otto Preminger). Schließlich im Fernsehen: bis 1961 mit der Quiz-Show «You Bet Your Life», 1962 TV-Show «Tell It to Groucho». 1972 USA-Tournee mit der One Man Show «An Evening with Groucho». Er verbreitet seinen Wortwitz auch in Büchern: «Beds» (1930), «Many Happy Returns» (1942), «Groucho and Me» (1959), «Memoirs of a Mangy Lover» (1963), «The Groucho Letters» (1967), «The Groucho Marx Scrapbook» (1973), «The Groucho File: An Illustrated Life» (1976). 1972 bekommt Groucho den Spezialpreis in Cannes, 1973 einen Ehren-Oscar.

[US] 1925: Too Many Kisses [Harpo]. 1929: The Cocoanuts [Chico/H/Groucho/Zeppo]. 1930: Animal Crackers [C/H/G/Z]. 1931: Monkey Business (Die Marx Brothers auf See) [C/H/G/Z]; The House That Shadows Built [C/H/G/Z – KF]. 1932: Horse Feathers (Blühender Blödsinn) [C/H/G/Z]. 1933: Duck Soup (Die Marx Brothers im Krieg) [C/H/G/Z]. 1935: A Night at the Opera (Skandal in der Oper) [C/H/G]. 1936: La fiesta de Santa Barbara [H – KF]; Hollywood – The Second Step [C – KF]; Yours for the Asking [G]. 1937: Sunday Night at the Trocadero [G – KF]; The King and the Chorus Girl [G=CoA]; A Day at the Races (Auf der Rennbahn) [C/H/G]. 1938: Room Service [C/H/G]. 1939: At the Circus (Im Zirkus) [C/H/G]. 1940: Go West (Im Wilden Westen) [C/H/G]. 1941: The Big Store (Im Kaufhaus) [C/H/G]. 1943: Stage Door Canteen [H – KF]. 1946: A Night in Casablanca (Eine Nacht in Casablanca) [C/H/G]. 1947: Copacabana [G]. 1948: Double Dynamite (Doppeltes Dynamit) [G]. 1949: Love Happy (Love Happy) [C/H/G]; Kraft Television Theatre: Time for Elizabeth [G=CoA – TV]. 1950: Mr. Music [G]. 1950–51: The College Bowl [C – TVS]. 1950–61: You Bet Your Life [G – TVS]. 1951: A Girl in Every Port [G]. 1957: Will Success Spoil Rock Hunter? (Sirene in Blond) [G]; The Story of Mankind [C/H/G – TV]. 1958: Playhouse 90: Next to No Time [C – TV]; Showdown at Ulcer Gulch [C/G – KF]. 1959: General Electric Theatre: The Incredible Jewel Robbery [C/H/G – TV]. 1960: The Mikado [G – TV]. 1961: Merrily We Roll Along [G – TV]; Got It Made [H – KF]. 1962: The Holdout [G – TV]; Tell It to Groucho [G – TVS]. 1964: Bob Hope Presents the Chrysler Theatre: Time for Elizabeth [G=CoA – TV]. 1968: Skidoo! (Skidoo – Ein Happening in Love) [G]. 1976: Hooray for Hollywood [C/H/G – DOK].

Masina, Giulietta
(Giulia Anna Masina)
*22. 2. 1920 San Giorgio di Piano (Bologna)
†23. 3. 1994 Rom

Sie wächst in Rom auf, besucht dort kurz die Universität. Die

Sängerin und Tänzerin, Violinistin und Bühnenschauspielerin wird bekannt durch Radiosendungen, bei deren Herstellung sie 1942 Federico Fellini, den Autor ihres Programms «Cico e Pallina», kennenlernt. Sie heiraten im folgenden Jahr. 1946 Filmdebüt, dann als Marcella in Alberto Lattuadas *Senza pietà*. 1950 als heruntergekommene Tänzerin in *Luci del varietà*, Fellinis Debütfilm, den er zusammen mit Lattuada dreht. Weitere Arbeiten mit Fellini folgen: Nach einer kleineren Rolle in *Lo sceicco bianco* übernimmt sie in *La strada* die Hauptrolle der Gelsomina, eines armen Straßenmädchens, das von einem ungehobelten Wanderkünstler (Anthony Quinn) ausgebeutet wird. Auch den Höhepunkt ihrer Karriere erreicht sie unter der Regie ihres Mannes: In *Le notti di Cabiria* verkörpert Masina eine unschuldige, engelhafte, aber energische Prostituierte mit bemerkenswertem Einfühlungsvermögen. Diese Leistung wird mit dem Oscar und dem Schauspielerpreis in Cannes ausgezeichnet. Masina beweist ihr Talent auch unter anderen Regisseuren. Sie überzeugt 1958 mit Alberto Sordi in *Fortunella* (Eduardo De Filippo) und kann sich in Renato Castellanis *Nella città l'inferno* neben Anna Magnani behaupten. 1965 spielt sie wieder die Titelrolle in dem Fellini-Film *Giulietta degli spiriti*, kann sich kaum vom Klischee der typischen Gestalt seiner Filme befreien. Sie zieht sich in den 60er und 70er Jahren allmählich vom Film zurück, arbeitet bevorzugt für das Fernsehen: Großen Erfolg erlangt sie 1972 mit der Titelrolle *Eleonora* (Tullio Pinelli). Ihr Comeback im Film feiert sie 1985 noch einmal unter der Regie Fellinis; mit Marcello Mastroianni zeichnet sie das anrührende Porträt des gealterten Revue-Duos *Ginger e Fred*, welches vergeblich versucht, den Glanz alter Tage heraufzubeschwören. 1986 spielt sie die Hauptrolle in Jurai Jakubiskos Filmmärchen *Frau Holle*.

[IT] 1946: Paisà (Paisa). 1948: Senza pietà (Ohne Gnade). 1950: Luci del varietà (Lichter des Varieté). 1951: Cameriera bella presenza offresi …; Persiane chiuse (Geschlossene Gardinen); Sette ore di guai. 1951/52: Lo sceicco bianco (Die bittere Liebe); Europa '51 (Europa, 51). 1952: Ai margini della metropoli (Am Rande der Großstadt); Wanda la peccatrice/Wanda la pécheresse (Es begann auf der Straße) [IT/FR]; Il romanzo della mia vita. 1953: Via Padova 46; Donne proibite (Die Verrufenen). 1953/54: Cento anni d'amore. 2. Ep: Pendolin (Hundert Jahre Liebe) [EP]. 1954: La strada (La Strada). 1955: Il bidone (Il Bidone) [IT/FR]; Buonanotte … avvocato! 1956/57: Le notti di Cabiria/Les nuits de Cabiria (Die Nächte der Cabiria) [IT/FR]. 1958: Fortunella (Fortunella) [IT/FR]; Nella città l'inferno/L'Enfer dans la ville (Hölle in der Stadt) [IT/FR]. 1959: Jons und Erdme/La donna dell'altro [BRD/IT]. 1959/60: Das kunstseidene Mädchen/La grande vie/La gran vita [BRD/FR/IT]. 1962: Landru (Landru) [FR/IT]. 1965: Giulietta degli spiriti/Juliette des esprits (Julia und die Geister) [IT/FR]. 1966: Scusi, lei è favorevole o contrario? 1967: Non stuzzicate la zanzara. 1969: The Madwoman of Chaillot (Die Irre von Chaillot) [US]. 1972: Eleonora [TV]. 1983: Eleonora: sí e no. 1985: Sogni e bisogni [TV]; Ginger e Fred/Ginger und Fred [IT/FR/BRD]. 1986: Frau Holle [BRD/CS/AT]. 1991: Aujourd'hui peut-être [FR].

Mason, James
(James Neville Mason)
*15. 5. 1909 Huddersfield (Yorkshire)
†27. 7. 1984 Lausanne

Besuch des Marlborough College. Studium der Architektur an der Cambridge University. 1931 Bühnendebüt in «The Rascal» (Aldershot Hippodrome), dann in Repertoire-Ensembles in Hull und Croydon. 1933 West-End-Debüt in «Gallows Glorious». 1933–34 am Old Vic und am Gate Theatre in Dublin. 1935 Filmdebüt in Albert Parkers *Late Extra*. 1938 gemeinsam mit Roy und Pamela Kellino Gründung der Gamma Productions. Neben Filmarbeit zunächst häufig Bühnentätigkeit. 1943 Erfolg als Marquis de Rohan in *The Man in Grey* (Leslie Arliss). Mit einer Mischung aus romantischem Appeal und Brutalität wird Mason in England zum Star. 1945 spielt er Nicholas in *The Seventh Veil* (Compton Bennett). Nach seiner überzeugenden Verkörperung des irischen Untergrundkämpfers Johnny in Carol Reeds *Odd Man Out* geht er in die USA. 1947 Broadway-Debüt in «Bathsheba», ab 1953 auch TV-Arbeit. In den nächsten Jahrzehnten spielt er – auf beiden Seiten des Atlantiks – seriöse Herren, häufig auch mit psychischen Deformationen. Zweimal verkörpert er Feldmarschall Rommel, u. a. 1951 in Henry Hathaways *The Desert Fox*. Gründung der Portland Pictures. Erfolg auch in Filmen von Joseph L. Mankiewicz, so als deutscher Spion in *Five Fingers* und als Brutus in *Julius Caesar*. 1954 spielt er den selbstzerstörerischen Ehemann von Judy Garland in George Cukors *A Star Is Born*. Häufig als seriöse Respektsperson, so in Jules-Verne-Verfilmungen: Captain Nemo in *20,000 Leagues Under the Sea* (Richard Fleischer) und Professor Oliver Lindenbrook in *Journey to the Center of the Earth* (Henry Levin). 1959 als Phillip Vandamm in Hitchcocks *North By Northwest*. In Stanley Kubricks Film verkörpert er den *Lo-*

lita verfallenen Professor Humbert Humbert. 1954 Regiedebüt mit dem Kurzfilm *The Child.* 1962 Umzug in die Schweiz. In den 60er Jahren auch einige europäische Filme, so 1968 als Kaiser Franz Joseph im französischen *Mayerling* (Terence Young). 1972 spielt er den paranoiden Lehrer in *Child's Play* (Sidney Lumet). Bis in die 80er weitere Filmaufgaben. Mason wird wegen seiner sonoren, klaren Artikulation auch gerne als Sprecher eingesetzt, z. B. von Kevin Brownlow und David Gill 1979 in der filmhistorischen TV-Serie *Hollywood,* 1982 in *Unknown Chaplin.* 1978 am Broadway in «The Faith Healer». Autobiografie 1981: «Before I Forget»

[GB] 1935: Late Extra; Twice Branded. 1935/36: Prison Breaker; Troubled Waters; Blind Man's Bluff. 1936: The Secret of Stamboul/The Spy in White; The Mill on the Floss; Fire Over England (Feuer über England). 1936/37: The High Command. 1937: Catch as Catch Can; The Return of the Scarlet Pimpernel. 1938/39: I Met a Murderer [D,CoA,CoP]. 1940/41: This Man Is Dangerous/The Patient Vanishes. 1941: Hatter's Castle (Der Hutmacher und sein Schloß). 1941/42: The Night Has Eyes. 1942: Alibi; Secret Mission; Thunder Rock. 1943: The Bells Go Down; The Man in Grey (Der Herr in Grau); They Met in the Dark (Spionagering M); Candlelight in Algeria. 1944: Fanny By Gaslight (Gaslicht und Schatten); Hotel Reserve. 1944/45: A Place of One's Own. 1945: They Were Sisters (Drei Ehen); The Seventh Veil (Der letzte Schleier); The Wicked Lady (Die Frau ohne Herz). 1946/47: Odd Man Out (Ausgestoßen). 1947: The Upturned Glass (Abgründe) [D,CoP]. 1948/49: Caught (Gefangen) [US]. 1949: East Side, West Side (Verlorenes Spiel) [US]; The Reckless Moment (Schweigegeld für Liebesbriefe) [US]; Madame Bovary (Madame Bovary und ihre Liebhaber) [US]. 1950: One Way Street [US]. 1950/51: Pandora and the Flying Dutchman (Pandora und der fliegende Holländer). 1951: The Desert Fox. The Story of Rommel (Rommel, der Wüstenfuchs) [US]; 5 Fingers (Der Fall Cicero) [US]; Lady Possessed [D,CoA,P – US]. 1952: The Prisoner of Zenda (Im Schatten der Krone) [US]; Botany Bay (Das Schiff der Verurteilten) [US]; Face to Face. Ep: The Secret Sharer [EP – US]. 1953: Charade [D,CoA,P – TV – US]; Julius Caesar [US]; The Desert Rats (Die Wüstenratten) [US]; The Story of Three Loves. Ep: The Jealous Lover (War es die große Liebe?) [EP – US]; The Man Between (Gefährlicher Urlaub). 1953/54: Prince Valiant (Prinz Eisenherz) [US]. 1954: The Child [R,P – TV-KF – US]; The Star of Bethlehem [R,CoA,P – TV-KF – US]; A Star Is Born (Ein neuer Stern am Himmel) [US]; 20,000 Leagues Under the Sea (20000 Meilen unter dem Meer) [US]. 1955: Forever, Darling [US]. 1956: Bigger Than Life (Eine Handvoll Hoffnung) [D,P – US]. 1957: Death of a Nobody [R – TV – US]; Playhouse 90: The Thundering Wave [TV – US]; Panic!: Marooned [TV – US]; Island in the Sun (Heiße Erde) [US]; General Electric Theatre: The Questioning Note [TV – US]. 1958: The Decks Ran Red (Mörder an Bord) [US]; Cry Terror! (In brutalen Händen) [US]; Playhouse 90: Not the Glory [TV – US]; Schlitz Playhouse of Stars: No Boat for Four Months [TV – US]. 1959: North by Northwest (Der unsichtbare Dritte) [US]; Journey to the Center of the Earth (Die Reise zum Mittelpunkt der Erde) [US]; Playhouse 90: The Second Man [TV – US]; Goodyear Theatre: A Sword for Marius [TV – US]; A Touch of Larceny (Hochverrat mit Hindernissen). 1960: Playhouse 90: The Hiding Place [TV – US]; John Brown's Raid [TV – US]; June Allyson Show: Once Upon a Knight [TV – US]; The Marriage-Go-Round (Ehekarussell) [US]; The Trials of Oscar Wilde (Der Mann mit der grünen Nelke). 1961: Escape from Zahrain (Flucht aus Zahrain) [US]; Hero's Island (Insel der Gewalt) [D,P – US]. 1962: Theatre 62: Rebecca [TV – US]; Breck Golden Showcase: Tonight in Samarkand [TV – US]; Alfred Hitchcock Theatre: Captive Audience [TV – US]; Tiara Tahiti (Tiara Tahiti); Lolita (Lolita). 1963: Finché dura la tempesta (Beta Som) (Treffpunkt Tanger) [IT]. 1964: The Fall of the Roman Empire (Der Untergang des Römischen Reiches) [US]; The Pumpkin Eater (Schlafzimmerstreit); Lord Jim (Lord Jim) [US/GB]. 1965: Dr. Kildare: Behold the Great Man [TV – US]; Genghis Khan/Dschingis Khan [US/BRD/YU/GB]; Los pianos mecanicos/Les pianos mécaniques/Amori di una calde estate [ES/FR/IT]. 1966: The Tormentors [TV]; ABC Stage 67: Dare I Weep, Dare I Mourn [TV – US]; The Blue Max (Der blaue Max); Georgy Girl (Georgy Girl); The Deadly Affair (Anruf für einen Toten). 1966/67: Stranger in the House (Der Fremde im Haus). 1967: The London Nobody Knows [DOK]. 1968: The Legend of Silent Night [TV]; Duffy (Duffy, der Fuchs von Tanger); Mayerling (Mayerling) [FR/GB]. 1969: Age of Consent (Das Mädchen vom Korallenriff) [D,CoP – AU]; The Sea Gull (Die Möwe); Spring and Port Wine. 1970: The Yin and the Yang of Mr. Go [US]; De la part des copains/L'uomo dalle due ombre (Kalter Schweiß) [FR/IT]; El hombre de Rio Malo/ … e continuavano a fregarsi il milione di dollari/Les quatre mercenaires d'El Paso [ES/IT/FR]. 1971: Kill (Kill) [FR]. 1972: Child's Play [US]. 1973: The Last of Sheila (Sheila) [US]; The Mackintosh Man (Der Mackintosh-Mann); Frankenstein: The True Story (Frankenstein, wie er wirklich war) [TV – US]. 1974: Mandingo (Mandingo) [US]; The Marseille Contract/Marseille contrat (Fluchtpunkt Marseille) [GB/FR]; Great Expectations [TV]; 11 Harrowhouse (Brillanten und Kakerlaken). 1975: Autobiography of a Princess; Inside Out (Inside Out – Ein genialer Bluff); La città sconvolta: caccia spietata ai rapitori [IT]; La polizia interviene: ordine di uccidere [IT]; Gente di rispetto [IT]. 1976: Voyage of the Damned (Reise der Verdammten); Paura in città [IT]. 1977: Gesù di Nazareth/Jesus of Nazareth (Jesus von Nazareth) [TV – IT/GB]. 1978: The Water Babies/Dzieci wodne (Der kleine Schornsteinfeger auf dem Meeresgrund) [GB/PL]; Heaven Can Wait (Der Himmel soll warten) [US];

The Boys from Brazil (The Boys from Brazil) [US]. 1978/79: Bloodline (Blutspur) [US]. 1979: Murder by Decree (Mord an der Themse) [CA/GB]; Salem's Lot (Brennen muß Salem) [TV – US]. 1980: Making «The Shining» [DOK]. 1982: Ivanhoe [TV]; A Dangerous Summer/The Burning Man [TV – AU]; The Verdict (The Verdict – Die Wahrheit – und nichts als die Wahrheit ...) [US]. 1982/83: Yellowbeard (Dotterbart) [US]. 1983: Alexandre [CH]. 1984: George Washington [TV – US]; Dr. Fischer of Geneva (Dr. Fischer aus Genf) [TV]; A.D. – Anno Domini (Anno Domini – Kampf der Märtyrer) [TVS – US]. 1985: The Assisi Underground (Der Assisi Untergrund) [US].

Massari, Lea
(Anna Maria Massatani)
*30. 6. 1933 Rom

Die Tochter eines Ingenieurs studiert zunächst Architektur, kommt dann durch den Kostümbildner Piero Gherardi zum Film. 1954 debütiert Massari in Mario Monicellis *Proibito*. Schon mit ihrer zweiten Rolle, in Renato Castellanis *I sogni nel casetto*, verbucht sie einen internationalen Erfolg. Ihre ausdrucksstarke und doch liebliche Schönheit, ihre dunklen, tiefgründigen Augen prägen sich dem Publikum ein. 1960 bietet ihr Michelangelo Antonioni die Rolle der Anna in *L'avventura* an. In den folgenden Jahren arbeitet sie mit Dino Risi (*Una vita difficile*), Nanni Loy (*Le quattro giornate di Napoli*) und Valerio Zurlini (*Le soldatesse*) zusammen, kommt jedoch trotz überzeugender schauspielerischer Leistungen nicht zu Starruhm. Da sie in Italien selten befriedigende Aufgaben bekommt, ist sie in den 70er Jahren vornehmlich in Frankreich tätig, wo sie sich u. a. in Claude Sautets *Les choses de la vie* behauptet und 1970/71 in der Rolle der blutschänderischen Mutter in Louis Malles *Le souffle au cœur* ihr dramatisches Talent entfaltet. Daneben weiterhin einzelne Aufgaben in Italien, so in Vittorio und Paolo Tavianis *Allonsanfan* und Francesco Rosis *Cristo si è fermato a Eboli*. 1984 bietet sie eine ihrer besten Leistungen in Giuseppe Bertoluccis *Segreti segreti*. In den 80er Jahren wendet sich Massari mehr und mehr dem Fernsehen zu.

[IT] 1954: Proibito/Du sang dans le soleil [IT/FR]. 1957: I sogni nel cassetto/Rien que nous deux (Träume in der Schublade). 1958: Auferstehung/Resurrezione/Résurrection [BRD/IT/FR]; Capitan Fracassa [TV]. 1960: L'avventura (Die mit der Liebe spielen) [IT/FR]; La giornata balorda/Ca s'est passé à Rome (Wenn das Leben lockt) [IT/FR]. 1961: Una vita difficile; Morte di un bandito; El coloso de Rodas/Il colosso di Rodi/Le colosse de Rhode (Der Koloß von Rhodos) [ES/IT/FR]. 1962: Le quattro giornate di Napoli (Die vier Tage von Neapel); I sogni muoiono all'alba; La città prigioniera; Le monte-charge/La morte sale in ascensore (Im Fahrstuhl fuhr der Tod) [FR/IT]. 1963/64: Llanto por un bandido/I cavalieri della vendetta/La charge des rebelles/Ballade pour un bandit (Cordoba) [ES/IT/FR]. 1964: L'Insoumis/Il ribelle di Algeri (Die Hölle von Algier) [FR/IT]. 1965: Le soldatesse/Des filles pour l'armée [IT/FR]; Made in Italy. 1. Ep: Usi e costumi (Made in Italy) [EP – IT/FR]. 1967: Il giardino delle delizie; Volver a vivir [ES]. 1969: Les choses de la vie/L'amante (Die Dinge des Lebens) [FR/IT]; Lo voglio morto/Lo quiero muerto (Django – ich will ihn tot) [IT/ES].1970: Senza via d'uscita/Las victimas [IT/ES/FR]; Céleste [FR]. 1970/71: Le souffle au cœur/Il Soffio al cuore/Herzflimmern [FR/IT/BRD]. 1971: I fratelli Karamazof [TVS. 1972: L'impossible objet/The Impossible Object [FR/GB]; La prima notte di quiete/Le professeur (Oktober in Rimini) [IT/FR]; Le silencieux/L'uomo che non seppe tacere [FR/IT]; Anna Karenina [TVS]; La course du lièvre à travers les champs/La corsa della lepre attraverso i campi (Treibjagd) [FR/IT]. 1972/73: La femme en bleu (Die unbekannte Schöne) [FR/IT]; Le fils/Un battito d'ali dopo la strage [FR/IT]. 1973: Grazie amore mio [ES]; La main à couper/Un cadavere di troppo (Die abgetrennte Hand) [FR/IT]. 1974: Allonsanfàn (Allonsanfan). 1974/75: Peur sur la ville/Il polizotto della brigata criminale (Angst über der Stadt) [FR/IT]. 1975: Chi dice donna dice, donna [EP]; L'ordinateur des pompes funèbres/Caccia al montone (Computer morden leise) [FR/IT]; La linea del fiume. 1976: Violette et François (Violette et François) [FR]. 1977: Antonio Gramsci – I giorni del carcere (Antonio Gramsci – Die Jahre im Kerker); Répérages (Rollenspiele) [CH/FR]; Sale rêveur [FR]. 1978: Les rendez-vous d'Anna/Rendezvous d'Anna [FR/BE/BRD]. 1978/79: Cristo se è fermato a Eboli/Le Christ s'est arreté à Eboli (Christus kam nur bis Eboli) [IT/FR]. 1979: Como un perro rabioso/El perro (The Dog) [ES]; Le divorcement [FR]. 1980: La flambeuse [FR]. 1981: La vigna dalle uvere nere [TV]. 1983: Sarah [FR]. 1984: Segreti segreti; La septième cible [FR]. 1986: Una donna a Venezia (Eine Frau in Venedig) [TV]. 1987: Una donna spezzata [TV]. 1990: Viaggio d'amore [IT/FR].

Mastroianni, Marcello
(Marcello Vincenzo Domenico Mastroianni)
*28. 9. 1923 Fontana Liri (Frosinone)
†19. 12. 1996 Paris

Der Bauernsohn flieht im 2. Weltkrieg aus einem deutschen Arbeitslager und überlebt in einem Versteck. 1945 Studium der Volkswirtschaft in Rom, daneben auch am Theater der Universität. 1948 bietet ihm Luchino Visconti eine Rolle in Tennessee Williams' «A Streetcar Named Desire» an, es folgen, immer unter Viscontis Regie, Theaterrollen u. a. in Shakespeares «Troilus and Cressida» und in Arthur Millers «Death of a Salesman». Nach dem Filmdebüt 1938 in einer Anzahl kleiner Rollen. Erst 1951 eine Hauptrolle in Luciano Emmers *Le ragazze di Piazza di Spagno*. Mastroianni erweist sich in dramatischen wie in unterhaltenden Filmen als wandlungsfähiger Darsteller alltäglicher, lebenslustiger junger Männer. Mehrfach an der Seite von Sophia Loren, z. B. 1955 als gutherziger, immer zu Scherzen aufgelegter Junge in *La Fortuna di essere donna* (Alessandro Blassetti). 1957 übernimmt er die Hauptrolle in Viscontis *Le notti bianche*. Internationales Ansehen erlangt er 1959/60 mit seiner Darstellung eines Journalisten, der seine Ideale an den zynischen Alltag seines Berufs verrät. Federico Fellinis Meisterwerk *La dolce vita* ist der Beginn einer jahrzehntelangen Freundschaft und Zusammenarbeit, in der Mastroianni vielfach das Alter ego des Regisseurs verkörpert; z. B. in *8 e ½*. Pietro Germis international erfolgreiche Satire *Divorzio all' italiana* macht ihn zum Musterbild der Doppelmoral italienischer Machos. Eine enge Zusammenarbeit verbindet Mastroianni auch mit Marco Ferreri, der ihm 1965 die Hauptrolle in *L'uomo dei cinque palloni* überträgt und unter dessen Regie er u. a. als Hauptdarsteller in *La grande bouffe* mitwirkt. Zu einer seiner besten Leistungen zählt die Rolle des Homosexuellen in Ettore Scolas *Una giornata particolare*; letztes Ergebnis seiner Zusammenarbeit mit Scola ist 1989 *Che ora è?* Zahlreiche Verpflichtungen ins Ausland machen Mastroianni zu einem der erfolgreichsten und profiliertesten Darsteller des europäischen Kinos, der mit Charme und Melancholie überzeugt, vor extremen Aufgaben nicht zurückschreckt: In Nikita Michalkovs sentimentaler Komödie *Oci ciornie* (1986/87) ist er ein alternder italienischer Lebemann, bei Thodoros Angelopoulos der alte Bienenzüchter in *O melissokomos* und an der Seite von Sophia Loren in *Prêt-à-Porter* (1994) ein aus der Sowjetunion zurückgekehrter kommunistischer Emigrant, der seiner alten Liebe aus Italien nachjagt. Mastroianni erhält zahlreiche Auszeichnungen für seine schauspielerischen Leistungen. 1990 wird er in Venedig mit einem Leone d'Oro für sein Lebenswerk geehrt.

[IT] 1938: Marionette. 1940: La corona di ferro. 1942: Una storia d'amore (Mein Leben für Dich). 1942/43: I bambini ci guardano. 1947: I miserabili: La caccia all'uomo/Tempesta su Parigi. 1949: A Tale of Five Cities/Passaporto per l'oriente. 2. EP (Fünf Mädchen und ein Mann) [EP – GB/IT]; Una domenica d'agosto (Ein Sonntag im August). 1949/50: Vent'anni; Contro la legge; Cuori sul mare. 1950: Atto d'accusa (Einer war zuviel): Vita da cani (Ein Hundeleben). 1951: Parigi è sempre Parigi/Paris est toujours Paris [IT/FR]; Sensualità (Die Sinnlichkeit); Le ragazze di Piazza di Spagno (Die Drei vom Spanischen Platz). 1951/52: L'Eterna catena. 1952: Penne nere; Tragico ritorno. 1952/53: Lulù; Non è mai troppo tardi; Febbre di vivere (Die Lust des Bösen). 1953: Gli eroi della domenica (Die Helden des Sonntags); Cronache di poveri amanti (Geschichten von armen Liebenden); Tempi nostri. 2. EP: Il pupo./Temps d'aujourd'hui (Tempi nostri) [EP – IT/FR]; Il vale della speranza. 1954: Peccato che sia una canaglia (Schade, daß du eine Kanaille bist!); La Principessa delle Canarie/Tyrma (Aufstand im Inselparadies) [IT/ES]; Giorni d'amore/Jours d'amour (Tage der Liebe) [IT/FR]; Casa Ricordi/La maison du souvenir (Casa Ricordi) [IT/FR]; Schiava del peccato (Dirnentragödie). 1955: Il bigamo/Le bigame (Bigamie ist kein Vergnügen) [IT/FR]; La bella mugnaia (Eine Frau für schwache Stunden); La fortuna di essere donna/La chance d'être femme (Wie herrlich, eine Frau zu sein) [IT/FR]; Tam tam Mayumbe/Tam-Tam (Bringt ihn lebend) [IT/FR]. 1956: Padri e figli/Pères et fils (Väter und Söhne) [IT/FR]; Mädchen und Männer/La ragazza della salina [BRD/IT]; Il momento più bello/Le plus beau moment (Frauennot – Frauenglück) [IT/FR]. 1957: Il medico e lo stregone (Arzt und Hexenmeister); Le notti bianche/Nuits blanches (Weiße Nächte) [IT/FR]; Un ettaro di cielo. 1958: Amore e guai (Liebe und Verdruß); La loi/La legge (Wo der heiße Wind weht) [FR/IT]; Racconti d'estate/Femmes d'un été [IT/FR]; I soliti ignoti (Diebe haben's schwer). 1959: Ferdinando I, re di Napoli/Ferdinand, roi de Naples (Ferdinand – König von Neapel) [IT/FR]; Il nemico di mia moglie (Mein schöner Ehemann); Il bell'Antonio/Le Bel Antonio (Bel Antonio) [IT/FR]; Tutti innamorati (Verliebte haben's schwer) [IT/FR]. 1959/60: La dolce vita/La douceur de vivre (Das süße Leben) [IT/FR]. 1960: Adua e le compagne (Adua und ihre Gefährtinnen). 1960/61: La notte/La nuit (Die Nacht) [IT/FR]. 1961: Fantasmi a Roma (Das Spukschloß in der Via Veneto); Vie privée/Vita privata (Privatleben) [FR/IT]; Divorzio all'italiana (Scheidung auf italienisch); L'Assassino/L'Assassin (Trauen sie Alfredo einen Mord zu?) [IT/FR]. 1962: Cronaca familiare (Tagebuch eines Sünders). 1963: I compagni/Les camarades (Die Peitsche im Genick) [IT/FR]; 8 e ½ / 8 et ½ (Achteinhalb) [IT/FR]; Ieri, oggi, domani/Yesterday, Today and Tomorrow/Hier, aujourd'hui et demain (Gestern, heute und morgen) [IT/FR]. 1964: Matrimonio all'italiana/Mariage à l'italienne (Hochzeit auf italienisch) [IT/FR]. 1965: Oggi, domani, dopodomani. 3. EP: La moglie bionda [EP – IT/FR]; Casanova '70/Casanova (Casanova '70) [IT/FR]; La decima vittima/La dixième victime/The Tenth Victim (Das 10. Opfer) [IT/FR]; L'Uomo dei cinque palloni/Break up, erotisme et ballons rouges (Break-Up) [IT/FR]; Oggi, domani, dopodomani. 1. EP: L'uomo dei cinque palloni [EP – IT/FR]; Oggi, domani, dopodomani. 2. EP: L'ora di punta [EP –

IT/FR]; Io, io, io … e gli altri [IT/FR]. 1966: The Poppy Is Also a Flower/Danger Grows Wild (Mohn ist auch eine Blume) [UN]; Spara forte, più forte … non capisco (Schieß laut, lauter … ich verstehe nicht). 1967: Lo straniero/L'etranger (Der Fremde) [IT/FR]; Questi fantasmi/Fantômes à l'italienne (Die Über-Sinnliche) [IT/FR]. 1968: Amanti/Le temps des amants (Der Duft deiner Haut) [IT/FR]; Diamonds for Breakfast (Diamanten zum Frühstück) [GB]. 1969: Fellini: A Director's Notebook/Block-notes di un regista [TV-DOK – US]; I girasoli/Les fleurs du soleil (Sonnenblumen) [IT/FR]. 1969/70: Leo the Last (Leo der Letzte) [GB]. 1970: La moglie del prete/La femme du prêtre (Die Frau des Priesters) [IT/FR]; Giochi particolari [IT/FR]; Dramma della gelosia (tutti i particolari in cronaca)/El demonio de los celos (Eifersucht auf italienisch) [IT/ES]. 1970/71: Scipione detto anche l'africano [IT/FR/BRD]. 1971: Ça n'arrive qu'aux autres (Das passiert immer nur den anderen) [FR]; Permette? Rocco Papaleo; … correva l'anno di grazia 1870. 1971/72: La cagna/Liza (Allein mit Giorgio) [IT/FR]. 1972: Che? (What?)/Quoi?/Was? [IT/FR/BRD]; Roma (Fellinis Roma) [IT/FR]. 1972/73: Mordi e fuggi/Rapt à l'italienne (Ein Scheißwochenende) [IT/FR]. 1973: Salut, l'artiste/L'idolo della città (Mach's gut, Nicolas) [FR/IT]; L'Évenement le plus important depuis que l'homme a marché sur la lune/Niente di grave, suo marito è incinto (Die Umstandshose) [FR/IT]; Touche pas la femme blanche/Non toccare la donna bianca (Hände weg von weißen Frauen!) [FR/IT]; La grande bouffe/La granda abbuffata (Das große Fressen) [FR/IT]. 1974: Allonsanfàn (Allonsanfan); C'eravamo tanto amati (Wir hatten uns so geliebt). 1974/75: La pupa del gangster/La pepée du gangster (Die Puppe des Gangsters) [IT/FR]. 1975: Per le antiche scale/Vertiges [IT/FR]; Divina creatura (Ein göttliches Geschöpf); La donna della domenica/La femme du dimanche (Die Sonntagsfrau) [IT/FR]. 1975/76: Culastrisce nobile veneziano. 1976: Signore e signori, buonanotte [EP]; Todo modo (Todo Modo). 1977: Una giornata particolare (Ein besonderer Tag) [IT/CA]; Mogliamante (Frau und Geliebte); Ciao maschio/Rêve de singe (Affentraum) [IT/FR]; Doppio delitto/Enquête à l'italienne (Vom Blitz getroffen) [IT/FR]. 1978: Così come sei/Así como eres (Bleib wie du bist) [IT/ES]; Fatto di sangue fra due uomini per causa di una vedova (si sospettano moventi politici) (Blutfehde). 1978/79: L'Ingorgo (Una storia impossibile)/Le grand embouteillage/Stau/El gran atasco [IT/FR/BRD/ES]. 1979: Giallo napoletano (Leichen muß man feiern wie sie fallen). 1979/80: La terrazza/La terrasse (Die Terrasse) [IT/FR]. 1980: La città delle donne/La cité des femmes (Die Stadt der Frauen) [IT/FR]. 1980/81: Fantasma d'amore/Fantôme d'amour/Die zwei Gesichter einer Frau [IT/FR/BRD]. 1981: La pelle/La peau (Die Haut) [IT/FR]. 1981/82: La nuit de Varennes/Il mondo nuovo (Flucht nach Varennes) [FR/IT]. 1982: Gabriela (Gabriela) [US]; Oltre la porta (Pforte zum Fleisch). 1982/83: Storia di Piera/L'histoire de Piera/Die Geschichte der Piera [IT/FR/BRD]. 1983: Le général de l'armée morte/L'armata ritorna [FR/IT]. 1984: Enrico IV (Heinrich IV.) [TV]. 1985: Ginger e Fred/Ginger und Fred [IT/FR/BRD]; Le due vite di Mattia Pascal/Die zwei Leben des Mattia Pascal [TV – IT/FR/BRD]; I soliti ignoti … vent'anni dopo; Maccheroni (Macaroni). 1986: O melissokomos/L'apiculteur/Il volo (Der Bienenzüchter) [GR/FR/IT]. 1986/87: Oci ciornie (Occhi neri)/Oči černye (Schwarze Augen) [IT/SU]. 1987: Miss Arizona (Miss Arizona) [IT/HU]; L'Intervista (Fellinis Intervista). 1989: Splendor (Splendor) [IT/FR]; Che ora è?/Quelle heure est-il? (Wie spät ist es?) [IT/FR]. 1990: Stanno tutti bene/Ils vont tous bien (Allen geht es gut) [IT/FR]; Verso sera/Dans la soirée (Gegen Abend) [IT/FR]. 1990/91: Cin Cin (Eine pikante Affäre) [US/IT]. 1991: Le voleur d'enfants/Il ladro di ragazzi [FR/IT]; Le pas suspendu de la cicogne/To meteaora vima tou pelargou (Der schwebende Schritt des Storches) [FR/GR/CH]. 1992: Used People (Die Herbstzeitlosen) [US]. 1993: Un deux trois soleil [FR]; Di questo non si parla/De eso no se habla [IT/AR]. 1994: La vera vita di Antonio H.; Les cent et une nuit (101 Nacht – Die Träume des M. Cinéma) [FR/GB]; Prêt-à-Porter – Ready to Wear (Prêt-à-Porter) [US]; Les cent et une nuits/A Hundred and One Nights (101 Nacht-Die Träume des Monsieur Cinema) [FR/GB]. 1995: Jenseits der Wolken/Par-delà les nuages/Al di là delle nuvole [DE/FR/IT]; Sostiene Pereira. 1995/96: Troies vies et une seul mort [FR/PT]. 1996/97: Marcello Mastroianni: mi ricordo, si mi ricordo [DOK]; Viagem ao Principio do Mundo/Voyage au début du monde [PT/FR].

Mattes, Eva

*14. 12. 1954 Tegernsee (Oberbayern)

Tochter des Dirigenten Willy Mattes und der Schauspielerin Margit Symo. Während der Schulzeit Synchronsprecherin beim Fernsehen: Timy in 250 Folgen *Lassie, Pippi Langstrumpf, David Copperfield*. Mit zehn Jahren erste kleine Theater- und Filmrollen ohne Schauspielunterricht. 1972–79 Deutsches Schauspielhaus Hamburg. Aufsehen durch eine nackt gespielte lange Szene und kritische Anerkennung durch die Rolle der Beppi in «Stallerhof» von Franz Xaver Kroetz. In Hamburg, Berlin und Bochum Hauptrollen in Inszenierungen von Wilfried Minks. Seit 1970 regelmäßig im Film, 1971 Bundesfilmpreis schon für die ersten großen Rollen in *o.k.* (Michael Verhoeven) und *Mathias Kneißl* (Reinhard Hauff). 1973 Bundesfilmpreis für *Die bitteren Tränen der Petra von Kant* und *Wildwechsel* (beide Rainer Werner Fassbinder). Sie ist eine der wichtigsten Darstellerinnen des Neuen Deutschen Films. 1979 in Cannes als beste Nebendarstellerin in *Woyzeck* (Werner Herzog) ausgezeichnet. In der Fernseh-Dokumentation *Eva Mat-*

tes: Fragen an die Mutter (Claudia Holldack) intensive Beschäftigung mit der Rolle der eigenen Mutter. Hauptrolle in *Deutschland bleiche Mutter* (Helma Sanders-Brahms). Eindringliches Psychogramm der Haushälterin von Marcel Proust in Percy Adlons *Celeste*. Die Rolle des Filmregisseurs in *Ein Mann wie EVA* (Radu Gabrea) ist ein Insider-Porträt des kurz zuvor verstorbenen Fassbinder. Unter Margarethe von Trottas Regie in der Episode *Eva* des Films *Felix* und als friedensbewegte Ost-Pastorin in dem Trennungs-Epos *Das Versprechen*. Eva Mattes gehört 1994/95 zeitweilig dem Direktorium des Berliner Ensembles an.

[BRD] 1964: Dr. med. Hiob Prätorius. 1966: Der Tag, an dem die Kinder verschwanden [TV]. 1970: Liebe unter 17; o.k. 1970/71: Mathias Kneißl. 1971: Berührungen [TV]; Alle Hunde lieben Theobald [TVS]. 1971/72: Die bitteren Tränen der Petra von Kant. 1972: Acht Stunden sind kein Tag. 4. Harald und Monika [TVS]; Wildwechsel [TV]. 1972–74: Fontane Effi Briest. 1972/73: Desaster [TV]; Immobilien [TV]. 1973: Supermarkt; Liebe leidet mit Lust [TV]. 1976: Die Hinrichtung/... E la notte si tinse di sangue/Né pour l'enfer/Born for Hell [BRD/FR/IT/CA]; Tausend Lieder ohne Ton [TV]. 1976/77: Stroszek. 1977: Frauen in New York [TV]. 1978: Woyzeck; Union der festen Hand [TV]; In einem Jahr mit 13 Monden; Schluchtenflitzer. 1978/79: David. 1979: Deutschland bleiche Mutter; Eva Mattes: Fragen an die Mutter [TV-DOK]. 1980: Vergiftet oder arbeitslos? [TV-DOK]. 1981: Vor den Vätern sterben die Söhne [TV]; Celeste. 1982: Kleine Zeichen; Geschichten aus europäischen Schlössern: Ludwigsburg – Schubart und Franziska von Hohenheim [TV]; Deutschland kann manchmal sehr schön sein [TV]. 1982/83: Die wilden Fünfziger. 1983: Liebe Melanie [TV – BRD/AT]; Ein Mann wie Eva; Liebe Melanie [TV]; Rita Ritter. 1984: Sterne [GESANG – ANI]. 1985/86: Auf immer und ewig. 1986/87: Andi – Protokoll einer Inszenierung von Peter Zadek [TV-DOK]. 1987: Felix. 3. EP: Eva [EP]. 1987/88: Fussel [KF]. 1988: Herbstmilch. 1989: Von Ulm nach Metz, von Metz nach Mähren [TV]; Elektro-Lähmung. 1990: Der Kaufmann von Venedig [TV]. 1991: Der Drogen-Ratgeber für Eltern [TV-DOK]; Der Held des Tages [TV]. 1992: Das Sommeralbum [DE/UA]; Karate-Billi kehrt zurück [TV]; Die Serpentintänzerin [DE/HU]. 1993: Der Kinoerzähler; Motzki [TVS]. 1994/95: Das Versprechen/La promesse [DE/CH/FR]. 1995: Schlafes Bruder [AT/DE]. 1996: In der glanzvollen Welt des Hotel Adlon [TV]; Alice Guy Blanché; Der Schrei nach Liebe [TV].

Matthau, Walter † 2000

*1. 10. 1920 New York City

Der Sohn russisch-jüdischer Emigranten beginnt als Kinderdarsteller am Yiddish Theatre in New York. 1942–45 Dienst in der US Air Force. 1946/47 Studium am Theatre Workshop der New School for Social Research. Ab 1946 an verschiedenen Bühnen. 1948 Broadway-Debüt in «Anne of the Thousand Days». 1955 Erfolg in «Will Success Spoil Hunter?». Im gleichen Jahr Filmdebüt in Burt Lancasters Western *The Kentuckian*. Zunächst häufig in Western beschäftigt, daneben auch weiterhin am Theater. 1957 spielt er einen Reporter in *A Face in the Crowd* (Elia Kazan). In den 50er Jahren auch beim Fernsehen, u. a. 1959 als Sheriff in 26 Folgen der Serie *Tallahassee 7000*. Regiedebüt mit *Gangster Story*. In David Millers modernem Western *Lonely Are the Brave* verkörpert er den Sheriff Johnson. In den 60er Jahren entwickelt er sich zu einem der erfolgreichsten amerikanischen Komödiendarsteller. Ab 1966 Erfolg in Zusammenarbeit mit Jack Lemmon, so als gerissener Rechtsanwalt Willie Gingrich in Billy Wilders *The Fortune Cookie* (Nebenrollen-Oscar) und als griesgrämiger Sportreporter in Gene Saks' *The Odd Couple*. Neben Ingrid Bergman spielt er den überarbeiteten Zahnarzt in Saks' *Cactus Flower* und ist als wohlhabender Geschäftsmann Co-Star von Barbra Streisand in *Hello Dolly* (Gene Kelly). 1971 Oscar-Nominierung als unternehmungslustiger Witwer in *Kotch*, dem Regiedebüt seines Kumpels Jack Lemmon. Titelrolle des gerissenen Gangsters im Kriminalfilm *Charley Varrick* (Don Siegel). Er spielt wiederholt in Verfilmungen seiner Broadway-Erfolge. 1975 Oscar-Nominierung als pensionierter, bösartiger Showstar Willy Clark in *The Sunshine Boys* (Herbert Ross). Als Sonny Paluso in Michael Ritchies *The Survivors* und Hauptrolle des Captain Thomas Bartholomew Red in Polanskis mißratenem Film *Pirates*, in *I.Q.* ist er ein zerstreuter Albert Einstein. *Out to Sea* kombiniert ihn wieder mit Jack Lemmon. Sein Sohn Charles Matthau arbeitet als Regisseur.

[US] 1955: The Indian Fighter (Zwischen zwei Feuern); The Time Is Now; The Kentuckian (Der Mann aus Kentucky). 1956: Bigger Than Life (Eine Handvoll Hoffnung). 1957: A Face in the Crowd (Das Gesicht in der Menge); Slaughter on Tenth Avenue (Drei Schritte vor der Hölle). 1958: Onionhead (Der Zwiebelkopf); King Creole (Mein Leben ist der Rhythmus); Ride a Crooked Trail (Der weiße Teufel von Arkansas); Voice in the Mirror. 1958–62: Naked City: Man Who Bit a Diamond in Half [TV]; Naked City: Don't Knock It Till You've Tried It [TV]. 1959: Alfred Hitchcock Presents: Crooked Road [TV]; Tallahassee 7000 [TVS]. 1960: Strangers When We Meet (Fremde, wenn wir uns begegnen); Alfred Hitchcock Presents: A Very Moral Theft [TV]; Alfred Hitchcock Presents: Cop for a Day [TV]; Alfred Hitchcock Presents: Dry Run [TV]; The Gangster Story [R,D]. 1960–63: Route 66: Eleven the Hard Way [TV]. 1961: Target the Corruptors: The Million Dollar Dump [TV]; Target the Corruptors: One for the Road [TV]. 1962: Lonely Are the Brave (Einsam sind die Tapferen); Who's Got the Action? (Immer nur deinetwegen). 1963: Charade (Charade); Island of Love. 1964: Goodbye Charlie (Goodbye Charlie); Fail-Safe (Angriffsziel Moskau); Ensign Pulver (Operation Pazifik). 1965: Mirage (Die 27. Etage). 1966: The Fortune Cookie (Der Glückspilz). 1967: A Guide for the Married Man (Leitfaden für Seitensprünge). 1968: The Odd Couple (Ein seltsames Paar); Candy (Candy); The Secret Life of an American Wife. 1969: Cactus Flower (Die Kaktusblüte); Hello, Dolly! (Hello Dolly!). 1971: Kotch (Opa kann's nicht lassen); A New Leaf (Keiner killt so schlecht wie ich); Plaza Suite (Hotelgeflüster). 1972: Pete 'n' Tillie (Peter und Tillie); Hollywood Television Theatre: Awake and Sing [TV]. 1973: The Laughing Policeman (Massenmord in San Francisco); Charley Varrick (Der große Coup). 1974: Earthquake (Erdbeben); The Taking of Pelham 1.2.3. (Stoppt die Todesfahrt der U-Bahn 123); The Front Page (Extrablatt). 1975: The Sunshine Boys (Die Sunny-Boys). 1976: The Bad News Bears (Die Bären sind los). 1978: Casey's Shadow (Caseys Schatten (Der Champion)); House Calls (Hausbesuche); California Suite (Das verrückte California-Hotel); Funny Business [S – TV]. 1979: Sunburn (Heiße Hölle Acapulco). 1980: Little Miss Marker (Ein reizender Fratz); Hopscotch (Hopscotch – Der Aussteiger). 1981: First Monday in October (Ein Montag im Oktober); Hollywood: The Gift of Laughter [S – TV]; Buddy Buddy (Buddy Buddy). 1982: I Ought to Be in Pictures (Eigentlich wollte ich zum Film). 1983: The Survivors (Die Überlebenskünstler). 1985: Movers & Shakers (Achtung, Dinosaurier!). 1986: Pirates (Piraten) [FR]. 1988: The Couch Trip (Der Couch-Trip); Il piccolo diavolo (Ein himmlischer Teufel) [IT]. 1989: The Incident (Anwalt des Feindes) [TV]; Il piccolo diavolo (Ein himmlischer Teufel) [IT]; 1991: J.F.K. (J.F.K. – John F. Kennedy – Tatort Dallas); Mrs. Lambert Remembers Love (Mrs. Lamberts letzte Reise) [TV]; Against Her Will: An Incident in Baltimore (Ein Recht zu leben) [TV]. 1993: Grumpy Old Men (Ein verrücktes Paar); Dennis the Menace (Dennis); Incident in a Small Town [TV]. 1994: I.Q. (I.Q.). 1995: The Grass Harp (Die Grasharfe); Grumpier Old Men (Der dritte Frühling). 1996: I'm Not Rappaport. 1997: Out to Sea.

Mature, Victor

(Victor John Mature)
*29. 1. 1915 Louisville (Kentucky)

Besuch des Kentucky Military Institute in Linden, dann Schauspielklasse des Pasadena Community Playhouse. 1936 Bühnendebüt in «Paths of Glory». 1939 Hollywood-Verpflichtung durch Produzent Hal Roach. Hauptrolle als prähistorischer Erdbewohner in Roachs *One Million B.C.* 1941 Broadway-Erfolg mit «Lady in the Dark». Im folgenden Jahr Wechsel zu 20th Century-Fox. An der Seite von Betty Grable – u. a. in H. Bruce Humberstones *I Wake Up Screaming* – und neben Rita Hayworth, so in *My Gal Sal* (Irving Cummings). 1942–45 Dienst bei der US Coast Guard. Comeback 1946 als Tbc-kranker Doc Holliday in John Fords Western *My Darling Clementine*. Erfolg als Nick Bianco, ein aus dem Gefängnis entlassener Verbrecher, in Henry Hathaways Gangsterfilm *Kiss of Death*. 1949 spielt der schwarzhaarige, gutaussehende Mature den Samson im Monumentalfilm *Samson and Delilah* (Cecil B. DeMille). In den folgenden Jahren in mehreren historischen Filmen, u. a. als römischer Centurio in Chester Erskines *Androcles and the Lion*. Auch in Komödien, so neben Patricia Neal in *Something for the Birds* (Robert Wise), und in Western, u. a. in *The Last Frontier* (Anthony Mann). Gegen Ende der 50er Jahre Filmarbeit in England und in Italien. Dort Erfolg als Tony Powell in Vittorio de Sicas *Caccia alla volpe*. In den 70ern Rückzug aus der Öffentlichkeit.

[US] 1939: The Housekeeper's Daughter (Nenn mich Hilda). 1939/40: One Million B.C. (Tumak, der Held des Urwalds). 1940: Captain Caution (Überfall auf die Olive Branch); No, No Nanette. 1941: I Wake up Screaming; The Shanghai Gesture; Hot Spot/I Wake Up Screaming. 1942: Footlight Serenade; Song of the Islands; Seven Days' Leave; My Gal Sal (Die Königin vom Broadway). 1946: My Darling Clementine (Faustrecht der Prärie). 1946/47: The Brasher Doubloon (The High Window). 1947: Moss Rose; Kiss of Death (Der Todeskuß). 1948: Cry of the City (Schrei der Großstadt); Fury at Furnace Creek (Rache ohne Gnade). 1949: Samson and Delilah (Samson und Delilah); Easy Living; Red, Hot and Blue. 1949/50: Wabash Avenue (Varieté-Prinzessin). 1950: Stella; I'll Get by. 1951: Gambling House (Endstation Mord). 1952: The Las Vegas Story (Die Spielhölle von Las Vegas); Androcles and the Lion (Androklus und der Löwe); Million Dollar Mermaid (Die goldene Nixe); Affair with a Stranger (Ein Mann ohne Bedeutung); Something for the Birds. 1953: The Robe (Das Gewand); Veils of Bagdad (Der Prinz von Bagdad); The Glory Brigade. 1954: Betrayed (Verraten); Dangerous Mission (Blut im Schnee); The Egyptian (Sinuhe, der Ägypter); Demetrius and the Gladiators (Die Gladiatoren). 1955: Chief Crazy Horse (Der Speer der Rache); Violent Saturday (Sensation am Sonnabend). 1956: Zarak (Zarak Khan) [GB]; Safari (Der König der Safari) [GB]; The Sharkfighters (Haie greifen an); The Last Frontier/Savage Wilderness (Draußen wartet der Tod). 1957: Interpol (Der Mann, den keiner kannte) [GB]; The Long Haul (Die Fahrt in den Abgrund) [GB]. 1958: China Doll (China-Doll) [D,P]; Timbuktu (Timbuktu); No Time to Die (Keine Zeit zu sterben) [GB]. 1959: The Bandit of Zhobe (Der Bandit von Zhobe) [GB]; Escort West (Patrouille westwärts) [D,P]; The Big Circus (Die Welt der Sensationen) [D,P]; Annibale (Hannibal) [IT]. 1960: I tartari (Die Tataren) [IT]. 1966: Caccia alla volpe/After the Fox (Jagt den Fuchs) [IT/GB]. 1968: Head. 1972: Every Little Crook and Nanny. 1976: Won Ton Ton, the Dog Who Saved Hollywood (Won Ton Ton, der Hund, der Hollywood rettete). 1979: Firepower (Firepower) [GB]. 1984: Samson and Delilah (Samson und Delilah) [TV]. 1991: Oscar (Oscar – Vom Regen in die Traufe).

Maura, Carmen

(Carmen García Maura)
*15. 9. 1945 Madrid
Urenkelin des erzkonservativen königlichen Ministerpräsidenten Antonio Maura, Cousine des Schriftstellers Jorge Semprún. Während ihres Studiums an der Philosophischen Fakultät spielt sie in studentischen Theatergruppen. Mit 20 eröffnet sie eine Galerie und bricht die Ausbildung ab. Sie spielt Theater, u. a. in Werken von Sartre, Kafka und Anouilh, arbeitet als Fernsehansagerin, moderiert ihre eigene Fernsehshow «Esta noche» und beginnt zu filmen, zunächst vornehmlich in Kurzfilmen. Mit ihrer ersten wichtigen Rolle in *Tigres de papel* (Fernando Colomo) kreiert sie einen Archetypus des spanischen Kinos der Nach-Franco-Ära: die progressive junge Frau, verwirrt angesichts der gesellschaftlichen Umwälzungen. Mit diesem Typ hat sie Erfolg, aber der Durchbruch kommt erst durch die Zusammenarbeit mit Pedro Almodóvar, die bis *Mujeres al borde de un ataque de nervios* (1988) besteht. Aufgrund persönlicher Differenzen beenden die beiden diese Kooperation. 1988 erhält sie für diesen Film den europäischen Darstellerpreis Felix. Sie ist eine der populärsten spanischen Schauspielerinnen der Gegenwart und auch international populär. Sie spielt weiterhin Theater und übernimmt Rollen in Film und Fernsehen.

[ES] 1969: Las gatas tienen frío. 1970: El hombre oculto. 1971: Mantis [KF]. 1973: El asesino está entre los trece; Un casto varón español; Tanata [KF]; El love feroz o cuando los hijos juegan al amor. 1974: Don Juan [TV]. 1975: La muyer es cosa de hombres; Léonor/Leonor (Eleonore) [FR/ES/IT] 1976: El libro de buen amor II; Ir por lana [KF]; Una pareja como los demás [KF]; La petición; Pomporrutas imperiales [KF]. 1977: De fresa, limón y menta; Tigres de papel. 1978: Mi blanca Varsovia [KF]; Los ojos vendados/Les yeux bandes (Mit verbundenen Augen) [ES/FR]; ¿Qué hace una chica como tú en un sitio como éste?; Menos mi madre y mi hermana [KF]. 1979: Tal vez mañana [KF]; Café, amor y estereofonía [KF]; Aquella casa en las afueras. 1980: La mano negra; El hombre de moda; Pepi, Luci, Bom y otras chicas del montón; Gary Cooper que estás en los cielos. 1981: Cervantes [TVS]. 1982: Femenino singular. 1983: El Cid Cabreador; Sal gorda; Entre tinieblas (In der Finsternis/Das Kloster zum heiligen Wahnsinn). 1984: ¿Qué he hecho yo para merecer esto? (Womit hab ich das verdient?). 1985: La huella del crimen: El crimen de la calle [TVS]; Cuentos imposibles (Das Leben spielt verrückt) [TVS]; Sé infiel y no mires con quién; Extramuros. 1985/86: Matador (Matador). 1986: Delirios de amor. EP: El infierno [EP]; Tata mía. 1987: La ley del deseo (Das Gesetz der Begierde). 1988: La mujer de tu vida: La mujer feliz [TVS]; Baton Rouge; 2,30, A.M. [KF]; Mujeres al borde de un ataque de nervios (Frauen am Rande des Nervenzusammenbruchs). 1989: ¡Ay, Carmela! (Ay, Carmela!) [ES/IT]. 1991: Cómo ser mujer y no morir en el intento (Perfekte Frauen haben's schwer); Chatarra; Sur la terre comme au ciel (Verschwörung der Kinder) [BE/FR/ES]. 1992: La Reina Anónima; Le saut Périlleux [FR]; Soleil levant [FR]; Louis, enfant roi [FR]. 1993: Sombras en una batalla. 1994: El rey del río (Der König des Flusses) [ES/GB/PT]. 1995: Le bonheur est dans le pré (Das Glück liegt in der Wiese) [FR]; El palomo cojo. 1997: Tortilla y cinema [FR]; Os tres desejos/Elles [EURO]; Alliance cherche doigt [FR].

May, Mia

(Hermine Pfleger)
*2. 6. 1884 Wien
†28. 11. 1980 Hollywood
Besuch der Höheren Töchterschule, Ballettunterricht. Mit 5 Jahren erster Auftritt am Jantsch-Theater im Prater, bis zum 14. Lebensjahr zahlreiche Kinderrollen. Danach unter dem Künstlernamen Herma Angelot Sängerin und Schauspielerin an Wiener Bühnen. 1902 Ehe mit Julius Otto Mandl. Nach mehrjähriger Pause unter dem Namen Mia May am Wiener Apollo-Theater. 1911 Neues Operettentheater in Hamburg; ihr Mann nennt sich nach ihrem Künstlernamen Joe May. Anschließend am Friedrich-Wilhelmstädtischen Theater Berlin. 1912 Hauptrolle der aus enttäuschter Liebe sich umbringenden Obersteigertochter in Joe Mays erstem Spielfilm *In der Tiefe des Schachtes*. Auftritte in Filmen auch anderer Produzenten. 1915 zeitweise Geschäftsführerin der May-Film GmbH. Rollen in einigen der erfolgreichen Joe-Deebs-Detektivfilme. Ab 1916 mit der von ihrem Mann produzierten und teilweise inszenierten Mia-May-Serie Aufstieg zu einer der ersten Diven des deutschen Films, z. B. in den Melodramen *Die Sünde der Helga Arndt* oder *Nebel*

und Sonne. Gegen Ende des 1. Weltkriegs Hauptdarstellerin des dreistündigen Episodenfilms *Veritas vincit*. Titelrolle in der hochdramatischen achtteiligen Serie *Die Herrin der Welt*. Reduzierung der Filmarbeit auf wenige große Filme, so im Zweiteiler *Das indische Grabmal* und in dem vierteiligen Gesellschaftsfilm *Tragödie der Liebe*. Nach dem Selbstmord ihrer ebenfalls schauspielernden Tochter Eva (1902–1924) Rückzug vom Film. 1933 geht sie mit Joe May über Frankreich ins amerikanische Exil.

[DE] 1912: In der Tiefe des Schachtes [D,CoA]. 1913: Wer hebt den Stein?/ Ninon; Ketten der Vergangenheit. 1914: Wenn Wunden heilen. 1915: In der Nacht ...; Sein schwierigster Fall; Die Gespensteruhr; Die Sünde der Helga Arndt; Charly, der Wunderaffe [AT]. 1916: Nebel und Sonne; Ein einsam Grab/Die Tat der Gräfin Worms; Arme Eva Maria. 1916/17: Die Silhouette des Teufels. 1917: Die Liebe der Hetty Raymond; Ehre; Hilde Warren und der Tod; Der schwarze Chauffeur; Ein Lichtstrahl im Dunkel. 1918: Wogen des Schicksals; Opfer; Fünf Minuten zu spät; Ihr großes Geheimnis; Die Bettelgräfin; Die platonische Ehe. 1918/19: Veritas vincit (Die Wahrheit siegt!). Eine Filmtrilogie. 1919: Fräulein Zahnarzt; Der Amönenhof; Die Herrin der Welt. 1. Die Freundin des gelben Mannes/2. Die Geschichte der Maud Greegardt/3. Der Rabbi von Kuan-Fu/4. König Makombe/5. Orphir, die Stadt der Vergangenheit/6. Die Frau mit den Milliarden/7. Die Wohltäterin der Menschheit/8. Die Rache der Maud Ferguson. 1920: Die Schuld der Lavinia Morland; Das wandernde Bild. 1920/21: Der Leidensweg der Inge Krafft. 1921: Das indische Grabmal. 1. Die Sendung des Yoghi/2. Der Tiger von Eschnapur. 1922/23: Tragödie der Liebe. 4 Teile. 1924: Die Liebesbriefe der Baronin von S ...

McCrea, Joel

(Joel Albert McCrea)
*5. 11. 1905 South Pasadena (California)
†20. 10. 1990 Woodland Hills (California)

Besuch der Hollywood High School. 1928 am Pomona College, dort Schauspielerfahrungen. Mitarbeit in Filmen als Komparse und Double. Erste Rolle 1927 in *The Fair Co-Ed* (Sam Wood). Im folgenden Jahr Vertrag mit M-G-M, 1929 Wechsel zu RKO. Erste Hauptrolle im Actionfilm *The Silver Horde* (George Archainbaud). In Filmen aller Genres, vor allem aber in Western: Höhepunkte sind der Verkehrspionier Ramsay MacKay in Frank Lloyds *Wells Fargo* und Jeff Butler in Cecil B. DeMilles *Union Pacific*. 1940 spielt er Johnny Jones in Hitchcocks *Foreign Correspondent*. Auch in bissigen Komödien von Preston Sturges, so als John Sullivan in *Sullivan's Travels* und als Tom Jeffers in *The Palm Beach Story*. 1944 Titelrolle in William A. Wellmans *Buffalo Bill*. Nach dem Krieg fast ausschließlich Western: in B-Pictures und aufwendigen Prestige-Produktionen. Er verkörpert einsame Westerner, aber auch Figuren der Western-Legende, so Wyatt Earp in Jacques Tourneurs *Wichita* und Sam Houston in Byron Haskins *The First Texan*. 1959 spielt er als Marshal Mike Dunbar in 39 Folgen der Fernsehserie *Wichita Town* – neben seinem Sohn Jody McCrea. Seine letzte große Rolle ist der alte Outlaw Steve Judd in Sam Peckinpahs Film *Ride the High Country* (1962). In den 70er Jahren zieht sich McCrea auf seine Ranch im Conejo Valley, California, zurück.

[US] 1923: Scaramouche. 1924: A Self-Made Failure. 1926: The Torrent (Fluten der Leidenschaft). 1927: The Fair Co-Ed. 1928: The Enemy (Der Herzschlag der Welt). 1929: The Jazz Age; The Single Standard (Unsichtbare Fesseln); So This Is College; Dynamite. 1930: The Silver Horde; Lightnin'; Once a Sinner. 1930/31: Kept Husbands. 1931: Born to Love; The Common Law; Girls About Town. 1931/32: Business and Pleasure; The Lost Squadron (Die letzten Vier). 1932: Bird of Paradise (Luana (Eine Schreckensnacht auf Hawai)); The Most Dangerous Game (Graf Zaroff – Genie des Bösen); The Sport Parade; The Sport Parade; Rokkabye. 1932/33: Scarlet River. 1933: The Silver Cord; Bed of Roses; One Man's Journey; Chance at Heaven. 1934: Gambling Lady (Die Spielerin); Half a Sinner; The Richest Girl in the World. 1935: Private Worlds (Oberarzt Dr. Monet); Our Little Girl (Unser kleines Mädchen); Woman Wanted; Barbary Coast (San Francisco im Goldfieber); Splendor. 1935/36: These Three (Infame Lügen). 1936: Two in a Crowd; Adventure in Manhattan; Come and Get It (Nimm, was du kriegen kannst); Banjo on My Knee (Mississippi-Melodie). 1937: Internes Can't Take Money (Assistenzarzt Dr. Kilder); Woman Chases Man (Virginia auf Männerfang); Dead End (Im Schatten der Wolkenkratzer); Wells Fargo (Frisco-Expreß). 1938: Three Blind Mice; Youth Takes a Fling. 1938/39: Union Pacific (Die Frau gehört mir!). 1939: They Shall Have Music (Musik fürs Leben); Espionage Agent (Geheimagenten). 1940: He Married His Wife; Primrose Path; Foreign Correspondent (Mord). 1941: Reaching for the Sun; Sullivan's Travels (Sullivans Reisen). 1942: The Great Man's Lady; The Palm Beach Story (Atemlos nach Florida). 1943: Stars on Horseback [KF]; The More the Merrier (Immer mehr, immer lustiger). 1944: Buffalo Bill (Buffalo Bill, der weiße Indianer); The Great Moment (The Great Moment). 1945: The Unseen (Der Tod wohnt nebenan). 1946: The Virginian (Der Mann aus Virginia). 1947: Ramrod (Die Farm der Gehetzten). 1948: Four Faces West (Flucht nach Nevada). 1948/49: South of St. Louis (Konterbande). 1949: Colorado Territory (Vogelfrei). 1950: The Outriders (Blutiger Staub); Stars in My Crown; Saddle Tramp (Ohne Gesetz); Frenchie (Revolverlady). 1951: Hollywood Story; Cattle Drive (Der große Zug nach Santa Fe). 1952: The San Francisco Story (Menschenjagd in San Francisco). 1952/53: Rough Shoot (Schuß im Dunkel) [GB]. 1953: Lone Hand (Auf verlorenem Posten). 1954: Border River (Teufelspassage); Black Horse Canyon (Der blaue Mustang). 1955: Stranger on Horseback (Einer gegen alle); Wichita (Wichita). 1956: The First Texan (Der Held von Texas). 1957: The Oklahoman (Dakota); Trooper Hook (Fluch der Gewalt); Gunsight Ridge (Von allen Hunden gehetzt); The Tall Stranger (Der große Fremde). 1958: Cattle Empire (Die Rache des Texaners); Fort Massacre (Die Letzten der 2. Schwadron). 1959: The Gunfight at Dodge City (Drauf und dran); Wichita Town [TVS]. 1962: Ride the High Country (Sacramento). 1970: Cry Blood, Apache (Schreit, wenn wir verrecken). 1976: Mustang Country (Mustang, Bär und Jäger).

McDowall, Roddy

(Roderick Andrew Anthony Jude McDowall)
* 17. 9. 1928 Herne Hill (London)

Kindheit größtenteils in Essex. Ab dem 4. Lebensjahr Kinderdarsteller u. a. für Werbeanzeigen. 1938 Filmdebüt im Krimi *Murder in the Family* (Albert Parker), danach kleine Rollen in weiteren englischen Filmen. 1940 Vertrag mit 20th Century-Fox und Besuch der firmeneigenen Schule für Kinderdarsteller. Die Eltern wandern mit dem Kind in die USA aus. 1941 in *Man Hunt* (Fritz Lang) erstmals in einem amerikanischen Film. Erste größere Rolle in den USA ist 1941 der Huw Morgan in John Fords *How Green Was My Valley*. Die Filme *My Friend Flicka* (Harold Schuster) und *Lassie Come Home* (Fred M. Wilcox) festigen den Status als Kinderstar. In den 40er Jahren trotz zunehmenden Alters nicht selten in 2 bis 3 Kinderrollen jährlich. Noch 1965, 37jährig, in einer Teenager-Rolle in der schwarzen High-School-Komödie *Lord Love a Duck*, dem Regiedebüt von George Axelrod. 1946 Bühnendebüt beim Shakespeare Festival in Westport, Connecticut. 1951 von Hollywood nach New York, dort Schauspielstudium und ab 1953 am Broadway. Seit den frühen 50er Jahren auch in diversen Fernsehserien. Ein großer Erfolg wird 1967/68 der Science-fiction-Film *Planet of the Apes* (Franklin J. Schaffner) mit McDowall als Orang-Utan-Wissenschaftler Cornelius. In gleicher Rolle auch in den vier Kino-Fortsetzungen und einer Fernseh-Serie. Daneben Mitwirkung in zahlreichen anderen Filmen, z. B. unter der Regie von Henry Hathaway, John Huston und Herbert Ross. In den 80er und 90er Jahren auch in den *Fright Night*-Horrorfilmen und Komödien wie *Overboard* oder *Only the Lonely*. 1968 inszeniert McDowall in England das Melodram *Tam Lin* mit Ava Gardner in der Hauptrolle, das in den USA erst 1972 unter dem Titel *The Devil's Widow* herauskommt. Auch als Porträt-Fotograf tätig, u. a. für die Zeitschriften «Life» und «Vogue».

[US] 1937/38: John Halifax, Gentleman [GB]; Murder in the Family [GB]; I See Ice! [GB]. 1938: Convict 99 [GB]; Yellow Sands [GB]; The Outsider [GB]; Hey! Hey! USA! [GB]; Scruffy [GB]. 1939: Dead Man's Shoes [GB]; Murder Will Out [GB]; Just – William [GB]; His Brother's Keeper [GB]; Poison Pen [GB]. 1940: Saloon Bar [GB]; You Will Remember [GB]. 1940/41: This England/ Our Heritage [GB]. 1941: Confirm or Deny; How Green Was My Valley (Schlagende Wetter); Man Hunt (Menschenjagd). 1942: On the Sunny Side; Son of Fury (Abenteuer in der Südsee); The Pied Piper. 1943: Lassie Come Home (Heimweh); My Friend Flicka (Flicka). 1944: The White Cliffs of Dover; The Keys of the Kingdom (Schlüssel zum Himmelreich). 1945: Molly and Me; Thunderhead – Son of Flicka. 1946: Holiday in Mexico (Ball in der Botschaft). 1948: Kidnapped [D,CoP]; Rocky [D,CoP]; Green Grass of Wyoming; Macbeth (Macbeth). 1949: Black Midnight [D,CoP]; Tuna Clipper [D,CoP]. 1950: Everybody's Dancing; Big Timber [D,CoP]; Killer Shark [D, CoP]. 1951: The Steel Fist. 1958–62: Naked City: Fault in Our Stars [TV]. 1960: Not Without Honor [TV]; The Subterraneans (Die Kellerratten); The Power and the Glory (Die Kraft und die Herrlichkeit) [TV]; Midnight Lace (Mitternachtsspitzen); The Twilight Zone: People Are Alike All Over [TV]. 1961: The Longest Day (Der längste Tag). 1963: Cleopatra (Cleopatra) [US/GB]. 1963/64: Shock Treatment (Der Mörder mit der Gartenschere). 1965: The Greatest Story Ever Told (Die größte Geschichte aller Zeiten); Lord Love a Duck (Mollymauk, der Wunderknabe); That Darn Cat! (Alles für die Katz); Inside Daisy Clover (Verdammte süße Welt); The Third Day (Der dritte Tag); The Loved One (Tod in Hollywood). 1965/66: Batman [TVS]. 1966: L'Éspion (Lautlose Waffen) [FR]. 1966/67: Adventures of Bullwhip Griffin (Bullwhip Griffin oder Goldrausch in Kalifornien). 1967: The Cool Ones; It [GB]. 1967/68: Planet of the Apes (Planet der Affen). 1968: Five Card Stud (Todfeinde); The Devil's Widow [R – GB – UA: 1972]. 1969: Angel, Angel, Down We Go/Cult of the Damned; Midas Run (Gestatten, das sind meine Kohlen); Night Gallery [TV]; Hello Down There. 1970: Beneath the Planet of the Apes (Rückkehr zum Planet der Affen). 1970/71: Pretty Maids All in a Row (Sex-Lehrer-Report). 1971: Terror in the Sky (Panik in den Wolken) [TV]; A Taste of Evil (Der Hauch des Bösen) [TV]; What's a Nice Girl Like You? [TV]; Bedknobs and Broomsticks (Die tollkühne Hexe in ihrem fliegenden Bett); Escape from the Planet of the Apes (Die Flucht vom Planet der Affen). 1972: Corky [TV]; The Life and Times of Judge Roy Bean (Das war Roy Bean); The Poseidon Adventure (Die Höllenfahrt der Poseidon); Conquest of the Planet of the Apes (Eroberung vom Planet der Affen). 1973: Miracle on 34th Street [TV]; Battle for the Planet of the Apes (Schlacht um den Planet der Affen); Arnold; Legend of Hell House (Tanz der Totenköpfe) [GB]. 1974: The Elevator (Fahrstuhl des Schreckens) [TV]; Dirty Mary, Crazy Larry (Kesse Mary – irrer Larry); The Planet of the Apes [TVS]. 1975: Funny Lady (Funny Lady). 1976: Mean Johnny Barrows; Flood! (Die Flut bricht los) [TV]; Embryo (Embryo). 1977: Laserblast; Fantastic Journey [TVS]; Rhinemann Exchange [TV]; Sixth and Main. 1978: The Cat from Other Space (Die Katze aus dem Weltraum); Rabbit Test; Circle of Iron/The Silent Flute (Das Geheimnis des blinden Meisters); The Silent Flute (Das Geheimnis des blinden Meisters). 1978/79: The Martian Chronicles (Die Mars-Chroniken) [TV – GB]. 1979: The Thief of Baghdad (Der Dieb von Bagdad) [TV – GB/FR]; The Million Dollar Face (Das Millionengesicht); The Immigrants [TV]; Hart to Hart (Hart, aber herzlich) [TV]; Scavenger Hunt [TV]. 1980: Charlie Chan and the Curse of the Dragon Queen (Charlie Chan und der Fluch der Drachenkönigin); Memory of Eva Ryker [TV]. 1981: Evil Under the Sun (Das Böse unter der Sonne) [GB]. 1982: Class of 1984 (Die Klasse von 1984) [CA]; Mae West [TV]. 1983: This Girl for Hire [TV]. 1984: Zany Adventures of Robin Hood [TV]. 1985: Alice Through the Looking Glass [TV]; Hollywood Wives (Hollywood – intim und indiskret) [TV]; Alice in Wonderland [TV]; Fright Night (Die rabenschwarze Nacht). 1986: Gobots: Battle of the Rocklords [S – ANI]. 1987: Overboard (Overboard – Ein Goldfisch fällt ins Wasser); Dead of Winter (Tod im Winter). 1988: Fright Night II (Mein Nachbar der Vampir). 1989: Around the World in 80 Days (In 80 Tagen um die Welt) [TV]; Cutting Class (Todesparty II); The Big Picture (The Big Picture). 1990: Shakma (Shakma); Carmilla; Going Under (U-Boot Academy). 1991: Columbo: Short Fuse (Columbo: Zigarren für den Chef) [TV]; An Inconvenient Woman (Späte Leidenschaft) [TV – US/AU]; Los Gusanos no llevan bufanda [ES]; Earth Angel (Du bist ja ein Engel!) [TV]; Deadly Game (Spiel gegen den Tod) [TV]. 1992: Sidney Sheldon's The Sands of Time [TV]; The Magical World of Chuck Jones [DOK]; Double Trouble (Double Trouble – Warte bis mein Bruder kommt). 1993: Raven Dance (Devil Dance). 1993/94: Hart to Hart: Home Is Where the Hart Is [TV]. 1994: Mirror Mirror 2: Raven Dance; Heads [TV]; Angel 4: Undercover (L. A. Angel – Deadly Revenge) [TV]. 1995: Star Hunter; Last Summer in the Hamptons; Alien Within (Das Alien in Dir) [TV]; Fatally Yours. 1996: It's My Party (It's My Party); Unlikely Angel [TV]. 1997: The Second Jungle Book: Mowgli & Baloo.

McDowell, Malcolm

(Malcolm Taylor)
*15. 6. 1943 Leeds

Gastwirtssohn. College-Besuch in Kent, dort an Schulaufführungen beteiligt. 1962 Rückkehr nach Liverpool. In den frühen 60er Jahren Arbeit in einer Kafeerösterei, dann als Kaffeeverkäufer in Yorkshire. 1963 an der London Academy of Music and Dramatic Art, anschließend Schauspieler an kleineren Repertoire-Bühnen in Shanklin (Isle of Wight) und Torquay. Mitte der 60er Jahre für 18 Monate bei der Royal Shakespeare Company. Auftritte in Fernseh-Serien. Der Schauspieler mit den großen, aufmerksamen Augen debütiert 1967 beim Film, seine kleine Rolle in *Poor Cow* (Ken Loach) fehlt jedoch im fertigen Film. 1968 Erfolg mit der Hauptrolle des aufsässigen Mick Travers in Lindsay Anderson *If ...* Noch zwei weitere Filme mit Anderson: *O Lucky Man!* (1973) basiert teilweise auf McDowells Erfahrungen als Kaffeeverkäufer, *Britannia Hospital* (1981) ist eine verzweifelte Karikatur des britischen Gesellschaftslebens. 1972 die wohl bekannteste Rolle als gewalttätiger, aber nicht ganz unsympathisch gezeichneter Alex in der bösen Zukunftssatire *A Clockwork Orange* (Stanley Kubrick) nach Anthony Burgess. 1977/80 Titelrolle in dem vom Penthouse-Magazin finanzierten und umstrittenen *Gore Vidal's Caligula* (selbst Regisseur Tinto Brass zieht seinen Namen zurück). Während der 80er Jahre tritt McDowell vor allem in weniger anspruchsvollen Rollen amerikanischen Filmen auf, so als Bruder von Nastassja Kinski in *Cat People* (Paul Schrader), 1983 als Gegenspieler von Roy Scheider in dem High-Tech-Helikopter-Spektakel *Blue Thunder* (John Badham) sowie 1988 als Alfie Alperin in Blake Edwards' Nostalgie-Western *Sunset*. McDowells jüdischer Dirigent in *Il Maestro* (Marion Hänsel) von 1989 wird von der Kritik als Fehlbesetzung gewertet. 1990 als Albert Schweitzer im TV-Film *The Light in the Jungle* und als vergewaltigender und mordender Direktor einer Irrenanstalt in Charles Winklers *Disturbed*. Er ist 1980–90 in zweiter Ehe mit der Schauspielerin Mary Steenburgen verheiratet.

[GB] 1966: Knock on Any Door: Iron Johnny [TV]. 1967: Emergency Ward 10: By the Mark of Twelve [TV]; Poor Cow (Poor Cow – geküßt und geschlagen) [D (cut)]; Love Story: Love in a Greary Suit [TV]. 1968: If ... (If ...). 1969/70: Figures in a Landscape (Im Visier des Falken). 1970: The Raging Moon (Rosen im Winter). 1971: A Clockwork Orange (Uhrwerk Orange). 1973: O Lucky Man! (Der Erfolgreiche). 1975: Royal Flash (Royal Flash); The Collection [TV]. 1976: Voyage of the

Damned (Reise der Verdammten); Aces High (Die Schlacht in den Wolken) [GB/FR]. 1978: The Cat from Other Space (Die Katze aus dem Weltraum) [US]; She Fell Among Thieves [TV]; Look Back in Anger [TV – US]; The Passage (Paß des Todes) [GB/US]. 1979: Gore Vidal's Caligula/Caligola (Caligula) [US/IT]; Tigers Are Better Looking [KF]; Time After Time [US]. 1981: Britannia Hospital (Britannia Hospital); Cat People (Katzenmenschen) [US]. 1982: The Compleat Beatles [US]. 1983: Faerie Tale Theatre: Little Red Riding Hood [TV – US]; Cross Creek [US]; Merlin and the Sword (Merlin und das Schwert) [TV]; Blue Thunder (Das fliegende Auge) [US]; Get Crazy (Get Crazy) [US]. 1985: Gulag (Gulag) [TV]. 1986: Monte Carlo (Monte Carlo) [TV – US]. 1987: The Caller (The Caller) [US]; Buy and Cell (Zwei tolle Hechte im Knast) [US]. 1988: Sunset (Sunset – Dämmerung in Hollywood) [US]. 1989: Moon 44 (Moon 44) [BRD]; Il maestro (Das Geheimnis des Dirigenten) [BE/ES/FR]; Maggio Musicale [IT]. 1990: The Light in the Jungle/Schweitzer [US]; Disturbed (Tödliche Visionen) [US]; Snake Eyes (Snake Eyes); Class of 1999 (Die Klasse von 1999) [US]; Jezebel's Kiss [US]. 1991: Careubijca/Assassin of the Tsar [RU/GB]. 1992: Vent d'est [FR]; The Player (The Player) [US]; Night Train to Venice [IT]; 1993: Bopha! (Bopha! – Kampf um Freiheit) [US]; The Man Who Wouldn't Die (Der Mann, der niemals starb) [TV – US]; Chain of Desire (Chain of Desire) [US]. 1994: Seasons of the Heart (Entscheidung des Herzens) [TV – US]; Exquisite Tenderness (Exquisite Tenderness) [US/DE]; In the Eye of the Snake [US]; Milk Money (Taschengeld) [US]; Dangerous Indiscretion (Gefährliche Intrige) [US]; Fist of the North Star (Fist of the North Star) [Video – USA]; Seasons of the Heart [TV – US]; Star Trek: Generations (Star Trek – Treffen der Generationen) [US]; Tank Girl (Tank Girl) [US]. 1995: Cyborg 3: The Recycler (Cyborg 3) [US]; Kids of the Round Heart (Kids der Tafelrunde) [CA]. 1995/96: The Little Riders [TV – US]. 1996: Yesterday's Target; Asylum [US]; Lexx: The Dark Zone [TVS – CA/DE]; Superman [TVS – US]. 1996/97: Pearl [TVS – US]; Hugo Pool [US]. 1997: Mr. Magoo [TV].

McLaglen, Victor

* 10. 12. 1886 Tunbridge Wells (Kent)
† 7. 11. 1959 Newport Beach (California)

Sohn eines Priesters. Besuch der St. Boniface Schools for Boys in London. Teilnahme am Buren-Krieg, Preis-Boxer in Kanada, Auftritte in Zirkus und Vaudeville. Teilnahme am 1. Weltkrieg. 1920 Filmdebüt in England. Bald in Hauptrollen, so in J. Stuart Blacktons *The Glorious Adventure*. 1924 nach Hollywood und amerikanisches Filmdebüt. 1925 beginnt mit *The Fighting Heart* eine 27jährige Zusammenarbeit mit dem Regisseur John Ford. Erfolg als Captain Flagg in Raoul Walshs Kriegsdrama *What Price Glory?* 1928 spielt er den Matrosen Spike Madden in Howard Hawks' Komödie *A Girl in Every Port*. Er verkörpert in den 30er Jahren vierschrötige, polternde, oft etwas einfältige Charaktere, so als Sergeant in Fords *The Lost Patrol*. 1935 erhält er den Oscar als irischer Denunziant Gypo Nolan in Fords *The Informer*. Ende der 40er Jahre als Sergeant in Fords drei klassischen Kavallerie-Western: *Fort Apache, She Wore a Yellow Ribbon* und *Rio Grande*. 1952 Nominierung für Nebenrollen-Oscar als irischer Bauer in *The Quiet Man*. Letzte Filmrolle 1953 als trinkfreudiger Captain Bellew im englischen *Sea Fury* (Cyril Endfield). Ende der 50er Jahre auch TV-Tätigkeit. 1934 Buch «Express to Hollywood». Seine fünf Brüder sind ebenfalls Schauspieler, sein Sohn Andrew V. McLaglen (*1920) beginnt als Regieassistent von John Ford (*The Informer*) und arbeitet seit 1956 als Regisseur, vor allem von Western und Actionfilmen, später beim Fernsehen.

[US] 1920: The Call of the Road [GB]. 1920/21: Carnival [GB]. 1921: Corinthian Jack [GB]; The Prey of the Dragon [GB]; The Sport of Kings [GB]; The Glorious Adventure [US/GB]. 1921/22: A Romance of Old Bagdad [GB]. 1922: Little Brother of God [GB]; A Sailor Tramp [GB]; The Crimson Circle [GB]; The Romany [GB]. 1923: M'Lord of the White Road [GB]; Heartstrings [GB]; In the Blood [GB]; The Boatswain's Mate [KF – GB]. 1924: Women and Diamonds [GB]; The Gay Corinthian [GB]; The Passionate Adventure [GB]; The Beloved Brute. 1925: Percy; The Hunted Woman; The Unholy Three (Die unheimlichen Drei); Winds of Chance; The Fighting Heart. 1926: The Isle of Retribution; Men of Steel; Beau Geste (Blutsbrüderschaft); What Price Glory? (Rivalen). 1927: Loves of Carmen (Die Liebe vom Zigeuner stammt). 1928: A Girl in Every Port (Blaue Jungen – blonde Mädchen); Mother Machree; Hangman's House; The River Pirate. 1929: Captain Lash (Weibergeschichten des Capitain Lash); Strong Boy; The Black Watch; The Cock-Eyed World (Kampfhähne der Liebe); Happy Days; Hot for Paris. 1930: On the Level; A Devil with Women/On the Make; Dishonored (X.27/Entehrt). 1931: The Stolen Jools [KF]; Not Exactly Gentlemen; Women of All Nations; Annabelle's Affairs; Wicked; While Paris Sleeps. 1932: The Gay Caballero; Devil's Lottery; Guilty as Hell; Rackety Rax. 1932/33: Hot Pepper. 1933: Laughing at Life; Dick Turpin [GB]; The Lost Patrol (Die vermißte Patrouille). 1933/34: No More Women. 1934: The Wharf Angel (Hafengasse Nr. 4); Murder at the Vanities; The Captain Hates the Sea. 1935: Under Pressure; The Great Hotel Murder; The Informer (Der Verräter); Professional Soldier. 1935/36: Klondike Annie. 1936: Under Two Flags (Unter zwei Flaggen); The Magnificent Brute. 1936/37: Nancy Steele Is Missing. 1937: Sea Devils; This Is My Affair (Unter vier Augen); Wee Willie

Winkie (Rekrut Willi Winkie). 1938: Battle of Broadway; The Devil's Party; We're Going to Be Rich; Gunga Din (Aufstand in Sidi Hakim). 1938/39: Pacific Liner; Let Freedom Ring (Rivalen). 1939: Captain Fury (Der Kettensträfling); Ex-Champ; Full Confession; Rio; The Big Guy. 1940: South of Pago Pago (Die Perlenräuber von Pago-Pago); Diamond Frontier. 1941: Broadway Limited; Call Out the Marines; Powder Town. 1942: China Girl. 1943: Forever and a Day (Auf ewig und drei Tage). 1944: Tampico; The Princess and the Pirate (Das Korsarenschiff); Roger Touhy, Gangster. 1945: Love, Honor and Goodbye; Rough, Tough and Ready; Whistle Stop. 1947: The Foxes of Harrow (Eine Welt zu Füßen); Michigan Kid; Calendar Girl. 1948: Fort Apache (Bis zum letzten Mann). 1949: She Wore a Yellow Ribbon (Der Teufelshauptmann). 1950: Rio Grande (Rio Grande). 1951: O'Mara's Chain Miracle [KF]. 1952: The Quiet Man (Der Sieger). 1953: Fair Wind to Java (Der Rebell von Java). 1953/54: Prince Valiant (Prinz Eisenherz). 1954: Trouble in the Glen (Scherereien mit seiner Lordschaft) [GB]. 1955: Bengazi; Lady Godiva (Die nackte Geisel); Many Rivers to Cross (Ein Mann lebt gefährlich); City of Shadows. 1956: Around the World in 80 Days (In 80 Tagen um die Welt). 1957: The Abductors. 1957/58: Gli italiani sono matti/Los Italianos estan locos (Heimweh, Stacheldraht und gute Kameraden) [IT/ES]. 1958: Have Gun Will Travel: The O'Hare Story [TV]; Sea Fury (Wütende See) [GB]. 1959: Rawhide: Incident of the Shambling Man [TV].

McQueen, Steve

(Terence Steven McQueen)
*24. 3. 1930 Slater (Missouri)
†7. 11. 1980 Juarez (Mexiko)
Er verbringt seine Kindheit zum Teil im Heim Boys' Republic, Chino (California), dann in verschiedenen Jobs. 1947–50 Marine Corps. 1952 Schauspielunterricht in New York bei Uta Hagen und Herbert Berghof. Bühnendebüt am Yiddish Theatre. Tourneen u. a. mit «Member of the Wedding» und «Time Out for Ginger». 1956 Broadway-Erfolg mit «A Hatful of Rain» von Michael Vincente Gazzo. 1956 Filmdebüt. 1958 Hauptrolle als Teenager im Kampf gegen außerirdischen Schleim im Spätvorstellungs-Kultfilm *The Blob* (Irvin S. Jeaworth Jr.). 1958–60 spielt er die Hauptrolle in 98 Folgen der TV-Western-Serie *Wanted – Dead or Alive.* Er ist in Kriminal- und Actionfilmen der Typ des harten Draufgängers, gleichzeitig zeigt er aber auch komödiantisches Talent. Erfolg als Vin in Sturges' Western *The Magnificent Seven.* Darstellerpreis beim Festival in Moskau für den kriegsgefangenen G.I. in John Sturges' *The Great Escape* (1963). Titelrolle des coolen Berufsspielers in *The Cincinnati Kid* (Norman Jewison). 1966 wird er als US-Maschinen-Maat Holman im chinesischen Bürgerkrieg in Robert Wises *The Sand Pebbles* für einen Oscar nominiert. Als Polizist in *Bullitt* (Peter Yates), Rennfahrer in *Le Mans* und als flüchtender Bankräuber – neben seiner späteren zweiten Ehefrau Ali McGraw – in Peckinpahs *The Getaway* kann er seinem Hobby als Liebhaber schneller Autos frönen. 1963 Gründung der Firma Socar Productions, 1969 Mitbegründer der First Artists Production Company. Sein Sohn Chad McQueen ist ebenfalls Schauspieler.

[US] 1956: Somebody Up There Likes Me (Die Hölle ist in mir). 1957: Defender [TV]. 1958: Never Love a Stranger (Der Gangsterkönig von New York); The Blob (Blob – Schrecken ohne Namen). 1958–60: Wanted – Dead or Alive (Josh) [TVS]. 1959: The Great St Louis Bank Robbery (Rififi in St. Louis); Never So Few (Wenn das Blut kocht). 1960: The Magnificent Seven (Die glorreichen Sieben); Alfred Hitchcock Presents: Human Interest Story [TV]; Alfred Hitchcock Presents: Man from the South [TV]. 1961: The Honeymoon Machine (Die Heiratsmaschine). 1962: Hell Is for Heroes (Die ins Gras beißen); The War Lover (Wir alle sind verdammt) [GB]. 1963: The Great Escape (Gesprengte Ketten); Soldier in the Rain [D,P]; Love with the Proper Stranger (Verliebt in einen Fremden). 1964: Baby, the Rain Must Fall (Die Lady und der Tramp). 1965: The Cincinnati Kid (Cincinnati Kid) [D,P]. 1966: Nevada Smith (Nevada Smith) [D,P]; The Sand Pebbles (Kanonenboot am Yangtse-Kiang) [D,P]. 1968: The Thomas Crown Affair (Thomas Crown ist nicht zu fassen) [D,P]; Bullitt (Bullitt) [D,P]. 1969: The Reivers (Der Gauner) [D,P]. 1971: Le Mans – The Race, The Movie [KF]; Le Mans (Le Mans) [D,P]; On Any Sunday (Teufelskerle auf heißen Feuerstühlen) [D,P]. 1972: The Getaway (Getaway) [D,P]; Junior Bonner (Junior Bonner) [D,P]. 1973: Papillon (Papillon). 1974: The Towering Inferno (Flammendes Inferno). 1978: An Enemy of the People [D,P]. 1979: Tom Horn (Ich, Tom Horn) [D,P]. 1980: The Hunter (Jeder Kopf hat seinen Preis).

Menjou, Adolphe

(Adolphe Jean Menjou)
*18. 2. 1890 Pittsburgh (Pennsylvania)
†29. 10. 1963 Hollywood
1906–07 Besuch der Culver Military Academy in Indiana, 1908–11 Ingenieurstudium an der Cornell University in Ithaca. Zeitweilig Leitung des väterlichen Restaurants und verschiedene Jobs in New York. 1914 Filmdebüt. Ab 1916 regelmäßig kleine Rollen. 1917–19 Kriegsteilnahme als Captain des Ambulance Corps. Danach kurz Produktionsleiter des Van Buren Filmstudio in New York, dann wieder Darsteller, so als Louis XIII in Fred Niblos *The Three Musketeers* oder als Duc de Langeais in Frank Lloyds *The*

Eternal Flame. 1923 erringt er als verwöhnter Lebemann in Chaplins *A Woman of Paris* weite Popularität, wird aber auch auf den Typ festgelegt, z. B. in Filmen von Ernst Lubitsch, als Wiener Professor in *The Marriage Circle* und als Kanzler in *Forbidden Paradise*. 1929/30 in Frankreich. Anschließend bei M-G-M, wird er einer der meistbeschäftigten Akteure des Studios. Weitere Erfolge: als flotter Mann von Welt neben Gary Cooper und Marlene Dietrich in Sternbergs *Morocco*. 1931 Oscar-Nominierung als zynischer Verleger in *The Front Page* (Lewis Milestone). In Frank Borzages Hemingway-Verfilmung *A Farewell to Arms* spielt er den Major Rinaldi. Auch in Filmen von William A. Wellman, so als Oliver Niles in *A Star Is Born* und als Verteidiger in *Roxie Hart*. 1957 überzeugend als zynischer französischer General Broulard in *Paths of Glory*, Stanley Kubricks düsterem Film über den 1. Weltkrieg. Politisches Engagement: 1944 Mitbegründer der rechtslastigen Motion Picture Alliance for the Preservation of American Ideals, 1947 Denunziation von Kollegen vor dem McCarthy-Untersuchungsausschuß. 1948 erscheint sein Buch «It Took Nine Tailors».

[US] 1914: The Man Behind the Door. 1916: The Scarlet Runner [Serial]; A Parisian Romance; Nearly a King; The Price of Happiness/Three Pairs of Shoe; Habit of Happiness/Laugh and the World Laughs; The Crucial Test; The Devil at His Elbow; The Reward of Patience; Manhattan Madness; The Kiss; Romeo and Juliet; The Blue Envelope Mystery. 1917: The Valentine Girl; An Even Break; The Amazons; The Moth. 1920: What Happened to Rosa? 1921: The Faith Healer/Goodheart; Courage; Through the Back Door; The Three Musketeers (Douglas Fairbanks – Der vierte Musketier); Queenie; The Sheik (Der Scheich). 1922: Head Over Heels; Is Matrimony a Failure?; The Fast Mail; The Eternal Flame; Pink Gods; Clarence; Singed Wings. 1923: The World's Applause; Bella Donna (Belladonna); Rupert of Hentzau; A Woman of Paris (Die Nächte einer schönen Frau); The Spanish Dancer (Die spanische Tänzerin). 1924: The Marriage Circle (Die Ehe im Kreise); Shadows of Paris (Schatten von Paris); Marriage Cheat; Broadway After Dark (Ralphs galante Abenteuer); For Sale (Die mit Seelen Handel treiben); Broken Barriers; Sinners in Silk; Open All Night; The Fast Set; Forbidden Paradise (Das verbotene Paradies). 1925: The Swan (Seine Hoheit verlobt sich); A Kiss in the Dark; Are Parents People? (Dürfen Eltern heiraten?); Lost – A Wife; The King on Main Street (Durchlaucht macht eine Anleihe). 1926: The Grand Duchess and the Waiter (Die Großfürstin und ihr Kellner); Fascinating Youth; A Social Celebrity; The Ace of Cads; The Sorrows of Satan (Lord Satanas). 1927: Blonde or Brunette (Blond oder braun?); Evening Clothes (Ein Frack – ein Claque – ein Mädel); Service for Ladies (Wie Madame befehlen); A Gentleman of Paris (Der Gentleman von Paris); Serenade. 1928: A Night of Mystery; His Tiger Lady (Der Maharadscha von Domelanien); His Private Life. 1929: Marquis Preferred (Ein Marquis zu verkaufen); Fashions in Love. 1929/31: Wir schalten um auf Hollywood [Version – US/DE]. 1930: Mon gosse de père [Version]; New Moon; The Parisian [Version]; Amors audaz [Version]; L'enigmatique Monsieur Parkes [Version]; Morocco (Flammende Herzen). 1931: The Easiest Way; Men Call It Love; The Front Page; The Great Lover; Friends and Lovers; Soyons gais [Version]; Forbidden (Sehnsucht ohne Ende). 1931/32: Prestige; Two White Arms [GB]. 1932: Bachelor's Affairs; The Night Club Lady (Das Rätsel einer Nacht); Diamond Cut Diamond [GB]; A Farewell to Arms. 1933: The Circus Queen Murder; Morning Glory (Morgenrot des Ruhms); The Worst Woman in Paris; Convention City; Easy to Love. 1933/34: Journal of a Crime. 1934: The Trumpet Blows; Little Miss Marker; The Great Flirtation; The Human Side; The Mighty Barnum. 1934/35: Gold Diggers of 1935 (Die Goldgräber von 1935). 1935: Broadway Gondolier. 1935/36: The Milky Way (Ausgerechnet Weltmeister). 1936: Sing, Baby, Sing; Wives Never Know; One in a Million; A Star Is Born (Ein Stern geht auf). 1937: Café Metropole (Café Metropol); One Hundred Men and a Girl; Stage Door (Bühneneingang); The Goldwyn Follies. 1938: Letter of Introduction; Thanks for Everything; King of the Turf. 1939: Golden Boy (Golden Boy); The Housekeeper's Daughter (Nenn mich Hilda); That's Right – You're Wrong. 1940: Turnabout; A Bill of Divorcement/Never to Love. 1941: Road Show; Father Takes a Wife. 1941/42: Syncopation. The Story of a Nation from Ragtime to Boogie-Woogie. 1942: You Were Never Lovelier (Du warst nie berückender); Roxie Hart (Roxie Hart). 1943: Sweet Rosie O'Grady; Hi Diddle Diddle/Diamonds and Crime. 1944: Step Lively. 1945: Man Alive. 1946: The Bachelor's Daughters; Heartbeat. 1946/47: I'll Be Yours. 1947: The Hucksters (Der Windhund und die Lady); Mr. District Attorney. 1948: State of the Union (Der beste Mann). 1949: Dancing in the Dark; My Dream Is Yours (Mein Traum bist du). 1950: To Please a Lady (Tod im Nacken). 1951: The Tall Target (Verschwörung im Nachtexpreß); Across the Wide Missouri (Colorado). 1952: The Sniper. 1952–54: Favorite Story [TVS]. 1952/53: Man on a Tightrope (Ein Mann auf dem Drahtseil). 1954: The Timberjack (Der Rächer vom Silbersee). 1956: Bundle of Joy (Na, na, Fräulein Mutti); The Ambassador's Daughter (Die große und die kleine Welt). 1957: The Fuzzy Pink Nightgown (Der Traum in Pink); Paths of Glory (Wege zum Ruhm); I Married a Woman (Links und rechts vom Ehebett). 1960: Pollyanna (Alle lieben Pollyanna).

Menšik, Vladimir
*9. 10. 1921 Ivančice
†29. 5. 1988
Studium an der Janáček-Akademie der musischen Künste in Brno. 1953–58 Engagement an E. F. Burians Theater in Prag; später Mitglied des Schauspieler-Ensembles des Filmstudios Barrandow. Seit 1956 beim Film, Debüt in Vojtěch Jasnys *Zářijové noci*. Neben Charakterrollen ist er vor allem als Komiker in heiteren Unterhaltungsfilmen erfolgreich, z. B. 1963 in Vojtěch Jasnys satirischem Märchen. *Až přijde kocour* oder in der Western-Parodie *Limonádový Joe* (Oldrich Lipsky). 1979 erhält er auf dem Nationalen Filmfestival Karlovy Vary den Schauspielerpreis für seinen Pavel Budil in *Hrozba* (Zdeněk Sirový). In Jiří Menzels phantasievollem Film über die Frühzeit des Kinos, *Báječní muži s klikou* (1978), spielt er den Kabarettisten Šlapeta. Intensive Zusammenarbeit mit Václav Vorliček, u. a. als Matěj in *Jak se budí princezny* (1977), als König in *Princ a Večernice* (1978) und als Vater Labudy in *Zelená vlna* (1981). In Dušan Kleins *Dobri Holubi so vraceji* (1988), der sich mit dem Thema Alkoholismus auseinandersetzt, ist er der Honzíček. Menšik, einer der meistbeschäftigten Darsteller im tschechoslowakischen Film, erhält staatliche Ehrungen, ist u. a. Nationalkünstler.

[CS] 1956: Zářijové noci. 1957: Snadný život (Seine Karriere); Padělek (Die Fälschung); Dědeček automobil; Štěňata. 1957–63: Konec jasnovidce [KF]. 1958: Hlavní výhra (Der Haupttreffer); Touha (Sehnsucht); Tenkrát o vánocích; Hvězda jede na jih (Ein Stern fährt nach Süden) [CS/YU]. 1959: Ošklivá slečna; Král Šumavy (König des Böhmerwaldes); 105% Alibi (Alibi); Probuzení. 1960: Přežil jsem svou smrt (Ich überlebe meinen Tod); Chlap jako hora (Ein Kerl wie ein Baum); Práče; Pochodně (Fackeln); Procesí k Panence (Die Prozession zur Heiligen Jungfrau). 1961: Kolik slov stči lásce (Wieviel Worte braucht Liebe); Hledá se táta (Vater gesucht); Muž z prvního stolati (Der Mann aus dem 1. Jahrhundert). 1962: Deštivý den [KF]; Anička jde do školy (Ännchen geht zur Schule); Vánice. 1963: Až přijde kocour (Wenn der Kater kommt); Tchyně [KF]; Limonádový Joe (Limonaden-Joe). 1964: Bláznova kronika (Die Hofnarrenchronik); Začít znona (Von neuem beginnen); Mezi námi zloději; Povídky o dětech (Erzählungen über Kinder). 1965: Strasna zena/Eine schreckliche Frau [CS/DDR]; Alibi na vodě (Alibi auf dem Wasser); Třicet jedna v stínu; Úplně vyřízený chlap; Lásky jedné plavovlásky (Die Liebe einer Blondine). 1966: Hra bez pravidel (Juwelenräuber werden gejagt); Když má svátek Dominika; Flám; Nahá pastýřka (Die nackte Schäferin); Dýmky/Pfeifen, Betten, Turteltauben; Lidé z maringotek (Komödiantenwagen); Vražda po našem (Mord auf heimische Art). 1967: Klec pro dva; Naše bláznívá rodina (Unsere verrückte Familie); Happy end; Kdo chce zabít Jessii?; Marketa Lazarová; Dům ztracených duší (Das Haus der verlorenen Seelen). 1968: Spalovač mrtvol (Der Leichenverbrenner); Snatky z Rozumi [TV]; Všichni dobří rodáci (Alle guten Landsleute); Hříšné lidé města pražského [TV]; Přísně tajné premiéry (Streng geheime Premiere); Rakev ve snu viděti ...; Maratón. 1969: Šest černých dívek aneb Proč zmizel Zajíc; Přehlídce velím já; Slasti otce vlasti (Majestäten und Kavaliere); Odvážná slečna (Das zielbewußte Fräulein); Světáci (Lebemänner). 1970: Vražda ing. Čerta (Zähmung eines Teufels); Na kometě (Auf dem Kometen); Panenství a kriminál (Jungfernschaft und schwedische Gardinen); Luk královny Dorotky (Drei schwache Stunden). 1971: Slaměný klobouk (Der Strohhut); Dívka na koštěti (Das Mädchen auf dem Besenstiel); Pět mužů a jedno srdce (Fünf Männer und ein Herz); Partie krásného dragouna (Die Partien des schönen Dragoners); «Pane, vy jste vdova!»; Radúz a Mahulena; Ženy v ofsajdu (Frauen im Abseits). 1972: Motocross; Zlatá svatba (Goldene Hochzeit); Lupič Legenda (Legendas letzter Coup); Touha Sherlocka Holmese. 1972–74: Tři oříšky pro Popelku/Drei Haselnüsse für Aschenbrödel [CS/DDR]. 1973: Aféry mé ženy. 1. Suvernýr z Paříže; Rodeo; Zatykač na královnu (Anonyme Anzeige). 1974: Hodíme se k sobě, miláčku ...? (Passen wir zusammen, Liebling?); Dva muži hlásí příchod (Zwei Mann zur Stelle); Byl jednou jeden dům [TV]; Poslední ples na rožnovské plovárně (Der letzte Ball auf der Schwimmschule). 1975: Tak láska začíná ... (So beginnt die Liebe); Plavení hříbat (Das dritte Semester); Můj brácha má prima bráchu (Mein Bruder hat einen prima Bruder); Jak utopit doktora Mráčka aneb Konec vodínků v Čechách (Wie soll man Dr. Mraček ertränken oder das Ende der Wassermänner in Böhmen). 1976: Hřiště (Die Entscheidung des Ingenieurs Turna); Pomerančový kluk (Der Orangen-Junge); Pan Tau (Die Abenteuer des Herrn Tau) [TV]; Bouřlivé víno. 1977: Žena za pultem [TV]; Jak se budí princezny (Wie man Prinzessinnen weckt); Čoz takhle dát si špenát (Wie wäre es mit Spinat?); Zítra vstanu a opařím se čajem; Parta hic; Náš dědek Josef. 1978: Princ a Večernice (Der Prinz und der Abendstern); Hrozba; Jen ho nechte, ať se bojí (Laßt ihn sich doch fürchten); Báječní muži s klikou (Die wunderbaren Männer mit der Kurbel). 1979: Křehké vztahy (Der neue Vater); Brácha za všechny peníze (Ein Bruder, der sein Geld wert ist); Skandál v Gri-Gri baru (Skandal in der Gri-Gri-Bar); Kabát šitý střelnou bavlonou; Lásky mezi kapkami deště (Liebe zwischen Regentropfen); Causa králík (In Sachen Kaninchen). 1980: Útěky domů (Flucht nach Hause); Dnes v jednom domě [TV]; Půl domu bez ženicha; Děti zítřků; Jak se dělá smích; Mladé víno (Junger Wein). 1981: Zelená vlna (Ein schönes Wochenende); Zralé víno; Víkend bez rodičů. 1982: Tažní ptáci (Zugvögel); Když rozvod, tak rozvod (Wenn Scheidung ... dann Scheidung). 1988: Hurá za ním (Hurra, ihm nach!); Dobří holubi se vracejí (Gute Tauben kehren immer zurück).

Menzel, Jiří

*23. 2. 1938 Prag

Sohn des Kinderbuchautors Joszef Menzel. 1956 beginnt er als Assistent im Fernsehstudio. 1957–62 Ausbildung an der Filmhochschule FAMU, erste Regie in dem Kurzfilm *Domy z panelů*. 1962 weitere Kurzfilmregie bei *Umel nám pan Foerster*, für den er auch das Drehbuch schreibt. Anschließend arbeitet Menzel bis 1965 bei der Wochenschau. 1967 Theatertournee durch die Tschechoslowakei und andere osteuropäische Länder mit «La Mandragola». Er leitet verschiedene Theater sowie ab 1969 einige Musikprogramme des tschechischen Fernsehens. Menzel inszeniert auch an Theatern in Stockholm, Basel und Bochum. 1962 hat er sein Debüt als Filmschauspieler in *Strop* unter Regie von Věra Chytilová. Seither arbeitet er gleichzeitig als Darsteller und immer wieder als Regisseur und Co-Autor von Kinofilmen und einigen TV-Produktionen. Sein Regiedebüt 1966 mit der Komödie *Ostře sledované vlaky*, in der er auch die Hauptrolle eines jungen Bahnbeamten-Anwärters spielt, der gegen Ende des 2. Weltkriegs unfreiwillig zum Helden wird, wird beim Festival in Mannheim ausgezeichnet und bekommt einen Oscar. Sein nächster Film, die unspektakuläre Alltagskomödie *Rozmarné léto* (1968), wird auf dem Filmfestival in Karlovy Vary prämiert. Menzel, ein Repräsentant des Kinos der tschechischen neuen Welle, kann nach der Okkupation durch die Warschauer Pakt-Staaten seine Satire *Skřivánci na nitích* (1968/69) nicht mehr aufführen, der Film bekommt bei seiner Präsentation 1990 beim Festival in Berlin einen Preis. Menzel konzentriert sich in den nächsten Jahren vorwiegend auf die Bühne und das Fernsehen, wo er Musikshows inszeniert. Phantasievoll ist 1978 *Báječní muži s klikou*, ein heiterer Ausflug in die Frühzeit des Kinos. Ein großer Publikumserfolg wird 1980 seine Regiearbeit *Postřižny*, eine ironisch-romantische Geschichte aus dem Böhmen der 20er Jahre. Mehrfach erhält Menzel Rollen in ungarischen und deutschen Filmen, so spielt er 1983 in *Felhójáték* (Gyula Maár) und 1990 in *Das lange Gespräch mit dem Vogel* (Krysztof Zanussi, BRD).

[CS] 1960: Domy z panelů [R – KF]. 1962: Strop. 1963: Umřel nám pan Foerster [R,A – KF]; O něčem jiném [RAS]. 1964: Místo v houfu. Ep. Optimista; Kdyby tisíc klarinetů; Obžalovaný (Der Angeklagte); Každý den odvahu (Mut für den Alltag). 1965: Konzert 65 [D,CoR,A]; Nikdo se nebude smát; Bloudění; Perličky na dně. 1. Smrt pana Baltazara [D,R,CoA]; Volejte Martina; Zločin v dívčí škole [R,CoA]. 1966: Návrat ztraceného syna (Die Heimkehr des verlorenen Sohnes); Flám; Hotel pro cizince; Ostře sledované vlaky (Liebe nach Fahrplan) [D,R,CoA]. 1967: Soukroma vichřice. 1968: Zločin v šantánu (Verbrechen in der Mädchenschule) [D,R,CoA]; Spalovač mrtvol (Der Leichenverbrenner); Rozmarné léto (Ein launischer Sommer) [D,R,CoA]; Dita Saxová. 1969: Skřivánci na niti (Lerchen am Faden) [R,D]; Plakala, panna plakala [R – TV]. 1970: Nevěsta. 1971: Mandragola [R – TV – SE]; Sechse kommen durch die Welt [DDR]. 1973: 30 panen a Pythagoras (30 Jungfrauen und Pythagoras). 1974: Kdo hledá zlaté dno (Wer den goldenen Boden sucht) [R,CoA]; Proměny krajimy [R,CoA – KF]. 1975: Na samotě u lesa (Häuschen im Grünen) [R]. 1976: Hra o jablko (Ein bißchen schwanger). 1977: Guernica [KF]. 1978: Báječní muži s klikou (Die wunderbaren Männer mit der Kurbel) [D,R,CoA]; Die Frau gegenüber [BRD]. 1979: Mincen szerdan (Vorbestraft) [HU]; Kopórtos (Ein schäbiges Begräbnis) [HU]; Modrá planeta. 1980: Postřižiny (Kurzgeschnitten) [R]. 1981: Szivzur [HU]; Buldoci a třešně (Bulldoggen und Kirschen). 1982: Upír z Feratu (Der Autovampir); Fandy, oh Fandy! (Franzi, oh Franzi!); Srdečný pozdrav ze zeměkoule (Herzliche Grüße vom Erdball). 1983: Slavnosti sněženek (Das Wildschwein ist los) [R, CoA]; Felhőjáték (Capricen im Transit) [HU]. 1984: Praha [CoR]. 1985: Die Schokoladenschnüffler [R – BRD]; Vesničko má středisková (Heimat, süße Heimat) [R]. 1986: Utekajme, už ide!. 1987: Dámská jízda (Das reinste Drama). 1989: Konec starých časů (Ende der alten Zeit) [R,CoA]; Něžný barbar. 1990: Das lange Gespräch mit dem Vogel [BRD]; Zvláštní bytosti. 1991: Opera zebracka (Prager Bettleroper) [R,A,P]; Obcená škola (Die Volksschule); Žebrácká opera [R]. 1992: La petite apokalypse/La piccola apocalisse/Mała apokalipsa (Die kleine Apokalypse) [FR/IT/PL]. 1994: Jak si zasloužit princeznu; Příliš hlučná samota; Joint Venture [DE]; Life and Extraordinary Adventures of Private Ivan Chonkin [R – GB/CZ/FR/IT/RU]. 1995: Ma je pomsta. 1997: Franciska vasárnapjai [HU].

Mercier, Michèle

(Jocelyne Michèle Mercier)

*1. 1. 1939 Nizza

Beim Ballett in Nizza. 1955 nach Paris, dort beim Ballet de la Tour Eiffel, erste Auftritte als Schauspielerin. 1956 längerer Studienaufenthalt in England. Nach der Rückkehr Engagement am Théâtre des Champs Élysées. Erste Filmrolle durch Vermittlung von Denys de la Patellière. Nach verschiedenen Engagements in Frankreich und Italien wird sie ab Mitte der 60er Jahre europaweit bekannt durch die nach Anne Golons Romanen von Bernard Borderie inszenierten *Angélique*-Filme. Die im 17. Jahrhundert spielenden Mantel-und-Degen-Filme (u. a. mit Jean Marais) zeichnen sich – vor dem Einsetzen der Sex-Welle – durch eine eher pausbäckige Erotik und flache Dramaturgie aus. Um 1970 Gründung der Produktionsgesellschaft Tangos-Films. 1973–76 erfolglose Versuche, ein Hollywood-Projekt zu realisieren. Mercier kann sich später kaum von dem Angélique-Image befreien; ihre seltenen Auftritte enden 1984. 1987 Erinnerungen: «Angélique à cœur perdue».

[FR] 1954: J'avais sept filles/I sette peccati di papa (Sieben süße Sünden) [FR/IT]. 1957: Donnez-moi ma chance (Die Mädchenfalle); Retour de manivelle/Delitto sulla Costa Azzura (Luzifers Tochter) [FR/IT]. 1959: La ligne de mire; Le notti di Lucrezia Borgia/Les Nuits de Lucrèce Borgia (Die Liebesnächte der Lucrezia Borgia) [IT/FR]; Ein Engel auf Erden [BRD]; Tirez sur le pianiste (Schießen Sie auf den Pianisten); Le Saint mène la danse (Inspektor Kent jagt flotte Puppen). 1960: Fury at Smuggler's Bay (Die Bucht der Schmuggler) [GB]; La brune que voilà. 1961: Aimez-vous Brahms?/Goodbye Again (Lieben Sie Brahms?) [FR/US]; Le meraviglie di Aladino/Les mille et une nuits (Aladins Abenteuer) [IT/FR]. 1961/62: Il giustiziere dei mari/Le boucanier des îles (Der Rächer der Meere) [IT/FR]. 1962: La prigioniere dell'isola del diavolo/L'île aux filles perdues (Frauen für die Teufelsinsel) [IT/FR]; Anni ruggenti [IT]. 1963: La pupa (Das Mädchen La Pupa) [IT]; I tre volti della paura (Black Sabbath)/Les trois visages de la peur. 3. Ep: Il telefono/Le téléphone (Die drei Gesichter der Furcht) [EP – IT/FR]; Symphonie pour un massacre (Sieben Tote hat die Woche); I mostri/Les monstres [EP – IT/FR]; Il giovedi [IT]; Alta infideltà. 4. Ep: Gente moderna/Haute infidelité (Ehen zu dritt) [EP – IT/FR]; L'aîné des Ferchaux/Lo sciacallo (Die Millionen eines Gehetzten) [FR/IT]. 1963/64: Amore in 4 dimensioni/L'amour en quatre dimensions. 4. Ep: Amore e morte/L'amour et la mort (Amore in vier Dimensionen) [EP – IT/FR]; Frenesia dell'estate (Verrückter Sommer) [IT/FR]; Via Veneto [IT]. 1964: A Global Affair (Staatsaffären) [US]; Angélique, marquise des Anges/Angélique/Angelica [FR/BRD/IT]. 1964/65: Merveilleuse Angélique/Angélique 2.Teil [FR/BRD/IT]. 1965: La seconde vérité/La amante infidele (Die untreue Geliebte) [FR/IT]; Angélique et le Roi/Angélique und der König/Angelica alla corte del Re [FR/BRD/IT]; Le tonnerre de Dieu/Matrimonio alla francese/Auch eine französische Ehe [FR/IT/BRD]; Casanova '70/Casanova (Casanova '70) [IT/FR]. 1966: Soleil noir/L'Angelica avventuriera (Heiße Nächte) [FR/IT]; I nostri mariti. 2. Ep: Il marito di Olga (Unsere Ehemänner) [EP – IT/FR]; Come imparai ad amare le donne/Das gewisse Etwas der Frauen/Comment j'ai appris à aimer les femmes [IT/BRD/FR]. 1967: Le plus vieux métier du monde/Das älteste Gewerbe der Welt/L'amore attraverso i secoli. 1. Ep: Ere préhistorique [EP – FR/BRD/IT]; Indomptable Angélique/L'indomabile Angelica/Unbezähmbare Angélique [FR/IT/BRD]; Angélique et le Sultan/Angélique und der Sultan/Angelica e il Gran Sultano [FR/BRD/IT]. 1968: Une corde, un colt/Cimitero senza croci (Friedhof ohne Kreuze) [FR/IT]; Lady Hamilton (Lady Hamilton – Zwischen Schmach und Liebe). 1969: Une veuve en or. 1970: Macédoine/L'incredibile storia di Marta Dubois [FR/IT]; You Can't Win 'em All (Zwei Kerle aus Granit) [GB]. 1971: Roma bene/Scandale à Rome/Roma Bene – Liebe und Sex in Rom [IT/FR/BRD]; Per amore o per forza [IT/FR]; Nella stretta morsa del ragno/Dracula im Schloß des Schreckens/Edgar Poe chez les morts-vivants [IT/BRD/FR]; Le viager (Rente auf Lebenszeit). 1972: The Call of the Wild/Ruf der Wildnis [GB/BRD]. 1977: Les femmes du monde [TV]. 1978: Götz von Berlichingen [BRD]. 1984: Jeans Tonic.

Mercouri, Melina

(Maria Amalia Mercouris)
*18. 10. 1920 Athen
†6. 3. 1994 New York

Nach dem Abitur an der Schauspielschule des Nationaltheaters Athen, Bühnendebüt 1944. Ab 1949 Theaterarbeit in Paris. Ende der 60er/Anfang der 70er Jahre auch in Broadway-Inszenierungen. Filmdebüt 1955 in der Hauptrolle von *Stella* (Michael Cacoyannis). Seit 1957 vor allem in Filmen des in den USA und Europa arbeitenden Amerikaners Jules Dassin, ab 1966 ihr Ehemann: Zuerst in der eher schwülstigen Nikos Kazantakis-Adaption *Celui qui doit mourir*, dann u. a. 1959/60 – mit weltweitem Erfolg, Oscar-Nominierung und Darstellerpreis in Cannes – als unwiderstehliche Illya, das Flittchen mit Herz, in *Pote tin kyriaki*. 1964 als Elizabeth Lipp neben Peter Ustinov in *Topkapi*, wo ihre Vitalität und ihr rauchiger Alt sich auch in der Komödie bewähren. Gelegentlich auch in Filmen anderer Regisseure, so z. B. 1961 in Vittorio de Sicas *Il giudizio universale* und 1962/63 Carl Foremans *The Victors*. 1967 mit dem Musical «Illya Darling» (nach *Pote tin kyriaki*) am Broadway. Wegen ihrer öffentlichen Proteste gegen das Obristen-Regime wird die aus einer linken Politikerfamilie stammende Mercouri 1967 von der Junta ausgebürgert. Im Exil für die Wiederherstellung der Demokratie in Griechenland aktiv, u. a. durch den Film *The Rehearsal* (auch Produktion) über den Aufstand der Athener Studenten. Weltweite Tourneen als Sängerin. Nach dem Sturz der Junta 1974 Rückkehr in die Heimat, erneute Theaterarbeit. Nur noch selten im Film, statt dessen ab 1977 Parlamentsabgeordnete der sozialistischen Pasok, 1981–89 und erneut 1993 Kulturministerin der Regierungen von Andreas Papandreou. 1971 erscheinen in London ihre Memoiren «I Was Born Greek».

1955: Stella (Stella) [GR]. 1956/57: Celui qui doit mourir/Colui che deve morire (Der Mann, der sterben muß) [FR/IT]. 1957: The Gipsy and the Gentleman (Dämon Weib) [GB]. 1958: La loi/La legge (Wo der heiße Wind weht) [FR/IT]. 1959/60: Pote tin kyriaki/Never on Sunday (Sonntags ... nie) [GR/US]. 1960: Vive Henri IV, Vive l'Amour!/I celebri amori di Enrico IV (Das Bett des Königs/Süßes Leben in Versailles) [FR/IT]. 1961: Il giudizio universale/Le jugement dernier (Das jüngste Gericht findet nicht statt) [IT/FR]. 1962: Phaedra (Phaedra) [GR/US]. 1962/63: Canzoni nel mondo (Das erste Erotikal der Welt) [IT]; The Victors (Die Sieger) [US/GB]. 1964: Topkapi (Topkapi) [US]. 1964/65: Los pianos mecanicos/Les pianos mecaniques/Amori di una calda estate (Die Versuchung heißt Jenny) [ES/FR/IT]. 1965: A Man Could Get Killed (Willkommen, Mr. B ...) [US]. 1965/66: 10:30 P.M. Summer (Halb elf in einer Sommernacht) [US/ES]. 1969: Gaily, Gaily (Gaily, Gaily) [US]. 1970: Promise at Dawn/La promesse de l'aube (Versprechen in der Dämmerung) [US/FR]. 1974: The Rehearsal [D,P – US]; Jacqueline Susann's Once Is Not Enough/Once Is Not Enough (Einmal ist nicht genug) [US]. 1976/77: Nasty Habits [GB]. 1977: Traum einer Leidenschaft/Kravyi ynekon [CH/GR]. 1983/84: Keine zufällige Geschichte. Melina Mercouri – Jules Dassin [TV-DOK – BRD].

Méril, Macha

(Marie-Madeleine Princesse Gagarine)

*3. 9. 1940 Rabat (Marokko)

Sie entstammt einer russischen Adelsfamilie. Nach dem Tod ihres Vaters zieht sie 1946 mit ihrer Mutter von Marokko nach Frankreich. Studium an der Sorbonne und Schauspielunterricht bei Charles Dullin am Théâtre National Populaire. 1966 Gründung der Produktionsfirma Macha-Film. 1967 Ehe mit dem Regisseur Gian Vittorio Baldi; in Italien mit ihrem Mann Gründung der Produktionsfirmen Film del Orso und IDI Cinematografica. Sie spielt in Filmen mit höchst geringem Verbreitungsgrad (Guy Gilles) und ausgesprochener Publikumsrennern (Claude Lelouch). Fast immer übernimmt sie die Rolle der Sicherheit und Ruhe ausstrahlenden Frau, die durch ihre bloße Anwesenheit das Schlimmste verhüten kann. Ganz anders, temperamentvoll und auseinandersetzungsfreudig, agiert sie in Jean-Luc Godards *La femme mariée* und in Maurice Pialats Beziehungsdrama *Nous ne vieillirons pas ensemble*. Neben ihrer Arbeit für den Film, vor allem in Frankreich und Italien, arbeitet Méril in den 70er Jahren in Italien, Frankreich und England in Fernsehfilmen. Auf der Bühne in den 80er Jahren u. a. in einer Andrei-Konchalosky-Inszenierung von Čechovs «Die Möwe». 1982 Veröffentlichung des Romans «La star».

[FR] 1959: La signe du lion (Im Zeichen des Löwen); La main chaude/La mano calda [FR/IT]. 1961: Adorable menteuse. 1962: Le repos du guerrier/Il riposo del guerriero (Das Ruhekissen) [FR/IT]. 1963: Who's Been Sleeping in My Bed? (Wer hat in meinem Bett geschlafen?) [US]; Dragées au poivre/Confetti al pepe (Bonbons mit Pfeffer) [FR/IT]; La vie conjugale: Françoise/Nel bene e nel male (Meine Tage mit Pierre) [FR/IT]. 1964: Une femme mariée (Eine verheiratete Frau). 1965: Der Ölprinz/Kralj petroleja [BRD/YU]. 1966: L'Éspion (Lautlose Waffen). 1966/67: Belle de jour (Belle de jour – Schöne des Tages) [FR/IT]. 1967: L'Horizon (Der Horizont) [D,P]; Ne jouez pas avec les Martiens [D,P]; Au pan coupé [D,P]. 1970: L'Amore coniugale [D,P – IT]; La notte dei fiori [D,P – IT]. 1971: Siamo tutti in libertà provvisoria [IT/FR/BRD]. 1972: Nous ne vieillerons pas ensemble (Wir werden nicht zusammen alt). 1973: Les Chinois à Paris/I cinesi a Parigi (Die Chinesen in Paris) [FR/IT]. 1974: Amore mio non farmi male [IT]; L'Età della pace (Zeit des Friedens) [IT]; La donna dei venti [TV – IT]; L'Ultimo giorno di scuola prima delle vacanza di Natale [IT]; Processo per direttissima (Das Urteil – Prozeß im Schnellverfahren) [IT/FR]. 1975: Perdutamente tuo ... mi firmo Macaluso Carmelo fu Giuseppe [IT]; Profondo rosso (Rosso – Farbe des Todes) [IT]; Son tornate a fiorire le rose [IT]; L'Ultimo treno della notte (Night Train – Der letzte Zug in die Nacht) [IT]. 1976: Chinesisches Roulette/Roulette chinoise [BRD/FR]; Peccatori di provincia [IT]. 1976/77: Una donna di seconda mano [IT]. 1977: Emmenez-moi au Ritz [TV]; Ride bene ... chi ride ultimo/Prete per forza [EP – IT]; Va voir maman, papa travaille (Sei still, Jérôme, Mama arbeitet). 1978: Tout le monde ne veut pas être blanc; En l'autre bord; Rock 'n' Roll [TV – IT]; Robert et Robert (Ein Mann sucht eine Frau). 1979: Le rose di Danzica (Die Rosen von Danzig) [IT]; La promessa/Das Versprechen [TV – IT/BRD]. 1980: Les uns et les autres (Ein jeglicher wird seinen Lohn empfangen); Tendres cousines (Zärtliche Cousinen) [FR/BRD]. 1981: Beau Père (Ausgerechnet ihr Stiefvater); L'Apentissage de la ville [TV]. 1982: Le crime d'amour; Mortelle randonnée (Das Auge). 1983: Macho [TV – GB]; Au nom de tous les miens (Der Schrei nach Leben) [CA/FR]; Le grand carnaval; Les fauves (Großstadthölle – Gehetzt und gejagt). 1984: Les nanas; Les rois du gag. 1985: Sans toit ni loi (Vogelfrei); Suivez mon regard (Ein Tag in Paris). 1986: Duet for One [GB]; He Shoots! He Scores! [TV – CA]. 1988: La vouivre. 1990/91: Meeting Venus (Zauber der Venus) [GB]. 1991: Zuppa di pesce [IT]; Double Vision (Das zweite Gesicht) [FR/CA/DE]; Una storia semplice (Ein einfacher Fall) [IT]. 1993: Délit mineur. 1994: Les Mouettes.

Messemer, Hannes

*17. 5. 1924 Dillingen (Donau)

†2. 11. 1991 Aachen

Schulbesuch in wechselnden Städten, 1942 Notabitur. Fahnenjunker, dann Leutnant im Krieg, Haft wegen Befehlsverweigerung, Einsatz in Stalingrad, bei Kriegsende Flucht aus sowjetischer Gefangenschaft nach Deutschland. Zunächst Kellner und Buchhalter. 1947 ohne Schauspielausbildung bei einer freien Theatergruppe. 1950–60 am Bochumer Schauspielhaus, bis 1969 als Gast. Ab 1953 auch bei den Ruhrfestspielen Recklinghausen. Als Schauspieler mit unsentimentaler, selbstironisch distanzierter Spielweise in zeitgenössischen Dramen und anspruchsvollen Filmen. 1957/58 Bundesfilmpreise für die Rollen des Kriegskrüppels Keil in der Gerhart-Hauptmann-Verfilmung *Rose Bernd* (Wolfgang Staudte) und eines SS-Gruppenführers in Robert Siodmaks *Nachts, wenn der Teufel kam*. Auch in internationalen Produktionen, z. B. SS-Offizier in Roberto Rossellinis *Il generale della rovere*, entflohener Sträfling zwischen Mißtrauen und Liebessehnsucht in der deutsch-französischen Co-Produktion *Ihr Verbrechen war die Liebe* (Geza von Radvanyi) nach einem Kriminalstoff von Boileau/Narcejac und als mit seiner Menschlichkeit scheiternder Wehrmachts-Oberst in *The Great Escape* (John Sturges). Bizarr-komische Rolle des Sozial-Aufrührers Fahrcks in der Dürrenmatt-Verfilmung *Grieche sucht Griechin* (Rolf Thiele). Ab Mitte der 60er Jahre zahlreiche TV-Rollen, in Literaturadaptionen wie als Cardillac in *Das Fräulein von Scudéri* (Lutz Büscher) oder als Arzt in Dostoevskijs *Die Dämonen* (Claus Peter Witt). Auch in populären Serien, z. B. in der Krimiserie *Sergeant Berry* (Harald Philipp) und in der Familienserie *Diese Drombuschs* (Witt). 1975 verkörpert er überzeugend den Kölner Oberbürgermeister Konrad Adenauer in einem Dokumentarspiel. Wegen eines Kehlkopfleidens Anfang der 70er weitgehend Rückzug vom Theater, Mitte der 80er Jahre auch vom Film.

[BRD] 1956: Vor 100 Jahren fing es an [DOK]; Rose Bernd. 1956/57: Zwischen Meer und Himmel [TV]; Die Kraft und die Herrlichkeit [TV]. 1957: Nachts, wenn der Teufel kam; Der gläserne Turm; Madeleine und der Legionär. 1957/58: Der Arzt von Stalingrad. 1958: Herzlich willkommen? [TV]; Taiga. 1959: Menschen im Netz; Babette s'en va-t-en guerre (Babette zieht in den Krieg) [FR]; Il Generale Della Rovere (Der falsche General) [IT/FR]; Ein Tag, der nie zu Ende geht; Heimat unter fremden Sternen/Cavalcade [BRD/AR]. 1959/60: Douze heures d'horloge/Ihr Verbrechen war die Liebe [FR/BRD]; Das kunstseidene Mädchen/La grande vie/La gran vita [BRD/FR/IT]; Lampenfieber. 1960: Schatten der Helden [TV]; Era notte a Roma/Les évadés de la nuit (Es war Nacht in Rom) [IT/FR]; Die Rote Hand; Die Brücke des Schicksals; Auf Engel schießt man nicht. 1961: Der Transport/Le dernier convoi [BRD/FR]; Er ging an meiner Seite [TV]. 1962: Ein später Gast [TV]; Liebe im September [TV]. 1963: Die Legende vom heiligen Trinker [TV]; Amphitryon 38 [TV]; The Great Escape (Gesprengte Ketten) [US]; Streng geheim: Ich war Cicero [TV]. 1963/64: Voir Venise et crever/La spiache venne dall'ovest/Mord am Canale Grande [FR/IT/BRD]; Die Dame mit dem Spitzentuch [TV]. 1964: Bericht von den Inseln [TV]; Der Trojanische Krieg findet nicht statt [TV]; Die Verschwörung des Fiesko zu Genua [TV]; Der arme Mann Luther [TV]. 1964/65: Ninotschka [TV]. 1965: Plädoyer für einen Rebellen [TV]; Die Räuber [TV]. 1965/66: Der Kongreß amüsiert sich/Le congrès s'amuse [BRD/AT/F]. 1966: Grieche sucht Griechin; Die 5. Kolonne: Stahlschrank SG III [TV]; Paris brûle-t-il?/Is Paris Burning? (Brennt Paris?) [FR/US]; Die Orestie [TV]; Lautlose Waffen/L'Espion [BRD/FR]. 1966/67: Bericht eines Feiglings [TV]. 1967: Silo 15 [TV]; Das Attentat [TV]. 1967/68: König Richard der Zweite [TV]. 1969: Das Trauerspiel von Julius Caesar [TV]; Bericht einer Offensive [TV]; Die Verschwörung [TV]. 1970: Mit sich allein [TV]. 1970/71: Aus Mangel an Beweisen [TV]. 1972: Bös, bös, Jo-Jo! [TV]; Der 21. Juli [TV]. 1973: Der Separatfrieden [TV]; Alle lieben Célimare [TV]; Ein Fall für Goron [TV]. 1973–75: Sergeant Berry [TVS]. 1974: Wer stirbt schon gerne unter Palmen; The O.D.E.S.S.A. File/Die Akte Odessa [GB/BRD]; Der tödliche Schlag [TV]. 1974/75: Olaf und Albert [TV]. 1975: Lady Dracula; Fünf Prüfungen des Oberbürgermeisters [TV]. 1975/76: Das Fräulein von Scudéri [TV]. 1976: Die Affaire Winston [TV]; Die Fastnachtsbeichte [TV]; Oblomows Liebe [TV]. 1976/77: Sonderdezernat K1: Der Tod des Schrankenwärters [TV]; Die Dämonen [TV]. 1977: Generale [TV]; Die Befragung des Machiavelli [TV]; Onkel Silas [TV]; Derrick: Tod eines Fans [TV]. 1978: Ein Hut von ganz spezieller Art [TV-EP]; In des Waldes tiefsten Gründen [TV]; Union der festen Hand [TV]. 1979/80: Die Paulskirche [TV]. 1980: Derrick: Die Entscheidung [TV]; Kreuzfahrten eines Globetrotters [TVS]; Die Ursache [TV]; Die Hinrichtung [TV – AT/BRD]. 1981: Kennwort Schmetterling [TV]; Ein Stück von Euch: Fall-Apfel [TV]; Collin [TV]; Sonderdezernat K1: Das masurische Handtuch [TV]; Frau Jenny Treibel. 1981/82: Flüchtige Bekanntschaften [TV]. 1982: Der kleine Bruder [TV]; Die Geschwister Oppermann [TV]. 1982–87: Kontakt bitte ... [TVS]. 1983: Konsul Möllers Erben [TV]; Derrick: Lohmanns innerer Frieden [TV]; Diese Drombuschs [TVS]; August der Starke [TV]. 1983/84: Das zerbrochene Haus [TV – BRD/AT]. 1984: Die Dame und die Unterwelt [TV]; Paulchen [TV]. 1984/85: Gespenstergeschichten: Die Verschwörung [TV]. 1986: Der Fahnder: Kettenreaktion [TV]. 1989: Langusten [TV].

Meurisse, Paul

*21. 12. 1912 Dünkirchen
†19. 1. 1979 Paris

Sohn eines Versicherungsdirektors. Angestellter im Notariat

und Revuestatist. Er geht mit Boulevardstücken auf Tournee, bevor er 1939 von Edith Piaf für das Jean-Cocteau-Stück «Le bel indifférent» engagiert wird. Ab 1941 Karriere auf der Bühne (Anouilh, Guitry) und beim Film in Rollen von distinguierter Kälte und Verführungskraft. Mehrfach spielt er ab 1961 in Spionagefilmen von Georges Lautner die dubiose Figur des *Monocle noir*; besonders undurchschaubar und beängstigend in Henri-Georges Clouzots *Les diaboliques*. Meurisse variiert in Gangster- und Polizistenrollen den kaum lächelnden Typus des kalten Analytikers, eindrucksvoll noch einmal in Jean-Pierre Melvilles Thriller *L'armée des ombres*.

[FR] 1940: Vingt-quatre heures de perm'. 1941: Montmartre-sur-Seine; Ne bougez plus. 1942: Mariage d'amour; Défense d'aimer. 1943: La ferme aux loups. 1945: L'insaisissable Frédéric (Und sowas nennt sich Detektiv); Maria la Misère. 1946: Monsieur chasse; Macadam (Zur roten Laterne); Inspecteur Sergil. 1947: Bethsabée (Die Festung der Fremdenlegion); La dame d'onze heures (SOS – 11 Uhr nachts); Le dessous des cartes. 1948: Impasse des Deux Anges; Sergyl et le dictateur; Le colonel Durand; Scandale; L'ange rouge. 1949: Agnès de rien; Dernière heure, édition spéciale. 1950: Maria du bout du monde. 1951: Ma femme est formidable. 1952: Je suis un mouchard (Unter Gangstern). 1954: La Castiglione/La contessa di Castiglione [FR/IT]; Les diaboliques (Die Teuflischen). 1954/55: Fortune carrée/Shaitan, il diavolo avvneturoso [FR/IT]. 1955: L'affaire des poisons/Il processo dei veleni (Frauen, die dem Satan dienen) [FR/IT]. 1956: L'inspecteur aime la bagarre. 1957: Le septième ciel; Échec au porteur (Polizeiaktion Dynamit); Les violents (Der Sarg kam per Post); Jusqu'au dernier (Hyänen unter sich). 1958: La tête contre les murs (Mit dem Kopf gegen die Wände); Marie-Octobre (Marie-Octobre). 1958/59: Guinguette/La casa sul fiume (Die Schenke der Verlokkung) [FR/IT]. 1959: Le déjeuner sur l'herbe (Das Frühstück im Grünen). 1960: La vérité (Die Wahrheit). 1961: L'assassin connaît la musique; Les nouveaux aristocrates (Die Siebzehnjährigen); Le jeu de la vérité (Mitternachtsparty); Carillons sans joie/Vento caldo di battaglia [FR/IT]; Le monocle noir (Das schwarze Monokel). 1962: Du mouron pour les petits oiseaux/Parigi proibita (Futter für süße Vögel) [FR/IT]; L'œil du Monocle (Party mit zwölf Pistolen). 1963: Les tontons flingueurs/In famiglia si spara/Mein Onkel, der Gangster [FR/IT/BRD]; Méfiez-vous, mesdames!/Chi vuole dormire nel mio letto? (Vorsicht, meine Damen!) [FR/IT]. 1964: Le majordome/Sie werden lästig, mein Herr/Operazione maggiordomo [FR/BRD/IT]; Le monocle rit jaune/L'ispettore spara a vista [FR/IT]. 1965: La grosse caisse (Die große Kiste); Der Kongreß amüsiert sich/Le congrès s'amuse [BRD/AT/FR]. 1966: Le deuxième souffle (Der zweite Atem). 1969: L'armée des ombres/L'armata degli eroi (Armee im Schatten) [FR/IT]. 1970/71: Le cri du cormoran le soir au-dessus des jonques; Doucement les basses/L'uomo di Saint-Michel (Leise die Bässe) [FR/IT]. 1972: Les voraces/Così bello, così corrotto, così conteso (Die Gefräßigen). 1974: Les suspects/La polizia indaga: Siamo tutti (Die Verdächtigen) [FR/IT]. 1975: Le gitan/Lo zingaro (Der Zigeuner) [FR/IT]. 1976: Lektion d'amour oder Die Tugend unserer Väter/L'éducation amoureuse de Valentin [BRD/FR/ES].

Michalkov, Nikita

(Nikita Sergeevič Michalkov)
*21. 10. 1945 Moskau

In Moskau 1963–66 Ausbildung an der Ščukin-Schauspielschule am Vachtangov-Theater, anschließend an der Filmhochschule VGIK, wo er die Regiekurse von Michail Romm besucht. Filmdebüt 1961 in *Tuči nad Borskom* (Vasilij Ordynskij). Die erste große Rolle erhält er 1963 von Georgij Danelija als Kolja in der lyrischen Komödie *Ja šagaju po Moskve*. Sein Rollenfach sind herzliche, etwas melancholische Helden. Interessante Aufgaben erhält er auch unter der Regie seines älteren Bruders Andrej Michalkov-Končalovskij als Fürst Nedidov in *Dvorjanskoe gnezdo* (1969) und als Aleksej Ustjužanin in *Sibiriada* (1979). 1983 wird er von den Lesern der Zeitschrift «Sovetskij ekran» für die Rolle des Schlafwagenschaffners in El'dar Rjazanovs *Vokzal dlja dvoich* als bester Darsteller in einer Nebenrolle ausgezeichnet, 1985 Preis als bester Darsteller für den Paratov in Rjazanovs *Žestokij romans*. 1971 Debüt als Regisseur von *Spokojnyj den' v konce vojny*. In den folgenden Jahren arbeitet er vorwiegend als Regisseur, spielt aber auch Rollen in seinen eigenen Filmen. Zu seinen erfolgreichen Arbeiten gehören der Bürgerkriegsfilm *Svoj sredi čužich, čužoj sredi svoich* (1974), *Raba ljubvi* (1976), ein Melodram unter Filmleuten, die Čechov-Verfilmung *Neokončennaja p'esa dlja mechaničeskogo pianino* (1977), die ihm den Hauptpreis des Festivals von San Sebastian einbringt, das Kammerspiel *Pjat' večerov* (1979), *Neskol'ko dnej iz žizni I. I. Oblomova* (1980), eine Gončarov-Verfilmung, das Familienmelodram *Rodnja* (1982) und *Bez svidetelej* (1983), ein Ehedrama, für das er 1983 den Fipresci-Preis bei den Moskauer Filmfestspielen erhält. 1986/87 dreht er in Italien mit Marcello Mastroianni (dafür Darstellerpreis in Cannes) und Silvana Mangano die Tragikomödie *Oci ciornie* nach Kurzgeschichten von Anton Čechov.

[SU/RU] 1961: Tuči nad Borskom. 1962: Prikljućenija Kroša (Die Abenteuer des Krosch). 1963: Ja šagaju po Moskve (Zwischenlandung Moskau). 1964: Fitil' No 29. 1966: Csillagosok, katonák/Zvezdy i soldaty (Sterne an den Mützen) [HU/SU]; Ne samyj udačnyj den'; Šutočka [TV]; God kak žizn'; Pereklička (Der Aufruf). 1969: Dvorjanskoe gnezdo (Ein Adelsnest). 1970: Krasnaja palatka/La tenda rossa (Das rote Zelt) [SU/IT]; Spokojnyj den' v konce vojny [R – KF]; Pezn' o Manšuk (Hinterm Haus der Feind); Ljubov' Jarovaja (Ljubow Jarowaja); Sport, sport, sport; Risk (Risiko) [CoA]. 1971: Deržis' za oblaka. 1972: Fitil' No 125 [R]; Russkoe pole (Russisches Feld); Stancionnyj smotritel' (Der Postmeister) [TV]. 1974: Druz'ja moj; Svoj sredi čužich, čužoj sredi svoich (Fremd unter seinesgleichen) [R, CoA]; Neispravimyj lgun (Der unverbesserliche Lügner). 1975: Raba ljubvi (Sklavin der Liebe) [R]. 1976: Moe delo (Als der Neue kam) [TV]. 1977: Neokončennaja p'esa dlja mechaničeskogo pianino (Unvollendetes Stück für ein mechanisches Klavier) [R,CoA]; Pošechonskaja starina (Provinz Poschchonien). 1978: Nenavist' (Haß) [A]; Dva golosa; Transsibirskij ekspress (Transsibirien-Expreß) [CoA]. 1979: Pjat' večerov (Fünf Abende) [R, CoA]. 1980: Neskol'ko dnej iz žizni I. I. Oblomova (Tage aus dem Leben Ilja Oblomows) [R]; Sibiriada (Sibiriade). 1981: Priključenija Šerloka Cholmsa i doktora Vatsona (Sobaka Baskervilej) (Der Hund von Baskerville) [TV]. 1982: Portret ženy chudožnika (Die Frau des Künstlers); Rodnja (Verwandtschaft) [R]. 1983: 250 gramma [FI]; Bez svidetelej (Gespräch ohne Zeugen) [R,CoA]; Inspektor GAI (Der Sündenbock); Polety vo sne i najavu (Tagträumer); Vokzal dlja dvoich (Bahnhof für zwei). 1985: Žestokij romans (Eine bittere Romanze). 1986: Smert' Vasir-Muchtara; Moj ljubimyj kloun (Mein Papa – Du lieber Clown) [A]. 1986/87: Oci ciornie (Occhi neri)/Oči černye (Schwarze Augen) [R,A – IT/SU]. 1990: Aurora no shitade (Der weiße Wolf) [SU/JA]; Pod severnym sijaniem. 1991: Urga – Territoria liubvi/Urga (Urga) [R,A – FR/RU]; Unižennye i oskorblennye. 1993: Piękna nieznajoma/Prekrasnaja neznakomka [PL/RU]; Anna: Ot šesti do vosemnadtsati/Anna [RU/FR]. 1994: Utomlennye solncem/Soleil trompeur (Die Sonne, die uns täuscht) [D,R,CoA – RU/FR]. 1996: Revizor.

Midler, Bette

*1. 12. 1945 Honolulu (Hawaii)

Während der High-School am Theater und als Sängerin in der Folkgruppe «Pieridine Three» Schauspielstudium an der University of Hawaii. Erste kleine Filmrolle bei George Roy Hill. New Yorker Bühnendebüt 1966 mit «Miss Nefertiti Regrets». Theatererfolg als Zeitel im Musical «The Fiddler on the Roof» und in «Tommy». Gesangsauftritte in einer Schwulen-Sauna, Popularität mit der Show «Downstairs at the Upstairs». 1975 Debütanten-Grammy für ihre LP «The Divine Miss M.» Tony Award für Show im Palace Theatre New York. Erfolg auch mit der Show «Clams on the Half Shell». Produktion mehrerer populärer Alben, u. a. «Songs of the New Depression» und «Broken Blossom». 1979 wird sie als Rocksängerin in *The Rose* (Mark Rydell) für einen Oscar nominiert. 1985 Gründung der Firma All Girl Productions. In den 80er Jahren Zusammenarbeit mit dem Walt-Disney-Studio. 1986 spielt sie eine neureiche Hausfrau in Paul Mazurskys *Down and Out in Beverly Hills* und die nervig-geschwätzige Erbin in *Ruthless People* (Jim Abrahams, David und Jerry Zucker). In Abrahams' *Big Business* verkörpert sie die unterschiedlichen Zwillinge. 1991 als alternde U.S.O.-Sängerin im mitproduzierten Film *For the Boys* (Rydell). 1996 internationaler Erfolg in der Rache-Komödie *The First Wives Club*. Bücher: «A View From a Broad» und «The Saga of Baby Divine».

[US] 1966: Hawaii (Hawaii). 1968: The Detective (Der Detektiv). 1969: Goodbye Columbus (Zum Teufel mit der Unschuld); The Divine Mr. J [UA: 1974]. 1976: Standing Room Only [TV]. 1977: Ol' Red Hair Is Back [D,CoA,P – TV]. 1978: The Bette Midler Special [D,P – TV]. 1979: Live From Cleveland [TV]; The Rose (The Rose). 1980: Divine Madness (Divine Madness) [D,CoA]. 1982: Jinxed! (Verhext). 1984: Bette Midler Art ... Or Bust! [D,CoA,P – TV]. 1986: Down and Out in Beverly Hills (Zoff in Beverly Hills); Ruthless People (Die unglaubliche Entführung der verrückten Mrs. Stone). 1987: Outrageous Fortune (Nichts als Ärger mit dem Typ). 1988: Beaches (Freundinnen) [D,P]; Big Business (Zweimal zwei); The Mondo Beyondo Show [D,CoA,P – TV]; Oliver & Co. [S]. 1990: Stella (Stella) [D,P]. 1991: For the Boys (For the Boys – Tage des Ruhms, Tage der Liebe); Scenes from a Mall (Ein ganz normaler Hochzeitstag). 1993: Gypsy (Gypsy) [TV]; Hocus Pocus (Hocus Pocus). 1995: Get Shorty (Schnappt Shorty); Seinfeld: The Understudy [TV]. 1996: The First Wives Club (Der Club der Teufelinnen). 1996/97: That Old Feeling. 1997: The Nanny [TVS].

Mierendorff, Hans

(Johannes Reinhold Mierendorff)

*30. 6. 1882 Rostock

†26. 12. 1955 Eutin (Holstein)

Oberschule in Rostock, Gymnasium in Doberan bis zum Einjährigen; Beginn einer Buchhändlerlehre in Schwerin. Eleve am Hoftheater Schwerin. Engagements an Provinzbühnen. 1911–19 an Berliner Bühnen, vor allem in französischen Komödien eingesetzt. Durch Curt A. Stark 1911 zum Film, Debüt in dem Henny-Porten-Film *Das Adoptivkind* (Adolf Gärtner). Als Sir Arthur Wolton glänzt er neben Asta Nielsen in *Der fremde Vogel* (Urban Gad) erstmals im ihm gemäßen Rollenfach: gesetzte Herren der Gesellschaft mit englischem Flair, sowohl «pères nobles» als auch Schurken wie der Baron Murphy in Joe Mays Achtteiler *Die Herrin der Welt*. Weniger passend besetzt in Kostümrollen wie der des Fiesco in der Schiller-Adaption *Die Verschwörung zu Genua* (Paul Leni). Ab 1917 populär als Gentleman-Detektiv und Titelfigur der Harry-Higgs-Serie. 1919 Gründung der Lucifer-Film GmbH, bis 1923 deren künstlerischer Leiter. In Zusammenarbeit mit dem Regisseur James Bauer Produktion von Abenteuer- und Einbrecherfilmen nach Kolportage-Stoffen mit effektvollen Hauptrollen für Mierendorff, so z. B. in Urban Gads Doppelgänger-Drama *Ich – bin – Du ...* Im Tonfilm nur in Nebenrollen. 1945 Rückzug vom Film, Betrieb einer Fremden-Pension im Ostseebad Scharbeutz.

[DE] 1911: Das Adoptivkind; Der fremde Vogel. 1912: Der Dritte; Für die Ehre des Vaters; Jugend und Tollheit. 1913: Das Ehrenwort; Die Tochter des Adjutanten; Turi, der Wanderlappe; Frou-Frou. Memoiren einer Primaballerina; Evinrude; Der Herr des Todes; Die Eisbraut. 1914: Wenn Wunden heilen; Fräulein Leutnant/Fräulein Feldgrau; Der polnische Jude/Die Waldschänke; Sein braunes Mädel. 1915: Der Erbförster; Fluch der Schönheit; Die büßende Magdalena; Ein Gruß aus der Tiefe. 1916: Ein Blatt Papier; Nebel und Sonne; Der Ring des Schicksals; Der Radiumraub; Die Dawadasi; Der gelbe Ulster; Das goldene Friedelchen; Wie ich Detektiv wurde; John Rool; Ein einsam Grab/Die Tat der Gräfin Worms; Mein ist die Rache; Eine Lebenslüge/Das verräterische Kreuz; Arme Eva Maria; Das Mysterium des Schlosses Clauden; Nächte des Grauens. 1917: Die Fußspur; Giovannis Rache; Ehre; Hilde Warren und der Tod; Das Gesicht am Fenster; Das Geheimnis der Pagode; Der Saratogakoffer; Der Treubruch; Die sterbenden Perlen. 1917/18: Der lebendige Tote; Der Wüstendiamant. 1918: Dr. Humsons Lebenswerk; Nur um tausend Dollar; Der goldene Pol; Das Haus gegenüber; Der Gast aus der vierten Dimension. 1918/19: Diskretion. 1919: Halloh – Hier Harry Higgs, wer dort? [D,P]; Die Nacht im Fremdenzimmer; Die Teufelskirche [D,R,P]; Verschleppt; Die Herrin der Welt. 2. Die Geschichte der Maud Gregaards/7. Die Wohltäterin der Menschheit/8. Die Rache der Maud Fergusson. 1919/20: Der Mann im Nebel. 1920: Die einsame Insel [D,R,P]; Die Maske des Todes. 2 Teile. [D,P]; Der weiße Pfau; Whitechapel; Herztrumpf; Ich – bin – Du ... [D,KO,P]; Das Haus zum Monde. 1920/21: Die Verschwörung zu Genua. 1921: Die Nacht ohne Morgen; Der Kampf um die Heimat [D,KO,P]; Der schlummernde Vulkan [D,P]; Kinder der Finsternis. 1. Der Mann aus Neapel/2. Kämpfende Welten. 1922: Der Halunkengeiger [D,P]; Der schwarze Stern [D,P]; Bigamie. 1923: Der Mitternachtszug [D,P]; Die Taifunhexe. 1924: Mädchen, die man nicht heiratet; Die Fahrt ins Verderben/Op hoop van zegen [DE/NL]; Mensch gegen Mensch; Soll und Haben; Die Bacchantin; Die Motorbraut. 1924/25: Der Demütige und die Sängerin. 1925: Husarenfieber; O alte Burschenherrlichkeit; Der Mann, der sich verkauft; Das Geheimnis der alten Mamsell; Der Trödler von Amsterdam; Die zweite Mutter; Der Hahn im Korb; Unser täglich Brot. 1925/26: Der Ritt in die Sonne. 1926: Die Wacht am Rhein/Aus des Rheinlands Schicksalstagen; Die Flucht in den Zirkus; Der gute Ruf/Les mensonges [DE/FR]; Der Liebe Lust und Leid; Staatsanwalt Jordan; Der fesche Erzherzog; Die versunkene Flotte; Vater werden ist nicht schwer; Liebeshandel. 1926/27: Le train sans yeux/Der Millionenraub im Rivera-Expreß [FR/DE]. 1927: Hotelratten; U9 Weddingen; Jugendrausch; Die Sünderin; Liebesreigen (Der Kämpfer); Bigamie; Der größte Gauner des Jahrhunderts; Die Tochter des Kunstreiters; Der Anwalt des Herzens; Der falsche Prinz; Jahrmarkt des Lebens; Benno Stehkragen; Notschrei hinter Gittern. 1927/28: Königin Luise. 1. Die Jugend der Königin Luise/2. Teil; Gefährdete Mädchen [AT]. 1928: Gaunerliebchen; Mary Lou; Die Abenteurer G.m.b.H. 1928/29: Nachtgestalten/The Alley Cat [DE/GB]. 1929: Madame X, die Frau für diskrete Beratung/Madame Lu, die Frau für diskrete Beratung; (Was hast du mit Miss Palma vor?) [KF – FR]; Dich hab' ich geliebt; Die Kaviarprinzessin; Das Panzerauto/Pancéřové Auto [DE/CS]. 1929/30: Wer hat Robby gesehen? 1930: Gigolo; Namensheirat; Das Land des Lächelns. 1932: Die Tänzerin von Sanssouci; Das Abenteuer einer schönen Frau/Das Abenteuer der Thea Roland. 1932/33: Das Meer ruft. 1933: Wenn ich König wär! 1935: Der mutige Seefahrer; Den Zahn laß Dir man ziehen [KF]; Der höhere Befehl. 1936: Heiteres und Ernstes um den Großen König. 2 Teile. [KF]; Trutz Blanker Hans [KF]; Fridericus. 1937: Augenzeugen [KF]; Zweimal zwei im Himmelbett. 1938: Der Floh der Oseirara [TV]; Mordsache Holm; Kautschuk; Napoleon ist an allem schuld. 1938/39: Wasser für Canitoga. 1939: Sensationsprozeß Casilla; Rote Mühle. 1939/40: Das Herz der Königin. 1940: Der Fuchs von Glenarvon. 1940/41: Carl Peters; U-Boote westwärts. 1941: Jakko. 1941/42: Rembrandt; Der große Schatten. 1942: Weiße Wäsche. 1944/45: Frau über Bord.

Mifune Toshirô

*1. 4. 1920 Tsingtau (China)

Er wächst im japanisch besetzten China auf. Neben dem Schulbesuch Mitarbeit im Fotogeschäft der Familie. 1937 nach Akita (Japan). 1938 Schulabgang; 1940 Einberufung in die Fliegertruppe des Heeres, wo er mit Luftaufnahmen befaßt ist. 1946 wird er in Tokio, eigentlich einen Job als Kameramann suchend, von der Toho Filmgesellschaft als Nachwuchsdarsteller engagiert. 1947 erste Hauptrolle als Bankräuber in Senkichi Taniguchis *Ginrei no Hate*. Zwischen 1948 und 1965 Hauptrollen in den meisten Akira-Kurosawa-Filmen: Zu Beginn seiner Karriere ist er oft der negative Held, so z. B. der Gangster in *Yoidore Tenshi* oder der Räuber in *Rashô-Mon.* In seinem Spiel, das sehr markant die rauhe Atmosphäre der Nachkriegszeit spüren läßt, mischen sich Dynamik und Humor. Weltweite Popularität erlangt er vor allem als Anführer der sieben Samurai in *Shinin no Samurai.* Auch in Kurosawas Adaptionen westlicher Literatur: 1957 als Dieb in *Donzoko* nach Gořkij und als «Macbeth» in *Kumo-no-Su-Jô,* 1963 in *Tengoku-to Jigoku* nach einem Krimi von Ed McBain. Auszeichnungen mit dem Prix Volpi in Venedig für seine Darstellungen in *Yojimbo* (1961) und *Akahige* (1965), in dem er einen humanistischen Arzt während der Endphase des Shogunats verkörpert. Dadurch auch Verpflichtungen für internationale Produktionen, so als japanischer Rennfahrer in John Frankenheimers *Grand Prix,* mit Lee Marvin in John Boormans Überlebens-Drama *Hell in the Pacific,* als Admiral Yamamoto in *Midway* (Jack Smight), als U-Boot-Kommandant in Steven Spielbergs Kriegs-Farce *1941,* schließlich in der amerikanischen TV-Serie *Shogun.* 1962 gründet Mifune Toshirô eine eigene Produktionsfirma, für die er 1963 als Regie-Debüt *Gojûman-nin no Isan* inszeniert; 1966 Errichtung eigener Studios. Sein Sohn Shiro ist Vizepräsident der Produktionsfirma. Tätigkeit als Produzent, Betreiber einer Schauspielschule in Tokio und von Restaurants in Deutschland.

[JP] 1946: Shin Baka-jidai. 1947: Ginrei no Hate. 1948: Yoidore Tenshi (Engel der Verlorenen). 1949: Shizukanaru Kettô; Nora-inu; Jakoman to Tetsu. 1950: Sukyandaru; Datsugoku; Shubun; Konyaku Yubiwa; Kaizoki-sen; Ishinaka-sensei Gyojoki Datsugoku; Rashô-Mon (Rashômon – Das Lustwäldchen). 1951: Ai no Nikushimi no Kaneta e; Hakuchi (Der Idiot); Bakurô Ichidai; Onna-gokoro Dare ga shiru; Ereji; Sengo-ha Obake Taikai. 1952: Tôkyô no Koibito; Sengoku Burai; Saikaku Ichidai Onna (Das Leben der Frau Oharu); Araki Mataemon: Kettô Kagiya no Tsuji; Muteki; Gekiryu; Minato e Kita otoko. 1953: Himawari-musume; Taiheiyo no washi; Fukeyo Harukaze; Hoyo. 1954: Shichinin no Samurai (Die sieben Samurai); Mitsuyu-sen; Shiosai. 1954–56: Miyamoto Musashi. 1955: Dansei No. 1; Ikimono no Kiroku (Leben in Furcht); Tenka Taihai; Ichijoji no Ketto; Otoko Arite. 1956: Ketto Ganryu-jima; Kuroobi Sangokushi; Ankoku-gai; Aijo no Kessan; Tsuma no Kokoro; Narazumono; Shujin-sen. 1957: Kumo-no-Su-Jô (Das Schloß im Spinnwebwald); Shitamachi; Donzoko (Nachtasyl); Arashi no Naka no Otoko; Yagyu Bugei-cho; Kono Futari ni Sachi are; Kiken no Eiyu. 1958: Muhô-matsu no Isshô (Der Rikaschamann); Soryu Hiken; Tôkyô no Kyujitsu; Jinsei gekijo Seishun-hen; Kakushi-toride no Sanakunin (Die verborgene Festung). 1959: Ankokugai no Kaoyaku; Aru Kengo no Shogai; Sengoku Guntosen; Nippon Tanjô; Dokuritsu Gurenta. 1960: Ankoku-gai no Taiketsu; Kunisada Chuji; Otoko tai Otoko; Hawai Midway Daikaikûsen: Taiheiyô no Arashi; Warui Yatsu hodo yoku nemuru. 1961: Animas Trujano, el hombre importante [MX]; Yôjimbô (Yojimbo – Der Leibwächter); Osaka-jo Monogatari; Gen to Fudo-myoh. 1962: Tsubaki Sanjûrô (Sanjuro); Toburoku no Tatsu; Chushingura; Zoku Chushingura. 1963: Taiheiyô no Tsubasa; Tengoku to Jigoku; Gojûman-nin no Isan [D,R,P]. 1964: Daitozuku; Dai-tatsumaki. 1965: Samurai [D,P]; Akahige (Rotbart); Sugata Sanshiro; Taiheiyô, Kiseki no Sakusen: Kisuka; Chi to Suna. 1966: Abare Goemon; Daibosatsu Toge; Kiganjo no Boken; Doto Ichi man kairi [D,P]; Grand Prix (Grand Prix) [US]. 1967: Nihon no Ichiban nagai Hi; Jôi-uchi: Hairyôzuma-shimatsu [D,P]. 1968: Rengô-kantai Shirei-chôkan Yamamoto Isoroku; Gion Matsuri; Kurobe no Taiyô [D,P]; Taiheiyô no Jigoku; Hell in the Pacific (Die Hölle sind wir). 1969: Fûrin Kazan; Nippon-kai Dai-kaisen; Akage [D,P]; Shinsen-gumi; Eiko eno 5000 Kiro. 1970: Bakumatsu; Machibuse [D,P]; Gekidô no Shôwa-shi: Gunbatsu; Zatôi-ichi to Yôjimbô. 1971: Soleil rouge/Sole rosso (Rivalen unter roter Sonne) [FR/IT]. 1974: Paper Tiger (Papiertiger) [GB]. 1976: Midway (Schlacht um Midway) [US]. 1977: Ningen no Shômei. 1977/78: Nippon no Don. 1978: O-Gin sama; Inubue [D,P]; Yagyû-ichizoku no Inbô; Akô-jô Danzetsu. 1979: Winter Kills (Philadelphia Clan). 1941 (1941 – Wo, bitte, geht's nach Hollywood?) [US]. 1980: Inchon (Inchon) [KR/US]; Shogun (Shogun) [TV – US]. 1981: The Challenge (Wenn er in die Hölle will, laß ihn gehen) [US]. 1982: Seiha. 1983: Nihonkai Dai-kaisen Umi-yukaba; Jinsei Gekijô. 1984: Sanga Moyu; Umitsubame-jo Nokiseki [D,P]. 1987: Taketori Monogatari; Shatterer/Il ricatto [TV – JP/IT]; Otoko wa tsuraiyo: Shiretoko Bojô. 1989: Haru kuru Oni; Sen no Rikyû, Hongakubô Ibun. 1990: Shogun Mayeda. 1991: Kabuto [US]. 1992: Agakuk [FR]. 1992/93: Shadow of the Wolf (Der Schatten des Wolfes) [FR/CA]. 1994: Picture Bride.

Mikuni Rentarô

(Satô Masao)
*20. 1. 1923 Oota (Präfektur Gunma, Japan)

1950 durch einen Nachwuchswettbewerb als Schaupielschüler im Shochiku Ofuna Studio, 1951 Debüt als für Gerechtigkeit kämpfender Reporter in *Zenma* (Keisuke Kinoshita). Er wechselt mehrmals die Produktionsgesellschaft und ist der erste Star, der 1954 wegen eines Abkommens von 5 großen Studios boykottiert wird. 1963 Gründung seiner eigenen Gesellschaft: Nihon Puro. Während der Karriere

Wandlung vom Typ des Liebhabers zu einem oft negativen Helden, der energisch und nervenstark Verbrechen begeht; als Offizier, der sein Dienstmädchen vergewaltigt, in *Ibo-Kyôdai* (Mijoji Ieki), als Mörder einer Ex-Prostituierten in *Kiga Kaikyô* (Tomu Uchida). In der Humoreskenserie *Tsuribaka Nisshi* aber auch als heiterer Charakter.

[JP] 1951: Zenma; Shônen-ki; Umi no Hanabi; Inazuma-zôshi; Inochi uruwashi. 1952: Shanhai no Onna; Bijo to Tôzoku; Shishunki; Honjitsu Kyûshin; Sengoku Burai. 1953: Tsuma; Aijin; Fûfu; Sakai; Aoiro Kakumei; Aijô ni tsuite. 1954: Doro-darake no Seishun; Nyonin no Yakata; Miyamoto Musashi. 1955: Mittsu no Kao; Keisatsu Nikki; Wakaki Tamashii no Kiroku: Nanatsu Botan; Jigoku no Yôjimbo; Jibun no Anano Naka de. 1956: Ryûri no Kishi; Shi no Jûjiro; Biruma no Tategota (Freunde bis zum letzten); Nikoyon Monogatari. 1957: Bitoku no Yoromeki; Ibo Kyôdai; Washi to Taka. 1958: Mori to Mizuumi no Matsuri; Kaze to Onna to Tabi-garasu; Yoru no Tsuzumi; Yoku; Jokyô Ichidai. 1959: Niguruma no Uta; Hyôryû-Shitai; Kiku to Isamu. 1960: Ooinaru Tabiji; Shiroi Kona no Kyôfu. 1961: Miyamoto Musashi; Hadakakko; Shiiku. 1962: 2,26 Jiken: Dashutsu; Kamome ga tonda; Ankokugai Saigo no Hi; Amakusa Shirô Tokisada; Hakai; Ooshô; Seppuku (Harakiri). 1963: Tôkyô Untachable Dassô; Zoku Goshô; Mushuku-ninbetsuchô; Bakurô Ichidai; Rikugun Zankogu Monogatari. 1964: Kaidan (Kwaidan); Kiga Keikyô; Ookami to Buta to Ningen; Êchigo Tsutsuishi Oyashirazu. 1965: Nippon Dorobô Monogatari. 1966: Odoshi; Shohei no Shima; Aiyoku. 1967: Zatôichi Rôyaburi. 1968: Kamigami no fukaki Yokubô. 1969: Shinsen-gumi. 1970: Yajû-toshi; Sensô to Ningen; Ezo-yakata no Kettô. 1971: Yomigaeru Daichi; Sensô to Ningen: Dai Ni-bu; Shinken-shôbu; Kokuhakuteki Joyû-ron; Naikai no Wa. 1972: Tabi no Omosa; Yakusoku; Kaigun Tokubetsu Shônenhei; Zatôichi Goyô-tabi. 1973: Ai yori aoku; Kaigenrei. 1974: Himiko; Ranru no Hata. 1975: Kinkanshoku; Ame no Amusuterudamu; Waga Seishun no Toki. 1976: Hadashi no Gen; Inugami-ke no Ichizoku; Yôba. 1977: Kuroki Tarô no Ai to Bôken; Hakkôda-san. 1978: Yasei no Shômei; Kôtei no inai Hachigatsu. 1979: Fukushû-suru wa Ware ni ari. 1981: Serafuku to Kikanjû. 1982: Mikan no Taikyoku. 1984: Irodori-gawa. 1986: Ningen no Yakusoku; Hakô kirameku. 1987: Hotaru-gawa; Shinran: shiroi Michi. 1988: Marusa no Onna; Tsuribaka Nisshi; Arashigoaka. 1989: Tsuribaka Nisshi 2; Rikyû. 1990: Tsuribaka Nisshi 3. 1991: Tsuribaka Nisshi 4; Musuko. 1992: Hikarigoke; Tsuribaka Nisshi 5; Gô-Hime; Shôrishatachi. 1993: Daibyônen; Tsuribaka Nisshi 6.

Miles, Sarah

* 31. 12. 1941 Ingatestone (Essex)

1950–53 Besuch einer Privatschule in Sussex, 1956–58 an der Royal Academy of Dramatic Art in London. Sie erwirbt frühe Bühnenerfahrungen beim Connaught Repertory Theatre in Worthing und Anfang der 60er Jahre auch im West End. 1964/65 bei der London National Theatre Company am Old Vic sowie beim britischen Fernsehen beschäftigt. 1962 Filmdebüt als nymphomane und in ihren Lehrer (Laurence Olivier) verliebte Schülerin in Peter Glenvilles *Term of Trial*. Die 60er Jahre, ihre «Teenager-Zeit», sind für die auf verschrobene Weise schöne, vor allem wegen ihrer großen Augen und ihres breiten Lachens auffällige Darstellerin die Phase größter Popularität. 1963 als vermeintliche und inzestuös verbundene Schwester von Dirk Bogarde in *The Servant* (Joseph Losey). 1966 im mysteriösen Klassiker *Blow-Up* (Michelangelo Antonioni). 1970 Oscar-Nominierung für die Titelrolle der jungen Irin in David Leans *Ryan's Daughter* nach einem Drehbuch ihres zweimaligen Ehemanns Robert Bolt (1967–76, ab 1988). 1973/74 in die USA, wo sie 1978 in New York ihre Ein-Frau-Show «S. Miles Is Me» hat. Mitte der 80er Jahre zurück nach England. Sie wird aus einer Produktion des National Theatre entlassen. 1986/87 als Mutter von drei Kindern im London der deutschen Luftangriffe in *Hope and Glory* von John Boorman. Schwester des Regisseurs Christopher Miles, unter dem sie 1963 im mittellangen Film *The Six-Sided Triangle* und 1981 in *Priest of Love* mit einem Gastauftritt spielt.

[GB] 1962: Term of Trial (Spiel mit dem Schicksal). 1963: The Ceremony/Encrucijada mortal (Frühstück in der Todeszelle) [US/ES]; The Servant (Der Diener); The Six-Sided Triangle [KF]. 1965: I Was Happy Here (Hier war ich glücklich); Those Magnificent Men in Their Flying Machines (Die tollkühnen Männer in ihren fliegenden Kisten). 1966: Blow-Up (Blow-Up). 1970: Ryan's Daughter (Ryans Tochter). 1972: Lady Caroline Lamb (Die große Liebe der Lady Caroline). 1973: The Hireling (Botschaft für Lady Franklin); The Man Who Loved Cat Dancing (Der Mann, der die Katzen tanzen ließ) [US]. 1974: Great Expectations [TV]. 1975: Hollywood Television Theater: Requiem for a Nun [TV – US]; Pepita Jiménez [ES]. 1976: Dynasty/James Mitchener's Dynasty [TV – US]; The Sailor Who Fell from Grace With the Sea (Der Weg allen Fleisches). 1978: The Big Sleep (Tote schlafen besser). 1981: Venom (Die schwarze Mamba); Priest of Love. 1982: Loving Walter [TV]. 1984: Ordeal by Innocence (Tödlicher Irrtum). 1984/85: Steaming. 1986: Harem (Harem) [TV – US]. 1986/87: Hope & Glory (Hope & Glory). 1987: White Mischief (Die letzten Tage in Kenya); Queenie (Queenie) [TV – US]. 1989: A Ghost in Monte Carlo (Ein Phantom in Monte Carlo) [TV]. 1992: The Silent Touch/

Dotkniecie reki (Der Klang der Stille) [GB/PL/DK]. 1993: Dandelion Dead [TV].

Miles, Vera

(Vera May Ralston)
* 23. 8. 1929 Boise City (Oklahoma)

Besuch von Public Schools in Pratt und Wichita, Kansas. 1948 erringt sie den 3. Platz im Miss-America-Wettbewerb. Fotomodell. 1951 Filmdebüt in *Two Tickets to Broadway* (James V. Kern). 1956 spielt sie die Farmerstochter Laurie Jorgensen in John Fords Western-Klassiker *The Searchers*. In diesem Jahr persönlicher Vertrag von Alfred Hitchcock, Höhepunkte sind ihre Darstellungen der wahnsinnig werdenden Rose Balestrero in *The Wrong Man* und der Schwester der Ermordeten in *Psycho*. Parallel zum Film stets auch umfangreiche TV-Arbeit, seit den 80er Jahren fast ausschließlich.

[US] 1951: Two Tickets to Broadway (Drei Frauen erobern New York); For Men Only/The Tall Lie (Grausame Richter). 1952: The Rose Bowl Story. 1953: The Charge at Feather River (Der brennende Pfeil); So Big. 1954: Four Star Playhouse: Championship Affair [TV]; Four Star Playhouse: My Own Dear Dragon [TV]; Pride of the Blue Grass. 1954/55: Tanzan's Hidden Jungle (Tarzan und der schwarze Dämon). 1955: 20th Century-Fox Hour: Man On the Ledge/Fourteen Hours; Ford Theatre: P.J. and the Lady [TV]; Alfred Hitchcock Presents: Revenge [TV]; Wichita (Wichita); Screen Directors Playhouse: Rookie of the Year [TV]. 1956: Autumn Leaves (Herbststürme); The House Without a Name [KF]; 23 Paces to Baker Street (23 Schritte zum Abgrund); The Searchers (Der schwarze Falke). 1957: The Wrong Man (Der falsche Mann); Beau James (Schöne Frauen, harte Dollars); Playhouse 90: Panic Button [TV]. 1959: A Touch of Larceny (Hochverrat mit Hindernissen) [GB]; The FBI Story (Geheimagent des FBI); Beyond This Place (Hinter diesen Mauern) [GB]. 1959/60: Jovanka e le altre (Jovanka und die anderen) [IT]. 1960: Ford Startime: Incident at a Corner [TV]; The Lawbreakers (Großstadt-Hyänen) [TV]; Twilight Zone: Mirror Image [TV]; Psycho (Psycho). 1961: Back Street (Endstation Paris). 1962: The Man Who Shot Liberty Valance (Der Mann, der Liberty Valance erschoß); The Detectives: Three Blind Mice/Recoil [TV]. 1963: Fugitive: Fear In a Desert [TV]; Kraft Suspense Theatre: The Case Against Paul Ryker/Paul Ryker [TV]. 1964: Outer Limits: The Form of Things Unknown [TV]; The Outer Limits [TVS]; A Tiger Walks. 1964/65: Those Calloways. 1965: The Hanged Man (Einbahnstraße in den Tod); One of Our Spies Is Missing (Krieg der Spione) [TV]. 1966: ABC Stage 67: The People Trap/The Last Generation [TV]; Follow Me, Boys! (Vierzig Draufgänger); The Spirit Is Willing. 1967: The Gentle Giant (Gentle Giant). 1968: Mission Batangas; Hellfighters (Die Unerschrockenen); Sergant Ryker (Hängt den Verräter). 1969: It Takes All Kinds To Catch a Thief [AU]; Ironside: Goodbye to Yesterday (Der Chef) [TV]. 1969–70: Stump the Stars [TVS]. 1970: Wild Country (Rauhes Land). 1971: A Howling in the Woods [TV]; Baffled! (Die tödliche Vision) [TV – GB]; In Search of America [TV]. 1971–74: Cannon (Der Stich ins Wespennest) [TVS]. 1972: Jigsaw/Man on the Move [TV]; Molly and the Lawless John (Molly und der Gesetzlose); A Great American Tragedy [TV]. 1973: Lovely but Lethal (Columbo: Ein Hauch von Mord) [TV]; Runaway!/The Runaway Train [TV+Kino]; One Little Indian (Ein Kamel im Wilden Westen). 1974: Live Again, Die Again [TV]; Archer: The Underground Man [TV]; The Castaway Cowboy; The Strange and Deadly Occurrence [TV]. 1976: Judge Horton and the Scottsboro Boys (Richter Hortons größter Fall) [TV]; State Fair [TV]; Smash-Up on Interstate 5 [TV]; McNaughton's Daughter [TV]. 1977: Fire! (Horizont in Flammen); Twilight's Last Gleaming (Das Ultimatum). 1978: Run for the Roses (Juanitos großer Freund); And I Alone Survived [TV]. 1980: Roughnecks [TVS]. 1981: Owen Marshall, Counsellor at Law (Owen Marshall – Strafverteidiger) [TVS]; Our Family Business/The Underboss [TV]. 1982: Mazes and Monsters (Labyrinth der Monster) [TV – US/CA]. 1983: The Initiation; Helen Keller. The Miracle Continues [TV]; Psycho II (Psycho II); Travis McGee – The Empty Copper Sea [TV]; Brain Waves (Braincheck – Das andere Ich). 1985: Into the Night (Kopfüber in die Nacht); International Airport [TV]. 1987: Murder, She Wrote: See You in Court, Baby (Mord ist ihr Hobby: Heiraten um jeden Preis) [TV]; Murder, She Wrote: Thursday Child (Mord ist ihr Hobby: Ein Kind der Liebe) [TV]. 1989: The Hijacking of the Achille Lauro [TV]. 1994: Separate Lives (Separate Lives – Tödliches Doppelleben).

Milián, Tomás

(Tomás Rodriguez)
* 3. 3. 1937 Havanna

Milián wächst in den USA auf, besucht in New York das Actors Studio und arbeitet zunächst für das amerikanische Fernsehen. Ende der 50er Jahre kommt er nach Italien, wo er 1959 in Mauro Bologninis *La notte brava* sein Filmdebüt gibt. Sein mageres, zerfurchtes Gesicht und die stoßweise, unruhige Art seiner Darstellung unterscheiden Miliáns Gestus grundlegend von dem seiner damaligen italienischen Kollegen und verhelfen ihm zu einer vielgestaltigen Karriere. So spielt er 1961 eine gespaltene Persönlichkeit in Alfredo Giannettis *Giorno per giorno disperatament*, einen sich quälenden Homosexuellen in Franco Brusatis *Il disordine* und einen reichen und zynischen Jungen in Luchino Viscontis Episode *Il lavoro* in *Boccaccio '70*. Mitte der 60er Jahre entwikkelt sich Milian zu einem der wichtigsten Darsteller der Italo-

Western. Wirkungsvolle Leistungen in diesen Genres verdankt er Sergio Sollima, unter dessen Regie er u. a. in *Faccia a faccia* (1967) spielt. Als der Erfolg dieser Filme nachläßt, spezialisiert sich Milián in den 70er Jahren auf Kriminalfilme, wobei er viel mit dem Regisseur Bruno Corbucci zusammenarbeitet und mit seiner Figur des Kommissars Nico Giraldi – mit Spitznamen «Monnezza» – Popularität erringt, die bis in die 80er Jahre anhält. Selten kehrt Milián zu anspruchsvollen Rollen zurück: 1979 spielt er den Vater eines drogensüchtigen Jungen in Bertoluccis *La luna*, 1982 die Hauptrolle in Michelangelo Antonionis *Identificazione di una donna*.

[IT] 1959: La notte brava/Les Garçons (Wir von der Straße); Il bell'Antonio/Le Bel Antonio (Bel Antonio) [IT/FR]. 1960: I delfini (Gefährliche Nächte) [IT/FR]. 1960/61: L'Imprevisto/L'Imprévu (Bevor das Licht verlöscht) [IT/FR]. 1961: Un giorno da leoni; Giorno per giorno disperatamente (Tag für Tag Verzweiflung); Laura nuda/Laura nue [IT/FR]. 1961/62: Boccaccio '70/Boccacè 70. 3. EP: Il lavoro (Boccaccio 70) [EP – IT/FR]. 1962: La banda Casaroli [IT/FR]; Il disordine/Le désordre (Verwirrung) [IT/FR]. 1962/63: L'Attico (Schlüssel zum siebten Himmel) [IT/FR]. 1963: Mare matto/La mère à boire (Verrückte Seefahrt) [IT/FR]. 1964: Gli indifferenti/Désirs pervers (Die Gleichgültigen) [IT/FR]. 1965: The Agony and the Ecstasy (Inferno und Ekstase) [US]; I soldi. 4. EP: La belva [EP]; I soldi. 5. EP: Lui [EP]; Io uccido, tu uccidi. 5. EP: Il plenilunio [EP – IT/FR]; Le soldatesse/Des filles pour l'armée [IT/FR]. 1966: Madamigella di Maupin/Le chevalier de Maupin [IT/FR/ES]; Se sei vivo spara/Oro maldito (Töte, Django) [IT/ES]. 1967: Crónica de un atraco/La lunga notte di Tombstone [ES/IT]; La resa dei conti/El hacòn y la presa (Der Gehetzte der Sierra Madre) [IT/ES]; Faccia a faccia/Cara a cara (Von Angesicht zu Angesicht) [IT/ES]; El precio de un hombre/The Bounty Killer (Ohne Dollar keinen Sarg) [ES/IT]. 1967/68: Banditi a Milano (Die Banditen von Mailand). 1968: Tepepa/Tepepa (Viva la revolución) (Tepepa) [IT/ES]; Corri, uomo, corri (Lauf um dein Leben); Sentenza di morte (Django – unbarmherzig wie die Sonne). 1969: O' Cangaçeiro (Viva Cangaceiro) [BR]; I cannibali; Beatrice Cenci (Die Nackte und der Kardinal); Dove vai tutta nuda? (Warum läufst du immer nackt herum?). 1970: Vamos a matar, compañeros/Laßt uns töten, Compañeros/Los compañieros [IT/ES/BRD]; L'Amore coniugale. 1970/71: La vittima designata (Der Todesengel). 1971: Un uomo dalla pelle dura; The Last Movie [US]. 1972: La banda J. & S.: cronaca criminale del Far West/Die rote Sonne der Rache/Los hijos del día y de la noche [IT/BRD/ES]; Non si sevizia un paperino; La vita a volte è molto dura, vero Provvidenza? (Providenza! Mausefalle für zwei schräge Vögel). 1973: Il consigliori/El consejero (Im Dutzend zur Hölle) [IT/ES]; Ci risiamo, vero Provvidenza?/¿Estamos en las mismas, verdad, Providencia? [IT/FR/ES]. 1973/74: Squadra volante. 1974: Il bianco, il giallo, il nero/El Blanco, el amarillo y el negro/Le Blanc, le jaune et le noir (Stetson – drei Halunken erster Klasse) [IT/ES/FR]; Milano odia: la polizia non può sparare. 1975: 40 gradi all'ombra del lenzuolo. 1. EP: La cavallona (Müssen Männer schön sein?) [EP]; Il giustiziere sfida la città (Flash solo); Folle à tuer/Una donna da uccidere (Zum Freiwild erklärt) [FR/IT]; I quattro dell'Apocalisse (Verdammt zu leben – verdammt zu sterben); La polizia accusa: il servizio segreto uccide (Chopper Squad). 1975/76: Squadra antiscippo (Die Strickmütze); Roma a mano armata (Die Viper); Folies bourgeoises/Twist/Die verrückten Reichen [FR/IT/BRD]. 1976: Liberi armati pericolosi (Bewaffnet und gefährlich); Il trucido e lo sbirro (Das Schlitzohr und der Bulle); Squadra antifurto. 1976/77: Il cinico, l'infame, il violento; La banda del trucido (Die Gangster Akademie). 1977: La banda del gobbo; Messalina! Messalina! (Messalina – Kaiserin und Hure); Squadra antitruffa (Toni Marroni – Der Superbulle schlägt wieder zu). 1978: Il figlio dello sceicco (Der Superbulle räumt die Wüste auf); Squadra antimafia (Toni Marroni – Elfmeter für den Superbullen). 1979: Winter Kills (Philadelphia Clan) [US]; Assassinio sul Tevere (Toni Marroni – Der Superbulle jagt den Ripper); La luna (La Luna) [IT/US]; Squadra antigangsters (Toni Marroni – Ein Superbulle gegen Amerika). 1979/80: Il lupo & l'agnello/Le coucou (Der Kuckuck) [IT/FR]. 1980: Delitto a Porta Romana; Manolesta. 1981: Uno contro l'altro praticamente amici (Zwei tote Hosen sahnen ab); Delitto al ristorante cinese (Ein Schlitzohr außer Rand und Band). 1982: Delitto sull'autostrada (Das Schlitzohr vom Highway 101); Identificazione di una donna/Identification d'une femme (Identifikation einer Frau) [IT/FR]. 1983: Cane e gatto (Bud, der Ganovenschreck); Delitto in formula uno (Formel 1 und heiße Mädchen); Il diavolo e l'acquasanta (Don Camillo und das Schlitzohr). 1984: Delitto al Blue Gay/Ein Superesel auf dem Ku'damm [IT/BRD]. 1986: Salomè (Salomè) [IT/FR]. 1987: Luci lontane (Distant lights). 1988: Cat Chaser (Short Run) [US]. 1989: Revenge (Eine gefährliche Affäre) [US]; Gioco al massacro. 1990: Havana (Havanna) [US]. 1992: Nails (Nails) [US]. 1993: Secret Games 2 – The Escort (Secret Games 2 – Heiße Hostessen) [US]; Love, Honor & Obey: The Last Mafia Marriage [TV]. 1994: The Cowboy Way (Machen wir's wie die Cowboys) [US]; The Burning Season (Flammen des Widerstands – Der Kampf des Chico Mendes) [TV – US]. 1996: Fools Rush In [US].

Milland, Ray

(Reginald Alfred Truscott-Jones)
*3. 1. 1907 Cymla Mountain/Neath (Wales)
†10. 3. 1986 Torrance (California)

1922/23 an einem College in Cardiff Ausbildung als Sekretär, Arbeit im Büro eines Stahlwerks. 1925–28 Dienst bei der Royal Household Cavalry in

London. Schauspieler an verschiedenen Provinz-Bühnen. Filmdebüt mit einer kleinen Rolle in E. A. Duponts Stummfilm *Piccadilly* (1928). 1930–32 mit M-G-M-Vertrag in Hollywood, danach Rückkehr nach England. Jockey bei Hindernisrennen. 1933 erneut in die USA, ab 1934 für fast 20 Jahre bei Paramount unter Vertrag und Zusammenarbeit mit allen Spitzenregisseuren der Firma (u. a. Norman Taurog, Frank Tuttle, William A. Wellman, Mark Sandrich, Frank Borzage). Hauptdarsteller vor allem in leichten, romantischen Komödien, Horror- und Abenteuerfilmen sowie Musicals. Besonders in den Filmen von Mitchell Leisen und John Farrow realisiert sich ein eigener «Milland-Stil», deutlich in Leisens Komödie *Easy Living* (1937), dem Kostümfilm *Kitty* (1945), und Farrows Film Noir *The Big Clock* (1947) und der Teufels-Allegorie *Alias Nick Beal* (1949). Ab 1940 auch für das Radio tätig. 1945 ein Oscar für seinen alkoholsüchtigen Schriftsteller in *The Lost Weekend* (Billy Wilder). Mit zunehmendem Alter beginnt der Rollentypus des eher finsteren Mannes mit Geheimnis zu dominieren, z. B. früh schon 1944 in *Ministry of Fear* (Fritz Lang), 1954 in *Dial M for Murder* (Alfred Hitchcock) und besonders 1963 – Millands stechender Blick kommt dem zugute – als Mann mit den Röntgenaugen in *X* (Roger Corman). In den 50er und 60er Jahren auch Regisseur, Schauspieler und Produzent beim Fernsehen: 1953–55 Komödien-Serie *Meet Mr. McNutley / The Ray Milland Show*. 1959/60 als Detektiv *Markham* (auch Regie einiger Folgen). 1955–68 Regie bei fünf Filmen, zuerst *A Man Alone*, in dem er auch eine Rolle übernimmt. 1966 Debüt am Broadway mit dem Stück «Hostile Witness». 1970 neue Beachtung mit der Vaterrolle im Welterfolg *Love Story* (Arthur Hiller). In den letzten 15 Jahre der Karriere zahlreiche zweit- und drittklassige Filme. 1976 Autobiografie: «Wide-Eyed in Babylon».

[US] 1928: Piccadilly (Nachtwelt (Piccadilly)) [GB]. 1929: The Flying Scotsman [GB]; The Lady from the Sea / Goodwin Sands [GB]; The Informer [GB]. 1930: Way for a Sailor; Passion Flower. 1931: The Bachelor Father; Strangers May Kiss; Just a Gigolo; Bought; Blonde Crazy; Ambassador Bill. 1931/32: The Man Who Played God. 1932: Polly of the Circus; Payment Deferred (Zahlungsaufschub); This Is the Life [GB]. 1933: Orders is Orders [GB]. 1933/34: Bolero (Bolero). 1934: We're Not Dressing; Many Happy Returns; Charlie Chan in London; Menace; One Hour Late. 1935: The Gilded Lily; Four Hours to Kill; Alias Mary Dow; The Glass Key (Der gläserne Schlüssel); Next Time We Love. 1936: The Return of Sophie Lang (Um den Krüger-Diamanten); The Big Broadcast of 1937; The Jungle Princess; Three Smart Girls. 1937: Bulldog Drummond Escapes (Der Mord im Nebel); Wings over Honolulu; Easy Living (Mein Leben in Luxus / Leichtes Leben); Ebb Tide; Wise Girl. 1938: Her Jungle Love; Tropic Holiday; Men With Wings; Say it in French; Hotel Imperial. 1939: Beau Geste (Drei Fremdenlegionäre); French Without Tears [GB]; Everything Happens at Night. 1940: Irene; The Doctor Takes a Wife; Untamed; Arise, My Love. 1941: I Wanted Wings; Skylark (Eheposse). 1941/42: The Lady Has Plans. 1942: Reap the Wild Wind (Piraten im Karibischen Meer); The Major and the Minor (Der Major und das Mädchen); Are Husbands Necessary?; Star Spangled Rhythm. 1942/43: The Crystal Ball. 1943: Forever and a Day (Auf ewig und drei Tage); The Uninvited (Der unheimliche Gast). 1943/44: Lady in the Dark. 1944: Till We Meet Again; Ministry of Fear (Ministerium der Angst). 1945: The Lost Weekend (Das verlorene Wochenende); Kitty (Eine Lady mit Vergangenheit). 1946: The Well-Groomed Bride. 1946/47: California (California). 1947: The Imperfect Lady; The Trouble with Women; Variety Girl; The Big Clock; Golden Earrings. 1947/48: So Evil My Love. 1948: Miss Tatlock's Millions; Sealed Verdict. 1949: Alias Nick Beal; It Happens Every Spring. 1950: Copper Canyon (Flammendes Tal); A Life of Her Own; A Woman of Distinction; Circle of Danger [D,CoP – GB]. 1951: Night into Morning; Close to My Heart; Rhubarb. 1951/52: Something to Live for (Wofür sich das Leben lohnt). 1952: Bugles in the Afternoon; The Thief. 1953: Let's Do It Again (Diese Frau vergißt man nicht); Jamaica Run (Weiße Herrin auf Jamaica). 1953–55: Meet Mr. McNutley/The Ray Milland Show [TVS]. 1954: Dial M for Murder (Bei Anruf Mord). 1955: A Man Alone (Ein Mann allein) [D,R]; The Girl in the Red Velvet Swing (Das Mädchen auf der roten Samtschaukel). 1956: Lisbon (Geheimzentrale Lissabon) [D,R,CoP]. 1957: The River's Edge (Flucht nach Mexiko); Three Brave Men (Die unsichtbare Front); The Safecraker (Safeknacker Nr. 1) [D,R – GB]; High Flight (Kameraden der Luft) [GB]. 1959–60: Markham [D,R – TVS]. 1961: The Premature Burial (Lebendig begraben). 1962: Panic in Year Zero! / The End of the World [D,R]. 1963: X (Der Mann mit den Röntgenaugen). 1964: The Confession / Quick, Let's Get Married / Seven Different Ways [JM]. 1968: The Protectors / Company of Killers [UA: 1970]; Hostile Witness [D,R – GB]; Rose rosse per il Führer (Rote Rosen für den Führer) [IT]. 1969: Daughter of the Mind [TV]. 1970: Love Story (Love Story). 1971: River of Gold [TV]; Black Noon [TV]; Columbo: Death Lends a Hand (Columbo: Mord mit der linken Hand) [TV]. 1972: The Big Game / Control Factor [GB]; The Thing with Two Heads; Columbo: The Greenhouse Jungle [TV]; Frogs (Frogs); Embassy (Am Tor zur Freiheit liegt der Totenschein). 1973: Terror in the Wax Museum (Der Bucklige vom Horror-Kabinett); The House in Nightmare Park [GB]. 1974: Un par de zapatos del 32 [ES]; Gold (Gold) [GB]. 1975: Ellery Queen/Too Many Suspects [TV]; The Swiss Conspiracy/Per Saldo Mord [US/BRD]; Give Us Your Poor/The Unwanted [TV]; The Dead Don't Die [TV]; Der flüsternde Tod [BRD]; Escape to Witch Mountain. 1976: The Last Tycoon (Der letzte Tycoon); Look What's Happened to Rosemary's Baby [TV]; Aces High (Die Schlacht in den Wolken) [GB/FR]; Rich Man, Poor Man [TVS]; Mayday at 40,000 Feet [TV]. 1977: Spree (Spree – Tödliches Wochenende); Testimony for Two Men [TVS]; Seventh Avenue [TVS]; The Uncanny. EP: Montreal – Present Times [CA/GB]; La ragazza dal pigiama giallo/La chica del pijama amarillo [IT/ES]; I gabbiani volano basso [IT]; Slavers – Die Sklavenjäger [BRD]. 1978: Cruise into Terror [TV]; Blackout/New York ne répond plus (Die Bestien) [CA]; Battlestar: Galactica (Kampfstern Galactica) [TVS + Kino]. 1979: Cave In! [TV – GB; UA: 1983]; Game for Vultures (Spiel der Geier) [GB]; Oliver's Story (Olivers Story); Charlie's Angels: One Love ... Two Angels [TV]; The Darker Side of Terror [TV]; The Attic; Concorde Affaire '79 (Das Concorde Inferno) [IT]. 1980: The Dream Merchants (Die Traumfabrik) [TVS]; Survival Run. 1981: Our Family Business/The Underboss [TV]. 1982: The Royal Romance of Charles and Diana (Die Romanze von Charles und Diana) [TV – GB]; Starflight One (Starflight One – Irrflug ins Weltall). 1984: The Masks of Death [TV – GB]. 1985: The Gold Key [TV]; Serpiente de mar [ES].

Mills, John

(Sir Lewis Ernest Watts Mills)
* 22. 2. 1908 Norfolk (England)

Kindheit zum großen Teil in der Nähe von Yarmouth, wo sein Vater Schuldirektor ist. Neben einer Tätigkeit als Büroangestellter Besuch einer Ballettschule in London. 1927 Beginn der Bühnenarbeit bei Amateurgruppen. 1929 erster Auftritt in London. 1929–30 beim Repertoire-Theater The Quaints, danach Engagements am West End. 1932 Filmdebüt in Albert De Courvilles musikalischer Komödie *The Midshipmaid*. 1934 Vertrag mit Gaumont-British. Ab 1938 am Old Vic in London. 1941 wegen Krankheit aus der Armee entlassen. 1941–45 fast ausschließlich Filmrollen als Kriegsheld. 1947–51 bei der Rank Organisation unter Vertrag. Ab 1949 zeitweilig auch als Produzent tätig. Nach dem Krieg verkörpert Mills mit stets moralisch einwandfreien Rollen in gewisser Weise die von Premierminister Attlee proklamierte «Politik des Anstands» – quer durch alle Klassen und Schichten. Sogar in Richard Attenboroughs Groteske *Oh! What a Lovely War* (1968/69) versucht er, dem General, einem Schlächter, der Tausende von Soldaten in den Tod schickt, menschliche Züge zu verleihen. 1965 produziert und inszeniert er das ländliche Film-Melodrama *Sky West and Crooked*. 1970 Nebenrollen-Oscar für die Rolle eines Dorftrottels im Irland-Drama *Ryan's Daughter* (David Lean). Fortan kaum noch gute Rollen. Späte Höhepunkte sind die Mitwirkung in Attenboroughs *Gandhi* sowie am Animationsfilm *When the Wind Blows* als Sprecher der Figur des Jim Bloggs. Ab 1956 auch in Fernsehproduktionen, bevorzugt «Alt-Englisches» wie Dickens-Adaptionen, und 1961 erstmals am Broadway. Mills wird 1977 zum Ritter geschlagen. Er ist 1931–40 mit der Schauspielerin Aileen Raymond verheiratet, seiner zweiten Ehe mit der Schriftstellerin Mary Hayley Bell entstammen die Schauspielerinnen Juliet (* 1941) und Hayley (* 1946) Mills. 1980 Veröffentlichung seiner Memoiren: «Up in the Clouds, Gentlemen Please».

[GB] 1932: The Midshipmaid. 1933: The River Wolves; A Political Party; Britannia of Billingsgate; The Ghost Camera. 1934: Those Were the Days; Blind Justice; Doctor's Orders; The Lash. 1935: Brown on Resolution/Forever England; Charing Cross Road; Royal Cavalcade; Car of Dreams. 1935/36: First Offence. 1936: O.H.M.S.; Tudor Rose. 1937: The Green Cockatoo/Four Dark Hours. 1938: Happy Families [KF]. 1939: Goodbye, Mr. Chips. 1939/40: Dangerous Comment [KF]; Now You're Talking [KF]; All Hands [KF]. 1940: Old Bill and Son; The Letter (Das Geheimnis von Malampur) [US]. 1941: Black Sheep of Whitehall; The Big Blockade; Cottage to Let. 1942: In Which We Serve; The Young Mr. Pitt. 1943: We Dive at Dawn. 1944: This Happy Breed (Wunderbare Zeiten); Waterloo Road; Victory Wedding [KF]. 1945: The Way to the Stars. 1946: Great Expectations (Geheimnisvolle Erbschaft). 1946/47: So Well Remembered (Unvergessene Jahre). 1947: The October Man (Zwielicht). 1948: Scott of the Antarctic (Scotts letzte Fahrt); Three Days [R – KF]. 1948/49: The History of Mr. Polly [D,P]. 1949: The Flying Skyscraper [S – KF]; The Rocking Horse Winner [D,P]. 1949/50: Morning Departure (Die Nacht begann am Morgen). 1951: Mr. Denning Drives North (Der Täter fährt nach Norden). 1952: The Gentle Gunman (Die Bombe im U-Bahn-Schacht); The Long Memory (Meineid). 1953/54: Hobson's Choice (Herr im Haus bin ich). 1954: The Colditz-Story. 1954/55: The End of the Affair (Das Ende einer Affäre). 1955: Escapade; Above Us the Waves (X-Boote greifen an/Submarine – U-Boote greifen an). 1956: The Baby and the Battleship; It's Great to Be Young! (Wie herrlich, jung zu sein!); Around the World in 80 Days (In 80 Tagen um die Welt) [US]; War and Peace (Krieg und Frieden) [US]; Town on Trial (Eine Stadt steht vor Gericht). 1957: The Vicious Circle (Interpol ruft Berlin). 1958: Dunkirk (Dünkirchen); Ice Cold in Alex (Eiskalt in Alexandrien – Feuersturm über Afrika); I Was Monty's Double (Ich war Montys Double). 1958/59: Tiger Bay

(Ich kenne den Mörder). 1959: Summer of the Seventeenth Doll/Season of Passion (Der Sommer der 17. Puppe) [AU/GB]. 1960: Tunes of Glory (Einst ein Held); The Singer Not the Song (Sommer der Verfluchten); Swiss Family Robinson (Dschungel der 1000 Gefahren). 1961: The Valiant (Alarm auf der Valiant); Flame in the Streets (Schwarze Fackel). 1962: Tiara Tahiti (Tiara Tahiti); DuPont Show of the Month: The Interrogator [TV – US]. 1963: The Chalk Garden (Das Haus im Kreidegarten). 1964: DuPont Show of the Month: The Hell Walkers [TV – US]; The Truth About Spring. 1964/65: Operation Crossbow (Geheimaktion Crossbow) [GB/IT]. 1965: King Rat (Sie nannten ihn King) [US]; Sky West and Crooked [R]. 1966: The Wrong Box (Letzte Grüße von Onkel Joe); The Family Way (Honigmond 67). 1967: Dundee and the Culhane [TV – US]; Africa–Texas Style!/Cowboy in Africa (Gefährliche Abenteuer) [US/GB]; Chuka (Chuka) [US]. 1968: La morte non ha sesso/Das Geheimnis der jungen Witwe [IT/BRD]; Le calde notti di Lady Hamilton/Lady Hamilton – zwischen Schmach und Liebe/Les amours de Lady Hamilton [IT/BRD/ES]. 1968/69: Oh! What a Lovely War (Oh! What a Lovely War). 1969: Run Wild, Run Free (Zwei Freunde fürs Leben); Adam's Woman/Return of the Boomerang (Ihre Chance war gleich Null) [GB/AU]. 1970: Ryan's Daughter (Ryans Tochter). 1970–71: Nanny and the Professor (Nanny und der Professor) [TVS – US]. 1971: Dulcima (Dulcima). 1972: Lady Caroline Lamb (Die große Liebe der Lady Caroline); Young Winston (Der junge Löwe). 1973: Oklahoma Crude (Oklahoma Crude) [US]. 1974: The Zoo Gang (Die Gerechten) [TVS – GB/US]. 1975: The Human Factor (Ein Mann rechnet ab). 1976: Trial by Combat/A Choice of Weapons (Selbstjustiz). 1977: Des Teufels Advokat [BRD]. 1978: Quatermass Conclusion [TV]; Dr. Strange [TV – US]; The Big Sleep (Tote schlafen besser); Thirty-Nine Steps (Die 39 Stufen). 1979: Zulu Dawn (Die letzte Offensive) [US]; Roald Dahl's Tales of the Unexpected.: Galloping Foxley (Ungewöhnliche Geschichten von Roald Dahl: Der rasende Foxley) [TV – US]; Roald Dahl's Tales of the Unexpected: The Umbrella Man (Ungewöhnliche Geschichten von Roald Dahl: Der Herr mit dem Regenschirm) [TV – US]; 1980: Young at Heart [TVS]. 1981: Operation Safecrack [TV]. 1982: The Adventures of Little Lord Fauntleroy [TV]; Gandhi (Gandhi). 1982/83: Sahara (Sahara) [US]. 1984: The Masks of Death [TV]; A Woman of Substance [TV]. 1985: Murder with Mirrors (Mord mit doppeltem Boden) [TV – US]; Edge of the Wind [TV – US]. 1986: Hold the Dream [TV]. 1986/87: When the Wind Blows [S – ANI]. 1987: Who's That Girl (Who's That Girl) [US]. 1988: The True Story of Spit MacPhee [TVS]; The Lady and the Highwayman (Silver Blade); Ending Up [TV]. 1989: A Tale of Two Cities [TVS]; Around the World in 80 Days (In 80 Tagen um die Welt) [TVS – US]. 1990: Night of the Fox [TV – US/GB/FR/BRD]. 1990/91: The Garden (The Garden). 1992: Harnessing Peacocks (Ein Käfig voller Pfauen); Frankenstein: The Real Story [TV – GB/US]. 1993: Deadly Advice. 1994/95: Martin Chuzzlewitt [TVS]. 1995: The Grotesque (The Grotesque). 1996: Hamlet [US].

Milo, Sandra

(Alessandra Marini)
*11. 3. 1935 Mailand

Während Milo die Universität besucht, wird sie vom französischen Produzenten Moris Ergas entdeckt. 1957 erste wichtige Rolle in *La donna che venne dal mare* (Francesco De Robertis). Es folgen kommerzielle Filme, in denen Milo, blond, mit großen aufgerissenen Augen und singender Simme, stets in der Rolle des oberflächlichen, leichtfertigen Mädchens, das für jedes Abenteuer oder jeden Blödsinn zu haben ist, besetzt wird. Wichtigere Aufgaben bietet ihr Antonio Pietrangeli, unter dessen Regie Milo in *La visita* (1963) eine ihrer stärksten Figuren zeichnet; eine nicht mehr junge, einsame Frau, die die Liebe durch einen Briefwechsel zu finden hofft. In Federico Fellinis *8 e ½* spielt sie als Karikatur ihrer selbst die Liebhaberin des Regisseurs Guido (Marcello Mastroianni). Obwohl ihr auch Michelangelo Antonioni (*Il generale Della Rovere)* und Roberto Rossellini *(Vanina Vanini)* anspruchsvolle Aufgaben übertragen, kann sie sich nicht aus ihrem Rollenklischee befreien. Auf dem Höhepunkt ihrer Karriere ist sie auch im französischen Film intensiv in Nebenrollen tätig, u. a. in André Cayattes *Le miroir à deux faces* (1958) und 1959 in *Classe tout risques* (Claude Sautet). In den 70er Jahren versucht sich Milo mit wenig Erfolg als Journalistin und Moderatorin im TV. 1982 sieht man sie noch einmal in Francesco Laudadios Debütfilm *Grog*.

[IT] 1955: Lo scapolo/El soltero [IT/ES]. 1956: Moglie e buoi ...; Elena et les hommes/Eliana e gli uomini (Weiße Margeriten) [FR/IT]. 1956/57: Les aventures d'Arsène Lupin/Gli avventure di Arsenio Lupin (Arsen Lupin, der Millionendieb) [FR/IT]. 1957: La donna che venne dal mare/L'aventurière de Gibraltar (Die Spionin von Gibraltar) [IT/FR]. 1958: Vite perdute (Und den Henker im Nacken); Totò nella luna; Le miroir à deux faces/Lo specchio a due facce (DerTag und die Nacht) [FR/IT]; Erode il grande/Le roi cruel (Herodes – Blut über Jerusalem) [IT/FR]. 1959: Il Generale Della Rovere (Der falsche General) [IT/FR]; Un témoin dans la ville/Appuntamento con il delitto (Der Mörder kam um Mitternacht) [FR/IT]; Classe tous risques/Asfalto che scotta (Der Panther wird gehetzt) [FR/IT]; Le chemin des écoliers/Furore di vivere (Die Schüler) [FR/IT]; La jument verte/La giumenta verde (Die grüne Stute) [FR/IT]. 1960: Gli scontenti; Adua e le compagne (Adua und ihre Gefährtinnen). 1961: Vanina Vanini (Der furchtlose Rebell) [IT/FR]; Fantasmi a Roma (Das Spukschloß in der Via Veneto). 1963: 8

e ½ / 8 et ½ (Achteinhalb) [IT/FR]; Méfiez-vous, mesdames! / Chi vuole dormire nel mio letto? (Vorsicht, meine Damen!) [FR/IT]; La visita / Annonces matrimonales (Der Ehekandidat) [IT/FR]. 1963/64: Frenesia dell'estate (Verrückter Sommer) [IT/FR]. 1964: Le voci bianche / Le sexe des anges (Helle Stimmen) [IT/FR]; Relaxe-tois, chérie / Ho una moglie pazza, pazza, pazza [FR/IT]; Le belle famiglie / Ah! Les belles familles. 3. Ep: Amare è un po'morire [EP – IT/FR]; La donna è una cosa meravigliosa. 1. Ep: Una donna dolce, dolce [EP – IT/FR]; Amori pericolosi. 3. Ep: Il generale [EP – IT/FR]; Un monsieur de compagnie / Poi ti sposerò (Ich war eine männliche Sexbombe) [FR/IT]. 1965: L'ombrellone / Play-boy party / El parosol [IT/FR/ES]; Giulietta degli spiriti / Juliette des esprits (Julia und die Geister) [IT/FR]. 1966: Come imparai ad amare le donne / Das gewisse Etwas der Frauen / Comment j'ai appris à aimer les femmes [IT/BRD/FR]. 1967: Bang Bang Kid / Bang Bang [IT/ES]; La notte pazza del conigliaccio; Per amore ... per magia [IT/FR]. 1968: T'ammazzo! ... Raccomandati a Dio (Django, wo steht dein Sarg?). 1979: Rivanti ... marsch! ...; Tesoro mio. 1982: Grog. 1983: Cenerentola 80 [IT/FR]. 1994: Camerieri.

Minnelli, Liza

(Liza May Minnelli)
*12. 3. 1946 Los Angeles
Tochter der Schauspielerin und Sängerin Judy Garland und des Regisseurs Vincente Minnelli. Debüt im Film als 3jährige, mit 7 Jahren als Tänzerin neben ihrer Mutter auf der Bühne des Palace Theatre in New York. 1961 Besuch der Scarsdale High School. US-Tournee mit «The Diary of Anne Frank». 1962 Schauspielstudien am Herbert Berghof Studio. 1963 Broadway-Debüt mit «Best Foot Forward». 1964 Gastspiel mit ihrer Mutter im Londoner Palladium und Produktion der ersten Schallplatte. Im nächsten Jahr Debütantinnen-Preis für Musical «Flora, the Red Menace». 1967 erste Filmrolle als amerikanische Sekretärin Eliza in *Charlie Bubbles*, dem Regiedebüt ihres Kollegen Albert Finney. 1969 Oscar-Nominierung als einsame College-Studentin Pookie Adams in Alan J. Pakulas *The Sterile Cuckoo*. Im folgenden Jahr Titelrolle der Außenseiterin in Premingers *Tell Me That You Love Me, Junie Moon*. Welterfolg und Oscar als Musicalstar Sally Bowles in Bob Fosses *Cabaret*. 1976 spielt sie ein naives junges Dienstmädchen neben Ingrid Bergman in *A Matter of Time* (Minnelli). 1977 gerät die Hauptrolle neben Robert De Niro in Martin Scorseses Musical-Versuch *New York, New York* zum Mißerfolg. Daneben auch TV-Arbeit – 1972 Emmy für ihre Show *Liza with a Z* – und als Schauspielerin und Sängerin auf der Bühne (1973 und 1978 Tony-Awards). In den 80er Jahren wenig Filmaufgaben. 1987 präsentiert sie eine TV-Dokumentation über ihren Vater. Seit 1990 vor allem Tourneen als Sängerin. 1990 neben ihrer Halbschwester, der Schauspielerin Lorna Luft (*1953), in der TV-Show zum Jubiläum von *The Wizard of Oz*, dem Erfolgsfilm ihrer Mutter.

[US] 1949: In the Good Old Summertime (Damals im Sommer). 1962: An Incidence of Seeking [KF]. 1965: The Dangerous Christmas of Red Riding Hood [TV]. 1967: Charlie Bubbles (Ein erfolgreicher Blindgänger) [GB]. 1969: The Sterile Cuckoo / Pookie (Pookie). 1970: Tell Me That You Love Me, Junie Moon. 1972: Cabaret (Cabaret); Liza with a Z [TV]. 1974: Liza in Love From A to Z [TV]. 1975: Lucky Lady (Abenteurer auf der Lucky Lady). 1976: A Matter of Time / Nina (Nur eine Frage der Zeit) [US/IT]; Silent Movie (Mel Brooks' letzte Verrücktheit: Silent Movie). 1977: New York, New York (New York, New York). 1980: Goldie and Liza Together [TV]; Are You Now Or Have You Ever Been? [TV]; An Evening with Liza Minnelli [TV]. 1981: Arthur (Arthur – Kein Kind von Traurigkeit). 1983: Faerie Tale Theatre: Princess and the Pea [TV]. 1984: A Great Wind Cometh; The Muppets Take Manhattan (Die Muppets erobern Manhattan). 1985: That's Dancing! (That's Dancing!); A Time to Live (Ein kurzes Leben lang) [TV]. 1986: Rent-a-cop (Rent-a-cop); Standing Room Only: Liza In London [TV]. 1987: Minnelli On Minnelli: Liza Remembers Vincente [TV-DOK]. 1988: Sam Found Out. A Triple Play [TV]; Arthur 2: On the Rocks (Arthur 2 – On the Rocks). 1989: Frank, Liza and Sammy: The Ultimate Event [TV]. 1990: Wonderful Wizard of Oz: 50 Years of Magic [TV-DOK]. 1991: Stepping Out (Stepping Out) [CA/US]. 1994: Parallel Lives. 1995: The West Side Waltz [TV].

Miou-Miou

(Sylvette Hery)
*22. 2. 1950 St.-Pol-de-Leon
Tochter einer Marktfrau und eines Polizisten. Nach abgebrochener Lehre Schauspielausbildung; Anschluß an die Pariser Experimentalbühne Café de la Gare unter der Leitung von Coluche; dort Zusammenarbeit mit Gérard Depardieu und Patrick Dewaere, mit dem sie einige Zeit zusammenlebt. 1973 erster Filmerfolg als weiblicher Part des frivol-komischen Dreiecks mit Depardieu und Dewaere in Bertrand Bliers Aussteiger-Komödie *Les valseuses*. Verschmitzte Unbefangenheit zeichnet ihre Rollen auch in weiteren Komödien aus, so z. B. in Alain Tanners *Jonas qui aura vingt-cinq ans en l'an 2000*. Von schöner Melacholie ihre Rolle als ewig treue Partnerin in Claude Millers *Dites-lui que je l'aime*. Für ihre vielschichtigen Rollen, so als Prostituierte in Daniel Duvals *La dérobade*, wird sie 1980 mit dem César ausgezeichnet. In

Michel Devilles *La lectrice* gelingt es ihr, die sinnlichen Qualitäten des Lesens überzeugend zu demonstrieren; mit zickiger Boshaftigkeit füllt sie ihre Rolle in Louis Malles Komödie *Milou en mai* (1989) aus. Nicht zuletzt durch ihr engagiertes Spiel als Mutter wird Claude Berris aufwendige Zola-Verfilmung *Germinal* von 1993 in Frankreich zum Publikumserfolg. In den 90er Jahren zunehmend TV-Arbeit.

[FR] 1971: La cavale. 1972: Elle court, elle court, la banlieue/La pendolare (Durch Paris mit Ach und Krach) [FR/IT]; Quelques messieurs trop tranquilles; Themroc (Themroc). 1973: Les aventures de Rabbi Jacob/Le folli avventure di Rabbi Jacob (Die Abenteuer des Rabbi Jacob) [FR/IT]; Les grandes brûlées/La mia legge (Die Löwin und ihr Jäger) [FR/IT]; Les valseuses (Die Ausgebufften); La grande trouille. 1974: Pas de problème (Kein Problem); Lily, aime-moi (Lily, hab mich lieb). 1975: Un genio, due compari, un pollo/Un génie, deux associés, une cloche/Nobody ist der Größte [IT/FR/BRD]; D'amour et d'eau fraîche. 1975/76: Marcia trionfale/La marche triomphale/Triumphmarsch [IT/FR/BRD]. 1976: Jonas qui aura vingt-cinq ans en l'an 2000 (Jonas, der im Jahre 2000 25 Jahre alt sein wird) [CH/FR]; F comme Fairbanks (Frech wie Fairbanks); On aura tout vu; Al piacere di rivederla [IT/FR]. 1977: Dites-lui que je l'aime (Der süße Wahn). 1978: Les routes du Sud/Las rutas der Sur (Die Straßen nach Süden) [FR/ES]. 1978/79: L'Ingorgo (Una storia impossibile)/Le grand embouteillage/Stau/El gran atasco [IT/FR/BRD/ES]. 1979: Au revoir à lundi (Auf Wiedersehen, bis Montag) [FR/CA]; La dérobade (Die Aussteigerin); La femme-flic (Die Polizistin). 1980: Josepha (Josepha). 1981: Guy de Maupassant; La gueule du loup; Est-ce bien raisonnable? (Ist das wirklich Liebe, Liebling?). 1982: Coup de foudre (Entre nous). 1983: Canicule (Dog Day – Ein Mann rennt um sein Leben); Attention! Une femme peut en cacher une autre. 1984: Blanche et Marie (Blanche et Marie); Le vol du sphinx (Der Flug der Sphinx). 1985/86: Tenue de soirée (Abendanzug). 1988: La lectrice (Die Vorleserin); Les portes tournantes (Revolving Doors) [CA]. 1989: Milou en mai/Milou a maggio (Eine Komödie im Mai) [FR/IT]. 1991: Netchaiev est de retour (Rückkehr eines Toten) [FR/IT]; La totale. 1992: Le bal des casse-pieds (Affenzirkus); Tango mortale (Tango Mortale). 1993: Germinal (Germinal); Montparnasse-Pondichéry. 1994: Une femme dans la tourmente (Die Diplomatin) [TV]; Un Indien dans la ville (Little Indian) [TV]. 1995: Ma femme me quitte; Le huitième jour (Der achte Tag) [FR/BE/GB]. 1996: Os tres desejos/Elles [PT/LU/FR/ES/BE]. 1997: Nettoyage à sec.

Mira, Brigitte

*20. 4. 1915 Hamburg

Sie wächst in Düsseldorf auf, erhält Klavier-, Ballett- und Gesangsunterricht. Ende der 20er Jahre Elevin in Köln. 1930 Soubrette in Bremerhaven. An Bühnen in Reichenberg, Graz, Kiel, Hamburg und Hannover. Ab 1941 Rose-Theater, Kabarett der Komiker und Theater am Schiffbauerdamm in Berlin. Erste Filmrolle 1943 in der propagandistischen Kurzfilmserie *Liese und Miese* (Eugen York). Nach Kriegsende in Berlin in Operetten-Inszenierungen von Walter Felsenstein; Kabarett mit Günter Neumann in Die Insulaner, Auftritt in seiner *Berliner Ballade* (Robert A. Stemmle). In den 50er Jahren Bühnenarbeit in Volksstücken, musikalischen Lustspielen und Kabarett. Komische Nebenrollen in Schlagerfilmen und Film-Komödien. In den 60er Jahren in Operetten, Musicals, Singspielen und Unterhaltungssendungen des Fernsehens die «Soubrette vom Dienst», teils knallig humoristisch. Gelegentlich TV-Rollen im Charakterfach, z. B. in *Mrs. Cheneys Ende* (Erik Ode). 1972 am Schauspielhaus Bochum bei Peter Zadek. Ab 1973 in Inszenierungen von Rainer Werner Fassbinder. Auftritt in seiner TV-Serie *Acht Stunden sind kein Tag*; in seinem Film *Angst essen Seele auf* als Putzfrau, die einen arabischen Gastarbeiter heiratet, erstmals in einer seriösen Hauptrolle, 1974 mit einem Bundesfilmpreis ausgezeichnet. Auch in anderen Produktionen des Neuen deutschen Films. Im Fernsehen Darstellung patenter Proletarierinnen oder alter Gewächse vom Kiez in Serien, Episodenfilmen und Fernsehspielen: *Drei Damen vom Grill*; *Einmal Ku'damm und zurück* (Herbert Ballmann). Neben intensiver TV-Arbeit in den 80er Jahren Gesangsauftritte, Theater-Gastspiele und in Tournee-Inszenierungen. 1989 Filmband in Gold für langjähriges und hervorragendes Wirken im deutschen Film.

[DE/BRD] 1943: Liese und Miese [KFS]. 1948: Berliner Ballade. 1957/58: ... und abends in die Scala. 1958: Drei Orangen [TV]; So ein Millionär hat's schwer [AT]; Der Stern von Santa Clara; Wehe, wenn sie losgelassen ... 1958/59: Schlag auf Schlag. 1959: Du bist wunderbar; Die Liebe des Jahres [TV]. 1960: Der Vetter aus Dingsda [TV]; Geschminkte Jugend/Die Nacht am See; Im Namen einer Mutter. 1961: Ich kann nicht länger schweigen; Wie einst im Mai [TV]; Die Marquise von Arcis [TV]. 1962: So toll wie anno dazumal; Bubusch [TV]. 1963: Feuerwerk [TV]; Jack und Jenny. 1964: Fröhliche Weihnachten wünscht Zaubermeister Merlin [TV]; Frau Luna [TV]. 1965: Annie get your gun [TV]; Der Forellenhof. 5. Gäste aus Kanada [TVS]; Mrs. Cheneys Ende [TV]. 1965/66: Bei Pfeiffers ist Ball [TV]. 1966: Schwarzer Peter [TV]. 1966/67: Wilhelmina [TV-KF]. 1967: Im Ballhaus ist Musike [TV]. 1968: Der Partyphotograph; Im Ballhaus wird geschwoft [TV]. 1969/70: Das Stundenhotel von St. Pauli. 1970: Prozeß Mariotti [TV]; Der Vetter aus Dingsda [TV]; Dreißig Silberlinge [TV]; Meine Frau Susanne [TVS]. 1970/71: Zwanzig Mädchen und die Pauker: Heute steht die Penne Kopf; Drüben bei Lehmanns [TVS]; Der Raub der Sabinerinnen [TV]. 1971: Wir hau'n den Hauswirt in die Pfanne. 1972: Acht Stunden sind kein Tag. 4. Harald und Monika [TVS]; Hofball bei Zille [TV]. 1972/73: Die Zärtlichkeit der Wölfe. 1973: Sechs unter Millionen [TVS]; Angst essen Seele auf; Kleiner Mann, was nun? [TV]. 1974: Wie ein Vogel auf dem Draht [TV]; Jeder für sich und Gott gegen alle; 1 Berlin Harlem; Faustrecht der Freiheit; Die schwebende Jungfrau [TV]. 1975: Der Geheimnisträger; Hurra – ein Junge [TV]; Mutter Küsters Fahrt zum Himmel; Angst vor der Angst [TV]; Jeder stirbt für sich allein. 1975/76: Die Unternehmungen des Herrn Hans [TVS]. 1976: Chinesisches Roulette/Roulette chinoix [BRD/FR]; Mein Gott, Bottrop! [TV]; Anita Drogemöller und die Ruhe an der Ruhr. 1976/77: MS Franziska. 3: Kurze Reise [TVS]. 1977–91: Drei Damen vom Grill [TVS]. 1977/78: Die Frau gegenüber. 1978: Wann heiraten Sie meine Frau? [TV]; Unsere kleine Welt. EP: Bürger Buffey [TV-EP]; Großstadt-Miniaturen. EP: Familiengrab [TV-EP]; Die beiden Freundinnen [TV]; Die Geburtstagsfeier [TV]. 1978–87: Locker vom Hocker oder Es bleibt schwierig [TVS]. 1979: Primel macht ihr Haus verrückt; Derrick: Ein Todesengel [TV]; Pension Schöller [TV]; Nachbarn und andere nette Menschen. EP: Wand an Wand [TV-EP – BRD/AT/CH]. 1979/80: Berlin Alexanderplatz. 5. Ein Schnitter mit der Gewalt vom lieben Gottle [TV]; Unsere heile Welt [TV-EP]; Wer andern eine Grube gräbt. EP: Ende schlecht, alles gut [TV-EP – BRD/CH]; Fabian; Leute wie du und ich. EP: Die alten Mädchen [TV-EP]. 1980: ... und ab geht die Post! EP: Schiebebrot (1944) [TV-EP]; Das eine Glück und das andere [TV]; Freundinnen. 2: Adel verpflichtet [TVS]; Fröhliche Geister [TV]; Lili Marleen [BRD/IT]; Kein Reihenhaus für Robin Hood. 1981: Georg Thomallas Geschichten. 3: Ein bißchen Hallelujah [TVS]; Satirische Treffpunkte [TV]; Der Alte: Der Gärtner [TV]; Nach Mitternacht; Kamikaze 1989. 1981/82: Drei gegen Hollywood [TV]; Ab in den Süden [TV]. 1982 Leben im Winter [TV]; Bühnenbild mit Dame [TV]; Auf der Suche nach dem verlorenen Ei [TV]; Die Murmel [TV]; Die Krimistunde. EP: Verwirrung [TV-EP]; Man müßte Klavier spielen können [TV-EP]; Kleine Geschenke erhalten die Freundschaft [TV]. 1982–84: Brigitte und ihr Koch [TVS]. 1982/83: Das Traumschiff. Folge 2. 2. EP: Der Simulant [TV-EP]; Die wilden Fünfziger. 1983: So oder so ist das Leben IV. EP: Blumen für die Braut. – Frau Blums Meisterstück [TV-EP]; Funkes Werkstatt [TVS]; Zwei Tote im Sender und Don Carlos im Pogl [TV]; Hinter der Tür [TV]; Geschichten aus der Heimat. 1. Folge. EP: Das Silvesterbaby [TV-EP]. 1983/84: Einmal Ku'damm und zurück; Sigi, der Straßenfeger. 1984/85: Die Spur der anderen [TV]. 1985: Schwarzer Lohn und weiße Weste [TV]; Ein dreifach' Hoch ... auf 50 Jahre «In die Röhre Gucken» [TV]; Günter Pfitzmann: Weiße mit Schuß. 2. Folge. EP: Geld macht nicht glücklich [TV-EP]; Alte Gauner. 1. Die große Prüfung [TVS]. 1985/86: Unternehmen Köpenick [TVS]. 1986: Wasser für die Blumen [TV]; Was zu beweisen war [TV]; Tödliche Liebe [TV]. 1986–88: Die Wicherts von nebenan [TVS]. 1986/87: Vicky und Nicky [TV]. 1987: Ein Fall für zwei: ... zum Tode verurteilt [TV]; Herzlichen Glückwunsch Berlin [TV]. 1987/88: Im Schatten der Angst [TV]. 1988: Ein Fall für zwei: Tödliche Versöhnung [TV]; Trouble im Penthouse [TV]. 1988/89: Derrick: Blaue Rose [TV]. 1989: Der Landarzt. 2. Staffel [TVS]; Killer kennen keine Furcht [TV]; Rosamunde; Justitias kleine Fische. 2. Staffel [TVS]; Justitias kleine Fische. 2. Staffel [TVS]. 1989/90: Die Spreepiraten [TVS]; Harald & Eddi [TVS]. 1990/91: Gesucht wird Ricki Forster [TV]; Eine Dame mit Herz, teils bitter, teils süß ... [TV-EP]. 1991: Mörderische Entscheidung – Umschalten erwünscht [TV]. 1991/92: Geheimakte Lenz [TV]. 1992: Klippen des Todes [TV]. 1993: Zwei wie Paul und Caroline. 1. EP: Die Einweihungsparty [TV-EP]; Der Showmaster [TV]. 1993/94: Alles Glück dieser Erde [TVS]. 1995: Kanzlei Bürger: Hühnchen aus Polen [TV]. 1996: Willi und die Windzors; Drei alte Schachteln in der Bar [TV]. 1997: Zu Gast bei Christiane Herzog [TV].

Mirošničenko, Irina

(Irina Petrovna Mirošničenko)
*24. 7. 1942

Bis 1965 Ausbildung an der Schauspielschule des Moskauer Künstlertheaters; anschließend Engagement an dieser Bühne. Sie debütiert als Olga in Čechovs «Drei Schwestern». Weitere Bühnenrollen sind u. a. die Maša in Čechovs «Čajka», die Serfina in Tennessee Williams' «Rose Tattoo» und die Anna in Ivan Frankos «Ukradene ščastja». Filmdebüt 1964. Die erste bedeutende Filmrolle ist 1967 die Galina Ordynskaja in *Ich znali tol'ko v lico* (Anton Timoniškin). Differenziertere Filmaufgaben erhält sie von jungen Regisseuren, so 1971 die Elena Andreevna in Andrej Michalkov-Končalovskijs Čechov-Verfilmung *Djadja Vanja* und 1972 die einfache russische Soldaten-Witwe Vera in Nikolaj Gubenkos Debütfilm *Prišel soldat s fronta*. Weitere wichtige Rollen hat sie in *Eto sladkoe slovo – sboboda* (Vitautas Žalakjavičius) und in *Priznat' vinovnym* (Igor' Voznesenskij, 1984). Mirošničenko zählt zu den talentiertesten und vielseitigsten russischen Theater- und Filmschauspielerinnen ihrer Generation. Sie ist Verdiente Künstlerin der RSFSR.

[SU] 1964: Ja šagaju po Moskve (Zwischenlandung Moskau). 1967: Korolevskaja regata; Ich znali tol'ko v lico (Explosion im Hafen). 1968: Nikolaj Bauman (Für das Glück der Menschheit). 1969: Ošibka rezidenta («Nadeshda» sendet weiter); Poimennoe golosovanie [TV]. 1970: Kremlevskie kuranty (Das Glockenspiel des Kreml). 1971: Andrej Rublev (Andrej Rubljow); Djadja Vanja (Onkel Wanja); Missija v Kabule (Mission in Kabul). 1972: Prišel soldat s fronta (Ein Soldat kehrt von der Front zurück). 1973: Budni ugolovnogo rozyska; Eto sladkoe slovo – svoboda (Das süße Wort Freiheit). 1974: Avarija [TV]; V boj idut odni «stariki» (Erfahrene Hasen des Geschwaders); Solo dlja časov s boem (Solo für eine alte Pendeluhr); Zdes' naš dom. 1976: Edinstvennaja doroga (Chauffeure in Ketten) [SU/YU]; Doverie (Vertrauen) [SU/FI]; ... i drugie oficial'nye lica (... und andere offizielle Persönlichkeiten); Strach vysoty (Höhenangst). 1978: Agent sekretnoj služby. 1979: Odnokašniki (Studienkollegen); Komissija po rassledovaniju; Čudak [TV]; Ljubov' moja, pečal' moja (Meine Liebe – meine Trauer). 1980: Vernemsja osen'ju; Staryj Novyj god [TV]. 1981: Vizit v Kovalevsku; Kristaly birodalom (Kristallreich) [TV – HU]; Vam i ne snilos' (Das hätten Sie sich nicht träumen lassen). 1982: Professija – sledovatel' [TV]; Šljapa (Starallüren). 1983: Priznat' vinovnym. 1984: Volč'ja jama (Die Wolfsfalle). 1985: Mera presečenija [TV]; Neudobnyj čelovek; Nasledstvo (Die Erbschaft); Ryžij, čestnyj, vljublennyj (Rothaarig, ehrlich, verliebt). 1986: Žaloba; Tajny madam Vong (Die Geheimnisse von Madame Wong). 1987: Naezdniki. 1989: Tatuirovannaja roza [TV]. 1990: Mir v drugom izmerenii; Zimnjaja višnija – 2.

Mirren, Helen

(Ilyena Mirnoff)
*26. 7. 1945 Chiswick (London)
Bühnenausbildung beim National Youth Theatre. Erfolg bei der Royal Shakespeare Company in «Troilus and Cressida» und «Hamlet». Filmdebüt als Hermia in Peter Halls *A Midsummer Night's Dream*. Auch danach wechselt die wandlungsfähige Charakterdarstellerin zwischen Bühne, Film und Fernsehen. Die schmächtige Mirren, die engagiert in ihren Rollen aufgeht, spielt in so unterschiedlichen Produktionen wie Ken Russells Künstlerporträt *Savage Messiah*, Lindsay Andersons Satire *O Lucky Man!* und dem Penthouse-Porno *Gore Vidal's Caligula*. In John Mackenzies Dockland-Krimi *The Long Good Friday* ist sie die Geliebte des Gangsterbosses (Bob Hoskins). Für ihre Darstellung einer irischen Witwe in Pat O'Connors *Cal* wird sie in Cannes ausgezeichnet. Mit sich selbst rücksichtslos, steht sie im Mittelpunkt von Peter Greenaways umstrittenem Freß-, Sauf- und Sexfilm *The Cook, the Thief, His Wife & Her Lover*. Erfolgreich setzt sie sich auch als Superintendent Jane Tennison in der TV-Reihe *Prime Suspect* gegen männliche Vorurteile durch; 1993 Auszeichnung durch die British Film Academy. Für ihre Queen Charlotte in Nicholas Hytners Kostümfilm *The Madness of George III* wird sie 1995 ein zweites Mal in Cannes ausgezeichnet.

[GB] 1967: Herostratus. 1968: A Midsummer Night's Dream. 1969: Age of Consent (Das Mädchen vom Korallenriff) [AU]. 1972: Savage Messiah. 1973: O Lucky Man! (Der Erfolgreiche). 1975: The Collection [TV]. 1976: Hamlet (Hamlet). 1979: S.O.S. Titanic (S.O.S. Titanic); Gore Vidal's Caligula/Caligola (Caligula) [US/IT]; La drolesse (Ein kleines Luder) [FR]; Hussy (Zerstörte Liebe). 1980: The Fiendish Plot of Dr. Fu Manchu (Das boshafte Spiel des Dr. Fu Manchu) [US]; The Long Good Friday (Rififi am Karfreitag). 1981: Excalibur (Excalibur) [US]. 1983/84: Cal (Cal). 1984: Faerie Tale Theatre: The Little Mermaid [US]; 2010 (2010 – Das Jahr in dem wir Kontakt aufnehmen) [US]. 1985: White Nights (White Nights – Die Nacht der Entscheidung) [US]. 1986: The Mosquito Coast (Mosquito Coast) [US]; Heavenly Pursuits (Ist dieser Mann nicht himmlisch?). 1987: Cause Celebre (Mord aus Leidenschaft) [TV]. 1988: Pascali's Island (Die vergessene Insel); Bethune: The Making of a Hero (Bethune – Arzt und Held) [TV – CA/CN/FR]. 1988/89: The Cook, the Thief, His Wife and Her Lover (Der Koch, der Dieb, seine Frau und ihr Liebhaber) [GB/FR]. 1989: When the Whales Came (Als die Wale kamen). 1990: The Gift; Cortesie per gli ospiti/The Comfort of Strangers (Der Trost von Fremden) [IT/US]. 1990/91: Where Angels Fear to Tread (Engel und Narren). 1991: Prime Suspect (Heißer Verdacht) [TV]. 1992: Prime Suspect 2 (Heißer Verdacht) [TV]. 1992/93: The Hawk (Der Falke des Schreckens) [TV]. 1993: Prime Suspect 3 (Heißer Verdacht) [TV]; Prince of Jutland. 1994: The Madness of King George (King George – Ein Königreich für mehr Verstand); Prime Suspect: Scent of Darkness (Heißer Verdacht – Der Duft des Todes) [TV]; Prime Suspect: The Lost Child [TV]. Prime Suspect: Inner Circle [TV]. 1996: Some Mother's Son (Mütter und Söhne) [US/IE/GB]; Prime Suspect: Errors of Judgement [TV]; Losing Chase [US]; Critical Care [US].

Mitchell, Thomas

*11. 7. 1895 Elizabeth (New York)
†17. 12. 1962 Hollywood
Journalist und Dramatiker am Broadway. Sein erfolgreichstes Schauspiel ist «The Little Accident» (1928), das auch mehrfach verfilmt wird. Er spielt in einigen seiner Stücke und inszeniert sie selbst. Anfang der 30er Jahre Verpflichtung als Szenarist nach Hollywood, zunächst mit wenig Erfolg. Durch Frank Capra Engagement als Schauspieler. Ab 1936 ist er ein vielbeschäftigter Charakterdarsteller, Zusammenarbeit u. a. mit John Ford, Capra und Howard Hawks. 1938 Oscar-Nominierung für seine Nebenrolle in Fords Abenteuerfilm *The Hurricane*. 1939 spielt

er in *Gone With the Wind* den Vater O'Hara und erhält den Nebenrollen-Oscar als alkoholabhängiger Doc Josiah Boone in Fords Western *Stagecoach*. Überzeugend als Sheriff Pat Garrett in Howard Hughes' Western *The Outlaw*. 1952 verkörpert er den feigen Stadtrat Jonas Henderson in Fred Zinnemanns *High Noon*.

[US] 1923: Six Cylinder Love. 1936: Craig's Wife; Adventure in Manhattan; Theodora Goes Wild; When You're in Love. 1936/37: I Promise to Pay (Ich verspreche zu zahlen). 1937: Man of the People; Make Way for Tomorrow (Kein Platz für Eltern); Lost Horizon (In den Fesseln von Shangri-La); The Hurricane (... und dann kam der Orkan); Love, Honor and Behave. 1938: Trade Winds. 1938/39: Stagecoach (Höllenfahrt nach Santa Fe). 1939: Only Angels Have Wings (SOS – Feuer an Bord); Mr. Smith Goes to Washington (Mr. Smith geht nach Washington); Gone With the Wind (Vom Winde verweht); The Hunchback of Notre Dame (Der Glöckner von Notre Dame); Swiss Family Robinson (Die Insel der Verlorenen). 1939/40: Three Cheers for the Irish. 1940: Flight from Destiny (Dem Schicksal vorgegriffen); Our Town (Unsere kleine Stadt); Angels over Broadway (Angels over Broadway); The Long Voyage Home (Der lange Weg nach Cardiff). 1941: Out of the Fog (Ufer im Nebel); Billy the Kid (Der letzte Bandit). 1942: The Black Swan (Der Seeräuber); Song of the Islands; Moontide (Nacht im Hafen); This Above All; Joan of Paris; Tales of Manhattan (Sechs Schicksale). 1943: The Outlaw (Geächtet); Flesh and Fantasy (Das zweite Gesicht); The Immortal Sergeant; Bataan (Bataan). 1944: The Sullivans (Fünf Helden); Dark Waters; The Keys of the Kingdom (Schlüssel zum Himmelreich); Buffalo Bill (Buffalo Bill, der weiße Indianer); Wilson. 1945: Captain Eddie; Within These Walls. 1946: Adventure; It's a Wonderful Life (Ist das Leben nicht schön?); Three Wise Fools; The Dark Mirror (Der schwarze Spiegel). 1947: The Romance of Rosy Ridge; High Barbaree. 1948: Silver River (Der Herr der Silberminen). 1949: Alias Nick Beal; The Big Wheel (Die Todeskurve). 1951: Journey into Light. 1952: High Noon (Zwölf Uhr mittags). 1954: Secret of the Incas (Geheimnis der Inkas); Mayor of the Town [TVS]; Destry (Destry räumt auf). 1956: While the City Sleeps (Die Bestie). 1958: Handle with Care; Glencannon [TVS – GB]. 1959–62: The Untouchables: Underworld Bank [TV]. 1961: By Love Possessed (Und die Nacht wird schweigen); Pocketful of Miracles (Die unteren Zehntausend).

Mitchum, Robert

(Robert Charles Durman Mitchum)
* 6. 8. 1917 Bridgeport (Connecticut)
† 1. 7. 1997 Santa Barbara (California)

Als 8jähriger tritt er zusammen mit seiner Schwester Julie als Vaudeville-Entertainer auf. Wechselnde Berufe, u. a. Preisboxer. 1937 Schauspieler bei der Long Beach Players Guild. Bühnendebüt in «Rebound», Auftritte in «The Petrified Forest» und «Stage Door». Verschiedene Jobs, u. a. 1940 als Gagwriter. 1942 Filmdebüt. Zunächst nur Episodenrollen und Double in B-Pictures, häufig im Western der Hopalong-Cassidy-Serie. 1945 wird er als Lieutenant Walter in Wellmans Kriegsfilm *The Story of G.I. Joe* für einen Nebenrollen-Oscar nominiert. Trotz einer Drogen-Affäre Ende der 40er Jahre entwickelt er sich zu einem der populärsten und vielseitigsten US-Stars. Seine Außenseiter sind charakterisiert durch zurückhaltenden Charme und – mit dem Alter zunehmend – eine gewisse Trägheit. In Josef von Sternbergs *Macao* ist er Partner von Jane Russell, in Premingers *River of No Return* spielt er den lakonischen Begleiter von Marilyn Monroe. 1955 besetzt ihn Charles Laughton in *The Night of the Hunter* als dämonischen und mörderischen Prediger. 1962 verkörpert er den rachesuchenden Ex-Sträfling Max Cady in *Cape Fear* (J. Lee Thompson). Neben John Wayne zeigt er als versoffener Sheriff in Howard Hawks' Western *El Dorado* sein Talent für Komik. 1968 Filmarbeit in Europa. 1975 Privatdetektiv Philip Marlowe in Dick Richards' *Farewell, My Lovely*. Seit Anfang der 80er Jahre verstärkt TV-Arbeit und nur noch wenige Filmrollen, meist kurze Gastauftritte, so als alkoholabhängiger Vater in *Maria's Lovers* (Andrei Konchalovsky) und als wohlwollender Millionär in Danny Hustons *Mr. North*. 1954 Gründung eigener Firma DRM Productions (später Talbot Productions). Sein Sohn Christopher Mitchum ist ebenfalls Schauspieler.

[US] 1942: Leather Burners; Hoppy Serves a Writ. 1942/43: The Human Comedy (... und das Leben geht weiter; 1947). 1943: Corvette K-225; Gung Ho! (Unternehmen Donnerschlag); We've Never Been Licked; Border Patrol; Minesweeper; Follow the Band; Aerial Gunner [KF]; The Dancing Masters (Dick und Doof, die Tanzmeister); Cry Havoc; The Lone Star Trail; False Colors; Doughboys in Ireland; Riders of the Deadline; Beyond the Last Frontier; Colt Comrades; Bar 20. 1944: Mr. Winkle Goes to War; When Strangers Marry (Heirate niemals einen Fremden); Nevada; Girl Rush; Thirty Seconds Over Tokyo (Dreißig Sekunden über Tokio); Johnny Doesn't Live Here Any More. 1945: West of the Pecos; G. I. Joe/War Correspondent (Schlachtgewitter am Monte Casino). 1946: Till the End of Time; The Locket (Das Medaillon); Undercurrent (Der unbekannte Geliebte). 1947: Crossfire (Im Kreuzfeuer); Desire Me; Out of the Past (Goldenes Gift); Pursued (Verfolgt). 1948: Blood on the Moon (Nacht in der Prärie); Rachel and the Stranger (Ehe ohne Liebe). 1949: Holiday Affair; The Red Pony (Gabilan, mein bester Freund); The Big Steal (Die rote Schlinge). 1950: Where Danger Lives. 1951: My Forbidden Past; His Kind of Woman (Ein Satansweib); The Racket (Gangster). 1951/52: Macao (Macao). 1952: One Minute to Zero (Korea); Angel Face (Engelsgesicht); The Lusty Men (Arena der Cowboys). 1953: Second Chance (Mörder ohne Maske); White Witch Doctor (Weiße Frau am Kongo). 1954: Frontier [KF]; Track of the Cat; She Couldn't Say No; River of No Return (Fluß ohne Wiederkehr). 1955: The Night of the Hunter (Die Nacht des Jägers); Man with the Gun (Der Einzelgänger); Not As a Stranger (... und nicht als ein Fremder). 1956: Foreign Intrigue (Die fünfte Kolonne) [D,P]; Bandido! (Bandido!) [D,P]. 1957: Heaven Knows, Mr. Allison (Der Seemann und die Nonne); Fire Down Below (Das Spiel mit dem Feuer) [GB]; The Enemy Below (Duell im Atlantik). 1958: The Hunters (Kampfflieger); Thunder Road (Kilometerstein 375) [D,CoA,P]. 1958/59: The Angry Hills (Hügel des Schrekkens) [GB]. 1959: The Wonderful Country (Heiße Grenze) [D,P]. 1960: A Terrible Beauty/The Night Fighters (Aufstand im Morgengrauen) [GB/US]; The Grass Is Greener (Vor Hausfreunden wird gewarnt) [GB]; Home from the Hill (Das Erbe des Blutes); A Terrible Beauty/The Night Fighters (Aufstand im Morgengrauen) [D,P – GB/US]; The Sundowners (Der endlose Horizont). 1961: The Last Time I Saw Archie (Der Held der Etappe) [D,P]; The Longest Day (Der längste Tag). 1962: Cape Fear (Ein Köder für die Bestie); Two for the Seesaw (Spiel zu zweit) [D,P]. 1963: Man in the Middle (Plädoyer für einen Mörder) [D,P – GB]; Rampage (Bring sie lebend heim) [D,P]; The List of Adrian Messenger (Die Totenliste). 1964: What a Way to Go! (Immer mit einem anderen); Mister Moses (Südlich vom Pangani-Fluß) [D,P – GB]. 1965: Gli uomini dal passo pesante/Les forcenés (Die Trampler) [IT/FR]. 1967: El Dorado (El Dorado); The Way West (Der Weg nach Westen). 1968: Secret Ceremony (Die Frau aus dem Nichts) [GB]; Five Card Stud (Todfeinde); Lo sbarco di Anzio (Schlacht um Anzio) [IT]; Villa Rides (Pancho Villa reitet). 1969: The Good Guys and the Bad Guys (Die Letzten vom Red River); Young Billy Young (Der gnadenlose Rächer) [D,P]. 1970: Ryan's Daughter (Ryans Tochter) [GB]. 1971: Going Home [D,P]. 1972: The Wrath of God (Zum Teufel mit Hosianna). 1973: The Friends of Eddie Coyle (Die Freunde von Eddie Coyle). 1974: The Yakuza (Yakuza). 1975: Farewell, My Lovely (Fahr zur Hölle, Liebling). 1976: The Last Tycoon (Der letzte Tycoon – Der Gigant von Hollywood); Midway (Schlacht um Midway). 1977: The Amsterdam Kill/Quinlan Must Die (Der Tiger aus Taipeh) [HK]. 1978: The Big Sleep (Tote schlafen besser) [GB]; Breakthroug/Sergant Steiner (Steiner – Das Eiserne Kreuz 2. Teil) [BRD]; Matilda (Matilda). 1980: Agency (Agency – Botschaft des Bösen) [CA]; Nightkill [BRD]. 1982: That Championship Season (Saison der Sieger); One Shoe Makes It Murder (Tote kriegen keine Post) [TV]. 1983: Winds of War (Feuersturm) [TVS]; A Killer in the Family (Ein Killer in der Familie) [TV]. 1984: Maria's Lovers (Maria's Lovers); The Ambassador (Der Ambassador); Reunion at Fairborough (Wiedersehen in Fairborough) [TV]. 1985: The Hearst and Davies Affair [TV]; Promises to Keep [TV]. 1985–86: North and South (Fackeln im Sturm) [TVS]. 1986: Thompson's Last Run (Thompsons letzter Ausbruch) [TV]; Marilyn Monroe Beyond the Legend [TV]. 1986/87: War and Remembrance [TV]. 1987: Winds of War II [TVS]. 1988: Scrooged (Die Geister, die ich rief ...); Brotherhood of the Rose (Geheimbund der Rose) [TV]; John Huston: The Man, the Movies, the Maverick [DOK]; Mr. North (Mr. North – Liebling der Götter). 1989: Jake Spanner, Private Eye (Jake Spanner – Aufs Kreuz gelegt) [TV]. 1989/90: Presumé dangereux (Ein Mann weiß zuviel) [FR]. 1990: A Family for Joe (Großvater gesucht) [TVS]; Midnight Ride (Midnight Ride). 1990/91: Bis ans Ende der Welt/Until the End of the World [BRD/FR/AU]. 1991: Cape Fear (Kap der Angst). 1991–94: African Skies [TVS – CA]. 1993: Tombstone (Tombstone) [S]; Woman of Desire. 1994: Backfire! (Backfire – Die total verrückte Feuerwehr). 1994/95: Pakten/The Sunset Boys [NO/DE]. 1995: Dead Man (Dead Man).

Mix, Tom

(Thomas Hezikiah Mix)
*6. 1. 1880 Mix Run (Pennsylvania)
†12. 10. 1940 Florence (Arizona)

Cowboy, Soldat, Pfadfinder, Sheriff und Texas-Ranger. Teilnahme am spanisch-amerikanischen Krieg, am chinesischen Boxer-Aufstand und am Burenkrieg. 1906–09 US-Tourneen mit «Miller Brothers 101 Real Wild West Ranch». Auftritte in weiteren Wildwest-Shows. 1909 wird er Berater für Western-Produktionen sowie Stuntman bei Colonel Seligs Filmproduktion. Debüt im Kurzfilm *Ranch Life in the Great Southwest*. Bis 1917 in zahlreichen Ein- und Zweiaktern (teilweise auch in eigener Regie). Nach dem Wechsel zum Studio von William Fox entwikkelt er sich zu einem der populärsten amerikanischen Western-Darsteller. Seine Filme sind häufig der erfolgreiche Versuch einer romantischen Beschreibung des Cowboy-Lebens in Verbindung mit moderner Technik, Abenteuern in fremden Ländern, der Welt des Zirkus und der Rodeo-Shows. Mit seinem Pferd Tony ist er zeitweise der erfolgreichste und populärste Glamour-Cowboy. In der Zeit des Tonfilms Wechsel zu Universal. Mitte der 30er Jahre Rückzug vom Film und Tourneen mit eigenem Zirkus durch die USA und Europa.

[US] 1909: Ranch Life in the Great South West; An Indian's Wife Devotion; Briton and Boer; On the Little Big Horn or Custer's Last Stand; Up San Juan Hill. 1910: The Range Rider; The Long Trail; Pride of the Range; The Trimming of Paradise Gulch; Taming Wild Animals; The Millionaire Cowboy. 1911: Lost in the Jungle; Why the Sheriff Is a Bachelor; The Man from the East; Lost in the Arctic; The Schoolmaster of Mariposa; The Telltale Knife; Kit Carson's Wooing; The Wheels of Justice; The Totem Mark; A Romance of the Rio Grande; Western Hearts; Rescued by Her Lions; Captain Kate/The Animal Trader's Daughter; In Old California When the Gringos Came; In the Days of Gold; Back to the Primitive. 1912: A Reconstructed Rebel; Outlaw Reward. 1913: The Law and the Outlaw [D,CoA]; Songs of Truce; The Stolen Moccasins; The Life Timer; The Taming of Texas Pete; The Shotgun Man and the Stage Driver; The Sheriff of Yawapai County; The Sheriff and the Rustler; Sallie's Sure Short; Made a Coward; The Marshal's Capture; Religion and Gun Practice; The Range Law; A Muddle in Horse Thieves; A Prisoner of Cabanas; The Noisy Six; Pauline Cushman; Saved by the Pony Express; Local Color [D,R,A]; An Apache's Gratitude; The Escape of Jim Dolan [D,CoA]; Budd Doble Comes Back; Juggling with Fate; The Child of the Prairie [D,CoA]; Tobias Wants Out; How It Happened; The Good Indian; The Wordless Message; His Father's Deputy. 1914: The Reveler; The Rival Stage Lines [D,R]; A Militant School Ma'am [D,R]; Wiggs Takes the Rest Cure; The Mexican [D,R,A]; Me an' Bill; White Mouse; The Man from the East [D,R]; When the Cook Fell Ill; Etienne of the Glad Heart; The Wilderness Mail; The Ranger's Romance [D,R]; The Lure of the Windigo; Chip of the Flying U; Your Girl and Mine – A Woman Suffrage Play; The Moving Picture Cowboy [D,R,A]; Cactus Jack Heartbreaker [D,R]; The Sheep Runners; Buffalo Hunting; Out of Petticoat Line; The Real Thing in Cowboys [D,R]; The Lonesome Trail; In Defiance of the Law; Why the Sheriff Is a Bachelor [D,R,A]; Jim; Jimmy Hayes and Muriel [D,R]; If I Were Young Again; To Be Called For; The Leopard's Foundling; The Soul Mate; His Fight; The Fifth Man; The Livid Flame; Saved by a Watch [D,R,A]; Hearts and Masks; Shotgun Jones; The Losing Fight; The Sheriff's Reward [D,R,A]; The Going of the White Swan; Garrison's Finish; Wade Brent Pays; The Way of the Redman [D,R,A]; Four Minutes Late; The Scapegoat [D,R,A]; The Flower of Faith; The Telltale Knife [D,R]; The Little Sister; In the Days of the Thundering Herd. 1915: Hearts of the Jungle; The Parson Who Fled West; Never Again [D,R,A]; How Weary Went Wooing [D,R,P]; The Child, the Dog and the Villain [D,R]; With the Aid of the Law [D,R,P]; Heart's Desire; Slim Higgins [D,R,A]; The Conversion of Smiling Tom [D,R]; The Girl and the Mail Bag [D,R]; Saved by Her Horse [D,R]; The Legal Light [D,R]; A Lucky Deal [D,R,A,P]; Stagecoach Driver and the Girl [D,R,A]; Stagecoach Guard [D,R,A]; Getting a Start in Life [D,R]; Her Slight Mistake [D,R]; The Taking of the Mustang Pete [D,R]; Jack's Pals; The Face at the Window; The Tenderfoot's Triumph [D,R]; Forked Trails [D,R]; The Foreman of Bar Z Ranch [D,R]; The Impersonation of Tom [D,R,P]; The Foreman's Choice [D,R,P]; The Gold Dust and the Squaw [D,R]; Bad Man Bobbs [D,R,P]; Pals in Blue [D,R,A]; The Outlaw's Bride [D,R]; Grizzly Gulch Chariot Race [D,R]; The Pony Soul of Peter Rand; On the Eagle Trail [D,R,P]; An Arizona Wooing [D,R]; The Race for a Gold Mine [D,R]; Mrs. Murphy's Cooks [D.R,A]; A Child of the Prairie [D,R,A]; The Auction Sale of Run-Down Ranch [D,R]; Ma's Girls [D,R,A]; Harold's Bad Man [D,R]; The Heart of the Sheriff [D,R,A,P]; The Range Girl and the Cowboy [D,R,A]; The Brave Deserve the Fair [D,R,A]; Roping a Bride [D,R]; Cactus Jim's Shopgirl [D,R]; Sage-Brush Tom [D,R,A]; A Matrimonial Boomerang [D,R]; The Man from Texas [D,R,A]; Bill Haywood, Producer [D,R,A]; Athletic Ambitions [D,R,A]; The Chef at Circle G [D,R,P]. 1916: Going West to Make Good [D,R,A,P]; Twisted Trails [D,R,P]; Trilby's Love Disaster [D,R,A,P]; The Girl of Gold Gulch [D,R,A,P]; The Way of the Rem Redman [D,R]; A Five-Thousand Dollar Elopement [D,R,P]; A Western Masquerade [D,R,A,P]; When Cupid Slipped; An Eventful Evening [D,R,P]; The Desert Calls Its Own [D,R,P]; The Cowpuncher's Peril [D,R,A,P]; Cooked Trails [D,R,A,P]; In the Days of the Daring [D,R,P]; A Close Call [D,R,A,P]; Local Color/Local Color on the A-1 Ranch [D,R,A,P]; The Canby Hill Outlaws [D,R,A,P]; A Bear of a Story [D,R,A,P]; An Angelic Attitude [D,R,P]; Along the Border [D,R,A,P]; A Corner in Water [D,R,A,P]; The Pony Express Rider [D,R,A,P]; The Taming of Grouchy Bill [D,R,A,P]; The Man Within [D,R]; Some Duel [D,R,A,P]; A Mistake in Rustlers [D,R,A,P]; Mistakes Will Happen [D,R,A,P]; Starring in Western Stuff [D,R,A,P]; The Raiders [D,R,A,P]; Taking a Chance [D,R,A,P]; A Mix-Up in Movies [D,R,A,P]; The Passing of Pete [D,R,A,P]; Shooting up the Movies [D,R,A]; Tom's Sacrifice [D,R,A,P]; Tom's Strategy [D,R,A,P]; The Sheriff's Duty [D,R,A,P]; The Sheriff's Blunder [D,R,A,P]; Too Many Chefs [D,R,A,P]; Roping a Sweetheart [D,R,A,P]; The Golden Thought [D,R,P]; Legal Advice [D,R,A,P]. 1917: Six Cylinder Love [D,R,A]; The Luck That Jealousy Brought [D,R,P]; A Soft Tenderfoot [D,R,A]; Delayed in Transit; The Saddle Girth [D,R,A,P]; The Rustler's Vindication; The Law, North of 75; A Roman Cowboy [D,R,A]; Tom and Jerry Mix [D,R,A]; Hearts and Saddles [D,CoR,A]; The Heart of Texas Ryan; Durand of the Bad Lands. 1918: Who's Your Father? [D,R]; Cupid's Roundup; Six Shooter Andy; Western Blood [D,A]; Ace High; Mr. Logan, U.S.A.; Fame and Fortune. 1919: Fighting for Gold; Treat 'em Rough; Hell-Roarin' Reform; The Coming of the Law; Wilderness Trail; Rough Riding Romance; The Speed Maniac; The Feud. 1920: The Cyclone; The Daredevil [D,R,A]; Desert Love; The Terror; Three Gold Coins; The Untamed; The Texan; Prairie Trails. 1921: Big Town Round-Up; The

Queen of Sheba; The Road Demon (Der Dämon der Landstraße); Hands Off; A Ridin' Romeo; After Your Own Heart; The Night Horsemen; The Rough Diamond; Trailin'. 1922: Sky High; Chasing the Moon; Up and Going; The Fighting Streak; For Big Stakes; Just Tony (Der Herr der Steppe); Do and Dare; Arabia/Tom Mix in Arabia; Catch My Smoke. 1923: Romance Land; Three Jumps Ahead; Stepping Fast; Soft Boiled; The Lone Star Ranger; North of Hudson Bay (Unter den Wölfen von Alaska); Mile-a-Minute Romeo; Eyes of the Forest. 1924: Ladies to Board (Tom Mix im Damenstift); The Trouble Shooter; The Heart Buster; The Last of the Duanes; Oh, You Tony! (Tom Mix, der Damenfreund); Teeth (Toms Tiger); The Deadwood Coach (Der Sturm auf den Goldexpreß). 1925: Dick Turpin (Dick Turpin, der galante Bandit); Riders of the Purple Sage; The Rainbow Trail; The Lucky Horseshoe (Der schüchterne Don Juan); The Everlasting Whisper; The Best Bad Man (Der König der Gaukler). 1926: The Yankee Señor; My Own Pal (Cowboy und Zirkuskind); Tony Runs Wild; Hard Boiled (Der Einbruch im Grand-Hotel); No Man's Gold (Das Testament des Goldsuchers); The Great K & A Train Robbery; The Canyon of Light. 1927: The Last Trail; The Broncho Twister; Outlaws of Red River; The Circus Ace; Tumbling River; Silver Valley; The Arizona Wildcat (Arizona-Tiger). 1928: Daredevil's Reward; A Horseman of the Plains; Hello Cheyenne; Painted Post; Son of the Golden West (Der Sohn des goldenen Westens); King Cowboy. 1929: Outlawed; The Drifter; The Big Diamond Robbery (Vogelfrei). 1932: The Cohens and the Kellys in Hollywood; Destry Rides Again (Tom rechnet ab); Rider of Death Valley (Goldfieber); The Texas Bad Man (Tom Mix räumt auf); My Pal the King; The Fourth Horseman; Hidden Gold; Flaming Guns. 1932/33: Terror Trail. 1933: The Rustler's Roundup. 1935: The Miracle Rider [Serial].

Mjagkov, Andrej

(Andrej Vasil'evič Mjagkov)
*8. 7. 1938

Nach Ingenieurstudium an der Technischen Hochschule in Leningrad absolviert Mjagkov die Schauspielschule des Künstlertheaters in Moskau. Seine Diplomarbeit ist die Rolle des Onkelchens in der Dostoevskij-Dramatisierung «Son smešnogo čeloveka». 1965 Engagement am Moskauer Sovremennik-Theater. Auf der Bühne zeigt er seine vielseitigen schauspielerischen Möglichkeiten sowohl in klassischen russischen Stücken als auch in sowjetischer Gegenwartsdramatik, so u. a. als Baron in Gorkijs «Na dne», als Medvenko in Čechovs «Čajka» und als Kistočkin in Vasilij Aksenovs «Immer zu haben». Nach einer ersten Fernseharbeit debütiert er im Film 1968 erfolgreich mit der Rolle des jungen Aleša Karamazov in *Brat'ja Karamazovy* (Ivan Pyr'ev). Zu einem Höhepunkt wird 1975 sein Ženja Lukašin in El'dar Rjazanovs Komödie *Ironija sud'by, ili s legkim parom,* wofür er von den Lesern der Zeitschrift «Sovetskij ekran» zum besten Schauspieler des Jahres gewählt wird. Weitere wichtige Rollen spielt er in *Služebnyj roman* (Rjazanov, 1977), *Utrennyj obchod* (Aida Manasarova, 1980) und *Letargija* (1983). Andrej Mjagkov spielt bevorzugt bescheidene, alltägliche Typen und Intellektuelle. Er erhält mehrere nationale Auszeichnungen.

[SU] 1965: Pochoždenija zubnogo vrača. 1966: Simfonija, roždennaja zanovo [TV]. 1967: Fitil' No 66. 1968: Brat'ja Karamazovy (Die Brüder Karamasow). 1970: Staryj dom (Das alte Haus) [TV]; Deti [TV]. 1971: Serebrjanye truby (Silberne Trompeten). 1972: Neždannyj gost' (Ein ungewöhnlicher Gast); Grossmejster (Der Großmeister). 1973: Nadežda (Nadeshda); Moja sud'ba (Mein Onkel Mischa). 1974: Na dne (Nachtasyl) [TV]. 1975: Ironija sud'by, ili s legkim parom (Ironie des Schicksals). 1976: Dni Turbinych (Die Tage des Turbins) [TV]; Strach vysoty (Höhenangst). 1977: Služebnyj roman (Liebe im Büro); Vy mne pisali ...; Otpusk, kotory ne sostojalsja. 1979: Primite telegrammu v dolg (Sanja, der fliegende Erfinder); Aktivnaja zona [TV]. 1980: Rassledovanie ; Utrennyj obchod (Morgenvisite); Garaž (Die Garage). 1981: Ožidajutsja pocholodan'e i sneg [KF]. 1982: Gonki po vertikali [TV]. 1983: Letargija; 4:0 v polsu Tanečki. 1984: Posleslovie (Nachwort); Ogljanis'. 1985: Žestokij romans (Eine bittere Romanze); Polosa prepjatstvij. 1986: Ot zarplaty do zarplaty (Kassensturz). 1987: Čelovek, kotoryj bral interv'ju; Poslednjaja doroga (Der letzte Weg); Kuvyrok čerez golovu; Vaš special'nyj korrespondent [TV]. 1988: Sil'nee vsech inych velenij; Svobodnoe padenie. 1992: Na deribasovskoj chorošaja pogoda, ili Na Brajton-bič opjat' idut doždi [RU]; Vinovata li ja? [RU]. 1993: Osennie soblazny [RU].

Modi, Sohrab Merwanji

*2. 11. 1897 Bombay
†28. 1. 1984 Bombay

Sohn eines Beamten. Nach Schulausbildung in Rampur und Bombay ist er ab 1914 mit seinem Bruder K. M. Modi als Schausteller in Gwalior tätig. Sein älterer Bruder Rustom gründet 1923 mit Ittefaq die Arya Subodh Natya Mandali-Theatergruppe. Es kommt zu einer engen Zusammenarbeit zwischen den Brüdern. Sorab Modi spielt u. a. in der «Hamlet»-Inszenierung seines Bruders. Die Wege der Brüder trennen sich 1936, und Sohrab Modi gründet eine eigene Filmproduktionsfirma, die Minerva Movietone, wo er selbst Regie führt und spielt. Er wird bekannt für seine historischen Kostümfilme, bei denen er mit K. Asif und Kamal Amrohi zusammenarbeitet. Einige Filme entstehen in Zusammenarbeit mit anderen Regisseuren, z. B. *Yahudi* (Bimal Roy, 1958). Er zählt zu den bedeutenden Vertretern des Hindi-Urdu-Films.

[IN] 1935: Khoon Ka Khoon [D,R,P]. 1936: Saeed-e-Havas [D,R,P]. 1937: Khan Bahadur [D,R,P]; Atma Tarang [D,R,P]. 1938: Meetha Zaher [D,R,P]; Jailor; Taalaaq [D,R,P]. 1939: Pukar [D,R,P]. 1940: Bharosa [D,R,P]. 1941: Sikandar [D,R,P]. 1942: Phir Milenge [D,R,P]. 1943: Prithvi Vallabh [D,R,P]. 1944: Parakh [D,R,P]. 1945: Ek Din Ka Sultan [D,R,P]. 1947: Manjdhar [D,R,P]. 1949: Narasinh Avatar [D,R,P]; Daulat [D,R,P]. 1950: Sheesh Mahal [D,R,P]. 1953: Jhansi Ki Rani [D,R,P]. 1954: Mirza Ghalib [D,R,P]. 1955: Kundan [D,R,P]. 1956: Rajhaath [D,R,P]. 1957: Nausherwan-e-Adil [D,R,P]. 1958: Yadudi; Jailor [D,R,P]; Farishta. 1959: Minister; Pehli Raat. 1960: Mera Ghar Mere Bachche [D,R,P]; Ghar Ki Laaj. 1965: Bharat Milap. 1967: Woh Koi Aur Hoga. 1969: Samay Bada Balwan [D,R,P]. 1970: Jwala. 1971: Ek Nari Ek Brahmachari. 1975: Tanariri. 1979: Ghar Ki Laaj; Meena Kumari Ki Amar Kahani [D,R,P]. 1981: Ganga Maang Rahi Balidan. 1982: Rustom. 1983: Razia Sultan.

Modot, Gaston

*31. 12. 1887 Paris
†20. 2. 1970 Paris

Zunächst an Architektur interessiert, zieht er dann das Leben eines Montmartre-Bohemiens vor, trifft zu dieser Zeit mit Picasso und Modigliani zusammen. Früh in Kontakt mit Gaumont; spielt als einer der herausragenden Charakterdarsteller des französischen Films zwischen 1909 und 1962 unter fast allen bedeutenden Regisseuren. Modot spielt seine nicht auf einen Typus festgelegten Rollen mit einer Mischung aus naturalistischer Genauigkeit und künstlerischer Distanz. Im Stummfilm agiert er in Filmen aller Genres; bedeutend seine Hauptrolle in dem Melodrama *Mater dolorosa* (1917) von Abel Gance und seine Mitwirkung in Louis Dellucs düster-symbolistischen Avantgardedramen *La fête espagnole* und *Fièvre*. Durch seine Hauptrolle als Liebhaber in Luis Buñuels *L'âge d'or* (1930) wird Modot legendär. Im Tonfilm debütiert Modot in einer Gaunerrolle von René Clairs musikalischer Komödie *Sous les toits de Paris*; im folgenden Jahr Erfolg als Peachum in der französischen Version von G. W. Pabsts *Die 3-Groschen-Oper*. In Duviviers pessimistisch-romantisierender Gangsterballade *Pépé le Moko* ist er der Kumpan Jean Gabins. In Klassikern von Jean Renoir und Marcel Carné übernimmt Modot tragende Rollen: in Renoirs *La grande illusion* spielt er den Aufseher und Kriegsgefangenen, in *La règle du jeu* den schließlich scheiternden Wildhüter Schumacher, in Carnés *Les enfants du paradis* (1943/44) ist er der blinde Bettler. Gegen Ende seiner Karriere trifft Modot noch einmal mit Renoir zusammen, als dieser seine Jekyll-Hyde-Variante *Le testament du docteur Cordelier* (1959) dreht.

[FR] 1909/11: série Zigoto-Calino. 1910: Cent dollars mort ou vif; Cœur de tzigane; Fauves et bandits; Le collier vivant; Le sentier de la guerre; Sous la griffe. 1914: Le comte de Monte-Cristo. 1917: Mater dolorosa; La zone de la mort. 1919: Un ours; La fête espagnole; La sultane de l'amour. 1920: Le chevalier de Gaby. 1921: Fièvre; La terre du diable; Mathias Sandorf. 1922: Marie, la femme au singe; La bouquetière des innocents; Le sang d'Allah; Les mystères de Paris; Marie chez les fauves. 1923: Le cousin Pons; La mendiante de Saint-Sulpice; Nêne; Petit Hôtel à louer; A l'horizon du sud. 1924: Le miracle des loups (Das Mirakel der Wölfe). 1925: Au-dela de la mort; Les elus de la mer; Naples au baiser de feu; Veille d'armes. 1926: Carmen; La châtelaine du Liban. 1927: Sous le ciel d'Orient; La merveilleuse vie de Jeanne d'arc, fille de Lorraine; Le chauffeur de Mademoiselle; Mon cœur au ralenti. 1928: Shéhèrazade (Geheimnisse des Orients); La ville des mille joies (Die Stadt der tausend Freuden); Monte-Cristo (Der Graf von Monte Christo). 1929: Das grüne Monokel [DE]. 1930: L'âge d'or; Le miracle des loups; Sous les toits de Paris (Unter den Dächern von Paris). 1930/31: L'opéra de quat'sous [Version – DE/US/FR]; 1931: Autour d'une enquête [Version – DE]; L'ensorcellement de Séville; Sous le casque de cuir. 1932: Coup de feu à l'aube; Fantômas. 1933: Plein aux as; Quelqu'un a tué; Colomba; Crainquebille; La mille et deuxième nuit. 1934: L'auberge du Petit Dragon; Le billet de mille. 1935: La bandéra (Kompanie der Verlorenen); Le clown Bux; Le mystère Imberger; Les gaietés de la finance; Lucrèce Borgia (Lucrezia Borgia). 1936: La vie est à nous (Das Leben gehört uns); Pépé le Moko (Pépé le Moko – Im Dunkel von Algier); Les réprouvés; Cargaison blanche/Le chemin de Rio (Weiße Fracht für Rio); Mademoiselle Docteur/ Salonique nid d'espions (Mademoiselle Docteur). 1937: Le temps des cerises; La Marseillaise (Die Marseillaise). 1938: La maison du Maltais (Das Leben ist kein Roman); Le récif de corail; Le joueur d'échecs; La fin du jour (Lebensabend); Accord final/Accord final au Lac Léman/Symphonie am Genfersee (Die 10. soll es sein) [CH/FR]; Ceux de demain. 1939: La règle du jeu (Die Spielregel). 1940: L'irrésistible rebelle. 1941: Nous les gosses [A]; Montmartre-sur-Seine; Patrouille blanche. 1942: Le brigand gentilhomme; A vos ordres, Madame; Dernier atout (Der letzte Trumpf). 1943: L'homme de Londres. 1943/44: Les enfants du paradis (Kinder des Olymp). 1944: Le bossu (Der Gejagte). 1945: Leçon de conduite [A]. 1946: Le silence est d'or (Schweigen ist Gold); Antoine et Antoinette (Antoine und Antoinette); Dernier refuge (Letzte Zuflucht). 1947: Le cavalier de Croix-Mort. 1947/48: Eternel conflit. 1948: L'école buissonnière (Die Prüfung); L'armoire volante; Le mystère de la chambre jaune. 1949: Le point du jour (Vor Tagesanbruch); Le parfum de la dame en noir (Das Parfüm der Dame in Schwarz); Rendez-vous de juillet (Treffpunkt Quartier Latin). 1950: La belle que voilà (Die Karriere der Doris Hart); La beauté du diable/La bellezza del diavolo (Der Pakt mit dem Teufel) [FR/IT]. 1951: Ce coquin d'Anatole; Casque d'or (Goldhelm). 1952/53: La môme vert-de-gris (Im Banne des blonden Satans). 1954: French-Cancan/French Can Can (French Cancan) [FR/IT]. 1955: Çela s'appelle l'aurore/Gli amanti di domani (Morgenröte) [FR/IT]. 1956: Elena et les hommes/Eliana e gli uomini (Weiße Margeriten) [FR/IT]; Les truands (Gaunerkavaliere). 1958: Les amants (Die Liebenden). 1959: Le testament du docteur Cordelier (Das Testament des Dr. Cordelier). 1961: Les menteurs (Die Lügner).

Moissi, Alexander

*2. 4. 1879 Triest
†22. 3. 1935 Wien

Mutter aus Florenz, Vater aus Albanien. 1884 mit der Familie nach Albanien. 1889–99 erneut in Triest, dann mit der Mutter nach Wien. Als Statist am Burgtheater von Josef Kainz und dem Kritiker Paul Schlenther entdeckt. Schauspielunterricht u. a. bei Kainz. 1901 Neues Deutsches Theater in Prag. 1904 in Berlin zunächst Neues Theater und Ostendtheater, dann bis 1921 Deutsches Theater. Im 1. Weltkrieg 1915 bei der österreichischen Luftwaffe, Gefangenschaft in Frankreich, nach Freilassung bis 1917 Theaterschauspieler in der Schweiz. Filmdebüt 1913 in *Das schwarze Los* (John Gottowt), einer Pantomime mit Elementen der Commedia dell'Arte. Anschließend in *Die Augen des Ole Brandis* (Stellan Rye), einer Paraphrase des erfolgreichen *Der Student von Prag*. 1918 läuft eine Moissi-Serie unter der Regie Arthur Wellins an: *Pique Dame* nach der Puschkin-Novelle, *Der Ring der drei Wünsche*, *Erborgtes Glück* und *Der junge Goethe* nach Motiven aus «Dichtung und Wahrheit». *Figaros Hochzeit* (Max Mack) soll Mozarts Musik auf die Leinwand übertragen. Nach 1920 vorübergehend Rückzug vom Film. Als Bühnenstar in Wien und auf weltweiten Tourneen. 1929 Vertrag mit Warner Bros.; erster Tonfilmauftritt in dem in Technik und Regie unbefriedigenden Film *Die Königsloge* (Bryan Foy), als deutsche Version in den USA gedreht. 1934 Antrag auf italienische Staatsangehörigkeit. Pirandello schreibt für Moissi das Bühnenstück «Non si sà come». 1934/35 in Guido Brignones *Lorenzino de' Medici*, gedacht als künstlerischer Ausweis der Fortschrittlichkeit der faschistischen Filmproduktion.

[DE] 1913: Das schwarze Los; Die Augen des Ole Brandis. 1914/15: Kulissenzauber. 1915: Sein einziger Sohn. 1918: Pique Dame; Der Ring der drei Wünsche; Erborgtes Glück; Der junge Goethe. 1919: Zwischen Tod und Leben. 1920: Figaros Hochzeit; Die Nacht der Königin Isabeau. 1928/29: Die Königsloge/The Royal Box [US/DE]. 1934/35: Lorenzino de' Medici [IT].

Molina, Angela

(Angela Molina Tejedor)
*5. 10. 1953 Madrid

Tochter des Sängers und Schauspielers Antonio Molina. Auch ihre 3 Geschwister sind Schauspieler. Sie studiert klassischen Tanz und Schauspiel. Debütiert 1974 im Film. Ihre Rolle in Luis Buñuels *Ese oscuro objeto del deseo* macht sie über Spanien hinaus bekannt. Sie spielt auch in Italien, Deutschland und vor allem in Frankreich. Ihr Repertoire beschränkt sich zunächst auf die unschuldige hübsche junge Frau. Dank Manuel Gutiérrez Aragón wird sie eine der repräsentativsten Schauspielerinnen der Nach-Franco-Ära. 1981 gewinnt sie den Darstellerpreis beim Festival in Neu-Delhi für ihre Rolle in *La Sabina* (José Luis Borau), 1986 Auszeichnung beim Festival von San Sebastián für *La Mitad del cielo* (Guitiérrez Aragón).

[ES] 1974: No matarás; No quiero perder la honra. 1975: Las protegidas. 1976: La ciudad quemada; Viva, muera, don Juan; Las largas vacaciones del 36 (Die langen Ferien von '36); El hombre que supo amar; Viure sense viure [KF]; Camada negra. 1977: La portentosa vida del padre Vicente; A un diós desconocido (Vierzig Jahre nach Granada); Nunca es tarde; Cette obscure objet du désir/Ese oscuro objeto del deseo (Dieses obskure Objekt der Begierde) [FR/ES]. 1978: Los restos del naufragio/Les épaves du naufrages [ES/FR]; El corazón del bosque (Das Herz des Waldes). 1978/79: L'ingorgo (Una storia impossibile)/Le grand embouteillage/Stau/El gran atasco [IT/FR/BRD/ES]. 1979: Operación Ogro/Ogro [ES/IT/FR]; La Sabina/Sabina [ES/FR]; Buone notizie [IT]. 1980: Kaltgestellt [BRD]. 1982: Bearn o la sala de las muñecas; Dies rigorose Leben [BRD]; Gli occhi, la bocca/Les yeux, la bouche [IT/FR]; Demonios en el jardín (Dämonen im Garten). 1983: Quo vadis [TVS – EURO/CA]; La bella Otero [TVS – ES/IT/FR/BRD]. 1984: Fuego eterno. 1985: Un complicato intrigo di donne, vicoli e delitti (Camorra) [IT/Antillen]; Tengo algo que decirte [TV]; Lola; El río de oro/Der goldene Fluß [ES/CH]; Bras de fer [FR]. 1986: La sposa era bellissima/Menyasszony gyönyörü (Die Braut war wunderschön) [IT/HU]; Streets of Gold (Streets of Gold) [US]; Laura, del cielo llega la noche; La mitad del cielo (Die Hälfte des Himmels); Fuego [FR]. 1987:

Garibaldi [TVS – IT/ES/YU]. 1988: Luces y sombras; Esquilache; Via Paradiso [IT]; La ballena blanca [TVS – ES/IT]; Hemingway, fiesta y muerte [TVS – ES/IT/YU]; Taxi Killer [IT]; La barbare (Hemmungslos) [TV – FR]. 1989: Barroco (Barroco) [ES/CU/MX]; Las cosas del querer; Volevo i pantaloni [IT]. 1990: Sandino [ES/CL]. 1990/91: La batalla de los tres reyes/Tamburi di fuoco/Bitva treh korolej [ES/MA/IT/RU]. 1990–92: Fantaghirò – La grotta della rosa d'oro [TVS – IT]. 1991: Río Negro (Rio Negro) [FR]; Martes de carnaval; Le voleur d'enfants/Il ladro di ragazzi [FR/IT]; El hombre que perdió su sombra/L'Homme qui a perdu son ombre (Der Mann, der seinen Schatten verlor) [ES/CH]. 1992: Krapatchouk [FR/BE/ES]; 1492 – The Conquest of Paradise/La Conquista del Paraiso (1492 – Die Eroberung des Paradieses) [GB/FR/ES]; Una mujer bajo la lluvia; Coitado de Jorge [PT]. 1993: Mal de Amores; El baile de las Ánimas; La famiglia ricordi [TV – IT (EURO)]; Las cosas del querer: Segunda Parte [ES/AR]. 1994: Con gli occhi chiusi/Les yeux fermés [IT/FR/ES]. 1995: Oh, cielos!; Gimlet (Gimlet). 1996: Edipo alcalde [TV – ES/MX].

Monori, Lili

*1945 Törökszentmiklós

Studium bis 1969 an der Theater- und Filmhochschule in Budapest, anschließend Engagement am Thalia-Theater. An der experimentierfreudigen Bühne in Kaposvár Profilierung zu einer kraftvollen jungen Charakterdarstellerin. 1969 Filmdebüt als das Mädchen Gizi in *A tanú* (Péter Báscó); ab 1977 Ensemble-Mitglied der staatlichen Produktionsfirma Mafilm. Herausragende Rollen gestaltet sie vor allem in Filmen von Márta Mészáros, so die junge Fabrikarbeiterin Juli Kovásc in *Kilenc hónap* (1976), die Juli Bodnárné in *Öketten* (1977), einem kritischen Film zur Stellung der Frau, und als Irén an der Seite von Isabelle Huppert in *Örökseg/Les héritières* (1980). In dem preisgekrönten Film *Ha megjön József* (Zsolt Kézdi Kovács, 1976), einem konfliktreichen Ehedrama, verkörpert sie Józsefs Frau Mari und noch einmal unter Kézdi Kovács' Regie die Annus in *Kiáltás és kiáltás* (1987).

[HU] 1969: A tanú (Der Zeuge). 1970: A gyilkos a házban van (Der Mörder ist im Haus). 1972: Plusz minusz egy nap (Ein Tag mehr oder weniger); A vőlegény nyolckor érkezik (Der Bräutigam kommt um acht). 1973: Alvilági játetok (Spiel der Unterwelt) [TV]; Végül. 1974: Bástyasétany 74; Hajduk (Unbändige Heiducken). 1975: Legenda a nyúlpaprikásról (Die Hasengulasch-Legende). 1976: Ha megjön József (Wenn Josef kommt); Azonosítás (Identifizierung); Kilenc hónap (Neun Monate); Tizenegy több, mint három (Elf sind mehr als drei) [TV]. 1977: Ékezet (Der Akzent); Ök ketten (Marie und Julie). 1980: Örökseg/Les héritières (Erbinnen) [HU/FR]. 1982: Visszaesők (Rückfällige); A remény joga. 1985: Sortűz egy fekete bivalyért (Salut für einen schwarzen Büffel); A Rejtőzködő. 1987: Kiáltás és kiáltás. 1988: Eldorádó. 1989: Céllövölde. 1990: Napló apamnak, anyamnak (Tagebuch für meine Eltern). 1993: Magzat (Der Embryo); Sose halunk meg.

Monroe, Marilyn

(Norma Jean Mortenson)

*1. 6. 1926 Los Angeles

†5. 8. 1962 Brentwood (California)

Ihre unverheiratete Mutter Gladys Pearl Baker ist Cutterin bei Columbia und RKO. Norma Jean wächst großenteils bei Pflegeeltern auf. Später jobbt sie in einer Munitionsfabrik und – mit blondgefärbtem Haar – als Fotomodell. 1946 Ein-Jahres-Vertrag von 20th Century-Fox als Nachwuchsschauspielerin. Ab 1948 kleine Filmrollen und Schauspielunterricht am Columbia-Studio bei Natasha Lytess. Erste Anerkennung 1950 als Gangsterliebchen Angela Phinlay in John Hustons *The Asphalt Jungle* und – wieder bei Fox unter Vertrag – als junge Schauspielerin Miss Caswell in Mankiewicz' *All About Eve*. Ab 1952 Starrollen für Fox – in der Hauptsache spielt sie die naive, platinblonde Schönheit in Komödien und Musikfilmen. 1952/53 spielt sie die Ehefrau von Joseph Cotten in Henry Hathaways Thriller *Niagara* und neben Jane Russell die männerjagende Lorelei in Howard Hawks' Komödie *Gentlemen Prefer Blondes* und eine ähnliche Rolle als kurzsichtige Pola in *How to Marry a Millionaire* (Jean Negulesco). Mit Robert Mitchum besteht sie in Premingers *River of No Return* Abenteuer auf einem Floß im Westen. Sie ist Mitte der 50er Jahre das populärste Pin-up-Girl und nationales Sexsymbol Amerikas. 1955, nach Billy Wilders *The Seven Year Itch*, geht sie – um als ernsthafte Schauspielerin akzeptiert zu werden – nach New York und besucht Kurse am Actors Studio, zugleich Gründung einer eigenen Produktionsfirma (mit Milton Greene). Anerkennung als Rasthaussängerin in Joshua Logans *Bus Stop*. In England dreht sie neben Laurence Olivier die Romanze *The Prince and the Showgirl*. In Wilders Komödien-Klassiker *Some Like It Hot* ist sie Sugar, die Sängerin eines Damenorchesters. Neben Yves Montand in George Cukors *Let's Make Love*. Ihr letzter vollendeter Film ist 1961 John Hustons *The Misfits* an der Seite von Clark Gable. Monroe ist insgesamt dreimal verheiratet, nach einer Jugendehe zunächst 1954 mit dem Baseball-Star Joe DiMaggio und 1956–61 mit dem Schriftsteller Arthur

Miller. Von der Star-Rolle überfordert und zermürbt von Depressionen und Affären, stirbt sie an einer Überdosis Schlaftabletten. Danach kultartige Verehrung. 1962 *Marilyn*, eine Filmkompilation der Fox. Es erscheinen zahlreiche Bücher über sie, darunter «Marilyn» von Norman Mailer und 1974 die postume Autobiografie «My Story».

[US] 1948: Dangerous Years; Scudda-Hoo! Scudda-Hay! 1949: Ladies of the Chorus; Love Happy (Love Happy). 1950: The Fireball; The Asphalt Jungle (Asphalt-Dschungel); Right Cross; All About Eve (Alles über Eva); A Ticket to Tomahawk/The Sheriff's Daughter. 1951: Love Nest; Home Town Story; Let's Make It Legal; As Young As You Feel. 1951/52: Clash by Night (Vor dem neuen Tag). 1952: Don't Bother to Knock (Versuchung auf 809); We're Not Married (Wir sind gar nicht verheiratet); Monkey Business (Liebling, ich werde jünger); O. Henry's Full House. Ep: Cop and the Anthem (Vier Perlen. Ep: Der Vagabund und die Gerechtigkeit) [EP]. 1952/53: Niagara (Niagara). 1953: How to Marry a Millionaire (Wie angelt man sich einen Millionär?); Gentlemen Prefer Blondes (Blondinen bevorzugt). 1954: River of No Return (Fluß ohne Wiederkehr); There's No Business Like Show Business (Rhythmus im Blut). 1955: The Seven Year Itch (Das verflixte siebente Jahr). 1956: Bus Stop (Bus Stop). 1957: The Prince and the Showgirl (Der Prinz und die Tänzerin) [GB]. 1959: Some Like It Hot (Manche mögen's heiß). 1960: Let's Make Love (Machen wir's in Liebe). 1960/61: The Misfits (Nicht gesellschaftsfähig). 1963: Marilyn (Die Welt der Marilyn Monroe) [Kompilation].

Montand, Yves

(Yvo Livi)
*13.10. 1921 Monsumagno (Italien)
†9. 11. 1991 Senlis bei Paris

Er verläßt mit den Eltern 1923 das faschistische Italien. Kindheit in Marseille. Abbruch der Schule mit 11 Jahren, um seinen Lebensunterhalt zu verdienen. Erste Auftritte als Chansonnier in Marseille. Nach diversen Tourneen 1944 nach Paris, wo er durch Vermittlung von Edith Piaf in den Folies-Bergère und im Moulin Rouge auftritt. Mit der Piaf auch in seinem ersten Film, Marcel Blistènes *Etoile sans lumières*. 1946 Hauptrolle in Marcel Carnés *Les portes de la nuit*. 1951 Heirat mit Simone Signoret. Beim Film zunächst recht schematisch in Rollen als selbstbewußter Proletarier. Erste internationale Erfolge als Partner Charles Vanels in Henri-Georges Clouzots Dynamit-Thriller *Le salaire de la peur* (1952) und in Raymond Rouleaus Arthur-Miller-Verfilmung *Les sorcières de Salem*, einer Co-Produktion zwischen Frankreich und der DDR, als John Proctor; dafür 1957 Auszeichnung in Karlovy Vary. Fortsetzung seiner internationalen Karriere als einer der führenden französischen Chansonniers: 1956 Tournee durch Osteuropa; 1959/60 am Broadway. 1960 Vertrag mit 20th Century-Fox. Mit Marilyn Monroe in George Cukors *Let's Make Love*. Dann Beginn der Zusammenarbeit mit Konstantinos Costa-Gavras bei dessen Debütfilm *Compartiment tueurs*. 1966 für seinen Diego in Alain Resnais' *La guerre est finie* in Frankreich als bester Schauspieler ausgezeichnet. 1967 letzter Auftritt als Sänger; bis zum vielumjubelten Comeback 1980 konzentriert er sich auf die Filmarbeit: 1968 und 1969 Welterfolge mit Costa-Gavras' Polit-Thrillern *Z* und *L'aveu*. 1974 entsteht Chris Markers Dokumentation über den Sänger Montand: *La solitude du chanteur de fond*. Mit Alain Corneau dreht Montand 3 Kriminalfilme, die zu großen Publikumserfolgen werden: *Police Python 357*, *La menace* und *Le choix des armes*. Seine gelungensten komödiantischen Rollen hat er in Claude Berris Pagnol-Verfilmungen *Jean de Florette* und *Manon des sources*. Mitte der 80er Jahre wegen des sowjetischen Gulag spektakuläre Absage an jede Form des Sozialismus, den er bis 1968 auch in seiner bürokratischen Form verteidigt hatte. 1955 Veröffentlichung von «Du soleil plein la tête».

[FR] 1945: Silence ... on tourne [KF]; Étoile sans lumière. 1946: Les portes de la nuit (Pforten der Nacht). 1947: L'idole. 1949: La ville a ses chansons [KF]. 1950: Souvenirs perdus/EP: Un violon (Es geschah in Paris) [EP]. 1951: Paris chante toujours; Parigi è sempre Parigi/Paris est toujours Paris [IT/FR]; L'auberge rouge (Die rote Herberge) [M]. 1952: Le salaire de la peur/Vite vendute (Il salario della paura) (Lohn der Angst) [FR/IT]. 1953: Saluti et baci/La route du bonheur [IT/FR]; Étoiles au soleil [KF]; Tempi nostri. 3. Ep: Mara./Temps d'aujourd'hui (Tempi nostri) [EP – IT/FR]. 1954: Aria di Parigi/L'air de Paris (Die Luft von Paris) [M – IT/FR]. 1954/55: Napoléon/Napoleone Bonaparte (Napoleon) [FR/IT]. 1955: Marguerite de la nuit/Margherita della notte (Die Blume der Nacht) [FR/IT]; Les héros sont fatigués/Die Helden sind müde [FR/BRD]. 1956: Les sorcières de Salem/Die Hexen von Salem [FR/DDR]. 1956/57: Uomini e lupi/Hommes et loups (Frauen und Wölfe) [IT/FR]. 1957: Die Windrose [EP – DDR];La grande strada azzurra (Squarciò)/Un dénommé Squarcio/Leben ohne Gnade [IT/FR/BRD]. 1957/58: Premier mai (Le père et l'enfant)/Festa di maggio [FR/IT]. 1958: La loi/La legge (Wo der heiße Wind weht) [FR/IT]. 1960: Let's Make Love (Machen wir's in Liebe) [US]. 1961: My Geisha (Meine Geisha) [US]; Sanctuary (Geständnis einer Sünderin) [US]; Aimez-vous Brahms?/Goodbye Again (Lieben Sie Brahms?) [FR/US].

1965: Compartiment tueurs (Mord im Fahrpreis inbegriffen). 1965/66: La guerre est finie/Kriget är slut (Der Krieg ist vorbei) [FR/SE]. 1966: How They Filmed Grand Prix [TV – GB]; Grand Prix (Grand Prix) [US]; Paris brûle-t-il?/Is Paris Burning? (Brennt Paris?) [FR/US]. 1967: Un soir, un train (Ein Abend – ein Zug); Vivre pour vivre/Vivere per vivere (Lebe das Leben) [FR/IT]. 1968: Montand chante Prévert [TV]; Z (Z) [FR/DZ]; Mister Freedom (Mr. Freedom); Le diable par la queue/Non tirate il diavolo per la coda (Pack den Tiger schnell am Schwanz) [FR/IT]. 1969: Jour de tournage [KF]; L'aveu (Das Geständnis); Le 2e procès d'Artur London [KF]. 1970: On a Clear Day You Can See Forever (Einst kommt der Tag ...) [US]; Le cercle rouge/I senza nome (Vier im roten Kreis) [FR/IT]. 1971: La folie des grandeurs/La mania di grandezza/Die dummen Streiche der Reichen/Delirios di grandeza [FR/IT/BRD/ES]. 1972: César et Rosalie/E' simpatico, ma gli romperei il muso/Cesar und Rosalie [FR/IT/BRD]; État de siège/L'amerikano (Stato di assedio)/Der unsichtbare Aufstand [FR/IT/BRD]; Tout va bien/Crepa padrone, tutto va bene [FR/IT]. 1972/73: Le fils/Un battito d'ali dopo la strage [FR/IT]. 1973/74: Le hasard et la violence/Amore e violenza (Bonne Chance) [FR/IT]. 1974: Vincent, François, Paul ... et les autres/Tre amici, le moglie e (affettuosamente) le altre (Vincent, François, Paul und die anderen) [FR/IT]; La solitude du chanteur de fond [DOK]. 1975: Le sauvage/Il mio uomo è un selvaggio (Die schönen Wilden) [FR/IT]. 1975/76: Police Python 357/Im tödlichen Kreis [FR/BRD]. 1976: Le grand escogriffe/Il genio (Ein großer und ein kleiner Gauner) [FR/IT]. 1977: La menace (Lohn der Giganten) [FR/CA]. 1978: Les routes du Sud [FR/ES]. 1978/79: Clair de femme/Chiaro di donna/Die Liebe einer Frau [FR/IT/BRD]. 1979: T'es fou Marcel [KF]; I ... comme Icare (I wie Ikarus). 1981: Tout feu, tout flamme (Feuer und Flamme); Le choix des armes (Wahl der Waffen). 1983: Garçon! (Kollege kommt gleich). 1985: Jean de Florette (Jean Florette) [FR/IT]. 1986: Beyond Therapy (Therapie zwecklos) [M – US]; Manon des sources (Manons Rache). 1988: Trois places pour le 26. 1991: Netchaiev est de retour [FR/IT]. 1992: IP 5 – L'île aux pachydermes (IP 5 – Insel der Dickhäuter).

Moore, Colleen

(Kathleen Morrison)
*19. 8. 1902 Port Huron (Michigan)
†25. 1. 1988 Templeton (California)

Besuch des Convent of the Holy Name in Tampa, Florida. Klavierstudium am Detroit Conservatory of Music. Filmdebüt 1917. Tätigkeit für Colonel Selig, Thomas Harper Ince, Al Christie und Samuel Goldwyn. Sie spielt zunächst das naive Mädchen, häufig als Partnerin von Tom Mix und Charles Ray. Mitte der 20er Jahre Höhepunkt der Filmkarriere: Sie verkörpert den Typ des Flappers, u. a. in Filmen von John Francis Dillon wie *Flaming Youth*, *The Perfect Flapper* und *We Moderns*. Neben Clara Bow gilt sie als bekannteste Repräsentantin des Jazz Age im Kino. 1927 überzeugend als Telefonistin auf der Suche nach einem Millionär in Alfred Santells *Orchids and Ermine*. 1928 als französisches Mädchen neben Gary Cooper in *Lilac Time* (George Fitzmaurice). In der Tonfilmepoche nur noch selten lohnende Rollen. 1932 M-G-M-Vertrag. Letzte große Filmrolle neben Spencer Tracy in *The Power and the Glory* (William K. Howard). 1934 Rückzug vom Show-Business. 1930 in Bühnenstück «On the Loose». 1932 in «The Church Mouse». Auch Autorin mehrerer Bücher: «How Women Can Make Money in the Stock Exchange», «Colleen Moore's Doll House» und 1968 die Memoiren «Silent Star: Colleen Moore Talks About Her Hollywood». Bruder Cleve Moore ist ebenfalls Schauspieler.

[US] 1917: Bad Boy; An Old Fashioned Young Man; Hands Up! 1918: The Savage; A Hoosier Romance. 1919: Little Orphan Annie; The Busher; Wilderness Trail; The Man in the Moonlight; The Egg-Crate Wallop; Common Property. 1920: A Roman Scandal [KF]; Her Bridal Nightmare [KF]; The Cyclone; When Dawn Came; The Devil's Claim; So Long Letty; Dinty. 1921: The Sky Pilot; His Nibs; The Lotus Eater. 1922: Come On Over; The Wall Flower; Affinities; Forsaking All Others; Broken Chains; The Ninety and Nine; Broken Hearts of Broadway. 1923: Look Your Best; The Nth Commandment; Slippy McGee; The Huntress; April Showers; Flaming Youth; Through the Dark. 1924: Painted People; The Perfect Flapper; Flirting with Love; So Big. 1925: Sally; The Desert Flower; We Moderns. 1926: Irene; Ella Cinders; It Must Be Love; Twinkletoes. 1927: Orchids and Ermine; Naughty but Nice; Her Wild Oat. 1928: Happiness Ahead; Oh, Kay!; Lilac Time/Love Never Dies; Synthetic Sin. 1929: Why Be Good?; Smiling Irish Eyes; Footlights and Fools. 1933: The Power and the Glory; The Social Register. 1933/34: Success at Any Price; The Scarlet Letter. 1970: Voyage à Galveston [FR].

Moore, Demi

(Demi Guynes)
*11. 11. 1963 Roswell (New Mexico)

Mit 15 Jahren Fotomodell und Darstellerin kleiner Rollen in TV-Produktionen. 1980/81 in der Serie *General Hospital*. 1981 Kinodebüt beim Regisseur Silvio Narizzano. Erster Erfolg 1985 als College Girl in *St. Elmo's Fire* (Joel Schumacher). 1987 heiratet sie Bruce Willis. 1990 spielt sie die kunstbeflissene Keramikerin Molly Jensen im Science-fiction-Märchen *Ghost* (Jerry Zukker). Auch Tätigkeit als Produzentin. Moore ist an der Produktion von Alan Rudolphs *Mortal*

Thoughts beteiligt. Weibliche Hauptrolle in Dan Aykroyds *Nothing But Trouble*. 1992 neben Jack Nicholson und Tom Cruise in *A Few Good Men* (Rob Reiner). In Adrian Lynes *Indecent Proposal* ist sie das Objekt der männlichen Begierde, in *Disclosure* bedrängt sie ihren Untergebenen Michael Douglas. *Striptease* wird trotz erweiterter Körperlichkeit ein Flop.

[US] 1980/81: General Hospital [TVS]. 1981: Choices. 1982: Young Doctors in Love (Küß mich Doc!); Parasite (Parasite). 1984: No Small Affair (Eine starke Nummer); Blame It on Rio (Schuld dran ist Rio) [GB/US]. 1985: St. Elmo's Fire (St. Elmo's Fire – Die Leidenschaft brennt tief). 1986: Wisdom (Wisdom – Dynamit und kühles Blut); One Crazy Summer (One Crazy Summer); About Last Night ... (Noch mal so wie letzte Nacht). 1987: The Seventh Sign (Das siebte Zeichen). 1988: The New Homeowner's Guide to Happiness. 1989: We're No Angels (Wir sind keine Engel). 1990: Ghost (Ghost – Nachricht von Sam); Nothing but Trouble (Valkenvania). 1991: Mortal Thoughts (Tödliche Gedanken) [D,CoP]; The Butcher's Wife (Der Mann ihrer Träume). 1992: A Few Good Men (Eine Frage der Ehre). 1993: Indecent Proposal (Ein unmoralisches Angebot). 1994: Disclosure (Enthüllung). 1995: The Juror (Nicht schuldig); The Scarlet Letter (Der scharlachrote Buchstabe); Now and Then (Now and Then – Damals und heute) [D,CoP]. 1996: If These Walls Could Talk [TV]; Striptease (Striptease). 1997: G.I. Jane; Deconstructing Harry.

Moore, Dudley

(Dudley Stuart John Moore)
*19. 4. 1935 London
In der Kindheit Mitwirkung im Kirchenchor; Klavierunterricht. Besuch der Guildhall School of Music and Drama, Blackfriars, London. Nebenverdienst als Organist bei Hochzeiten. 1954 Orgelstipendium am Magdalen College in Oxford, dort auch erste Bühnenauftritte und zuständig für die Musik in College-Aufführungen. 1957 B.A., 1958 Bachelor of Music und Pianist im Vic Lewis Orchestra. 1959 Gründung des Dudley Moore Trios. Neun Monate beim Johnny Dankworth Jazz Orchestra, mit dem er u. a. die Musik Joseph Loseys Gefängnisfilm *The Criminal* einspielt. Der kleingewachsene Moore (1,55 m) gründet 1960 mit Alan Bennett, Peter Cook und Jonathan Miller die Komödientruppe «Beyond the Fringe». In den 60er Jahren läuft die Show jahrelang erfolgreich in London und am Broadway. Mit Peter Cook ab 1964 in einer Zwei-Mann-Show, ab 1965 für mehrere Jahre die TV-Serie *Not Only ... But Also*; 1966 gemeinsamer erster Filmauftritt in der übermütigen Farce *The Wrong Box* (Bryan Forbes). Gemeinsam auch in *Bedazzled* (Stanley Donen), einer Spätsechziger-Variante der Faust-Geschichte. 1968 schreibt Moore seine erste Musik für den englischen Film *Inadmissible Evidence* (Anthony Page), Mitte der 70er Jahre komponiert er für Werbespots, Theater- und Ballettstücke. 1977 nach Hollywood. 1979 neben Bo Derek in der äußerst erfolgreichen Slapstick-Komödie *10* (Blake Edwards). Enorme Popularität durch die Titelrolle des alkoholisierten Millionenerben in *Arthur*, einer leidlich gelungenen Hollywood-Komödie von Steve Gordon. 1982 im Leukämie-Drama *Six Weeks* (Tony Bill) erstmals eine ausschließlich ernste Rolle. Hochkomisch frustriert in peinlichsten Situationen dagegen in *Romantic Comedy* (Arthur Hiller). In der zweiten Hälfte der 80er Jahre eher enttäuschende Arbeiten, abgesehen von der Rolle des Werbetexters in der Komödie *Crazy People* (Tony Bill). Als Pianist spielt er zahlreiche Schallplatten mit leichtem Jazz ein, tritt 1981 mit dem Los Angeles Philharmonic Orchestra auf und 1983 in Beethoven-Konzerten in der Carnegie Hall. 1989 erstmals nach 16 Jahren wieder mit Peter Cook in einem Sketch auf der Bühne eines West-End-Theaters. In England und in den USA oft beim Fernsehen, so als verlassenener Vater dreier erwachsener Töchter in der Serie *Daddy's Girl* (1994).

[GB] 1960: The Criminal (Die Spur führt ins Nichts) [PIANO]. 1962: The Most [M – KF – CA]. 1963: Just One More Time [M – KF]. 1964: The Hat [US]. 1966: Heads I Win [M – KF]; The Wrong Box (Letzte Grüße von Onkel Joe). 1967: Bedazzled (Mephisto 68) [D,CoA,M]. 1967/68: Inadmissible Evidence [M]. 1968: 30 Is a Dangerous Age, Cynthia (Trau keinem über 30) [D,CoA,M]. 1968/69: Gonflés à bloc/Quei temperari sulle loro pazze, scatenate, scalcinate carriole (Monte Carlo Rallye) [FR/IT]. 1969: Staircase (Unter der Treppe) [M – US]; The Bed Sitting Room (Danach). 1972: Alice's Adventures in Wonderland (Alice im Wunderland) [TV]. 1973: Pianorama [PIANO – KF]. 1977: The Hound of the Baskervilles (Der Hund von Baskerville) [D,CoA,M]. 1978: Foul Play (Eine ganz krumme Tour) [D,M – US]. 1979: 10 (Zehn – Die Traumfrau) [US]; To Russia With Elton [S – TV]. 1980: Wholly Moses! (Oh Moses!) [US]; Derek and Clive Get the Horn [D,COA,P]. 1981: Arthur (Arthur – Kein Kind von Traurigkeit) [US]. 1982: Six Weeks [D,M – US]. 1983: Unfaithfully Yours (Bitte nicht heut' nacht) [US]; Romantic Comedy (Jason, die Flasche) [US]; Best Defense (Angriff ist die beste Verteidigung) [US]; Lovesick (Lovesick – Der liebeskranke Psychiater) [US]. 1984: Micki and Maude (Mikki & Maude) [US]. 1984/85: Santa Claus: The Movie (Santa Claus) [US]. 1987: Like Father, Like Son (Wie der Vater, so der Sohn) [US]. 1988: Arthur 2: On the Rocks (Arthur 2 – On the

Rocks) [US]. 1990: Crazy People (Crazy People) [US]. 1991: Blame It on the Bellboy (Irren ist mörderisch); Koneko Monogatari [S (US-VER) – JP]. 1993: Dudley [TVS – US]; The Pickle. 1994: Daddy's Girls [TVS – TV]; Parallel Lives [US]. 1996: A Weekend in the Country [TV – US].

Moore, Roger

(Roger George Moore)
* 14. 10. 1927 Clapham (London)

Sohn eines Polizisten, Schulbesuch überwiegend in London. 1943 u. a. Bürojunge bei einer Zeichentrickfirma. Besuch der Royal Academy of Dramatic Art. 1945 Bühnendebüt bei der Cambridge Arts Theatre Repertory Company. 1945–49 Komparsenrollen beim Film. 1945–48 Armeedienst, anschließend in untergeordneter Position in den BBC-Studios, Werbung. Theatertournee, 1950 Zweitbesetzung in West-End-Produktionen. 1953 in die USA, Auftritte am Broadway und in einigen Folgen verschiedener Fernsehserien. 1954 bei M-G-M erste tragende Filmrolle in der tragischen Weltkriegs-Romanze *The Last Time I Saw Paris* (Richard Brooks). 1956 wieder Bühnenarbeit in England. 1957/58 Titelrolle in der englischen Fernsehserie *Ivanhoe*. Anschließend bis 1961 in den USA in drei Warner-Bros-Filmen. Daneben in der Fernsehserie *The Alaskans* und in zahlreichen Episoden anderer Serien. Abermals Rückkehr nach Europa und sehr populär durch die Titelrolle des Simon Templar in der englischen Fernsehserie *The Saint* (1967–68), für die Moore selbst einige Folgen inszeniert. 1971 startet die Serie *The Persuaders* mit ihm als versnobtem Lord Sinclair und Tony Curtis in den Hauptrollen. Moore inszeniert zwei Folgen selbst, vermarktet außerdem das Design der Lord-Sinclair-Kleidung. 1977 finanzielle Beteiligung an der Fernsehserie *The Return of the Saint*. Moores ohne spektakuläre Höhen und Tiefen verlaufende Karriere erhält 1973 Auftrieb durch die Rolle des Superagenten James Bond, doch bleibt er für weite Teile des Publikums nur ein Ersatz des Ur-Bond Sean Connery. Dennoch wird sein Image von diesen 7 Filmen bis zu *A View to a Kill* (John Glen, 1984/85) endgültig geprägt: etwas schwerfällig und smart zugleich. Zuletzt nur in wenigen Filmen, u. a. 1989 als Partner von Michael Caine in der Gaunerkomödie *Bullseye!* (Michael Winner) und in der amüsanten Familienstory *Bed & Breakfast* (Robert Ellis Miller).

[GB] 1945: Gaiety George [US]; Perfect Strangers; Caesar and Cleopatra (Cäsar und Cleopatra). 1946: Piccadilly Incident (Schicksal von gestern). 1949: Trottie True; Paper Orchid. 1954: The Last Time I Saw Paris (Damals in Paris) [US]. 1955: The King's Thief (Des Königs Dieb) [US]; Interrupted Melody (Unterbrochene Melodie) [US]. 1956: Diane (Diane – Kurtisane von Frankreich) [US]. 1959: The Miracle (Madonna mit den zwei Gesichtern) [US]. 1960: Gold of the Seven Saints (Das Gold der sieben Berge) [US]. 1960/61: The Sins of Rachel Cade (Jenseits des Ruwenzori) [US]. 1961: Il ratto delle Sabine/L'enlèvement des Sabines (Der Raub der Sabinerinnen) [IT/FR]. 1962: Un branco di vigliacchi [IT/FR]. 1969: Crossplot (Tödlicher Salut) [D,P]. 1970: The Man Who Found Himself (Ein Mann jagt sich selbst). 1973: Live and Let Die (Leben und leben lassen). 1974: The Man with the Golden Gun (Der Mann mit dem goldenen Colt); Gold (Gold). 1975: That Lucky Touch (Bleib mir ja vom Leib). 1975/76: Gli esecutori (Abrechnung in San Franzisko) [IT]. 1976: Sherlock Holmes in New York [TV – US]; Shout at the Devil (Brüll den Teufel an). 1977: The Spy Who Loved Me (Der Spion, der mich liebte). 1978: The Wild Geese (Die Wildgänse kommen) [GB/CH]. 1979: Moonraker (Moonraker – streng geheim); Escape to Athena (Flucht nach Athena). 1980: The Sea Wolves (Die Seewölfe kommen) [GB/US/CH]; Cannonball Run (Auf dem Highway ist die Hölle los) [US]; North Sea Hijack (Sprengkommando Atlantik); Les séducteurs/I seduttori della domenica. 2. EP: Meurtre en le demeure (Sunday Lovers) [EP – FR/IT]. 1981: For Your Eyes Only (James Bond 007 – In tödlicher Mission). 1982: Curse of the Pink Panther (Der Fluch des rosaroten Panthers). 1982/83: Octopussy (James Bond 007 – Octopussy). 1984: The Naked Face (Das nackte Gesicht) [US]. 1984/85: A View to a Kill (James Bond 007 – Im Angesicht des Todes). 1987: The Magic Snowman [US/YU]. 1989: Bed and Breakfast (Agenten leben einsam) [US]; Bullseye! (Bullseye!) [US]. 1990: Feuer, Eis und Dynamit [DE]. 1993: The Man Who Wouldn't Die (Der Mann, der niemals starb) [US]. 1996: The Quest (The Quest – Die Herausforderung) [US].

Mordjukova, Nonna

(Nojabrina Viktorovna Mordjukova)
* 25. 11. 1925 Konstantinovsk

Bis 1950 Ausbildung an der Schauspielfakultät an der Moskauer Filmhochschule VGIK bei Sergej Gerasimov. Filmdebüt 1948 in der Fadeev-Verfilmung *Molodaja gvardija*. Die von ihr verkörperte junge Antifaschistin Ul'jana Gromova ist eines der eindrucksvollsten Mädchenporträts im sowjetischen Nachkriegsfilm. Nach Absolvierung der Filmhochschule bleibt sie primär Filmschauspielerin. Direkten Kontakt mit dem Publikum sucht sie im Moskauer Theater der Filmschauspieler. Mordjukova verkörpert besonders einprägsam kraftvolle russische Frauentypen. Ihre Bäuerin Fedos'ja Ugrjumova in *Russ-*

koe pole (1972), wo sie auch Regie führt, und ihre Antonina Kaširina in *Vozvrata net* (Aleksej Saltykov, 1974) gelten als herausragende Leistungen. Dafür wird sie von den Lesern der Zeitschrift «Sovetskij ekran» 1972 und 1974 zur besten Schauspielerin des Jahres gewählt. Mordjukova, die auch ein bemerkenswertes komödiantisches Talent entwickelt, zeigt in vielen Episodenrollen ihre Darstellungskraft, so z. B. 1975 in der kleinen, aber einprägsamen Rolle der stolzen Kolchosbäuerin Natalja in der Šolochov-Verfilmung *Oni sražalis' za Rodinu* (Sergej Bondarčuk). Weitere wichtige Rollen hat sie in *Prostaja istorija* (Jurij Egorov, 1960) als Saša Potapova, in *Predsedatel'* (Aleksej Saltykov, 1964) als Dona Tubnikova, in *Rodnja* (Nikita Michalkov, 1982) als Maria Kolovalova und in *Vokzal dlja dvoich* (El'dar Rjazanov) als Großmutter. Mordjukova erhält mehrere nationale Auszeichnungen. Ihr Sohn Vladimir Tichonov debütiert 1968 als Schauspieler.

[SU] 1947/48: Molodaja gvardija (Die junge Garde). 1953: Kalinovaja rošča; Vozvraščenie Vasilija Bortnikova (Drei Menschen). 1956: Čužaja rodnja. 1957: Ekaterina Voronina. 1958: Dobrovol'cy (Die Freiwilligen). 1959: Van'ka; Chmuroe utro (Trüber Morgen); Otčij dom (Das Vaterhaus). 1960: Prostaja istorija; Vse načinaetsja s dorogi. 1962: Pavlucha. 1964: Predsedatel'; Sekretar' obkoma. 1965: Ženit'ba Bal'zaminova (Wer heiratet wen?). 1966: Tridcat' tri; Vojna i mir (Krieg und Frieden). 1967: Djadjuškin son (Onkelchens Traum); Komissar (Die Kommissarin). 1968: Brilliantovaja ruka (Der Brillantenarm). 1969: Žuravuška (Kleiner Kranich). 1970: Gori, gori, moja zvezda (Leuchte, mein Stern, leuchte); Ballada o Beringe i ego druz'jach. 1971: Slučaj s Polyninym (Das Ereignis mit Polinin); Molodye (Junge Leute). 1972: Russkoe pole (Russisches Feld) [D, R]. 1973: Zavtra budet pozdno [SU/CS]. 1974: Dva dnja trevogi; Vozvrata net (Es gibt kein Zurück); Lev Guryč Siničkin [TV]. 1975: Oni sražalis' za Rodinu (Sie kämpften für die Heimat). 1976: Sem'ja Ivanovych. 1978: Inkognito iz Peterburga (Inkognito aus Petersburg); Trjasina. 1980: Veroj i pravdoj. 1982: Rodnja (Verwandtschaft); Etjud dlja domino s rojalem [TV]. 1983: Vokzal dlja dvoich (Bahnhof für zwei). 1986: Ot zarplaty do zarplaty (Kassensturz). 1987: Dočen'ka [TV]. 1988: Ssuda na brak; Zapretnaja zona. 1991: Beguščaja mišen' [RU]. 1992: Luna-park (Luna Park) [RU/FR]. 1995: Shirli-Myrli.

Moreau, Jeanne

*23. 1. 1928 Paris

1946 Studium am Konservatorium in Paris; 1948–52 Engagement an der Comédie Française; danach unter Jean Vilar am Théâtre National Populaire, wo sie u. a. mit Gérard Philipe in «Le Cid» erfolgreich ist. Ende der 50er Jahre Unterbrechung der Theaterarbeit. Filmarbeit seit 1948, als sie den Regisseur Jean-Louis Richard heiratet; Erfolg aber erst mit Louis Malles *L'ascenseur pour l'échafaud* (1957) und der erotischen Provokation *Les amants*. Zusammenarbeit mit Regisseuren der Nouvelle vague: In François Truffauts *Jules et Jim* (1961) spielt sie Catherine, die durch ihr Changieren zwischen Anspruch und Rückzug das prekäre Liebesdreieck in Bewegung hält. 1960 Auszeichnung in Cannes für die Bürgerin, die sich in einen Kriminellen (Jean-Paul Belmondo) verliebt, in Peter Brooks *Moderato cantabile*. Als ausbrechende Ehefrau in Michelangelo Antonionis *La notte*. In Joseph Loseys *Eva* treibt sie als Callgirl ihr erotisches Unwesen. Legendär ihre kühl kalkulierende Kammerzofe Célestine in Luis Buñuels *Le journal d'une femme de chambre*; dafür Auszeichnung in Karlovy Vary. Ihr distanziertes Spiel, bei dem ein leichtes Zucken der Mundwinkel den männlichen Partnern Mitteilung von Akzeptanz oder Verachtung machen kann, kontrastiert aufs äußerste mit ihrer Stimme, die Kälte nicht zuläßt. Malle gelingt es, Jeanne Moreau und Brigitte Bardot in seiner Revolutionskomödie *Viva Maria* zusammenzubringen, 1966 Auszeichnung mit dem British Academy Award. Im selben Jahr Ernennung zum Ritter der Ehrenlegion. 1967 ist sie die Femme fatale in Truffauts Thriller *La marieé était en noir*. Mehrfach Zusammenarbeit mit Orson Welles, so als Fräulein Bürstner in *Le procès* (1962) und als Doll Tearsheet in seiner «Falstaff»-Verfilmung *Chimes at Midnight* (1967). Ab 1974 auch wieder am Theater. 1975 Regiedebüt mit *Lumière*, 1978 folgt die selbstbewußte Auseinandersetzung mit dem Älterwerden in *L'Adolescente*, für die sie Simone Signoret als Darstellerin engagieren kann. Zusammenarbeit mit Rainer Werner Fassbinder (*Querelle*), Wim Wenders (*Bis ans Ende der Welt*) und Peter Handke (*Die Abwesenheit*). 1992 César für ihre Rolle in *La vieille qui marchait dans la mer*. 1982 gründet sie die Produktionsgesellschaft Capella Films. In Frankreich ist Jeanne Moreau seit ihrer ersten Platte 1953 auch als Sängerin (ca. 20 Schallplatten) populär. 1964 Auszeichnung mit dem Grand Prix du Disque.

[FR] 1949: Dernier amour (Letzte Liebe). 1950: Pigalle – Saint-Germain-des-Prés; Meurtres. 1951/52: L'Uomo della mia vita/L'Homme de ma vie (Der Mann meines Lebens) [IT/FR]. 1952: Il es minuit, docteur Schweitzer (Es ist Mitternacht, Dr. Schweitzer). 1953: Touchez pas au grisbi/Grisbi (Wenn es Nacht wird in Paris) [FR/IT]; Dortoir des grandes (Im Schlafsaal der großen Mädchen); Julietta (Julietta). 1954: Secrets d'alcove/Il letto. 1. EP: Le billet de logement (Dürfen Frauen so sein?) [EP – FR/IT]; Les intrigantes; La reine Margot/La regina Margot (Bartholomäusnacht) [FR/IT]. 1955: Les hommes en blanc (Ein ganzes Leben); M'sieur La Caille (Das schwarze Gesicht von Paris); Gas-oil (Gas-Oil). 1956: Le salaire du péché (Hinter verschlossenen Türen); Jusqu'au dernier (Hyänen unter sich). 1957: Trois jours à vivre (Du hast noch drei Tage); L'Étrange monsieur Steve (Auf schiefer Bahn); Ascenseur pour l'échafaud (Fahrstuhl zum Schafott); Échec au porteur (Polizeiaktion Dynamit); Le dos au mur (Mit dem Rükken zur Wand); Les louves (Einer starb zu früh). 1958: Les amants (Die Liebenden). 1958/59: Les 400 coups (Sie küßten und sie schlugen ihn). 1959: Les liaisons dangereuses 1960 (Gefährliche Liebschaften). 1959/60: Jovanka e le altre (Jovanka und die anderen) [IT]. 1960: Le dialogue des Carmélites/I dialoghi delle Carmelitane (Opfergang einer Nonne) [FR/IT]; Moderato cantabile (Stunden voller Zärtlichkeit). 1960/61: Une femme est une femme/La donna è donna (Eine Frau ist eine Frau) [FR/IT]; La notte/La nuit (Die Nacht) [IT/FR]. 1961: Jules et Jim (Jules und Jim). 1961/62: Eva/Eve (Eva) [IT/FR]. 1962: Le procès/Der Prozeß/Il processo [FR/BRD/IT]; La baie des anges (Die blonde Sünderin). 1962/63: The Victors (Die Sieger) [US/GB]. 1963: Le feu follet/Fuoco fatuo (Das Irrlicht) [FR/IT]; Peau de banane/Buccia di banana (Heißes Pflaster) [FR/IT]. 1963/64: Le journal d'une femme de chambre (Tagebuch einer Kammerzofe) [FR/IT]. 1964: Le train/Il treno (Der Zug) [FR/IT]; Mata Hari, agent H 21/Mata Hari agente segreto H 21 (Mata Hari, Agent H.21) [FR/IT]; Chimes at Midnight/Campanadas a medianoche (Falstaff) [CH/ES]; The Yellow Rolls Royce (Der gelbe Rolls-Royce) [EP – GB]. 1965: Viva Maria! (Viva Maria) [FR/IT]. 1966: Mademoiselle (Mademoiselle) [GB]; Orson Welles [KF]. 1966/67: Une histoire immortelle/The Immortal (Stunde der Wahrheit) [TV]. 1967: Great Catherine (Die Große Katharina) [GB]; The Sailor from Gibraltar (Nur eine Frau an Bord) [GB]; La mariée était en noir/La sposa in nero (Die Braut trug Schwarz) [FR/IT]; Le plus vieux métier du monde/Das älteste Gewerbe der Welt/L'amore attraverso i secoli. 3. EP: Mademoiselle Mimi [EP – FR/BRD/IT]. 1968: Le corps de Diane. 1969: Monte Walsh (Monte Walsh) [US]; Le petit théâtre de Jean Renoir/EP: Quand l'amour se meurt [TV]. 1970: Comptes à rebours (Der Boß); Henri Langlois [US]; Monte Walsh (Monte Walsh) [US]. 1971: L'Humeur vagabonde. 1972: Alex in Wonderland (Alex im Wunderland) [US]; Absences répétées; Chère Louise/La lunga notte di Louise (Die Affäre) [FR/IT]; Nathalie Granger (Nathalie Granger). 1973: Joanna Francesa [BFD]; Je t'aime (Ich liebe dich) [CA]; Les valseuses (Die Ausgebufften). 1973/74: La race des seigneurs/L'arrivista (Jet Set) [FR/IT]. 1974: Le jardin qui bascule; Souvenirs d'en France (Erinnerungen aus Frankreich); Hu-man. 1975: Lumière (Im Scheinwerferlicht) [R,A]. 1975/76: M. Klein/Mr. Klein (Mr. Klein) [FR/IT]. 1976: The Last Tycoon (Der letzte Tycoon – Der Gigant von Hollywood) [US]. 1978: L'Adolescente (Mädchenjahre) [R,A]. 1979: Finishing Touch/Your Ticket is no Longer Valid/Au-delà de cette limite votre ticket n'est plus valable/Your Ticket Is No Longer Valid (Lust auf Sex) [CA/FR]. 1980: Chansons souvenirs [KF]; Les uns et les autres (Ein jeglicher wird seinen Lohn empfangen); Plein sud/Huida al sur (La desbandada) [FR/ES]. 1981: Mille milliards de dollars (1000 Milliarden Dollar). 1982: La truite (Eine Frau wie ein Fisch); Querelle – Ein Pakt mit dem Teufel [BRD/FR]. 1984: Vicious Circle [TV – GB]; Lilian Gish [R,A,P]; L'Arbre [TV]. 1985: Sauve-toi Lola. 1986: The Last Seance [TV – GB]; François Simon-la présence (François Simon: La Présence) [TV – CH]; Le miraculé; Le paltoquet; Le tiroir secret (Die Geheimschublade) [TVS]. 1988: La nuit de l'océan [CH]; Jour après jour. 1989: Anna Karamazova/Anna Karamazoff [SU/FR]; La comédie d'un jour. 1989/90: Nikita (Nikita) [FR/IT]. 1990: La femme fardée [GB/FR]; Alberto Express (Alberto und die Tradition). 1990/91: Bis ans Ende der Welt/Until the End of the World [DE/FR/AU]. 1991: La vieille qui marchait dans la mer (Die Dame, die im Meer spazierte) [FR/IT]; Le pas suspendu de la cicogne/To meteaora vima tou pelargou (Der schwebende Schritt des Storches) [FR/GR/CH]; A demain. 1992: Map of the Human Heart (Flucht aus dem Eis) [AU/CA/GB/FR]; Die Abwesenheit/L'absence [DE/FR/GB]; Je m'appelle Victor [FR/BE/DE]. 1992/93: A Foreign Field [TV – GB]. 1993: The Summer House [US]. 1994: Les cent et une nuits/A Hundred and One Nights (101 Nacht – Die Träume des Monsieur Cinéma) [FR/GB]. 1995: Catherine the Great/Katharina die Große [TV – US/DE]; Jenseits der Wolken/Par-delà les nuages/Al di là delle nuvole [DE/FR/IT]. 1996: Un amour de sorcière; The Proprietor [US]; Y aura-t-il de la neige à Noël.

Moreno, Marguerite

(Marguerite Monceau)
*15. 9. 1871 Paris
†14. 7. 1948 Touzac

Sie beendet ihr Studium am Pariser Konservatorium mit einem ersten Preis als Tragödin; spielt danach dreizehn Jahre an der Comédie Française; dann schließt sie sich der Truppe von Sarah Bernhardt an. 1900 Heirat mit Marcel Schwob, der bereits 1905 stirbt. Als Bekannte von Mallarmé und Verlaine gilt sie als «Muse des Symbolismus»; eng befreundet mit Colette, die sie wegen ihrer satirischen Fähigkeiten und ihres boshaften Witzes «Malguelite» nennt. 1907–12 in Buenos Aires, wo sie das französische Konservatorium leitet; der Krieg, in dem sie für einen chirurgischen Dienst arbeitet, unterbricht ihre Karriere. Ihr markantes Profil ist im

Stumm- wie auch im Tonfilm in unterschiedlichsten Rollen zu sehen. Sie überzeugt sowohl als kantige Tragödin – so in Raymond Bernards Version von *Les misérables* (1933) und als Witwe in *Douce* (1943) – wie auch als wunderbare Komödiantin, so als Partnerin Sacha Guitrys in dessen *Roman d'un tricheur*, wo sie eine abenteuerlustige, finanziell ruinierte Komtesse spielt, in Maurice Cloches *Ces dames aux chapeaux verts* und in Guitrys *Ils étaient neuf célibataires*. Neben Michel Simon agiert sie in André Berthomieus *Eusèbe député*. Auch schwächere Filme, Komödien von Berthomieu oder Pierre Caron beispielsweise, rettet sie durch ihr überragendes Spiel vor dem Vergessen. Legendär wird ihre Titelrolle in Jean Giraudoux' «La folle de Chaillot», die sie 1945 in einer Inszenierung von Louis Jouvet am Théâtre Athénée spielt.

[FR] 1922: Gonzague; Le mauvais garçon; Vingt ans après. 1923: L'emprise. 1928/29: Le capitaine Fracasse. 1929: A mi-chemin du ciel [Version – US/FR]. 1930: Dans une île perdue [Version – US/FR]; Paramount en parade; Chérie [Version – US/FR]; Cendrillon de Paris; Paris la nuit. 1931: Cordon-Bleu; Le trou dans le mur; Marions-nous [Version – US/FR]; Miche; Sola. 1932: Le chasseur de chez Maxim's [Version – US/FR]; Mon cœur balance; Rien que des mensonges; Cognasse; La poule. 1933: Casanova (Casanova); Le sexe faible; Les misérables; Paris – Deauville; Pour être aimé; Primerose. 1934: L'aristo; La reine de Biarritz; Voilà Montmartre. 1935: Bourrachon; Jim la Houlette; La marraine de Charley; Train de plaisir; Les Dieux s'amusent [Version – DE]. 1936: Le coupable; Le roman d'un tricheur (Roman eines Schwindlers); Faisons un rêve; Gigolette; Mes tantes et moi; Tout va très bien, Madame la Marquise; Jeunes filles de Paris. 1937: Boulot aviateur; Ces dames aux chapeaux verts; La dame de pique; La fessée; Les perles de la couronne (Die Perlen der Krone); Quatre heures du matin; Regain. 1938: Barnabé; Les femmes collantes; La route enchantée; La chaleur du sein; L'accroche-cœur; Eusèbe, député; J'étais une aventurière. 1938/39: Derrière la façade. 1939: Le Danube bleu; Le château des quatre obèses; Jeunes filles en détresse; Ils étaient neuf célibataires; Ma tante dictateur. 1940: Les surprises de la radio. 1941: La Sévillane; L'étrange Suzy. 1942: Secrets; Le camion blanc. 1943: La collection Ménard; Carmen; Douce; Donne-moi tes yeux. 1945: Les malheurs de Sophie; L'idiot (Der Idiot). 1946: Rendezvous à Paris; Un revenant (Schatten der Vergangenheit); Chemins sans loi. 1947: Les jeux sont faits (Das Spiel ist aus); L'éventail. 1948: L'assassin est à l'écoute.

Morgan, Michèle

(Simone Renée Roussel)
*29. 2. 1920 Neuilly-sur-Seine

Verläßt mit 15 Jahren das Elternhaus. Schauspielunterricht bei René Simon. 1935 Filmdebüt. Rasch international bekannt als Partnerin Jean Gabins in Marcel Carnés *Quai des brumes* (1938). In den 30er Jahren ist sie zumeist die aufrichtig Liebende, die das Schicksal aus romantischen Träumen reißt. 1940 nach Hollywood, aber ohne nachhaltigen Erfolg; Partnerin von Humphrey Bogart in Michael Curtiz' *Passage to Marseille*. 1942–49 Ehe mit William Marshall, 1944 amerikanische Staatsbürgerin. 1946 Rückkehr nach Frankreich. Die in melancholischen Rollen agierende Charakterdarstellerin, später als «Botschafterin des französischen Films» tituliert, wird 1946 in Cannes für ihre sentimentale Rolle als blindes Mädchen in Jean Delannoys *La symphonie pastorale* ausgezeichnet. Als Liebende, oft in Filmen mit historischem Sujet, spielt sie mit Jean Gabin, Gérard Philipe, Yves Montand und ihrem zweiten Mann Henri Vidal (1950–59): als ideales Paar 1947/48 in Alessandro Blasettis *Fabiola*. Auch in den 50er Jahren nimmt sie die Opferrolle ein, muß sich dem Alkohol ergeben oder auf Rache sinnen. Den Regisseuren der Nouvelle vague gilt sie als eine der Exponentinnen exaltierten Spiels. Lediglich Claude Chabrol gibt ihr in *Landru* (1962) eine Nebenrolle. Morgan wird von 1949–55 alljährlich als französischer Publikumsliebling ausgezeichnet. 1969 Ernennung zum Ritter der Ehrenlegion. 1966 erste Ausstellung ihrer Bilder. 1965 Veröffentlichung ihrer Erinnerungen «Mes yeux ont vu», fortgesetzt 1977 mit «Avec ces yeux-là».

[FR] 1935: Une fille à papa; La vie parisienne; Mademoiselle Mozart. 1936: Mes tantes et moi; Le mioche; Gigolette. 1937: Gribouille (Der fünfte Geschworene); Orage. 1938: Quai des brumes (Hafen im Nebel); L'entraîneuse; Le récif de corail. 1939: Les musiciens du ciel; La loi du Nord (Das Gesetz des Nordens). 1939/40: Remorques (Schleppkähne). 1940: Untel père et fils. 1942: Joan of Paris [US]. 1943: Higher and Higher [US]; Two Tickets to London [US]. 1944: Passage to Marseilles (Fahrkarte nach Marseille) [US]. 1945/46: The Chase [US]. 1946: La symphonie pastorale (Und es ward Licht). 1947/48: Fabiola (Fabiola) [IT]. 1948: The Fallen Idol (Kleines Herz in Not) [GB]; Aux yeux du souvenir (Treffpunkt Rio). 1950: Maria Chapdelaine/The Naked Heart (Das träumende Herz) [Version – GB]; Le château de verre/L'amante di una notte (Rendezvous in Paris) [FR/IT]; The Naked Heart/Maria Chapdelaine (Das träumende Herz) [Version – GB]; La belle que voilà (Die Karriere der Doris Hart). 1951: Le rendez-vous de Cannes [KF]; L'étrange Madame X (Sündige Liebe). 1951/52: Les sept péchés capitaux/I sette peccati capitali. 6. Ep: L'orgueuil (Die sieben

Sünden) [EP – FR/IT]. 1952: Vedettes sans maquillages [KF]; Hollywood-sur-Seine [KF]; Echos de plateau [KF]; La minute de vérité/L'ora della verita (Geständnis einer Nacht) [Version – FR/IT]. 1953: Destini di donne/Destinées. 2. Ep: La santa guerriera/Jeanne (Liebe, Frauen und Soldaten) [EP – IT/FR]; Les orgueilleux [FR/MX]. 1954: Oasis/Oase [Version – BRD/FR]; Obsession/Domanda di grazia (Menschen am Trapez) [FR/IT]. 1954/55: Napoléon/Napoleone Bonaparte (Napoleon) [FR/IT]. 1955: Marguerite de la nuit/Margherita della notte (Die Blume der Nacht) [FR/IT]; Les grandes manœuvres/Grandi manovre (Das große Manöver) [FR/IT]; Si Paris nous était conté. 1955/56: Marie-Antoinette, reine de France/Maria Antonietta, regina di Francia (Der Liebesroman einer Königin) [FR/IT]. 1957: The Vintage (Unter glühender Sonne) [US]; Retour de manivelle/Delitto sulla Costa Azzura (Luzifers Tochter) [FR/IT]. 1958: Le miroir à deux faces/Lo specchio a due facce (Der Tag und die Nacht) [FR/IT]; Racconti d'estate/Femmes d'un été [IT/FR]; Maxime (Die Affären von Madame M.); Pourquoi viens-tu si tard? (Frau im Fegefeuer). 1959: Menschen im Hotel [BRD]; Vacanze d'inverno/Brèves amours [IT/FR]. 1960: Les scélérats (Vis-à-Vis); Fortunat/S.S. Operazione Fortunat [FR/IT]. 1961: Les lions sont lâchés/I leoni scatenati (Vor Salonlöwen wird gewarnt) [FR/IT]; Le puits aux trois vérités/Il pozzo delle tre verità (Die drei Wahrheiten) [FR/IT]. 1961/62: Rencontres/Poker col diavolo (Dr. Malbus verschwand um vier) [FR/IT]. 1962: Un cœur gros comme ça (Mit meinen Augen); Le crime ne paie pas/Il delitto non paga. 2. Ep: L'Affaire Hugues (Verbrechen aus Liebe) [EP – FR/IT]; Landru (Der Frauenmörder von Paris) [FR/IT]. 1963: Il fornaretto di Venezia/Le procès des Doges (In Ketten zum Schafott) [IT/FR]; Constance aux enfers (Der Mord, der zweimal geschah) [FR/ES]; Méfiez-vous, mesdames!/Chi vuole dormire nel mio letto? (Vorsicht, meine Damen!) [FR/IT]. 1964: Les yeux cernés; Les pas perdus. 1965: Dis-moi qui tuer. 1966: Lost Command (Sie fürchten weder Tod noch Teufel) [US]; La bien-aimée [TV]. 1967: Benjamin ou les mémoires d'un puceau (Benjamin – Aus dem Tagebuch einer männlichen Jungfrau). 1975: Le chat et la souris (Eine Katze jagt die Maus). 1978: Robert et Robert (Ein Mann sucht eine Frau). 1986: Un homme et une femme: vingt ans déjà (Ein Mann und eine Frau – 20 Jahre später). 1990: Stanno tutti bene/Ils vont tous bien [IT/FR].

Mori Masayuki

(Arishima Yukimitsu)
*13. 1. 1911 Sapporo
†7. 10. 1973 Tokio

Aus einer Künstlerfamilie stammend, Philosophiestudium in Kyoto, nebenher Mitglied in der Theatergruppe Tsukiji Shôgekijô, 1932 Abbruch des Studiums, Mitglied der Bungaku-za. 1942 Filmdebüt. Er erregt Aufmerksamkeit als Typ des intelligenten, nihilistischen jungen Mannes, wie die Figur des Anwalts in *Anjô-ke no Butô-kai* (Kôzuburô Yoshimura). Sein breites Rollenspektrum läßt ihn jedoch auch den bescheidenen Töpfer in *Ugetsu Monogatari* (Kenji Mizoguchi), den egoistischen Liebhaber in *Ukigumo* (Mikio Naruse), den noblen Samurai in Akira Kurosawas *Rashô-Mon*, einen Unschuldigen in *Hakuchi* (Kurosawa) sowie einen korrupten Angestellten in *Warui Yatsu hodo yoku nemuru* (Kurosawa) spielen. Auch Theaterarbeit, ab 1956 auch beim Fernsehen.

[JP] 1942: Haha no Chizu. 1943: Susume Dokuritsu-ki. 1944: Dengeki Shutsudo. 1945: Zoku Sugata Sanshirô; Tora no O o fumu Otokotachi (Die Männer, die auf des Tigers Schwanz traten). 1946: Asu o Tsukuru Hitobito. 1947: Anjô-ke no Butô-kai. 1948: Kofuku no Isu; Ware Nakinurete: Jutai; Hakai. 1949: Waga Shôgai no kagayakeru Hi; Kyo Ware Ren-ai Su; Guddobai; Daitokai no Ushimitsu-doki; Chijin no Ai; Yabure Daiko. 1950: Ma no Ogon; Kazan-myaku; Rashô-Mon (Rashômon); Senka no Hate; Tôkyô no Hiroin; Re Miseraburu [2 Teile]; Okusama ni Goyojin. 1951: Kyûjô Hiroba; Zenma; Hakuchi (Der Idiot); Nusumareta Koi; Junpaku no Yoru; Musashino Fujin; Tôkyô Hika. 1952: Jôôbachi; Taki no Shiraito; Bijo to Tôzoku; Anote Konote. 1953: Senbazuru; Yosei wa Hana no Nioi ga Suru; Ugetsu Monogatari (Erzählungen unter dem Regenmond); Saikai; Ani Imôto; Kanikô-sen; Asakusa Monogatari; Koibumi. 1954: Moeru Shanhai; Aru Onna; Ai Midori no Nakama; Aku no Tanoshisa. 1955: Ukigumo; Yôkihi (Die Prinzessin Yang); Kokoro; Yushima no Shiraume; Nyûbôyo Eien-nare. 1956: Fûsen; Iro-zange; Ai wa furu Hoshi no Kanata ni; Ningen gyorai Shutsugeki Su. 1957: Arakure; Kyo no Inochi; Banka. 1958: Onna de aru Koto; Shiroi Akuma; Yoru no Tsuzumi. 1959: Suzukake no Sampomichi; Dai-san no Shikaku; Fubuki to Tomo ni Keiyukinu; Onna-gokoro; Kotan no Kuchibue; Aru Rakujitsu; Kizoku no Kaidan; Yogiri no Ketto. 1960: Onna ga Kaidan o Agarutoki (Die Mädchen der Ginza); Musume, Tsuma, Haha; Gametsui Yatsu; Otôto; Warui Yatsu hodo yoku nemuru. 1961: Onna wa Yoru Kesho-suru; Tsuma to shite Onna to shite; Ai to Hanoo to; Onna no Kunshu; Nyobo Gakko; Shamisen to Ootobai. 1963: Bushidô Zankoku-Monogatari (Sie lieben und sie töten); Taiheiyô Hitoribocchi; Hikaru Umi. 1964: Otoko-girai; Kikyo. 1966: Haru Ranman; Kamo to Negi. 1967: Midaregumo. 1968: Rengô-kantai Shirei-chôkan Yamamoto Isoroku; Sogeki. 1969: Hi mo Tsuki mo; Aa, Kaigun. 1970: Zatôichi Abare-Himatsuri. 1972: Ken to Hana.

Morlay, Gaby

(Blanche Fumoleau)
*8. 6. 1893 Biskra (Algerien)
†4. 7. 1964 Nizza

Kommt aus Angers nach Paris und debütiert unter dem Namen Gaby de Morlai am Capucines. Theaterarbeit, vor allem in Inszenierungen von Sacha Guitry, der sie auch zum Film holt. Daneben ist sie in anderen Komödien, in melodramatischen Stükken und in den mondänen Dramen von Henry Bernstein zu sehen. Ihr größter Theatererfolg in der Frühzeit ist 1918 Louis Verneuils «Le traité d'Auteuil». In den 20er Jahren spielt sie in eher leichtgewichtigen Komödien den Vamp. Ihr Einstieg in den Tonfilm erfolgt über mehrere Adaptionen von Theaterstükken Bernsteins. Ihr Ruhm als Komödiantin mit Phlegma und sparsamem Gestus gründet sich auf ihre durch den Film dokumentierte Theaterarbeit. In der zweiten Hälfte der 30er Jahre Zusammenarbeit u. a. mit Marcel L'Herbier, Marc Allégret, Maurice Tourneur und Georges Lacombe. In der Besatzungszeit ist sie der Prototyp der sich aufopfernden Französin: Als Postbeamtin in *Service de nuit* (Jean Faurez) oder als Krankenschwester in Jean Stellis bewegendem, leicht melodramatischem *Le voile bleu* rührt sie ihr weibliches Publikum zu Tränen. Die Karriere gerät gegen Ende der Besatzungszeit ins Schlingern, da man ihr 1944 die Ehe mit einem Minister der Vichy-Regierung vorwirft. Ihre letzte große Rolle hat sie 1947 als weiblicher Clochard neben Michel Simon in Henri Decoins *Les amants du pont Saint-Jean*. Großen Erfolg hat sie noch einmal mit der Mutterrolle in Jean-Paul Le Chanois' *Papa, maman, la bonne et moi* (1954). Auf der Bühne setzt sie ihre Karriere in Vaudeville-Stücken fort; sie überrascht gegen Ende ihrer Karriere in der Rolle einer Alkoholikerin in O'Neills «Long Day's Journey into Night».

[FR] 1914: Le 2 août 1914 [KF]. 1916: Au paradis des enfants; Pour épouser Gaby. 1917: Les épaves de l'amour. 1919: Un ours. 1920: Le chevalier de Gaby. 1921: L'agonie des aigles (Alte Soldaten). 1923: La mendiante de Saint-Sulpice. 1924: Faubourg Montmartre. 1926: Jim la Houlette, roi des voleurs. 1928: Les nouveaux messieurs (Die neuen Herren). 1930: Accusée, levez-vous!; Maison de danses. 1931: Arianne, jeune fille russe; Faubourg-Montmartre; Après l'amour. 1932: Mélo [Version – FR/DE]. 1933: Le maître de forges; Il était une fois. 1934: Jeanne; Aux portes de Paris; Nous ne sommes plus des enfants; Le scandale; Le billet de mille. 1935: Le bonheur. 1936: Les grands; Samson; Les amants terribles; Le roi (Der König); La peur. 1937: Hercule; Le messager; Les nuits blanches de Sait-Pétersbourg; Nuits de feu (Eifersucht, Mordprozeß Andrejew); Quadrille; Un déjeuner de soleil. 1938/39: Derrière la façade. 1939: Entente cordiale; Le bois sacré. 1940: Elles étaient douze femmes; Diamant noir; Paris – New York. 1941: Le destin fabuleux de Désirée Clary; L'Arlésienne. 1942: Le voile bleu (Blaue Schleier); Mademoiselle Béatrice; Des jeunes filles dans la nuit; Les ailes blanches. 1943: Service de nuit (Ein Fräulein vom Amt); La cavalcade des heures. 1944: Farandole; Lunegarde; L'enfant de l'amour. 1945: Son dernier rôle; Mensonges; Dernier métro. 1946: Hyménée; Un revenant (Schatten der Vergangenheit). 1947: Les amants du Pont Saint-Jean (Hafenliebchen); Le village perdu. 1948: Gigi (Gigi); Trois garçons, une fille. 1949: Orage d'été; Eve et l'amour; Millionaires d'un jour (Millionäre für einen Tag); Sans tambour, ni trompette. 1950: Une fille à croquer/Le Petit Chaperon Rouge; Mammy; Prima comunione (Der Göttergatte) [IT/FR]; Né de père inconnu/I bastardi [FR/IT]. 1951: Le plaisir. Ep: Le masque (Pläsier) [EP]; Foyer perdu; Anna (Anna) [IT/FR]. 1952: La fille au fouet. 1953: Si Versailles m'était conté (Versailles – Könige und Frauen); Les amoureux de Marianne; L'amour d'une femme/L'amore di una donna (Die Liebe einer Frau) [FR/IT]. 1954: Fantaisie d'un jour; Papa, Maman, la bonne et moi (Papa, Mama, Katrin und ich); Les chiffoniers d'Emmaüs. 1955: Papa, Maman, ma femme et moi (Papa, Mama, Katrin und ich); L'impossible monsieur Pipelet. 1956: Les collégiennes (Junge Rosen im Wind); Mitsou (Mitsou und die Männer); Crime et châtiment (Schuld und Sühne); Mon coquin de père/A Parigi in vacanza [FR/IT]; Lorsque l'enfant paraît; Les lumières du soir. 1958: Sacrée jeunesse; Ramuntcho; Quai des illusions/La legge mi incolpa [FR/IT]; Le tombeur. 1960: Fortunat/S.S. Operazione Fortunat [FR/IT]. 1963: La bande à Bobo. 1963/64: Monsieur/Intrigo a Parigi/Monsieur [FR/IT/BRD].

Moser, Hans

(Johann Julier)
* 6. 8. 1880 Wien
† 19. 6. 1964 Wien

In Wien aufgewachsen. Bürger- und Handelsschule, dann Buchhalter. Schauspielunterricht u. a. beim Hofschauspieler Josef Moser (daher der Künstlername). Über Wander- und Provinzbühnen 1903 ans Theater in der Josefstadt. 1907–12 an Wanderbühnen und in Wien. 1914–18 Soldat. Nach Kriegsende Kabarett, ab 1920 Charakterkomiker in Wien. Ab 1925 bei Max Reinhardt am Theater in der Josefstadt; 1925–27 Salzburger Festspiele. 1926 Deutsches Theater Berlin. In Wien und Berlin erfolgreich u. a. in Stükken von Nestroy, Schnitzler und Horvath. 1934–39 gelegentlich an Wiener Bühnen, dann nur noch im Film. Nebenrollen in Stumm- und Tonfilm zunächst ohne nachhaltige Wirkung. Das Nuscheln und die rudernde Gestik erst durch die Wien-Filme von Willi Forst populär: Pfandleiher in dem Schubert-Film *Leise flehen meine Lieder* und Gärtner in dem Melodram *Maskerade*. In Lustspielen u. a. von E. W. Emo, Geza von Bolvary und Carl Lamac in Rollen biestiger Faktotums, mit Uniform,

Dienstmütze oder Kellnerfrack als Markenzeichen; häufig an der Seite Theo Lingens oder Heinz Rühmanns. Nach Kriegsende Landestheater Salzburg, ab 1947 in Wien. Maßgeschneiderte Rollen cholerischer Nörgler in Filmen wie *Hallo, Dienstmann* (Franz Antel), mit der Restauration Wiener Seligkeit verflachend. In Nestroy-Adaptionen sowie in Remakes verblaßter Filmerfolge à la *Die drei von der Tankstelle* (Hans Wolff) und alter Moser-Filme. Aus Galligkeit wird allmählich sentimentale Resignation, seine Filme tragikomisch. In den 50er Jahren gelegentlich an Wiener und Münchner Bühnen, auch in Fernsehaufzeichnungen. 1961 in der TV-Adaption von Horváths *Geschichten aus dem Wienerwald* (Erich Neuberg) und in der Salzburger Festspiel-Inszenierung *Der Bauer als Millionär* (Rudolf Steinböck). 1962 Filmband in Gold für langjähriges und hervorragendes Wirken im deutschen Film.

[AT] 1921: Kleider machen Leute [AT/DE]. 1924: Die Stadt ohne Juden; Ssanin/Sanin [AT/PL]. 1925: Das Spielzeug von Paris/Célimène, poupée de Montmartre [AT/FR]. 1926: Der Feldherrnhügel [DE/AT]; Schützenliesl/Auf der Alm da gibt's ka Sünd' [DE]. 1926/27: Die Familie ohne Moral. 1927: Madame macht einen Seitensprung/Madame wagt einen Seitensprung [DE]. 1928: Spitzenhöschen und Schusterpech/Veterán Votruba [AT/CS]; Der Dienstmann [D,A – KF – DE]. 1930: Liebling der Götter [DE]; Geld auf der Straße [AT/DE]. 1931: Der verjüngte Adolar [DE]; Man braucht kein Geld [DE]; Ehe m.b.H [DE]. 1932: Der Dienstmann [D,CoA – KF – DE]; Ein angenehmer Patient [D,CoA – KF – DE]; Der große Trick [KF – DE]; Madame wünscht keine Kinder [AT/DE]. 1933: Leise flehen meine Lieder [AT/DE]; Kurzschluß [KF]; Fuchs auf der Hetzjagd [KF]. 1934: Das hohe C [KF]; Mayer beim Zahnarzt [KF]; Die Töchter Ihrer Exzellenz [DE]; Karneval und Liebe; Maskerade; Frasquita; Der junge Baron Neuhaus [DE]; Frühjahrsparade/Tavoszi parádé [AT/DE/HU]; Polská krev/Polenblut [CS/DE]; Hohe Schule [AT/DE]; Vorstadtvarieté; Die Fahrt in die Jugend. 1934/35: Winternachtstraum [DE]; Der Himmel auf Erden. 1935: Eva; Endstation [DE]; ... nur ein Komödiant; Die ganze Welt dreht sich um Liebe; Ein junger Herr aus Oxford (Buchhalter Schnabel); Zirkus Saran (Knox und die lustigen Vagabunden); Familie Schimek [DE]. 1935/36: Wer zuletzt küßt (Ungeküßt soll man nicht schlafen geh'n); Confetti (Konfetti). 1936: Schabernack [DE]; Das Gäßchen zum Paradies [CS/DE]; Hannerl und ihre Liebhaber; Fräulein Veronika (Alles für Veronika) [CH]; Burgtheater. 1936/37: Der Mann, von dem man spricht. 1937: Die glücklichste Ehe der Welt/Die glücklichste Ehe von Wien; Mein Sohn, der Herr Minister [DE]; Unentschuldigte Stunde (Die unentschuldigte Stunde); Die verschwundene Frau; Die Fledermaus [DE]; Mutterlied [IT/DE]; Solo per te [Version – IT/DE]. 1937/38: Immer, wenn ich glücklich bin; Finale (Die unruhigen Mädchen); Es leuchten die Sterne [DE]. 1938: Kleines Bezirksgericht [DE]; 13 Stühle [DE]. 1938/39: Liebe streng verboten [DE]; Menschen vom Varieté [HU/DE]. 1939: Das Ekel [DE]; Anton der Letzte [DE]; Opernball [DE]; Der ungetreue Eckehart [DE]. 1940: Wiener Geschichten [DE]; Meine Tochter lebt in Wien [DE]; Der Herr im Haus [DE]; Rosen in Tirol [DE]; Sieben Jahre Pech [DE]. 1940/41: Liebe ist zollfrei [DE]. 1941: Wir bitten zum Tanz [DE]. 1941/42: Wiener Blut [DE]; Sette anni di felicità [Version – IT/DE]; 7 Jahre Glück [IT/DE]; Maske in Blau [DE]. 1942: Einmal der liebe Herrgott sein [DE]; Dove andiamo, Signora? [IT]; Karneval der Liebe [DE]; Abenteuer im Grand-Hotel [DE]. 1942/43: Das Ferienkind [DE]. 1943: Reisebekanntschaft [DE]; Schwarz auf Weiß [DE]. 1943/44: Schrammeln [DE]. 1944/45: Geld ins Haus (Der Millionär) [DE]; Wiener Mädeln [DE]. 1946: XIV. Renée/Renée XIV. Der König streikt [Unvollendet – HU]. 1946/47: Die Welt dreht sich verkehrt. 1947: Der Hofrat Geiger; Das singende Haus. 1948: Der Herr Kanzleirat. 1949: 1–2–3 Aus! (Meisterringer); Um eine Nasenlänge [BRD]. 1950: State Secret (Staatsgeheimnis)[GB]; Küssen ist keine Sünd' [BRD/AT]; Der Theodor im Fußballtor [BRD]; Es schlägt 13 (Jetzt schlägt's 13); Es liegt was in der Luft [AT/CH]. 1951: Zwei in einem Auto (Du bist die Schönste für mich); Hallo, Dienstmann. 1952: Schäm Dich, Brigitte! (Wir werden das Kind schon schaukeln); 1. April 2000; Du bist die Rose vom Wörthersee [BRD]. 1952/53: Der Onkel aus Amerika [BRD]. 1953: Einen Jux will er sich machen/Einmal keine Sorgen haben [AT/BRD]; Hollandmädel [BRD]. 1954: Kaisermanöver; Verliebte Leute. 1954/55: Ehesanatorium (Ja, so ist das mit der Liebe). 1955: Die Deutschmeister; Der Kongreß tanzt; Ja, ja, die Liebe in Tirol [BRD]; Die Drei von der Tankstelle [BRD]; Le chemin du paradis [BRD]. 1955/56: Symphonie in Gold; Ein Herz und eine Seele (... und wer küßt mich?). 1956: Lumpazivagabundus [BRD]; Opernball; Meine Tante – Deine Tante [BRD]; Kaiserball; Solange noch die Rosen blüh'n [BRD]; Roter Mohn. 1957: Ober, zahlen!; Vier Mädels aus der Wachau; Die unentschuldigte Stunde; Die Zwillinge vom Zillertal [BRD]; Die Lindenwirtin vom Donaustrand; Heute blau und morgen blau/Eine verrückte Familie [BRD]; Liebelei [TV – BRD]. 1958: Hallo, Taxi; Zirkuskinder (Solang' die Sterne glüh'n); Ooh ... diese Ferien; Der Sündenbock von Spatzenhausen [BRD]; Gräfin Mariza [BRD]. 1958/59: Herrn Josefs letzte Liebe [BRD/AT]. 1959: Die schöne Lügnerin/La belle et l'empereur [BRD/FR]. 1961: Geschichten aus dem Wiener Wald [TV]; ... und Du, mein Schatz, bleibst hier; Mariandl; Höllenangst [TV]; Der Bauer als Millionär; Kaiser Joseph und die Bahnwärterstochter [TV – BRD]. 1961/62: Die Fledermaus; Der verkaufte Großvater [BRD]. 1962: Drei Liebesbriefe aus Tirol; Mariandls Heimkehr. 1962/63: Leutnant Gustl [TV – BRD]. 1963: So schön wie heut' [TV – BRD]. 1964: Die bess'ren älteren Herren [TV-DOK].

Mozžuchin, Ivan

(Ivan Il'ič Mozžuchin / Mosjoukine)
*26. 9. 1889 Pensa
†18. 1. 1939 Neuilly

Zwei Jahre Jurastudium in Moskau. 1910–11 Engagements an verschiedenen kleinen Bühnen. Berühmt wird sein Spiel in Dumas' «Kean» und Rostands «L'Aiglon». 1911 Filmdebüt in *Krejzerova sonata* (Petr Chardynin). Mozžuchin wird unter den besten russischen Regisseuren der 10er Jahre (Evgenij Bauer, Jakov Protazanov, Aleksandr Volkov und Viktor Turjanskij) schnell zum Star. Sein aristokratisches Auftreten und sein mesmerisierender Silberblick prädestinieren ihn zum Matinee-Idol. Herausragende Rollen hat er in Protazanovs *Pikovaja dama, Otec Sergej* sowie in Volkovs *Kulisi ekrana.* 1919/20 flieht er zusammen mit Josef Ermolevs Produktionsgesellschaft über Jalta und Istanbul nach Paris. Im französischen und deutschen Kino der 20er Jahre hat er große Rollen in *Kean* (Wolkoff), *Le lion des mogols* (Jean Epstein), *Feu Mathias Pascal* (Marcel L'Herbier), *Michel Strogoff* (Tourjansky), *Casanova* (Wolkoff), *Der geheime Kurier* (Righelli), *Manolescu* (Tourjansky) und *Der weiße Teufel* (Wolkoff). Mosjoukine ist auch an Drehbüchern und Regie beteiligt, so bei dem Avantgardefilm *Le Brasier ardent* und bei *L'Enfant du carneval.* Mit dem Tonfilm ist seine Karriere aufgrund seines Akzentes schlagartig beendet, und er stirbt früh und in großer Armut. Sein unehelicher Sohn, der Schriftsteller Romain Gary, widmet ihm das Buch «Promesse à l'aube» (Paris 1959).

[RU] 1911: Krejcerova sonata; Oborona Sevastopolja; Žizn' na car'ja. 1912: Mirele Efros; Strachnja pokojnik; Krest'janskaja dolja; Snočak; Vojna i mir; Fal'šivyj kupon; Brat'ja; Durman; Živoj trup; Čelovek, drama nachidn'ja; Rabočaja slobotka; Kubok žizni i smerti; Brat'ja razvočnikij (Die Räuber-Brüder). 1913: Pianstvo i ee posledstvija; Vot mčit'sja trojka potčebaja; Noč' pered Roždestvom; Staršnaja mest'; Domnik v Kolomne (Das Häuschen in Kolomna); Diadiuskina kvatira; Obryv; Čas bulat; Gore Sari. 1914: Tainstvennie nekto; Slava nam, smert' vragam; Roždenie polzat utat' ne možet; Tajna Germanskogo posol'stva; Revnost'; Sorvanec; Ditja bol'šogo goroda; Šaska o spiaček; Ženščina zavtrašego dni; V rukach besoščadnogo roka; Žizn' v smerti; Ty pomniš' li?; Ej gerojskij podvig; Zloča noč'; Krisantemi; V polnoč' na kladbišče. 1915: Klub nravstvennosti; Komedija smerti; Potok; Para gnedych; Peterburgskie truščoby; Nikolaj Stavrogin; Nataša Rostova; Čajka; Pljaska smerti; Deti Vanjušuna; Ruslan i Ljudmila; Vsju žizn' pod maskoj; Vozroždenie; Smerti doma; Vot vzryvnoju utro; Tajna Novgorodskoj jamarki; Vo vlasti gret'sja; Vlast' t'my. 1916: Ljubov' sil'na ne strast'ju poceluja; Pikovaja dama; Žizn' mig iskusstvo večno; Ženščina s kinžalom; Grech; V vojnoj slepote strastej; Kulisy ekrana; Škval; A sčast'ja bylo tak vozmožno; Uželi uže davno krisantemi v sadu; Ugolok; Tanec smerti. 1917: Prokuror; Prokljatie milliony; Satana likujuščij; Otec i syn; Ne nado krovi; Torgovyj dom Karskij; Andrej Kožuchov; Doč' Izrailja. 1918: Maljutka Elli; Tajna korolevy; Otec Sergej. 1919: La nuit du 11 septembre [FR]. 1920: L'Angoissante Aventure [D,A – FR]. 1921: Justice d'abord [FR]; Kean [DE]; L'enfant du Carnaval [D,CoR,A – FR]. 1922: La maison du mystère (Das geheimnisvolle Haus) [FR]; Tempêtes [FR]. 1923: Le Brasier ardent [D,CoR,A – FR]. 1924: Les ombres qui passant [FR]; Le Lion des Mogols [D,A – FR]; Feu Mathias Pascal (Mattia Pascal) [FR]. 1926: Michel Strogoff [FR]; Casanova (Casanova) [FR]. 1927/28: Der Präsident [DE]. 1928: Der Adjutant des Zaren [DE]; Der geheime Kurier [DE]. 1929: Manolescu [DE]; Der weiße Teufel [DE]. 1932: Sergeant X [DE/FR]. 1933: La mille et deuxième nuit [FR]; Casanova (Casanova) [FR]. 1934: L'enfant du Carnaval [D,A – FR]. 1936: Nitchevo (U-Boot in Gefahr) [FR].

Mueller-Stahl, Armin

*17. 12. 1930 Tilsit

Schule in Prenzlau. Musikstudium (Geige, Musikwissenschaft), 1949 Musiklehrerexamen. Ein Jahr Schauspielunterricht, wegen mangelnder Begabung entlassen. 1952 in Berlin am Theater am Schiffbauerdamm; 1954 Volksbühne, besonders in Werken der Klassik. Seit 1955 auch bei DEFA und Fernsehen. 1960 Beachtung in dem mehrteiligen Fernsehfilm *Flucht aus der Hölle* (Hans-Erich Korbschmitt). Wiederholt in Filmen Frank Beyers, u. a. Franzose in *Fünf Patronenhülsen,* Antifaschist Michael in *Königskinder* und Roman Schtam in *Jakob der Lügner*. Beeindruckend als Blinder in Egon Günthers *Der Dritte*. Helmut Sakowski, Autor erfolgreicher «Fernsehromane», schreibt wichtige Rollen für Mueller-Stahl, z. B. Leßtorff in *Wege übers Land* (Martin Eckermann). Große Popularität durch TV-Mehrteiler, z. B. *Wolf unter Wölfen* (Hans-Joachim Kasprzik) nach Fallada. Als sozialistischer Anti-James-Bond in der Reihe *Das unsichtbare Visier* (Konrad Petzold). Auch in Unterhaltungsfilmen wie dem Indianerfilm *Tödlicher Irrtum*. Starke Wirkung als Kinderarzt in *Die Flucht* (Roland Gräf). Daneben Synchron- und Rundfunksprecher, Auftritte mit eigenen Liedern und Chansons. Nach öffentlichem Engagement gegen Wolf Biermanns Ausbürgerung von Rollen-Angeboten ausgeschlossen. 1980 Wechsel in den Westen. Bruchlose Fortsetzung der Karriere und Aufstieg zum internationalen Star. Rollen in TV-Filmen von Krimi über Gegenwartsstoff wie *Collin* (Peter Schulz-Rohr) nach dem Roman von Stefan Heym bis Dokumentarspiel. Bei Rainer Werner Fassbinder Hauptrollen u. a. in dem Wirtschaftswunder-Film *Lola*, 1982 mit einem Bundesfilmpreis und dem «Chaplin-Schuh» ausgezeichnet. Auch in Filmen von Niklaus Schilling, Hans-Christoph Blumenberg und Alexander Kluge. 1985 in Montreal für *Bittere Ernte* ausgezeichnet. Auch in internationalen Produktionen wie Patrice Chéreaus *L'homme blessé*, als Kriegsverbrecher in Constantin Costa-Gavras *Music Box*, als jüdischer Patriarch in *Avalon* und als ostdeutscher Taxifahrer in New York in Jim Jarmuschs *Night on Earth*. Mit der Hitler-Persiflage *Gespräch mit dem Biest gibt er sein Debüt als Regisseur und Autor und übernimmt die Hauptrolle. In den 90er Jahren Pendeln zwischen Deutschland und den USA, wo er auch in TV-Produktionen spielt, so den Rabbi Heller in Joan Micklin Silvers In the Presence of Mine Enemies* und den Geschworenen Nr. 4 in William Friedkins Neuverfilmung von *12 Angry Men*. 1997 Oscar-Nominierung für seine Darstellung von David Helfgotts Vater in der australischen Produktion *Shine* (Scott Hicks). Schriftstellerisch reflektiert er sein Leben und seine Arbeit: 1981 «Verordneter Sonntag», 1991 «Drehtage», 1996 «Unterwegs nach Hause».

[DDR] 1955: Heimliche Ehen; Der Querkopf [KF]. 1958: Rose Bernd [TV]. 1959: Wenn die Nacht kein Ende nimmt [TV]. 1959/60: Fünf Patronenhülsen. 1960: Flucht aus der Hölle [TV]. 1961/62: Königskinder; ... und deine Liebe auch. 1962: Achtung – 8 x aufgeblendet. EP: Bankraub [EP]; Die letzte Chance [TV]; Nackt unter Wölfen. 1963: Christine [Unvollendet]; Rauhreif [TV]; Der andere neben dir [TV]; Preludio 11. 1964: Alaskafüchse; Wolf unter Wölfen. 3 Teile. [TV]. 1966: Columbus 64 [TV]; Emilia Galotti [TV]. 1966/67: Ein Lord am Alexanderplatz. 1968: Wege übers Land [TV]. 1969: Die Dame aus Genua [TV]; Tödlicher Irrtum. 1970: Kein Mann für Camp Detrick [TV]. 1971: Die Verschworenen [TV]; Der Dritte; Arzt wider Willen [TV]; Weil es mir Spaß macht [KDOK]. 1971/72: Januskopf. 1972/73: Die sieben Affären der Doña Juanita [TV]; Die Hosen des Ritters von Bredow; Das unsichtbare Visier. 1: Der römische Weg / 2: Das Nest im Urwald / 3: Das Wasserschloß [TV]; Den Wolken ein Stück näher [TV]. 1973/74: Die eigene Haut [TV]. 1974: Jakob der Lügner; Kit & Co. 1974/75: Das unsichtbare Visier. Teil 4: Ein merkwürdiger Anschlag/5: Das Geheimnis der Masken/6: Das Rätsel des Fjords/7: Depot im Skagerrak [TV]. 1975/76: Die Lindstedts [TVS]; Nelken in Aspik. 1976: Das unsichtbare Visier. 8: Mörder machen keine Pause / 9: Sieben Augen hat der Pfau [TV]. 1976/77: Die Flucht. 1978: Geschlossene Gesellschaft [R – TV]. [ab hier: BRD] 1980: Ja und nein [TV]; Ich möchte fliehen [TV]; Die längste Sekunde [TV]. 1980/81: Ich werde warten [TV]; Die Emigranten [TV]. 1981: Sonderdezernat K 1: Die Rache eines V-Mannes [TV]; Lola; Der Sonderbotschafter [TV]; Collin [TV]; Eugenie Marlitt und Die Gartenlaube [TV]; Ferry oder Wie es war [TV – AT]. 1981/82: Die Sehnsucht der Veronika Voss; Der Westen leuchtet!. 1982: Der Fall Sylvester Matuska [TV]; L'Homme blessé [FR]; Wohin und zurück: An uns glaubt Gott nicht mehr [TV]; Ruhe sanft, Bruno [TV]; Die Flügel der Nacht; Flucht aus Pommern [TV]. 1982/83: Trauma; Un dimanche de flics/Zwei Profis steigen aus [FR/BRD]. 1983: Glut [CH/BRD]; Rita Ritter; Tatort: Freiwild [TV]; Eine Liebe in Deutschland/Un amour en Allemagne [BRD/FR]. 1983/84: Tausend Augen; Die Mitläufer [DOK]. 1984: Ein Fall für zwei: Morgengrauen [TV]; Derrick: Stellen Sie sich vor, man hat Dr. Prestel erschossen [TV]; Bittere Ernte; Vergeßt Mozart; Oberst Redl/Redl Ezredez [BRD/HU/AT]. 1984/85: Der Angriff der Gegenwart auf die übrige Zeit. 1985: Gauner im Paradies [TV]; Hautnah [TV]. 1985/86: Auf den Tag genau [TV]; Unser Mann im Dschungel; Momo. 1986: Abenteuer in Bangkok [TV-EP]; Franza [TV – AT]. 1986–89: Das Spinnennetz. 1986/87: Amerika (Amerika) [TV – US]; Der Joker. 1987: Jokehnen oder Wie lange fährt man von Ostpreußen nach Deutschland? [TV]; Die grünen Fensterläden [TV – AT]. 1988: Tagebuch für einen Mörder [TV]; Schweinegeld – Ein Märchen der Gebrüder Nimm; Killing Blue. 1989: A hecc [HU]; Music Box (Music Box – Die ganze Wahrheit) [US]. 1990: Avalon (Avalon) [US]. 1990/91: Night on Earth (Night on Earth) [EP – US]. 1991: Vom «Verordneten Sonntag» zum amerikanischen Traum [TV-DOK]; Le Gorille se manhe froid/Der Gorilla und der Berliner Kongreß [TV – FR/DE]; Kafka (Kafka) [US/FR]; Utz [TV – GB/IT/DE]. 1991/92: The Power of One/Im Glanz der Sonne [US/DE/FR]. 1992: Armin Mueller-Stahl [TV-DOK]. 1992–94: Taxandria [BE/DE]. 1993: Der Kinoerzähler; Das Geisterhaus/The House of Spirits/Åndernes Hus [DE/PT/DK]; Red Hot (Red Hot) [CA]. 1994: Holy Matrimony (Holy Days) [US]; Theodore Rex (T. Rex) [US]. 1994/95: A Pyromaniac's Love Story [US]. 1995: The Last Good Time [US]. 1995/96: Shine (Shine) [AU/GB]. 1996: Tanger [DE/FR]; Gespräch mit dem Biest/Conversation with the Beast [D,R,A – DE/US]; Der Unhold [DE/FR/GB]; In the Presence of Mine Enemies [TV – US]. 1997: 12 Angry Men [TV – US]; The Peacemaker [US].

Mühe, Ulrich †

(Friedrich Hans Ulrich Mühe)
*20. 6. 1953 Grimma (Sachsen)

Polytechnische Oberschule Grimma, 1970–73 Abitur mit Berufsausbildung als Baufacharbeiter; Wehrdienst. Ab 1975 Studium an der Theaterhochschule «Hans Otto» Leipzig,

Komparse und in kleineren Rollen am Städtischen Theater Karl-Marx-Stadt, nach dem Abschluß 1979 dort engagiert. 1982 von Heiner Müller als Gast an die Volksbühne nach Berlin geholt. Ab 1983 am Deutschen Theater, Aufstieg zum Star des Ensembles. Seit 1978 wirkt Mühe an zahlreichen TV-Aufzeichnungen von Bühneninszenierungen mit, zuerst unter Piet Dreschers Regie (*Macbeth, Faust I*). 1982/83 Hauptrolle des Walter Retzlow in dem TV-Film *Der Mann und sein Name* (Vera Loebner) nach der Erzählung von Anna Seghers. Bei der DEFA zunächst in Nebenrollen in dem artistischen Trümmerfilm *Olle Henry* (Ulrich Weiß) und in *Die Frau und der Fremde* (Rainer Simon). 1986 die angesehene «Große Klappe» für die Rolle des glücklich/unglücklich verliebten Dichters Hölderlin in *Hälfte des Lebens* (Herrmann Zschoche); die angebetete Bankiersgattin Susette Gontard von Jenny Gröllmann gespielt, mit der er anschließend verheiratet ist. Als artistischer Rezitator von Büchner-Texten im experimentellen Porträt *Lieb Georg* (Konrad Herrmann). International beachtet in der Hauptrolle des Karrieristen Theodor Lohse, eines menschlichen Chamäleons, in *Das Spinnennetz* (Bernhard Wicki) nach Joseph Roths prophetischem Zeitroman von 1923. Historisch auch in Frank Beyers TV-Filmen *Das letzte U-Boot* und *Ende der Unschuld* über deutsche Nazi-Vergangenheit, dagegen aktuell in den Gesellschafts-Satiren *Schtonk* (Helmut Dietl) und *Geschäfte* (Michael Schottenberg). 1992 Ausflug in den Schund der großen weiten Welt des Bud Spencer mit einer in Miami gedrehten Folge von *Detective Extralarge*. Daneben weiterhin sensibel auf der Bühne, vorwiegend in Wien. Neben seiner Lebensgefährtin Susanne Lothar spielt er in der österreichischen Produktion *Funny Games* (Michael Haneke).

[DDR] 1978: Macbeth [TV]. 1981: Kabale und Liebe [TV]; Faust I [TV]. 1982/83: Der Mann und sein Name [TV]; Olle Henry. 1983: Gespenster [TV]; Faust II [TV]. 1983/84: Die Poggenpuhls [TV]. 1984: Hälfte des Lebens; Die Frau und der Fremde. 1985: Der Snob [TV]. 1985/86: Das Buschgespenst [TV]. 1986–89: Das Spinnennetz [BRD]. 1987: Die erste Reihe [TV]. 1987/88: Späte Ankunft [TV]. 1988: Lieb Georg. Das kurze Leben des Georg Büchner [TV]; Der Prinz von Homburg [TV]; Polizeiruf 110: Flüssige Waffe [TV]. 1989: Sehnsucht; Egmont [TV]; Imago [KF – BRD]. 1989/90: Nathan der Weise [TV]; Hard Days Hard Nights [BRD]; Philotas [TV]. 1990: Der kleine Herr Friedemann [TV – BRD]. 1990/91: Das Ende der Unschuld. 2 Teile [TV]. 1991: Die Jüdin von Toledo [TV]; Schtonk. 1992: Benny's Video [AT]; Das letzte U-Boot [TV – DE/JP/AT]; Das tödliche Auge [TV]. 1992/93: Neues Deutschland. EP: Heilige Kühe [TV-EP]; Detective Extralarge/Zwei Supertypen in Miami; Heiße Diamanten [TV – US/IT/DE]. 1993: Der Blaue. 1993/94: Auf der anderen Seite des Himmels. Der Schauspieler Ulrich Mühe [TV-DOK]. 1994: Geschäfte [TV – AT]; Rennschwein Rudi Rüssel. 1995: Peanuts – Die Bank zahlt alles; Nikolaikirche. 1995/96: Tödliches Schweigen [TV]. 1996: Tatort: Die Abrechnung [TV]; Engelchen [TV]. 1996/97: Funny Games [AT].

Müller, Renate

*26. 4. 1906 München
†7. 10. 1937 Berlin

Aufgewachsen in Emmering bei München. Während der Schulzeit Gesangsunterricht. 1924 mit der Familie nach Berlin. Nach Abbruch des Gymnasiums Schauspielausbildung an der Reinhardt-Schule, u.a. bei G. W. Pabst. 1925 Bühnendebüt in Thale/Harz, dann an Berliner Bühnen. Von Reinhold Schünzel zum Film geholt. Als Braut Max Schmelings in *Liebe im Ring*, 1929 als Stummfilm gedreht und nachsynchronisiert. Die Gesangsausbildung kommt der Vorliebe des frühen Tonfilms für Gesangseinlagen entgegen: Das Lied «Ich bin ja heut' so glücklich» aus *Die Privatsekretärin* (Wilhelm Thiele) wird zum Schlager, Müller selbst zum Idealtyp des sauberen jungen Mädchens. In 8 Filmen unter der Regie Reinhold Schünzels; in dessen locker-ironischen Lustspielen auch mit komischem Aspekt, z. B. als junge Sopranistin, die sich als Damenimitator verdingt, in *Viktor und Viktoria*, selbstbewußt und selbständig sich vom enttäuschenden Ehemann trennend in *Die englische Heirat*. Auch im Kostüm kokett verführerisch in *Das Flötenkonzert von Sanssouci* (Gustav Ucicky) mit Theo Lingen flirtend. Ab 1934 krankheitsbedingt Einschränkung der Filmarbeit. Der frühe Tod und die unglückliche Beziehung zu einem jüdischen Emigranten sind 1960 Stoff für Artur Brauners Produktion *Liebling der Götter* mit Ruth Leuwerik in der Rolle Renate Müllers.

[DE] 1929: Peter, der Matrose; Drei machen ihr Glück/Teure Heimat; Revolte im Erziehungshaus. 1929/30: Liebe im Ring. 1930: Der Sohn der weißen Berge; Liebling der Götter; Das Flötenkonzert von Sanssouci; Liebeslied [Version – IT/DE]. 1930/31: Die Privatsekretärin; Sturm im Wasserglas/Die Blumenfrau von Lindenau [AT/DE]. 1931: Der kleine Seitensprung; Sunshine Susie [GB]. 1931/32: Mädchen zum Heiraten. 1932: Wie sag' ich's meinem Mann?; Marry Me [GB]; Wenn die Liebe Mode macht. 1933: Saison in Kairo; Idylle au Caire [DE/FR]; Walzerkrieg;

Viktor und Viktoria. 1934: Die englische Heirat. 1935: Liselotte von der Pfalz; Liebesleute. 1936: Allotria; Eskapade/Seine offizielle Frau. 1936/37: Togger.

Muni, Paul

(Mehilem Meyer Weisenfreund)
*22. 9. 1895 Lemberg (Österreich-Ungarn)
†25. 4. 1967 Santa Barbara (California)
Sohn von Wanderschauspielern. 1901 Emigration mit der Familie nach Amerika. 1908 Bühnendebüt mit «Two Corpses for Breakfast» in Cleveland, Ohio. 1910–18 Schauspieler, auch in Burlesque Shows. Ab 1918 am Yiddish Art Theatre in New York. Er wird in den 20er Jahren zum Star des jüdischen Theaters in den USA. 1926 Broadway-Debüt mit «We Americans». 1929 Filmvertrag von William Fox und Debüt in der Rolle des Mörders Dyke in William K. Howards *The Valiant* (Oscar-Nominierung). Internationale Popularität als Gangsterboss Tony Camonte alias Al Capone in Howard Hawks' Gangsterfilm-Klassiker *Scarface*. Im folgenden Jahr Oscar-Nominierung als entflohener Kettensträfling James Allen in *I Am a Fugitive from a Chain Gang* (Mervyn LeRoy). Muni ist in den 30er Jahren einer der anerkanntesten Bühnen- und Filmschauspieler. Erfolge bei Warner Bros. in den historischen Biografien von William Dieterle, so erhält er 1936 den Oscar für die Titelrolle in *The Story of Louis Pasteur* und 1937 eine weitere Oscar-Nominierung für die Titelrolle des französischen Schriftstellers in *The Life of Emile Zola*. 1937 spielt er in *The Good Earth* (Sidney Franklin) einen Chinesen. 1959 überzeugend als Armenarzt Dr. Sam in Daniel Manns *The Last Angry Man*, seinem letzten Film. Neben der Filmarbeit immer wieder beim Theater: 1939 in New York «Key Largo» und 1955 «Inherit the Wind».

[US] 1929: The Valiant; Seven Faces. 1931: Scarface (Scarface). 1932: I Am a Fugitive from a Chain Gang (Ich bin ein entflohener Kettensträfling/Jagd auf James A.). 1933: The World Changes. 1934: Hi, Nellie!; Bordertown (Stadt an der Grenze). 1934/35: Black Fury (In blinder Wut). 1935: Dr. Socrates; The Story of Louis Pasteur (Louis Pasteur). 1936: The Good Earth (Die gute Erde). 1936/37: The Woman I Love. 1937: The Life of Emile Zola (Das Leben des Emile Zola). 1938/39: Juarez. 1939: We Are Not Alone (Ihr seid nicht allein). 1941: Hudson's Bay. 1943: Commandos Strike at Dawn; Stage Door Canteen. 1944/45: A Song to Remember (Polonaise/Triumph des Herzens; 1950). 1945: Counter-Attack. 1946: Angel on My Shoulder. 1948: Philco Playhouse: Counsellor-at-Law [TV]. 1951: Imbarco a mezzanotte/Stranger on the Prowl (Giacomo) [IT/US]. 1953: Ford Theatre: The People vs. Johnson [TV]. 1956: General Electric Theatre: A Letter From the Queen [TV]. 1958: Playhouse 90: Last Clear Chance [TV]. 1959: The Last Angry Man (Der Zorn des Gerechten). 1962: Saints and Sinners [TVS].

Murat, Jean

*13. 7. 1888 Périgueux
†5. 1. 1968 Aix-en-Provence
Als französischer Journalist in Berlin. 1914 Desertion. Seine Filmkarriere beginnt in den USA. In den 20er und 30er Jahren verkörpert er den eleganten, eigensinnigen und sehr männlichen Verführer, oft als Partner Annabellas. 1931 bei den Dreharbeiten zu Joe Mays *Paris – Méditerranée* heiratet der Frauenschwarm seine Kollegin. Nach der Einführung des Tonfilms wird er häufig in französischen Versionen deutscher Produktionen eingesetzt, meist für Hans Albers.

[FR] 1920: Expiation. 1922: La sirène de pierre. 1923: Souvent femme varie; Les yeux de l'âme; L'autre aile. 1924: Le stigmate; La galerie des monstres; La fontaine des amours. 1925: Le roi de la pédale. 1926: Carmen; La proie du vent; Les fiançailles rouges. 1927: La grande épreuve; Duel (Duell in den Lüften). 1928: L'eau du Nil; Vénus; La tentation; L'évadée; La divine croisière. 1929: La nuit est à nous [Version – DE/FR]. 1930: La femme d'une nuit [Version – FR/DE]; La folle aventure [Version – DE/FR]. 1931: Un trou dans le mur; Soixante-dix-sept rue Chagrin; Paris – Méditerranée [Version]; Dactylo; Le capitaine Craddock [DE]. 1932: I.F.1 ne répond plus [Version – DE]; Le vainqueur [Version – DE]; Stupéfiants [Version – DE]; Le dernier choc. 1933: Mademoiselle Josette, ma femme (Fräulein Josette, meine Frau); La châtelaine du Liban (Die Schloßherrin vom Libanon); Un certain M. Grant [Version – DE]; L'homme à l'Hispano (Der Mann mit dem 100 PS). 1933/34: Toi que j'adore [Version – DE/FR]. 1934: Dactylo se marie (Die Privatsekretärin heiratet); Le secret des Woronzeff [Version – DE]. 1935: La sonnette d'alarme; La kermesse héroique [Version – FR/DE]; L'equipage; Deuxième Bureau. 1936: L'homme à abattre; La guerre des gosses; Les mutinés de L'Elseneur; Anne-Marie. 1937: Nuit de princes; Troika sur la piste blanche; Aloha, le chant des îles. 1938: Le capitaine Benoit; Le père Lebonnard; J'étais une aventurière. 1941: Les hommes sans peur; Mademoiselle Swing; Six petites filles en blanc. 1942: La femme perdue (Frau am Kreuzweg); La chèvre d'or. 1943: L'éternel retour (Der ewige Bann). 1945: Christine se marie. 1946: Chemins sans loi. 1947: Bethsabée (Die Festung der Fremdenlegion). 1948: Bagarres (Eifersucht). 1950: Rich, Young and Pretty [US]; Les aventuriers de l'air (Gangster der Luft). 1951: On the Riviera (An der Riviera) [US]. 1953: Si Versailles m'était conté (Versailles – Könige und Frauen); Le guérisseur (Der Arzt und das Mädchen); Le grand pavois; La nuit est à nous; Alerte au Sud/Allarme a Sud (Alarm im Süden) [FR/IT]. 1954: Opération Tonnerre; Huis-clos (Geschlossene Gesellschaft). 1955: L'amant de Lady Chatterley (Lady Chatterlys Lover). 1957: Les misérables/I miserabili (Die Elenden) [FR/IT]; Paris Holiday (Falsches Geld und echte Kurven) [US]; Ces dames préfèrent le mambo/Le signore preferscono il mambo (Morphium, Mord und kesse Motten/Eddie küßt mit Blei) [FR/IT]. 1958: Les grandes familles (Die großen Familien). 1960: I Piaceri del sabato notte (Call-Girls) [IT]. 1961: Les 7 péchés capitaux/I sette peccati capitali. 2. EP: L'envie (Die sieben Todsünden) [EP – FR/IT]. 1964: Il Ponte dei Sospiri/El puente de los suspiros/Le Pont des Soupirs [IT/ES/FR].

Murphy, Eddie

(Edward Regan Murphy)
*3. 4. 1961 Brooklyn (New York)

Sohn eines schwarzen Amateurkomikers. Als 15jähriger mit selbstgeschriebenen komischen Programmen in der Roosevelt High School, Long Island. Erfolg auf Bühnen in Manhattan mit dem Sketch «The Comic Strip». Große Popularität 1980–84 durch die TV-Show *Saturday Night Live*. Mehrere Emmy Awards. Auch Schallplatten-Produktionen. 1982 erste Filmrolle neben Nick Nolte in Walter Hills Actionfilm *48HRS*. In *Trading Places* (John Landis) spielt er einen Aufsteiger aus den Slums. Der Schwarze wird 1984 als vorlauter Polizist aus Detroit in *Beverly Hills Cop* (Martin Brest) zum weltweit bekannten Komödien-Darsteller und hochbezahlten Star. 1988 spielt er den Prinzen Akeem in Landis' *Coming to America*. Seit 1984 auch Produzent, häufig Mitarbeit an den Drehbüchern seiner Filme. 1987 in *Eddie Murphy Raw*, der Aufzeichnung seiner Bühnen-Show. 1989 wenig erfolgreiches Regiedebüt *Harlem Nights*, in dem er gemeinsam mit Richard Pryor als Nachtclub-Besitzer der 30er Jahre gegen den Mob kämpft. Seiner nachlassenden Popularität versucht er wiederholt mit Fortsetzungen seiner Erfolge aufzuhelfen: *Beverly Hills Cops II*, *Another 48HRS.*, *Beverly Hills Cops III*. In *The Nutty Professor* gibt er ein aufgeblasenes Remake von Jerry Lewis' Kultfilm.

[US] 1980–84: Saturday Night Live [TVS]. 1982: 48HRS. (Nur 48 Stunden). 1983: Eddie Murphy Live On Stage/Delirious [D,A,P – TV]; Best Defense (Angriff ist die beste Verteidigung); Trading Places (Die Glücksritter). 1984: Beverly Hills Cop (Ich lös' den Fall auf jeden Fall) [D,P]. 1986: The Golden Child (Auf der Suche nach dem goldenen Kind). 1987: Beverly Hills Cop II (Beverly Hills Cop II) [D,CoA]; Eddie Murphy Raw (Eddie Murphy – Raw) [D,CoA,P]. 1988: Coming to America (Der Prinz von Zamunda) [D,CoA,P]. 1989: What's Alan Watching? [D,P – TV]; The Best of Eddie Murphy Saturday Night Live [D,P – TV]; Coming to America [P – TV-PILOT]; Harlem Nights (Harlem Nights) [D,R,A,P]. 1990: Another 48 Hours (Und wieder 48 Stunden) [D,P]. 1992: The Distinguished Gentleman (Ein ehrenwerter Gentleman); Boomerang (Boomerang). 1994: Beverly Hills Cop III (Beverly Hills Cop III) [D,P]. 1995: Vampire in Brooklyn [D,P]; The Nutty Professor. 1996: Metro.

Murray, Bill

*21. 9. 1950 Wilmette (Illinois)

Nach Medizinstudium in Chicago als Komiker zum Ensemble «Second City». Erfolg in Radio und Fernsehen. Bald auch am Off-Broadway. Zusammen mit seinem Bruder Brian Doyle-Murray, John Belushi, Harold Ramis und Gilda Radner Popularität durch die TV-Comedy-Show *Saturday Night Live*. Mehrfach mit Emmy Awards ausgezeichnet. 1976 Kinodebüt in einem Kurzfilm. Wiederholt Zusammenarbeit mit Ivan Reitman. Erfolge mit Hauptrollen in *Caddyshack* (Harold Ramis) und in *Stripes* (Reitman). 1982 spielt er den Freund und Zimmergenossen von Dustin Hoffman in *Tootsie* (Sydney Pollack). Er macht sich als Anführer der *Ghostbusters* (Reitman) erfolgreich auf Gespensterjagd im modernen New York. 1986 ist er der masochistische Patient von Steve Martin in *Little Shop of Horrors* (Frank Oz). Häufig Mitarbeit an den Drehbüchern seiner Filme. 1990 Regiedebüt zusammen mit Howard Franklin in der Komödie *Quick Change* – zugleich Co-Star von Geena Davis und Randy Quaid. 1993 in Ramis' romantischer Komödie *Groundhog Day*.

[US] 1975: Shame of the Jungle [S – ANI – FR/BE]. 1976: The Hat Act [KF]. 1977/78: Loose Shoes/Coming Attractions. EP: Three Chairs for Lefty [EP]. 1979: Mr. Mike's Mondo Video; Meatballs (Babyspeck und Fleischklößchen) [CA]. 1980: Caddyshack (Caddyshack – Wahnsinn ohne Handikap); Where the Buffalo Roam (Blast – Wo die Büffel röhren). 1981: Stripes (Ich glaub', mich knutscht ein Elch!). 1982: Tootsie (Tootsie). 1984: Nothing Lasts Forever (Alles ist vergänglich); Ghostbusters (Die Geisterjäger); The Razor's Edge (Auf Messers Schneide) [D,CoA]. 1986: Little Shop of Horrors (Der kleine Horrorladen). 1988: Scrooged (Die Geister, die ich rief ...). 1989: Ghostbusters II (Ghostbusters II); Best of John Belushi. 1990: Quick Change (Ein verrückt genialer Coup) [D,CoR,CoP]. 1991: What About Bob? (Was ist mit Bob?). 1992/93: Mad Dog and Glory (Sein Name ist Mad Dog). 1993: Groundhog Day (Und täglich grüßt das Murmeltier). 1994: Ed Wood (Ed Wood). 1995: Kingpin (Kingpin). 1996: Space Jam [ANI +

REAL]; Larger Than Life; Watch That Man.

Muti, Ornella
(Francesca Romana Rivelli)
*9. 3. 1955 Rom
Debüt 1970 in Damiano Damianis *La moglie più bella*. Popularität als Darstellerin in Fotoromanen. Mit Unterstützung des Produzenten Achille Manzotti macht sie Karriere im italienischen Film. Nach einigen unbedeutenden Rollen behauptet sie sich mit Giancarlo Giannini in *Paolo il caldo* (Marco Vicario). 1974 spielt sie mit Ugo Tognazzi eine Hauptrolle in Mario Monicellis Komödie *Romanzo popolare*. In den 70er Jahren wird Muti zur populärsten Schauspielerin Italiens mit Darstellungen junger Mädchen, meist leichtgläubig oder naiv, manchmal geheimnisvoll, oft im Mittelpunkt trüber Liebesgeschichten. Originelle Rollen verdankt sie Marco Ferreri, der sie u. a. als Hauptdarstellerin in *Storie di ordinaria follia* verpflichtet. In den 80er Jahren ist Muti Partnerin beliebter italienischer Komiker in erfolgreichen Unterhaltungsfilmen. Neben Adriano Celentano spielt sie 1981 in *Innamorato pazzo* (Castellano & Pipolo), mit Renato Pozzetto in *Un povero ricco* (Pasquale Festa Campanile). Francesco Nuti ist ihr Partner und Regisseur in *Stregati*. Als Carlo Verdones Schwester spielt sie 1987 die Titelrolle in *Io e mia sorella*. Muti, die ihre Karriere mehr ihrer fotogenen Ausstrahlung und geschickten Rollenwahl verdankt als ihrem schauspielerischen Können, wirkt auch in internationalen Co-Produktionen mit, u. a. als Odette de Crécy in Volker Schlöndorffs Proust-Adaption *Un amour de Swann* und in Francesco Rosis *Cronaca di una morte annunciata*. Unter Francesco Masellis wagt sie sich 1988 an die Hauptrolle in *Codice privato* und bestimmt für 90 Minuten die Szene.

[IT] 1970: La moglie più bella (Recht und Leidenschaft). 1971: Il sole nella pelle (Ein Sommer voller Zärtlichkeit); Un posto ideale per uccidere/Un endroit idéal pour tuer (Deadly Trap) [IT/FR]. 1972: La casa de las palomas/Un solo grande amore (Keine Frau für gewisse Stunden) [ES/IT]; Le monache di Sant'Arcangelo/Les religieuses du Saint-Archange (Die Nonne von Verona) [IT/FR]; Esperienze prematrimoniali [ES]; Fiorina la vacca. 1973: Paolo il caldo (Paolo, der Heiße); Tutti figli di «mammasantissima»; Una chica y un señor [ES]. 1973/74: Appassionata. 1974: Cebo para una adolescente [ES]; Romanzo popolare/Romances et confidences (Kennen Sie meine Frau?) [IT/FR]; La secretaria [ES]. 1975: Léonor/Leonor (Eleonore) [FR/ES/IT]; La joven casada (Die Jungvermählte) [ES]; Un beso ante de asconderme [ES]. 1975/76: Come una rosa al naso (Ramba Zamba mit der Mafia) [IT/GB]; L'Ultima donna/La dernière femme (Die letzte Frau) [IT/FR]. 1976: L'Agnese va a morire (Agnes geht in den Tod). 1977: Mort d'un pourri (Der Fall Serrano) [FR]; I nuovi mostri (Viva Italia) [EP]; La stanza del vescovo/La chambre de l'évêque (Das rote Zimmer) [IT/FR]. 1977/78: Ritratto di borghesia in nero (Die nackte Bourgeoisie). 1978: Eutanasia di un amore (Geliebte Sena); Primo amore di Dino Risi (Ein Sack voller Flöhe). 1979: Giallo napoletano (Leichen muß man feiern wie sie fallen); La vita è bella/Žizn' prekasna (Das Leben ist wunderbar) [IT/SU]. 1980: Il bisbetico domato (Der gezähmte Widerspenstige); Flash Gordon (Flash Gordon) [GB]. 1981: Innamorato pazzo (Gib dem Affen Zukker); Nessuno è perfetto (Ornella – die Unwiderstehliche); Storie di ordinaria follia/Conte de la folie ordinaire (Ganz normal verrückt) [IT/FR]; Love and Money (Geld und Liebe) [US]. 1982: Bonnie e Clyde all'italiana (Total irre); La ragazza di Trieste (Das Mädchen von Triest). 1983: Un povero ricco (Money Boom); Un amour de Swann/Eine Liebe von Swann [FR/BRD]. 1984: Il futuro è donna/Le futur est femme/Die Zukunft heißt Frau [IT/FR/BRD]. 1985: Tutta colpa del Paradiso (Der Himmel war schuld). 1986: Grandi Magazzini (Im Kaufhaus ist die Hölle los); Stregati. 1986/87: Cronaca di una morte annunciata/Chronique d'une mort annoncée (Chronik eines angekündigten Todes) [IT/FR]. 1987: Io e mia sorella (Ich und meine Schwester); Casanova (Casanova) [US/IT/BRD]. 1988: Il frullo del passero/La femme des mes amours (Die Liebhaberin) [IT/FR]; Codice privato; O' Re. 1988/89: Mortacci. 1989: Bandini/Le ragioni del cuore (Aspetta primavera, Bandini) (Warte bis zum Frühling, Bandini) [FR/BE/IT]; Le ragioni del cuore/Aspetta primavera Bandini/Le raison du coeur/The Reasons of the Heart (Warte bis zum Frühling, Bandini) [IT/BE/FR/US]. 1990: Stasera a casa di Alice (Eine Nacht mit Alice); Michelangelo: A Season of Giants (Michelangelo – Aufbruch eines Genies) [TV – US]; Il viaggio di Capitan Fracassa/Le voyage du capitaine Fracasse (Die Reise des Capitan Fracassa) [IT/FR]; La domenica specialmente/Le dimanche de préférence. EP: La domenica specialmente/Le dimanche de préférence (Jahreszeiten der Liebe) [EP – IT/FR]. 1991: Oscar (Oscar – Vom Regen in die Traufe) [US]; Il conte Max; The Returning Napoleon/The Troublemakers/The Criminals [US/IT]; Vacanze di Natale '91. 1992: Le dimanche de préférence/La domenica specialmente [FR/IT]; Once Upon a Crime (Es war einmal ein Mord – Sieben Gauner und ein Dackel) [US]; Non chiamarmi Omar. 1993: L'amante bilingue. 1995: Il Grande Fausto [TVS]. 1996: Pour Rire! [FR]. 1997: Cain [FR].

N

Nagase Masatoshi
* 15. 7. 1966 Präfektur Miyazaki
Während des Mittelschulbesuchs Gründung einer Musikband. Erfolgreiche Bewerbung um eine der Hauptrollen von *Shonben Raida* (Shinji Sômai, 1983). Nach Abschluß der Oberschule nach Tokio; Beginn seiner professionellen Karriere. 1989 Engagement für Jim Jarmuschs *Mystery Train,* wo er einen jungen Japaner auf den Spuren von Elvis verkörpert. Auszeichnungen erhält er für seine überzeugenden schauspielerischen Leistungen als Sohn vom Lande in *Musuko* (Yôji Yamada, 1991); großer Erfolg auch in *Asian Beat* (1991/92), sechs Filmen aus sechs asiatischen Ländern, die er quasi als «roter Faden» miteinander verbindet. 1992 Regie für Miho Nakayamas Videoclip «Mellow»; als Sänger veröffentlicht er 1993 zwei Singles und ein CD-Album.

[JP] 1983: Shonben Raidâ; Miyuki. 1989: Mystery Train (Mystery Train) [US]. 1990: Bakayarô! 1991: Mo no Shigoto; Musuko. 1991/92: Asian Beat. 6 Teile. 1992: Otoko wa tsuraiyo: Torajirô no Seishun; Shindemo ii. 1994: Waga Jinsei Saiaku no Toki; A koldum klaka/Cold Fever (Kaltes Fieber) [IS]. 1995: Flirt [US/DE/JP]. 1997: Yukai.

Nakadai Tatsuya
(Nakadai Motohisa)
* 13. 12. 1932 Tokio
Wegen des frühen Tods des Vaters verschiedene Jobs während des Schulbesuchs. Nach dem Abschluß der Oberschule 1952–55 Schauspielausbildung bei der Theatergruppe Haiyuza; 1955–79 Mitglied dieses Ensembles. Filmdebüt 1954 als Samurai (ohne Dialog) in Akira Kurosawas *Shichinin no Samurai.* In Masaki Kobayashis Mehrteiler *Ningen no Jôken* (1959–61) gestaltet er ausdrucksstark den Leidensweg eines Mannes, der trotz seiner pazifistischen Gesinnung als Soldat an die Front geschickt wird. Herausragende Rollen vor

allem bei Kurosawa, zunächst vom Typ her als Gegenspieler angelegt: der schöne Killer in *Yojimbo* oder der intrigante Duellant in *Tsubaki Sanjuro*. Später Heldendarsteller, zum Beispiel als Schattenkrieger in *Kagemusha* oder als der alte Fürst (König Lear entsprechend) in *Ran*. Seit 1975 leitet er gemeinsam mit seiner Frau Yasuko Miyazaki «Mumei-juku», eine private kostenlose Ausbildungsstätte für Nachwuchs.

[JP] 1954: Shichinin no Samurai (Die sieben Samurai); Kakute Jiyû no Kane wa Naru. 1956: Hi no Tori; Hadashi no Seishun; Eri Chiemi na Sazae-san. 1957: Ooban; Arakure; Hikage no Ko; Zoku Ooban: Fûun hen; Kiken na Eiyû; Hadairo no Tsuki; Kuroi Kawa; Zokuzoku Ooban: Dotô hen; Sazae-san no Seishun; Kanpai! Miai Kekkon; Haha San-nin; Yoru no Hamon; Kekkon no Subete; Buttsuke Honban. 1958: Ooban: Kanketsu-han; Fûryû Onsen Nikki; Enjô (Der Tempel zur Goldenen Halle); Hadaka no Taiyô; Ningen no Jôken: Dai ichi-ni Bu (Barfuß durch die Hölle. 1. Barfuß durch die Hölle). 1959: Yajû shisu-beshi; Kagi (Kagi); Ginza no Oneechan; An'ya Koro; Ningen no Jôken: Dai San-yon Bu (Barfuß durch die Hölle. 2. Die Straße zur Ewigkeit). 1960: Onna ga Kaidan o Agarutoki (Die Mädchen der Ginza); Musume, Tsuma, Haha; Aoi Yaju; Kenju yo Saraba!; Ningen no Jôken: Kanketsu Hen (Barfuß durch die Hölle. 3. Und dann kam das Ende). 1961: Yojimbô (Yojimbo – Der Leibwächter); Tsuma Toshite onna Toshite; Kumo ga Chigieru Toki; Eien no Hito. 1962: Tsubaki Sanjûrô (Sanjuro); Karamiai; Ogin-sama; Chibusa o Idaku Musumetachi; Seppuku (Harakiri). 1963: Yûshû Heiya; Tengoku to Jigoku; Shiro to Kuro; Gojumannin no Isan; Miren; Onna no Reshiki. 1964: Arijigoku Sakusen; Kaidan. Ep: Yuki-onna (Kwaidan). 1965: Saigo no Shinpan; Matatabi Sannin Yakuza; Yotsuya Kaidan; Chi to Suna. 1966: Gohiki no Shinshi; Daibosatsu-Tôge; Tanin no Kao; Jinchôge. 1967: Satsujinkyo Jidai; Sasaki Kojirô; Jôi-uchi: Hairyô-zuma Shimatsu; Gomesu no na wa Gomesu, Ryusa; Tabiji. 1968: Kiru; Rengô-kantai Shirei-chôkan Yamamoto Isoroku; Oggi a me ... domani a te (Heute ich ... morgen du) [IT]. 1969: Goyôkin; Wakamono wa yuku: Zoku Wakamonotachi; Eikô eno 500-kiro; Nihonkai Daikaisen; Hitokiri; Jigokuhen; Tengu-tô. 1970: Ezo Yakata no Kettô; Bakumatsu; Buraikan; Zatô Ichi Abare Himatsuri; Shôko Ichidai: Tenka no Abarenbô. 1971: Akatsuki noi Chôsen; Gekido no Shôwashi: Okinawa Kessen; Inochi Bô ni furô; Shussho Iwai. 1973: Ôsho; Kanashimi no Berradonna; Asayake no Uta. 1974: Kareinaru Ichizoku. 1975: Seishun no Mon; Tokkan; Wagahai wa Neko de aru; Kinkan-shoku. 1976: Banka; Zoku Ningen Kakumei; Fumô Chitai. 1977: Sugata Sanshirô. 1978: Jôô-bachi; Kumokiri Nizaemon; Hi no Tori; Burû Kurisumasu. 1979: Yami no Karyûdo. 1980: Kagemusha (Kagemusha – Der Schatten des Kriegers); Nihyaku Sankôchi. 1981: Bôsatsu: Shimoyama-Jiken. 1982: Kiryûin Hanako no Shôgai. 1983: Tôno Monogartari. 1985: Ran (Ran); A.K. [DOK – FR]; Shokutaku no nai Ie. 1986: Michi; Atami Satsujin-jiken. 1987: Hachi-kô Monogatari; Return From the River Kwai (Zurück vom River Kwai) [US]. 1992: Tôki Rakujitsu; Gô-Hime. 1993: Kozure-ôkami, sono chiisaki Te ni. 1996: Miyazawa Kenji Sono Ai. 1997: Hideyoshi [TVS].

Nargis

(Fatima A. Rashid)
*1929 Allahabad
†3. 5. 1981 Kalkutta
Das jüngste von 6 Kindern eines Hindu-Arztes und einer moslemischen Sängerin. Ihre Filmlaufbahn beginnt 1934/35 als «Baby Rani» in den von ihren Eltern produzierten Filmen *Naachwali* und *Talash-e-Haq* (C. M. Luhar), dann in weiteren Kinderrollen. Ab 1943 (*Taqdeer*, Mehboob Khan) spielt sie Erwachsenenrollen und ist bereits mit 20 Jahren ein umworbener Star. Intensive Zusammenarbeit mit dem Regisseur und Schauspieler Raj Kapoor (*Aag*, 1948; *Barsaat*, 1949; *Awara*, 1951; *Shri 420*, 1955). 1957 stellt sie als Krönung ihrer Laufbahn in *Bharat Mata / Mother India* (Mehboob Khan) das Leben einer Inderin von der Jugend bis zum Alter dar. Danach übernimmt sie nur noch wenige Rollen in anspruchsvollen Filmen. Nargis zieht sich auf dem Höhepunkt ihres Ruhms zurück und widmet sich sozialen Aufgaben. Sie erhält mehrere Auszeichnungen.

[IN] 1934: Naachwali. 1935: Talash-e-Haq. 1936: Madam Fashion; Hridaya Manthan. 1937: Moti Ka Haar. 1942: Pardanasheen; Tamanna. 1943: Taqdeer. 1944: Anban; Ismat. 1945: Humayun; Biswi Sadi; Ramayani. 1946: Nargis. 1947: Mehndi; Romeo and Juliet. 1948: Anokha Pyar; Mela; Aag; Anjuman. 1949: Lahore; Darogaji; Barsaat; Rumal; Andaz. 1950: Chhoti Bhabhi; Birha Ki Raat; Bhisma Pratigya; Adhi Raat; Jaan Pehchan; Babul; Pyar; Khel; Meena Bazaar; Jogan. 1951: Sagar; Pyar Ki Baatein; Hulchul; Awara; Deedar. 1952: Amber; Sheesha; Anhonee; Ashiana; Bewafa. 1953: Dhun; Aah; Pheli Shaadi; Paapi. 1954: Angarey. 1955: Shri 420. 1956: Jagte Raho/Ek Din Raatre; Chori Chori. 1957: Bharat Mata/Mother India; Pardesi; Miss India. 1958: Adalat; Ghar Sansar; Lajwanti. 1967: Raat Aur Din.

Nat, Marie-José

(Marie-José Benhalassa)
*22. 4. 1940 Bonifacio (Korsika)
Als Siegerin eines Rundfunkwettbewerbs in Korsika zwei Jahre kostenlose Schauspielausbildung bei René Simon, daneben Arbeit als Modell für Fotoromane und Mannequin. Dann Engagements an Pariser Bühnen. Daneben intensiv bei Fernsehen, 1958 Auszeichnung als beste TV-Darstellerin. Erste größere Rolle beim Film neben

Jean Gabin in Denys de La Patellières Familienschmonzette *Rue des prairies* (1959). Publikumserfolg mit André Cayattes Zweiteiler *La vie conjugale*, der das Zerbrechen einer Ehe aus zwei Perspektiven zeigt. Seit Beginn der 60er Jahre Zusammenarbeit mit ihrem Mann Michel Drach, in dessen Filmen sie sehr zurückhaltende, fast scheue Frauen verkörpert, so in *Élise ou la vraie vie* und in *Les violons du bal*; 1974 Auszeichnung in Cannes. 1978 Auszeichnung in Karlovy Vary für ihre Cécile in Drachs *Le passé simple*. Auch weiterhin am Theater wie auch im Fernsehen tätig.

[FR] 1956: Crime et châtiment (Schuld und Sühne); Club de femmes/Club di ragazze (Für Männer verboten) [FR/IT]. 1957: Donnez-moi ma chance (Die Mädchenfalle); Arènes joyeuses. 1958: Secret professionnel (Kinder der Sünde). 1959: Vous n'avez rien à déclarer?; Vive le duc!; Le mariage de Figaro (Die Hochzeit des Figaro); Rue des prairies/Mio figlio (Wiesenstraße 10) [FR/IT]. 1960: La Française et l'amour. 3. Ep: Le mariage (Die Französin und die Liebe) [EP]; La vérité (Die Wahrheit); La ménace/La minaccia (Die Drohung) [FR/IT]. 1961: Les 7 péchés capitaux/I sette peccati capitali. 7. EP: la colère (Die sieben Todsünden) [EP – FR/IT]. 1962: L'éducation sentimentale/ L'éducazione sentimentale (Lehrjahre der Liebe) [FR/IT]; Amélie ou le temps d'aimer (Amélie oder Die Zeit zum Lieben). 1963: La vie conjugale: Françoise/Nel bene e nel male (Meine Tage mit Pierre) [FR/IT]; La vie conjugale: Jean-Marc/Vita coniugale (Meine Nächte mit Jacqueline) [FR/IT]. 1964: La bonne occase (Gelegenheitskauf). 1965: Le nouveau journal d'une femme en blanc (Tagebuch einer Frauenärztin). 1966: Safari diamants/ Für eine Handvoll Diamanten [FR/BRD]. 1967: Les guerriers/Dacii (Der letzte große Sieg der Daker) [FR/RO]. 1968: Le paria/Jaque mate [FR/ES]. 1969: L'opium et le bâton. 1970: Elise ou La vraie vie (Elise oder das wahre Leben). 1972: Embassy (Am Tor zur Freiheit liegt der Totenschein) [GB]. 1973: Les violons du bal (Die Geigen des Balls). 1974: Dis-moi que tu m'aimes. 1977: Le passé simple (Die einfache Vergangenheit). 1981: La disubbidienza/La désobéissance (Der Ungehorsam) [IT/ FR]; Litan; Anna/Une mère, une fille (Geliebte Anna) [HU/FR]. 1984: Désiré (Désiré – immer zu Diensten). 1991: Río Negro (Rio Negro). 1992: Le nombril du monde [FR/TN].

Navarre, René

* 1883 Paris
†1968 Paris

Engagement am Théâtre Michel in Paris. 1910 von Louis Feuillade für den Film entdeckt. Als *Fantômas* wird er zu einer der mythischen Figuren des Stummfilms. Die Rollen, die ihm Feuillade danach gibt, werden stets am suggestiven Spiel dieses Pionierwerks gemessen – Navarres Erfolg bleibt durchschnittlich. Er gründet 1916 eine eigene Produktionsfirma, führt auch selbst Regie. Die Firma bleibt trotz Zusammenarbeit mit Gaston Ravel, Maurice Gleize und Charles Keppens wenig erfolgreich. In der Zeit des Tonfilms spielt Navarre nur Nebenrollen in zweitklassigen Filmen.

[FR] 1910: La gardienne du feu; Le pont sur l'abîme. 1911: Le grand souffle; Préméditation. 1912: L'homme de proie; L'intruse; L'oubliette; La course aux millions; La vie ou la mort; Le destin des mères. 1913: La robe blanche; Un drame au Pays basque; Les yeux ouverts; Le secret du forçat; Le browning; L'écrin du rajah; Le revenant. 1913/14: Fantômas. 1914: L'enfant de la roulotte; Manon de Montmartre. 1917: Du rire aux larmes; L'homme qui revient de loin. 1919: La nouvelle aurore [D,P]. 1920: Tue-la-mort [D,R,P]. 1921: L'aiglonne; La geôle. 1922: Vidocq. 1923: Ferragus. 1924: La réponse du destin; Le gardien du feu; Mon oncle. 1925: Jean Chouan; La justicière; Les murailles du silence. 1926: Belphégor (Das Rätsel von Paris). 1927: Poker d'as. 1928: Le chemin de la nuit; L'aigle de la Sierra. 1929: Le meneur de joies (Die Schleiertänzerin) [FR/DE]. 1930: Méphisto [D,RA]. 1933: Judex 34. 1934: Mam'zelle Spahl; Le prince Jean. 1935: L'école des vierges; Le train d'amour. 1937: Arsène Lupin détective; Chéri-Bibi. 1938: La belle revanche; La route enchantée; Mon oncle est mon curé; Monsieur Coccinelle; Son oncle de Normandie. 1939: Bécassine; Brazza ou l'épopée du Congo; Les trois tambours. 1940: Les surprises de la radio.

Nazzari, Amedeo

(Salvatore Amedeo Buffa)
* 10. 12. 1907 Cagliari (Italien)
†5. 11. 1979 Rom

Bricht sein Ingenieurstudium ab, um sich dem Theater zu widmen; arbeitet in den Truppen von Annibale Ninchi, Marta Abba, Luigi Pirandello und Tatiana Pavlova. Filmdebüt 1935 in *Ginevra degli Almieri* (Guido Brignone). Ein Jahr später hat er Erfolg als Kavalleriehauptmann in Goffredo Alessandrinis Melodram *Cavalleria* sowie in dessen Kriegsfilm *Luciano Serra pilota*. Es folgt Alessandro Blasettis Meisterwerk *La cena delle beffe*, das zu Nazzaris besten Leistungen zählt. Neben Vittorio de Sica ist Nazzari mit seiner eleganten Erscheinung der populärste männliche Star des italienischen Films der 30er und frühen 40er Jahre. Auch nach dem Krieg bleibt er beim Publikum beliebt, dreht 1946 *Il bandito* (Alberto Lattuada), 1947 *La figlia del capitano* (Mario Camerini). Seinen größten Erfolg erringt er in Raffaello Matarazzos Melodram *Catene*, das den Anfang einer jahrelangen Zusammenarbeit mit der Schauspielerin Yvonne Sanson markiert. In den 50er Jahren spielt Nazzari auch unter den Regisseuren Luigi Zampa (*Processo alla città*) und Pietro Germi (*Il brigante di Tacca del Lupo*). Mit viel Selbstironie verkörpert er in Federico Fellinis *Le notti di Cabiria* einen enttäuschten Film-Star. In den 60er und 70er Jahren nimmt Nazzaris Filmarbeit ab; er wirkt jedoch in einigen internationalen Co-Produktionen mit, z. B. in *Le clan des Siciliens* (Henri Verneuil) und *A Matter of Time* (Vincente Minnelli). Seine Popularität hält vorrangig im Fernsehen an: als Hauptdarsteller in TV-Filmen und Serien wie *La donna di cuori* (L. Cortese). In seinem letzten Film, *Melodrammore* von Maurizio Constanzo, spielt Nazzari sich selbst.

[IT] 1935: Ginevra degli Almieri. 1936: Cavalleria. 1937: I fratelli Castiglioni; Il conte di Brechard; La fossa degli angeli. 1938: Fuochi d'artificio; Luciano Serra pilota (Zwischen Leben und Tod); La casa del peccato. 1939: Assenza ingiustificata; Montevergine; La notte delle beffe; Cose dell'altro mondo. 1939/40: E' sbarcato un marinaio. 1940: Scarpe grosse; Dopo divorzieremo; Oltre l'amore; L'uomo del romanzo; Caravaggio, il pittore maledetto; Centomila dollari. 1941: La muchacha de Moscú [Version – IT/ES]; I mariti (Tempesta d'amore); Sancta Maria [Version]; La cena delle beffe; Il cavaliere senza nome; L'ultimo ballo; Scampolo; Villa da vendere. 1942: Ninna Nanna, papà sta in guerra [KF]; Il romanzo di un giovane povero; Giorni felici; La bella addormentata; Bengasi; La bisbetica domata; Fedora; Harlem. 1943: Quelli della montagna; La donna della montagna; Apparizione. 1944: Grazia [unvollendet]. 1944/45: I dieci comandamenti. 1945: L'invasore. 1945/46: Un giorno nella vita. 1946: Il cavaliere del sogno (Gaetano Donizetti) (Fürstin Waldenburgs letzte Liebe); Il bandito/Le bandit (Bandito); Conflicto inesperado [ES]; Malacarne (Turi della Tonnara). 1946/47: Fatalità. 1947: Cuando los angeles duermen [ES]; Don Juan de Serralonga [ES]; La figlia del capitano (Aufstand in Sibirien). 1949: Il lupo della Sila (Der Wolf der Silaberge); Il vedovo allegro; Catene (Sühne ohne Sünde). 1949/50: Barriera a settentrione (Duell in den Bergen). 1950: Donne e briganti/Fra Diavolo [IT/FR]; Alina (Zwischen Liebe und Laster); Tormento (Opfergang einer Mutter); Amori e veleni; Il brigante Musolino (Freiwild); Lebbra bianca. 1950/51: Romanticismo. 1951: Volver a la vida [AR]; Ultimo incontro (Erotik); I figli di nessuno (Mutterliebe, Mutterleid); Il tradimento; Sensualità (Die Sinnlichkeit). 1952: Nous sommes tous des assassins/Siamo tutti assassini (Wir sind alle Mörder) [FR/IT]; La fiammata; Il brigante di Tacca del Lupo; Altri tempi. 7. Ep: La morsa (Andere Zeiten) [EP]; Processo alla città (Das Lied vom Verrat); Chi è senza peccato ... 1952/53: Il mondo le condanna/Les anges déchus (Die von der Liebe leben) [IT/FR]. 1953: Ti ho sempre amato!; Un marito per Anna Zaccheo (Fluch der Schönheit). 1953/54: Les révoltés de Lomanach/L'eroe della Vandea (Bluthochzeit) [FR/IT]; Pietà per chi cade. 1954: Proibito/Du sang dans le soleil [IT/FR]; Appassionatamente; Torna! 1954/55: Angelo bianco (Frauen hinter Gittern). 1955: L'intrusa; L'ultimo amante. 1956: La puerta abierta/L'ultima notte d'amore [ES/IT]. 1956/57: Le notti di Cabiria/Les nuits de Cabiria (Die Nächte der Cabiria) [IT/FR]. 1957: Il cielo brucia (Himmel in Flammen) [IT/ES]; Las manos sucias/La morte ha viaggiato con me [ES/IT]. 1957/58: Anna di Brooklyn (Anna von Brooklyn) [IT/FR]. 1958: Malinconico autunno/El Café del puerto [IT/ES]; The Naked Maja (Die nackte Maja) [US]. 1958/59: Policarpo, «ufficiale di scrittura»/Policarpo de Tapetti (Tolpatsch macht Karriere) [IT/FR/ES]. 1959: Il mondo dei miracoli; Il raccomandato di ferro; Labyrinth der Leidenschaften/Neurose [BRD/IT]; Carmen de Granada (Das Mädchen aus Granada) [ES]. 1960: La contessa azzurra. 1961: Nefertite, regina del Nilo (Nofretete – Königin vom Nil); Antinea, l'amante della città sepolta/L'Atlantide [IT/FR]; I fratelli còrsi/Les frères corses (Die korsischen Brüder) [IT/FR]; I due nemici (Liebenswerte Gegner). 1962: Odio mortale (Die graue Galeere) [IT/FR]; La leggenda di Fra' Diavolo; Il giorno più corto. 1963: Le monachine. 1963/64: Frenesia dell'estate (Verrückter Sommer) [IT/FR]. 1964: Il gaucho/Un italiano en la Argentina [IT/AR]; Un amore e un addio/Donde tú estés [IT/FR/ES]; Delitto d'amore/Abajo espera la muerte [IT/ES]. 1966: The Poppy Is Also a Flower (Mohn ist auch eine Blume) [UN]. 1967: Mister Dynamit – Morgen küßt euch der Tod/Muori lentamente ... te la godi di più/Míster Dinamita (Mañanas os besará la muerte) [BRD/IT/ES]. 1968: Columno lui Trajan (Der Tyrann) [RO]. 1969: Le clan des Siciliens (Der Clan der Sizilianer) [FR]. 1972: Joe Valachi (I segreti di «Cosa Nostra»)/Cosa Nostra (L'affaire Valachi) (Die Valachi-Papiere) [IT/FR]. 1975: Alle origini della mafia [TV]. 1976: A Matter of Time/Nina [US/IT]. 1978: Melodrammore (E vissero felici e contenti).

Neeson, Liam

*7. 6. 1952 Ballymena (Nordirland)

Katholisch, Amateurboxer, Bierfahrer. Wegen seiner Größe (1,90 m) als Komparse zum Lyric Players' Theatre in Belfast. Nach zwei Jahren Wechsel zum Abbey Theatre in Dublin. Dort entdeckt ihn John Boorman für die Rolle des Sir Gawain in seinem Ritter-Abenteuer *Excalibur* (1981). Darauf als Nebendarsteller in einer Anzahl amerikanischer und englischer Produktionen. Erste wichtige Rolle in Peter Yates' *Suspect* als tauber Mordverdächtiger, der erfolgreich von Cher verteidigt wird. Hauptrolle in der Titelrolle von Sam Raimis *Darkman* (1990) als vermeintlich ermordeter Wissenschaftler auf Rachefeldzug. In weiteren Hauptrollen ist er spezialisiert auf Britisch-Brutales und Urständiges: arbeitsloser schottischer Bergmann in *The Big Man* (David Leland), englischer Bauer zwischen zwei Frauen in *Ethan Frome* (John Madden). Aber auch als Sheriff in Richard Pierce' *Leap of Faith*. Oscar-Nominierung für seinen tschechischen Nazi zwischen Wohlleben und Wohltun in der Titelrolle von Steven Spielbergs erfolgreichem KZ-Melodram *Schindler's List* (1992). Nach dieser Rolle im feinen Tuch wieder wild und keltisch als schottischer Rebell *Rob Roy* (Michael Caton-Jones), 1996 wenig erfolgreich als umstrittener irischer Nationalheld *Michael Collins* (Neil Jordan). Daneben weiterhin auf der Bühne, so 1993 gemeinsam mit seiner Frau Natasha Richardson in «Anna Christie» (Tony Award) am Broadway.

[US] 1981: Excalibur (Excalibur). 1982/83: Krull (Krull) [GB]. 1984: The Bounty (Die Bounty). 1984/85: The Innocent [GB]. 1985: Duet for One. 1985/86: Lamb [GB]; The Mission (Mission) [GB]. 1986: Hold the Dream [TV – GB]; Sworn to Silence (Cold Silence). 1987: Suspect (Suspect – Unter Verdacht); A Prayer for the Dying (Auf den Schwingen des Todes) [GB]. 1987/88: High Spirits (High Spirits – Die Geister sind willig!). 1988: Satisfaction (Satisfaction); The Good Mother (Der Preis der Gefühle); The Dead Pool (Das Todesspiel); Sweet as you are [TV – GB]. 1989: Next of Kin (Ruf nach Vergeltung). 1990: Darkman (Dark Man); The Big Man (Big Man) [GB]. 1991: Under Suspicion (Unter Verdacht) [GB/US]; Shining Through (Wie ein Licht in dunkler Nacht). 1992: Leap of Faith (Der Schein-Heilige); Ethan Frome; Husbands and Wives (Ehemänner und Ehefrauen). 1993: Deception [JP]; Schindler's List (Schindlers Liste); Ruby Cairo. 1994: Nell (Nell); Out of Ireland [DOK]. 1994/95: Rob Roy (Rob Roy). 1995: Before and After (Davor und danach – Nichts ist wie es war) [GB]. 1996: Michael Collins (Michael Collins).

Negrete, Jorge

* 30. 11. 1911 Silao (Guanajuato)
† 5. 12. 1953 Los Angeles

Schulbesuch in Guanajuato und 1927–29 am Colegio Militar in Mexico City, dann Leutnant der mexikanischen Armee. Er beginnt 1933 seine Karriere als Sänger des mexikanischen Radiosenders XEW, tourt bis 1938 in den USA und in Lateinamerika mit Xavier Cugat und dessen Band. Filmdebüt 1937 in *La madrina del diablo* (Ramón Peón). Er wird berühmt mit der Rolle des Salvador Pérez Gómez, «El Ametralladora» (Das Maschinengewehr), in *¡Ay Jalisco, no te rajes!* (Joselito Rodríguez). Er gilt als der vollendete Macho des mexikanischen Kinos, die klassische Inkarnation des Charro, der, anders als der abhängig beschäftigte Cowboy der US-Filme, unangefochten über eine halbfeudale Welt, die Hacienda, herrscht und dort mit harter Hand über Landarbeiter, Rinderhirten und Frauen bestimmt. Er verkörpert in allen seinen Filmen sämtliche Ausprägungen des Machismo: Macht und Einsamkeit, Selbstsicherheit und Erbarmungslosigkeit, Prahlerei und die ständige Angst, am Ende doch nicht männlich genug zu sein. Negrete ist einer der besten mexikanischen Cowboy-Sänger der Charro-Serenaden und trainiert seine Stimme in der Hoffnung, Opernsänger zu werden. Im Wettstreit mit Pedro Infante gilt er als der bessere Charro-Sänger, doch seine Arroganz und sein Mangel an Wärme lassen ihn blaß erscheinen im Vergleich mit dem charismatischen Infante. Negrete ist Mitbegründer der Asociación Nacional de Actores und ihr erster Generalsekretär. Er ist dreimal verheiratet, in dritter Ehe mit Maria Félix, dem weiblichen Kinostar jener Jahre.

[MX] 1937: La madrina del diablo. 1938: Una luz en mi camino; La Valentina; Caminos de ayer; Perjura; Aquí llegó el valiente; Juntos, pero no revueltos; Juan sin miedo; El cementerio de las águilas. 1941: Fiesta; ¡Ay Jalisco, no te rajes!; Seda, sangre y sol. 1942: Tierra de pasiones; El peñon de las ánimas; Así se quiere en Jalisco; Cuando viajan las estrellas; Historia de un gran amor. 1943: El jorobado; Una carta de amor; El rebelde. 1944: Cuando quiere un mexicano; Me he de comer esa tuna. 1945: Hasta que perdió Jalisco; No basta ser charro; Camino de Sacramento; Canaima. 1946: En tiempos de la Inquisición; El ahijado de la muerte; Gran casino. 1948: Allá en el Rancho Grande; Si Adelita se fuera con otro; Jalisco canta en Sevilla. 1949: La posesión; Lluvia roja; Una gallega en Mexico. 1950: Siempre tuya; Teatro Apolo [ES]. 1951: Un gallo en corral ajeno; Los tres alegres compadres; Hay un niño en su futuro. 1952: Dos tipos de cuidado; Tal para cual. 1953: Reportaje; El rapto.

Negri, Pola

(Barbara Apolonia Chałupec)
* 3. 1. 1897 Lipno (Polen)
† 31. 7. 1987 San Antonio (Texas)

Ballettschule in Warschau, ab 1905 in St. Petersburg. 1909–11 Schauspielunterricht an der Skoła Aplikacyjna in Warschau. 1912 Bühnendebüt am Kleinen Theater, 1913 am Teatr Wielki Warschau, u. a. als Tänzerin in der Pantomime «Sumurun». Während des 1. Weltkriegs nach Berlin an das Deutsche Theater. 1914 erste Filmrolle in *Niewolnica Zmyłslow* (Jan Pawłowski), schon im Rollentypus des bedrohlichen, manchmal auch naiven Vamps. Künstlername aus Verehrung für die italienische Dichterin Ada Negri. 1917 deutsches Filmdebüt in einer Doppelrolle in *Nicht lange täuschte mich das Glück*. Unter Ernst Lubitsch Aufstieg zum Star, u. a. in *Carmen, Die Augen der Mumie Mâ, Sumurun* und *Die Bergkatze*, Filme, in denen die Männerwelt der Negri in Scharen verfällt, was zu mörderischen Kämpfen um sie führt – bis hin zur Französischen Revolution in *Madame Dubarry*, der 1920 in den USA unter dem Titel *Passion* ein Kassenerfolg wird. 1922 mit einem Paramount-Vertrag in die USA. 1924 Erfolg als Zarin Katharina in Lubitschs Komödie *Forbidden Paradise*. Aufsehen durch Skandale und Affären, u. a. mit Charlie Chaplin und Rudolph Valentino. Übergang zum Tonfilm durch Akzent behindert. Rückkehr nach Europa. Nach einer Zwischenstation in Paris erst 1935 Comeback in *Mazurka* (Willi Forst). In den deutschen Filmen nun in Rollen sich aufopfernder Mütter und verkannter Ehefrauen. Ab 1941 wieder in den USA. 1943 in *Hi Diddle Diddle* (Andrew L. Stone), einer Persiflage auf die alten Vamp-Rollen. 1964 ein letztes Mal in *The Moon-Spinners* (James Neilson) vor der Kamera. Seit Ende der 50er Jahre in San Antonio, Texas, als Grundstücksmaklerin. 1970 erscheint die phantasievolle Autobiografie «Memoirs of a Star».

1914: Niewolnica zmysłów (Liebe und Leidenschaft) [PL]. 1915: Żona [PL]; Czarna książka [PL]. 1916: Studenci (Studentenliebe) [PL]; Bestia [PL]. 1916/17: Tajemnica alei Ujazdowskich (Das Geheimnis des Hotel X) [PL]. 1917: Pokój Nr. 13 (Wanda Barska) [PL]; Nicht lange täuschte mich das Glück [DE]; Arabella (Arabella) [PL]; Zügelloses Blut [DE]; Küsse, die man stiehlt im Dunkeln [DE]; Die toten Augen [DE]; Jego ostatni czyn [PL]; Wenn das Herz in Haß erglüht [DE]. 1917/18: Rosen, die der Sturm entblättert [DE]. 1918: Mania [DE]; Die Augen der Mumie Mâ [DE]; Der gelbe Schein [DE]; Carmen [DE]. 1918/19: Das Karussell des Lebens [DE]. 1919: Kreuziget sie!/Die Frau am Scheidewege [DE]; Vendetta. Blutrache [DE]; Madame Dubarry [DE]; Komtesse Dolly [DE]. 1919/20: Die Marchesa d'Armiani [DE]. 1920: Sumurun [DE]; Das Martyrium [DE]; Die geschlossene Kette [DE]; Arme Violetta [DE]; Salome [DE]. 1921: Die Bergkatze [DE]; Sappho [DE]. 1922: Die Flamme [DE]. 1923: Hollywood [US]; The Cheat (Die Betrügerin) [US]; The Spanish Dancer (Die spanische Tänzerin) [US]; Bella Donna (Bella Donna) [US]. 1924: Shadows of Paris (Schatten von Paris) [US]; Forbidden Paradise (Das verbotene Paradies) [US]; Men (Cleo, das Mädchen der Straße) [US]; Lily of the Dust (Die Frau des Kommandeurs) [US]. 1924/25: East of Suez (Opfer des Blutes) [US]. 1925: The Charmer (Mariposa, die Tänzerin) [US]; Flower of Night [US]; A Woman on the World [US]. 1926: The Crown of Lies [US]; Good and Naughty (Wie werde ich meine Frau los) [US]; Hotel Imperial (Hotel Stadt Lemberg) [US]. 1927: Barbed Wire (Stacheldraht) [US]; The Woman on Trial [US]. 1928: The Secret Hour [US]; Three Sinners (Das zweite Leben) [US]; Loves of an Actress (Die Liebschaften einer Schauspielerin) [US]; The Woman from Moscow (Die Dame aus Moskau) [US]. 1929: The Woman He Scorned (Die Straße der verlorenen Seelen) [GB]. 1931: A Woman Commands (Um eine Fürstenkrone) [US]. 1933/34: Fanatisme [FR]. 1935: Mazurka [DE]. 1936: Moskau – Shanghai (Der Weg nach Shanghai; BRD 1949) [DE]. 1937: Madame Bovary [DE]; Tango Notturno [DE]. 1938: Die fromme Lüge [DE]; Die Nacht der Entscheidung [DE]. 1943: Hi Diddle Diddle/Diamonds and Crime [US]. 1964: The Moon-Spinners (Der Millionenschatz) [US/GB].

Nero, Franco
(Francesco Spartanero)
* 23. 11. 1941 San Prospero (Parma)

Studium der Ökonomie, Arbeit als Buchhalter in Mailand. Schauspieler am Piccolo Teatro, dann in Rom, wo er 1964 in *La ragazza in prestito* (Alfredo Gianetti) sein Filmdebüt hat. John Huston bietet ihn daraufhin die Rolle des Abel in seinem Monumentalfilm *La bibbia* an. 1966 erringt Nero internationale Popularität in der Titelrolle des wortkargen Rächers in Sergio Corbuccis *Django*. Den Hauptrollen in einer Reihe von Italo-Western, u. a. unter Corbucci, Lucio Fulci und Ducci Tessari, verdankt Nero zum Teil seine Berühmtheit und seinen Erfolg. 1967 spielt er die Hauptrolle in Damiano Damianis *Il giorno della civetta*, einen Kapitän der Carabinieri, der, obwohl müde und vom Staat allein gelassen, den Kampf gegen die Mafia nicht aufgibt. Die Zusammenarbeit mit Damiani setzt sich in den folgenden Jahren fort, und Nero entwickelt sich in den 70er Jahren zu einem der Protagonisten des italienischen politischen Krimis, u. a. in der Hauptrolle von *Perché si uccide un magistrato?* (1975). Nero beweist sein Können auch in Rollen anderer Art, z. B. als psychopathischer Maler in Elio Petris *Un tranquillo posto di campagna*. Er ist auch im Ausland tätig: in Luis Buñuels *Tristana* ist er ein junger Maler, in den sich Tristana (Catherine Deneuve) verliebt. 1982 eine Hauptrolle in Rainer Werner Fassbinders letztem Film *Querelle*. In den 80er Jahren setzt Nero seine Karriere hauptsächlich im Fernsehen fort.

[IT] 1964: La ragazza in prestito/Une femme disponible (Das ausgeliehene Mädchen) [IT/FR]. 1964–66: La bibbia (Die Bibel). 1964/65: La Celestina P… R… 1965: Gli uomini dal passo pesante/Les forcenés (Die Trampler) [IT/FR]; Tecnica di un omicidio/Technique d'un meurtre (Ich heiße John Harris) [IT/FR]; I criminali della Galassia (Raumschiff Alpha); I diafanoidi vengono da Marte (Tödlicher Nebel); Io la conosceve bene/Je le coniassais bien/Ich habe sie gut gekannt [IT/FR/BRD]. 1965/66: La morte viene dal pianeta Aytin. 1966: Il terzo occhio (Das dritte Auge); Le colt cantarono la morte e fu ... tempo di massacro (Django – sein Gesangbuch war der Colt); Texas, addio/Adios, Texas (Django, der Rächer) [IT/ES]; Django (Django) [IT/ES]. 1967: L'Uomo, l'orgoglio, la vendetta/Mit Django kam der Tod [IT/BRD]; Camelot (Camelot) [US]; Little Rita nel West (Blaue Bohnen für ein Halleluja). 1967/68: Il giorno della civetta/La Mafia fait a loi (Der Tag der Eule) [IT/FR]. 1968: Sequestro di persona (Die Mafia-Story); Un tranquillo posto di campagna/Un coin tranquille à la campagne [IT/FR]; Il mercenario/Salario para matar (Die gefürchteten Zwei) [IT/ES]. 1968/69: Bitka na Neretvi/Die Schlacht an der Neretva/La battaglia della Neretva [YU/BRD/IT]. 1969: Un detective (Die Klette); Gott mit uns (Dio è con noi) (Die im Dreck krepieren) [IT/YU]. 1969/70: Tristana (Tristana) [ES/IT/FR]. 1970: Vamos a matar, compañeros/Laßt uns töten, Compañeros/Los compañieros [IT/ES/BRD]; The Virgin and the Gypsy (Das Mädchen und der Zigeuner) [GB]; Drop-out (Drop out – Mysterien blutjunger Mädchen). 1971: Viva la muerte ... tua!/Zwei wilde Companeros/Viva la muerte ... tuya [IT/BRD/ES]; La vacanza; L'Istruttoria è chiusa, dimentichi! (Tante sbarre) (Das Verfahren ist eingestellt: Vergessen Sie's!); Giornata nera per l'ariete (Ein schwarzer Tag für den Widder); Confessione di un commissario di polizia al Procuratore della Repubblica (Der Clan, der seine Feinde lebendig einmauert/Das Geständnis eines Polizeikommissars vor dem Staatsanwalt der Republik); Pope Joan (Papst Johanna) [GB]. 1972: Le moine/Il monaco/Der Mönch und die Frauen [FR/IT/BRD]. 1972/73: Senza ragione/Redneck (Blutrausch) [IT/GB]. 1973: Il delitto Matteotti (Die Ermordung Matteottis); Zanna Bianca/Colmillo blanco/Croc-Blanc (Wolfsblut) [IT/ES/FR]; La polizia incrimina, la legge assolve/La policía detiene, la ley juzga (Tote Zeugen singen nicht) [IT/ES]; Los amigos (Das Lied von Mord und Totschlag). 1973/74: I guappi (Die Rache der Camorra); Mussolini ultimo atto (Mussolini – die letzten Tage). 1974: Corruzione al palazzo di giustizia (Korruption im Justizpalast); Il ritorno di Zanna Bianca/Die Teufelsschlucht der wilden Wölfe/Le retour de Buck le loup [IT/BRD/FR]; Il cittadino si ribella (Ein Mann schlägt zurück). 1975: Gente di rispetto (Werkzeug der Mächtigen); Perché si uccide un magistrato? (Warum mußte Staatsanwalt Traini sterben?); I quattro dell'Apocalisse (Verdammt zu leben – verdammt zu sterben); Le magiciens/Profezia di un delitto/Die Schuldigen mit den sauberen Händen [FR/IT/BRD]; The Legend of Valentino [TV – US]; Cipolla Colt/El Cibollero/Zwiebel-Jack räumt auf [IT/ES/BRD]. 1975/76: Marcia trionfale/La marche triomphale/Triumphmarsch [IT/FR/BRD]. 1976: 21 Hours at Munich (Die 21 Stunden von München) [US]; Keoma (Keoma – ein Mann wie ein Tornado); Scandalo (Skandal). 1977: Autostop rosso sangue (Wenn du krepierst, lebe ich!) [I6]; Sahara Cross (Sahara Cross – Duell in der Wüste). 1978: Force 10 from Navarone (Der wilde Haufen von Navarone) [GB]; Harold Robbins' The Pirate (Der Pirat) [TV – GB]. 1979: Il cacciatore di squali/El cazador de tiburones (Dschungel-Django) [IT/ES]; The Visitor/Stridulum (Die Außerirdischen) [US/IT]; Un dramma borghese (Ein bürgerliches Drama); Le rose di Danzica (Die Rosen von Danzig). 1980: Il giorno del cobra (Der Tag der Kobra); Enter the Ninja (Ninja, die Killermaschine) [US]; The Man With Bogart's Face (Sam Marlowe, Privatdetektiv) [US]; Il bandito dagli occhi azzurri (Der Bandit mit den schwarz-blauen Augen). 1980/81: The Salamander (Kennwort: Salamander) [US]. 1981/82: Krasnie kolokola-Meksika v ogne/Campañas rojas/Messico in fiamme [SU/MX/IT]. 1982: Querelle-Ein Pakt mit dem Teufel [BRD/FR]; Kamikaze 1989 [BRD]; Banovic strahinja [YU]; Grog (Grog). 1982/83: Wagner (Wagner) [TV – GB/HU/AT]. 1983/84: The Last Days of Pompeii (Die letzten Tage von Pompeji) [TV – US/GB/IT]. 1985: Il pentito (Der Denunziant). 1987: Garibaldi [IT/ES/YU]; Sweet Country [GB]; Django 2-Il grande ritorno; The Girl (The Girl – Ein gefährliches Mädchen) [GB]. 1988: I promessi sposi/Die Verlobten [TVS – EURO]; Il generale [TVS]; I giovane Toscanini/Toscanini [IT/FR]. 1990: Amelia Lópes O'Neill (Amelia Lopes O'Neill) [CL/CH/FR]; Die Harder (Stirb langsam 2 – Die Harder) [US]; Young Catherine (Die junge Katharina) [TV – GB/CA/I/US/SU/BRD]; Diceria dell'untore (Liebe und Tod). 1990/91: Chi tocca muore/Touch and Die/Bei Berührung Lebensgefahr [TV – IT/GB/DE]. 1991: Patrizia [TV]. 1992: Prova di memoria; From Time to Time [US/FR – Circle-Vision 360]; Fratelli e sorelle. 1992/93: Der Fall Lucona [DE/AT]. 1993: Zoloto [RU/IT]; Das Babylon-Komplott [DE]. 1994: Desideria (Der Ring des Drachen) [TV]. 1995: The Innocent Sleep [GB]. 1996: A tres bandas [ES]; Ha-Italkim Ba'im [IL/IT]; Honfoglalas [HU]. 1997: David [TV – DE/IT/US]; Talk of Angels [US].

Neuß, Alwin

(Alwin Karl Heinrich Neuß)
*17. 6. 1879 Köln-Deutz
†30. 10. 1935 Berlin

Mit 15 von zu Hause fort, um Schauspieler zu werden. Nach Engagements an Bühnen verschiedener Städte 1903 am Deutschen Theater in Berlin, danach Lessing-Theater. Gastspielreisen durch Europa. 1910 Neues Theater in Berlin; zeitweilig Leitung des Central-Theaters. Auftritte in Cabarets und Varietés sowie bei Tourneetheatern. 1910 bei der dänischen Nordisk Films, dort u. a. angeblich erster Film-*Hamlet* (August Blom) der Welt. In Deutschland im tragischen Melodram *Vater und Sohn* (Walter Schmidthässler) nach einer Idee von Paul Lindau. Danach Rollen in unterschiedlichen Genres, u. a. im «pikanten Sittendrama» *Der Weg zur*

Sünde. 1914 Hauptrolle in der Jekyll-and-Hyde-Bearbeitung *Ein seltsamer Fall* (Max Mack). Von Richard Oswald auch die Drehbücher zur Conan-Doyle-Serie *Der Hund von Baskerville* mit Neuß als Sherlock Holmes. Ab 1915 spielt er überwiegend unter eigener Regie als Held einer Holmes-Serie mit Harry Lamberts-Paulsen als Watson. Ab 1916 als detektivischer Tausendsassa Tom Shark mit verblüffenden Verwandlungskünsten zuerst in *Das Licht im Dunkeln*. Als ein «Meister der Maske» bevorzugt in Doppelrollen, z. B. in *Clown Charly* und *Der Cowboy*, einem Berliner Wildwestfilm. Daneben auch ernstere Rollen: *Das Spiel vom Tode* nach Balzacs «Das Chagrinleder». Letzte Regiearbeit 1926 das Falschmünzer-Melodram *Die Zwei und die Dame*. Danach Rückzug zum Theater, Anfang der 30er Jahre auch im Rundfunk. Im Tonfilm nur 1930 noch zwei kleine Nebenrollen.

[DE] 1910: Den Skaebnesvangre Opfindelse [DK]; Skarpretterens Sön/Gudsmoderbilledets Dom [DK]; Diamantbedrageren/Diamantbedragerne (Die Diamantenbetrüger) [DK]; (Ein seltsamer Fall) [DK]; Spionen fra Tokio (Im roten Licht) [DK]; Zwei Weihnachtsabende; Forraederen (Der Verräter) [DK]; Milliontestamentet/Millionobligationen (Das Millionentestament) [DK]; Kosakfyrsten (Der Kosakenfürst/Der gerechte Fürst) [DK]; Hamlet (Hamlet) [DK]; Jagten paa Gentlemanröveren Singarée (Singaree) [DK]. 1910/11: Vater und Sohn. 1911: Der Weg zur Sünde. 1911/12: Krone und Fessel; Die Pflicht. 1913/14: Das Zauberlied [AT]. 1914: Mein Name ist Spiesecke; Der Hund von Baskerville. 1. Teil; Das einsame Haus; Ein seltsamer Fall. 1915: Die Sage vom Hund von Baskerville; Das unheimliche Zimmer; Ein Schrei in der Nacht [D,R,A]; Das Gewissen [D,R]. 1915/16: Die Stimme des Toten [D,R]. 1916: Dynamit [D,R]; Der Weg der Tränen [R,CoA]; Streichhölzer, kauft Streichhölzer! [R,CoA]; Alwin Neuß, der beliebte Charakterdarsteller, der gleichzeitig auch die künstlerische Inszenierung seiner Films in Händen hat [D,R?]; Das Licht im Dunkeln [D,R]; Reklamefilm für Hella Moja [R?]; Der Thug. Im Dienste der Todesgöttin [CoR]; Das Geheimnis des Sees [D, CoR]; Komtesse Hella [R]; Das Lied des Lebens [D,R]. 1916/17: Die Spinne [D,R]. 1917: Der Mann im Havelock [D,R]; Das Defizit [D,R]; Die Glaswand/Der Klub der Neun [D,R]; Die Faust des Schicksals [D,R]; Der Jubiläumspreis [D,R]; Das Spiel vom Tode [D,R]; Zwei blaue Jungen [D,R]. 1917/18: Die Kraft des Michael Argobast [D,R]; Genie und Liebe [D,R]. 1918: Lebendig tot [D,R]; Der Volontär [D,R]; Die Sünde [D,R]; Der Cowboy [D,R]; Das Glück der Frau Beate [R]; Clown Charly [D,R]; Der Wilderer [D,R]; Das Lied der Mutter [D,R]; Das bemooste Haupt [D,R]. 1918/19: Die Rache ist mein [D,R]; Bettler-G.m.b.H. [D,R]. 1919: Verbrechen und Liebe [D,R]. 1920: Um die Ehre einer Frau [D?,R?]. 1921: Heißer Kampf [D,P]. 1922: Das Diadem der Zarin. 1924: Windstärke 9; Auf Befehl der Pompadour. 1926: Die Zwei und die Dame [R,CoA]. 1927: Am Rüdesheimer Schloß steht eine Linde. 1930: Das alte Lied; Der Tanz ins Glück.

Neuss, Wolfgang
(Hans Wolfgang Otto Neuss)
*3. 12. 1923 Breslau
†5. 5. 1989 Berlin-Charlottenburg

Volksschulabschluß, Landwirtschaftsgehilfe, Schlachterlehre. 1938 nach Berlin ausgerissen: Jugendverwahranstalt Alexanderplatz. In Breslau in einer Granatenfabrik, Straßenbauarbeiter beim Reichsarbeitsdienst. 1940 Soldat, Selbstverstümmelung und EK I, Flucht per Schiff. Kabarett in Kopenhagen, 1945 im Internierungslager Flensburg Gründung des Reichs-Kabaretts der Komiker. 1948 an Bühnen in München, Bremen und Hannover. Ab 1949 gemeinsame Auftritte mit Wolfgang Müller. Ab 1952 die Pauke als Markenzeichen des Kabarettisten. Inszenierungen bei den Stachelschweinen, Radio-Kabarett. Bühnenauftritte u. a. 1953 im Hebbel-Theater. 1957–59 Inszenierung von Carl Sternheims «Die Hose» und eigenen Komödien in Berlin und München. Im Film zunächst Chargenrollen, am gelungensten als «kleiner Mann» mit Berliner Kodderschnauze. Das komische «Traumpaar» Neuss und Müller u. a. als Räuberduo in *Das Wirtshaus im Spessart* und als listiges Kinoerklärer-Gespann in *Wir Wunderkinder* (beide Kurt Hoffmann). Filme nach eigenen Büchern als freundliche Satiren auf deutsche Malaisen in Vergangenheit und Gegenwart: u. a. *Wir Kellerkinder* (Jochen Wiedermann) und *Genosse Münchhausen* (Neuss). Nach dem Tod Müllers 1960 Solo-Programme wie «Das jüngste Gerücht» und «Neuss Testament», auch im Fernsehen. Theaterarbeit vor allem in Inszenierungen Erwin Piscators, z. B. 1963 in «Der Stellvertreter». Engagement in der APO (Außerparlamentarische Opposition). In den 70er Jahren Rückzug aus der Öffentlichkeit. Zu Beginn der 80er Jahre Rückbesinnung auf Neuss. Gastrollen im Film, u. a. als Annemarie Renger in *Is' was, Kanzler?!?* (Gerhardt Schmidt). Zahlreiche Texte erscheinen im Druck, u. a. 1981 gesammelt in «Das Wolfgang Neuss Buch», 1997 erweitert als «Neuss und Altes».

[BRD] 1950: Der Mann, der sich selber sucht; Wer fuhr den grauen Ford? 1950/51: Schön muß man sein. 1952: Pension Schöller; Man lebt nur einmal;

Mikosch rückt ein; Ich hab' mein Herz in Heidelberg verloren; Die Spur führt nach Berlin; Adventure in Berlin; Kopf oder Zahl [TV]. 1952/53: Der Onkel aus Amerika. 1953: Von Liebe reden wir später; Keine Angst vor großen Tieren; Hollandmädel; Die Kaiserin von China; The Man Between (Gefährlicher Urlaub) [GB]; Weg ohne Umkehr; Hurra – ein Junge! 1954: Die schöne Müllerin; Auf der Reeperbahn nachts um halb eins; Phantom des großen Zeltes; Die goldene Pest. 1954/55: Des Teufels General; Ein Mann vergißt die Liebe; Die heilige Lüge. 1955: Oberwachtmeister Borck; Ich war ein häßliches Mädchen; Banditen der Autobahn [D, CoA]; Ein Herz bleibt allein/Mein Leopold; Unternehmen Schlafsack; Der fröhliche Wanderer; Himmel ohne Sterne; Urlaub auf Ehrenwort; Die Drei von der Tankstelle [Version]; Le chemin du paradis [Version]; Charley's Tante. 1956: Mädchen mit schwachem Gedächtnis; Ohne dich wird es Nacht; Der Hauptmann von Köpenick; Küß mich noch einmal; Zu Befehl, Frau Feldwebel; Ein Mann muß nicht immer schön sein; Die Christel von der Post. 1957: Der müde Theodor; Drei Mann auf einem Pferd [D,CoA – TV]; Ferien auf Immenhof; Frühling in Berlin; Das Wirtshaus im Spessart. 1958: Die grünen Teufel von Monte Cassino; Schwarzwälder Kirsch; Kennen Sie die Milchstraße? [D,CoA – TV]; Wir Wunderkinder; Der Maulkorb; Der Stern von Santa Clara; Hier bin ich – hier bleib' ich; Nick Knattertons Abenteuer. 1959: Die Nacht vor der Premiere; Napoleon in New Orleans [TV]; Der lustige Krieg des Hauptmann Pedro; Rosen für den Staatsanwalt; Liebe verboten – Heiraten erlaubt. 1959/60: Als geheilt entlassen. 1960: Zwei Berliner in Paris [D,A – TV]; Wer nicht hören will, muß fernsehen [TV]; Wir Kellerkinder [D,A]; 20 Minuten Aufenthalt [TV-KF]. 1961: Immer Ärger mit dem Bett; Macky Pancake: Die Tote vom Balkon [TV-KF]; Macky Pancake: Der Mann hinter der Gardine [TV-KF]; Macky Pancake: Es geschah im Nebel [TV-KF]; Der Traum von Lieschen Müller/Happy-End im siebten Himmel. 1962: Wenn ich Chef wäre [D,A – KF]; Genosse Münchhausen [D,R,A,P]. 1962/63: Die endlose Nacht. 1963: Meine Sünden – Deine Sünden: Der Fall Yussuf Ben Shehodet [TV]; Meine Sünden – Deine Sünden: Der Fall Blü-Tee [TV]; Meine Sünden – Deine Sünden: Der Fall Bacchus [TV]. 1964: Blick zurück – doch nicht im Zorn [TVS]; Aus dem Tagebuch eines Kabarettisten [D,A – TV]; Die Tote von Beverly Hills. 1965: Serenade für zwei Spione/Sinfonia per due spie [BRD/IT]. 1966: Der schwarze Freitag [TV]. 1966/67: Katz und Maus [BRD/PL]. 1968: Wenn man trotzdem lacht oder: Freiheit, die wir meinen [TV]. 1969: Rotmord [TV]. 1973: Ich lache Tränen, heule Heiterkeit [TV]; Chapeau Claque. 1974: Die halbe Eva [TV]. 1975: Glutmensch [TV]. 1982: Besuch beim Mann mit der Pauke [TV]. 1983: Das fliegende Chaos [Video]. 1983/84: Is' was, Kanzler?!?

Newman, Paul
(Paul Leonard Newman)
*26. 1. 1925 Cleveland (Ohio)
Besuch der Shaker Heights High School. Titelrolle in einer Kinderaufführung des Cleveland Playhouse. Nach Kriegsteilnahme Studium der Ökonomie und der Theaterwissenschaft am Kenyon College in Gambier, Ohio, Mitarbeit bei Studentenaufführungen. Bühnendebüt bei den Woodstock Players in Illinois. 1951/52 Fortsetzung der Ausbildung an Yale Drama School und Actors Studio. 1952 beim Fernsehen in New York. 1953 Broadway-Debüt mit «Picnic». Daraufhin Vertrag von Warner Bros. und Filmdebüt. Seitdem umfangreiche Filmarbeit, aber auch häufig Rückkehr zum Theater: 1955 am Broadway in «The Desperate Hours» und 1959 in «Sweet Bird of Youth». In Robert Wise' *Somebody Up There Likes Me* spielt er den Boxer Rocky Graziano. 1958 erhält er in Cannes den Darstellerpreis als Brandstifter Ben Quick in Martin Ritts *The Long Hot Summer*. Er spielt Billy the Kid in *The Left Handed Gun* (Arthur Penn) und neben Elizabeth Taylor den Alkoholiker und Versager Brick in Richard Brooks' *Cat On a Hot Tin Roof* (Oscar-Nominierung). Der charmante, gutaussehende und lange Jahre jugendlich wirkende Newman, einer der meistbeschäftigten Charakterdarsteller seiner Generation, wird mehrfach für Oscars nominiert. Er verkörpert den skrupellosen Spieler «Fast Eddie» Felson in Robert Rossons *The Hustler*, den haltlos-wilden Sohn in Ritts *Hud*. Erfolg als Detektiv Lew Harper in *Harper* (Stuart Rosenberg) und als amerikanischer Professor Armstrong in Alfred Hitchcocks DDR-Thriller *Torn Curtain*. Titelrolle des Zuchthäuslers in Rosenbergs *Cool Hand Luke* (1967). In Filmen von George Roy Hill hat er als Kumpel von Robert Redford Welterfolge: als Bandit Butch Cassidy in *Butch Cassidy and the Sundance Kid*, als kleiner Gangster Henry Gondorff in *The Sting*. 1982 ist er der heruntergekommene Anwalt in Lumets *The Verdict*. Nach sechs Nominierungen erhält er 1987 den Oscar mit der Wiederaufnahme der Rolle des alt gewordenen «Fast Eddie» Felson in Martin Scorseses *The Color of Money*. Häufig ist er Partner seiner zweiten Frau Joanne Woodward, so 1990 als kühler Ehemann in *Mr. & Mrs. Bridge* (James Ivory). 1968 Regie-Debüt mit *Rachel, Rachel*. 1969 Gründung der First Artists Production Company mit Barbra Streisand und Sidney Poitier. Er hat auch mit einem Sortiment von Salatsaucen Erfolg, deren Erlös der politisch engagierte Newman für wohltätige Zwecke stiftet.

[US] 1952–53: The Aldrich Family [TVS]. 1953: The Web: One For the Road [TV]; Goodyear Playhouse: The Young and the Fair [TV]. 1954: Danger: Knife in the Dark [TV]; The Silver Chalice (Der silberne Kelch); Goodyear Playhouse: Guilty Is the Stranger [TV]; Armstrong Circle Theatre: The Contender [TV]; The Mask: The Party Night [TV]. 1955: Philco Playhouse: The Death of Billy the Kid [TV]; Appointment With Adventure: Five in Judgement [TV]; Producers Showcase: Our Town [TV]; Philco Playhouse: Thundering Silence [TV]; The Playwright's Hour: The Battler [TV]. 1956: The Rack (Anklage: Hochverrat); Somebody up There Likes Me (Die Hölle ist in mir); The U.S. Steel Hour: Bang the Drum Slowly [TV]; The U.S. Steel Hour: The Five Fathers of Pepe [TV]; Kaiser Aluminium Hour: The Army Game [TV]; Kaiser Aluminium Hour: The Rag Jungle [TV]. 1957: The Helen Morgan Story (Ein Leben im Rausch); The Left Handed Gun (Einer muß dran glauben); Playhouse 90: The 80 Yard Run [TV]; Until They Sail (Land ohne Männer). 1958: The Long Hot Summer (Der lange heiße Sommer); Cat on a Hot Tin Roof (Die Katze auf dem heißen Blechdach); Rally 'round the Flag, Boys! (Keine Angst vor scharfen Sachen). 1959: On the Harmfulness of Tobacco [R,P – KF]; The Young Philadelphians (Der Mann aus Philadelphia). 1960: From the Terrace (Von der Terrasse); Exodus (Exodus). 1961: Paris Blues (Paris Blues); The Hustler (Haie der Großstadt). 1962: Sweet Bird of Youth (Süßer Vogel Jugend); Hemingway's Adventures of a Young Man (Hemingways Abenteuer eines jungen Mannes). 1963: The Prize (Der Preis); A New Kind of Love (Eine neue Art von Liebe); Hud (Der Wildeste unter Tausend). 1964: The Outrage (Carrasco, der Schänder) [D,P]; What a Way to Go! (Immer mit einem anderen). 1965: Lady L (Lady L.) [US/FR/IT]. 1966: Harper (Ein Fall für Harper); Hombre (Man nannte ihn Hombre); Torn Curtain (Der zerissene Vorhang). 1967: Cool Hand Luke (Der Unbeugsame). 1968: Rachel, Rachel (Die Liebe eines Sommers) [R,P]; The Secret War of Harry Frigg (Der Etappenheld). 1969: Butch Cassidy and the Sundance Kid (Zwei Banditen) [D,P]; Winning (Indianapolis – Wagnis auf Leben und Tod) [D,P]. 1970: WUSA (Machenschaften) [D,CoP]; King: A Filmed Record … Montgomery to Memphis (« …dann war mein Leben nicht umsonst» Martin Luther King); Puzzle of a Downfall Child [P]; America Is Hard to See [DOK]. 1971: Sometimes a Great Notion (Sie möchten Giganten sein) [D,R,P]; They Might Be Giants (Der verkehrte Sherlock Holmes) [P]. 1972: The Life and Times of Judge Roy Bean (Das war Roy Bean) [D,P]; Pocket Money (Zwei glücklose Cowboys) [D,P]. 1973: The Mackintosh Man (Der Mackintosh-Mann) [D,P – GB]; The Sting (Der Clou); The Effect of Gamma Rays on Man-in-the-Moon-Marigolds (Die Wirkung von Gammastrahlen auf das Wachstum der Ringelblumen) [R,P]. 1974: The Towering Inferno (Flammendes Inferno). 1975: The Drowning Pool (Unter Wasser stirbt man nicht) [D,P]. 1976: Buffalo Bill and the Indians or Sitting Bull's History Lesson (Buffalo Bill und die Indianer); Silent Movie (Mel Brooks' letzte Verrücktheit: Silent Movie). 1977: Slap Shot (Schlappschuß). 1978: Quintet (Quintett). 1979: When Time Ran Out … (Der Tag, an dem die Welt unterging). 1980: The Shadow Box (Endstation Malibu) [R,P – TV]; Fort Apache, the Bronx (The Bronx); Pole position – I guerrieri della formula 1 [IT]. 1981 Absence of Malice (Die Sensationsreporterin); Acting: Lee Strasberg and the Actors Studio [DOK]. 1982: Doin' What the Crowd Does [P – KF]; The Verdict (The Verdict – Die Wahrheit – und nichts als die Wahrheit …). 1983/84: Harry & Son (Harry und Sohn) [D,R,CoA,CoP]. 1986: The Color of Money (Die Farbe des Geldes). 1987: Hello Actors Studio (Hello Actors Studio) [DOK – FR]; The Glass Menagerie (Die Glasmenagerie) [R]. 1988: John Huston: The Man, the Movies, the Maverick [DOK]. 1989: Fat Man and Little Boy/Shadow Makers (Die Schattenmacher); Blaze (Blaze – Eine gefährliche Liebe). 1990: Mr. & Mrs. Bridge (Mr. & Mrs. Bridge). 1991: That's Driving. 1993/94: The Hudsucker Proxy (Hudsucker – Der große Sprung). 1994: Nobody's Fool (Nobody's Fool). 1997: The Magic Hour.

Nicholson, Jack

(John Nicholson)
*22. 4. 1937 Neptune (New Jersey)

Besuch der High-School in Neptune. 1957 Schauspielunterricht bei Jeff Corey in Los Angeles. Gleichzeitig Bürojunge im M-G-M-Studio sowie kleine TV-Rollen und Auftritte im Players Ring Theatre. 1958 Filmdebüt. Zusammenarbeit mit dem B-Film-Regisseur und Produzenten Roger Corman – zunächst als Schauspieler, ab 1963 als Autor, auch in der Produktion. 1965/66 Autor, Darsteller und Produzent in zwei Außenseiter-Western von Monte Hellman: *The Shooting* und *Ride in the Whirlwind*. 1969 als betrunkener und schließlich heimtükkisch von Normalbürgern erschlagener Anwalt George Hanson in Dennis Hoppers Kultfilm *Easy Rider* für den Nebenrollen-Oscar nominiert. Auch später oft im Typus des Außenseiters, so als zynischer Pianist Robert Eroica in *Five Easy Pieces* (Bob Rafelson). 1971 Regiedebüt mit *Drive, He Said*. Mitte der 70er Jahre steigt er zu einem der führenden Stars der jüngeren Hollywood-Generation auf: 1974 Oscar-Nominierung und Darstellerpreis in Cannes als G.I. Billy Buddusky in Hal Ashbys *The Last Detail*. In Roman Polanskis düsterem Krimi *Chinatown* überzeugt er als Privatdetektiv J. J. Gittes. 1975 Oscar als rebellischer Patient R. P. McMurphy in Milos Formans *One Flew Over the Cuckoo's Nest*. Der Topstar bevorzugt Charaktere, deren Normalität in Extremsituationen zerbricht, kann dabei jedoch ein breites Spektrum von Milieus und Genres abdecken: Er spielt einen wahnsinnig gewordenen Familienvater in *The Shining* (Stanley Kubrick), Frank Chambers in Rafaelsons *The Postman Always Rings Twice* und den Dramatiker Eugene O'Neill in Warren Beattys *Reds*. Als Ex-Astronaut Garrett Breedlove in James L. Brooks' *Terms of Endearment* erhält er einen weiteren Nebenrollen-Oscar. 1985 spielt er neben seiner langjährigen Lebensgefährtin Anjelica Huston in deren Vaters Mafia-Komödie *Prizzi's Honor* (Oscar-Nominierung). 1987 Rolle des Landstreichers in *Ironweed* (Hector Babenco) und teuflischer Daryl Van Horne in *The Witches of Eastwick* (George Miller). In Rob Reiners *A Few Good Men* verkörpert er den autoritären Colonel Nathan R. Jessup und unter der Regie von Danny DeVito die Titelrolle des umstrittenen Gewerkschaftsbosses in *Hoffa*. In Mike Nichols' *Wolf* ist er ein Lektor, der sich in einen Werwolf verwandelt. Sein Versuch, 1990 als Regisseur der Fortsetzung *The Two Jakes* an den Erfolg von *Chinatown* anzuknüpfen, mißlingt.

[US] 1958: The Wild Ride; The Cry Baby Killer. 1959: Too Soon to Love (Die Sünde lockt). 1960: Little Shop of Horrors (Kleiner Laden voller Schrecken); Studs Lonigan (Kein Stern geht verloren); Barbara Stanwyck Theater: The Mink Coat [TV]. 1961: Tales of Wells Fargo: The Washburn Girl [TV]. 1962: The Raven (Der Rabe – Duell der Zauberer); Hawaiian Eye: Total Eclipse [TV]; The Broken Land. 1963: The Terror (The Terror – Schloß des Schrekkens); Thunder Island [CoA]; Thunder Island [A]. 1964: Flight to Fury/Cordillera [D,CoA – US/PH]; Back Door to Hell; Ensign Pulver (Operation Pazifik). 1965: Ride in the Whirlwind (Ritt im Wirbelwind) [D,A,CoP]. 1966: The Wild Angels (Die wilden Engel) [P-ASS]; Dr. Kildare [TVS]; The Shooting (Das Schießen) [D,P]. 1967: The St. Valentine's Day Massacre (Chikago-Massaker); Hell's Angels on Wheels (Die wilden Schläger von San Francisco); The Trip (The Trip) [A]. 1968: Head [D,CoA, CoP]; Psych-Out. 1969: Easy Rider (Easy Rider). 1970: On a Clear Day You Can See Forever (Einst kommt der Tag ...); Rebel Rousers (Rebel Riders); Five Easy Pieces (Five Easy Pieces – Ein Mann sucht sich selbst). 1971: Carnal Knowledge (Die Kunst zu lieben); Drive, He Said; A Safe Place. 1972: The King of Marvin Gardens (Der König von Marvin Gardens). 1974: The Last Detail (Das letzte Kommando); Chinatown (Chinatown). 1975: Professione: Reporter (Beruf: Reporter) [IT]; The Fortune (Mitgiftjäger); Tommy (Tommy) [GB]; One Flew over the Cuckoo's Nest (Einer flog über das Kuckucksnest). 1976: The Last Tycoon (Der letzte Tycoon – Der Gigant von Hollywood); The Missouri Breaks (Duell am Missouri). 1978: Goin' South (Der Galgenstrick) [D,R]. 1980: The Shining (Shining) [GB]. 1981: The Border (Grenzpatrouille); Reds (Reds); The Postman Always Rings Twice (Wenn der Postmann zweimal klingelt). 1983: Terms of Endearment (Zeit der Zärtlichkeit). 1985: Prizzi's Honor (Die Ehre der Prizzis). 1986: Heartburn (Sodbrennen). 1987: Broadcast News (Nachrichtenfieber); The Witches of Eastwick (Die Hexen von Eastwick); Ironweed (Wolfsmilch). 1988/89: Batman (Batman). 1990: The Two Jakes (Die Spur führt zurück – The Two Jakes). 1991/92: Man Trouble (Man Trouble). 1992: Hoffa (Jimmy Hoffa); A Few Good Men (Eine Frage der Ehre). 1993/94: Wolf (Wolf – Das Tier im Manne). 1994: The Crossing Guard (Crossing Guard). 1996: Mars Attacks! (Mars Attacks !); The Evening Star (Jahre der Zärtlichkeit); Blood and Wine. 1997: Primary Colors.

Nielsen, Asta

(Asta Sofie Amalie Nielsen)
*11. 9. 1881 Kopenhagen
†25. 5. 1972 Kopenhagen

Aufgewachsen in Schweden und Dänemark. Schulbesuch bis 1895. Als Schulkind im Chor des Königlichen Theaters Kopenhagen. Privater Schauspielunterricht als Vorbereitung auf die Schule am Königlichen Theater. 1902–05 am Dagmar-Theater in Kopenhagen, dann mit Tournee-Theater durch Skandinavien. Ab 1908 am Neuen Theater in Kopenhagen. 1910 Hauptrolle in Urban Gads Erfolgsfilm *Afgrunden*. Mit Exklusivvertrag nach Deutschland, dort 1911–14 in zahlreichen Filmen Gads (1912–15 ihr Ehemann). Im Rollenspektrum vor allem Frauen in dramatischen Konflikten, die ihr geordnetes Leben durch unstandesgemäße Liebschaften «gefährden», z. B. in *Nachtfalter, Der fremde Vogel, Die arme Jenny*. Auch komische Rollen wie in *Jugend und Tollheit* und *Engelein*. Durch weltweiten Erfolg steigt die schlanke, schöne Frau zur «Duse des Films» auf. 1916 nach Dänemark, nach Kriegsende wieder im deutschen Film, vor allem in Dramen- und Literaturverfilmungen: u. a. *Rausch* (Ernst Lubitsch) nach Strindberg und *Irrende Seelen* (Carl Froelich) nach Dostoevskijs «Idiot». 1920–22 in drei selbstproduzierten Filmen: Titelrolle in *Hamlet* (Svend Gade, Heinz Schall), *Fräulein Julie* (Felix Basch) nach Strindberg, *Der Absturz* (Ludwig Wolff) um die Liebe einer alternden Frau zu einem jüngeren Mann. Schonungslose Darstellung von Frauen auf der untersten Stufe der Gesellschaft wie in G. W. Pabsts *Die freudlose Gasse* und Bruno Rahns *Dirnentragödie*. Abwendung vom Film; Bühnen-Comeback mit erfolgreichen Tourneen. 1932 letzte Filmrolle in *Unmögliche Liebe* (Erich Waschneck), dem einzigen Tonfilm. Ablehnung der von Goebbels angebotenen eigenen Filmproduktion. 1937 nach Dänemark, von 1939 bis zum deutschen Einmarsch 1940 Bühnenarbeit. Deutsche Filmangebote lehnt sie ab. Nach dem Krieg bildende Künstlerin mit Textil-Collagen aus ihren alten Roben und Arbeit für den Rundfunk. 1945/46 erscheinen die Memoiren «Den tiende Muse» (1961 deutsche Übersetzung «Die schweigende Muse»). Ihr autobiografischer Dokumentarfilm *Asta Nielsen* wird 1968 in Berlin ausgezeichnet. 1963 Filmband in Gold für langjähriges und hervorragendes Wirken im deutschen Film.

[DE] 1910: Afgrunden (Abgründe) [DK]. 1911: Nachtfalter; Heißes Blut; In dem großen Augenblick; Den sorte drøm (Der schwarze Traum. Eine Tragödie aus dem Zirkusleben) [DK]; Balletdanserinden (Ballettänzerin) [DK]; Zigeunerblut. Die Vagabundin; Der fremde Vogel; Die Verräterin. 1911/12: Die Macht des Goldes; Die arme Jenny. 1912: Zu Tode gehetzt; Der Totentanz; Die Kinder des Generals; Wenn die Maske fällt; Jugend und Tollheit; Das Mädchen ohne Vaterland; Komödianten. 1912/13: Die Sünden der Väter; Der Tod in Sevilla. 1913: Die Suffragette; S 1; Die Film-Primadonna; Engelein. 1913/14: Das Kind ruft; Zapatas Bande. 1914: Das Feuer; Aschenbrödel; Die Tochter der Landstraße; Vordertreppe und Hintertreppe; Die ewige Nacht; Die falsche Asta Nielsen; Engeleins Hochzeit; Die weißen Rosen. 1916: Das Liebes-ABC; Das Waisenhauskind/Der erste Patient; Dora Brandes; Eine Rose der Wildnis; Im Lebenswirbel; Das Eskimo-Baby; Die Börsenkönigin. 1918: Mod Lyset (Der Fackelträger) [DK]. 1919: Rausch; Das Ende vom Liede; Nach dem Gesetz; Graf Sylvains Rache. 1920: Der Reigen; Kurfürstendamm; Hamlet [D, P]; Steuermann Holk; Brigantenrache. 1921: Irrende Seelen. Sklaven der Sinne; Die Geliebte Roswolskys; Fräulein Julie [D,P]. 1922: Vanina. Die Galgenhochzeit; Der Absturz [D,P]; Die Tänzerin Navarro. 1922/23: Erdgeist. 1923: I.N.R.I. 1923/24: Das Haus am Meer; Lebende Buddhas/Götter von Tibet. 1924: Die Frau im Feuer; Hedda Gabler; Die Schmetterlingsschlacht. 1924/25: Athleten. 1925: Die freudlose Gasse; Die Gesunkenen. 1926/27: Laster der Menschheit/Laster. 1927: Dirnentragödie; Gehetzte Frauen; Kleinstadtsünder; Das gefährliche Alter. 1932: Unmögliche Liebe. 1968: Asta Nielsen [D,R,P – DOK – DK]

Niemczyk, Leon

* 15. 12. 1923 Warschau

Während des 2. Weltkrieges im Widerstand. Nach der Befreiung Unterricht im Schauspielstudio von Ivo Gall. 1952 Diplom als externer Student der Theaterhochschule Warschau. 1948 Bühnendebüt in Warschau, dann an Theatern in Danzig, Bydgoszcz und Breslau. 1954 Teatr Ludowy in Lódż. Im selben Jahr Filmdebüt in Jerzy Kawalerowicz' *Celuloza*. Seitdem Neben- und Episodenrollen bei Film und Fernsehen. Tragende Rollen bleiben Ausnahmen: 1959 Jerzy in *Pociąg* (Kawalerowicz); 1961 in Batorys *Odwiedziny prezydenta*; vor allem 1961 der Sportjournalist in Roman Polańskis Spielfilmdebüt *Nóż w wodzie*. Ab 1967 erhält er verstärkt Aufgaben in anderen osteuropäischen Ländern: für den Kommunisten Max Reger in Horst Seemanns *Zeit zu leben* (1969) erhält er den Nationalpreis der DDR. Seit Anfang der 70er Jahre widmet sich Niemczyk ausschließlich der Film- und Fernseharbeit. Er gilt als einer der meistbeschäftigten Episodendarsteller des europäischen Films der 70er und 80er Jahre.

[PL] 1953: Celuloza (Eines Menschen Weg). 1955: Sprawa pilota Maresza (Pilot Maresz); Trzy starty. 1. Nowela pływacka (Drei Starts); Zaczarowany rower; Godzina nadziei. 1956: Nikodem Dyzma (Der Mann im Frack); Człowiek na torze (Der Mann auf den Schienen). 1957: Eroica (Eroica – Polen 44) [EP]. 1958: Baza ludzi umarłych (Himmelfahrtskommando); Król Maciuś I; Ósmy dzień tygodnia/Der 8. Wochentag [PL/BRD]; Zadzwońcie do mojej żony/Co řekne žěna (Was sagt meine Frau dazu?) [PL/CS]. 1959: Sygnały; Pociąg (Der Nachtzug). 1960: Szczęściarz Antoni (Anton der Glückspilz); Szklana góra (Die Schöne aus der Hauptstadt); Krzyżacy (Die Kreuzritter). 1961: Ogniomistrz Kaleń (Feuermeister Kalen); Dziś w nocy umrze miasto (Die unvergessene Nacht); Odwiedziny prezydenta (Sein großer Freund); Nóż w wodzie (Messer im Wasser). 1962: Na białym szlaku (Schneeweiße Strecke); Mandrin, bandit gentilhomme/L'indomabile [FR/IT]. 1963: Ich dzień powszedni (Alltag einer Ehe); Yokmok; Pamiętnik pani Hanki. 1964: Panienka z okienka; Rękopis znaleziony w Saragossie (Die Handschrift von Saragossa); Agnieszka 46; Pierwszy pawilon [TV]. 1965: Katastrofa; Kapitan Sowa na tropie (Kapitän Sowa auf der Spur: Der Erpresser) [TVS]; Sposób bycia; Jutro Meksyk. 1966: Powrót na ziemię (Rückkehr zur Erde); Zejście do piekła; Chudy i inni; Piekło i niebo (Hölle und Himmel). 1966–68: Stawka większa niż ¿ycie (Sekunden entscheiden) [TVS]. 1967: Przeraźliwe łoże (Das unheimliche Bett) [TV]; Dziadek do orzechów; Wenus z Ille [TV]; Bicz boży (Der Erpresser in kurzen Hosen); Cała naprzód (Volldampf voraus); Die gefrorenen Blitze [DDR]; Człowiek, który zdemoralizował Hadleyburg (Der Mann, der Hadleyburg korrumpierte) [TV]. 1968: Zmartwychwstanie Offlanda (Offlands Auferstehung) [TV]; Ruchome piaski (Wanderdünen); Komedie pomyłek: Człowiek, który zdemoralizował Hadleyburg; Poradnik matrymonialny (Eheberatung); Otello z M-2 [TV]; Świat grozy: Przeraźliwe łoże; Hrabina Cosel (Gräfin Cosel). 1969: Zeit zu leben [DDR]; Gospodin Nikoi (Herr Niemand) [BG]; Sąsiedzi; Verdacht auf einen Toten [TV – DDR]; Rendezvous mit Unbekannt [DDR]; Aus unserer Zeit: Der Computer sagt nein [DDR]. 1970: Pogoń za Adamem; Pygmalion XII [TV – DDR]; Twarz anioła (Engelsgesicht); Znaki na drodze (Zeichen am Weg) [TV]; Folge einem Stern [TV – DDR]; Doktor Ewa [TVS]; Raj na ziemi (Paradies auf Erde); Stranen dvuboj (Ein seltsamer Zweikampf) [BG]; Różaniec z granatów [TV]; KLK an PTX – Die Rote Kapelle [DDR]. 1971: Wiktoryna, czyli «Czy pan pochodzi z Beauvais?» (Stammen Sie aus Beauvais?) [TV]; Lekce [CS]; Salut Germain [TVS – DDR]; Szerokiej drogi, kochanie; Zabijcie czarną owcę (Tötet das schwarze Schaf); Pięć i pół Bladego Józka [Nicht aufgeführt]. 1972: Kwiat paproci [Nicht aufgeführt]; Kopernik/Copernicus [PL/DDR]; Przyjęcie na 10 osób plus 3 [TV]; Er, sie, es [TV – DDR]; Samo mâžestveni dni [BG]; Tecumseh [DDR]; Die Schlüssel [DDR]. 1973: Apachen [DDR]; Droga [TVS]; Poprzez piąty wymiar [TV]; Unterm Birnbaum [DDR]. 1974: Visa für Ocantros [TV – DDR]; Spätsaison [TV – DDR]; Jej powrót (Ihre Rückkehr) [TV]; Dwoje bliskich, obcych ludzi (Zwei nahe, fremde Menschen) [TV]; Zapamiętaj imię swoje/Pomni imia svoi (Vergiß deinen Namen nicht) [PL/SU]; Ile jest życia (Wieviel ist das Leben wert?) [TV]; Potop (Sintflut). 1974–77: Czterdziestolatek (Stefek, der Vierzigjährige) [TVS]. 1974/75: Die unheilige Sophia [TV – DDR]; Karino (Das Fohlen Karino/Karino, der Champion) [TVS]. 1975: Pipad mrtvého muže [CS]; Das unsichtbare Visier [TVS – DDR]; Suse, liebe Suse [DDR]; Kazimierz Wielki; Die schwarze Mühle [TV – DDR]; Mein blauer Vogel fliegt [DDR]. 1975/76: Beethoven. Tage aus einem Leben [DDR]. 1976: Hasło (Das Kennwort) [TV]; Im Staub der Sterne [DDR]; Sein letzter Fall [TV – DDR]. 1977: Znak orła (Im Zeichen des Adlers) [TVS]; Happy End [TV – DDR]; Trini [DDR]; Bezkresne łąki (Endlose Wiesen); Wesela nie będzie (Der Scheidungsgrund); Palace Hotel [TV]; Lalka (Die Puppe) [TVS]; Milioner (Der Millionär). 1978: Achillesferse [DDR]; Życie na gorąco [TVS]; Ich will euch sehen [DDR]; Fleur Lafontaine [TV – DDR]; Anton der Zauberer [DDR]; Severino [DDR]; Poza układem [TV]; Koty to dranie [TV]. 1979: Gazda z Diabelnej (In den Wäldern von Diabelna) [TVS]; Laureat [TV]; Na własną prośbę [TV]; Wiśnie/Weichselkirschen [TV – PL/BRD]; Des Henkers Bruder [DDR]; Das unsichtbare Visier: Insel des Todes [TV – DDR]; Des Drachens grauer Atem [TV – DDR]; Buddenbrooks [TVS – BRD]; Gwiazdy poranne; Porwanie Savoi/Pachiščenie «Savoi» [PL/SU]; Ojciec królowej (Der Vater der Königin); Placówka (Vorposten). 1980: Demokrati [CS]; Ješli serce masz bijące; Anamnese [TV – DDR]; Archiv des Todes [TV – DDR]; Die Schmuggler von Rajggrod [DDR]; Levins Mühle [DDR]; Czułe miejsca; Krab i Joanna (Fahrensleute); Wyrok ...mierci (Das Todesurteil – Eine polnische Passion). 1980/81: Zwei Zeilen, kleingedruckt/Dve stroęki melkim šiftom [DDR/SU]; Die Kolonie [DDR]. 1981: Białe tango (Der weiße Tango) [TVS]; Wolny strzelec [TV]; On, ona, oni; Vabank (Alles auf eine Karte); Feuerdrachen [TV – DDR]; Pogotowie przyjedzie [TV]; Karl Marx Die jungen Jahre [TV – DDR/SU]; Aus der Franzosenzeit [TV – BRD]; Okolice spokojnego morza; «Anna» i wampir. 1982: Rächer, Retter und Rapiere [TVS – DDR]; Przeklęta ziemia; Der Prinz hinter den sieben Meeren [DDR]; Wilczyca (Die Wölfin); Wielki bieg [TV]; Wielki Szu (Das Poker-As); Odwet; Der lange Ritt zur Schule [DDR]; Życie Kamila Kuranta (Das Leben des Kamil Kurant) [TVS]; Hotel Polan und seine Gäste [TV – DDR]. 1983: Ostrze na ostrze (Klinge um Klinge); Kamienne tablice; Szaleństwa panny Ewy (Die Torheiten des Fräulein Ewa); Akademia pana Kleksa/Akademija pana Klaksy (Die Akademien des Herrn Kleks) [PL/SU]; Fucha; Piętro; Fort XIII; Pastorale heroica (Heroische Pastorale) [PL/SU]. 1984: O-bi, o-ba, koniec cywilizacji; Planeta Krawiec; Przemytnicy (Schmuggler); Sceny dziecięce z życia prowincji; Bestseller [TV]; Porcelana w składzie słonia [TV]; 07 zgłoś się (07 – Bitte melden) [TVS]; Zabicie ciotki; Smażalnia story; Tajemnica jeziora [TVS]; Ultimatum; Fetysz. 1985: Chrześniak (Das Patenkind); Ślady wilczych zębów/Zánik samoty Berhof [PL/CS]; Franziska [TV – DDR]; Sachsens Glanz und Preußens Gloria [TV – DDR]; Dłużnicy śmierci; Diabelskie szczęście; C. K. Dezerterzy (K.u.K. Deserteure); Mokry szmal; Bariery [TV]; Podróże pana Kleksa [PL/SU]; Wakacje w Amsterdamie; Sezon na bażanty; Menedżer; Epizod Berlin West; Ga, ga. Chwała bohaterom. 1985–87: Zdaniem obrony [TVS]. 1986: Złota Mahmudia; Jesienią o szczęściu (Glück im Herbst) [TV]; Der Bärenhäuter [DDR]; Klatka [TV]; Poczekaj, błyśnie [TV]; Pierścień i róża; Pierścień i róża [TVS]. 1987: Sonata marymoncka; Między ustami a brzegiem pucharu; Präriejäger in Mexiko [TV – DDR]; Ballada o Januszku [TVS]; Misja specjalna; Dwie wigilie [TV]; Na kłopoty ... Bednarski [TVS]; Koniec sezonu na lody; Klątwa Doliny Węży/Zakljatie doliny smej (Der Fluch des Schlangentals) [PL/SU]; Łuk Erosa (Erosbogen). 1987/88: Vera – Der schwere Weg der Erkenntnis [TV – DDR]. 1988: Alchemik. 4 Teile [TVS]; Obywatel Piszczyk; Kornblumenblau; Przyjaciel wesołego diabła (Der Freund des lustigen Teufels) [TVS]; Gwiazda piołun; Sławna jak Sarajewo; Pan Samochodzik i praskie tajemnice/Pražské tajemstvi (Prager Geheimnis) [PL/CS]; Łabędzi śpiew; Republika nadziei [TVS]; Bliskie spotkania z wesołym diabłem (Nahe Begegnung mit dem lustigen Teufel); Alchemik. 4 Teile [TVS]; Ostatni prom. 1989: Konsul (Der Konsul); Bal na dworcu w Koluszkach; Powrót wilczycy; Gdańsk 39 [TVS]; Modrzejewska [TVS]; Powrót wabiszczura. 1989–91: W labiryncie [TVS]. 1990: Napoleon w Europie. Warszawa/Napoléon. Marie Walewska [TVS – PL/FR]; Świnka [TVS]; Der Streit um des Esels Schatten [DDR]; Łódź 1911; Zabiæ na końcu; Seszele; Gorzka miłość; Kanalia [TV]. 1990–92: Siwa legenda [PL/UA/BG]. 1992: Tragarz puchu/Warszawa année 5703 [PL/FR/DE]; Straszny sen Dzidziusia Górkiewicza [TV]; Daens [BE/FR/NL]. 1993: Kolos [PL/NO]; Przejazd nie strzeżony; Rozmowa z człowiekiem z szafy; In a Moment of Passion [US]. 1994: Blood of the Innocent [US/PL]. 1995: Drzewa.

Nikitin, Fedor
(Fedor Michailovič Nikitin)
*3. 5. 1900 Lochviz
(Gouvern. Poltava)
†17. 7. 1988

Er absolviert das Zweite Studio des Moskauer Künstlertheaters und ist anschließend an Theatern in Moskau, Leningrad und Odessa engagiert. Filmdebüt 1919 in *Tereza Raken* (Boris Čaikovskij). Seine eigentliche Filmkarriere beginnt 1926 im Leningrader Sovkino-Studio (dem späteren Lenfilm-Studio): Er spielt den Vad'ka Savražin in *Kat'ka – Bumažnyj Ranet* (E. Ioganson; Fridrich Ermler). Seine bedeutendsten Stummfilmleistungen sind mit Ermlers Schaffen verbunden. 1928 spielt er die Titelrolle, den taubstummen Kirik Rudenko, genannt «Pariser Schuster», in *Pari žskij sapožnik* (Ermler), 1929 den Unteroffizier Filimonov in *Oblomok imperii* (Ioganson); dies wird sein größter Erfolg, auch international, sowie eine der bedeutendsten Leistungen im sowjetischen Stummfilm. Er spielt danach in zahlreichen Stumm- und Tonfilmen, oft in Episodenrollen. 1928 inszeniert Nikitin in Zusammenarbeit mit Evgenij Michailov die kurze Filmkomödie *Nota na kolesach*. Wichtige Rollen im Tonfilm sind Zvancev in *Akademik Ivan Pavlov* (Grigorij Rošal', 1949) und Dargomyžskij in *Musorkskij* (Rošal', 1950). 1985 wird er für die Rolle des alten Krupenin in Nikolaj Gubenkos *I žizn', i slezy, i ljubov'* auf dem Allunionsfilmfestival in Minsk mit dem Darstellerpreis prämiert. Ab 1959 arbeitet er als Lehrer am Leningrader Theaterstudio für Kinoschauspieler. Ab den 50er Jahren auch TV-Arbeit. Verschiedene nationale Auszeichnungen.

[SU] 1919: Tereza Raken [RU]. 1926: Kat'ka – Bumažnyj Ranet (Die von der Straße leben); Post No 18. 1928: Nota na kolesach [CoR]; Parižkij sapožnik; Dom v sugrobach; Inžener Elagin; Moj syn (Das Kind des Anderen). 1929: Oblomok imperii (Der Mann, der das Gedächtnis verlor/Trümmer eines Imperiums). 1930: Žizn' na polnyj chod. 1931: Svin'i vsegda svin'i. 1932: Dlja vas najdetsja rabota. 1933: Pervyj vzvod. 1934: Pesnja o sčast'e; Korolevskie matrosy. 1935: Zolotye ogni. 1937: Beleet parus odinokij (Es blinkt ein einsam Segel). 1949: Akademik Ivan Pavlov (Entschleierte Geheimnisse); Velikaja sila (Die große Kraft). 1950: Musorkskij (Melodie des Lebens). 1953: Rimskij-Korsakov (Rimski-Korsakow); Rannie rasskazy Čechova [TV]. 1955: Knjažna Meri (Prinzessin Mary); Geroi Šipki/Geroite na Šipka [SU/BG]. 1957: Don Sezar de Bazan; Nevesta; Trudnyj put'. 1958: Ne chočupreždevremennoj starosti; Družok. 1960: Severnaja povest' (Nördliche Novelle); Syn Iristona. 1961: Budni i prazdniki; Dve žizni. 1962: Razdum'ja; Bar'er neizvestnosti; Anafema. 1963: Sobirajuščij oblaka; Krysa na podnose [TV]; Čeremuški; Ulica N'jutona, dom 1; Iolanta (Jolanta). 1965: Ko mne, Muchtar! (Polizeihund Muchtar). 1966: Pereklička (Der Aufruf); Serdce materi (Das Herz einer Mutter); Pervyj posetitel'; Lebedinaja pesnja; Na odnoj planete; God kak žizn'; Zimnee utro (Wintermorgen). 1967: Tat'jana den' (Tatjanas Tag); Kamennyj gost'; Vernost' materi (Die Treue einer Mutter); Gor'kie zerna. 1968: Oni živut rjadom; Rycar' mečty. 1970: Sčastlivyj čelovek (Schritte auf der Erde); Troe; Veseloe vol'šebstvo. 1971: Odin iz nas (Einer von uns); Krasnyj diplomat (Der rote Diplomat) [TV]; Krušenie imperii. 1972: Ruiny streljajut [TV]; Dlinnaja doroga v korotkij den' (Ein langer Weg an einem kurzen Tag). 1973: Ja iz Leningrada; Oblaka; Nadežda (Nadeshda); Goroda i gody (Städte und Jahre); Otkrytaja kniga (Das offene Buch); Karpuchin; Igrok (Der Spieler) [SU/CS]. 1975: V to dalekoe leto ...; Zvezda plenitel'nogo sčast'ja (Traum vom fernen Glück); Variant «Omega» [TV]. 1976: Po sekretu vsemu svetu [TV]; Sprosi sebja [TV]. 1977: Sladkaja ženščina (Eine süße Frau); Ekzamen; Sobaka na sene (Der Hund im Heu) [TV]. 1978: Nepodvlastnye metry [KF]; Prijatnyj sjurpriz; Kol'ca Al'manzora (Die Zauberringe des Almansor). 1979: Udivitel'nye proključenija Denisa Korableva [TV]; Emel'jan Pugačev (Rebell gegen die Krone); Neznakomka [TV]; Gosudarstvennaja granica [TV]; Iskuplenie čuži grechov. 1980: Tainstvennyj starik (Der geheimnisvolle Alte). 1981: Kamila [TV]; Komendantskij čas (Sperrstunde); Naše prizvanie [TV]; Prodannyj smech [TV]. 1984: Ljubočka (Lubotschka) [TV]; Esli možeš', prosti; Parad planet; I žizn', i slezy, i ljubov'; Ljublju. Ždu. Lena (Ich liebe dich, erwarte dich – Lena). 1985: Zimnij večer v Gagrach. 1986: Obvinjaetsja svad'ba; Ja – vožatyj forposta [TV]; Pryžok; Korabl' prišel'zev (Das Schiff der Außerirdischen). 1986/87: Oci ciornie (Occhi neri)/Oči černye (Schwarze Augen) [IT/SU]. 1987: Zavtra byla vojna (Und morgen war Krieg); Pod znakom Krasnogo Kresta [TV]; Lilovyj šar (Die lila Kugel). 1988: Chleb – imja suščestvitel'noe [TVS].

Nikonenko, Sergej
(Sergej Petrovič Nikonenko)
*16. 4. 1941

Busschaffner und Briefträger, Studium an der Moskauer Filmhochschule VGIK in der Klasse von Sergej Gerasimov und Tamara Makarova. Nach Diplom 1964–72 Regieausbildung in derselben Meisterklasse. Bereits während seines Studiums erhält er verschiedene Filmaufgaben, u. a. auch von Gerasimov, und wird einer der meistbeschäftigten sowjetischen Schauspieler der jüngeren Generation. Wichtige Rollen hat er in *Kryl'ja* (Larisa Šepit'ko, 1966), *Vojna i mir* (Sergej Bondarčuk, 1966/67) und *Dvorjanskoe gnezdo* (Leonid Nečaev, 1969). In zwei ungarischen Produktionen, *Igy Jöttem* (András Kozák, 1964) und

Csillgosok katonák (Miklós Janscó, 1967), verkörpert er junge, fast verspielte Russen. Eine seiner interessantesten Rollen erhält er 1973 von Sergej Urusevskij: den Dichter Sergej Esenin in *Poj pesnju, poet*. Ab 1972 führt Nikonenko Regie. 1972 wird auf dem Kurzfilmfestival von Oberhausen sein Diplomfilm *Petruchina familija* ausgezeichnet, ebenfalls auf dem Kurzfilmfestival von Grenoble 1974. Im selben Jahr inszeniert er den Spielfilm *Pticy nad gorodom*, 1975 seinen zweiten Spielfilm, *Tryn-Trava*. 1984 Regie-Arbeit *Ljublju. Ždu. Lena*. Sergej Nikonenko ist Verdienter Künstler der RSFSR.

[SU] 1961: Žizn' snačala [TV]; Serdce ne proščaet. 1962: Ljudi i zveri/Menschen und Tiere [SU/DDR]; 49 den'. 1963: Eto slučilos' v milicii (Es geschah in der Miliz); Šurka vybiraet more. 1964: Így jöttem (So kam ich) [HU]; Mirnoe vremja. 1965: Zvonjat, otkrojte dver' (Tanja sucht Freunde); Černyj biznes. 1966: Kryl'ja (Flügel); Vojna i mir (Krieg und Frieden); Csillagosok, katonák/Zvezdy i soldaty (Sterne an den Mützen) [HU/SU]. 1967: Žurnalist; Rodina električestva [KF]; Ich war neunzehn [DDR]; Mesta tut tichie (Hier ist es ruhiger). 1968: Nikolaj Bauman (Für das Glück der Menschheit). 1969: Zolotye vorota; Prestuplenie i nakazanie (Schuld und Sühne); Dvorjanskoe gnezdo (Ein Adelsnest); Nepodsuden (Testflug). 1970: Spokojnyj den' v konce vojny [KF]; Belyj vzpyv (Weiße Explosion); Strannye ljudi (Seltsame Leute); Krasnaja ploščad' (Der Rote Platz). 1970/72: Osvoboždenie (Befreiung). 1971: Rasskazy o Denizy (Abenteuer mit Deniska) [TV]; Odin iz nas (Einer von uns); Poj pesnju, poet!; Deržis' za oblaka. 1972: Petruchina familija [R – KF]; Echali v tramvae Il'f i Petrov [TV]. 1973: Mramornyj dom; Za oblakami nebo. 1974: Pervoe i vtoroe; Pticy nad gorodom [R]; Dva dnja trevogi. 1974/75: Zemljaki. 1975: Tam, za gorizontom; Tryn-Trava (... alles schnuppe) [D, R]; Vol'nyj Černogo morja (Es blinkt ein einsam Segel) [TVS]. 1976: Prinimaju na sebja (Ich übernehme die Verantwortung); Fantazii Vesnuchina [TV]. 1977: Dolgi naši; Choždenie po mukam [TV]; Neokončennaja p'esa dlja mechaničeskogo pianino (Unvollendetes Stück für ein mechanisches Klavier); Dalekij marš [KF]. 1978: Celujutsja zori [R]; Poka bezumstvuet mečta. 1979: Tema (Das Thema); Raskolotoe nebo [TV]. 1980: Kinoal'manach «Molodost'» No 3; Aprel'skie syn; Cholostjaki [KF]; Bezotvetnaja ljubov'; Pozdenie svidanija (Das letzte Rendezvous); S ljubimymi ne rasstavajtes'. 1981: Cyganskoe sčast'e [R, A]; Šestoj (Der Sechste). 1983: Letargija; Svidanie; Inspektor GAI (Der Sündenbock). 1984: Ljubočka (Lubotschka); Ljublju. Ždu. Lena (Ich liebe dich, erwarte dich – Lena); Parad planet; Esli možeš', prosti. 1985: Džura – ochotnik iz Min-Archara [TV]; Zimnij večer v Gagrach. 1986: Byla ne byla; Dopolnitel'nyj pribyvaet na vtoroj put' [TV]; Korabl' prišel'zev (Das Schiff der Außerirdischen) [D, R]. 1987: Lilovyj šar (Die lila Kugel); Eralaš No 57; Upolnomočennyj revoljuciej [TV]; Pro ljubov', družbu i sud'bu; Zavtra byla vojna (Und morgen war Krieg). 1988: Fitil' No 314; Lapta [TV]; Elki-palki. 1989: Stalingrad; V znak protesta [TV]; Žizn' po limitu. 1990: Krasnoe vino pobedy [TV]; Moi ljudi; Bes v rebro; Piry Valtasara, ili Noč' so Stalinym; Ispanskaja aktrisa dlja russkogo ministra; Neljud', ili V raju zapreščena ochota. 1991: Umitat' ne staršno [RU]; Agenty KGB tože vljubljajutsja [RU]; Vivat, gardemariny! [RU]; Rabe vumen [RU]; Sem'janin [RU]. 1992: Fandango dlja martyški [RU]; Pochoždenija Čičikova [TV – RU]; V poiskach zolotogo fallosa [RU]; Choču vašego muža [RU]; Brjunetka za 30 kopeek [RU]; Igra vser'ez [RU]; Ankor, ešče ankor! [RU]; Choču v Ameriku [RU]. 1996: Cicatriz [RU/CL].

Nikulin, Jurij

(Jurij Vladimirovič Nikulin)
*18. 12. 1921 Demidov (Gebiet Smolensk)
21. 8. 1997 Moskau

Ausbildung als Clown an der Moskauer Zirkusschule. Bevor er 1958 zum ersten Mal in einem Film auftritt, ist Nikulin bereits in der Sowjetunion ein populärer Clown. Sein Filmdebüt ist die Rolle des Pyrotechnikers in *Devuška s gitaroj* (Aleksandr Fajncimmer, 1958). Auf der Leinwand verkörpert er zumeist etwas skurrile Zeitgenossen. Sein erster großer Erfolg ist 1962 der sympathische Kuz'ma Kumič Iordanov in *Kogda derev'ja byli bol'šimi* (Lev Kulidžanov). Weitere wichtige Rollen in den 70er Jahren: der Mönch Patrikej in *Andrej Rublev* (Andrej Tarkovskij), der Mjačikov in *Stariki-razbojniki* (El'dar Rjazanov) und der Journalist Lopatin in *Dvadcat' dnej bez vojny* (Aleksej German). 1982 erscheinen in Moskau seine Lebenserinnerungen «Počti ser'zno ...». Jurij Nikulin ist Verdienter Künstler und Staatspreisträger der RSFSR sowie Volkskünstler der UdSSR.

[SU] 1958: Devuška c gitaroj (Das Mädchen mit der Gitarre). 1959: Nepoddajuščiesja (Versuch's mit der Liebe). 1960: Jaša Toporkov (Jascha Toporkow). 1961: Drug moj, Kol'ka!; Soveršenno ser'ezno. 1962: Kogda derev'ja byli bol'šimi (Als die Bäume groß waren); Molodo-zeleno; Samogonščiki [KF]. 1963: Bez stracha i upreka (Ohne Furcht und Tadel); Delovye ljudi; Bol'šoj «fitil'». 1965: Ko mne, Muchtar! (Polizeihund Muchtar); Operacija «Y» i drugie prikljućenija Šurika (Operation «Y» und andere Abenteuer Schuriks); Dajte žalobnuju knigu! (Bitte das Beschwerdebuch); Fantazery. 1967: Malen'kij beglec (Der kleine Ausreißer); Kavkazskaja plennica (Entführung aus dem Kaukasus). 1968: Noven'kaja (Die Neue); Brilliantovaja ruka (Der Brillantenarm). 1969: Parad alle (Parade der Artisten); Sem' starikov i odna devuška (Sieben Alte und ein Mädchen) [TV]. 1971: Andrej Rublev (Andrej Rubljow); Dvenadcat' stul'ev; V poiskach narušitelja. 1972: Stariki-razbojniki (Die Alten, diese Räuber); Telegramma (Das Telegramm). 1973: Točka, točka, zapjataja ... (Punkt, Punkt, Komma). 1975: Oni sražalis' za Rodinu (Sie kämpften für die Heimat). 1976: Klouny i deti [KF]. 1977: Priključenija Travki (Trawkas Abenteuer); Dvadcat' dnej bez vojny (Zwanzig Tage ohne Krieg). 1983: Ne choču byt' vzroslym. 1984: Čučelo (Vogelscheuche). 1986: Zvezdočet [TV]; Dinastija Butyginych [TV]. 1987: Vizit k Minotavry [TV]; Eralaš No 38. 1990: Zirk dlja moich vnukov [TV].

Niven, David

(James David Graham Niven)
* 1. 3. 1910 Kirriemuir (Schottland)
†29. 7. 1983 Château-d'Oex (Schweiz)

1928–30 Ausbildung am Royal Military College in Sandhurst, bis 1932 als Lieutenant u. a. auf Malta. Ab 1933 in Kanada und in den USA u. a. als Journalist und Whiskey-Verkäufer. 1934 nach Hollywood und Übernahme kleiner Western-Rollen. 1936 erste bedeutende Rolle als Major Lockert in der Sinclair-Lewis-Adaption *Dodsworth* (William Wyler). Größerer Erfolg als Weltkriegs-Pilot und Kumpel von Errol Flynn in *The Dawn Patrol* (Edmund Goulding). 1938/39 als Edgar in Wyler's *Wuthering Heights*. Während des 2. Weltkriegs in England u. a. in Propagandafilmen. 1946 als englischer Kriegspilot auf der Schwelle zwischen Leben und Tod in *A Matter of Life and Death* (Michael Powell, Emeric Pressburger). Damit ist das Image als liebenswerter Bursche mit fein gesprochenem Englisch, perfekten Manieren und aristokratischer Ausstrahlung festgelegt. Anschließend Rückkehr nach Hollywood, ab 1949 freier Schauspieler. Engagements beim amerikanischen Fernsehen und am Broadway. 1952 zusammen mit Ida Lupino, Charles Boyer und Dick Powell Gründung der Produktionsgesellschaft Four Star Television Co. In San Francisco in dem Stück «The Moon Is Blue» (1952) auf der Bühne, ein Jahr später auch in Otto Premingers Filmversion. Welterfolg als Phineas Fogg in *Around the World in Eighty Days* (Michael Anderson). 1958 ein Oscar für die Rolle des Major Pollock in *Separate Tables* (Delbert Mann). Diese Rolle ist eher untypisch für Nivens Arbeit, wie auch der verantwortungslose Playboy in *Bonjour Tristesse* (Preminger) und der Corporal im Kriegsspektakel *The Guns of Navarone* (J. Lee Thompson). Ab 1960 zumeist in Europa tätig, oft als der «humorvolle englische Gentleman». In seinem letzten Film, *Curse of the Pink Panther* (Blake Edwards) von 1983, wird die Stimme des von der Parkinsonschen Krankheit gezeichneten Niven von einem anderen Sprecher synchronisiert. Niven veröffentlicht einige Bücher, darunter die Autobiografien «The Moon's a Balloon» (1971) und «Bring on the Empty Horses» (1975) sowie die Romane «Round the Rugged Rocks» (1951) und «Go Slowly, Come Back Quickly» (1981).

[GB] 1933: Eyes of Fate [GB]. 1935: Without Regret (Erpresser); Barbary Coast (San Francisco im Goldfieber); A Feather in Her Hat; Splendor; Rose Marie (Rose Marie). 1936: Palm Springs; Dodsworth (Zeit der Liebe, Zeit des Abschieds); The Charge of the Light Brigade (Der Verrat des Surat Khan); Thank You, Jeeves; Beloved Enemy (Geliebter Rebell). 1936/37: We Have Our Moments. 1937: The Prisoner of Zenda (Der Gefangene von Zenda); Dinner at the Ritz (... heute abend – Hotel Ritz). 1937/38: Bluebeard's Eighth Wife (Blaubarts achte Frau). 1938: Four Men and a Prayer (Vier Mann – ein Schwur); Three Blind Mice; The Dawn Patrol. 1938/39: Wuthering Heights (Stürmische Höhen). 1939: Bachelor Mother (Die Findelmutter); The Real Glory (Verrat im Dschungel); Eternally Yours (Zauberer der Liebe); Raffles. 1942: The First of the Few [GB]. 1944: The Way Ahead [GB]. 1946: The Perfect Marriage; Magnificent Doll (Wunderbare Dolly); A Matter of Life and Death (Irrtum im Jenseits) [GB]. 1947: The Other Love (Die andere Liebe); The Bishop's Wife (Jede Frau braucht einen Engel). 1948: Enchantment (Betrogene Jugend); Bonnie Prince Charlie [GB]. 1948/49: A Kiss in the Dark. 1949: A Kiss for Corliss. 1950: Nash Airflite Theater: Portrait of Lydia [TV]; The Toast of New Orleans (Der Fischer von Louisiana); The Elusive Pimpernel (Das dunkelrote Siegel) [GB]. 1950/51: Happy Go Lovely (Glücklich und verliebt) [GB]. 1951: The Lady Says No!; Soldiers Three (Drei auf Abenteuer); Schlitz Playhouse: Not a Chance [TV]; Appointment with Venus [GB]. 1952: The Four Star Playhouse: The Island [D,P – TV]; Celanese Theater: The Petrified Forest [TV]. 1953: The Moon Is Blue (Die Jungfrau auf dem Dach) [Version]. 1953–54: The Star and the Story [P – TVS]. 1953/54: The Love Lottery. 1954: The Four Star Playhouse: The Bomb [D,P – TV]; Happy Ever After (Ein neuer Geist auf Schloß Rathbarney) [GB]; Carrington, V.C. (Major Carrington) [GB]. 1955: The King's Thief (Des Königs Dieb); The Four Star Playhouse: Full Circle [D,P – TV]; The Four Star Playhouse: Tusitala [D,P – TV]. 1956: The Birds and the Bees (Die falsche Eva); The Little Hut (Die kleine Hütte); The Silken Affair; Around the World in 80 Days (In 80 Tagen um die Welt). 1956–57: Hey, Jeannie! [P – TVS]. 1956–59: Zane Grey Theatre [P – TVS]. 1957: Oh, Men! Oh, Women!; Alcoa-Goodyear Theatre: The Tinhorn [TV]; Turn of Fate: Decision by Terror [TV]; Turn of Fate: In the Dark [TV]; Turn of Fate: Tinhorn [TV]; Turn of Fate: Circumstantial [TV]; Turn of Fate: Danger by Night [TV]; Turn of Fate: Fatal Charm [TV]; Turn of Fate: My Wife's Next Husband [TV]; Turn of Fate: Night

Caller [TV]; My Man Godfrey (Mein Mann Gottfried). 1957–58: Alcoa Theatre [TVS]. 1957–59: Trackdown [P – TVS]. 1957–60: Richard Diamond, Private Detective [P – TVS]. 1958: Alcoa-Goodyear Theatre: In the Dark [TV]; Separate Tables (Getrennt von Tisch und Bett); Alcoa-Goodyear Theatre: The Night Caller [TV]; Bonjour Tristesse (Bonjour Tristesse) [GB]. 1958–60: Wanted – Dead or Alive (Josh) [P – TVS]. 1958–63: The Rifleman [P – TVS]. 1959: Happy Anniversary (Ehegeheimnisse); The David Niven Show: The Last Room [TV]; Ask Any Girl (Immer die verflixten Frauen); Please Don't Eat the Daisies (Meisterschaft im Seitensprung); The David Niven Show [TVS – 13 Folgen]. 1959–60: Johnny Ringo [P – TVS]; Law of the Plainsman [P – TVS]; Black Saddle [P – TVS]. 1959–61: The DuPont Show with June Allyson [P – TVS]. 1959–62: The Detectives [P – TVS]. 1960: The Westerner [P – TVS]. 1960–61: Michael Shane [P – TVS]; The Tom Ewell Show [P – TVS]; Peter Loves Mary [P – TVS]; Dante [P – TVS]; Stagecoach West [P – TVS]. 1960–62: The Law and Mr. Jones [P – TVS]. 1961: The Guns of Navarone (Die Kanonen von Navarone) [GB]; I due nemici (Liebenswerte Gegner) [IT]. 1961–62: Target! The Corrupters [P – TVS]; The Gertrude Berg Show/Mrs. G. Goes to College [P – TVS]. 1961–63: The Dick Powell Theatre [P – TVS]. 1962: The Road to Hong Kong (Der Weg nach Hongkong) [GB]; Guns of Darkness (Flucht aus dem Dunkel) [GB]; La città prigioniera (Die eingeschlossene Stadt) [IT]; Il giorno più corto [IT]. 1962–63: Ensign O'Toole [P – TVS]; The Lloyd Bridges Show [P – TVS]; Saints and Sinners [P – TVS]; McKeever and the Colonel [P – TVS]. 1963: 55 Days at Peking (55 Tage in Peking). 1963–66: Burke's Law [P – TVS]. 1964: Rogues (Gauner gegen Gauner) [TVS]; The Pink Panther (Der rosarote Panther); Bedtime Story (Zwei erfolgreiche Verführer). 1964–65: The Rogues [TVS – 29 Folgen]. 1965: Amos Burke, Secret Agent [P – TVS]; Where the Spies Are (Dolche in der Kasbah) [GB]; Lady L (Lady L.) [US/FR/IT]. 1965–66: The Smothers Brothers Show [P – TVS]; Honey West [P – TVS]. 1965–69: The Big Valley [P – TVS]. 1966: Eye of the Devil (Die schwarze 13) [GB]. 1966/67: Casino Royale (Casino Royale) [GB]. 1967/68: Prudence and the Pill (Die Pille war an allem schuld) [GB]. 1968: The Impossible Years (... alles, was verboten ist); The Extraordinary Seaman. 1968/69: Le cerveau/Il cervello (Das Superhirn) [FR/IT]; Before Winter Comes (Bevor der Winter kommt) [GB]. 1970: The Statue [GB]. 1971/72: King, Queen, Knave/Herzbube [US/BRD]. 1974: The Canterville Ghost [TV – GB]; Paper Tiger (Papiertiger) [GB]; Vampira [GB]. 1975–76: David Niven's World [S – DOK-TVS – GB]. 1976: Murder by Death (Eine Leiche zum Dessert/Verzeihung, sind Sie der Mörder?); No Deposit, No Return. 1977: Candleshoe (Abenteuer auf Schloß Candleshoe). 1978: Death on the Nile (Tod auf dem Nil) [GB]. 1979: Escape to Athena (Flucht nach Athena) [GB]; A Man Called Intrepid (Der Furchtlose) [TVS – CA/US]. 1980: Rough Cut (Der Löwe zeigt die Krallen) [GB]; A Nightingale Sang in Berkeley Square (Der Supercoup) [GB]; The Sea Wolves (Die Seewölfe kommen) [GB/US/CH]. 1981: Portrait of a Great Lady [TV – GB]; Better Late Then Never (Ein Opa kommt selten allein) [GB]. 1982: The Trail of the Pink Panther (Der rosarote Panther wird gejagt) [GB]. 1983: Curse of the Pink Panther (Der Fluch des rosaroten Panthers) [GB].

Noiret, Philippe

*1. 10. 1930 Lille

Sohn eines Textilkaufmanns. Kindheit in Marokko und Frankreich. 1950/51 Schauspielunterricht bei Roger Blin; Mitarbeit am Centre dramatique de l'Ouest. In Paris zunächst am Théâtre de l' Œuvre, dann in über dreißig Inszenierungen am Théâtre National Populaire unter Jean Vilar (1953–60) und schließlich am Théâtre de L'Atelier. Daneben Kabarett mit Jean-Pierre Darras, Fernsehauftritte und Radiosendungen. 1962 Heirat mit der Schauspielerin Monique Chomette. Nach kurzen Stippvisiten 1960 Beginn der Karriere beim Film. 1962 Auszeichnung in Venedig für Georges Franjus *Thérèse Desqueyroux*. Populär wird Noiret 1967 durch die Titelrolle des unglücklichen Misanthropen in Yves Roberts *Alexandre le Bienheureux*. 1967–70 Engagements in den USA, u.a. für Alfred Hitchcocks Beitrag zum kalten Krieg, *Topaz*, in dem die Geheimdienstmänner Michel Piccoli und Noiret durch ihr zurückgenommenes Spiel die Kolportage erträglicher machen. Seit Ende der 60er Jahre Charakterstudien bourgeoiser Lebensart in zeitkritischen Gegenwartsfilmen, Krimis und Komödien. Dabei kontrastiert die jungenhafte Rundlichkeit Noirets mit der Morbidität von Anschauungen und Handlungen der von ihm verkörperten Charaktere; beispielhaft in Marco Ferreris *La gande bouffe*. 1972 Auszeichnung bei den Filmfestspielen Berlin für seine Rolle in Jean-Pierre Blancs sensibler Liebesgeschichte *La vieille fille* und 1976 César als Rächer in Robert Enricos Antikriegsfilm *Le vieux fusil*. Mehrfach Zusammenarbeit mit Bertrand Tavernier: In dessen Milieustudie *Le juge et l'assassin* spielt er einen Richter, der sich vergeblich von seinem Mutterkomplex zu befreien sucht, in der Kolonialsatire *Coup de torchon* einen widerwärtigen Polizisten und in *La vie et rien d'autre* (1989, César) einen obsessiven Offizier, den die Kriegstoten nicht ruhen lassen. Unter den zahlreichen Arbeiten in Italien sind seine Rollen in Valerio Zurlinis *Il deserto dei tartari*, in Francesco Rosis *Tre fratelli*, in Ettore Scolas *La famiglia* und in Guiseppe Tornatores poetischem Abgesang auf bessere Kinozeiten *Cinema Paradiso* hervorzuheben. 1989 Auszeichnung mit dem Europäischen Filmpreis Felix. Einen altgedienten Gangster, der in Rente gehen will, spielt er in *Max et Jérémie*, einen pensionierten Musketier, der seinen Ruhestand aufgeben muß, in *La fille de d'Artagnan*.

FR] 1948: Gigi (Gigi). 1950: Olivia. 1951: Agence matrimoniale (Heiratsvermittlung). 1954/55: La pointe courte (La pointe courte). 1959: Clarisse Fernigan [TV]; Macbeth [TV]. 1960: Cyrano de Bergerac [TV]; Zazie dans le métro (Zazie); Ravissante/Le mogli degli altri (Eine süße Katastrophe) [FR/IT]; Le capitaine Fracasse/Capitan Fracassa (Fracass, der freche Kavalier) [FR/IT]. 1961: Les amours célèbres/Amori celebri. 1. EP: Lauzun (Galante Liebesgeschichten) [EP – FR/IT]; Le rendez-vous/L'appuntamento (Hinter fremden Fenstern) [FR/IT]; Tout l'or du monde (Alles Gold der Welt); Comme un poisson dans l'eau. 1962: Le mal court [TV]; Le massaggiatrici/Les faux-jetons (... mit Damenbedienung) [IT/FR]; Le massaggiatrici/Les faux-jetons (... mit Damenbedienung) [IT/FR]; Thérèse Desqueyroux (Die Tat der Thérèse D.); Le crime ne paie pas/Il delitto non paga. 2. EP: L'Affaire Hugues (Verbrechen aus Liebe) [EP – FR/IT]. 1962/63: Ballade pour un voyou (Der dunkelgrüne Koffer). 1963: Cyrano e d'Artagnan/Cyrano et d'Artagnan/Cyrano y d'Artagnan (Der letzte Musketier) [IT/FR/ES]; Clémentine chérie [FR/IT]; La porteuse de pain (Unschuldig geächtet); Mort, où est ta victoire? (Tod, wo ist dein Sieg?). 1963/64: Monsieur/Intrigo a Parigi/Monsieur [FR/IT/BRD]. 1964: Château en Suède [TV]; Les copains. 1965: Lady L (Lady L.) [US/FR/IT]; La vie de château (Leben im Schloß); Paris brûle-t-il?/Is Paris Burning? (Brennt Paris?) [FR/US]. 1966: Tendre vouyou/Un avventuriero a Tahiti (Geliebter Schuft) [FR/IT]; Anatole [TV]; The Night of the Generals/La nuit des généraux (Die Nacht der Generale) [GB/FR]; La fin de la nuit [TV]; Le voyage du père/Destinazione marciapiede (Die Reise des Vaters) [FR/IT]; Les sultans/L'amante italiana (Nur eine Nacht, Chérie) [FR/IT]; Qui êtes-vous Polly Magoo? (Wer sind Sie, Polly Maggoo?). 1967: Justine (Alexandria – Treibhaus der Liebe) [US]; Alexandre le bienheureux (Alexander der glückselige Träumer); L'Une et l'autre (Die eine und die andere); Woman Times Seven/Sept fois femme. 7. EP: Snow (Jeanne) (Siebenmal lockt das Weib) [EP – US/FR]. 1968: Mister Freedom (Mr. Freedom); Adolphe ou l'âge tendre (Tanjas Geliebter); Les caprices de Marie (Wenn Marie nur nicht so launisch wär'). 1968/69: The Assassination Bureau (Mörder GmbH) [GB]. 1969: Clérambard (Adel schützt vor Torheit nicht); Topaz (Topas) [US]. 1971: La vieille fille/La tardona (Das späte Mädchen) [FR/IT]; La mandarine (Eine verrückte Familie) [FR/IT]; Les aveux les plus doux/Ricatto di un commissario di polizia a un giovane indiziato di reato (Zärtliche Wünsche) [FR/DZ/IT]; Murphy's War (Das Wiegenlied der Verdammten) [GB]; A Time for Loving (Das Pariser Appartement) [GB]; Siamo tutti in liberta provvisoria [IT/FR/BRD]. 1972: L'Attentat/L'Attentato/Das Attentat [FR/IT/BRD]; Le trèfle à cinq feuilles. 1973: Poil de carotte; Le serpent/Il serpente/Die Schlange [FR/IT/BRD]; La grande bouffe/La granda abbuffata (Das große Fressen) [FR/IT]; Les Gaspards [FR/BE]; La mano spieta della legge (Die gnadenlose Hand des Gesetzes) [IT]; Touche pas la femme blanche/Non toccare la donna bianca (Hände weg von weißen Frauen!) [FR/IT]. 1974: Un nuage entre les dents (Eine Wolke zwischen den Zähnen); L'Horloger de Saint-Paul (Der Uhrmacher von Saint-Paul); Le jeu avec le feu/Giochi di fuoco (Das Spiel mit dem Feuer) [FR/IT]; Que la fête commence (Das Fest soll beginnen); Le secret (Das Geheimnis). 1975: Le juge et l'assassin (Der Richter und der Mörder); Amici miei (Ein irres Klassentreffen) [IT]; Le vieux fusil/Abschied in der Nacht/Das alte Gewehr [FR/BRD]; Monsieur Albert. 1976: Il deserto dei Tartari/Le désert des Tartares/Die Tatarenwüste [IT/FR/BRD]; Une femme à sa fenêtre/Una donna alla finestra/Die Frau am Fenster [FR/IT/BRD]; Il comune senso del pudore [EP – IT]. 1977: Il testimone/Le témoin (Der Zeuge) [IT/FR]; Un taxi mauve (Das malvenfarbene Taxi); La barricade du Point du Jour (Die Barrikade vom Point du Jour); Who is Killing the Great Chiefs of Europe (Die Schlemmer-Orgie) [US]; Tendre poulet (Ein verrücktes Huhn). 1978/79: Due pezzi di pane/Deux bonnes pates (Zwei Väter, ein Kind und die schöne Lucia) [IT/FR]. 1979: Rue du pied de grue [FR/BE]; On a volé la cuisse de Jupiter (Wer hat der Po von Jupiter geklaut?). 1980: Une semaine de vacances (Ferien für eine Woche); Pile ou face (Auch Mörder haben schöne Träume, Kopf oder Zahl). 1980/81: Tre fratelli/Trois frères (Drei Brüder) [IT/FR]. 1981: L'Étoile du Nord (Stern des Nordens); Il faut tuer Birgit Hass; Coup de torchon (Der Saustall). 1982: Amici miei, atto II (Meine Freunde) [IT]; L'Africain (Der Buschpilot). 1983: L'Ami de Vincent (Mein Freund, der Frauenheld); Le grand carnaval. 1984: Fort Saganne; Les ripoux (Die Bestechlichen); Souvenirs, souvenirs (Souvenirs, Souvenirs); Aurora/Qualcosa di biondo (Aurora) [TV – US/IT]; L'Été prochain (Die Familienpyramide); Les rois du gag. 1985: La femme secrète; Le quatrième pouvoir (Zweifelhafte Karriere). 1986: Twist Again à Moscou (Twist Again in Moskau); Speriamo che sia femmina/Pou Roi de Pari rvu que ce soit une fille (Hoffen wir, daß es ein Mädchen wird) [IT/FR]; La harka [KF]; Noyade interdite (Ertrinken verboten); Masques (Masken). 1986/87: La famiglia/La famille (Die Familie) [IT/FR]. 1987: Gli occhiali d'oro/Les lunettes d'or/Zlatne naocale (Brille mit Goldrand) [IT/FR/YU]. 1988: Chouans! (Chounans! – Revolution der Leidenschaft); Il frullo del passero/La femme des mes amours (Die Liebhaberin) [IT/FR]; The Return of the Musketeers (Rückkehr der Musketiere) [GB/FR/ES]; I giovane Toscanini/Toscanini [IT/FR]. 1989: Nuovo Cinema Paradiso/Le Cinéma Paradiso (Cinema Paradiso) [IT/FR]; La vie et rien d'autre (Das Leben und nichts anderes); Ripoux contre ripoux (Gauner gegen Gauner). 1989/90: Dimenticare Palermo/Oublier Palerme (Palermo vergessen) [IT/FR]. 1990: Faux et usage de faux; La domenica specialmente/Le dimanche de préférence. EP: Il cane blu/Le chien bleu (Jahreszeiten der Liebe) [EP – IT/FR]; Uranus (Uranus). 1991: Nous deux [FR/IT]; Trente films contre l'oubli [EP]; Contre l'oubli [DOK]; Rossini! Rossini! [IT/FR/ES/DE]; Zuppa di pesce [IT]; J'embrasse pas/Niente baci sulla bocca (Ich küsse nicht) [FR/IT]. 1992: Max et Jérémie/Max e Jeremie devono morire (Max & Jérémie) [FR/IT]; Tango mortale (Tango Mortale). 1994: Veillées d'armes [DOK – FR/DE/GB]; La fille de d'Artagnan (D'Artagnans Tochter); Grosse fatigue (Große Fatigue); Il postino/Le facteur (Der Postmann) [IT/FR/BE]. 1995: Les grands ducs; Facciamo paradiso [IT]. 1996: Le veilleur de nuit; Soleil; Les palmes de M. Schultz; Marianna Ucrìa/La vie silencieux de Marianna Ucria [IT/FR]; Fantôme avec chauffeur. 1997: Soleil.

Nolte, Nick

*8. 2. 1939 Omaha (Nebraska)
Besuch mehrerer Colleges mit Berufsziel Football-Profi. Bauarbeiter. Schauspielunterricht bei Bryan O'Bryne. Umfangreiche Theaterarbeit: 14 Jahre auf Bühnen von Phoenix, Denver, Minneapolis und Chicago in weit über 100 Stücken. 1974 übernimmt er erste kleine TV-Aufgaben. 1975 Rolle des Emigranten-Sohnes in David Greenes und Alex Segals Mehrteiler *Rich Man, Poor Man*. 1975 erste Kinorolle in *Return to Macon County* (Richard Compton). Der athletische, blonde Nolte wird auf den Typ des harten Draufgängers festgelegt. Höhepunkt ist die Rolle eines Polizisten neben Eddie Murphy in Walter Hills Actionfilm *48HRS*. 1983 spielt er in *Under Fire* (Roger Spottiswoode) einen Kriegs-Journalisten in Nicaragua. Als Stadtstreicher in *Down and Out in Beverly Hills* (Paul Mazursky) kann er auch sein Talent als Komiker beweisen. 1991 Oscar-Nominierung für die Rolle des Lehrers Tom Wingo in *The Prince of Tides* (Barbra Streisand), im selben Jahr spielt er neben Robert de Niro in Martin Scorseses Thriller *Cape Fear*.

[US] 1974: The California Kid (California Kid) [TV]; Death Sentence [TV]; Sam Adams: Adams of Eagle Lake [TV]; Sam Adams: The Treasure Chest Murder [TV]; Winter Kill [TV]. 1975: Return to Macon County/Highway Girl (Wild Drivers); The Runaway Barge (Deep River – Entscheidung am Fluß) [TV]; Rich Man, Poor Man (Reich und arm) [TVS]. 1977: The Deep (Die Tiefe) [US/GB]. 1978: Who'll Stop the Rain? (Dreckige Hunde). 1979: North Dallas Forty (Die Bullen von Dallas); Heart Beat (Herzschläge). 1982: 48HRS. (Nur 48 Stunden); Cannery Row (Straße der Oelsardinen). 1983: Under Fire (Under Fire – Unter Feuer). 1984: Grace Quigley/Ultimate Solution of Grace Quigley (Grace Quigleys letzte Chance); Teachers (Die Aufsässigen). 1986: Down and Out in Beverly Hills (Zoff in Beverly Hills). 1986/87: Extreme Prejudice (Ausgelöscht). 1987: Weeds (Der stählerne Vorhang). 1988: Farewell to the King (Farewell to the King – Der Dschungelkönig). 1989: New York Stories. EP 1: Life Lessons (New Yorker Geschichten) [EP]; Three Fugitives (Das Bankentrio). 1990: Q & A (Tödliche Fragen); Everybody Wins (Everybody Wins) [GB]; Another 48 Hours (Und wieder 48 Stunden). 1991: The Prince of Tides (Herr der Gezeiten); Cape Fear (Kap der Angst). 1992: Lorenzo's Oil (Lorenzos Öl); The Player (The Player). 1993: Gettysburg (Gettysburg); I'll Do Anything (I'll Do Anything oder: Geht's hier nach Hollywood?); Blue Chips (Blue Chips). 1994: I Love Trouble (I Love Trouble – Nichts als Ärger). 1994/95: Jefferson in Paris (Jefferson in Paris). 1995: Mulholland Falls (Mulholland Falls. Nach eigenen Regeln). 1996: Nightwatch; Mother Night. 1996/97: Afterglow. 1997: U-Turn.

Nørby, Ghita

*11. 1. 1935 Kopenhagen
Ausbildung am Königlichen Theater in Kopenhagen. 1956 in *Ung leg* (Johannes Allen) erstmals vor der Kamera. Sie wird in kürzester Zeit zum führenden weiblichen Filmstar Dänemarks. In den 50er und 60er Jahren ist sie vor allem in unterhaltsamen Komödien zu sehen, u. a. bei Erik Balling in *Den kære familie* (1962), *Hvis lille pige er du?* (1963) und *Olsen-banden på spanden* (1969). Seit den 70er Jahren spielt sie überwiegend ausdrucksstarke Charakterrollen. In *Dansen med Regitze* (Kaspar Rostrup, 1989) verkörpert sie die Titelrolle der (erwachsenen) Regitze. In Bille Augusts TV-Film *Den goda viljan* spielt sie neben Max von Sydow ebenso wie in Jan Troells Filmbiografie *Hamsun* als Ehefrau des umstrittenen Dichters, Marie (dafür wird sie mit dem Guldbagge ausgezeichnet). 1984 in Lars von Triers mehrteiliger Krankenhaus-Groteske *Riget* für das dänische Fernsehen, die auch im Kino läuft. In den 90er Jahren häufig in Filmen der Regisseurin Susanne Bier, so u. a. in *Freud flytter hjemmefrån*, Pensionat Oskar und *Natsværmere*.

[DK] 1956: Ung leg. 1957: Skovridergården. 1958: Vagabonderne på Bakkegården; Det lille hotel. 1959: Tre må man være; De sjove år; Ballade på Bullerborg; Charles' tante. 1960: Frihedens pris; Flemming og Kvik; Sømand i knibe/Så til søs med Dirch; Baronessen fra benzintanken (Baronesse). 1961: Peters baby; Gøngehøvdingen; Landsbylægen; Min kone fra Paris; Flemming på kostskole; Den grønne elevator. 1962: Oskar; Det tossede paradis (Das tosende Paradies); Den kære familie/Den kära familjen (Feine Leute, so wie wir) [DK/SE]; Han, hun, Dirch og Dario; Rikki og mændene.

1963: Dronningens vagtmester; Pigen og pressefotografen (Das tosende Himmelbett); Tre piger i Paris; Sekstet; Hvis lille pige er du? (Immer, wenn sie baden ging). 1964: Majorens op-passer (Blindgänger vom Dienst). 1965: Flådens friske fyre (Die Flottenpflaume); Sytten. 1965/66: Ich suche einen Mann [BRD]. 1966: Nu stiger den; Flagermusen. 1967: Min kones ferie; Far laver sovsen; Elsk ... din næste/Vergiß nicht, deine Frau zu küssen [DK/BRD]. 1968: Det er så synd for farmand. 1969: Olsen-banden på spanden; Damernes ven. 1970: Den røde rubin; Hurra for de blå husarer; Amour [DK/FR]. 1971: Ballade på Christanshavn. 1975: Det gode og det onde; Kun sandheden. 1976: Den korte sommer. 1977: Pas på ryggen, professor!; Hærværk; Alt på et bæt. 1978: Mig og Charly. 1979: Rend mig i tradionerne; Charlie og Steffen. 1980: Verden er fuld af børn; Undskyld vi er her; Kvindesind; Danmark er lukket. 1981: Ulvetid. 1982: Den ubetænksomme elsker; Pengene eller livet. 1986: Oviri/Le passage du sauvage (Die Augen des Wolfes) [DK/FR]. 1986/87: Babettes gæstebud (Babettes Fest). 1987: Hip Hip Hurra [SE/DK/NO]. 1988: Katinka (Katinka) [SE/DK]; Ved vejen [DK/SE]. 1989: Århus by Night; Walter og Carlo i Amerika; Dansen med Regitze. 1990: Smykketyven [NO/DK/SE]. 1991: Freud flyttar hemifrån/Freud flytter hjemmefrån [SE/DK]; Den goda viljan/Die besten Absichten [TV – SE (EURO)]. 1992: Sofie [DK/NO/SE]. 1993/94: Riget (The Kingdon – Hospital der Geister) [TVS + Kino]. 1994: Det bli'r i familien [DK/SE]. 1994/95: Pensionat Oskar [SE/DK]. 1996: Natsvärmere [SE]; Hamsun [Hamsun [TV – NO/SE/DK/DE].

Noris, Assia

(Anastasija Noris von Gerzfeld)
*26. 2. 1912 St. Petersburg

Sie verläßt im Oktober 1917 mit ihrer Familie Rußland und wächst in Frankreich auf. Durch die Heirat mit dem Italiener Gaetano Assia kommt sie nach Rom, wo sie 1932 in *Tre uomini in frak* (Mario Bonnard) ihr Debüt vor der Kamera gibt. Es folgen Nebenrollen u. a. unter der Regie von Nunzio Malasomma. Den Durchbruch verdankt Noris Mitte der 30er Jahre Mario Camerini, der sie 1933 für seine Krimi-Persiflage *Giallo* verpflichtet. Ab 1935 unter Camerinis Führung Hauptrollen in schwungvollen, charmanten Komödien, die zu den besten des italienischen Films jener Jahre zählen und die aus ihr einen der beliebtesten Stars jener Zeit machen. In *Darò un milione* (1935) zeichnet sie mit dem jungen, unschuldigen Mädchen, das nur von der Liebe und einem ruhigen Leben träumt, eine Rolle, die sie in den folgenden Filmen kaum variieren wird. Häufige Partner in den Camerini-Komödien sind Vittorio de Sica (*Ma non è una cosa seria*) und Amedeo Nazzari (*Centomilla dollari*). In *Una romantica avventura* und *Una storia d'amore* versucht sie unter Camerinis Regie, einen neuen Stil zu finden, kann aber nicht überzeugen. Sie arbeitet auch mit anderen Regisseuren (u. a. Mario Mattoli, Max), ohne jedoch das Niveau ihrer Leistungen in Camerinis Komödien zu erreichen. Als Ausnahmen gelten ihre Leistungen in Mario Soldatis *Dora Nelson* und in Renato Castellanis Melodrama *Un colpo di pistola,* wo sie die für sie ungewöhnliche Rolle einer reifen Frau spielt. In den Nachkriegsjahren versucht Noris ein Comeback, bleibt damit jedoch erfolglos.

[IT] 1932: Tre uomini in frak/Trois hommes en habit [IT/FR]. 1933: Giallo; Et avec ça, papa ... [FR]; Éve cherche un père [FR]; La signorina dell'autobus. 1934: La marcia nuziale/La marche nuptiale [IT/FR]. 1935: Quei due; Darò un milione. 1936: Una donna tra due mondi [Version – IT/DE]; Ma non è una cosa seria; L'uomo che sorride. 1937: Allegri Nina, non far la stupida. 1938: Batticuore; La casa del peccato. 1939: Grandi magazzini (Alarm im Warenhaus); Dora Nelson (Skandal um Dora). 1940: Centomila dollari; Una romantica avventura (Walzer einer Nacht). 1941: Luna di miele; Con le donne non si scherza masnadieri; Voglio vivere con Letizia; Il signor Max; 1942: Le voyageur de la Toussaint [FR]; Margherita fra i tre; Un colpo di pistola; Le capitaine Fracasse [FR]; Una storia d'amore. 1943: Che distinta famiglia!; Una piccola moglie. 1943/44: Nessuno torna indietro. 1944/45: I dieci comandamenti. 1949: Amina [EG]. 1964/65: La Celestina P... R...

Normand, Mabel

*9. 11. 1892 Staten Island (New York)
†23. 2. 1930 Monrovia (California)

Arbeit in einer Schnittmuster-Fabrik, später als Maler-Modell. 1910 steht sie als Komparsin bei der Vitagraph vor der Kamera. Nach dem Wechsel zu American Biograph wird sie zum Star, vor allem in der Zusammenarbeit mit dem Komödianten Mack Sennett, aber auch mit dem Melodramatiker David W. Griffith. 1912 Regiedebüt (unterstützt von Sennett). Gemeinsam wechseln sie zur Keystone Company, wo sie in Grotesken häufig als Partnerin von Roscoe «Fatty» Arbuckle auftritt, auch Zusammenarbeit mit dem Anfänger Chaplin, u. a. in *Tillie's Punctured Romance*. 1916 mit Sennetts Hilfe Gründung der Mabel Normand Feature Company zur Produktion von langen Komödien. 1918 Vertrag mit Samuel Goldwyn. Sie übernimmt Titelrollen in Filmen von F. Richard Jones, wie in *Molly O'*, in *Suzanna* und als Sue Graham in *The Extra Girl*. Normand gilt als die erfolgreichste US-Slapstick-Komikerin in der Frühzeit des Kinos. Ihr skandalträchtiges Leben und die Verwicklung in den Mordfall um den Regisseur William Desmond Taylor und einen weiteren Mord führen zum Ende ihrer Filmkarriere. 1925 in New York Theater-Auftritt mit «The Little Mouse».

[US] 1910: The Indiscretions of Betty; Over the Garden Wall; Wilful Peggy. 1911: The Inventor's Secret; Their First Divorce Case; Betty Becomes a Maid/The Maid's Night Out; The Troublesome Secretaries; Picciola; When a Man's Married His Troubles Begin; His Mother; A Dead Man's Honor; The Changing of Silas Warner; The Subduing of Mrs. Nag; The Diving Girl; How Betty Won the School; The Baron; The Squaw's Love; The Revenue Man and the Girl; Her Awakening; The Making of a Man; Italian Blood; The Unveiling; Through His Wife's Picture; A Victim of Circumstances; Why He Gave Up; Saved from Himself; The Eternal Mother. 1912: Did Mother Get Her Wish?; A Double Wedding; A Limited Divorce; The Mender of Nets; The Fatal Chocolate; The Engagement Ring [D,A]; A Spanish Dilemma; Hot Stuff; Oh, Those Eyes!; Help! Help!; The Brave Hunter; The Fickle Spaniard; The Furs; When Kings Were the Law; Helen's Marriage; Tomboy Bessie [D,CoR]; Neighbors; Katchem Kate; A Dash Through the Clouds; The Tourists; What the Doctor Ordered; The Tragedy of a Dress Suit; An Interrupted Elopement; Mr. Grouch at the Seashore; He Must Have a Wife; The Water Nymph; Cohen Collects a Debt; The New Neighbor; Pedro's Dilemma; Stolen Glory; The Ambitious Butler; The Flirting Husband; At Coney Island; The Grocery Clerk's Romance; At It Again; Mabel's Lovers; A Temperamental Husband; The Deacon's Troubles; Mr. Fixit; The Rivals; A Desperate Lover; Pat's Day Off; Brown's Seance; A Family Mix-Up; A Midnight Elopement; Mabel's Adventures; The Drummer's Vacation; The Duel; Mabel's Strategem; Saving Mabel's Dad. 1913: Two Widows; The New Baby; A Quiet Little Wedding; On His Wedding Day; Love and Pain; A Healthy Neighborhood; The Cure That Failed; The Deacon Outwitted; The Mistaken Masher; Just Brown's Luck; Brothers; The Battle of Who Run; Mabel's Heroes; Heinze's Resurrection; The Professor's Daughter; A Tangled Affair; A Doctored Affair; A Red Hot Romance; The Sleuths at the Floral Parade; A Rural Third Dregree; A Strong Revenge; Foiling Fickle Father; The Rube and the Baron; Near to Earth; At Twelve O'Clock; Her New Beau; Hide and Seek; Those Good Old Days; Father's Choice; The Bangville Police; The Ragtime Band; A Little Hero; Mabel's Awful Mistake/Her Deceitful Lover; Hubby's Job; The Foreman of the Jury; Barney Oldfield's Race for a Life; Passions, He Had Three/Country Boys; The Handsom Driver; The Speed Queen; The Waiter's Picnic; For the Love of Mabel/The Melo-Drame; The Telltale Light/The Mirror; A Noise From the Deep/A New Trick; Love and Courage/Rubes; Prof. Bean's Removal/House Moving; The Riot; Baby Day; Mabel's New Hero/The Balloon/Fatty and the Bathing Beauties; Mabel's Dramatic Career/Her Dramatic Debut/The Actress; The Gypsy Queen; The Fatal Taxicab/The Taxicab; When Dreams Come True/The Snake; The Bowling Match; The Speed Kings; Love Sickness At Sea; A Muddy Romance; Cohen Saves the Flag; The Gusher; Fatty's Flirtations/The Masher; Zuzu the Bandleader; The Champion; A Glimpse of the City of Los Angeles; A Misplaced Foot/Comedy of Errors; Mabel's Stormy Love Affair [D,R]. 1914: The New York Girl; Too Many Brides; In the Clutches of the Gang; Fatty's Jonah Day/Park Troubles; Mabel's Bear Escape [D,R]; Won in a Closet [D,R]; Mabel's Strange Predicament [D,CoR]; Love and Gasoline [D,R]; Mack at It Again; Mabel at the Wheel/His Daredevil Queen/Hot Finish [D, CoR]; Where Hazel Met the Villain; Caught in a Cabaret/Jazz Waiter/The Waiter/Faking With Society [D,R]; Mabel's Nerve [D,R]; The Alarm/Fireman's Picnic; Mabel's Busy Day/Charlie and the Sausage/Love and Lunch/Hot Dogs (Chaplin als Wurstmaxe) [D,CoR]; The Fatal Mallet/The Piledriver/The Rival Suitors/Hit Him Again [D,CoR]; Her Friend the Bandit/Mabel's Flirtation/A Thief Catcher [D,CoR,CoA]; Mabel's Married Life/When You're Married/The Squarehead (Chaplins erster Ehezwist) [D, CoR]; Mabel's New Job; Those Country Kids/The Rural Rivals; Mabel's Latest Prank/Tour Rheumatism [D,R]; Mabel's Blunder [D,R]; Hello Mabel [D,R]; Gentlemen of Nerve/Some Nerve/Charlie at the Races; Lover's Post Office; His Trysting Place/Family Home; Tillie's Punctured Romance/Tillie's Nightmare/For the Love of Tillie/Marie's Millions; Fatty's Wine Party; The Sea Nymphs/Catalina Story/His Diving Beauty; How Heroes Are Made; Getting Aquainted/A Fair Exchange/Hello Everybody. 1915: Fatty's Tintype Tangle; For Better – But Worse; Mabel and Fatty's Wash Day/Mabel's Flirtation; Fatty and Mabel's Simple Life/The Runaway Auto; Fatty and Mabel at the San Diego Exposition/Fatty and Mabel at the Fair; Mabel, Fatty and the Law/Fatty's Spooning Day; Mabel and Fatty's Married Life; That Little Band of Gold; Wished on Mabel; Fatty and Mabel Viewing the World's Fair at San Francisco, Cal.; Mabel's Wilful Way; Mabel Lost and Won [D,R]; The Little Teacher/Small Town Teacher/A Small Town Bully; My Valet; Stolen Magic. 1916: Fatty and Mabel Adrift/House at Sea; He Did and He Didn't/Love and Lobsters; Bright Lights/The Lure of Broadway. 1916/17: Mickey [D,P – UA: 1918]. 1917: Oh, Mabel Behave [UA: 1922]. 1917/18: Dodging a Million. 1918: The Floor Below; Joan of Plattsburg; The Venus Model; Back to the Woods; United States Fourth Liberty Loan Drive. The Story of the Biggest Game Ever Played; Peck's Bad Girl; A Perfect 36. 1919: Sis Hopkins; The Pest; When Doctors Disagree; Upstairs; Jinx; Pinto. 1920: The Slim Princess; What Happened to Rosa? 1921: Molly O'. 1922: Head Over Heels; Suzanna. 1923: The Extra Girl. 1926: Raggedy Rose; The Nickel Hopper; Anything Once; One Hour Married. 1926/27: Should Men Walk Home?

Novak, Kim

(Marilyn Pauline Novak)
* 13. 2. 1933 Chicago (Illinois)

Besuch der Farragut High School in Chicago, dann des dortigen Wright Junior College. Fotomodell, u. a. bei der Caroline Leonetti Modeling Agency in Hollywood, Lichtdouble und Komparsin. Schauspielstudium bei Benno Schneider. 1953 Filmdebüt. Columbia versucht, sie zur Nachfolgerin von Rita Hayworth bzw. als Konkurrentin von Marilyn Monroe aufzubauen. Ab 1954 größere Rollen, u. a. neben Judy Holliday in Mark Robsons *Phffft!*, als Nachtclubsängerin in *Five Against the House* (Phil Karlson) und als Mädchen vom Lande in Logans *Picnic*. 1955 erster Erfolg als Frank Sinatras Geliebte in *The Man with the Golden Arm* (Otto Preminger). Höhepunkt für die kühle Blondine ist 1958 die Rolle der geheimnisvollen Selbstmörderin Madeleine Elster in Hitchcocks Thriller *Vertigo*. Häufig Zusammenarbeit mit dem Komödien-Regisseur Richard Quine. 1961 Gründung der eigenen Firma Kimco. Weitere Filmarbeit, u. a. als «Polly the Pistol» in Billy Wilders *Kiss Me, Stupid* oder die Titelrolle in *The Amorous Adventures of Moll Flanders* (Terence Young). In den 70er und 80er Jahren auch für das Fernsehen tätig. 1980 Rolle der Lola Brewster in *The Mirror Crack'd* (Guy Hamilton).

[US] 1953: The French Line (Die lockende Venus). 1954: Phfft! (Eine glückliche Scheidung); Pushover (Schachmatt); Light's Diamond Jubilee: A Kiss For the Lieutenant [TV]. 1955: 5 Against the House; Picnic (Picknick); The Man with the Golden Arm (Der Mann mit dem goldenen Arm); Son of Sinbad (Sindbads Sohn). 1956: The Eddy Duchin Story (Geliebt in alle Ewigkeit). 1957: Jeanne Eagles (Ein Herzschlag bis zur Ewigkeit); Pal Joey (Pal Joey). 1958: Bell, Book and Candle (Hilfe! Meine Braut ist übersinnlich); Vertigo (Aus dem Reich der Toten). 1959: Middle of the Night (Mitten in der Nacht). 1960: Pepe (Pepe – Was kann die Welt schon kosten?); Strangers When We Meet (Fremde, wenn wir uns begegnen). 1962: The Notorious Landlady (Noch Zimmer frei); Boys' Night Out (Sexy!). 1964: Kiss Me, Stupid (Küß mich, Dummkopf); Of Human Bondage (Der Menschen Hörigkeit) [GB]. 1964/65: The Amorous Adventures of Moll Flanders (Die amourösen Abenteuer der Moll Flanders) [GB]. 1968: The Legend of Lylah Clare (Große Lüge Lylah Clare). 1968/69: The Great Bank Robbery (Hochwürden dreht sein größtes Ding). 1973: The Third Girl from the Left [TV]; Tales That Witness Madness. EP: Luau (Geschichten, die zum Wahnsinn führen) [GB]. 1974: The Celebrity Art Portfolio [KF]. 1975: Satan's Triangle [TV]. 1977: The White Buffalo (Der weiße Büffel). 1978: Schöner Gigolo – armer Gigolo [BRD]. 1980: The Mirror Crack'd (Mord im Spiegel) [TV – GB]. 1983: Malibu [TV]. 1985: Alfred Hitchcock Presents: Man from the South (Alfred Hitchcock zeigt: Mann aus dem Süden) [TV]. 1986–87: Falcon Crest [TVS]. 1989/90: The Children [GB/BRD]. 1991: Liebestraum (Todestraum – Der letzte Zeuge schweigt).

Novarro, Ramon

(José Ramon Gil Samaniegos)
* 6. 2. 1899 Durango (Mexiko)
† 31. 10. 1968 Hollywood Hills (California)

1915 Emigration der Familie in die USA. Sänger und Tänzer mit den Marion Morgan Dancers im Orpheum Circuit. Ab 1916 als Komparse in Hollywood. Bis Anfang der 20er Jahre kleine Rollen in zahlreichen Filmen. Erste Erfolge in der Zusammenarbeit mit dem Regisseur Rex Ingram, so u. a. als Engländer Rupert of Hentzau im Abenteuerfilm *The Prisoner of Zenda*. 1923 als eingeborener Junge in *Where the Pavement Ends* und als André-Louis Moreau in *Scaramouche*. Häufig Partner von Alice Terry. Er wird als Konkurrent für den populärsten Latin Lover jener Zeit, Rudolph Valentino, aufgebaut. Karrierehöhepunkt wird 1926 die Titelrolle in Fred Niblos *Ben Hur*. 1927 als Prinz Karl Heinrich in Lubitschs *The Student Prince in Old Heidelberg*. In George Fitzmaurice' *Mata Hari* spielt er den russischen Offizier neben Greta Garbo. 1931 und 1936 Regisseur spanischer bzw. französischer Versionen amerikanischer Filmerfolge. Letzte bedeutende Rolle in Dudley Murphys *The Night Is Young*. 1935 Londoner Theatergastspiel in der Operette «A Royal Exchange».

[US] 1916: Joan the Woman. 1917: The Jaguar's Claws; The Little American; The Hostage. 1918: The Goat. 1921: A Small Town Idol; The Four Horsemen of the Apocalypse; The Conquering Power. 1922: Mr. Barnes of New York; The Prisoner of Zenda; Trifling Woman. 1922/25: The Rubaiyat of Omar Khayyam/A Lover's Oath. 1923: Where the Pavement Ends; Scaramouche. 1924: Thy Name Is Woman; The Arab; The Red Lily (Die rote Lilie). 1925: The Midshipman. 1926: Ben-Hur (Ben Hur). 1927: Lovers?; The Student Prince in Old Heidelberg (Alt-Heidelberg); The Road to Romance. 1928: Across to Singapore (Pflicht und Liebe); A Certain Young Man; Forbidden Hours. 1929: Wir schalten um auf Hollywood [Version]; The Flying Fleet; The Pagan; Devil-May-Care (Der jüngste Leutnant). 1930: In Gay Madrid; Call of the Flesh (Der Sänger von Sevilla). 1931: Le chanteur de Seville [D,CoR – Version]; Sevilla de mis amores/La sevillana [D,R – Version]; Daybreak; Son of India (Der Sohn des Rajah); Mata Hari (Mata Hari). 1932: Huddle; The Son-Daughter. 1933: The Barbarian (Liebeslied der

Wüste); The Cat and the Fiddle (Liebe nach Noten). 1934: Laughing Boy; The Night Is Young. 1936: Contra la corriente [R,A,P – MX]. 1937: The Sheik Steps Out. 1938: A Desperate Adventure. 1940: La comédie du bonheur (Das Glück) [UA: 1942 – FR]; Ecco la felicità! [Version – IT/FR]. 1942: La virgen que forjó une patria/Reina de reinas [MX]. 1949: The Big Steal (Die rote Schlinge); We Were Strangers; The Outriders (Blutiger Staub). 1950: Crisis (Hexenkessel). 1960: Heller in Pink Tights (Die Dame und der Killer).

Novello, Ivor

(David Ivor Novello Davies)
*15. 1. 1893 Cardiff (Wales)
†6. 3. 1951 London

Die Mutter ist Sängerin, Musiklehrerin und Gründerin des «Welsh Ladies Choir». Schulbesuch in Gloucester, 1905–09 Magdalen College Choir School in Oxford. 1910 nach London; unter dem Namen Ivor Novello Veröffentlichung zahlreicher Songs. 1911 hält er sich zwecks (ergebnislos bleibender) Tourneeplanung in den USA und Kanada auf. 1914 erwirbt er sich Ruhm durch seinen Weltkriegs-Song «Keep the Home Fires Burning»; ab 1916 beim Royal Naval Air Service, weitere patriotische Lieder. 1919/20 Filmdebüt in *L'appel du sang* (Louis Mercanton), einer französischen Produktion mit britischen Stars. 1921 Bühnendebüt als Schauspieler. 1923 schreibt er das erfolgreiche Bühnenstück «The Rat». Im selben Jahr übernimmt er die erste große Filmrolle im amerikanischen Film *The White Rose* (D. W. Griffith) als schwacher Geistlicher, der die Heldin erst schwängert und dann betrügt. Die Zurückhaltung der Darstellung, ohne jedes Temperament, macht die Rolle glaubwürdig. Der zu dieser Zeit zu den zugkräftigsten Stars gehörende, blendend aussehende Novello spielt 1926 die Titelrolle eines unschuldig Verdächtigten in Alfred Hitchcocks erstem großem Erfolg: *The Lodger*. Ein Jahr später wieder unter Hitchcocks Regie die Hauptrolle in *Downhill*, außerdem am Drehbuch beteiligt. 1930–31 Drehbuchschreiber für M-G-M, ohne in Hollywood Fuß zu fassen. Als Darsteller zuletzt in *Autumn Crocus* (Basil Dean). Ab 1934 beschränkt sich Novello auf das Schreiben und Komponieren von Musicals und Komödien für die Bühne, in denen er auch mitspielt.

[GB] 1919: L'appel du sang [FR]. 1920: Miarka, la fille à l'ourse [FR]. 1920/21: Carnival. 1922: The Bohemian Girl. 1923: The White Rose (Die weiße Rose) [US]; Bonnie Prince Charlie; The Man Without Desire/The Man Without a Soul [D,P]. 1925: The Rat (Die Ratte von Paris) [D,CoA]. 1926: The Triumph of the Rat (Der Apache); The Lodger. 1927: Downhill; The Vortex. 1927/28: The Constant Nymph (Die treue Nymphe). 1928: Der fesche Husar [DE]; A South Sea Bubble. 1929: The Return of the Rat. 1930: Symphony in Two Flats [2 Versionen]. 1931: Once a Lady [US]; Mata Hari (Mata Hari) [CoA – US]. 1931/32: Lovers Courageous [CoA – US]; Tarzan, the Ape Man (Tarzan, der Herr des Urwalds) [CoA – US]. 1932: But the Flesh Is Weak [CoA – US]; The Lodger [D,CoA]. 1933: I Lived With You [D,A]; Autumn Crocus; Sleeping Car. 1937: Glamorous Night [CoA]; The Rat (Die Ratte) [CoA]. 1941: Free and Easy [CoA – US]. 1949/50: The Dancing Years (Das tanzende Wien) [CoA]. 1955: King's Rhapsody [CoA].

O

Oates, Warren

* 5. 7. 1928 Depoy (Kentucky)
† 3. 4. 1982 Los Angeles

Besuch der Highschool in Louisville, Kentucky. 1948 zu den US Marines. 1950–53 Studium an der University of Louisville. Schauspielunterricht in New York, daneben als Rausschmeißer im 21 Club. Erste Bühnenerfahrungen in Stücken wie «Who's Happy Now?» und «The Wisteria Trees». 1958 Filmdebüt. Durch kleine Rollen in Filmen von Gordon Douglas, Budd Boetticher und Sam Peckinpah sowie in Folgen populärer TV-Serien wie *Stoney Burke* gelingt ihm Anfang der 60er Jahre der Sprung nach Hollywood. Häufig in Actionfilmen. Mitarbeit in Filmen von Peckinpah, so in *Ride the High Country, The Wild Bunch* und *Bring Me the Head of Alfredo Garcia*. In Western und Kriminalfilmen verkörpert er immer wieder brutale Typen, die sich allein mit Gewalt ihren Weg zu ebnen verstehen. Auch in Filmen von Monte Hellman, so als «GTO» im Roadmovie *Two-Lane Blacktop* und eine fast stumme Rolle in *Cockfighter*. 1973 Titelrolle des berüchtigten Gangsters in John Milius' verklärendem *Dillinger* und herrischer Vater in Terrence Malicks Kultfilm *Badlands*. Zu seinen letzten Filmen gehört Tony Richardsons Grenzfilm *The Border*.

[US] 1957: Studio One: The Night America Trembled [TV]. 1958: Up Periscope! (Geheimkommando). 1959: Playhouse 90: 7 Against the Wall [TV]; Yellowstone Kelly (Man nannte ihn Kelly); Private Property (Privatbesitz); The Rise and Fall of Legs Diamond (J.D., der Killer). 1961: Hero's Island (Insel der Gewalt). 1962: Ride the High Country (Sacramento). 1962–63: Stoney Burke [TVS]. 1963: Mail Order Bride (Der Wilde von Montana). 1964: The Rounders (Nebraska). 1964/65: Major Dundee (Sierra Charriba). 1966: The Shooting (Das Schießen); Return of the Seven/El regreso de los siete magnificos (Die Rückkehr der glorreichen Sieben) [US/ES]. 1967: Welcome to Hard Times (Mordbrenner von Arkansas); In the Heat of the Night (In der Hitze der Nacht). 1968: Something for a Lonely Man (Big John macht Dampf) [TV]; The Split (Bullen, wie lange wollt ihr leben?). 1969: Crooks and Coronets (Gauner, Kronen und Juwelen) [GB]; The Wild Bunch (The Wild Bunch – Sie kannten kein Gesetz); Smith! (Smith – Ein Mann gegen alle). 1970: The Movie Murderer (Jagd auf den Kino-Mörder) [TV]; Barquero (Barquero); There Was a Crooked Man (Zwei dreckige Halunken). 1971: The Hired Hand (Der weite Ritt); Reluctant Heroes [TV]; Two Lane Blacktop (Asphaltrennen); Chandler; Name of the Game: The Showdown [TV]. 1973: Kid Blue (Kid Blue); Badlands (Badlands); Dillinger (Jagd auf Dillinger); Tom Sawyer (Tom Sawyers Abenteuer); The Thief Who Came to Dinner (Webster ist nicht zu fassen). 1974: Cockfighter/Born to Kill; Bring Me the Head of Alfredo Garcia (Bring mir den Kopf von Alfredo Garcia); White Dawn (Die weiße Dämmerung). 1975: 92 in the Shade (33° im Schatten); Race with the Devil (Vier im rasenden Sarg). 1976: Dixie Dynamite (Dixie Dynamite); Drum (Die Sklavenhölle der Mandingos). 1977: Sleeping Dogs (Schlafende Hunde) [NZ]; The African Queen [TV]; Prime Time. 1978: Black Beauty [TV]; True Grit – A Further Adventure [TV]; The Brink's Job (Das große Ding bei Brinks); China 9, Liberty 37/Amore, piombo e furore [ES/IT]. 1979: My Old Man [TV]; And Baby Makes Six (Dann wären wir sechs) [TV]; 1941 (1941 – Wo, bitte, geht's nach Hollywood?). 1980: And Baby Comes Home (Ein Baby im Haus) [TV]. 1981: East of Eden (Jenseits von Eden) [TV]; Stripes (Ich glaub', mich knutscht ein Elch!); The Border (Grenzpatrouille). 1982: The Blue & the Gray (Die Blauen und die Grauen) [TVS]. 1983: Blue Thunder (Das fliegende Auge); Tough Enough (Der Fighter).

Oberon, Merle

(Estelle Merle O'Brien Thompson)
*19. 2. 1911 Bombay (Indien)
†23. 11. 1979 Los Angeles

Besuch des La Martinère College, Kalkutta. Mit 17 Jahren kommt sie nach England. In London, als Queenie O'Brien, Auftritte als Tänzerin im Café de Paris. Ab 1930 Komparsin und Darstellerin kleiner Rollen. 1932 Filmvertrag von London Films, der Firma ihres späteren Ehemannes Alexander Korda (1939–45). Erste bedeutende Rolle ist im folgenden Jahr die Anne Boleyn in Kordas *The Private Life of Henry VIII*, danach in mehreren seiner erfolgreichen Historienfilme: *The Private Life of Don Juan, The Scarlet Pimpernel*. Ihr schwerer Autounfall 1937 gibt Korda den Anlaß, die Produktion von Sternbergs *I, Claudius* abzubrechen. Mitte der 30er Jahre wird die delikate Schönheit von Samuel Goldwyn nach Hollywood geholt. 1935 Oscar-Nominierung als vielgeliebte Kitty Vane zwischen zwei Männern in Sidney Franklins Weltkriegs-Melodram *The Dark Angel*. 1938 spielt sie neben Laurence Olivier in der Screwball-Comedy *The Divorce Of Lady X* (Tim Whelan). Erfolg als Cathy Linton in William Wylers *Wuthering Heights* und als Jill Baker in Ernst Lubitschs Ehekomödie *That Uncertain Feeling*. Sie verkörpert George Sand in Charles Vidors Chopin-Biografie *A Song to Remember*. Zweite Ehe 1945–49 mit dem Kameramann Lucien Ballard. 1973 letzte Filmrolle – nach einer dritten Ehe – in Daniel Manns *Interval* (auch Produktion) als ältere Frau, die einen jüngeren Mann (Robert Wolders, ihr vierter Mann) liebt. Oberons Leben verarbeitet Michael Korda zum Roman «Queenie» (auch TV-Film).

[US] 1929/30: Alf's Button [GB]. 1930/31: Never Trouble Trouble [GB]. 1931: Fascination [GB]; Service for Ladies [GB]. 1931/32: Ebb Tide [GB]; Aren't We All [GB]. 1932: Wedding Rehearsal [GB]; Men of Tomorrow [GB]; For the Love of Mike [GB]. 1933: The Private Life of Henry VIII (Das Privatleben Heinrichs VIII.) [GB]. 1934: The Battle/Hara-Kiri [Version – FR]; The Broken Melody/Vagabond Violinist [GB]; The Private Life of Don Juan (Das Privatleben des Don Juan) [GB]; The Scarlet Pimpernel (Das scharlachrote Siegel) [GB]. 1935: Folies Bergère de Paris; The Dark Angel (Der Weg im Dunkel). 1935/36: These Three (Infame Lügen). 1936: Beloved Enemy (Geliebter Rebell). 1937: Over the Moon [GB]; The Divorce of Lady X (Besuch zur Nacht) [GB]. 1938: The Cowboy and the Lady (Mein Mann, der Cowboy). 1938/39: Wuthering Heights (Stürmische Höhen). 1939: The Lion Has Wings [GB]. 1939/40: 'Til We Meet Again. 1941: Affectionately Yours (Der Herzensbrecher); That Uncertain Feeling (Ehekomödie); Lydia (Ein Frauenherz vergißt nie). 1943: Forever and a Day (Auf ewig und drei Tage); Stage Door Canteen; First Comes Courage. 1944: Dark Waters; The Lodger (Scotland Yard greift ein). 1944/45: A Song to Remember (Polonaise/Triumph des Herzens). 1945: This Love of Ours (Die Liebe unseres Lebens). 1946: Temptation; A Night in Paradise. 1947: Night Song. 1947/48: Berlin Express (Berlin-Expreß). 1951: Pardon My French [Version]. 1952: Twenty-Four Hours of a Woman's Life [GB]. 1953: Four Star Playhouse: Sound Off, My Love [TV]; Ford Theatre: Allison, Ltd. [TV]. 1954: Todo es posible en Granada [ES]; Deep in My Heart (Tief in meinem Herzen); Best of Broadway: The Man Who Came to Dinner [TV]; Désirée (Désirée). 1955: Four Star Playhouse: The Frightened Man [TV]; Loretta Young Show: The Bracelett [TV]. 1956: The Price of Fear (Schonungslos). 1956–57: Assignment Foreign Legion [TVS]. 1963: Of Love and Desire (Ohne Moral). 1965: The Epic That Never Was [DOK – GB]; The Oscar (… denn keiner ist ohne Schuld). 1966/67: Hotel (Das Hotel). 1968: The Golden Years of Alexander Korda [DOK – GB]. 1973: Interval [D,P].

O'Brien, Pat

(William Joseph Patrick O'Brien)
*11. 11. 1899 Milwaukee
†16. 10. 1983 Los Angeles

Besuch der Marquette Academy, Milwaukee, und der Marquette University Law School, dort am Studententheater. 1923 Bühnendebüt als Chorus Boy. Gemeinsam mit seinem Schulfreund Spencer Tracy Schauspielunterricht an der New Yorker Sargent's School of Drama. 1925 Broadway-Debüt mit «A Man's Man». 1930 Filmdebüt. Erster Erfolg mit der Rolle des Reporters Hildy Johnson in Lewis Milestones *The Front Page*. Danach Vertrag von Warner Bros. Häufig Partner von James Cagney, so u. a. als Cop in *The Irish In Us* (Lloyd Bacon) und als Pilot in Hawks' *Ceiling Zero* sowie als Priester in *Angels With Dirty Faces* (Michael Curtiz). Er verkörpert oft Pfarrer, brave Familienväter, Anwälte, Polizisten, häufig mit besonderer Betonung seiner irischen Herkunft. Während des 2. Weltkriegs Truppenbetreuung in Europa. In den 50er Jahren verstärkt Tätigkeit bei Sommer-Theatern, beim Fernsehen und zusammen mit seiner Frau in Night Clubs. In den 70er Jahren fast nur noch TV-Arbeit. 1964 erscheint sein Buch «The Wind at My Back».

[US] 1930: Compliments of the Season [KF]; My Mistake [KF]; The Nightingale [KF]. 1931: Crimes Square [KF]; The Front Page; Honor Among Lovers; Personal Maid; Flying High; Consolation Marriage; The Final Edition. 1932: Hell's House; The Strange Case of Clara Deane; Scandal for Sale; Hollywood Speaks; American Madness (Der Tag, an dem die Bank gestürmt wurde); Virtue (Unbescholten); Air Mail. 1932/33: Laughter in the Hell. 1933: Destination Unknown; The World Gone Mad; Bureau of Missing Persons (Verschollen in New York); Flaming Gold: Bombshell (Die Sexbombe); College Coach. 1933/34: Twenty Million Sweethearts. 1934: I've Got Your Number; Gambling Lady (Die Spielerin); The Personality Kid; Here Comes the Navy; I Sell Anything; Flirtation Walk. 1935: Kings of the Turf [KF]; A Trip Thru a Hollywood Studio [KF]; Devil Dogs of the Air; In Caliente; Oil for the Lamps of China (Öl für die Lampen Chinas); Outlawed Guns; The Irish in Us; Page Miss Glory; Stars Over Broadway; Ceiling Zero (Höhe Null). 1936: I Married a Doctor (Kleine Stadt mit Tradition); Public Enemy's Wife; China Clipper; The Great O'Malley (Ordnung ist das halbe Leben). 1937: Slim (Slim); San Quentin; Back in Circulation; Submarine D-1 1937/38: Women Are Like That. 1938: Out Where the Stars Begin [KF]; Swingtime in the Movies [KF]; For Auld Lang Syne [KF]; Cowboy from Brooklyn; Boy Meets Girl (Der kleine Star); Garden of the Moon; Angels With Dirty Faces (Chikago); Off the Record. 1939: The Kid from Kokomo; Indianapolis Speedway; The Night of Nights; Slightly Honorable; The Fighting 69th. 1939/40: Castle on the Hudson; 'Til We Meet Again. 1940: Torrid Zone (Tropische Zone); Flowing Gold (Ultimatum für Bohrturm L 9); Knute Rockne – All American; Escape to Glory/Submarine Zone. 1942: The Navy Comes Through; Two Yanks in Trinidad; Flight Lieutenant; Broadway. 1943: The Iron Major; His Butler's Sister (Die Stubenfee); Bombardier (Ohne Rücksicht auf Verluste). 1944: Secret Command [D,P]; Marine Raiders (Ledernacken). 1945: Having a Wonderful Crime; Man Alive. 1946: Crack-up; Perilous Holiday. 1947: Riff-Raff. 1948: Fighting Father Dunne; The Boy with Green Hair (Der Junge mit den grünen Haaren). 1949: Hollywood Goes to Church [KF]; A Dangerous Profession. 1950: The Fireball; Johnny One-Eye. 1951: The People Against O'Hara: Criminal Lawyer. 1952: Okinawa. 1954: Jubilee Trail (Kalifornische Sinfonie); Ring of Fear. 1955: Inside Detroit; The Bail Bond Story. 1957: Kill Me Tomorrow (Morgen wirst du mich töten) [GB]. 1958: The Last Hurrah (Das letzte Hurra). 1959: Some Like It Hot (Manche mögen's heiß). 1960–61: Harrigan and Son [TVS]. 1965: Town Tamer (Revolver diskutieren nicht). 1969: The Over-the-Hill-Gang [TV]. 1970: The Phynx. 1972: Welcome Home, Johnny Bristol [TV]; The Adventures of Nick Carter [TV]. 1976: Kiss Me, Kill Me [TV]. 1977: Billy Jack Goes to Washington. 1978: The End (Nobody is Perfect). 1980: Scout's Honor [TV]. 1981: Ragtime (Ragtime).

Ode, Erik

(Fritz Erik Signy Odemar)
*6. 11. 1910 Berlin
†19. 7. 1983 Weißbach (Tegernsee)

Sohn des Schauspielerehepaars Fritz Odemar und Erika Nymgau. Schulbesuch in Stendal, Saarbrücken und Berlin, dort Chorsänger im Deutschen Opernhaus. 1923 als Jesus-Kind in Robert Wienes *I.N.R.I.* Schüler der Freien Schulgemeinde Wickersdorf (Thüringen). 1927 Lehre in einer fotochemischen Anstalt, Assistenz beim Kameramann Otto Kanturek, auch bei Fritz Arno Wagner. 1928 Bühnendebüt am Theater am Schiffbauerdamm, Berlin, in Kabaretts und an anderen Bühnen. 1933 Metropol-Theater; Operetten-Auftritte. 1936 Isle of Wight und London, danach in Revuen der Berliner Scala und am Renaissance-Theater. Ab 1930 als quirliger Hansdampf in Film-Nebenrollen, so als Redakteur in der Filmproduktions-Satire *Das Kabinett des Dr. Larifari* (Robert Wohlmuth). In Rollen patenter Gigolos wie in Reinhold Schünzels *Saison in Kairo* und sorgloser Studenten wie in *Charleys Tante* (Robert A. Stemmle). 1939 am Münchner Staatsschauspiel. Truppenbetreuung in Norwegen und

Frankreich. 1943 Berliner Künstlerbühnen. Kurz vor Kriegsende Soldat, 1945 Internierung. 1945/46 Komödie am Kurfürstendamm und Kabarett. Hörspielregie beim NWDR, Gast am Deutschen Schauspielhaus Hamburg. 1948 Oberspielleiter des RIAS Berlin. Synchronregie, Regie an der Tribüne und am Theater am Kurfürstendamm. In den 50er Jahren Regie bei Revue- und Schlagerfilmen; Zusammenarbeit mit Stars wie Peter Alexander, Caterina Valente, Vico Torriani und Marika Rökk. Daneben Inszenierung von Remakes erfolgreicher Filmkomödien der 30er Jahre: *Der Mustergatte* mit Harald Juhnke, *Einmal eine große Dame sein*. In den 60er Jahren Regie bei Fernsehspielen, z. B. *Der Kaiser vom Alexanderplatz*. TV-Auftritte; 1968–76 in 97 Folgen als *Der Kommissar* besonders populär als väterlich verständnisvoller Patriarch. Weiterhin gelegentlich Bühnenarbeit als Regisseur und Darsteller. 1982 Rückzug aus dem Berufsleben. 1972 erscheint Odes Buch «Der Kommissar und ich».

[DE/BRD] 1923: I.N.R.I. 1930: Das Kabinett des Dr. Larifari; Ein Burschenlied aus Heidelberg. 1931: Sein Scheidungsgrund; Der Hochtourist; Kadetten. 1932: Kavaliere vom Kurfürstendamm; Ja, treu ist die Soldatenliebe; Die eiserne Jungfrau [KF]; F.P. 1 antwortet nicht. 1933: Was Frauen träumen; Saison in Kairo; Glück im Schloß; Das Schloß im Süden. 1933/34: Zigeunerblut. 1934: Charleys Tante; Die Sporck'schen Jäger; Der kühne Schwimmer; Jungfrau gegen Mönch; Ritter wider Willen [KF]. 1934/35: Winternachtstraum. 1935: Held einer Nacht [Version – CS/DE]; Vergiß mein nicht; Der Dschungel ruft. 1935/36: Der Favorit der Kaiserin; Mädchenjahre einer Königin; Heißes Blut. 1936: Der Abenteurer von Paris; Drei tolle Tage; Wette um einen Kuß [KF]; Blonder Mann übern Weg [KF]. 1937: Land der Liebe; Unter Ausschluß der Öffentlichkeit; Die verliebte Dachstube [KF]. 1937/38: Rätsel um Beate; Großalarm. 1938: Spuk im Museum [KF]; Stärker als die Liebe; Das Leben kann so schön sein (Eine Frau für's Leben; 1950). 1938/39: Ein hoffnungsloser Fall; Ich verweigere die Aussage. 1939: Modell Lu, der Lebensweg eines Hutes [KF]; Alarm auf Station III; Wir tanzen um die Welt. 1942: Kleine Residenz. 1943/44: Eine kleine Sommermelodie. 1944: Meine Herren Söhne. 1944/45: Wir seh'n uns wieder [Nicht aufgeführt]. 1948: Stadtmeier und Landmeier [KDOK]; Sie sind nicht gemeint [KF]. 1950: Herrliche Zeiten [D,CoR]; Skandal in der Botschaft [D,CoR]; Servus Peter/Czardas der Herzen. 1952: Der Kampf der Tertia/Daniela und die Teufelskerle [R]. 1953: So ein Affentheater [R]; Schlagerparade [R]. 1954: Der erste Kuß [R – BRD/AT]; An jedem Finger zehn [R]. 1955: Heldentum nach Ladenschluß. 4 Ep: Captain Fox [R – EP]; Wunschkonzert [R]; Musik im Blut [R]. 1956: Lügen haben hübsche Beine [R – AT]; Bestseller [R – TV]; Der Mustergatte [R]. 1957: Eine große Liebe [R,A – TV]; Einmal eine große Dame sein [R]; Liebe, Jazz und Übermut [D,R]. 1957/58: ... und abends in die Scala [R]. 1958: Ohne Mutter geht es nicht [R]; Scala – total verrückt [R,CoA]. 1958/59: Was eine Frau im Frühling träumt [R]. 1959: Wenn das mein großer Bruder wüßte [AT]; Die Liebe des Jahres [R]. 1960: Das Fenster zum Flur [R – TV]; Schlager-Raketen [R]. 1961: Rosen für Marina [TV]; Heute gehn wir bummeln [R]. 1962: Bubusch [R – TV]; Theorie und Praxis [R – TV]. 1963: Das Ende vom Anfang [R – TV]; Feuerwerk [R – TV]; Die 5. Kolonne: Die ägyptische Katze [TV]; Das Kriminalmuseum: Der stumme Kronzeuge [TV]. 1963/64: Der Kaiser vom Alexanderplatz [R – TV]. 1964: Spätsommer [TV]. 1964/65: Das Kriminalmuseum: Der Brief [TV]. 1965: Wolken am Himmel [R – TV]. 1966: Der schwarze Freitag [TV]. 1967: Das Kriminalmuseum: Die Reisetasche; Tagebücher [TV]; Crumbles letzte Chance [R – TV]; Keine Leiche ohne Lily [CoR – TV]; Liebesgeschichten: Nach all den Jahren [R – TV]. 1968: Der Kommissar: Toter Herr im Regen [TV]; Der Kommissar: Das Messer im Geldschrank [TV]; Der Kommissar: Ratten der Großstadt [TV]; Der Kommissar: Die Tote im Dornbusch [TV]; Der Kommissar: Ein Mädchen meldet sich nicht mehr [TV]. 1968/69: Der Kommissar: Die Pistole im Park [TV]. 1969: Der Kommissar: Keiner hörte den Schuß [TV]; Der Kommissar: Der Tod fährt 1. Klasse [TV]; Der Kommissar: Geld von toten Kassierern [TV]; Der Kommissar: Schrei vor dem Fenster [TV]; Der Kommissar: Die Schrecklichen [TV]; Der Kommissar: Die Waggonspringer [TV]; Der Kommissar: Auf dem Stundenplan Mord [TV]; Der Kommissar: Das Ungeheuer [TV]; Der Kommissar: Der Papierblumenmörder [TV]. 1969/70: Der Kommissar: Tod einer Zeugin [TV]; Der Kommissar: Parkplatz-Hyänen [TV]; Der Kommissar: Dr. Meinhardts trauriges Ende [TV]. 1970: Meine Frau Susanne [R – TVS]; Der Kommissar: In letzter Minute [TV]; Der Kommissar: Messer im Rücken [TV]; Der Kommissar: ... wie die Wölfe [TV]; Der Kommissar: Tod eines Klavierspielers [TV]; Der Kommissar: Tödlicher Irrtum [TV]; Der Kommissar: Eine Kugel für den Kommissar [D,R – TV]; Der Kommissar: Der Mord an Frau Klett [TV]; Der Kommissar: Der kleine Schubelik [TV]; Der Kommissar: Anonymer Anruf [TV]; Der Kommissar: Drei Tote reisen nach Wien [TV]; Der Kommissar: Der Moormörder [TV]; Der Kommissar: Der letzte Besucher/Besuch bei Alberti [TV]. 1970/71: Der Kommissar: Tod eines Ladenbesitzers [TV]. 1971: Der Kommissar: Ende eines Tanzvergnügens [TV]; Der Kommissar: Die Anhalterin [TV]; Der Kommissar: Langankes Verwandte [TV]; Der Kommissar: Der Tote von Zimmer 17 [TV]; Der Kommissar: Lisa Bassenges Mörder [TV]; Der Kommissar: Die andere Seite der Straße [TV]; Der Kommissar: Grauroter Morgen [TV]; Der Kommissar: Als die Blumen Trauer trugen [TV]; Der Kommissar: Der Tod des Herrn Kurusch [TV]; Der Kommissar: Kellner Windeck [D,R

– TV]; Der Kommissar: Ein rätselhafter Mord [TV]; Der Kommissar: Traum eines Wahnsinnigen [TV]. 1972: Der Kommissar: Die Tote im Park [TV]; Der Kommissar: Schwester Ignatia [TV]; Der Kommissar: Überlegungen eines Mörders [TV]; Der Kommissar: Tod eines Schulmädchens [TV]; Der Kommissar: Toter gesucht [TV]; Der Kommissar: Ein Amoklauf [TV]; Der Kommissar: Der Tennisplatz [TV]; Der Kommissar: Fluchtwege [TV]; Der Kommissar: Das Ende eines Humoristen [TV]; Der Kommissar: Mykonos [TV]; Der Kommissar: Blinde Spiele [TV]; Der Kommissar: Rudek [TV]. 1972/73: Der Kommissar: Tod eines Hippiemädchens [TV]; Der Kommissar: Das Komplott [TV]; Der Kommissar: Schwarzes Dreieck [TV]. 1973: Der Kommissar: Im Dunkel der Nächte/ Der Tod der Karin W. [TV]; Der Kommissar: Die Nacht, in der Basseck starb [TV]; Der Kommissar: Der Geigenspieler [TV]; Der Kommissar: Ein Funken in der Kälte [TV]; Fernsehverweigerung [TV]; Der Kommissar: Sonderbare Vorfälle im Hause von Professor S. [TV]; Der Kommissar: Ein Mädchen nachts auf der Straße [TV]; Der Kommissar: Sommerpension [TV]; Der Kommissar: Herr und Frau Brandes [TV]; Der Kommissar: Tod eines Buchhändlers [TV]; Der Kommissar: Domanns Mörder [TV]. 1973/74: Der Kommissar: Ein Anteil am Leben [TV]; Der Kommissar: Die Nacht mit Lansky [D,R – TV]. 1974: Der Kommissar: Spur von kleinen Füßen [TV]; Der Kommissar: Drei Brüder [TV]; Der Kommissar: Tod eines Landstreichers [TV]; Der Kommissar: Mit den Augen eines Mörders [TV]; Der Kommissar: Im Jagdhaus [TV]; Der Kommissar: Sein letzter Coup [TV]; Der Kommissar: Ohne auf Wiedersehen zu sagen [TV]; Der Kommissar: Schwierigkeiten eines Außenseiters [TV]; Der Kommissar: Jähes Ende einer interessanten Beziehung [TV]; Der Kommissar: Der Segelbootmord [TV]; Der Kommissar: Der Liebespaarmörder [TV]; Der Kommissar: Traumbilder [TV]; Der Kommissar: Das goldene Pflaster [TV]. 1974/75: Der Kommissar: Am Rande der Ereignisse [TV]; Der Kommissar: Warum es ein Fehler war, Beckmann zu erschießen [TV]. 1975: Der Kommissar: Ein Mord auf dem Lande [TV]; Der Kommissar: Der Mord an Dr. Winter [TV]; Der Kommissar: Die Kusine [TV]; Der Kommissar: Sturz aus großer Höhe [TV]; Der Kommissar: Noch zehn Minuten zu leben [TV]; Der Kommissar: Tod des Apothekers [TV]; Der Kommissar: Fährt der Zug nach Italien? [TV]; Der Kommissar: Ein Playboy segnet das Zeitliche [TV]; Der Kommissar: Mord nach der Uhr [TV]; Der Kommissar: Eine Grenzüberschreitung [TV]; Der Kommissar: Der Held des Tages [TV]. 1975/76: Der Kommissar: Tod im Transit [TV]. 1976: Preußenkorso 45–48 Aus der Chronik der Familie Sawatzki [TV-EP]. 1978–80: Sonne, Wein und harte Nüsse [TVS]. 1979: Die Geisterbehörde [TV]; Derrick: Die Versuchung [TV]. 1980: Pygmalion [TV – BRD/AT]; Derrick: Eine unheimlich starke Persönlichkeit [R – TV]. 1981: Schuld sind nur die Frauen ... [TV – BRD/AT].

Ogata Ken

(Ogata Akinobu)
*20. 7. 1937 Tokio

Schon während der Schulzeit theaterbegeistert, wird er nach Abgang von der Oberschule 1957 und mehreren Gelegenheitsjobs 1958 Mitglied des Shinkokugeki-Ensembles, dem er bis 1968 angehört. 1960 spielt er dort die Hauptrolle, einen jungen Boxer, in «Tôi Hitotsu no Michi» unter der Regie von Seiichiro Uchikawa; diese Rolle wird auch sein Leinwanddebüt. Popularität gewinnt er durch zwei Fernsehserien: *Taiko-ki* (1965) und *Hissatsu Shikake-nin* (ab 1972). Zumeist verkörpert er robuste Typen, zunächst eher sportlich, später immer mehr hartgesotten. In *Fukushu-suru wa Ware ni ari* (Shôhei Imamura, 1979) Darstellung eines mehrfachen Mörders, in *Yaju-Deka* (Eiichi Kudô, 1982) die eines bösen, korrupten Kriminalbeamten. Für die Gestaltung eines teuflischen Vaters in *Kichiku* (Yoshitarô Nomura, 1978) Auszeichnung mit mehreren Preisen; internationale Bekanntheit errreicht er mit *Narayamabushi-kô* (Imamura, 1983), der in Cannes die Goldene Palme erhält. Hier spielt er einen Bauern, der den dörflichen Traditionen und Sitten entsprechend seine eigene Mutter zum Sterben in die Berge bringt. Paul Schrader setzt ihn als Titelhelden in *Mishima* (1985) ein, der aus bestimmten Rücksichten in Japan nicht gezeigt wird.

[JP] 1960: Tôi Hitotsu no Michi. 1965: Taiko-ki [TVS]. 1968: Sex Check Dai-Ni no Sei. 1969: Fûrin Kazan. 1971: En to iu Onna. 1972: Hissatsu Shikake-nin [TVS]. 1973: Hissatsu Shikake-nin: Baian Arijigoku. 1974: Ookami-yo Rakujitsu o kire; Hissatsu Shikake-nin: Shunrai Shikake-bari. 1977: Hakkôdasan. 1978: Kichiku; Kôtei no inai Hachigatsu. 1979: Fukushû-suru wa Ware ni ari. 1981: Eejanaika; Hokusai Manga; Makai Tensei. 1982: Yajû-Deka. 1983: Yôki-rô; Gyoei no Mure; Narayamabushi-kô. 1985: Usugeshô; Kai; Mishima – A Life in Four Chapters (Mishima) [US/JP]. 1986: Kataku no Hito. 1987: Zegen; Yoshiwara Enjô. 1988: Hana no Ran; Kong que uan zi [HK/JP]; Yûshun Oracion. 1989: Zatô-Ichi; Shôgun Iemitsu no Ranshin, Gekitotsu; Shasô. 1991: Kamitsukitai; Daiyûkai; Good-bye, Mama; Kagerô. 1992: Oroshiyakoku Suimu-dan; Keishô Sakazuki. 1993: Kokkai e ikô. 1995: Hakusyuu no Toki [TV]; The Pillow Book (Die Bettlektüre) [GB/NL/FR]. 1996: Gonin 2.

Ogier, Bulle

(Marie-France Thielland)
*9. 8. 1939 Boulogne-Billancourt

Gründet eines der ersten Café-Theater in Paris. In den 60er Jahren Zusammenarbeit mit Pierre Clementi, Jean-Pierre Kalfon und ihrem Freund Marc'O, der

sie zum Schauspielen animiert hat. In ehrgeizigen Filmprojekten von Marguerite Duras, Barbet Schroeder, Alain Tanner (*La salamandre*) und vor allem Jacques Rivette (*L'amour fou, Out 1, Céline et Julie vont en bateau, Duelle*) verkörpert sie einen Frauentyp, der zwischen sanfter Unbeteiligtheit und plötzlichem Ausbruch aus der Männerherrschaft changiert – der sich überlegen gebenden Männerwelt ist nicht zu trauen, die weibliche Intellektualität kann deren Brüchigkeit beikommen. Ihren ersten großen Publikumserfolg hat Bulle Ogier 1975 in Barbet Schroeders *Maîtresse* als Prostituierte, die ihre masochistischen Kunden mit großer Einfühlsamkeit behandelt. Seit Mitte der 80er Jahre Schwerpunkt ihrer Arbeit am Theater, so 1988 in Luc Bondys Pariser Inszenierung von Shakespeares «A Winter's Tale».
Ihre Tochter, die Schauspielerin Pascale Ogier (1960–1984), die ebenfalls mit Rivette (*Le Pont du Nord*, neben ihrer Mutter) und Rohmer (Preis in Venedig für *Les nuit des la pleine lune*) arbeitet, wird nur 24 Jahre alt.

[FR] 1967: Les idoles; Quarante-huit heures d'amour (Bäumchen, Bäumchen, wechsle dich); Les filous [KF]. 1967/68: L'Amour fou (Amour fou). 1968: Aussi loin que mon enfance [KF]; Pierre et Paul (Pierre und Paul). 1969: Piège; Et crac! [KF]. 1970: La vallée; M comme Mathieu; Rendez-vous à Bray (Rendezvous in Bray) [BE/FR]; Les stances à Sophie; La salamandre [CH]. 1970–72/1990: Out 1 – Noli me tangere/Out 1 – spectre (Out 1 – Noli me tangere) [Lang- + Kurzfassung]. 1971: Paulina s'en va (Paulina haut ab). 1972: Le gang des otages/Le gang des otages (Flucht im Kreis) [FR/IT]; Le charme discret de la bourgeoisie/Il fascino discreto della borghesia/El discreto encanto de la burguesía (Der diskrete Charme der Bourgeoisie) [FR/IT/ES]; George qui? 1973: Io e lui [IT/FR]; Projection privée (Privatvorstellung); Un ange au paradis; Bel ordure. 1973/74: Céline et Julie vont en bateau (Celine et Julie fahren Boot) [D,CoA]. 1974: Mariage (Eine Ehe); La Paloma [CH]; Un divorce heureux. 1975: Jamais plus toujours (Nie mehr immer); Maîtresse; Un ange passe. 1975/76: Les flocons d'or/Goldflocken [FR/BRD]. 1976: Des journées entières dans les arbres (Ganze Tage in den Bäumen); Duelle (Unsterbliches Duell); Sérail. 1978: Le Navire Night; La mémoire courte. 1978/79: Die dritte Generation [BRD]. 1980: Légitime défense [TV]; Weisse Reise [S – CH]. 1980/81: Le Pont du Nord (An der Nordbrücke) [D,A]. 1981: Le rose et le blanc; La leçon de chant [KF]; La derelitta; Aspern/Les papiers d'Aspern [PT/FR]; Seuls [CH]; Notre-Dame de la Croisette [CH]; Agatha et le lectures illimitées. 1982: Rosette vend des roses [KF]. 1984: Tricheurs (Die sich selbst betrügen). 1985: Les fanas du ciné [TV]; L'Énigme blanche [TV]; L'Homme de la nuit [TV]. 1986: Mon cas (Mein Fall); Das weite Land/Terre étrangère [BRD/AT/FR]; Savannah Bay [TV]. 1987: Candy Mountain (Candy Mountain) [CH/CA/FR]. 1987/88: La bande des quatre (Die Viererbande) [FR/CH]. 1988: Les dossiers de l'inspecteur Lavardin: Le diable en ville (Inspektor Lavardin: Der Teufel in der Stadt). 1990: Jacques Rivette, le veilleur [DOK]. 1991: Nord. 1993: Fado, majeur et mineur [FR/PT]. 1994: Circuit Carole; Personne ne m'aime (Niemand liebt mich) [FR/CH]; Regarde les hommes tomber. 1995: N'oublie pas que tu vas mourir. 1996: Irma Vep (Irma Vep).

O'Hara, Maureen

(Maureen FitzSimons)
* 17. 8. 1920 Millwall (Irland)

Besuch der Burke's School of Elocution, später der Abbey Theatre School in Dublin. Als 12jährige Radio-Sprecherin. In London Musik-Ausbildung an der Guildhall School of Music sowie am College of Music. In den späten 30er Jahren ist sie eine vielbeschäftigte Theaterschauspielerin, vor allem in Shakespeare-Rollen. 1938 Filmdebüt. Erste bedeutende Filmrolle durch Erich Pommer als mutige Mary in Hitchcocks Schmuggler-Abenteuer *Jamaica Inn*. Hollywood-Verpflichtung durch RKO. In Filmen von John Ford bekommt sie ihre populärsten Rollen, so als irische Bergarbeitersfrau Angharad Morgan in *How Green Was My Valley*. Die hübsche Rothaarige spielt mit großer Überzeugungskraft willensstarke und temperamentvolle Frauen, die schließlich jedoch gezähmt werden. Häufig auch in Western. An der Seite von Charles Laughton als Schullehrerin in Jean Renoirs *This Land Is Mine*. In den 50er Jahren weitere Rollen von Ford, oft neben John Wayne, so als Kathleen Yorke in *Rio Grande*, vor allem als widerspenstige Mary Kate Danaher im Irland-Film *The Quiet Man*, als Mary O'Donell in *The Long Gray Line* und als Minnie Wead in *The Wings of Eagles*. 1963 ist sie wieder Waynes Ehefrau in *McLintock!* (Andrew V. McLaglen). In den 40er Jahren beim Radio. 1951 Gründung der Price Merman Productions. Seit den 60er Jahren verstärkt TV-Arbeit. Eindrucksvolles Comeback 1990 als dominante irische Mutter neben John Candy und Anthony Quinn in Chris Columbus' Komödie *Only the Lonely*.

[US] 1938: Kicking the Moon Around [GB]; My Irish Molly [GB]. 1939: Jamaica Inn (Riff-Piraten) [GB]; The Hunchback of Notre Dame (Der Glöckner von Notre Dame). 1940: A Bill of Divorcement/Never to Love; Dance, Girl, Dance. 1941: How Green Was My Valley (Schlagende Wetter); They Met in Argentina. 1942: To the Shores of Tripoli; The Black Swan (Der Seeräuber); Ten Gentlemen from West Point; The

Immortal Sergeant. 1943: This Land Is Mine (Dies ist mein Land); The Fallen Sparrow. 1944: Buffalo Bill (Buffalo Bill, der weiße Indianer). 1945: The Spanish Main (Der Seeteufel von Cartagena). 1946: Sentimental Journey; Do You Love Me? (Sinfonie in Swing). 1947: Sinbad the Sailor (Sindbad, der Seefahrer); The Foxes of Harrow (Eine Welt zu Füßen); Miracle on 34th Street (Das Wunder von Manhattan); The Homestretch (Endspurt). 1948: Sitting Pretty (Belvedere, das verkannte Genie). 1948/49: A Woman's Secret; Britannia Mews [GB]. 1949: Father Was a Fullback; Bagdad (Bagdad). 1950: Tripoli (Tripolis); Comanche Territory (Im Lande der Comanchen); Rio Grande (Rio Grande). 1951: Flame of Araby (Die Flamme von Arabien). 1952: Kangaroo (Känguruh); Against All Flags (Gegen alle Flaggen); At Sword's Point (Die Söhne der drei Musketiere); The Quiet Man (Der Sieger). 1953: The Redhead from Wyoming (Feuerkopf von Wyoming). 1954: The Long Gray Line (Mit Leib und Seele); War Arrow (Verschwörung auf Fort Clark); Malaga (Feuer über Afrika) [GB]. 1955: The Magnificent Matador (Die Nacht gehört uns); Lady Godiva (Die nackte Geisel). 1956: Everything But the Truth; Lisbon (Geheimzentrale Lissabon). 1957: The Wings of Eagles (Dem Adler gleich). 1959: Our Man in Havana (Unser Mann in Havanna) [GB]. 1961: The Deadly Companions (Gefährten des Todes) [D,P]; The Parent Trap (Die Vermählung ihrer Eltern geben bekannt). 1962: Mr. Hobbs Takes a Vacation (Mr.Hobbs macht Ferien). 1963: Spencer's Mountain (Sommer der Erwartung); McLintock! (MacLintock). 1965: The Battle of the Villa Fiorita (Kampf in der Villa Fiorita) [GB]. 1965/66: The Rare Breed (Rancho River). 1967: Who's Afraid of Mother Goose? [TV]. 1970: How Do I Love Thee? (Wie ich Dich liebe). 1971: Big Jake (Big Jake). 1973: The Red Pony (Das letzte Wort hat Tilby) [TV]. 1982: The Royal Romance of Charles and Diana (Die Romanze von Charles und Diana) [TV – GB]. 1990: Only the Lonely (Mama, ich und wir zwei). 1995: Christmas Box [TV].

Okada Eiji

*13. 6. 1920 Präfektur Chiba
†14. 9. 1995

Nach Abschluß eines Wirtschaftsstudiums an der Keio-Universität tritt Okada Eiji 1946 in Tomoyoshi Murayamas Theatergruppe «Shinkyô Gekidan» ein. 1949 Leinwanddebüt in *Hana no Sugao* (Minoru Shibuya), wo er eindrucksvoll einen in den Krieg ziehenden Studenten verkörpert. Starke öffentliche Aufmerksamkeit erregt damals auch eine Kußszene mit Fensterglas in *Mata au Hi made* (Tadashi Imai, 1950). Er arbeitet bevorzugt mit linken Filmmachern zusammen. Internationale Bekanntheit als Architekt in Alain Resnais' *Hiroshima mon amour* (1958/59). In Hiroshi Teshigaharas *Suna no Onna* (1964) spielt er den verirrten Insektenforscher, der von Dorfbewohnern zu einer einsamen Witwe gesperrt wird. Als ein starke Intelligenz ausstrahlender Schauspieler Verpflichtungen insbesonders für sozial engagierte oder künstlerisch anspruchsvolle Filme, aber auch in Komödien und Krimis.

[JP] 1949: Hana no Sugao. 1950: Onna no Kao; Mata au Hi made. 1951: Fûsetsu Nijû-nen; Kaze ni soyogu Ashi. 1952: Yamabiko Gakkô; Okâ-san; Shinkû Chitai. 1953: Hiroshima (Hiroshima); Himeyuri no Tô. 1954: Hôrôki; Okuman Chôja. 1955: Ningen-Gyorai Kaiten; Koko ni Izumi ari. 1956–57: Shônen Tantei-dan [4 Teile]. 1957: Dotanba. 1958/59: Hiroshima mon amour (Hiroshima, mon amour) [FR/JP]. 1963: The Ugly American (Der häßliche Amerikaner) [US]; Kanojo to Kare (Sie und er). 1964: Suna no Onna (Die Frau in den Dünen); Kôge; Ansatsu. 1965: Sugata Sanshirô; Sandai Kaiju Chikyu Sandai no Kessen; Goben no Tsubaki. 1966: Tanin no Kao. 1967: Chieko-shô. 1968: Showa no Inochi; Kurobe no Taiyo. 19669: Jotai; Dankon. 1970: Mujô. 1971: Cinmoku; Yomigaeru Daichi. 1976: Daichi no Komoriuta; Paamenento Bruu, Manatsu no Koi; Hoshi to Arashi. 1978: Genshiryoku Sensô. 1982 Ogin Sama; Ningyo Girai. 1983: Nankyoku Monogatari; Yogoreta Eiyu; Akujo Kamakiri. 1985: Agi Kishin no Ikari. 1989: Sen no Rikyu. 1991: Jûtai; Shishiôtachi no Natsu.

Okada Mariko

(Yoshida Mariko;
Mädchenname: Tanaka)
*11.1. 1933 Tokio

Ihr Vater Tokihiko Okada ist Stummfilmstar, ihre Mutter Star der Takarazuka Musicalgruppe. Bereits im Kindergarten beginnt sie, modernen Tanz zu lernen. 1951 Eintritt in die Schauspielschule von Tôhô, kurz darauf Verpflichtung für die Rolle der Tänzerin in Mikio Naruses *Maihime*. 1957 Vertrag mit dem Shôchiku Studio, wo sie bis in die erste Hälfte der 60er viele melodramatische Heldinnen spielt – tragische Geliebte, deren Liebe nicht erwidert wird. Als Produzentin realisiert sie *Netsuai-sha* und *Akitsu Onsen*. 1963 Heirat mit dem Regisseur Yoshishige Yoshida, mit dem sie 1966 die unabhängige Produktionsfirma Gendai Eiga-sha gründet. Parallel zu Bühnen- und Fernsehauftritten spielt sie in einer Reihe von Filmen ihres Mannes, z. B. eine Inzest begehende Mutter in *Mizu de kakareta Monogatari*, die historisch verbürgte Anarchistin Noe Itô in *Erosu purasu Gyakusatsu* (1970) und die an Aphasie erkrankte Schauspielerin in *Kokuhakuteki Joyû-ron* (1971). Herausragend auch in Keisuke Kinoshitas *Koge* (1963) ihre Darstellung einer Frau im Wandel in der patriarchalen Gesellschaft.

[JP] 1951: Maihime. 1952: Shishunki; Haru no Sasayaki; Ashi ni sawatta Onna. 1953: Fukeyo Harukaze. 1954:

Geisha Konatsu. 1954/55: Miyamoto Musashi. 1955: Ukigumo; Asunaro Monogatari; Wataridori Itsu kaeru; Otoko arite. 1956: Nagareru. 1957: Doshaburi; Yamabato; Shûkin-Ryokô. 1958: Akujo no Kisetsu. 1959: Aru Rakujitsu; Kiri aru Jôji. 1960: Akibiyori (Spätherbst); Onna no Saka; Haru no Yume; Banana. 1961: Mizutamari; Ryôjû; Onna-mai; Netsuai-sha; Aijô no Keifu. 1962: Kotoshi no Koi; Kiriko no Unmei; Akitsu Onsen; Sanma no Aji. 1963: Futari-dake no Toride; Mushuku-ninbetsuchô. 1964: Yotsuya Kaidan; Kôge. 1965: Mizu de kakareta Monogatari. 1966: Onna no Mizuumi. 1967: Tsuma Futari; Jôen; Honoo to Onna. 1968: Saraba Natsu no Hikari; Juhyô no Yoromeki; Fushinno Toki. 1970: Rengoku Eroika; Hatoba-onna no Burûsu; Erosu purasu Gyakusatsu. 1971: Kigeki: Inochi no O-nedan; Kokuhakuteki Joyû-ron. 1972: Kuro no Honryû. 1975: Wagahai wa Neko de aru. 1976: Tôga. 1977: Ningen no Shômei; Nippon no Jingi. 1978: Akô-jô Danzetsu. 1982: Seiha. 1984: Jo no Mai. 1985: Tampopo. 1987: Marusa no Onna. 1990: Gekido no 1750 Nichi.

Olbrychski, Daniel

*27. 2. 1945 Łowicz

Besuch der Theaterhochschule Warschau ohne Abschlußdiplom. Als Student tritt er im Poetischen Studio und im Fernsehen auf. 1969 Engagement in Warschau am Współczesny-Teatr und am Narodowy Teatr u. a. als Hamlet. Filmdebüt 1963. Die erste große Rolle ist 1965 der Edelmann Rafał Olbromski in Andrzej Wajdas Żeromski-Adaption *Popioły*. 1969 mit dem Zbigniew-Cybulski-Preis als bester polnischer Nachwuchsschauspieler geehrt, gilt der schlanke, blonde Olbrychski bald als Star, der in zeitgenössischen und historischen Rollen gleichermaßen erfolgreich ist. In den 60er und 70er Jahren spielt er die Hauptrollen in fast allen Wajda-Filmen: Daniel in *Wszystko na sprzedaż*; Bolesław in der Iwaszkiewicz-Adaption *Brzezina* und Tadeusz in *Krajobraz po bitwie*; Bräutigam in *Wesele* sowie der junge Industrielle Karol Borowiecki in *Ziemia Obiecana* (1974). Popularität erreicht er auch in Jerzy Hoffmans Sienkiewicz-Verfilmungen: 1968 als Tartar Azja Tuhajbejowicz in *Pan Wołodyjowski* und 1974 als Kmicic in *Potop*, für den er den Darstellerpreis des Nationalen Spielfilmfestivals in Danzig erhält. Ab 1970 arbeitet er häufig im Ausland. Miklós Jancsó überträgt ihm wiederholt Hauptrollen: in *Égi bárány*, als Daniel in *La pacifista*, als Claudius in dem TV-Film *Roma rivuole Caesar*. In Volker Schlöndorffs Grass-Verfilmung *Die Blechtrommel* (1978/79) verkörpert er den Polen Jan Broński. In Frankreich wird er durch Rollen bei Claude Lelouche (*Les uns et les autres*, 1981) und Joseph Losey (*La truite*, 1982) populär. Seit Mitte der 80er Jahre arbeitet Olbrychski fast ausschließlich im Ausland, ohne an seine Erfolge im polnischen Film anknüpfen zu können, mit Ausnahme seines deutschen Sozialdemokraten Leo Jogiches in Margarethe von Trottas *Rosa Luxemburg* (1986). Krysztof Kieślowski überträgt ihm 1988 die Rolle des Taxifahrers in *Dekalog III*. 1990 wird Olbrychski mit der höchsten französischen Kulturauszeichnung «Des Arts et des Lettres» geehrt.

[PL] 1963: Ranny w lesie. 1965: Potem nastąpi cisza; Popioły (Legionäre/Zwischen Feuer und Asche). 1966: Bokser (Boxer); Małżeństwo z rozsądku (Liebe im Atelier). 1967: Jowita; Skok. 1968: Pan Wołodyjowski (Leben, Liebe und Tod des Obersten Wolodyjowski); Wszystko na sprzedaż (Alles zu verkaufen); Hrabina Cosel (Gräfin Cosel); Zaliczenie (Die letzte Prüfung) [TV-KF]. 1969: Polowanie na muchy (Jagd auf Fliegen); Przygody pana Michała (Die Abenteuer des Herrn Michal) [TVS]; Sól ziemi czarnej (Das Salz der schwarzen Erde); Struktura kryształu (Die Struktur des Kristalls). 1970: Brzezina (Das Birkenwäldchen); Égi bárány [HU]; Różaniec z granatów [TV]; Krajobraz po bitwie (Landschaft nach der Schlacht). 1970/72: Osvoboždenie (Befreiung) [SU]. 1971: Życie rodzinne (Familienleben); La pacifista [IT/FR/BRD]; Die Rolle [TV-KF – BRD]. 1972: Wesele (Die Hochzeit); Polskie bitwy [TV]; Pilatus und andere – Ein Film für Karfreitag [TV – BRD]. 1973: Roma rivuole Cesare [TV – IT]. 1974: Potop (Sintflut); Ziemia obiecana (Das gelobte Land) [TVS+Kino]. 1976: Dagny (Dagny) [PL/NO]; Zdjêcia próbne (Probeaufnahmen). 1977: Trzy po trzy [TV]; Aktor [KF]. 1978: Polskie bitwy [TV]; Panny z Wilka/Les demoiselles de Wilko (Die Mädchen vom Wilkohof) [PL/FR]. 1978/79: Die Blechtrommel/Le tambour [BRD/FR]. 1979: Kung-fu (Selbstverteidigung); Terrarium [TV]. 1980: Z biegiem lat, z biegiem dni ... [TVS]; Wizja lokalna 1901; Rycerz. 1981: Les uns et les autres (Ein jeglicher wird seinen Lohn empfangen) [FR]; Pad Italije [YU]; Wzywamy Was [KF]; La derelitta [FR]. 1982: La truite (Eine Frau wie ein Fisch) [FR]. 1983: Si j'avais 1000 ans [FR]; Eine Liebe in Deutschland/Un amour en Allemagne [BRD/FR]. 1983/84: Duell ohne Gnade/La diagonale du fou [CH/FR/BRD]. 1984: Le mariage blanc/Scheinheirat [TV – FR/BRD]; Bis später – ich muß mich erschießen [TV – BRD/FL]. 1984/85: Casablanca Casablanca (Casablanca Casablanca) [IT]. 1985: ... jestem przeciw; Siekierezada (Die Ballade von der Axt); Ga, ga. Chwała bohaterom; Der Bulle und das Mädchen [BRD/AT]; Lieber Karl [BRD/AT]. 1985/86: Rosa Luxemburg [BRD]. 1986: Biała wizytówka/Die Söhne der Fürsten [TVS – PL/BRD]; Mosca, addio (Moskau – Schalom) [TV – IT]; Mit meinen heißen Tränen [TV – AT/BRD/CH]. 1987: The Unbearable Lightness of Being (Die unerträgliche Leichtigkeit des Seins) [US];

Kampf der Tiger. 1. Freunde. – 2. Rivalen [TV – BRD]; Il segreto del Sahara/Le monde desert/Das Geheimnis der Sahara [TV – IT/FR/BRD/ES]. 1988: Au bout du rouleau (Haute Tension: Vendetta) [FR]; Zoo (Sehnsucht nach Freiheit) [IT]; Jeweller's Shop (Der Laden des Goldschmieds) [TV – EURO]; Dekalog III (Dekalog, Drei) [TV]. 1989: L'Orchestre rouge/L'Orchestra rossa [FR/IT]. 1989/90: Coplan. 4. Coup durs/Entführung nach Berlin [TV – FR/CH/BRD]. 1990: Napoleon w Europie. Warszawa/Napoléon. Marie Walewska [TVS – PL/FR]; Das lange Gespräch mit dem Vogel [BRD]. 1992: Korotkoje Dyhanie Ljubvi [FI/RU]; The Return (Tödlicher Wein) [FR/PO]. 1993: Kolejność uczuć; Lepiej byæ piękną i bogat ... [PL/DE/HU/UA]; Moi Ivan, toi Abraham (Ivan und Abraham) [FR/BY]. 1994/95: Transatlantis [DE]. 1995: Pestka. 1996: Dzieje mistrza Twardowskiego; Hommes, femmes, mode d'emploi [FR]. 1996/97: Szokes [HU/DE].

Olivier, Laurence

(Lord Laurence Kerr Olivier)
* 22. 5. 1907 Dorking (Surrey)
† 11. 7. 1989 Steyning (West Sussex)

Der Sohn eines streng religiösen Schulleiters besucht ab 1916 die Church of All Saints Choir School in London und wirkt bei Schulaufführungen mit. 1921–24 in Oxford an der St. Edward's School, bis 1925 Schauspielunterricht an der Central School of Speech Training and Dramatic Arts in London. 1926–28 bei der Birmingham Repertory Company. Mit 20 Jahren erste Hauptrolle in London. 1929 Broadway-Debüt. 1930 Filmdebüt in *The Temporary Widow*, der englischen Version von Gustav Ucickys *Hokuspokus* nach einem Bühnenstück von Curt Goetz. Im selben Jahr als reicher Playboy in der englischen Kriminalkomödie *Too Many Crooks* (George King). Mitte der 30er Jahre mit großem Erfolg als Romeo in «Romeo and Juliet», seine Hamlet-Darstellung von 1937 legt er auf der Basis Freudscher Gedanken an. Diese Grundmethode wendet er u. a. auch 1938/39 für die Rolle des Heathcliff in der Literaturverfilmung *Wuthering Heights* (William Wyler) an. In den verschiedensten Filmgenres erfolgreich. 1939 endgültiger Durchbruch als Filmstar mit der Rolle des Grafen Maxim de Winter in Hitchcocks *Rebecca*. 1941–44 Armeedienst. 1944 für vier Jahre Leiter der Old Vic Company in London und Debüt als Regisseur und Produzent mit dem patriotischen *Henry V*. Weitere seiner technisch bemerkenswerten Shakespeare-Filme sind *Hamlet* (1948, Oscar) und *Richard III* (1955). 1951 zusammen mit seiner zweiten Frau Vivien Leigh Übersiedlung nach Amerika. 1960 Rückkehr nach England. 1965–73 Direktor des National Theatre. 1960 Übergang von Helden- zu Charakterrollen wie der schäbige, egozentrische Lügner und Varieté-Künstler Archie Rice in der Filmversion von John Osbornes *The Entertainer* (Tony Richardson). Fortan häufiger in prägnanten Nebenrollen. Eine Glanzrolle ist 1976 die des bösartigen Nazi-Zahnarztes Szell in *Marathon Man* (John Schlesinger). Zuletzt als alter Soldat im Rollstuhl im Prolog zu Derek Jarmans *War Requiem*, einer Filmcollage zu Benjamin Brittens Messe. Olivier, einer der bedeutendsten Shakespeare-Darsteller der englischen Bühne, wird 1947 zum Ritter geschlagen und 1970 zum Baron Olivier of Brighton erklärt. 1978 Ehren-Oscar für sein Gesamtwerk. Er veröffentlicht die Bücher «Five Seasons of the Old Vic Theatre Company» (1950), «Confessions of an Actor» (1982) und «On Acting» (1986).

[GB] 1930: The Temporary Widow [Version – DE]; Too Many Crooks. 1930/31: Potiphar's Wife. 1931: Friends and Lovers [US]; The Yellow Ticket [US]. 1932: Westward Passage [US]; Perfect Understanding. 1932/33: No Funny Business. 1935: Moscow Nights. 1935–40: The Conquest of the Air [UA: 1940]. 1936: As You Like It (As You Like It); Fire Over England (Feuer über England). 1937: 21 Days/The First and the Last; The Divorce of Lady X (Besuch zur Nacht). 1938/39: Q Planes (Testflug QE97); Wuthering Heights (Stürmische Höhen) [US]. 1939: Rebecca (Rebecca) [US]. 1940: Pride and Prejudice (Stolz und Vorurteil) [US]. 1941: That Hamilton Woman (Lord Nelsons letzte Liebe) [US]; 49th Parallel. 1943: The Volunteer [DOK]; The Demi-Paradise. 1944: Henry V (Heinrich V.) [D,R,P]. 1948: Hamlet (Hamlet) [D,R]. 1950: Great Moments from Hamlet [D,R]. 1951: Carrie (Carrie) [US]; The Magic Box. 1953: The Beggar's Opera (Die Bettleroper) [D,P]. 1955: Richard III (Richard III.) [D,R,P]. 1957: The Prince and the Showgirl (Der Prinz und die Tänzerin) [D,R,P]. 1958: The Moon and Sixpence [TV – US]; John Gabriel Borkmann [TV]. 1959: The Devil's Disciple (Der Teufelsschüler). 1960: The Power and the Glory (Die Kraft und die Herrlichkeit) [TV – US]; Spartacus (Spartacus) [US]; The Entertainer (Der Komödiant). 1962: Term of Trial (Spiel mit dem Schicksal). 1963: Uncle Vanya [TV]. 1965: Bunny Lake Is Missing (Bunny Lake ist verschwunden); Othello (Othello). 1965/66: Khartoum (Khartoum). 1967/68: Romeo e Giulietta/Romeo and Juliet (Romeo und Julia) [IT/GB]. 1968: The Shoes of the Fisherman (In den Schuhen des Fischers) [US]; Dance of Death. 1968/69: Oh! What a Lovely War (Oh! What a Lovely War). 1969: Battle of Britain (Luftschlacht um England); David Copperfield [TV]. 1970: Three Sisters [D,R]. 1971: Long Day's Journey into Night [TV]; Nicholas and Alexandra (Nikolaus und Alexandra) [US]. 1972: Lady Caroline Lamb (Die große Liebe der Lady

Caroline); Sleuth. 1973: The Merchant of Venice [TV]. 1974: The Rehearsal [US]. 1975: Love Among the Ruins (Liebe in der Dämmerung) [TV – US]. 1976: Cat on a Hot Tin Roof [D,CoP – TV – US]; Hindle Wakes [D,CoR – TV]; Seven-Per-Cent Solution (Kein Koks für Sherlock Holmes) [US]; Marathon Man (Der Marathon-Mann) [US]. 1977: Come Back, Little Sheba (Kehre zurück, kleine Sheba) [D,P – TV – US]; A Bridge Too Far (Die Brücke von Arnheim); Gesù di Nazareth/Jesus of Nazareth (Jesus von Nazareth) [TV – IT/GB]. 1978: Saturday, Sunday, Monday [TV]; Daphne Laureola [TV]; The Betsy (Der Clan) [US]; The Boys from Brazil (The Boys from Brazil) [US]. 1979: A Little Romance (Ich liebe dich – I love you – Je t'aime) [US]; Dracula (Dracula) [US]. 1980: Inchon (Inchon) [US]; The Jazz Singer (The Jazz Singer) [US]; Brideshead Revisited (Wiedersehen mit Brideshead) [TVS]. 1981: At the Haunted End of the Day ... [TV-DOK]; Clash of the Titans (Kampf der Titanen). 1982: A Voyage Round My Father [TV]. 1982/83: Wagner (Wagner) [TV – GB/HU/AT]. 1983: A Talent for Murder [TV]; Mr. Halpern and Mr. Johnson [TV]; The Ebony Tower (Der Elfenbeinturm) [TV]; King Lear (King Lear) [TV]. 1983/84: The Last Days of Pompeii (Die letzten Tage von Pompeji) [TV – US/GB/IT]. 1984: The Jigsaw Man (Agenten sterben zweimal); The Bounty (Die Bounty) [US]. 1984/85: Peter the Great (Peter der Große) [TV – US]. 1985: Wild Geese II (Wildgänse II). 1986: Directed by William Wyler [TV-DOK – US]; Lost Empires [TVS]. 1988: War Requiem (War Requiem).

Ondra, Anny

(Anna Sophie Ondráková)
*15. 5. 1903 Tarnów (Polen)
†28. 2. 1987 Hollenstedt (Niedersachsen)

Kindheit in Prag. Als Schulkind Statistin am Svandovo Divadlo. Vom Filmproduzenten und -regisseur Gustav Machatý für die Titelrolle als «Dame mit dem kleinen Fuß» in der Komödie *Dama s malou nožkou* (Jan Stanislav Kolár/Přemsyl Pražský) entdeckt. Fortan blond, graziös, temperamentvoll und sympathisch in Lustspiel-Rollen leicht komischer und überdrehter Backfische, 1920 erstmals unter der Regie von Karel Lamač (in Deutschland: Carl Lamac). 1922 gemeinsam auch in Wiener Produktionen vor der Kamera: In *Hütet eure Töchter* und *Führe uns nicht in Versuchung* (beide Sidney M. Goldin) muß ihr unschuldiger Charme im Halbwelt-Milieu bestehen. Als Partnerin von Vlasta Burian und Lamac Aufstieg zur führenden Komikerin des tschechischen Films. Nach 1928 übermütig Männer erobernd auch in deutschen Filmen. In England u. a. in Alfred Hitchcocks *The Manxman* und mit ernster Rolle in *Blackmail*. 1930 Teilhaberin der Ondra-Lamac-Filmgesellschaft: mit Gesangs- und Tanzeinlagen (u. a. als Mickey Mouse) sowie artistischen Intermezzi schon in ihrem ersten Tonfilm *Die vom Rummelplatz* (Lamac). Die tragikomische Titelrolle in der Dickens-Adaption *Klein Dorrit* (Lamac) bleibt Ausnahme. Feinere Züge der Komik erst 1935/36 in Reinhold Schünzels *Donogoo Tonka*. Weitgehender Rückzug vom Film, als Lamac Deutschland verläßt. Nur wenige Auftritte in «heiteren» Familienfilmen, u. a. 1941 als Partnerin Heinz Rühmanns in der Spoerl-Verfilmung *Der Gasmann*. Im Nachkriegsfilm 1950 in *Schön muß man sein* (Carl Froelich) und 1956/57 mit einem Gastauftritt in Helmut Käutners *Die Zürcher Verlobung* (Akos von Rathony). 1933 Ehe mit Max Schmeling, dem Boxweltmeister im Schwergewicht und 1934/35 Filmpartner in *Knock out* (Lamac/Hans H. Zerlett). Hans Leip widmet ihnen das Buch «Max und Anny – Romantischer Bericht vom Aufstieg zweier Sterne» (1935).

[CS] 1919: Dáma s malou nožkou (Die Dame mit dem kleinen Fuß). 1920: Dráteníček (Der kleine Drahtbinder); Nikyho velenbné dobrodružstvi (Nikys erhabenes Abenteuer); Tam na horách/Česká láska (Dort in den Bergen/Tschechische Liebe); Setřelé písmo/Tajemstrí staré knihy (Die verwischte Schrift/Das Geheimnis des alten Buches); Gilly po prvé Praze (Gilly zum ersten Mal in Prag); Zpěv zlata (Gesang des Goldes). 1921: Příchozí z temnot (Der Ankömmling aus der Finsternis); Otrávené svìtlo (Vergiftetes Licht). 1922: Zigeunerliebe [AT]; Hütet eure Töchter [AT]; Führe uns nicht in Versuchung [AT]; Drovštěp (Der Holzfäller). 1922/23: Sodom und Gomorrha. 2 Teile. [AT]. 1923: Únos bankere Fuxe (Die Entführung des Bankiers Fux); Tu ten kámen (Dieser Stein – Tut-anchamon); Muž bez srdce/Der Mann ohne Herz [CS/DE]. 1924: Hřichy v manželství [Version]; Bíly ráj (Das weiße Paradies); Chyťte ho!/Lipič nešika (Fangt ihn!/Der ungeschickte Räuber). 1924/25: Ich liebe Dich! [DE]. 1925: Do panského stavu/Matka Kráčmerka I. (Mutter Kracmerka. 1. In den Herrenstand); Vdavky Nanynky Kulichovy (Die Heirat der Nanynka Kulichova); Karel Havlíček Borovský/1848; Hraběnka z Podskalí (Die Gräfin aus der Vorstadt); Lucerna (Die Laterne); Šest mušketýr (Die sechs Musketiere). 1926: Trude, die Sechzehnjährige [DE]; Velbloud uchem jehly (Wie ein Kamel durchs Nadelöhr); Pantáta Bezoušek (Gevatter Bezoušek); Aničko, vrať se!/Tulák (Anny, Kehr zurück!/Der Strolch); Pratermizzi [AT]; Seine Hoheit, der Eintänzer (Hotel Erzherzogin Viktoria) [AT]. 1927: Milenky starého kriminálníka (Die Geliebten des alten Verbrechers); Květ ze Šumavy (Blume aus dem Böhmerwald); Sladká Josefínka (Reizende Josefine). 1927/28: Evas Töchter/Dcery Eviny [DE/CS/CH]. 1928: Saxophon-Susi [DE]; Eileen of the Trees/Glorious Youth [GB]; God's Clay [GB]; Der erste Kuß [DE]. 1928/29: The Manxman [GB]; Blackmail (Erpressung) [GB].

1929: Sündig und süß [DE]; Das Mädel mit der Peitsche [DE]; Die Kaviarprinzessin [DE]. 1929/30: Das Mädel aus USA [DE]. 1930: Die vom Rummelplatz [D,P]; Die große Sehnsucht [DE]; Der K.u.K. Feldmarschall/Der falsche Feldmarschall [CoP – Version – CS/DE]; Eine Freundin so goldig wie du [D,P]. 1930/31: On a jeho sestra [Version]; Er und seine Schwester [D,CoP – Version – CS/DE]. 1931: Der Zinker [P – DE/AT]; Mam'zelle Nitouche [CoP – Version – FR/DE]; Mamsell Nitouche [D,CoP – Version – FR/DE]; La chauve-souris [D,CoP – Version – FR/DE]; Die Fledermaus [D,CoP – Version – FR/DE]. 1931/32: Eine Nacht im Paradies [D,CoP – DE]; Une nuit au Paradis [Version – DE]; Wehe, wenn er losgelassen [CoP – Version – DE/CS]. 1932: Die grausame Freundin [D,CoP – Version – AT/DE]; Faut-il les marier? [Version – FR]; Der Hexer [P – AT/DE]; Kiki [D,CoP – Dt. Version – DE/FR]; Kiki [D,CoP – Fr. Version – DE/FR]; Baby [D,CoP – Fr. Version – FR/DE]; Baby [D,CoP – Dt. Version – FR/DE]; Kantor Ideál [Version]; Betragen ungenügend [Version – CS/DE]. 1932/33: Die Regimentstochter/ Die Tochter des Regiments [D,P – Version – AT/DE]; La fille du régiment [Version – FR]. 1933: Fräulein Hoffmanns Erzählungen [D,P]; Orchesterprobe [P – KF]; Das verliebte Hotel [D,P]. 1934: Die vertauschte Braut [D,P – Version]; Im Schallplattenladen [P – KF]; L'amour en cage [D,CoP – Version – FR]; Klein-Dorrit [D,P]; So ein Theater [P – KF]; Der verhexte Scheinwerfer [P – KF]; Polská krev [D,P – Version – CS/DE]; Polenblut [D,P – Version – CS/DE]. 1934/35: Knock out [D,CoP]. 1935: Großreinemachen [D,CoP]; Der junge Graf [D,P]; Im weißen Rößl [CoP – AT/DE]. 1935/ 36: Donogoo Tonka. Die geheimnisvolle Stadt [Version]. 1936: Flitterwochen [D,P]; Ein Mädel vom Ballett [D,P]; Max Schmelings Sieg – ein deutscher Sieg [DOK – DE/US]; Der Hund von Baskerville [P]. 1936/37: Vor Liebe wird gewarnt [D,P]. 1937: Der Unwiderstehliche [DE]; Der Scheidungsgrund [D,CoP – Version – CS/DE]; Dùvod k rozvodu [Version]. 1937/38: Es leuchten die Sterne [DE]. 1938: Narren im Schnee [DE]. 1940/41: Der Gasmann [DE]. 1942: Himmel, wir erben ein Schloß [DE]. 1950: Trio (So ist das Leben) [EP (Rahmen) – GB]. 1950/51: Schön muß man sein [BRD]. 1956/57: Die Zürcher Verlobung [BRD].

O'Neal, Ryan

*20. 4. 1941 Los Angeles

Sohn der Schauspielerin Patricia Callaghan und des Schriftstellers Charles O'Neal. 1959 mit den Eltern nach München, dort an der High-School der US Army. Nach der Rückkehr in die USA TV-Arbeit. 1968 erste Filmrolle von Alex March. Weltweite Popularität 1970 als unglücklich liebender Student Oliver in Arthur Hillers *Love Story*. Zusammenarbeit mit Peter Bogdanovich: neben Barbra Streisand in der turbulenten Komödie *What's Up, Doc* und – mit seiner Tochter Tatum (*5. 11. 1963) – als alleinstehender Vater und Bibelverkäufer in *Paper Moon*. Titelrolle in Stanley Kubricks *Barry Lyndon* (1973–75). In den 80er Jahren nur noch sporadische Beschäftigung bei Film und Fernsehen.

[US] 1957–61: Bachelor Father [TVS]. 1957–65: Perry Mason [TVS]. 1962: Empire [TVS]. 1962–69: The Virginian: It Takes a Big Man (Die Leute von der Shiloh Ranch) [TV]. 1964–68: Peyton Place [TVS]. 1968: The Big Bounce (Nancy, ein eiskaltes Playgirl). 1969: The Games [GB]. 1970: Love, Hate, Love [TV]; Love Story (Love Story). 1971: Wild Rovers (Missouri). 1972: What's Up, Doc? (Is' was, Doc?). 1973: Paper Moon (Papermoon); The Thief Who Came to Dinner (Webster ist nicht zu fassen). 1973–75: Barry Lyndon (Barry Lyndon) [GB]. 1976: Nickelodeon (Klapperschlangen beißen nicht) [US/GB]. 1977: A Bridge Too Far (Die Brükke von Arnheim) [GB]. 1978: The Driver (Driver). 1979: The Main Event (Was, du willst nicht?); Oliver's Story (Olivers Story). 1981: Green Ice (Grünes Eis) [GB]; So Fine (Der ausgeflippte Professor). 1982: Partners (Zwei irre Typen auf heißer Spur). 1983: Irreconcilable Differences (Triple Trouble). 1985: Fever Pitch (Jackpot). 1987: Tough Guys Don't Dance (Harte Männer tanzen nicht). 1989: Small Sacrifices (Schrei am Abgrund) [TV]; Chances Are (Ein himmlischer Liebhaber). 1990: Good Sports [TV]. 1992: The Man Upstairs (Kein Engel auf Erden). 1995: Faithful (Der Hochzeitstag). 1997: An Alan Smithee Film.

Opaliński, Kazimierz

*22. 6. 1890 Przemyśl

†6. 6. 1979 Warschau

Privater Schauspielunterricht in Lwów, 1912 Mitglied der Truppe von H. Cudnowski. Im 1. Weltkrieg in russischer Gefangenschaft; Auftritte in einem internationalen Varieté in Taschkent. Danach an führenden Theatern in Krakau, Łódź und Warschau. Frühzeitig Kontakt mit der Filmindustrie. 1936 Debüt in Józef Lejtes' *Barbara Radziwiłłówna*, danach spielt er in Filmen von Juliusz Gardan und Aleksander Ford, den führenden Vertretern des anspruchsvollen Films im Vorkriegspolen. Nach 1945 am Stary Teatr in Krakau, dann in Łódź, ab 1949 in Warschau. Am Narodowy Teatr beeindruckt er u. a. in Brechts «Der aufhaltsame Aufstieg des Arturo Ui», Gorkijs «Meśćane» und Wilders «Our Town». Zu seinen stärksten Leistungen im Film zählt sein Lokführer Orzechowski in Andrzej Munks *Człowiek na torze* (1956) – einem der wichtigsten Werke der Polnischen Schule. Obwohl er auch später mit bedeutenden Regisseuren arbeitet, erhält er keine so tragenden Rollen mehr. Einzig seine Interpretation des Einsiedlers in Wojciech J. Has' phantasievollem *Rękopis znaleziony w Saragossie* (1964) oder die

Hauptrolle in Jan Rybkowskis TV-Film *Bardzo starzy oboje* (1967) überträgt, erinnern an sein großes Talent.

[PL] 1936: Barbara Radziwiłłówna; Trędowata. 1937: Ludzie Wisły. 1939: Sportowiec mimo woli. 1949: Za wami pójdą inni. 1950: Warszawska premiera (Warschauer Premiere); Dwie brygady (Zwei Brigaden). 1951: Pierwsze dni (Die ersten Tage). 1952: Trzy opowieści. 1953: Trudna miłość; Sprawa do załatwienia (Das sollte man regeln); Piątka z ulicy Barskiej (Die Fünf aus der Barska-Straße); Celuloza (Eines Menschen Weg). 1954: Pod gwiazdą frygijską (Unter dem phrygischen Stern). 1956: Człowiek na torze (Der Mann auf den Schienen); Tajemnica dzikiego szybu. 1957: Eroica (Eroica – Polen 44) [EP]. 1958: Pan Anatol szuka miliona. 1959: Zezowate szczęście (Das schielende Glück). 1960: Rok pierwszy (Als der Tag begann); Powrót; Szczęściarz Antoni (Anton der Glückspilz). 1961: Droga na zachód (Strecke zwischen Tod und Leben); Zaduszki (Allerseelen). 1962: Gangsterzy i filantropi (Große und kleine Gauner); Spóźnieni przechodnie; Czarne skrzydła; Jadą, goście, jadą. 1963: Wiano. 1964: Rêkopis znaleziony w Saragossie (Die Handschrift von Saragossa); Życie raz jeszcze. 1965: Dzień ostatni, dzień pierwszy: Na melinę (Der letzte Tag, der erste Tag: Die Stiefel) [TV]; Trzy kroki po ziemi; Faraon (Pharao). 1966: Piekło i niebo (Hölle und Himmel); Szyfry (Chiffre). 1966–68: Klub profesora Tutki. 14 Folgen [TVS]. 1967: Komedia z pomyłek (Wenn zwei sich streiten) [TV]; Bardzo starzy oboje [TV]; Kaule [DDR]; Człowiek, który zdemoralizował Hadleyburg (Der Mann, der Hadleyburg korrumpierte) [TV]; Komedia z pomyłek (Wenn zwei sich streiten). 1969: Nowy; Urząd [TV]. 1970: Album polski (Album Polen). 1971: Wiktoryna, czyli «Czy pan pochodzi z Beauvais?» (Stammen Sie aus Beauvais?) [TV]; Bolesław Śmiały (Boleslaw der Kühne). 1972: Wesele (Die Hochzeit). 1973: Chłopcy (Jungs) [TV]; Czarne chmury (Schwarze Wolken) [TVS]. 1974: Ziemia obiecana (Das gelobte Land); Ile jest życia (Wieviel ist das Leben wert?) [TV]; Potop (Sintflut). 1975: Noce i dnie (Nächte und Tage).

Opania, Marian

*1. 1. 1943 Puławy
1964 Diplom der Theaterhochschule in Warschau, dann am dortigen Klasyczny Teatr, später am Studio-Teatr. 1962 kleine Episodenrolle in Andrzej Wajdas Beitrag zum europäischen Episodenfilm *L'amour à vingt ans*. Seit 1965 neben seiner Theatertätigkeit vielbeschäftigter Schauspieler in Film und Fernsehen. 1969 Cybulski-Preis als bester polnischer Nachwuchsdarsteller für seine Rollen in Kazimierz Kutz' *Skok* und Aleksander Ścibor-Rylskis *Sąsiedzi*. In den 70er Jahren verkörpert er vor allem den Typus des jungen Manns aus der Provinz, z. B. einen jungen Schauspieler in Antoni Krauzes *Palec boży* oder in Janusz Zaorskis *Awans* einen jungen Lehrer, der frischen Wind in sein Heimatdorf bringt. Höhepunkt ist 1981 der Journalist in Andrzej Wajdas *Człowiek z żelaza*. Durch die Darstellung dieses tragischen Verlierers wird er international bekannt. In Polen erwirbt er in den letzten Jahren wachsende Popularität durch Tätigkeit im Kabarett und im Fernsehen.

[PL] 1962: L'amour à vingt ans (Liebe mit zwanzig) [EP – FR/IT/JP/PO/BRD]. 1963: Rozwodów nie będzie (Keine Scheidung mehr). 1964: Beata. 1965: Podziemny front (Die unterirdische Front) [TVS]; Der Augenblick des Friedens: Abitur [TV – BRD]. 1966: Don Gabriel. 1966–68: Stawka większa niż życie (Sekunden entscheiden) [TVS]. 1967: Skok; Morderca zostawia ślad (Der Mörder hinterläßt Spuren); Stajnia na Salwatorze (Der Stall am Salvator); Westerplatte; Ja gorę! (Ich brenne) [TV]. 1967–68: Opowieści niezwykłe [TV]. 1968: Ostatni po Bogu; Lalka (Die Puppe). 1968–70: Czterej pancerni i pies (Vier Panzersoldaten und ein Hund) [TVS]. 1969: Do przerwy 0:1 [TVS]; Sąsiedzi. 1970: Prawdzie w oczy (Die Sache mit Bronek); Prom (Die Fähre); Paragon, gola! 1971: Kłopotliwy gość; Perła w koronie (Eine Perle in der Krone). 1972: Pełnia nad głowami; Poślizg (Unfallstrecke); Ocalenie (Die Errettung). 1973: Palec boży; Sobie król [TV]; Droga (Ein Mann unterwegs) [TVS]. 1974: Ile jest życia (Wieviel ist das Leben wert?) [TVS]; Awans; Gościnny wystêp (Gastspiel) [TV]. 1976: Trochę wielkej miłości (Ein bißchen Liebe) [TV]. 1977: Bezkresne łąki (Endlose Wiesen); Indeks; Wszyscy i nikt. 1978: Zaległy urlop [TV]; Zielona miłość [TVS]. 1979: Gwiazdy poranne; Golem. 1979–81: Przyjaciele [TVS]. 1980: Czułe miejsca. 1981: Człowiek z żelaza (Der Mann aus Eisen); On, ona, oni; Wierne blizny; Przypadki Piotra S. (Die Erlebnisse von Peter S.) [TV]; Dreszcze (Schauder). 1982: Śpiewy po rosie (Tod im Netz). 1983: Wedle wyroków twoich/Zu Freiwild verdammt [PL/BRD]; Stan wewnętrzny. 1984: Przyśpieszenie. 1986: Weryfikacja; Natalia [TV]; Zmiennicy [TVS]; Bohater roku. 1987: Opowiadanie wariackie [TV]. 1988: Dekalog VIII (Dekalog, Acht) [TV]; Dotknięci; Pięć minut przed gwizdkiem; Piłkarski poker. 1990: Superwizja; Stan wewnetrzny; Napoleon w Europie: 18 Brumaire [TVS – PL/FR]. 1991: Pogłos [TV]; Rozmowy kontrolowane. 1992: Sauna [TV]; Do widzenia wczoraj. 1993: Pajęczarki; Człowiek z ... [TV]. 1994: Panna z mokra glowa.

Orlova, Ljubov'

(Ljubov' Petrovna Orlova)
*29. 1. 1902 Svenigorod
†26. 1. 1975 Moskau
1919–25 in Moskau Studium am Konservatorium und an der Ballettschule. Ab 1926 Engagement am Nemirovič-Dančenko-Musiktheater, ab 1955 am Mossovet-Theater. Filmdebüt 1934 als Grušenka in der Dostoevskij-Verfilmung *Peterburgskaja noč'*

(Grigorij Rošal). Zum weiblichen Superstar des sowjetischen Kinos wird sie in den populären Musikkomödien von Grigorij Aleksandrov. Ihre Anjuta in seiner Jazz-Komödie *Veselye rebjata* steht 1934 am Anfang einer großen Filmkarriere. Immer wieder besingt sie «das Glück fröhlicher Arbeit» und tanzt in den «stalinistischen Himmel». Sie ist die pummelig-rustikale Variante von Ginger Rogers. Wichtige Rollen unter Regie von Aleksandrov: die Briefträgerin Duna Strelka in *Volga-Volga*, die Tana in *Svetlyj put'*, die Jeanette Sherwood in *Vstreča na El'be* und die Varvara Komarova in *Russkij suvenir*. Orlova wird zweimal Staatspreisträgerin sowie Volkskünstlerin der UdSSR. 1984 drehen Grigorij Aleksandrov und Elena Michailova über sie die Filmkompilation *Ljubov' Orlova*.

[SU] 1934: Peterburgskaja noč (Petersburger Nacht); Veselye rebjata (Lustige Burschen); Ljubov' Aleny. 1936: Cirk (Zirkus). 1938: Naš cirk (Unser Zirkus) [KF]; Volga-Volga (Wolga-Wolga). 1939: Ožibka inženera Kočina (Der Fehler des Ingenieurs Kotschin). 1940: Svetlyj put' (Der helle Weg). 1941: Delo Artamonovych (Das Werk der Artamonows); Boevoj kinosbornik No. 4. 1943: Odna sem'ja. 1947: Vesna (Frühling). 1949: Vstreča na El'be (Begegnung an der Elbe). 1950: Musorkskij (Melodie des Lebens). 1952: Kompozitor Glinka (Lied der Heimat). 1960: Russkij suvenir. 1963: Melodii Dunaevskogo. 1974: Skvorec i lira. 1975: V to dalekoe leto ... 1983: Ljubov' Orlova.

Oscarsson, Per

(Per Oscar Heinrich Oscarsson)
*28. 1. 1927 Stockholm

1944–47 Schauspielunterricht am Dramatischen Theater in Stockholm. Dort anschließend engagiert. Große Erfolge in klassischen Bühnenrollen. 1955–59 Stadsteater Göteborg: 1953 vielbeachteter «Hamlet». Ab 1964 am Riksteater Stockholm. Nebentätigkeit als Laienprediger. International bekannt durch den Pontus in Henning Carlsens Hamsun-Verfilmung *Sult* (1966), hierfür Auszeichnung in Cannes. Es folgen neben schwedischen Produktionen Rollen in verschiedenen europäischen Ländern und in den USA (nur TV). Oscarsson verkörpert häufig den Typus des hochsensiblen, selbstquälerischen Außenseiters mit ausgefallenen Eigenheiten, u. a. in Carlos Sauras *La madriguera* (1969) und in der Hauptrolle von Johannes Schafs *Traumstadt* (1973). Ab Anfang der 60er Jahre Veröffentlichung von Erzählungen und Theaterstücken; ab 1969 auch Drehbuchautor, Regisseur und Produzent (eigene Gesellschaft Filmligan).

[SE] 1944: Örnungar. 1946: Ungdom i fara; Kristin Kommenderar. 1947: Det vackraste på jorden. 1949: Gatan (Straße der Sünde); Havets son; Vi flyger på Rio. 1951: Möte med livet (Gefahren der Liebe); Leva på «hoppet» (Leben auf der «Hoffnung»). 1952: Trots. 1952/53: Barabbas (Barabbas – Der Mann im Dunkel). 1953: Vi tre debutera (Wir drei debütieren). 1954: Karin Månsdotter (Karin Mansdotter). 1955: Vildvaglar (Wildvögel); Kärlek pa turné (Liebe auf Tournee). 1958: Fröken April (Der Verführer). 1961: Ljuvlig är sommernatten (Lieblich ist die Sommernacht). 1962: Biljett till paradiset (Fahrkarte zum Paradies); Vaxdockan (Die Schaufensterpuppe). 1963: Adam och Eva (Adam und Eva); Det är hos mig han var varit. 1964: Är du inte riktigt klok? (Bist du nicht gescheit?). 1965: Syskonbädd 1782 (Geschwisterbett). 1966: Myten aller Han snodde en blomma ock fick springa för livet (Delirium); Sult (Hunger) [DK/NO/SE]; Här har du ditt liv (Hier hast du dein Leben); Noon Wine [TV – US]. 1967: Dr. Glas (Dr. Glas); Ole dole doff (Raus bist du). 1968: Ann-Margritt (Ann-Margritt) [NO]; Vindingevals (Der Himmel drückt ein Auge zu); A Dandy In Aspic (Todestanz eines Killers) [GB]. 1969: Oss mellan (Unter uns) [D,CoA]; Miss and Mrs Sweden (Miss und Mrs. Sweden); La madriguera (Höhle der Erinnerungen) [ES]. 1970: The Night Visitor (Der unheimliche Besucher) [US]; The Last Valley (Das vergessene Tal) [GB]. 1971: Secrets (Geheimnisse) [GB]; Love Is War [NO]. 1972: The Blockhouse (Die Nacht der Sieben) [GB]; Endless Night (Mord nach Maß) [GB]; Nybyggarna (Das neue Land). 1973: Traumstadt [BRD]; Ebon Lundin (Ebon Lundin) [D,R,A,P]. 1974: Gangsterfilmen/En främling steg av tåget (Gangsterfilm). 1975: Förvandlingen. 1976: Dagny (Dagny) [PL/ NO]; Victor Frankenstein [SE/IR]. 1977: Bröderna Lejonhjärta (Die Brüder Löwenherz) [SE/DK]; Uppdraget (Der Auftrag). 1978: Chez nous; Picassos äventyr (Die Abenteuer des Herrn Picasso); The Sleep of Death (Der Schlaf der Toten) [IR]. 1978/80: Sverige at svenskarna (Die Schlacht um Schweden) [D,R,A,P]. 1979: Kristoffers hus; Charlotte Löwenskjöld (Charlotte Löwenskjöld); Attentatet. 1981: Ondskans värdshus [SE/IR]; Hans-Christian och sällskapet [TV]; Göta Kanal eller Vem drog ur proppen? (Wer zieht den Pfropfen raus?); Montenegro eller Pärlor och svin/Montenegro or Pigs and Pearls (Die Ballade der Lucy Jordan) [SE/GB]. 1983: Henrietta. 1984: Ronja rövardotter (Ronja Räubertochter) [SE/NO]. 1985: Da Capo (Da Capo) [SI/SE]. 1986: Hud [NO]; Ondskans år [TV]; Nattseilere [TV – NO]. 1988: Polisen som vägrande ta semester [TV]; Kråsnålen [TV]; Venus 90; Oväder [TV]. 1989: 1939. 1990: Bulan; Kurt Olsen – filmen om mitt liv som mejsjälv. 1991: Fasadklättraren [TV]. 1992: Drömmen om Rita; Kejsarn av Portugallien [TV – SE/FI/DK/NO/IS]; Fannys Farm (Fannys Farm) [SE/DK/NO]; Änglagård/Englegård [SE/DK/NO]. 1993: Polisen och domamordet [TVS]. 1994: Ti kniver i hjertet [NO]. 1995: Niemcy (PL). 1996: Harry & Sonja [SE/DK]; Polisen och pyromanen [TV – SE]; Juloratoriet [SE/DK/NO]; De sidste viking [DK/SE].

Oswalda, Ossi
(Oswalda Stäglich)
*2. 2. 1897 (oder 1898, 1899, 1900) Pankow bei Berlin
†17. 7. 1947 Prag
Tanzunterricht, danach Chortänzerin in Berlin. 1916 Filmdebüt als Lehrmädchen in Ernst Lubitschs *Schuhpalast Pinkus*. Star seiner frühen Komödien: Herzogin in *Prinz Sami*, Tanzmaus in *Das Mädel vom Ballett* oder Diva in *Meine Frau, die Filmschauspielerin*. Aufgekratzt, großspurig und schrill, ist Oswalda «die deutsche Mary Pickford». 1921 Gründung der Ossi Oswalda-Film GmbH. Bis 1924 Produktion von fünf Filmen unter der Regie von Victor Janson, zuvor ihr Partner in Lubitsch-Filmen. In den 20er Jahren Wandlung zum «Berliner Girl» mit mondänen Attitüden, gut für verzückte Tanzeinlagen in extravaganten Kostümen. Ab 1925 in Ufa-Filmen, u. a. mit Willy Fritsch in Max Macks Komödien *Das Mädchen mit der Protektion* und *Die Fahrt ins Abenteuer*; mit Harry Liedtke in *Das Mädel auf der Schaukel* (Felix Basch) und in *Eine tolle Nacht* (Richard Oswald). Erst 1929 in einer Leo-Fall-Operette wieder auf der Bühne, dann in Wien unter der musikalischen Leitung von Franz Léhar in «Der Graf von Luxemburg» bei der Festspielwoche. Nur zweimal tritt sie in deutschen Tonfilmen auf: als Messerwerferin in *Der keusche Josef* (Georg Jacoby), als Varieté-Tänzerin in *Der Stern von Valencia*. In den 40er Jahren lebt Oswalda in Prag. Dort entsteht 1943 nach einer Vorlage von ihr die Filmkomödie *Čtrnáctý u stolu*.

[DE] 1916: Schuhpalast Pinkus; Der Hilferuf; Der Tod auf Zeche Silva; Leutnant auf Befehl; Der G.m.b.H.-Tenor. 1917: Ossi's Tagebuch; Wenn vier dasselbe tun; Prinz Sami. 1917/18: Dem Licht entgegen. 1918: Der Rodelkavalier; Das Mädel vom Ballett; Ich möchte kein Mann sein; Das Schwabemädle. 1918/19: Meine Frau, die Filmschauspielerin. 1919: Das Mädchen aus dem Wilden Westen/Das Valutamädchen; Die Austernprinzessin; Das Millionenmädel; Die Puppe; Hundemamachen. 1919/20: Die Wohnungsnot. 1920: Das Valutenmädel; Mephistophela; Kakadu und Kiebitz; Putschliesel. 1921: Amor am Steuer [D,P]. 1921/22: Das Mädel mit der Maske [D,P]. 1922: Der blinde Passagier [D,P – Verboten]. 1923: Das Milliardensouper [D,P]. 1923/24: Colibri [D,P]. 1924: Ein Weihnachtsfilm für Große [KF]; Niniche. 1925: Blitzzug der Liebe; Das Mädchen mit der Protektion; Herrn Filip Collins Abenteuer. 1925/26: Die Fahrt ins Abenteuer. 1926: Die Kleine vom Varieté; Das Mädel auf der Schaukel; Gräfin Plättmamsell; Schatz, mach' Kasse; Eine tolle Nacht. 1927: Florette e Patapon [IT]; Es zogen drei Burschen; Wochenendbraut. 1927/28: Eddy Polo mit Pferd und Lasso. 1928: Ossi Oswalda kleidet sich ganz in Bembergseide [KF]; Die Vierte von rechts; Das Haus ohne Männer; Sir or Madam [Version – GB]; Ossi hat die Hosen an. 1929: Der Dieb im Schlafcoupée [AT]. 1930: Der keusche Josef. 1933: Der Stern von Valencia. 1943: Čtrnáctý u stolu [A–CS].

O'Toole, Peter
(Peter Seamus O'Toole)
*2. 8. 1932 Connemara (Irland)
Er wächst in Leeds, Yorkshire, auf. Reporter bei den «Yorkshire Evening News». 1950–52 Militärdienst bei der Marine. 1952–54 Studium an der Royal Academy of Dramatic Art. 1954–58 Mitglied der Bristol Old Vic Company, 1955 Bühnendebüt in «The Matchmaker». 1959 im Londoner West End großer Erfolg mit «The Long and the Short and the Tall». Im selben Jahr Filmdebüt in *Kidnapped* (Robert Stevenson). 1960 im Shakespeare-Repertoire in Stratford-upon-Avon, 1962 erstmals am Londoner National Theatre in einer Olivier-Inszenierung. 1962 gewinnt der blonde, blauäugige O'Toole international Beachtung mit der exzentrisch und sehr intensiv interpretierten Hauptrolle des Engländers T. E. Lawrence im Wüsten-Epos *Lawrence of Arabia* (David Lean). Als King Henry II. und Gegenspieler von Richard Burton in *Becket* (Peter Glenville) und in der Titelrolle der Joseph-Conrad-Adaption *Lord Jim* (Richard Brook); an beiden Filmen ist O'Tooles eigene Keep Films Ltd. beteiligt. Sein exzellentes Timing kommt besonders in Komödien zum Tragen, so 1965 in *What's New Pussycat?* (Richard Donner), 1966 in *How to Steal a Million?* (William Wyler), 1967 in *Great Catherine* (Gordon Flemyng) und 1982 in *My Favorite Year* (Richard Benjamin). Aber auch bizarre Rollen liegen ihm. 1972 bemerkenswert als Cervantes/Don Quixote in Arthur Hillers musikalischer Komödie *Man of La Mancha*. Nach einem gesundheitlichen und künstlerischen Tief in den 70er Jahren wächst O'Tooles Popularität in den 80ern wieder an, 1987 als Höhepunkt die Rolle des englischen Privatlehrers in Bernardo Bertoluccis Oscar-geehrtem Chinafilm *The Last Emperor*. 1990/91 als Willingham in der Royalty-Komödie *King Ralph* (David S. Ward).

[GB] 1959/60: Ombre bianche/Les dents du diable (Weiße Schatten) [IT/FR]; Kidnapped (Entführt – Die Abenteuer des David Balfour). 1960: The Day They Robbed the Bank of England

(Bankraub des Jahrhunderts). 1961/62: Operation Snatch (Ein Königreich für einen Affen) [P]. 1962: Lawrence of Arabia (Lawrence von Arabien). 1963: Becket (Becket) [D,P]; The Party's Over [P – US]. 1964: Lord Jim (Lord Jim) [D,P]. 1964–66: La bibbia (Die Bibel) [IT]. 1965: Do It on the Whistle [KF]; The Sandpiper (...die alles begehren) [US]; What's New Pussycat? (Was gibt's Neues, Pussy?) [US/GB/FR]. 1966: The Night of the Generals/La nuit de generals (Die Nacht der Generäle) [GB/FR]; How to Steal a Million? (Wie klaut man eine Million) [US]. 1966/67: Casino Royale (Casino Royale). 1967: Great Catherine (Die Große Katharina) [D,P]. 1968: The Lion in Winter (Der Löwe im Winter); Goodbye, Mr. Chips (Goodbye, Mr. Chips) [GB/US]. 1969: Country Dance [D,P]. 1971: The Ruling Class [D,P]; Murphy's War (Das Wiegenlied der Verdammten); Under Milk Wood (Unter dem Milchwald) [D,P]. 1972: Man of La Mancha/L'uomo della Mancha (Der Mann von La Mancha) [US/IT]. 1974: Rosebud (Unternehmen Rosebud) [US]. 1975: Man Friday (Freitag und Robinson); Foxtrot/The Far Side of Paradise (Foxtrott) [MX/CH]; Rogue Male [TV]. 1976: The Great Scout and Cathouse Thursday (Der Supermann des Wilden Westens) [P – US]. 1978: Power Play (Power Play) [CA/GB]. 1979: Gore Vidal's Caligula/Caligola (Caligula) [US/IT]; The Stuntman (Der lange Tod des Stuntman Cameron) [US]; Zulu Dawn (Die letzte Offensive) [US]. 1980: Strumpet City [TV – IE]. 1982: My Favorite Year (Ein Draufgänger in New York) [US]; Masada (Masada) [TV – US]. 1983: Svengali (Obsession – Die dunkle Seite des Ruhms) [TV – US]; Pygmalion [TV – US]; Kim [TV]. 1984: Supergirl (Supergirl) [US]; Sherlock Holmes and the Baskerville Curse [S – AU]. 1985: Creator [US]. 1986: Club Paradise (Club Paradise) [US]; Banshee [TV – CA]. 1987: The Last Empereur/L'ultimo imperatore (Der letzte Kaiser) [HK/IT]. 1987/88: High Spirits (High Spirits – Die Geister sind willig!) [US]. 1988: The Dark Angel [TVS]. 1989: The Rainbow Thief; In una notta di chiaro di luna (Diese vitale Wut) [IT/FR]; Pied Piper (Der Rattenfänger) [TV]. 1990: Wings of Fame (Hotel zur Unsterblichkeit) [NL]; Crossing to Freedom [TV]; Isabelle Eberhard (Isabelle Eberhard) [FR]; The Nutcracker Prince (Der Nußknacker-Prinz) [S – CA]. 1990/91: King Ralph (King Ralph) [US]. 1991/92: Rebecca's Daughters/Rebeccas Töchter [GB/DE]. 1992: Civvies [TVS]. 1993: The Seventh Coin (Die siebente Münze) [TV – US/IL]. 1993/94: John Jakes' Heaven & Hell: North & South, Book III [TVS]. 1995: Heavy Weather [TVS]. 1996: Gulliver's Travels [TV]. 1997: Fairytale: A True Story; Phantoms.

Otowa Nobuko

(Shindo Nobuko;
Mädchenname: Kaji)
* 1. 10. 1924 Yonego (Präfektur Tottori)

Während der Schulzeit beschäftigt sich Otowa Nobuko mit traditionellem japanischem Tanz. Anschließend Studium an der Musicalschule Takarazuka Ongakukageki-gakkô, ab 1939 Mitglied der Frauen-Musicalgruppe Takarazuka Shôjo Kagekidan (ab 1940 Takarazuka Kagekidan). Während des 2. Weltkriegs mit Mitgliedern dieses Ensembles Front-Gastspiele. Ab 1950 bei der Daiei Filmgesellschaft, von der sie – im Gegensatz zu Machiko Kyô – als Typ der reinen, unschuldigen jungen Frau eingesetzt wird. 1951 spielt sie in Kaneto Shindôs Debütfilm *Aisai Monogatari* die junge Ehefrau, die – arm, aber glücklich – an der Seite eines Drehbuchautors lebt und stirbt. Seitdem Mitwirkung in allen Spielfilmen Shindôs, dessen Ehefrau sie wird (offiziell erst 1978). 1953 Weggang von der Daiei und Eintritt in die von Shindô 1950 mitbegründete unabhängige Kindai Eiga-Kyôkai. Darstellung auch gewagter Rollen, wie die der Geisha als Kaufobjekt in *Shukuzu* oder – ohne Schminke und Dialog – die einer Bäuerin in *Hadaka no Shima*. In den 70er Jahren verkörpert sie wiederholt Mütter mit starken psychischen Beziehungen zu ihren Söhnen. In *Chiheisen* spielt sie eine Frau, die (nach dem Schicksal von Shindôs älterer Schwester) wegen der Familie in die USA geht, um dort einen fremden Mann zu heiraten. Außer in Shindôs Filmen hat sie herausragende Rollen z. B. als gutmütige Geisha in *Osaka no Yado* (Heinosuke Gosho) oder als egoistische Mutter in *Kôge* (Keisuke Kinoshita). Ab der zweiten Hälfte der 50er Jahre auch Bühnen- und Fernsehauftritte.

[JP] 1950: Shojo-hô. 1951: Aisai Monogatari; Genji Monogatari; Bôya Monogatari; Dare ga Watashi o sabakunoka; Tsuki no Wataridori; O-Yû Sama. 1952: Ataka-ke no Hitobito; Nadare; Genbaku no Ko (Die Kinder von Hiroshima). 1953: Yoake-mae; Yokubô; Senbazuru; Murahachibu; Onna no Isshô; Shukuzu. 1954: Dobu; Osaka no Yado; Ai to Shi no Tanima. 1955: Bijo to Kairyû; Ookami. 1956: Joyû; Yoake Asaake; Ryûri no Kishi; Gin-shinjû. 1957: Tayû-san yori: Nyotai wa kanashiku. 1958: Noren; Kanashimi wa Onna-dake ni; Makeraremasen katsumadewa. 1959: Hanayome-san wa Nihonichi; Dai-go Fukuryûmaru; Nippon Tanjô; Kashima ari. 1960: Aki tachinu; Hadaka no Shima (Die nackte Insel); Chinpindô Shujin. 1961: Eien no Hito; Ryôjû; Gen to Fudô-myôô; Mozu. 1962: Ningen. 1963: Haha; Shiro to Kuro; Uso. 1964: Oni-baba; Kôge. 1965: Daikon to Ninjin; Akutô. 1966: Abare Gôemon; Akogare; Honnô. 1967: Sei no Kigen; Kigeki Ekimae Hyakunen. 1968: Tsuyomushi-onna to Yowamushi-otoko; Yabu no Naka no Kuroneko. 1969: Kagerô. 1970: Shokkaku; Hadaka no Jûkyûsai. 1971: Gishiki (Die Zeremonie). 1972: Kanawa; Sanka. 1973: Kôkotsu no Hito; Kokoro. 1974: Waga Michi. 1975: Aru Eigakantoku no Shôgai: Mizoguchi

Kenji no Kiroku; Kyûkei no Kôya. 1977: Chikuzan Hitori-tabi. 1978: Jiken. 1979: Kôsatsu; Haitatsu-sarenai Santsû no Tegami. 1981: Ore to Aitsu no Monogatari; Hokusai-manga. 1982: Ekisutora. 1984: Chiheisen. 1985: Shiroi Machi Hiroshima. 1986: Blackboard; Rakuyôju. 1988: Sakura-tai chiru. 1990: Donmai. 1992: Bokutô Kidan; Tsuribaka Nisshi 5.

P

Pacino, Al

(Alfred James Pacino)

*25. 4. 1940 New York City

Sohn italienischer Einwanderer. Besuch der High School of Performing Arts in New York. Bürobote und Platzanweiser im Kino. Schauspielstudium am Herbert Berghof-Studio u. a. bei Charles Laughton. 1966 am Actors Studio (1982 wird er selbst künstlerischer Co-Direktor des Studios). 1966 Bühnendebüt mit «The Peace Creeps». 1969 Broadway-Erfolg mit «Does the Tiger Wear a Necktie?» (Tony Award). Im gleichen Jahr Filmdebüt. 1971 erste bedeutende Filmrolle als New Yorker Drogenabhängiger in Jerry Schatzbergs *The Panic in Needle Park*. Weltweiter Erfolg durch die Rolle des skrupellosen Mafia-Bosses Michael Corleone in Francis Ford Coppolas mehrteiligem Film-Epos *The Godfather* (zwei Oscar-Nominierungen: 1972, 1974) Der dunkelhaarige, zierliche Pacino wird bevorzugt in Rollen des Italo-Amerikaners besetzt, vom Gangster bis zum Latin Lover. 1973 erhält er den Darstellerpreis in Cannes als Tramp in Schatzbergs *Scarecrow*. Erfolg auch in Filmen von Sidney Lumet, so mit der Titelrolle des unkonventionellen Streifen-Polizisten in *Serpico* und als Bankräuber in *Dog Day Afternoon*, für beide Rollen wird er – wie noch häufiger – zum Oscar nominiert. 1979 spielt er den mutigen Rechtsanwalt in Jewisons *... and Justice for All*, im folgenden Jahr ermittelt er als Undercover-Cop in der sadomasochistischen Schwulenszene in William Friedkins *Cruising*. Titelrolle als kubanischer Flüchtling Tony Montana in Brian DePalmas *Scarface*. An der Seite von Ellen Barkin spielt er den verdrießlichen Cop in *Sea of Love* (Harold Becker). In Warren Beattys Comic-Verfilmung *Dick Tracy* verkörpert er – unter der Maske kaum erkennbar – den Gangster Big Boy Caprice, in James Foleys *Glengarry Glen Ross* ist er der Makler Ricky Roma. 1992 Oscar als blinder Colonel Frank Slade in Martin Brests *Scent of a Woman*. 1990 Produzent, Darsteller und Co-Regisseur von *The Local Stigmatic*. Neben Filmarbeit vielfältige Theatertätigkeit: Shakespeares Richard III. – die er als Hauptdarsteller, Regisseur, Co-Autor und Produzent auch in *Looking for Richard* reflektiert – und Brechts Arturo Ui in David Wheelers Experimental Theatre Company of Boston, im New Yorker Joseph Papp's Theatre als Marc Antonius in «Julius Caesar». Zeitweise Mitglied des New Yorker Lincoln Center Theatre. 1992 in Oscar Wildes «Salome» und Ira Lewis' «Chinese Coffee». Auch Theaterregie, u. a. «Die Ratten» in Boston. 1994 Goldener Löwe in Venedig für sein Gesamtwerk.

[US] 1968: N.Y.P.D.: Deadly Circle of Violence (New York Police Department) [TV]. 1969: Me, Natalie (Ich, Natalie). 1971: The Panic in Needle Park (The Panic in Needle Park). 1972: The Godfather (Der Pate). 1973: Serpico (Serpico); Scarecrow (Asphaltblüten). 1974: The Godfather II (Der Pate II). 1975: Dog Day Afternoon (Hundstage). 1977: Bobby Deerfield (Bobby Deerfield). 1979: ... And Justice for All (... und Gerechtigkeit für alle). 1980: Cruising (Cruising). 1981: Acting: Lee Strasberg and the Actors Studio [DOK]. 1982: Author! Author! (Daddy! Daddy! Fünf Nervensägen und ein Vater). 1983: Scarface (Al Pacino – Scarface). 1985/86: Revolution (Revolution) [GB]. 1989: Sea of Love (Sea of Love – Melodie des Todes). 1990: The Godfather III (Der Pate III); The Local Stigmatic [D,CoR,P]; Dick Tracy (Dick Tracy). 1991: Frankie & Johnny (Frankie & Johnny). 1992: Scent of a Woman (Der Duft der Frauen); Glengarry Glen Ross (Glengarry Glen Ross). 1993: Carlito's Way (Carlito's Way). 1993/94: Two Bits. 1994: Jonas in the Desert [DE – DOK]. 1995: A Day to Remember; Heat (Heat); City Hall (City Hall); Looking for Richard (Al Pacino's Looking for Richard) [D,R,CoA,P]. 1996/97: Donnie Brasco (Donnie Brasco). 1997: Devil's Advocate.

Pagano, Bartolomeo

* 27. 9. 1878 S. Ilario Ligure (Genua)
† 24. 6. 1947 S. Ilario Ligure (Genua)

Hafenarbeiter in Genua. 1914 wird er von Piero Fosco für die Rolle des riesigen afrikanischen Sklaven Maciste in dem Monumentalfilm *Cabiria* ausgewählt. Auf Grund seines Erfolgs beginnt Produzent Pastrone eine Maciste-Serie, in deren Mittelpunkt Pagano steht, nun nicht mehr als schwarzer Sklave, sondern als starker Mann, der die Schwachen verteidigt und für den Sieg des Guten kämpft, u. a. *Maciste alpino*, in dem Maciste 1916 in der Alpenjäger-Uniform die Österreicher besiegt, und *Maciste poliziotto* (Roberto Roberti). Als sich das Erfolgsmuster verbraucht und eine Krise die italienische Filmindustrie zum Stillstand bringt, geht Pagano 1922 nach Deutschland, wo Maciste (wie auch seine Nachahmer) eine populäre Figur ist. Doch nach einigen nicht übermäßig erfolgreichen Filmen (u. a. Carl Boeses *Maciste und die chinesische Truhe*) kehrt er ein Jahr später nach Italien zurück, wo ihn der Produzent Stefano Pittaluga für eine neue Serie verpflichtet. Eigenartig und unterhaltsam ist *Maciste all'inferno* (Guido Brignone), wo der Held zwischen zwei Teufelinnen, einer Mutter und ihrer Tochter, hin- und hergerissen ist. Gelegentlich spielt Pagano auch andere Rollen, z. B. in Baldassare Negronis Kostümfilmen (*Il vetturale del Moncenisio*). 1928 zieht sich Pagano aus gesundheitlichen Gründen endgültig vom Film zurück.

[IT] 1914: Cabiria (Cabiria). 1915: Maciste. 1916: Maciste alpino; Cretinetti e gli stivali del brasiliano. 1918: Maciste atleta (Maciste, der Rekordbrecher); Maciste medium (Maciste und der Hypnoseschwindel); Maciste poliziotto (Maciste in falschem Verdacht). 1919: Maciste innamorato. 1920: La triologia di Maciste: 1. Maciste contro la morte/ 2. Il viaggio di Maciste/3. Il testamento di Maciste. 1921: La rivincita di Maciste; Maciste in vacanza; Maciste salvato dalle acque. 1922: Maciste und der Sträfling Nr. 51 [DE]; Maciste und die Tochter des Silberkönigs [DE]; Man soll es nicht für möglich halten oder Maciste und die Javanerin [DE]. 1923: Maciste und die chinesische Truhe [DE]. 1923/24: Maciste e il nipote d'America. 1924: Maciste imperatore (Maciste Imperator). 1925: Maciste all'inferno (Maciste in der Hölle); Maciste nella gabbia dei leoni (Maciste unter den Löwen). 1925/26: Maciste contro lo sceicco (Maciste in Afrika). 1926: Il gigante delle Dolomiti (Maciste, der Held der Berge). 1927: Il vetturale del Moncenisio. 1928: Gli ultimi Zar (Die Verbannten); Giuditta e Oloferne.

Page, Geraldine

* 22. 11. 1924 Kirksville (Missouri)
† 13. 6. 1987 New York City

Schauspielausbildung an der Goodman Theatre Dramatic School sowie bei Uta Hagen. Erste Bühnenerfahrung im Sommer-Theater Lake Zurich, in Woodstock, Illinois, sowie bei der International Thread Company in New York. Ihr Filmdebüt 1947 bleibt ohne große Resonanz. Auf der Bühne erfolgreich in «Yerma» und «Summer and Smoke» (1952), für das sie erstmals mit dem Preis der New York Drama Critics ausgezeichnet wird. 1953 am Broadway mit «Mid-Summer». Page wird eine der führenden amerikanischen Bühnenschauspielerinnen. Sie spielt häufig in Stücken von Tennessee Williams, so 1959 in

«Sweet Bird of Youth» (New York Drama Critics Award), in O'Neills «Strange Interlude» (1963) und «Agnes of God» (1982). Als Farmerin Angie Lowe in John Farrows *Hondo* wird sie 1953 zwar für den Nebenrollen-Oscar nominiert, erhält jedoch erst 1961 wieder eine Rolle im Film: die schüchterne Pfarrerstochter in Peter Glenvilles *Summer and Smoke,* dann als alternde Schauspielerin an der Seite von Paul Newman in Richard Brooks' *Sweet Bird of Youth,* für beide Tennessee-Williams-Rollen wird sie zum Oscar nominiert, zugleich auf neurotische Frauentypen festgelegt. Erfolgreich auch im Fernsehen: Emmy-Awards für Truman Capotes *A Christmas Memory* (1967) und *The Thanksgiving Visitor* (1969). Im Film hauptsächlich Charakterrollen. Sie spielt die Mutter Margery in *You're a Big Boy Now* (Francis Ford Coppola) und die Mörderin in *What Ever Happend to Aunt Alice?* (Lee H. Katzin). In Woody Allens Psychodrama *Interiors* ist sie 1978 die verlassene Ehefrau Eve (Oscar-Nominierung). 1985 erhält sie schließlich den Oscar als mexikanische Witwe in Peter Mastersons *The Trip to Bountiful.*

[US] 1947: Strange Illusion/Out of the Night. 1952: Taxi; Lux Video Theater: The Lesson [TV]; Studio One: The Shadowy Third [TV]. 1953: Hondo (Man nennt mich Hondo). 1954: Philco Playhouse: Miss Look-Alike [TV]. 1955: US Steel Hour: Shoot It Again [TV]; Matinee Theatre: An Apple for Miss Myrtle [TV]; Windows: A Domestic Dilemma [TV]; Omnibus: The Turn of the Screw [TV]. 1957: Kraft Theater: Fire and Ice [TV]. 1958: Playhouse 90: Old Man [TV]. 1961: Summer and Smoke (Sommer und Rauch). 1962: Sweet Bird of Youth (Süßer Vogel Jugend). 1963: Toys in the Attic (Puppen unterm Dach). 1964: Dear Heart. 1966: The Three Sisters [UA: 1977]; La chica del lunes [AR]; Hallmark Hall of Fame: Barefoot in Athens [TV]; You're a Big Boy Now (Big Boy, jetzt wirst du ein Mann!). 1967: The Happiest Millionaire (Der glücklichste Millionär); Truman Capote's Trilogy. 3. Ep: A Christmas Memory [EP]. 1968: What Ever Happened to Aunt Alice? (Eine Witwe mordet leise). 1969: The Thanksgiving Visitor [TV]. 1971: J.W. Coop (Der Cowboy); The Beguiled (Betrogen); Night Gallery: Stop Killing Me [TV]; Hollywood Television Theater: Montserrat [TV]. 1972: CBS Playhouse: Look Homeward Angel [TV]; Pete 'n' Tillie (Peter und Tillie). 1973: Happy As the Grass Was Green/Hazel's People. 1974: Live Again, Die Again [TV]. 1975: The Day of the Locust (Der Tag der Heuschrecke). 1976: Kojak: A Shield for Murder [TV]. 1976/77: Nasty Habits [GB]. 1977: Something for Joey [TV]. 1978: Interiors (Innenleben). 1981: Harry's War (Harrys ganz privater Krieg); Honky Tonk Freeway (Da steht der ganze Freeway Kopf). 1982: I'm Dancing As Fast As I Can (Die Jagd nach dem Leben); The Blue & the Gray (Die Blauen und die Grauen) [TVS]. 1983: The Dollmaker (Dollmaker – Ein Traum wird wahr) [TV]. 1984: The Parade (Die Parade) [TV]; By Herself: Table for One [TV]; The Pope of Greenwich Village (Der Pate von Greenwich Village). 1984/85: The Bride (Die Braut). 1985: Walls of Glass/Flannagan (Mauern aus Glas); The Trip to Bountiful (A Trip to Bountiful – Reise ins Glück); The Adventures of Huckleberry Finn [TV]; White Nights (White Nights – Die Nacht der Entscheidung). 1986: Native Son (Native Son); My Little Girl (Streetgirls); Nazi Hunter: The Beate Klarsfeld Story (Verfolgt und gejagt) [TV]. 1987: Riders to the Sea [TV – IE].

Páger, Antal

*29. 1. 1899 Makó
†1986 Budapest

Nach begonnenem Jurastudium in Budapest wechselt Páger zum Theater. Ab 1919 Auftritte in zahlreichen Provinztheatern, u. a. Pécs und Szeged, zunächst vor allem im komischen Rollenfach, später auch in Tragödien, Dramen und Operetten. Ab 1930 in Budapest. Nach seinem Filmdebüt 1932 in *Itél a Balaton* ist Páger bis Mitte der 40er Jahre ein vielbeschäftigter Schauspieler in Filmen unterschiedlicher Genres, u. a. in *Barátságos arcot kérek!* (László Kardos, 1935), in *Bors István* (Viktor Bánky, 1939), in *Dr. Kovács István* (Bánky, 1941) und in *Szüts Mara házassága* (László Kalmár, 1942). Im Oktober 1944 stellt er sich als Regierungskommissar für Angelegenheiten der Kinematografie in den Dienst der mit den Deutschen verbündeten ungarischen Faschisten und lebt nach der Befreiung Ungarns bis 1956 in Argentinien. Nach seiner Rückkehr ist er zunächst in Budapest am Lustspieltheater engagiert, beginnt aber zugleich seine zweite Filmkarriere. Er profiliert sich zu einem der führenden ungarischen Charakterdarsteller. Intensive Zusammenarbeit gibt es u. a. mit den Regisseuren Zoltán Várkonyi als Dr. Mohai in *A Sóbálvány* (1958), mit Márton Keleti als Balázs in *Esős vasárnap* (1962) und mit Zoltán Fábri als Pfarrer Tónay in *Isten hozta, őrnagy úr* (1969). Für die überzeugende Gestaltung eines Provinzbeamten in László Ranódys *Pacsirta* erhält er 1964 in Cannes den Preis als bester Schauspieler.

[HU] 1932: Itél a Balaton (Menschen im Sturm). 1934: Buźavirág (Kornblume); Emmy. 1935: Barátságos arcot kérek! (Bitte recht freundlich). 1937: Pesti mese (Eine Budapester Geschichte). 1938: Rézi; Péntek; Nehéz apának lenni (Die schweren Handschuhe); Megvédtem egy asszonyt (Ich habe eine Frau beschützt). 1939: Bors István; Szervusz Péter! (Servus Peter!); Földindulás (Erdbeben); A miniszter barátja (Der

Freund vom Minister). 1940: Zárt tárgyalás (Geschlossene Verhandlung); Eladó birtok; Igen vagy nem? (Ja oder nein?); Erdélyi kastély (Schloß in Transsylvanien). 1941: Miért? (Warum); Háry János; Egy éjszaka Erdélyben (Eine Nacht in Transsylvanien); Dr. Kovács István (Dr. István Kovács); András; Szüts Mara házassága (Die Hochzeit von Mara Szüts); Végre (Endlich!). 1942: Szerető fia, Péter (Euer Sohn ... Peter); Férfiküség (Die Treue eines Mannes); A harmincadik (Der Dreißigste); Orségváltás (Der Aufzug der Garde); Szép csillag (Der schöne Stern). 1943: Aranypáva (Der goldene Pfau). 1957: Dani (Konflikt des Herzens). 1958: A Sóbálvány (Salzsäule); Don Juan legutolsó kalandja (Don Juans allerletztes Abenteuer); A tettes ismeretlen (Der Schuldige ist unbekannt); Ahagyrozsdási eset [Nicht aufgeführt]. 1959: Tegnap (Gestern); Akiket a pacsirta elkísér (Der Hof in der Pußta); Merénylet (Attentat im Morgengrauen). 1960: Az Arcnélküli város (Stadt ohne Gesicht); Kálvária; A Noszty fiú esete Tóth Marival (Der Fall des jungen Noszty); Fűre lépni szabad (Oh, diese Untermieter); Zápor (Gewitter). 1961: Megöltek egy leányt (Ein Mädchen wurde ermordet); Katonazene (K.u.K. Militärmusik); Nem ér a nevem (Nur ein Spaß); Felmegyek a miniszterhez. 1962: Esős vasárnap (Verregneter Sonntag); Húsz évre egymástól (Zwanzig Jahre – eine ganze Welt); Elveszett paradicsom (Das verlorene Paradies); Az utolsó vacsora (Memoiren einer seltsamen Nacht); Isten őszi csillaga (Stern am Herbsthimmel); Mici néni két élete (Das Doppelleben der Tante Mizzi). 1963: Fotó Háber (Foto Haber); Bálvány (Das Idol); Hattyúdal (Schwanenlied/Villa Negra); Pacsirta (Die Lerche); Honfoglalás (Landnahme) [TV]. 1964: Húsz óra (Zwanzig Stunden); Iszony (Die gute Partie); Pab ráby. 1965: Vizivárosi nyár (Es kommt ein neuer Sommer) [TV]; Ketten haltak meg (Sie starben zu zweit); A kőszívű ember fiai (Männer und Flaggen). 1966: Utószezon (Nachsaison); Aranysárkány (Der goldene Drachen); Édes és keserű (Süß und bitter); Az orvos halála (Der Tod des Arztes). 1967: Tanulmány a nőkr ől (Eine Studie über die Frauen); Tutoszezon (Die Vorladung); Kártyavár (Das Kartenhaus). 1968: Beszélő köntös (Der wundersame Kaftan). 1969: Én, Prenn Ferenc ... (Das unruhige Leben des Ferenc Prenn) [TV]; A varázsló (Der Zauberer); Pokolrév (Höllenfähre); Isten hozta, őrnagy úr (Familie Toth). 1970: Hatholdas rózsakert (Ein Rosengarten von sechs Joch) [TV]; Történelmi magánügyek (Historische Privatangelegenheiten). 1971: A fekete város [TV]; Villa a Lidón (Villa am Lido) [TV]. 1972: Bob Herceg (Prinz Bob) [TV]; Fuss, hogy utalárjenok (Laufe, damit man dich erwischt); A Magyar ugaron (Brachland); Nyulak a ruhatárban (Kaninchen in der Garderobe); Fekete város (Die schwarze Stadt) [TV]; Nápolyt látni és ... (Neapel sehen und ...). 1974: Jelbeszéd (Zurück ins Leben). 1976: Ballagó idö (Lausbuben in den Ferien); Kapenz-Rekviem egy hazmesterlaynert (Torgeld) [TV]. 1977: Fekete gyémántok (Schwarze Diamanten); ? (Unerwartete Gäste) [TV]. 1978: Keménykalap és krumpliorr (Steifer Hut und Kartoffelnase). 1979: Tengerre nezo cellak (Zellen am Meer) [TV]; Hatholdas rózsakert (Hatholdas Rosengarten); A téglafal mögött (Hinter der Ziegelmauer); Mese habbal (Märchen mit Sahne). 1980: Dr. Senki (Dr. Niemand) [TV]; Két történet a félmúlból; ? (Ist noch jemand zugestiegen) [TV]; Circus Maximus [HU/BRD]. 1981: A messziről jött ember (Der große Reisende) [TV]. 1982: Társkeresés N 143 (Partnersuche). 1983: Mennyei seregek (Himmelsbataillone). 1984: Boszorkányszombat (Hexensabbat) [TV]; Szent Kristóf kápolnája (Die Kapelle des heiligen Christophorus). 1985: Higgyetek nekem!. 1986/87: Elveszett paradicsom (Die Schuld) [TV]. 1988: Az eltüsszentett birodalom (Das vernieste Königreich) [TV].

Palance, Jack

(Walter Jack Palahnuik)
*18. 2. 1919 Lattimer (Pennsylvania)

Journalismus-Studium an der University of North California, Chapel Hill, sowie der Stanford University. Berufsboxer. Im 2. Weltkrieg Bomberpilot. 1947 am Broadway. 1950 Filmdebüt als Gangster in Elia Kazans *Panic in the Streets*. Als rachsüchtiger Schauspieler in *Sudden Fear* (David Miller) wird er 1952 für den Nebenrollen-Oscar nominiert, ebenso 1953 als «Hired Gun» Stark Wilson in George Stevens' Western *Shane*. Der Schauspieler mit den versteinerten Gesichtszügen (Folge eines Absturzes im Krieg) spielt Schurken in Kostümfilmen, so den satanischen Simon Magus in *The Silver Chalice* (Victor Saville) oder Hunnenkönig Attila in Douglas Sirks *Sign of the Pagan*. Erfolg auch in Filmen von Robert Aldrich, so u. a. mit der Rolle des sensiblen Hollywood-Stars in *The Big Knife*. 1956 Emmy Award für den Boxer in Rod Sterlings TV-Film *Requiem for a Heavyweight*. 1963–64 in der TV-Serie *The Greatest Show on Earth*. Seit Anfang der 60er Jahre spielt er überwiegend in Europa, vor allem in Italien, in Actionfilmen, Italowestern und Horrorfilmen. Differenzierte Rollen, wie 1963 der Filmproduzent Jeremy Prokosch in Godards *Le mépris*, sind die Ausnahme. In den USA hauptsächlich Fernseh-Rollen, so 1975–76 in der Serie *Bronk*, 1973 als *Dracula* und 1982–85 als Moderator in der Kuriositäten-Show *Ripley's Believe It or Not*. Filmaufgaben bis in die 90er Jahre, u. a. als Rudy Cox in Percy Adlons *Out of Rosenheim* und als L. G. Murphy in Christopher Cains *Young Guns*. In Ron Underwoods Cowboy-Komödie *City Slickers* (1990) erhält er einen Oscar für seine Nebenrolle als Curly, dessen Zwillingsbruder er in der Fortsetzung *City Slickers II: The Legend of Curly's Gold* spielt.

[US] 1949: Hands of Murder: Street Gang [TV]. 1950: The Halls of Montezuma (Okinawa); Lights Out: The Man Who Couldn't Remember [TV]; Panic in the Streets (Unter Geheimbefehl). 1951: Studio One: The King in Yellow [TV]. 1952: Sudden Fear (Maskierte Herzen); Curtain Call: Azaya [TV]; Studio One: Little Men, Big World [TV]; Gulf Playhouse: Necktie Party [TV]. 1952/53: Shane (Mein großer Freund Shane). 1953: Flight to Tangier (Flug nach Tanger); Omnibus: The Battler [TV]; Man in the Attic (Der unheimliche Untermieter); Suspense: The Kiss-Off [TV]; Arrowhead (Die Bestie der Wildnis); Motorola TV Hour: The Brandenburg Gate [TV]; Second Chance (Mörder ohne Maske); Danger: Said the Spider to the Fly [TV]; Suspense: Cagliostro and the Chess Player [TV]; The Web: The Last Chance [TV]. 1953/54: Sign of the Pagan (Attila, der Hunnenkönig). 1954: The Silver Chalice (Der silberne Kelch). 1955: The Big Knife (Hollywood-Story); I Died a Thousand Times (Gegen alle Gewalten); Kiss of Fire (El Tigre). 1956: Attack! (Ardennen 1944); The Zane Grey Theater: The Lariat [TV]; Playhouse 90: Requiem for a Heavyweight [TV]. 1957: Playhouse 90: The Death of Manolete [TV]; Playhouse 90: The Last Tycoon [TV]; House of Numbers (Der Henker nimmt Maß); The Lonely Man (Der Einsame); Flor de mayo [MX]. 1958: The Man Inside (Der Mann ohne Nerven) [GB]. 1959: Ten Seconds to Hell (Vor uns die Hölle) [GB]. 1959/60: Austerlitz/Napoleone ad Austerlitz (Austerlitz – Glanz einer Kaiserkrone) [FR/IT]. 1961: I mongoli/Les Mongols (Die Mongolen) [IT]; La guerra continua/La dernière attaque [IT/FR]; Barabba (Barabbas) [IT]; Il giudizio universale/Le jugement dernier (Das Jüngste Gericht findet nicht statt) [IT/FR]; Rosamunda e Alboino (Alboin, König der Langobarden) [IT]. 1962: Il criminale [IT]. 1963: Le mépris/Il disprezzo (Die Verachtung) [FR/IT]. 1963–64: The Greatest Show on Earth [TVS]. 1964: The Greatest Show on Earth: You're All Right, Ivy [D,R – TV]. 1965: Once a Thief/Les tueurs de San Francisco (Millionenraub in San Francisco) [US/FR]. 1966: The Professionals (Die gefürchteten Vier); Alice Through the Looking Glass [TV]. 1967: The Strange Case of Dr. Jekyll and Mr. Hyde [TV]; Kill a Dragon (Nitro); Torture Garden (Der Foltergarten des Dr.Diabolo) [GB]. 1968: Las Vegas 500 Milliones (An einem Freitag in Las Vegas) [ES]; The Desperados (Die Todesreiter); Il mercenario/Salario para matar (Die gefürchteten Zwei) [IT/ES]. 1969: Che! (Che); Marquis de Sade: Justine/Justine ovvero le disavventure della virtù [BRD/IT]; Hora cero, operación Rommel/L'urlo dei giganti [ES/IT]; La legione dei dannati/La brigada de los condenados/Die zum Teufel gehen (Die zum Teufel gehen) [IT/ES/BRD]. 1970: The McMasters; Monte Walsh (Monte Walsh); The Horsemen (Die Steppenreiter); Vamos a matar, compañeros!/Laßt uns töten, Compañeros/Los compañieros [IT/ES/BRD]; NET Playhouse: The Trail of Tears [TV]. 1971: NET Playhouse: Biography [TV]; Chato's Land (Chatos Land) [GB]. 1972: Si può fare … amigo/Amigo! … Mon Colt a deux mots à te dire/En el Oeste se puede hacer, amigo (Halleluja … Amigo) [IT/FR/ES]; Imagine; Blu Gang (…e vissero per sempre felici e ammazzati) [IT/FR]. 1973: Dracula [TV – GB/US]; Tedeum (Tedeum – Jeder Hieb ein Paukenschlag) [IT/ES]; Oklahoma Crude (Oklahoma Crude); Craze/The Infernal Idol/The Demon Master (Dämon des Grauens) [GB]. 1974: The Godchild (Spuren im Sand) [TV]; The Strange Case of Dr. Jekyll and Mr. Hyde [TV]. 1974/75: Il richiamo del lupo/La llamada del lobo (Die Spur des Wolfes) [IT/ES]. 1975: The Four Deuces (Das gnadenlose Spiel); Africa Express [IT/BRD]; Bronk (Bronk: Auf eigene Faust) [TV]; The Hatfields and the McCoys [TV]; The Great Adventure [IT/ES]; L'Infirmiera [IT]. 1975–76: Bronk [TVS]. 1975/76: Squadra antiscippo (Die Strickmütze) [IT]. 1976: I padroni della città/Zwei Supertypen räumen auf [IT/BRD]; Sangue di sbirro (Blut eines Bullen) [IT]; Eva Nera (Eva Nera) [IT]; Hell's Brigade [ES ?]; Safari Express [IT/BRD]; God's Gun (Der Colt Gottes) [IL/US]. 1977: Portrait of a Hitman (Blutzoll/Ein Killer für alle Fälle); Welcome to Blood City (Willkommen in dieser blutigen Stadt) [CA]. 1978: One Man Jury (Das Recht bin ich); Seven from Heaven (Die unschlagbaren Sieben von Las Vegas); Daniel Haller [TV]. 1979: Buck Rogers in the 25th Century: The Planet of the Slave Girls [TV]; Last Ride of the Dalton Gang [TV]; The Shape of Things to Come (Delta III) [CA]; Cocaine Cowboys. 1979–80: The Chisholms [TVS]. 1980: The Golden Moment. An Olympic Love Story [TV]; Without Warning (Das Geheimnis der fliegenden Teufel); The Ivory Ape [TV]; Hawk the Slayer (Der Hüter des magischen Schwertes) [GB]. 1982: Alone in the Dark (Zwei Stunden vor Mitternacht). 1982–85: Ripley's Believe It or Not [TVS]. 1986: The Last Contract. 1987: Out of Rosenheim [BRD]; Gor (Gor); Outlaw of Gor (Der Geächtete von Gor). 1988: Young Guns (Young Guns). 1988/89: Batman (Batman). 1989: Tango & Cash (Tango & Cash). 1990: City Slickers (City Slickers – Die Großstadt-Helden); Solar Crisis/Starfire [JP]. 1991: Salmonberries [DE]. 1992: Keep the Change; Cyborg 2: Glass Shadow (Cyborg 2). 1993/94: Cops and Robbersons (Cops & Robbersons – Das haut den stärksten Bullen um). 1994: The Swan Princess (Die Schwanenprinzessin) [S – ANI]; Twilight Zone: Rod Serling's Lost Classic. EP: Where the Dead Are [TV]; City Slickers II: The Legend of Curly's Gold (City Slickers 2: Die goldenen Jungs); Savate (Savate – Kampf ohne Gnade). 1995: Buffalo Girls (Buffalo Girls) [TV].

Palmer, Lilli
(Lilli Marie Peiser)
*24. 5. 1914 Posen
†27. 1. 1986 Westwood (California)
Aufgewachsen in Berlin. Gymnasium, Mitwirkung in Laienspielen, Schauspielunterricht u. a. bei Lucie Höflich. Nach dem Abitur 1932 Bühnendebüt am Rose-Theater, danach am Landestheater Darmstadt in Komödien und als Soubrette in Operetten. 1933 zusammen mit

ihrer älteren Schwester Irene Emigration nach Paris, Auftritte als Gesangs- und Tanz-Duo in Cabarets und Nachtclubs. 1934 nach England. Ein Jahr später Hauptdarstellerin in *Crime Unlimited* (Irving Asher). Dann zunächst Nebenrollen wie das Zimmermädchen in Alfred Hitchcocks Spionage-Komödie *The Secret Agent*. Mit *The Great Barrier* (Milton Rosmer) Aufstieg zum britischen Star. Ab 1936 Bühnenarbeit in Großbritannien. Seit 1943 verheiratet mit dem Schauspieler Rex Harrison, mit dem sie 1945 in die USA geht, ab 1949 an Broadway-Theatern. 1946 Erfolg als deutsche Widerstandskämpferin neben Gary Cooper in Fritz Langs Spionagethriller *Cloak and Dagger*. Neben Harrison komödiantisch in *The Fourposter* (Irving Reis), 1953 in Venedig ausgezeichnet. Mit Harrison auch mehrere Fernsehspiele. 1954 erste deutsche Filmrolle als Zirkusdirektorin mit dem Lied «O mein Papa» in Kurt Hoffmanns *Feuerwerk*. Star in «Problemfilmen». Bundesfilmpreise für die Rolle als Ehefrau von Curd Jürgens in Rolf Hansens *Teufel in Seide* (1955) und die Titelrolle in Falk Harnacks *Anastasia, die letzte Zarentochter* (1956). Aufstieg zum internationalen Star mit einem Spektrum von Koketterie über mädchenhaften Schalk bis zu damenhafter Grandezza. 1965 für *Operation Crossbow* (Michael Anderson) in San Sebastian ausgezeichnet. Ab Anfang der 70er Jahre wiederholt im BRD-Fernsehen. 1974 Titelrolle in Egon Günthers Thomas-Mann-Adaption *Lotte in Weimar*, ein Film, mit dem die DEFA vergeblich auf den internationalen Markt zielt. 1957 zweite Ehe mit dem argentinischen Schriftsteller und Schauspieler Carlos Thompson. Erfolg als Malerin. 1974 erscheint die Autobiografie «Dicke Lilli – gutes Kind», 1977 folgt die Fortsetzung «Der rote Rabe», außerdem vier Romane. 1978 Filmband in Gold für langjähriges und hervorragendes Wirken im deutschen Film.

[BRD] 1935: Crime Unlimited [GB]. 1935/36: First Offence [GB]; Wolf's Clothing [GB]. 1936: The Secret Agent (Der Geheimagent) [GB]; Good Morning, Boys [GB]. 1936/37: The Great Barrier [GB]. 1937: Secrets of the Stars [KF – GB]; Sunset in Vienna [GB]; Command Performance [GB]. 1938: Crackerjack [GB]. 1939: A Girl Must Live [GB]; Blind Folly [GB]. 1940: The Door With Seven Locks [GB]. 1942: Thunder Rock [GB]. 1942/43: The Gentle Sex [GB]. 1943/44: English Without Tears [GB]. 1945: The Rake's Progress (Der letzte Sündenfall) [GB]. 1946: Beware of Pity (Ungeduld des Herzens) [GB]; Cloak and Dagger (Im Geheimdienst) [US]. 1947: Body and Soul (Jagd nach Millionen) [US]. 1947/48: My Girl Tisa [US]. 1948: No Minor Vices [US]; Hans le marin (Die Hafenbar von Marseille) [FR]. 1950/51: The Long Dark Hall [GB]. 1951: Pictura. An Adventure in Art [EP – US]. 1952: Lux Video Theatre:Three Hours Between Planes [TV – US]; Omnibus: The Trial of Anne Boleyn [TV – US]; The Fourposter (Das Himmelbett) [US]. 1953: Main Street to Broadway [US]; U.S. Steel Hour: The Man in Possession [TV – US]. 1954: Four Star Playhouse: Lady of the Orchids [TV – US]; Feuerwerk. 1955: Teufel in Seide. 1956: Hallmark Hall of Fame: The Taming of the Shrew [TV – US]; Anastasia, die letzte Zarentochter; Zwischen Zeit und Ewigkeit/Entre hoy y la eternidad [BRD/ES]. 1956/57: Wie ein Sturmwind. 1957: Der gläserne Turm. 1957/58: Eine Frau, die weiß, was sie will; Montparnasse 19 (Les amants de Montparnasse)/Montparnasse (Montparnasse 19) [FR/IT]. 1958: Mädchen in Uniform/Jeunes filles en uniforme [BRD/FR]; La vie à deux (Das Leben zu zweit) [FR]. 1959: But Not For Me (Bei mir nicht) [US]; Frau Warrens Gewerbe [BRD/CH]. 1959/60: Conspiracy of Hearts (Verschwörung der Herzen) [GB]. 1960/ 61: The Counterfeit Traitor (Verrat auf Befehl) [US]. 1961: The Pleasure of His Company (In angenehmer Gesellschaft) [US]; Frau Cheneys Ende. 1961/62: Julia, Du bist zauberhaft/Adorable Julia. [AT/FR]; Finden Sie, daß Constanze sich richtig verhält?; Le rendez-vous de minuit (Das fremde Gesicht) [FR]. 1962: Leviathan [FR]; L'amore difficile/Erotica. 4. Ep: Il serpente [EP – IT/BRD]. 1962/63: Miracle of the White Stallions (Flucht der weißen Hengste) [US]. 1963: Finché dura la tempesta (Beta Som) (Treffpunkt Tanger) [IT]; Das große Liebesspiel [BRD/AT]. 1964: Le grain de sable/Die Unmoralischen/Il triangolo circolare [FR/BRD/IT]. 1964/65: The Amourous Adventures of Moll Flanders (Die amourösen Abenteuer der Moll Flanders) [GB]; Operation Crossbow (Geheimaktion Crossbow) [GB/IT]. 1965: Le tonnerre de Dieu/Matrimonio alla francese/Auch eine französische Ehe [FR/IT/BRD]. 1965/66: Zwei Girls vom roten Stern/Duel à la vodka [AT/BRD/F]; Der Kongreß amüsiert sich/Le congrès s'amuse [BRD/AT/F]. 1966: Le voyage du père/Destinazione marciapiede (Die Reise des Vaters) [FR/IT]. 1967: Jack of Diamonds/Der Diamantenprinz [US/ BRD]; Sebastian (Sebastian) [GB]; Paarungen; The Diary of Anne Frank [US]; Oedipus the King (König Ödipus) [GB]. 1967/68: Nobody Runs Forever/High Commissioner (Der Haftbefehl) [GB/US]. 1968/69: De Sade/Das ausschweifende Leben des Marquis de Sade [US/BRD/GB]. 1969: Hard Contract (Der Killer und die Dirne) [US]; La peau de torpédo/Dossier 212: Destinazione morte/Der Mann mit der Torpedohaut [FR/ IT/BRD]. 1970: La residencia [ES]; Hauser's Memory (Ständig in Angst) [TV – US]. 1970–76: The Other Side of the Wind [IE/FR]. 1970/71: Night Hair Child (Diabolisch) [GB]. 1971: Murders in the Rue Morgue (Mord in der Rue Morgue) [US]; Der Kommissar: Grauroter Morgen [TV]. 1972: Eine Frau bleibt eine Frau [D,CoA – TV-EP]. 1974: Derrick: Johanna [TV];

The Zoo Gang (Die Gerechten) [TVS – GB/US]. 1974/75: Lotte in Weimar [DDR]. 1976: Eine Frau bleibt eine Frau [TV-EP]. 1978: The Boys from Brazil (The Boys from Brazil) [US]. 1980: Weekend. Heufieber [TV]; Kaninchen im Hut [TV-EP]. 1981: Kinder [TV]. 1981/82: Feine Gesellschaft – Beschränkte Haftung. 1982: Imaginary Friends (Unglaubliche Freunde) [GB]; Eine etwas sonderbare Dame [TV]. 1984: Love Boat: My Mother, My Chaperone (Love Boat) [TV – US]. 1984/85: Peter the Great (Peter der Große) [TV – US]; The Holcroft Covenant (Der tödliche Pakt/Der 4-Billion-Dollar-Vertrag) [GB].

Pan Hong

* 1954 Shanghai

Sie studiert 1973–79 Schauspiel an der Shanghai Xiju Xueyuan (Theaterschule) und wird nach dem Abschluß dem Shanghai Studio zugewiesen. Nach der Rolle eines Freudenmädchens in *Dushiniang* spielt sie in den Jahren nach der Kulturrevolution für das Changchun Filmstudio. In *Ren dao zhongnian* (Sun Yu, Wang Quimin) stellt sie 1982 eine Ärztin als leidende Intellektuelle dar und ruft damit große Resonanz hervor; sie erhält den Goldenen Hahn als beste Hauptdarstellerin des Jahres. Ihre Rollen zeigen zwei Schwerpunkte: die selbstbewußte, berufstätige Frau und die zugrunde gehende Aristokratin. So spielt sie in *Jin* eine Frau, die zwar Karriere macht, deren Privatleben aber unerfüllt bleibt, aber auch Wan Rung, die Ehefrau des letzten chinesischen Kaisers, in *Huolong* (Li Hanxiang). In *Zuihou de guizhu* stellt sie die Tochter eines Diplomaten dar, die im Bürgerkrieg in der zweiten Hälfte der 40er Jahre herunterkommt.

[CN] 1979: Kunaoren de xiao. 1981: Dushiniang. 1982: Ren dao zhongnian. 1983: Hanye. 1985: Huolong [CN/HK]. 1986: Modai huanghou [CN/HK]. 1987: Jin. 1989: Zuihou de guizhu. 1991: Nüren taxi nüren. 1994: Gu feng [CN/HK].

Papanov, Anatolij

(Anatolij Dmitrievič Papanov)

* 31. 10. 1922 Wiasma

Bis 1946 Ausbildung an der Theaterhochschule GITIS in Moskau; ab 1949 Engagement am Theater der Satire. Er spielt dort in zahlreichen klassischen und modernen Komödien, Lustspielen und Vaudeville-Stücken. Eine einprägsame Bühnenrolle ist z. B. sein Belzebub in Vladimir Majakovskijs «Misterija-buff». Sowohl auf der Bühne als auch im Film dominieren satirische und komödiantische Aufgaben. Ab 1954 hat er kleine Filmrollen. Berühmt wird er 1961 mit El'dar Rjazanovs Satire *Čelovek niotkuda,* wo er gleich vier verschiedene Rollen spielt. 1964 erhält er auf dem sowjetischen Allunionsfilmfestival von Leningrad einen Darstellerpreis für seinen Nikolaj Vasil'evič in Evgenij Taškovs *Prichodite zavtra.* Mitte der 60er Jahre wird Papanov verstärkt auch im dramatischen Fach beschäftigt. Eine seiner schönsten Rollen ist Dr. Starzev in Iosif Chejfics Čechov-Verfilmung *V gorode S.* (1967). Zwei seiner interessantesten Filmaufgaben erhält Papanov von Regisseur Aleksandr Stolper: In dessen Simonov-Verfilmungen *Živye i mertvye* (1964) und *Vozmezdie* (1969) spielt er den General Serpilin. Weitere wichtige Rollen: der Buchhalter Dubinskij in *Belorusskij vokzal* (Andrej Smirnov, 1971), Gorodničij in der Gogol'-Verfilmung *Inkognito iz Peterburga* (Leonid Gajdaj, 1978) und Aleksej Pavlovič Lukov in der Turgenev-Verfilmung *Otcy i dedy* (Jurij Egorov, 1982). Papanov erhält mehrere nationale Auszeichnungen, u. a. 1966 den Staatspreis der RSFSR.

[SU] 1961: Čelovek niotkuda; Kazaki; Soveršenno ser'ezno. 1962: Čelovek idet za solncem (Der Sonne entgegen); Bej, baraban. 1963: Chod konem; Jabloko razdora; Porožnij rejs (Fahrt ohne Fracht); Prichodite zavtra (Kommen Sie morgen wieder). 1964: Živye i mertvye (Die Lebenden und die Toten); Stežki-dorožki; Rodnaja krov' (Blutsverwandtschaft). 1965: Naš dom (Unser Zuhause); Dajte Žalobnuju knigu (Bitte das Beschwerdebuch); Mat' i mačecha; Zelenyj ogonek (Grünes Licht). 1966: Idu na grozu; Beregis' avtomobilja (Autoaffären); Deti don Kichota (Die Kinder des Don Quichotte). 1967: V gorode S. (In der Stadt S.). 1968: Zolotoj telenok (Das goldene Kalb); Brilliantovaja ruka (Der Brillantenarm); Služili dva tovarišča (Es dienten zwei Kameraden). 1969: Ad'jutant ego prevoschoditel'stva (Der Adjutant seiner Exzellenz) [TV]; Vozmezdie (Man wird nicht als Soldat geboren); Virineja (Virinea). 1970: Semejnoe čast'e/Das Familienglück [SU/ CH]. 1971: Sochranivšie ogon (Die das Feuer bewahren); V tridevatjatom carstve; Vsja korolevskaja rat' (Alle königlichen Heerscharen) [TV]; Belorusskij vokzal (Belorussischer Bahnhof). 1972: Razrešite vzlet! (Ich bitte um Starterlaubnis); Pilot pervogo klassa; Chod beloj korolevy. 1973: Plochoj chorošij čelovek (Ein schlechter, guter Mensch). 1974: Dela serdečnye (Herzenssache). 1975: Den' priema po ličnym voprosam (In persönlicher Angelegenheit); Odinoždy odin. 1976: Dvenadcati stul'ev (Zwölf Stühle) [TV]; Strach vysoty (Höhenangst); Odinnadcat' nadežd (Elf Hoffnungen). 1977: Mama, ich lebe [DDR]. 1978: Inkognito iz Peterburga (Inkognito aus Petersburg). 1979: Ljubov' moja, pečal' moja (Meine Liebe – meine Trauer); Vse režaet mgnovenie; Pena. 1980: Inžener Graftio. 1982: Otcy i dedy (Eine Frau für Großvater); Ljubov' moja večnaja. 1984: Vremja želanij (Zeit der Wünsche). 1988: Cholodnoe leto pjat'desjat tret'ego.

Papas, Irene
(Irene Lelekou)
*9. 3. 1926 Chiliomodion
Königliche Schauspielschule in Athen. Ab 1948 als Schauspielerin, Sängerin und Tänzerin am dortigen Metropol-Theater. Filmdebüt 1951 in *Nekri Politeia* (Iliades). Ab 1953 in verschiedenen italienischen, dann u. a. auch in amerikanischen Produktionen, so 1964 als Witwe im Erfolgsfilm *Zorba the Greek* (Michael Cacoyannis). In Hollywood-Filmen meist als finster erdhafte Mutter mit der Alternative, statuarisch zu leiden oder vehement auszubrechen. Während des Obristen-Regimes 1967–74 lebt sie in Italien. 1968 als Helène im französischen Film Z (Costa-Gavras). Eindringliche Verkörperung tragischer mythischer Heldinnen in Cacoyannis' Euripides-Trilogie: Stolz und unversöhnlich als *Elektra*, als Helena in *The Trojan Women* und als Klytämnestra in *Iphigenia*. Rollen aus Legende und Historie u. a. auch in *Teodora* (Riccardo Freda), als Katharina von Aragon in *Anne of the Thousand Days* (Charles Jarrott), in *Mosè* (Gianfranco De Bosio) und in Moustapha Akkads Mohammed-Film *Al-Ris-Alah*. Das selten ausgespielte Talent zur subtilen Komik zeigt Papas als Wirtschafterin in *Cristo si è fermato a Eboli* (Francesco Rosi), wenn sie Gian Maria Volonte badet.

1951: Nekri Politeia [GR]. 1952: Le infedeli (Untreue) [IT]. 1953: Dramma nella Casbah (Missione ad Algeri)/The Man from Cairo [IT/US]; Vortice (Silvana) [IT]; Teodora/Théodora impératrice de Byzance [IT/FR]. 1954: Attila/Attila, fléau de Dieu (Attila die Geißel Gottes) [IT/FR]. 1955: Tribute to a Bad Man (Mein Wille ist Gesetz) [US]. 1956: The Power and the Prize (Die Macht und ihr Preis) [US]. 1960: Antigone [GR]. 1961: The Guns of Navarone (Die Kanonen von Navarone) [GB]. 1962: Elektra [GR]. 1964: The Moon-Spinners (Der Millionenschatz) [US/GB]; Zorba the Greek (Alexis Sorbas) [US/GR]. 1965: Die Zeugin aus der Hölle/ Gorke Trave [BRD/YU]. 1966: Roger La Honte [IT]; Más allá de las montañas/The Desperate Ones (Flucht aus der Taiga) [ES/US]. 1966/67: A ciascuno il suo (Zwei Särge auf Bestellung) [IT]. 1968: The Brotherhood (Auftrag Mord) [US]; Z (Z) [FR/DZ]; Ecce Homo [IT]; Le avventure du Ulisse [TV – IT]. 1969: A Dream of Kings (Matsoukas der Grieche) [US]. 1969/70: Anne of the Thousand Days (Königin für 1000 Tage) [GB]. 1971: The Trojan Women (Die Troerinnen) [US]; N. P. il segreto [IT]; Un posto ideale per uccidere/Un endroit idéal pour tuer (Deadly Trap) [IT/FR]; Roma bene/ Scandale à Rome/Roma Bene – Liebe und Sex in Rom [IT/FR/BRD]. 1972: Piazza Pulita [IT]; Non si sevizia un paperino [IT]. 1974: Le farò da padre [IT]. 1976: Mosè/Moses [TV – IT/SU]; Bodas de sangre [MC]; Al-Ris-Alah/Mohammad, Messenger of God/The Message (Mohamed der Gesandte Gottes) [LB/GB]. 1977: Iphigenia [GR]. 1978/79: Cristo se è fermato a Eboli/Le Christ s'est arreté à Eboli (Christus kam nur bis Eboli) [IT/FR]; Bloodline (Blutspur) [US]. 1979: Un'ombra nell' ombra [IT]. 1981: Omar Mukhtar/Lion of the Desert (Omar Mukhtar – Löwe der Wüste) [LY/GB]. 1982: La ballade de Mamlouk [FR]. 1983: Erendira/Die unglaubliche und traurige Geschichte von der unschuldigen Erendira und ihrer herzlosen Großmutter [FR/MX/BRD]; Il disertore [IT]. 1985: The Assisi Underground [IT/GB]; Into the Night (Kopfüber in die Nacht) [US]. 1986/87: Cronaca di una morte annunciata/Chronique d'une mort anoncée (Chronik eines angekündigten Todes) [IT/FR]; High Season [GB]. 1987: Sweet Country [US]. 1989: Island (Insel der Frauen) [AU]. 1989/90: Oceano [TVS – IT]. 1990: Un bambino di nome Gesú – Il mistero [TV – IT]. 1991: Drums of Fire [GB]; Banquet [US]. 1992: Zoe [GB]. 1993: Lettera da Parigi [IT]; Pano kato ke plagios [GR]; L'ispettore anticrimine [TV – IT]. 1994: Jacob [TV – IT (EURO)]. 1996: Party [PO/FR]. 1997: The Odyssey [TVS – US].

Parlo, Dita
(Grethe Gerda Kornstaedt)
*4. 9. 1907 Stettin
†13. 12. 1971 Paris
Sie wächst in einem Forsthaus auf. 1926/27 Ufa-Filmschule in Babelsberg. Filmdebüt 1928 in Wilhelm Thieles Varieté-Drama *Die Dame mit der Maske*. Daraufhin vom Produzenten Erich Pommer für die weibliche Hauptrolle in der Leonhard-Frank-Verfilmung *Heimkehr* (Joe May) engagiert. Kleinere Rollen bei anderen Ufa-Produzenten, so als Sklavin in *Geheimnisse des Orients* (Alexander Wolkoff) und Jeanette in *Manolescu* (Viktor Tourjansky). Star-Rollen in Pommer-Produktionen, u. a. 1928 als Partnerin Willy Fritschs in *Ungarische Rhapsodie* (Hanns Schwarz) und 1929 als Bauernmagd, die sich für den Geliebten prostituiert, in *Melodie des Herzens*, dem ersten Ufa-Tonfilm. 1930 zunächst in Paris, dann in Hollywood in deutschen Versionen amerikanischer Filme, Zusammenarbeit u. a. mit Berthold Viertel in *Die heilige Flamme* und Wilhelm Dieterle in *Kismet*. Rückkehr nach Frankreich und mit Jean Vigos poetischem Binnenschiffer-Drama *L'Atalante* Aufstieg zum französischen Star, u. a. Titelrolle der Krankenschwester und Spionin in G. W. Pabsts *Mademoiselle Docteur*, als deutsche Bäuerin, die entflohenen Kriegsgefangenen hilft, in Jean Renoirs pazifistischem *La grande illusion*; als Verlobte eines deutschen Soldaten in Jean Choux' antimilitaristischem *Paix sur le Rhin*. Bei Kriegsbeginn 1939 von weiteren Rollen ausgeschlossen. Nach dem Krieg nur noch sporadisch

beim Film, so 1950 in André Cayattes Gerichtsdrama *Justice est faite*. Parlo verfaßt auch Bühnenstücke und Drehbücher.

[FR] 1928: Die Dame mit der Maske [DE]; Heimkehr [DE]; Geheimnisse des Orients/Shéhèrazade [DE/FR]; Ungarische Rhapsodie [DE]. 1929: Manolescu. Der König der Hochstapler [DE]; Melodie des Herzens [DE]; Au bonheur des dames (Das Fräulein vom Kleiderlager). 1929/31: Wir schalten um auf Hollywood [Version – US/DE]. 1930: Tropennächte [Version – US/FR]; Tänzerinnen für Süd-Amerika gesucht [AT/DE]; Die heilige Flamme [Version – US]. 1930/31: Kismet [Version – US]; Menschen hinter Gittern [Version – US]. 1931: Honor of the Family [US]. 1934: L'Atalante (Atalante); Rapt/La séperation des races/Zweikampf der Geschlechter. [FR/CH]. 1936: Mademoiselle Docteur/Salonique nid d'espions (Mademoiselle Docteur). 1936/37: La grande illusion (Die große Illusion). 1937: L'affaire du courier de Lyon; Mademoiselle Docteur [GB]. 1938: L'Inconnu de Monte Carlo [Version]; Paix sur le Rhin; La rue sans joie; Ultimatum; La signora di Montecarlo [Version – IT/FR]. 1939: L'Or du Cristobal. 1939–42: Mahlia la métisse. 1950: Justice est faite (Schwurgericht). 1956: Quando tramonta il sole [IT]. 1965: La dame de pique (Pikdame).

Paskaleva, Katja

*8. 9. 1945 Petrič (Bulgarien)
Bis 1967 Ausbildung an der Theaterhochschule «K. Sarafov» in Sofia. Anschließend Engagement am Theater in Plovdiv, wo sie in sehr unterschiedlichen Stücken ihr Talent beweist; so ist sie die Nina Saretschnaja in Čechovs «Čajka», die Varvara in Gor'kijs «Dačniki» und die Rosalind in Shakespeares «Twelfth Night or What You Will». Filmdebüt 1966 in *Ponedelnik sutrin* (Irina Akuševa). Erst ab 1971, in Zusammenarbeit mit dem Regisseur Metodi Andonov, gelangt sie in die vorderste Reihe der bulgarischen Filmschauspieler. Sie spielt in *Kozijat rog* ein junges Mädchen, das mehrere Jahre als Mann gelebt hat. Auch in der folgenden Zeit werden viele ihrer Filmrollen, vor allem starke, entschlossene Frauenpersönlichkeiten, zu einprägsamen Charakterstudien. Nach einer Krise Mitte der 80er erreicht sie in Zusammenarbeit mit jungen Regisseuren erneut einen künstlerischen Höhepunkt vor allem als Darstellerin labiler, zerbrechlicher Frauen, die dennoch starken Lebensmut beweisen, wie in *Spirka za nepoznati* (Ivan Rosenov, 1988) als Stationsvorsteherin eines Bahnhofs, die einem Fremden, der wegen Mord gesucht wird, für eine Nacht Unterschlupf gewährt. Katja Paskaleva wird als Verdiente Künstlerin der VR Bulgarien ausgezeichnet. Sie gehört zum Ensemble des Theaters «Sofia» in Sofia.

[BG] 1966: Ponedelnik sutrin. 1967: Otklonenie (Auf Umwegen). 1969: Skorpion sreštu dâga (Skorpion gegen Regenbogen). 1971: Kozijat rog (Das Ziegenhorn). 1972: Krajat na pesenta (Das Ende des Liedes); Goljamata pobeda (Der große Sieg) [TV]. 1973: Ivan Kondarev; Čiflikât kraj granicata (Nona); Mąže bez rabota (Männer ohne Arbeit). 1975: Katina; Na život i smârt (Auf Leben und Tod) [TVS]; Vilna zona (Die Gartenparty). 1976: Vinata (Die Schuld). 1977: Zvezdi v kosite, sâlzi v očite (Sterne in den Haaren, Tränen in den Augen); Matriarchat; Slânšev udar (Es gibt nur eine Erde). 1978: Vsički i nikoj (Jeder und niemand); Bednijat Luka (Der arme Luka). 1979: Bumerang. 1982: Naj-težkijat grjach (Die ärgste Sünde). 1986: Elegija za edno dârvo; Pamet. 1987: Eva na tretija etaž. 1988: Az, grafinjata; Čičo krâstnik; Spirka za nepoznati (Station für Unbekannte). 1989: Test '88; Deficit; Bračni šegi; Živej opasno. 1991: Mâlčanieto. 1992: Aritmija. 1994: Zabranenijat plod (Die verbotene Frucht); Golgotha [DE].

Patil, Smita

*1955 Pune
†13. 12. 1986 Bombay
Tochter eines Ministers von Maharashtra. Studium der Literatur an der Universität Bombay, nebenbei als Fernsehansagerin tätig. Nach einem ersten Auftritt in dem Kurzfilm *Teevra Madhyam* (1974) spielt sie in dem bengalischen Kinderfilm *Charandas Chor*. Ihre erste große Rolle erhält sie in dem die politisch-sozialen Verhältnisse kritisierenden *Manthan* (1976), der sie international bekannt macht. Eine herausragende schauspielerische Leistung zeigt sie in *Bhumika* (1976), einer Love-Story über die Schauspielerin Hansa Wadkar. Mit ihrem einprägsamen Spiel ist sie eine Vertreterin des realistischen neuen indischen Films (*Chakra*, 1980; *Sadgati*, 1981). Ausdrucksstark ist sie als Sozialarbeiterin *Umbartha/Subah* (Patel, 1981), in *Tarang* (Kumar Shahani, 1984) und als legendäre Sonbai in *Mirch Masala* (1985). Auch im bengalischen Film ist sie populär, u. a. in Mrinal Sens *Akaler Sandhaney* (1980). Auszeichnung auf dem Filmfestival in La Rochelle 1984. Smita Patil engagiert sich auch in der indischen Frauenbewegung und ist Leiterin eines feministischen Frauenzentrums in Bombay. Sie stirbt 1986 kurz nach der Geburt ihres Sohnes.

[IN] 1974: Teevra Madhyam [KF]; Raja Shivachhatrapati. 1975: Charandas Chor; Saamna; Nishant. 1976: Bhumika; Manthan. 1977: Kondura/Anugraham; Jait Re Jait. 1978: Gaman; Sarvasakshi. 1979: The Naxalites. 1980: Anveshane; Chakra; Ashwamedher Ghora; Bhavni Bhavni/Andher Nagari; Albert Pinto Ko Gussa Kyon Aata Hai; Akaler Sandhaney; Aakrosh. 1981: Tajurba; Sadgati [TV]; Umbartha/Subah; Dil-e-Nadaan. 1982: Dard Ka Risha; Badle Ki Aag; Chatpatee;

Bheegi Palkein; Namak Halal; Bazaar; Arth; Shakti; Sitam. 1983: Haadsa; Mandi; Ghunghroo; Ardh Satya; Farishta; Qayamat. 1984: Anand Aur Anand; Aaj Ki Awaaz; Giddh; Kanoon Meri Mutthi Mein; Sharaabi; Hum Do Hamare Do; Ravan; Pet Pyar Aur Paap; Mera Dost Mera Dushman; Kasam Paida Karne Wale Ki; Shapath; Tarang. 1985: Ghulami; Mirch Masala; Chidambaram; Debshishu; Jawab; Tere Shaher Mein; Aakhir Kyon; Mera Ghar Mere Bachche; Abhinetri [TV]; Kabhi Ajnabi The. 1986: Teesra Kinara; Oont; Aap Ke Saath; Amrit; Sutradhar; Angarey; Anokha Rishta; Dehleez; Dilwala; Kaanch Ki Deewar; Rahi; Insaniyat Ke Dushman. 1987: Nazrana; Dance Dance; Sher Shivaji; Awaam; Aaj; Thikana. 1988: Akarshan; Waris; Hum Farishte Nahin. 1989: Oonch Neech Beech; Galiyon Ka Badshah.

Peck, Gregory

(Eldred Gregory Peck)
*5. 4. 1916 La Jolla (California)
Besuch der High-School in San Diego, später der St. John's Military Academy in Los Angeles. Medizinstudium an der Berkeley-University. Beteiligung an einer Amateuraufführung von «Moby Dick». 1939 nach New York. Stipendium für die Neighborhood Playhouse School of Dramatics, Schüler von Stanford Meisner. Tournee mit George Bernard Shaws «Doctor's Dilemma». 1943 Filmdebüt in Jacques Tourneurs *Days of Glory*. Vertrag von RKO. 1944 Oscar-Nominierung als schottischer Missionar Pater Francis Chisholm in John M. Stahls *The Keys of the Kingdom*. Peck wird für Jahrzehnte einer der führenden Hollywood-Stars. Der große dunkelhaarige Schauspieler steht in seinen Filmen für moralische Standhaftigkeit, Aufrichtigkeit und Intelligenz. Er spielt John Ballentine in Alfred Hitchcocks *Spellbound*, Lewt McCantes in David O. Selznicks Western-Produktion *Duel in the Sun*, den Journalisten Phil Green in Elia Kazans *Gentleman's Agreement* und einen britischen Rechtsanwalt in Hitchcocks *The Paradine Case*. Neben seiner Filmarbeit übernimmt er weiterhin Bühnenrollen. 1948 gründet er zusammen mit Joseph Cotten, Mel Ferrer, Jennifer Jones und Dorothy McGuire das La Jolla Playhouse. Dort bis 1952 Auftritte und eigene Inszenierungen. Häufig in Filmen von Henry King, so als Kommandeur einer Bomberstaffel im 2. Weltkrieg in *Twelve O'Clock High*, als Johnny Ringo in *The Gunfighter*, Partner von Susan Hayward in *David and Bathsheba* und neben Ava Gardner in *Snows of Kilimanjaro*. Er ist ein liebenswerter Journalist und Co-Star von Audrey Hepburn in William Wylers *Roman Holiday*, in John Hustons *Moby Dick* ein knorriger Kapitän Ahab. 1962 erhält er den Oscar als Anwalt Atticus Finch in Mulligans *To Kill a Mockingbird*. Er spielt den amerikanischen Botschafter in Richard Donners Horrorfilm *The Omen*, den Nazi Josef Mengele in *The Boys From Brazil* (Franklin J. Schaffner). 1991 Auftritt neben Robert Mitchum und Martin Balsam in Martin Scorseses *Cape Fear*, ein Remake ihres eigenen Thriller-Erfolges von 1962 (J. Lee Thompson). Seit 1958 Tätigkeit als Produzent. Neben der Filmarbeit Engagement für wohltätige und künstlerische Organisationen: 1964 Berufung in den National Council of Arts, 1967–70 Präsident der Academy of Motion Picture Arts and Sciences, 1967 Mitbegründer des American Film Institute. 1967 Jean Hersholt Humanitarian Award, 1989 Life Achievement Award des American Film Institute, 1993 Goldener Bär der Berliner Filmfestspiele für sein Lebenswerk. 1978 Buch «An Actor's Life». Sohn Tony und Tochter Cecilia Peck sind ebenfalls Schauspieler.

[US] 1943: Days of Glory. 1944: The Keys of the Kingdom (Schlüssel zum Himmelreich). 1945: Spellbound (Ich kämpfe um dich); The Valley of Decision (Die Entscheidung). 1945/46: Duel in the Sun (Duell in der Sonne). 1946: The Yearling (Die Wildnis ruft). 1947: The Macomber Affair (Affäre Macomber); Gentleman's Agreement (Tabu der Gerechten); The Paradine Case (Der Fall Paradin). 1948: Yellow Sky (Herrin der toten Stadt/Nevada). 1949: Twelve O'Clock High (Der Kommandeur); The Great Sinner (Der Spieler). 1950: The Gunfighter (Der Scharfschütze). 1950/51: Captain Horatio Hornblower R. N. (Des Königs Admiral) [GB]. 1951: David and Bathsheba (David and Bathseba); Only the Valiant (Bis zum letzten Atemzug). 1952: The Snows of Kilimanjaro (Schnee am Kilimandscharo); The World in His Arms (Sturmfahrt nach Alaska). 1953: Night People (Das unsichtbare Netz); Roman Holiday (Ein Herz und eine Krone); The Million Pound Note (Sein größter Bluff) [GB]. 1954: The Purple Plain (Flammen über Fernost) [GB]. 1955/56: Moby Dick (Moby Dick) [US/GB]. 1956: The Man in the Gray Flannel Suit (Der Mann im grauen Flanell). 1957: Designing Woman (Warum hab' ich ja gesagt?). 1958: The Bravados (Bravados); The Big Country (Weites Land) [D,P]. 1959: Beloved Infidel (Die Krone des Lebens); Pork Chop Hill (Mit Blut geschrieben); On the Beach (Das letzte Ufer). 1961: The Guns of Navarone (Die Kanonen von Navarone). 1962: Cape Fear (Ein Köder für die Bestie); To Kill a Mockingbird (Wer die Nachtigall stört); How the West Was Won (Das war der Wilde Westen) [EP]. 1963: Captain Newman, M.D. (Captain Newman). 1964: Behold a Pale Horse/Et vient le jour de vengeance (Deine Zeit ist um) [US/FR]. 1965: Mirage (Die 27. Etage). 1966: Arabesque (Arabeske); John F. Kennedy: Years of Lightning, Days of

Drums (John F. Kennedy – Ein Leben für die Freiheit) [S – DOK]. 1968: The Stalking Moon (Der große Schweiger). 1969: MacKenna's Gold (MacKenna's Gold); Marooned (Verschollen im Weltraum); The Chairman (Der gefährlichste Mann der Welt). 1970: I Walk the Line (Der Sheriff). 1971: Shootout (Shoot out). 1972: The Trial of the Catonsville Nine [P]. 1973: Billy Two Hats (Begrabt die Wölfe in der Schlucht) [GB]. 1974: The Dove (Die Weltumseglung) [P]. 1976: The Omen (Das Omen) [D,P]. 1977: MacArthur (MacArthur – Held des Pazifiks) [D,P]. 1978: The Boys from Brazil (The Boys from Brazil). 1980: The Sea Wolves (Die Seewölfe kommen) [GB/US/CH]. 1982: The Blue & the Gray (Die Blauen und die Grauen) [TVS]. 1983: The Scarlet and the Black (Im Wendekreis des Kreuzes) [TV]. 1987: Amazing Grace and Chuck/Silent Voice (Schweigende Stimmen). 1989: Old Gringo. 1991: Other People's Money (Das Geld anderer Leute); Cape Fear (Kap der Angst). 1993: The Portrait [D,CoP – TV].

Pellea, Amza

*7. 4. 1931 Baileşti-Dolj (Rumänien)

Nach einer Ausbildung zum Elektrotechniker Schauspielstudium an der Bukarester Theater- und Filmhochschule bis 1952. Engagement am Theater Craiova und ab 1961 am Komödientheater in Bukarest. Filmdebüt 1954 in *In vreme de razboi*. Seine eigentliche Filmkarriere beginnt erst in den 60er Jahren. Zu großer Popularität gelangt er in Zusammenarbeit mit dem Regisseur Sergiu Nicolaescu, u. a. als Titelheld in *Mihai Viteazul* (1970), *Ultimul cartuş* (1973), *Revanşa* (1978) und in der rumänisch-deutschen Co-Produktion *Omul de aur* (1978). Auf dem Filmfestival in Moskau wird er 1977 für *Osinda* (Sergiu Nicolaescu) mit dem Darstellerpreis ausgezeichnet. Er wirkt in der DDR in mehreren Abenteuerfilmen mit, so 1974 in *Ulzana* (Gottfried Kolditz), 1976 als Debuisson in *Das Licht auf dem Galgen* (Helmut Nitzschke) und 1979 als Wenzel in *Das Ding im Schloß* (Kolditz).

[RO] 1954: In vreme de razboi. 1960: Darclée (Darclée). 1961: Setea. 1962: Celebrul 702 (Der berühmte 702). 1963: Tudor (Tudor, Rebell gegen Paschas und Bojaren). 1964/65: Neamul Şoimăreştilor (Das Geschlecht der Falken). 1965: Pădurea spînzuraţilor (Der Wald der Gehenkten); Răscoala (Der Aufstand); Haiducii (Amza, der Schrekken der Bojaren); Camera albă (Das weiße Zimmer). 1967: Dacii (Der letzte große Sieg der Daker) [RO/FR]. 1968: Columna (Die Säule des Trajan) [RO/IT]. 1969: Rîzboiul domniţelor (Der Krieg der Prinzessinnen). 1970: Mihai Viteazul (Michael der Tapfere). 1972: Puterea şi adevărul (Die Macht der Wahrheit); Atunci 1-am condamnaţi pe toţi la moarte. 1973: După furtună; Ultimul cartuş (Die letzte Patrone); Ciprian Porumbescu. 1974: Porţile albastre ale oraului (Vor den Toren der Stadt); Ulzana [DDR]; Aventurile lui Babuşca (Abenteuer im Donaudelta); Nemuritorii (Die Unsterblichen); Un comisar acuză (Ein Kommissar klagt an); Proprietarii; Un august in flăcări [TV]; Stejar, extremă urgenţă. 1975: Cantemir; Muşchetarul român (Die Jagd nach einer Handschrift); Tată de duminică (Der Sonntagsvater). 1976: Tufă de Veneţia; Das Licht auf dem Galgen [DDR]. 1977: Impuscaturi sub clar de lună (Schüsse im Mondschein); Accident (Fahrerflucht); Osinda (Das Verhängnis); Pentru patrie; Trei zile şi trei nopţi (Drei Tage und drei Nächte). 1978: Melodii, melodii; Revana (Die Revanche); Eu, tu i Ovidiu (Ich, du und Ovid); Ecaterina Teodoriu; Das Ding im Schloß [DDR]; Omul de aur/Das verschollene Inka-Gold [RO/BRD]. 1979: Bratele Afroditei; Mihail, cîme de circ/Killemy, der singende Hund [RO/BRD]; Nea Mărin, miljardar (Wer ist der Milliardär?) [CoA]; Duios Anastasia trecea (Zärtlich ging Anastasia vorbei); Preţul încrederii; Teatrul cel mare. 1980: Casa dintre cimpuri. 1981: Capcană mercenarilor; Ana şi hoţul (Anna und der Dieb); Şantaj; Detasamnetul Concordia.

Pellegrin, Raymond

(Louis Pilade Pellegrini)

*1. 1. 1925 Nizza

Italienischer Abstammung. Nach Tätigkeit in verschiedenen Berufen erste Theaterauftritte in Nizza. 1945 nach Paris, wo er auf der Bühne in Marcel Pagnols «Topaze» Erfolg hat. Im Film verkörpert er Napoleon ebenso überzeugend wie Zuhälter und großkalibrige Gangster; in den frühen 70er Jahren des öfteren in Rollen als Polizei-Kommissar. Auch Arbeit im Fernsehen. Seit Mitte der 70er nur sehr gelegentlich vor der Kamera; er widmet sich vordringlich der Verwaltung seines Hotels an der Côte d'Azur.

[FR] 1941: Six petites filles en blanc. 1945: Jéricho; Marie la Misère; Nais. 1946: La femme en rouge. 1947: Le diamant de cent sous; Un flic. 1950: Le clochard milliardaire; Topaze; Coupable? 1951: Bankett der Schmuggler/Le banquet des fraudeurs [BRD/BE]; Trois femmes, trois âmes/Coralie (Drei Töchter Evas). 1952: Le témoin de minuit; Le fruit défendu (Verbotene Frucht); Manon des sources; Nous sommes tous des assassins/Siamo tutti assassini (Wir sind alle Mörder) [FR/IT]. 1953: La rage au corps (Zur Liebe verdammt); Les compagnes de la nuit (Gefährtinnen der Nacht). 1953/54: Le grand jeu/Il grande giuoco (Die letzte Etappe) [FR/IT]. 1954: La romana/La belle romaine (Die freudlose Straße) [IT/FR]; Les impures (Weiße Sklavin für Tanger); Marchandes d'illusions (Verfemte Frauen); Les intrigantes; Le feu dans la peau (Feuer unter der Haut). 1954/55: Napoléon/Napoleone Bonaparte (Napoleon) [FR/IT]. 1955: La lumière d'en face (Gier nach Liebe); Le crâneur (Mädchen in schlechter Gesellschaft); Chantage (Frauen in Erpresserhänden); La loi des rues (Das Gesetz der Straße); Les hommes en blanc (Ein ganzes Leben). 1956: Le feu aux poudres/X3 operazione dinamite (Dem Satan ins Gesicht gespuckt) [FR/IT]; Jusqu'au dernier (Hyänen unter sich). 1957: Amère victoire/Bitter Victory (Bitter war der Sieg) [FR/GB]; Mimi Pinson (Mimi); La bonne tisane (Zyankali). 1958: Secret professionnel (Kinder der Sünde); Ça n'arrive qu'aux vivants (Der blonde Skorpion). 1960: Chien de pique (Junge, mach dein Testament). 1960/61: L'Imprevisto/L'Imprévu (Bevor das Licht verlöscht) [IT/FR]. 1961: Carillons sans joie/Vento caldo di battaglia [FR/IT]; Horace '62/Appuntamento per uccidere (Horace 62) [FR/IT]; Vu du pont/Uno sguardo dal ponte (Blick von der Brücke) [FR/IT]. 1962 : Les mystères de Paris/I misteri di Parigi (Die Geheimnisse von Paris) [FR/IT]; Venere imperiale/Vénus Imperiale (Kaiserliche Venus) [IT/FR]. 1963: La bonne soupe/ La pappa reale (Das leichte Geld der Liebe) [FR/IT]. 1964: Behold a Pale Horse/Et vient le jour de vengeance (Deine Zeit ist um) [US/FR]. 1965: Furia à Bahia pour OSS 117/OSS 117: furia a Bahia (OSS 117 – Pulverfaß Bahia) [FR/IT]; Un soir à Tiberiade. 1966: Brigade anti-gangs/Pattuglia anti-gang (Sonderdezernat C III, Montmartre) [FR/IT]; Le deuxième souffle (Der zweite Atem); Maigret à Pigalle (Maigret und der Würger von Montmartre) [IT/FR]. 1968: Sous le signe de Monte Cristo/ Montecristo 70 (Gejagt wie Monte Christo) [FR/IT]; Quanto costa morire/ Les colts brillent au soleil [IT/FR]. 1969: Beatrice Cenci (Die Nackte und der Kardinal) [IT]; Un caso di conscienza [IT]. 1971: Le saut de l'ange/Da parte degli amici. Firmato mafia (Kommando Cobra) [FR/IT]; Les intrus (Die Eindringlinge); La part des lions/L'ultima rapina a Parigi (Der Löwenanteil); L'Odeur des fauves/L'Odore delle belve (Tödliche Schlagzeilen) [FR/IT]. 1971/72: Abuso di potere [IT/FR/BRD]. 1972: Un solitaire (Im Alleingang); Un officier de police sans importance; La Camorra/ Les tueurs à gages (Camorra) [IT/FR]; L'Onorata famiglia, uccidere è cosa nostra [IT]. 1972/73: Crescete e moltiplicatevi [IT]. 1973: Piedone lo sbirro/ Un flic hors-la-loi (Sie nannten ihn Plattfuß) [IT/FR]; Viaggia, ragazza, viaggia: hai la musica nelle vene [IT]. 1973/74: I guappi (Die Rache der Camorra) [IT]. 1974: Die Antwort kennt nur der Wind [BRD]; Il poliziotto è marcio/Salut les pourris [IT/FR]. 1974/75: L'Ambizioso (Harley Riders – Sie kannten kein Erbarmen) [IT]. 1975: L'Uomo della strada la giustizia [IT]. 1975/76: Zerschossene Träume/L'appât [BRD/ AT/FR]. 1976: Puttana galera! [IT]; Quelli della calibro 38 (Kaliber 38 – Genau zwischen die Augen) [IT]. 1978: Salut les pourris. 1980: Le bar du téléphone (The Mad Mustangs); Les uns et les autres (Ein jeglicher wird seinen Lohn empfangen). 1982: Plus beau que moi, tu meurs [FR/IT]; Conrad Kilian [TV]. 1983: Viva la vie (Viva la vie – Es lebe das Leben); Ronde de nuit. 1983/84: Louisiane [FR/IT]. 1986: Jubiaba (Jubiaba) [BR/FR].

Pellonpää, Matti

* 28. 3. 1951 Helsinki
† 14. 7. 1995 Helsinki

Bereits 1962 Filmdebüt in Mikko Niskanens *Pojat* über ein finnisches Dorf während der deutschen Besetzung, gesehen durch die Augen von Kindern. 1973–77 Besuch der Theater-Akademie in Helsinki. Ab 1975 regelmäßige Filmarbeit. Pellonpää ist mit über dreißig Spielfilmen und zahlreichen TV-Produktionen einer der wenigen finnischen Schauspieler, die ihre Karriere überwiegend auf der Leinwand gemacht haben. Seit Anfang der 80er arbeitet er neben Anssi Mänttäri hauptsächlich in den Filmen der Brüder Aki und Mika Kaurismäki, die ihn auch international bekannt machen. Unter einer Mimik, die kaum beweglicher ist als die Buster Keatons, verbirgt er eine erstaunliche Bandbreite von Charakteren: sowohl den skrupellosen Manager der Leningrad Cowboys (Aki Kaurismäki, 1989 und 1993) als auch das Musterbild wahrer Freundschaft in Mika Kaurismäkis *Zombie ja kummitusjuna*. Er verbindet Würde mit einem stillen, absurden Humor, melancholische Komödie unter abrupten Gesten. Ein internationaler Erfolg wird sein hilflos Betrunkener in Jim Jarmuschs *Night on Earth* (1990/ 91). Neben der Filmarbeit spielt Pellonpää Theater und arbeitet als Sprecher für den Rundfunk («Winnie the Pooh»).

[FI] 1962: Pojat. 1970: Akseli ja Elina. 1975: Kesän maku. 1976: Antti Puuhaara. 1977: Viimeinen savotta. 1979: Ruskan Jälkeen. 1981: Valehtelija; Pedon Merkki. 1982: Arvottomat (Die Wertlosen); Jackpot 2 [KF]. 1983: Regina ja miehet; Rikos ja Rangaistus (Crime and Punishment); Huhtikuu on kuukausista julmin. 1984: Viimeiset rotannahat; Rakkauselokuva; Klaani – tarina sammakoitten svusta; Kello. 1985: Calamari Union (Calamari Union); Ylösnousemus. 1986: Kuningas lähtee Ranskaan; Rocky IV [KF]; Varjoja paratiisissa (Schatten im Paradies). 1987: Hamlet liikemaailmassa (Hamlet Goes Business). 1988: Ariel (Ariel). 1989: Leningrad Cowboys Go America (Leningrad Cowboys Go America) [FI/ SE]; Likaiset kädet [TV]; Cha Cha Cha (Cha Cha Cha) [FI/SE]. 1990: Räpsy ja Dolly; Killjusen herrasväen uudet seikkailut. 1990/91: Night on Earth (Night on Earth) [EP – US]. 1991: Zombie ja kummitusjuna (Zombie and the Ghost Train); Kadunlakaisijat. 1992: La vie de Bohème/Bohemielämää/Das Leben der Bohème [FR/FI/SE/DE]; Viimeisellä rajalla/The Last Border [FI/DE/SE]; Shit Happens [KF]; Papukaijamies. 1993: Iron Horseman; Pida huivista kiinni, Tatjana (Tatjana); Leningrad Cowboys Meet Moses [FI/DE/FR].

Penn, Sean

* 17. 8. 1961 Burbank (California)

Sohn der Schauspielerin Eileen Ryan und des Regisseurs Leo Penn. Besuch der Santa Monica High School in Los Angeles. Erste Versuche mit Super-8-Filmen. Als Techniker und Regie-

Assistent am Group Repertory Theatre in Los Angeles. Erste eigene Regie in «Terrible Jim Finch». Ab 1979 Fernsehaufgaben. Anfang der 80er Jahre nach New York. Dort erfolgreich mit «Heartland». 1981 Kinofilm-Debüt als Timothy Huttons Zimmergenosse in *Taps* (Harold Becker). Erste Hauptrolle in Rick Rosenthals *Bad Boys*. Penn spielt häufig rebellische Jugendliche, die sich gegen eine feindliche Gesellschaft wehren, wird mitunter mit dem jungen James Dean verglichen. Gleichzeitig vereinzelt auch komische Charaktere. Seine Ehe mit der Pop-Sängerin Madonna (1985–89) gerät ebenso zum Debakel wie der gemeinsame Film *Shanghai Surprise*. In John Schlesingers *The Falcon and the Snowman* spielt er den Drogendealer, in Brian DePalmas *Casualties of War* einen brutalen Sergeant, in DePalmas *Carlito's Way* einen undurchsichtigen Rechtsanwalt. 1991 Filmregie von *The Indian Runner*, 1994 von *The Crossing Guard*. In Nick Cassavetes *She's So Lovely* – der Verfilmung eines Drehbuchs von John Cassavetes – spielt Penn neben seiner zweiten Frau Robin Wright Penn einen Alkoholiker und beteiligt sich an der Produktion. Immer wieder Abstecher zum Theater, u. a. 1983 als junger, gewalttätiger Arbeiter in John Durnes «Slab Boys».

[US] 1979: Concrete Cowboys [TVS]. 1980: Barnaby Jones [TVS]; Hellinger's Law (Hellingers Gesetz) [TV]. 1981: Taps (Die Kadetten von Bunker Hill); The Killing of Randy Webster (Randys Tod) [TV]. 1982: Fast Times at Ridgemont High (Ich glaub', ich steh' im Wald). 1983: Bad Boys (Bad Boys). 1984: Racing with the Moon (Die Zeit verrinnt – Die Navy ruft); Crackers (Fünf Gauner machen Bruch/Pechvögel). 1985: The Falcon and the Snowman (Der Falke und der Schneemann). 1986: At Close Range (Auf kurze Distanz); Shanghai Surprise (Shanghai Surprise) [GB]. 1988: Colors (Colors – Farben der Gewalt); Judgement in Berlin. 1989: Casualties of War (Die Verdammten des Krieges); We're No Angels (Wir sind keine Engel). 1990: State of Grace (Im Vorhof der Hölle). 1991: Schneeweißrosenrot [TV-DOK – DE]; The Indian Runner (Indian Runner) [R]. 1993: Carlito's Way (Carlito's Way); The Last Party. 1994: The Crossing Guard (Crossing Guard) [R,A]. 1995: Dead Man Walking (Dead Man Walking). 1996/97: Hugo Pool. 1997: U-Turn; She's So Lovely [D,P].

Perkins, Anthony

* 4. 4. 1932 New York City
† 12. 9. 1992 Hollywood

Besuch des Rollins College in Winter Park, Florida. 1946 Bühnendebüt im Brattleboro Theatre, Vermont. Später Tournee-Theater. 1952/53 Geschichts-Studium an der New Yorker Columbia University. 1954 Broadway-Erfolg neben Deborah Kerr in Elia Kazans Inszenierung von «Tea and Sympathy». 1953 Filmdebüt in Cukors *The Actress*. 1956 Nominierung für Nebenrollen-Oscar als Quäker-Sohn in William Wylers *Friendly Persuasion*. Für eine Weile spezialisiert er sich auf Rollen tölpelhafter, ängstlicher und neurotischer Heranwachsender. 1960 Welterfolg als psychopathischer Motel-Besitzer und Mörder Norman Bates in Alfred Hitchcocks *Psycho* (in den 80er Jahren drei Fortsetzungen, darunter auch Perkins' Regiedebüt). 1961 erhält er den Darstellerpreis in Cannes als jugendlicher Liebhaber von Ingrid Bergman in Anatole Litvaks *Goodbye Again*. 1962–66 in Frankreich, er spielt u. a. Kafkas Joseph K. in Orson Welles' *Le procès* und in Chabrols Thriller *Le scandale*. In Stuart Rosenbergs *WUSA* spielt er als Co-Star von Paul Newman einen Weltverbesserer, in *Remember My Name* (Alan Rudolph) ist er der ehemalige Ehemann von Geraldine Chaplin. Seit Anfang der 70er Jahre verstärkt TV-Arbeit in Amerika und Europa. Neben Filmarbeit häufig Rückkehr zum Theater: 1957 am Broadway in der Thomas-Wolfe-Adaption «Look Homeward, Angel» und 1960 im Musical «Greenwillow». 1977 Bühnen-Erfolg in Peter Shaffers «Equus», 1979 in «Romantic Comedy». Seine Tochter Elizabeth Perkins (* 1960) ist ebenfalls Schauspielerin.

[US] 1953: The Actress (Theaterfieber). 1956: Friendly Persuasion (Lockende Versuchung). 1957: Fear Strikes Out (Die Nacht kennt keine Schatten); The Tin Star (Der Stern des Gesetzes); The Lonely Man (Der Einsame); La diga sul Pacifico (Heiße Küste) [IT]; Desire Under the Elms (Begierde unter Ulmen). 1958: The Matchmaker (Die Heiratsvermittlerin). 1959: On the Beach (Das letzte Ufer); Green Mansions (Tropenglut). 1960: Tall Story (Je länger – je lieber); Psycho (Psycho). 1961: Aimez-vous Brahms?/Goodbye Again (Lieben Sie Brahms?) [FR/US]. 1962: Phaedra (Phaedra) [GR/US]; Le couteau dans la plaie/Il coltello nella piaga (Terza dimensione) (Die dritte Dimension) [FR/IT]; Le procès/Der Prozeß/Il processo [FR/BRD/IT]; La glaive et la balance/Uno dei tre (Am Ende aller Wege) [FR/IT]. 1963/64: Une ravissante idiote/Una adorabile idiota (Die Verführerin) [FR/IT]. 1965: The Fool Killer. 1966: Paris brûle-t-il?/Is Paris Burning? (Brennt Paris?) [FR/US]; Le scandale/The Champagne Murders (Champagner-Mörder) [Version – FR]. 1968: Pretty Poison (Der Engel mit der Mörderhand). 1970: How Awful About Allan [TV]; Catch-22 (Catch 22); WUSA (Machenschaften). 1971: Quelqu'un derrière la porte (Der Mörder hinter der Tür) [FR]; La décade prodigieuse/Dieci incredibili giorni (Der zehnte Tag) [FR/IT]. 1972: The Life and Times of Judge Roy Bean (Das war Roy Bean); Play It As It Lays. 1973: The Last of Sheila (Sheila) [A]; Lovin' Molly (Aus Liebe zu Molly). 1974: Murder on the Orient Express (Mord im Orient Expreß) [GB]. 1975: Mahogany (Mahagoni). 1977: Twee Vrouwen [NL]. 1978: Les Misérables (Die Elenden) [TV – GB]; First You Cry (Am Anfang weint man) [TV]; Remember My Name (Du wirst noch an mich denken). 1979: The Horror Show (Die große Horror-Show); The Black Hole (Das schwarze Loch); Double Negative (Killer aus dem Dunkel) [CA]; Winter Kills (Philadelphia Clan). 1980: North Sea Hijack (Sprengkommando Atlantik) [GB]. 1983: For the Term of His Natural Life (Lebenslänglich) [TV – AU]; Psycho II (Psycho II); The Sins of Dorian Gray (Die Morde des Dorian Gray) [TV]. 1984: The Glory Boys (Handlanger des Todes) [TV – GB]; Crimes of Passion (China Blue bei Tag und Nacht). 1986: Psycho III (Psycho III) [D,R]. 1988: Napoleon and Josephine: A Love Story (Napoleon und Josephine – Eine Liebesgeschichte) [TV]; Destroyer. 1989: Lucky Stiff (Der Dicke und die Schöne) [R]; Edge of Sanity (Split – Edge of Sanity) [GB]. 1990: Daughter of Darkness (Daughter of Darkness) [TV]; A Demon in My View (Der Mann nebenan) [GB]; I'm Dangerous Tonight (Im Banne des Grauens) [TV]; Psycho IV – The Beginning (Psycho IV – The Beginning) [TV]. 1991: Der Mann nebenan [DE]. 1992: In the Deep Woods (Schreie im Wald).

Petrenko, Aleksej

(Aleksej Vasil'evič Petrenko)
*26. 3. 1938

Bis 1961 Studium am Theater-Institut in Charkov. Anschließend Engagements an verschiedenen ukrainischen Theatern, 1964 in Leningrad am Lensovet-Theater. Vor allem in komischen Rollen kann er sein großes Talent beweisen. Filmdebüt 1968. Mit der Rolle des Oswald in Grigorij Kozincevs Shakespeare-Adaption *Korol' Lir* macht er 1971 auf sich aufmerksam. Erst ab 1976 wird Petrenko kontinuierlich von den Filmstudios von Moskau und Leningrad beschäftigt. Er beweist in Filmen der verschiedensten Genres seine vielfältigen Gestaltungsmöglichkeiten. 1977 erhält er für seinen Schuldirektor in *Ključ bez prava peredači* (Dinara Asaniva) den Darstellerpreis des Allunionsfestivals. Der bisherige Höhepunkt in Petrenkos Laufbahn ist 1981 der Mönch Grigorij Rasputin in Elem Klimovs außerordentlichem Film *Agonija*. 1978 wird er an das Moskauer Künstlertheater engagiert. Aleksej Petrenko ist Verdienter Künstler der RSFSR.

[SU] 1968: Den' solnca i doždа. 1971: Korol' Lir (König Lear). 1973: Ring. 1975: Vol'nyj černogo morja (Es blinkt ein einsam Segel) [TVS]. 1976: Skaz pro to, kak car' Petr arapa ženil (Wie Zar Peter seinen Mohren verheiratete). 1977: Žitejskoe delo; Dvadcat' dnej bez vojny (Zwanzig Tage ohne Krieg); Ključ bez prava peredači. 1978: Julija Vrevskaja (Zwischen Zarenhof und Schlachtfeld – Julia Wrewskaja) [SU/BG]; Beda; Ženit'ba (Die Heirat); Portret s doždem. 1980: Poezd črezvyčajnogo naznačenija. 1981: Agonija (Agonie). 1983: Graèi; Proščanie (Abschied von Matjora). 1984: Neverojatnoe pari, ili Istinnoe proisšestvie, blagopolučno saveršivšeesja sto let nasad (Eine ungewöhnliche Wette) [TV]; Lev Tolstoj (Lew Tolstoi); TASS upolnomočen zajavit ... (TASS ist ermächtigt zu erklären) [TVS]. 1985: Žil otvažnyj kapitan; Zakrytaja zona; Vyigryšnyj bilet; Žestokij romans (Eine bittere Romanze); Den' gneva (Tag des Zorns). 1986: Gospodin Gimnazist (Herr Gymnasiast). 1988: Bez solnca (Ohne Sonne). 1989: Naš bronepoezd (Unser Panzerzug); Sluga; Uznik zamka If (Der Gefangene vom Schloß If). 1990: Sfinks; Iskusstvo žit' v Odesse; Piry Valtasara, ili Noč' so Stalinym.

Petrescu, Irina

*19. 5. 1941 Bukarest
(Rumänien)

Zunächst Studium an der Kunstakademie in Bukarest, später Wechsel an die Theater- und Filmhochschule. 1964 erstes Engagement am Bukarester Nationaltheater. Filmdebüt 1960 in Livui Ciuleis Partisanenabenteuer *Valurile Dunării*, das für sie trotz ihrer Jugend bereits zu einem nachhaltigen Erfolg wird. 1963 Schauspielerpreis auf dem nationalen Filmfestival in Mamaia für *Ştrainul*, 1965 in Mar del Planta für *Duminică la ore 6*, 1969 Auszeichnung als beste Schauspielerin beim Filmfestival in Moskau für die Anuta im Melodram *O fmeie pentru un anotimp* bei Gheorghe Vitanidis, der sie auch 1971 als Funktionärstochter Eva in *Facerea lumii* besetzt. 1965 erhält sie bei Márton Keleti eine Rolle in der ungarischen Produktion *Butaságom története*.

[RO] 1960: Valurile Dunării (Die Donau brennt). 1961: Nu vreau să ma însor (Ich will nicht heiraten). 1962: Poveste sentimentală (Der Fremde an der Küste). 1963: Ştrainul (Der Fremde). 1964: Paşi spre lună (Schritte zum Mond). 1965: Duminică la ore 6 (Sonntag um sechs); De-aş fi... Harap Alb (Der weiße Mohr); Butaságom története (Geschichte meiner Dummheit) [HU]. 1967: Şeful sectorului suflete; Dimineţile unui băiat cuminte (Die Morgenstunde eines braven Jungen). 1969: O fmeie pentru un anotimp (Eine Frau für eine Saison). 1971: Facerea lumii (Der Weg aus dem Zwielicht). 1973: Şapte zile. 1974: Stejar, extremă urgenţă. 1975: Dincolo de pod (Jenseits der Brücke). 1976: Prin cenuşa imperiului. 1977: Trei zile i trei nopţi (Drei Tage und drei Nächte). 1978: Acţiuna «Autobuzul» (Im Bus sitzt der Tod). 1981: Castelul din Carpaţi (Das Schloß in den Karpaten). 1983: Singur de cart (Windstärke 12). 1992: Hotel De Lux.

Pfeiffer, Michelle

*29. 4. 1957 Santa Ana (California)

Besuch der Fountain Valley High School in Santa Ana. Beginn einer Journalistenausbildung am Whitley College. Fotomodell, «Miss Orange County». 1978 Schauspielausbildung, Werbe-Spots und TV-Serien. Ab 1980 kleine Rollen in Kinofilmen. Fortsetzung der Schauspielstudien bei Milton Katselas. Erster Erfolg als Stephanie Zinone im Filmmusical *Grease II*. Sie spielt die Gangsterbraut Elvira Hancock in Brian DePalmas *Scarface*, neben Jeff Goldblum in *Into the Night* (John Landis) und als Isabeau in *Ladyhawke* (Richard Donner). Als männerhungrige Hexe in George Millers *The Witches of Eastwick*, als flüchtige Mafia-Witwe in Jonathan Demmes Krimikomödie *Married to the Mob*. Die zarte, verführerische Blondine wird eine der führenden Hollywood-Schauspielerinnen. 1988 Oscar-Nominierung für die Nebenrolle der Madame de Tourvel in Stephen Frears' *Dangerous Liaisons*, ebenso 1989 als Bar-Sängerin Susie Diamond in *The Fabulous Baker Boys* (Steve Kloves). Überzeugend als Kennedy-Enthusiastin Lurene, hin- und hergerissen von ihrer Liebe zu einem Schwarzen in Jonathan Kaplans *Love Field* (Darstellerpreis Berlin), eine elegante New Yorkerin in Martin Scorseses Kostümfilm *The Age of Innocence* und neben Jack Nicholson in Mike Nichols' *Wolf*. 1989 Theaterdebüt als Olivia in «Twelfth Night» beim New York Shakespeare Festival.

[US] 1979: Delta House [TVS]. 1980: Charlie Chan and the Curse of the Dragon Queen (Charlie Chan und der Fluch der Drachenkönigin); B.A.D.Cats [TVS]; Falling in Love Again (Meine erste große Liebe); Solitary Man [TV]; Hollywood Knights. 1981: Splendor in the Grass (Träume zerinnen wie Sand) [TV]; Callie and Son [TV]; Children Nobody Wanted [TV]. 1982: Grease 2. 1983: Scarface (Al Pacino – Scarface). 1985: Into the Night (Kopfüber in die Nacht); Ladyhawke (Der Tag des Falken). 1986: Sweet Liberty (Sweet Liberty). 1987: The Witches of Eastwick (Die Hexen von Eastwick); Nativa Jackson [TV]; Power, Passion and Murder [TV]; Tales From the Hollywood Hills: Natica Jackson (Eine Liebe in Hollywood) [TV]; Amazon Women on the Moon. EP: Hospital (Amazonen auf dem Mond oder Warum die Amis den Kanal voll haben) [EP]. 1988: Married to the Mob (Die Mafiosi-Braut); Tequila Sunrise (Tequila Sunrise); Dangerous Liaisons (Gefährliche Liebschaften). 1989: The Fabulous Baker Boys (Die fabelhaften Baker Boys). 1990: The Russia House (Das Rußland-Haus). 1991: Frankie & Johnny (Frankie & Johnny); Batman Returns (Batmans Rückkehr). 1992: Love Field (Love Field – Liebe ohne Grenzen). 1993: The Age of Innocence (Zeit der Unschuld). 1993/94: Wolf (Wolf – Das Tier im Manne). 1995: Dangerous Minds (Dangerous Minds – Wilde Gedanken); Up Close and Personal (Aus nächster Nähe). 1996: To Gillian On Her 37th Birthday; One Fine Day [D,P]. 1997: A Thousand Acres.

Philipe, Gérard

(Gérard Albert Philip)
*4. 12. 1922 Cannes
†25. 11. 1959 Paris

Als Jurastudent von Marc Allégret für den Film entdeckt. Nach einer ersten kleinen Rolle intensives Schauspielstudium; Arbeit mit einer Wanderbühne. Nach dem Krieg am Théâtre National Populaire unter Vilar; große Popularität als romantischer Held durch Hauptrollen u. a. im «Le Cid», «Der Prinz von Homburg» und «Ruy Blas». Seine Theaterarbeit setzt er im weiteren fort; Tourneen führen ihn durch ganz Europa. Erste große Rolle beim Film als Fürst Myschkin in Georges Lampins Dostoevski-Verfilmung *L'idiot* (1945). Psychologisch differenzierte Rollen spielt er auch in Georges Lacombes *Le pays sans ètoile* und in Claude Autant-Laras *Le diable au corps*. Als charmanter Herzensbrecher, romantischer Liebhaber und Draufgänger, aber auch in Rollen von sensibler Ambiguität innerhalb kürzester Zeit europaweit beliebtester französischer Schauspieler durch seine Rollen in Max Ophüls' *La ronde*, durch die Stendhal-Verfilmungen *La chartreuse de Parma* (Christian-Jaque) und *Le rouge et le noir* (Autant-Lara) sowie Christian-Jaques Mantel-und-Degen-Film *Fanfan, la tulipe*. 1955 Auszeichnung als bester französischer Schauspieler für die Titelrolle in René Cléments *Monsieur Ripois*. 1956 inszeniert (unterstützt von Joris Ivens) und spielt er *Les aventures de Till L'Espiègle* als Co-Produktion mit der DDR. Von 1945 bis zu seinem Tod Vorsitzender der Schauspielergewerkschaft. 1963 veröffentlicht seine Frau Anna Erinnerungen an den Schauspieler, der schon zu Lebzeiten zur Legende wird: «Le temps d'un soupir».

[FR] 1943: Les petites du Quai aux Fleurs; La boîte aux rêves. 1945: Le pays sans étoiles; L'idiot (Der Idiot). 1946: Le diable au corps (Stürmische Jugend). 1947: La Chartreuse de Parma/La certosa di Palma (Die Kartause von Parma) [FR/IT]. 1948: Une si jolie petite plage (Ein hübscher kleiner Strand); Tous les chemins mènent à Rome (Venus im Auto) [FR/IT]. 1950: Souvenirs perdus. Ep: Une cravate de fourrure (Es geschah in Paris) [EP]; La ronde (Der Reigen); La beauté du diable/La bellezza del diavolo (Der Pakt mit dem Teufel) [FR/IT]; Juliette ou la clé des songes. 1951/52: Fanfan la Tulipe (Fanfan, der Husar) [FR/ IT]; Les sept péchés capitaux/I sette peccati capitali. 7. Ep: Le huitième péché (Die sieben Sünden) [EP – FR/IT]. 1952: Les belles-de-nuit/Le belle della notte (Die Schönen der Nacht) [FR/IT]. 1953: Si Versailles m'était conté (Versailles – Könige und Frauen); Villa Borghese/ Les amants de Villa Borghese. 5. Ep: Gli amanti (Römischer Reigen) [EP – IT/FR]; Les orgueilleux [FR/MX]. 1954: Monsieur Ripois/Lovers, happy Lovers! (Liebling der Frauen) [FR/GB]; Le rouge et le noir/L'uomo e il diavolo (Rot und Schwarz) [FR/IT]. 1955: Les grandes manœuvres/Grandi manovre (Das große Manöver) [FR/IT]; Si Paris nous était conté; La meilleure part/Gli anni che non ritornano (Der Staudamm) [FR/ IT]. 1956: Les aventures de Till L'Espiègle/Die Abenteuer des Till Ulenspiegel [D;CoR – FR/DDR]. 1957: Pot-Bouille (Der schöne Octave). 1957/ 58: Montparnasse 19 (Les amants de Montparnasse)/ Montparnasse (Montparnasse 19) [FR/IT]. 1958: La vie à deux (Das Leben zu zweit); Le joueur/Il giocatore (Das Spiel war sein Fluch) [FR/ IT]. 1959: Les liaisons dangereuses 1960 (Gefährliche Liebschaften); La fièvre monte à El Pao/Los ambiciosos (Für ihn verkauf' ich mich) [FR/MX].

Piccoli, Michel

(Jacques Daniel Michel Piccoli)
*27. 12. 1925 Paris

Sohn italienischer Immigranten. Schauspielausbildung bei René Simon. Auftritte an Pariser Bühnen; zeitweilig Direktor des Théâtre Babylone. Ab 1957 am Théâtre National Populaire in zeitgenössischen Stücken, u. a. 1963 unter der Regie von Peter Brook in Rolf Hochhuths «Der Stellvertreter». Nach seinem Filmdebüt 1944 bis zu seinem Erfolg als selbstzweiflerischer Schriftsteller in Jean-Luc Godards *Le mépris* (1963) nur in kleineren Rollen. Danach u. a. mehrfach Zusammenarbeit mit Luis Buñuel, Claude Chabrol, Claude Sautet und Jacques Rivette. Seine Rollen changieren zwischen exquisiter zynischer Bürgerlichkeit (Buñuels *Belle de jour* und *Le charme discrèt de la bourgeoisie*) und engagiertem Anarchismus (Claude Faraldos *Themroc*). Piccoli bevorzugt doppelbödige Figuren, deren Soigniertheit Obsessionen verdeckt und unvermittelt in kriminelles Verhalten umschlägt, besonders eindrucksvoll und boshaft mit Stephane Audran als Partnerin in Claude Chabrols *Les noces rouges*. Ab Ende der 60er Jahre mehrfach Partner von Romy Schneider, zuletzt in Jacques Rouffios *La passante du Sans-Souci*. 1972 wortlos anarchisch in Claude Faraldos *Themroc*. 1980 in Cannes Auszeichnung für seinen doppelgesichtigen Richter in Marco Bellocchios *Alto nel vuoto*, 1982 in Berlin für seinen karrieristischen Kaufhausdirektor in Pierre Granier-Deferres *Une étrange affaire*. Piccoli bleibt experimentierfreudig und unterstützt mit seinen Auftritten auch Regisseure der jüngeren Generation: 1986 Mitwirkung in Léos Carax' düsterkaltem Nachtstück *Mauvais sang*. In *Milou en mai*, Louis Malles schöner Farce über das Jahr 1968, gelingt Piccoli in der Rolle des Großvaters ein melancholisch-erotischer Abgesang auf entschwundene Träume. Mit Marianne Sägebrecht als Partnerin agiert er in Jirí Weiss' *Martha und ich*, einer Liebesgeschichte aus der Zeit des Faschismus. 1990/91 liefert er sich in Jacques Rivettes vierstündigem *La belle noiseuse* in der Rolle des Malers Frenhofer ein spannendes Duell mit einem widerborstigen Modell (Emmanuelle Béart). Auch als Produzent tätig (Les Films 66), u.a für Luciano Tovolis *Le général de l'armée morte* (1983). Nach einer Theaterpause (1971–81) u. a. mit Bulle Ogier in Luc Bondys Inszenierung von Schnitzlers «Das weite Land» und in der Titelrolle von Ibsens «John Gabriel Borkman» (Bondy, 1992). In zweiter Ehe ist er 1966–77 mit Juliette Gréco verheiratet. 1976 Veröffentlichung des Interviewbandes «Dialogues egoiste».

[FR] 1944/45: Sortilèges (Das Geheimnis der Berghütte). 1949: Le point du jour (Vor Tagesanbruch); Le parfum de la dame en noir (Das Parfüm der Dame in Schwarz). 1950: Sans laisser d'adresse (Adresse unbekannt); Terreur en Oklahoma [KF]; Chicago-Digest/Du sang dans la sciure [KF]. 1952: Torticola contre Frankensberg [KF]; Saint Tropez, devoir de vacances; Devoirs de vacances [KF]. 1953: Destini di donne/ Destinées. 2. EP: La santa guerriera/ Jeanne (Liebe, Frauen und Soldaten) [EP – IT/FR]. 1954: Tout chante autour de moi (Chanson für Jeanne-Marie); French-Cancan/Only the French Can (French Cancan) [FR/IT]; Interdit de séjour (Ich wurde zum Verräter). 1955: Les mauvaises rencontres; Ernst Thälmann – Sohn seiner Klasse [DDR]. Ernst Thälmann – Führer seiner Klasse [DDR]; 1955/56: Marie-Antoinette, reine de France/Maria Antonietta, regina di Francia (Der Liebesroman einer Königin) [FR/IT]; Sylvie et le fantôme [TV]. 1956: Crime et châtiment [TV]; La mort en ce jardin (Pesthauch des Dschungels/Der Tod in diesem Garten) [FR/ MX]; Les sorcières de Salem/Die Hexen von Salem [FR/DDR]; L'Affaire Lacenaire [TV]; La dernière nuit de Tom Brown [TV]. 1957: Nathalie (Nathali) [FR/IT]; Le quadrille des diamants [TV]; Les plus heureux des trois [TV]; Rafles sur la ville (Nacht über Paris/Montmartre null Uhr dreißig); L'Ingénue de Madrid [TV]. 1958: Tabarin (Tabarin) [FR/ IT]. 1959: L'Énigme de Pise [TV]; La dragée haute (Reporter, Mord und Mannequins); La bête à l'affût (Das Weib und der Verdammte); La chalet sous la neige [TV]; La dernière nuit de Koenigsmark [TV]. 1960: Le bal des espions (Die Spur führt nach Caracas); La chevelure [KF]; L'Affaire de poisons [TV]; Les vierges de Rome/Virgini di Roma (Die Jungfrauen von Rom) [FR/IT]; Montserrat von Emmanuel Roblès [TV]. 1961: Hautelaire ou le bonheur dans le crime [TV]; Egmont [TV]; Le rendez-vous/L'appuntamento (Hinter fremden Fenstern) [FR/IT]; Le rendez-vous de Noel [KF]; Climats (Die Nacht und die Versuchung). 1962: Fumée, histoire et fantasie; Le doulos/Lo spione (Der Teufel mit der weißen Weste) [FR/IT]; Rien que la vérité [TV]. 1962/63: Le jour et l'heure/Il giorno e l'ora (Nacht der Erfüllung) [FR/IT]. 1963: Théodore Frémeaux décédé [CoR – TV]; Le mépris/Il disprezzo (Die Verachtung) [FR/IT]; Paparazzi/I paparazzi [DOK – FR/IT]; Un été en hiver [TV]; Théodore Frémeaux décédé [TV]. 1963/64: Le journal d'une femme de chambre (Tagebuch einer Kammerzofe) [FR/IT]. 1964: Le héros et le soldat [TV]; Masquerade (Agenten lassen bitten) [GB]; Le coup de grâce (Der Gnadenstoß); Un cinéaste de notre temps: Luis Buñuel [TV-DOK]; Marie Soleil; Café-tabac [KF]; De l'amour/La calde pelle (De l'amour) [FR/IT]; La chance et l'amour/L'amore e la chance. 3. EP: Lucky la chance (Schräger Charme und tolle Chancen) [EP – FR/IT]. 1965: Les ruses du diable (Die Teufelstränke); Compartiment tueurs (Mord im Fahrpreis inbegriffen); Lady L (Lady L.) [US/FR/IT]; Dom Juan ou le festin de Pierre [TV]. 1965/66: La guerre est finie/Kriget är slut (Der Krieg ist vorbei) [FR/SE]. 1966: Un homme de trop/Il 13° uomo (Ein Mann zuviel) [FR/IT]; Mon amour, mon amour; Paris brûle-t-il?/Is Paris Burning? (Brennt Paris?) [FR/US]; Les créatures/Varelserna (Die Geschöpfe) [FR/SE]; La curée/La calda preda (Die Beute) [FR/IT]; La voleuse/Schornstein Nr. 4 [FR/BRD]. 1966/67: Les demoiselles de Rochefort (Die Fräulein von Rochefort); Belle de jour (Belle de jour – Schöne des Tages) [FR/IT]. 1967: Diabolik/Danger: Diabolik (Gefahr: Diabolik) [IT/FR]; Benjamin ou les mémoires d'un puceau (Benjamin – Aus dem Tagebuch einer männlichen Jungfrau). 1968: Délire à eux [TV]; Dillinger è morto (Dillinger ist tot) [IT]; La voie lactée/La Via Lattea (Die Milchstraße) [FR/IT]; La chamade (La Chamade – Herzklopfen) [FR/IT]. 1969: L'Invitée/Gli invidati (Die Eingeladene) [FR/IT]; Topaz (Topas) [US]; Les choses de la vie/L'amante (Die Dinge des Lebens) [FR/IT]. 1969/70: L'Invasione/L'Invasion [IT/FR]. 1970: Piccoli-Panorama [TV-DOK]; Max et les ferrailleurs/Il commissario Pelissier (Das Mädchen und der Kommissar) [FR/IT]; La poudre d'escampette/Darsela a gambe (Drei auf der Flucht) [FR/IT]. 1971: L'Udienza/L'Audience (Die Audienz) [IT/FR]; La décade prodigieuse/Dieci incredibili giorni (Der zehnte Tag) [FR/IT]; Tête d'affiche: Michel Piccoli [TV-DOK]. 1971/72: La cagna/Liza (Allein mit Giorgio) [IT/FR]. 1972: Themroc (Themroc); L'Attentat/L'Attentato/Das Attentat [FR/IT/BRD]; Le charme discret de la bourgeoisie/Il fascino discreto della borghesia/El discreto encanto de la burguesía (Der diskrete Charme der Bourgeoisie) [FR/IT/ES]. 1972/73: La femme en bleu (Die unbekannte Schöne) [FR/IT]. 1973: Le far west [FR/BE]; Le banc de la désolation/Die Bank am Meer [TV – FR/BRD]; Les noces rouges/L'amico di famiglia (Blutige Hochzeit) [FR/IT]; Touche pas la femme blanche/Non toccare la donna bianca (Hände weg von weißen Frauen!) [FR/IT]; La grande bouffe/La granda abbuffata (Das große Fressen) [FR/IT]. 1973/74: Le trio infernal/Trio infernale/Trio Infernal [FR/IT/BRD]. 1974: Vincent, François, Paul ... et les autres/Tre amici, le moglie e (affettuosamente) le altre (Vincent, François, Paul und die anderen) [FR/IT]; Grandeur nature/Life Size (Grandezza naturale)/Tamaño natural (Life Size) [FR/IT/ES]; Le fantôme de la liberté/Il fantasma della libertà (Das Gespenst der Freiheit) [FR/IT]. 1974/75: La faille/La smagliatura/Der dritte Grad [FR/IT/BRD]. 1975: Léonor/Leonor (Eleonore) [FR/ES/IT]; Strauberg ist da [BRD]; Sept morts sur ordannance/Quartett Bestial [FR/ES/BRD]. 1975/76: L'Ultima donna/La dernière femme (Die letzte Frau) [IT/FR]. 1976: F comme Fairbanks (Frech wie Fairbanks); René La Canne/Tre simpatiche carogne ... e vissero insieme felici imbrogliando e truffando (Die wilden Mahlzeiten) [FR/IT]; Mado [FR/IT/BRD]; Todo modo (Todo Modo) [IT]. 1977: Des enfants gâtés (Verwöhnte Kinder); L'Imprécateur (Die Ankläger); La part du feu (Das gefährliche Spiel um Ehrgeiz und Liebe oder Nur einer bestimmt den Preis); Lulu [TV]. 1977/78: L'État sauvage/Lautlose Angst [FR/BRD]. 1978: Le sucre (Zukker, Zucker!); Les pompiers de Santiago [TV]; La petite fille en velours bleu. 1979: Der Preis fürs Überleben/La prix de la survie [BRD/FR]; Atlantic City U.S.A. (Atlantic City, USA) [CA]; Le divorcement; Le mors aux dents (Wer die Zügel hält); Michel Piccoli lit André de Richaud [TV]; Giallo napoletano (Leichen muß man feiern wie sie fallen) [IT]. 1979/80: Salto nel vuoto/Le saut dans la vide (Der Sprung ins Leere) [IT/FR]. 1980: Les uns et les autres (Ein jeglicher wird seinen Lohn empfangen); Docteur Teyran [TV]; Du crime considéré comme un des beaux arts [KF]. 1980/81: La fille prodigue. 1981: Une étrange affaire (Eine merkwürdige Karriere); Luis Buñuel portrait de l'artiste en son absence [TV-DOK]; Les folies Piccoli [TV-DOK]; La confusion des sentiments (Verwirrung der Gefühle) [TV]; Espion, lève-toi (Der Maulwurf). 1981/82: Passion (Passion) [FR/CH]; La passante du Sans-souci/Die Spaziergängerin von Sans-Souci [FR/BRD]; La nuit de Varennes/Il mondo nuovo (Flucht nach Varennes) [FR/IT]. 1982: Une chambre en ville (Ein Zimmer in der Stadt); Gli occhi, la bocca/Les yeux, la bouche (Die Augen, der Mund) [IT/FR]; Le prix du danger (Kopfjagd – Preis der Angst) [FR/YU]; Oltre la porta (Pforte zum Fleisch) [IT]; Que les gros salaires lèvent le doigt. 1983: Viva la vie (Viva la vie – Es lebe das Leben); Piccoli à l'aventure ou Dom Juan aux enfers [TV]; Le général de l'armée morte/L'armata ritorna [FR/IT]. 1983/84: Duell ohne Gnade/La diagonale du fou [CH/FR/BRD]. 1984: Success Is the Best Revenge/Le succès à tout prix [GB/FR]; Partir revenir (Weggehen und wiederkommen); Péril en la demeure (Gefahr im Verzug); Adieu Bonaparte [EG]. 1985: Mon beau-frère a tué ma soeur; Coses vues [TVS]. 1986: Mauvais sang (Die

Nacht ist jung); Terre étrangère (Das weite Land) [BRD/AT/FR]; La puritaine [FR/BE]; Le paltoquet; La rumba; Piccoli, trois heures du matin [TV-DOK]. 1987: L'Homme voilé [FR/Libanon]; Maladie d'amour (Krank vor Liebe); Los negros tambien comen/Oh come sono buoni i bianchi!!!/Y'a bons les blancs [ES/IT/FR]. 1988: Une coupable [TV]; La ruelle au clair de lune [TV]; Blanc de chine; La fausse suivante [TV]. 1989: Les grandes familles [TV]; Milou en mai/Milou a maggio (Eine Komödie im Mai) [FR/IT]; Sueurs froides [TV]. 1990: Martha und Ich [BRD/FR]. 1990/91: La belle noiseuse (Die schöne Querulantin). 1991: Contre l'oubli [DOK]; Archipel; Les equilibristes/La vie sur un fil (Die Equilibristen); Le voleur d'enfants/Il ladro di ragazzi [FR/IT]. 1991/92: L'Amour maudit de Leisenbogh (Das Schicksal des Freiherrn von Leisenbogh) [TV]. 1992: Le bal des casse-pieds (Affenzirkus); From Time to Time [US/FR – Circle-Vision 360]; La vie crevée; La cavale des fous; Ruptures. 1994: Train de nuit [D,R,A]; L'Ange noir (Ein schwarzer Engel); Les cent et une nuit/A Hundred and One Nights (101 Nacht – Die Träume des Monsieur Cinéma) [FR/GB]; al-Mohager [EG/FR]. 1995/96: Tykho Moon [FR/IT/DE]. 1996: Party [FR/PT]; Beaumarchais l'insolent (Beaumarchais – der Unverschämte); Compagna di viaggio [IT]; Généalogies d'un crime (Genealogien eines Verbrechens).

Pickford, Mary
(Gladys Mary Smith)
*8. 4. 1893 Toronto, Ontario (Kanada)
†29. 5. 1979 Santa Monica (California)

Mit fünf Jahren als «Baby Gladys» Bühnendebüt in Toronto. Später Tournee-Theater in Kanada und den USA. 1907 Broadway-Erfolg in David Belascos Produktion «The Warrens of Virginia». Sie erregt dadurch die Aufmerksamkeit des Regisseurs und Produzenten David W. Griffith. 1909 Filmdebüt und Vertrag mit dem Biograph-Studio. Zunächst anonym als Statistin, dann als «Biograph Girl with the Curls», «Mary Nicholson» und schließlich als «Our Mary» wird Pickford eine der ersten Stars. Sie spielt 1909–12 in über 140 kurzen Filmen (Melodramen, Western, Literatur-Adaptionen), meist in Zusammenarbeit mit Griffith. Unter seiner Regie neben ihrem ersten Ehemann Owen Moore Hauptrolle in *The Violin Maker of Cremona*, erster Erfolg in *The Little Teacher*. Mit dem Wechsel zu Carl Laemmles IMP beginnt die geschäftstüchtige Pickford, systematisch ihre Gage zu steigern. Ab 1912 Zusammenarbeit mit Adolph Zukor zunächst für Famous Players, dann in der Tochterfirma Mary Pickford Productions. Sie wird weltweit der populärste amerikanische Filmstar. Erfolge u. a. bei Edwin S. Porter, so als Diebin in *In the Bishop's Carriage*, als Schiffbrüchige in *Hearts Adrift* und Titelrolle in *Tess of the Storm Country*. Ab Mitte der 10er Jahre zählen James Kirkwood (*Little Pal*), Maurice Tourneur, Cecil B. DeMille und Marshall Neilan (*Rebecca of Sunnybroke Farm*; *Daddy Long Legs*) zu ihren bevorzugten Regisseuren. 1920 spielt «America's Sweetheart» in *Pollyanna* eine 12jährige. Pickford, die häufig Einfluß auf die Auswahl von Buch und Regisseur nimmt, gründet 1919 zusammen mit Griffith, Chaplin und Douglas Fairbanks die United Artists Corporation. Ihre Ehe mit Fairbanks (1920–36) macht das Paar zu den absoluten Herrschern der Hollywood-Prominenz. Triumphale Weltreisen, u. a. 1926 in die Sowjetunion. Dort in der russischen Komödie *Pozelui Meri Pikford* von Sergej Komarov. Später in Filmen von Sam Taylor, so als Maggie Johnson neben ihrem späteren dritten Ehemann Charles «Buddy» Rogers in der Kaufhaus-Komödie *My Best Girl*, in dem sie ihr Rollen-Image ihrem Alter anzupassen versucht: Aus dem lieben, temperamentvollen kleinen Mädchen wird eine selbstbewußte, energische junge Frau. 1929 erhält sie den Oscar als Norma Besant in ihrem ersten Tonfilm *Coquette*. Neben Fairbanks verkörpert sie eine kokett-widerspenstige Katherine in der Shakespeare-Adaption *The Taming of the Shrew*. Ihre letzte Filmrolle spielt sie 1932/33 in Frank Borzages *Secrets*. 1937 Gründung der Mary Pickford Cosmetic Company. 1953 mit Chaplin Verkauf ihrer letzten Anteile an United Artists. Mehrere Bücher: u. a. 1922 «Pickfordisms for Success», mehrere Romane, 1935 «My Rendezvous with Life», 1955 Memoiren «Sunshine and Shadow». 1975 Ehren-Oscar. Ihr Bruder Jack Pickford (1896–1933) ist ein populärer Schauspieler der 20er Jahre.

[US] 1909: Twin Brothers; The Violin Maker of Cremona; The Lonely Villa; The Son's Return; Faded Lillies; Her First Biscuits; The Mexican Sweethearts; The Peach Basket Hat; The Way of Man; The Necklace; The Country Doctor; The Cardinal's Conspiracy; Sweet and Twenty; The Renunciation; The Slave; A Strange Meeting; They Would Elope; The Better Way; His Wife's Visitor; Indian Runner's Romance; «Oh, Uncle»; The Seventh Day; The Little Darling; The Sealed Room; «1776» or, The Hessian Renegades; Getting Even; The Broken Locket; In Old Kentucky; The Awakening; The Little Teacher; His Lost Love; In the Watches of the Night; The Gibson Goddess; What's Your Hurry; The Restoration; The Light That Came; A Midnight Adventure; The Mountaineer's Honor; The Trick That Failed;

The Test; To Save Her Soul. 1910: Masher; Muggsy Becomes a Hero; A Lucky Toothache; All on Account of the Milk; May and December; Never Again!; The Smoker; When We Were in Our Teens; The Woman from Mellon's; Englishman and the Girl; Newlyweds; The Thread of Destiny; The Twisted Trail; As It Is in Life; A Rich Revenge; A Romance of the Western Hills; The Unchanging Sea; A Victim of Jealousy; Love Among the Roses; Ramona; In the Season of Buds; A Child's Impulse; Muggsy's First Sweetheart; What the Daisy Said; The Call to Arms; An Arcadian Maid; The Sorrows of the Unfaithful; Wilful Peggy; Examination Day at School; A Gold Necklace; Waiter No. 5; Simple Charity; The Song of the Wildwood Flute; A Plain Song. 1911: The Fair Dentist; The First Misunderstanding; The Fisher-Maid; A Toss of the Coin; 'Tween Two Loves/The Stronger Love; The Courting of Mary; His Dress Shirt; For the Queen›s Honor; In the Sultan's Garden; From the Bottom of the Sea; A Gasoline Engagement; In Old Madrid; The Dream [D,A]; While the Cat's Away; Her Darkest Hour; For Her Brother's Sake; The Message in the Bottle; Artful Kate; At a Quarter to Two; The Rose's Story; At the Duke's Command; Science; Second Sight; Back to the Soil; The Sentinel Asleep; The Mirror; The Lighthouse Keeper; The Skating Bug; The Call of the Song; The Master and the Man; A Manly Man; Little Red Riding Hood; Maid or Man;The Caddy's Dream; The Stampede; Love Heeds Not the Showers; Sweet Memories of Yesterday; White Roses; When a Man Loves; The Italian Barber; Three Sisters; A Decree of Destiny. 1912: With the Enemy's Help; Won by a Fish; Honor Thy Father; The Mender of Nets; Iola's Promise; Fate's Interception; The Female of the Species; Just Like a Woman; The Old Actor; A Lodging for the Night; A Beast at Bay; Home Folks; Lena and the Geese [D,A]; The School Teacher and the Waif; An Indian Summer; The Narrow Road; Inner Circle; A Pueblo Legend; Friends; So Near, Yet So Far; A Feud in the Kentucky Hills; The One She Loved; My Baby; The Informer. A Story of the Civil War; The New York Hat. 1913: The Unwelcome Guest; In the Bishop's Carriage; Caprice. 1914: Hearts Adrift; A Good Little Devil; Tess of the Storm Country; The Eagle's Mate; Such a Little Queen; Behind the Scenes; Cinderella. 1915: Rags; Mistress Nell; Fanchon, the Cricket; The Dawn of a Tomorrow; Little Pal; Esmeralda; A Girl of Yesterday; Madame Butterfly. 1916: Poor Little Peppina; The Eternal Grind; Hulda from Holland; Less Than the Dust [D,P]. 1917: Pride of the Clan [D,P]; Poor Little Rich Girl; A Romance of the Redwoods; The Little American; Rebecca of Sunnybrook Farm [D,P]; A Little Princess [D,P]. 1918: One Hundred Percent American [KF]; M'Liss; Stella Maris [D,P]; Amarilly of Clothes-Line Alley [D,P]; How Could You, Jean? [D,P]; Johanna Enlists; Captain Kidd, Jr. [D,P]. 1919: Daddy Long Legs (Mein lieber süßer Onkel Langbein/Das Waisenkind) [D,A,P]; The Hoodlum [D,P]; Heart o' the Hills [D,P]. 1920: Pollyanna (Sonne im Herzen); Suds (Der Roman einer kleinen Wäscherin/Seifenblasen) [D,P]. 1921: The Love Light [D,P]; Through the Back Door [D,P]; Little Lord Fauntleroy (Der kleine Lord) [D,P]. 1922: Tess of the Storm Country [D,P]. 1923: Rosita [D,P]. 1924: Dorothy Vernon of Haddon Hall (Der Ritt ums Leben) [D,P]. 1925: Little Annie Rooney (Die kleine Annemarie) [D,P]. 1926: Pozelui Meri Pikford (Der Kuß von Mary Pickford) [SU]; Sparrows (Sperlinge Gottes) [D,P]. 1927: My Best Girl (Mary Pickford das Ladenmädchen) [D,P]; The Gaucho. 1929: Coquette [D,P]; The Taming of the Shrew (Der Widerspenstigen Zähmung) [D,CoP]. 1930/31: Kiki. 1932/33: Secrets [D,P]. 1936: One Rainy Afternoon [P]; The Gay Desperado [P].

Pidgeon, Walter
(Walter Davis Pidgeon)
*23. 9. 1897 East St. John (Kanada)
†25. 9. 1984 Santa Monica (California)

Besuch der Alexander School und 1914/15 der University of New Brunswick in Fredericton. Teilnahme am 1. Weltkrieg. 1921/22 mit der E. E. Clive Repertory Group Musical-Tournee durch die USA. 1924 Gesangsunterricht am New England Conservatory of Music in Boston, Massachussetts. 1925 Broadway-Debüt im Musical «Puzzles of 1925» und Filmvertrag von Carl Laemmles Universal-Studio. Trotz umfangreicher Filmverpflichtungen häufig Theater-Gastspiele. Er bekommt bald größere Filmrollen, spielt u. a. den Pianisten in Heaths *Melody of Love*. 1931 Wechsel zu First National, dort vor allem in Musicalfilmen beschäftigt. 1937, nach dem Wechsel zu M-G-M, neben Gable und Harlow in Jack Conways *Saratoga*. Pidgeon wird anerkannter Charakterdarsteller, häufig in Rollen eleganter und intelligenter Herren. Ein Höhepunkt ist 1941 der Captain Thorndike in Fritz Langs antifaschistischem Film *Man Hunt*. In den 40er Jahren mehrmals Partner von Greer Garson, an deren Seite er zweimal für einen Oscar nominiert wird: 1942 als Familien-Oberhaupt Clem Miniver in William Wylers Antikriegsfilm *Mrs. Miniver*, 1943 als Pierre Curie in Mervyn LeRoys *Madame Curie*. In den 50er Jahren verkörpert er überwiegend seriöse Herren in Nebenrollen. 1961 spielt er Admiral Nelson in *Voyage to the Bottom of the Sea* (Irwin Allen). Seine letzte bedeutende Rolle ist 1962 der Senator in Otto Premingers Politdrama *Advise and Consent*.
1942–43 in Radio-Shows. In den 50er und 60er Jahren wieder verstärkt Theaterarbeit: 1957 «The Happiest Millionaire», 1959 «Take Me Along», 1966 «Dinner at Eight».

[US] 1925: Mannequin. 1926: The Outsider; Old Loves And New; Miss Nobody; «Marriage License?»; The Heart of Salome. 1927: The Girl from Rio; The Gorilla; Thirteenth Juror. 1928: Gateway of the Moon (Die Pantherkatze); Woman Wise; Turn Back the Hours; Clothes Make the Woman; Melody of Love. 1929: Her Private Life; A Most Immoral Lady. 1930: Show Girl in Hollywood; Bride of the Regiment; Sweet Kitty Bellairs; The Gorilla; Viennese Nights.1930/31: Kiss Me Again. 1931: Going Wild; The Hot Heiress. 1932: Rockabye. 1933: The Kiss before the Mirror. 1933/34: Journal of a Crime. 1936: Big Brown Eyes; Fatal Lady. 1936/37: She's Dangerous; Girl Overboard. 1937: As Good As Married; Saratoga (Saratoga); My Dear Miss Aldrich; A Girl with Ideas; Man-Proof (Mannes-Test). 1938: The Girl of the Golden West (Im goldenen Westen); The Shopworn Angel (Engel aus zweiter Hand); Too Hot to Handle (Abenteuer in China/Zu heiß zum Anfassen); Listen, Darling. 1939: Society Lawyer; 6000 Enemies; Stronger Than Desire; Nick Carter – Master Detective. 1939/40: The House Across the Bay. 1940: It's a Date; Dark Command (Schwarzes Kommando); Phantom Raiders; Sky Murder; Flight Command. 1941: How Green Was My Valley (Schlagende Wetter); Design for Scandal (Rache ist süß); Man Hunt (Menschenjagd); Blossoms in the Dust (Blüten im Staub). 1942: Mrs. Miniver (Mrs. Miniver); White Cargo. 1943: The Youngest Profession; Madame Curie (Madame Curie). 1944: Mrs. Parkington (Tagebuch einer Frau). 1945: Week-End at the Waldorf (Weekend im Waldorf). 1946: The Secret Heart (Geheimnis des Herzens); Holiday in Mexiko (Ball in der Botschaft). 1947: If Winter Comes; Cass Timberlane (Fesseln der Liebe). 1948: Julia Misbehaves (Julia benimmt sich schlecht). 1949: Command Decision; That Forsyte Woman (Das Schicksal der Irene Forsyte); The Red Danube (Schicksal in Wien). 1950: The Miniver Story (Ihr Geheimnis). 1951: Soldiers Three (Drei auf Abenteuer); Calling Bulldog Drummond; The Unknown Man; The Sellout (Verkauft und verraten). 1952: Million Dollar Mermaid (Die goldene Nixe); The Bad and the Beautiful (Die Stadt der Illusionen). 1953: Scandal at Scourie; Dream Wife (Du und keine andere). 1954: Men of the Fighting Lady (Verwegene Landung); Deep in My Heart (Tief in meinem Herzen); Executive Suite (Die Intriganten); The Last Time I Saw Paris (Damals in Paris). 1955: Hit the Deck (In Frisco vor Anker). 1956: These Wilder Years (Das Herz eines Millionärs); The Rack (Anklage: Hochverrat); Parade [TVS]; Forbidden Planet (Alarm im Weltall). 1961: Voyage to the Bottom of the Sea (Unternehmen Feuergürtel). 1962: Advise and Consent (Sturm über Washington); Big Red (Mein Freund Red); I due colonnelli (Die zwei Obersten) [IT]; Il giorno più corto [IT]. 1963–65: Burke's Law: Who Killed Mother Goose? [TV]. 1966/67: Warning Shot (Der Todesschuß). 1967: Cosa Nostra – Arch Enemy of the FBI (Cosa Nostra – Erzfeind des FBI) [TV]; How I Spent My Summer Vacation (Der geheimnisvolle Dritte) [TV]. 1968: A qualsiasi prezzo (Vatican Story) [IT]; Funny Girl (Funny Girl). 1970: The House on Greenapple Road [TV]; The Mask of Sheba [TV]. 1971: The Screaming Woman [TV]. 1972: Skyjacked/Sky Terror (Endstation Hölle). 1973: The Neptune Factor. An Undersea Odyssey (Die Odyssee der Neptun); Harry in Your Pocket (Harry mit den langen Fingern). 1974: The Yellow Headed Summer [TV]; The Girl on the Late Late Show [TV]; Live Again, Die Again [TV]. 1975: Murder on Flight 502 [TV]; You Lie So Deep, My Love [TV]. 1975/76: The Lindbergh Kidnapping Case (Die Entführung des Lindbergh-Babys) [TV]. 1976: Two-Minute Warning (Zwei Minuten Warnung); Won Ton Ton, the Dog Who Saved Hollywood (Won Ton Ton, der Hund, der Hollywood rettete). 1978: Sextette.

Pieczka, Franciszek

*18. 1. 1928 Godów (Polen)
Studium der Elektrotechnik am Polytechnikum Gliwice. 1954 Diplom an der Theaterhochschule Warschau. 1955 erste Bühnenerfahrungen in Jelenia Góra und Nowa Huta bei Krakau. Danach Engagement am Stary Teatr in Krakau. 1969 in Warschau, 1974 am Współczesny-Teatr. 1956 Stefan-Jaracz-Preis für seine Bühnentätigkeit. Filmdebüt 1954 mit einer kleinen Rolle in Andrzej Wajdas *Pokolenie*. Pieczka wird als Gustlik in der TV-Serie *Czterej pancerni i pies* (1965–70) populär und entwickelt sich zu einem der führenden polnischen Filmschauspieler, der mit fast allen großen Regisseuren des polnischen Kinos arbeitet. Höhepunkte sind 1968 der Mateusz in Witold Leszczyńskis poetischem *Żywot Mateusza* und der Hubert Siersza in Kazimierz Kutz' *Perła w koronie* (1971). Andrzej Wajda betraut ihn 1972 mit der Rolle des Czepiec in *Wesele*, 1974 in *Ziemia obiecana* mit der des reichen jüdischen Fabrikanten Müller. 1976 verkörpert er den Direktor Bednarz in Krzysztof Kieślowskis Gegenwartsdrama *Blizna*. In Jerzy Kawalerowicz' Stryjkowski-Verfilmung *Austeria* (1982) spielt er den jüdischen Wirt, der das Ende der österreichisch-ungarischen Monarchie als Untergang einer Welt betrachtet. Für seine Interpretation in Jan J. Kolskis *Jańcio Wodnik* erhält er 1993 den Darstellerpreis des Nationalen Spielfilmfestivals in Danzig. Seit 1968 arbeitet er auch häufig im Ausland, wird vor allem von west- und ostdeutschen Regisseuren wie Peter Lilienthal (*David*), Marianne Lüdcke (*Die große Flatter*), Roland Gräf (*Fariaho*) und Rainer Simon (*Till Eulenspiegel*, *Jadup und Boel*) engagiert.

[PL] 1954: Pokolenie (Eine Generation). 1957: Zagubione uczucia. 1958: Kalosze szczęścia. 1961: Zaduszki (Allerseelen); Kwiecień; Matka Joanna od Aniołów (Mutter Johanna von den Engeln). 1962: Szpital [KF]; Drugi brzeg (Ufer des Lebens); Głos z tamtego świata; Nad rzeką [KF]; Rodzina Milcarków; Jadą, goście, jadą. 1963: Zacne grzechy (Die ehrbaren Sünden); Skąpani w ogniu; Ich dzień powszedni (Alltag einer Ehe); Daleka jest droga. 1964: Rękopis znaleziony w Saragossie (Die Handschrift von Saragossa); Życie raz jeszcze (Das Leben noch einmal); Późne popołudnie (Später Nachmittag). 1965: Dzień ostatni, dzień pierwszy: Bigos (Der letzte Tag, der erste Tag: Die Stiefel) [TVS]; Walkower (Walkover). 1965–70: Czterej pancerni i pies (Vier Panzersoldaten und ein Hund) [TVS]. 1966: Chudy i inni (Der Hagere und die anderen); Gdzie jest trzeci król? (Wo ist der dritte König?). 1967: Słońce wschodzi raz na dzień. 1968: Der Tramp [TV – BRD]. 1969: Urząd [TV]. 1970: Dziura w ziemi (Die schwarze Fontäne); Przystań (Anlegestelle); Album Polski (Album Polen); Doktor Ewa [TVS]. 1970/72: Osvoboždenie (Befreiung) [SU]. 1971: Kłopotliwy gość; Hydrogzagadka [TV]; Pilatus und andere – Ein Film für Karfreitag [TV – BRD]; Punkt wyjścia [TV]; Przez dziewięć mostów (Über neun Brücken) [TV]; Legenda [PL/SU]; Perła w koronie (Eine Perle in der Krone); Kareta [TV]. 1972: Pełnia nad głowami; Szklana kula; Kaprysy Łazarza [TV]; Beczka amontillado [TV]; Chłopi (Die Bauern) [TVS]; Wesele (Die Hochzeit). 1973: Chłopi (Die Bauern); Ciemna rzeka (Der dunkle Fluß). 1974: Potop (Sintflut); Gniazdo (Die Schlacht von Cedynia); Ziemia obiecana (Das gelobte Land) [TVS+Kino]. 1975: Domy z deszczu (Regendämmerung) [TV]; Grzech Antoniego Grudy; Till Eulenspiegel [DDR]. 1976: Budapesti mesék (Budapester Legende) [HU]; Złota kaczka [TV]; Blizna (Die Narbe). 1977: Okrągły tydzień (Eine Woche lang). 1978: Die Frau gegenüber [BRD]; Polskie bitwy [TV]; Biały mazur. 1978/79: Die große Flatter [TVS – BRD]; David [BRD]. 1979: Ród Gąsieniców [TVS]; Wiśnie/Weichselkirschen [TV – PL/BRD]; Placówka (Vorposten); Paciorki jednego różańca (Perlen eines Rosenkranzes). 1980: Królowa Bona (Königin Bona) [TVS]; Jadup und Boel [DDR]; Ciosy. 1980–82: Blisko, coraz bliżej [TVS]. 1981: Wäre die Erde nicht rund [DDR]; Ryś; Konopielka (Das Dorf). 1982: Austeria (Die Herberge); Matka Królów (Mutter Królóv und ihre Söhne); Epitafium dla Barbary Radziwiłłówny (Abschied von Barbara). 1982/83: Fariaho [DDR]. 1983: Polskie bitwy [TVS]; Wierna rzeka. 1984: Sprawa się rypła; Legendes du Monde: La dame blanche de Wieliczka [TVS – PL/FR]; Trzy młyny (Drei Mühlen) [TV]. 1985: C. K. Dezerterzy (K.u.K. Deserteure); Siekierezada (Die Ballade von der Axt); Chrześniak (Das Patenkind); Dziewczęta z Nowolipek. Rajska jabłon (Die Mädchen aus Nowolipki). 1986: Przyjaciel wesołego diabła (Der Freund des lustigen Teufels); Osobisty pamiętnik grzesznika ... przez niego samego spisany; Bib-bang [TV]; Rykowisko (Brunftzeit); Wcześnie urodzony [TV]. 1988: Do domu [TV]. 1989: Złodziej [TV]. 1989/90: God afton, Herr Wallenberg (Guten Abend, Herr Wallenberg) [SE]. 1990: Pogrzeb kartofla; Życie za życie. Maksymilian Kolbe/Leben für Leben [PL/BRD]; Kein Wort von Einsamkeit [TV – DDR]. 1992: Aprikosen im Korb [TV – DE]; Das Land hinter dem Regenbogen [DE]; Dwa księżyce [TV]; Pograbek [TV]; Szwadron [PL/RU/FR/BE]. 1993: Przypadek Pekosińskiego; Jańcio Wodnik; Bank nie z tej ziemi [TVS]. 1994: Diky za kazde nove rano [CZ]; Die Straßen von Berlin: Alleingang [TV – DE].

Piel, Harry

(Heinrich Piel)
* 12. 7. 1892 Düsseldorf-Benrath
† 27. 3. 1963 München

Volksschule in Benrath, Gymnasium in Derendorf bis zur Mittleren Reife, 1909 in Hamburg Kadett auf einem Segelschulschiff. Dann kaufmännische Lehre in Düsseldorf. 1911 nach Paris, um Kunstflieger zu werden. 1912 entsteht in Berlin in eigener Produktion, Buch und Regie der abenteuerliche Erfolgsfilm *Schwarzes Blut* mit Curt Goetz in der Hauptrolle eines Mörders. Produktion und Inszenierung von Sensations- und Abenteuerfilmen für verschiedene Gesellschaften. Wegen der Vorliebe für explodierende Häuser, Brücken usw. gilt Piel als «Dynamit-Regisseur». Debüt im Science-fiction-Genre ist *Die große Wette* (1915) mit dem Maschinenmenschen-Motiv. In *Unter heißer Zone* erstmals waghalsige Raubtierszenen. 1918/19 Regie bei acht Joe-Deebs-Detektiv-Filmen. In *Der große Unbekannte* beginnt er als Abenteurer «Harry Peel» ein eigenes Serienleben. Der offiziell nie gedoubelte Sensationsdarsteller wird zum auch international beachteten Kinostar. 1927 *Sein größter Bluff* mit Marlene Dietrich und Piel in einer Doppelrolle. 1930 mit der Doppelgänger-Komödie *Er oder ich* müheloser Übergang zum Tonfilm. Im Dritten Reich außer einigen Filmen utopischen Charakters wie *Ein Unsichtbarer geht durch die Stadt* auch der «volkstümliche» Operettenfilm *Schwarzwaldmädel* sowie weiterhin unverfängliche Tier- und Zirkusfilme wie *Artisten* (Piels 100. Film), *Der Dschungel ruft* und *Menschen, Tiere, Sensationen*. Die vaterländische Tierfänger-Geschichte *Panik* (1940–43) wird wegen allzu realistischer Darstellung von Luftangriffen verboten. Bei Kriegsende Flucht nach Hamburg, als «Mitläufer» vorübergehend inhaftiert, 5jähriges Berufsverbot. 1950 in Wiesbaden Neugründung der Ariel-Film, die mit ihren Spielfilm-Produktionen *Der Tiger Akbar* und *Gesprengte Gitter* (basierend auf dem Material von *Panik*) keinen Anschluß mehr im deutschen Nachkriegsfilm findet. 1960 Aufgabe der Firma und endgültiger Rückzug vom Film.

[DE/BRD] 1912: Schwarzes Blut [R,A, P]; Dämone der Tiefe [R,A,P]; Der Börsenkönig [R,A,P]; Der Triumph des Todes [R]; Schatten der Nacht/Nachtschatten [R]. 1913: Der schwarze Pierrot [R]; Der grüne Teufel [R]; Im Leben verspielt [R]; Menschen und Masken [R]; Seelenadel [R]; Erblich belastet? [R]; Harakiri [R]; Menschen und Masken. 2. Teil [R]; Die Millionenmine [R]. 1913/14: Die braune Bestie [R]. 1914: Ein Millionenraub [R,A]; Das Teufelsauge [R]; Der geheimnisvolle Nachtschatten [R]; Das geheimnisvolle Zeichen [R]. 1914/15: Der schwarze Husar [R]. 1915: Der Bär von Baskerville [R,A]; Manya, die Türkin [R,A]; Im Banne der Vergangenheit [R,A]; Das Geheimnis von D. 14 [R,A]; Das verschwundene Los [R,A,P]; Police Nr. 1111 [R]; Die große Wette [R,A,CoP]. 1916: Das lebende Rätsel [R,CoP]; Unter heißer Zone [R,A,CoP]; Das geheimnisvolle Telephon [R,A]. 1917: Zur Strecke gebracht [R,A]; Um eine Million [R,A]; Die Abenteuer des Kapitän Hansen/Kapitän Hansens Abenteuer [R]; Der weiße Schrecken [R]; Der stumme Zeuge [R]; Der Sultan von Johore [R,A]. 1917/18: Sein Todfeind [R]; Das amerikanische Duell [R,A]. 1918: Die Ratte [R]; Das rollende Hotel [R,A]; Diplomaten [R]; Die Krone von Palma [R]; Das Auge des Götzen [R]. 1918/19: Die närrische Fabrik [R]; Der Muff [R]. 1919: Der blaue Drachen [R]; Der rätselhafte Klub [D,R]; Der große Unbekannte [D,R]; Der große Coup [D,R]; Über den Wolken [D,R]. 1919/20: Das Geheimnis des Cirkus Barré [D,R]. 1920: Die Luftpiraten [D,R]; Das fliegende Auto [D,R]; Der Verächter des Todes [D,R]; Das Gefängnis auf dem Meeresgrunde [D,R]. 1921: Der Reiter ohne Kopf. 1. Die Todesfalle/2. Die geheimnisvolle Macht/3. Harry Piels schwerster Schlag [D,R]; Der Fürst der Berge [D,R,P]; Unus, der Weg in die Welt [D,R,P]. 1921/ 22: Das verschwundene Haus [D,R,P]. 1922: Das schwarze Kuvert [D,R,P]. 1922/23: Rivalen [D,R]; Der letzte Kampf [D,R]. 1923: Abenteuer einer Nacht [D,R, P]; Menschen und Masken. 1. Der falsche Emir/2. Ein gefährliches Spiel [D,R,P]. 1924: Auf gefährlichen Spuren [D,R,P]; Der Mann ohne Nerven/L'homme sans nerfs [D,CoR,CoP – D/FR]. 1924/25: Schneller als der Tod/Face à mort [D,CoR,CoP – DE/FR]. 1925: Zigano, der Brigant von Monte Diavolo/Zigano [D,CoR,CoP – D/FR]; Abenteuer im Nachtexpreß [D,R]. 1926: Der schwarze Pierrot [D,R,CoA]; Achtung Harry! Augen auf! [D,R]; Was ist los im Zirkus Beely? [D,R]. 1927: Sein größter Bluff [D,R]; Rätsel einer Nacht [D,R]. 1927/28: Panik [D,R]. 1928: Mann gegen Mann [D,R]; Seine stärkste Waffe [D,R]. 1928/29: Die Mitternachtstaxe [D,R,P]. 1929: Männer ohne Beruf [D,R,P]; Sein bester Freund [D,R,P]. 1929/30: Menschen im Feuer [D,R,P]. 1930: Achtung! – Autodiebe [D,R,P]; Er oder ich [D,R, P – Version]; Lui et moi [D,R,P – Version]. 1931: Schatten der Unterwelt [D,R,P – Version]; Ombres des bas fonds [D,R,P – Version]; Bobby geht los [D,R,P – Version]; L'auberge du père Jonas [D,R,P – Version]. 1931/32: Der Geheimagent [D,R,P]. 1932: Jonny stiehlt Europa [D,R,P]; Das Schiff ohne Hafen [D,R,P]. 1933: Sprung in den Abgrund [D,R,P]; Ein Unsichtbarer geht durch die Stadt [D,R,P]; Schwarzwaldmädel [CoR,P]. 1933/34: Die Welt ohne Maske [D,R,P]. 1934: Der Herr der Welt [R,P]. 1934/35: Artisten [D, R,P]. 1935: Der Dschungel ruft [D, R,P]. 1936: 90 Minuten Aufenthalt [D,R,CoP]. 1936/37: Sein bester Freund [D,R,CoP]. 1937: Wie einst im Mai [P]. 1937/38: Der unmögliche Herr Pitt [D,R,P].1938: Menschen, Tiere, Sensationen [D,R,P]. 1940–43: Panik [D,R,CoA – Verboten]. 1942: Die große Nummer [CoA]. 1944/45: Mann im Sattel [D,R – Unvollendet]. 1950/51: Der Tiger Akbar [D,R,CoA,P]. 1952/53: Gesprengte Gitter [D,R,P]. 1954: Ein Leben für den Film: Vierzig Jahre Harry Piel. 2 Teile [TV-DOK]. 1955: Affenliebe [R,P – KDOK]; Wenn Tiere erwachen [R,P – KDOK]; Wenn Tiere betteln [R,P – KDOK]. 1963: Wiedersehen im Fernsehen [TV].

Pisier, Marie-France

*16. 5. 1944 Dalat (Annam = Vietnam)

Tochter eines französischen Kolonialbeamten. Nach dem Ende des französischen Kolonialkrieges in Indochina mit den Eltern nach Frankreich. Studium der Rechtswissenschaft und der Politologie in Nizza; daneben Auftritte an Amateurtheatern. 1962 wird François Truffaut auf sie aufmerksam und engagiert sie für *L'amour à vingt ans*. Ab 1969 in Paris am Theater und beim Fernsehen. Mitautorin von Jacques Rivettes *Céline et Julie vont en bateau* und Truffauts *L'amour en fuite*. César für ihre Rollen in Jean-Charles Tacchellas erotischer Komödie *Cousin, cousine* und André Techinés *Souvenirs d'en France*; 1976 César für ihre Rolle in Techinés *Barocco*. 1978/79 verkörpert sie mit Isabelle Huppert und Isabelle Adjani die eigenartigen englischen Schwestern in Téchinés *Les sœurs Bronte*. Pisier verfilmt 1989 ihren eigenen Roman *Le bal du gouverneur*; außerdem hat sie den Roman «Je n'ai aimé que vous» veröffentlicht.

[FR] 1962: L'Amour à vingt ans. 1. EP: Antoine et Colette (Liebe mit zwanzig) [EP – FR/IT/JP/PO/BRD] Les amoureux du France; 1963: Les Saintes-Nitouches/Ragazze di buona famiglia (Die Mädchen mit dem frommen Blick) [FR/IT]. 1963/64: La mort d'un tueur/Concerto per un assassino (Verflucht und vergessen) [FR/IT]. 1964: Les yeux cernés (Das grausame Auge). 1964/65: Le vampire de Dusseldorf/El asesino de Dusseldorf/La belva de Dusseldorf (Der Mann, der Peter Kürten hieß) [FR/ES/IT]. 1966: Trans-Europ-Express (Trans-Europa-Express). 1967: L'Écume des jours; Non sta bene rubare il tesoro [IT/FR/BRD]. 1968: Baisers volés (Geraubte Küsse); Nous n'irons plus au bois (Wir werden nicht mehr in den Wald gehen). 1971: Paulina s'en va (Paulina haut ab). 1972: Le journal d'un suicidé. 1973: Féminin féminin [FR/BE]. 1973/74: Céline et Julie vont en bateau (Celine et Julie fahren Boot). 1974: Le fantôme de la liberté/Il fantasma della libertà (Das Gespenst der Freiheit) [FR/IT]; Souvenirs d'en France (Erinnerungen aus Frankreich). 1975: Cousin, cousine (Cousin, Cousine). 1976: Barocco (Barocco – Mord um Macht); Le corps de mon ennemi (Der Körper meines Feindes); Sérail. 1977: Les apprentis sorciers; The Other Side of Midnight (Jenseits von Mitternacht) [US]. 1978: L'Amour en fuite (Die Liebe auf der Flucht). 1978/79: Les soeurs Bronte (Die Schwestern Brontë). 1980: Miss Right [US]; French Postcards (Wer geht denn noch zur Uni?) [US]; The Hot Touch [CA]; La banquière (Die Bankiersfrau). 1981: Chanel Solitaire (Einzigartige Chanel) [GB/FR]; Boulevard des assassins (Boulevard der Mörder); Der Zauberberg/La montagne magique/La montagna incanta [BRD/FR/IT]. 1982: Le prix du danger (Kopfjagd – Preis der Angst) [FR/YU]; L'As des as/Das As der Asse [FR/BRD]. 1982/83: Der stille Ozean [AT]. 1983: Chanel solitaire (Einzigartige Chanel); L'Ami de Vincent (Mein Freund, der Frauenheld). 1984: Les nanas. 1985: Parking. 1986: L'Inconnu de Vienne. 1988: L'Oeuvre au noir (Die schwarze Flamme) [FR/BE]. 1989: Le bal du gouverneur [R,A]. 1991: La note bleue. 1992: François Truffaut, portraits volés [DOK]. 1994: Tous les jours dimanche [FR/IT]; Les cent et une nuits/A Hundred and One Nights (101 Nacht – Die Träume des Monsieur Cinéma) [FR/GB]. 1996: Marion (Marion).

Placido, Michele

*19. 5. 1946 Ascoli Sariano (Foggia)

Besuch der Accademia d'Arte Drammatica in Rom. 1969 Bühnendebüt in Luca Roncoronis Inszenierung des «Orlando furioso» von Ludovico Ariosto. 1973 erhält Placido erste Aufgaben im Film von Carlo Di Palma (*Teresa la ladra)* und 1974 von Lucio De Caro (*Processo per direttissima)*. Nach der Komödie *Romanzo popolare* spezialisiert sich Placido auf dramatische Figuren in einigen zumeist sozialkritischen Filmen, die überwiegend im Süden Italiens spielen: *Marcia trionfale* (Marco Bellocchio), *Tre fratelli* (Francesco Rosi). Andere Seiten seines Talents zeigt Placido in Sofia Scandurras feministischem *Io sono mia*. 1982/83 gelingt ihm die Verkörperung des neurotischen Orchesterdirektors in Luciano Odorisios Komödie *Sciopèn*. Im In- und Ausland erlangt Placido Mitte der 80er durch die Rolle des Kommissars Corrado Cattani große Popularität: In der auch international erfolgreichen TV-Serie *La piovra*, die unter Regie von Damiano Damiani 1983 gestartet wird, setzt er als Polizist im Kampf allein gegen die Mafia sein Leben aufs Spiel. Um nicht in der Rolle gefangen zu bleiben, zieht Placido sich nach vier Jahren aus der Serie zurück und kehrt zum gesellschaftskritischen Film zurück: z. B. spielt er in Marco Risis neorealistischem Film *Mery per sempre* einen Lehrer, der in einem Gefängnis in Palermo unterrichtet. Seine Leistungen in Pasquale Pozzesseres *Padre e figlio* (1993) und in Gianni Amelios *Lamerica* (1994) bestätigen ihn als einen der besten italienischen Schauspieler der Gegenwart. 1990 Regiedebüt mit *Pummarò*, in dem er die Lebensverhältnisse der illegalen Einwanderer in Italien beschreibt. 1992 inszeniert er *Le amiche del cuore*, eine Geschichte über erzwungenen Inzest. In *Un Eroe borghese* behandelt er den Korruptions-Skandal um Michele Sindona und spielt wieder die Rolle des aufdeckenden Kriminalbeamten. Seinen thematisch mutigen Filmen wird viel Beachtung geschenkt.

[IT] 1973: Il picciotto [TV]; Teresa la ladra (Teresa, die Diebin) [IT/FR]. 1974: Mio Dio, come sono caduta in basso! (Wie tief bin ich gesunken); Orlando furioso; Processo per direttissima (Das Urteil – Prozeß im Schnellverfahren) [IT/FR]; Romanzo popolare/Romances et confidences (Kennen Sie meine Frau?) [IT/FR]. 1975: La Orca (Wilde Früchte); Divina creatura (Ein göttliches Geschöpf); Peccati in famiglia (Sommernächte ... und alle Grillen lachen). 1975/76: Marcia trionfale/La marche triomphale/Triumphmarsch [IT/FR/BRD]. 1976: E tanta paura; Mosè/Moses (Moses) [TV – IT/GB]; L'Agnese va a morire (Agnes geht in den Tod). 1977: Io sono mía/Liebe ist etwas Zärtliches/Yo soy mía [IT/BRD/ES]; Kleinhoff Hotel [IT/BRD]; Casotto (Strandgeflüster); La ragazza dal pigiama giallo/La chica del pijama amarillo (Ein Mann gegen die Mafia) [IT/ES]. 1978: Volontari per destinazione ignota; Ernesto [IT/ES/BRD]; Corleone (Der Aufstieg des Paten). 1978/79: Letti selvaggi/Camas calientes (Wilde Betten – Lippenstift Tigerinnen) [EP – IT/ES]. 1979: Sabato, domenica e venerdì/Sábado, domingo y viérnes. 2. EP: Domenica (Ein total versautes Wochenende) [EP – IT/ES]; Il prato (Die Wiese); Un uomo in ginocchio (Ein Mann auf den Knien). 1979/80: Lulu [BRD/IT/FR]; Salto nel vuoto/Le saut dans la vide (Der Sprung ins Leere) [IT/FR]. 1980: Fontamara (Fontamara). 1980/81: Tre fratelli/Trois frères (Drei Brüder) [IT/FR]; Les ailes de la colombe/Storie di donne (Die Flügel der Taube) [FR/IT]. 1982: Colpire al cuore (Ins Herz getroffen) [IT/FR]. 1982/83: Sciopèn. 1983: Ars amandi – L'arte di amare/L'art aimer (Ars amandi – Die Kunst zu lieben) [IT/FR]. 1984: La piovra (Allein gegen die Mafia) [TVS]. 1985: La piovra 2 (Allein gegen die Mafia) [TVS]; Pizza Connection (New York Connection). 1986: Notte d'estate con profilio greco, occhi a mandorla e odore di basilico (Reich und gnadenlos); Grandi Magazzini (Im Kaufhaus ist die Hölle los); La piovra 3 (Allein gegen die Mafia) [TVS]. 1987: Los negros tambien comen/Oh come sono buoni i bianchi!!!/Y'a bons les blancs [ES/IT/FR]; Ti presento un'amica (Träume der Liebe). 1988: Big Business (Zweimal zwei) [US]; Via Paradiso (Der Abschiedsbrief). 1988/89: La piovra 4 (Allein gegen die Mafia) [TVS]. 1989: Mery per sempre (Mery per sempre). 1990: Afghan Breakdown (La disfatta dell'Afganistan) [IT/SU]; Pummarò (Der lange Weg nach Norden) [D,R,CoA,P]. 1991: Scoop [TV]; Drug Wars: the cocaine cartell [TV – US]. 1992: Le amiche del cuore (Endstation Mord) [D,R,CoA]. 1993: Padre e figlio; Giovanni Falcone; Uomo di rispetto; Quattro bravi ragazzi. 1994: Lamerica (Lamerica) [IT/FR]; Colombia Connection [TV – US/IT]; Poliziotti; Un eroe borghese [D,R]. 1996: La lupa.

Platte, Rudolf

(Rudolf Antonius Heinrich Platte)
*12. 2. 1904 Dortmund-Hörde
†18. 12. 1984 Berlin

Oberschule vor dem Abitur abgebrochen, Schauspielunterricht. 1925 Debüt an der Freilichtbühne Düsseldorf. An Theatern in Bad Harzburg, Hildesheim, Hagen, Wuppertal und Hannover. Am Lobe-Theater in Breslau auch Regie. 1927 von Viktor Barnowsky nach Berlin verpflichtet. Filmdebüt 1929 in einer Adaption von *Revolte im Erziehungshaus* nach .Peter Martin Lampels Jugendlichen-Drama. Zunächst kleine Rollen, dann verkörpert Platte, als vielbeschäftigter Ensemble-Darsteller mit trockenem Humor und leicht verhuscht, sympathisch-heitere Durchschnittsmenschen. 1934 Titelrolle des schüchternen Trikotagenvertreters in Carl Boeses *Schützenkönig wird der Felix*. Mit Werner Finck und Hans Deppe am 1935 verbotenen Kabarett Die Katakombe beteiligt. 1940–44 Direktor des Theaters in der Behrendstraße. Erst 1943/44 als Kriminalist Bruch in *Der Meisterdetektiv* (Hubert Marischka) wieder eine tragende Rolle im Film. Nach dem 2. Weltkrieg Leitung des Theaters am Schiffbauerdamm bis 1947. Mit leichter Theaterkost auch an anderen Berliner Bühnen. Ab 1949 erneut intensive Filmarbeit. Selten ernste Charakterrollen wie als tschechischer Flüchtling in Rolf Thieles *Mamitschka*. Meist in Rollen quasselnder, tolpatschiger oder traurig clownesker Domestiken, Vagabunden, kleiner Gauner usw. in Unterhaltungsfilmen verheizt. Anfang der 60er Jahre weitgehende Abwendung vom Film. Mit anspruchsvollen TV-Rollen als wandlungsfähiger Menschendarsteller anerkannt, so 1960 als *Der Hauptmann von Köpenick* (Rainer Wolffhardt). Auftritte in TV-Serien wie *Der Kommissar* und *Derrick* sowie in ambitionierten Fernsehspielen. Im Film nur noch sporadisch wie 1963/64 in Wolfgang Staudtes *Herrenpartie*. Letzter Filmauftritt 1981/82 in Rainer Werner Fassbinders *Die Sehnsucht der Veronika Voss*. In den 60er und 70er Jahren «dritte Karriere» als berlinernder Volksschauspieler, aber auch z. B. als Darsteller in Ibsen-Stücken. 1974 geht er als Schmierendirektor Striese in «Der Raub der Sabinerinnen» auf Tournee. 1978 Filmband in Gold für langjähriges und hervorragendes Wirken im deutschen Film.

[DE/BRD] 1929: Revolte im Erziehungshaus. 1930/31: Drei Tage Liebe; Zimmer 12a [KF; Verboten]. 1931: Der Stolz der 3. Kompagnie. 1932: Das Millionentestament; Die – oder keine; Wie sag' ich's meinem Mann?; Liebe auf den ersten Ton; Ich bei Tag und Du bei Nacht; Ahoi, Ahoi [KF]; F.P.1 antwortet nicht; Eine Tür geht auf. 1932/33: Zwei gute Kameraden. 1933: Hitlerjunge Quex; Keine Angst vor Liebe; Seine erste Liebe [KF]; Die Sonne geht auf/Schön ist jeder Tag, den Du mir schenkst, Marie Luise. 1933/34: So ein Flegel; Gold. 1934: Hochzeit am 13. [KF]; Herr Mahler in tausend Nöten [KF]; Pappi; Halb und halb [KF]; Der Meisterboxer; Seine beste Erfindung [KF]; Charleys Tante; Was bin ich ohne Dich; Der Vetter aus Dingsda; Heinz im Mond; Schützenkönig wird der Felix; Die Liebe siegt; Der Herr Senator; Grüß' mir die Lore noch einmal; Liebe, Tod und Teufel. 1934/35: Ufa-Märchen [KF]; Der Zigeunerbaron. 1935: Emma III [KF]; Ich liebe alle Frauen; Einer zuviel an Bord; Liebeslied. 1935/36: Hans im Glück; Donogoo Tonka. Die geheimnisvolle Stadt; Hier irrt Schiller [KF]. 1936: Stjenka Rasin (Wolga – Wolga); Flitterwochen; Wochenendzauber [KF]; Wie imponiere ich meiner Frau [KF]; Blinde Passagiere; Die Leute mit dem Sonnenstich; Ein Mädel vom Ballett; Spezialist für Alles [KF]; Der lustige Witwenball; Das Hofkonzert. 1936/37: Wie der Hase läuft; Die Kronzeugin. 1937: Der glückliche Finder [KF]; Mädchen für alles; Wenn Frauen schweigen; Heiratsinstitut Ida & Co; Husaren, heraus!; Autobus S; Die Landstreicher; Gasparone; Monika; Fremdenheim Filoda. 1937/38: Großalarm. 1938: Müller contra Müller [KF]; Das Mädchen von gestern Nacht; Frühlingsluft; Der liebe Besuch/Der Tischgast [KF]; Wie ein Ei dem anderen [KF]; Der falsche Admiral [KF]; Schwarzfahrt ins Glück; Angenehme Ruhe [KF]; Diskretion – Ehrensache; Andere Länder, andere Sitten [KF]; Der lose Falter [KF]; Unsere kleine Frau [Version – IT/DE]; Nanu, Sie kennen Korff noch nicht?; Der Blaufuchs; Im Namen des Volkes. 1938/39: Ich bin gleich wieder da. 1939: Frau am Steuer; Der Vorhang fällt; Ehe in Dosen; Wer küßt Madeleine?; Tee zu zweien [KF]; 12 Minuten nach 12; Casa lontana/Der singende Tor [IT/DE]; Rote Mühle. 1939/40: Liebesschule; Blutsbrüderschaft. 1940: Mädchen im Vorzimmer; Meine Tochter tut das nicht; Für die Katz; Die lustigen Vagabunden; Traummusik [DE/IT]; Alarm. 1941: Familienanschluß; Sonntagskinder. 1941/42: So ein Früchtchen; Alles aus Liebe [Verboten]. 1942: Ein Walzer mit dir. 1943/44: Der Meisterdetektiv. 1949: Kätchen für alles; Nach Regen scheint Sonne. 1949/ 50: Absender unbekannt; 13 unter einem Hut; Dieser Mann gehört mir. 1950: Maharadscha wider Willen; Wenn Männer schwindeln; Der Mann, der sich selber sucht; Mädchen mit Beziehungen; Es begann um Mitternacht; Die Dritte von rechts; Eva im Frack. 1950/ 51: Schön muß man sein. 1951: Weh dem, der liebt; Die Frauen des Herrn S; Engel im Abendkleid; Unschuld in tausend Nöten/Das Mädel aus der Konfektion; Die verschleierte Maja; Wildwest in Oberbayern; Wenn die Abendglocken läuten. 1952: Frauen – Filme – Fernsehfunk; Meine Frau macht Dummheiten; Drei Tage Angst; Pension Schöller; Mein Herz darfst Du nicht fragen; Man lebt nur einmal; Der Weibertausch; Traumschöne Nacht [Version – FR/BRD]; Hannerl (Ich tanze mit Dir in den Himmel hinein) [AT]; Die Fiakermilli (Fiakermilli – Liebling von Wien) [AT]. 1952/53: Die Junggesellenfalle. 1953: Das singende Hotel; Hollandmädel; Liebeskrieg nach Noten; Damenwahl; Blume von Hawaii. 1953/54: Die süßesten Früchte; Die tolle Lola. 1954: Geld aus der Luft; Meine Schwester und ich; Columbus entdeckt Krähwinkel; Tanz in der Sonne; Verliebte Leute [AT]. 1954/55: Musik, Musik und nur Musik; Die spanische Fliege. 1955: Ball im Savoy; Der falsche Adam; Mamitschka; Liebe, Tanz und 1000 Schlager. 1955/56: Das Bad auf der Tenne. 1956: Ich und meine Schwiegersöhne; Mädchen mit schwachem Gedächtnis; Die ganze Welt singt nur Amore; Du bist Musik; Die schöne Meisterin. 1956/ 57: Zwei Herzen voller Seligkeit; Die Zürcher Verlobung. 1957: Tante Wanda aus Uganda; Tolle Nacht; Die Unschuld vom Lande; Das einfache Mädchen; Liebe, Jazz und Übermut; Es wird alles wieder gut; Heute blau und morgen blau/Eine verrückte Familie; Wenn die Bombe platzt [AT]. 1957/58: Lilli, ein Mädchen aus der Großstadt. 1958: Bühne frei für Marika!; Ihr 106. Geburtstag/Der Stolz der Familie; Der Maulkorb; Scala – total verrückt; Der Haustyrann. 1959: La Paloma; Wenn das mein großer Bruder wüßte [AT]; Melodie und Rhythmus; Buddenbrooks. 2 Teile; Salem ale kum. 1959/ 60: Das kunstseidene Mädchen/La grande vie/La gran vita [BRD/FR/IT]; Als geheilt entlassen. 1960: Das Fenster zum Flur [TV]; Marina; Gauner in Uniform/Hauptmann – deine Sterne [BRD/AT]; Wenn die Heide blüht; Der Hauptmann von Köpenick [TV]; Willy, der Privatdetektiv. 1961: Der Mann von drüben [TV]; Eine hübscher als die andere; Die göttliche Jette [TV]; Immer Ärger mit dem Bett; Adieu, Lebewohl, Goodbye; So liebt und küßt man in Tirol. 1961/62: Der rote Hahn [TV]; Ihr schönster Tag. 1962: Onkel Harry [TV]; Frauenarzt Dr. Sibelius; Verrückt und zugenäht; Der Vogelhändler; Sein bester Freund; Der 42. Himmel (Krach im Standesamt) [CH]. 1963: Stahlnetz: Das Haus an der Stör [TV]. 1963/64: Herrenpartie/Muski izlet [BRD/YU]. 1964: Mit besten Empfehlungen [TV]; Freddy, Tiere, Sensationen. 1966: Gespenster [TV]; Weiß gibt auf [TV]. 1966/ 67: Das kleine Teehaus [TV]. 1967: Kaviar und Linsen [TV]; Crumbles letzte Chance [TV]; Peter Schlemihls wundersame Geschichte [TV]. 1968: Professor Columbus. 1969: Komm, flüstere in mein gutes Ohr [TV]. 1969/70: Die Herren mit der weißen Weste. 1970: Rudolf Platte [TV-DOK]. 1970/71: Der Raub der Sabinerinnen [TV]. 1971: Das Geld liegt auf der Bank [TV]. 1972: Der Kommissar: Der Tennisplatz [TV]; Der Fall Opa [TV]; Eine Frau bleibt eine Frau [TV-EP]. 1974: Auch ich war nur ein mittelmäßiger Schüler; Derrick: Mitternachtsbus [TV]. 1975: Der Kommissar: Der Mord an Dr. Winter [TV]; Rheinpromenade [TV]; Berlin – 0.00 bis 24.00 [TVS]; Hundert Mark [TV-EP]. 1975/76: Von Emma, Türkenpaul und Edwin mit der Geige [TV-EP]. 1976/77: Sanfter Schrecken [TV]. 1977: Derrick: Offene Rechnung [TV]; Links und rechts vom Ku'damm [TV-EP]. 1978: Der Hit [TV]; Großstadt-Miniaturen [TV-EP]; Der Alte: Marholms Erben [TV]. 1979: Einzelzimmer [TV]; Die Alten kommen [TV-EP – BRD/AT/CH]. 1980: Teegebäck und Platzpatronen [TV]; Leute wie du und ich. 2. EP: Briefe von unbekannt [TV-EP]. 1981: Die Wildente [TV]; Zurück an den Absender [TV]; Georg Thomallas Geschichten [TVS]. 1981/82: Die Sehnsucht der Veronika Voss. 1982: Der Alte: Eine Frau ist verschwunden [TV]. 1982–88: Jakob und Adele [TVS]. 1983: Ein Mord liegt auf der Hand [TV]. 1984: Alles aus Liebe: Wenn ich dich nicht hätte [TV]. 1984/85: Rummelplatzgeschichten [TVS].

Pleasence, Donald

*5. 10. 1919 Worksop (Nottinghamshire)
†2. 2. 1995 St. Paul de Vence

Schulbesuch in Yorkshire, Studium in Sheffield. Anschließend Arbeit für eine Eisenbahngesellschaft. 1939 Theaterleiter und Debüt als Schauspieler am Theater in Jersey, 1942 in London. Im 2. Weltkrieg in der Royal Air Force, 1944–46 Kriegsgefangenschaft, danach wieder auf der Bühne. 1950/51 am Old Vic in Bristol. Von Laurence Olivier für Shakespeare-Inszenierungen engagiert und damit in England und den USA auf Tournee. 1946/47 erste Auftritte im britischen Fernsehen, seither in zahlreichen Fernsehfilmen. 1960 die eigene Fernseh-Serie *Armchair Mystery Theatre*. Zusammen mit Harold Pinter und Robert Shaw Gründung der Glasshouse Productions. 1954 spätes Filmdebüt in Somerset Maughams Südsee-Story *The Beachcomber* (Muriel Box). 1963 international bekannt durch seinen Eindringling in Pinters Drei-Personen-Drama *The Caretaker* (Clive Donner) und in den USA den Kriegsgefangenen-Film *The Great Escape* (John Sturges). Bemerkenswert auch 1965/66 die skurrile Rolle des gehörnten Einsiedlers George in Roman Polanskis makabrer Gangsterkomödie *Cul-de-Sac*. Daneben auch am Theater, z. B. großer Erfolg 1967 als Arthur Goldman in Robert Shaw's Eichmann-Drama «The Man in the Glass Booth». Pleasence spielt in Europa, den USA und Kanada in Filmen jeden Genres. Die Rollenwahl erscheint oft beliebig, doch die Cooperation mit Regisseuren wie Don Siegel, Tony Richardson, George Stevens, George Lucas und Jacques Demy garantiert Qualität. 1978 als aussichtslos dem Bösen gegenüberstehender Psychiater in John Carpenters Horror-Film *Halloween*, auch an den *Halloween*-Sequels beteiligt. Unter Carpenters Regie danach noch in *Escape from New York* und *The Thing* sowie in *Prince of Darkness*. 1991 Nebendarsteller in Woody Allens Expressionismus-Hommage *Shadows and Fog* und Hauptrolle in Pierre Schoendorffers französischer Indochina-Aufarbeitung *Diên Biên Phû*.

[GB] 1954: The Beachcomber (Ins Paradies verbannt); Orders Are Orders. 1955: Value for Money (Lieber reich, aber glücklich). 1955/56: 1984 (1984); The Black Tent (Das schwarze Zelt). 1956: The Man in the Sky/Deception Against Time (Versuchsmaschine CB5). 1957: Barnacle Bill (Kapitän Seekrank); Manuela (Manuela). 1957/58: A Tale of Two Cities (Zwei Städte). 1958: Heart of a Child; The Wind Cannot Read (Denn der Wind kann nicht lesen) [US]; The Man Inside (Der Mann ohne Nerven); The Two-Headed Spy (Der Spion mit den zwei Gesichtern). 1959: The Battle of the Sexes (Mister Miller ist kein Killer); The Shakedown (Der nackte Spiegel); Look Back in Anger (Blick zurück im Zorn); Killers of Kilimanjaro (Rivalen unter heißer Sonne). 1959/60: Hell Is a City (Hetzjagd); The Flesh and the Fiends (Der Arzt und die Teufel). 1960: Circus of Horrors (Der rote Schatten); A Story of David; Suspect; Sons and Lovers (Söhne und Liebhaber); No Love for Johnnie (Und morgen alles); The Wind of Change; The Big Day. 1960/61: Les mains d'Orlac (Die unheimlichen Hände des Dr. Orlak) [Version – FR/GB]; The Hands of Orlac [Version – FR/GB]. 1961: The Horsemasters; Spare the Rod (Versuchung auf der Schulbank); What a Carve Up! (Leiche auf Urlaub). 1961/62: The Inspector (Der Inspector) [GB/US]. 1962: Dr. Crippen (Dr. Crippen); Maniac (Die Ausgekochten). 1963: The Caretaker (Der Hausmeister); The Great Escape (Gesprengte Ketten) [US]. 1964: The Outer Limits [TVS – US]. 1965: The Hallelujah Trail (40 Wagen westwärts) [US]; The Greatest Story Ever Told (Die größte Geschichte aller Zeiten) [US]. 1965/66: Cul-de-Sac (Wenn Katelbach kommt). 1966: Fantastic Voyage (Die phantastische Reise) [US]; The Night of the Generals/La nuit de generals (Die Nacht der Generäle) [GB/FR]; Matchless [IT]; Eye of the Devil (Die schwarze 13). 1967: You Only Live Twice (Man lebt nur zweimal). 1968: Will Penny (Der Verwegene) [US]; Mister Freedom (Mr. Freedom) [FR]. 1969: The Madwoman of Chaillot (Die Irre von Chaillot); Arthur! Arthur! [FR]. 1970: Soldier Blue (Das Wiegenlied vom Totschlag) [US]. 1971: THX 1138 (THX 1138) [US]; Wake in Fright/Outback [AU]; Kidnapped (Entführt). 1972: Henry VIII and His Six Wives (Heinrich VIII. und seine sechs Frauen); The Pied Piper [US]; Wedding in White [CA]; Deathline (Tunnel der lebenden Leichen); Innocent Bystanders (Wer zuletzt lebt, lebt am besten); The Jerusalem File [US/IL]. 1973: From Beyond the Grave; Dr. Jekyll and Mr. Hyde [TV – US]; The Mutations (Das Labor des Grauens); Tales That Witness Madness (Geschichten, die zum Wahnsinn führen); The Black Windmill (Die schwarze Windmühle). 1974: ... altrimenti ci arrabbiamo! / Y si no, nos enfadamos (Zwei wie Pech und Schwefel) [IT/ES]; The Count of Monte-Cristo (Der Graf von Monte Christo) [TV]; Barry Mackenzie Holds His Own [AU]. 1975: I Don't Want to be Born (Der Teufel in ihr); Escape to Witch Mountain [US]; The Shaming [TV – US]; Hearts of the West (Ins Herz des wilden Westens) [US]. 1976: The Last Tycoon (Der letzte Tycoon – Der Gigant von Hollywood) [US]; Journey into Fear (Reise in die Angst) [CA]; The Devil's Men/The Land of the Minotaur [GB/US]; Trial by Combat/A Choice of Weapons (Selbstjustiz); The Passover Plot (Jesus von Nazareth) [US]; The Eagle Has Landed (Der Adler ist gelandet). 1977: Tomorrow Never Comes (Morgen gibt es kein Erwachen) [CA]; Night Creature (Night Creature); The Defection of Simas Kudirka [TV – US]; Oh God (Oh, Gott ...) [US]; The Uncanny [CA/GB]; Goldenrod [TV – CA]; Telefon (Telefon) [US]; Blood Relatives/Les liens de sang (Blutsverwandte) [CA/FR]; Meteor (Meteor) [US]. 1978: Power Play (Power Play) [CA/GB]; The Dark Secret of Harvest Home [S – TV – US]; Revenge of the Pink Panther (Inspektor Clouseau – der irre Flic mit dem heißen Blick); Halloween (Halloween – Die Nacht des Grauens) [US]; Sgt. Pepper's Lonely Hearts Club Band (Sgt. Pepper's Lonely Hearts Club Band) [US]; L'Ordre et la sécurité du monde [FR]. 1979: Good Luck, Miss Wyckoff [US]; All Quiet on the Western Front (Im Westen nichts Neues) [TV – GB/US]; Dracula (Dracula) [US]; L'Homme en colère (Der wütende Mann) [FR]; Jaguar Lives! (Jaguar lebt) [US]; Gold of the Amazon Women [TV – US]. 1980: Blade on the Feather (Blätter bugwärts) [TV]; Deep Cover [US]. 1981: The Monster Club (Monster Club); Halloween II (Halloween II – Das Grauen kehrt zurück) [US]; Escape from New York (Die Klapperschlange) [US]. 1982: Race for the Yankee Zephyr (Ein Teufelskerl) [NZ/GB]; The Thing (Das Ding aus einer anderen Welt) [US]; Witness for the Prosecution (Zeugin der Anklage) [TV]; To Kill a Stranger [US]; Alone in the Dark (Zwei Stunden vor Mitternacht) [US]. 1983: The Devonsville Terror [US]; Better Late Than Never (Ein Opa kommt selten allein) [TV – US/GB]; Warrior of the Lost Word (The Last Worrier – Kämpfer einer verlorenen Welt). 1984: Where Is Parsifal? (Die Himmelsmaschine); Phenomena (Phenomena) [IT/CH]; A

Breed Apart (Die Brut des Adlers) [US]; The Corsican Brothers [TV – US]; The Ambassador (Der Ambassador) [US]. 1985: Arch of Triumph (Im Schatten des Triumphbogens) [TV – US]; Sotto il vestito niente (The Last Shot) [IT]; Terror in the Aisles (Terror im Parkett) [US]; Black Arrow (Im Zeichen des schwarzen Pfeils) [TV – US/GB]; El tresoro del Amazones [MX]; Frankenstein's Great Aunt Tillie. 1986: Scoop (Scoop – Sensationsnachricht) [TV]; Cobra Mission [IT]. 1987: Ground Zero (Ground Zero) [AU]; Django 2 – Il grande ritorno [IT]; Spettri (Specters ... Mächte des Bösen) [IT]; Basements. 2. EP: The Room (Basements: The Room) [TV-EP – US]; Warrior Queen (Pompeii) [US]; Prince of Darkness (Die Fürsten der Dunkelheit) [US]. 1987/88: Der Commander/Il triangolo della paura [BRD/IT]; Un delitto poco comune (Off Balance – Der Tod wartet in Venedig) [IT]. 1988: The Great Escape II: The Untold Story (Gesprengte Ketten – Die Rache der Gefangenen) [TV – US]; Halloween IV: The Return of Michael Myers (Halloween IV) [US]; Hanna's War (Hanna's War) [US]; Nosferatu a Venezia (Nosferatu in Venedig) [IT]; The Fall of the House of Usher (The House of Usher) [US]. 1989: River of Death (River of Death) [US]; Casablanca Express (Casablanca Expreß) [IT/MA]; Ten Little Indians (Ten Little Indians) [US]; Halloween V: The Revenge of Michael Myers (Halloween V: Die Rache des Michael Myers) [US]; American risciò (American Rikscha) [IT]. 1990: Donne armate (Gefährliche Begegnung) [IT]; Miliardi (Millions – Der Clan der Milliardäre) [IT]; Buried Alive (Lost Girls) [US]. 1991: Robin Hood's Greatest Adventures (Robin Hood – Die größten Abenteuer) [US]; Diên Biên Phû (Diên Biên Phû – Symphonie des Untergangs) [FR]; L'Avvoltoio sa attendere (Die Geier warten schon) [TV – IT]; Shadows and Fog (Schatten und Nebel) [US]. 1992: Arabian Knight [S – ANI]; The Hour of the Pig/L'heure du cochon (Pesthauch des Bösen) [GB/FR]; Femme Fatale. 1994: Guinevere [TV – US]. 1995: Halloween VI: The Curse of Michael Myers (Halloween VI: Der Fluch des Michael Myers) [US]; Signs and Wonders [TV]. 1995/96: Fatal Frames [IT].

Poiret, Jean

(Jean Gustave Poiré)
* 17. 8. 1926 Paris
† 14. 3. 1992 Paris

Mit 17 Jahren erster Theaterauftritt; 1945 Engagement durch Dhéry an das Théâtre des Deux-Anes, wo er acht Jahre bleibt. 1953 Zusammentreffen mit Michel Serrault; zahlreiche Tourneen mit selbstgeschriebenen Sketchen und Boulevardstükken. Zum größten Erfolg wird Poirets Komödie «La cage aux folles», die 1973–77 im Pariser Palais-Royal läuft. Diesen Bühnenhit wie auch seine Komödie «Joyeuses Pâques» (1980) adaptiert Poiret für den Film und erzielt mit *La cage aux folles* einen der größten Lacherfolge der französischen Filmgeschichte, zwei Sequels sowie ein Hollywood-Remake. Mit Serrault und Brigitte Bardot 1955 in Michel Boisronds *Cette sacrée gamine*. Nach Sacha Guitrys *Assassins et voleurs*, wiederum mit Serrault, entstehen zwischen 1961 und 1986 u. a. sieben Filme unter der Regie von Jean-Pierre Mocky. Kabinettstücke ihrer unterkühlten Form des Humors bieten Poiret/Serrault in Pierre Tchernias *La gueule des autres*. Wie alle großen Komiker ist Poiret Melancholiker: Er ist Mitautor von François Truffauts Okkupations-Melodram *Le dernier métro* und spielt einen Regisseur. Claude Chabrol gibt ihm die Rolle des mit höchst unkonventionellen Methoden arbeitenden zynischen Kommissars Lavardin, der die Provinzbourgeoise zu überführen hat: *Poulet au vinaigre* und *L'inspecteur Lavardin* sowie mehrere TV-Filme. Die Uraufführung seiner einzigen Regiearbeit *Le zèbre* (1991), eine Hauptrolle spielt seine Frau Caroline Cellier, erlebt Poiret nicht mehr.

[FR] 1955: Cette sacrée gamine/Mam-'zelle Pigalle (Pariser Luft); La terreur des dames (Der Damenschreck). 1956: Assassins et voleurs; Adorables démons; La vie est belle. 1957: Le naif aux quarante enfants; Ça aussi c'est Paris; Clara et les méchants/ Bourreaux d'enfants (Verlorenes Spiel). 1958: Oh! Qué mambo!/Il giovane leone [FR/IT]; Nina [BRD]. 1959: Vous n'avez rien à déclarer?; Messieurs les ronds-de-cuir. 1960: La Française et l'amour. 6. Ep: Le divorce (Die Französin und die Liebe) [EP]; Ma femme est une panthère; Candide ou l'optimisme au e siècle (Candide oder Der Optimismus im 20.Jahrhundert). 1961: Auguste (Ein Mädchen sprang ins Wasser); La gamberge (Die tolle Masche); Tout l'or du monde (Alles Gold der Welt); Les Parisiennes (Die Pariserinnen) [EP]; Les snobs. 1962: C'est pas moi, c'est l'autre; Comment réussir en amour (Hübscher als die Polizei erlaubt) [FR/ IT]; Les quatre vérités/Le quattro verità/Las cuatro verades. 3. EP: Le corbeau et le renard (Die vier Wahrheiten) [EP – FR/IT/ES]. 1962/63: Les vierges/Le vergini (Die Jungfrauen) [FR/IT]. 1963: Un drôle de paroissien (Den Seinen gibt's der Herr); La foire aux cancres. 1964: Jaloux comme un tigre; La bonne occase (Gelegenheitskauf). 1965: La tête du client; Les baratineurs. 1965/66: La bourse et la vie/Geld oder Leben [FR/IT/BRD]. 1966: Le roi de cœur/Tutti pazzi meno io (Herzkönig) [FR/IT]. 1967: Trois hommes sur un cheval; Ces messieurs de la famille; Le grand bidule. 1968: La grande lessive. 1969: Ces messieurs de la gâchette.1970: Le mur de l'Atlantique (Leo der Kriegsheld). 1978: La cage aux folles/Il vizietto (Ein Käfig voller Narren) [CoA – FR/IT]. 1979: La gueule de l'autre. 1980: Le dernier métro (Die letzte Metro); La cage aux folles II/Il vizietto II (Ein Käfig voller Narren 2) [CoA – FR/IT]. 1982: Que les gros salaires lèvent le doigt. 1984: La septième cible. 1984/85: Poulet au vinaigre (Hühnchen in Essig). 1985: Liberté, égalité, choucroute [FR/IT]. 1985/86: L'Inspecteur Lavardin (Inspektor Lavardin oder Die Gerechtigkeit) [FR/CH]. 1986: Je hais les acteurs; Le miraculé. 1987: Corentin ou les infortunés conjugales; Les saisons du plaisir (Ein turbulentes Wochenende). 1988: La petite amie; L'Escargot noir (Inspektor Lavardin: Die schwarze Schnecke); Le chateau du pendu (Inspektor Lavardin: Das Schloß der Gehenkten); Les dossiers de l'inspecteur Lavardin: Le diable en ville (Inspektor Lavardin: Der Teufel in der Stadt) [TV]; Les dossiers de l'inspecteur Lavardin: Maux croisés (Inspektor Lavardin: Tödliches Rätsel) [TV]; Une nuit à l'Assemblée Nationale. 1990: Lacenaire. 1991: Le zèbre (Das Zebra) [R]; Sup de fric (Wer ist jetzt der Boß?). 1991/92: Sissi [DE/FR].

Poitier, Sidney

*20. 2. 1924 Miami (Florida)
Jugend auf den Bahamas. Besuch der Western Senior High School, später der Governor's High School in Nassau. Nach der Rückkehr in die USA als Psychotherapeut in der Army. Mitglied des American Negro Theatre in New York. 1946 am Broadway als Polydorus in «Lysistrata». Tournee-Theater mit «Anna Lucasta». 1949 Filmdebüt in einem Dokumentarfilm des US Army Signal Corps. 1952 verkörpert er in Zoltan Kordas *Cry the Beloved Country* einen anglikanischen Priester in Südafrika. Erster Erfolg als aufsässiger Schüler Gregory Miller in Richard Brooks' *Blackboard Jungle*. Schnelle Entwicklung zum einzigen farbigen Amerikaner, den Hollywood in den 50ern als Star akzeptiert. 1958 Oscar-Nominierung und Darstellerpreis in Berlin als Kettensträfling Noah Cullen in Stanley Kramers *The Defiant Ones*. 1963 erhält er als Homer Smith, Handwerker im Nonnen-Kloster in *Lilies of the Field* (Ralph Nelson), den Oscar und wieder den Darstellerpreis in Berlin. In James Clavells *To Sir With Love* spielt er einen Lehrer in London, in Jewisons *In the Heat of the Night* (und zwei Fortsetzungen) Virgil Tibbs, einen Großstadt-Detektiv in den rassistischen Südstaaten, und – neben Tracy und Hepburn – in Kramers *Guess Who's Coming to Dinner* den schwarzen Verlobten einer Weißen. 1971 Regiedebüt mit *Buck and the Preacher* – zugleich Co-Star von Harry Belafonte. Einige Filme mit Bill Cosby folgen. 1975–87 fast ausschließlich Regie-Arbeiten. 1988 Comeback als Schauspieler, er spielt den FBI-Agenten in Roger Spottiswoodes *Shoot to Kill* und in Richard Benjamins *Little Nikita*. In der TV-Biografie *Mandela and De Klerk* verkörpert er den Freiheitskämpfer. 1968 Regie-Debüt am Broadway mit «Carry Me Back to Morningside Heights». 1969 zusammen mit Paul Newman und Barbra Streisand Gründung der First Artists Productions. 1992 Life Achievement Award des American Film Institute. 1980 Memoiren «This Life».

[US] 1949: From Whom Cometh My Help [DOK]. 1950: No Way Out (Haß ist blind). 1952: Red Ball Express (Unternehmen Rote Teufel); Cry, the Beloved Country (Denn sie sollen getröstet werden) [GB]. 1954: Go, Man, Go! (Artisten des Sports). 1955: Blackboard Jungle (Die Saat der Gewalt); Philco TV Playhouse: A Man Is Ten Feet Tall [TV]. 1956: Goodbye, My Lady; Edge of the City (Ein Mann besiegt die Angst). 1957: Band of Angels (Weint um die Verdammten); Something of Value (Flammen über Afrika); The Mark of the Hawk/Accused (Das Zeichen des Falken) [GB/US]. 1958: Virgin Island [GB]; The Defiant Ones (Flucht in Ketten). 1959: Porgy and Bess (Porgy und Bess). 1960: All the Young Men (Und der Herr sei uns gnädig). 1961: A Raisin in the Sun (Ein Fleck in der Sonne); Paris Blues (Paris Blues). 1962: Pressure Point. 1963: The Long Ships/Dugi brodovi (Raubzug der Wikinger) [GB/YU]; Lilies of the Field (Lilien auf dem Felde). 1965: The Bedford Incident (Zwischenfall im Atlantik) [GB]; Duel at Diablo (Duell in Diablo); A Patch of Blue (Träumende Lippen); The Slender Thread (Stimme am Telefon); The Greatest Story Ever Told (Die größte Geschichte aller Zeiten). 1966: To Sir With Love (Junge Dornen) [GB]. 1967: Guess Who's Coming to Dinner (Rat mal, wer zum Essen kommt); In the Heat of the Night (In der Hitze der Nacht). 1968: For Love of Ivy (Liebling). 1969: The Lost Man (The Lost Man – Es führt kein Weg zurück). 1970: They Call Me Mister Tibbs! (Zehn Stunden Zeit für Virgil Tibbs). 1971: Buck and the Preacher (Der Weg der Verdammten) [D,R]; The Organization (Die Organisation). 1972: Brother John (Bruder John – Der Mann aus dem Nichts). 1974: A Warm December [D,R]; Uptown Saturday Night (Samstagnacht im Viertel der Schwarzen) [D,R]. 1975: The Wilby Conspiracy (Die Wilby-Verschwörung). 1978: Let's Do It Again (Dreh'n wir noch 'n Ding) [D,R]. 1980: Stir Crazy (Zwei wahnsinnig starke Typen) [R]; A Piece of the Action (Ausgetrickst) [D,R]. 1982: Hanky Panky (Hanky Panky/Der Geisterflieger) [R]. 1985: Shootout [R]; Fast Forward (Fast Forward – Sie kannten nur ein Ziel) [R]. 1988: Little Nikita (Little Nikita); Shoot to Kill (Mörderischer Vorsprung). 1990: Ghost Dad (Ghost Dad) [R]. 1991: Separate But Equal (Gleichheit kennt keine Farbe) [TV]. 1992: Sneakers (Sneakers – Die Lautlosen). 1995: A Good Day to Die [TV]. 1996: To Sir With Love 2 [TV]. 1996/97: Mandela and De Klerk [TV].

Pol'skich, Galina

(Galina Aleksandrovna Pol'skich)
*27. 11. 1939 Moskau
Studium an der Moskauer Filmhochschule VGIK in der Schauspielklasse von Sergej Gerasimov und Tamara Makarova. Filmdebüt 1962 als Tanja in dem

international mehrfach ausgezeichneten Film *Dikaja sobaka Dingo* (Julij Karasik). Auch in der Folgezeit arbeitet sie mit namhaften Regisseuren wie Georgij Danelija (*Jašagaju po Moskve*, 1964), Grigorij Čuchraj (*Žili-byli starik so staruchoj*, 1965) und mit ihrem Lehrer Gerasimov (*Žurnalist*, 1967). 1968 verkörpert sie im DEFA-Film *Ich war neunzehn* (Konrad Wolf) eine Rotarmistin. Weitere wichtige Rollen in *Front bez flangov* (1975), *Front za liniej fronta* (1978) und *Otcy i dedy* (1982). Pol'skich ist Verdiente Künstlerin, Volkskünstlerin und Staatspreisträgerin der RSFSR.

[SU] 1962: Dikaja sobaka Dingo (Das Mädchen Tanja). 1964: Jašagaju po Moskve (Zwischenlandung Moskau). 1965: Vernost' (Treue); Žili-byli starik so staruchoj (Es lebte einmal ein Alter mit seiner Alten). 1967: Ožidanija [TV]; Žurnalist. 1968: Ballada o komissare (Die Ballade vom Kommissar) [TV]; Ich war neunzehn [DDR]. 1970: Znaki na drodze (Zeichen am Weg) [TV – PL]; Obratnoj dorogi net (Es führt kein Weg zurück) [TV]. 1972: Teni isčezajut v polden' (Die Schatten weichen am Mittag) [TV]; Januskopf [DDR]. 1975: Kogda nastupaet sentjabr' (Wenn es September wird); Front bez flangov (Front ohne Flanken); Išču moju sud'bu (Ich suche mein Schicksal); Moj dom – teatr (Mein Haus ist ein Theater); Odinoždy odin; Avtomobil', skripka i sobaka Kljaksa (Auto, Geige und der Hund Kleks). 1976: Dni chirurga Miškina (Die Tage des Chirurgen Mischkin) [TV]; Dodumal'sja, pozdravljaju! (Ich will nicht mehr Torpfosten sein). 1978: Front za liniej fronta (Front hinter der Frontlinie); Portret s doždem. 1979: Odnokašniki (Studienkollegen); Sueta suet (Mann, bleib auf dem Teppich); Po semejnym obstojatel'stvam (Familiengeschichten). 1980: Za spičkami (Eine fröhliche Fuhre). 1981: Konej na pereprave ne menajut; Nočnoe proisšestvie; Čestnyj, umnyj, neženatyj. 1982: Otcy i dedy (Eine Frau für Großvater); Otstavnoj kozy barabanščik (Das fremde Fell); Predupreždenie/Predupreždenieto/Die Mahnung [SU/BG/DDR]. 1983: Neždanno-negadanno (Unerwartet und unverhofft); Nazvenčali ne v cerkvi; Vitja Glušakov – drug apačej. 1984: Park; Pesočnye časy (Die Sanduhr); Polosa vezenija: Zolotye rybki; Belye rozy. 1985: Smeelov; Razmešite klouna (Laßt den Clown lachen) [TV]; Moj izbrannik; Tichie vody gluboki. 1986: Ot zarplaty do zarplaty (Kassensturz); Zmeelov; Voskresnyj papa. 1987: Čelovek s bul'vara Kapucinov (Der Mann vom Kapuziner-Boulevard); Akseleratka (Zu schnell gewachsen). 1988: Drug (Der Freund); Razorvannyj krug. 1989: Svetlaja ličnost'; Pust' ja umru, gospodi ... 1990: Morda ka. 1992: Bol oj kapkan, ili solo dlja ko ki pri polnoj lune; Tri avgustovskich dnja.

Porten, Henny

(Henny Frieda Ulrike Porten)
* 7. 1. 1890 Magdeburg
† 15. 10. 1960 Berlin

Kindheit in Breslau und bei den Großeltern in Ehrang, ab 1894 in Dortmund, wo ihr Vater, der Opernbariton Franz Porten, das Stadttheater pachtet. Dort erste Kinderrollen. Mit der Familie nach Berlin. Höhere Töchterschule in Moabit. Mit ihrer Schwester Rosa Auftritte bei Vereinsveranstaltungen. Debüt 1906 im «Biophon-Tonbild» *Meißner Porzellan*, von Franz Porten für Oskar Messter inszeniert. Nach Schulabschluß zahlreiche Auftritte in Tonbildern, meist nach Schallplatten berühmter Arien nachgestellte Szenen. 1910 in Spielfilmen, ab 1911 auch in Hauptrollen. 1913/14 erscheint die erste «Henny-Porten-Starfilm-Serie» mit einem Image als «schöne Frau mit schöner Seele». 1919 Beachtung mit Alfred Halms Gerhart-Hauptmann-Verfilmung *Rose Bernd*. Internationaler Erfolg in *Monica Vogelsang* (Rudolf Bierbach) und neben Emil Jannings in *Anna Boleyn* (Ernst Lubitsch). In eigener Produktion u. a. 1921 E. A. Duponts Kassenerfolg *Die Geier-Wally* und das ambitionierte Kammerspiel *Hintertreppe* (Paul Leni/Leopold Jessner). 1924–29 stellt die Henny Porten-Froelich Produktion Filme fürs breite Publikum her. 1929–32 in eigener Produktion u. a. *Skandal um Eva* (G. W. Pabst) Portens Tonfilmdebüt, und die politisch umstrittene *Luise, Königin von Preußen* (Carl Froelich). In der Filmbranche isoliert, weicht Porten auf die Bühne aus. 1933 neuerlicher Filmerfolg mit dem Ton-Remake *Mutter und Kind* (Hans Steinhoff). Streit zwischen ihren Befürwortern Hitler und Göring und ihrem Gegner Goebbels über Portens Weiterbeschäftigung beim Film, da sie sich nicht von ihrem jüdischen Mann scheiden läßt. Ihre Existenz ist von Anfeindungen in der Presse und stets drohender Deportation ihres Mannes überschattet. Erst 1943/44 wieder eine Hauptrolle im Altberliner Zweiteiler *Familie Buchholz* und *Neigungsehe* unter der Regie von Carl Froelich (seit 1939 Reichsfilmkammer-Präsident). Nach Kriegsende in Ratzeburg. 1947 in Lübeck und Hamburg auf der Bühne. Im westdeutschen Film nur 1949/50 eine kleine Nebenrolle in *Absender unbekannt* (Akos von Rathony). 1954 bei der DEFA Hauptrollen in *Carola Lamberti* (Hans Müller) und *Das Fräulein von Scuderi* (Eugen York). 1955 zieht sie sich mangels Beschäftigung ins Privatleben zurück.

[DE] [zunächst Tonbilder] 1906: Meißner Porzellan; Behüt dich Gott. 1908: Funiculi – Funicula; Der Bettelstudent, Große Szene I. Akt: Auftritt des Oberst Ollendorf; Nun sei bedankt mein lieber Schwan; Schaukellied. 1908: Daß nur

für mich dein Herz erbebt; Der Tannhäuser; Im Fasching; Der Freischütz; Die kleine Baronesse. 1909: Stolzenfels am Rhein; «Kußlied». Alt Heidelberg, Du feine; Sehnsucht; Ein sterbender Soldat; Der Rastelbinder; Carmen; Die Zauberflöte; Weihnachtstonbild: «Der Brief an den lieben Gott»; Othello. 1909/10: Hexenlied; Spinnlied; Zu Mantua in Banden. 1910: Faust; Linda von Chamonix; Lohengrin; Die kitzlige Jungfrau; Weh, daß wir scheiden müssen.
[Filme:] 1910: Das Geheimnis der Toten; Verkannt; Schuld und Sühne; Das Liebesglück der Blinden. 1910/11: Friedel, der Geiger. 1911: Ein Duell ohne Zeugen; Ein Spiel um das Lebensglück zweier Menschen; Künstlerliebe; Zu späte Reue!; Mütter, verzaget nicht; Perlen bedeuten Tränen; Des Künstlers Untergang; Tragödie eines Streiks/Ein Streik und seine Folgen; Gefährlicher Liebeskampf zweier Frauen/Liebeskampf zweier Frauen; Ein Fehltritt; Liebe und Leidenschaft; Der Müller und sein Kind; Im Glück vergessen; Das Glöckchen des Glücks; Das Gespenst der Vergangenheit; Papa, warum hast du mich nicht lieb? 1911/ 12: Ein Leben/Maskierte Liebe; Des Lebens Würfelspiel. Rosen und Dornen vom Weg des Lebens; Adressatin verstorben. 1912: Schatten des Lebens; Ein Ehrenwort; Maskenscherz; Die Toten schweigen; Teuer erkauftes Glück; Einer Mutter Opfer; Die Königin der Nacht; Um Haaresbreite; Kämpfende Herzen; Jung und Alt; Der Schatten des Meeres; Des Pfarrers Töchterlein; Henny Portens Reise nach Köln zur Eröffnung des «Modernen Theaters» [DOK]; Erloschenes Licht; Der Kuß des Fürsten. 1912/13: Das Opfer [Verboten]; Ihr guter Ruf. 1913: Eva; Der wankende Glaube; Der Feind im Land; Komtesse Ursel; Der Weg des Lebens; Ihre Hoheit; Um das Glück betrogen. 1913/14: Das Tal des Traumes; Bergnacht. 1914: Die große Sünderin; Nordlandsrose; Alexandra; Gretchen Wendland; Ein Überfall im Feindesland. 1914/15: Das Ende vom Liede. 1915: Der Sieg des Herzens; Märtyrerin der Liebe; Nur nicht heiraten; Die Wellen schweigen; Auf der Alm, da gibt's ka Sünd; Das Schicksal der Gabriele Stark; Das große Schweigen. 1915/16: Ihr bester Schuß; Der Schirm mit dem Schwan. 1916: Abseits vom Glück; Das wandernde Licht; Die Räuberbraut; Der Ruf der Liebe; Gelöste Ketten; Feenhände; Der Liebesbrief der Königin. 1916/17: Die Ehe der Luise Rohrbach. 1917: Der Liebesbrief der Königin; Christa Hartungen; Die Prinzessin von Neutralien; Gefangene Seele; Die Claudi vom Geiserhof; Hann, Hein und Henny! [KF]; Höhenluft; Die Faust des Riesen. 2 Teile; Gräfin Küchenfee. 1917/18: Edelsteine. 1918: Auf Probe gestellt; Das Geschlecht derer von Ringwall; Agnes Arnau und ihre drei Freier; Das Maskenfest des Lebens; Die Sieger; Die Heimkehr des Odysseus; Die blaue Laterne; Die Dame, der Teufel und die Probiermamsell. 1918/19: Irrungen. 1919: Ihr Sport; Die Schuld; Die beiden Gatten der Frau Ruth; Die lebende Tote; Rose Bernd; Die Fahrt ins Blaue; Monica Vogelsang. 1919/ 20: Kohlhiesels Töchter. 1920: Die goldene Krone; Anna Boleyn. 1921: Die Geier-Wally [D,CoP]; Hintertreppe [D,CoP]; Frauenopfer [D,CoP]. 1921/22: Der Bobsport. 1922: Sie und die Drei [D,P]. 1922/23: Inge Larsen [D,P]. 1923: Die Liebe einer Königin; Der Kaufmann von Venedig; Das alte Gesetz; I.N.R.I.; Das Geheimnis vom Brinkenhof. 1923/24: Der Film im Film [DOK]. 1924: Mutter und Kind; Gräfin Donelli; Das goldene Kalb; Prater. 1924/25: Kammermusik [D,CoP]. 1925: Das Abenteuer der Sibylle Brant [D,CoP]; Tragödie [D,CoP]. 1925/26: Rosen aus dem Süden [D,CoP]. 1926: Wehe, wenn sie losgelassen ...! [D,CoP]; Die Flammen lügen [D,CoP]. 1926/27: Meine Tante – Deine Tante [D,CoP]; Violantha/Die Königin der Berge [D,CoP]. 1927: Die große Pause [D,CoP]. 1927/28: Liebe und Diebe [D,CoP]. 1928: Lotte [D,CoP]; Zuflucht [D,CoP]; Henny Porten. Leben und Laufbahn einer Filmkünstlerin [DOK]; Liebe im Kuhstall [D,CoP]; Liebfraumilch [D,CoP]. 1928/29: Die Frau, die jeder liebt, bist Du! [D,CoP]. 1929: Mutterliebe [D,CoP]; Die Herrin und ihr Knecht [D,CoP]. 1930: Skandal um Eva [D,CoP]; Kohlhiesels Töchter [D,CoP]. 1931: 24 Stunden aus dem Leben einer Frau [D,CoP]; Luise, Königin von Preußen [D,P]. 1933: Alle machen mit; Mutter und Kind. 1935: Krach im Hinterhaus. 1938: Der Optimist; War es der im 3. Stock? 1940/41: Komödianten. 1942: Symphonie eines Lebens. 1942/43: Wenn der junge Wein blüht. 1943/44: Familie Buchholz; Neigungsehe. 1949/50: Absender unbekannt [BRD]. 1954: Carola Lamberti [DDR]. 1954/55: Das Fräulein von Scuderi [DDR].

Powell, Dick

(Richard Ewing Powell)
*14. 11. 1904 Mountain View (Arkansas)
†2. 1. 1963 West Hollywood

Besuch der High-School und des College in Little Rock, Arkansas. 1921 Auftritte als Sänger mit eigener Band. Konzerte mit der Royal Peacock Band sowie Charlie Davis' Orchestra in Indianapolis. 1930 Sänger, Komiker und Conferencier im Stanley Theatre, Pittsburgh, auch Radio-Arbeit. 1932 Filmdebüt und Vertrag von Warner Bros. Mit Ruby Keeler als Partnerin spielt und singt er in zahlreichen klassischen Musik- und Revuefilmen der 30er Jahre: *42nd Street* (Lloyd Bacon), *The Gold Diggers of 1933* (Mervyn LeRoy) und *Footlight Parade* (Bacon), *Flirtation Walk* (Frank Borzage). Häufig Zusammenarbeit mit dem Choreografen und Regisseur Busby Berkeley, u. a. an der Seite seiner ersten Frau Joan Blondell in *Stage Struck*. 1940 Wechsel zu Paramount, später zu RKO. Danach Beschäftigung in dramatischen Filmen. Höhepunkt ist 1944 der Privatdetektiv Philip Marlowe in Edward Dmytryks *Murder, My Sweet*. 1952 spielt er den Schriftsteller in Vincente Minnellis *The Bad and the Beautiful.* Ab 1945 umfangreiche Radio-Arbeit: «The Band Wagon» und «The Front Page». Anfang der 50er Jahre beginnt ein dritter Karriere-Abschnitt: Intensive Regietätigkeit für Fernsehen und Film. 1952 zusammen mit Charles Boyer, Ida Lupino und David Niven Gründung der TV-Firma Four Stars Productions, die u.a. 1961–62 die von ihm moderierte, mehrfach ausgezeichnete *Dick Powell Show* produziert. Letzte Arbeit als Schauspieler: 1956–59 in 156 Folgen der Western-TV-Serie *Zane Grey Theatre.*

[US] 1932: Blessed Event; Too Busy to Work. 1932/33: The King's Vacation. 1933: 42nd Street (Die 42. Straße); Gold Diggers of 1933 (Die Goldgräber von 1933); Footlight Parade (Chester übertrifft sich selbst); College Coach; Convention City. 1933/34: Twenty Million Sweethearts. 1934: Wonder Bar; Dames (Broadway-Show); Happiness Ahead; Flirtation Walk. 1934/35: Gold Diggers of 1935 (Die Goldgräber von 1935); A Midsummer Night's Dream (Ein Sommernachtstraum). 1935: Broadway Gondolier; Page Miss Glory; Shipmates Forever; Thanks a Million. 1935/36: Colleen. 1936: Hearts Divided; Stage Struck; Gold Diggers of 1937. 1937: On the Avenue (Gehn wir tanzen); The Singing Marine; Varsity Show; Hollywood Hotel. 1938: Cowboy from Brooklyn; Hard to Get; Going Places; Naughty but Nice. 1940: I Want a Divorce; Christmas in July (Weihnachten im Juli). 1941: In the Navy; Model Wife. 1942: Star Spangled Rhythm; Happy Go Lucky. 1943: Riding High; True to Life. 1943/44: It Happened Tomorrow (Es geschah morgen). 1944: Meet the People; Murder, My Sweet (Mord mein Liebling). 1945: Cornered. 1947: Johnny O'Clock (Johnny O'Clock). 1947/48: To the Ends of the Earth (Opium). 1948: Station West (Gangster der Prärie); The Pitfalls; Rogue's Regiment (Der Mann ohne Gesicht). 1949: Mrs. Mike. 1950: The Reformer and the Redhead; Right Cross. 1951: You Never Can Tell; The Tall Target (Verschwörung im Nachtexpreß); Cry Danger. 1952: The Bad and the Beautiful (Die Stadt der Illusionen). 1952–56: Four Star Playhouse [TVS]. 1953: Split Second (Explosion in Nevada) [R,P]. 1954: Susan Slept Here (Eine Nacht mit Susanne). 1956: You Can't Run Away from It (Ohne Liebe geht es nicht) [R,P]; The Conqueror (Der Eroberer) [R,P]. 1956–59: Zane Grey Theatre [TVS]. 1957: The Enemy Below (Duell im Atlantik) [R,P]. 1958: The Hunters (Kampfflieger) [R,P]. 1958–60: Wanted – Dead or Alive [P – TVS]. 1958–62: The Rifleman [P – TVS]. 1959–61: The Detectives [P – TVS]. 1961–62 The Dick Powell Show [D,P – TVS].

Powell, Eleanor

*21. 11. 1912 Springfield (Massachusetts)
†11. 2. 1982 Beverly Hills (California)

Ballettunterricht, als Kind Auftritte in Night Clubs von Atlantic City. 1928 Tänzerin in New York und Entwicklung zur Spezialistin für Step-Tanz. 1929 Broadway-Debüt. Mitwirkung in zahlreichen Broadway-Revuen. 1935 mit George White nach Hollywood zu M-G-M und Filmdebüt. Durch ihre Hauptrolle in Roy Del Ruths *Broadway Melody of 1936* und zwei weiteren Broadway Melodies erlangt sie große Popularität. Sie gilt als die beste Step-Tänzerin der Welt. In Norman Taurogs *Broadway Melody of 1940* ist sie Co-Star von Fred Astaire. Mitte der 40er Jahre kommt der Step aus der Mode, dadurch schwindet auch ihre Popularität. 1943 Heirat mit Glenn Ford und Rückzug vom Film. 1953–56 Comeback in der eigenen TV-Serie *Faith of Our Children.* In den 60er Jahren wieder Bühnen-Auftritte in New York und Las Vegas.

[US] 1935: George White's 1935 Scandals; Broadway Melody of 1936 (Broadway-Melodie). 1936: Born to Dance (Zum Tanzen geboren). 1937: Broadway Melody of 1938 (Broadway-Melodie 1938); Rosalie (Hoheit tanzt inkognito). 1938: Honolulu. 1939: Broadway Melody of 1940 (Broadway Melodie 1940). 1941: Lady Be Good. 1942: Ship Ahoy (Schiff ahoi!). 1943: Thousands Cheer; I Dood It! (Der Tolpatsch und die Schöne). 1945: Sensations of 1945 (Sensationen für Millionen). 1950: Duchess of Idaho (Die Venus verliebt sich). 1953–56: Faith of Our Children [TVS].

Powell, William

(William Horatio Powell)
*29. 7. 1892 Pittsburgh (Pennsylvania)
†5. 3. 1984 Palm Springs

Besuch der University of Kansas in Lawrence. 1911–12 Studium an der New York Academy of Dramatic Arts. 1912 Broadway-Debüt mit «The Ne'er-Do-Well». Tournee-Theater. Durch den Broadway-Erfolg «Spanish Love» 1922 Filmdebüt. 1925 Vertrag von Paramount. Besetzung vor allem in Rollen zynischer Lebemänner. In Alan Croslands *Under the Red Robe* spielt er den Herzog von Orleans, in Herbert Brenons *Beau Geste* den italienischen Dieb Boldoni. Mehrfach Zusammenarbeit mit Josef von Sternberg, Höhepunkt: 1928 als brutaler Filmregisseur in *The Last Command.* Mit Malcolm St. Clairs *The Canary Murder Case* beginnt 1929 eine Serie von Filmen als Privatdetektiv Philo Vance. Powell ist häufig Partner von Francis Kay. 1931 auch in Filmen neben seiner zweiten Ehefrau Carole Lombard, u.a. als Gigolo in Lothar Mendes' *Ladies' Man.* Wechsel zu Warner Bros., danach zu M-G-M. In *Manhattan Melodrama* (W.S. Van Dyke) erstmals Zusammenarbeit mit Myrna Loy. Der Erfolg als Ehepaar Nick und Nora Charles in Van Dykes Hammett-Verfilmung *The Thin Man* (Oscar-Nominierung) ist Beginn einer Serie von 13 Filmen, die Elemente von Krimi und Screwball-Comedy mischen. 1936 in der Titelrolle von *The Great Ziegfeld* (Robert S. Leonard) und als Millionär im Tramp-Kostüm in Gregory La Cavas *My Man Godfrey* (Oscar-Nominierung). 1947 erhält er für seine Darstellung des autoritären Vaters in Curtiz' *Life With Father* eine weitere Oscar-Nominierung. Seine letzte Rolle ist 1955 der philosophische Doc im Weltkriegs-Drama *Mister Roberts* (John Ford, Mervyn LeRoy).

[US] 1922: Sherlock Holmes; When Knighthood Was in Flower; Outcast. 1923: The Bright Shawl; Under the Red Robe. 1924: Dangerous Money; Romola. 1925: Too Many Kisses; Faint Perfume; My Lady's Lips; The Beautiful City. 1926: Aloma of the South Seas; White Mice; Sea Horses (Die verkaufte Frau); Desert Gold; The Runaway; Beau Geste (Blutsbrüderschaft); Tin Gods; The Great Gatsby. 1927: She's a Sheik; Time for Love; New York; Love's Greatest Mistake; Señorita; Special Delivery; Paid to Love; Nevada; Feel My Pulse. 1928: Beau Sabreur (Der weiße Harem); The Last Command (Sein letzter Befehl); Partners in Crime; The Vanishing Pioneer; Forgotten Faces; The Dragnet (Polizei). 1929: Interference; The Four Feathers; The Canary Murder Case (Die Stimme aus dem Jenseits); Charming Sinners; The Greene Murder Case; Pointed Heels. 1930: Behind the Make-Up; Street of Chance; The Benson Murder Case; Paramount on Parade; Shadow of the Law; For the Defense. 1931: Man of the World; Ladies' Man; The Road to Singapore; High Pressure (Ein ausgefuchster Gauner). 1932: Jewel Robbery (Ein Dieb mit Klasse); One Way Passage (Reise ohne Wiederkehr); Lawyer Man. 1933: Private Detective 62; Double Harness; The Kennel Murder Case; Fashions of 1934 (Der Modelldieb). 1934: Manhattan Melodrama; The Thin Man (Der dünne Mann); The Key; Evelyn Prentice (Ich kämpfe für dich). 1935: Star of Midnight; Reckless (Die öffentliche Meinung); Escapade; Rendezvous. 1936: The Great Ziegfeld (Der große Ziegfeld); The Ex-Mrs. Bradford; My Man Godfrey (Mein Mann Godfrey); Libeled Lady (Lustige Sünder); After the Thin Man (... und so was nennt sich Detektiv). 1936/37: The Last of Mrs. Cheyney. 1937: The Emperor's Candlesticks; Double Wedding (Doppelhochzeit). 1937/38: The Baroness and the Butler. 1939: Another Thin Man (Dünner Mann, 3. Fall). 1940: I Love You Again (Liebling, du hast dich verändert). 1941: Shadow of the Thin Man (Der Schatten des dünnen Mannes); Love Crazy. 1942: Crossroads. 1943: The Youngest Profession; The Heavenly Body. 1944: The Thin Man Goes Home (Der dünne Mann kehrt heim). 1946: Ziegfeld Follies (Broadway Melodie 1950); The Hoodlum Saint. 1947: The Senator Was Indiscreet; Song of the Thin Man (Das Lied vom dünnen Mann); Life with Father (Unser Leben mit Vater). 1948: Mr. Peabody and the Mermaid (Mr. Peabody und die Meerjungfrau). 1949: Dancing in the Dark; Take One False Step. 1950/51: It's a Big Country [EP]. 1951: The Treasure of the Lost Canyon (Der Schatz im Canyon). 1953: The Girl Who Had Everything (Ein verwöhntes Biest); How to Marry a Millionaire (Wie angelt man sich einen Millionär?). 1955: Mister Roberts (Keine Zeit für Heldentum).

Power, Tyrone
(Tyrone Edmund Power)
*5. 5. 1914 Cincinnati (Ohio)
†15. 11. 1958 Madrid
Sohn eines Schauspielers. Besuch der St. Xavier Academy. 1929–31 an der Purcell High School. Kleine Rollen bei der Shakespeare Repertory Company in Chicago. Bis 1936 an verschiedenen Bühnen in Santa Barbara, Chicago und West Falmouth, Massachusetts, u. a. in Shakespeares «Romeo and Juliet» sowie in Shaws «Saint Joan». 1932 Filmdebüt. Erster Erfolg 1936 als Jonathan Blake, Gründer der Versicherungsgesellschaft, in Henry Kings *Lloyds of London*. Bei 20th Century-Fox Entwicklung zu einem der führenden Schauspieler seiner Zeit. Häufig in Filmen von King, u. a. als Alexander in *Alexander's Ragtime Band* und als *Jesse James*. Typmäßig wird er meist als romantischer Liebhaber und strahlender Abenteurer eingesetzt, eine charakteristische Rolle ist der Torero Juan Gallardo in Mamoulians *Blood and Sand*. 1942–46 Pilot des US Marine Corps. 1946 Rückkehr zum Film mit der Rolle des Larry Darrell in *The Razor's Edge* (Edmund Goulding). 1957 als Verdächtiger in Billy Wilders *Witness for the Prosecution*. In den 50er Jahren Rückkehr zum Theater: 1950 in London «Mister Roberts», 1953 England-Tournee mit Charles Laughtons Ensemble und dem Stück «John Brown's Body». Auch in Shaws «The Devil's Disciple». Seine Tochter Romina Power (*1951) arbeitet in Italien erfolgreich als Schlagersängerin, der Sohn Tyrone Power Jr. (*1959) ist Schauspieler.

[US] 1932: Tom Brown of Culver. 1934: Flirtation Walk. 1936: Girls' Dormitory; Ladies in Love; Lloyds of London (Signale nach London). 1937: Love Is News (Der Liebesreporter); Café Metropole (Café Metropol); Thin Ice; Second Honeymoon. 1938: In Old Chicago (Chikago); Marie Antoinette (Marie Antoinette); Alexander's Ragtime Band; Suez (Suez). 1938/39: Jesse James (Jesse James – Mann ohne Gesetz). 1939: Rose of Washington Square; Second Fiddle; The Rains Came (Nacht über Indien); Day-time Wife.

1939/40: Johnny Apollo. 1940: Brigham Young – Frontiersman (Treck nach Utah); The Mark of Zorro (Im Zeichen des Zorro). 1941: A Yank in the R.A.F.; Blood and Sand (König der Toreros). 1942: This Above All; The Black Swan (Der Seeräuber); Son of Fury (Abenteuer in der Südsee). 1943: Crash Dive. 1946: The Razor's Edge (Auf Messers Schneide). 1947: Nightmare Alley (Der Scharlatan); Captain from Castile (Der Hauptmann von Kastilien). 1948: That Wonderful Urge (Ich heirate dich doch); The Luck of the Irish. 1949: Prince of Foxes (In den Klauen der Borgia). 1950: An American Guerilla in the Philippines (Der Held von Mindanao); The Black Rose (Die schwarze Rose). 1951: Rawhide (Zwei in der Falle); The House in the Square [GB]. 1952: Pony Soldier (Der rote Reiter); Diplomatic Courier (Kurier nach Triest). 1953: King of the Khyber Rifles (Der Hauptmann von Peshawar); The Mississippi Gambler (Die Welt gehört mir). 1954: The Long Gray Line (Mit Leib und Seele); Untamed (Die Unbezähmbaren). 1956: The Eddy Duchin Story (Geliebt in alle Ewigkeit). 1956/57: Abandon Ship! (Die Angst hat tausend Namen) [GB]. 1957: The Sun Also Rises (Zwischen Madrid und Paris); Witness for the Prosecution (Zeugin der Anklage).

Prack, Rudolf

(Rudolf Anton Prack)
*2. 8. 1905 Wien
†3. 12. 1981 Wien

Realgymnasium, Handelsakademie, Banklehre. Anschließend Bankangestellter und Schauspielstudium am Max-Reinhardt-Seminar in Schönbrunn. Bühnendebüt am Theater in der Josefstadt. 1937 Filmdebüt in Carl Lamacs musikalischem Lustspiel *Florentine*. 1939 Erfolg als Felix Pirlinger in Gustav Ucickys *Mutterliebe*. 1939/40 Aufstieg zum Publikumsliebling als Wilddieb in Karl Köstlins *Krambambuli* nach der Ebner-Eschenbach-Novelle. 1941/42 als von der Verlobten (Kristina Söderbaum) verlassener Bauernsohn in Veit Harlans *Die goldene Stadt*. Im Nachkriegsfilm als netter junger Herr ein Ideal der Wirtschaftswunder-Generation. In sechs Filmen sind Prack und Sonja Ziemann das Traumpaar «Zieprack». Typisch die Rolle des feschen Försters in Hans Deppes Heimat-Film *Grün ist die Heide*. In *Die Privatsekretärin* bekommt die «Tippse» glücklich den Generaldirektor. Auch als Frauenarzt, Erzherzog usw. ist Prack edel, hilfsbereit und gut. Partnerinnen sind auch Winnie Markus, Marianne Hold und Hannerl Matz. Ähnliche Rollen im Fernsehen, so Mitte der 60er Jahre in einer 26teiligen Serie großer Publikumserfolg als *Landarzt Dr. Brock* (Ralph Lothar). Nach Absinken der Popularität schreibt Prack Hörspiele und Kurzgeschichten, tritt nur noch selten im Film auf. Der heruntergekommene Major in Wilhelm Pellerts *Jesus von Ottakring* (1976) ironisiert das eigene Klischee. Gastrollen in *Karl May* (Hans Jürgen Syberberg) und *Die Standarte* (Ottokar Runze).

[DE/BRD] 1937: Florentine [AT]. 1938: Prinzessin Sissy; Der Optimist. 1939: Mutterliebe. 1939/40: Krambambuli. 1940: Ein Leben lang; Der liebe Augustin. 1940/41: Spähtrupp Hallgarten. 1941/42: Die goldene Stadt. 1942: Die große Nummer. 1942/43: Die unheimliche Wandlung des Alex Roscher; Reise in die Vergangenheit. 1943: Der ewige Klang. 1943/44: Die heimlichen Bräute [Verboten]. 1944: Aufruhr der Herzen; Orientexpreß. 1944/45: Leuchtende Schatten [Unvollendet]; Liebe nach Noten (Du bist Musik für mich; 1947); Ein Herz schlägt für Dich. 1946: Der weite Weg (Schicksal in Ketten; 1950) [AT]; Glaube an mich [AT]. 1948: Königin der Landstraße [AT]; Zyankali [AT]; Fregola [AT]; Morgen ist alles besser. 1949: Heimliches Rendezvous; Um eine Nasenlänge. 1950: Maharadscha wider Willen; Schwarzwaldmädel; Mädchen mit Beziehungen. 1950/51: Eine Frau mit Herz. 1951: Engel im Abendkleid; Die Dame in Schwarz; Grün ist die Heide; Johannes und die 13 Schönheitsköniginnen. 1952: Die Diebin von Bagdad; Tausend rote Rosen blühn; Lockende Sterne; Ferien vom Ich; Wenn abends die Heide träumt. 1953: Kaiserwalzer [AT]; Wenn am Sonntagabend die Dorfmusik spielt; Komm zurück; Die Privatsekretärin. 1954: Kaisermanöver [AT]; Roman eines Frauenarztes. 1955: Ball im Savoy; Heimatland [AT]; Der Kongreß tanzt [AT]. 1955/56: Kronprinz Rudolfs letzte Liebe [AT]. 1956: Dany, bitte schreiben Sie; Kaiserball [AT]; Roter Mohn [AT]. 1957: Das einfache Mädchen; Heimweh ... dort wo die Blumen blüh'n [AT]. 1957/58: Der Page vom Palast-Hotel [AT]. 1958: Die Landärztin; Eine Reise ins Glück; Der Priester und das Mädchen [AT]. 1958/59: Was eine Frau im Frühling träumt; Aus dem Tagebuch eines Frauenarztes. 1959: Du bist wunderbar; Heimat – deine Lieder; Ein Herz braucht Liebe. 1960: Die junge Sünderin. 1960/61: Frau Irene Besser. 1961: Vertauschtes Leben; Mariandl [AT]. 1962: Mariandls Heimkehr [AT]. 1963: Schwejks Flegeljahre [AT]. 1964: Die lustigen Weiber von Tirol; Holiday in St. Tropez [AT]; Happy-End am Attersee (Happy-End am Wörthersee) [AT]. 1965: Ruf der Wälder [AT]; Heidi [AT]. 1966: Landarzt Dr. Brock [TVS]. 1968/69: Ein dreifach Hoch dem Sanitätsgefreiten Neumann. 1969/70: Frau Wirtin bläst auch gern Trompete/Le piacevoli notti di Justine [BRD/AT/IT]. 1970: Kurier der Kaiserin. Folge: Geheimverhandlungen [TV]; Gestrickte Spuren. 2 Teile [TV – AT]. 1971: Glückspilze [TV]; Verliebte Ferien in Tirol. 1971/72: Sie nannten ihn Krambambuli/Was geschah auf Schloß Wildberg? [AT/BRD]. 1973: Wenn jeder Tag ein Sonntag wär. 1974: Der Jäger von Fall; Karl May. 1976: Jesus von Ottakring [AT]. 1977: Die Standarte. 1980: Ringstraßenpalais 1. Staffel [TVS – AT/BRD].

Préjean, Albert

*27. 10. 1893 La Varenne-St.Hilaire
†1. 11. 1979 Paris

Nach verschiedenen Tätigkeiten und Kriegsteilnahme wird der aktive Sportler und Gesangsautodidakt von Jerôme Diamant-Berger (zunächst als Stunt-Double) für den Film entdeckt. Unter dessen Regie entstehen fünf Filme (u. a. 1927 *Éducation de prince* mit Chaplins damaliger Frau Edna Purviance), in denen sich der Typ des herzensguten Kerls mit eisernen Fäusten herausbildet, den er auch im weiteren zumeist verkörpert (oft als Arbeiter oder Boxer). Er ist im französischen Film der Gegentyp zu den eher kantigen Stars Jean Murat und Pierre-Richard Wilm. Für René Clair ist er die ideale Besetzung als Vorstadtsänger in *Sous les toits de Paris*. Nicht zuletzt wegen seiner guten Deutschkenntnisse mehrfach in den Ufa-Versionen der 30er Jahre eingesetzt. Als Partner Odette Florelles in der französischen Version von G. W. Pabsts *Die 3-Groschen-Oper*. Höchste Popularität gewinnt er an der Seite Annabellas in dem Kassenschlager *Un soir de rafle*. Gaby Morlay, Françoise Rosay, Françoise Arnoul, Martine Carol sind ebenso Partnerinnen des ewig gutgelaunten Komödianten und Operettensängers wie Danielle Darrieux in sechs musikalischen Komödien, von denen Léo Joannons *Quelle drôle de gosses* (1935) besonders erfolgreich ist. Dreimal spielt er zu Beginn der 40er Jahre einen wenig überzeugenden Kommissar Maigret. Da seine mimischen Fähigkeiten eher begrenzt sind, wird er, als die Zeit der Operetten und musikalischen Komödien vorbei ist und er als Charmeur von Jean Gabin übertroffen wird, an den Rand gedrängt. 1979 Veröffentlichung eines von seinem Sohn Patrick herausgegebenen Interviewbandes.

[FR] 1921: Les trois mousquetaires (Die drei Musketiere). 1922: Gonzague; Le mauvais garçon; Vingt ans après. 1923: Paris qui dort; Le roi de la vitesse; Le costaud des Epinettes. 1924: Le fantôme du Moulin Rouge; Le miracle des loups (Das Mirakel der Wölfe). 1925: Armour et carburateur; La justicière; Le voyage imaginaire. 1926: Le joueur d'échecs; Le bouif errant (Pech muß der Mensch haben). 1927: Un chapeau de paille d'Italie (Der Florentiner Hut); Le chauffeur de Mademoiselle; Éducation de prince. 1928: Les nouveaux messieurs (Die neuen Herren); Verdun, visions d'histoire. 1929: Fécondité; Le requin. 1930: Le miracle des loups; Sous les toits de Paris (Unter den Dächern von Paris). 1930/31: L'opéra de quat'sous [Version – DE/US/FR]. 1931: Un soir de rafle (Eine Razzia in Paris); L'amoureuse aventure [Version]; Madame hat Ausgang [Version – FR/DE]; Le chant du marin; Le joker. 1932: Rivaux de la piste; Un fils d'Amérique (Ich liebe dich); Voyage de noces [Version – AT]. 1933: Caprice de princesse [Version – DE]; Les bleus du ciel; Théodore et Cie; Toto; Volga en flammes. 1934: Le secret d'une nuit; Dédé; L'auberge du Petit Dragon; L'or dans la rue; La crise est finie!; Le paquebot Tenacity. 1934/35: Le contrôleur des wagons-lits [Version – DE]. 1935: Moise et Salomon parfumeurs; Lune de miel; Paris-Camargue; Quelle drôle de gosse!; Princesse Tam-Tam. 1936: Jenny. 1937: Mollenard/Capitaine corsaiere; Neuf de trèfle; La fessée; L'alibi (Alibi); A Venise, une nuit. 1938: La piste du Sud; La rue sans joie; La vie des artistes; Métropolitain; Place de la Concorde; L'Inconnu de Monte Carlo. 1939: Nord Atlantique; Pour le maillot jaune; Dédé la Musique; L'or du Cristobal. 1940: Un chapeau de paille d'Italie. 1941: Caprices (Einmal im Jahr); L'étrange Suzy. 1942: Picpus. 1943: Cécile est morte; Un seul amour; Au bonheur des dames (Paradies der Damen). 1944: Les caves du Majestic. 1945: L'assassin n'est pas coupable. 1946: Le secret du Florida; La kermesse rouge (Feuer im Bazar); L'homme de la nuit. 1947: L'idole; Les frères Bouquinquant; La grande volière. 1948: Piège à hommes. 1949: Les nouveaux maîtres. 1951: Ils sont dans les vignes; Le désir et l'amour/El deseo y el amor (Wir brauchen einen Mann) [FR/ES]. 1954: Cheri Bibi (Il forzato della Guiana)/Chéri-Bibi [IT/FR]; Les amants du Tage (Nächte in Lissabon); Casse-cou, Mademoiselle.1955: Un missionaire. 1956: Adorables démons; Le circuit de minuit. 1957: Paris Music-Hall (Zur tollen Kuh). 1959: Bomben auf Monte Carlo [BRD]. 1961: Bonne chance, Charlie (Viel Glück, Eddie).

Presle, Micheline

(Micheline Chassagne)
*22. 8. 1922 Paris

Besuch von Schauspielkursen bei René Simon in Paris. 1939 Auszeichnung mit dem Prix Suzanne Bianchetti für ihre Rolle in G. W. Pabsts *Jeunes filles en détresse*. 1941 mit ihrem Partner Fernand in Marcel L'Herbiers *La nuit fantastique* eines der Traumpaare des französischen Films der 40er Jahre. Nach dem Krieg entstehen zwei Filme, die sie international bekannt machen: Claude Autant-Laras *Le diable au corps* und Jean Delannoys *Les jeux sont faits* (nach dem Sartre-Stück). 1949 geht sie nach Hollywood, wo sie den Regisseur William Marshall heiratet. Sie spielt in den drei Jahren ihres Amerika-Aufenthaltes Rollen, die in ihrer komödiantischen Anlage denen Claudette Colberts verwandt sind. Nach Europa zurückgekehrt, bringt sie sich 1953 u. a. mit dem erfolgreichen Melodrama *L'amour d'une femme* (Jean Grémillon) als Ärztin im Konflikt zwischen Beruf und Liebe wieder in Erinnerung. Später auch in differenzierten Charakterstudien in Frankreich und Italien, so in Jacques Rivettes *La religieuse* und in Sergio Sollimas *Il diavolo nel cervello*. In den 70er und 80er Jahren arbeitet sie mit Regisseuren der jüngeren Generation wie Nelly Kaplan, Paul Vecchiali und Gérard Frot-Coutaz zusammen. Ihre Theaterarbeit hat sie unspektakulär fortgesetzt. Presle gehört zu den wenigen Schauspielerinnen der Vorkriegszeit, die nicht zu Gefangenen von Rollenklischees geworden sind.

[FR] 1937: La fessée. 1938: Petite peste; Je chante. 1939: Vous seule que j'aime; Jeunes filles en détresse; Paradis perdu (Das verlorene Paradies). 1940: Elles étaient douze femmes; Fausse alerte; Parade en sept nuits; La comédie du bonheur (Das Glück). 1941: Histoire de rire; Le soleil a toujours raison. 1942: Félicie Nanteuil (Félicie Nanteuil); La belle aventure; La nuit fantastique (Die phantastische Nacht). 1943: Un seul amour. 1944: Falbalas (Haute Couture). 1945: Boule de suif. 1946: Le diable au corps (Stürmische Jugend). 1947: Les jeux sont faits (Das Spiel ist aus). 1948: Under My Skin [US]; Tous les chemins mènent à Rome (Venus im Auto) [FR/IT]; Les derniers jours de Pompéi (Die letzten Tage von Pompeji). 1950 : American Guerilla in the Philippines (Der Held von Mindanao) [US]. 1951: The Adventures of Captain Fabian (Die Taverne von New Orleans) [US]. 1952: La dame aux camélias/La signora dalle camelie [FR/IT]. 1953: L'Amour d'une femme/L'Amore di una donna (Die Liebe einer Frau) [FR/IT]; Si Versailles m'était conté (Versailles – Könige und Frauen); Villa Borghese/Les amants de Villa Borghese. 5. EP: Gli amanti (Römischer Reigen) [EP – IT/FR]. 1954: Casa Ricordi/La maison du souvenir (Casa Ricordi) [IT/FR]; Les impures (Weiße Sklavin für Tanger). 1954/55: Napoléon/Napoleone Bonaparte (Napoleon) [FR/IT]. 1955: Treize à table (Dreizehn an einem Tisch). 1956: La mariée ést trop belle (Die Braut war viel zu schön); Beatrice Cenci/Le château des amants maudits (Ein zarter Hals für den Henker) [IT/FR]. 1957: Les femmes sont marrantes (Meine Frau ist zum Schreien); Les louves (Einer starb zu früh). 1958: Bobosse (Bobosse); Christine/L'amante pura (Christine) [FR/IT]; Die Herrin der Welt [BRD]. 1959: Une fille pour l'été/Una ragazza per l'estate (Ein Mädchen für einen Sommer) [FR/IT]; Interpol contre X (Interpol contra X); Blind Date (Tödliche Falle) [GB]. 1959/60: Herrin der Welt. 2 Teile/Il misterio dei tre continenti/Le mystères d'Angkor [BRD/IT/FR]. 1960: L'Amant de cinq jours/L'Amante de 5 giorni (Liebhaber für fünf Tage) [FR/IT]; Les grandes personnes/Desideri proibiti (Die Erwachsenen) [FR/IT]; Le baron de l'écluse (Der Herr ohne Kleingeld). 1961: Les 7 péchés capitaux/I sette peccati capitali. 4. EP: La luxure (Die sieben Todsünden) [EP – FR/IT]; I briganti italiani/Los guerilleros (Der Bandit von Neapel) [IT/FR]; L'Assassino/L'Assassin (Trauen sie Alfredo einen Mord zu?) [IT/FR]. 1962: Le diable et les dix commandements/Le tentazioni quotidiane (Der Teufel und die zehn Gebote) [EP – FR/IT]; Venere imperiale/Vénus Imperiale (Kaiserliche Venus) [IT/FR]; Coup de bambou; La loi des hommes; If a Man Answers (... gefrühstückt wird zu Hause) [US]. 1963: The Prize (Der Preis) [US]; L'Intrigo (Die teuflische Intrige) [IT/FR]. 1964: La chasse à l'homme/Caccia al maschio (Jagd auf Männer) [FR/IT]; Les pieds nickelés. 1965: Je vous salue, Mafia!/Da New York: Mafia uccide! (Grüße an die Mafia) [FR/IT]; Suzanne Simonin, la réligieuse de Diderot/La réligieuse (Die Nonne). 1966: Le roi de coeur/Tutti pazzi meno io (Herzkönig) [FR/IT]. 1969: Clair de terre; Le bal du comte d'Orgel. 1970: Peau d'âne. 1971: Les pétroleuses/Le pistolere/Las Petroleras (Petroleum-Miezen) [FR/IT/ES]. 1972: Il diavolo nel cervello/Le diable dans la tête [IT/FR]. 1973: La gueule de l'emploi (Hummeln im Hintern); L'Oiseau rare; L'Évenement le plus important depuis que l'homme a marché sur la lune/Niente di grave, suo marito è incinto (Die Umstandshose) [FR/IT]. 1974: La preda [IT]; Le boucher, la star et l'orpheline; Le boucher, la star et l'orpheline; Deux grandes filles dans un pyjama (Zwei süße Mädchen und ein Pyjama). 1975: Mords pas, on t'aime (Beiß nicht, man liebt dich). 1976 : Le diable dans la boîte; Néa (Néa – Ein Mädchen entdeckt die Liebe). 1977: Va voir maman, papa travaille (Sei still, Jérôme, Mama arbeitet). 1978: On efface tout; Je te tiens, tu me tiens parla barbichette. 1979: Démons de midi (Midi-Reise ohne Abschied); Certaines nouvelles; Remue-ménage; S'il vous plaît, la mer?; Tout dépend des filles. 1981: Rien ne va plus. 1983/84: Le sang des autres/The Blood of others [CA/FR]. 1984: Les fausses confidences. 1986: Beau temps mais orageux en fin de journée. 1987: Alouette je te plumerai (Alle Vögel sind schon da); Point d'orgue (Der Sommer des Pianisten). 1988/89: I Want to Go Home (I Want to Go Home). 1989: Après après-demain; In inniger Feindschaft/Champ clos [TV – FR/DE]. 1990: Le jour des rois. 1992: Algeries – les yeux de Cécile (Algerien, Algerien! – Die Augen von Cécile); Je m'appelle Victor [FR/BE/DE]. 1993: Fanfan (Fanfan und Alexandre); Pas très catholique (Die Detektivin); Casque bleu. 1994: Les misérables; L'Alibi en or. 1995: Le journal du séducteur; Enfants de salaud [FR/BE/CH]. 1995/96: Les 1001 recettes du cuisinier amoureux. 1996: Fallait pas!

Presley, Elvis

(Elvis Aron Presley)
* 8. 1. 1935 Tupelo (Mississippi)
† 16. 8. 1977 Memphis (Tennessee)

Nach Abschluß der L. C. Humes High School in Memphis LKW-Fahrer und Sänger an verschiedenen lokalen Radiostationen. 1954 erste Plattenaufnahmen bei Sam Phillip's Sun Records: «That's All Right Mama» und «Blue Moon of Kentucky». Durch regelmäßige Radio-Shows, TV-Auftritte, Tourneen und Platten-Produktionen (RCA) wird er «The King of Rock 'n' Roll». 1956 Filmvertrag von Hal Wallis und Debüt in *Love Me Tender* (Robert D. Webb). Er tritt in zahlreichen Musikfilmen der 20th Century-Fox auf, häufig unter der Regie von Norman Taurog. Die finanziell erfolgreichen Filme bieten meist nur einen lockeren Rahmen für eine Reihe von Gesangsauftritten, die zugleich als Schallplatte vermarktet werden können: *Love Me Tender, Loving You, Jailhouse Rock, King Creole*. Presleys Armeedienst in Deutschland unterbricht 1958–60 die Karriere. Wiederaufnahme der Filmarbeit mit *G.I. Blues*. Ernste Filmrolle als Indianer-Halbblut Pacer in Don Siegels Western *Flaming Star*. Danach wieder vor allem Songs an wechselnden Lokalitäten: *Blue Hawaii, Fun in Acapulco, Viva Las Vegas*. Letzte Filmrolle 1969. Nach einem Karriere-Tief Anfang der 70er Jahre Comeback mit TV-Shows und Auftritten, vor allem in Las Vegas. Dokumentationen seiner Shows in *Elvis – That's the Way It Is* (Dennis Sanders) und *Elvis on Tour* (Bob Abel, Pierre Adidge). 1978 Biopic *Elvis* von John Carpenter mit Kurt Russell als Presley, 1981 TV-Biopic *This Is Elvis* (Malcolm Leo, Andrew Solt) mit David Scott, Paul Boensch und Johnny Harra. Als Sänger ist «The King» bereits zu Lebzeiten eine Legende. Nach seinem frühen Tod wird seine Villa Graceland in Memphis zum Wallfahrtsort für Fans aus aller Welt. Presleys Ex-Frau Priscilla (*24. 5. 1945) tritt in Film und Fernsehen auf, ihre Tochter Lisa-Marie macht 1994 durch eine kurzfristige Hochzeit mit der Pop-Gestalt Michael Jackson von sich reden.

[US] 1956: Love Me Tender (Pulverdampf und heiße Lieder). 1957: Loving You (Gold aus heißer Kehle). 1958: Jailhouse Rock (Rhythmus hinter Gittern); King Creole (Mein Leben ist der Rhythmus). 1960: G. I. Blues (Café Europa); Flaming Star (Flammender Stern). 1961: Wild in the Country (Lied des Rebellen); Blue Hawaii (Blaues Hawai). 1962: Follow That Dream (Ein Sommer in Florida); Kid Galahad (Kid Galahad – Harte Fäuste, heiße Liebe); Girls! Girls! Girls! (Girls! Girls! Girls!). 1962/63: Kissin' Cousins (Die wilden Weiber von Tennessee). 1963: It Happened at the World's Fair (Ob blond ob braun); Fun in Acapulco (Acapulco). 1964: Viva Las Vegas (Tolle Nächte in Las Vegas); Roustabout (König der heißen Rhythmen). 1965: Girl Happy (Kurven-Lilly); Tickle Me (Cowboy-Melodie). 1966: Harum Scarum (Verschollen im Harem); Frankie and Johnny (Frankie und Johnny); Paradise – Hawaian Style (Südseeparadies); Spinout (Sag niemals ja); Double Trouble (Zoff für zwei). 1966/67: Easy Come, Easy Go (Seemann ahoi). 1967: Clambake (Nur nicht Millionär sein). 1968: Stay Away, Joe (Harte Fäuste heiße Lieder); Speedway (Speedway); Live a Little, Love a Little (Liebling laß das Lügen). 1969: Charro! (Charro!); The Trouble With Girls (Immer Ärger mit den Mädchen); Change of Habit (Ein himmlischer Schwindel). 1970: Elvis – That's the Way It Is (Elvis – That's the Way It Is) [DOK]. 1972: Elvis on Tour [DOK].

Price, Vincent
*27. 5. 1911 St. Louis (Missouri)
†25. 10. 1993 Sunset Hills (California)

Besuch der Country Day School in St. Louis. 1933 Absolvierung der Yale University in New Haven, Connecticut. 1934–35 an der Universität in London. 1935 Bühnendebüt mit «Chicago» in London. Weitere Theaterarbeit in London und New York. 1938 an Orson Welles' Mercury Theatre in «The Shoemaker's Holiday». Filmdebüt 1938. Zunächst Rollen als Brite in historischen Filmen, so u. a. als Sir Walter Raleigh in Michael Curtiz' *The Private Lives of Elizabeth and Essex* oder als Charles II. in *Hudson's Bay* (Irving Pichel). Titelrolle als unsichtbarer Detektiv in Joe Mays *The Invisible Man Returns*, als Gigolo in Otto Premingers *Laura*, 1946 als mörderischer Psychiater in Werkers *Shock*. Sein erster großer Erfolg ist 1953 der kranke Bildhauer in André de Toths Thriller *House of Wax*. Fortan vor allem in Horrorfilmen. Price wird einer der erfolgreichsten Schauspieler dieses Genres. 1957 spielt er den Teufel in *The Story of Mankind* (Irwin Allen). In den 60er Jahren beim Produzenten und Regisseur Roger Corman in einer Reihe von Filmen nach Edgar Allan Poe, so als Roderick Usher in *The House of Usher* oder neben Peter Lorre und Boris Karloff in *The Raven* und als Prince Prospero in *The Masque of the Red Death*. 1968 als Hexenjäger zu Cromwells Zeiten in *Witchfinder General* (Michael Reeves), 1973 spielt er einen rachesuchenden Schauspieler in Douglas Hickox' *Theatre of Blood*. Häufig auch als fachmännischer Host in TV-Horror-Serien wie *Mystery!* In den 50er Jahren wieder verstärkt Theaterarbeit: 1953 «Richard III», 1955 in der Melville-Dramatisierung «Billy Budd». Autor mehrerer Bücher: 1959 «I Like What I Know», 1961 «The Book of Joe», 1965 «A Treasury of Great Recipes», 1967 «A National Treasury of Cooking», 1969 «The Come into the Kitchen Cook Book», 1972 «The Vincent Price Treasury of American Art».

[US] 1938: Service de Luxe. 1939: The Private Lives of Elizabeth and Essex (Günstling einer Königin); Tower of London (Der Henker von London).

1939/40: The Invisible Man Returns (Der Unsichtbare kehrt zurück); Green Hell (Die grüne Hölle); The House of Seven Gables. 1940: Brigham Young – Frontiersman (Treck nach Utah). 1941: Hudson's Bay. 1943: The Song of Bernadette (Das Lied von Bernadette). 1944: The Keys of the Kingdom (Schlüssel zum Himmelreich); The Eve of St. Mark; Laura (Laura); Wilson. 1945: A Royal Scandal (Skandal bei Hofe); Leave Her to Heaven (Todsünde); Dragonwyck (Weißer Oleander). 1946: Shock. 1947: Moss Rose; The Web (Das Netz); The Long Night (Die lange Nacht). 1948: Up in Central Park; The Three Musketeers (Die drei Musketiere); Rogue's Regiment (Der Mann ohne Gesicht); Abbott and Costello Meet Frankenstein (Mein Gott, Frankenstein/Abbott und Costello treffen Frankenstein). 1949: Bagdad (Bagdad); The Bribe (Geheimaktion Carlotta). 1949/50: The Baron of Arizona (Der Baron von Arizona). 1950: Champagne for Caesar; Curtain Call at Cactus Creek (Ärger in Cactus Creek). 1951: His Kind of Woman (Ein Satansweib); Adventures of Captain Fabian (Die Taverne von New Orleans). 1952: The Las Vegas Story (Die Spielhölle von Las Vegas). 1953: House of Wax (Das Kabinett des Professor Bondi). 1954: Dangerous Mission (Blut im Schnee); Casanova's Big Night (Der Schürzenjäger von Venedig); The Mad Magician (Der wahnsinnige Zauberkünstler). 1955: The Story of Colonel Drake [KF]; Son of Sinbad (Sindbads Sohn). 1956: Serenade (Serenade); The Ten Commandments (Die zehn Gebote); While the City Sleeps (Die Bestie). 1957: The Story of Mankind [TV]. 1958: The Fly (Die Fliege). 1959: The Bat (Das Biest); The Return of the Fly (Rückkehr der Fliege); The House on Haunted Hill (Das Haus auf dem Geisterhügel); The Big Circus (Die Welt der Sensationen). 1960: The Chevy Mystery Show [TVS]; The Tingler (Schrei, wenn der Tingler kommt); The House of Usher (Die Verfluchten). 1961: Master of the World (Robur – Der Herr der sieben Kontinente); The Pit and the Pendulum (Das Pendel des Todes); Nefertite, regina del Nilo (Nofretete – Königin vom Nil) [IT]; Gordon il pirata nero (Der schwarze Seeteufel) [IT]. 1962: Convicts Four/Reprieve; Confessions of an Opium Eater; Tales of Terror. 1. Ep: Morella/2. Ep: The Black Cat/3. Ep: The Case of Mr. Valdemar (Der grauenvolle Mr. X) [EP]; Tower of London (Der Massenmörder von London); The Raven (Der Rabe – Duell der Zauberer). 1963: Diary of a Madman (Tagebuch eines Mörders); Beach Party; The Haunted Palace (Die Folterkammer des Hexenjägers); Twice Told Tales (Das Gift des Bösen); The Comedy of Terrors («Ruhe sanft» GmbH). 1964: L'ultimo uomo della terra/The Last Man on Earth [2 Versionen – IT/US]; The Masque of the Red Death (Satanas – Das Schloß der blutigen Bestie) [US/GB]. 1965: The Tomb of Ligeia (Das Grab der Lygeia) [US/ GB]; The City under the Sea (Stadt im Meer) [GB]; Dr. Goldfoot and the Bikini Machine (Dr. Goldfoot und seine Bikini-Maschine). 1966: Le spie vengono dal semifreddo/Dr. Goodfoot and the Girl Bombs [IT]. 1967: The Jackals [ZA]; Das Haus der 1000 Freuden [BRD]. 1968: Witchfinder General (Der Hexenjäger) [GB]; More Dead Than Alive (Killer Cain). 1969: The Trouble With Girls (Immer Ärger mit den Mädchen); The Oblong Box (Im Todesgriff der roten Maske) [US/GB]; Scream and Scream Again (Die lebenden Leichen des Dr. Mabuse) [GB]. 1970: Cry of the Banshee (Der Todesschrei der Hexen) [GB]. 1971: The Abominable Dr. Phibes (Das Schreckenskabinett des Dr. Phibes) [GB]; What's a Nice Girl Like You? [TV]. 1972: Dr. Phibes Rises Again (Die Rückkehr des Dr. Phibes) [GB]. 1973: Theatre of Blood (Theater des Grauens). 1974: Percy's Progress [GB]; Madhouse (Das Schreckenshaus des Dr. Death). 1976: Journey into Fear (Reise in die Angst) [CA]. 1979: Time Express [TVS]; Scavenger Hunt [TV]. 1980: The Monster Club [GB]. 1980–1989 Mystery! [TVS]. 1982/83: House of the Long Shadows (Das Haus der langen Schatten) [GB]. 1983: Snow White and the Seven Dwarfs [TV – GB]. 1983/84: Bloodbath at the House of Death [GB]. 1987: The Offspring/From a Whisper to a Scream (Die Nacht der Schreie); The Whales of August (Wale im August); Escapes [TV-EP – GB]. 1988: Dead Heat (Dead Heat). 1989: Backtrack/Catchfire (Catchfire) [2 Versionen]. 1990: Edward Scissorhands (Edward mit den Scherenhänden). 1992: The Heart of Justice (Heart of Justice) [TV].

Prochnow, Jürgen

* 10. 6. 1941 Berlin

Ab 1952 in Düsseldorf, Gymnasium bis zum Abitur, Banklehre, nebenher Statist am Düsseldorfer Schauspielhaus. 1963–66 Folkwang-Schule Essen. 1966 Bühnendebüt an den Städtischen Bühnen in Osnabrück, 1968–70 Stadttheater Aachen, 1971 Theater der Stadt Heidelberg, dann bis 1976 Schauspielhaus Bochum, seither freier Schauspieler. Als Franz Moor in Schillers «Die Räuber» (1979) von der Zeitschrift Theater heute zu einem der «Schauspieler des Jahres» gewählt. Seit 1970 im Fernsehen. Beachtung besonders in Filmen von Wolfgang Petersen, so z. B. 1973 als Erpresser in dessen Spielfilm-Debüt *Einer von uns beiden* und Titelrolle des sensiblen Strafgefangenen, der sich zum Boß hochprügelt, in Reinhard Hauffs *Die Verrohung des Franz Blum*, 1975 als Bundeswehr-Deserteur in *Die verlorene Ehre der Katharina Blum* von Volker Schlöndorff und Margarethe von Trotta. 1977 als schwuler, wegen Verführung Minderjähriger einsitzender Schauspieler in Petersens TV-Verfilmung von Alexander Zieglers *Die Konsequenz*. Mit vordergründig wortkarg verhaltenen, hintergründig hochgradig emotionalen Einzelgänger-Figuren Aufstieg zu einem der markantesten Darsteller des Neuen Deutschen Films. Internationale Reputation als «Der Alte» in Petersens *Das Boot* (1980/81). In Hollywood-Filmen u. a. 1983 als edler Ritter Leto Atreides in David Lynchs *Dune* und 1984 als jüdischer Dichter Fritz Friedländer in Anthony Pages *Forbidden*, meistens jedoch als Erzbösewicht in actionreichen Produktionen, z. B. Sir Miles Folcanet in *Robin Hood* (John Irvin). In den USA auch Hauptrollen im Fernsehen. In Deutschland im Rollenklischee des Einzelgängers: 1985 in *Der Bulle und das Mädchen* (Peter Keglevic), zehn Jahre später als Ex-Polizist im Alleinkampf gegen das organisierte Verbrechen im TV-Dreiteiler *Tödliche Wahl* (Peter Deutsch).

[BRD] 1970: Unternehmer [TV]. 1971: Gebrüder Sass [TV]; Leb wohl, Judas [TV]; Zoff. 1972: Tatort: Jagdrevier [TV]; Knast [TV]; Auf Befehl erschossen [TV]. 1972/73: Die Zärtlichkeit der Wölfe. 1973: Die Verrohung des Franz Blum; Einer von uns beiden. 1974: Macbeth [TV]; Die Schwiegertochter [TV]. 1975: Die verlorene Ehre der Katharina Blum; Shirins Hochzeit [TV]. 1976: Hans im Glück [TV]; Erinnerung an die Leidenschaft [TV]; Frauensiedlung [TV]. 1977: Die Konsequenz; Operation Ganymed [TV]; Tatort: Das Mädchen von gegenüber [TV]. 1979: Kotte [TV]. 1979/80: Soweit das Auge reicht/ A perte de vue [BRD/FR/CH]. 1980: Unter Verschluß [TV]. 1980/81: Das Boot. 1982: The Keep (Die unheimliche Macht) [US]. 1982/83: Krieg und Frieden. EP: Gespräche im Weltraum [EP]. 1983: Comeback/Love Is Forever [TV – US/BRD]. 1984: Dune (Der Wüstenplanet) [US]; Forbidden/Versteckt [TV – US/BRD]. 1985: Der Bulle und das Mädchen [BRD/AT]; Killing Cars; Murder: By Reason of Insanity (Ich muß sie töten) [TV – US]. 1986/87: Des Teufels Paradies. 1987: Beverly Hills Cop II (Beverly Hills Cop II) [US]; The Seventh Sign (Das siebte Zeichen) [US]; Terminus [FR/BRD/HU]. 1988: A Dry White Season (Die weiße Zeit der Dürre) [US]. 1989: Der Skipper; The Man Inside (The Man Inside – Tödliche Nachrichten) [US/FR]; The Fourth War (Powerplay) [US]. 1990: Hurricane Smith (Hurricane Smith) [AU]. 1990/91: Robin Hood (Robin Hood – Ein Leben für Richard Löwenherz) [GB]. 1991: Viimeisellä rajalla/The Last Border [FI/DE/SE]. 1992: Twin Peaks: Fire Walk With Me (Twin Peaks – Der Film) [US]; Interceptor (F-117A Stealth War) [US]; The Fire Next Time (American Inferno) [TV – US]; Body of Evidence (Body of Evidence) [US/DE]. 1992/93: Der Fall Lucona [DE/AT]; Die Wildnis. 1993: Guns of Honor [TV – GB]; Trigger Fast/The Floating Outfit [US]; Danielle Steel's Jewels (Juwelen des Schicksals) [TV – US]; Red Eagle (Ken Folletts Roter Adler) [GB]. 1993/94: In the Mouth of Madness (Die Mächte des Wahnsinns) [US]. 1994: L'Honneur des grandes neiges [TV – CA/FR]. 1994/95: Tödliche Wahl. (3 Folgen) [TV]; Judge Dredd [US]. 1995: Fesseln [TV]. 1996: The Privateer 2: The Darkening [US]; Sorellina (Prinzessin Alisea) [IT]; The English Patient (Der englische Patient) [US]; Der Schrei nach Liebe [TV]. 1996/97: DNA [US].

Prochorenko, Žanna

(Žanna Trofimovna Prochorenko)
*11. 5. 1940 Poltava

Ausbildung am Studio des Künstlertheaters in Moskau, bis sie 1959 von Grigorij Čuchraj die Rolle der Šura in *Ballada o soldate* erhält. Der große Erfolg dieses Films ist auch ihrer ausdrucksvollen und sensiblen Rollengestaltung zu danken. Danach wechselt sie an die Filmhochschule VGIK und studiert bis 1964 bei Sergej Gerasimov und Tamara Makarova. Eine schöne Aufgabe erhält Prochorenko 1962 in ihrem zweiten Film als Ksenija in *A esli eto ljubov'?* (Julij Rajzman). Weitere wichtige Rollen: die Dunja in *Dvadcat' let spustja* (Aida Manasarova), die Untersuchungsrichterin in Vasilij Šukšins *Kalina Krasnaja* (1974) und die Dar'ja in *Myžili po sosedstvu* (Nikolaj Lyrčjmkv) Žanna Prochorenko ist Verdiente Künstlerin der RSFSR.

[SU] 1959: Ballada o soldate (Die Ballade vom Soldaten). 1962: A esli eto ljubov'? (Und wenn es Liebe ist?). 1963: Venskij lec. 1964: Italiani brava gente/ Oni šli na vostok (Sie zogen nach Osten) [IT/SU]; Nepridumannaja istorija (Eine wahre Geschichte). 1965: Ženit'ba Bal'zaminova (Wer heiratet wen?); Poezd miloserdija; Palata; Pervyj sneg. 1966: Dvadcat' let spustja; Idu na grozu; Zvonjat, otkrojte dver' (Tanja sucht Freunde). 1967: Proščaj; Djadjuškin son (Onkelchens Traum). 1968: Proisšestvie, kotorogo nikto ne zametil. 1969: Odin šans iz tysjači; Ljubov' Serafima Frolova. 1972: Esli ty muščina; Nakoval'nja ili molot/Nakovalnja ili čuk/Hammer oder Amboß sein [SU/BG/DDR]; Antracit; Smertnyj vrag. 1973: Točka, točka, zapjataja ... (Punkt, Punkt, Komma); Dver' bez zamka. 1974: Ozornye častuški; Otkrytie; Sibirskij ded (Der Kommandeur aus dem Süden); Kalina Krasnaja; Sokolovo [CS/ SU]; Sokolovo [CS/SU]. 1976: Strach vysoty (Höhenangst); Ot zari do zari (Vom Morgen- bis zum Abendrot). 1977: Polkovnik v otstavke. 1978: Priezžaja (Die Neue). 1979: Blizkaja dal' (Nahe Ferne); Emel'jan Pugačev (Rebell gegen die Krone); Sredi ljudej; Na novom meste. 1981: Oni byli akterami; Šal'naja pul'ja. 1982: My Žili po sosedstvu (Wir waren Nachbarn). 1984: TASS upolnomočen zajavit ... (TASS ist ermächtigt zu erklären) [TV]; Kole Šarlotty (Das Kollier von Charlotte). 1985: Dve versii odnogo stolknovenija (Zwei Versionen einer Kollision).

Proklova, Elena

(Elena Igorevna Proklova)
*2. 9. 1953 Moskau

Bereits als Schülerin erhält sie 1966 von Aleksandr Mitta ihre erste Filmrolle, die 11jährige Tanja in *Zvonjat, otkrojte dver'*. Als das Mädchen Natascha 1967 im vierteiligen DDR-Fernsehfilm *Begegnungen* von Georg Leopold und Konrad Petzold. Nach einigen weiteren Filmaufgaben Ausbildung im Studio des Moskauer Künstlertheaters, in dessen Ensemble sie 1973 aufgenommen wird. Dort verkörpert sie u. a. die Hauptrolle in Roščins «Valentin i Valentina» und die Nataša in Čechovs «Tri sestry». Gleichzeitig beginnt der zweite Abschnitt ihrer Karriere als Filmschauspielerin mit der weiblichen Hauptrolle, Tanja Fešova, in *Edinstvennaja* (Iosif Chejfic, 1976). Dafür erhält sie einen Darstellerpreis auf dem Allunionsfilmfestival in Frunze. Weitere wichtige Rollen in *Sentimental'nyj roman* (Igor' Maslennikov, 1977), *Veroj i pravdoj* (Andrej Smirnov, 1980) und *My žili po sosedstvu* (Nikolaj Lyrèikov, 1982). Sie ist Verdiente Künstlerin der RSFSR.

[SU] 1965: Zvonjat, otkrojte dver' (Tanja sucht Freunde). 1967: Snežnaja koroleva (Die Schneekönigin); Begegnungen [DDR]. 1969: Perechodnyj vozrast (Übergangsalter). 1970: Gori, gori, moja zvezda (Leuchte, mein Stern, leuchte). 1975: Dnevnik direktora žkoly (Aus dem Tagebuch eines Schuldirektors). 1976: Edinstvennaja (Die Einzige). 1977: Ključ bez prava peredači (Ein Schlüssel, den man nicht weitergeben darf); Golubka (Täubchen) [TV]; Sobaka na sene (Der Hund im Heu) [TV]; Sobstvennoe mnenie (Eine eigene Meinung); Kak Ivanuška-duračok za čudom chodil (Wie der dumme Iwanuschka das Wunder suchte); Sentimental'nyj roman (Ein sentimentaler Roman/Mit 17 ist man noch jung). 1978: Smjatenie čuvstv (Verwirrung der Gefühle); Mimino (Mimino). 1979: Išči vetra (Suche den Wind). 1980: Veroj i pravdoj. 1981: Bud'te moim mužem (Werden Sie mein Mann); Kakie naši gody. 1982: My žili po sosedstvu (Wir waren Nachbarn). 1983: Bud' sčastliva, Julija!; Iz žizni načal'nika ugolovnogo rozyska (Krumme Touren); Čto možno Kuzenkovu?; Pozdnjaja ljubov' (Späte Liebe) [TV]. 1984: Pervaja konnaja (Die erste Reiterarmee). 1987: Zapomnite menja takoj (Behaltet mich so in Erinnerung).

Pryor, Richard

*1. 12. 1940 Peoria (Illinois)

Arbeiter und Pförtner. 1958–60 Militärdienst in Deutschland. Auftritte in kleinen Clubs, 1963 im New Yorker Café «Wha?». Entwicklung eigener komischer Sketche, die sich vor allem – teils auch sehr brutal – um Rasse, Sex und Drogen drehen. Ab Mitte der 60er Jahre mit Auftritten in TV-Unterhaltungsshows außerordentliche Popularität. 1966 Filmdebüt in William Castles *The Busy Body*. Integrierung komischer Nummern in Spielfilme. Erste Aufmerksamkeit im Jazz-Biopic *Lady Sings The Blues* (Sidney J. Furie). Wiederholt Zusammenarbeit mit dem Regisseur Michael Schultz, u. a. als «Daddy Rich» in der Musik-Komödie *Car Wash*. 1978 spielt er den Arbeiter Zeke in Paul Schraders *Blue Collar*. Mehrmals an der Seite von Gene Wilder, so in *Silver Streak* (Arthur Hiller), als geflohener Sträfling in Sidney Poitiers *Stir Crazy* und als Blinder in Arthur Hillers *See No Evil, Hear No Evil*. 1989 neben Eddie Murphy in dessen Regie-Debüt *Harlem Nights*. Pryor ist ein vielseitig talentierter Entertainer in verschiedenen Medien. Er arbeitet auch als Gag-Autor für andere Komiker wie Lily Tomlin und Flip Wilson. In den 70er Jahren ist er einer der populärsten farbigen Entertainer des amerikanischen Showbusiness – Vorbild für Eddie Murphy und andere. Seine Bühnenshows werden mehrfach filmisch aufgezeichnet: *Richard Pryor – Live in Concert, Richard Pryor Live on the Sunset Strip*. 1986 Hauptdarsteller, Regisseur, Co-Autor und Produzent des weitgehend autobiografischen Films *Jo Jo Dancer – Your Life Is Calling*. Wegen der Erkrankung an multipler Sklerose zieht er sich Anfang der 90er Jahre weitgehend von der Leinwand zurück.

[US] 1966: The Busy Body. 1968: Wild in the Streets (Wild in den Straßen); Hellfighters (Die Unerschrockenen); The Green Berets (Die grünen Teufel). 1969: The Young Lawyers [TVS]. 1970: Carter's Army; The Phynx. 1971: You've Got to Walk It Like You Talk It or You'll Lose That Beat; Dynamite Chicken. 1972: Lady Sings the Blues (Lady Sings the Blues). 1973: Hit! (Hit!); The Mack; Wattstax (Wattstax); Some Call It Loving. 1974: Uptown Saturday Night (Samstagnacht im Viertel der Schwarzen); Blazing Saddles (Is' was Sheriff?) [CoA]. 1975: Adios Amigos. 1976: Silver Streak (Trans-Amerika-Expreß); Car Wash (Car Wash); The Bingo Long Traveling All-Stars and Motor Kings (Bingo Long). 1977: Greased Lightning (Stock-Car Race); Which Way Is Up? (Wie geht's aufwärts?). 1978: The Wiz; Richard Pryor Alive in Concert; California Suite (Das verrückte California-Hotel); Blue Collar (Blue Collar). 1979: The Muppet Movie (Muppet Movie) [GB]; In God We Trust (Dreist und gottesfürchtig); Richard Pryor Is Back. 1980: Wholly Moses! (Oh Moses!); Stir Crazy (Zwei wahnsinnig starke Typen). 1981: Bustin' Loose (Einmal und nie wieder) [D,CoP]; Some Kind of Hero (Ein besonderer Held); History of the World – Part 1 (Mel Brooks verrückte Geschichte der Welt). 1982: Richard Pryor Live on the Sunset Strip (Richard Pryor Live on the Sunset Strip). 1982/83: Superman III (Superman III – Der stählerne Blitz) [GB]. 1983: The Toy (Der Spielgefährte); Richard Pryor ... Here & Now [D,R]. 1985: Brewster's Millions (Zum Teufel mit den Kohlen); Richard Pryor, Live and Smokin. 1986: Jo Jo Dancer – Your Life is Calling (Jo Jo Dancer – Dein Leben ruft) [D,R,CoA,P]; Funny. 1987: Critical Condition (Critical Conditions). 1988: Moving (Moving – Rückwärts ins

Chaos). 1989: See No Evil, Hear No Evil (Die Glücksjäger); Harlem Nights (Harlem Nights). 1991: Another You (Das andere Ich). 1995: Chicago Hope: Stand [TVS]. 1996: Lost Highway (Lost Highway); Mad Dog Time.

Psilander, Valdemar

(Valdemar Einar Psilander)
*9. 5. 1884 Kopenhagen
†6. 3. 1917 Kopenhagen

Bühnendebüt 1901. In seinem ersten Filmjahr 1911 ist Psilander Partner Asta Nielsens in Urban Gads *Den sorte drøm*. 1911–16 bei der Nordisk Films Kompagni agiert er in über 80 Filmen, wird dabei zunächst eher klischeehaft eingesetzt, häufig in Rollen als eleganter Arzt. In Dänemark und Deutschland nimmt die Verehrung des attraktiven Schauspielers, der sich nach und nach von den Schablonen freimachen kann und gegen Ende seiner Karriere höchst zwiespältige Charaktere spielt (letzter Film: Anders Wilhelm Sandbergs *Klovnen*), geradezu kultische Züge an. Ähnlich großen Zuspruch haben seine Filme in Rußland. Bevor er den Plan realisieren kann, sich von der Nordisk zu lösen und eine eigene Produktionsgesellschaft zu gründen, stirbt Psilander im März 1917 unter nicht endgültig geklärten Umständen in seinem Hotelzimmer.

[DK] 1911: For aabent Tæppe/Desdemona (Desdemona); En Lektion/Aviatikeren og Journalistens Hustru; Jernbanens Datter (Ein Kind der Sünde); Det mørke Punkt/Mammie Rose (Der dunkle Punkt); Mormonernes Offer/Et Offer (Das Opfer des Mormonen); Onkel og Nevø/Fader og Søn (Onkel und Neffe/Die Stunde der Versuchung); Hendes Ære/Den naadige Frøken; Livets Baal (Das Feuer des Lebens/Rosenmontag); Fru Potifar/Den skæbnesvangre Løgn (Die verhängnisvolle Lüge); Den farlige Alder (Das gefährliche Alter); Balletdanserinden (Die Ballettänzerin); Ved fængslets Port/Storstadens Fristelser (Versuchungen der Großstadt); Ungdommens Ret (Das Recht der Jugend); Den Undvegne/Tugthusfangerne 10 og 13/Politimesteren (Die Sträflinge 10 und 13); Tropisk Kærlighed; Det gamle Købmandshus/Midsommer (Verfehltes Leben); Det bødes der for/Hævnet (Der Rächer seiner Ehre); Den sorte drøm (Der schwarze Traum/Eine Tragödie aus dem Zirkusleben). 1912: En bryllupsaften paa Hotel/15 og 17/No. 75 og 76 (No. 75 und 76); Gæstespillet (Das Gastspiel); Den glade Løjtnant/Fabrikantens Hævn (Die Rache des Fabrikanten/Der Arzt seiner Ehre); Dødsspring til Hest fra Cirkuskuplen/Det store Clou (Die große Circus-Attraktion); Dødsangstens Maskespil/Et Drama paa Havet (Das Feuer über Meer); Hvem var Forbryderen?/Samvittighedsnag (Die Stimme des Gewissens); Hustruens ret/Den afødes Anklage (Das Recht der Gattin); Vor Tide Dame (Eine Dollarprinzessin); Fødselsdagsgaven/Gaven (Einer Mutter Geheimnis); Et skud i Mørket (Ein Schuß zur rechten Zeit); Karnevallets Hemmelighed/En Bortførelse (Eine Entführung); Elskovs Magt/Gøgleren (Was das Leben zerbricht); Alt paa et Kort/Guldmønten (Der Zufall des Glücks); Operabranden/Bedstemoders Vuggevise (Großmutters Wiegenlied); Scenen og Livet (Die Sünden unserer Zeit); Den sande Kærlighed/Flugten gennem Skyerne (Die Flucht durch die Wolken); Strejken paa den gamle Fabrik/Den gamle Fabrik (Eine alte Geschichte/Herzenshandel); En Hofintrige (Das Geheimnis des Fürsten); En stærkere Magt/Den stærkeste (Du hast mich besiegt); Den sorte Kansler (Der schwarze Kanzler). 1913: Et vanskeligt Valg/Guldet og vort Hjerte (Ein goldenes Herz); Gennem Mørke til Lys/Fra Mørke til Lys (Anonymer Brief); Fangens Søn; Elskovsleg/Liebelei (Liebelei); Skandalen paa Sørupgaard/Den Bette (Der Rechte); Ekspressens Mysterium/Eksprestogets Mysterium/Ene med Satan (Des Teufels Anteil); Skæbnens Veje/Kærlighedens Flammer/Under Lidenskaben Ag (Wenn Blütenträume reifen/Im Bann der Leidenschaft); Lykken svunden og genvunden/Sfinxen (Die Sphinx); Nellys forlovelse (Nellys Verlobung); Højt Spil/Et Forfejlet Spring (Um hohen Preis). 1914: Kærlighedens Triumf/Testamentet (Trotzköpfchens Eroberung); Arbejdet adler/En Karakter (Ein Charakter); En Æresoprejsning; Børnevennerne (Eine Lebenslüge); Evangeliemandens Liv/Lægprædikanten (Der Apostel der Armen); Kærligheds-Væddemaalet / Væddemaalet (Psylander heiratet); Pro Patria (Der Retter des Vaterlandes); Et revolutionsbryllup/Revolutionsbryllup (Revolutionshochzeit); Et Læreaar (Die Schule des Lebens); En Opstandelse (Auferstehung); Godsforvalteren/De tre Skrin (Die drei Schreine); Det stjaalne Ansigt/Ansigtet (Der Mann und sein Schatten). 1915: For sit Lands Ære/Hendes Ære; Du skal elske din Næste/For de andre (Die Ehe im Schatten); Sfinxens Hemmelighed (Die weiße Riesin); Manden uden Fremtid (Prinz im Exil); Rytterstatuen/Fjendtlige Magter (Um das Bildnis des Königs); Luksuschaufføren (Das Verlobungsauto); Giftpilen (Der Schicksalspfeil); Hans store Chance/Jernaktierne (Panik); Krigens Fjende/Acostatets første Offer (Die Nihilitexplosion); Hjertekrigen paa Ravnsholt (Husarenwette); Mumiens Halsbaand (Die Perle des Osires); En fare for samfundet (Die Flucht vor der Liebe); Favoritten/Den dde Automobilist (Der Tote am Steuer); I Livets Brænding/Tjeneren (Der schwimmende Vulkan). 1916: Lydia (Der Flammentanz); Den Ærelse (Was das Leben zerbrach); Kærlighedsleg/Formynderen (Liebesspiel); Lykken (Das zweite Ich); Hvordan jeg kom til Filmen/Den Stumme (Der gefesselte Sieger); Othello/En Skuespillers Kærlighed (Die Liebesgeschichte einer Schauspielerin); Hendes Hjertes Ridder/ Inkognito (Trumpf König); Prinsens Kærlighed; Det døde Skib (Das tote Schiff); Klovnen (Der tanzende Tor).

Pszoniak, Wojciech

* 2. 5. 1942 Lwów

Während seines Musikstudiums spielt Pszoniak gleichzeitig an einem Studententheater. 1968 Diplom an der Theaterhochschule Krakau. Anschließend Engagement am Stary Teatr Krakau. Erste Bühnenerfolge in Konrad Swinarskis Inszenierung von Shakespeares «A Midsummer Night's Dream» und 1972/73 als Verchovenskij in einer Dramatisierung von Dostoevskijs «Besy». Dadurch erste Kontakte zu Andrzej Wajda. 1972 Engagements in Warschau, zunächst am Narodowy Teatr, 1974 am Powszechny Teatr. 1977 beeindruckt er in der Hauptrolle von Dale Wassermans «One Flew Over the Cuckoo's Nest». Filmdebüt 1970 in Zbigniew Chmielewskis *Twarz anioła*. 1972 spielt er die Titelrolle in Andrzej Żuławskis *Diabeł*. Erster großer Filmerfolg als Journalist und Narr Stańczyk in Andrzej Wajdas *Wesele*. Unter dessen Regie spielt er auch den Juden Moryc Welt im großen Zeitpanorama *Ziemia obiecana* sowie den Jeszua Ha-Nocri in *Pilatus und andere*, nach Bulgakows «Master i Margarita». Für seinen Robespierre in Wajdas *Danton* (1982) erhält er zusammen mit Daniel Olbrychski den Darstellerpreis des Filmfestivals in Montreal. In Jerzy Kawalerowicz' *Austeria* verkörpert er den rothaarigen Jasełe. Pszoniak, der seit Mitte der 80er Jahre verstärkt in Westeuropa, vor allem in Frankreich, arbeitet, verkörpert 1990 die Titelrolle des sich im KZ für seine jüdischen Schutzbefohlenen aufopfernden Kinderarztes in *Korczak* von Andrzej Wajda, in dessen Film über das Warschauer Ghetto, *Wielki tydzien*, er ebenfalls mitwirkt.

[PL] 1970: Twarz anioła (Engelsgesicht). 1971: Pilatus und andere – Ein Film für Karfreitag [TV – BRD]. 1972: Ostatni lišč (Das letzte Blatt) [TV]; Diabeł [UA: 1988]; Wesele (Die Hochzeit); Przeprowadzka. 1973: Noštite na inspektora [TVS – BG]. 1974: Ziemia obiecana (Das gelobte Land); Gniazdo (Die Schlacht von Cedynia). 1974–77: Czterdziestolatek (Stefek, der Vierzigjährige) [TVS]. 1975: Skazany (Der Verurteilte); Obrazki z życia. 1976: Motylem jestem, czyli romans czterdziestolatka (Ich bin ein Schmetterling); Smuga cienia/The Shadow Line (Die Schattenlinie) [PL/GB]. 1976–78: Parada oszustów (Parade der Betrüger) [TVS]. 1977: Sprawa Gorgonowej (Der Fall Gorgonowa); Rekolekcje. 1978: Szpital Przemienienia (Spital zur Wandlung/Hospital der Verklärung). 1978/79: Die Blechtrommel/Le tambour [BRD/FR]. 1979: Aria dla atlety (Arie für Athleten); Golem. 1980: Olimpiada '40 (Olympiade 40). 1981: Okno; Spokojne lata. 1982: Danton (Danton) [FR/PL]; Sztuka aktorska [KF]; Austeria (Die Herberge). 1983: Les cerfs volants [TVS – FR]; La diagonale du fou/Duell ohne Gnade [CH/FR/ BRD]; Limuzyna Daimler-Benz/Der Konsul [PL/BRD]; Avant la bataille (Vor der Schlacht) [BE]. 1985: Bittere Ernte [BRD]; Zemsta Fredry, czyli o naturze humorysty [TV]; Les lendemains qui chantent (Ein Lied von kommenden Tagen) [FR]. 1986: Mit meinen heißen Tränen [TV – AT/BRD/CH]; Der Sommer des Samurai [BRD]; Je hais les acteurs [FR]. 1987: Le buvard à l›envers (Drehbuch für eine Leiche) [FR]; La tricheuse [FR]. 1987/88: Les années sandwiches (Schwellenjahre) [FR]. 1988: Le testament d'un poète juif assassiné [FR/IL]; Deux [FR]; Rosso veneziano/Rouge Venise (Vivaldi – Skandalöse Abenteuer) [IT/FR]; Le complot/To Kill a Priest (Der Priestermord) [FR/US]; Monsieur [FR]. 1990: Korczak [PL/BRD]; Gdy rozum spi. 1991: Gawin [FR]. 1992: Le bal des casse-pieds (Affenzirkus) [FR]; Coupable d'innocence [FR/PL]; Vent d'est [FR]. 1995: Wielki tydzien/Heilige Woche [PL/DE]. 1996: La chica [FR].

Pulver, Liselotte

* 11. 10. 1929 Bern

1945–48 Töchterhandelsschule bis zum Diplom. Arbeit als Mannequin, Schauspielausbildung am Konservatorium in Bern. Bühnendebüt am dortigen Stadttheater. 1949–51 Schauspielhaus Zürich. Danach wiederholt Gastspiele und Tourneen. Filmdebüt 1949 in Leopold Lindtbergs *Swiss Tour*. 1950 mit Hans Albers im Bergdrama *Föhn* (Rolf Hansen). 1952 in der Kriminalkomödie *Klettermaxe* erstmals unter der Regie von Kurt Hoffmann. Größerer Erfolg als Magd und Bauersfrau in Franz Schnyders Gotthelf-Adaptionen *Uli der Knecht* und *Uli der Pächter*. 1956 in Ostende Prix Femina für *Der letzte Sommer* und für die Titelrolle des Pußta-Schulmädchens in Hoffmanns Fernweh-Komödie *Ich denke oft an Piroschka*. Aufstieg und internationale Beachtung als Prototyp des fidelen, burschikosen Mädchens im Film der 50er Jahre: mit O. E. Hasse im Gaunerstück *Les aventures d'Arsène Lupin* (Jacques Becker), in der Remarque-Verfilmung *A Time to Love and a Time to Die* (Douglas Sirk), mit Gérard Philipe in der Dostoevski-Adaption *Le joueur* (Claude Autant-Lara). Schalk- und koboldhaft in deutschen Filmen, z. B. als übermütige Komtesse in Hoffmanns *Das Wirtshaus im Spessart* (Bundesfilmpreis 1958). Gezügelter dagegen in den Thomas-Mann-Verfilmungen *Bekenntnisse des Hochstaplers Felix Krull* und *Buddenbrooks*. Ab 1961 erneut in internationalen Produktionen, z. B. mit deutlichem Talent zum Slapstick in Billy Wilders *One, Two, Three*. Künstlerischer Höhepunkt ist 1965 die lesbische Äbtissin im «Skandalfilm» *Su-*

zanne Simonin, la Religieuse de Diderot (Jacques Rivette). Rollen in Fernsehserien und -spielen, Gastauftritte in Shows und Unterhaltungssendungen. 1978–85 mit Henning Venske und Manfred Krug Moderation der Vorschul-Serie *Sesamstraße*. 1980 Filmband in Gold für langjähriges und hervorragendes Wirken im deutschen Film. 1990 erscheinen Pulvers Erinnerungen «... wenn man trotzdem lacht».

[BRD] 1949: Swiss Tour (Ein Seemann ist kein Schneemann) [CH]. 1950: Föhn/Sturm in der Ostwand. 1951: Heidelberger Romanze. 1952: Fritz und Friederike; Klettermaxe. 1952/53: Hab' Sonne im Herzen. 1953: Das Nachtgespenst; Ich und Du; Von Liebe reden wir später. 1953/54: Männer im gefährlichen Alter. 1954: Der letzte Sommer; Unsere kleine Stadt [TV]; Schule für Eheglück; Uli der Knecht [CH]. 1955: Uli der Pächter (... und ewig ruft die Heimat) [CH]; Griff nach den Sternen; Ich denke oft an Piroschka; Hanussen. 1955/56: Smaragden-Geschichte [TV]. 1956: Jeanne oder die Lerche [TV]; Heute heiratet mein Mann. 1956/57: Les aventures d'Arsène Lupin/Gli avventure di Arsenio Lupin (Arsen Lupin, der Millionendieb) [FR/IT]; Die Zürcher Verlobung. 1957: Bekenntnisse des Hochstaplers Felix Krull; Das Wirtshaus im Spessart. 1957/58: A Time to Love and a Time to Die (Zeit zu leben und Zeit zu sterben) [US]. 1958: Helden; Le joueur/Il giocatore (Das Spiel war sein Fluch) [FR/IT]. 1959: Das schöne Abenteuer; Buddenbrooks. 2 Teile. 1960: Das Spukschloß im Spessart; Das Glas Wasser; Gustav Adolfs Page [AT]. 1961: One, Two, Three (Eins, zwei, drei) [US]. 1961/62: Maléfices (Das Haus der Sünde) [FR]; La Fayette/La Fayette, una spada per due bandiere (Der junge General) [FR/IT]. 1962: Kohlhiesels Töchter. 1963: Frühstück im Doppelbett; Ein fast anständiges Mädchen/Una chica casi formal [BRD/ES]. 1963/64: Monsieur/Intrigo a Parigi/Monsieur [FR/IT/BRD]. 1964: Dr. med. Hiob Prätorius; A Global Affair (Staatsaffären) [US]. 1965: Suzanne Simonin, la réligieuse de Diderot/La réligieuse (Die Nonne) [FR]; Le gentleman de Cocody/Donne, mitra e diamanti (Pulverfaß und Diamanten) [FR/IT]. 1965/66: Hokuspokus oder: Wie lasse ich meinen Mann verschwinden ...? 1966: Le jardinier d'Argenteuil/Blüten, Gauner und die Nacht von Nizza [FR/BRD]; Der Regenmacher [TV]. 1967: Herrliche Zeiten im Spessart. 1969: This Is Your Captain Speaking [DOK – CH]; Die Hochzeitsreise [BRD/IT]; Pistolen-Jenny [TV]. 1970: Timo [TVS]. 1971: Hoopers letzte Jagd [TV]. 1972: Le trèfle à cinq feuilles [FR]. 1973: Die Baumwollpflücker [TV]; Orpheus in der Unterwelt [TV]. 1974: Monika und die Sechzehnjährigen. 1975: Moral [TV]. 1976: Café Hungaria [TVS – AT/BRD/CH]. 1977/78: Der Alte: Ein Koffer [TV]. 1978: Brot und Steine [CH]. 1978–85: Sesamstraße [TVS]. 1978/79: Noch 'ne Oper [TV]. 1980: Kreuzfahrten eines Globetrotters [TVS]. 1980/81: Drunter und Drüber. 1. Roderich – 2. Gefährliches Alter – 3. Raus aus dem Käfig – 4. Auf und davon – 5. Alles für die Kunst – 6. Adieu [TVS]. 1982: Jeden Mittwoch [TV]. 1983: Boeing – Boeing [TV – AT]. 1985: Tiroir secret/Die Geheimschublade [TVS – FR/IT/BRD]; Humor ist eine ernste Sache. Der Filmregisseur Kurt Hoffmann. 1986: Lauf doch nicht immer weg [TV – CH]. 1987/88: Herbst in Lugano (1. Ein Star kehrt heim. – 2. Buon giorno, Signorina. – 3. Herz-As) [TV-EP]. 1988: Mit Leib und Seele [TVS]. 1993: Alles aus Liebe. I (EP: 1. Ohne Erna bin ich nichts. – 2. Alles Paletti? – 3. Blaue Briefe) [TV-EP]; Alles aus Liebe. II (EP: 1. Skandal. – 2. Der denkende Mülleimer. – 3. Zwillinge) [TV-EP]. 1995: Das Superweib.

Putti, Lya de
(Amália/Lia Putty)
*10. 1. 1896 Vecse (Zemplén, Ungarn)
†27. 11. 1931 New York City
Kindheit im Siebenbürger Kolozsvár, Klosterschule. Krankenschwester in Budapest, dann Schauspielunterricht und Theaterarbeit. Als Statistin erster Kontakt mit dem Film. 1918 in *A császár katonái* (Béla Balogh). 1920 Hauptrolle im rumänischen Film *Pe valurile fericirii* (Dolly A. Szigethy). 1920 nach Berlin an die Scala. Im Film-Singspiel *Zigeunerblut* (Karl Otto Krause) erstmals im deutschen Film. Nebenrollen z. B. als exotische Dienerin im Zweiteiler *Das indische Grabmal* (Joe May) und neben Emil Jannings in *Othello* (Dimitri Buchowetzki). Bei F. W. Murnau 1921/22 als Grafentochter in *Der brennende Acker* und in der Gerhart-Hauptmann-Adaption *Phantom* in der Doppelrolle der vom verträumten Stadtschreiber Lubota angebeteten Veronika und der Melitta, bei der er Vergessen sucht und Verderben findet. 1925 Welterfolg in E. A. Duponts *Varieté* als Verführerin, die den einfältig liebenden Emil Jannings zum Mord an seinem Partner treibt. Titelrolle im aufwendigen Kostümfilm *Manon Lescaut* (Arthur Robison). 1926 in Hollywood zunächst Nebenrollen exotischer, oft europäischer Verführerinnen. Ab 1927 Hauptrollen wie die Cabaret-Tänzerin, die einen Gangster heiratet, in *Midnight Rose* (James Young) und die schöne russische Revolutionärin in *The Scarlet Lady*. 1929 in London erster Sprechfilm: Robisons irische Verräter-Story *The Informer*. 1930 erfolgloses amerikanisches Bühnendebüt in New York. Sie stirbt an den Komplikationen einer Operation zur Entfernung eines verschluckten Hühnerknochens.

[DE] 1918: A császár katonai [HU]. 1920: Pe valurile fericirii [RO]; Zigeunerblut. 1920/21: Die Liebschaften des Hektor Dalmore. 1921: Treibende

Kraft/Die treibende Kraft; Du bist das Leben; Das indische Grabmal. 1. Die Sendung des Yoghi; Das indische Grabmal. 2. Der Tiger von Eschnapur; Ilona. 1921/22: Othello; Der brennende Acker. 1922: Phantom; Die drei Marien und der Herr von Marana [AT/DE]. 1922/23: Die Fledermaus. 1923: Die Schlucht des Todes; SOS. Die Insel der Tränen. 1923/24: Thamar, das Kind der Berge. 1924: Claire; Malva; Komödianten. 1924/25: Im Namen des Kaisers. 1925: Eifersucht; Varieté. 1925/26: Manon Lescaut. 1926: Junges Blut; The Sorrows of Satan (Lord Satanas) [US]; Prince of Tempters [US]; God Gave Me Twenty Cents (Matrosenliebchen) [US]. 1927: The Heart Thief (Herzensdieb) [US]. 1927/28: Midnight Rose [US]; Charlott etwas verrückt; Buck Privates [US]. 1928: The Scarlet Lady [US]. 1929: The Informer (Die Nacht nach dem Verrat) [GB].

Q

Qin Yi

* 1922 Shanghai

1938 verläßt Qin Yi ihre Heimat, um sich der Widerstandsbewegung gegen Japan anzuschließen. Bei dem Besuch einer Theateraufführung lernt sie die Regisseure Shi Dongshan und Yin Yunwei kennen und läßt sich zur Schauspielerin ausbilden. 1941 ist sie an der Gründung der fortschrittlichen Zhonghua Yuyi she (Chinesische Bühnenkunstgesellschaft) beteiligt. 1945 Rückkehr nach Shanghai. Zwei Jahre später spielt sie in *Yaoyuan de ai* (Zhen Liting) die Heldin, die sich in den 30er und 40er Jahren so entwickelt, daß die der Tradition verhafteten Erziehungsversuche ihres Mannes scheitern. Im actionreichen *Tiedao yaojidu* (Zhao Ming) verkörpert sie eine verwitwete Verbindungsfrau im kommunistischen Untergrund, die mit der Guerillagruppe gegen Japan und die Kuomintang-Truppe kämpft. In *Nülan Wuhao* (Xie Jin) spielt sie eine Mutter, die ihren einstigen Liebhaber aus der Vorkriegszeit wiedertrifft, der nun ihre Tochter im Baseball trainiert. In ihren typischen Filmen geht es um das Thema der am Krieg scheiternden Liebe. Qin Yi ist auch eine bekannte Theaterschauspielerin (u. a. Cao Yuns «Leiyu», William Shakespeares «Twelfth Night») und spielt 1982 in der Fernsehserie *Shanghai wuyan xia* (Yang Zaibo), wofür sie mit dem Goldenen Falken, dem Preis der besten Fernsehdarstellerin, ausgezeichnet wird.

[CN] 1939: Hao zhangfu. 1943: Riben jiandie. 1946: Zhongxi zhi jia. 1947: Wu min shi; Dadi Huichun; Yaoyuan de ai. 1948: Xianqude aiqing; Muqin; Hai mang mang. 1950: Longya le. 1952: Liangjia chun. 1956: Tiedao yaojidu. 1957: Nülan Wuhao (Das Herz spielt mit). 1958: Hongse de zhangzi. 1959: Qinchun zhi ge; Lin Zexu. 1960: Ma ya Tai. 1963: Baiguo Jiangnan. 1979: Kunaorende xiao; Heiwei chizi. 1982: Shanghai wuyan xia [TVS].

Quaid, Dennis
*9. 4. 1953 Houston (Texas)
Während der High-School erste Bühnenauftritte im Houston Theater. Schauspielstudium an der University of Texas und als Clown in Nachtclubs und Vergnügungsparks. 1975 Filmdebüt. Erster Höhepunkt ist 1979 der konfuse Radfahrer in Peter Yates' *Breaking Away*. In Philip Kaufmans *The Right Stuff* spielt er den Astronauten Gordon Cooper, einen gestrandeten Weltraumkrieger in Wolfgang Petersens *Enemy Mine*. Neben Ellen Barkin als energischer Staatsanwältin ist er in Jim McBrides New-Orleans-Krimi *The Big Easy* ein sympathischer, wenn auch nicht immer gesetzestreuer Polizist. In *Innerspace, D.O.A.* und *Flesh and Bone* steht er gemeinsam mit seiner Frau Meg Ryan vor der Kamera. 1989 verkörpert er den «Killer» Jerry Lee Lewis in McBrides Rock-Biopic *Great Balls of Fire!* In Lawrence Kasdans *Wyatt Earp* verkörpert er den Berufsspieler Doc Holliday. Auch TV-Arbeit. Wiederholt gemeinsam mit seinem älteren Bruder Randy (*1. 10. 1950) vor der Kamera. 1984 Erfolg am Off-Broadway sowie bei der Stage Company Los Angeles mit Sam Shepards «True West» und mit seiner Rockband «The Eclectics».

[US] 1975: Crazy Mama (Verrückte Mama). 1977: I Never Promised You a Rose Garden (Ich habe Dir nie einen Rosengarten versprochen); September 30 1955. 1978: Our Winning Season; Seniors. 1979: Breaking Away (Vier irre Typen. Wir schaffen alles uns schafft keiner); Amateur Night at the Dixie Bar and Grill [TV]; The Long Riders (Long Riders); Are You in the House Alone? [TV]. 1980: Gorp; All Night Long (Jede Nacht zählt). 1981: Bill (Mein Freund Bill) [TV]; Night the Lights Went out in Georgia (Amanda läßt die Puppen tanzen); Caveman (Caveman – Der aus der Hölle kam). 1982: Tough Enough (Der Fighter); Johnny Belinda (Johnny Belinda) [TV]; Jaws 3-D (Der weiße Hai III – 3-D); Tough Enough (Der Fighter). 1983: Bill: On His Own [TV]; The Right Stuff (Der Stoff, aus dem die Helden sind). 1984: Dreamscape (Dreamscape). 1985: Enemy Mine (Enemy Mine – Geliebter Feind). 1987: Innerspace (Die Reise ins Ich); The Big Easy (Der große Leichtsinn); Suspect (Suspect – Unter Verdacht). 1988: D.O.A. (D.O.A. – Bei Ankunft Mord); Confessions of a Criminal Mind; When I Fall in Love (Ein Leben voller Leidenschaft); Everybody's All – American (Ein Leben voller Leidenschaft). 1989: Great Balls of Fire (Great Balls of Fire). 1990: Postcards from the Edge (Grüße aus Hollywood); Come See the Paradise (Komm und sieh das Paradies). 1993: Flesh and Bone (Flesh and Bone); Wilder Napalm (Die Sache mit dem Feuer); Undercover Blues (Undercover Blues – Ein absolut cooles Trio). 1993/94: Wyatt Earp (Wyatt Earp – Das Leben einer Legende). 1994/95: Something to Talk About (The Power of Love). 1995/96: Dragonheart (Dragonheart). 1997: Criminal Intent; Going West in America.

Quinn, Anthony † 2001
(Anthony Rudolph Oaxaca Quinn)
*21. 4. 1915 Chihuahua (Mexiko)
Sohn einer mexikanischen Mutter und eines irischen Vaters. Besuch der Public School in Los Angeles. Boxer und Taxifahrer. Erste schauspielerischen Erfahrungen bei einem Federal Theatre Project. Partner von Mae West. 1936 Bühnen- und Filmdebüt. Bis 1940 in Paramount-Produktionen, vor allem als exotischer Draufgänger, Indianer oder Latino. Bis Anfang der 50er Jahre fast nur in Nebenrollen. 1947 Broadway-Debüt mit «The Gentleman from Athens». Ein Bühnen-Erfolg wird 1950 sein Stanley Kowalski in Kazans Tournee-Inszenierung von «A Streetcar Named Desire». Dadurch größere Anerkennung auch als Filmschauspieler. 1952 Nebenrollen-Oscar als mexikanischer Volksheld Zapata in Kazans *Viva Zapata!* Ab 1953 auch in Europa, vor allem in Italien. Internationale Anerkennung durch die Rolle des Straßengauklers Zampano in Federico Fellinis *La Strada*. Quinn ist charismatischer Charakterdarsteller von bodenständigen und männlichen Typen. 1956 Nebenrollen-Oscar als französischer Maler Paul Gauguin in Vincente Minnellis *Lust for Life*. An der Seite von Gina Lollobrigida verkörpert er den Glöckner Quasimodo in Jean Delannoys *The Hunchback of Notre Dame*. 1957 Oscar-Nominierung als verblendeter Ehemann und Schaf-Farmer neben Anna Magnani in Cukors *Wild Is the Wind*. 1958 Regiedebüt mit dem Abenteuerfilm *The Buccaneer*. Als griechischer Offizier des Widerstands in *The Guns of Navarone* (J. Lee Thompson). Er spielt die Titelrolle in Richard Fleischers Bibelfilm *Barabba*, einen arabischen Anführer in David Leans *Lawrence of Arabia und* in der Petrodollar-Produktion *Al-Ris-Alah* über die Verbreitung des Islam die Hauptrolle, Mohammeds Onkel Hamza. Oscar-Nominierung für die Titelrolle in Michael Cacoyannis' *Zorba the Greek* (1964), danach mehrfach als Grieche: In Lee Thompsons *The Greek Tycoon* in der Titelrolle des Tankerkönigs Theo Tomassis, unverschlüsselt im TV-Film *Onassis*. Bis in die 90er Jahre Filmaufgaben, ab 1984 auch in TV-Produktionen, u. a. als Zeus in einer Reihe von Hercules-Abenteuern für das US-Fernsehen. 1973 Me-

moiren «The Original Sin». 1982 Buch «Suddenly Sunset». Auch Maler. Seine Söhne Duncan und Francesco Quinn sind ebenfalls Schauspieler.

[US] 1936: Sworn Enemy; Parole; Night Waitress; The Plainsman (Verrat – Die Abenteuer des Buffalo Bill/Der Held der Prärie). 1936/37: Waikiki Wedding. 1937: The Last Train from Madrid; Partners in Crime; Swing High, Swing Low (Mal oben, mal unten); The Buccaneer (Der Freibeuter von Louisiana); Daughter of Shanghai. 1938: Tip-Off Girls; King of Alcatraz; Hunted Men; King of Chinatown (Überfall im Chinesenviertel); Bulldog Drummond in Africa (Scotland Yard auf falscher Spur); Dangerous to Know (Gefährliche Mitwisser). 1938/39: Union Pacific (Die Frau gehört mir!). 1939: Emergency Squad; Island of Lost Men (Die Insel der verlorenen Männer); Television Spy. 1939/40: Road to Singapore. 1940: Texas Rangers Ride Again; Parole Fixer; The Ghost Breakers; City for Conquest (Im Taumel der Weltstadt). 1941: Thieves Fall Out; The Perfect Snob; Bullets for O'Hara (Keine Blumen für O'Hara); Blood and Sand (König der Toreros); Knockout. 1942: The Black Swan (Der Seeräuber); Road to Morocco (Der Weg nach Marokko); Larceny, Inc. (Die fröhliche Gauner GmbH.); They Died With Their Boots on (Sein letztes Kommando). 1942/43: The Ox-Bow Incident (Der Ritt zum Ox-Bow). 1943: Guadalcanal Diary (Guadalkanal – Die Hölle im Pazifik). 1944: Roger Touhy, Gangster; Irish Eyes Are Smiling; Buffalo Bill (Buffalo Bill, der weiße Indianer); Ladies of Washington. 1944/45: Where Do We Go from Here?. 1945: China Sky (Am Himmel von China); Back to Bataan (Stahlgewitter). 1946/47: California (California). 1947: Sinbad the Sailor (Sindbad, der Seefahrer); Tycoon; The Imperfect Lady; Black Gold. 1951: The Brave Bulls (Frauen und Toreros); Mask of the Avenger (Die Rächer von Casamare). 1952: The Brigand (Der Brigand); The World in His Arms (Sturmfahrt nach Alaska); Against All Flags (Gegen alle Flaggen); Viva Zapata! (Viva Zapata!). 1953: Donne proibite (Die Verrufenen) [IT]; Ulisse (Die Fahrten des Odysseus) [IT]; Cavalleria rusticana (Sizilianische Leidenschaft) [IT]; City Beneath the Sea (Die Stadt unter dem Meer); Blowing Wild (Wilde Glut); Ride, Vaquero! (Verwegene Gegner); East of Sumatra (Gefangene des Dschungels); Seminole (Seminola). 1954: La strada (La Strada) [IT]; Attila/Attila, fléau de Dieu (Attila die Geißel Gottes) [IT/FR]; The Long Wait (Das lange Warten). 1955: The Naked Street (Nackte Straßen); Seven Cities of Gold (Die sieben goldenen Städte); The Magnificent Matador (Die Nacht gehört uns). 1956: The Wild Party (Wilde Nacht); Lust for Life (Ein Leben in Leidenschaft); Notre Dame de Paris (Der Glöckner von Notre Dame) [IT/FR]; Man from Del Rio (Der Mann von Del Rio). 1957: The River's Edge (Flucht nach Mexiko); The Ride Back (Der Ritt zurück). 1957/58: Wild Is the Wind (Wild ist der Wind). 1958: The Buccaneer (König der Freibeuter) [R]; The Black Orchid (Die schwarze Orchidee); Hot Spell (Hitzewelle). 1959: Warlock (Warlock); Last Train from Gun Hill (Der letzte Zug von Gun Hill). 1959/60: Ombre bianche/Les dents du diable (Weiße Schatten) [IT/FR]. 1960: Portrait in Black (Das Geheimnis der Dame in Schwarz); Heller in Pink Tights (Die Dame und der Killer). 1961: The Guns of Navarone (Die Kanonen von Navarone) [GB]; Barabba (Barabbas) [IT]. 1962: Lawrence of Arabia (Lawrence von Arabien) [GB]; Requiem for a Heavyweight (Die Faust im Gesicht). 1963/64: Der Besuch/La rancune/La vendetta della signora [D,CoP – BRD/FR/IT]. 1964: Behold a Pale Horse/Et vient le jour de vengeance (Deine Zeit ist um) [US/FR]; Zorba the Greek (Alexis Sorbas) [US/GR]. 1964/65: A High Wind in Jamaica (Sturm über Jamaica) [GB]; Le meravigliose avventure di Marco Polo (Lo scacchiere di Dio)/La fabuleuse aventure de Marco Polo (L'echequier de Dieu) (Im Reich des Kublai Khan) [IT/FR]. 1966: L'Avventuriero/The Rover (Ich komme vom Ende der Welt) [IT/GB]; Lost Command (Sie fürchten weder Tod noch Teufel). 1966/67: The Happening (Die Meute). 1967: La vingt-cinquième heure/La venticinquesima ora (Die 25. Stunde) [FR/IT]. 1968: The Shoes of the Fisherman (In den Schuhen des Fischers); La bataille de San Sebastian (San Sebastian) [FR/IT]; The Magus (Teuflische Spiele) [GB]. 1969: The Secret of Santa Vittoria (Das Geheimnis von Santa Vittoria); A Dream of Kings (Matsoukas der Grieche). 1970: A Walk in the Spring Rain (Die Frau des anderen); R.P.M. Revolutions per Minute; King: A Filmed Record ... Montgomery to Memphis («...dann war mein Leben nicht umsonst» Martin Luther King); Flap (Der Indianer). 1971–72: The City [TVS]. 1972: Across 110th Street (Straße zum Jenseits). 1973: The Don Is Dead (Der Don ist tot); Los amigos (Das Lied von Mord und Totschlag) [IT]. 1974: The Marseille Contract/Marseille contrat (Fluchtpunkt Marseille) [GB/FR]. 1976: Al-Ris-Alah/Mohammad, Messenger of God/The Message (Mohamed der Gesandte Gottes) [LB/GB]; Tigers Don't Cry (Auf der Fährte des Tigers) [ZA]; Bluff – Storia di truffe e di imbroglioni (Bluff) [IT]; L'Eredità Ferramonti (Das Erbe der Ferramonti) [IT]. 1977: Gesù di Nazareth/Jesus of Nazareth (Jesus von Nazareth) [TV – IT/GB]. 1978: The Greek Tycoon (Der große Grieche); The Passage (Paß des Todes) [GB/US]; Caravans. 1979: The Children of Sanchez (Die Kinder von Sanchez). 1980/81: The Salamander (Kennwort: Salamander). 1981: Omar Mukhtar/Lion of the Desert (Omar Mukhtar – Löwe der Wüste) [LY/GB]; High Risk (Satisfaction). 1982: Regina Roma/Regina [US]; Marco Polo (Marco Polo) [TV – EURO]; Valentina (Liebe Valentina) [ES]. 1983/84: The Last Days of Pompeii (Die letzten Tage von Pompeji) [TV – US/GB/IT]. 1987: L'Isola del tesoro (Der Schatz im All) [TV – IT]. 1988: Onassis: Richest Man in the World (Onassis – Der goldene Grieche) [TV]; Ghosts Can't Do It (Mein Geist will immer nur das Eine); Stradivari [IT/FR]. 1989: Passion de Hombre (Man of Passion) [ES]; Revenge (Eine gefährliche Affäre). 1990: The Old Man and the Sea (Der alte Mann und das Meer) [TV]; Only the Lonely (Mama, ich und wir zwei). 1991: Mobsters – The Evil Empire/US Mobsters (Die wahren Bosse – Ein teuflisches Imperium); Jungle Fever (Jungle Fever). 1993: Last Action Hero (Der letzte Action-Held); This Can't Be Love (Liebe ist nicht bloß ein Wort) [TV]. 1994: Somebody to Love; Hercules and the Amazon Women (Herkules und das Amazonenheer) [TV]; Hercules and the Lost Kingdom [TV]; Hercules and the Circle of Fire [TV]; Hercules in the Underworld [TV]; Hercules in the Maze of the Minotaur [TV]. 1995: A Walk in the Clouds (Dem Himmel so nah). 1996: Il sindaco [IT]; Gotti; Seven Servants [US/DE].

R

Rabal, Francisco
(Francisco Rabal Valera)
*8. 3. 1925 Aguilas (Murcia)
Er arbeitet nach dem Bürgerkrieg als Elektriker in den Madrider Filmstudios Chamartin und übernimmt Statistenrollen, spielt zugleich an verschiedenen Theatern in Madrid und nimmt Schauspielunterricht. Seine erste wichtige Rolle erhält er von Arturo Ruiz Castillo in *María Antonia «La Caramba»*. Internationaler Durchbruch 1958/59 mit der Titelrolle des *Nazarín* bei Luis Buñuel, mit dem er mehrfach zusammenarbeitet. Dreht mit führenden europäischen Regisseuren seiner Epoche, u. a. mit Michelangelo Antonioni, Claude Chabrol und Luchino Visconti. Während er zunächst den typischen Galan und südländischen «Macho» verkörpert, verfeinert er mit der Zeit seine Schauspielkunst, spielt auch dramatische und seinem Alter entsprechende Rollen. 1984 gewinnt Rabal für seine Darstellung des geistig behinderten Azarías in *Los santos inocentes* (Mario Camus) die goldene Palme in Cannes und den Premio Nacional de Cinematografía für sein Gesamtwerk. Rabal dreht in den 70er Jahren auch Dokumentarfilme. Seit 1950 verheiratet mit der Schauspielerin Asunción Balaguer. Die Tochter Teresa ist ebenfalls Schauspielerin, der Sohn Benito Regisseur.

[ES] 1946: La pródiga; Reina santa; El crimen de Pepe Conde. 1947: Alhucemas. 1950: María Antonia «La Caramba»; La honradez de la cerradura; Luna de sangre. 1951: María Morena; Duda. 1952: Sor Intrépida; Perseguidos. 1953: La Guerra de Dios; Hay un camino a la derecha. 1954: Todo es posible en Granada; Murió hace quince años; El beso de Judas; La pícara molinera/Le moulin des amours [ES/FR]. 1955: El canto del gallo; Historias de la radio; Prigionieri del male/Revelación [IT/ES]. 1956: Saranna uomini/Serán hombres [IT/ES]; La gran mentira. 1957: La Gerusalemme liberata [IT]; Marisa la civetta [IT/ES]; La grande strada azzurra (Squarciò)/Un dénommé

Squarcio/Leben ohne Gnade [IT/FR/BRD]; Amanecer en Puerta Oscura. 1958: La noche y el alba; Llegaron dos hombres/Det kom två män (Unter dem Terror der Mörder) [ES/SE]; L'amore più bello (L'uomo dai calzoni corti)/Tal vez mañana (Ein kleiner Mann aus Sizilien) [IT/ES]. 1958/59: Nazarín (Nazarin) [MX]. 1959: El hombre de la isla; Diez fusiles esperan/Zoras il ribelle [ES/IT]; Sonatas [ES/MX]. 1960: Hijo de hombre/La sed [AR/ES]; Trío de damas; Azahares rojos [MX]; A las cinco de la tarde. 1961: Setenta veces siete [AR]; Viridiana (Viridiana) [ES/MX]; Tiro al piccone [IT]; La mano en la trampa (Die Hand in der Falle) [ES/AR]; Morte di un bandito [IT]. 1962: La rimpatriata (Wiedersehen für eine Nacht) [IT/FR]; Fra Diavolo/I tromboni di fra' Diavolo [ES/IT]; L'eclisse/L'éclipse (Liebe 1962) [IT/FR]; Autopsia de un criminal. 1962/63: Noche de verano/Il peccato [ES/IT]; Mathias Sandorf/El gran rebelde (Matías Sandorf)/Il grande ribelle (Die Zitadelle von San Marco) [FR/ES/IT]. 1963: El diablo también llora/Il delitto di Ana Sandoval [ES/IT]. 1964: Llanto por un bandido/I cavalieri della vendetta/La charge des rebelles/Ballade pour un bandit (Cordoba) [ES/IT/FR]; L'autre femme/La otra mujer/Quella terribile notte [FR/ES/IT]; Le gros coup/Il triangolo del delitto (Sein größter Dreh) [FR/IT]; María Rosa; España insólita [S]. 1965: Currito de la Cruz; Intimidad en los parques [AR/PE]; Hoy como ayer; Suzanne Simonin, la réligieuse de Diderot/La réligieuse (Die Nonne) [FR]; Marie Chantal contre le docteur Kha/María Chantal contra el doctor Kha/Marie Chantal contro il dottor Kha (M.C. contra Dr. Kha) [FR/ES/IT/MA]; Das Vermächtnis des Inka/Viva Gringo/El último rey de los Incas [DE/IT/ES]. 1966: Camino del Rocío; Le streghe/Les sorciéres. 1. Ep: La strega bruciata viva (Hexen von heute. 1. Ep: Hexen verbrennt man lebendig) [EP – IT/FR]. 1966/ 67: Belle de jour (Belle de jour – Schöne des Tages) [FR/IT]; I lunghi giorni della vendetta (Faccia d'angelo)/Los largos días de la venganza (Der lange Tag der Rache) [IT/ES]. 1967: Oscuros sueños de agosto; Cristoforo Colombo/Cristobál Colón [TVS – ES/IT]; Cervantes/Le avventure e gli amori di Miguel Cervantes/Les aventures extraordinaires de Cervantes (Cervantes, der Abenteurer des Königs) [ES/IT/FR]. 1968: España, otra vez; Sangre en el ruedo; El «Che» Guevara [IT]; Después del diluvio. 1968/69: Simón Bolivar [ES/IT]. 1969: Ann och Eve (Heiße Spiele) [SE]; El libro de buen amor [SPR – KF]; Los desafíos (episodio) [EP]; La battaglia d'Inghilterra/El largo día del Aguila/Sous les ordres du Führer [IT/ES/FR]. 1970: Le soldat Laforet [FR]; Cabeças cortadas/Cabezas cortadas [BR/ES]; Goya, historia de una soledad. 1971: Laia; N. P. il segreto [IT]; Nada menos que todo un hombre; Los melancólicos. 1972: La grande scrofa nera [IT]; La otra imagen; Pianeta Venere (Der Planet Venus) [IT]; Si può fare ... amigo/ Amigo! ... Mon Colt a deux mots à te dire/En el Oeste se puede hacer, amigo (Halleluja ... Amigo) [IT/FR/ES]; La guerrilla [ES/FR]; La leyenda del alcalde de Zalamea [TV – ES/IT]; La colonna infame [IT]. 1973: Il giovane Garibaldi/Der junge Garibaldi [TVS – IT/BRD/AT]; Il consigliori/El consejero (Im Dutzend zur Hölle) [IT/ES]; No es nada, mamá, sólo un juego (Die Macht des Stärkeren) [ES/VE]. 1974: La moglie giovane/Infamia [IT/ES]; Metralleta Stein; Tormento; Faccia de spia [IT]; Il sorriso del grande tentarore [IT]. 1974/75: La peccatrice [IT]. 1975: ¿Existó otra humanidad? [S]; Las bodas de Blanca; Cacique Bandeira/El muerto [ES/AR]; Le città del mondo (Die Stadt meiner Träume) [TV – IT]; Attenti al buffone! [IT]. 1976: Emilia, parada y fonda; Las largas vacaciones del 36 (Die langen Ferien von '36); El buscón; Il deserto dei Tartari/Le désert des Tartares/Die Tatarenwüste [IT/FR/BRD]. 1977: Sorcerer (Atemlos vor Angst) [US]; Pensione paura/La violación de la señorita Julia [IT/ES]; Io sono mía/Liebe ist etwas Zärtliches/Yo soy mía [IT/BRD/ES]; Il prefetto di ferro (Der eiserne Präfekt) [IT]. 1978: Corleone (Der Aufstieg des Paten) [IT]; Così come sei/Así como eres (Bleib wie du bist) [IT/ES]; Il giorno dei cristalli [IT]. 1979: Sbirro, la tua legge è lenta ... la mia no! [IT]; Fortunata y Jacinta [TVS – ES/FR/CH]; Ciao, cialtroni! [IT]; Traficantes de pánico/I guerrieri del terrore [ES/MX/IT]. 1980: Poliziotto, solitudine e rabbia/Der Mann, der Venedig hieß [IT/BRD]; El gran secreto; Fabricantes de pánico [ES/MX/ IT]; Incubo sulla cittá contaminata/La invasión de los zombies atómicos (Großangriff der Zombies) [IT/ES]; Speed Driver/Vértigo en la pista [IT/BRD/ES]. 1981: Renacer/Reborn [ES/US]; Cervantes [TVS]. 1982: La colmena (Der Bienenkorb); ¡Victoria! La gran aventura de un poble; Salzillo o la soledad de Jesús [KF]; El tesoro de las cuatro coronas/ Treasure of the Four Crowns (Das Geheimnis der vier Kronjuwelen) [3D – ES/US]. 1983: Escapada final; Epílogo; Los desastres de la guerra/La guerilla/Die Schrecken des Krieges (Die Schrecken des Krieges) [TVS – ES/FR/BRD]; Truhanes; Sal gorda. 1983–89: La piovra (Allein gegen die Mafia) [TVS – EURO]. 1984: Los zancos; Un solitario e mezzo/Das Geheimnis des schwarzen Tankers [TV – IT/BDR]; Teresa de Jesús (Teresa von Avila) [TVS – ES/IT]; Un delitto [TV – IT]; Los santos inocentes; Qué pintamos aquí [TVS]; Una tarde [KF]. 1985: Los paraísos perdidos; Pasarán los días [KF]; Luces de bohemia; La vieja música; La hora bruja; Cuentos imposibles (Das Leben spielt verrückt) [TVS]; Marbella, un golpe de cinco estrella/Hot Spot (Hot Spot) [ES/ US]; Padre nuestro; Un complicato intrigo di donne, vicoli e delitti (Camorra) [IT/Antillen]. 1986: Darkness Over the Earth/Finsternis bedeckt die Erde [TV – GB/ FR/PT/BRD]; El hermano bastardo de Dios; Tiempo de silencio; El disputado voto del señor Cayo. 1986/87: La storia/La historia [TV – IT/FR/ES]. 1987: Divinas palabras; Il misterio del panino assassino [IT]; Gallego [ES/CU]. 1988: Juncal [TVS]; El aire de un crimen; A Time of Destiny (Zeit des Schicksals) [US]. 1989: Barroco (Barroco) [ES/CU/MX]; ¡Atame! (Fessle mich!); La blanca paloma; Les fils emprunte [CA]. 1990: L'autre [FR/IT]. 1991: La taberna fantástica; Ni contigo ni sin ti [KF]; El hombre que perdió su sombra/L'Homme qui a perdu son ombre (Der Mann, der seinen Schatten verlor) [ES/CH]. 1992: La mujer de tu vida 2: La mujer cualquiera [TV]. 1993: La Lola se va a los puertos. 1995: El palomo cojo; Así en el cielo como en la tierra. 1996: Edipo alcalde [TV – ES/MX]; Airbag [ES/PT/DE]; Le jour et la nuit (Der Tag und die Nacht) [FR/CA/BE/ES].

Raddatz, Carl

*13. 3. 1912 Mannheim

Oberrealschule in Mannheim, 1930 Schauspielunterricht bei Willi Birgel, 1931 Abitur und Bühnendebüt am Nationaltheater. 1933/34 Stadttheater Aachen, 1934–37 Staatstheater Darmstadt, 1937/38 Theater der Stadt Bremen. Filmdebüt 1937 in Karl Ritters propagandistischem Soldatenfilm *Urlaub auf Ehrenwort*. Danach in Viktor Tourjanskys *Verklungene Melodie* mit Willi Birgel. 1940 als Luftwaffenleutnant der Legion Condor mit Liebesproblemen in *Wunschkonzert* (Eduard von Borsody), 1941 als kernfester Fliegerkommandeur mit Sinn fürs Musische in Ritters *Stukas*. Mit Paula Wessely und Attila Hörbiger in Gustav Ucickys *Heimkehr*, einer Rechtfertigung des deutschen Überfalls auf Polen. Als Partner Kristina Söderbaums in Farbfilm-Melodramen von Veit Harlan: als unerfüllt liebender Dirigent in der Theodor-Storm-Adaption *Immensee* (1942/43), als Mann zwischen zwei Frauen im tragisch endenden *Opfergang* (1942–44). Kurz vor Kriegsende in Helmut Käutners *Unter den Brücken*, einem poetischen Dreieck im Binnenschiffer-Milieu. Im Nachkriegsfilm spielt er zuerst 1946/47 in Käutners episodischer Bestandsaufnahme *In jenen Tagen*, 1950 in *Epilog*. Immer wieder Bühnenarbeit: 1951–55 Deutsches Theater Göttingen, 1958–83 Staatliche Schauspielbühnen Berlin. 1958 in Rolf Thieles Erfolgsfilm *Das Mädchen Rosemarie*. 1959 als Jons neben Giulietta Masina in *Jons und Erdme* (Victor Vicas). 1975 als stiller Widerständler mit Hildegard Knef in Alfred Vohrers Fallada-Verfilmung *Jeder stirbt für sich allein*. Im Fernsehen u. a. 1973 als Preußenkönig in Käutners Gutzkow-Verfilmung *Die preußische Heirat*, 1979 verkörpert er Johann Buddenbrook neben Ruth Leuwerik und Martin Benrath im ersten Teil des Elfteilers *Buddenbrooks*, 1984 in der Serie *Ein Heim für Tiere*. 1979 Filmband in Gold für langjähriges und hervorragendes Wirken im deutschen Film.

[DE/BRD] 1937: Urlaub auf Ehrenwort. 1937/38: Verklungene Melodie. 1938: Liebelei und Liebe. 1938/ 39: Sylvesternacht am Alexanderplatz. 1939: 12 Minuten nach 12; Befreite Hände; Wir tanzen um die Welt. 1939/40: Zwielicht; Golowin geht durch die Stadt. 1940: Wunschkonzert. 1940/41: Über alles in der Welt; Stukas. 1941: Heimkehr. 1941/42: Der 5. Juni. Einer unter Millionen. 1942/43: Immensee. 1942–44: Opfergang. 1943/44: Eine Frau für drei Tage; Das war mein Leben. 1944/45: Unter den Brücken; Die Schenke zur ewigen Liebe [Unvollendet]. 1946/47: In jenen Tagen [EP]; Zugvögel. 1947: Und finden dereinst wir uns wieder [S]. 1949: Wohin die Züge fahren; Schatten der Nacht. 1949/ 50: Gabriela. 1950: Der Schatten des Herrn Monitor; Epilog; Taxi-Kitty. 1951: Gift im Zoo. 1952: Türme des Schweigens. 1953: Geliebtes Leben. 1953/54: Regina Amstetten. 1954: Geständnis unter vier Augen; Oase/Oasis [BRD/FR]. 1955: Rosen im Herbst; Nacht der Entscheidung. 1956: Friederike von Barring; Preis der Nationen/Das Mädchen Marion; Made in Germany. 1958: Das Mädchen Rosemarie. 1959: Jons und Erdme/La donna dell'altro [BRD/IT]. 1960/61: The Counterfeit Traitor (Verrat auf Befehl) [US]. 1962: Die Pariser Komödie [TV]. 1966: Die großen Spione: der Mann, der sich Abel nannte [TV]. 1968: Schmutzige Hände [TV]. 1973: Die preußische Heirat [TV]. 1975: Jeder stirbt für sich allein. 1976: Warten auf Godot [TV]. 1978/ 79: Buddenbrooks. 1. Teil [TV – BRD/PL/AT]. 1984: Heute und damals [TV-EP]; Ein Heim für Tiere [TVS]. 1987/88: Rosinenbomber [TV]. 1990: Derrick: Solo für vier [TV].

Radziwiłowicz, Jerzy

*8. 9. 1950 Warschau

1972 Diplom der Theaterhochschule Warschau. Engagement am Stary Teatr Krakau unter Konrad Swinarski. Schon auf der Bühne arbeitet er mit Andrzej Wajda zusammen, vor allem in dessen Dostoevskij-Dramatisierungen: als Fürst Myškin in «Nastassja Filipovna» (1977), als Raskol'nikov in «Prestuplenie i nakazanie». Filmdebüt 1973. 1976 wird er als Maurer Mateusz Birkut in Wajdas *Człowiek z marmuru* international bekannt. Er erhält dafür 1979 den Grand Prix des Festivals von Brüssel sowie die Goldene Maske des Festivals von Belgrad. In Polen wird ihm 1979 für seine Bühnen- und Filmarbeit der Leon Schiller-Preis verliehen. Im Prequel seines Erfolgsfilms, *Człowiek z żelaza* (1981), betraut ihn Wajda mit der Rolle von Birkuts Sohn, Maciek Tomczyk. In den 80er Jahren arbeitet Radziwiłowicz auch in Westeuropa, 1981/82 spielt er in Jean-Luc Godards *Passion* den polnischen Regisseur Jerzy. Im polnischen Film ist er dann nur noch selten zu sehen: als Rechtsanwalt Zyro in Krzysztof Kieślowskis *Bez końca* (1984) und neben Krystyna Janda in Waldemar Krzysteks *W zawieszeniu* (1986) als Marcel. Radziwiłowicz, der in erster Linie ein Bühnenschauspieler bleibt, beeindruckt in den 80er Jahren u. a. in Jerzy Jarockis Inszenierungen von Mrożeks «Das Porträt» (1988) und 1991 als Henryk in Gombrowicz' «Hochzeit». 1993 wird er mit der höchsten französischen Kultur-Auszeichnung «L'Ordre de l'Art et des Lettres» geehrt.

[PL] 1973: Drzwi w murze. 1974: Sędziowie (Die Richter) [TV]. 1975: Laßt uns frei fliegen über den Garten [TV – BRD]. 1976: Człowiek z marmuru (Der Mann aus Marmor); Dagny [PL/NO]. 1977: Pani Bovary to ja (Madame Bovary, das bin ich). 1978: Bez znieczulenia (Ohne Betäubung); Wsteczny bieg [TV]. 1979: Klucznik; Po drodze/Útközben (Zuhause in einem fremden Land) [PL/HU]. 1980: Le grand paysage d'Alexis Droeven [BE]; Z biegiem lat, z biegiem dni ... [TVS]; Punkt widzenia [TVS]; W biały dzień; Droga [TVS]. 1981: Ryś; Człowiek z żelaza (Der Mann aus Eisen); On, ona, oni. 1981/82: Passion [FR/CH]. 1983: Dies rigorose Leben [BRD]. 1984: Sąd nad Braćmi Polskimi [TV]; Bez końca (Ohne Ende). 1985: Ognisty anioł. 1986: W zawieszeniu (In der Schwebe). 1988: Les possédés (Die Dämonen) [FR]. 1992: Coitado de Jorge [PT]. 1993: Człowiek z ... [TV]; Śmierć jak kromka chleba. 1994: Confidences à un inconnu/Ispoved' neznakomtsu/Confidenze ad uno sconosciuto [FR/RU/IT].

Raft, George

(George Ranft)
*26. 9. 1895 New York City
†24. 11. 1980 Los Angeles
Boxer und Nachtclub-Tänzer. 1919–25 Tänzer in den Orpheum und Keith Circuits sowie in Jimmy Durantes Club Durant und im Texas Guinan's El Fey Club. 1925 Broadway-Debüt mit «The City Chap». 1929 Filmdebüt, Nebenrollen in Gangsterfilmen von Warner Bros. Erster Höhepunkt ist «Little Boy» Guino Rinaldo in Howard Hawks' Klassiker *Scarface*. Zeit seines Lebens bleibt er vor allem dem Genre des Gangster- oder Detektivfilms verbunden. Neben Carole Lombard in Wesley Ruggles' *Bolero* über den Aufstieg eines Tänzers. 1938 spielt er den Ex-Gangster Joe in Fritz Langs *You and Me*. Auch in Filmen mit Humphrey Bogart, so als Cliff Taylor in Lloyd Bacons *Invisible Stripes* und als Lastwagenfahrer Joe Fabrini in Raoul Walshs *They Drive By Night*. Während des 2. Weltkriegs in der Truppenbetreuung tätig. 1952 Popularität durch die Rolle des Polizei-Inspektors in 26 Folgen der TV-Serie *I Am the Law*. Er spielt einen Detektiv in Nunnally Johnsons *The Black Widow*, Titelrolle in Roy Rowlands *Rogue Cop* und an der Seite von Edward G. Robinson in *A Bullet For Joey* (Lewis Allen). Eine seiner letzten einprägsamen Rollen ist 1959 der Gangsterboss Spats Colombo in Billy Wilders Komödie *Some Like It Hot*. 1978 verkörpert er Petey Cane in seinem letzten Film *The Man With Bogart's Face* (Robert Day). 1961 Biopic *The George Raft Story* von Joseph M. Newman mit Ray Danton als Raft.

[US] 1929: Queen of the Night Clubs. 1931: Quick Millions; Hush Money; Palmy Days; Scarface (Scarface). 1931/32: Taxi! 1932: Dancers in the Dark; Night World; Night Court; Love Is a Racket; Madame Racketeer; Night After Night; If I Had a Million. 3. Ep: The Forger (Wenn ich eine Million hätte) [EP]; Under-Cover Man. 1933: Pick-Up (Flucht vor dem Gestern); Midnight Club; The Bowery; All of Me. 1933/34: Bolero (Bolero). 1934: The Trumpet Blows; Limehouse Blues. 1934/35: Rumba. 1935: Stolen Harmony; The Glass Key (Der gläserne Schlüssel); Every Night at Eight (Jeden Abend um acht); She Couldn't Take It. 1935/36: It Had to Happen. 1936: Yours for the Asking. 1937: Souls at Sea (Schiffbruch der Seelen). 1938: You and Me (Du und ich); Spawn of the North (Raubfischer in Alaska). 1938/39: The Lady's from Kentucky (Der große Betrug). 1939: I Stole a Million; Each Dawn I Die (Todesangst bei jeder Dämmerung); Invisible Stripes (12 Monate Bewährung). 1939/40: The House Across the Bay. 1940: They Drive by Night (Nachts unterwegs). 1941: Manpower (Herzen in Flammen). 1942: Broadway. 1943: Stage Door Canteen; Background to Danger. 1944: Follow the Boys. 1945: Nob Hill; Johnny Angel; Whistle Stop. 1946: Mr. Ace. 1947: Christmas Eve; Nocturne. 1948: Race Street; Intrigue (Die Bestie von Shanghai). 1949: Red Light (Rotes Licht); A Dangerous Profession; Johnny Allegro; Nous irons à Paris (Ja in Mexiko) [FR]; Outpost in Morocco (Aufruhr in Marokko). 1950/51: I'll Get You for This (Geheimdienst schlägt zu) [GB]. 1952: Loan Shark (Hyänen der Unterwelt); I Am the Law [TVS]; Escape Route (Achtung Menschenraub) [GB]. 1953: The Man from Cairo. 1954: Rogue Cop (Heißes Pflaster); The Black Widow (Die Spinne). 1954/55: A Bullet for Joey (Akte XP 15). 1956: Around the World in 80 Days (In 80 Tagen um die Welt). 1959: Jet Over the Atlantic; Some Like It Hot (Manche mögen's heiß). 1960: Ocean's Eleven (Frankie und seine Spießgesellen). 1961: Two Guys Abroad; The Ladies' Man (Ich bin noch zu haben). 1964: For Those Who Think Young (Strandparty bei Mondschein); The Patsy (Die Heulboje). 1965: Du rififi à Paname/Rififi internazionale/Rififi in Paris [FR/IT/BRD]. 1966/67: Casino Royale (Casino Royale) [GB]; Five Golden Dragons (Die Pagode zum fünften Schrecken) [GB]. 1968: Skidoo! (Skidoo – Ein Happening in Love). 1971: Deadhead Miles. 1972: Hammersmith Is Out (Hammersmith is out). 1978: Sextette. 1980: The Man With Bogart's Face (Sam Marlowe, Privatdetektiv).

Raimu

(Jules Auguste César Muraire)
*17. 12. 1883 Toulon
†20. 9. 1946 Neuilly-sur-Seine
Um die Jahrhundertwende Auftritte als Sänger und Schauspieler in Music-Halls in Toulon,

Marseille und Nordafrika, ab 1909 auch in Paris. Nach Militärdienst 1915 zum Theater. Ende der 20er Jahre Riesenerfolge an der Comédie Française als César in Marcel Pagnols Komödien-Trilogie «Marius», «Fanny», «César», als eingebildeter Kranker und als Tartüff in Molières Komödien. Im Film internationale Anerkennung durch seine Rollen in Pagnol-Verfilmungen und 1943 als totgesagter *Le Colonel Chabert* (René Le Hénaff). Zusammen mit Fernandel tritt er in Pagnols klassischer Filmkomödie *La fille du puisatier* auf. Raimu ist zwischen 1930 und 1945 einer der bedeutendsten französischen Charakterschauspieler. Seine unbedingte Anpassung an die unterschiedlichsten Rollen machen ihn für Orson Welles und René Clair zum idealen Schauspieler, durch seinen tragikomischen Gestus Charlie Chaplin an die Seite zu stellen. Herausragend sein Spiel als hintergangener Ehemann in Pagnols *La femme du boulanger*. 1944/45 ist er wieder Mitglied der Comédie Française. 1948 schildert der Dokumentarfilm *La vie de Raimu* (mit einem Kommentar von Marcel Pagnol) den Werdegang des großen Komödianten.

[FR] 1910: L'homme nu. 1914: L'agence cacahuète. 1930: Le blanc et le noir. 1931: La petite chocolatière; Mam'zelle Nitouche [Version]; Marius [Version]. 1932: Fanny; Les gaietés de l'escadron. 1933: Ces messieurs de la santé; Charlemagne; Théodore et Cie. 1934: J'ai une idée; Minuit, place Pigalle; Tartarin de Tarascon. 1935: Gaspard de Besse; L'école des cocottes. 1936: César; Faisons un rêve; Le roi (Der König); Le secret de Polichinelle; Les jumeaux de Brighton; Vous n'avez rien à déclarer? 1937: L'étrange M. Victor; Le fauteuil 47; Les rois du sport; Un carnet de bal (Spiel der Erinnerung); Gribouille (Der fünfte Geschworene). 1938: La femme du boulanger; Le héros de la Marne; Les nouveaux riches; Noix de Coco. 1939: L'homme qui cherche la vérité; Le duel; Dernière jeunesse; Monsieur Brotonneau. 1940: Parade en sept nuits; La fille du puisatier; Untel père et fils. 1941: Les inconnus dans la maison (Das unheimliche Haus); Les petits riens; L'Arlésienne. 1942: Monsieur La Souris (Das Geheimnis der blauen Limousine); Le bienfaiteur. 1943: Le colonel Chabert. 1945: Les gueux au Paradis. 1946: L'homme au chapeau rond (Der ewige Gatte); Le silence est d'or (Schweigen ist Gold).

Rains, Claude

(William Claude Rains)
*10. 11. 1889 London
†30. 5. 1967 Sandwich (New Hampshire)

Der Sohn des Schauspielers und Filmregisseurs Frederick William Rains steht im Alter von 11 Jahren erstmals auf der Bühne. Anschließend Kinderdarsteller an His Majesty's Theatre in London. 1912 erstmals in den USA. 1915–19 Dienst beim London Scottish Regiment. Nach dem 1. Weltkrieg Lehrtätigkeit an der Royal Academy of Dramatic Art in London. Mitte der 20er Jahre eines der führenden Mitglieder der New Yorker Theatre Guild. Ab 1926 ganz in den USA, 1938 amerikanischer Staatsbürger. Erst 1933 sensationelles US-Filmdebüt als Dr. Jack Griffin in der H.-G.-Wells-Adaption *The Invisible Man* (James Whale): Obwohl sein Gesicht nur kurz zu sehen ist, prägt er den Film mit seiner modulationsfähigen Stimme, wie später auch einige der schönsten Hollywood-Filme der 30er und 40er Jahre. Ab 1936 häufig in Warner-Brothers-Produktionen, so etwa 1937/38 als heimtückischer Prince/King John im erfolgreichen Technicolor-Abenteuerfilm *The Adventures of Robin Hood* (Michael Curtiz, William Keighley). In den 40er Jahren mehrfach als Gegenspieler von Bette Davis, z. B. 1946 in *Deception* (Irving Rapper). Seine bekannteste Rolle ist 1942 der gewandte, aber opportunistische Polizeichef Captain Renault in *Casablanca* (Michael Curtiz). 1946 von Alfred Hitchcock geschickt im Thriller *Notorious* eingesetzt: Als nazifreundlicher Schurke mit echten Liebesgefühlen für Ingrid Bergman erschwert er dem Publikum die Sympathieverteilung. Mit seinem Charme und seiner Stimme ist er als einer von sehr wenigen Charakterdarstellern zugleich auch Star. Nur kleinere Rollen in den letzten Filmen, so 1962 in *Lawrence of Arabia*, 1963 in *Twilight of Honor* und 1965 in *The Greatest Story Ever Told* als Herodes.

[US] 1920: Build Thy House [GB]. 1933: The Invisible Man (Der Unsichtbare). 1934: Crime Without Passion; The Man Who Reclaimed His Head; The Mystery of Edwin Drood. 1935: The Clairvoyant [GB]; The Last Outpost (Das letzte Fort). 1935/36: Anthony Adverse. 1936: Hearts Divided; Stolen Holiday. 1936/37: The Prince and the Pauper (Mit eiserner Faust). 1937: They Won't Forget; Gold Is Where You Find It (Goldene Erde Kalifornien). 1937/38: The Adventures of Robin Hood (Robin Hood, der König der Vagabunden). 1938: White Banners; Four Daughters (Vater dirigiert); They Made Me a Criminal (Zum Verbrecher verurteilt). 1938/39: Juarez. 1939: Sons of Liberty; Daughters Courageous (Vier Töchter räumen auf); Mr. Smith Goes to Washington (Mr. Smith geht nach Washington); Four Wives. 1939/40: Saturday's Children (Der Traum vom schöneren Leben). 1940: The Sea Hawk (Der Herr der sieben Meere); The Lady With Red Hair. 1941: Four Mothers; Here Comes Mr. Jordan (Urlaub vom Himmel); The Wolf Man (Der Wolfsmensch); Kings Row. 1942: Moontide (Nacht im Hafen); Now, Voyager (Reise in die Vergangenheit); Casablanca (Casablanca). 1943: Forever and a Day (Auf ewig und drei Tage); Passage to Marseille (Fahrkarte nach Marseille); The Phantom of the Opera (Phantom der Oper) [GB]. 1944: Mr. Skeffington (Das Leben der Mrs. Skeffington). 1945: This Love of Ours (Die Liebe unseres Lebens); Strange Holiday; Caesar and Cleopatra (Cäsar und Cleopatra) [GB]. 1946: Notorious (Weißes Gift/Berüchtigt); Angel on My Shoulder; Deception (Trügerische Leidenschaft). 1947: The Unsuspected (Der Unverdächtige). 1948/49: The Passionate Friends (Die große Leidenschaft) [GB]. 1949: Song of Surrender; Rope of Sand (Blutige Diamanten). 1950: Where Danger Lives; The White Tower (Hölle am weißen Turm). 1951: Sealed Cargo. 1952: The Man Who Watched Trains Go By (Der Mann, der sich selbst nicht kannte) [GB]. 1956: Lisbon (Geheimzentrale Lissabon). 1959: This Earth Is Mine (Diese Erde ist mein). 1960: The Lost World; Il pianeta degli uomini spenti [IT]. 1961: The Pied Piper of Hamelin. 1962: Lawrence of Arabia (Lawrence von Arabien) [GB]. 1963: Twilight of Honor (Rufmord). 1965: The Greatest Story Ever Told (Die größte Geschichte aller Zeiten).

Rampling, Charlotte

*5. 2. 1945 Sturmer (England)
Die Offizierstochter wächst in Fontainebleau auf. 1958 mit der Familie Rückkehr nach England, wo sie mit ihrer älteren Schwester in einer Amateur-Schauspieltruppe mitwirkt. Während des Studiums an der Universität Madrid reist sie mit einer Popgruppe durchs Land. 1964 Fotomodell, u. a. von Helmut Newton und Cecil Beaton abgelichtet. Mitte der 60er Jahre kleine Aufgaben in Filmen. Erste Rollen im Swinging London in *The Knack ... and How to Get It* (Richard Lester) und als Wohnungsgefährtin von Lynn Redgrave in *Georgy Girl*, danach Besuch der Royal Court Stage School. Durchbruch 1969 in Italien mit der Rolle der Elisabeth Thallmann in *La caduta degli dei* (Luchino Visconti). Auch in den folgenden Jahren immer wieder in Italien tätig. Oft in provozierenden Rollen – am extremsten wohl als nacktes Opfer von KZ-Schergen in Liliana Cavianis *Il portiere di notte*, der in Italien verboten wird. 1975 überzeugend als Partnerin von Robert Mitchum in Dick Richards Film Noir-Remake *Farewell My Lovely*. In Woody Allens Kino-Nostalgie *Stardust Memories* (1980) ist die stets unnahbar und kühl wirkende, schlanke Rampling besonders gut integriert. Mit Nagisa Oshima filmt sie 1986 in Frankreich eine erotische Dreiecksgeschichte zwischen einer Frau, einem Mann und einem Affen: *Max, mon amour*. 1987 in *Angel Heart* (Alan Parker) nur eine kleinere Rolle neben Mickey Rourke und Robert De Niro. In David Hares britischer Produktion *Paris By Night* spielt sie eine britische Konservative mit leichtem Thatcher-Touch. Ehen zunächst mit dem Musiker Jean-Michel Jarre, dann mit dem Bildhauer Bryan Southcombe.

[GB] 1965: The Knack ... and How To Get It (Der gewisse Kniff); Rotten to the Core. 1966: Georgy Girl (Georgy Girl). 1966/67: The Long Duel (Der Kampf). 1968: Sequestro di persona (Die Mafia-Story) [IT]. 1968/69: La caduta degli dei/Die Verdammten [IT/BRD]. 1969: Target: Harry/How to Make It [US]; Three. 1971: Addio fratello crudele [IT]; The Sky Bum [US]. 1972: Corky [TV – US]; Asylum (Asylum); Henry VIII and His Six Wives (Heinrich VIII. und seine sechs Frauen). 1973: Zardoz (Zardoz); Giordano Bruno/Der Mönch von San Dominico [IT/FR/BRD]. 1974: Caravan to Vaccares (Duell in Vaccares) [GB/FR]; Il portiere di notte (Der Nachtportier) [IT]. 1975: Farewell, My Lovely (Fahr zur Hölle, Liebling) [US]; Le chair de l'orchidée/Un'orchidea rossa sangue/Das Fleisch der Orchidee [FR/IT/BRD]; Foxtrot (The Far Side of Paradise) (Foxtrott) [MX/CH]; Yuppi du (Yuppi Du) [IT]. 1977: Orca ... Killer Whale (Orca, der Killerwal) [US]; Un taxi mauve/Un taxi color malva (Das malvenfarbene Taxi) [FR/IT]. 1980: Stardust Memories (Stardust Memories) [US]. 1982: The Verdict (The Verdict – Die Wahrheit – und nichts als die Wahrheit ...) [US]. 1983: Viva la vie (Viva la vie – Es lebe das Leben) [FR]. 1985: On ne meurt que deux fois (Mörderischer Engel) [FR]; Tristesse et beauté [FR]. 1986: Max mon amour (Max mon amour) [FR/JP/US]. 1987: Angel Heart (Angel Heart) [US]; Mascara (Mascara) [BE/NL/FR]. 1988: Helmut Newton: Frames from the Edge [DOK – BRD]; Paris by Night (Paris bei Nacht); Rebus [IT]; D.O.A. (D.O.A. – Bei Ankunft Mord) [US]. 1991: Hammers Over the Anvil (Sommer des Erwachens) [TV – AU]. 1993/94: Radetzkymarsch/La Marche de Radetzky [TV – AT/FR/DE/IT]. 1994: Time Is Money [FR]; Murder in Mind (Tödliche Gedanken) [TV]. 1996: Asphalt Tango [FR/RO]; Invasion of Privacy (Tödliche Umstände) [US]. 1997: The Wings of the Dove [US/GB].

Rasp, Fritz

(Fritz Heinrich Rasp)
*13. 5. 1891 Bayreuth
†30. 11. 1976 München
Gymnasium in Bayreuth, 1908 Theaterschule in München, 1909 Bühnendebüt am Schauspielhaus, dann bis 1913 an Provinztheatern, 1914 Deutsches Theater Berlin. 1916–18 Soldat, danach wieder an den Reinhardt-Bühnen. 1919 Metropoltheater, Kleines Schauspielhaus und Deutsches Theater. Ab 1924 freier Schauspieler mit breitem Rollenspektrum an verschiedenen Berliner Theatern. 1915 un-

ter der Regie von Ernst Matray Leinwanddebüt in einem Film unbekannten Titels. Beginnend 1922 mit der Rolle des Schwachsinnigen in der Max-Halbe-Verfilmung *Jugend* (Fred Sauer), ab 1922 intensive Filmarbeit. Als hochgewachsene Gestalt mit dünnem Mund und tiefliegenden Augen rasch auf den – oft ironisch variierten – Typ des verschlagenen Schurken festgelegt. Bei Fritz Lang wiederholt in größeren Nebenrollen, so als düsterer Sekretär des Herrschers von *Metropolis* und als Oberst Jellusic in *Spione*. Bei Kurt Bernhardt aber auch positiv als Sekretär in *Kinderseelen klagen euch an*. Bedeutendste Rollen in Filmen von G. W. Pabst: Spitzel und Gangster Chalybiew in *Die Liebe der Jeanne Ney*, verantwortungsloser Verführer in *Tagebuch einer Verlorenen*, Bettlerkönig Peachum in der deutschen Version von *Die 3-Groschen-Oper*. Als Herr mit der Melone in Gerhard Lamprechts Kästner-Adaption *Emil und die Detektive* und als Doppelagent in der Titelrolle des *Lockspitzel Asew*. Während der Nazizeit Rückzug in unpolitische Wiener Produktionen sowie in Krimis und Unterhaltungsfilme; auch als Magister in Pabsts *Paracelsus* (1942/43). Bühnenarbeit: 1936–44 Volksbühne. Nach Kriegsende schon 1945 am Hebbeltheater. 1947–50 Deutsches Theater. 1951–60 Residenztheater in München. 1946 in Lamprechts DEFA-Produktion *Irgendwo in Berlin* knüpft er in den Trümmern an den gemeinsamen Erfolg mit *Emil und die Detektive* an. In den 50er Jahren sporadisch Nebenrollen, ab 1959 auch wieder skurrile Schurkenrollen in Wallace-Filmen, seit Mitte der 50er Jahre häufig im Fernsehen: Bearbeitungen von Bühnenklassikern, zeitgenössische Fernsehspiele, TV-Krimis. Im Jungen deutschen Film ein später Triumph als gewitzt-raffinierter Pensionär neben Lina Carstens in der Komödie *Lina Braake* (Bernhard Sinkel). 1963 Filmband in Gold für langjähriges und hervorragendes Wirken im deutschen Film.

[DE/BRD] 1916: Schuhpalast Pinkus. 1917: Hans Trutz im Schlaraffenland. 1921/22: Das verschwundene Haus. 1922: Jugend. 1922/23: Time is Money. 1923: Der Mensch am Wege; Zwischen Abend und Morgen/Der Spuk einer Nacht; Schatten. 1924: Arabella. Der Roman eines Pferdes; Komödianten; Die Puppe vom Lunapark. 1924/25: Ein Sommernachtstraum. 1925: Menschen am Meer; Götz von Berlichingen zubenannt mit der eisernen Hand; Das Haus der Lüge/Arme, kleine Hedwig. 1925/26: Qualen der Nacht; Metropolis. 1926: Der Liebe Lust und Leid; Überflüssige Menschen; Die Waise von Lowood. 1926/27: Kinderseelen klagen euch an. 1927: Der letzte Walzer; Die Liebe der Jeanne Ney; Der geheimnisvolle Spiegel. 1927/28: Schinderhannes; Spione. 1928: Die Carmen von St. Pauli. 1928/29: Frau im Mond. 1929: Der Hund von Baskerville; Tagebuch einer Verlorenen; Frühlings Erwachen; Die Drei um Edith. 1930: Dreyfus; Die große Sehnsucht; Tropennächte [Version – US/FR]. 1930/31: Der Mörder Dimitri Karamasoff; Die 3-Groschen-Oper [Version – DE/ US]. 1931: Der Zinker [DE/AT]; Die Pranke [Version – IT/DE]; Emil und die Detektive. 1931/32: Die Vier vom Bob 13. 1932: Die grausame Freundin [AT/DE]; Der Hexer [AT/DE]. 1932/33: Der sündige Hof. Lona und ihr Knecht. 1933: Der Judas von Tirol; Der Schuß am Nebelhorn. 1933/34: Altgermanische Bauernkultur [KF]. 1934: Grenzfeuer; Charleys Tante; Klein-Dorrit; Lockvogel; Asew/Lockspitzel Asew [AT/DE]. 1935/ 36: Die Leuchter des Kaisers [AT]. 1936: Onkel Bräsig; Der Hund von Baskerville. 1936/37: Togger. 1937: Einmal werd' ich Dir gefallen. 1938: Nanu, Sie kennen Korff noch nicht? 1939: Es war eine rauschende Ballnacht; Frau im Strom [AT]. 1939/40: Leidenschaft. 1940: Alarm. 1942/43: Paracelsus. 1946: Irgendwo in Berlin [DDR]. 1950: Skandal in der Botschaft. 1952: Haus des Lebens. 1953: Hokuspokus; Die Mühle im Schwarzwälder Tal. 1954/55: Magic Fire. The Story of Richard Wagner (Frauen um Richard Wagner) [US]. 1955: Die Bauernpassion [TV]; Squirrel [TV]; Madame Aurélie [TV]; Kopf in der Schlinge [TV]; Der Revisor [TV]; Gottes Utopia [TV]; Die Heiratskomödie [TV]; Der Cornet/Die Weise von Liebe und Tod; Ein Weihnachtslied in Prosa [TV]. 1956: Das Abschiedsgeschenk [TV]; Oberst Chabert [TV]; Wo war David Preston? [TV]; Zwölftausend [TV]. 1957: Don Carlos [TV]. 1958: Der öffentliche Ankläger [TV]. 1958/59: Vor Himmelskörpern wird gewarnt [TV]. 1959: Froen med Masken (Der Frosch mit der Maske) [DK]; Johanna von Lothringen [TV]; Land, das meine Sprache spricht [TV]; Das mittlere Fenster [TV]; Eine Dummheit macht auch der Gescheiteste [TV]; Kasimir und Karoline [TV]. 1959/60: Der rote Kreis; Bezaubernde Julia [TV]; Der Mann, der Donnerstag war [TV]; Am grünen Strand der Spree. 4: Bastien und Bastienne [TV]. 1960: Gericht über Las Casas [TV]; Die Bande des Schreckens; Das schwarze Schaf. 1961: Die seltsame Gräfin. 1961/62: Das Rätsel der roten Orchidee. 1963: Erotikon Karussell der Leidenschaften; Der Zinker/L'Enigme du serpent noir [BRD/FR]; Maria Stuart [TV]. 1964: Eurydike [TV]; Herodes und Mariamne [TV]; Dr. med. Hiob Prätorius. 1965/66: Volpone [TV]. 1966/67: Der Prozeß der Jeanne d'Arc zu Rouen 1431 [TV]. 1969: Die Verspätung [TV]. 1970/71: Tatort: Frankfurter Gold [TV]; Der Kommissar: Tod eines Ladenbesitzers [TV]. 1971: Die Weber [TV]. 1972: Fritz Rasp erzählt [TV-DOK]; Pero und Jovo [TV]. 1973: Erlebte Filmgeschichte – Fritz Rasp [TV-DOK]. 1974/75: Lina Braake oder Die Interessen der Bank können nicht die Interessen sein, die Lina Braake hat. 1975/76: Dorothea Merz [TV].

Reagan, Ronald

(Ronald Wilson Reagan)
* 6. 2. 1911 Tampico (Illinois)

Besuch der Dixon High School und des Eureka College in Illinois. 1932 Studienabschluß in Ökonomie und Soziologie. 1932–37 Sportreporter einer Radiostation in Davenport, Iowa und Ansager für die Chicago Cubs. 1937 Filmdebüt in *Love Is on the Air* (Nick Grinde). Vertrag von Warner Bros. Kleine Rollen in B-Pictures. Er spielt in Lloyd Bacons Sportler-Biopic *Knute Rockne – All American* den Football-Spieler «Gipper» (lebenslang sein Spitzname). 1942 erste Hauptrolle in angesehener Produktion: als Drake McHugh in Sam Woods Melodrama *King's Row*. 1942–45 Ausbildungsfilme für die US Air Force. 1947–52 Präsident der Screen Actor's Guild. In den 50er Jahren verstärkt TV-Arbeit. Neben Diana Lynn als Schimpansen züchtender Professor in Frederick de Cordovas *Bedtime for Bonzo*. 1964 letzte wichtige Rolle als Schurke in Don Siegels *The Killers*. In den folgenden Jahren Rückzug vom Showbusiness. 1966–74 Gouverneur des Staates California. 1980–88 Präsident der Vereinigten Staaten. Buch-Autor: 1965 Autobiografie: «Where's the Rest of Me?», 1981 «The Reagan Wit».

[US] 1937: Hollywood Hotel; Swing Your Lady; Sergeant Murphy; Love Is on the Air. 1937/38: Accidents Will Happen. 1938: Boy Meets Girl (Der kleine Star); Going Places; Girls on Probation; Brother Rat; Naughty but Nice; Cowboy from Brooklyn. 1938/39: Secret Service of the Air. 1939: The Angels Wash Their Faces; Smashing the Money Ring; Hell's Kitchen; Dark Victory (Opfer einer großen Liebe); Code of the Secret Service. 1939/40: Brother Rat and a Baby. 1940: Tugboat Annie Sails Again; Murder in the Air; An Angel from Texas (Ein Bombenerfolg); Santa Fe Trail (Land der Gottlosen); Knute Rockne – All American. 1941: Nine Lives Are Not Enough; International Squadron; Million Dollar Baby (Der Dollarregen); The Bad Man. 1942: King's Row; Desperate Journey (Sabotageauftrag Berlin); Juke Girl. 1943: This Is the Army. 1947: Stallion Road; That Hagen Girl. 1948: The Voice of the Turtle. 1949: The Girl from Jones Beach (Venus am Strand); Night Unto Night; It's a Great Feeling (Ein tolles Gefühl/Judy erobert Hollywood); John Loves Mary; The Hasty Heart (Gezählte Stunden) [GB]. 1950: Louisa (Alter schützt vor Liebe nicht). 1951: Bedtime for Bonzo; The Last Outpost (Sein letzter Verrat); Storm Warning (Die Gefangene des Ku-Klux-Klan). 1952: She's Working Her Way Through College; The Winning Team; Hong Kong (Hongkong). 1953: Law and Order (Die Hand am Colt); Tropic Zone (Tropische Abenteuer). 1953–54: The Orchid Award [TVS]. 1954: Cattle Queen of Montana (Königin der Berge); Prisoner of War. 1954–62: General Electric Theatre [TVS]. 1955: Tennessee's Partner (Todesfaust). 1957: Hellcats of the Navy (Die Höllenhunde des Pazifik). 1963: Wagon Train: The Fort Pierce Story [TV]. 1964: The Killers (Der Tod eines Killers) [TV]. 1965/66: Death Valley Days [TVS]. 1992: Wisecracks [DOK]. 1995: Word Universe: A Journey to West Africa [DOK].

Redford, Robert

(Charles Robert Redford, Jr.)
* 18. 8. 1937 Santa Monica (California)

Besuch der Van Nuys High School, dann der University of Colorado in Boulder. Studium der Malerei und Kunstgeschichte in Paris. Ende der 50er Jahre Rückkehr in die USA. Bühnenbildner-Studium am New Yorker Pratt Institute. Schauspielausbildung an der American Academy of Dramatic Arts. 1959 Broadway-Debüt mit «Tall Story». Gleichzeitig auch kleine Rollen in TV-Serien. 1962 Filmdebüt. 1967 erster Erfolg als Paul Bratter neben Jane Fonda in Gene Saks' Komödie *Barefoot in the Park* (bereits 1963 mit gleicher Rolle Erfolg auf der Bühne). Er spielt an der Seite von Paul Newman in Kumpel-Filmen von George Roy Hill, so als Gangster Sundance Kid in *Butch Cassidy and the Sundance Kid* und als Ganove und Glücksspieler Johnny Hooker in *The Sting* (Oscar-Nominierung). Der gutaussehende blonde Redford wird einer der erfolgreichsten US-Filmschauspieler seiner Generation. Wiederholt Zusammenarbeit mit Sydney Pollack, u. a. als Mountain Man in *Jeremiah Johnson*, neben Barbra Streisand in *The Way We Were* oder als Großwildjäger und Liebhaber von Meryl Streep in *Out of Africa*. Er beweist sein kritisches Engagement häufig in der Auswahl seiner Rollen, so als idealistischer Politiker in Michael Ritchies *The Candidate* oder in dem von ihm produzierten Film *All the President's Men* (Alan J. Pakula) an der Seite von Dustin Hoffman als Washington-Post-Reporter Bob Woodward, der die Watergate-Affäre aufdeckt. 1961 Gründung der Wildwood Enterprises. Produktion eigener Filme, aber auch Unterstützung ambitionierter Projekte junger Regisseure (Sundance Project). 1980 erhält er den Oscar für sein Regie-Debüt *Ordinary People*. 1980 Gründung des Sundance Institute in Provo, Utah, einer Werkstatt für unabhängige Filmmacher und Veranstalter eines wichtigen Festivals. Regiearbeiten: 1988 *The Milagro Beanfield War*, 1992 *A River Runs Through It*, 1994 *Quiz Show* über einen Fernsehskandal der 50er Jahre. 1978 Buch «The Outlaw Trail».

[US] 1958–62: Naked City: Tombstone for a Derelict [TV]. 1959–62: The Untouchables: Snowball [TV]. 1961: Alfred Hitchcock Presents: Right Kind of Medicine [TV]; Twilight Zone: Nothing in the Dark [TV]. 1961–62: The Dick Powell Show: Last of the Big Spenders [TV]. 1962: War Hunt (Hinter feindlichen Linien). 1963: The Virginian: Evil That Men Do [TV]. 1965: Inside Daisy Clover (Verdammte süße Welt); Situation Hopeless – But Not Serious (Lage hoffnungslos – aber nicht ernst). 1965/66: The Chase (Ein Mann wird gejagt). 1966: This Property Is Condemned (Dieses Mädchen ist für alle). 1967: Barefoot in the Park (Barfuß im Park). 1969: Downhill Racer (Schußfahrt) [D,P]; Tell Them Willie Boy Is Here (Blutige Spur); Butch Cassidy and the Sundance Kid (Zwei Banditen). 1970: Little Fauss and Big Halsy (Little Fauss und Big Halsy/Stromer der Landstraße). 1972: The Candidate (Bill McKay – Der Kandidat) [D,P]; Jeremiah Johnson (Jeremiah Johnson); The Hot Rock (Vier schräge Vögel). 1973: The Sting (Der Clou); The Way We Were (Cherie Bitter). 1974: The Great Gatsby (Der große Gatsby). 1975: The Great Waldo Pepper (Tollkühne Flieger); Three Days of the Condor (Die drei Tage des Condors). 1976: All the President's Men (Die Unbestechlichen) [D,P]. 1977: A Bridge Too Far (Die Brücke von Arnheim) [GB]. 1979: The Electric Horseman (Der elektrische Reiter). 1980: Ordinary People (Eine ganz normale Familie) [R]; Brubaker (Brubaker). 1984: The Natural (Der Unbeugsame). 1985: Out of Africa (Jenseits von Afrika). 1986: Legal Eagles (Staatsanwälte küßt man nicht). 1988: Promised Land (Young Hearts) [P]; The Milagro Beanfield War (Milagro – Der Krieg im Bohnenfeld) [R,P]. 1989: Some Girls (Some Girls) [P]. 1990: Havana (Havanna). 1990/91: The Dark Wind (The Dark Wind) [P]. 1992: Incident at Oglala (Incident at Oglala) [P – DOK]; A River Runs Through It (Aus der Mitte entspringt ein Fluß) [S,R,P]; Sneakers (Sneakers – Die Lautlosen). 1993: Indecent Proposal (Ein unmoralisches Angebot). 1994: Quiz Show (Quiz Show) [R,P]. 1995: Up Close and Personal (Aus nächster Nähe). 1996: Grand Avenue [P]; She's the One [P]. 1997: The Horse Whisperer [D,R].

Redgrave, Michael

(Sir Michael Scudamore Redgrave)
*20. 3. 1908 Bristol
†21. 3. 1985 Denham (Middlesex)

Sohn der Schauspieler Margaret Scudamore und Roy Redgrave. Studium in Bristol und Cambridge; dort Herausgeber einer Zeitschrift und Filmkritiker. Danach Lehrer für moderne Sprachen und freier Journalist. 1934 Bühnendebüt am Liverpool Repertory Theatre. 1936 in Londom am Old Vic; mehrere US-Tourneen mit dessen Ensemble. 1941/42 Dienst in der Royal Navy. 1936 erste kleine Filmrolle in Alfred Hitchcocks *Secret Agent*. 1938 als Volksliedforscher Gilbert in Hitchcocks launigem Thriller *The Lady Vanishes*. Ab 1947 auch in amerikanischen Filmen, zuerst in *Mourning Becomes Electra* (Dudley Nichols). Sein Talent als Komödienschauspieler bezeugt Redgrave z. B. 1952 als Ernest Worthing in Oscar Wildes Meister-Komödie *The Importance of Being Earnest* (Anthony Asquith). Distinguierte Angehörige höherer Gesellschaftsklassen spielt er etwa 1950/51 als gehörnter Ehemann in Asquiths *The Browning Version* und 1962 als Direktor einer Fürsorgeeinrichtung in Tony Richardsons *The Loneliness of the Long Distance Runner*. Eine seiner besten Rollen ist 1955 der Bombenkonstrukteur Barnes Wallis im dokumentarspielartigen Film *The Dam Busters* (Michael Anderson) um die Zerstörung deutscher Ruhrgebiets-Talsperren im 2. Weltkrieg. 1957 Gründung einer eigenen Produktionsfirma. Der großgewachsene Schauspieler mit dem akademisch kultivierten Hintergrund gehört zur Generation von Ralph Richardson, Laurence Olivier und John Gielgud, erreicht jedoch nie deren Popularität. Das Theater, für das er auch einige Stücke verfaßt, geht ihm stets über die Arbeit beim Film. Redgrave ist Vater des Schauspielers Corin sowie der Schauspielerinnen Lynn und Vanessa. 1959 zum Ritter geschlagen. Autor mehrerer Bücher, darunter 1958 die Autobiografie «Face or Mask: Reflections in an Actor's Mirror» und 1983 die Erinnerungen «In My Mind's Eyes».

[GB] 1936: Secret Agent (Der Geheimagent). 1938: The Lady Vanishes (Eine Dame verschwindet); Climbing High; Stolen Life (Träumende Augen). 1939: A Window in London; The Stars Look Down (Die Sterne blicken herab). 1940/41: Kipps. 1941: Atlantic Ferry; Jeannie; The Big Blockade. 1942: Thunder Rock. 1945: A Diary for Timothy [KF]; The Way to the Stars; Dead of Night. 4. EP: The Ventriloquist's Dummy (Traum ohne Ende) [EP]. 1946: The Captive Heart; The Years Between (Die Jahre dazwischen). 1947: Mourning Becomes Electra [US]; Secret Beyond the Door … (Geheimnis hinter der Tür) [US]; The Man Within (Piratenliebe); Fame Is the Spur. 1950/51: The Browning Version (Konflikt des Herzens). 1951: The Magic Box. 1952: The Importance of Being Earnest (Ernst sein ist alles). 1954: The Green Scarf; The Sea Shall Not Have Them. 1954/55: Mr. Arkadin/Confidential Report (Herr Satan persönlich) [US/FR/ES]. 1955: The Night My Number Came Up (Sie waren 13); The Dam Busters (The Dambusters); Oh Rosalinda!/ Fledermaus 1955 [GB/BRD]. 1955/56: 1984 (1984). 1956: The Happy Road (Straße des Glücks) [US/FR]. 1956/57: Time Without Pity (In letzter Stunde). 1958: The Quiet American [US]; Law and Disorder (Herzlich willkommen im Kittchen); Behind the Mask. 1959: The Wreck of the Mary

Deare (Die den Tod nicht fürchten) [US]; Shake Hands with the Devil (Ein Händedruck des Teufels) [IE/US]. 1961: No, My Darling Daughter!; The Innocents (Schloß des Schreckens). 1962: The Loneliness of the Long-Distance Runner (Die Einsamkeit des Langstreckenläufers). 1963: Wide World of Entertainment [TV – US]; Uncle Vanya [TV]. 1964: Young Cassidy (Cassidy, der Rebell) [GB/US]. 1964/65: The Hill (Ein Haufen toller Hunde) [GB/US]. 1965: The Heroes of Telemark (Kennwort «Schweres Wasser»/Stoßtrupp Telemark). 1967: La vingt-cinquième heure/La venticinquesima ora (Die 25. Stunde) [FR/IT]; Assignment K (Geheimauftrag K); Heidi kehrt heim/Heidi [TV – BRD/US]. 1968/69: Oh! What a Lovely War (Oh! What a Lovely War). 1969: Battle of Britain (Luftschlacht um England); Goodbye, Mr. Chips (Goodbye, Mr. Chips); Connecting Rooms (Die Verbindungstür); David Copperfield [TV]. 1970: Goodbye Gemini; The Go-Between (Der Mittler). 1971: Nicholas and Alexandra (Nikolaus und Alexandra) [US]. 1972: The Last Target. 1973: Dr. Jekyll and Mr. Hyde [TV – US].

Redgrave, Vanessa

* 30. 1. 1937 London

Tochter des Schauspielerehepaars Rachel Kempson und Michael Redgrave. 1954–57 Besuch einer Ballettschule und der Central School of Speech and Drama in Kensington. 1957 Bühnendebüt bei der Frinton Repertory Company in Essex, 1958 in London auf der Bühne. In den frühen 60er Jahren beachtliche Erfolge als Shakespeare-Interpretin in London, Stratford-upon-Avon und am Broadway. 1958 Filmdebüt an der Seite ihres Vaters im Krankenhausdrama *Behind the Mask* (Brian Desmond Hurst). Im folgenden Jahr erstmals im Fernsehen. Erste größere Filmrolle 1965 als Marxisten-Gattin Leonie Delt in Karel Reisz' turbulenter Polit-Komödie *Morgan! A Suitable Case for Treatment* (Oscar-Nominierung). Beachtung z. B. 1966/67 als kühle Gegenspielerin von David Hemmings in *Blow Up* (Michelangelo Antonioni), einem Thriller, eingebettet in das London der Swinging Sixties. 1967 als Ginevra in der Hollywood-Produktion *Camelot* (Joshua Logan), weitere Oscar-Nominierung als legendäre Tänzerin Isadora Duncan in Reisz' *Isadora* (1968). 1977 ist sie Produzentin des englischen Films *The Palestinian* (Roy Battersby), in dem sie auch als Schauspielerin für die Sache der Palästinenser agiert. Für die Titelrolle in Fred Zinnemanns *Julia* (1977) bekommt sie den Oscar für die beste Nebenrolle und kritisiert in der Dankrede Israels Libanon-Politik. 1980 gegen die Proteste jüdischer Gruppen spielt sie die KZ-Überlebende Fania Fenelon in dem nach Arthur Miller entstandenen Fernsehfilm *Playing for Time* von Daniel Mann (Emmy). In David Hares Debütfilm *Wetherby* ist sie 1984/85 eine alleinstehende Kleinstadtlehrerin, die in ihrer Vergangenheit als Jugendliche (gespielt von ihrer Tochter Joely Richardson) die Ursachen ihrer Isolation suchen muß. Eine ihrer am zurückhaltendsten gespielten Rollen ist 1987/88 die Agentin Peggy Ramsay, die dem homosexuellen Schriftsteller Joe Orton in Stephen Frears' *Prick Up Your Ears* zwar zur Karriere, nicht aber zu einem zufriedenen Leben verhilft. Mehrmals wird ihre Darstellung selbständiger Frauenzimmer in den gepflegten Literaturadaptionen von Ruth Prawer Jhabvala für die Merchant-Ivory-Produktion zum Oscar nominiert: für die Frühfeministin in *The Bostonians* (1983/84) und neben Anthony Hopkins und Emma Thompson in der E.-M.-Foster-Verfilmung *Howards End* (1992). Wiederholt verkörpert sie auch Figuren an der Grenze zwischen Frau und Mann: als transsexueller Tennisstar Renee Richards im TV-Film *Second Serve* (Emmy) und als einsame Südstaatlerin in Simon Callows *The Ballad of the Sad Café*. Redgrave wechselt zwischen Auftritten in internationalen Großproduktionen und Beteiligungen an kleinen, oft thematisch riskanten Filmen. Ende der 80er Jahre in London und New York Erfolg in Tennessee Williams' Stück «Orpheus Descending». Ihrer Ehe mit dem Regisseur Tony Richardson (1962–67) entstammen die Schauspielerinnen Natasha Richardson (* 11.5.1963) und Joely Richardson (* 9.1.1965). 1991 erscheint ihre Autobiografie.

[GB] 1958: Behind the Mask (Hinter der Maske). 1965: Morgan – A Suitable Case for Treatment (Protest). 1966: A Man for All Seasons (Ein Mann zu jeder Jahreszeit); Blow-Up (Blow-Up). 1967: Red and Blue [KF – US]; The Sailor from Gibraltar (Nur eine Frau an Bord); Tonite Let's All Make Love in London (Tonite Let's All Make Love in London) [DOK]; Camelot (Camelot) [US]. 1968: The Charge of the Light Brigade (Der Angriff der leichten Brigade); Un tranquillo posto di campagna/Un coin tranquille à la campagne [IT/FR]. 1968/69: Oh! What a Lovely War (Oh! What a Lovely War); Isadora (Isadora). 1969: The Sea Gull (Die Möwe). 1970: Dropout (Drop out – Mysterien blutjunger Mädchen) [IT]. 1971: Mary, Queen of Scots (Maria Stuart, Königin von Schottland) [US]; The Devils (Die Teufel); The Trojan Women (Die Troerinnen) [US]; La vacanza [IT]. 1974: Murder on the Orient Express (Mord im Orient-Expreß). 1975: Out of Season (Haß kennt keine Nachsaison). 1976: Seven-Per-Cent Solution (Kein Koks für Sherlock Holmes) [US]. 1977: Julia (Julia) [US]; Palestinian [D,P]. 1978: Agatha (Das Geheimnis der Agatha Christie) [US]. 1979: Bear Island (Die Bäreninsel in der Hölle der Arktis) [GB/CA]; Yanks (Yanks – Gestern waren wir noch Freunde). 1980: Playing for Time [TV – US]. 1982: My Body, My Child (Dies ist mein Kind!) [TV – US]. 1982/83: Wagner (Wagner) [TV – GB/HU/AT]. 1983: Sing Sing (Sing Sing) [IT]; Snow White and the Seven Dwarfs [TV]. 1983/84: The Bostonians (Die Damen aus Boston) [US]. 1984/85: Steaming; Wetherby (Wetherby); Peter the Great (Peter der Große) [TV – US]. 1985: Three Sovereigns for Sarah [TV – US]. 1986: I Change My Life (Geschlechtsumwandlung) [TV – US]; Comrades (Rebellion der Rechtlosen). 1986/87: Prick Up Your Ears (Prick Up Your Ears). 1987/88: Consuming Passions [GB/US]. 1988: A Man for All Seasons [TV – US]. 1989/90: The Children [GB/BRD]. 1990: Young Catherine (Die junge Katharina) [TV – GB/CA/I/US/SU/BRD]; Orpheus Descending [TV – US]; The Ballad of the Sad Café (Die Ballade vom traurigen Café) [US]; Diceria dell'untore (Liebe und Tod) [IT]; Romeo-Juliet [S]; Pochorony Stalina (Stalins Begräbnis) [SU]. 1991: The Young Indiana Jones Chronicles (Die Abenteuer des jungen Indiana Jones) [TVS – US]; Appartamento all'ultimo piano [IT]; What Ever Happended to ...? [US]. 1992: Great Moments in Aviation; Howards End (Wiedersehen in Howards End); Crime & Punishment [US]; Un muro de silencio/A Wall of Silence [AR/MX]. 1993: Storia di una capinera (Zeffirellis Spatz) [TV – IT]; They Watch (Lost Souls – Botschaft aus dem Jenseits) [TV – US]; Mother's Boys (Tödliche Absichten) [US]; Das Geisterhaus/The House of Spirits/Åndernes Hus [DE/PT/DK]. 1994: Little Odessa (Little Odessa) [US]. 1994/95: Mission: Impossible (Mission: Impossible) [US]. 1995: A Month by the Lake (Ein Sommer am See) [US/GB]; Down Came a Blackbird [TV – US]; Looking for Richard (Al Pacino's Looking for Richard) [US]. 1996: Two Mothers for Zachary [TV]; Wilde. 1996/97: Fräulein Smillas Gespür für Schnee/Smilla's Sense of Snow [DE/DK]; Mrs. Dalloway.

Reed, Oliver

(Robert Oliver Reed)
*13. 2. 1938 London-Wimbledon

Neffe des Regisseurs Sir Carol Reed. Rausschmeißer in Nachtclubs, Boxer und Taxifahrer, dann Armeedienst im medizinischen Corps auf Malaya und in Hongkong. Ab Mitte der 50er Jahre in Fernseh-Serien der BBC vor der Kamera, auch in Kinofilmen aller Genres, darunter zahlreichen Horror-Filmen der britischen Hammer-Produktion. 1961 erste Hauptrolle als der gespaltene Leon in Terence Fishers *The Curse of the Werewolf*. Die Arbeit mit Joseph Losey beim Science-fiction-Melodram *The Damned* (1961/62) und mit Michael Winner bei der Kronjuwelen-Krimi-Komödie *The Jokers* (1966) zeigen die Wandlungsfähigkeit Reeds. International bekannt als Bill Sykes in Carol Reeds Musical *Oliver!* (1968), als arroganter Minenbesitzer Gerald Crich in Ken Russells *Women in Love* (berühmt wird ein nackter Ringkampf vor dem Kamin). Eine Extremrolle ist auch der kahlköpfige Exorzist in Russells wildem Historienbild *The Devils* (1971). Als heißblütiger Athos in Richard Lesters Musketier-Verfilmungen der 70er und 80er Jahre, daneben erscheint der trinkfeste Reed wieder in einer endlosen Reihe von mehr oder weniger geschmackvollen Horrorfilmen. 1979 erscheinen die Memoiren «Read All About Me».

[GB] 1955: Value for Money (Lieber reich, aber glücklich). 1958: The Captain's Table (Der Luxus-Käpt'n). 1959/60: The League of Gentlemen (Die Herren Einbrecher geben sich die Ehre); The Angry Silence (Zorniges Schweigen). 1960: His and Hers; No Love for Johnnie (Und morgen alles); Sword of Sherwood Forest (Das Schwert des Robin Hood); The Rebel; Beat Girl (Heiß auf nackten Steinen); The Two Faces of Dr. Jekyll (Schlag 12 in London); The Bulldog Breed (Die Rakete zur flotten Puppe). 1961: The Curse of the Werewolf (Der Fluch von Siniestro). 1961/62: The Damned (Sie sind verdammt); The Pirates of Blood River (Piraten am Todesfluß). 1962: Captain Clegg (Die Bande des Captain Clegg); Paranoiac (Das Haus des Grauens). 1963: The Party's Over; The Scarlet Blade (Die scharlachrote Klinge). 1963/64: The System. 1965: The Brigand of Kandahar (Die letzten von Fort Kandahar). 1966: The Jokers (Minirock und Kronjuwelen); The Trap (Wie ein Schrei im Wind) [GB/CA]. 1966/67: The Shuttered Room (Die verschlossene Tür). 1967: Dante's Inferno: Live of Dante Gabriel Rossetti [TV]; I'll Never Forget What's 's Name (Was kommt danach ...?). 1968: Oliver! (Oliver); Hannibal Brooks (Hannibal Brooks). 1968/69: The Assassination Bureau (Mörder GmbH). 1969: Women in Love (Liebende Frauen); Take a Girl Like You [US/GB]. 1970: La dame dans l'auto avec des lunettes et un fusil (Die Dame im Auto mit Brille und Gewehr) [FR]. 1971: Z.P.G. – Zero Population Growth (ZPG – Die Erde stirbt/Geburten verboten); The Devils (Die Teufel); The Hunting Party (Leise weht der Wind des Todes). 1972: Sitting Target (Blutroter Morgen); Il giorno del furore/Fury (Russischer Sommer) [IT/GB]. 1972/73: Mordi e fuggi/Rapt à l'italienne (Ein Scheißwochenende) [IT/FR]. 1973: Blue Blood (Der Lord, der ein Diener sein wollte); The Three Musketeers (The Queen's Diamond) (Die drei Musketiere) [PA]; Triple Echo (Das dreifache Echo); Revolver/La poursuite implacable [IT/FR/BRD]. 1974: Ein Unbekannter rechnet ab/... E poi, non ne rimase nessuno/Diez negritos/Dix petits nègres [BRD/IT/ES/FR]; The Four Musketeers (The Revenge of Milady) (Die vier Musketiere der Königin) [PA]. 1975: Tommy (Tommy); Royal Flash (Royal Flash). 1975/76: The Sell Out/La spia senza domani (Von allen Hunden gehetzt) [GB/IT]. 1976: The Great Scout and Cathouse Thursday (Der Supermann des Wilden Westens) [US]; Burnt Offerings (Landhaus der toten Seelen) [US]. 1977: Tomorrow Never Comes (Morgen gibt es kein Erwachen) [CA/US]; Assault on Paradise/Maniac/Ransom [US]. 1978: The Big Sleep (Tote schlafen besser); The Prince and the Pauper (Der Prinz und der Bettler) [PA]. 1979: The Class of Miss MacMichael (Die Klasse von Miss MacMichael) [USA/GB]; The Brood (Die Brut) [CA]. 1980: Dr. Heckyl & Mr. Hype [US]. 1981: Omar Mukhtar/Lion of the Desert (Omar Mukhtar – Löwe der Wüste) [LY/GB]; Spasm/Death Bite (Avanaida – Todesbiß der Satansviper) [CA]; Condorman (Condorman); Venom (Die schwarze Mamba). 1982/83: Fanny Hill – Memoirs of a Woman of Pleasure (Fanny Hill). 1983: Spasms (Avanaida – Todesbiß der Satansviper) [CA]; Two of a Kind (Zwei vom gleichen Schlag) [US]; Al-mas'ala Al-Kubra [Irak]; The Sting II (Zwei ausgekochte Gauner) [US]. 1985: Black Arrow (Im Zeichen des schwarzen Pfeils) [TV – US/GB]. 1985/86: Captive (Captive – Im Bann der Entführer). 1986: Castaway (Castaway – Die Insel); The Misfit Brigade/Wheels of Terror (Die Galgenvögel) [US]. 1987: Skeleton Coast (24 Stunden bis zur Hölle) [US]; Gor (Gor) [US]. 1987/88: The Adventures of Baron Munchhausen/Die Abenteuer des Baron Münchhausen [GB/BRD]. 1988: The Fall of the House of Usher (The House of Usher) [US]; Captive Rage (Fire on Fire) [US]; The Lady and the Highwayman (Silver Blade); The Return of the Musketeers (Rückkehr der Musketiere) [GB/FR/ES]. 1989: Rage to Kill (Guerilla Force) [US]; A Ghost in Monte Carlo (Ein Phantom in Monte Carlo) [TV]. 1989/90: Treasure Island (Die Schatzinsel) [US]. 1990: Master of Dragonard Hill (Der Herr von Dragonard) [US]; The Avenger (The Avenger – Der Rächer) [US]; Panama Sugar (Panama Sugar) [IT]; Hired to Kill (Hired to Kill) [US]; The Pit and the Pendulum (Meister des Grauens) [US]. 1991: Prisoner of Honor (Der Gefangene der Teufelsinsel); Severed Ties (The Thing – Gene außer Kontrolle) [US]. 1993: Return to Lonesome Dove (Wildes Land) [TV – US]. 1994: Funny Bones (Funny Bones); Cutthroat Island (Die Piratenbraut) [US]. 1995: Die Tunnelgangster von Berlin [TV – DE]. 1996: The Bruce; The People vs. Larry Flynt (Larry Flynt – Die Nackte Wahrheit).

Reggiani, Serge

* 2. 5. 1922 Sanna (Italien)

1926 mit den Eltern nach Frankreich. Tätigkeit in verschiedenen Berufen; erste Auftritte an Laientheatern. 1940–43 Schauspielausbildung am Konservatorium in Paris. Am Theater ist er in tragischen Rollen erfolgreich. 1942 erste größere Rolle beim Film als aufsässiger Jugendlicher in Louis Daquins *Le voyageur de La Toussaint*. Der zarte und dabei gedrungen, manchmal verkniffen wirkende Reggiani spielt in romantisch-tragischen Rollen Außenseiter oder unglücklich Liebende (Angelo in André Cayattes *Les amants de Vérone*, 1948). Eindrucksvoll agiert er als in den Selbstmord Getriebener in Marcel Carnés *Les portes de la nuit* und als blinder Organist, der von seiner Geliebten umgebracht wird, in Roger Richebés *Elisa*. Als Verführer tritt er in Max Ophüls' *La ronde* in Erscheinung. In Jacques Beckers *Casque d'or* gibt er eine überzeugende Studie eines Verbrechers aus Liebe. Bei seiner Filmarbeit in Frankreich und Italien wird Reggiani, der bei der französischen Kritik als vielseitigster Schauspieler seiner Generation gilt, klischeehaft als scheiternder, von Freunden betrogener Gangster eingesetzt; diesem Typus des Film noir verleiht er u. a. in Robert Hosseins *Les salauds vont en enfer* und in Roger Pigauts *Comptes à rebours* immer neue Schattierungen. In Claude Sautets *Vincent, François, Paul et les autres* und Théo Angelopoulos' *O melissokomos* spielt Reggiani müde gewordene Männer, denen die Hoffnungen von einst abhanden gekommen sind. Ab 1962 zahlreiche Fernseharbeiten in Italien. In Frankreich seit Beginn der 60er Jahre auch als Chansonnier bekannt; 1968 mit dem Grand Prix ausgezeichnet. Nach dem Selbstmord seines Sohnes 1980 Beendigung der Karriere als Sänger; nur noch gelegentlich Film-Rollen. 1986 erklärt Reggiani, sein eigentliches Interesse gelte der bildenden Kunst. 1990 Veröffentlichung von «La question se pose».

[FR] 1938: Conflit. 1939: Nuit de décembre; Saturnin. 1942: Le voyageur de la Toussaint. 1943: Le carrefour des enfants perdus. 1945: François Villon. 1946: Étoile sans lumière (Chanson der Liebe); Les portes de la nuit (Pforten der Nacht); Coincidences. 1947: Le dessous des cartes. 1948: Retour à la vie. EP: Le retour de Louis [EP]; Les amants de Vérone (Die Liebenden von Verona); Manon (Manon); Le mystère de la chambre jaune. 1949: Le parfum de la dame en noir (Das Parfüm der Dame in Schwarz); Au royaume des cieux (Eine Heilige unter Sünderinnen). 1950: Une fille à croquer/Le Petit Chaperon Rouge; La ronde (Der Reigen); Les anciens de Saint-Loup. 1951: Camicie rosse/Les chemises rouges (Anita Garibaldi) [IT/FR]; Casque d'or (Goldhelm). 1951/52: Secret People [GB]. 1952/53: Il mondo le condanna/Les anges déchus (Die von der Liebe leben) [IT/FR]; Bufere/Fille dangereuse (Das Fleisch ist schwach) [IT/FR]. 1953: La bergère et le ramoneur [S – ANI]; Un acte d'amour/Act of Love (Ein Akt der Liebe) [FR/US]. 1954/55: Napoléon/Napoleone Bonaparte (Napoleon) [FR/IT]. 1955: Les salauds vont en enfer (Die Lumpen fahren zur Hölle). 1956: La fille Elisa (Elisa, eine Gefallene); La donna del giorno (Karriere um jeden Preis) [IT]. 1957: Les misérables/I miserabili (Die Elenden) [FR/IT]; La Seine a rencontré Paris [S – KF]; Paris à la manière de [S]; Quand les fleuves changent de chemin [S]; Échec au porteur (Polizeiaktion Dynamit); Un ettaro di cielo [IT]; Le passager clandestin/The Stowaway (Nächte auf Tahiti) [FR/AU]. 1958: Marie-Octobre (Marie-Octobre). 1960: Tutti a casa/La grande pagaille (Der Weg zurück) [IT/FR]. 1961: Paris Blues (Paris Blues) [US]; La guerra continua/La dernière attaque [IT/FR]. 1962: Le doulos/Lo spione (Der Teufel mit der weißen Weste) [FR/IT]; Il Gattopardo/Le guepárd (Der Leopard) [IT/FR]. 1964: Aurélia ou la descente aux enfers. 1965: Compartiment tueurs (Mord im Fahrpreis inbegriffen); Marie Chantal contre le docteur Kha/María Chantal contra el doctor Kha/Marie Chantal contro il dottor Kha (M.C. contra Dr. Kha) [FR/ES/IT/MA]. 1966/67: Les aventuriers/I tre avventurieri (Die Abenteurer) [FR/IT]. 1967: La vingt-cinquième heure/La venticinquesima ora (Die 25. Stunde) [FR/IT]. 1967/68: Il giorno della civetta/La Mafia fait a oi (Der Tag der Eule) [IT/FR]. 1969: L'Armée des ombres/L'Armata degli eroi (Armee im Schatten) [FR/IT]. 1970: Comptes à rebours (Der Boß). 1972: Trois milliards sans ascenseur (Drei Milliarden ohne Fahrstuhl); César et Rosalie/E' simpatico, ma gli romperei il muso/Cesar und Rosalie [FR/IT/BRD]; Les caids (Die kleinen Bosse). 1973: Touche pas la femme blanche/Non toccare la donna bianca (Hände weg von weißen Frauen!) [FR/IT]. 1974: Vincent, François, Paul... et les autres/Tre amici, le moglie e (affettuosamente) le altre (Vincent, François, Paul und die anderen) [FR/IT]. 1975: Le bon et les méchants (Der Gute und die Bösen); Le chat et la souris (Eine Katze jagt die Maus). 1976: Violette et François (Violette et François). 1977: Une fille cousue de fil blanc (Möwen mit weißen Schwingen). 1979: Fantastica; L'Empreinte des géants (Giganten der Landstraße). 1979/80: La terrazza/La terrasse (Die Terrasse) [IT/FR]. 1986: Mauvais sang (Die Nacht ist jung); O melissokomos/L'apiculteur/Il volo (Der Bienenzüchter) [GR/FR/IT]. 1988: Ne réveillez pas un flic qui dort (Panther II – Eiskalt wie Feuer). 1990: I Hired a Contract Killer (I Hired a Contract Killer) [FI/SE]; Il y a des jours ... et des lunes (So sind die Tage und der Mond); Plein fer (Blanker Stahl). 1991: Rosenemil [DE/FR/CH/RO]. 1991/92: De force avec d'autres [DOK]. 1993: Le petit garçon.

Rehman, Waheeda

* 1938 Hyderabad

Sie entstammt einer traditionsbewußten Muslim-Familie. Filmdebüt 1955 in Yoganands *Jayasimha / Jaisingh*. Bereits ihr zweiter Film *Rojulu Marayi / Kalam Maripochu* (Chanakaya, 1955) wird vor allem wegen ihrer tänzerischen Leistung ein großer Erfolg. In den 50er und 60er Jahren, nachdem sie in Guru Dutts *Pyaasa* (1957) in der Rolle einer Prostituierten außerordentlich erfolgreich ist, wird sie zum Star des Hindi-Urdu-Films. Das Geheimnis ihrer Publikumswirksamkeit liegt in ihrem ausdrucksstarken Gesang und Tanz. Allein ihre physische Anwesenheit nutzt Dutt, um ein intensives Lebensgefühl zu erzeugen, häufig als Gegengewicht zu anderen Frauengestalten, die dem Tod nahe sind, z. B. mit Meena Kumari in *Sahib Bibi Aur Ghulam* (1962). Dies nutzen auch Vijay Anand in *Guide* (1965) und Asit Sen in *Khamoshi* (1969), wo sie eine Krankenschwester für Geisteskranke spielt, der Kranke ist Rajesh Khanna.

[IN] 1955: Jayasimha/Jaisingh; Rojulu Marayi/Kalam Maripochu; Alibabavum Narpathu Thirudargalum. 1956: CID. 1957: Pyaasa. 1958: Twelve O'Clock; Solva Saal. 1959: Kaagaz Ke Phool. 1960: Girl Friend; Ek Phool Char Kaante; Chaudhvin Ka Chand; Kala Bazaar. 1961: Roop Ki Rani Choron Ka Raja. 1962: Bees Saal Baad; Baat Ek Raat Ki; Abhijaan; Raakhi; Sahib Bibi Aur Ghulam. 1963: Kaun Apna Kaun Paraya; Mujhe Jeene Do; Ek Dil Sau Afsane. 1964: Majboor; Kohraa; Shagun. 1965: Guide. 1966: Teesri Kasam; Dil Diya Dard Liya. 1967: Patthar Ke Sanam; Palki; Ghar Ka Chirag; Ram Aur Shyam. 1968: Neel Kamal; Baazi; Admi. 1969: Khamoshi; Shatranj; Meri Bhabhi. 1970: Prem Pujari; Man Ki Aakhen; Darpan; Dharti. 1971: Man Mandir; Reshma Aur Shera. 1972: Trisandhya; Subah-o-Shyam; Dil Ka Raja; Zindagi Zindagi. 1973: Phagun; Insaaf. 1975: Love in Bombay. 1976: Adalat; Kabhi Kabhie. 1977: Aaj Ki Dhara. 1978: Trishul. 1979: Jiban Je Rakam. 1980: Jwalamukhi; Jyoti Bane Jwala. 1981: Naseeb. 1982: Namak Halal; Namkeen; Saval; Dharam Kanta. 1983: Coolie; Pyaasi Aankhen; Mahaan; Ghunghroo; Himmatwala. 1984: Mashaal; Sunny; Maqsad. 1986: Sinhasan; Allah Rakha. 1989: Chandni. 1991: Lamhe.

Rekha

(eigentlich Bhanurekha)

* 1954

Tochter der Tamil-Telugu-Stars Gemeni Ganesh und Pushpavalli. Filmdebüt als Kind unter ihrem Namen Bhanurekha in *Rangula Ratnam* (B. N. Reddi, 1966). Bereits mit ihrem zweiten Film, *Sawan Bhadon* (Mohan Segal, 1970) wird sie ein neuer Star des indischen Films. In ihren Anfängerjahren übergewichtig und linkisch, verändert sie ihr Äußeres in spektakulärer Weise, gibt sogar Tips zur Verschönerung des Körpers. Ihr Image als die Schöne vom Lande wandelt sich zu einer verletzbaren und sexuell getriebenen Frau. Überzeugend spielt sie in *Muqaddar Ka Sikandar* (1978) die Prostituierte Zohra. Rekha heiratet den Industriellen Mukesh Aggarwal, der kurze Zeit später – ausgelöst durch eine neue Welle von Veröffentlichungen über ihren Ruf als Femme fatale – Selbstmord begeht. International bekannt wird sie durch Mira Nairs *Kama Sutra*.

[IN] 1966: Rangula Ratnam. 1970: Sawan Bhadon. 1971: Dost Aur Dushman; Saaz Aur Sanam; Haseenon Ka Devta; Elaan. 1972: Rampur Ka Laksmaan; Sazaa; Ek Bechara; Do Yaar; Gaon Hamara Shaher Tumhara; Gora Aur Kala; Zameen Aasmaan; Double-Cross. 1973: Mehmaan; Khoon Khoon; Namak Haram; Keemat; Pran Jaye Par Vachan Na Jaye; Dharma; Kashmakash; Kahani Kismat Ki; Barkha Bahar; Anokhi Ada. 1974: Hawas; Duniya Ka Mela; Do Aankhen. 1975: Dharam Karam; Akraman; Dafaa 302; Kehte Hain Mujhko Raja; Dharmatma. 1976: Do Anjaane; Khalifa; Santan; Kabeela; Aaj Ka Mahatma; Nagin. 1977: Aap Ki Khatir; Imaan Dharam; Alaap; Farishta Ya Qatil; Kachcha Chor; Khoon Pasina; Ram Bharose; Chakkar Pe Chakkar; Dildaar; Palkon Ki Chhaon Mein. 1978: Do Musafir; Ram Kasam; Aakhri Daku; Karmayogi; Kasme Vade; Rahu Ketu; Prem Bandhan; Muqaddar; Parmatma; Muqaddar Ka Sikandar; Bhola Bhala; Do Shikari; Ganga Ki Saugandh; Sawan Ke Geet; Ghar. 1979: Mr Natwarlal; Kali Ghata; Jaani Dushman; Muqabala; Kartavya; Suhaag; Naya Bakra; Ahimsa; Gautam Govinda. 1980: Agreement; Chehre Pe Chehra; Judaai; Aanchal; Ram Balram; Neeyat; Maang Bharo Sajana; Jyoto Bane Jwala; Khubsoorat; Saajan Ki Saheli; Kalyug. 1981: Ghunghroo Ki Awaaz; Basera; Silsila; Chashme Buddoor; Daasi; Mangalsutra; Raaste Pyar Ke; Umrao Jaan; Ek Hi Bhool; Khoon Aur Pani. 1982: Mehndi Rang Layegi; Vijeta; Ghazab; Apna Bana Lo; Jeevan Dhara; Deedar-e-Yaar. 1983: Nishan; Agar Tum Na Hote; Mujhe Insaaf Chahiye; Bindiya Chamkegi; Prem Tapasya. 1984: Kaamyaab; Mati Maange Khoon; Zameen Aasmaan; Baazi; Musafir; Khazana; Asha Jyoti; Utsav; Jhootha Sach. 1985: Ram Tere Kitne Naam; Locket; Faasle. 1986: Jaal; Jhoothi; Sada Suhagan; Insaaf Ki Awaaz; Jaanbaaz; Pyar Ki Jeet. 1987: Jaan Hatheli Pe; Apne Apne; Sansar; Ijaazat. 1988: Biwi Ho To Aisi; Ek Naya Rishta; Jism Ka Rishta; Soorma Bhopali; Akarshan; Khoon Bhari Maang. 1989: Ladaai; Bhrashtachar; Souten Ki Beti; Kasam Suhaag Ki; Bahurani; Clerk. 1990: Azad Desh Ke Gulam; Shesh Naag; Geetanjali; Madam X; Mera Pati Sirf Mera Hai; Amiri Garibi. 1991: Phool Bane Angarey; Yeh Aag Kab Bujhegi. 1992: Insaaf Ki Devi. 1993: Geetanjali. 1995: Time Machine; Kama Sutra (Kama Sutra).

Remick, Lee

(Lee Ann Remick)
* 14. 12. 1935 Boston (Massachusetts)
† 2. 7. 1991 Los Angeles

1953 Absolvierung der Miss Hewitt's Classes in New York, Ballett-Studium bei Ruth Swoboda, Modern Dance bei Charles Weidman. 1952 Bühnendebüt im Music Circus Tent in Hyannis Port, Massachusetts. 1953 Broadway-Debüt in «Be Your Age». Dann umfangreiche Theater-Arbeit in New York. 1957 Filmdebüt in Elia Kazans *A Face in the Crowd*. Frühe Höhepunkte sind die Rolle des Vergewaltigungsopfers Laura Manion in Otto Premingers Gerichtsfilm *Anatomy of a Murder* sowie die junge verwitwete Mutter in Kazans *Wild River*. 1962 Oscar-Nominierung als Ehefrau eines Alkoholikers (Jack Lemmon) in Blake Edwards' *Days of Wine and Roses*. Als Ehefrau von Steve McQueen in Robert Mulligans *Baby, the Rain Must Fall* und neben Burt Lancaster in John Sturges' *The Hallelujah Trail*. Mit Gregory Peck im Horrorfilm *The Omen* von Richard Donner, als kapriziöse Baroness Eugenia in James Ivorys *The Europeans*. Häufig Rückkehr zum Theater, u.a. 1964 am Broadway «Anyone Can Whistle», 1966 «Wait Until Dark», 1976 in London «Bus Stop». Ab 1972 vor allem TV-Arbeit: 1975 als Sir Winston Churchills Mutter in James Cellan Jones' Serie *Jennie, Lady Randolph Churchill*, als General Eisenhowers Chauffeurin und Geliebte im Krieg in *Ike*. In den 80er Jahren neben vereinzelten Kinofilmen – wie dem kanadischen *Tribute* (Bob Clark) mit Jack Lemmon, dem Musik-Melodram *Competition* und dem australischen *Emma's War* – ist sie überwiegend im Fernsehen tätig.

[US] 1957: A Face in the Crowd (Ein Gesicht in der Menge). 1958: These Thousand Hills (Tausend Berge); The Long Hot Summer (Der lange heiße Sommer). 1959: Anatomy of a Murder (Anatomie eines Mordes). 1960: Wild River (Wilder Strom). 1961: Sanctuary (Geständnis einer Sünderin). 1962: Experiment in Terror (Der letzte Zug); Days of Wine and Roses (Die Tage des Weines und der Rosen). 1963: The Running Man (Der zweite Mann) [GB]; Wheeler Dealers (Getrennte Betten). 1964: Baby, the Rain Must Fall (Die Lady und der Tramp). 1965: The Hallelujah Trail (40 Wagen westwärts). 1968: No Way to Treat a Lady (Bizarre Morde); The Detective (Der Detektiv). 1969: Hard Contract (Der Killer und die Dirne). 1970: Loot (Die größten Gauner weit und breit) [GB]; A Severed Head (Traue keinem Hausfreund) [GB]. 1971: Sometimes a Great Notion (Sie möchten Giganten sein). 1972: Summer and Smoke [TV – GB]; And No One Could Save Her [TV – GB]; Hallmark Hall of Fame: The Man Who Came to Dinner [TV]. 1973: The Blue Knight [TV]; A Delicate Balance (Empfindliches Gleichgewicht). 1974: QB VII [TV]; A Girl Named Sooner (Ein Mädchen ein Muli und Omas Whisky) [TV]. 1975: Hennessy (Ein Mann namens Hennessy) [GB]; Hustling [TV]; Jennie, Lady Randolph Churchill [TVS – GB]. 1976: The Omen (Das Omen); Assoufara [TV – TN/LY/FR]. 1977: Telefon (Telefon); The Ambassadors [TV – GB]. 1978: The Medusa Touch (Der Schrecken der Medusa) [GB]; Breaking Up [TV]; Wheels (Räder) [TVS]. 1979: Ike: The War Years [TV]; The Europeans (Die Europäer) [GB]; Torn Between Two Lovers (Von der Liebe zerrissen) [TV]. 1980: Tribute (Ein Sommer in Manhattan) [CA]; The Women's Room [TV]; The Competition (Das große Finale); Haywire [TV]. 1981: The Letter [TV]. 1983: The Gift of Love: A Christmas Story [TV]. 1984: Mistral's Daughter (Erben der Liebe) [TV]; A Good Sport [TV]; Rear View Mirror (Spiel mit der Angst) [TV]. 1985: Emma's War [AU]; Toughlove (Der Ausweg) [TV]. 1986: Of Pure Blood (Bluterbe) [TV]. 1987: Nutcracker: Money, Madness and Murder [TV]. 1988: Jesse (Engel im Tal des Todes) [TV]. 1989: Bridge to Silence [TV]; The Vision [TV – GB]; Around the World in 80 Days (In 80 Tagen um die Welt) [TV]; Dark Holiday/Passport to Terror (Eintritt zur Hölle) [TV].

Rey, Fernando

(Fernando Casado Arambillet)
*20. 9. 1917 La Coruña
†9. 3. 1994 Madrid

Sohn des republikanischen Generals Fernando Casado, der nach dem Sieg der Franquisten zum Tod verurteilt und später begnadigt wird. Im Interesse seiner Karriere nimmt er den zweiten Nachnamen seiner Mutter, Rey, an. Er bricht sein Architekturstudium ab, kämpft selbst im Bürgerkrieg mit und arbeitet anschließend, um die Familie, die ihr gesamtes Vermögen in der Franco-Ära verliert, zu ernähren, als Synchronsprecher (u. a. für Laurence Olivier, Tyrone Power) und mit Statistenrollen. Auch später wird er häufig als Kommentarsprecher eingesetzt. Spielt zunächst Theater. Erste wichtige Filmrolle 1944 in *Eugenia de Montija* (José López Rubio). Mitbegründer der der Opposition nahestehenden Produktionsfirma Uninci, der Anfang der 60er Jahre die weitere Arbeit untersagt wird. Luis Buñuel entdeckt ihn in *Sonatas* (Juan Antonio Bardem) und bietet ihm eine Hauptrolle in *Viridiana* an. Sie setzen die Zusammenarbeit bis zu Buñuels Tod fort. Es folgen Angebote aus dem In- und Ausland. Mit den Oscar-Nominierungen von *Le charme discret de la bourgeosie* (Buñuel) und seiner Rolle als unfaßbarer Drogen-Boß in *The French Connection (*William Friedkin) wird er zum international bekanntesten spanischen Schauspieler. Rey gilt als die ideale Verkörperung des Grandseigneurs von natürlicher Eleganz, der dennoch Verständnis für menschliche Schwächen zuläßt. Spielt u. a. für Orson Welles, Robert Altman, Stephen Frears. Gewinnt mehrfach den Darstellerpreis in San Sebastián. 1972 für *La duda* (Rafael Gil), 1988 für *El aire de un crimen* (Antonio Isasi Isasmendi) und *Dario de invierno* (Francisco Regueiro), 1977 die goldene Palme in Cannes für seine Rolle in *Elisa, vida mía* (Carlos Saura). Brilliert kurz vor seinem Tod mit der Darstellung des *Don Quijote* in der gleichnamigen Fernsehserie von Manuel Gutiérrez Aragón, die ihm den Fernsehpreis von Cannes einbringt. Seit 1960 mit der argentinischen Schauspielerin Mabel Karr verheiratet. 1991 verleiht ihm die Spanische Filmakademie ihre Goldmedaille.

[ES] 1936: Nuestra Natacha. 1939: Leyenda rota; Los cuatro robinsones; El rey que rabió. 1940: La gitanilla; La Dolores. 1941: Sarasate; A mí no me mire usted; Escuadrilla. 1944: Eugenia de Montijo. 1945: Estaba escrito; Los últimos de Filipinas; Tierra sedienta. 1946: La pródiga; La próxima vez que vivamos; Misión blanca (Souka); Reina santa. 1947: Fuenteovejuna; Don Quijote de la Mancha; Noche de Reyes; La princesa de los Ursinos. 1948: Locura de amor (Johanna von Kastilien); Mare Nostrum; Sabela de Cambados [S]; Si te hubieras casado conmigo. 1949: Aventuras de Juan Lucas. 1950: Crimen en el entreacto; Agustina de Aragón. 1951: La trinca del aire [S]; El cerco del diablo [EP]; La señora de Fátima (Das Wunder von Fatima); Cielo negro. 1952: Cabaret; Bienvenido, Míster Marshall (Willkommen, Mr. Marshall) [S]; La laguna negra; El andén; Duende y misterio del flamenco [S – DOK]; Les amants de Toléde/Gli amanti di Toledo/El tirano de Toledo (Die Liebenden von Toledo) [S – FR/IT/ES]. 1953: Cristo [S]; Cómicos; Aeropuerto; El alcalde de Zalamea; Rebeldía/Duell der Herzen [ES/BRD]. 1954: Las últimas banderas. 1954/55: Billete para Tánger/Tangier Assignment [ES/GB]. 1955: Marcelino pan y vino/Marcellino pane e vino (Das große Geheimnis des Marcellino) [ES/IT]; Una aventura de Gil Blas/Les aventures de Gil Blas de Santillane [ES/FR]; Playa prohibida. 1956: El amor de Don Juan/Don Juan (Der große Verführer) [ES/FR]; Madrid en diez minutos [S – KF]. 1957: Un marido de ida y vuelta; Horas de pánico/Hours of Panic [ES/US]; Faustina. 1957/58: Les bijoutiers du clair de lune/Gli amanti del chiaro di luna (In ihren Augen ist immer Nacht) [FR/IT]. 1958: Culpables; Fantasmas en la casa; Parque de Madrid. 1958/59: La venganza/La vendetta [ES/IT]. 1959: El entierro del Conde de Orgaz [KF]; Las dos y media y veneno; El Greco en Toledo [KF]; El casco blanco; Vida sin risas; Gli ultimi giorni di Pompei/Los últimos dias de Pompeya/Die letzen Tage von Pompeji [IT/ES/BRD]; Misión en Marruecos; Sonatas [ES/MX]. 1960: Teresa [MX]; La rivolta degli schiavi/La rebelion de los esclavos/Die Sklaven Roms [IT/ES/BRD]; Don Lucio y el hermano Pío. 1961: Goliath contro i giganti/Goliat contra los gigantes (Irrfahrten des Herkules) [IT/ES]; Siempre es domingo; Viridiana (Viridiana) [ES/MX]. 1961/62: Arrivano i Titani/Les Titans (Kadmos – Tyrann von Theben) [IT/FR]. 1962: La cara del terror; Rogelia; El valle de las espadas/The Castilian (Die Kastilier) [ES/US]; Tierra brutal/The Savage Guns (Bis aufs Blut) [ES/US]. 1962/ 63: Shéherazade/Scherezade/La schiava di Bagdad (Sheherazade) [FR/ES/IT]. 1963: La hora incógnita; El espontáneo; The Ceremony/Encrucijada mortal (Frühstück in der Todeszelle) [US/ES]; El diablo también llora/Il delitto di Ana Sandoval [ES/IT]; The Running Man (Der zweite Mann) [GB]. 1964: España insólita [S]; El señor de la salle; La nueva Cenicienta; Los palomos; Échappement libre/A escape libre/Scappamento aperto (Der Boß hat sich was ausgedacht) [FR/ ES/IT]; El hijo del pistolero/Son of a Gunfighter (Sohn des Revolverhelden) [ES/US]. 1965: Dulcinea del Toboso [ES/FR/ BRD]; Due mafiosi contro Goldfinger/ Operación Relámpago (Zwei Trottel gegen Goldfinger) [IT/ES]; I grandi condottieri/Los jueces de la Biblia [IT/ES]; Misión Lisboa/Da 007: intrigo a Lisbona/007 intrigue a Lisbone (Agentenfalle Lissabon) [ES/IT/FR]; Don Quijote/Don Quichotte [ES/FR/BRD]; Das Vermächtnis des Inka/Viva Gringo/El último rey de los Incas [BRD/IT/ES]; Zampo y yo. 1965/66: Cartas boca arriba/Cartes sur table (Karten auf den Tisch) [ES/FR]. 1966: Navajo Joe/Joe, el implacable/Navajo Joe (Kopfgeld: Ein Dollar) [IT/ES/FR]; Return of the Seven/El regreso de los siete magnificos (Die Rückkehr der glorreichen Sieben) [US/ES]; Campanadas a medianoche/Chimes at Midnight/Falstaff (Falstaff) [ES/ CH]; Le Greco [IT/FR]; Más allá de las montañas/The Desperate Ones (Flucht aus der Taiga) [ES/US]; Robo de diamantes/Run Like a Thief [ES/ US]. 1967: Cervantes/Le avventure e gli amori di Miguel Cervantes/Les aventures extraordinaires de Cervantes (Cervantes, der Abenteurer des Königs) [ES/IT/FR]; Amor en el aire [ES/AR]; Le vicomte règle ses comptes/The Viscount: furto alla banca mondiale/Atraco al hampa (Das Geheimnis der blutigen Perlen) [FR/IT/ES]; Une histoire immortelle (Stunde der Wahrheit) [FR]. 1968: Un sudario a la medida/Candidato per un assassinio [ES/IT]; Villa Rides (Pancho Villa reitet) [US]; Los preparativos. 1969: Il prezzo del potere/La muerte de un presidente (Blutiges Blei) [IT/ES]; Guns of the Magnificent Seven [US]; El libro de buen amor [S – KF]. 1969/70: Tristana (Tristana) [ES/IT/FR]. 1970: La cólera del viento/La collera del vento (Der Teufel kennt kein Halleluja) [ES/IT]; Chicas de club (Cántico); Land Raiders (Fahr zur Hölle Gringo) [US]; Vamos a matar, compañeros/Laßt uns töten, Compañeros/Los compañieros [IT/ES/BRD]; The Adventurers (Playboys und Abenteurer/Die letzten Abenteurer) [US]. 1971: The Light at the Edge of the World (Das Licht am Ende der Welt) [US/ES/LI]; The French Connection (Brennpunkt Brooklyn) [US]; Una ciudad llamada Bastarda/A Town Called Bastard (Kein Requiem für San Bastardo) [ES/ GB]; Antony and Cleopatra/Marco Antonio y Cleopatra [GB/ES/CH]; Gli occhi freddi della paura/Los fríos ojos del miedo [IT/ES]. 1971/72: Coartada en disco rojo/I due volti della paura [IT/ES]; Historia de una traición/ Diabolicamente sole con il delitto [ES/IT]; Questa specie d'amore (Eine merkwürdige Liebe) [IT]. 1972: La duda; Bianco, rosso e .../Une bonne plaque/ Blanco, rojo y ... (Die Sünde) [IT/FR/ES]; Tarots/Angela [ES/FR]; Le charme discret de la bourgeoisie/Il fascino discreto della borghesia/El discreto encanto de la burguesía (Der diskrete Charme der Bourgeoisie) [FR/IT/ES]. 1973: La chute d'un corps [FR]; La polizia incrimina, la legge assolve/La policía detiene, la ley juzga (Tote Zeugen singen nicht) [IT/ ES]; Zanna Bianca/Colmillo blanco/Croc-Blanc (Wolfsblut) [IT/ES/FR]; Pena de muerte/Vita privata di un pubblico accusatore [ES/IT]. 1974: ¿Y el prójimo? (Und der Nächste); La femme aux bottes rouges/La ragazza con gli stivali rossi (Die Frau mit den roten Stiefeln) [FR/IT/ES]; La facia violenta di New York [IT/MX]; Fatti di gente perbene (Il processo Murri)/La grande bourgeoisie (Die Affäre Murri) [IT/FR]; Corruzione al palazzo di giustizia (Korruption im Justizpalast) [IT]; Dites-le avec des fleurs/ Díselo con flores [FR/ES]; French Connection II (French Connection II) [US]. 1975: Pasqualino Settebellezze (Sieben Schönheiten) [IT]; ¿Existió otra humanidad? [SPR]; Manuela. 1975/76: Cadaveri eccellenti/Cadavres exquis (Die Macht und ihr Preis) [IT/ FR]. 1976: Strip-tease; L'occhio dietro la parete [IT]; A Matter of Time/Nina (Nur eine Frage der Zeit) [US/IT]; Voyage of the Damned (Die Reise der Verdammten) [GB]; Todo es soñar [KF]; Il deserto dei Tartari/Le désert des Tartares/Die Tatarenwüste [IT/FR/BRD]; El segundo poder. 1977: Elisa, vida mía (Elisa, mein Leben); Gesù di Nazareth/Jesus of Nazareth (Jesus von Nazareth) [TV – IT/GB]; Alle origini della Mafia (An den Quellen der Mafia) [TVS – IT]; Uppdraget (Der Auftrag) [SE]; Le dernier amant romantique/Play-mate, hombre objeto [FR/ES]; Cette obscure objet du désir/ Ese oscuro objeto del deseo (Dieses obskure Objekt der Begierde) [FR/ES]. 1978: Quintet (Quintett) [US]; Rebeldía. 1978/79: L'ingorgo (Una storia impossibile)/Le grand embouteillage/Stau/ El gran atasco [IT/ FR/BRD/ES]. 1979: Vestire gli ignudi (Die Nackten kleiden) [TV – IT]; Memorias de Leticia Valle; El crimen de Cuenca; Caboblanco (Cabo Blanco) [US]. 1980: La storia vera della signora dalle camelie/La dame aux camélias (Die Kameliendame) [IT/FR]; Le buffon (Der Narr) [TV – FR]. 1981: Casta e pura/Rosa/Casta y pura [IT/FR/ES]; Miele di donna/ Dulce piel de mujer [IT/ES]; Bekenntnisse des Hochstaplers Felix Krull [TV – BRD]; Trágalo, perro; Cercasi Gesù/ L'Imposteur (Keine Zeit für Wunder) [IT/FR]. 1982: A Estrangeira [PT]; Monsignor [US]; Bearn o la sala de las muñecas. 1983: L'Enfant trouvé [FR]. 1983/84: The Hit (The Hit) [GB]. 1984: Un amour interdit/Una strana passione (Eine verbotene Liebe) [FR/IT]; A.D. – Anno Domini (Anno Domini – Kampf der Märtyrer) [TVS – US]. 1985: Mar adentro [S]; Black Arrow (Im Zeichen des schwarzen Pfeils) [TV – US/GB]; Padre nuestro; El caballero del dragón (Star Knight – Der Herr der Sterne); Saving Grace [US]; Rustlers' Rhapsody/Esos locos cuarteros (Rhapsodie in Blei) [US/ES]. 1986: Hotel du Paradis [GB/FR]; Una donna a Venezia (Eine Frau in Venedig) [TV – IT]; L'été 36/El verano del 36 [TVS – FR/ES]; Los pazos de Ulloa [TVS]. 1987: El aire de un crimen; Le grand secret/Das große Geheimnis [TVS – FR/BRD]; El túnel; El bosque animado. 1988: Diario de invierno; Moon Over Parador (Mond über Parador)

[US]; I promessi sposi/Die Verlobten [TVS – EURO]; Captain Cook/Capitán Cook/Wind und Sterne [TVS – EURO]; Pasodoble. 1989: La bahía esmeralda. 1990: Naked Tango (Nackter Tango) [US]; Diceria dell'untore [IT]. 1990/91: La batalla de los tres reyes/Tamburi di fuoco/Bitva treh korolej [ES/MA/IT/RU]. 1991: L'Atlantide [IT/FR]; La vica láctea. 1991/92: Don Quijote [TVS]. 1992: Después del sueño; Mit Schwert und Leidenschaft [TV – FR]; 1492 – The Conquest of Paradise/La Conquista del Paraiso (1492 – Die Eroberung des Paradieses) [GB/FR/ES]; Missione d'Amore [TV – IT]. 1993: Al otro lado del túnel; El cianuro ... ¿solo o con leche?; Madregilda/Mamangilda [ES/FR/DE].

Reynolds, Burt

*11. 2. 1936 Waycross (Georgia)

Besuch des Florida State College und des Palm Beach Junior College. Ein Unfall beendet seine Karriere als Football-Profi. Schauspielunterricht am New Yorker Hyde Park Playhouse. Dort 1958 Bühnendebüt. Ab 1959 umfangreiche Arbeit in TV-Serien: 1959–60 in 44 Folgen von *Riverboat*, Popularität durch die Serie *Gunsmoke* (1961–65). 1966 in 17 Folgen als *Hawk*, ein New Yorker Detektiv indianischer Abstammung. Auch Theaterarbeit, u. a. am Broadway in «Mister Roberts» und 1961 in «Look, We've Come Through». 1961 Filmdebüt. 1968/69 Titelrolle des umherziehenden Spielers in *Sam Whiskey* (Arnold Laven). Erster Erfolg 1972 als Lewis in John Boormans *Deliverance*, dadurch Star-Status und Anerkennung als Schauspieler. Der kräftige Reynolds wird vor allem als «Macho» in Actionfilmen, bald aber auch in Lustspielen und Komödien besetzt. 1975 zusammen mit dem Regisseur Robert Aldrich Gründung der Roburt Company. 1976 Regie-Debüt mit *Gator*. Erfolg als Partner von Sally Field in Filmen von Hal Needham, so als Bandit in *Smokey and the Bandit* und als alternder Stuntman Sonny Hooper in *Hooper*. 1980 spielt er den internationalen Juwelendieb in Don Siegels *Rough Cut*. Neben Dolly Parton als Sheriff in *The Best Little Whorehouse in Texas*. An der Seite von Clint Eastwood verkörpert er einen Privatdetektiv in Richard Benjamins *City Heat*. 1989 ist er ein Safeknacker in Bill Forsyths *Breaking In*. 1989/90 großer Erfolg als Detektiv in der TV-Serie *B. L. Stryker*, die Krimi- und Komödien-Elemente mischt, Reynolds inszeniert selbst drei Episoden (*Blues for Buder; Die Laughing; Night Train*) Bei der von ihm mitproduzierten TV-Serie *Evening Shade* (1990–1994) übernimmt Reynolds neben der Hauptrolle als Football-Trainer Wood Newton auch bei einer Anzahl Episoden die Regie; die Serie wird nach fast 100 Folgen von CBS abgesetzt, als es um Reynolds' Privatleben einen Skandal gibt.

[US] 1959–60: Riverboat [TVS]. 1960: Alfred Hitchcock Presents: Escape to Sonoita [TV]. 1961: Angel Baby; Armored Command (Panzer nach vorn). 1961–75: Gunsmoke (Rauchende Colts) [TVS]. 1965: Operation CIA. 1966: Hawk [TVS]; Navajo Joe/Joe, il implacable/Navajo Joe (Kopfgeld: Ein Dollar) [IT/ES/FR]. 1968: Fade In. 1968/69: Sam Whiskey (Sam Whiskey). 1969: Shark!/Un arma de dos filos (Hai/Outsider) [US/MX]; 100 Rifles (100 Gewehre); Impasse (Auf der Jagd nach dem verlorenen Gold). 1969/70: Skullduggery (Abenteuer in Neuguinea). 1970: Hunters Are for Killing (Die Jagd beginnt) [TV]; Run, Simon, Run (Lauf Simon lauf) [TV]. 1970–71: Dan August [TVS]. 1972: Fuzz (Auf leisen Sohlen kommt der Tod); Deliverance (Beim Sterben ist jeder der Erste); Everything You Always Wanted to Know about Sex but Were Afraid to Ask (Was Sie schon immer über Sex wissen wollten, aber bisher nicht zu fragen wagten). 1973: The Man Who Loved Cat Dancing (Der Mann, der die Katzen tanzen ließ); White Lightning (Der Tiger hetzt die Meute); Shamus (Der Spürhund). 1974: The Longest Yard (Die Kampfmaschine). 1975: W. W. and the Dixie Dance Kings (Ein Supertyp haut auf die Pauke); Lucky Lady (Abenteurer auf der Lucky Lady); Hustle (Straßen der Weltstadt); At Long Last Love (Auf die lange letzte Liebe). 1976: Gator (Mein Name ist Gator); Nickelodeon (Klapperschlangen beißen nicht) [US/GB]; Silent Movie (Mel Brooks' letzte Verrücktheit: Silent Movie). 1977: Smokey and the Bandit (Ein ausgekochtes Schlitzohr); Semi-Tough (Zwei ausgebuffte Profis). 1978: The End (Nobody is Perfect) [D,R]; Hooper (Um Kopf und Kragen). 1979: Starting Over (Auf ein Neues). 1980: Rough Cut (Der Löwe zeigt die Krallen) [GB]; Smokey and the Bandit II (Das ausgekochte Schlitzohr ist wieder auf Achse); The Cannonball Run (Auf dem Highway ist die Hölle los). 1981: Hollywood: The Gift of Laughter [TV]; Sharky's Machine (Sharky und seine Männer) [D,R]; Paternity (Ich brauche einen Erben). 1982: The Best Little Whorehouse in Texas (Das schönste Freudenhaus in Texas); Best Friends (Zwei dicke Freunde). 1983: The Man Who Loved Women (Frauen waren sein Hobby); Smokey and the Bandit III (Das ausgekochte Schlitzohr); Stroker Ace (Der rasende Gockel). 1984: City Heat (City Heat – Der Bulle und der Schnüffler); Cannonball Run II (Highway 2 – Auf dem Highway ist wieder die Hölle los). 1985: Stick (Sie nannten ihn Stick) [D,R]. 1986: Heat (Heat – Nik der Killer); Rent-a-cop (Rent-a-cop); Uphill All the Way. 1987: Malone (Malone). 1988: Switching Channels (Eine Frau steht ihren Mann). 1989: Physical Evidence (Die Anwältin); Breaking In (Die Traumtänzer); B.L. Stryker: The Dancer's Touch (Tödliche Vergangenheit) [TV]; B.L. Stryker: Royal Gambit (Carolann – Tödlicher Engel) [TV]; B.L. Stryker: Blind Chess

(Jäger ohne Skrupel) [TV]; B. L. Stryker: Auntie Sue (Dirty Diamonds) [TV]; B.L. Stryker: Blues for Buder (Im Bann der Sekte) [D,R – TV]; B.L. Stryker: The King of Jazz (Zeitbombe) [TV]; B.L. Stryker: Die Laughing (Stirb mit einem Lachen) [D,R – TV]; B.L. Stryker: Winner Takes All (Der Sieger kriegt alles) [TV]. 1990: B.L. Stryker: Grand Theft Hotel (Diebstahl im Grandhotel) [TV]; B.L. Stryker: High Rise (Treu bis in den Tod) [TV]; B.L. Stryker: Plates (Geh' niemals ohne Abschiedskuß) [TV]; B.L. Stryker: Night Train (Vor Ankunft Mord) [D,R – TV]; Modern Love. 1990–1994: Evening Shade [D,CoR, CoP – TVS]; 1992/93: Cop & 1/2 (Ein Cop und ein halber). 1993: The Man from the Left Field [D,R]. 1994: The Maddening (Der Psychopath). 1996: Striptease (Striptease); Citizen Ruth; The Cherokee Kid [TV]; Frankenstein and Me; Meet Wally Sparks; Raven (Raven). 1997: Boogie Nights.

Reynolds, Debbie
(Mary Francis Reynolds)
*1. 4. 1932 El Paso (Texas)
Besuch der High-School in Burbank, California. 1948 Miss Burbank und Filmdebüt. Bis 1950 für Warner Bros., dann Wechsel zu M-G-M. Entwicklung zur populären Musical-Akteurin. Höhepunkt als Tänzerin Kathy Selden neben Gene Kelly in Stanley Donens *Singin' in the Rain*. Auch später Konzentration auf Musicals und Komödien. Sie verkörpert den Typ des natürlichen Mädels von nebenan. An der Seite von Dick Powell als Susan in Frank Tashlins *Susan Slept Here*. Titelrolle in Joseph Pevneys *Tammy and the Bachelor*. Erfolg auch in Filmen mit Glenn Ford unter der Regie von George Marshall, so als Nachtclubtänzerin in *It Started With a Kiss* und als seine Ehefrau in *The Gazebo*. Oscar-Nominierung als Molly Brown, ein zur unkonventionellen Minenbesitzerin gewordenes Findelkind, in Charles Walters' *Unsinkable Molly Brown* (1964). Für ihre Darstellung der Mutter Beatrice Henderson in Albert Brooks' *Mother* (1996) wird sie zum Golden Globe nominiert.
Ab 1961 auch Entertainerin in Nachtclubs. 1969 in 26 Folgen der *Debbie Reynolds Show*. 1973 Broadway-Erfolg mit dem Musical «Irene». 1963 Memoiren «If I Knew Then». Ihre Tochter Carrie Fisher (*21. 10. 1956) ist ebenfalls Schauspielerin.

[US] 1948: June Bride (Die Braut des Monats). 1949/50: The Daughter of Rosie O'Grady. 1950: Three Little Words (Drei kleine Worte); Two Weeks with Love (Einmal eine Dame sein). 1951: Mr. Imperium. 1952: Singin' in the Rain (Du sollst mein Glücksstern sein); Skirts Ahoy! (Mädels Ahoi!). 1953: Give a Girl a Break; The Affairs of Dobie Gillis; I Love Melvin (Fotograf aus Liebe). 1954: Athena; Susan Slept Here (Eine Nacht mit Susanne). 1955: Hit the Deck (In Frisko vor Anker); The Tender Trap (Zärtlich schnappt die Falle zu). 1955/56: Meet Me in Las Vegas (Viva Las Vegas!). 1956: The Catered Affair (Mädchen ohne Mitgift); Bundle of Joy (Na, na, Fräulein Mutti). 1957: Tammy and the Bachelor (Tammy). 1958: This Happy Feeling (Männer über Vierzig). 1959: It Started with a Kiss (Eine tolle Nummer); The Gazebo (Die Nervensäge); The Mating Game (Engel unter Sündern); Say One for Me (Engel auf heißem Pflaster). 1960: Pepe (Pepe – Was kann die Welt schon kosten?); The Rat Race (Zwei in einem Zimmer). 1961: The Pleasure of His Company (In angenehmer Gesellschaft); The Second Time Around (Der Stern im Westen). 1962: How the West Was Won (Das war der Wilde Westen) [EP]. 1963: Mary, Mary (Meine geschiedene Frau Mary Mary); My Six Loves. 1964: Goodbye Charlie (Goodbye Charlie); Unsinkable Molly Brown (Goldgräber-Molly). 1965: The Singing Nun (Dominique die singende Nonne). 1967: Divorce American Style (Scheidung auf amerikanisch). 1968: How Sweet It Is! (Der türkisfarbene Bikini). 1969–1970: Debbie Reynolds Show [TVS]. 1971: What's the Matter with Helen? (Was ist denn bloß mit Helen los?). 1973: Charlotte's Web [S – ANI]. 1978: That's Entertainment! (Das gibt's nie wieder – That's Entertainment!). 1981: Aloha Paradise [TVS]. 1987: Sadie & Son (Detective Sadie schlägt zu) [TV]. 1989: Perry Mason: The Case of the Musical Murder (Perry Mason und der musikalische Mord) [TV]. 1992: The Bodyguard (Bodyguard); Battling for Baby [TV]. 1993: Heaven & Earth (Zwischen Himmel und Hölle). 1994: The Maddening (Der Psychopath); That's Entertainment! Part III (That's Entertainment Part III). 1996: Mother; Wedding Bell Blues.

Rich, Claude
*8. 2. 1929 Strasbourg
Neben seiner Tätigkeit als Bankangestellter ab 1949 Ausbildung am Konservatorium bei Charles Dullin; nach Abschluß 1953 Engagements an Pariser Bühnen, wo er in modernen Stücken auftritt. Mitglied des Ensembles am Théâtre National Populaire. Fortsetzung der Theaterarbeit, z. T. in eigenen Stücken. Im Film erste Aufgaben unter der Regie von René Clair. Größere Popularität erst in den 60er Jahren als charmanter oder draufgängerischer Liebhaber und in komischen Rollen: Hauptrolle in Édouard Molinarios *Oscar*. 1968 Auszeichnung in San Sebastián für seine Rolle in Alain Resnais' *Je t'aime, je t'aime*. 1977 spielt er in Pierre Schoendorffers *Le Crabe-tambour* die Titelrolle, 1979 mit Claude Brasseur als Gegner einen hinterhältigen Polizisten in Robin Davis' *La guerrre des polices*.

[FR] 1955: Les grandes manœuvres/Grandi manovre (Das große Manöver) [FR/IT]. 1956: Mitsou (Mitsou und die Männer); La polka des menottes; C'est arrivé à Aden. 1957: Ni vu, ni connu

(Fisch oder Fleisch). 1959: La ligne de mire. 1960: La Française et l'amour. 3. EP: Le mariage (Die Französin und die Liebe) [EP]; L'Homme à femmes (An einem heißen Nachmittag). 1961: Ce soir ou jamais; Tout l'or du monde (Alles Gold der Welt); Les 7 péchés capitaux/I sette peccati capitali. 1. EP: L'avarice (Die sieben Todsünden) [EP – FR/IT]; Le caporal épinglé (Der Korporal in der Schlinge). 1961/62: Les petits matins (Wir bitten zu Bett); La chambre ardente/I peccatori della Foresta Nera (Das brennende Gericht) [FR/IT]. 1962: Copacabana Palace [IT/FR]; Le diable et les dix commandements/Le tentazioni quotidiane (Der Teufel und die zehn Gebote) [EP – FR/IT]. 1963: Constance aux enfers (Der Mord, der zweimal geschah) [FR/ES]; Comment trouvez-vous ma soeur? (Wie gefällt Ihnen meine Schwester?); Les tontons flingueurs/In famiglia si spara/Mein Onkel, der Gangster [FR/IT/BRD]. 1964: Mata Hari, agent H 21/Mata Hari agente segreto H 21 (Mata Hari, Agent H.21) [FR/IT]; La chasse à l'homme/Caccia al maschio (Jagd auf Männer) [FR/IT]; Le repas de fauves; Les copains. 1965: Un milliard dans un billard/Diamanten-Billiard/Allarme in 5 banche [FR/BRD/IT]; L'Or du duc. 1966: Paris brûle-t-il?/Is Paris Burning? (Brennt Paris?) [FR/US]; Monsieur le président-directeur général (Der Herr Generaldirektor). 1967: Les compagnons de la Marguerite/Come cambiare moglie (Die Freunde der Margerite) [FR/IT]; Mona l'étoile sans nom; Oscar (Oscar); La mariée était en noir/La sposa in nero (Die Braut trug Schwarz) [FR/IT]. 1967/68: Je t'aime, je t'aime (Ich liebe dich, ich liebe dich). 1968: Le corps de Diane. 1969: Une veuve en or. 1973: L'Ironie du sort. 1973/74: La race des seigneurs/L'arrivista (Jet Set) [FR/IT]; Stavisky/Stavisky, il grande truffatore (Stavisky) [FR/IT]. 1974: Le futur aux trousses; La femme de Jean (Befreiung aus der Ehe). 1975: Adieu Poulet (Adieu, Bulle). 1977: Le crabe-tambour. 1979: La guerre des polices (Der Polizeikrieg). 1983: Maria Chapdelaine (Maria Chapdelaine); Les mots pour le dire (Schattenmund). 1984: Escalier C (Die Kunst, verliebt zu sein). 1988: Les cicognes n'en font qu'à leur tête. 1990: Promotion canapé (Bettkarriere). 1992: Le souper; L'Accompagnatrice. 1993/94: Radetzkymarsch/La Marche de Radetzky [TV – AT/FR/DE/IT]. 1994: La fille de d'Artagnan (D'Artagnans Tochter); Le Colonel Chabert (Colonel Chabert). 1995: Dis-moi oui (Sag ja!); Désiré; Le jardin de plantes [TV – FR/HU]. 1996: Homère [FR/IT]; Capitaine Conan; Mon père avait raison [TV]; Le bel été 1914

Richard, Pierre
(Pierre Dafays)
* 16. 8. 1934 Valenciennes
Besuch von Schauspielkursen im Centre Charles Dullin und bei Jean Vilar. Auftritte in Pariser Kabaretts und am Théâtre Bourseiller; Erfolge durch gemeinsame Auftritte mit Jean Yanne, Jacques Fabbri und Georges Brassens in der Music-Hall Bobino. In den 60er Jahren auch Auftritte in Varieté-Sendungen des Fernsehens. 1967 erster größerer Filmauftritt des schmächtigen, zerstreut wirkenden Komödianten in Yves Roberts *Alexandre le bienheureux*. Mit den turbulenten Parodien auf Agentenfilme *Le grand blond avec une chaussure noire* und *Le retour du grand blond* von Yves Robert gelingt ein großer internationaler Erfolg. Mit Gérard Depardieu bildet Richard in drei Filmen von Francis Veber (*La chèvre, Les compères* und *Les fugitifs*) ein sympathisches Duo psychisch-physischer Kontraste. Seit 1971 auch Regiearbeit für Komödien, die mit Witz und Klamauk Katastrophen des Alltags ausstellen.

[FR] 1966: Un idiot à Paris (Die Dirne und der Narr). 1967: Alexandre le bienheureux (Alexander der glückselige Träumer); Trois hommes sur un cheval. 1970: La coqueluche; Le distrait (Der Zerstreute). 1971: Les malheurs d'Alfred (Alfred, die Knallerbse) [D,R]. 1972: Le grand blond avec une chaussure noire (Der große Blonde mit dem schwarzen Schuh); La raison du plus fou est toujours la meilleure. 1973: Je sais rien mais je dirai tout (Ich weiß von nichts und sage alles); Juliette et Juliette/Juliette e Juliette (Der Blonde mit dem blauen Auge) [FR/IT]. 1974: Le retour du grand blond (Der große Blonde kehrt zurück); Un nuage entre les dents (Eine Wolke zwischen den Zähnen); La moutarde me monte au nez (Der lange Blonde mit den roten Haaren). 1975: La course à l'échalote (Der Tolpatsch mit dem sechsten Sinn); Trop c'est trop. 1976: Les naufragés de l'île de la Tortue (Die Schiffbrüchigen der Schildkröteninsel); On aura tout vu; Le jouet (Das Spielzeug). 1978: La carapate (Der Sanfte mit den schnellen Beinen); Je suis timide mais je me soigne (Ich bin schüchtern, aber in Behandlung). 1979: C'est pas moi c'est lui (Zwei Kamele auf einem Pferd). 1980: Le coup du parapluie (Der Regenschirmmörder). 1981: La chèvre (Der Hornochse und sein Zugpferd) [FR/MX]. 1982: Un chien dans un jeu de quilles. 1983: Les compères (Zwei irre Spaßvögel). 1984: Le jumeau (Der Zwilling). 1986: Les fugitifs (Die Flüchtigen). 1988: A gauche en sortant de l'ascenseur (Der große Blonde auf Freiersfüßen); Mangeclous. 1990: Bienvenue à bord; Promotion canapé. 1991: On peut toujours rêver [D,R,A]. 1992: Vieille canaille; La cavale des fous. 1994: La partie d'échecs [BE/FR/CH]. 1994/95: L'amour conjugal. 1995/96: Les 1001 recettes du cuisinier amoureux/1001 retsept iz menju vljubljonnogo povara [FR/GE].

Richardson, Ralph
(Sir Ralph David Richardson)
* 19. 12. 1902 Cheltenham (Gloucester)
† 10. 10. 1983 London
Besuch des Xaverian College und kurz auch einer Kunstschule in Brighton, danach Bürohilfskraft bei einer Versicherung. Ab 1921 auf Laienbühnen, bald darauf in Brighton am professionellen Theater. 1925 in London in

«Oedipus at Colonus» auf der Bühne, später u. a. ab 1930 am Old Vic, das er nach dem 2. Weltkrieg zeitweise leitet. Er wird bekannt durch seine Shakespeare-Interpretationen. Häufig auch an Theatern in den USA, u. a. am Broadway. 1933 Leinwanddebüt mit einer kleinen Rolle als Vikar in dem Boris-Karloff-Horrorfilm *The Ghoul* (T. Hayes Hunter). 1935–56 Vertrag mit dem Produzenten Alexander Korda. In den 30er Jahren Entwicklung zu einem der interessantesten jungen Charakterdarsteller Großbritanniens, oft in exzentrischen Rollen: z. B. 1935/36 als autoritärer «Boss» in dem antifaschistischen Science-fiction *Things to Come* (William Cameron Menzies) nach H. G. Wells und 1938 als betrunkener Dr. Denny in *The Citadel* (King Vidor). Unmittelbar nach Ausbruch des 2. Weltkriegs an dem von Korda produzierten patriotischen Propagandafilm *The Lion Has Wings* beteiligt, von Michael Powell, Brian Desmond Hurst und Adrian Brunel gemeinsam inszeniert. 1939–44 Armeedienst; gelegentlich für Filmaufgaben freigestellt. Richardsons Engagement für das Theater überwiegt stets die Filmarbeit – trotz einiger schöner Nebenrollen vor allem in Filmen von Carol Reed, wie etwa als Diener in *The Fallen Idol* (1948). 1951/52 Debüt als Filmregisseur mit dem Film *Home at Seven*, in dem er auch die Rolle des David Preston übernimmt. Weitere beeindrukkende Rollen sind 1952 der Flugzeugfabrikant John Richfield in *The Sound Barrier* (David Lean), 1955 Duke of Buckingham in *Richard III* (Laurence Olivier) und 1962 der Vater James Tyrone in *Long Day's Journey Into Night* (Sidney Lumet). Seit dem Ende der 50er Jahre weniger umfangreiche, aber immer überzeugend mit Leben erfüllte Rollen. Oscar-Nominierungen für die Rollen als Dr. Austin Sloper in William Wylers *The Heiress* (1949) nach Henry James und (postum) als der 6. Lord of Greystoke in *Greystoke: The Legend of Tarzan* (1984), von Hugh Hudson inszeniert. 1947 wird Richardson zum Ritter geschlagen.

[GB] 1933: The Ghoul; Friday the Thirteenth. 1934: The Return of Bulldog Drummond; Java Head; The King of Paris. 1935: Bulldog Jack. 1935/36: Things to Come (Things to Come). 1936: The Man Who Could Work Miracles (Der Mann, der die Welt verändern wollte); Thunder in the City. 1937: The Divorce of Lady X (Besuch zur Nacht); South Riding. 1938: The Citadel (Die Zitadelle). 1938/39: Q Planes (Testflug QE97). 1939: Smith [KF]; The Four Feathers (Vier Federn); The Lion Has Wings; On the Night of the Fire. 1942: The Day Will Dawn. 1942/43: The Silver Fleet. 1943: The Volunteer [DOK]. 1946: School for Secrets. 1947/48: Anna Karenina (Anna Karenina). 1948: The Fallen Idol (Kleines Herz in Not). 1949: The Heiress (Die Erbin) [US]. 1951: Outcast of the Island (Der Verdammte der Inseln). 1951/52: Home at Seven (An einem Montag wie jeder andere) [D,R]. 1952: The Holly and the Ivy; The Sound Barrier (Der unbekannte Feind). 1955: Richard III (Richard III.). 1956: Smiley. 1956/57: The Passionate Stranger. 1959: Our Man in Havana (Unser Mann in Havanna). 1960: Exodus (Exodus) [US]; Oscar Wilde. 1961/62: The 300 Spartans (Der Löwe von Sparta) [US]. 1962: Long Day's Journey into Night [US]. 1963: Woman of Straw (Die Strohpuppe). 1965: Doctor Zhivago (Doktor Schiwago) [US]. 1965/66: Khartoum (Khartoum). 1966: The Wrong Box (Letzte Grüße von Onkel Joe); Camopanadas a medianoche/Chimes at Midnight/Falstaff (Falstaff) [ES/CH]. 1968/69: Oh! What a Lovely War (Oh! What a Lovely War). 1969: Midas Run (Gestatten, das sind meine Kohlen) [US]; The Bed Sitting Room (Danach); Battle of Britain (Luftschlacht um England); The Looking Glass War; David Copperfield [TV]. 1970: Eagle in a Cage [US/YU]; Upon This Rock [DOK – US]. 1971: Who Slew Auntie Roo? (Wer hat Tante Ruth angezündet?). 1972: Tales from the Crypt (Geschichten aus der Gruft); Alice's Adventures in Wonderland (Alice im Wunderland) [TV]; Lady Caroline Lamb (Die große Liebe der Lady Caroline). 1973: Frankenstein: The True Story (Frankenstein, wie er wirklich war) [TV – US]; O Lucky Man! (Der Erfolgreiche); A Doll's House [US]. 1975: Rollerball (Rollerball) [US]. 1976: The Man in the Iron Mask (Der Mann mit der eisernen Maske) [TV]. 1977: Gesù di Nazareth/ Jesus of Nazareth (Jesus von Nazareth) [TV – IT/GB]. 1978: No Man's Land [TV]. 1979: Charlie Muffin (Charlie Muffin) [TV]. 1981: Dragonslayer (Der Drachentöter) [US]; Early Days [TV]; Time Bandits (Time Bandits). 1982: Witness for the Prosecution (Zeugin der Anklage) [TV]. 1982/83: Wagner (Wagner) [TV – GB/HU/AT]; Invitation to the Wedding. 1984: Give My Regards to Broad Street; Greystoke: The Legend of Tarzan, Lord of the Apes (Greystoke – Die Legende von Tarzan, Herr der Affen).

Rigaud, Georges

(Pedro Jorge Rigato Delissetche)
* 1905 Buenos Aires
† 17. 1. 1984 Leganes (Spanien)

In den 30er Jahren wird er in der Rolle von unerschütterlich lächelnden Liebhabern bekannt; u. a. in den Max Ophüls-Filmen *Liebelei, Divine* und *Sans lendemain*. 1932 ist er Partner Annabellas in René Clairs *Quatorze Juillet*. In den frühen 30er Jahren mehrfach in französischen Versionen von Ufa-Filmen. Er gehört mit seinem Typus zum festen Personal der einschlägigen Komödien von Marcel L'Herbier, Jean de Baroncelli, Robert Siodmak und Victor Tourjansky. In den 50er und

60er Jahren nur in Nebenrollen; dreht viel in Spanien, Italien und Argentinien

[FR] 1931: Sous le casque de cuir. 1932: Fantômas; Le champion du régiment; Quatorze Juillet (14. Juli – Das tanzende Paris); Rivaux de la piste. 1932–34: Liebelei. Une histoire d'amour. 1933: Tambour battant [Version – DE]; Idylle au Caire [Version – DE]; L'ordonnance; Son Altesse Impériale [Version – DE]. 1935: La vie parisienne; Debout, là-dedans; Divine; Joli monde; La marraine de Charley. 1936: L'esclave blanc; Le roman d'un spahi; Nitchevo (U-Boot in Gefahr); Puits en flammes; La peur. 1937: Sarati le terrible; La griffe du hasard; Nostalgie; Nuits de feu (Eifersucht, Mordprozeß Andrejew). 1938: Accord final/Accord final au Lac Léman/Symphonie am Genfersee (Die 10. soll es sein) [CH/FR]. 1939: Sans lendemain (Ohne ein Morgen); Face au destin. 1940: Trois Argentins à Montmartre; Vingt-quatre heures de perm'. 1958/59: Du rififi chez les femmes/Rififi fra le donne (Rififi bei den Frauen) [FR/IT]. 1961: El coloso de Rodas/Il colosso di Rodi/Le colosse de Rhode (Der Koloß von Rhodos) [ES/IT/FR]. 1963: Constance aux enfers (Der Mord, der zweimal geschah) [FR/ES].

Ringwald, Molly

*14. 2. 1968 Roseville (California)

Im Alter von vier Jahren Sängerin in der Great Pacific Jazz Band ihres Vaters Bob Ringwald. 1973 Bühnendebüt. 1975 Veröffentlichung eines eigenen Jazz-Albums «I Wanna Be Loved By You». Mitwirkung in TV-Serien und dem Musical «Annie». 1982 Filmdebüt in Paul Mazurskys *Tempest*. Erster Erfolg als unglücklich verliebter Teenager in John Hughes' Komödie *Sixteen Candles*. 1986 spielt sie die selbstbewußte Tochter eines Arbeitslosen in *Pretty in Pink* (Howard Deutch). Sie ist Ende der 80er Jahre ein erfolgreicher Teenagerstar, danach verläuft sich ihre einst vielversprechende Karriere. 1996 steht sie als Carrie im Mittelpunkt der TV-Komödienserie *Townies* um drei Kellnerinnen in einem Fischrestaurant.

[US] 1977: The New Mickey Mouse Show [TVS]. 1978: The Facts of Life [TVS]. 1982: Tempest (Der Sturm – Eine überraschende Komödie). 1983: Packin' It In; Spacehunter: Adventures in the Forbidden Zone (Spacehunter – Jäger im All). 1984: P. K. & the Kid (Kid Kane) [TV]; Sixteen Candles (Das darf man nur als Erwachsener). 1985: The Breakfast Club (The Breakfast Club – Der Frühstücksclub); Surviving (... und fanden keinen Ausweg mehr) [TV]. 1986: Pretty in Pink (Pretty in Pink). 1987: King Lear [US/CH]; The Pick-Up Artist (Jack, der Aufreißer). 1988: For Keeps (Maybe Baby – Am Anfang war der Klapperstorch); Fresh Horses (Zärtliche Liebe). 1989/90: Strike It Rich [GB]. 1990: Women & Men: Stories of Seduction. 2. EP: Dusk Before Firework (Männer und Frauen) [TV-EP]; Betsy's Wedding (Familienehre). 1992: Face the Music (Liebeslied für zwei); Something to Live for: The Alison Gertz Story (Verhängnisvolle Liebe). 1993: Some Folks Call It a Sling Blade [KF]. 1994: The Stand (Stephen Kings The Stand – Das letzte Gefecht II) [TV]. 1995: Malicious; Baja (Bad Guys); Enfants de salaud [FR/BE/CH]. 1996: Townies [TVS].

Roanne, André

*22. 9. 1896 Paris
†6. 9. 1959 Cannes

1915 bei Gaumont angestellt. In den 20er Jahren tritt er als junger sportlicher Liebhaber auf und gehört zu den Lieblingsschauspielern von Jacques Feyder, in dessen Klassiker *L'Atlantide* (1921) er mitwirkt. Im Tonfilm in Unterhaltungsfilmen von Maurice Cammage in der Rolle leichtlebiger Charmeure oder schneidiger Militärs. In den ungleich schwächeren Nachkriegsfilmen gleicher Tonart von Raoul André taucht Roanne als kräftiges Schwergewicht auf.

[FR] 1921: Hantise; L'Atlantide; L'evasion; L'ombre déchirée; Les ailes s'ouvrent. 1922: Les opprimés; Maman Pierre. 1925: La terre promise; Chou-Chou poids-plume. 1926: Parkettsessel 47/Le fauteuil 47 [FR/DE]; Mademoiselle Josette, ma femme/Fräulein Josette, meine Frau [FR/DE]; Le berceau de Dieu; La petite bonne du palace (Das Kammerkätzchen); La petite fonctionnaire. 1927: Le chauffeur de Mademoiselle; La petite chocolatière; Am goldenen Abgrund/ Rapa-Nui [DE/FR]. 1928: Le danseur inconnu; Vénus; Totte et sa chance (Der Sprung ins Glück) [FR/DE]; La merveilleuse journée; Dolly; La femme du voisin. 1929: Quand nous étions deux. 1930: Accusée, levez-vous!; Cendrillon de Paris; La lettre; Le joker [Version]; La chanson des nations [Version – FR]. 1931: Nicole et sa vertu; Tout s'arrange; Gloria [Fr. Tout s'arrange; Gloria [Fr. Version – DE]; Calais – Douvres; Grains de beauté; Ma cousine de Varsovie. 1932: Violettes impériales (Die Veilchen der Kaiserin); Baby [Version]; Colette et son mari; L'amour en vitesse; Le chasseur de chez Maxim's [Version]; Le triangle de feu; Mon curé chez les riches; Ne sois pas jalouse; Cognasse. 1933: Le coq du régiment; Paris – Deauville. 1934: L'aristo; Le cavalier Lafleur; Le voyage de Monsieur Perrichon; Une nuit de folles. 1935: Quelle drôle de gosse!; Un soir de bombe; La mariée du régiment; L'école des vierges; Le mystère Imberger. 1936: Jeunes filles de Paris; Les demi-vierges; Gigolette. 1937: Les gens du voyage [D,RA – Version – DE/FR]; Le club des aristocrates; Mon député et sa femme; Police mondaine. 1938: Gibraltar; Petite peste; Café de Paris. 1939: Les cinq sous de Lavarède [D,RA]; Entente cordiale. 1940: Finance noire. 1946: Macadam (Zur roten Laterne). 1950: Boniface somnabule (In gewissen Nächten). 1954: Les pépées font la loi; Les clandestines (Die sich verkaufen). 1957: Une manche et la belle (Im Rausch der Sinne).

Robards, Jason
(Jason Nelson Robards, Jr.)
* 26. 7. 1922 Chicago (Illinois)
Sohn des Schauspielers Jason Robert Sr. Besuch der Hollywood High School. 1940–46 in der US Naval Reserve; Auszeichnung mit dem Navy Cross. Studium an der Academy of Dramatic Arts in New York. Ab 1947 Arbeit am Rundfunk und Theater, dort als Brutus in Shakespeares «Julius Caesar», 1953 in «American Gothic», 1956 Hickey in O'Neills «The Iceman Cometh» und 1957 in «Long Day's Journey Into Night» (New York Critics Award), 1959 Tony-Award für «The Disenchanted». Spätes Filmdebüt in Anatole Litvaks *The Journey*. Seitdem vielfältige Beschäftigung als Charakterdarsteller bei Film, Fernsehen und Theater. 1962 Darstellerpreis in Cannes als alkoholabhängiger James Tyrone in Sidney Lumets Adaption von *Long Day's Journey Into Night*. In Sergio Leones großem Westernepos *C'era una volta il west* spielt er den geheimnisvollen Outlaw Cheyenne. Titelrolle in Sam Peckinpahs Spätwestern *The Ballad of Cable Hogue*. Er erhält einen Nebenrollen-Oscar als Herausgeber der «Washington Post» in Alan J. Pakulas Watergate-Film *All the President's Men* (1976). Im folgenden Jahr weiterer Nebenrollen-Oscar als Schriftsteller Dashiell Hammett in Fred Zinnemanns *Julia*. Für die Rolle des spleenigen Millionärs Howard Hughes in Jonathan Demmes *Melvin and Howard* 1980 weitere Nominierung für einen Nebenrollen-Oscar. In Werner Herzogs *Fitzcarraldo* gibt er die Titelrolle nach diversen Produktionskatastrophen an Klaus Kinski ab. Auch umfangreiche TV-Tätigkeit: In der Mini-Serie *Washington – Behind Closed Doors* gibt er eine Charakterstudie des Präsidenten Richard M. Nixon, in *F.D.R.: The Last Year* verkörpert er den schwerkranken Präsidenten Roosevelt. Bis in die 90er Jahre auch in vielen TV-Filmen, häufig Dokumentarspielen. Vater des Schauspielers Jason Robards III (* 1948) und – aus seiner Ehe mit Lauren Bacall (1961–69) – des Schauspielers Sam Robards (* 1961).

[US] 1958: The Journey (Die Reise). 1961: Acapulco [TVS]; By Love Possessed (Und die Nacht wird schweigen). 1962: Long Day's Journey into Night; Tender Is the Night (Zärtlich ist die Nacht). 1963: Act One. 1965: A Thousand Clowns (Tausend Clowns). 1966: Any Wednesday (Jeden Mittwoch); A Big Hand for the Little Lady (Höchster Einsatz in Laredo). 1967: Hour of the Gun (Die fünf Geächteten); The St. Valentine's Day Massacre (Chikago-Massaker); Divorce American Style (Scheidung auf amerikanisch). 1968: The Night They Raided Minsky's (Die Nacht, als Minsky aufflog); C'era una volta il West (Spiel mir das Lied vom Tod) [IT]. 1968/69: Isadora (Isadora) [GB]. 1969/70: Julius Caesar [TV – GB]; Rosolino Paternò soldato/Rosolino Paternò – General i vojnik (Stoßtrupp Avola – Ja, wo sind denn die Kanonen) [IT/YU]. 1970: Fools; Tora! Tora! Tora! (Tora! Tora! Tora!); The Ballad of Cable Hogue (Abgerechnet wird zum Schluß). 1971: Murders in the Rue Morgue (Mord in der Rue Morgue); Johnny Got His Gun (Johnny zieht in den Krieg). 1972: The War Between Men and Women (Der Krieg zwischen Männern und Frauen); The House Without a Christmas Tree [TV]. 1973: Pat Garrett and Billy the Kid (Pat Garrett jagt Billy the Kid). 1974: Mr. Scyamore. 1975: Apocalypse 2024/A Boy and His Dog (Der Junge und sein Hund); Die Hinrichtung/The Execution [BRD/IL]. 1976: All the President's Men (Die Unbestechlichen). 1977: Julia (Julia); Washington – Behind Closed Doors (Washington – Hinter verschlossenen Türen) [TVS]. 1978: A Christmas to Remember (Ein unvergeßliches Weihnachtsfest) [TV]; Comes a Horseman (Eine Farm in Montana). 1979: Hurricane (Hurrikan); Caboblanco (Cabo Blanco). 1980: F.D.R.: The Last Year [TV]; Melvin and Howard (Melvin und Howard); Raise the Titanic! (Hebt die Titanic) [GB]; Haywire [TV]. 1981: The Legend of the Lone Ranger. 1981/82: Burden of Dreams (Die Last der Träume) [DOK]. 1982: Something Wicked This Way Comes. 1983: The Day After (The Day After – Der Tag danach) [TV]; Max Dugan Returns (Max Dugans Moneten); Sakharov (Sacharow) [TV – GB]. 1984: America and Lewis Hine [DOK]. 1985: The Long Hot Summer (Flammender Sommer) [TV]; The Atlanta Child Murders [TV]. 1986: Johnny Bull (Eine Frau geht ihren Weg) [TV]; The Last Frontier [TV]; Laguna Heat (Laguna brennt). 1987: Norman Rockwell's Breaking Home Ties [TV]; Square Dance. 1988: Inherit the Wind (Der Brady-Skandal) [TV]; Dream a Little Dream (Dream a Little Dream); The Good Mother (Der Preis der Gefühle); Christmas Wife (Zu Weihnachten eine Ehefrau) [TV]; Bright Lights, Big City (Die grellen Lichter der Großstadt). 1989: L'Ami retrouvé/Der wiedergefundene Freund/Reunion [FR/BRD/GB]; Parenthood (Eine Wahnsinnsfamilie); Black Rainbow (Schwarzer Regenbogen) [GB]. 1990: Quick Change (Ein verrückt genialer Coup). 1991: The Perfect Tribute (Im Schatten des Todes); An Inconvenient Woman (Späte Leidenschaft) [TV – US/AU]; Chernobyl: The Final Warning [TV – US/GB/RU]; Chernobyl: The Final Warning [TV – US/GB/RU]; Mark Twain and Me [TV – CA]. 1992: Storyville (Storyville). 1992/93: The Trial (Der Prozeß). 1993: Heidi (Heidi) [TV – US/AT/CH]; The Adventures of Huck Finn (Die Abenteuer von Huck Finn). 1993/94: Philadelphia (Philadelphia); The Paper (Schlagzeilen). 1994: Little Big League (Little Big Boss); My Antonia (Wege der Liebe) [TV]; The Enemy Within (Der Feind in den eigenen Reihen). 1995: Journey. 1996/97: Murder at 1600. 1997: A Thousand Acres.

Robbins, Tim

*16. 10. 1958 West Covina (California)

Der Sohn des Schauspielers und Sängers Gil Robbins wächst im New Yorker Künstlerviertel Greenwich Village auf, arbeitet als Beleuchter bei einem Off-Broadway-Theater. Schauspielstudium an der State University of New York und an der UCLA in Los Angeles. Nach dem Abschluß nach Frankreich und weitere Ausbildung am Théâtre du soleil. Mitbegründer der experimentellen Theatergruppe Actors' Gang in Los Angeles. Seit 1984 kleine Rollen im Film und in TV-Serien. Größere Aufgaben in Rob Reiners *The Sure Thing*, neben seinem Freund John Cusack, mit dem er häufig zusammenarbeitet. Erster Erfolg als Pilot in Tony Scotts *Top Gun* und als Sozialarbeiter neben Jodie Foster in Tony Bills *Five Corners*. Als Baseball-Star «Nuke» LaLoosh in *Bull Durham* – neben Susan Sarandon, mit der er seither zusammenlebt und zwei Kinder hat – erreicht er Star-Status. Als Terry Gilliams *Erik the Viking* kann er sein komödiantisches Talent entfalten. Für seine einfühlsame Darstellung des rücksichtlos seine Karriere betreibenden Hollywood-Produzenten Griffin Mill in Robert Altmans *The Player* wird er 1992 in Cannes ausgezeichnet. Gleichzeitig debütiert er auch als Regisseur der Polit-Satire *Bob Roberts*, in der er – im Stil einer Reportage – den Aufstieg eines skrupellosen Sängers zum reaktionären Senats-Kandidaten schildert. In *The Shawshank Redemption* als ein zu Unrecht verurteilter Sträfling, in *Nothing to Loose* ein entführter Werbe-Manager. Auch sein zweiter Regie-Film *Dead Man Walking* – um einen zum Tode Verurteilten und seine Betreuerin – erhält zahlreiche Auszeichnungen: u. a. wird Robbins für einen Regie-Oscar nominiert und für einen Golden Globe als Autor, Hauptdarsteller Sean Penn erhält eine Oscar-Nominierung und Susan Sarandon den Darstellerin-Oscar.

[US] 1983: Toy Soldiers (Schnitzeljagd – Teenage Apokalypse). 1984: No Small Affair (Eine starke Nummer). 1985: Malice in Wonderland (Verrückets Hollywood); Fraternity Vacation (American Eiskrem); The Sure Thing (Der Volltreffer). 1986: Top Gun (Top Gun – Sie fürchten weder Tod noch Teufel); Howard the Duck (Howard – Ein tierischer Held). 1988: Five Corners (Five Corners); Tapeheads (Tapeheads – Verrückt auf Video); Bull Durham (Annies Männer). 1988/89: Erik the Viking (Erik, der Wikinger) [GB]. 1989: Miss Firecracker (Miss Firecracker); Twister (Twister – Keine ganz normale Familie). 1990: Jacob's Ladder (Jacob's Ladder – In der Gewalt des Jenseits); Cadillac Man (Cadillac Man). 1991: Jungle Fever (Jungle Fever). 1992: The Player (The Player); Bob Roberts (Bob Roberts) [D,R,A]. 1993: Short Cuts (Short Cuts). 1993/94: The Hudsucker Proxy (Hudsucker – Der große Sprung). 1994: Prêt-à-Porter – Ready to Wear (Prêt-à-Porter); The Shawshank Redemption (Die Verurteilten); I.Q. (I.Q.). 1995: The Typewriter, the Rifle, and the Movie Camera [DOK – GB/US]; Dead Man Walking (Dead Man Walking) [P,R,A]. 1997: Nothing to Loose.

Robert, Yves

*19. 6. 1920 Saumur

Nach einer Reihe verschiedener Beschäftigungen 1942 Theaterdebüt in Lyon bei der Theatergruppe von Grenier-Hussenot. Nach Kriegsende nach Paris; als Schauspieler und Regisseur am Kabarett. Seit 1948 beim Film als Schauspieler, ab 1951 auch Regisseur erfolgreicher Komödien. 1962 Auszeichnung mit dem Jean-Vigo-Preis für den Jugendfilm *La guerre des boutons* über den Krieg zwischen den Kindern zweier Provinznester. Als Schauspieler tritt Robert nur noch in kleineren Rollen auf, oft als Gast bei Regiekollegen. Ausgesprochene Kassenschlager werden neben den mit Pierre Richard in der Hauptrolle besetzten Agentenfilm-Parodien um den großen Blonden seine Regiearbeiten *Alexandre le bienheureux* (1967), *Salut l'artiste* (1973) und *Un éléphant, ça trompe énormément* (1976). Mit seiner Frau Daniele Delorme führt er die Produktionsgesellschaft La Guéville, die den größten Teil seiner Regiearbeiten herstellt, so die Komödie *Le bal des casse-pieds* mit großer Besetzung und wenig Witz.

[FR] 1948: Le dieu du dimanche. 1950: Bibi Fricotin; Juliette ou la clé des songes; La rose rouge; Le tampon du capiston; Trois télégrammes (Drei Telegramme). 1951: Deux sous de violettes. 1952: Suivez cet homme. 1953: Virgile ; Les hommes ne pensent qu'à ça. 1954: Escalier de service (Mary Lou und ihre Herren). 1955: La terreur des dames (Der Damenschreck); Les grandes manœuvres/Grandi manovre (Das große Manöver) [FR/IT]; Ce cochon de Morin; Les mauvaises rencontres; Futures vedettes (Reif auf junge Blüten). 1956: Les truands (Gaunerkavaliere); Folies-Bergère (Paradies der Liebe). 1957: Les femmes sont marrantes (Meine Frau ist zum Schreien). 1958: Nina [BRD]; Le petit prof. 1959: La famille Fenouillard (Die unfreiwillige Weltreise der Familie Fenouillard); La jument verte/La giumenta verde (Die grüne Stute) [FR/IT]; Signé Arsène Lupin/Il ritorno di Arsenio Lupin (Gezeichnet: Arsène Lupin) [FR/IT]. 1960: La brune que voilà; La mort de Belle (Die Nacht hat dunkle Schatten); La Française et l'amour. 3. EP: Le mariage (Die Französin und die Liebe) [EP]. 1961/62: Cléo de 5 à 7/Cleo dalle 5 alle 7 (Mittwoch zwischen 5 und 7) [FR/

IT]. 1963: Bébert et l'omnibus (Wie der Vater so der Sohn). 1965: La communale (Der Dorfschullehrer und sein Automobil). 1968: Le mois le plus beau. 1969: Le pistonné; Clérambard (Adel schützt vor Torheit nicht). 1970: Le cinéma de papa; Le voyou/Vouyou (La canaglia) (Voyou oder Ein Strolch in Paris) [FR/IT]; Le distrait (Der Zerstreute). 1970/71: Le cri du cormoran le soir au-dessus des jonques. 1971: Les malheurs d'Alfred (Alfred, die Knallerbse); Le viager (Rente auf Lebenszeit). 1972: La raison du plus fou est toujours la meilleure; Le grand blond avec une chaussure noire (Der große Blonde mit dem schwarzen Schuh); Chère Louise/La lunga notte di Louise (Die Affäre) [FR/IT]; L'Aventure, c'est l'aventure/L'Avventura è l'avventura (Die Entführer lassen grüßen) [FR/IT]; Absences répetées. 1973: La grande Paulette. 1974: La gifle/Lo sciaffo (Die Ohrfeige) [FR/IT]; Le retour du grand blond (Der große Blonde kehrt zurück); Section spéciale/L'affare della Sezione Speciale/Sondertribunal [FR/IT/BRD]. 1975: Mords pas, on t'aime (Beiß nicht, man liebt dich); Trop c'est trop; Le petit Marcel; Le juge et l'assassin (Der Richter und der Mörder). 1977: Cap Horn. 1978: Ils sont grands ces petits. 1979: Vrouw tussen hond en wolf/Femme entre chien et loup (Eine Frau zwischen Hund und Wolf) [BE/FR]. 1980: Un mauvais fils (Der ungeratene Sohn). 1983: Garçon! (Kollege kommt gleich); Vive la sociale. 1985: Billy-Ze-Kick (Billy-Ze-Kick); L'Été 36/El verano del 36 (Sommer '36) [R – TV – FR/ES]. 1988: Cher frangin [FR/CA/BE]. 1990: La gloire de mon père (Der Ruhm meines Vaters) [R,A]; Le château de ma mère (Das Schloß meiner Mutter) [R,A]. 1992: La crise (Die Krise); Le bal des casse-pieds (Affenzirkus) [R,CoA,CoP]. 1993: Montparnasse Pondichéry. 1995: Sortez des rangs.

Roberts, Julia

*28. 10. 1967 Smyrna (Georgia)

Erste Bühnenerfahrung im Theatre Workshop ihrer Eltern in Atlanta. Ab Mitte der 80er Jahre TV-Auftritte und kleine Filmrollen. 1988 neben ihrem Bruder Eric Roberts in *Blood Red*, der jedoch erst 1990 herauskommt. Erste Hauptrolle in Donald Petries *Mystic Pizza* als Pizzaverkäuferin in der amerikanischen Provinz. Für ihre Nebenrolle als Sally Fields kranke Tochter in der Frauen-Tragikomödie *Steel Magnolias* wird sie 1989 erstmals für einen Oscar nominiert. Ein überwältigender Erfolg wird im nächsten Jahr ihr Porträt einer geschäftstüchtigen Prostituierten in Garry Marshalls *Pretty Woman*, die Rolle neben Richard Gere bringt der dunkelhaarigen, langbeinigen Schönheit Publizität, Starstatus und eine Oscar-Nominierung ein. Wechselnder kommerzieller Erfolg ihrer folgenden Filme und private Affären bringen ihr zunächst einen Karriere-Rückschlag, und sie zieht sich vorübergehend aus der Öffentlichkeit zurück. Nach einem Gastauftritt in Robert Altmans *The Player* ist 1993 Alan J. Pakulas Justiz-Thriller *The Pelican Brief* wieder ein Erfolg und macht sie zeitweilig zur höchstbezahlten Hollywood-Schauspielerin. In *Prêt-à-Porter* ist sie als amerikanische Journalistin ein dramaturgischer Angelpunkt von Altmans Mode- und Medien-Satire. Ihr Titelpart als Hausmädchen von Dr. Jekyll & Mr. Hyde in *Mary Reilly* gilt als Fehlbesetzung, geografisch und künstlerisch in der Nähe bleibt sie als Partnerin des irischen Freiheitskämpfers *Michael Collins*. Woody Allen engagiert sie 1996 als sein Liebesobjekt in seinem Musical *Everyone Says I Love You*.

[US] 1986: Crime Story [TV-Pilot]; Crime Story: The Survivor [TVS]. 1987: Miami Vice: Mirror Image (Miami Vice: Blutiger Spiegel) [TV]; 1988: Blood Red (Blood Red – Stirb für dein Land) [UA: 1990]; Spenser: For Hire [TV]; Satisfaction (Satisfaction); Mystic Pizza (Pizza Pizza – Ein Stück vom Himmel); Baja Oklahoma [TV]. 1989: Steel Magnolias (Magnolien aus Stahl – Die Stärke der Frauen). 1990: Sleeping with the Enemy (Der Feind in meinem Bett); Pretty Woman (Pretty Woman); Flatliners (Flatliners). 1991: Dying Young (Entscheidung aus Liebe – Die Geschichte von Hilary und Victor); Hook (Hook). 1992: The Player (The Player). 1993: The Pelican Brief (Die Akte). 1994: I Love Trouble (I Love Trouble – Nichts als Ärger); Prêt-à-Porter – Ready to Wear (Prêt-à-Porter). 1994/95: Something to Talk About (The Power of Love). 1996: Mary Reilly (Mary Reilly); Michael Collins (Michael Collins). 1996/97: Everyone Says I Love You (Alle sagen: I Love You); My Best Friend's Wedding; Conspiracy Theory.

Roberts, Ralph Arthur

(Robert Arthur Schönherr)

*2. 10. 1884 Meerane (Sachsen)

†12. 3. 1940 Berlin

In Dresden aufgewachsen, wegen «unziemlicher» Arbeit als Statist am Albert-Theater vom Gymnasium relegiert, Schauspiel- und Kompositionsunterricht. 1903 Bühnendebüt am Residenztheater Wiesbaden; danach Trianon-Theater Berlin, Schauspielhaus in Breslau, ab 1907 in Hamburg, 1909 Thalia-Theater. Komposition des Liedes «Auf der Reeperbahn nachts um halb eins». Offizier im 1. Weltkrieg. Ab 1918 Schauspieler, Regisseur und Oberspielleiter am Thalia-Theater. 1921 Deutsches Schauspielhaus Hamburg, dann Direktion des Komödienhauses in Berlin. 1928 eigene Boulevardbühne, häufig Inszenierung selbstverfaßter Stücke. Ab 1919 mit liebenswürdig exzentrischer Komik auch im Film: dunkle Existenzen wie in *Erdgift* nach Wedekinds «Lulu»-Drama «Erdgeist», Außenseiter wie

Grünlich in *Buddenbrooks* (Gerhard Lamprecht) und komödiantische Paraderollen wie Striese in *Der Raub der Sabinerinnen* (Robert Land) und Wehrhahn in *Der Biberpelz* (Erich Schönfelder). Im Tonfilm als kauziger Herr von Stand, mit dem Monokel als Markenzeichen: zuerst 1930 als Generaldirektor in E. W. Emos *Zweimal Hochzeit*, als hartnäckiger Verehrer in Joe Mays *Ihre Majestät die Liebe*, zuletzt 1940 als Bankdirektor in Milo Harbichs *Wie konntest du, Veronika!* Einerseits in anspruchslos heiteren Arnold-&-Bach-Schwänken wie *Der wahre Jakob* (Hans Steinhoff) und Georg Jacobys *Die spanische Fliege* und *Hurrah – ein Junge!*, andererseits satirisch Autoritäten sezierend: Staatsanwalt Treskow in Erich Engels *Der Maulkorb* nach Heinrich Spoerl, verhöhnter Tyrann Karl X. in Steinhoffs *Tanz auf dem Vulkan*.

[DE] 1919: Der Tod und die Liebe; Erdgift. 1921: Pariserinnen. 1922: Sodoms Ende; Erniedrigte und Beleidigte; Der Frauenkönig. 1923: Buddenbrooks. 1923/ 24: Lord Reginalds Derbyritt. 1924/25: Die Blumenfrau vom Potsdamer Platz. 1925: Elegantes Pack. 1926: Die dritte Eskadron; Die Tragödie eines Verlorenen. 1926/27: Meine Tante – Deine Tante. 1927: Einbruch [D,CoA]; Ein rheinisches Mädchen beim rheinischen Wein; Ein schwerer Fall. Fürst oder Clown; Moral. 1927/28: Der Biberpelz; Marys großes Geheimnis; Heut' tanzt Mariett. 1928: Lotte; Der Ladenprinz; Der Raub der Sabinerinnen; Die tolle Komtess [DE/GB]. 1929: Anschluß um Mitternacht; Polizeispionin 77. 1930: Zweimal Hochzeit; Komm' zu mir zum Rendezvous; Die zärtlichen Verwandten; Terra Melophon Magazin Nr. 1. Ep: Vom guten Benehmen [KF]; Zwei Krawatten; Einbrecher; Flagrant délit [DE/FR]. Die Firma heiratet; Ihre Majestät die Liebe. 1930/31: Der wahre Jakob. 1931: Dienst ist Dienst; Gesangverein Sorgenfrei; Der ungetreue Eckehart; Jeder fragt nach Erika; So'n Windhund; Hurrah – ein Junge!; Keine Feier ohne Meyer; Die spanische Fliege; Lügen auf Rügen; Der schönste Mann im Staate; Zu Befehl, Herr Unteroffizier. 1931/32: Eine Nacht im Paradies. 1932: Der Frechdachs. 1932/33: Meine Frau, seine Frau; Die Unschuld vom Lande; Es war einmal ein Musikus; Ein Lied für Dich. 1933: Keine Angst vor Liebe. 1933/34: Ein Mädel mit Tempo/ Es tut sich was um Mitternacht; Zigeunerblut; Abenteuer im Südexpreß; Schön ist es, verliebt zu sein. 1934: Meine Frau, die Schützenkönigin; Frau Eva wird mondain! [KF]; Seine beste Erfindung [KF]; Der Schrecken vom Heidekrug; Der kühne Schwimmer; Spiel mit dem Feuer [R,CoA]; Alte Kameraden/Das Fähnlein der Versprengten; Da stimmt was nicht. 1934/35: Punks kommt aus Amerika. 1935: Mach' mich glücklich; Der interessante Fall [KF]; Hilde Petersen postlagernd. 1935/ 36: Soldaten – Kameraden; Engel mit kleinen Fehlern. 1936: Der geheimnisvolle Mister; Der verkannte Lebemann. 1936/37: Meine Frau, die Perle. 1937: Mädchen für alles; Heiratsinstitut Ida & Co; Husaren, heraus!; Wenn Du eine Schwiegermutter hast. 1937/38: Der Maulkorb. 1938: Diskretion – Ehrensache; Tanz auf dem Vulkan. 1939: Ehe in Dosen [D,CoA]; Das Glück wohnt nebenan; Meine Tante – Deine Tante [D,CoA]. 1939/40: Polterabend. 1940: Meine Tochter tut das nicht; Wie konntest Du, Veronika! [D,CoA].

Robinson, Edward G.

(Emanuel Goldenberg)
*12. 12. 1893 Bukarest
†26. 1. 1973 Hollywood

1902 Emigration nach New York. Besuch der Townsend Harris Hall High School. Jurastudium an der New Yorker Columbia University. 1912–13 an der American Academy of Dramatic Arts. 1913 Bühnendebüt bei der Binghamton Stock Company mit «Paid in Full». 1915 am Broadway mit «Under Fire». Filmdebüt 1916. Teilnahme am Weltkrieg in der US Navy. In den 20er Jahren weiterhin vor allem Theaterarbeit. Broadway-Erfolg mit Shaws «Androcles and the Lion». 1929 Co-Star von Claudette Colbert in Robert Floreys *The Hole in the Wall*. Nach Einführung des Tonfilms wird er populärer Filmschauspieler. Erster Höhepunkt ist der Gangsterboss Rico Bandello in Mervyn LeRoys Klassiker *Little Caesar*. 1931 Filmvertrag von Warner Bros. Die 30er Jahre werden Robinsons fruchtbarste Periode. Der schmächtige, rundgesichtige Schauspieler spielt häufig Typen aus der Unterwelt, dabei äußerliche Schwäche und Freundlichkeit mit Brutalität verbindend. In John Fords *The Whole Town's Talking* ist er der kleine Angestellte Arthur Ferguson Jones, der mit einem Gangsterboss verwechselt wird. In einigen Filmen spielt er zusammen mit Humphrey Bogart, so als skrupelloser, aber weichherziger Nick Donati in Michael Curtiz' *Kid Galahad*. Daneben auch positive Gestalten, so die Titelrollen in William Dieterles erfolgreichen Filmbiografien *Dr. Ehrlich's Magic Bullet* und *A Dispatch From Reuters*. 1940/41 spielt er Wolf Carsen in Curtiz' *The Sea Wolf* und neben Marlene Dietrich in Raoul Walshs *Manpower*. Höhepunkt seiner zerrissenen Charaktere sind seine Rollen in zwei Filmen von Fritz Lang: der durch eine schöne Frau bedrohte Professor in *The Woman in the Window* und der zum Mörder werdende biedere Angestellte Christopher Cross in *Scarlet Street*. In Billy Wilders Meisterthriller *Double Indemnity* neben Barbara Stanwyck und Fred MacMurray. Darstellerpreis in Cannes als brutaler New Yorker Banker Gino Monetti in Joseph L. Mankiewicz' *House of Strangers* (1949). Ab den 50er Jahren nur noch wenige interessante Aufgaben in Nebenrollen, in den 60er Jahren auch in Europa. 1964 spielt er den Innenminister Schurtz in John Fords Spätwestern *Cheyenne Autumn* und im folgenden Jahr einen Pokerspieler in Norman Jewisons *The Cincinnati Kid*. Seine letzte Rolle ist der alte Mann in Richard Fleischers Science-fiction-Film *Soylent Green*. Neben der Filmarbeit 1937–40 umfangreiche Rundfunk-Tätigkeit: Radio Show «Big Town». 1946 Mitbegründer der Film Guild Corporation Company. Wegen seines konsequenten Antifaschismus zeitweise berufliche Schwierigkeiten – vor allem nach 1948 Repressalien und teilweise Studio-Boykott. 1973 Memoiren «All My Yesterdays». 1973 postum Special Oscar für seine langjährigen Verdienste.

[US] 1916: Arms and the Woman. 1923: The Bright Shawl. 1929: The Hole in the Wall; Night Ride. 1930: Thunder in the City; A Lady to Love (Die Sehnsucht jeder Frau); Outside the Law; East Is West; The Widow from Chicago; Little Caesar. 1931: Smart Money (Leichtes Geld); Five Star Final (Spätausgabe). 1931/ 32: The Hatchet Man (Der Rächer des Tong). 1932: Two Seconds (Zwei Sekunden); Tiger Shark (Tiger-Hai); Silver Dollar. 1933: The Little Giant (Der kleine Gangsterkönig); I Loved a Woman. 1933/34: Dark Hazard. 1934: The Man With Two Faces; The Whole Town's Talking. 1935: Barbary Coast (San Francisco im Goldfieber). 1936: Bullets or Ballots (Wem gehört die Stadt?). 1937: Kid Galahad (Mit harten Fäusten); The Last Gangster. 1937/38: A Slight Case of Murder (Vier Leichen auf Abwegen). 1938: The Amazing Dr. Clitterhouse (Das Doppelleben des Dr.Clitterhouse); I Am the Law (Im Namen des Gesetzes). 1938/39: Confessions of a Nazi Spy (Ich war ein Spion der Nazis). 1939: Blackmail. 1939/40: Dr. Ehrlich's Magic Bullet (Die Lebensgeschichte Paul Ehrlichs). 1940: Brother Orchid (Orchid, der Gangsterbruder); A Dispatch from Reuters (Ein Mann mit Phantasie). 1940/41: The Sea Wolf (Der Seewolf). 1941: Unholy Partners (Tödlicher Pakt); Manpower (Herzen in Flammen). 1942: Larceny, Inc. (Die fröhliche Gauner GmbH.); Tales of Manhattan (Sechs Schicksale). 1943: Flesh and Fantasy (Das zweite Gesicht); Destroyer. 1944: Tampico; Mr. Winkle Goes to War; Double Indemnity (Frau ohne Gewissen); The Woman in the Window (Gefährliche Begegnung). 1945: Our Vines Have Tender Grapes (Frühling des Lebens); Journey Together [GB]; Scarlet Street (Straße der Versuchung). 1946: The Stranger (Die Spur des Fremden). 1947: The Red House. 1948: The Night Has a Thousand Eyes (Die Nacht hat tausend Augen); All My Sons (Alle meine Söhne); Key Largo (Hafen des Lasters). 1949: House of Strangers (Blutfeindschaft); It's a Great Feeling (Ein tolles Gefühl/Judy erobert Hollywood). 1950: Operation X/My Daughter Joy (Dämon Uran) [GB]. 1952: Actors and Sin. 1953: Big Leaguer; Vice Squad (Sittenpolizei); The Glass Web (Das gläserne Netz). 1954: Black Tuesday (Schwarzer Freitag); The Violent Men (Rauhe Gesellen). 1954/55: A Bullet for Joey (Akte XP 15). 1955: Tight Spot (In die Enge getrieben). 1956: The Ten Commandments (Die zehn Gebote); Nightmare (Im Dunkel der Nacht); Hell on Frisco Bay (Blutige Straßen). 1958: Tank Commandos/Tank Battaillon (Panzerspähtrupp Totenkopf). 1959: A Hole in the Head (Eine Nummer zu groß); Seven Thieves (Sieben Diebe). 1960: Pepe (Pepe – Was kann die Welt schon kosten?). 1962: My Geisha (Meine Geisha); Two Weeks in Another Town (Zwei Wochen in einer anderen Stadt). 1963: Sammy Going South (Mein Freund der Diamanten-Joe) [GB]; The Prize (Der Preis). 1964: Robin and the Seven Hoods (Sieben gegen Chikago); Good Neighbor Sam (Leih mir deinen Mann); Cheyenne Autumn (Cheyenne); The Outrage (Carrasco, der Schänder). 1965: The Cincinnati Kid (Cincinnati Kid). 1966: The Biggest Bundle of Them All (Die Platinbande). 1967: Die Blonde von Peking/La blonde de Pékin/La bionda di Pechino [BRD/FR/IT]; Ad ogni costo/ Diamante a go-go/Top Job [IT/ES/BRD]; Operazione S. Pietro/Au diable les anges!/Die Abenteuer des Kardinal Braun [IT/FR/BRD]. 1968: Never a Dull Moment. 1969: Operation Heartbeat [TV]; MacKenna's Gold (MacKenna's Gold). 1970: The Old Man Who Cried Wolf (Tod eines Bürgers) [TV]; Song of Norway. 1972: Neither by Day, Nor by Night (Weder bei Tag noch bei Nacht) [IL]. 1973: Soylent Green (... Jahr 2022 ... Die überleben wollen). 1979: Arthur Miller – On Home Ground [DOK – CA].

Rochefort, Jean

*29. 4. 1930 Dinan

Studium an den Konservatorien von Nantes und Paris. 1949 erstes Theaterengagement, u. a. am Théâtre National Populaire, Militärdienst 1953–60, mit der kabarettistischen Theatergruppe Grenier-Hussenot in klassischen Komödien und schauspielerischen Kabinettstücken: Rochefort spielt z. B. alle vier Musketiere. Fernsehverpflichtungen. Beim Film hat der hagere Schnurrbartträger in den 60er Jahren erste größere Erfolge in Bernard Borderies *Angélique*-Serie; mit leichter Ironie und Verschmitztheit hellt er die verkrampften Kostümfilme auf. In Yves Roberts komödiantischen Kassenschlagern der 70er Jahre ist er u. a. der kantig-unbewegte Geheimdienstchef in *Le grand blond avec la chaussure noire*, in *Un éléphant, ça trompe énormément* ein tolpatschiger Regierungsbeamter, der der Midlifecrisis nicht gewachsen ist. Auszeichnung mit dem César 1976 für die Rolle in Bertrand Taverniers *Que la fête commence!*,

1978 für seine Rolle in Pierre Schoendoerffers *Le crabe-tambour*. Neben der Filmarbeit spielt Rochefort Theater und tritt in TV-Filmen und -Shows auf.

[FR] 1955: Rencontre à Paris. 1958: Une balle dans le canon (Eine Kugel im Lauf). 1960: Le capitaine Fracasse/Capitan Fracassa (Fracass, der freche Kavalier) [FR/IT]; Vingt mille lieues sur la terre [FR/SU]. 1961: Cartouche (Cartouche, der Bandit) [FR/IT]. 1962: Fort du fou/Il forte dei disperati [FR/IT]; Le masque de fer/L'uomo dalla maschera di ferro (Die eiserne Maske) [FR/IT]. 1963: Les pieds nickelés; Symphonie pour un massacre (Sieben Tote hat die Woche); La foire aux cancres; La porteuse de pain (Unschuldig geächtet); Du grabuge chez les veuves/La strana voglia di una vedova [FR/IT]. 1964: Angélique, marquise des Anges/Angélique/Angelica [FR/BRD/IT]. 1965: Angélique et le Roi/Angélique und der König/Angelica alla corte del Re [FR/BRD/IT]; Les tribulations d'un chinois en Chine/L'uomo di Hong Kong (Die tollen Abenteuer des Monsieur L.) [FR/IT]. 1966: Qui êtes-vous Polly Magoo? (Wer sind Sie, Polly Maggoo?); Le facteur s'en va-t'en guerre; Le dimanche de la vie [FR/IT/BRD]; Pour un amour lointain. 1967: Johnny Banco/Jonny Banco – geliebter Taugenichts [FR/IT/BRD]; A cœur joie/Two Weeks in September (Zwei Wochen im September) [FR/GB]. 1968: Le diable par la queue/Non tirate il diavolo per la coda (Pack den Tiger schnell am Sxhwanz) [FR/IT]. 1969: Le temps de mourir. 1970: La liberté en groupe; Céleste. 1971: L'Œuf. 1972: L'Héritier/L'Erede (Der Draufgänger) [FR/IT]; Le grand blond avec une chaussure noire (Der große Blonde mit dem schwarzen Schuh); Les feux de la Chandeleur (Kerzenlicht). 1973: Comment réussir dans la vie quand on est con et pleurnichard (Hübscher als die Polizei erlaubt); Bel ordure; Le complot; Salut, l'artiste/L'idolo della città (Mach's gut, Nicolas) [FR/IT]. 1974: L'Horloger de Saint-Paul (Der Uhrmacher von Saint-Paul); Le fantôme de la liberté/Il fantasma della libertà (Das Gespenst der Freiheit) [FR/IT]; Mio Dio, come sono caduta in basso! (Wie tief bin ich gesunken) [IT]; Le retour du grand blond (Der große Blonde kehrt zurück); Que la fête commence (Das Fest soll beginnen); Un divorce heureux. 1975: Le magiciens/Profezia di un delitto/Die Schuldigen mit den sauberen Händen [FR/IT/BRD]; Calmos. 1976: Un éléphant, ça trompe énormément (Monsieur auf Abwegen); Le diable dans la boîte; Les vécés étaient fermé del'intérieur. 1977: Nous irons tous au paradis (Wir kommen alle in den Himmel); Who is Killing the Great Chefs of Europe (Die Schlemmer-Orgie) [US]; Le crabe-tambour. 1978: Grandisson [BRD]; Le cavaleur (Edouard, der Herzensbrecher); La grande cuisine. 1979: T'es fou Marcel [R]; Chère inconnue (Liebe Unbekannte); Courage fuyons (Mut, wir fliehen). 1980: Odio le bionde/Je hais les blondes/Ich hasse Blondinen [IT/FR/BRD]; Un étrange voyage; French Postcards (Wer geht denn noch zur Uni?) [US]. 1981: Il faut tuer Birgit Hass. 1981/82: Le grand frère (Der große Bruder). 1982: L'Indiscrétion (Flirt mit dem Tod); Un dimanche de flics (Zwei Profis steigen aus). 1983: L'Ami de Vincent (Mein Freund, der Frauenheld); Réveillon chez Bob. 1984: Frankenstein 90 (Frankenstein 2000). 1985: La galette des Rois [FR/IT]; David, Thomas et les autres [FR/HU]. 1986: Le moustachu. 1987: I miei primi 40 anni (My First 40 Years) [IT]; Tandem (Ein unzertrennliches Gespann). 1988: Je suis le seigneur du château (Das Schloß gehört mir). 1990: La seconde [TV – BE/FR]; Le mari de la coiffeuse (Der Mann der Friseuse); Le château de ma mère (Das Schloß meiner Mutter). 1991: Amoureux fou [CA]; El largo invierno [ES]; L'Atlantide [IT/FR]. 1992: From Time to Time [US/FR – Circle-Vision 360]; Cible émouvante; Le bal des casse-pieds (Affenzirkus); Tango mortale (Tango Mortale). 1993: La prossima volta il fuoco [IT/FR/CH]; Tom est tout seul; Tombés du ciel/En tránsito [FR/ES]. 1994: Tutti gli anni, una volta l'anno [IT/FR]; Prêt-à-Porter – Ready to Wear (Prêt-à-Porter) [US]. 1995: Palace [ES]. 1995/96: Les grands ducs; Ridicule. 1996: Barracuda [FR/DE/BE]; Never Ever [US/GB].

Rogers, Ginger
(Virginia Katherine McMath)
*16. 7. 1911 Independence (Missouri)
†25. 4. 1995 Rancho Mirage (California)
Besuch der Central High School in Fort Worth, Texas. 1922 Filmdebüt in einem Kurzfilm. 1925 Siegerin eines Charleston-Turniers und Bühnendebüt in Eddie Foys Vaudeville-Ensemble. US-Tournee als «Ginger and Her Redheads», später auch als Solo-Tänzerin. 1929 Broadway-Erfolg im Musical «Top Speed». Dadurch Filmvertrag von Walter Wanger. Nach einigen Kurzfilmen erste Rolle 1930 in einem Spielfilm. Sie wird hauptsächlich in Musikfilmen eingesetzt: Lloyd Bacons *42nd Street* und in Mervyn LeRoys *Gold Diggers of 1933*. Broadway-Erfolg im Gershwin-Musical «Girl Crazy». 1933 Engagement von RKO. Beginn der langjährigen Zusammenarbeit mit Fred Astaire in Thornton Freelands *Flying Down to Rio*. Rogers und Astaire werden mit ihren elegant fließenden Tänzen das erfolgreichste Paar des klassischen US-Musikfilms, u. a. in *The Gay Divorcee, Top Hat, Swing Time, Shall We Dance*. Nach der Trennung von Astaire tritt sie auch in Dramen und Komödien auf. Sie erhält einen Oscar für die Titelrolle in Sam Woods Komödie *Kitty Foyle* (1940). Titelrolle in William Wellmans *Roxie Hart* und Zusammenarbeit mit Billy Wilder in *The Major and the Minor*. 1949 wieder als Partnerin von Fred Astaire in Charles Walters' *The Barkleys of Broadway*. Letzte Filmrolle 1969 als Harlows Mutter in Alex Segals

Biopic *Harlow*. In den 50er Jahren Rückkehr zur Bühne: 1951 am Broadway «Love and Let Love», 1965–67 in New York und auf Tourneen «Hello, Dolly!», 1969 in London «Mame», 1971 auf Tourneen, u. a. mit «Coco». Auch Mode-Beraterin und Herausgeberin einer Night-Club-Zeitschrift. 1991 Autobiografie: «Ginger: My Story».

[US] 1922: Campus Sweetheart [KF]. 1929: A Day of a Man of Affairs [KF]; A Night in a Dormitory [KF]. 1930: Office Blues [KF]; Young Man of Manhattan; The Sap from Syracuse; Queen High; Follow the Leader. 1931: Honor Among Lovers; The Tip-Off; Suicide Fleet. 1931/32: Carnival Boat. 1932: The Tenderfoot; The Thirteenth Guest; Hat Check Girl; You Said a Mouthful; Hollywood on Parade [KF]. 1933: Broadway Bad; 42nd Street (Die 42. Straße); A Shriek in the Night; Gold Diggers of 1933 (Die Goldgräber von 1933); Professional Sweetheart; Don't Bet on Love; Rafter Romance; Chance at Heaven; Sitting Pretty; Flying Down to Rio. 1933/34: Twenty Million Sweethearts. 1934: Upper World; Finishing School; Change of Heart; The Gay Divorcee (Scheidung auf amerikanisch). 1934/35: Romance in Manhattan; Roberta. 1935: Star of Midnight; Top Hat (Ich tanze mich in dein Herz hinein); In Person. 1935/36: Follow the Fleet (Marine gegen Liebeskummer). 1936: Swing Time (Swing Time). 1936/37: Shall We Dance (Tanz mit mir). 1937: Stage Door (Bühneneingang). 1937/38: Vivacious Lady. 1938: Having Wonderful Time; Carefree (Sorgenfrei durch Dr. Flagg). 1938/39: The Story of Vernon and Irene Castle. 1939: Bachelor Mother (Die Findelmutter); Fifth Avenue Girl. 1940: Primrose Path; Lucky Partners (Glückspilze); Kitty Foyle. 1941: Tom, Dick and Harry. 1942: Roxie Hart (Roxie Hart); Tales of Manhattan (Sechs Schicksale); The Major and the Minor (Der Major und das Mädchen); Once Upon a Honeymoon. 1943: Tender Comrade. 1943/44: Lady in the Dark. 1944: Safeguarding Military Information [KF]; I'll Be Seeing You (Ich werde dich wiedersehen). 1945: Week-End at the Waldorf (Weekend im Waldorf). 1946: Heartbeat; Magnificent Doll (Wunderbare Dolly). 1947: It Had to Be You. 1949: The Barkleys of Broadway (Tänzer vom Broadway). 1950: Perfect Strangers. 1951: The Groom Wore Spurs; Storm Warning (Die Gefangene des Ku-Klux-Klan). 1952: Dreamboat (Casanova wider Willen); We're Not Married (Wir sind gar nicht verheiratet); Monkey Business (Liebling, ich werde jünger). 1953: Forever Female (Die pikanten Jahre einer Frau). 1954: The Black Widow (Die Spinne); Beautiful Stranger (Geld macht nicht glücklich) [GB]. 1955: Tight Spot (In die Enge getrieben); Teenage Rebel (Moderne Jugend). 1956: The First Traveling Saleslady. 1957: Oh, Men! Oh, Women! 1959: Carissima [TV – GB]. 1964: The Confession/Quick, Let's Get Married. 1965: Harlow (Die Welt der Jean Harlow). 1984: George Stevens: A Filmmaker's Journey [DOK].

Rogers, Will

(William Penn Adair Rogers)
*4. 11. 1879 Oologah (Oklahoma)
†15. 8. 1935 Flugzeugabsturz bei Point Barrow (Alaska)

Besuch der Drumgoole School, des Harrell International Institute, des Halsell College, des Scarritt Collegiate Institute sowie des Kemper Military Institute in Missouri. Verschiedene Berufe. Als Lasso-Künstler und Reiter in Texas Jack's Wild West Circus. 1905 in einem New Yorker Vaudeville. 1907 Theaterdebüt mit dem Musical «The Girl Rangers». 1912 am Broadway, 1916 Auftritt in Florenz Ziegfelds «Follies». 1918 Verpflichtung nach Hollywood durch Samuel Goldwyn und Filmdebüt mit der Titelrolle des *Laughing Bill Hyde*. Häufig Zusammenarbeit mit Clarence Badger, u. a. Titelrollen in *Jubilo, Jes' Call Me Jim* und *Honest Hutch*. Seine Filmarbeit konzentriert sich auf Western und zahlreiche Kurzfilme. Gleichzeitig umfangreiche publizistische Tätigkeit: Ab 1919 Buchautor, ab 1922 Kolumnen-Autor mehrerer Zeitungen. Er wird bekannt als Humorist und verbreitet eine bodenständige Alltags-Philosophie, die die amerikanischen Tugenden hochhält. 1927–28 entstehen Reisefilme an verschiedenen Orten rund um den Globus. In der frühen Tonfilmzeit ist er kassenträchtigster Star der 20th Century Fox – allerdings in heute fast vollständig vergessenen Filmen. Er gilt in den 30er Jahren als populärster Entertainer der USA. Rogers spielt u. a. die Titelrolle in Henry Kings *Lightnin'*, als Hank Martin in David Butlers Mark-Twain-Verfilmung *A Connecticut Yankee*. Unter der Regie von John Ford in der Titelrolle des Landarztes in *Doctor Bull*, Titelrolle in *Judge Priest* und Dr. John Pearly in *Steamboat Round the Bend*. 1950 dreht Michael Curtiz das Biopic *The Story of Will Rogers* – mit Will Rogers jr. in der Rolle seines Vaters.

[US] 1918: Laughing Bill Hyde. 1919: Almost a Husband. 1919/20: Water, Water Everywhere. 1920: Jubilo; The Strange Boarder; Jes' Call Me Jim; Cupid, the Cowpuncher; Honest Hutch. 1921: Guile of Women; Boys Will Be Boys; A Poor Relation; Doubling for Romeo. 1922: The Ropin' Fool [D,A – KF]; Fruits of the Faith [D,A – KF]; One Glorious Day; The Headless Horseman. 1923: Jus' Passin' Through [KF]; Uncensored Movies [KF]; Two Wagons, Both Covered [KF]; Hustlin' Hawk [KF]; Hollywood. 1924: The Cake Eater [KF]; The Cowboy Sheik [KF]; Jubilo, Jr. [KF]; Big Moments from Little Pictures [KF]; Gee Whiz; A Truthful Liar [KF]; High Brow Stuff [KF]; Our Congressman [KF]; Don't Park There [KF]; Going to

Congress [KF]. 1927: Though Switzerland and Bavaria with Will Rogers [D,A – KF]; Tip Toes; With Will Rogers in Paris [D,A – KF]; With Will Rogers in London [D,A – KF]; With Will Rogers in Dublin [D,A – KF]; Winging 'round Europe with Will Rogers [D,A – KF]; Roaming the Emerald Isle with Will Rogers [D,A – KF]; Reeling Down the Rhine with Will Rogers [D,A – KF]; Prowling Around France with Will Rogers [D,A – KF]; Hunting for Germans in Berlin with Will Rogers [D,A – KF]; Hiking Through Holland with Will Rogers [D,A – KF]; Exploring England with Will Rogers [D,A – KF]; A Texas Steer [D,A]; They Had to See Paris. 1928: Over the Bouncing Blue with Will Rogers [D,A – KF]. 1929: Happy Days. 1930: So This Is London; Lightnin'. 1931: A Connecticut Yankee (Der Boß); Young as You Feel; Ambassador Bill. 1931/32: Business and Pleasure. 1932: Down to Earth; Too Busy to Work. 1932/33: State Fair. 1933: Doctor Bull; Mr. Skitch. 1933/34: David Harum. 1934: Handy Andy; Judge Priest. 1934/35: Life Begins at 40. 1935: Doubting Thomas; Steamboat Round the Bend; In Old Kentucky.

Rökk, Marika

(Marie Karoline Rökk)
*3. 11. 1913 Kairo

Aufgewachsen in Budapest, Tanzunterricht. 1924 mit der Familie nach Paris, mit den Hoffmann Girls im Moulin Rouge; 1925 am Broadway und Tournee durch die USA. Ab 1929 in Shows und Revuen u. a. in Berlin, London und Paris. In Budapest Erfolg in Operetten und musikalischen Lustspielen, Auftritte auch in Wien. In England 1930 erste Filmrollen in zwei Kolonial-Komödien von Monty Banks. 1933 im ungarischen Film *Kisertetek vonata* (Lajos Lazar). Ab 1935 in Ufa-Filmen, zuerst in der Zirkus-Komödie *Leichte Kavallerie* (Werner Hochbaum). Danach *Heißes Blut* von Georg Jacoby, bis Ende der 50er Jahre Rökks Leibregisseur, 1940 ihr erster Ehemann. Aufstieg zu einem Star des Unterhaltungskinos der Nazi-Jahre. Stete Wiederholung flacher Plotts – durch Verwicklungen zur Revue-Apotheose und zu einem Mann fürs Leben – festigen das Image als tanzendes Temperamentsbündel. 1936–39 mit Johannes Heesters ein Traumpaar des Revuefilms in Jacobys Millöcker-Adaptionen *Der Bettelstudent* und *Gasparone* sowie in *Hallo Janine* (Carl Boese). 1940 die Doppelrolle zweier unterschiedlicher Schwestern in *Kora Terry* (Jacoby). Mit Willy Fritsch im ersten deutschen Farb-Spielfilm *Frauen sind doch bessere Diplomaten* (Jacoby). Nach Kriegsende in Deutschland und Österreich vorübergehend Auftrittsverbot. 1948 in Wien erneut Filmarbeit. Ab 1951 mit alten Rezepten und zunächst ausschließlich mit Jacoby als Regisseur auch wieder im deutschen Film: u. a. mit Heesters in *Die Czardasfürstin* und *Bühne frei für Marika*. 1952/53 *Maske in Blau* als einziger Film in eigener Produktion. Zuletzt 1986/87 mit ironischer Brechung des Leinwand-Image in Peter Schamonis *Schloß Königswald*. Bis 1987 zahlreiche Bühnenauftritte zumeist in Operetten, Erfolg insbesondere mit dem Musical «Hello Dolly». Außer in der Hormocenta-Werbung auch in Fernsehshows. 1981 Filmband in Gold für langjähriges und hervorragendes Wirken im deutschen Film. 1974 erscheinen die Memoiren: «Herz mit Paprika», Neuausgabe 1993.

[DE/BRD] 1930: Kiss Me, Sergeant [GB]; Why Sailors Leave Home (Geisterzug) [GB]. 1933: Kisertetek vonata [HU]. 1935: Leichte Kavallerie. 1935/36: Heißes Blut. 1936: Der Bettelstudent; Und Du, mein Schatz, fährst mit. 1937: Karussell; Gasparone. 1938: Eine Nacht im Mai. 1939: Hallo Janine; Es war eine rauschende Ballnacht. 1939–41: Frauen sind doch bessere Diplomaten. 1940: Kora Terry; Wunschkonzert. 1941: Tanz mit dem Kaiser. 1942: Hab' mich lieb! 1943/44: Die Frau meiner Träume. 1948: Fregola [AT]. 1950: Kind der Donau (Das Kind der Donau) [AT]. 1951: Sensation in San Remo; Die Csardasfürstin. 1952/53: Maske in Blau [D,P]. 1953: Die geschiedene Frau. 1957: Nachts im grünen Kakadu. 1958: Bühne frei für Marika! 1959: Die Nacht vor der Premiere. 1960: Mein Mann, das Wirtschaftswunder. 1961: Heute gehn wir bummeln. 1961/62: Die Fledermaus [AT]. 1962: Hochzeitsnacht im Paradies [AT]. 1969: Der keusche Lebemann [TV]; Eine Frau aus unseren Träumen [TV-DOK – AT]. 1973: Die Schöngrubers [TVS]; Der letzte Walzer [TV]. 1979/80: Die Gräfin vom Naschmarkt [TV]. 1980/81: Frauengeschichten. 1. Marika Rökk [TV-DOK]. 1986/87: Schloß Königswald. 1988: Ein Abend für Marika Rökk [TV]. 1993: Marika Rökk: Die lebende Legende. Ein Star wird 80 [TV-DOK].

Ronet, Maurice

(Maurice Julien Marie Rouet)
*13. 4. 1927 Nizza
†14. 3. 1983 Paris

Sohn von Schauspielern. Studium am Konservatorium in Paris; 1947 Theaterdebüt. Engagement an Pariser Bühnen. 1949 Erfolg als Romeo. Beim Film zumeist in der Rolle von raffinierten Liebhabern, die sich unbeteiligt geben. 1967 Auszeichnung in San Sebastián für seine Rolle in Claude Chabrols *Le scandale*. Seine bekanntesten Rollen spielt er zum einen als Gegenpart von Alain Delon in René Cléments *Plein soleil*, in Jacques Derays *La piscine* und in Georges Lautners *Mort d'un pourri*, zum anderen als melancholischer Selbstmörder in Louis Malles *Le feu follet*. Neben der Filmarbeit Studien der Musik und der Philosophie, Verfasser von Drehbüchern. 1965 Regiedebüt mit *Le voleur du Tibidabo*; bekannt wird sein *Bartleby* (1977).

[FR] 1949: Rendez-vous de juillet (Treffpunkt Quartier Latin). 1951: Un grand patron (Chefarzt Dr. Delius). 1951/52: Les sept péchés capitaux/I sette peccati capitali. 3. Ep: La luxure (Die sieben Sünden) [EP – FR/IT]. 1952: La jeune folle (Die junge Irre). 1952/53: La môme vert-de-gris (Im Banne des blonden Satans). 1953: Lucrèce Borgia/Lucrezia Borgia (Lukrezia Borgia); Le guérisseur (Der Arzt und das Mädchen); Horizons sans fin; Châteaux en Espagne/El torero [FR/ES]. 1954: Casta Diva/A toi ... toujours [IT/FR]. 1955: Les aristocrates (Aristokraten); La sorcière (Die blonde Hexe); Gueule d'ange. 1956: Section des disparus/Seccion desaparecidos [FR/DZ]. 1956/57: Celui qui doit mourir/Colui che deve morire (Der Mann, der sterben muß) [FR/IT]. 1957: Ascenseur pour l'échafaud (Fahrstuhl zum Schafott). 1958: Ce corps tant désiré (Mädchen des Lasters); Cette nuit-là (Die Nacht und ihr Preis). 1959: Carmen de la Ronda (Das Mädchen aus Granada) [ES]. 1959/60: Plein soleil/ Delitto in pieno sole (Nur die Sonne war Zeuge) [FR/IT]. 1960: Les grandes personnes/Desideri proibiti (Die Erwachsenen) [FR/IT]. 1961: La dénonciation. 1961/62: Le rendez-vous de minuit (Das fremde Gesicht). 1962: Portrait-robot; Le meurtrier/L'omicida/Der Mörder [FR/IT/ BRD]. 1962/63: The Victors (Die Sieger) [US/GB]. 1963: Le feu follet/Fuoco fatuo (Das Irrlicht) [FR/IT]; Noches de Casablanca/Spionaggio a Casablanca/Casablanca, nid d'espions [ES/IT/FR]; Tempesta su Ceylon/Tempête sur Ceylan/Das Todesauge von Ceylon [IT/FR/BRD]. 1963/ 64: Les parias de la gloire/Los parias de la gloria/I disperati della gloria (Bis unter die Haut) [FR/IT/ES]. 1964: Amador [ES]; La ronde/Il piacere e l'amore (Der Reigen) [FR/IT]; Un amore e un addio/ Donde tú estés [IT/FR/ES]. 1965: Trois chambres à Manhattan (Drei Zimmer in Manhattan); Le voleur du Tibidabo/La vida es magnifica [D,R – FR/ES]; Les centurions. 1966: La ligne de démarcation; Le scandale/The Champagne Murders (Champagner-Mörder) [Version]. 1967: Les oiseaux vont mourir au Pérou (Vögel sterben in Peru); Un diablo bajo la almohada/Calda e ... infedele/Le diable sous l'oreiller [ES/IT/FR]; La route de Corinthe/Criminal Story (Die Straße von Korinth) [FR/IT]; Il giardino delle delizie [IT]. 1968: La femme infidèle/Stéphane, una moglie infedele (Die untreue Frau) [FR/IT]; Delphine; La femme écarlate/La donna scarlatta (Kalte Augen) [FR/IT]. 1968/69: La piscine/ La piscina (Der Swimmingpool) [FR/IT]. 1969: Les femmes (Oh, diese Frauen) [FR/IT]; La modification/La moglie nuova [FR/IT]. 1970: Qui?/Il cadavere dagli artigli d'Acciaio (Die Geliebte des anderen) [FR/IT]; Splendori e miserie di Madame Royale/Que fais-tu grande folle? [IT/FR]; Un peu beaucoup passionnément; Le dernier saut/ Indagine su un «parà» accusato d'omicidio (Der Fallschirmspringer) [FR/IT]; Raphael ou le débauché. 1971: La maison sous les arbres (Das Haus unter den Bäumen); L'odeur des fauves. 1972: Les galets d'Etretat; Sans sommation/ Ohne Warnung/Il clan del quartiere latino [FR/BRD/IT]; La chambre rouge; Il diavolo nel cervello/Le diable dans la tête [IT/FR]. 1972/73: Don Juan 73/ Una donna come me (Don Juan 73) [FR/IT]. 1973: La seduzione (Die Verführung einer Sizilianerin) [IT]; Commissariato di notturna/Commissariat de nuit [IT/FR]; L'affaire Crazy Capo [FR/IT]. 1974: Die Antwort kennt nur der Wind [BRD]; The Marseille Contract/Marseille contrat (Fluchtpunkt Marseille) [GB/FR]; Le cri du cœur (Der Schrei des Herzens); La messe dorée/ Nella profonda luce dei sensi (Das Ritual) [FR/IT]. 1974/75: Perche si uccidono (La merde) [IT]. 1975: Jackpot [GB]; Bis zur bitteren Neige [BRD]; 40 gradi all'ombra del lenzuolo (Müssen Männer schön sein?) [EP – IT]. 1975/76: Oh, mia bella matrigna! [IT]. 1976: A l'ombre d'un été; Madame Claude (Madame Claude und ihre Gazellen); La nuit d'or [FR/BRD]. 1977: Mort d'un pourri (Der Fall Serrano); Bartleby [R]; Emmenez-moi au Ritz. 1978/ 79: Bloodline (Blutspur) [US]. 1980: Sphinx [US]. 1981: Beau Père (Ausgerechnet ihr Stiefvater); Les années ont passé. 1981/ 82: La guérillera [FR/IT/ES]. 1982: La balance (La Balance – Der Verrat).

Rooney, Mickey

(Joe Yule Jr.)
*23. 9. 1920 Brooklyn (New York)

Wächst in California auf. Besuch der Fairfax High School, Hollywood, später der Pacific Military Academy, Culver City. Erster Bühnenauftritt an der Seite der Eltern im Alter von 15 Monaten. 1926 Filmdebüt. 1927 wird die Figur des Mickey McGuire für den Siebenjährigen entwickelt, und er verkörpert sie bis 1934 in über 80 Kurzfilmen. Ab 1932 – jetzt unter dem Namen Rooney – bekommt er einige kleine Rollen in Spielfilmen. In *A Midsummer Night's Dream* (Max Reinhardt, William Dieterle) spielt er den Puck. Er erscheint in einigen Filmen an der Seite von Freddie Bartholomew, so als Schiffsjunge in Victor Flemings *Captain Courageous*. 1937 verkörpert er zum ersten Mal Andy Hardy, den frechen Sohn eines Kleinstadt-Richters. Zahlreiche erfolgreiche Fortsetzungen folgen. Rooney ist Ende der 30er Jahre, häufig als Partner von Judy Garland, einer der populärsten Hollywood-Stars. 1938 Juvenile Oscar Award. Er wird mehrmals für den Oscar nominiert: 1939 *Babes in Arms* (Busby Berkeley), 1943 *The Human Comedy* (Clarence Brown) und 1956 *The Bold and the Brave* (Lewis R. Foster). 1944–46 Militärdienst. 1951 Debüt als Regisseur und Arbeit beim Fernsehen: *The Mickey Rooney Show* (1954–55). 1964 in 17 Folgen der TV-Serie

Mickey. Versuche als Produzent enden mehrfach im Bankrott. Bis in die 90er Jahre zahlreiche Filmrollen, u. a. als Gangster in Don Siegels *Baby Face Nelson* (1957), vierte Oscar-Nominierung für seine Nebenrolle in Carroll Ballards *The Black Stallion* (1979). Emmy Award für die Titelrolle des Stadtstreichers in Anthony Pages Fernsehfilm *Bill* (1981). Daneben Tourneen durch Night Clubs. 1979 mit Ann Miller in der Revue «Sugar Babies» am Broadway und bis 1985 auf Tourneen. 1982 Special Oscar für sein Gesamtwerk. 1963 Memoiren «i. e. An Autobiography».

[US] 1926: Not to Be Trusted [KF]. 1927: Mickey McGuire: Mickey's Circus: Battle/Eleven/Pals [KFS]; Orchids and Ermine. 1928: Mickey McGuire: Mickey's Parade: In Love / Wild West / Triumph / Detective / School / Movies / Nine/Big Game Hunt/Babies/Athletes/Rivals/Little Eva [KFS]. 1929: Mickey McGuire: Mickey's Great Idea: Northwest Mounted/Big Moment/ Brown Derby/Explorers/Initiation/Last Chance / Menagerie / Mixup / Surprise / Midnight Follies [KFS]. 1930: Mickey McGuire: Mickey's Champs: Bargain/ Merry Men/Musketeers/Strategy/Romeo / Warriors / Whirlwind / Winners / Mastermind/Luck [KFS]. 1931: Mickey McGuire: Mickey's Stampede: Crusaders/Rebellion/Sideline/Thrill Hunters/ Wildcats / Diplomacy / Helping Hand [KFS]; The Beast of the City; High Speed. 1932: Mickey McGuire: Mickey's Travels: Big Business/Golden Rule/Busy Day/Holiday/Charity [KFS]; Emma (Emma, die Perle); Sin's Pay Day; Fast Companions; My Pal the King; Officer 13. 1933: Mickey McGuire: Mickey's Ape Man: Covered Wagon / Disguises / Touchdown/Big Broadcast/Tent Show/Race [KFS]; The Big Cage; The Life of Jimmy Dolan; Broadway to Hollywood; The World Changes; The Big Chance; Beloved. 1934: Mickey McGuire: Mickey's Minstrels: Medicine Man/Rescue [KFS]; I Like It That Way; Love Birds; Upper World; Half a Sinner; The Lost Jungle; Manhattan Melodrama; Blind Date; Hide-Out (Gauner auf Urlaub); Chained (In goldenen Ketten); Death on the Diamond. 1934/35: A Midsummer Night's Dream (Ein Sommernachtstraum). 1935: The County Chairman; Reckless (Die öffentliche Meinung); The Healer; Ah, Wilderness; Riffraff. 1936: Little Lord Fauntleroy (Der kleine Lord); The Devil Is a Sissy; Down the Stretch. 1936/37: Captains Courageous (Manuel); Slave Ship (Das letzte Sklavenschiff). 1937: A Family Affair; Hoosier Schoolboy; Live, Love, and Learn; Thoroughbreds Don't Cry; You're Only Young Once; Love Is a Headache. 1938: Judge Hardy's Children; Hold That Kiss; Lord Jeff (Lord Jeff); Love Finds Andy Hardy; Boys Town (Teufelskerle); Stablemates; Out West with the Hardys. 1938/39: The Adventures of Huckleberry Finn. 1939: The Hardys Ride High; Andy Hardy Gets Spring Fever; Judge Hardy and Son; Babes in Arms. 1939/40: Young Tom Edison (Der junge Tom Edison). 1940: Andy Hardy Meets Debutante; Babes on Broadway (Theaterkinder am Broadway); Strike up the Band (Heiße Rhythmen in Chicago). 1941: Life Begins for Andy Hardy; Men of Boys Town (Das sind Kerle); Andy Hardy's Private Secretary. 1942: A Yank at Eaton; The Courtship of Andy Hardy; Andy Hardy's Double Life. 1942/43: The Human Comedy (... und das Leben geht weiter; 1947). 1943: Thousands Cheer; Girl Crazy. 1944: National Velvet (Kleines Mädchen, großes Herz); Andy Hardy's Double Trouble. 1946: Ziegfeld Follies (Broadway Melodie 1950); Love Laughs at Andy Hardy. 1947: Killer McCoy (Killer McCoy). 1948: Words and Music; Summer Holiday. 1949: The Big Wheel (Die Todeskurve). 1950: Quicksand; The Fireball; He's a Cockeyed Wonder. 1951: My Outlaw Brother (Der Arm des Bösen); My True Story [R]; The Strip. 1952: Sound Off. 1953: A Slight Case of Larceny; Mickey Rooney, Then and Now; All Ashore (In jedem Hafen eine Braut); Off Limits (Eintritt verboten). 1954: The Bridges at Toko-Ri (Die Brücken von Toko-Ri); Drive a Crooked Road (Auf gefährlicher Straße); The Atomic Kid. 1954–55: The Mickey Rooney Show [TVS]. 1955: The Twinkle in God's Eye. 1956: Magnificent Roughnecks; The Bold and the Brave (Ein Fetzen Leben); Francis in the Haunted House. 1957: Operation Mad Ball (Selten so gelacht); Baby Face Nelson (So enden sie alle). 1958: A Nice Little Bank That Should Be Robbed (Man müßte eine kleine Bank berauben); Andy Hardy Comes Home. 1959: The Last Mile (Eine Meile Angst); The Big Operator (Der große Schwindler). 1960: Platinum High School (Insel der Sadisten); The Private Lives of Adam and Eva [D,CoR]. 1961: King of the Roaring Twenties; Breakfast at Tiffany's (Frühstück bei Tiffany); Everything's Ducky. 1962: Requiem for a Heavyweight (Die Faust im Gesicht). 1963: It's a Mad, Mad, Mad, Mad World (Eine total, total verrückte Welt). 1964: Mickey [TVS]; The Secret Invasion (Geheimauftrag Dubrovnik). 1964/65: Twenty-Four Hours to Kill (In Beirut sind die Nächte lang) [GB]. 1965: How to Stuff a Wild Bikini. 1966: Ambush Bay (Verrat in der Bucht); L'Arcidiavolo [IT]. 1968: Skidoo! (Skidoo – Ein Happening in Love); The Extraordinary Seaman. 1969: 80 Steps to Jonah; The Comic. 1970: The Cockeyed Cowboys of Calico County (Eine Frau für Charley); Hollywood Blue. 1971: B. J. Lang Presents. 1972: Pulp (Malta sehen und sterben) [GB]; Richard; Evil Roy Slade [TV]. 1973: NBC Follies [TVS]; Godmothers (Der Boß läßt herzlich grüßen). 1974: Thunder County. 1975: Bons baisers de Hong-Kong (Schöne Küsse aus Fernost) [FR]; Rachel's Man [IL]. 1976: Find the Lady (Police Epidemy) [CA/GB]. 1977: The Domino Principle (Das Domino-Prinzip); Pete's Dragon (Elliott, das Schmunzelmonster). 1978: The Magic of Lassie. 1979: Arabian Adventure (Im Banne des Kalifen) [GB]; The Black Stallion (Der schwarze Hengst); Donovan's Kid. 1980: Honeysuckle Rose (Honeysuckle Rose). 1981: L'empereur de Pérou [CA/FR]; Bill (Mein Freund Bill) [TV]; Senor Trip!; Leave 'em Laughing [TV]; My

Kidnapper, My Love [TV]. 1982: One of the Boys [TVS]; O'Malley. 1983: The Black Stallion Returns (Der schwarze Hengst kehrt zurück); Bill: On His Own [TV]. 1984: It Came Upon the Midnight Clear (Engel auf Abwegen) [TV]. 1986: There Must Be a Pony (Schatten des Ruhms) [TV]; Lightning – The White Stallion (Lightning – The White Stallion); The Return of Mickey Spillane's Mike Hammer (Mike Hammer – Kidnapping in Hollywood) [TV]; Little Spies (Die Abenteuer der 5 kleinen Spione) [TV]. 1988: Bluegrass (Bluegrass) [TV]. 1988/89: Erik the Viking (Erik, der Wikinger) [GB]. 1990: Home for Christmas [TV]. 1991: The Gambler Returns: The Luck of the Draw [TV]; La vida láctea [ES]; My Heroes Have Always Been Cowboys; Adventures of the Black Stallion: Fatal Heart/Horse of the Year/Ticket to Ride/Deadwood Kid/Going, Going, Going/Code of Silence (Black – Der schwarze Blitz: Der Lockvogel/Das Pferd des Jahres/Mit Speck fängt man Mäuse/Deadwood Kid/Zum Ersten, zum Zweiten, zum/Die Totenköpfe) [TVS – CA/FR]. Silent Night, Deadly Night. 5 – Toymaker (Toys – Tödliches Spiel). 1992: Maximum Force (Maximum Force); Sweet Justice. 1993: The Legend of Wolf Mountain (Wolf Mountain). 1994: That's Entertainment! III (That's Entertainment! III); Making Waves; Revenge of the Red Baron/Plane Fear. 1995: Legend of O.B. Taggart [D,A]. 1996: Long Road Home.

Rosay, Françoise

(Françoise Bandy de Nalèche)
*19. 4. 1891 Paris
†28. 3. 1974 Paris

Tochter einer Schauspielerin. Ausbildung am Konservatorium bei Paul Mounet. 1908 Debüt am Théâtre-Libre, dann Boulevardtheater und am Odéon. Längeres Gastspiel in Rußland. Filmdebüt 1913. 1917 Heirat mit dem Regisseur Jacques Feyder, in dessen wichtigsten Filmen sie zwischen 1922 (*Crainquebille*) und 1941 (*Une femme disparaît*) mitwirkt. 1929/30 Aufenthalt in Hollywood. Mit ihrem komödiantischen Auftritt als Bürgermeistersfrau in Feyders Historienfilm *La kermesse héroique* wird sie international bekannt; sie spielt diese Rolle auch in der deutschen Fassung. In den 30er Jahren arbeitet sie mehrfach in Berlin, zuletzt 1939 in Karl Ritters *Die Hochzeitsreise*. Während der Besatzungszeit weicht sie mit Feyder in die Schweiz aus, wo sie als Sprecherin für antifaschistische Rundfunksendungen arbeitet. Nach dem Krieg aktiv in der französischen Friedensbewegung. Sie dreht nach Kriegsende in England und den USA und erlebt 1951 in Frankreich mit Claude Autant-Laras *L'auberge rouge* ein Comeback. Als eine der großen Damen des französischen Films gefeiert, wirkt sie bis zu ihrem Tod zumeist in kleineren Rollen in französischen, englischen und amerikanischen Produktionen mit. 1944 mit Feyder Veröffentlichung von «Le cinéma, notre métier», 1974 Edition ihrer Erinnerungen: «La traversée d'une vie».

[FR] 1913: Falstaff. 1915: Les vampires. 1916: Tête de femme, femme de tête. 1922: Crainquebille. 1925: Gribiche (Heimweh nach der Gasse). 1927: Le bateau de verre/Das brennende Schiff [FR/DE]; Madame Récamier. 1928: Les deux timides. 1929: The One Woman Idea [US]; Échec et mat; Le procès de Mary Dugan. 1930: Le petit café [US]; Si l'empereur savait ça; Jenny Lind [Version – US]. 1931: Casanova wider Willen [Version – US); Buster se marie [Version – US]; The Magnificent Lie [US]; Soyons gais; Quand on est belle; La chance; Le rosier de Madame Husson (Der Tugendjüngling der Madame Husson); Papa sans le savoir. 1932: La femme en homme; La pouponnière. 1933: Tout pour rien; Tambour battant [Version – DE]; Coralie et Compagnie; L'Abbé Constantin; Le grand jeu. 1934: Remous (Liebe); Pension Mimosas (Spiel in Monte Carlo); Le billet de mille; Die Insel [Version – DE]; Vers l'abîme [Version – DE]; Maternité (Mutterschaft). 1935: La kermesse héroique [Version – FR]; Die klugen Frauen [Version – FR/DE]; Gangster malgré lui; Marie des Angoisses; Marchand d'amour. 1935/36: The Robber Symphony (Räubersinfonie) [GB]. 1936: Le secret de Polichinelle; Jenny; Die letzten Vier von Santa Cruz [DE]. 1937: Mein Sohn, der Herr Minister [DE]; Drôle de drame (Ein sonderbarer Fall); Le fauteuil 47; Ramuntcho; Un carnet de bal (Spiel der Erinnerung); Les gens du voyage [Version – DE/FR]; Fahrendes Volk [Version – DE/FR]. 1938: Le joueur d'échecs; Le ruisseau; Paix sur le Rhin; Serge Panine. 1939: Die Hochzeitsreise [DE]. 1940: Elles étaient douze femmes. 1941: Une femme disparaît. 1943/44: The Halfway House [GB]. 1945: Johnny Frenchman [GB]. 1946: La dame de Haut-le-Bois; Macadam (Zur roten Laterne). 1948: Quartet [GB]; Le mystère Barton (Das Geheimnis um Mr.Barton); Saraband for Dead Lovers (Königsliebe) [GB]. 1949: Les vagabonds du rêve; On n'aime qu'une fois. 1949/50: September Affair (Liebesrausch auf Capri) [US]; Donne senza nome (Frauen ohne Namen) [IT]. 1950: The Naked Earth/ Maria Chapdelaine (Das träumende Herz) [Version – GB]. 1951: I figli di nessuno (Mutterliebe, Mutterleid) [IT]; The 13th Letter [US]; L'auberge rouge (Die rote Herberge); Bankett der Schmuggler/Le banquet des fraudeurs [BRD/BE]. 1951/52: Les sept péchés capitaux/I sette peccati capitali. 6. Ep: L'orgueuil (Die sieben Sünden) [EP – FR/IT]. 1952: Wanda la peccatrice/Wanda la pécheresse (Es begann auf der Straße) [IT/FR]. 1952/53: Sul ponte dei Sospiri (Biancas Rache) [IT]. 1954: La reine Margot/La regina Margot (Bartholomäusnacht) [FR/IT]. 1954/55: That Lady/ Esa Senor, la princesa da Eboli (Die Dame des Königs) [GB/ES]. 1955: Ragazze d'oggi/La chasse aux maris [IT/FR]. 1956: Le long des trottoirs/Lungo i marciapiedi (Im Sumpf von Paris) [FR/IT]. 1957: Interlude (Der letzte Akkord) [US]. 1958: Me and the Colonel (Jakobowsky und der Oberst) [US]; Le joueur/Il giocatore (Das Spiel war sein Fluch) [FR/IT]. 1958/59: Du rififi chez les femmes/Rififi fra le donne (Rififi bei den Frauen) [FR/IT]. 1959: Die Gans von Sedan/Une fleur au fusil [BRD/FR]; The Sound and the Fury (Fluch des Südens) [US]; Les yeux de l'amour/Amanti nelle tenebre (Mit den Augen der Liebe) [FR/IT]. 1960: Stéfanie in Rio [BRD]; The Full Treatment (Die unsichtbaren Schatten) [GB]; Le bois des amants/Il bosco degli amanti (Die Nacht der Liebenden) [FR/IT]. 1961: Le cave se rebiffe/Il re dei falsari (Der Herr mit den Millionen) [FR/IT]. 1962: The Longest Day (Der längste Tag) [US]. 1963: Volles Herz und leere Taschen/La donna creo l'uomo [BRD/IT]. 1964: Up From the Beach (Der Tag danach) [US]. 1965: La métamorphose des cloportes/ Sotto il tallone (Ganoven rechnen ab) [FR/IT]. 1967: La vingt-cinquième heure (Die 25. Stunde) [FR/IT]. 1968: Faut pas prendre les enfants du Bon Dieu pour des canards (Ich laß mich nicht für dumm verkaufen). 1969: Un merveilleux parfum d'oseille. 1972: Der Fußgänger [BRD/CH]; Pas folle la guêpe [FR/IT/BRD]; Trois milliards sans ascenseur (Drei Milliarden ohne Fahrstuhl); Nur eine Frage der Zeit [BRD/FR].

Ross, Katharine

*29. 1. 1942 Los Angeles

Besuch des Santa Rosa College. Theaterarbeit an mehreren Bühnen, u. a. beim San Francisco Workshop. Seit 1962 in TV-Serien. 1965 Filmdebüt neben James Stewart in Andrew V. McLaglens Western *Shenandoah*. Auch in der Folgezeit spielt die schwarzhaarige Schönheit vor allem in Western. Als Tochter der verführerischen Mrs. Robinson in Mike Nichols' *The Graduate* (1967) wird sie für den Nebenrollen-Oscar nominiert. Neben Paul Newman und Robert Redford verkörpert sie die Freundin der beiden Banditen in George Roy Hills *Butch Cassidy and the Sundance Kid* und spielt in Abraham Polonskys Indianer-Film *Tell Them Willie Boy Is Here* die Lola Boniface. Nach dem vielversprechenden frühen Höhepunkt erhält sie in den 70ern nur wenig interessante Aufgaben und widmet sich in den 80ern fast ausschließlich der TV-Arbeit. 1987 neben Willie Nelson im Spät-Western *Red Headed Stranger*.

[US] 1961: The Longest Hundred Miles (Die längsten hundert Meilen) [TV]. 1962: Sam Benedict [TVS]. 1965: Shenandoah (Der Mann vom großen Fluß); The Singing Nun (Dominique die singende Nonne). 1966: Mister Buddwing (Gesicht ohne Namen). 1967: Games (Satanische Spiele); The Graduate (Die Reifeprüfung). 1968: Hellfighters (Die Unerschrockenen). 1969: Butch Cassidy and the Sundance Kid (Zwei Banditen); Tell Them Willie Boy Is Here (Blutige Spur). 1970: Fools. 1972: They Only Kill Their Masters (Die Spur der schwarzen Bestie); Get to Know Your Rabbit (Hilfe, ich hab Erfolg). 1973/74: Le hasard et la violence/Amore e violenza (Bonne Chance) [FR/IT]. 1975: Strange Exorcism of Lynn Hart. 1976: Wanted: Sundance Woman (Gesucht: Die Frau des Banditen S.) [TV]; Voyage of the Damned (Reise der Verdammten) [GB]; Stepford Wives (Die Frauen von Stepford). 1978: The Legacy [GB]; The Swarm (Der tödliche Schwarm); The Betsy (Der Clan). 1979: Murder by Natural Causes (Ein ganz natürlicher Mord). 1980: The Final Countdown (Der letzte Countdown); Rodeo Girl [TV]. 1981: Wrong Is Right (Flammen am Horizont); Murder in Texas (Mord in Texas) [TV]. 1982: Shadow Riders [TV]; Marion Rose White [TV]. 1983: Travis McGee – The Empty Copper Sea [TV]; Secrets of a Mother and Daughter [TV]. 1984: Daddy's Deadly Darling. 1985–87: Dynasty II: The Colbys (Die Colbys) [TVS]. 1987: Red-Headed Stranger. 1991: Conagher [TV]; A Climate for a Killing/A Row of Crows (Arizona-Killer). 1996: Home Before Dark.

Rossellini, Isabella

*18. 6. 1952 Rom

Tochter der Schauspielerin Ingrid Bergman und des Regisseurs Roberto Rossellini. Jugend in Paris und Rom. 1971 nach New York, Besuch der New School of Social Research. Übersetzerin und TV-Reporterin. Gleichzeitig Model – Zusammenarbeit mit Modefotografen wie Bruce Weber und Helmut Newton. 1976 Filmdebüt mit Rolle einer Nonne an der Seite der Mutter in Vincente Minnellis *A Matter of Time*. Eigentlicher Beginn der Filmkarriere ist 1980 die weibliche Hauptrolle in *Il Prato* (Paolo und Vittorio Taviani). Ab 1985 auch Filmarbeit in USA. In diesem Jahr als russische Ehefrau in Taylor Hackfords *White Nights*. Ihre größten Erfolge hat die sensible, zerbrechlich wirkende Schauspielerin unter der Regie von David Lynch, so als masochistische Nachtclub-Sängerin Dorothy Vallens in *Blue Velvet* und in *Wild At Heart*. In Peter Weirs *Fearless* spielt sie die betrogene Ehefrau. Auch als Malerin aktiv (Ausstellungen in Paris und New York).

[US] 1976: A Matter of Time/Nina (Nur eine Frage der Zeit) [US/IT]. 1980: Il pap'occhio (Tele Vaticano – Das Auge des Papstes) [IT]; Il prato (Die Wiese) [IT]. 1985: White Nights (White Nights – Die Nacht der Entscheidung). 1986: Blue Velvet (Blue Velvet). 1987: Zelly and Me (Zelly & Me); Red Riding Hood (Rotkäppchen); Tough Guys Don't Dance (Harte Männer tanzen nicht); Siesta (Siesta). 1988/89: Cousins (Seitensprünge). 1990: Osada Venecii/L'assedio di Venezia [RU/IT]; Wild at Heart (Wild at Heart – Die Geschichte von Sailor & Lula); Dames galantes/Donne di piacere (Der kleine Tod der feinen Damen) [FR/IT/CA]; Ivory Hunters (Safari des Todes – Auf der Jagd nach dem weißen Gold) [TV]. 1991:

Caccia alla vedova [TV – IT/RU/FR]; Lies of Twins (Man liebt nur zweimal) [TV]. 1992: Death Becomes Her (Der Tod steht ihr gut). 1993: Fearless (Fearless – Jenseits der Angst); Fallen Angels: The Fightening Frammies [TV]; The Innocent/ ... und der Himmel steht still [GB/ DE]. 1993/94: Wyatt Earp (Wyatt Earp – Das Leben einer Legende). 1994: Immortal Beloved (Ludwig van B. – Meine unsterbliche Geliebte). 1996: Big Night (Big Night); Crime of the Century [TV]; The Funeral (Das Begräbnis). 1996/97: The Odyssey [TV]. 1997: Chicago Hope: Who's Appy Now? [TV]; The Real Blonde.

Rourke, Mickey
(Philip Andre Rourke Jr.)
* 16. 9. 1954 Schenecdaty
(New York)

Jugend in Miami, Florida. Beginn einer Karriere als Profi-Boxer. 1975 nach New York. Studium am Actors Studio bei Lee Strasberg. 1977 Bühnendebüt in Arthur Millers «A View From the Bridge». Seit 1979 bei Fernsehen und Film. Debüt in Steven Spielbergs Weltkriegs-Farce *1941*. Erster Erfolg als Biker in Francis Ford Coppolas *Rumble Fish*. Häufig in Rollen rebellierender Außenseiter. 1985 verkörpert er Cop Stanley White in Michael Ciminos *Year of the Dragon*. Aufmerksamkeit erregen die erotischen Szenen mit Kim Basinger in Adrian Lynes Film *9 ½ Weeks*. 1987 ist er Detektiv Harry Angel in Alan Parkers *Angel Heart* und der alkoholabhängige Schriftsteller in Barbet Schroeders Bukowski-Film *Barfly*. Auch in europäischen Produktionen, so als Franz von Assisi im TV-Film *Francesco*. In späteren Rollen versucht Rourke aus einer Mischung von erotischer Sanftheit und schmieriger Brutalität Funken zu schlagen, so neben Ellen Barkin in Walter Hills *Johnny Handsome* und als undurchsichtiger Gangster in *Wild Orchid*. Gelegentlich auch Showauftritte als Boxer.

[US] 1979: 1941 (1941 – Wo, bitte, geht's nach Hollywood?); City in Fear [TV]. 1980: Heaven's Gate (Heaven's Gate); Act of Love [TV]; Fade to Black (Die schönen Morde des Eric Binford); Rape and Marriage: The Rideout Case (Verhängnisvolle Leidenschaft) [TV]. 1981: Body Heat (Heißblütig – kaltblütig). 1982: Diner (American Diner). 1982/83: Eureka (Eureka). 1983: Rumble Fish (Rumble Fish). 1984: The Pope of Greenwich Village (Der Pate von Greenwich Village). 1985: Year of the Dragon (Im Jahr des Drachen). 1986: 9 ½ Weeks (9 ½ Wochen). 1987: Angel Heart (Angel Heart); Barfly (Barfly); A Prayer for the Dying (Auf den Schwingen des Todes) [GB]. 1988: Homeboy (Homeboy) [D,CoA]. 1988/ 89: Francesco/Franziskus [IT/BRD]. 1989: Johnny Handsome (Johnny Handsome – Der schöne Johnny). 1990: Wild Orchid (Wilde Orchidee); Desperate Hours (24 Stunden in seiner Gewalt). 1991: Simon Wincer; Harley Davidson & the Marlboro Man (Harley Davidson & the Marlboro Man). 1992: White Sands (White Sands – Der große Deal). 1993: The Last Outlaw; F.T.W. (Tiefer als Haß). 1994: Bullet (Auge um Auge); Fall Time. 1996: Exit in Red. 1997: Double Team; Love in Paris.

Rowlands, Gena
(Virginia Cathryn Rowlands)
* 19. 6. 1934 Cambria
(Wisconsin)

Besuch der Lee High School in Arlington, Virginia, sowie der University of Wisconsin. Schauspielunterricht an der Academy of Dramatic Arts in New York. Bühnendebüt im New Yorker Provincetown Playhouse, dort zuvor auch Garderobenfrau. In den 50er Jahren erfolgreiche Bühnenschauspielerin: «All About Love», «Dangerous Corner», «Time Out for Ginger» und «Seven Year Itch». Höhepunkt: 1956 Inszenierung von «Middle of the Night». 1957 Filmvertrag von M-G-M. Nach ihrem Debüt in José Ferrers *The High Cost of Loving* jedoch nur wenig lohnenswerte Filmaufgaben, deshalb weiterhin Theater- und ab 1961 auch TV-Arbeit. Ihr Erfolg im Film ist seit 1963 eng mit dem Werk ihres Ehemanns John Cassavetes verknüpft. Sie spielt unter seiner Regie die Prostituierte Jeanni Rapp in *Faces* und die weibliche Titelrolle in *Minnie and Moskowitz*. Als Mabel, eine Frau, die unter den Zwängen des Ehe- und Mutterdaseins leidet, in *A Woman Under Influence* wird sie für einen Oscar nominiert. Darstellerpreis in Berlin als Myrtle Gordon, eine Schauspielerin in der Krise, in *Opening Night* (1979). Weitere Oscar-Nominierung der stets hypernervös wirkenden Darstellerin als *Gloria* (1980), einer Frau auf der Flucht. Gelegentlich, so in Paul Mazurskys *Tempest*, gemeinsam mit Cassavetes vor der Kamera, auch in seinem eigenen Film *Love Streams*. 1987 Emmy für das Portrait der First Lady im TV-Film *The Betty Ford Story*. Erste wichtige Rolle nach dem Tod von Cassavetes (1989) ist die eloquente Hollywood-Agentin in Jim Jarmuschs *Night on Earth*. In Terence Davies *The Neon Bible* spielt sie eine abgetakelte Nachtclubsängerin. *Anything for John* (1995) ist ein Dokumentarfilm über Cassavetes unter Mitwirkung zahlreicher Freunde und Kollegen. 1996/97 spielt sie in den ersten Filmen ihres Sohnes Nick Cassavetes (* 1959) *Unhook the Stars* und *She's So Lovely* – nach einem Drehbuch von John Cassavetes. 1997 erhält sie den Carier Achievement Award des National Board or Review.

[US] 1958: The High Cost of Loving. 1961: Target the Corruptors: The Poppy Vendor [TV]. 1961–62: 87th Precinct [TVS]. 1962: The Spiral Road (Am schwarzen Fluß); Lonely Are the Brave (Einsam sind die Tapferen); A Child Is Waiting (Ein Kind wartet). 1963: Bonanza: She Walks in Beauty (Bonanza: Eine Frau mit Vergangenheit) [TV]. 1964–68: Peyton Place [TVS]. 1967: Tony Rome (Der Schnüffler). 1968: Gli intoccabili (Die Unschlagbaren) [IT]; A qualsiasi prezzo (Vatican Story) [IT]; Faces (Gesichter). 1969: The Happy Ending (Happy End für eine Ehe). 1971: Minnie and Moskowitz (Minnie und Moskowitz). 1974: A Woman Under the Influence (Eine Frau unter Einfluß); Playback (Columbo: Playback) [TV]. 1976: Two-Minute Warning (Zwei Minuten Warnung). 1977: Opening Night (Premiere/Die erste Vorstellung). 1978: The Brink's Job (Das große Dings bei Brinks); A Question of Love (Liebe vor Gericht). 1979: Strangers: Story of a Mother and a Daughter (Heimkehr einer Fremden) [TV]. 1980: Gloria (Gloria, die Gangsterbraut). 1982: Tempest (Der Sturm – Eine überraschende Komödie); Faerie Tale Theatre: Rapunzel [TV]. 1983: Thursday's Child [TV]. 1984: Love Streams (Love Streams); I'm Almost Not Crazy ... John Cassavetes: The Man and His Work [DOK]. 1985: An Early Frost (Früher Frost – Ein Fall von AIDS) [TV]. 1986/87: Light of Day (Light of Day – Im Licht des Tages). 1987: The Betty Ford Story [TV]. 1988: Another Woman (Eine andere Frau). 1990: Montana [TV]. 1990/91: Night on Earth (Night on Earth) [EP]. 1991: Ted & Venus; Once Around (Ein charmantes Ekel); Face of a Stranger [TV]. 1992: Crazy in Love (Verrückt vor Liebe). 1993: Silent Cries [TV – GB]. 1994: Parallel Lives. 1995: Anything for John [DOK]; Something to Talk About (The Power of Love); The Neon Bible; Exit in Red (Exit in Red). 1996: Unhook the Stars (Ein Licht in meinem Herzen); Best of Friends for Life. 1996/97: She's So Lovely [US/FR].

Ruan Lingyu

(Ruan Wangyin)
*26. 4. 1910 Shanghai
†8. 3. 1935 Shanghai

Da ihr Vater stirbt, als sie fünf Jahre alt ist, wächst sie bei ihrer Mutter auf, die als Hausangestellte arbeitet. 1926 wird sie von der Mingxing Filmgesellschaft engagiert. 1929 wechselt sie zur Firma Lianhua, bei der sie die Hauptrolle einer Prostituierten und Geliebten eines degenerierten Bürokraten in *Gudu chunmeng* (Sun Yu) spielt. Der Film wird ein großer kommerzieller Erfolg und zieht auch das intellektuelle Publikum an; ihre Popularität als Filmstar ist unangefochten. Zuvor auf passive Heldinnen festgelegt, wie z. B. das tragische Blumenmädchen in *Yecao xianhua* (Sun) und in *Yi jian mei* (Bu Wancang) das Dorfmädchen, dem die Heirat mit dem Sohn der Grundbesitzerin nicht erlaubt wird, erweitert sie ihr Rollenspektrum: Sie erhält die Rolle der aktiven Angestellten beim Telefonamt in *Sange modeng nüxing* (Bu). In Suns *Xiao wanyi* (1933) spielt sie eindringlich eine Spielzeugerfinderin, die während des Krieges ihren Mann, ihre Tochter und schließlich auch ihren Verstand verliert. In *Shennü* (Wu Yonggang) ist ihre Rolle die der Frau als Heilige und Nutte: Sie verdient das Geld für ihren Lebensunterhalt und die Schulbildung für ihr Kind als Prostituierte und soll einen Gangster und Zuhälter töten. Die moderne, intelligente Frau mit Selbstbewußtsein, die an der widersprüchlichen Gesellschaft zugrunde geht, verkörpert sie 1934 in *Xin nüxing* (Cai Chusheng). Wie diese Heldin begeht sie mit 25 Jahren Selbstmord. 1991 verfilmt Stanley Kwan ihr Leben mit Maggi Cheung.

[CN] 1927: Xue lei bei; Yang Xiaozhen/Beijing Yang Kuei-fei; Guaming de fufu. 1928: Baiyun ta; Cai Zhuangyuan jianzao Luoyang gao. 1929: Zhenzhu guan; Yinmu zhi hua; Jiehou guhong; Qingyu baojian; Huoshao Kaulunshan; Dapo Kaulun-shan. 1930: Gudu chunmeng; Zisha getong; Yecao xianhua. 1931: Lianai yu yiwu; Yi jian mei; Yutang chun; Taohua qixue ji. 1932: Xu gudu chunmeng. 1933: Sange modeng nüxing; Chenshi zhi ye; Xiao wanyi. 1934: Zaikuai yi; Shanghai; Renshen; Xiang xue hai; Guilai; Xin nüxing; Shennü. 1935: Guofeng.

Rühmann, Heinz

(Heinrich Wilhelm Rühmann)
*7. 3. 1902 Essen
†3. 10. 1994 Aufkirchen/Berg (Bayern)

Kindheit in Essen, Wanne-Eickel und München. 1913 Alumnat in Lennep. Ab 1916 in München; Realschule und Gymnasium, vor dem Abitur abgebrochen. Schauspielunterricht. 1920 in Breslau am Lobe- und Thalia-Theater. 1921–25 an Bühnen in Hannover, Bremen und München. 1927 Deutsches Theater Berlin; bis 1935 abwechselnd an den Münchner Kammerspielen und in Berlin. Filmdebüt 1926 in *Das deutsche Mutterherz* als Rabensohn, der seine Mutter schlägt. 1930 in Wilhelm Thieles erfolgreicher Tonfilm-Operette *Die Drei von der Tankstelle*. Aufstieg zu einem der meistbeschäftigten Komiker des deutschen Films: Inkarnation des schüchtern-lausbübischen kleinen Mannes, der durch Pfiffigkeit, kleine Schwindeleien und Frechheiten Erfolg hat, sich im übrigen in sein Geschick fügt und Widersprüche verharmlost. Auch als zurückhaltend-gewitzter Partner des draufgängerischen Hans Albers: *Bomben auf Monte Carlo* (1931), *Der Mann, der Sherlock Holmes war* (1937).

1938 erstmals Regie bei *Lauter Lügen* mit Hertha Feiler als Hauptdarstellerin, ab 1939 seine zweite Frau. Produziert seit 1938 als Herstellungsgruppenleiter bei der Terra neben eigenen auch die ersten Filme Kurt Hoffmanns, u. a. *Quax, der Bruchpilot*. 1938–43 Preußisches Staatstheater Berlin. 1940 Ernennung zum Staatsschauspieler. Nach Kriegsende mit «Der Mustergatte» in eigener Inszenierung auf Tournee durch die «Sowjetischbesetzte Zone»; 1947 Aufführungen in München und Berlin. 1947 mit Alf Teichs Gründung der Produktionsfirma Comedia, 1952 Konkurs und schwere Verschuldung. Die Unbekümmertheit seiner Charaktere weicht der Tragikomik. Rühmann ist in ernsten, väterlichen und Charakterrollen auf der Bühne wie im Film erfolgreich: Mit Bundesfilmpreisen ausgezeichnet für *Der Hauptmann von Köpenick* (Helmut Käutner) und *Das schwarze Schaf* (Helmut Ashley), ferner u. a. *Menschen im Hotel* (Gottfried Reinhardt) und *Der brave Soldat Schwejk* (Axel von Ambesser). Ab 1968 – mit ungebrochener Beliebtheit – vorwiegend Fernseharbeit. Für Rolf von Sydows TV-Film *Ein Zug nach Manhattan* 1981 in New York ausgezeichnet. In den 80er Jahren Fernsehen – vom Quiz über Weihnachtlich-Besinnliches bis zur Gala. 1972 Filmband in Gold für langjähriges und hervorragendes Wirken im deutschen Film, Träger zahlreicher Publikums- und Kritiker-Preise sowie staatlicher Orden und Ehrenzeichen. 1978 erscheint das Buch «Heinz Rühmann erzählt vom Geschenk der Weisen und andren Begebenheiten». 1982 Erinnerungen: «Das war's» und 1987 Bildbiografie «Einleben in Bildern».

[DE/BRD] 1926: Das deutsche Mutterherz. 1927: Das Mädchen mit den fünf Nullen/Das große Los. 1930: Die Drei von der Tankstelle; Einbrecher; Der Mann, der seinen Mörder sucht. 1931: Bomben auf Monte Carlo; Meine Frau, die Hochstaplerin; Der brave Sünder; Der Stolz der 3. Kompagnie; Man braucht kein Geld. 1931/32: Es wird schon wieder besser ... 1932: Strich durch die Rechnung. 1932/33: Lachende Erben; Ich und die Kaiserin. 1933: Heimkehr ins Glück; Drei blaue Jungs – ein blondes Mädel; Es gibt nur eine Liebe; Die Finanzen des Großherzogs. 1933/34: So ein Flegel; Pipin der Kurze. 1934: Ein Walzer für Dich; Heinz im Mond; Frasquita [AT]. 1934/35: Der Himmel auf Erden [AT]. 1935: Eva [AT]; Wer wagt – gewinnt; Der Außenseiter. 1935/36: Wer zuletzt küßt (Ungeküßt soll man nicht schlafen geh'n) [AT]. 1936: Allotria; Wenn wir alle Engel wären; Lumpacivagabundus [AT]. 1936/37: Der Mann, von dem man spricht [AT]. 1937: Der Mann, der Sherlock Holmes war; Der Mustergatte; Die Umwege des schönen Karl. 1937/38: Fünf Millionen suchen einen Erben. 1938: 13 Stühle; Nanu, Sie kennen Korff noch nicht?; Lauter Lügen [R]. 1938/39: Der Florentiner Hut [D,P]. 1939: Paradies der Junggesellen [D,P]; Hurra! Ich bin Papa! 1939/40: Lauter Liebe [R,P]. 1940: Kleider machen Leute [D,P]; Wunschkonzert. 1940/41: Hauptsache, glücklich! [D,P]; Der Gasmann. 1941: Quax, der Bruchpilot [D,P]. 1942: Sophienlund [R,P]. 1942/43: Ich vertraue dir meine Frau an [D,P]. 1943: Die Feuerzangenbowle [D, P]. 1943/44: Quax in Fahrt (Quax in Afrika; 1953) [D,P]. 1944: Der Engel mit dem Saitenspiel [R,P]. 1945: Sag' die Wahrheit [D,P – Unvollendet]. 1948: Der Herr vom andern Stern [D,P]; Berliner Ballade [P]; Die kupferne Hochzeit [R,P]. 1949: Das Geheimnis der roten Katze [D,P]; Martina [P]; Ich mach' Dich glücklich [D,P]; Mordprozeß Dr. Jordan [P]; 0 Uhr 15, Zimmer 9 [P]. 1950: Herrliche Zeiten [P – DOK]. 1950/51: Schatten über Neapel/Amore e sangue [CoP – BRD/ IT]. 1952: Das kann jedem passieren; Schäm Dich, Brigitte! (Wir werden das Kind schon schaukeln) [AT]. 1953: Keine Angst vor großen Tieren; Briefträger Müller [D,CoR,CoP]. 1954: Auf der Reeperbahn nachts um halb eins. 1954/55: Zwischenlandung in Paris/Escale à Orly [BRD/FR]. 1955: Wenn der Vater mit dem Sohne; Charley's Tante. 1956: Der Hauptmann von Köpenick; Das Sonntagskind/Schneider Wibbel. 1957: Vater sein dagegen sehr. 1958: Es geschah am hellichten Tag/El cebo [CH/BRD/ES]; Der Mann, der nicht nein sagen konnte/Manden, der ikke ku' sige nej [CH/ DK]; Der Pauker; Der Eiserne Gustav. 1959: Menschen im Hotel/Grand Hotel [BRD/FR]; Ein Mann geht durch die Wand. 1959/60: Der Jugendrichter. 1960: Mein Schulfreund; Der brave Soldat Schwejk; Das schwarze Schaf. 1961: Der Lügner. 1961/62: Max, der Taschendieb. 1962: Er kann's nicht lassen. 1963: Meine Tochter und ich; Das Haus in Montevideo. 1963/64: Vorsicht, Mister Dodd! 1964: Dr. med. Hiob Prätorius. 1965: Ship of Fools (Das Narrenschiff) [US]; Das Liebeskarussell. Ep 3: Dorothea [EP – AT]. 1965/66: Hokuspokus oder: Wie lasse ich meinen Mann verschwinden ...? 1966: Geld oder Leben/La bourse et la vie [BRD/FR/IT]; Grieche sucht Griechin; Maigret und sein größter Fall/Il caso difficile del commissario Maigret/Maigret fait mouche [AT/IT/FR]. 1967/68: Operazione S. Pietro/Au diable les anges!/Die Abenteuer des Kardinal Braun [IT/FR/BRD]. 1968: Der Tod des Handlungsreisenden [TV]; Die Ente klingelt um ½8/ Siamo tutti matti [BRD/IT]; Heute zwischen morgen und gestern [TV]. 1969: Sag's dem Weihnachtsmann [TV]; Endspurt [TV]. 1969/70: Mein Freund Harvey [TV]. 1971: Der Kapitän; Der Pfandleiher [TV]. 1972/73: Der Hausmeister [TV]. 1973: Oh Jonathan – oh Jonathan. 1975/76: Das chinesische Wunder. 1976: Heinz Rühmann liest Reineke Fuchs von Johann Wolfgang von Goethe [TV]; Kein Abend wie jeder andere [TV]. 1976/77: Gefundenes Fressen; Summa Summarum [TV]. 1977: Herr und Hund [TV]; Heinz Rühmann liest Max und Moritz von Wilhelm Busch [TV]. 1977/78: Diener und andere Herren [TV]. 1978/79: Heinz Erhardt: Noch 'ne Oper [TV]; Balthasar im Stau [TV]. 1979/80: Aller guten Dinge sind drei [TV – BRD/AT]. 1980/81: Ein Zug nach Manhattan [TV]. 1982: Heinz Rühmann: Schauspieler, Flieger, Mensch [TV]. 1982/83: Es gibt noch Haselnußsträucher [TV]. 1984: Heinz Rühmann liest Geschichten zur Weihnacht in der St. Michaelis Kirche Hamburg [TV]. 1986: Im Gespräch: Heinz Rühmann und Siegfried Fischer-Fabian [TV-DOK]; Heinz Rühmann erzählt: Weihnachtliche Geschichten von Felix Timmermanns. 4 Folgen [TV-EP]. 1987: Showgeschichten. Heute von: Heinz Rühmann [TV]. 1990: Begegnungen. Heinz Rühmann im Gespräch mit Engelbert Sauter [TV-DOK]. 1990/91: Herzlichst, Heinz Rühmann [TVS]. 1992: Heinz Rühmann liest ... [TVS]; Heinz Rühmann – Ein Volksschauspieler [TV-DOK]; Herzlichen Glückwunsch: Heinz Rühmann zum 90. Geburtstag [TV]; 75 Jahre Ufa. Heinz Rühmann: Meine frühen Ufa-Jahre. Erinnerungen des 90jährigen Schauspielers [TV-DOK]. 1993: In weiter Ferne, so nah! [DE]. 1994: Heinz Rühmann. Ein großer, kleiner Mann [TV-DOK]; Heinz Rühmann. Kleiner Mann ganz groß [TV-DOK].

Russell, Jane

(Ernestine Jane Geraldine Russell)
*21. 6. 1921 Bemidji (Minnesota)

Besuch der kalifornischen Van Nuys High School. Fotomodell. Schauspielausbildung an Max Reinhardts Theatre Workshop und bei Maria Ouspenskaya. 1939 verpflichtet sie der Produzent Howard Hughes für die weibliche Hauptrolle in *The Outlaw*. Die Aufführung des Westerns 1943 macht sie als Sex-Symbol populär. Sie wird erfolgreichster RKO-Star. 1948 spielt sie neben Bob Hope die Calamity Jane in *The Paleface* (Norman Z. McLeod). Als Partnerin von Robert Mitchum in John Farrows *His Kind of Woman* und in Josef von Sternbergs *Macao*. Als dunkler Gegenpart Dorothy zu Marilyn Monroe spielt sie in Howard Hawks' *Gentlemen Prefer Blondes*. Nach ihrer Rolle der Nella Turner neben Clark Gable in Raoul Walshs Western *The Tall Men* folgen nur noch wenige Filmaufgaben, zuletzt als Alabama Tigress in Robert Clouses *Darker Than Amber* (1970). In den 40er und 50er Jahren Produktion mehrerer Schallplatten. 1954 Gründung der Russ-Field Corporation (mit Robert Waterfield). 1959 Theaterdebüt. 1971 am Broadway mit dem Musical «Company». 1985 Veröffentlichung der Autobiografie «My Path and Detours».

[US] 1940: The Outlaw (Geächtet). 1946: Young Widow (Der junge Löwe). 1948: The Paleface (Sein Engel mit den zwei Pistolen); Montana Belle (Die Schönste von Montana); Double Dynamite (Doppeltes Dynamit). 1951: His Kind of Woman (Ein Satansweib). 1951/52: Macao (Macao). 1952: Son of Paleface (Bleichgesicht Junior); The Las Vegas Story (Die Spielhölle von Las Vegas). 1953: Underwater! (Die goldene Galeere); Road to Bali (Der Weg nach Bali); Gentlemen Prefer Blondes (Blondinen bevorzugt); The French Line (Die lockende Venus). 1955: The Tall Men (Drei Rivalen); Gentlemen Marry Brunettes (So liebt man in Paris); Foxfire. 1956: Hot Blood (Feuer im Blut); The Revolt of Mamie Stover (Bungalow der Frauen). 1957: The Fuzzy Pink Nightgown (Traum in Pink). 1964: Fate Is the Hunter (Bezwinger des Todes). 1966: Johnny Reno (Sheriff Johnny Reno); Waco (Wyoming Bravados). 1967: The Born Losers (Engel der Hölle). 1970: Darker Than Amber (McGee, der Tiger). 1983: Yellow Rose [TVS].

Russell, Kurt

*17. 3. 1951 Springfield (Massachussets)

Sohn des Schauspielers Bing Russell (*Bonanza*). Ab 1959 Kinderstar in mehreren Kino- und TV-Produktionen des Disney-Studios. 1963 in 26 Folgen der Western-TV-Serie *The Travels of Jamie McPheeters*. In den 70er Jahren wird er ein vielbeschäftigter Charakterdarsteller mit starken Action-Elementen. Erster Erfolg ist 1979 die Titelrolle in John Carpenters TV-Film *Elvis – The Movie*. Auch später häufig Zusammenarbeit mit Carpenter, u. a. als zynischer Snake Plissken in *Escape from New York* (1981) und der Fortsetzung *Escape from L.A.* (1996), als nüchterner Held in *The Thing*, in *Big Trouble in Little China*, wo er gegen orientalische übernatürliche Kräfte kämpft. 1983 ist er Partner von Meryl Streep in Mike Nichols' *Silkwood*. In Garry Marshalls *Overboard* neben Goldie Hawn, der Mutter seines Kindes. Nach dem Flop als legendärer Westernheld Wyatt Earp in *Tombstone* hat er in Roland Emmerichs Science-fiction-Film *StarGate* einen Welterfolg. An Carpenters *Escape from L.A.* beteiligt er sich auch als Co-Autor mit dem Regisseur und Produzenten.

[US] 1960/61: The Absent-Minded Professor (Der fliegende Pauker). 1963: The Travels of Jamie McPheeters [TVS]; It Happened at the World's Fair (Ob blond ob braun). 1964: Guns of Diablo (... und knallten ihn nieder); The Man from U.N.C.L.E.: Finny Foot Affair [TV]. 1966: Follow Me, Boys! (Vierzig Draufgänger). 1967/68: The One and Only Genuine, Original Family Band. 1968: Secret of Boyne Castle (Das geheimnisvolle Treffen im Boyne Castle); The Horse in the Grey Flannel Suit (Der Hengst im grauen Flanellanzug). 1969:

Guns in the Heather/Spy Busters [GB]. 1970: The Barefoot Executive (Der barfüßige Generaldirektor); The Computer Wore Tennis Shoes. 1971: Fools' Parade (Die Gnadenlosen). 1972: Now You See Him Now You Don't (Es kracht – es zischt – zu seh'n ist nischt!). 1973: Charley and the Angel. 1974: Superdad; New Land [TVS]. 1974/75: The Strongest Man in the World (Der Retorten-Goliath). 1975: Search for the Gods [TV]; Deadly Tower (Turm des Schreckens) [TV]. 1976: Quest [TVS]. 1977: Christmas Coal Mine Miracle [TV]. 1979: Elvis – The Movie (Elvis – The King) [TV]. 1980: Used Cars (Mit einem Bein im Kittchen). 1981: Escape from New York (Die Klapperschlange). 1982: The Thing (Das Ding aus einer anderen Welt). 1983: Silkwood (Silkwood). 1984: Swing Shift (Swing Shift – Liebe auf Zeit). 1985: The Mean Season (Das mörderische Paradies) [TV]; The Best of Times (Rocket Man – Das unglaublichste Football-Spiel der Welt). 1986: Big Trouble in Little China (Big Trouble in Little China). 1987: Overboard (Overboard – Ein Goldfisch fällt ins Wasser). 1988: Tequila Sunrise (Tequila Sunrise); Winter People (Winter People – Wie ein Blatt im Wind). 1989: Tango & Cash (Tango & Cash). 1991: Backdraft (Backdraft – Männer die durchs Feuer gehen). 1992: Unlawful Entry (Fatale Begierde); Captain Ron (Captain Ron). 1993: Tombstone (Tombstone). 1994: StarGate (Star Gate). 1996: Executive Decision (Einsame Entscheidung); Escape from L.A. (Flucht aus L.A.) [D,CoA,P].

Rutherford, Margaret

(Dame Margaret Taylor Rutherford)
*11. 5. 1892 London
†22. 5. 1972 Chalfont St. Peter (Buckinghamshire)

Besuch der Wimbledon Hill School. Danach Sprach- und Pianounterricht. Schauspiel-Unterricht an der Old Vic School in London. 1925 Bühnendebüt; erfolgreiche Repertoire-Programme in Oxford, Croydon und London. 1936 Filmdebüt in *Dusty Ermine* (Bernard Vorhaus). Ab Ende der 30er Jahre wachsende Popularität. Die Komödiantin überzeugt durch unnachahmliches Timing und große Selbstsicherheit. Mit ihrem bemerkenswert zerfurchten Gesicht verkörpert sie häufig die exzentrische englische alte Jungfer, so etwa 1948/49 in der Ealing Comedy *Passport to Pimlico* (Henry Cornelius) als enthusiastische Mittelalter-Expertin Prof. Hatton-Jones, die den Nachweis führen will, daß der Londoner Stadtteil Pimlico eigentlich zu Frankreich gehört. Mehrfach Wiederholung von Theaterollen im Film, so als Madame Arcati in David Leans *Blithe Spirit* (1944/45) und als Miss Witchurch in Frank Launders *The Happiest Days of Your Life* (1949/50). 1952 als Miss Prism in *The Importance of Being Earnest* (Anthony Asquith), eine seit 1939 erfolgreich auf dem Theater verkörperte Rolle. Bei dieser Wilde-Komödie ist sie als Lehrerin die Partnerin von Alastair Sim, ihrem männlichen Gegenstück im Reich der britischen Exzentriker – Vergleiche mit der amerikanischen Paarung Groucho Marx und Margaret Dumont bieten sich an. 1963 ein Oscar für die beste Nebenrolle in *The V.I.P.s* (Asquith), einem Film über Passagiere, die wegen Nebels auf dem Londoner Flughafen eine Nacht im Hotel verbringen. M-G-M nutzt 1963–65 ihre internationale Bekanntheit für vier Agatha-Christie-Verfilmungen mit Rutherford als Miss Marple, allesamt besonders in Europa erfolgreich. 1967 wird sie von der englischen Königin zur Dame of the British Empire geadelt. 1972 veröffentlicht sie ihre Autobiografie: «Margaret Rutherford».

[GB] 1936: Dusty Ermine; Troubled Waters; Talk of the Devil. 1936/37: Beauty and the Barge. 1937: Catch as Catch Can; Missing, Believed Married. 1940: Spring Meeting. 1940/41: Quiet Wedding. 1943: Yellow Canary; The Demi-Paradise. 1943/44: English Without Tears. 1944/45: Blithe Spirit (Geisterkomödie). 1946/47: Meet Me at Dawn (Das letzte Duell); While the Sun Shines. 1948: Miranda (Miranda). 1948/49: Passport to Pimlico (Blockade in London). 1949/50: The Happiest Days of Your Life. 1950: Her Favourite Husband. 1951: The Magic Box. 1952: Curtain Up; The Importance of Being Earnest (Ernst sein ist alles); Castle in the Air; Miss Robin Hood. 1953: Innocents in Paris; Trouble in Store (Ich und der Herr Direktor). 1953/54: The Runaway Bus. 1954: Aunt Clara; Mad About Men. 1955: An Alligator Named Daisy. 1957: The Smallest Show on Earth (Die kleinste Schau der Welt); Just My Luck. 1959: I'm All Right, Jack (Junger Mann aus gutem Hause). 1961: On the Double (Unternehmen Pappkamerad) [US]; Murder She Said (16 Uhr 50 ab Paddington). 1962: The Mouse on the Moon (Auch die Kleinen wollen nach oben). 1963: Murder at the Gallop (Der Wachsblumenstrauß); The V.I.P.s (Hotel International). 1963/64: Murder Most Foul (Vier Frauen und ein Mord). 1964: Murder Ahoy (Mörder Ahoi). 1965: The Alphabet Murders (Die Morde des Herrn ABC). 1966: Camopanadas a medianoche/Chimes at Midnight/Falstaff (Falstaff) [ES/CH]; A Countess from Hong Kong (Die Gräfin von Hongkong). 1967: Arabella [IT]; The Wacky World of Mother Goose [S – US].

Ruttkai, Éva

*31. 12. 1927 Budapest
†27. 9. 1986 Budapest

Beginn ihrer Karriere bereits als Kinderdarstellerin in *Lila akác* (1934); nach dem Krieg Auftritte als Rezitatorin in Matineen junger Schauspieler, anschließend Engagment in Budapest am Lustspieltheater und anderen Bühnen aber auch in mehreren

Filmen, so 1948 als Acsura in *Beszterce ostroma* (Márton Keleti) und 1950 als Vilcsi in *Kis Katalin házassága* (Félix Máriássy). 1951–53 Studium an der Budapester Theater- und Filmhochschule. Sie beherrscht sowohl das Charakter- als auch das komische Fach. Herausragend ist u. a. ihre Julika in Félix Máriássys *Egy pikoló világos* (1955) oder die Frau Kati in Márton Keletis *Butaságom története* (1965). In den 70er Jahren überzeugende Verkörperung gereifter Frauengestalten, so in der Hauptrolle der Mutter in *Volt egyszer egy család* (József Magyar, 1972), einer dramatischen Familiengeschichte, in *Ha megjön József* (Zsolt Kézdi Kovács, 1976) wiederum als eine Mutter, die mit der Ehefrau ihres jungverheirateten Sohnes konkurriert.

[HU] 1934: Lila akác (Lila Akazie). 1948: Beszterce ostroma (Die Belagerung von Beszterc). 1949: Szabóné (Frau Szabó); Ludas Matyi. 1950: Kis Katalin házassága (Katharinas Ehe). 1951: Különös házasság (Eine seltsame Ehe). 1954: Liliomfi; Én és a nagyapám (Ich und mein Großvater). 1955: Budapesti tavasz (Budapester Frühling); Egy pikoló világos (Julika mit der Stupsnase); Különös ismertetőjel (Nacht über Budapest). 1956: Ünnepi vacsora (... aber die Verwandten); A császár parancsára; Keserû igazság (Bittere Wahrheit); Mese a 12 találatról (Märchen von den 12 Treffern). 1957: Ejfélkor (Um Mitternacht). 1958: A Sóbálvány (Salzsäule); Micsoda éjszaka! (Was für eine Nacht). 1959: Almatlan évek (Traumlose Jahre); Kard és kocka (Säbel und Würfel). 1960: Három csillag; Alázatosan jelentem (Ich melde gehorsam); Az Arcnélküli város (Stadt ohne Gesicht). 1961: Amíg holnap lesz. 1962: Pirosbetűs hétköznapok/Nedele ve vsedni den (Sonntag am Wochentag) [HU/CS]; Asszony a telepen (Frau am Ruder); Az utolsó vacsora (Memoiren einer seltsamen Nacht). 1963: Fotó Háber (Foto Haber). 1965: Butaságom története (Geschichte meiner Dummheit). 1966: Kárpáthy Zoltán (Die Vergeltung); Egy magyar nábob (Die Fehde der Geier); Minden kezdet nehéz. 1967: Kártyavár (Das Kartenhaus); Tanulmány a nőkről (Eine Studie über die Frauen); A mumia közbeszól (Die Mumie greift ein); Keresztelő. (Taufe). 1968: Az aranykesztyű lovagjai (Mord in Dallas) [TV]; Alfa Romeo és Julia (Alfa-Romeo und Julia); Egri csillagok (Sterne von Eger); A hamis Izabella (Die falsche Isabella). 1969: Történelmi magánügyek (Historische Privatangelegenheiten); Én, Prenn Ferenc ... (Das unruhige Leben des Ferenc Prenn) [TV]; A rérg nyar (Ein unvergeßlicher Sommer); Virág vasárnap; Bözsi és többiek (Frau Bözsi und die Männer) [TV]. 1970: N. N. a halál angyala (N. N., der Todesengel); Csak egy telefon (Nur ein Anruf); Utazás a koponyám körül (Reise um meinen Schädel). 1971: Szindbád (Sindbad). 1972: Volt egyszer egy család (Es war einmal eine Familie). 1974: Felelet (Die Antwort) [TV]. 1976: Ha megjön József (Wenn Josef kommt); Labirintus (Das Labyrinth). 1981: Rózsa néni elintézi (Tante Rosa greift ein) [TV]. 1983: Mint oldott kéve (Wie eine verwehte Garbe) [TV]. 1985: Idő van; Abigél (Abigel – Die Geschichte der Statue im Park). 1988: Küldetés evianba [HU/BRD].

Ryan, Robert

(Robert Bushnell Ryan)
* 11. 11. 1909 Chicago (Illinois)
† 11. 7. 1973 Manhattan (New York)

Besuch der Loyola Academy in Chicago. Am Dartmouth College in New Hampshire wird er Box-Champion. Bühnendebüt 1936 in Edward Boyce's Stock Company. 1938 Schauspielunterricht bei Max Reinhardt. Erster Bühnenerfolg in «Too Many Husbands». 1940 Hollywood-Vertrag von Paramount und Filmdebüt. 1941 am Broadway mit «Clash by Night». Wechsel zum RKO-Studio. Erste Erfolge hat der vielseitig talentierte Schauspieler in Filmen von Edward Dmytryk, so als Co-Star von Ginger Rogers in *Tender Comrade*, und erhält eine Oscar-Nominierung als antisemitischer Mörder Monty Montgomery in *Crossfire* (1947). In Jean Renoirs *The Woman on the Beach* überzeugt er neben Joan Bennett als Küstenwart Scott. In Robert Wises *The Set-Up* ist er ein ausgebrannter Boxer. Er wiederholt seinen Bühnenerfolg als verbitterter Liebhaber in Fritz Langs *Clash by Night* (1951/52). Häufig auch in Western, so als Viehdieb in Budd Boettichers *Horizons West*, als Killer in Anthony Manns *The Naked Spur* und 1955 neben Clark Gable in *The Tall Men* von Raoul Walsh. 1969 spielt er einen der Kopfgeldjäger in Sam Peckinpahs *The Wild Bunch*. 1954 Bühnen-Erfolg in Shakespeares «Coriolan». Auch später neben umfangreicher Filmarbeit immer wieder Rückkehr zum Theater. 1960 in Stratford, Connecticut, in Shakespeares «Antony and Cleopatra», 1969 in «The Front Page» am Broadway.

[US] 1940: North West Mounted Police (Die scharlachroten Reiter); Queen of the Mob; Golden Gloves; Texas Rangers Ride Again. 1943: Behind the Rising Sun; Tender Comrade; The Iron Major; Gangway for Tomorrow; The Sky's the Limit; Bombardier (Ohne Rücksicht auf Verluste). 1944: Marine Raiders (Ledernacken). 1947: Crossfire (Im Kreuzfeuer); Trail Street (Die Todesreiter von Kansas); The Woman on the Beach (Die Frau am Strand). 1947/48: Berlin Express (Berlin-Expreß). 1948: Return of the Bad Men (Der Schrecken von Texas); The Boy with Green Hair (Der Junge mit den grünen Haaren). 1948/49: Caught (Gefangen); Act of Violence (Akt der Gewalt). 1949: The Set-Up (Ring frei für Stoker Thompson); The Woman on Pier 13/I

Married a Communist. 1950: The Secret Fury (Die schwarze Lawine); Born to Be Bad. 1951: The Racket (Gangster); Flying Leathernecks (Stählerne Schwingen); On Dangerous Ground; Best of the Badmen (Der Rächer). 1951/52: Clash by Night (Vor dem neuen Tag). 1952: Horizons West (Fluch der Verlorenen); Beware, My Lovely. 1953: City Beneath the Sea (Die Stadt unter dem Meer); Inferno (Verhängnisvolle Spuren); The Naked Spur (Nackte Gewalt). 1954: Bad Day at Black Rock (Stadt in Angst); About Mrs. Leslie; Alaska Seas (Weißer Tod in Alaska); Her Twelve Men. 1955: The Tall Men (Drei Rivalen); House of Bamboo (Tokio-Story); Escape to Burma (Flucht nach Burma). 1956: The Proud Ones (Die Furchtlosen); Back from Eternity (Zurück aus der Ewigkeit). 1957: Turn of Fate [TVS]; Men in War (Tag ohne Ende). 1958: The Great Gatsby [TV]; God's Little Acre (Gottes kleiner Akker); Lonelyhearts (Das Leben ist Lüge). 1959: Day of the Outlaw (Tag der Gesetzlosen); Odds Against Tomorrow (Wenig Chancen für morgen). 1960: Snows of Kilimanjaro [TV]; Ice Palace (Titanen). 1961: The Canadians (Die rote Schwadron); The King of Kings (König der Könige). 1962: Billy Budd (Die Verdammten der Meere) [GB]; The Longest Day (Der längste Tag). 1964: City of Ships [TV]; The Crooked Road (Einmal wird abgerechnet) [GB]. 1965: La guerre secrète/La guerra segreta/Spione unter sich [EP – FR/IT/BRD]; Battle of the Bulge (Die letzte Schlacht). 1966: The Professionals (Die gefürchteten Vier); The Busy Body. 1967: The Dirty Dozen (Das dreckige Dutzend) [US/GB]; Hour of the Gun (Die fünf Geächteten). 1967/68: Custer of the West (Ein Tag zum Kämpfen). 1968: Un minuto per pregare, un istante per morire (Mehr tot als lebendig) [IT]; Lo sbarco di Anzio (Schlacht um Anzio) [IT]. 1969: The Wild Bunch (The Wild Bunch – Sie kannten kein Gesetz); Captain Nemo and the Underwater City (Kapitän Nemo) [GB]. 1971: The Love Machine (Die Liebesmaschine); Lawman (Lawman). 1972: La course du lièvre à travers les champs/La corsa della lepre attraverso i campi (Treibjagd) [FR/IT]. 1973: Man Without a Country (Der Mann ohne Vaterland) [TV]; Executive Action (Unternehmen Staatsgewalt); Lolly-Madonna XXX; The Outfit (Revolte in der Unterwelt); The Iceman Cometh.

Ryder, Winona

(Winona Laura Horowitz)
* 29. 10. 1971 Winona (Minnesota)

Jugend in San Francisco und einer Hippie-Kommune. Parallel zur High-School Schauspielunterricht am American Conservatory Theatre. Seit 1985 Kontakte zur Filmindustrie. 1986 Debüt in David Seltzers Jugendfilm *Lucas*. Entwicklung vom Teenager-Star – Lydia in Tim Burtons schriller Komödie *Beetlejuice* – zur ernstzunehmenden Schauspielerin. 1989 Abschluß der Petaluma High School. Im gleichen Jahr als Jerry Lee Lewis' 13jährige Braut in Jim McBrides *Great Balls of Fire!* und als Veronica Sawjer in Michael Lehmanns High-School-Satire *Heathers*. In Jim Jarmuschs *Night on Earth* spielt sie eine selbstbewußte Taxifahrerin ohne Hollywood-Ambitionen. Ihr darstellerisches Können zeigt sie in Kostümrollen in Francis Ford Coppolas *Bram Stoker's Dracula*, in Martin Scorseses Gesellschaftsdrama *The Age of Innocence* und in Gillian Armstrongs Remake des Klassikers *Little Women*. Ben Stillers *Reality Bites* (1993) ist ein Porträt der «Generation X», für die Ryder der Presse als Musterbild gilt.

[US] 1986: Lucas (Lucas). 1987: Square Dance. 1988: Beetlejuice (Beetlejuice); 1969 (Die Generation von 1969). 1989: Heathers/Lethal Attraction (Heathers); Great Balls of Fire (Great Balls of Fire). 1990: Edward Scissorhands (Edward mit den Scherenhänden); Mermaids (Meerjungfrauen küssen besser); Welcome Home, Roxy Carmichael (Ein Mädchen namens Dinky). 1990/91: Night on Earth (Night on Earth) [EP]. 1992: Bram Stoker's Dracula (Bram Stoker's Dracula). 1993: Das Geisterhaus/The House of Spirits/Åndernes Hus [DE/PT/DK]; The Age of Innocence (Zeit der Unschuld); Reality Bites (Voll das Leben – Reality Bites). 1994: Little Women (Betty und ihre Schwestern). 1994/95: Boys (Run Off). 1995: How to Make an American Quilt (Ein amerikanischer Quilt); Looking for Richard (Al Pacino's Looking for Richard). 1996: The Crucible (Hexenjagd). 1996/97: Alien Ressurection.

Ryû Chishû

* 13. 5. 1906 Kumamoto
† 16. 3. 1993 Yokohama

Sohn eines buddhistischen Priesters, Studium an buddhistischen Universitäten in Kyoto und Tokio, ab 1925 ohne Wissen der Familie Schauspielunterricht. 1926 Vertrag mit der Shochiku Filmgesellschaft, 10 Jahre als Statist und Kleindarsteller, erste große Rolle 1936 als Lehrer des Helden in Yasujirô Ozus erstem Tonfilm *Hitori Musuko*. Rollen in fast allen Ozu-Filmen, vor allem Familienväter, Onkel oder ältere Brüder. 1969–92 als alter buddhistischer Oberpriester in der Komödien-Serie *Otoko wa tsuraiyo*.

[JP] 1928: Nyôbô, Fanshitsu; Wakôdo no Yume. 1929: Wakaki Hi. 1930: Rakudai wa shitakeredo. 1932: Umaretewa mitakeredo (Ich wurde geboren, aber …); Manshû Kôkyôkyoku. 1934: Hah o kowazuya. 1936: Daigaku yoi Toko; Hitori Musuko (Der einzige Sohn). 1937: Hangata Senshu; Hanakago no Uta; Kono Oya no Tsumi ariya; Asakusa no Hi; Aogeba Tôtoshi. 1938: Nihonjin; Hito no Ki mo shiranaide. 1939: Atarashiki Kazoku; Onn-koso Ie o mamore; Gonin no Kyôdai; Ani to sono Imôto. 1940: Tsuma wa nagekazu; Nishizumi Senshachôden; Utsukushiki Rinjin; Nyoshin Tenshin. 1941:

Mikaeri no Tô; Chichi-naki Arto; Sakura no Sono; Toda-ke no Kyôdai. 1942: Chichi ariki (Es war einmal Vater); Minami no Kaze. 1943: Kaisen no Zenya; Ie ni Sannan Nijo ari; Hana-saku Minato. 1944: Kaettekita Otoko; Rikugun. 1945: Saigo no Jôi-tô; Sennichi- mae Fukin; Otome no iru Kichi. 1946: Ai, no Senkusha. 1947: Zô o kutta Renchû; Nagaya Shinshiroku (Erzählungen eines Nachbarn). 1948: Kaze no Naka no Mendori; Ikiteiru Gazô; Te o tsunagu Kora; Otoko o sabaku Onna; Seiga. 1949: Banshun (Später Frühling); Mori no Ishimatsu; Wasurerareta Kora; Hana mo Arashi mo. 1950: Munekata Shimai; Eikô e no Michi. 1951: Inochi uruwashi; Karumen Kokyô ni kaeru; Zenma; Waga Ya wa tanoshi; Jiyû Gakkô; Umi no Hanabi; Bakushû. 1952: Dôkoku; Musuko no Seishun; Ochazuke no Aji (Wie der Geschmack von Reis mit grünem Tee). 1953: Aizoku no Sabaki, Tôkyô Monogatari (Reise nach Tokio). 1954: Kaze tachinu; Nijûshi no Hitomi (24 Augen); Hi wa shizumazu. 1955: Meijro Sanpei; Nogiku no gotoki Kimi nariki; Tsuki wa noborinu; Bômei-ki. 1956: Sôshun (Früher Frühling); Arashi; Furyô Shônen (Die Bewährung); Okashina Yatsu. 1957: Saigo no Dassô; Manin-densha; Tôkyô Boshoku. 1958: Kuroi Kafun; Muhô-matsu no Isshô (Der Rikaschamann); Higanbana; Kono Ten no Niji. 1959: Ukigusa (Abschied in der Dämmerung); Ohayô (Guten Morgen); Watashi wa Kaini narita; Suzkake no Sanpomichi; Shiro-ka Kuro-ka; Kazabana. 1960: Daibosatsu-Tôge; Warui Yatsu hodo yoku nemuru; Akibiyori (Spätherbst); Ruten no Ochi; Ningen no Jôken: Kanjetsu-hen (Barfuß durch die Hölle. 3. Teil); Kano-jo-dake ga shitte iru. 1961: Yatô Kaze no Naka o hashiru; Sekai Dai-sensô; Kohayagawa-ke no Aki (Herbst der Familie Kohayagawa); Kôjin Kôjitsu; Gen to Fudô-myôô. 1962: O-Gin sama; Aizen Katsura; Yopparai Tengoku; Onna no Za; Sanma no Aji; Sanroku. 1963: Hyakuman-nin no Musumetachi. 1964: Ai to Shi o mitsumete; Aoi Me no Yome-han; Monrô no yôna Onna; Boku wa Bodyguard. 1965: Akahige (Rotbart); Yottsu no Koi no Monogatari; Daikon to Ninjin. 1966: O-Hana han Dai Ni-bu; Danryû; O-yome no oide. 1967: Nihon no Ichiban nagai Hi; Kigeki Dantai-Ressha. 1968: Nikudan; Sukurapu Shûdan. 1969: Hi mo Tsuki mo; Eikô e no Kurohyô; Otoko wa tsuraiyo (Es ist schwer, ein Mann zu sein); Nihonkai Dai-kaisen; Zoku Otoko wa tsuraiyo. 1970: Kazoku (Wo der Frühling später kommt); Shin Otoko wa tsuraiyo; Otoko wa tsuraiyo: Bôkyô-hen; Otoko wa tsuraiyo: Fûten no Tora; Sandogasa-dayo Jinsei wa; Kôkô Sasurai-ha. 1971: Otoko wa tsuraiyo: Junjô-hen; Otoko wa tsuraiyo: Trojiro Koiuta; Otoko wa tsuraiyo: Funtô-hen. 1972: Kokyô (Abschied von der See); Otoko wa tsuraiyo: Torajiro Yume-makura; Jinsei Gekijô: Seishun, Aiyoku, Zankyô-hen; Otoko wa tsuraiyo: Shibamata Bojô; Tsuji-ga-hana. 1973: Otoko wa tsuraiyo: Watashi no Torasan; Otoko wa tsuraiyo: Torajiro Wasurenagusa; Muyamoto Musashi; Hana to Ryû: Seishun-hen, Aizô-hen, Dotô-hen. 1974: Sun no utsuwa; Otoko wa tsuraiyo: Torajiro Komriuta; Otoko wa tsuraiyo: Torajiro Koi-yatsure. 1975: Otoko wa tsuraiyo: Katsushika Risshi-hen; Kyûkei no Kôya; Otoko wa tsuraiyo: Torajiro Aiai-gasa. 1976: Otoko wa tsuraiyo: Torajiro Jinjô-Shishû; Otoko wa tsuraiyo: Torajiro Yûyake-koyake. 1977: Otoko wa tsuraiyo: Torajiro ganbare!; Otoko wa tsuraiyo: Torajiro to Tonasama. 1978: Otoko wa tsuraiyo: tonderu Torajiro; Seishoku no Hi; Otoko wa tsuraiyo: Torajiro waga Michi o yuku. 1980: Nikudan. 1981: Otoko wa tsuraiyo: Torajiro Kamifûsen; Otoko wa tsuraiyo: Mamiwa no Koi no Torajiro. 1982: Otoko wa tsuraiyo: Hana mo Arashimo Torajiro; Otoko wa tsuraiyo: Kuchibue o fuku Torajiro; Otoko wa tsuraiyo: Tabi to Onna to Torajiro; Otoko wa tsuraiyo: Torajiro Ajisai no Uta. 1984: Otoko wa tsuraiyo: Yogiri ni musebu Torajiro; Otoko wa tsuraiyo: Torajiro Shijitsu Ichiro. 1985: Sorekara; Otoko wa tsuraiyo: Torajiro Renai-juku. 1986: Otoko wa tsuraiyo: Shibamata yori Ai o Komete. 1987: Otoko wa tsuraiyo: Torajiro Monogatari; Jiyûna Megamitachi; Otoko wa tsuraiyo: Shritoko Bojô. 1988: Otoko wa tsuraiyo: Torajiro Sarada Kinenbi. 1989: Otoko wa tsuraiyo: Boku no Oji-san; Otoko wa tsuraiyo: Torajiro Kokoro no Tabiji. 1990: Otoko wa tsuraiyo: Torajiro no Kyûjitsu; Yume/Akira Kurosawa's Dreams (Träume) [JP/US]. 1991: Otoko wa tsuraiyo: Torajiro no Kokuhaku. 1992: Otoko wa tsuraiyo: Torajiro no Seishun; Hikarigoke.

S

Sahni, Balraj
* 1. 5. 1913 Rawalpindi
† 13. 4. 1973 Bombay
Literaturstudium an College von Lahore. Anschließend als Schriftsteller tätig. Nebenbei befaßt er sich mit der Entwicklung eines realistischen Theaters. Erste Ehe mit Damayanti, einer bekannten Bühnenschauspielerin. Bevor er Schauspieler wird, arbeitet er als Dozent für Hindi und Englisch, Journalist und Rundfunksprecher und ist Herausgeber der Zeitung «Monday Morning» in Delhi. Ab 1947 lebt er in Bombay. Nach einer Statistenrolle hat er 1946 seine erste wichtige Rolle in *Dharti Ke Lal* (Abbas). Sein Ruf als Schauspieler wird begründet durch seinen Rikschafahrer in *Do Bigha Zameen* (Bimal Roy, 1953), der an den neorealistischen Stil seines Debütfilms anknüpft. Er übernimmt immer wieder schwierige Rollen, so in *Garam Coat* (1955) einen Verrückten, in *Sone Ki Chidiya* (1958) einen radikalen Dichter. 1957 führt er Regie in *Lal Batti*. In den 60er Jahren Leitung der linken Theatergruppe Juhu. Er veröffentlicht Romane und 1971 seine Autobiografie.

[IN] 1946: Dharti Ke Lal; Insaaf. 1947: Gudiya. 1948: Gunjan. 1951: Humlog; Maldar; Baazi [CoA]. 1952: Rahi; Badnaam. 1953: Do Bigha Zameen; Akash. 1954: Aulad; Chalis Baba Ek Chor; Majboori; Bazooband. 1955: Vachan; Garam Coat; Jawab; Seema; Joru Ka Bhai; Tangewali. 1956: Taksaal; Era Bator Sur. 1957: Mamata; Lal Batti [D,R]; Mai Baap; Kathputli; Krishna Sudama; Bhabhi; Do Roti; Pardesi. 1958: Lajwanti; Khazanchi; Ghar Sansar; Naya Kadam; Devar Bhabhi; Ghar Grihasthi; Sone Ki Chidiya. 1959: Black Cat; Chand; CID Girl; Satta Bazaar; Chhoti Bahen; Heera Moti. 1960: Dil Bhi Tera Hum Bhi Tere; Bindiya; Anuradha; Nai Maa. 1961: Sapan Suhane; Kabuliwala; Bhabhi Ki Chudiyan; Suhaag Sindoor. 1962: Shadi; Anpadh. 1963: Akela. 1964: Punar Milan; Main Bhi Ladki Hoon; Haqeeqat. 1965: Waqt; Faraar; Dak Ghar. 1966: Aaye Din Bahar Ke; Laadla; Neend Hamari Khwab Tumhare; Aasra; Pinjre Ke

Panchhi. 1967: Naunihal; Aman; Hamraaz. 1968: Izzat; Aabroo; Sangharsh; Duniya; Neel Kamal. 1969: Do Raaste; Talash; Ek Phool Do Mali; Hum Ek Hain; Nannha Farishta. 1970: Mere Humsafar; Dharti; Pehchan; Ghar Ghar Ki Kahani; Pavitra Papi; Holi Aayee Re; Naya Raasta. 1971: Jawan Mohabbat; Paraya Dhan. 1972: Shayar-e-Kashmir Mahjoor; Jungle Mein Mangal; Jawani Diwani. 1973: Hindustan Ki Kasam; Chimni Ka Dhuan; Hanste Zakhm; Garam Hawa; Pyar Ka Rishta; Daman Aur Aag. 1975: Amanat.

Samardźić, Ljubiša

*18. 11. 1936 Niš

Studium an der Belgrader Akademie für Schauspielkunst. Dann vornehmlich im Film. Sein Debüt 1962 als zynischer, aber auch witziger junger Mann in *Prekobrojna* prägt seine weiteren Rollen: Er wird zur Symbolfigur der Nachkriegsgeneration in Jugoslawien, die materiell erfolgreich sein will, auch wenn es nicht unbedingt immer auf moralischem und juristisch einwandfreiem Wege geschieht. Höhepunkt seiner Karriere ist die Hauptrolle eines naiven, ehrlichen Jungen während des 2. Weltkriegs, der sich nach Kriegsende schmerzhaft der neuen Zeit anpassen muß, in Puriša Đorđevićs Trilogie *Devojka, San* und *Jutro;* für den letzten 1967 Schauspielerpreis bei den Filmfestspielen in Venedig. Er wird beim nationalen Filmfestival in Pula mehrfach als bester Darsteller mit der Goldenen Arena ausgezeichnet: 1977 für seine Rolle in *Specijalno vaspitanje,* 1980 für die in *Rad na određeno vreme.*

[YU] 1962: Prekobrojna (Sorgen mit der Liebe); Peščeni grad (Das Sandschloß); Igre na skelama (Spiele auf dem Baugerüst); Kozara. 1963: Lito vilovito (Turbulenter Sommer); Dani; Desant na Drvar. 1965: Po išti poti se ne vračaj (Komm nicht auf dem gleichen Weg zurück); Tri; Devojka (Das Mädchen); Inspektor (Der Inspektor); Doći i ostati (Kommen und Bleiben). 1966: San (Traum); Orlovi rano tele (Früh fliegen die Adler); Štićenik (Der Schützling). 1967: Jutro (Morgen); Bokseri idu u raj (Die Boxer gehen ins Paradies); Diverzanti (Männer in Nacht und Flammen); Nož (Das Messer). 1968: U raskoraku; Sirota Marija; Goli čovek (Geflüster um Katina); Podne (Mittag). 1968/69: Bitka na Neretvi/Die Schlacht an der Neretva/La battaglia della Neretva [YU/BRD/IT]. 1969: Oseka (Ebbe). 1970: Siroma' sam al' sam besan; Biciklisti (Radfahrer); [Žarki (Heiß). 1971: Uloga moje porodice u svetskoj revoluciji (Die Rolle meiner Familie in der Weltrevolution); Walter brani Sarajevo (Einer ist Sarajevo); La betia, ovvero in amore, per ogni gaudenza, ci vuole sofferenza/La betia [IT/YU]. 1972: Sutjeska (Sutjeska. Heldenkampf in Bosnien); Deveto čudo na istoku (Das neunte Wunder im Osten). 1973: Bombaši (Der Weg durch die Hölle). 1974: Doktor Mladen (Sperrfeuer auf Planquadrat X); Predstava Hamleta u selu Mrduši Donjog (Ein Dorf spielt Hamlet). 1975: Divota prašine (Das Wunder des Staubs); Crvena zemlja (Der Ring schließt sich um Kraljevo). 1976: Bela trava (Weißes Gras); Naivko (Der Naive). 1977: Specijalno vaspitanje (Man nennt sie schwer erziehbar); Ljubavni život Budimira Trajkovića (Casanova auf gepackten Koffern); Miris poljskog cveća (Der Geruch wilder Blumen). 1978: Tigar (Tiger); Putnici (Reisende); Lude godine (Begegnung mit der Liebe); Boško Buha; Aller retour (Tamo i natrag); Stići pre svitanja; Bekstvo sa robija (Gefangenenflucht). 1979: Drugarčine (Noch einmal fiel ein Schuß); Partizanska eskadrila (Luftschlacht an der Sutjeska). 1980: Rad na određeno vreme (Gelegenheitsarbeit); Avanture Borivoja Šurdilovića (Traumtänzer). 1981: Gosti iz Galaksije (Gäste aus der Galaxis) [YU/CS]; Kraljevski voz (Der Zug nach Kraljevo); Široko je lišće; Visoki napon (Hochspannung); Neka druga žena (Die andere Frau). 1982: Dvije polovine srca (Zwei Hälften des Herzens); Moj tata na određeno vreme (Mein zeitweiliger Vater); Savamala; Smrt gospodina Goluže/Smrt Pána Goluču (Der Tod des Herrn Goluza) [YU/CS]. 1983: Timočka buna; Šećerna vodica (Zuckerwasser); Medeni mesec (Flitterwochen). 1984: Pazi šta radiš (Maturanti) (Die Promovierten); Jaguarov skok (Der Sprung des Jaguars). 1985: Život je lep (Das Leben ist schön); Anticasanova (Anticasanova) [YU/GB]; Nije lako s muškarcima (Es ist nicht leicht mit Männern); Orkestar jedne mladosti. 1986: Dobrovoljci; Protestni album; Razvod na određeno vreme. 1987: Lager Niš; Na putu za Katangu (Unterwegs nach Katanga); Anđeo čuvar (Schutzengel). 1988: Kuća pored pruge. 1989: Poltron; Uroš blesavi; Iskušavanje đavola [YU/FR]. 1989/1994: Seobe [TV – YU/FR]. 1991: Noć u kući moje majke; Mala. 1992: Policajac sa Petlovog Brda. 1993: Kaži zašto me ostavi; Tri karte za Holivud. 1996: Ubistvo s predumisljajem.

Samojlova, Tat'jana

(Tat'jana Evgen'evna Samojlova)

*4. 5. 1934 Leningrad

Studium an der renommierten Ščukin-Theaterhochschule in Moskau, anschließend Engagement am Majakovskij-Theater. Filmdebüt 1956 als Marija in *Meksikanec* (Vladimir Kaplunovskij). 1957 verkörpert sie an der Seite von Aleksej Batalov die Veronika in *Letjat žuravli* (Michail Kalatozov). Der Film wird 1958 auf dem Filmfestival von Cannes mit dem Grand Prix ausgezeichnet und macht Samojlova auch international bekannt. Weitere wichtige Rollen: 1961 die Hauptrolle in dem ungarischen Film *Alba Regia* (Mihály Szemes) und 1968 die Titelrolle in *Anna Karenina* (Aleksandr Zarchi). Tatjana Samojlova ist Verdiente Künstlerin der RSFSR.

[SU] 1956: Meksikanec. 1957: Letjat žuravli (Die Kraniche ziehen). 1960: Leon Garros iščet druga/20000 lieues sur la terre (Leon Garros sucht einen Freund) [SU/FR]; Neotpravlennoe pis'mo (Der Brief, der nicht abging). 1961: Alba Regia [HU]. 1964: Italiani brava gente/Oni šli na vostok (Sie zogen nach Osten) [IT/SU]. 1968: Anna Karenina. 1972: Dlinnaja doroga v korotkij den' (Ein langer Weg an einem kurzen Tag). 1974: Vozvrata net (Es gibt kein Zurück); Okean (Ozean). 1976: Brillianty dlja diktatury proletariata (Brillanten für die Diktatur des Proletariats).

Sanaev, Vsevolod

(Vsevolod Vasil'evič Sanaev)
*25. 2. 1912 Tula

Bis 1937 Ausbildung an der Theaterhochschule in Moskau; anschließend Engagements am Künstlertheater, am Mossovet-Theater und am Studio der Filmschauspieler. Filmdebüt 1938 als Lesorub in Grigorij Aleksandrovs Musikkomödie *Volga-Volga*. Seine erste bedeutende Rolle ist der junge Arbeiter Dobrjakov in *Ljubimaja devuška* (Ivan Pyrev, 1940). Sanaev wird zum überzeugenden Darsteller kraftvoller, einfacher Sowjetmenschen, Kolchosbauern und Arbeiter. Nach dem Krieg ist er vor allem in Rotarmisten-Rollen erfolgreich. So spielt er 1961 in der Co-Produktion mit der DEFA *Fünf Tage – fünf Nächte* (Villen Arnštam) den Hauptfeldwebel Koslov. Ein Höhepunkt in diesem Genre ist 1970–72 sein Oberst Lukin in dem Filmepos *Osvoboždenie* (Jurij Ozerov). Die interessantesten Filmaufgaben nach dem Kriege erhält Sanaev von Vasilij Šukšin: 1966 spielt er den Ermolaj Voevodin in *Vaš syn i brat*, 1970 den Leiter der Kolchose in *Strannye Ljudi*. Für den Chodas in *Belye rosy* (Igor' Dobroljubov) wird ihm 1984 auf dem Allunionsfilmfestival in Kiev der Darstellerpreis verliehen. Er ist Träger mehrerer nationaler Auszeichnungen.

[SU] 1938: Volga-Volga. 1939: Devuška s charakterom (Ein Mädchen mit Charakter). 1940: Ljubimaja Devuška. 1941: Pervopečatnik Ivan Fedorov; Serdca četyrech (Vier Herzen). 1945: Ivan Nikulin – russkij matros. 1946: V gorach Jugoslavii. 1947: Almazy. 1950: U nich est' Rodina (Sie haben eine Heimat). 1951: V stepi. 1952: Sel'skij vrač (Aus dem Tagebuch einer Ärztin). 1953: Vozvraščenie Vasilija Bortnikova (Drei Menschen). 1955: Krušenie emirata. 1956: Pervyj ešelon; Raznye sud'by. 1957: Štorm; Poljuško-pole. 1958: Očerednoj rejs; Stranicy bylogo (Sonderkurier); Rasskazy o Lenine (Erzählungen über Lenin). 1959: Na dorogach vojny; V stepnoj tiši; Pesnja o Kol'cove. 1960: Triždy voskressij. 1961: Vzroslye deti (Erwachsene Kinder); Pjat' dnej – pjat' nočej/Fünf Tage – Fünf Nächte [SU/DDR]. 1963: Eto slučilos' v milicii (Es geschah in der Miliz); Optimističeskaja tragedija (Optimistische Tragödie). 1964: Živet takoj paren' (Von einem der auszog, die Liebe zu finden). 1966: Perekličkа (Der Aufruf); Vaš syn i brat (Euer Sohn und Bruder). 1968: Skuki radi. 1970: Strannye ljudi (Seltsame Leute). 1970/72: Osvoboždenie (Befreiung). 1971: Vozvraščenie «Svjatogo Luki» (Der Raub des heiligen Lukas). 1972: Eolomea [DDR]; Pečki-lavočki (Reisebekanntschaften). 1973: Černyj princ (Der schwarze Prinz); Zarubki na pamjat'. 1974: Zdes' naš dom. 1976: ... i drugie oficial'nye lica (... und andere offizielle Persönlichkeiten); Tam za gorizontom. 1977: Vremja – moskovskoe. 1979: Versija polkovnika Zorina (Einbruch am Mittag); Ljubov' moja, pečal' moja (Meine Liebe – meine Trauer); Blizkaja dal' (Nahe Ferne). 1981: Nezvanyj drug; S večera do poludnja [TV]. 1982: Nadežda i opora; Ot zimy do zimy. 1984: Tajna, Černych grozdov; Belye rosy; Mertvye duši (Tote Seelen) [TV]. 1987: Apelljacija; V rasputicu. 1988: Zabytaja melodija dlja flejty.

Sanda, Dominique

(Dominique Varaigne)
*11. 3. 1948 Paris

Heirat mit 15 Jahren, Scheidung nach zwei Jahren. Tätigkeit als Fotomodell, u. a. für Vogue. Entdeckung für den Film durch Robert Bresson, der ihr 1968/69 in *Une femme douce* die anonyme Hauptrolle der Frau gibt, die sich von der Moral des Katholizismus befreien kann, nach dem Willen des Regisseurs aber scheitern muß. Als bisexuelle und bourgeoise Anna Quadri in Bernardo Bertoluccis *Il conformista* (1969/70) wird sie international bekannt. Im selben Jahr spielt sie die Micol in Vittorio De Sicas *Il giardino dei Finzi Contini*. Ihre Rolle als geheimnisvolle, mitunter auch lesbische Frau, changierend zwischen Selbständigkeit und traditioneller Rolle als leidenschaftliche Geliebte – mit einem Zug zum Androgynen – variiert sie, immer gegen das Klischee spielend, in französischen und italienischen Filmen (darunter zahlreiche Fernseharbeiten) recht unterschiedlicher Qualität. 1976 spielt sie die Ada in Bertoluccis *Novecento*, im selben Jahr Auszeichnung in Cannes für die Rolle der Irene in Mauro Bologninis *L'eredita Ferramonti*.

[FR] 1968/69: Une femme douce (Die Sanfte). 1969/70: First Love/Erste Liebe [BRD/CH]; Il conformista/Le conformiste (Der große Irrtum) [IT/FR]. 1970: Il giardino dei Finzi Contini/Der Garten der Finzi Contini [IT/BRD]; La notte dei fiori [IT]. 1971: Sans mobile apparent/Senza movente (Neun im Fadenkreuz) [FR/IT]. 1972: The Mackintosh Man (Der Mackintosh-Mann) [US]; L'impossible objet/The Impossible Object [FR/GB]. 1973: Steppenwolf [CH]. 1974: Gruppo di famiglia in un interno/Conversation pièce (Gewalt und Leidenschaft) [IT/FR].1976: L'eredità Ferramonti (Das Erbe der Ferramonti) [IT];

Novecento (Atto I e II)/1900 (I+II)/ 1900.1. Gewalt, Macht, Leidenschaft/ 2. Kampf, Liebe, Hoffnung [IT/FR/ BRD]. 1977: Al di là del bene e del male/ Au-delà du bien et du mal/Jenseits von Gut und Böse [IT/FR/BRD]; Damnation Alley (Straße der Verdammnis) [US]. 1977/78: La chanson de Roland (Roland – Die Horden des eisernen Ritters). 1978: Navire Night; Utopia. 1979: Caboblanco (Cabo Blanco) [US]. 1980/81: Les ailes de la colombe/Storie di donne (Die Flügel der Taube) [FR/IT]. 1982: L'indiscrétion; Une chambre en ville (Ein Zimmer in der Stadt). 1983: Poussière d'empire (Staub des Imperiums). 1984: Le matelot 512. 1986: Corps et biens. 1987: Les mendiants [FR/CH]. 1988: Der Zug [TV – EURO]. 1989: Guerriers et captives. 1990: Yo, la peor de todas (Ich, die Unwürdigste von allen) [AR/FR]; Sequestro dell' Achille Lauro/ Die Entführung der Achille Lauro [TV – IT/BRD]; Tolgo il disturbo (Opa spielt verrückt) [IT/FR]. 1991: Rosenemil [DE]; Non siamo soli [TV – IT]. 1992: Albert Savarus (Albert Savarus); El viaje (Die Reise) [AR/FR]; By Way of the Stars [TV – CA/DE]. 1992/93: Der Fall Lucona [DE/AT]. 1993: Der grüne Heinrich [CH]. 1994: Die Bibel: Josef/Joseph [TV – DE/IT/US]; Nobody's Children (Land der verlorenen Kinder) [US]. 1995: Brennendes Herz [TV – DE].

Sander, Otto

*30. 6. 1941 Hannover

Schulbesuch in Hannover und Kassel; Mitglied eines Schülertheaters. Nach Abitur 1961/62 Bundesmarine. 1962–67 Studium in München (Theaterwissenschaft, Germanistik, Literaturwissenschaft, Kunstgeschichte, Philosophie). 1964 Filmdebüt in Roland Klicks Kurzfilm *Ludwig* als sonntäglich gelangweilter Bauernsohn und Steinbrucharbeiter. Im selben Jahr Schauspielunterricht an der Otto-Falckenberg-Schule; nebenher u. a. Kabarettist am Rationaltheater. Bühnendebüt 1965 an den Kammerspielen in Düsseldorf. 1967/68 Theater in Heidelberg, dann Freie Volksbühne Berlin. Ab 1970 an der Schaubühne am Halleschen Ufer, Entwicklung zu einem der profiliertesten deutschen Theaterschauspieler. Im Fernsehen wiederholt in Aufzeichnungen seiner Bühnenrollen. 1974 Titelrolle in Wolfgang Staudtes Siegfried-Lenz-Verfilmung *Lehmanns Erzählungen* um die Schwarzmarktgeschäfte eines Kriegsheimkehrers. In *Die Marquise von O.* (Eric Rohmer) als preußisch-strenger Junker, als verzweifelt sich besaufender Ritterkreuzträger in *Das Boot* (Wolfgang Petersen). Sein beträchtliches komisches Talent legt er in der Titelrolle der Komödie *Der Mann im Pyjama* (Christian Rateuke, Hartmann Schmige) an den Tag, 1982 mit dem Ernst-Lubitsch-Preis ausgezeichnet. 1981/82 dreht Sander gemeinsam mit Bruno Ganz *Gedächtnis*, ein Schauspieler-Doppelporträt über den ins Exil getriebenen Curt Bois und den in Nazi-Deutschland erfolgreichen Bernhard Minetti. In Frank Beyers Kriminalkomödie *Der Bruch* knackt Sander als Profi-Ganove einen Banktresor (1989 «Chaplin-Schuh» der Film- und Fernseh-Regisseure). Gegen seinen üblichen Rollentyp als turbo-gebräunter «frauenmordender» Junggeselle in *Sentimental Journey* von Peter Patzak. Titelrolle als erfolgloser Filmmacher in René Perraudins *z. B. ... Otto Spalt*, der eine 1979–87 entstandene Serie von Kurzfilmen zusammenfaßt. 1986/87 und 1993 spielt Sander neben Ganz in Wim Wenders *Der Himmel über Berlin* und *In weiter Ferne, so nah!* einen Engel. 1979 Kritikerpreis für seine Mitwirkung an Robert Wilsons Show «Death, Destruction & Detroit». Seit 1980 Gastspiele an verschiedenen Theatern. Auch als Synchronsprecher tätig, u. a. 1985 für Dustin Hoffman in Schlöndorffs *Tod eines Handlungsreisenden*.

[BRD] 1964: Ludwig [KF]. 1968/69: Sonntags am Meer. 1969: Nicht fummeln, Liebling. 1970/71: Die Mutter [TV]. 1971: Peer Gynt [TV]. 1972: Der Ignorant und der Wahnsinnige [TV – AT]; Prinz Friedrich von Homburg [TV – BRD/AT]. 1973: Einer von uns beiden; Das Sparschwein [TV]; Optimistische Tragödie [TV]. 1973/74: Ermittlungen gegen Unbekannt [TV]. 1974: Der Fall Ezra Pound; Lehmanns Erzählungen [TV]; Die Bakchen [TV]; Meine Sorgen möcht' ich haben. 1975: Hundert Mark [TV-EP]; Erzählen [TV]; Die Marquise von O./La marquise d'O. [BRD/FR]; Sommergäste. 1975/76: Das Ende vom Anfang [D,CoR – TV]. 1976: Vier gegen die Bank [TV]. 1977: Die ganz begreifliche Angst vor Schlägen [CoR – TV]; Heinrich Zille. 1977/78: Die Ängste des Dr. Schenk [TV-EP – BRD/AT]. 1978: Shakespeares Memory [TV]; Phantom [KF]. 1978/79: Die Blechtrommel/Le tambour [BRD/FR]; Wie es Euch gefällt [TV]. 1979: Tatort: Mitternacht oder kurz danach [TV]; Rückwärts. 1979/80: Der Mond scheint auf Kylenamoe [D,CoR – TV]; Palermo oder Wolfsburg [BRD/CH]; Unsere heile Welt [TV-EP]. 1980: Legen wir zusammen [TV]; Die Ursache [TV]. 1980/81: Im Schlaraffenland [TV]; Das Boot; Ein Fall für Otto Spalt/Boulette Pauli; Kalt wie Eis. 1981: Der Mann im Pyjama; Gesucht wird ... EP: Alles Sprüche [TV-EP – BRD/AT]. 1981/82: Wer spinnt denn da, Herr Doktor?; Gedächtnis. Ein Film für Curt Bois und Bernhard Minetti [D,CoR,CoA – TV-DOK]. 1982/83: Mercier und Camier [D,CoR]. 1983: Eine Liebe in Deutschland/Un amour en Allemagne [BRD/FR]; Der Mord mit der Schere oder Das Mysterium von Heiligwalck [KF]. 1985/86: Rosa Luxemburg; Caspar David Friedrich; Miko – Aus der Gosse zu den Sternen; Close-Up [KF]. 1986: Wahnfried [TV]; Kurz vor Schluß [TV]. 1986/87: Der Himmel über Berlin/Les ailes du désir [BRD/FR]. 1987: Sentimental Journey;

z. B. ... Otto Spalt. 1988: Der Bruch [DDR]. 1989/90: Vorwärts [TV-KF]; Der Fahnder: Nebenjob [TV]; Amaurose. 1990: Zeit der Rache [AT]. 1991: Mit tödlicher Sicherheit [TV]; Stuppi & Wolf [TV]. 1991/92: Eine verlorene Liebe [TV]. 1992: Das untergehende Vaterland; Die Serpentintänzerin [DE/HU]. 1992/93: Schlußchor [TV]; Inge, April und Mai. 1993: Der Kinoerzähler; Wie du mir ... [TV]; Bauernschach [TV]; In weiter Ferne, so nah!; Biodagar/Movie Days [IS/DE/DK]. 1993/94: Hölderlin-Comics; Polizeiruf 110: Totes Gleis [TV]. 1994: Tri sestrj [RU]; Das Versprechen/La Promesse [DE/FR/CH]; Das Loch [KF]; Im weißen Rößl am Wolfgangsee [TV]; Das Traumschiff: Mauritius [TV-EP]. 1994/95: Das Versprechen/La promesse [DE/CH/FR]. 1995: Nikolaikirche [TV]; Matulla & Busch [TV]. 1996: Gespräch mit dem Biest/Conversation with the Beast [DE/US]; Vom Handwerk der Schauspielkunst. Der Charakterdarsteller Otto Sander [TV-DOK]; Kondom des Grauens. 1996/97: Zwei im Berg [TV – CH].

Sandrelli, Stefania

*5. 6. 1946 Viareggio (Lucca)

Mit 15 Jahren Siegerin in einem Schönheitswettbewerb; 1961 Filmdebüt in *Gioventù di notte* (Mario Sequi). An der Seite von Ugo Tognazzi behauptet sich Sandrelli in Luciano Salces Persiflage auf den Faschismus *Il federale* (1961), und in Pietro Germis Komödie *Divorzio all'italiana* bietet sie als junge Verführerin eine ihrer besten Leistungen. Mitte der 60er Jahre wird sie mit mehreren Germi-Filmen populär: In *Sedotta e abbandonata* verkörpert sie Agnese, ein Mädchen aus Sizilien als Opfer von Tradition und Vorurteilen. An der Seite von Dustin Hoffman spielt sie in Germis letztem Film *Alfredo, Alfredo* eine Doppelrolle. Bernardo Bertolucci engagiert sie 1968 für *Partner* und nochmals 1976 für sein zweiteiliges Epos *Novecento.* In Ettore Scolas *C'eravamo tanto amati,* einer tragikomischen Chronik der italienischen Linken, spielt sie 1974 neben Nino Manfredi und Vittorio Gassman. Anfang der 80er Jahre scheint der italienische Film sie zu vergessen, bis ihr Tinto Brass 1983 die Hauptrolle seiner erotischen Komödie *La chiave* anvertraut. Der Erfolg des Films bedeutet für sie den Anfang einer zweiten Karriere. Unter Regie von Ettore Scola spielt sie in *La famiglia,* und in Roberto Benignis Komödie *Il piccolo diavolo* ist sie die Liebhaberin eines Priesters (Walter Matthau). Sandrelli ist auch in internationalen Co-Produktionen zu sehen. 1990 wirkt sie z. B. in Margarethe von Trottas *L'africana* mit, 1993 in Juan José Bigas Lunas erotischer Komödie *Jamón, jamón.*

[IT] 1961: Gioventù di notte/Jeunesse de nuit (Nackt jeden Abend) [IT/FR]; Divorzio all'italiana (Scheidung auf italienisch); Il federale (Zwei in einem Stiefel). 1962/63: La bella di Lodi; Les vierges/Le vergini (Die Jungfrauen) [FR/IT]. 1963: Il fornaretto di Venezia/Le procès des Doges (In Ketten zum Schafott) [IT/FR]; L'Âiné des Ferchaux/Lo sciacallo (Die Millionen eines Gehetzten) [FR/IT]. 1964: Sedotta e abbandonata/Séduite et abbandonnée (Verführung auf italienisch) [IT/FR]; La chance et l'amour/L'amore e la chance. 2. EP: Les fiancés de la chance (Schräger Charme und tolle Chancen) [EP – FR/IT]. 1965: Io la conosceve bene/Je la conaissais bien/Ich habe sie gut gekannt [IT/FR/BRD]. 1966: Tendre vouyou/Un avventuriero a Tahiti (Geliebter Schuft) [FR/IT]. 1967: L'Immorale/Beaucoup trop pour un seul homme (Unmoralisch lebt man besser) [IT/FR]. 1968: Partner (Partner); L'Amante di Gramigna/Liubovnitzata na Graminia [IT/BG]. 1969/70: Il conformista/Le conformiste (Der große Irrtum) [IT/FR]. 1970: Un'estate con sentimento; Brancaleone alle crociate (Brancaleone auf Kreuzzug ins Heilige Land) [IT/DZ]. 1971: La tarantola dal ventre nero (Der schwarze Leib der Tarantel) [IT/FR]. 1972: Alfredo, Alfredo (Alfredo, Alfredo) [IT/FR]; Il diavolo nel cervello/Le diable dans la tête [IT/FR]. 1973/74: Delitto d'amore (Ein Verbrechen aus wahrer Liebe). 1974: C'eravamo tanto amati (Wir hatten uns so geliebt). 1975: Les magiciens/Profezia di un delitto/Die Schuldigen mit den sauberen Händen [FR/IT/BRD]; Le voyage de noces [FR]. 1975/76: Police Python 357/Im tödlichen Kreis [FR/BRD]. 1976: Quelle strane occasioni. 3. EP: L'ascensore [EP]; Novecento (Atto I e II)/1900 (I + II)/1900. 1. Gewalt, Macht, Leidenschaft. – 1900. 2. Kampf, Liebe, Hoffnung [IT/FR/BRD]. 1977: Io sono mía/Liebe ist etwas Zärtliches/Yo soy mía [IT/BRD/ES]. 1978: Dove vai in vacanza? 2. EP: Sarò tutta per te [EP]; Le maître nageur [FR]. 1978/79: L'Ingorgo (Una storia impossibile)/Le grand embouteillage/Stau/El gran atasco [IT/FR/BRD/ES]. 1979: La verdad sobre el caso Savolta/Nell'occhio della volpe/L'affaire Savolta [ES/IT/FR]. 1979/80: La terrazza/La terrasse (Die Terrasse) [IT/FR]. 1980: Desideria, la vita interiore/Desideria [IT/BRD]. 1981: La disubbidienza/La désobéissance (Der Ungehorsam) [IT/FR]. 1982: Eccezziunale ... veramente; Bello mio bellezza mia. 1983: Vacanze di Natale; La chiave (The Key – Der Schlüssel). 1984: Segreti segreti; Mi faccia causa; Magic Moments (Dolce Vita – Nichts für uns); Una donna allo specchio. 1985: L'Attenzione; Mamma Ebe. 1986: D'Annunzio (Die Sünden des D'Annunzio); Speriamo che sia femmina/Pourvu que ce soit une fille (Hoffen wir, daß es ein Mädchen wird) [IT/FR]; La sposa americana; La sposa era bellissima/Menyasszony gyönyörü (Die Braut war wunderschön) [IT/HU]. 1986/87: La famiglia/La famille (Die Familie) [IT/FR]. 1987: Noyade interdite (Ertrinken verboten) [FR]; Secondo Ponzio Pilato (Die wundersamen Erlebnisse des Pontius Pilatus); Gli occhiali d'oro/Les lunettes d'or/Zlatne naocale (Brille mit Goldrand) [IT/FR/YU]; Strana la vita (Seltsam, das Leben ...). 1988: Mignon è partita (Die französische Cousine) [IT/FR]; Stradivari [IT/FR]. 1989: Lo zio indegno; Il piccolo diavolo (Ein himmlischer Teufel). 1989/90: Il male oscuro. 1990: Tracce di vita amorosa; Vostra per sempre, Elvira [TV]; L'Africana/Die Rückkehr/L'Africaine [IT/BRD/FR]; Evelina e i suoi figli (Evelina und ihre Söhne). 1991: Come una mamma [TV]; La stella del parco [TV]. 1992: L'Oeil ecarlate [FR]; Nottataccia; Non chiamarmi Omar. 1993: Jamón, jamón (Jamon, Jamon) [ES]; Per amore, solo per amore; Colpo di Coda/Pakt mit dem Tod [TV – IT/DE (EURO)]. 1994: Con gli occhi chiusi/Les yeux fermés [IT/FR/ES]; De amor y de sombra (Von Liebe und Schatten) [ES/AR]; Desideria (Der Ring des Drachen) [TV]. 1995: Palermo Milano solo andata; Zuckerschnute/Caramella [TV – DE/IT]. 1996: Io ballo da sola/Beauté volée/Stealing Beauty (Gefühl und Verführung) [IT/FR/GB]; Ninfa plebea.

Sandrock, Adele

*19. 8. 1863 Rotterdam
†30. 8. 1937 Berlin

Aufgewachsen in Rotterdam und Berlin. Die Schwester Wilhelmine wird ebenfalls Schauspielerin. Schauspielausbildung bei der Mutter. Mit 15 Bühnendebüt in der Berliner Urania. 1879 Hoftheater Meiningen, danach Viktoria-Theater Berlin, dann Moskau, Deutsches Theater Berlin, Bühnen in Wien und Budapest. 1895 am Burgtheater Wien Aufstieg zur bedeutenden Tragödin u. a. in Stücken ihres Geliebten Arthur Schnitzler, der die Beziehung in der «Reigen»-Episode «Der Dichter und die Schauspielerin» abhandelt. 1898 Rückkehr nach Berlin, Tourneen durch Deutschland, die Niederlande und Rußland. 1905–10 am Deutschen Theater Berlin, doch ohne Zugang zu Max Reinhardts modernem Theaterstil. Leinwanddebüt 1911 ohne größere Folgen. Ab 1914 Gastspiele, Tourneen und Rezitationen. 1919 an der Volksbühne vom Publikum als komische Alte akzeptiert. Ab 1919 intensive Filmarbeit als dominanter «Drachen»: die im Geschmack des 19. Jahrhunderts ausstaffierte, hoheitsvolle, unerbittlich-egozentrische Groß- und Schwiegermutter im deutschen Kino, bevorzugt in Filmen der Unterhaltungs-Konfektionäre Georg Jacoby, Carl Boese und E. W. Emo. Nachhaltiger Erfolg als theaterbesessene Neuberin in *Alles hört auf mein Kommando* (Georg Zoch) und als «göttliche» Juno in *Amphitryon* (Reinhold Schünzel). Nur selten Gelegenheit zur Darstellung sensiblerer und differenzierterer Charaktere wie die trauernde Mutter in Gustav Ucickys nationalem Seekriegs-Drama *Morgenrot*. Auch in der Realität tyrannisiert «Tante Sadele» ihre Umgebung mit boshaften Bonmots. 1940 erscheint das Erinnerungsbuch «Mein Leben».

[DE] 1911: Marianne, ein Weib aus dem Volk. 3 Teile. 1915: Die Beichte einer Verurteilten. 1916: Passionels Tagebuch. 1917: Unsühnbar. 1919: Gebannt und erlöst; Malaria. Urlaub vom Tode; Der Galeerensträfling. 2 Teile. 1919/20: Die Tänzerin Barberina; Die letzten Kolczaks; Patience. Die Karten des Todes. 1920: Manolescus Memoiren/Fürst Lahovary, der König der Diebe; Der siebente Tag; Herztrumpf; Der verlorene Schatten. Der Student von Prag; Das Haupt des Juarez; Exzellenz Unterrock. 1920/21: Brandherd. Verlogene Moral; Marizza, genannt die Schmuggler-Madonna. 1921: Das goldene Netz; Grausige Nächte; Die schwarze Pantherin; Der Roman der Christine von Herre; Lady Hamilton; Violet; Die Schuld des Grafen Weronski; Kinder der Finsternis. 2. Kämpfende Welten. 1921/22: Die siebente Nacht; Dr. Mabuse, der Spieler. 1. Der große Spieler – Ein Bild unserer Zeit/2. Inferno, ein Spiel von Menschen unserer Zeit. 1922: Herzog Ferrantes Ende; Lucrezia Borgia; Der Absturz; Die Tänzerin Navarro. 1922/23: Alt-Heidelberg; Die Magyarenfürstin; Die Prinzessin Suwarin. 1923: Die Liebe einer Königin; Der Hof ohne Lachen. 1923/24: Helena. 2 Teile; Die Radio-Heirat. 1924: Die Fahrt ins Verderben/Op hoop van zegen [DE/NL]; Die Schmetterlingsschlacht. 1924/25: Aschermittwoch. 1925: Das Mädchen mit der Protektion. 1925/26: Deutsche Herzen am deutschen Rhein. 1926: Trude, die Sechzehnjährige; Die Waise von Lowood; Nixchen; Droomkoninkje/Die vom Schicksal Verfolgten [NL/DE]. 1926/27: Der Himmel auf Erden; Die leichte Isabell. 1927: Die Geliebte; Die drei Niemandskinder; Frühere Verhältnisse; Feme; Ein rheinisches Mädchen beim rheinischen Wein; Das Schicksal einer Nacht; Arme kleine Sif; Die rollende Kugel; Das Mädchen mit den fünf Nullen/Das große Los; Im Luxuszug; Die Stadt der tausend Freuden; Königin Luise. 1. Die Jugend der Königin Luise; Deutsche Frauen – Deutsche Treue. 1927/28: Königin Luise. 2. Teil; Sechs Mädchen suchen Nachtquartier; Die Durchgängerin. 1928: Lotte; Der Ladenprinz; Leontines Ehemänner; Mary Lou; Kaczmarek; Serenissimus und die letzte Jungfrau; Die Zirkusprinzessin. 1928/29: Verirrte Jugend; Fräulein Else. 1929: Aufruhr im Junggesellenheim; Der Erzieher meiner Tochter; Die Drei um Edith; Katharina Knie. 1929/30: Donauwalzer. 1930: Der Nächste, bitte; Skandal um Eva; Die große Sehnsucht; Die zärtlichen Verwandten; Ein Walzer im Schlafcoupé; 1000 Worte Deutsch; Eine Freundin so goldig wie du; Seitensprünge; Die Königin einer Nacht; Ihre Majestät die Liebe. 1930/31: Die Försterchristl; Walzerparadies. 1931: Der Schrecken der Garnison; Die Schlacht von Bademünde; Die schwebende Jungfrau; Der verjüngte Adolar; Jeder fragt nach Erika; Der Kongreß tanzt; Keine Feier ohne Meyer; Strohwitwer. 1931/32: Ein steinreicher Mann; Der Sieger; Goldblondes Mädchen, ich schenk Dir mein Herz – Ich bin ja so verliebt ...; Einmal möcht' ich keine Sorgen haben; Der tolle Bomberg. 1932: Ein toller Einfall; Ballhaus goldener Engel; Das schöne

Abenteuer; Ich will nicht wissen, wer Du bist; Liebe, Scherz und Ernst; Friederike; Die Liebe auf den ersten Ton; Der große Bluff; Der verliebte Blasekopp; Kaiserwalzer/Audienz in Ischl. 1932/33: Morgenrot; Eine Frau wie Du. 1933: Der Störenfried [KF]; Die Tochter des Regiments [DE/AT]; Kleines Mädel – großes Glück; Glückliche Reise; Es knallt [KF]. 1933/34: Der Flüchtling aus Chicago; Zigeunerblut. 1934: Ich heiße Benjamin; Die Töchter Ihrer Exzellenz; Ein Walzer für Dich; Gern hab' ich die Frau'n geküßt; Ich sing' mich in Dein Herz hinein; Der Fall Brenken; Da stimmt was nicht; Frühjahrsparade/Tavoszi parádé [AT/DE/HU]; Die englische Heirat; Der Herr Senator; Ich sehne mich nach Dir; Der letzte Walzer; Alles hört auf mein Kommando; Der Herr ohne Wohnung [AT]; Petersburger Nächte. 1934/35: Der blaue Diamant; Alle Tage ist kein Sonntag; Ein falscher Fuffziger; Der Taler der Tante Sidonie [KF]; Der Himmel auf Erden [AT]. 1935: Eva [AT]; Mach' mich glücklich; Der Kampf mit dem Drachen; Amphitryon. Aus den Wolken kommt das Glück; Der Gefangene des Königs; Ich liebe alle Frauen; Leutnant Bobby, der Teufelskerl (Ein Teufelskerl) [AT]; Zirkus Saran (Knox und die lustigen Vagabunden) [AT]; Es waren zwei Junggesellen; Kirschen in Nachbars Garten; Die Gesangstunde [KF]. 1935/36: Der Favorit der Kaiserin; Der schüchterne Casanova; Rendezvous in Wien [AT]; Die große und die kleine Welt; Engel mit kleinen Fehlern. 1936: Die Puppenfee [AT]; Flitterwochen; Skandal um die Fledermaus.

Sarandon, Susan

(Susan Abigail Tomalin)
*4. 10. 1946 New York City
Jugend in Metuchen, New Jersey. Besuch der Catholic University of America in Washington, D.C. 1967–79 Ehe mit dem Schauspieler Chris Sarandon. Filmdebüt in John Avildsens *Joe* (1970), gleichzeitig TV-Arbeit. Nach der Sarah in Sidney Lumets *Lovin' Molly* geht sie 1974 nach Los Angeles und erhält als erste wichtige Rolle die Peggy Grant in Billy Wilders *The Front Page*. Erfolg als naive Frischvermählte in Jim Sharmons Kultfilm *The Rocky Horror Picture Show*. Unter der Regie von Louis Malle als Hure in *Pretty Baby* und als Burt Lancasters lebensfrohe Nachbarin in *Atlantic City U.S.A.* (Oscar-Nominierung). Darstellerpreis in Venedig als Aretha in Paul Mazurskys Komödie *Tempest* (1982). Seither ist die attraktive dunkelhaarige Schauspielerin eine verläßliche Hauptdarstellerin in Hollywood, so als männerhungrige Hexe in *The Witches of Eastwick* (George Miller). In Ron Sheltons *Bull Durham* spielt sie neben Kevin Costner und Tim Robbins (Vater zweier ihrer Kinder) ein Baseball-Groupie. Weitere Nominierungen für Oscar und Golden Globe: als emanzipierte Louise in Ridley Scotts Roadmovie *Thelma & Louise* (1991) und in George Millers *Lorenzo's Oil* (1992) als Mutter, die um das Leben ihres kleinen Sohnes kämpft. Einen Oscar erhält sie schließlich als Betreuerin eines zum Tode Verurteilten in *Dead Man Walking* unter der Regie ihres Lebenspartners Tim Robbins. Weiterhin häufig auf der Bühne, vor allem in modernen Stücken wie «An Evening with Richard Nixon», «Extremities» und «A Couple White Chicks Sittin' Around Talking».

[US] 1970: Joe (Joe); A World Apart [TVS]. 1971: La Mortadella/Mortadella (Mortadella) [IT/FR]. 1972: Walk Away. 1973: The Haunting of Rosalind [TV]; Lovin' Molly (Aus Liebe zu Molly). 1974: The Satan Murders [TV]; F. Scott Fitzgerald and «The Last of the Belles» [TV]; The Front Page (Extrablatt). 1975: The Rocky Horror Picture Show (The Rocky Horror Picture Show) [GB]; The Great Waldo Pepper (Tollkühne Flieger). 1976: One Summer Love/Dragon Fly [TV]; Crash!. 1977: Pretty Baby (Pretty Baby); The Other Side of Midnight (Jenseits von Mitternacht); The Great Smokey Roadblock/The Last of the Cowboys [D,CoP]. 1978: King of the Gypsies (König der Zigeuner); Checkered Flag or Crash. 1979: Something Short of Paradise. 1980: Atlantic City U.S.A. (Atlantic City) [CA/FR]; Loving Couples (Ein Walzer vor dem Frühstück). 1981: Who I Am This Time? [TV]; Owen Marshall, Counsellor at Law (Owen Marshall – Strafverteidiger) [TVS]. 1982: Tempest (Der Sturm – Eine überraschende Komödie). 1982/83: The Hunger (Begierde). 1983: The Beauty and the Beast [TV (Theater)]. 1984: Io e il duce (Ich und der Duce) [TV – IT]; The Buddy System (Biete Mutter – suche Vater); Talking Nicaragua/In Our Hands (?) [DOK]; A.D. – Anno Domini (Anno Domini – Kampf der Märtyrer) [TVS]. 1986: Compromising Positions (Tödliche Beziehungen). 1987: The Witches of Eastwick (Die Hexen von Eastwick); Woman of Valor (Hell-Zone – Im Vorhof zur Hölle) [TV]; Da grande [IT]. 1988: Bull Durham (Annies Männer); Sweet Hearts Dance (Sweethearts Dance – Liebe ist mehr als ein Wort). 1989: The January Man (Im Zeichen der Jungfrau); A Dry White Season (Die weiße Zeit der Dürre). 1990: White Palace (Frühstück bei ihr). 1991: Thelma & Louise (Thelma & Louise). 1991/92: Light Sleeper (Light Sleeper). 1992: Bob Roberts (Bob Roberts); Lorenzo's Oil (Lorenzos Öl); The Player (The Player). 1994: The Client (Der Klient); Little Women (Betty und ihre Schwestern); Safe Passage. 1995: Dead Man Walking (Dead Man Walking). 1996: James and the Giant Peach (James und der Riesenpfirsich) [S – ANI]; The Celluloid Closet (The Celluloid Closet) [DOK]. 1997: The Magic Hour.

Saß, Katrin

*23. 10. 1956 Schwerin
Nach der Schule Ausbildung zur Telefonistin. Schauspielschule Rostock. Danach am Kleist-Theater Frankfurt (Oder), ab 1981 am Landestheater Halle.

Noch während des Studiums von Heiner Carow für die Hauptrolle seines Publikumserfolgs *Bis daß der Tod euch scheidet* (1977/78) entdeckt: als von Ehekonflikten überforderte Verkäuferin Sonja. Neben der Bühnenarbeit kleinere Rollen, u. a. in TV-Filmen der Reihen *Polizeiruf 110* und *Der Staatsanwalt hat das Wort*. Erfolg mit der zweiten großen Filmrolle, einer alleinstehenden Arbeiterin, die um das Sorgerecht für ihre drei Kinder kämpft, in *Bürgschaft für ein Jahr* (Herrmann Zschoche), auf der Berlinale 1982 ausgezeichnet. Neben Corinna Harfouch, Johanna Schall und Jutta Wachowiak in der 1987 mit der geschätzten «Großen Klappe» ausgezeichneten zentralen Rolle der Agnes in Roland Gräfs *Das Haus am Fluß*, einem Film um die Auswirkungen des Faschismus im Alltag des 2. Weltkriegs. Anfang der 90er Jahre ist sie in Frank Beyers TV-Filmen *Sie und Er* und *Das große Fest* zu sehen, ab 1994 als märkische Kommissarin Tanja Voigt in der TV-Serie *Polizeiruf 110*.

[DDR/DE] 1977/78: Bis daß der Tod euch scheidet. 1979: Die Schmuggler von Rajgrod. 1979/80: Die Verlobte. 1980: Chirurgus Johann Paul Schroth [TV]; Polizeiruf 110: Nerze [TV]. 1980/81: Bürgschaft für ein Jahr. 1981: Zahl bar, wenn du kannst [TV]. 1981/82: Familie Rechlin [TV]. 1983: Nachhilfe für Vati [TV]. 1983/84: Meine Frau Inge und meine Frau Schmidt; Polizeiruf 110: Schwere Jahre [TV]. 1984: Ab heute erwachsen. 1984/85: Das Haus am Fluß; Der Staatsanwalt hat das Wort: Vaters Frau [TV]. 1985: Rabenvater. 1985/86: Der Traum vom Elch. 1988: Fallada – letztes Kapitel. 1990: Heute sterben immer die anderen. 1991: Jugend ohne Gott [TV]; Sie und Er. 2 Teile [TV]. 1992: Tatort: Berlin – beste Lage [TV]; Das große Fest [TV]. 1993: Polizeiruf 110: Blue dream – Tod im Regen [TV]; Tatort: Hundstage [TV]; Stunde der Füchse [TV]. 1993/94: Polizeiruf 110: Totes Gleis [TV]. 1994: Dreimal die Woche [TV]; Der Nachlaß [TV]. 1995: Polizeiruf 110: Jutta oder Die Kinder von Damutz [TV]; Polizeiruf 110: 7 Tage Freiheit [TV]; Zwischentöne – Katrin Saß [TV-DOK]. 1995/96: Peter Strohm: Die Kröte [TVS]. 1996: Polizeiruf 110: Die Gazelle [TV]; Polizeiruf 110: Kurzer Traum.

Savalas, Telly

*21. 1. 1924 Garden City (New York)
†22. 1. 1994 Universal City (California)

Studium an der Columbia University in New York. Nach Militärdienst im 2. Weltkrieg Regisseur und Produzent für den Informationsdienst des US State Department, dann für die Nachrichten der Fernsehgesellschaft ABC Network, Peabody-Award für seine Dokumentationen. Ab 1959 Schauspieler in TV-Serien. Erste Kinofilmrolle 1961. Für seine Nebenrolle in John Frankenheimers *Birdman of Alcatraz* (1962) wird er für einen Oscar nominiert. Weltweite Popularität 1973–77 als Darsteller des kahlköpfigen New Yorker Detektivs in 110 Folgen der TV-Serie *Kojak*, 1989–90 Fortsetzung der Serie. *Beyond Reason* (1977), sein Versuch als Regisseur, Autor, Hauptdarsteller, kommt nie ins Kino.

[US] 1958–62: Naked City: To Walk in Silence [TV]. 1959–62: The Untouchables: Matt Bass Scheme [TV]; The Untouchables: Speculator [TV]. 1960: The Untouchables: The Antidote [TV]. 1961: The Dick Powell Show: Three Soldiers [TV]; Acapulco [TVS]; Mad Dog Coll (Der Tollwütige); The Young Savages (Die jungen Wilden). 1962: Cape Fear (Ein Köder für die Bestie); Birdman of Alcatraz (Der Gefangene von Alcatraz); The Interns (Männer die das Leben lieben). 1962–69: The Virginian: Men with Guns (Die Leute von der Shiloh Ranch) [TV]. 1962/63: Love Is a Ball (40 Millionen suchen einen Mann). 1963: The Man from the Diner's Club (Der Mann vom Diners Club); Johnny Cool (Die Rache des Johnny Cool); The Twilight Zone: Living Doll [TV]. 1963–65: Burke's Law: Who Killed His Royal Highness? [TV]; Burke's Law: Who Killed the Man on the White Horse? [TV]; Burke's Law: Who Killed Purity Mather? [TV]. 1964: The New Interns (Assistenzärzte). 1965: The Greatest Story Ever Told (Die größte Geschichte aller Zeiten); John Goldfarb, Please Come Home! (Eine zuviel im Harem); Genghis Khan/Dschingis Khan [US/BRD/YU/GB]; The Slender Thread (Stimme am Telefon); Battle of the Bulge (Die letzte Schlacht). 1966: The Man from U.N.C.L.E.: The Five Women's Affair (Solo für ONCEL) [TV]; Beau Geste (Drei Fremdenlegionäre). 1967: Cosa Nostra – Arch Enemy of the FBI (Cosa Nostra – Erzfeind des FBI) [TV]; The Man from U.N.C.L.E.: The Karate Killers (Die Karate-Killer) [TV]; The Dirty Dozen (Das dreckige Dutzend) [US/GB]; Sol Madrid (Kugeln sind sein Autogramm). 1968: The Scalphunters (Mit eisernen Fäusten); Buona sera, Mrs. Campbell (Buona Sera, Mrs. Campbell). 1968/69: The Assassination Bureau (Mörder GmbH) [GB]. 1969: Crooks and Coronets (Gauner, Kronen und Juwelen) [GB]; MacKenna's Gold (MacKenna's Gold); On Her Majesty's Secret Service (James Bond 007 – Im Geheimdienst Ihrer Majestät) [GB]. 1970: Land Raiders (Fahr zur Hölle Gringo); Kelly's Heroes (Stoßtrupp Gold) [US/YU]; Città violenta/La cité de la violence (Brutale Stadt) [IT/FR]. 1970/71: Pretty Maids All in a Row (Sex-Lehrer-Report). 1971: Clay Pigeon (Ein Mann greift zur Waffe); Pancho Villa (Pancho Villa) [ES]; Mongo's Back in Town [TV]. 1972: Visions of Death (Um drei Uhr geht die Bombe los) [TV]; A Town Called Bastard (Kein Requiem für San Bastardo) [GB]; Panico en el transiberiano/Horror Express (Horror-Expreß) [ES/GB]; I familiari delle vittime non saranno avvertiti (Die Familienmitglieder der Opfer werden gewarnt)

[IT]; La banda J.&S.: cronaca criminale del Far West/Die rote Sonne der Rache/Los hijos del día y de la noche [IT/BRD/ES]; L'assassino ... è al telefono (Ein Mann geht aufs Ganze) [IT/BE]; Una ragione per vivere e una per morire/Une raison pour vivre, une raison pour mourir/Una razón para vivir y una para morir/Sie verkaufen den Tod [IT/FR/ES/BRD]. 1972/73: Senza ragione/Redneck (Blutrausch) [IT/GB]. 1973: The Marcus-Nelson-Murders (Der Mordfall Marcus/Nelson) [TV]; She Cried Murder [TV]. 1973–77: Kojak (Einsatz in Manhattan) [TVS]. 1974: Chinatown Murders [TV]. 1975: Inside Out (Inside Out – Ein genialer Bluff) [GB]; The Diamond Mercenaries/Killer Force (Die Söldner) [CH]; La casa dell'esorcismo/El diablo se lleva a los muertos/Der Teuflische [IT/ES/BRD]. 1977: Capricorn One (Unternehmen Capricorn); Beyond Reason [D,R,A]. 1979: The Muppet Movie (Muppet Movie) [GB]; Escape to Athena (Flucht nach Athena) [GB]; Beyond the Poseidon Adventure (Jagd auf die Poseidon); The French Atlantic Affair (Victor Charlie ruft Lima Sierra) [TV]. 1980: Alcatraz: The Whole Shocking Story (Alcatraz) [TV]; Border, U.S.A. (Heiße Grenze USA); Hellinger's Law (Hellingers Gesetz) [TV]. 1984: Tales of the Unexpected: Completely Foolproof [TV – GB]; Cannonball Run II (Highway 2 – Auf dem Highway ist wieder die Hölle los); Cartier Affair (Cartier-Affäre) [TV]. 1985: Kojak: The Belarus File (Kojak: Die Akte Belarus) [TV]; Alice in Wonderland [TV]. 1987: Kojak: The Price of Justice (Kojaks Rückkehr) [TV]; The Dirty Dozen: The Deadly Mission (Das dreckige Dutzend. 3) [TV]. 1988: The Dirty Dozen: The Fatal Mission (Das dreckige Dutzend 4) [TV]; Les prédateurs de la nuit [FR]. 1989: Kojak: Ariana (Kojak: Ariana) [TV]; Kojak: Flowers for Matty (Kojak: Tod eines Polizisten) [TV]; Hollywood Detective (Detektiv in Hollywood) [TV]. 1990: Kojak: Fatal Flaw (Kojak: Dunkle Beziehungen) [TV]; Kojak: It's Always Something (Kojak: Gefährliche Gier) [TV]. 1991: Ein Schloß am Wörthersee: Ein Glatzkopf kommt selten allein [TV – DE]. 1994: Mind Twister; Backfire! (Backfiretotal verrückte Feuerwehr). 1994/95: Rose Against the Odds [TV].

Savel'eva, Ljudmila

(Ljudmila Michajlovna Savel'eva)
*24. 1. 1942 Leningrad

Ausgebildet als Tänzerin, debütiert sie 1961 an der Kirov-Oper in Leningrad. Sergej Bondarčuk entdeckt sie für das Kino. Ihr Filmdebüt ist die Komtesse Nataša in seiner Großproduktion *Vojna i mir* (1966/67). Sie wird dafür von den Lesern der Zeitschrift «Sovetskij ekran» als beste sowjetische Schauspielerin des Jahres ausgezeichnet. 1969 spielt sie die weibliche Hauptrolle in Vittorio de Sicas *I girasoli*. 1978 erhält sie einen Darstellerpreis auf dem Nationalen Bulgarischen Spielfilmfestival in Varna für die Titelrolle der bulgarischen Freiheitskämpferin gegen die Türken in *Julija Vrevskaja* (Nikola Korabov). Sie ist Verdiente Künstlerin und Volkskünstlerin der RSFSR.

[SU] 1966/67: Vojna i mir (Krieg und Frieden). 1969: I girasoli/Les fleurs du soleil (Sonnenblumen) [IT/FR]. 1971: Beg (Die Flucht). 1972: Čajka (Die Möwe). 1973: Vsadnik bez golovy (Der Reiter ohne Kopf). 1978: Julija Vrevskaja (Zwischen Zarenhof und Schlachtfeld – Julia Wrewskaja) [SU/BG]; Isčeznovenie (Verschwunden). 1981: S večera do poludnja [TV]. 1982: Šljapa (Starallüren). 1983: Šel četvertyj god vojny (Aufklärer im Einsatz). 1984: Obvinenie. 1985: Uspech (Erfolg); Nam ne dano predugadat'. 1986: Čyžaja Belaja i Jaboj (Die fremde Weiße).

Savvina, Ija

(Ija Sergeevna Savvina)
*2. 3. 1936 Voroneš

Während des Studiums der Journalistik in Moskau spielt sie am Studententheater der Universität. Ab 1960 Engagement am Moskauer Mossovet-Theater. Dort wird sie u. a. durch ihre Marjutka aus Lavrenevs «Sorok pervyj» und ihre Sočenka Marmeladova in der Dramatisierung von Dostoevskijs «Prestuplenie i nakazanie» bekannt. Filmdebüt 1960 als Anna Sergeevna in Iosif Chejfic' Čechov-Adaption *Dama s sobačkoj*. Dieser Film erzielt seine Wirkung nicht zuletzt durch das verhaltene Spiel der Savvina. Sie wirkt vor allem in dramatischen Filmen und Literaturverfilmungen mit. Zu einer ihrer besten Leistungen gerät 1970 Anton Čechovs Schwester Marija Pavlovna in Sergej Jutkevič' origineller Filmbiografie *Sjužet dlja nebol'šogo rasskaza*. 1982 ist die Natal'ja Il'inična in *Častnaja žizn'* (Julij Rajžman) ein großer Erfolg. Ija Savvina zählt zu den bedeutendsten russischen Film- und Bühnenschauspielerinnen ihrer Generation. Ab 1978 spielt sie am Moskauer Künstlertheater. Sie ist Trägerin mehrerer nationaler Auszeichnungen.

[SU] 1960: Krotkaja; Dama s sobačkoj (Die Dame mit dem Hündchen). 1962: Grešnica. 1965: Zvonjat, otkrojte dver' (Tanja sucht Freunde). 1968: Istorija Asi Kljačinoj, kotoraja ljubila, da ne vyšla zamuž (Die Geschichte von Asja Klajtschina, die liebte, aber nicht heiraten wollte); Asino sčast'e (Asjas Glück); Anna Karenina (Anna Karenina); Služili dva tovarišča (Es dienten zwei Kameraden). 1970: Sjužet dlja nebol'šogo rasskaza (Sujet für eine Kurzgeschichte) [SU/FR]. 1972: Mesjac avgust. 1973: Oblaka. 1974: Romans o vljublennych (Romanze für Verliebte); Každyj den' doktora Kalinnikovoj (Der Alltag der Ärztin Kaninnikowa); Poslednie podvig Kamo. 1975: Dnevnik direktora školy (Aus dem Tagebuch eines Schuldirektors). 1976: Majakovskij smeetsja. 1978: Marka strany Gondelupi; Smjatenie čuvstv (Verwirrung der Gefühle). 1979: Čučaja (Die Fremde); Otkrytaja kniga (Das offene Buch) [TV]. 1980: Tri goda (Drei Jahre) [TV]; Garaž (Die Garage). 1982: Častnaja žizn' (Das Privatleben). 1983: Davaj poženimsja; Slezy kapali .../Der Gladiator [SU/BRD]. 1985: Prodlis', prodlis', očarovan'e (Verweile, oh Zauber ...). 1986: Ja – vožatyj forposta [TV]. 1987: Zapomnite menja takoj (Behaltet mich so in Erinnerung). 1994: Trockij [RU/CH/US/MX/TK/AT].

Schall, Johanna

* 19. 9. 1958 Berlin-Friedrichshain

Ihre Eltern sind die Schauspieler Ekkehard Schall und Barbara Berg, die Tochter von Bertolt Brecht und Helene Weigel. Besuch der Grundschule und Erweiterten Oberschule. Während der Schulzeit 1974 als Ilse in Wedekinds «Frühlings Erwachen» beim Berliner Ensemble erstmals auf der Bühne. Nach dem Abitur 1977 Hilfsschwester im Krankenhaus und Briefträgerin. 1978 Elevin am Deutschen Theater Berlin. 1982–84 Kleist-Theater Frankfurt (Oder), dann wieder Deutsches Theater. Bereits 1974 spielt Schall in der TV-Serie *Zur See* (Wolfgang Luderer), ab 1975/76 auch kleine Filmrollen, z. B. Friederike in *Die Leiden des jungen Werthers* (Egon Günther) und die bebrillte Sommersprossige in *Die unverbesserliche Barbara* (Lothar Warneke). 1982 erste größere Rolle als liebevolle Hure in *Das Luftschiff* (Rainer Simon). Sie gibt eine elegante, weltgewandte Professoren-Gattin in Iris Gusners Reichsbahn-Komödie *Kaskade rückwärts,* eine mondäne Lena Brinken in Roland Gräfs Faschismus-Analyse *Das Haus am Fluß.* Das Rollenspektrum umfaßt auch den unglücklich verliebten Blaustrumpf in Warnekes *Blonder Tango* (1986 Beste weibliche Nebenrolle beim Nationalen Spielfilmfestival der DDR) und den guten Kumpel in *Die Alleinseglerin* (Hermann Zschoche). In Jürgen Brauers modernem Kinderfilm *Das Herz des Piraten* spielt Schall ihre erste «Mutter-Rolle». In Peter Vogels TV-Film *Die erste Reihe* nach Stephan Hermlins Bericht spielt sie eine junge Widerstandskämpferin in der Nazizeit. Nach der surrealen Wende-Reflexion *Hüpf, Häschen, hüpf* (1991) fast ausschließlich Fernseh- und vor allem Theaterarbeit, auch als Regisseurin.

[DDR] 1974–76: Zur See. 9 Folgen. [TVS]. 1975/76: Die Leiden des jungen Werthers. 1976: Die unverbesserliche Barbara. 1978/79: Solo Sunny. 1979: Anderer Leute Kinder [TV]. 1980: Die Mutter [TV]; Bau'n 'se billig, Schinkel [TV]. 1981: «Jeder Augenblick, den ich leb, ist ganz dein» [TV]. 1981/82: Steckbrieflich gesucht [TV]. 1982: Das Luftschiff. 1983: Kaskade rückwärts; Rublak. Die Legende vom vermessenen Land [KF]. 1984: Polizeiruf 110: Freunde [TV]; Von der Müllerstochter, die Gold spinnen wollte [TV]. 1984/85: Das Haus am Fluß. 1985: Blonder Tango. 1986/87: Vernehmung der Zeugen; Wengler & Söhne. Eine Legende; Die Alleinseglerin; Das Herz des Piraten. 1987: Das würde dir gut tun [KF]; Die erste Reihe [TV]; Ein besserer Herr [TV]. 1987/88: Die Weihnachtsgans Auguste [TV]. 1989: Chin Ling, die Blume [KF]; Diktatur des Gewissens [TV]; Selbstversuch [TV]. 1990: Die Ritter der Tafelrunde [TV]; Der kleine Herr Friedemann [TV – BRD]. 1991: Hüpf, Häschen hüpf oder Alptraum eines Staatsanwalts [TV]. 1992: Apfelbäume; Haus Herzenstod [TV]. 1992/93: Liebling – Kreuzberg. 35: Spatz in der Hand [TV]. 1993: Karate-Billi kehrt zurück [TV]; Mein Name ist Marlene Dietrich [TV]; Bella Block – Die Kommissarin [TV]. 1994: Zwischentöne – Johanna Schall [TV-DOK].

Scheider, Roy

(Roy Richard Scheider)
* 10. 11. 1935 Orange (New Jersey)

Absolvent des Franklin and Marshall College in Lancaster, Pennsylvania. Abgebrochenes Studium der Geschichte. Dienst bei der US Air Force. Nach der Schauspielausbildung wird er Mitglied der Lincoln Center Repertory Company in New York. 1961 Bühnendebüt als Mercurio in «Romeo and Juliet». Das Filmdebüt 1964 in *The Curse of the Living Corpse* bleibt ohne Resonanz. Weiterhin vor allem am Theater: Am Off-Broadway in «The Alchimist» (1964), «Sergeant Musgrave's Dance» (1967) und «Stephen D.» (1968). 1979 Broadway-Erfolg mit «Betrayal». Im Kino vor allem in actionbetonten Filmen. Nominierung zum Nebenrollen-Oscar als Drogendealer Buddy «Cloudy» Russo in William Friedkins *The French Connection* (1971), im gleichen Jahr als sadistischer Zuhälter in *Klute* (Alan J. Pakula). Aufstieg zum Star als Sheriff Martin Brody in Steven Spielbergs *Jaws,* dann weitere Oscar-Nominierung als Broadway-Regisseur Joe Gideon in Bob Fosses *All That Jazz* (1979). Er spielt einen Hubschrauberpiloten in *Blue Thunder* (John Badham), an der Seite von Jürgen Prochnow den abgebrühten amerikanischen Colonel in John Frankenheimers *The Fourth War.* 1991 in David Cronenbergs Verfilmung von Burroughs' Kultbuch *Naked Lunch.* In der verwässerten Science-fiction-Serie *SeaQuest DSV* übernimmt er die Hauptrolle des Capt. Nathan Bridger.

[US] 1964: The Curse of the Living Corpse. 1967–68: N.Y.P.D. (New York Police Department) [TVS]. 1968: Paper

Lion; Star! (Star!). 1969: Stiletto. 1970: Loving (Loving); Puzzle of a Downfall Child. 1971: The French Connection (Brennpunkt Brooklyn); Klute (Klute). 1972: Assignment Munich (Tödliches Gold) [TV]; L'Héritier/L'Erede (Der Draufgänger) [FR/IT]; L'Attentat/L'Attentato/Das Attentat [FR/IT/BRD]. 1973: The Seven-Ups (Die Seven-Ups); Un homme est mort (Brutale Schatten) [FR]. 1975: Jaws (Der weiße Hai); Sheila Levine Is Dead and Living in New York. 1976: Marathon Man (Der Marathon-Mann). 1977: Sorcerer (Atemlos vor Angst). 1978: Jaws 2 (Der weiße Hai 2). 1979: All That Jazz (Hinter dem Rampenlicht); Last Embrace (Tödliche Umarmung). 1982: Still of the Night (In der Stille der Nacht). 1983: Jacobo Timerman: Prisoner Without a Name, Cell Without a Number (Der Weg durch die Hölle) [TV]; Blue Thunder (Das fliegende Auge); Tiger Town (Super Cup) [TV]. 1984: 2010 (2010 – Das Jahr in dem wir Kontakt aufnehmen); In Our Hands [DOK]. 1986: 52 Pick-up (52 Pick-up); The Men's Club. 1988: Cohen & Tate (Hitman). 1989: Night Game (Final Game); The Fourth War (Powerplay); Listen to Me (Die große Herausforderung). 1990: The Russia House (Das Rußland-Haus); Somebody Has to Shoot the Picture (Den Tod im Sucher) [TV]. 1991: Naked Lunch (Naked Lunch – Nackter Rausch) [CA/GB]. 1993: Romeo Is Bleeding (Romeo Is Bleeding). 1993–1995: SeaQuest DSV (SeaQuest) [TVS]. 1993: Wild Justice [TV – GB]. 1996: The Rage.

Schelcher, Raimund

*27. 3. 1910 Daressalam (Deutsch-Ostafrika, heute Tansania)
†27. 3. 1972 Berlin/DDR

1924–28 Oberrealschule Köln-Kalk, Mittlere Reife. 1928 bis 30 Städtische Schauspielschule Köln. 1930–38 an Bühnen in Gießen, Hamburg und Leipzig, dann Berliner Schiller-Theater. Filmdebüt 1938/39 in den propagandistischen Produktionen *Das unsterbliche Herz* (Veit Harlan) mit Heinrich George und *Robert Koch, der Bekämpfer des Todes* (Hans Steinhoff) mit Emil Jannings. 1939 von der Gestapo verhaftet, Soldat in einem Strafbataillon, viermal verwundet. In der sowjetischen Kriegsgefangenschaft organisiert er Kulturgruppen. Nach der Entlassung 1949 am Stadttheater Bremen. 1950 nach Ost-Berlin ans Deutsche Theater, Gast an der Volksbühne. 1954 von Brecht für das Berliner Ensemble engagiert. 1950 Filmarbeit bei der DEFA. Seine scharf geschnittenen Züge und rauhe Stimme entsprechen offenbar der Klischee-Vorstellung vom Proleten, deshalb häufig Rollen als klassenbewußter Arbeiter und Kämpfer gegen den Faschismus wie als KZ-Flüchtling in Georg C. Klarens *Die Sonnenbrucks,* als Krischan Daik in Kurt Maetzigs *Thälmann*-Filmen und als Oberheizer, der sich vom versöhnlerischen SPD-Mann zum Revolutionär wandelt, in *Das Lied der Matrosen* (Maetzig, Günter Reisch). Als verständnisvoller VP-Kommissar in Gerhard Kleins Berlin-Film *Berlin – Ecke Schönhauser.* Bedeutendste Rolle als vom Leben gezeichneter Knecht «Krummer Anton» in Maetzigs Zweiteiler *Schlösser und Katen* um die Landreform in den Jahren 1945–53.

[DE/DDR] 1938/39: Das unsterbliche Herz. 1939: Robert Koch, der Bekämpfer des Todes. 1949: 0 Uhr 15, Zimmer 9 [BRD]. 1950/51: Die Sonnenbrucks; Das Beil von Wandsbek. 1951: Der Untertan. 1952: Geheimakten Solvay. 1953/54: Ernst Thälmann – Sohn seiner Klasse. 1954: Der Fall Dr. Wagner; Leuchtfeuer [DDR/SE]; Der Ochse von Kulm; Wer seine Frau lieb hat. 1954/55: Ernst Thälmann – Führer seiner Klasse. 1955: Alles im Eimer [KF]; Friedrich Schiller; [DOK] Der Richter von Zalamea. 1956: Schlösser und Katen. 1. Der krumme Anton/2. Annegrets Heimkehr. 1956/57: Lissy; Wo du hingehst. 1957: Nebenan [KF]; Berlin – Ekke Schönhauser; Spur in die Nacht; Gejagt bis zum Morgen; Jahrgang 21/Ročník jedenadvacet [DDR/CS]. 1958: Der Prozeß wird vertagt; Das Lied der Matrosen. 1959: Erich Kubak; Das Leben beginnt. 1959/60: Schritt für Schritt. 1960: Pjat' dnej – pjat' nočej/Fünf Tage – Fünf Nächte [SU/DDR]. 1960/61: Der Arzt von Bothenow. 1961: Gewissen im Aufruhr. 5 Teile. [TV]. 1961/62: Die schwarze Galeere; Die Entdeckungen des Julian Böll; Die Jagd nach dem Stiefel; An französischen Kaminen. 1962: Die letzte Chance [TV]. 1966: Oben fährt der große Wagen [TV]. 1966/67: Geschichten jener Nacht. 1. Ep: Phönix [EP]. 1969: Die Dame aus Genua [TV]. 1969/70: Steinreich [TV]. 1970: Der Sonne Glut. 4 Teile. [TV]. 1971: Die Verschworenen [TV]; Trotz alledem!

Schell, Maria

(Margarethe Schell, genannt Gritli)
*15. 1. 1926 Wien

Die Geschwister Carl, Maximilian und Immy sind ebenfalls Schauspieler. Schulzeit in der Schweiz und in einem elsässischen Kloster. Kaufmännische Ausbildung. Gesangsunterricht und Schauspielschule in Zürich. Theater in Bern, Kammerspiele Wien. 1950 mit Albert Bassermann Tournee als Gretchen in «Faust». Gastspiele in verschiedenen Ländern. Filmdebüt 1942 neben Heinrich Gretler und ihrer Mutter, Margarete Noé von Nordberg, in dem Schweizer Dorf-Melodram *Steibruch* (Sigfrid Steiner). 1948 Erfolg mit *Der Engel mit der Posaune* (Karl Hartl). Ab 1950 häufiger im deutschen Film und Aufstieg zum Star der Adenauer-Zeit; als «Seelchen» mit tränenfeuchtem Augenaufschlag auf Empfindsamkeit abonniert. Zusammen mit Dieter Borsche in *Es kommt ein Tag* (Rudolf Jugert) und *Dr.*

Holl (Rolf Hansen) sowie O. W. Fischer in *Bis wir uns wiedersehen* (Gustav Ucicky), *Der träumende Mund* (Josef von Baky) und *Solange du da bist* (Harald Braun) weiblicher Part von Film-Traumpaaren. Internationaler Erfolg mit der ernsten Charakter-Rolle als Lazarett-Oberschwester in Helmut Käutners Antikriegsfilm *Die letzte Brücke*, 1954 in Cannes ausgezeichnet. 1956 in Venedig «Coppa Volpi» für die Titelrolle der Wäscherin in der realistischen Zola-Adaption *Gervaise* (René Clément). Ab 1957 bei M-G-M u.a. in Weltliteratur-Verfilmungen wie neben Yul Brynner in *The Brothers Karamazov* (Richard Brooks) und im TV-Zweiteiler *For Whom the Bell Tolls* (John Frankenheimer). Mit Glenn Ford im Western *Cimarron*, mit Gary Cooper in *The Hanging Tree*. Rollen in Filmen u.a. von Philippe de Broca, Claude Chabrol und Jacques Rouffio. Neben der Filmarbeit Fortsetzung der Theater-Karriere in Frankreich, der Schweiz, Österreich und der BRD, u.a. 1955 und 1979 bei den Salzburger Festspielen. Seit Anfang der 70er Jahre häufig in amerikanischen und deutschen TV-Produktionen. 1977 Filmband in Gold für langjähriges und hervorragendes Wirken im deutschen Film.

[DE/BRD] 1942: Steibruch (Gottesmühlen/Stimme des Blutes; 1951) [CH]; Matura-Reise (Das Leben beginnt) [CH]. 1948: Der Engel mit der Posaune [AT]; Maresi (Der Angeklagte hat das Wort) [AT]; Nach dem Sturm [CH/AT/LI]. 1948/49: Die letzte Nacht. 1949/50: The Angel With the Trumpet [VERS – GB]. 1950: Es kommt ein Tag. 1950/51: Dr. Holl. 1951: The Magic Box [GB]. 1951/52: So Little Time (Wenn das Herz spricht) [GB]. 1952: Bis wir uns wiedersehen. 1952/53: Der träumende Mund. 1953: The Heart of the Matter (Das Herz aller Dinge) [GB]; Tagebuch einer Verliebten; Solange Du da bist. 1953/54: Die letzte Brücke/Poslednji most [AT/YU]. 1954: Herr über Leben und Tod. 1954/55: Napoléon/Napoleone Bonaparte (Napoleon) [FR/IT]. 1955: Die Ratten; Reifende Jugend; Gervaise (Gervaise) [FR]. 1956: Liebe. 1956/57: Rose Bernd. 1957: The Brothers Karamazov (Die Brüder Karamasow) [US]; Le notti bianche/Nuits blanches (Weiße Nächte) [IT/FR]. 1958: Der Schinderhannes; Une vie (Ein Frauenleben) [FR]; Playhouse 90: Words from a Sealed-Off Box [TV – US]; The Hanging Tree (Der Galgenbaum) [US]. 1959: Playhouse 90: For Whom the Bell Tolls [TV – US]; Raubfischer in Hellas. 1960: Cimarron (Cimarron) [US]; The Mark (Gebrandmarkt) [GB]. 1961: Das Riesenrad. 1962: Ich bin auch nur eine Frau. 1963: Une chaumière et un meurtre (Das übersinnliche Landhaus) [FR]; Zwei Whisky und ein Sofa. 1964: Who Has Seen the Wind? [TV – US]. 1965: Nora oder Ein Puppenheim [TV – BRD/CH]. 1968: Die ungarische Hochzeit [TV – BRD/AT]; Le diable par la queue/Non tirate il diavolo par la coda (Pack' den Tiger schnell am Schwanz) [FR/IT]; Spara, gringo, spara (Im Staub der Sonne) [IT]. 1968/69: 99 mujeres/Der heiße Tod/99 donne [ES/BRD/IT]. 1969: Schwabinger Vorstadtbrettl [TV]; El proceso de las brujas (El juez sangriento)/Der Hexentöter von Blackmoor/Il trono di fuoco [ES/BRD/IT]; Der Kommissar: Schrei vor dem Fenster [TV]. 1970: Chamsin [D,CoP]. 1971: Willy und Lilly [TV]; Die keusche Susanne [TV]; Die Pfarrhauskomödie. 1972: Marie [TV]. 1972/73: Immobilien [TV]. 1973: Der kleine Doktor. 1. Das Arsenschloß – 2. Besuch aus Paris – 3. Die Notbremse [TVS]; Der Kommissar: Im Dunkel der Nächte/Der Tod der Karin W. [TV]; Occupation [TVS – GR]. 1974: Das Konzert [TV – BRD/AT]; Die Kurpfuscherin [TV]; The O.D.E.S.S.A. File/Die Akte Odessa [GB/BRD]; Der Kommissar: Am Rande der Ereignisse [TV]; Change. 1975: Tatort: Die Abrechnung [TV]; So oder so ist das Leben [D,CoP]; Die Heiratsvermittlerin [TV]. 1975/76: Folies bourgeoises/Twist/Die verrückten Reichen [FR/IT/BRD]. 1976: Kojak: The Pride and Princess (Einsatz in Manhattan: Die Prinzessin) [TV – US]; Teerosen [TV]; Mein Kind [TV]; Voyage of the Damned (Reise der Verdammten) [GB]; … ich küsse ihnen 1000 mahl die hände [TV]; Derrick: Yellow He [TV]. 1977: Bühne frei für Peter Weck [TV – BRD/AT]. 1977/78: Spiel der Verlierer. 1978: Schöner Gigolo – armer Gigolo; The House in the Woods [TVS – US]; Derrick: Klavierkonzert [TV]; Superman (Superman) [GB]. 1978/79: The Martian Chronicles (Die Mars-Chroniken) [TV – GB]; Die erste Polka. 1979: Moral [TV]; Der Wald [TV]; Christmas Lilies in the Field [TV – US]; Der Thronfolger [TV]. 1980: … und die Tuba bläst der Huber. 13. Folge: Alte Liebe [TVS]; Der Zerrissene [TV]. 1981: … und die Tuba bläst der Huber. 16. Folge: Die musikalische Therapie [TVS]; Frau Jenny Treibel. 1981/82: La passante du Sans-souci/Die Spaziergängerin von Sans-Souci [FR/BRD]; Inside the Third Reich [TV – US]. 1982: Absender: Johann Wolfgang Goethe [TV]; Der Besuch der alten Dame [TV – CH]. 1982/83: Elisabeth von England [TV]; Das Traumschiff. Folge 1. 3. EP: Bordbekanntschaften [TV-EP]. 1983: Meine Lieblingsgeschichte: Der Knabenspiegel [TVS]; Der Trauschein [TV]. 1984: Mae West (Samson und Delilah) [TV – US]. 1984/85: 1919 [GB]. 1985: Der träumende Mund oder Die Liebe des Filmvorführers [TV-DOK]; Maria Schell – Ein Porträt [TV-DOK]. 1987–93: Die glückliche Familie. 1990: Le dernier mot/Das letzte Wort [TV – FR/BRD]; Showgeschichten [TV]; Mosaik [TV-DOK]. 1992: Nach Langer Zeit. 2 Teile. [TV]. 1994/95: Zwischen Liebe und Verrat – Der Clan der Anna Voss [TV]. 1995: Tatort: Heilig Blut [TV].

Schell, Maximilian

*8. 12. 1930 Wien

Die Geschwister Carl, Maria und Immy sind auch Schauspieler. 1938 in die Schweiz, humanistische Gymnasien in Basel und Zürich, Abitur. 1948–49 Militärdienst. Germanistik- und

Kunstgeschichtsstudium in Zürich, München und Basel. 1953 Dramaturg, Schauspieler und Regisseur in Basel. 1954–59 u. a. in Essen, München, Berlin, London, New York und bei den Salzburger Festspielen. Dann bei Gründgens am Deutschen Schauspielhaus Hamburg. Später Schauspieler und Regisseur u. a. in Wien, München und bei den Salzburger Festspielen. Erste Filmrolle als Deserteur in Laszlo Benedeks *Kinder, Mütter und ein General* (1954/55). Im folgenden Jahr internationaler Erfolg mit *Ein Mädchen aus Flandern* (Helmut Käutner). 1958 erster US-Film: *The Young Lions* mit Marlon Brando und Montgomery Clift. 1961 für die Nebenrolle des Verteidigers in *Judgment at Nuremberg* (Stanley Kramer) mit dem Oscar ausgezeichnet. 1967/68 Co-Produzent von Rudolf Noeltes Kafka-Verfilmung *Das Schloß*, darin auch die Rolle des «K». Darsteller und Regisseur, teils auch Co-Autor und Co-Produzent der Filme *First Love* nach einer Novelle von Turgeniew (1971 Bundesfilmpreis), *Der Fußgänger* (1974 Bundesfilmpreis), *Der Richter und sein Henker* nach dem Roman von Friedrich Dürrenmatt (1979 Bundesfilmpreis). Co-Produzent und Regisseur bei *Geschichten aus dem Wienerwald* nach Ödön von Horváth (1980 Bundesfilmpreis). 1983 stellt er aus Tonbandinterview, Dokumentar- und Filmmaterial die Dokumentation *Marlene* zusammen. In Norbert Kückelmanns *Morgen in Alabama* (1985 Bundesfilmpreis) nach über 20 Jahren erstmals wieder in einem Film eines deutschen Regisseurs. Titelrolle in der amerikanischen TV-Serie *Peter the Great* (darüber 1997 Erzählung *Der Rebell*). 1993 als mörderischer Regierungsrat in Hans W. Geissendörfers *Justiz* nach Dürrenmatt; 1996 als jüdischer Geiger Carl Stern, der Auschwitz überlebt hat, in Jürgen Flimms *Through Roses*. In Bernhard Sinkels TV-Zweiteiler *Maestro* spielt er einen Musiker, der Karriere macht.

1954/55: Kinder, Mütter und ein General [BRD]. 1955: Reifende Jugend [BRD]; Der 20. Juli [BRD]. 1955/56: Die Ehe des Dr. med. Danwitz [BRD]; Ein Mädchen aus Flandern [BRD]. 1956: Ein Herz kehrt heim [BRD]. 1956/57: Die Letzten werden die Ersten sein [BRD]. 1957: Der Meisterdieb [TV – BRD]; Taxichauffeur Bänz [CH]. 1958: The Young Lions (Die jungen Löwen) [US]; Die sechste Frau [TV – BRD]; Ein wunderbarer Sommer (Ein wunderbarer Sommer/Das Glück auf der Alm) [LI]; Die Bernauerin [TV – BRD]; Playhouse 90: Child of Our Time [TV – US]. 1959: Eine Dummheit macht auch der Gescheiteste [TV – BRD]; Playhouse 90: Judgment at Nuremberg [TV – US]; Desilu Playhouse: Perilous [TV – US]; The Fifth Column [TV – US]. 1959/60: Sunday Showcase: Turn the Key Deftly [US]. 1960: Family Classics: The Three Musketeers [US]; Alcoa Theatre: The Observer [US]; Hamlet [TV – BRD]. 1961: Judgment at Nuremberg (Das Urteil von Nürnberg) [US]. 1961/62: Five Finger Exercise (Ein Fremder kam an) [US]. 1962: I sequestrati di Altona/Les sequestres d'Altona (Die Eingeschlossenen) [IT/FR]; The Reluctant Saint (Ein sonderbarer Heiliger) [US/IT]. 1964: Letters of Mozart – Briefe Mozarts [D,CoA – KDOK – BRD]; Topkapi (Topkapi) [US]. 1964/65: Der seidene Schuh [TV – BRD]. 1965: Return from the Ashes (Eine Tür fällt zu) [US/GB]. 1966: Die venezianischen Zwillinge [TV]; Bob Hope Chrysler Theatre: Washington Square/A Time to Love [US]; Más allá de las montañas/The Desperate Ones (Flucht aus der Taiga) [ES/US]; The Deadly Affair (Anruf für einen Toten) [GB]. 1967: Counterpoint (Der Befehl) [US]; Heidi kehrt heim/Heidi [TV – BRD/US]. 1967/68: Das Schloß [D,CoP – BRD]. 1968: Krakatoa, East of Java (Krakatoa – Das größte Abenteuer des Jahrhunderts) [US]. 1968/69: Simón Bolívar [ES/IT]. 1969/70: First Love/Erste Liebe [D,R,CoA,CoP – BRD/CH]. 1971: Trotta [CoA – BRD]. 1972: Paulina 1880/Paulina 1880 [FR/BRD]; Pope Joan (Papst Johanna) [GB]. 1973: Der Fußgänger [D,R,A,CoP – BRD/CH]. 1974: Die Verwandlungen des M. S. [TV – BRD]; The O.D.E.S.S.A. File/Die Akte Odessa [GB/BRD]; The Rehearsal [US]. 1975: Ansichten eines Clowns [CoP – BRD]; Sarajevský atentát/Atentat u Sarajevu (Der Tag, der die Welt veränderte) [YU/CS]; The Man in the Glass-Booth [US]. 1975/76: Der Richter und sein Henker [D,R – BRD]. 1976: St. Ives (Tag der Abrechnung) [US]; Cross of Iron/Steiner – Das eiserne Kreuz [GB/BRD]. 1976/77: Julia (Julia) [US]; A Bridge Too Far (Die Brücke von Arnheim) [US]. 1978: Avalanche Express (Lawinenexpreß) [IR]; Gespräche mit Jedermann [TV-DOK – AT]. 1978/79: Geschichten aus dem Wienerwald [R,CoA,CoP – BRD/AT]; Amo non amo (I Love You Not) [IT]; Players (Spiel mit der Liebe) [US]. 1979: The Black Hole (Das schwarze Loch) [US]. 1980: The Diary of Anne Frank [TV – US]. 1981: The Chosen (Die Erwählten) [US]. 1982: Les îles [D,CoP – FR/BRD]. 1983: Marlene [R,CoA – DOK – BRD]; Wege zu Beethoven [D,CoA – TVS – US/BRD]; The Great Hamlets [TV – US]; The Phantom of the Opera (Das Phantom von Budapest) [TV – US]. 1983/84: Morgen in Alabama [BRD]. 1984/85: Peter the Great (Peter der Große) [TV – US] 1985: The Assisi Underground [US]. 1988: Showgeschichten [TV – BRD]. 1989: Der Rosengarten/The Rose Garden [BRD/US]. 1990: Young Catherine (Die junge Katharina) [TV – GB/CA/I/US/SU/BRD]; Glaube, Liebe, Hoffnung in Moskau [TV-DOK – BRD]; The Freshman (Freshman) [US]; Das Labyrinth [TV – DE]. 1992: A Far Off Place (Die Spur des Windes) [US]; Hallmark Hall of Fame: Miss Rose White [TV – US]; Stalin [TV – US/GB/CA/RU/HU]. 1993: Candles in the Dark [D,R – US]; Die Bibel: Abraham/Abramo [TV – DE/IT/US]; Justiz [BRD]. 1994: Little Odessa (Little Odessa) [US]. 1996: The Vampyre War [US]; Through Roses [TV

– BRD]; Telling Lies in America [US]. 1997: Maestro [TV – DE/AT/IT/GB].

Schenstrøm, Carl

* 18. 11. 1881 Kopenhagen
† 10. 2. 1942 Kopenhagen

Er wandert mit der Familie nach Chicago aus, kehrt aber nach einem Unfall des Vaters nach Dänemark zurück. Lehre als Buchbinder. 1903 Bühnendebüt am Nørrebros Teater. 1909 wird er von der Nordisk Film engagiert, spielt u. a. in der Gerhart-Hauptmann-Adaption *Atlantis* (1913) und neben Asta Nielsen in Holger-Madsens *Mod Lyset*. Nach einem unbefriedigenden Versuch mit einem anderen Schauspieler bildet der Regisseur Lau Lauritzen 1920 für die Produktionsfirma Palladium aus dem langen mageren Carl Schenstrøm und dem kleinen rundlichen Zirkusartisten Harald Madsen das Komikerpaar Fyrtårnet og Bivognen, kurz Fy & Bi (f+b in der Filmografie). [Zu Pat und Patachon vergl. Harald Madsen].

[DK] 1909: Den store gevinst. 1910: Revolveren; Zigeunersken og Greven på Frederiksberg slot. 1911: Mormonens offer; Vampyrdanserinden. 1913: Atlantis (Atlantis); Millionærdrengen. 1914: Detektivens barnepige; Herberge for hjemlose. 1915: David og Jonathan; Gissemands kærlighedshistorie. 1918: Den store gevinst; Byens Herkules. 1919: Mod lyset. 1920: Reserveægtemanden; Tyvepak. 1921: Sol, sommer og studiner [f+b]; Film, flirt og forlovelse [f+b]; Landligger-idyl vandgang [f+b]. 1922: Han, hun og Hamlet (Er, sie und Hamlet) [f+b]; Mellem muntre musikanter (Die beiden Musikanten) [f+b]. 1923: Blandt byens børn [f+b]; Kan kærlighed kureres? [f+b]; Vore venners vinter (Pat und Patachon im Schnee) [f+b]; Dårskab, dyd og driverter (Pat und Patachon als Menschenfresser) [f+b]; Lille Lise Let-på-taa (Pat und Patachon und die kleine Tänzerin) [f+b]. 1924: Professor Petersens plejebørn (Pat und Patachon's Kampf mit dem Drachen) [f+b]; Raske Riviera rejsende (Pat und Patachon auf Weltreise) [f+b]; Ole opfinders offer (Pat und Patachon als Müller) [f+b]. 1925: Takt, tone og tosser (Zirkus Pat und Patachon) [f+b]; Polis Paulus' påskasmäll (Pat und Patachon als Polizisten) [f+b]; Zwei Vagabunden im Prater (Pat und Patachon im Prater) [f+b – AT]; Grønkøbings glade gavtyve (Pat und Patachon als Millionäre) [f+b]. 1925/26: Lykkehjulet (Die lustigen Vagabunden mit Pat und Patachon) [f+b]. 1926: Ulvejaegerne (Pat und Patachon auf der Wolfsjagd) [f+b]; Dødsbokseren (Pat und Patachon auf hoher See) [f+b]; Die Schwiegersöhne (Pat und Patachon als Schwiegersöhne) [f+b – DE]; Ebberöds bank (Bankhaus Pat und Patachon) [f+b – SE]; Don Quixote (Don Quichotte) [f+b]. 1927: Pat und Patachon sind wandermüde [f+b – KF – DE]; Vester vov vov (Pat und Patachon am Nordseestrand) [f+b]; Tordenstenene (Pat und Patachon auf dem Pulverfaß) [f+b]; Kongen af Pelikanien (Pat und Patachon in Pelikanien) [f+b]; Cocktails (Pat und Patachon, die blinden Passagiere) [f+b – GB]. 1928: Kraft og Skønhed (Pat und Patachon auf dem Wege zu Kraft und Schönheit) [f+b]; Filmens helte (Pat und Patachon. Die Filmhelden) [f+b]. 1929: Alf's Carpet (Pat und Patachon im Raketenomnibus) [f+b – GB]; Kys, klap og kommers (Pat und Patachon als Detektive) [f+b]; Hallo, Afrika forude (Pat und Patachon als Kannibalen) [f+b]; Højt på en kvist (Pat und Patachon als Modekönige) [f+b]; Hr. Tell og søn (Pat und Patachon als Kunstschützen) [f+b]. 1930: Fy og Bi prøvefilm [f+b – KF]; Tausend Worte Deutsch [f+b – DE]; Pas på pigerne (Pat und Patachon auf Freiersfüßen) [f+b]. 1931: Krudt med knald (Knall und Fall) [f+b]; Fy og Bi i kantonnement (Schritt und Tritt) [f+b]. 1932: Lumpenkavaliere [f+b – DE]; Han, hun og Hamlet (Pat und Patachon schlagen sich durch) [f+b]. 1935: Zirkus Saran (Knox und die lustigen Kavaliere) [f+b – DE]. 1936: Mädchenräuber [f+b – DE]; Blinde Passagiere [f+b – DE]. 1937: Bleka greven (Pat und Patachon als Detektive) [f+b – SE]; Eine Insel wird entdeckt (Pat und Patachon im Paradies) [f+b – DE]. 1940: I de gode gamle dage [f+b].

Schmitz, Sybille

* 2. 12. 1909 Düren im Rheinland
† 13. 4. 1955 München

Erziehung in einer Ursulinen-Klosterschule. Schauspielschule in Köln. Bühnendebüt 1927 am Deutschen Theater Berlin. 1930 Darmstadt, 1931 wieder Berlin. Erste Filmrolle 1928 im SPD-Parteifilm *Freie Fahrt* (Ernö Metzner) mit dem Leidensweg einer jungen Arbeiterfrau. Beachtung als kranke Léone in Carl Theodor Dreyers *Vampyr*. 1932 in Karl Hartls Tonfilm *F.P. 1 antwortet nicht* in der Hauptrolle einer Frau, um die sich Paul Hartmann wie Hans Albers bemühen. Aufstieg zur eleganten, hintergründigen Frau des deutschen Films: z. B. George Sand in Geza von Bolvarys *Abschiedswalzer*, Gloria Cheveley in Herbert Selpins *Ein idealer Gatte* oder russische Spionin in Hartls *Die Leuchter des Kaisers*. Glaubhaft auch im Bereich des Wunderbaren und der Legende, so in Frank Wysbars *Fährmann Maria* und *Die Unbekannte*. Nach 1938 weniger häufig und in deutlicher propagandistischen Filmen eingesetzt, z. B. in Selpins *Trenck, der Pandur* und Werner Klinglers *Wetterleuchten um Barbara*. Schmitz zieht sich in ein österreichisches Dorf zurück, dreht kaum noch. Der optimistische, unkomplizierte Nachkriegsfilm kann wenig mit Schmitz' Aura von Verlorenheit und rätselhafter Fremdheit anfangen. Sie bekommt kaum Rollen, wird drogenabhängig, verarmt und begeht Selbstmord. 1982 dreht Rainer Werner Fassbinder in Anlehnung an ihre letzten Lebensjahre den Film *Die Sehnsucht der Veronika Voss*.

[DE/BRD] 1928: Freie Fahrt; Überfall/Polizeibericht Überfall [Verboten]. 1929: Tagebuch einer Verlorenen. 1931/32: Vampyr (L'étrange aventure de David Gray)/Vampir (Der Traum des Allan Gray) [FR/DE]. 1932: F.P. 1 antwortet nicht. 1933: Rivalen der Luft. 1934: Musik im Blut; Der Herr der Welt; Abschiedswalzer; Oberwachtmeister Schwenke. 1934/35: Punks kommt aus Amerika. 1935: Ein idealer Gatte; Stradivari; Wenn die Musik nicht wär'/Das Lied der Liebe; Ich war Jack Mortimer; Fährmann Maria. 1935/36: Die Leuchter des Kaisers [AT]. 1936: Die Unbekannte. 1936/37: Die Kronzeugin. 1937: Signal in der Nacht; Die Umwege des schönen Karl. 1937/38: Es leuchten die Sterne. 1938: Tanz auf dem Vulkan. 1938/39: Hotel Sacher. 1939: Die Frau ohne Vergangenheit; Die fremde Frau. 1940: Trenck, der Pandur. 1940/41: Wetterleuchten um Barbara. 1941: Clarissa. 1941/42: Vom Schicksal verweht [Version – IT/DE]. 1942/43: Titanic.1943: Die Hochstaplerin.1944: Das Leben ruft. 1947: Zwischen gestern und morgen. 1948/49: Die letzte Nacht. 1950: Die Lüge; Sensation im Savoy; Kronjuwelen. 1952: Illusion in Moll. 1953: Das Haus an der Küste [YU/BRD/AT]; Kuca na Obali [YU/BRD/AT].

Schneider, Romy

(Rosemarie Magdalena Albach)
*23. 9. 1938 Wien
†29. 5. 1982 Paris

Tochter des Schauspielerpaars Magda Schneider und Wolf Albach-Retty. Bis 1953 Schulbesuch in Berchtesgaden, Gründen und einem Internat bei Salzburg. Mit 14 Jahren Filmdebüt in *Wenn der weiße Flieder wieder blüht* (Hans Deppe) als Magda Schneiders Filmtochter Evchen. 1954 Publikumserfolg als junge Viktoria von England in *Mädchenjahre einer Königin* (Ernst Marischka), abermals neben ihrer protegierenden Mutter. Ab 1955 Aufstieg zum Publikumsliebling mit Marischkas *Sissi*-Filmen, der verkitschten Geschichte Elisabeths von Bayern, die zur Kaiserin von Österreich avancierte. Mit Horst Buchholz in Helmut Käutners «freizügigem» Film *Monpti*. 1958 mit Alain Delon in *Christine*, einem Remake von Max Ophüls' Schnitzler-Adaption *Liebelei* von 1932/33 (damals Magda Schneider als Christine). 1960 Ablösung von den Rollenklischees in Fritz Kortners pazifistischer Aristophanes-Aktualisierung *Die Sendung der Lysistrata*. Als «neue Romy» in Luchino Viscontis Episodenfilm *Boccaccio '70* (1961/62). Außerhalb Deutschlands in ernsten Rollen, z. B. in Orson Welles' Kafka-Verfilmung *Le procès*. 1969 erstmals bei Claude Sautet in *Les choses de la vie* mit Michel Piccoli, weitere Sautet-Filme sind Karriere-Höhepunkte: *Max et les ferrailleurs, César et Rosalie* und *Une histoire simple*. Viscontis *Ludwig* zerstört das romantische Sissi-Bild mit einer kalten, unnahbaren Elisabeth. Die Frauengestalten sind nun selbständig, mit natürlichem Verhältnis zur Erotik; so die geldgierige Komplizin Michel Piccolis in *Le trio infernal* (Francis Girod) oder die erfolglose Schauspielerin zwischen zwei Männern in *L'important c'est d'aimer* (Andrzej Zulawski), César 1976. In Aleksandar Petrovičs Böll-Verfilmung *Gruppenbild mit Dame* als Leni, die sich im eigenen Land fremd fühlt, 1977 Bundesfilmpreis. 1981 César für die Titelrolle in Girods *La banquière*. In einem Jahr schwerer Lebenskrisen (u. a. Unfalltod ihres Sohnes) entsteht als letzter Film *La passante du Sans-souci* (Jacques Rouffio), wieder mit Piccoli als ihrem Partner. Seit 1982 vergibt das Filmfestival von Montreux den Romy-Schneider-Preis.

1953: Wenn der weiße Flieder wieder blüht [BRD]. 1954: Feuerwerk [BRD]; Mädchenjahre einer Königin [AT]. 1955: Die Deutschmeister [AT]; Der letzte Mann [BRD]; Sissi [AT]. 1956: Kitty und die große Welt [BRD]; Sissi, die junge Kaiserin [AT]. 1956/57: Robinson soll nicht sterben [BRD]. 1957: Monpti [BRD]; Sissi – Schicksalsjahre einer Kaiserin [AT]. 1957/58: Scampolo [BRD]. 1958: Mädchen in Uniform/Jeunes filles en uniforme [BRD/FR]; Christine/L'amante pura (Christine) [FR/IT]. 1958/59: Die Halbzarte [AT]. 1959: Ein Engel auf Erden/Mademoiselle Ange [BRD/FR]; Die schöne Lügnerin/La belle et l'empereur [BRD/FR]; Katia (Katja, die ungekrönte Kaiserin) [FR]. 1959/60: Plein soleil/Delitto in pieno sole (Nur die Sonne war Zeuge) [FR/IT]. 1960: Die Sendung der Lysistrata [TV – BRD]. 1961: Le combat dans l'île (Der Kampf auf der Insel) [FR]. 1961/62: Boccaccio '70/Boccacè 70. 3. Ep: Il lavoro (Boccaccio 70) [EP – IT/FR]. 1962: Le procès/Der Prozeß/Il processo [FR/BRD/IT]. 1962/63: The Victors (Die Sieger) [US/GB]. 1963: The Cardinal (Der Kardinal) [US]. 1963/64: L'amour à la mer [FR]. 1964: What's New, Pussycat? (Was gibt's Neues, Pussy?); L'Enfer [FR]; Good Neighbor Sam (Leih mir deinen Mann) [US]. 1965/66: 10:30 P.M. Summer (Halb elf in einer Sommernacht) [US/ES]. 1966: La voleuse/Schornstein Nr. 4 [FR/BRD]; Triple Cross/La fantastique histoire vraie d'Eddie Chapman (Spion zwischen zwei Fronten/Im Dienst der deutschen Armee) [GB/FR]; Romy. Anatomie eines Gesichts [DOK – BRD]. 1968: Otley [GB]. 1968/69: La piscine/La piscina (Der Swimmingpool) [FR/IT]. 1969: Les choses de la vie/L'Amante (Die Dinge des Lebens) [FR/IT]. 1969/70: My Lover, My Son (Inzest) [GB]; La Califfa (La Califfa) [IT/FR]. 1970: Qui?/Il cadavere dagli artigli d'acciaio (Die Geliebte des anderen) [FR/IT]; Bloomfield (Bloomfield) [GB/IL]; Max et les ferrailleurs/Il commissario Pelissier (Das Mädchen und der Kommissar) [FR/IT]. 1971: L'assassinio di Trotsky/L'assassinat de Léon Trotsky (Das Mädchen und der Mörder – Die Ermordung Trotzkis) [IT/FR]. 1972: César et Rosalie/E' simpatico, ma gli romperei il muso/Cesar und Rosalie [FR/IT/BRD]; Ludwig/Ludwig … ou le crépuscule des dieux/Ludwig II. [IT/FR/BRD]. 1973: Le train/Noi due senza domani (Le Train – Nur ein Hauch von Glück) [FR/IT]; Le mouton enragé/Il montone infuriato (Das wilde Schaf) [FR/IT]. 1973/74: Un amour de pluie/Male d'amore/Sommerliebelei [FR/IT/BRD]; Le trio infernal/Trio infernale/Trio Infernal [FR/IT/BRD]. 1974: L'important c'est d'aimer/L'importante è amare/Nachtblende [FR/IT/BRD]. 1974/75: Les innocents aux mains sales/Gli innocenti dalle mani sporche/Die Unschuldigen mit den schmutzigen Händen [FR/IT/BRD]. 1975: Le vieux fusil/Abschied in der Nacht/Das alte Gewehr [FR/BRD]. 1976: Mado [FR/IT/BRD]; Une femme à sa fenêtre/Una donna alla finestra/Die Frau am Fenster [FR/IT/BRD]; Tausend Lieder ohne Ton [TV – BRD]. 1976/77: Gruppenbild mit Dame/Portrait de groupe avec dame [BRD/FR]. 1978: Une histoire simple/Eine einfache Geschichte [FR/BRD]. 1978/79: Clair de femme/Chiaro di donna/Die Liebe einer Frau [FR/IT/BRD]; Bloodline (Blutspur) [US]. 1979: La mort en direct/Death Watch – Der gekaufte Tod [FR/BRD]. 1980: La banquière (Die Bankiersfrau) [FR]. 1980/81: Fantasma d'amore/Fantôme d'amour/Die zwei Gesichter einer Frau [IT/FR/BRD]. 1981: Garde à vue (Das Verhör) [FR]. 1981/82: La passante du Sans-souci/Die Spaziergängerin von Sans-Souci [FR/BRD].

Schtrauch, Maxim → Štrauch, Maksim

Schukschin, Wassili → Šukšin, Vasilij

Schulze, Horst

*26. 4. 1921 Dresden

Nach Schulbesuch und Autoschlosserlehre 1937–40 Gesangstudium und Schauspielunterricht in Dresden. Laufbahnunterbrechung durch den Krieg. 1946–48 Volksoper Dresden, 1947–49 Komödienhaus Dresden, 1949–56 Zittau und Weimar, 1956–65 Staatstheater Dresden, 1965–67 Berliner Ensemble, 1966–72 am Metropol-Theater in «My Fair Lady». Filmdebüt 1957 bei der DEFA als Graf Appiani in Martin Hellbergs Lessing-Verfilmung *Emilia Galotti*. Beachtung als Karl Liebknecht in *Solange Leben in mir ist* und *Trotz alledem!*, Günter Reischs zweiteiliger Filmbiografie. Für den 1. Teil 1966 mit dem Nationalpreis ausgezeichnet, ebenso 1969 für die Titelrolle des antifaschistischen Widerstandskämpfers in Rudi Kurz' TV-Vierteiler *Hans Beimler, Kamerad*. Ins breite Rollenspektrum gehört der brutale Plantagenbesitzer in Konrad Petzolds Indianerfilm *Osceola* ebenso wie der eifernde Mittler in Siegfried Kühns Goethe-Adaption *Die Wahlverwandtschaften*. Im Fernsehen u. a. als Baron Instetten in der Fontane-Verfilmung *Effi Briest* (Wolfgang Luderer), als Dr. Paul Kramer in der dreiteiligen Feuchtwanger-Verfilmung *Die Brüder Lautensack* (Hans-Joachim Kasprzik), als ein alter Professor auf beschwerlichem Weg zur Gerechtigkeit in Hans Knötzschs Fallada-Verfilmung *Altes Herz geht auf die Reise*. Ab 1990 vor allem in TV-Serien beschäftigt. Lehrtätigkeit im Schauspielstudio des Staatstheaters Dresden, dann an der Musikhochschule «Hanns Eisler» in Berlin.

[DDR] 1957: Emilia Galotti. 1959/60: Hochmut kommt vor dem Knall. 1960/61: Irkutsker Geschichten [TV]. 1961: Tempel des Satans [TV]. 1961/62: Freispruch mangels Beweises. 1962: Tote reden nicht [TV]. 1963: Christine [Unvollendet]; Jetzt und in der Stunde meines Todes. 1964/65: Solange Leben in mir ist. 1965: Dr. Schlüter 4 Teile. [TV]. 1966: Der kleine Prinz [TV]; Lebende Ware. 1966/67: Geschichten jener Nacht. 2. Ep: Die Prüfung [EP]; Der Mord, der nie verjährt. 1967: Begegnungen [TV]. 1967/68: Geheimkommando Ciupaga [TV]; Der Streit um den Sergeanten Grischa [TV]; Mord am Montag. 1968: Geheimkommando Spree [TV]; Zeit ist Glück [TV]; Jungfer, Sie gefällt mir; Weiße Wölfe/Bijeli vukovi [DDR/YU]. 1968/69: Der Engel im Visier [TV]; Effi Briest [TV]. 1969: Hans Beimler, Kamerad [TV]; Androklus und der Löwe [TV]. 1970: Sprechen Sie zur Sache, Angeklagte! [TV]; Familie Neumann [TV]; KLK an PTX – Die Rote Kapelle. 1970/71: Artur Becker [TV]. 1971: Osceola; Die Verschworenen [TV]; Trotz alledem! 1971/72: Die Bilder des Zeugen Schattmann [TV]; Die Brüder Lautensack [TV]. 1972: Appetit auf Frühkirschen [TV]; Das Geheimnis der Anden [TV]; Na krawędzi (Monsieur Paul läßt grüßen) [TV – PL]. 1973: Attentäter [TV]; Fernseh-Pitaval: Verein zur Vermögensumverteilung e. V. [TV]; Jim Owens wunderbares Weihnachten oder Ein verhinderter Sankt Franziskus [TV]; Wallenstein [TV]. 1973/74: Die Wahlverwandtschaften. 1974/75: Die Falle [TV]. 1975: Front bez flangov (Front ohne Flanken) [SU]; Zum Beispiel Flick [TV]; Steckbrief eines Unerwünschten [TV-EP]; Vybor zeli (Wahl des Ziels) [SU]. 1975/76: Auf der Suche nach Gatt [TV]; Abschied von Gabriele [TV]; Auftrag für M & S [TV]. 1976: Alle meine Kinder [TV]. 1976/77: Das Verhör [TV]; Abschied vom Frieden [TV]. 1977: Polizeiruf 110: Alibi für eine Nacht [TV]; Ernst Schneller [TV]; Soldaty svobody (Soldaten der Freiheit) [SU]; Das unsichtbare Visier: Der afrikaanse Broederbond [TV]. 1977/78: Hochzeit in Weltzow [TV]; Bis daß der Tod euch scheidet. 1978: Polizeiruf 110: In Maske und Kostüm [TV]; Das unsichtbare Visier: King-Kong-Grippe [TV]; Für Mord kein Beweis; Sami sred wâlzi/Allein unter Wölfen [TVS – BG]. 1978/79: Archiv des Todes [TVS]. 1979: Die lange Straße. 5 Teile. [TV]; Das unsichtbare Visier: Insel des Todes [TV]. 1979/

80: Archiv des Todes [TVS]; Das Rad [TV]; Levins Mühle; Hochhausgeschichten [TVS]. 1980: Yvonne [TV]; Die Spur des Vermißten [TV]; Adel im Untergang [TV]; Chirurgus Johann Paul Schroth [TV]. 1980–82: Hotel Polan und seine Gäste [TV]. 1980/81: Der ungebetene Gast [TV]. 1981: Kein Tag ist wie der andere [TV]; Zahl bar, wenn du kannst [TV]; Märkische Forschungen. 1981/82: Berühmte Ärzte der Charité: Arzt in Uniform [TV]. 1982: Berühmte Ärzte der Charité: Das scheinbar Unmögliche [TV]; Märkische Chronik. 1. Staffel [TVS]; Pianke [TV]; Die Kündigung [TV]; Der Staatsanwalt hat das Wort: Nur ein Schluck [TV]; Chef der Gelehrsamkeit [TV]. 1983: Kopf und Herz [TV]; Ärztinnen. 1983/84: Familie Neumann [TVS]; Johann Sebastian Bach [TV – DDR/HU]. 1984: Auf Gnade und Ungnade [TV]; Der Haken [TV]. 1984–86: Bebel und Bismarck [TV]. 1985: Verspielte Liebe [TV]; Der Snob [TV]. 1985–88: Barfuß ins Bett [TVS]. 1985/86: Rund um die Uhr [TVS]; Wanderungen durch die Mark Brandenburg [TV – BRD]. 1986: Ein idealer Gatte [TV]; Polizeiruf 110: Die alte Frau im Lehnstuhl [TV]; Altes Herz geht auf die Reise [TV]. 1987: Polizeiruf 110: Die letzte Kundin [TV]. 1987/88: Präriejäger in Mexiko [TV]; Märkische Chronik. 2. Staffel [TVS]. 1988: Abschiedsdisco. 1988/89: Der Staatsanwalt hat das Wort: Noch nicht zu Hause [TV]. 1989/90: Heimsuchung [TV]. 1990: Gänsehaut [TV]. 1990/91: Farßmann oder Zu Fuß in die Sackgasse. 1991: Luv und Lee [TVS]; Die Spur des Bernsteinzimmers. 1993: Wer zweimal lügt [TV]. 1993/94: Ärzte: Die Narbe des Himmels [TV]. 1994/95: Tödliches Geld – Das Gesetz der Belmonts [TV]. 1995: Ärzte: Weiß wie Schnee [TV]; Mona M.: Um Kopf und Kragen [TV]; Kanzlei Bürger: Cornelia Bürger – Rechtanwältin [TV]. 1996: Alles außer Mord: Marion Nr. 5 [TV].

Schünzel, Reinhold

*7. 11. 1888 Hamburg-St. Pauli
†11. 9. 1954 München

Aufgewachsen auf St. Pauli. Kaufmännische Ausbildung in Berlin, Angestellter im Verlagshaus Scherl, zugleich ab 1905 Statist am Königlichen Schauspielhaus. Scherl-Filialleiter in Bremen, dann in Hamburg, dort u. a. Mitwirkung in einem Bühnen-Verein um Richard Ohnsorg. 1912–14 Mitglied eines reisenden Varieté-Unternehmens. Bis 1915 Stadttheater Bern, bis 1920 Meinhard-Bernauer-Bühnen in Berlin. In den 20er Jahren nur gelegentlich auf der Bühne. 1916 als mißratener Fabrikantensohn in Carl Froelichs *Werner Krafft. Der Maschinenbauer* zuerst im Film. Durch Richard Oswald wird er sogleich in Richtung des zynischen Bonvivants oder überwältigend abgefeimten Großstadt-Ganoven geprägt: Exemplarisch als Erpresser in *Anders als die Andern* (1918/19) bildet er mit Anita Berber, Conrad Veidt und Werner Krauß das erfolgreiche Quartetto infernale in Oswalds Sittenkino. Ab 1918 auch vielseitiger Regisseur, z. B. 1919/20 die Hebbel-Verfilmung *Maria Magdalene,* 1920 der «Sittenfilm» *Das Mädchen aus der Ackerstraße* und die kolossale *Katharina die Große.* Ab 1920 Produzent; weiterhin als Lebemann und Unhold aktiv in Filmen wie in Froelichs Schiller-Adaption *Luise Millerin* als Hofmarschall von Kalb, Rudolf Walther-Feins *Das Liebesnest* und *Bigamie.* Mitte der 20er Jahre Star-Kino in eigen- und fremdinszenierten Komödien wie *Lumpen und Seide* (Oswald), *Hallo Caesar!* (Schünzel), *Der Juxbaron* (Willi Wolff). Im Tonfilm tritt er u. a. 1930/31 als facettenreicher Polizeichef Tiger Brown in G. W. Pabsts *Die 3-Groschen-Oper* auf. Als Regisseur ist er Spezialist für ironische, auch musikalisch schmissige Komödien wie *Viktor und Viktoria* und *Amphitryon.* Schünzel arbeitet ab 1933 als «Halbjude» mit Sondererlaubnis der Nazis. 1937 Emigration in die USA. Ab 1938 in Hollywood zunächst Regie bei Musikfilmen, nach Mißerfolg ab 1942 als Darsteller auf finstere Nazi-Schurken festgelegt: z. B. in Fritz Langs *Hangmen Also Die!*; in Alfred Hitchcocks *Notorious* auch mit feinerer Nuancierung der Zwielichtigkeit. 1949 Rückkehr aus dem Exil. Theaterarbeit an den Kammerspielen München, Nebenrollen im Film, zuletzt in Gerhard Lamprechts *Meines Vaters Pferde* (1954), Bundesfilmpreis als Bester Nebendarsteller. 1994/95 ist er Gegenstand des biografischen Films von Hans-Christoph Blumenberg: *Beim nächsten Kuß knall ich ihn nieder!*

[DE/BRD] 1916: Werner Krafft. Der Maschinenbauer; Der Fall Grehn; Bubi ist eifersüchtig; Der oder der?/Ihr Bruder Ede; Im Banne des Schweigens; Seine kokette Frau; Die Stricknadeln; Ihr liebster Feind; Das Geständnis der grünen Maske/Der grüne Dämon; Freitag, der 13.; Der chinesische Götze; Benjamin, der Schüchterne. 1917: Das Nachtgespräch; Die ledige Frau; Der neueste Stern vom Variété; Die Erzkokette; Der Schloßherr von Hohenstein; Das Armband; Des Herrn Theophils erstes Mißgeschick [KF]; Höhenluft; Gräfin Küchenfee. 1917/18: Die Liebe höret nimmer auf. 1918: Auf Probe gestellt; Kain. 4 Teile; Das Mädel vom Ballett; Sündige Mütter (Strafgesetz § 218); Das Tagebuch einer Verlorenen; Hanne entlobt sich [D?,R]; Hannes Millionengründung [D,R]; Mitternacht; Frühlingsstürme im Herbste des Lebens; Die Filmkathi; Prinzessin Hanne muß was erleben [D,R]; Hanne, der Einbrecher [D,R]; Die Reise um die Erde in 80 Tagen; Um Krone und Peitsche/Der Todessprung. 1918/19: Liebe, die sich frei verschenkt; Das Karussell des Lebens; Anders als die Andern. 1919: Das Geheimnis des Amerika-Docks; Das gelbe Haus/Die Prostitution/Im

Sumpfe der Großstadt; Das Mädchen und die Männer; Die Apachen; Die sich verkaufen. Die Prostitution 2. Teil; Die Peruanerin; Seelenverkäufer; Eine Nacht, gelebt im Paradiese; Die Liebschaften der Käthe Keller; Blondes Gift; Lilli; Madame Dubarry; Lillis Ehe; Heddas Rache/Die Tochter der Prostituierten oder Wenn Leidenschaft zur Rache wird; Das Geheimnis der Wera Baranska; Die Pflicht zu leben; Wahnsinn; Seine Beichte; Unheimliche Geschichten [EP]; Der Teufel und die Madonna; Tänzerin Tod; Liebe; Ut mine Stromtid; Die schwarze Marion; Die Rose des Fliegers. 1919/20: Nachtgestalten (Eleagabal Kuperus); Maria Magdalene [D,R]; Die Tänzerin Barberina. 1920: Drei Nächte; Das Mädchen aus der Ackerstraße. 1. Teil [D,R]; Der Gefangene. Sklaven des Jahrhunderts; Die Banditen von Asnières; Katharina die Große [D,R,CoA]; Moriturus; Der Marquis d'Or [D,R,P]; Weltbrand. Christian Wahnschaffe. 1. Teil; Der Graf von Cagliostro [D,R,CoP – AT/DE]; Die letzte Stunde [D,P]; Das Chamäleon (Don Pedros Masken); Der Anti-Detektiv. 1921: Christian Wahnschaffe. 2. Die Flucht aus dem goldenen Kerker; Der Roman eines Dienstmädchens [D,R,P]; Lady Hamilton; Das Geld auf der Straße [D,R,CoP – AT/DE]. 1922: Das Liebesnest. 2 Teile; Luise Millerin; Bigamie; Der Pantoffelheld [D,R,CoP – AT/DE]; Die drei Marien und der Herr von Marana [D,R,CoP – AT/DE]. 1922/23: Der Schatz der Gesine Jakobsen; Der Menschenfeind. 1923: Alles für Geld [D,R]. 1923/24: Neuland oder das glückhafte Schiff. 1924: Windstärke 9 [R]; Die Schmetterlingsschlacht; Lumpen und Seide; Ein Weihnachtsfilm für Große [KF]; Die Kleine aus der Konfektion. 1924/25: Der Flug um den Erdball. 1. Von Paris bis Ceylon/2. Indien – Europa; Heiratsschwindler; Die Blumenfrau vom Potsdamer Platz. 1925: Sündenbabel; Die Frau für 24 Stunden [R,CoA]; Der Hahn im Korb [D,CoA]. 1925/26: Der Stolz der Kompagnie/ Die Perle des Regiments [D,CoA]. 1926: Fünfuhrtee in der Ackerstraße [D,CoA]; Der dumme August des Zirkus Romanelli [D,CoA]; Hallo Caesar! [D,R,CoA,P]; In der Heimat, da gibt's ein Wiedersehn! [D,KO,P]; Der Juxbaron. 1926/27: Der Himmel auf Erden [D,KO,CoA]. 1927: Üb' immer Treu und Redlichkeit [D,R,CoA,P]; Gustav Mond … Du gehst so stille [D,R,P]; Herkules Maier [D,KO,CoA]. 1928: Adam und Eva [D,KO,CoA]; Don Juan in der Mädchenschule [D,R,P]; Aus dem Tagebuch eines Junggesellen [D,P]. 1928/29: Cagliostro [FR/DE]. 1929: Peter, der Matrose [D,R,P]; Kolonne X [D,R,P]; Phantome des Glücks [R,CoA]. 1929/30: Liebe im Ring [D,R]. 1930: «1914». Die letzten Tage vor dem Weltbrand. 1930/31: Die 3-Groschen-Oper [Version – DE/US]. 1931: Ihre Hoheit befiehlt; Der Ball [Version – FR/DE]; Der kleine Seitensprung [R,CoA – Version]; Le petit écart [CoR, CoA – Version]; Ronny [R,CoA – Dt. Version]; Ronny [CoR,CoA – Fr. Version]. 1932: Das schöne Abenteuer [R,CoA – Version]; La belle aventure [CoR,CoA – Version]; Wie sag' ich's meinem Mann? [R]. 1933: Saison in Kairo [R – Version]; Idylle au Caire [CoR – Version]; Viktor und Viktoria [R,A – Version]; Georges et Georgette [A,CoR – Version]. 1934: Die Töchter Ihrer Exzellenz [R – Version]; La jeune fille d'une nuit [CoR,CoA – Version]; Die englische Heirat [R]. 1935: Amphitryon. Aus den Wolken kommt das Glück [R,A – Version]; Les Dieux s'amusent [A,CoR – Version]. 1935/36: Donogoo Tonka – Die geheimnisvolle Stadt [R,A – Version]; Donogoo [A,CoR – Version]. 1936: Das Mädchen Irene [R,A]. 1937: Land der Liebe [R,A]. 1938: Rich Man, Poor Girl [R – US]. 1938/39: The Ice Follies of 1939 (Tanz auf dem Eis) [R – US]. 1939: Balalaika (Balalaika) [R – US]. 1941: New Wine (Die Unvollendete) [R – US]. 1942: Hangmen Also Die! (Auch Henker sterben) [US]. 1943: First Comes Courage [US]; Hostages [US]. 1944: The Hitler Gang [US]; The Man in Half Moon Street [US]. 1945: Dragonwyck (Weißer Oleander) [US]. 1946: Notorious (Weißes Gift/Berüchtigt) [US]; The Plainsman and the Lady (Karten, Kugeln und Banditen) [US]. 1947: Golden Earrings [US]. 1947/48: Berlin Express (Berlin-Expreß) [US]. 1948: The Vicious Circle [US]. 1951: Die Dubarry [CoR]. 1952: Washington Story [US]; Wochenend im Paradies/Liebe im Finanzamt. 1953/54: Eine Liebesgeschichte; Meines Vaters Pferde. 2. Seine dritte Frau.

Schwarz, Jaecki

*26. 2. 1946 Berlin

Nach der Schule zunächst Chemiefacharbeiter, dann Studium an der Filmhochschule in Babelsberg. 1967 von Konrad Wolf für die Hauptrolle seines autobiografischen Films *Ich war neunzehn* engagiert: Erfolg mit dieser Rolle eines jungen Deutschen, der 1945 als Rotarmist in die Heimat zurückkehrt. Ab 1969 Bühnen der Stadt Magdeburg, 1974 Berliner Ensemble. Neben der Theaterarbeit oft in Film und Fernsehen, so 1967/68 als junger Krause im TV-Mehrteiler *Krupp und Krause*, 1969 neben Manfred Krug in Herrmann Zschoches Ost-Roadmovie *Weite Straßen – stille Liebe*. Bei Egon Günther 1971 eine Nebenrolle im internationalen Erfolg *Der Dritte* und 1972 neben Jutta Hoffmann die Hauptrolle des intellektuell-hochmütigen Studenten Klaus im damals umstrittenen Film *Die Schlüssel*. Im Laufe seiner DEFA-Karriere fast Standardbesetzung des netten jungen Mannes und Kollegen, mit trockener Komik und Gespür für Alltäglichkeit unterfüttert. Im vereinigten Deutschland in zahlreichen TV-Serien gern als Ex-Stasi und Kommissar besetzt, seit 1995 auch *Polizeiruf 110*-Ermittler.

[DDR] 1966/67: Kaule; Geschichten jener Nacht: 4. Der große und der kleine Willi [EP]. 1967: Ich war neunzehn. 1967/68: Krupp und Krause. Teil 1–3 [TV]. 1969: Weite Straßen – stille Liebe. 1969/70: Jeder stirbt für sich allein [TV]; Rottenknechte [R – TV]. 1970: Dornröschen; Du und ich und Klein-

Paris; Wir kaufen eine Feuerwehr. 1971: Ein Mann, der sterben muß [TV]; Trotz alledem!; Der Dritte. 1971/72: Lützower. 1972: Die Schlüssel. 1972/73: Eva und Adam. 3: Eva und Adam oder Wieviel Sterne hat der Himmel [TV]; Stülpner-Legende [TV]. 1973: Das zweite Leben des Friedrich Wilhelm Georg Platow; Der nackte Mann auf dem Sportplatz. 1973–75: Das Mädchen Krümel [TVS]. 1974: Suse, liebe Suse. 1974/75: Konzert für Bratpfanne und Orchester. 1975: Im Schlaraffenland [TV]; Das blaue Licht; Ein verdammt wunderschöner Tag [TV]. 1975–78: Gefährliche Fahndung [TVS]. 1977: Das Raubtier; Die zertanzten Schuhe [TV]. 1978: Das Ding im Schloß; Ein Mädchen aus Schnee; Marx und Engels. Stationen ihres Lebens [TVS]. 1978/79: Alle meine Mädchen; Glück im Hinterhaus; Einfach Blumen aufs Dach. 1979: Der Sohn des Schauspielers [TV]; Die Rache des Kapitäns Mitchell [TV]; Der Staatsanwalt hat das Wort: Ein reizender Abend [TV]. 1979/80: Die Stunde der Töchter; Nora S. [TV]. 1980: Asta, mein Engelchen; Blaue Pferde auf rotem Gras [TV]; Der Spiegel des großen Magus; Mein Vater Alfons; Puppen für die Nacht [TV]; Wie wär's mit uns beiden?. 1980–82: Hotel Polan und seine Gäste [TV]. 1980/81: Zwei Zeilen, kleingedruckt/Dve stročki melkim šriftom [DDR/SU]; Bürgschaft für ein Jahr. 1981: Jegor Bulytschow und die anderen [TV]; Märkische Forschungen. 1981/82: Wilhelm Meisters theatralische Sendung [TV]; 1981–83; Front ohne Gnade [TVS]. 1982: Das Mädchen und der Junge [TV]; Im Spiegel [TV]; Wo gibt's denn so was? [TV-EP]; Der kaukasische Kreidekreis [TV]. 1982/83: Fariaho. 1983: Das Interview [TV]; Kaskade rückwärts; Isabel auf der Treppe. 1984: Immer, wenn Lehmann kommt [TV]; Ach du meine Liebe [TV]; Schauspielereien: Denkzettel [TV]. 1984/85: Flug des Falken [TVS]; Die Gänse von Bützow. 1984–86: Ernst Thälmann [TV]. 1985: 1913 [TV]. 1985–87: Spuk von draußen [TVS]. 1986: Jungfer Miras Mirakel [TV]; Schauspielereien: Ein ehrlicher Finder [TV]; Die lustigen Weiber von Windsor [TV]. 1986/87: Hasenherz; Polizeiruf 110: Abschiedslied für Linda [TV]. 1987: Der Hauptmann von Köpenick [TV]; Die Bestie [TV]. 1987/88: Späte Ankunft [TV]; Polizeiruf 110: Mitternachtsfall [TV]. 1988: Der Staatsanwalt hat das Wort: Alles umsonst [TV]; Stunde der Wahrheit [TV]; Abschiedsdisco. 1989: Der Mantel des Ketzers [TV]; Großer Frieden [TV]. 1989/90: Erster Verlust; Fritze Bollmann will nicht angeln [TVS]. 1990: Spreewaldfamilie [TVS]; Alter Schwede [TV]; Der Tangospieler. 1990/91: Stein; Trillertrine. 1991: Die lustigen Weiber von Windsor [TV]; Die Spur des Bernsteinzimmers; Wunderjahre [TV]; Vanek-Trilogie [TV]; Der Rest, der bleibt [TV]. 1991/92: Geheimakte Lenz [TV]. 1992: Tatort: Renis Tod [TV]. 1992/93: Liebling – Kreuzberg: Wer schmeißt denn da mit Lehm [TVS]; Rotlicht [TV]. 1993: Wer zweimal lügt [TV]; Hörigkeit des Herzens [TV]. 1993/94: Praxis Bülowbogen. Folge 64–88 [TVS]; Ein starkes Team [TV]. 1994: Ich klage an [TV]; Babysitter [TV]; Achterbahn: Hut mit B. Deutung [TVS]. 1994/95: Spreebogen [TV]; Wolffs Revier: Klassenfahrt [TV]. 1995: Heimatgeschichten: Alte Freunde [TV]; Tödliches Leben [TV]; Die Grube [TV]; Mobbing – die lieben Kollegen [TV]; Matulla & Busch [TV]; Die Staatsanwältin [TV]. 1995/96: Auf eigene Gefahr [TVS]; Polizeiruf 110: Der Pferdemörder [TV]. 1996: Ein Starkes Team: Kaviar Connection [TV]; Polizeiruf 110: Der Pferdemörder [TV]; Polizeiruf 110: Lauf oder stirb [TV]; Polizeiruf 110: Der schlanke Tod [TV]; Eine fast perfekte Liebe [TV].

Schwarzenegger, Arnold
(Arnold Alois Schwarzenegger)
* 30. 7. 1947 Thal bei Graz (Österreich)

Teilnahme an Bodybuilding-Wettbewerben, fünfmaliger Mister Universum und siebenmaliger Mister Olympia. Ende der 60er Jahre geht er nach Amerika. Abgeschlossenes Wirtschaftsstudium an der University of Wisconsin. Filmdebüt 1970 als Arnold Strong in der Titelrolle von *Hercules in New York*. Robert Altman gibt ihm in *The Long Goodbye* eine kleine Nebenrolle. Erster Erfolg als Zentralfigur des Bodybuilding-Dokumentarfilms *Pumping Iron*. Seit Anfang der 80er Jahre Aufstieg zum Superstar in Science-fiction- und Fantasy-Filmen, in denen er seinen Körper ausstellen kann: 1981 Titelrolle in John Milius' *Conan the Barbarian* (auch Fortsetzung 1984). In James Camerons trick-reichem *The Terminator* (1984; Fortsetzung 1991, 1996 auch in 3-D-Fassung) ist er eine computergesteuerte Killermaschine, in Paul Michael Glasers *The Running Man* das lebende Element eines futuristischen Spiels. Erfolg als in eigenem Traum gefangener Douglas Quaid in *Total Recall* (Paul Verhoeven). In Filmen unter der Regie von Ivan Reitman versucht er das Macho-Image durch Komik aufzubrechen, so als riesiger Zwilling des kleinen, dicken Danny de Vito in *Twins*, als energischer Detective John Kimble in *Kindergarten Cop* und als schwangerer Vater in *Junior*. Trotz beschränkter darstellerischer Mittel ist er einer der populärsten US-Schauspieler der 80er und 90er Jahre. Regiedebüt mit einer Folge der TV-Serie *Tales from the Crypt*. Er ist Chairman des «Council on Physical Fitness» und Träger des National Leadership Award. Trotz seiner Ehe mit der zum Kennedy-Clan gehörenden TV-Journalistin Maria Shriver intensives Engagement für die Republikaner. Gemeinsam mit Bruce Willis und Sylvester Stallone baut er seit 1991 erfolgreich die Restaurant-Kette «Planet Hollywood» auf. Autor mehrerer Bücher über Bodybuilding und Fitness-Training.

[US] 1970: Hercules in New York/Hercules Goes Bananas (Herkules in New York). 1973: The Long Goodbye (Der Tod kennt keine Wiederkehr). 1976: Stay Hungry (Mister Universum). 1977: Pumping Iron [DOK]. 1979: Cactus Jack/The Villain (Kaktus-Jack); Scavenger Hunt [TV]. 1980: The Jayne Mansfield Story (Die Jayne Mansfield Story) [TV]. 1981: Conan the Barbarian (Conan der Barbar). 1984: Conan the Destroyer (Conan der Zerstörer); The Terminator (Terminator). 1985: Red Sonja (Red Sonja); Commando (Phantom-Kommando). 1986: Raw Deal (Der City Hai). 1987: The Running Man (Running Man); Predator (Predator). 1988: Red Heat (Red Heat); Twins (Zwillinge). 1990: Kindergarten Cop (Kindergarten Cop); Tales from the Crypt [TV]; Total Recall (Die totale Erinnerung). 1991: Terminator 2: Judgement Day (Terminator 2 – Tag der Abrechnung). 1992: Christmas in Connecticut [R – TV]. 1993: Dave (Dave); Last Action Hero (Der letzte Action-Held) [D,P]; Beretta's Island. 1994: Crusade; True Lies (True Lies); Junior (Junior). 1995: Eraser (Eraser). 1996: Terminator 2: 3-D; Jingle All the Way (Versprochen ist versprochen). 1996/97: Batman & Robin.

Schygulla, Hanna

*25. 12. 1943 Kattowitz

1945 mit der Mutter nach München, der Vater kehrt 1948 aus der Kriegsgefangenschaft zurück. Abitur, ein Jahr als Au-pair-Mädchen in Paris. Ab 1964 in München Studium der Germanistik und Romanistik; daneben 1966/67 Schauspielunterricht. Durch Rainer Werner Fassbinder 1967 zum Action-Theater, 1968 mit Fassbinder, Peer Raben und anderen Gründung des antiteaters. Bis 1969 in zahlreichen Fassbinder-Inszenierungen. Erste kleinere Filmrollen bei Jean-Marie Straub, Peter Fleischmann und Reinhard Hauff. In *Liebe ist kälter als der Tod* erstmals unter der Film-Regie Fassbinders, 1970 Bundesfilmpreis. Bis 1972 mit einer Ausnahme in allen Fassbinder-Filmen und vielen seiner Bühnen-Inszenierungen. Der «Superstar der Subkultur» wird durch Fassbinders Fernsehserie *Acht Stunden sind kein Tag* auch einem breiteren Publikum bekannt. Nach dem ersten gemeinsamen Kassenerfolg *Fontane Effi Briest* Aufkündigung der Zusammenarbeit. Bis 1977 in Filmen anderer Regisseure, u. a. in *Falsche Bewegung* von Wim Wenders (1975 Bundesfilmpreis für das Ensemble) und in *Ansichten eines Clowns* von Vojtech Jasny. 1978 erneut Zusammenarbeit mit Fassbinder: Das Nachkriegs-Melodram *Die Ehe der Maria Braun* (Bundesfilmpreis 1979 und Silberner Bär in Berlin) wird ebenso im Ausland beachtet wie *Lili Marleen*. 1979 an den Münchner Kammerspielen. 1976 und 1980 Tourneen. Sporadisch in internationalen Produktionen u. a. von Jean-Luc Godard, Carlos Saura, Margarethe von Trotta und Andrzej Wajda. 1983 für die Rolle in *Storia di Piera* (Marco Ferreri) in Cannes ausgezeichnet. 1984/85 erstmalig in einer amerikanischen Produktion: Katharina die Große im TV-Mehrteiler *Peter the Great*. Seither in höchst unterschiedlichen Produktionen in Europa und den USA ohne nachhaltige Wirkung. Schygulla, die in Paris lebt, gibt Liederabende in Theatern, singt Chansons nach Kompositionen von Jean-Marie Sénia.

[BRD] 1968: Der Bräutigam, die Komödiantin und der Zuhälter [KF]. 1968/69: Jagdszenen aus Niederbayern. 1969: Liebe ist kälter als der Tod; Kuckucksei im Gangsternest; Warum läuft Herr R. Amok?; Katzelmacher; Baal [TV]; Die Revolte [TV]; Götter der Pest. 1969/70: Ende einer Kommune [TV-DOK]. 1970: Die Niklashauser Fart [TV]; Rio das mortes [TV]; Pioniere in Ingolstadt [TV]; Warnung vor einer heiligen Nutte [BRD/IT]; Whity; Das Kaffeehaus [TV]. 1970/71: Fassbinder produziert: Film Nr. 8 [TV]; Mathias Kneißl. 1971: Händler der vier Jahreszeiten; Jakob von Gunten [TV]; Die Ahnfrau [TV]. 1971/72: Die bitteren Tränen der Petra von Kant. 1972: Bremer Freiheit [TV]; Acht Stunden sind kein Tag [TVS]; Haus am Meer [TV]; Wildwechsel [TV]. 1972–74: Fontane Effi Briest. 1974: Unser Werk [TV]. 1974/75: Falsche Bewegung. 1975: Ansichten eines Clowns; Der Katzensteg [TV]; Intermezzo für fünf Hände [TV]. 1976: Sonderdezernat K1: Der Stumme [TV]. 1976–78: Schritte ins Reich der Freiheit [DOK]. 1976/77: Die Dämonen [TV]. 1977: Die Rückkehr – Mein seliger Onkel. EP: Die Rückkehr des alten Herrn [EP – AT]; Silvesternacht [KF]. 1978: Die Ehe der Maria Braun; Aussagen nach einer Verhaftung auf Grund des Gesetzes gegen Unsittlichkeit [TV]. 1978/79: Die dritte Generation; Die große Flatter [TV]. 1979/80: Berlin Alexanderplatz [TV]. 1980: Lili Marleen [BRD/IT]. 1980/81: Die Fälschung/La faussaire [BRD/FR]. 1981: Cinemania: Rainer Werner Fassbinder [TV-DOK – FR]. 1981/82: Passion [FR/CH]; La nuit de Varennes/Il mondo nuovo (Flucht nach Varennes) [FR/IT]. 1982: Heller Wahn/Folie des Femmes [BRD/FR]; Antonieta (Antonieta) [FR/MX/ES]. 1982/83: Storia di Piera/L'histoire de Piera/Die Geschichte der Piera [IT/FR/BRD]. 1983: Eine Liebe in Deutschland/Un amour en Allemagne [BRD/FR]. 1984: Il futuro è donna/Le futur est femme/Die Zukunft heißt Frau [IT/FR/BRD]; L'aide-mémoire [TV]. 1984/85: Peter the Great (Peter der Große) [TV – US]. 1985: The Delta Force (Delta Force) [US]. 1986: Forever, Lulu/Für immer: Lulu [US/BRD]; The Life of Barnum (Barnum) [TV – CA/US]. 1987: Miss Arizona (Miss Arizona) [IT/HU]; Casanova (Casanova) [TV – US/IT/BRD]. 1988: El verano de la Señora Forbes/Der Sommer mit Frau Forbes [ES/MX/BRD/AT]. 1989: Abrahams Gold; Aventure de Catherine C./L'ultima luna [FR/IT].

1991: Golem, l'esprit de l'exil [FR]; Dead Again (Schatten der Vergangenheit) [US]. 1992: Tragarz puchu/Warszawa année 5703/Der Daunenträger [PL/FR/DE]; Ich will nicht nur, daß ihr mich liebt. Der Filmemacher Rainer Werner Fassbinder [TV]. 1992/93: Das blaue Exil/Mavi Sürgün [DE/TR/GR]; Madame Bäuerin. 1993: Aux petits bonheurs (Die kleinen Freuden des Lebens) [FR]. 1994: Hey Stranger [BE/DE]; Die Nacht der Regisseure [Bilder in Bewegung – Das Jahrhundert des Kinos (4)]; Les cent et une nuits/A Hundred and One Nights (101 Nacht – Die Träume des Monsieur Cinema) [FR/GB]. 1994/95: Pakten/The Sunset Boys [NO/DE]. 1996: Lea [TV].

Scott, George C.

(George Campbell Scott)
* 18. 10. 1927 Wise (Virginia)

Besuch der Redford High School in Detroit. 1945–49 beim US Marines Corps. 1953 Absolvent der Journalistik-Fakultät der University of Missouri. Arbeiter und Schauspieler in Toledo, Washington, D.C., sowie in der kanadischen Provinz Ontario. 1957 Erfolg in «Richard III», einer Produktion von Joseph Papps Shakespeare Festival. 1958 mit «Comes a Day» am Broadway. Im selben Jahr Filmdebüt neben Gary Cooper in Delmer Daves' Western *The Hanging Tree*. Nominierungen zum Nebenrollen-Oscar in Otto Premingers Gerichtsfilm *Anatomy of a Murder* (1959) und in Robert Rossens *The Hustler* (1961). Popularität durch die Rolle eines Sozialarbeiters in 26 Folgen der TV-Serie *East Side West Side*. Erste Kino-Hauptrolle als Scotland-Yard-Detektiv in John Hustons *The List of Adrian Messenger*. In Stanley Kubricks Atomkriegs-Satire *Dr. Strangelove or How I Learned to Stop Worrying and Love the Bomb* verkörpert er den Pentagon-General «Buck» Turgidson. Die Annahme des Oscars für seine Darstellung des US-Panzergenerals in Franklin J. Schaffners *Patton* (1969) verweigert er wegen seiner Verachtung für derlei Veranstaltungen, ebenso lehnt er im selben Jahr den Emmy-Award für den TV-Film nach Arthur Millers *The Price* ab. Der knorrige Charakterdarsteller bevorzugt zwiespältige Figuren, so den neurotischen Chefarzt in Arthur Hillers schwarzer Komödie *The Hospital*; in Anthony Harveys *They Might Be Giants* spielt er einen Rechtsanwalt, der glaubt, er sei Sherlock Holmes. In Paul Schraders *Hardcore* macht er sich als bigotter Provinzler auf, seine Tochter im Porno-Milieu zu suchen. In den 80er Jahren zunehmend im Fernsehen beschäftigt: Hauptrollen in den Dickens-Verfilmungen *Oliver Twist* und *A Christmas Carol*, Titelrolle in *Mussolini – The Untold Story*. Neben der Film- und TV-Arbeit regelmäßig am Theater: 1959 in «The Andersonville Trial», 1962 «The Merchant of Venice», 1965 in «Drei Schwestern» (London). 1962 Gründung der Theatre of Michigan Company. 1969 gibt Scott mit «Hello and Goodbye» sein Debüt als Broadway-Regisseur.

[US] 1958: The Hanging Tree (Der Galgenbaum). 1958–62: Naked City: Strike a Statue [TV]. 1959: Anatomy of a Murder (Anatomie eines Mordes). 1960: The Power and the Glory (Die Kraft und die Herrlichkeit) [TV]. 1961: The Hustler (Haie der Großstadt). 1962–69: Virginian: Brazen Bell (Die erbarmungslosen Zwei) [TV]. 1963: East Side, West Side [TVS]; The List of Adrian Messenger (Die Totenliste). 1963/64: Dr. Strangelove: Or How I Learned to Stop Worrying and Love the Bomb (Dr. Seltsam oder Wie ich lernte, die Bombe zu lieben). 1964: The Yellow Rolls Royce (Der gelbe Rolls-Royce) [EP – GB]. 1964–66: La bibbia (Die Bibel) [IT]. 1966: Not with My Wife, You Don't (Finger weg von meiner Frau); Road West [TV]. 1967: The Flim-Flam Man (Der tolle Mister Flim-Flam). 1968: Petulia (Petulia). 1969: This Savage Land [TV]; Patton (Patton – Panzer nach vorn). 1970: Jane Eyre (Jane Eyre – eine Frau kämpft um ihr Glück) [TV – GB]; The Andersonville Trial [TV]. 1971: Price [TV]; They Might Be Giants (Der verkehrte Sherlock Holmes); The Last Run (Wen die Meute hetzt). 1972: Rage (Die Rache ist mein) [D,R]; The New Centurions (Polizeirevier Los Angeles-Ost); The Hospital (Hospital). 1973: Oklahoma Crude (Oklahoma Crude); The Day of the Dolphin (Der Tag des Delphins). 1974: Bank Shot (Klauen wir gleich die ganze Bank); The Savage Is Loose. 1975: The Hindenburg (Die Hindenburg); Fear on Trial (Schwarze Liste) [TV]. 1976: Beauty and the Beast [TV]; Islands in the Stream (Inseln im Strom). 1978: Movie, Movie (Movie, Movie); Hardcore (Wie Spreu im Wind); The Prince and the Pauper (Der Prinz und der Bettler) [PA]. 1979: Arthur Miller – On Home Ground [DOK – CA]. 1980: The Changeling (The Changeling) [USA]; The Formula (Die Formel). 1981: Taps (Die Kadetten von Bunker Hill). 1982: Oliver Twist (Oliver Twist) [GB]. 1983: China Rose (Das Drogen-Syndikat) [TV]. 1984: Firestarter (Der Feuerteufel); A Christmas Carol (Charles Dickens' Weihnachtsgeschichte) [TV – GB]. 1985: Mussolini – The Untold Story [TV]. 1986: The Murders in the Rue Morgue [TV]; The Last Days of Patton [TV]; Pals [TV]. 1989: The Ryan White Story [TV]. 1990: Descending Angel (Blutiger Engel) [TV]; The Exorcist III (Der Exorzist III); The Rescuers Down Under [S]. 1991: The Silence of the Lambs (Das Schweigen der Lämmer); Finding the Way Home [TV]. 1993: Malice (Malice – Eine Intrige); Curacao/Deadly Currents (Curacao – Tödliches Paradies) [TV]. 1994: Traps [TVS]; The Whipping Boy/Prince Brat and the Whipping Boy (Der Prinz und der Prügelknabe) [TV – US/DE]. 1995: Tyson (Tyson); Angus (Angus – voll cool); In the Heat of the Night: A Matter of Justice (Mord in Newman County – Böses Blut) [TV]. 1996: Titanic [TV]. 1997: 12 Angry Men [TV].

Scott, Randolph
(George Randolph Crane Scott)
*23. 1. 1898 Orange (Virginia)
†2. 3. 1987 Bel Air (California)
Besuch einer Privatschule sowie des Georgia Institute of Technology in Atlanta. Ingenieurstudium an der University of North Carolina, Chapel Hill. Schauspielausbildung am Pasadena Community Playhouse. Filmdebüt in John G. Blystones *Sharp Shooters* (1928). Scott arbeitet in Hollywood als Schauspieler, Sprachtrainer (u. a. von Gary Cooper) und Stuntman. Vertrag mit Paramount. Nach einigen Rollen als Liebhaber wird er zum Western-Star. In den 30er Jahren häufig Zusammenarbeit mit Henry Hathaway. Er spielt in aufwendigen Produktionen – als legendärer Sheriff Wyatt Earp in Allan Dwans *Frontier Marshal* und in durchschnittlichen B-Pictures. Während des Krieges auch in einer Anzahl Uniformrollen. Ab 1951 werden die meisten seiner Western von der eigenen Produktionsfirma Ranown hergestellt, darunter 1956–60 eine Reihe herausragender Western von Budd Boetticher, in denen Scott als alternder Cowboy auftritt: *Seven Men From Now, The Tall T, Decision at Sundown, Buchanan Rides Alone, Ride Lonesome, Westbound* und *Comanche Station*. Letzte Rolle als Gil Westrum neben Joel McCrea in Sam Peckinpahs *Ride The High Country*.

[US] 1928: Sharp Shooters. 1929: The Far Call; The Black Watch; The Virginian (Der Mann aus Virginia); Dynamite. 1931: The Women Men Marry. 1931/32: Hot Saturday. 1932: Sky Bride; A Successful Calamity (Rettender Ruin); Heritage of the Desert; Wild Horse Mesa; Island of Lost Souls. 1933: Hello Everybody!; Murders in the Zoo; Supernatural; Sunset Pass; Cocktail Hour; Man of the Forest; To the Last Man; Broken Dreams; Thundering Herd. 1934: The Last Round-Up; Wagon Wheels; Home on the Range. 1934/35: Roberta. 1935: The Rocky Mountain Mystery; Village Tale; She (SHE – Herrscherin einer versunkenen Welt); So Red the Rose (Die Farm am Mississippi). 1935/36: Follow the Fleet (Marine gegen Liebeskummer). 1936: And Sudden Death (Gefahr); The Last of the Mohicans (Der letzte Mohikaner); Go West, Young Man. 1937: High, Wide and Handsome; Rebecca of Sunnybrook Farm (Shirley auf Welle 303). 1938: The Texans (Über die Grenze entkommen); The Road to Reno. 1938/39: Jesse James (Jesse James – Mann ohne Gesetz). 1939: Susannah of the Mounties (Fräulein Winnetou); Frontier Marshal; Coast Guard; 20.000 Men a Year. 1939/40: My Favorite Wife (Meine Lieblingsfrau). 1940: Virginia City (Goldschmuggel nach Virginia); When the Daltons Rode (Die Bande der Fünf); Western Union (Überfall der Ogalalla). 1941: Belle Starr. Paris Calling. 1942: To the Shores of Tripoli; The Spoilers (Die Freibeuterin); Pittsburgh. 1943: The Desperadoes (Desperados – Aufruhr der Gesetzlosen); Bombardier (Ohne Rücksicht auf Verluste); Corvette K-225; Gung Ho! (Unternehmen Donnerschlag). 1944: Belle of the Yukon. 1945: Captain Kidd (Unter schwarzer Flagge); China Sky (Am Himmel von China); Abilene Town (Banditen ohne Maske) [D,CoP]. 1946: Badman's Territory (Land der Banditen); Home Sweet Homicide. 1947: Gunfighters (Rächer ohne Waffen); Trail Street (Die Todesreiter von Kansas); Christmas Eve. 1948: Albuquerque (Rächer der Todesschlucht); Return of the Bad-Men (Der Schrecken von Texas); Coroner Creek (Abrechnung in Coroner Creek). 1949: The Doolins of Oklahoma (Banditen am Scheideweg); The Walking Hills (Treibsand); Canadian Pacific (Canadian-Pacific); Fighting Man of the Plains (Die Stadt der rauhen Männer). 1950: The Cariboo Trail (Die Todesschlucht von Arizona); Colt 45 (Das Geheimnis der schwarzen Bande); The Nevadan (Der Nevada-Mann). 1950/51: Sugarfoot (Ein Fremder kam nach Arizona). 1951: Starlift; Forth Worth (Das letzte Fort); Man in the Saddle (Mann im Sattel); Santa Fe (Unsichtbare Gegner). 1952: Hangman's Knot (Goldraub in Texas); The Man Behind the Gun (Der Rebell von Kalifornien); Carson City (Sabotage). 1953: The Stranger Wore a Gun (Der schweigsame Fremde). 1954: The Bounty Hunter (Ritter der Prärie); Thunder Over the Plains (Donnernde Hufe); Riding Shotgun (Dieser Mann weiß zuviel). 1955: A Lawless Street (Ein Mann wie der Teufel); Ten Wanted Men (Rächer in Schwarz); Rage at Dawn (Die Stadt der toten Seelen); Tall Man Riding (Der Teufel im Sattel). 1956: Seventh Cavalry (Die siebente Kavallerie); Seven Men from Now (Der Siebente ist dran). 1957: The Tall T (Um Kopf und Kragen); Decision at Sundown (Fahrkarte ins Jenseits); Shoot-Out at Medicine Bend (Schußbereit). 1958: Buchanan Rides Alone (Sein Colt war schneller). 1959: Ride Lonesome (Auf eigene Faust); Westbound (Messer an der Kehle). 1960: Comanche Station (Einer gibt nicht auf). 1962: Ride the High Country/Guns in the Afternoon (Sacramento).

Seagull, Barbara → Hershey, Barbara

Seberg, Jean
(Jean Dorothy Seberg)
*13. 11. 1938 Marshalltown (Iowa)
†31. 8. 1979 Paris
Besuch der Iowa University in Iowa City. Otto Preminger entdeckt sie für die Titelrolle in *Saint Joan*, besetzt sie anschließend in *Bonjour Tristesse*. Internationale Anerkennung durch die Rolle der ungezwungenen Amerikanerin Patricia in Paris in Jean-Luc Godards *A bout de*

souffle. Danach Titelrolle der schönen, schizophrenen Patientin einer luxuriösen Irrenanstalt in Robert Rossens *Lilith*. Sie arbeitet überwiegend in Europa, vor allem in Frankreich. u. a. in Filmen von Claude Chabrol, so in *La ligne de demarcation*. Zweimal spielt sie unter der Regie ihres zweiten (von vier) Ehemannes, des Romanciers Romain Gary: *Les oiseaux vont mourir au Pérou* und *Kill!* In den USA als Frau von Clint Eastwood in Joshua Logans Western-Musical *Paint Your Wagon*, als in Marokko gestrandete schizophrene Amerikanerin in Dino Risis *Ondata di colore*. Letzte Filmaufgabe in Hans W. Geissendörfers Henrik-Ibsen-Adaption *Die Wildente*. 1974 vergeblicher Versuch, als Regisseurin Anerkennung zu finden. Wegen ihres politischen Engagements für die Black Panthers wird sie von der Presse und dem FBI unter Druck gesetzt. Ihre psychische Gesundheit ist den letzten Jahren angeschlagen. Sie stirbt durch eine Überdosis von Barbituraten.

1957: Saint Joan (Die heilige Johanna) [US]. 1958: Bonjour Tristesse (Bonjour Tristesse) [GB]. 1959: The Mouse That Roared (Die Maus die brüllte) [GB]. 1960: Let No Man Write My Epitaph (Die Saat bricht auf) [US]; A bout de souffle (Außer Atem) [FR]; Les grandes personnes/Desideri proibiti (Die Erwachsenen) [FR/IT]; L'amant de cinq jours/L'amante de 5 giorni (Liebhaber für fünf Tage) [FR/IT]. 1961: La récréation (Brennende Haut) [FR]; Congo vivo/Congo vivant (Congo vivo) [IT/FR]. 1963: Les plus belles escroqueries du monde (Die Frauen sind an allem schuld) [FR]; In the French Style (Plaisirs d'amour) [US/FR]. 1964: Échappement libre/A escape libre/Scappamento aperto (Der Boß hat sich was ausgedacht) [FR/ES/IT]; Lilith (Lilith) [US]. 1965: Diamantenbillard [BRD]; Moment to Moment (Der Schuß) [US]. 1966: Estouffade à la Caraibe (Haie bitten zu Tisch) [FR]; A Fine Madness (Simson ist nicht zu schlagen) [US]; La ligne de démarcation [FR]. 1967: Les oiseaux vont mourir au Pérou (Vögel sterben in Peru) [FR]; La route de Corinthe/Criminal Story (Die Straße von Korinth) [FR/IT]. 1968/69: Pendulum (Nacht ohne Zeugen) [US]. 1969: Paint Your Wagon (Westwärts zieht der Wind) [US]; Ondata di calore (Wärmewelle) [IT]. 1970: Macho Callahan [US]; Airport (Airport) [US]. 1971: Kill! [FR/ES/IT/BRD]. 1971/72: Questa specie d'amore (Eine merkwürdige Liebe) [IT]. 1972: Camorra/Les tueurs à gages [IT/FR]; L'Attentat/L'attentato/Das Attentat [FR/IT/BRD]. 1973: Les hautes solitudes [FR]; La corrupción de Chris Miller (Maske des Grauens) [ES]. 1974: Cat and Mouse/Mousey (Andersons Rache) [TV – GB]; Ballade pour Billy the Kid [D,R – FR]; Le grand délire/Prossiga apertura casa di piacere/Die große Extase [FR/IT/BRD]. 1974/75: Bianchi cavalli d'agosto [IT]. 1976: Die Wildente [BRD].

Sellers, Peter

(Peter Richard Henry Sellers)
* 8. 9. 1925 Southsea (Hampshire)
† 24. 7. 1980 London

Sohn des Pianisten William Sellers. Bereits mit 5 Jahren Kinderdarsteller in einer Revue. Schulbesuch im St. Aloysius College in London, danach u. a. Schlagzeuger in einer Tanzmusikband. 1943–46 Dienst in der Royal Air Force, dann bis 1956 Komiker und Stimmenimitator im Windmill Theatre in London, auf anderen kleinen Bühnen und in Varietés sowie beim Fernsehen. 1958 erstmals in London als Schauspieler auf der Bühne. 1952–59 populär durch die leicht anarchistischen Radio-Serien «Show Time, Ray's a Laugh» und «The Goon Show». 1951 Filmdebüt in *Penny Points to Paradise* (Tony Young). Als darstellerisches Chamäleon wird Sellers fast durchgängig in komischen Rollen besetzt. 1955 als alberner Kleingauner in *The Ladykillers* (Alexander Mackendrick). Ab Ende der 50er Jahre auch in amerikanischen Filmen, so 1959 in drei Rollen der politischen Satire *The Mouse That Roared* (Jack Arnold) und mit bedeutendem Erfolg als Arbeiterführer in der Komödie *I'm All Right, Jack* (John Boulting). 1960 produziert Sellers Richard Lesters Regiedebüt, den kurzen *The Running, Jumping, and Standing Still Film*. Im selben Jahr inszeniert er mit sich selbst in der Hauptrolle *Mister Topaze*. Eine der bedeutendsten Leistungen sind 1963/64 die drei Rollen in der Kriegsgroteske *Dr. Strangelove or: How I Learned to Stop Worrying and Love the Bomb* (Stanley Kubrick) als amerikanischer Präsident, britischer Offizier und verrückter Bomben-Bauer. Im selben Jahr auch erstmals als trotteliger Inspektor Clouseau in der erfolgreichen *Pink Panther*-Serie (Blake Edwards) und damit Aufstieg zum internationalen Star. Als eine der letzten Rollen besticht 1979 der naive Gärtner Chance in der politischen Farce *Being There* (Hal Ashby). Aus Restmaterialien der anderen Teile und zusätzlichen Szenen stellt Blake Edwards mit *The Trail of the Pink Panther* postum eine weitere Folge der Kriminalkomödien her.

[GB] 1951: Penny Points to Paradise; Let's Go Crazy [KF]; London Entertains. 1952: Down Among the Z Men. 1953: The Super Secret Service. 1954: Orders Are Orders. 1955: John and Julie (Verliebt in eine Königin); The Ladykillers (Ladykillers); The Case of Mukkinese Battlehorn [KF]. 1955/56: The Man Who Never Was (Der Mann, den es nie gab). 1957: The Smallest Show on Earth (Die kleinste Schau der Welt); Insomnia Is Good for You; Death of a Salesman [KF]; Cold Comfort; The Naked Truth (Die nackte Wahrheit). 1958: Charlton-Browne of the F.O.; Up the Creek; Tom Thumb (Der kleine Däumling). 1959: The Mouse That Roared (Die Maus die brüllte); I'm All Right, Jack (Junger Mann aus gutem Hause); The Battle of the Sexes (Mister Miller ist kein Killer); Two Way Stretch (Die grüne Minna). 1960: The Running, Jumping and Standing Still Film [P – KF]; Never Let Go (Der Marder von London); The Millionairess (Die Millionärin); Mr. Topaze [D,R]. 1961: Only Two Can Play (Lieben kann man nur zu zweit). 1962: The Road to Hong Kong (Der Weg nach Hongkong); Waltz of the Toreadors (Walzer der Toreros); Lolita (Lolita); The Dock Brief (Der große Knüller); The Wrong Arm of the Law (Gentlemenkillers). 1963: Heavens Above! 1963/64: Dr. Strangelove or: How I Learned to Stop Worrying and Love the Bomb (Dr. Seltsam oder Wie ich lernte, die Bombe zu lieben) [US]. 1964: The Pink Panther (Der rosarote Panther) [US]; The World of Henry Orient (Henry's Liebesleben) [US]; A Shot in the Dark (Ein Schuß im Dunkeln) [US]. 1965: What's New Pussycat? (Was gibt's Neues, Pussy?) [US/GB/FR]. 1966: The Wrong Box (Letzte Grüße von Onkel Joe); Caccia alla volpe/After the Fox (Jagt den Fuchs) [IT/GB]. 1966/67: Casino Royale (Casino Royale); The Bobo (Bobo ist der Größte). 1967: Woman Times Seven/Sept fois femme. 1. Ep: Funeral Procession (Paulette) (Siebenmal lockt das Weib) [EP – US/FR]. 1968: The Party (Der Partyschreck) [US]; I Love You, Alice B. Toklas (Laß mich küssen deinen Schmetterling) [US]. 1969: The Magic Christian (Magic Christian – Ein Beatle im Paradies). 1969/70: Hoffman. 1970: Simon, Simon [KF]; There's a Girl in My Soup (Ein Mädchen in der Suppe); A Day at the Beach [US]. 1972: The Blockhouse (Die Nacht der Sieben); Alice's Adventures in Wonderland (Alice im Wunderland) [TV]; Where Does It Hurt? (Wo tut's weh?) [US]. 1973: The Optimists of Nine Elms; Soft Beds, Hard Battles (Weiche Betten, harte Schlachten). 1974: Ghost in the Noonday Sun; The Return of the Pink Panther (Der rosarote Panther kehrt zurück); The Great McGonagall. 1976: The Pink Panther Strikes Again (Inspektor Clouseau, der «beste» Mann bei Interpol [US]; Murder by Death (Eine Leiche zum Dessert/Verzeihung, sind Sie der Mörder?) [US]. 1978: Revenge of the Pink Panther (Inspektor Clouseau – der irre Flic mit dem heißen Blick). 1978/79: The Prisoner of Zenda (Der Gefangene von Zenda) [US]. 1980: Being There (Willkommen, Mr. Chance) [US]; The Fiendish Plot of Dr. Fu Manchu (Das boshafte Spiel des Dr. Fu Manchu). 1982: The Trail of the Pink Panther (Der rosarote Panther wird gejagt).

Serrault, Michel

*24. 1. 1928 Brunoy bei Paris

Scheitert an der Aufnahmeprüfung zum Konservatorium in Paris; Studium am Centre du Spectacle; 1946 Theaterdebüt. Mit der Truppe von Jean-Marie Serreau erste Auftritte auch in der Bundesrepublik; 1951 großer Erfolg in Robert Dhérys Stück «Dugudu». Ab 1953 mit Jean Poiret Kabarettauftritte in eigenen Inszenierungen; daneben auch an Boulevardtheatern tätig. Beim Film zunächst in zahlreichen Nebenrollen von Komödien und Lustspielen. Durchschlagender Filmerfolg erst in der Rolle des Albin in Edouard Molinarios furioser Transvestiten-Komödie *La cage aux folles*; für diese Rolle, die er zuvor schon fünf Jahre lang auf der Bühne gespielt hat, 1979 Auszeichnung mit dem César. Serrault erhält nun auch Rollen, die sein Variationstalent als Komödiant durch Charakterstudien im tragischen Fach ergänzen; für den dubiosen Jérôme Martinaud in Claude Millers *Garde à vue* 1982 neuerliche Ehrung mit dem César. Eine feinfühlige psychologische Studie eines vereinsamten kranken Menschen gibt Serrault in Claude Chabrols Simenon-Verfilmung *Les fantômes du chapelier*. 1982 folgt er als obsessiver Privatdetektiv den Spuren Isabelle Adjanis in Millers *Mortelle randonée*. Daneben weiterhin Theaterarbeit und zahlreiche Auftritte im Fernsehen. In *Nelly & Monsieur Arnaud*, Claude Sautets Versuchsanordnung über die filigrane Beziehung zwischen einem alten Mann und einer jungen Frau, beeindruckt Serrault durch sein nuancenreiches Spiel. Für die Interpretation des distinguierten, launischen, ergrauten Lebemanns erhält er 1996 den César. Sein Talent für komische Rollen beweist er erneut als ein vom Alltag malträtierter Klodeckelfabrikant in *Le bonheur est dans le pré*.

[FR] 1954: Ah! Les belles bacchantes (Das Tollste vom Tollen); Les diaboliques (Die Teuflischen). 1955: La terreur des dames (Der Damenschreck); Cette sacrée gamine/Mam'zelle Pigalle (Pariser Luft). 1956: La vie est belle; Assassins et voleurs (Mörder und Diebe); Adorables démons. 1957: Ça aussi c'est Paris; Le naif aux quarante enfants; Clara et les méchants/Bourreaux d'enfants (Verlorenes Spiel). 1958: Oh! Qué mambo!/Il giovane leone [FR/IT]; Nina [BRD]. 1959: Messieurs les ronds-de-cuir; Vous n'avez rien à déclarer? 1960: La Française et l'amour. 6. EP: Le divorce (Die Französin und die Liebe) [EP]; Ma femme est une panthère; Candide ou l'optimisme au XXe siècle (Candide oder Der Optimismus im 20. Jahrhundert). 1961: La belle américaine (Der tolle Amerikaner); La gamberge (Die tolle Masche). 1962: Comment réussir en amour (Hübscher als die Polizei erlaubt) [FR/IT]; Le repos du guerrier/Il riposo del guerriero (Das Ruhekissen) [FR/IT]; Les quatre vérités/Le quattro verità/Las cuatro verades. 3. EP: Le corbeau et le renard (Die vier Wahrheiten) [EP – FR/IT/ES]; Nous irons à Deauville; Un clair de lune à

Maubeuge (Mondschein über Maubeuge). 1962/63: Carambolages (Karambolage); Les vierges/Le vergini (Die Jungfrauen) [FR/IT]. 1963: Bébert et l'omnibus (Wie der Vater so der Sohn); Comment trouvez-vous ma soeur? (Wie gefällt Ihnen meine Schwester?); Clémentine chérie [FR/IT]; Des pissenlits par la racine/7–9-18 da Parigi un cadavere per Rocky (Radieschen von unten) [FR/IT]. 1964: La bonne occase (Gelegenheitskauf); La fabbrica dei soldi/Les combinards. 2. EP: Imbrogli d'amore [EP – IT/FR/ES]; Les durs à cuire; La chasse à l'homme/Caccia al maschio (Jagd auf Männer) [FR/IT]; Les petit monstres; Jaloux comme un tigre. 1964/65: Moi et les hommes de 40 ans/Jacqueline e gli uomini/Caroline und die Männer über 40 [FR/IT/BRD]; Cent briques et des tuiles/Colpo grosso a Parigi (Hundert Millionen im Eimer) [FR/IT]. 1965: Bon week-end; La tête du client (Monsieur Max und die Millionen); Le lit à deux places; Les baratineurs; Le caid de Champignol (Der Star von Champignol); Quand passent les faisans. 1966: Le roi de cœur/Tutti pazzi meno io (Herzkönig) [FR/IT]; Les enquiquineurs. 1967: Les compagnons de la Marguerite/Come cambiare moglie (Die Freunde der Margerite) [FR/IT]; Ces messieurs de la famille; Du mou dans la gâchette/Due killers in fuga (Nic und Co – Aufträge aller Art) [FR/IT]; Le fou du labo 4 (Der Verrückte aus Labor 4); Le grand bidule. 1968: A tout casser/Quella carogna di Frank Mitraglia [FR/IT]. 1969: Appelez-moi Mathilde; Un merveilleux parfum d'oseille; Ces messieurs de la gâchette. 1970: La liberté en groupe. 1970/71: Le cri du cormoran le soir au-dessus des jonques. 1971: Le viager (Rente auf Lebenszeit). 1972: La belle affaire (Auch die Engel essen Linsen); Tout le monde il est beau, tout le monde il est gentil (Die große Masche); Un meurtre est un meurtre/La sedia a rotelle (Mord bleibt Mord) [FR/IT]. 1973: La gueule de l'emploi (Hummeln im Hintern); Les Gaspards [FR/BE]; Le grand bazar (Die tollen Charlots: Wo die grünen Nudeln fliegen); Moi y'en a vouloir des sous (Pardon, Genossen! Edel sei der Mensch, hilflos und reich); Un linceul n'a pas de poches; ... la main à couper/Un cadavere di troppo (Vier Tage in der Hölle) [FR/IT]; Les Chinois à Paris/I cinesi a Parigi (Die Chinesen in Paris) [FR/IT]. 1974: C'est parce qu'on a rien à dire qu'il faut fermer sa gueule (Der Clou der Madame P.). 1975: L'Ibis rouge; Opération Lady Marlène (Operation Lady Marlène). 1976: La situation est grave, mais pas désespérée; Le roi des bricoleurs. 1977: Préparez vos mouchoirs (Frauen zu verschenken) [FR/BE]. 1978: La cage aux folles/Il vizietto (Ein Käfig voller Narren) [FR/IT]; L'Esprit de famille; L'Argent des autres (Das Geld der anderen). 1979: Buffet froid (Den Mörder trifft man am Buffet); L'Associé (Mein Partner Davis) [TV]; La gueule de l'autre; La grâce (Der Heiligenschein) [TV]. 1979/80: Il lupo & l'agnello/Le coucou (Der Kuckuck) [IT/FR]. 1980: La cage aux folles II/Il vizietto II (Ein Käfig voller Narren 2) [FR/IT]; Pile ou face (Auch Mörder haben schöne Träume, Kopf oder Zahl). 1981: Nestor Burma, détective de choc (Die Spürnase); Garde à vue (Das Verhör). 1982: Les fantômes du chapelier (Die Fantome des Hutmachers); Les quarantièmes rugissants; Deux heures moins le quart avant Jésus-Christ (Die verrücktesten 90 Minuten vor Christi Geburt); Mortelle randonnée (Das Auge); Nestor Burma, détective de choc (Die Spürnase). 1983: A mort l'arbitre (Tod dem Schiedsrichter). 1984: Dagobert/Le bon roi Dagobert (Der dicke König Dagobert) [IT/FR]; Les rois du gag; Le bon plaisir. 1985: On ne meurt que deux fois (Mörderische Engel); Liberté, égalité, choucroute [FR/IT]; Mon beau-frère a tué ma soeur; La cage aux folles III/Matrimonio con vizietto (Ein Käfig voller Narren III – Jetzt wird geheiratet) [FR/IT]. 1986: Le miraculé. 1987: Ennemis intimes; En toute innocence (Mord Skizzen). 1988: Ne réveillez pas un flic qui dort (Panther I–Eiskalt wie Feuer); Bonjour l'angoisse. 1989: Buon Natale, buon Anno Joyeux (Gino & Elvira – Alte Liebe rostet nicht) [IT/FR]; Docteur Petiot (Dr. Petiot); Comédie d'amour. 1991: La vieille qui marchait dans la mer (Die Dame, die im Meer spazierte) [FR/IT]; Ville à vendre. 1992: Room Service; Vieille canaille. 1994/95: Nelly & Monsieur Arnaud [FR/IT/DE]. 1995: Le bonheur est dans le pré (Das Glück liegt in der Wiese). 1996: Artemisia; Beaumarchais l'insolent (Beaumarchais – der Unverschämte); Le comédien; Assassin(s). 1997: Rien ne va plus.

Seyrig, Delphine

(Delphine Claire Beltiane Seyrig)
*10. 4. 1932 Beirut
†15. 10. 1990 Paris

Tochter eines Archäologen. Schauspielunterricht bei Bertin und Blin. Engagements an Pariser Theatern; größter Erfolg als Giraudoux' «Undine» am Théâtre Sarah Bernhardt. 1956 nach New York; Besuch von Vorlesungen des Actors Studio und Auftritte am Broadway. Vereinzelter Auftritt in *Pull My Daisy*. Dort Entdeckung für den Film durch Alain Resnais, in dessen *L'année dernière à Marienbad* (1960/61) sie vielbeachtet debütiert. Durch ihr Spiel von konzentrierter Gestik wird sie zu einer der wichtigsten Exponentinnen der Nouvelle vague. 1963 Auszeichnung in Venedig für die Titelrolle in Resnais' *Muriel ou Le temps d'un retour*. Ab 1964 zahlreiche Rollen in Stükken der Moderne (u. a. Beckett, Pinter, Stoppard, Arrabal). Weitere kritische Auseinandersetzung mit dem Verhältnis zwischen Männern und Frauen, u. a. in Marguerite Duras' *La musica* und *India Song*, in Buñuels *Le charme discret de la bourgeoisie*, in François Truffauts *Baisers volés* und als Kristine Linde in Joseph Loseys Ibsen-Adaption *A Doll's House*. 1981 in eigener Produktion Regie für den Interviewfilm *Sois belle et tais-toi*, in dem sie sich kritisch mit dem Frauenbild in der amerikanischen Unterhaltungsindustrie auseinandersetzt. Ende der 70er Jahre beginnt sie mit Videoexperimenten. Nach 1975 arbeitet sie vorzugsweise mit Regisseurinnen (Duras, Chantal Akermann, Ulrike Ottinger, Patricia Moraz), da ihr die Rollenangebote von Regisseuren zu wenig abfordern.

[FR] 1958: Pull My Daisy [US]. 1960/61: L'année dernière à Marienbad/L'anno scorso a Marienbad (Letztes Jahr in Marienbad) [FR/IT]. 1962/63: Muriel ou Le temps d'un retour (Muriel oder Die Zeit der Wiederkehr) [FR/IT]. 1965: Comédie [KF]. 1966: Qui êtes-vous Polly Magoo? (Wer sind Sie, Polly Maggoo?); La musica; Accident (Accident – Zwischenfall in Oxford) [GB]. 1968: Mister Freedom (Mr. Freedom); La voie lactée/La Via Lattea (Die Milchstraße) [FR/IT]; Baisers volés (Geraubte Küsse). 1970: Les lèvres rouges (Blut an den Lippen) [BE]; Peau d'âne. 1972: Le charme discret de la bourgeoisie/Il fascino discreto della borghesia/El discreto encanto de la burguesía (Der diskrete Charme der Bourgeoisie) [FR/IT/ES]; The Day of the Jackal/Chacal (Der Schakal) [GB/FR]; Le journal d'un suicidé. 1973: The Black Windmill (Die schwarze Windmühle) [GB]; A Doll's House (Nora) [GB]. 1974: L'atelier; Dites-le avec des fleurs/Díselo con flores [FR/ES]; Le jardin qui bascule; Le cri du cœur (Der Schrei des Herzens); Der letzte Schrei [BRD]; Le boucher, la star et l'orpheline; Aloise. 1975: Jeanne Dielman, 23 quai du Commerce-1080 Bruxelles [BE]; India Song (India Song). 1976: Caro Michele [IT]; Baxter, Vera Baxter ou Les plages des l'atlantique (Vera Baxter); Son nom de Venise dans Calcutta désert (Sein Name aus Venedig im verlassenen Kalkutta). 1977: Sois belle et tais-toi (Sei schön und halt den Mund) [R,P – DOK; UA: 1981]; Répérages (Rollenspiele) [CH/FR]. 1979: Le chemin perdu (Die verlorene Zeit) [CH]; Chère inconnue (Liebe Unbekannte). 1980: Le petit pommier. 1981: Freak Orlando [BRD]. 1983: Le grain de sable (Rückkehr nach Korsika). 1983/84: Dorian Gray im Spiegel der Boulevardpresse [BRD]. 1986: Golden Eighties [FR/BE]. 1989: Johanna d'Arc of Mongolia [BRD].

Shah, Naseeruddin

*1950 Barabanki

Studium an der National School of Drama in Delhi und an der FTII. Er gehört mit Smita Patil, Shabana Azmi und Om Puri zu den wichtigsten Vertretern des Neuen Indischen Films. Erste Rollen unter dem Regisseur Benegal 1975 in *Nishant*, 1976 in *Bhumika*. 1980 wird ihm die Titelrolle in *Albert Pinto Ko Gussa Kyon Aata Hai* (Saeed Mirza) übertragen. Zögernde Sprache und beiläufige Gesten zur Andeutung der psychologischen Vielschichtigkeit sind seine Ausdrucksmittel für die realistische Darstellung der von ihm verkörperten Gestalten z. B. in *Sparsh* (Sai Paranjpye) *Khandhar* (Mrinal Sen) und in *Mane* (Girish Kasaravalli). Als Komiker u. a. in den Filmen von Ketan Mehta *Bhavni Bhavni / Andher Nagari* (1980) und *Mirch Masala* (1985), überzeugt er ebenso wie als korrupter, aalglatter Rechtsanwalt in *Mohan Joshi Haazir Ho!* und *Mandi*. Shah arbeitet auch im kommerziellen Film, u. a. in der Rolle des Tirchi Topiwala in Rajiv Rais Hit *Tridev* (1980).

[IN] 1975: Nishant; Hand Held [KF]; Hero [KF]. 1976: Bhumika; A Proposal [KF]; Manthan. 1977: Tabbaliyu Neenade Magane/Godhuli. 1978: Junoon. 1979: Sunayana; Shayad; Sparsh. 1980: Khoj; Hum Paanch; Tridev; Chakra; Bhavni Bhavni/Andher Nagari; Albert Pinto Ko Gussa Kyon Aata Hai (Die Wut von Alberto Pinto); Khwab; Aakrosh. 1981: Kanhaiya; Sazaaye Maut; Tajurba; Adharshila; Umrao Jaan. 1982: Katha; Bazaar; Masoom; Dil Aakhir Dil Hai; Bezubaan; Pyara Dost; Swami Dada; Sitam. 1983: Mandi; Khandhar; Ardh Satya; Holi; Protidan; Haadsa; Mohan Joshi Haazir Ho!; Nirvana; Woh Saat Din; Jaane Bhi Do Yaaron. 1984: Lorie; Party; Paar. 1985: Trikaal; Ghulami; Bahu Ki Awaaz; Mirch Masala; Surkhiyaan; Khamosh; Shart; Maan Maryada; Misaal. 1986: Ek Pal; Yeh Woh Manzil To Nahin; Jalwa; Karma. 1987: Pestonjee; Ijaazat. 1988: Zulm Ko Jala Doonga; Malamaal; Hero Hiralal; The Perfect Murder; Rihaee. 1989: Khoj; Anjaam Khudda Jaane; Tridev. 1990: Chor Pe Mor; Mane; Police Public. 1991: Electric Moon; Lakshmanrekha; Libaas; Shikari. 1992: Chamatkar; Panaah; Tahalka; Vishwatma. 1993: Game; Bedardi; Hasti; Kabhi Haan Kabhi Naa; Sir; Lootere. 1994: Mohra. 1995: Time Machine; Naajayaz. 1996: Raj Kumar. 1997: Lahoo Ke Do Rang.

Shakow, Oleg → Žakov, Oleg

Sharif, Omar

(Michael Shalhoub)

*10. 4. 1932 Alexandria (Ägypten)

Der Sohn christlicher Eltern besucht die englische Schule und das British Victoria College in Kairo. 1954 Filmdebüt in Ägypten. Übertritt zum Islam – neuer Name Umar ash-Sharif – und Ehe (1955–74) mit dem populären Filmstar Faten Hamama. Gemeinsame Filme und Gründung einer Produktions-Gesellschaft. Erster internationaler Erfolg und Oscar-Nominierung in der Nebenrolle des Sherif Ali in David Leans Wüstenepos *Lawrence of Arabia* (1962). Der Schauspieler wird romantischer Star des internationalen Kinos, häufig in exotischen Rollen historischer Großproduktionen, so als König der Armenier in *The Fall of the Roman Empire* (Anthony Mann) oder als *Genghis Khan* (Henry Levin). 1965 große Popularität mit der Titelrolle des *Dr. Zhivago* (Lean). 1968 als

Ehemann von Barbra Streisand in *Funny Girl* (William Wyler). Auch Filmarbeit in Europa, so neben Sophia Loren als spanischer Prinz in Francesco Rosis *C'era una volta* und als Kapitän Nemo in Juan A. Bardems *L'isola misteriosa e il capitano Nemo*. 1974 spielt er einen russischen Militärattaché in *The Tamarind Seed* (Blake Edwards) und Captain Brunel in Richard Lesters Katastrophenfilm *Juggernaut*. In den 80er Jahren TV-Arbeit. Seit den 60er Jahren mit großem Erfolg professioneller Bridge-Spieler. 1987 Moderator der TV-Show *Play Bridge with Omar Sharif*.

[EG] 1954: Ayâminâ al-hulwa; Shaytân as-sahrâ'; Sirâ° fîl-wâdî (Tödliche Rache). 1955: Ard as-salâm; Sirâ° fîl-mînâ' (Dunkle Wasser). 1956: Lâ anâm. 1957: Ghaltit habîbî; Shâti' al-asrâr. 1958: Goha [FR/TN]; Min adjl imra'a; Fadiha fîl-Zamâlik. 1959: Ihna at-talamdha (Wir, die Studenten); Maw°id ma°a al-madjhûl (Begegnung mit dem Unbekannten); Sirâ° fîl-Nîl. 1960: Law°at al-hubb; Nahr al-hubb; Ishâ°it hubb; Gharâm al-asyâd; Hubbi al-wahîd; Bidâya wa nihâya. 1961: Fî baytinnâ radjul (Ein Mann in unserem Haus). 1962: Lawrence of Arabia (Lawrence von Arabien) [GB]. 1964: The Yellow Rolls Royce (Der gelbe Rolls-Royce) [EP – GB]; Behold a Pale Horse/Et vient le jour de vengeance (Deine Zeit ist um) [US/FR]; The Fall of the Roman Empire (Der Untergang des römischen Reiches) [US]. 1964/65: Le meravigliose avventure di Marco Polo (Lo scacchiere di Dio)/La fabuleuse aventure de Marco Polo (L'echequier de Dieu) (Im Reich des Kublai Khan) [IT/FR]. 1965: Doctor Zhivago (Doktor Schiwago) [US]; Genghis Khan/Dschingis Khan [US/BRD/YU/GB]. 1966: The Poppy Is Also a Flower/Danger Grows Wild (Mohn ist auch eine Blume) [UN]; The Night of the Generals/La nuit de generals (Die Nacht der Generäle) [GB/FR]. 1966/67: C'era una volta/La belle el la cavalier/More than a Miracle/Happily Ever After (Schöne Isabella) [IT/FR]. 1968: Mayerling (Mayerling) [FR/GB]; The Appointment (Ein Hauch von Sinnlichkeit) [US]; Funny Girl (Funny Girl) [US]. 1969: Che! (Che Guevara) [US]; MakKenna's Gold (MacKenna's Gold) [US]. 1970: The Last Valley (Das vergessene Tal) [GB]. 1971: The Horsemen (Die Steppenreiter) [US]; Le casse/Gli scassinatori (Der Coup) [FR/IT]. 1972: Le droit d'aimer/Diritto d'amare (Das Recht zu lieben) [FR/IT]. 1973: La isla misteriosa/L'isle mystérieuse/L'isola misteriosa e il capitano Nemo (Herrscher einer versunkenen Welt) [ES/FR/IT]. 1974: Juggernaut (Zwölf Stunden bis zur Ewigkeit) [US]; The Tamarind Seed (Die Frucht des Tropenbaums) [US]. 1975: Crime and Passion/Frankensteins Spukschloß [US/BRD]; Funny Lady (Funny Lady) [US]. 1976: The Pink Panther Strikes Again (Inspektor Clouseau, der «beste» Mann bei Interpol) [US]. 1978: Ashanti (Ashanti) [CH]. 1978/79: Bloodline (Blutspur) [US]. 1980: Pleasure Palace [TV – US]; S*H*E [TV – US]; Oh! Heavenly Dog (Ein Himmelshund von einem Schnüffler) [US]; Inchon (Inchon) [GB]; The Baltimore Bullet (Der Abstauber) [US]. 1981: Green Ice (Grünes Eis) [GB]. 1983: Top Secret! (Top Secret!) [US]. 1984: The Far Pavilions (Palast der Winde) [TV – GB]; Vicious Circle [TV – GB]; Ayûb. 1984/85: Peter the Great (Peter der Große) [TV – US]. 1985: Edge of the Wind [TV – US]. 1986: Anastasia: The Mystery of Anna (Anastasia) [TV – US]; Harem (Harem) [TV – US]. 1987: Grand Larceny (Grand Larceny) [TV – US]; Les possédés (Die Dämonen) [FR]. 1988: Les pyramides bleues [FR]. 1989: Michelangelo and Me [TV – US]; The Rainbow Thief [GB]; Mountains of the Moon (Land der schwarzen Sonne) [US]. 1990: Al-aradjûz; Viaggio d'amore (Eine Liebesreise) [IT/FR]; Il pricipe del deserto (Das Gesetz der Wüste) [TV – IT]; Quadro piccole donne [TV – IT]. 1991: Mayrig (Mayrig – Heimat in der Ferne) [FR]; 588 rue de paradis (Mayrig – Die Straße zum Paradies) [FR]; Castle [US]; Al-muwâtin Masrî; Sidney Sheldon's Memories of Midnight [TV – US]. 1992: Mrs. Harris Goes to Paris [TV – GB]; Tengoku no Taizai [JP].Sidney Sheldon's Memories of Midnigh [TV – US]. 1993: Dihk wa li°b wa djad wa hubb; Red Eagle (Ken Folletts Roter Adler) [GB]. 1994: Catherine the Great (Katharina die Große) [TV – US/DE]. 1996: Gulliver's Travels [US/GB]. 1997: Heaven Before I Die [US].

Sharow, Michail → Žarov, Michail

Shearer, Norma
(Edith Norma Shearer)
*10. 8. 1900 Westmont (Kanada)
†12. 6. 1983 Woodland Hills (California)

Besuch der Westmont High School, später der Canadian Royal Academy of Music. Fotomodell, ab 1920 Kleindarstellerin bei Filmproduktionen in New York. 1922 erste größere Rolle in *The Man Who Paid* (Oscar C. Apfel). 1923 Filmvertrag bei M-G-M durch Produktions-Chef Irving Thalberg, der sie 1927 heiratet. Danach auch Rollen in großen Produktionen. Die elegante Schauspielerin erhält 1930 einen Oscar als junge Ehefrau Jerry in *The Divorcee* (Robert Z. Leonard). Sie wird zwischen 1929 und 1938 sechsmal für den Oscar nominiert, u. a. als Tochter eines Alkoholikers in Clarence Browns *A Free Soul* (1931), für die Rolle der sich aus einer schweren Krankheit lösenden Elizabeth Barrett in Sidney Franklins *The Barretts of Wimpole Street* (1934) und – neben Leslie Howard – als Julia in George Cukors *Romeo and Juliet* (1936). Nach Thalbergs Tod (1936) schränkt sie die schauspielerische Arbeit stark ein. 1938 Darstellerpreis in Venedig als französische Kaiserin in *Marie Antoinette* (W. S. Van Dyke). 1942 Rückzug aus der Öffentlichkeit.

[US] 1920: The Flapper; Way Down East (Mädchenlos); The Restless Sex; The Stealers. 1921: Torchy's Millions [KF]. 1922: The Leather Pushers [KF]; The Man Who Paid; The Bootleggers; Channing of the Northwest. 1923: A Clouded Name; Man and Wife; The Devil's Partner; Pleasure Mad; The Wanters; Lucretia Lombard. 1924: The Trail of the Law; The Wolf Man; Broadway After Dark (Ralphs galante Abenteuer); Blue Water [CA]; Broken Barriers; Married Flirts; Empty Hands; He Who Gets Slapped (Der Mann, der die Ohrfeigen bekam); The Snob. 1925: Excuse Me; Lady of the Night; Waking Up the Town; A Slave of Fashion; Pretty Ladies; The Tower of Lies (Der Narr und die Dirne); His Secretary. 1926: The Devil's Circus; The Waning Sex; Upstage. 1927: The Demi-Bride; After Midnight; The Student Prince in Old Heidelberg (Alt-Heidelberg). 1928: The Latest from Paris; The Actress; Voices across the Sea [KF]; A Lady of Chance. 1929: The Trial of Mary Dugan; The Hollywood Revue of 1929 (Wir schalten um auf Hollywood); The Last of Mrs. Cheyney; Their Own Desire. 1930: The Divorcee; Let Us Be Gay. 1931: Strangers May Kiss; The Stolen Jools [KF]; A Free Soul (Der Mut zum Glück); Private Lives; Jackie Cooper's Christmas Party [KF]. 1932: Smilin' Through (Liebesleid); Strange Interlude. 1933: Riptide. 1934: The Barretts of Wimpole Street. 1936: Romeo and Juliet; Mister Will Shakespeare [KF]. 1938: Marie Antoinette (Marie Antoinette); Idiots' Delight. 1939: The Women (Die Frauen). 1940: Escape. 1941/42: We Were Dancing. 1942: Her Cardboard Lover.

Sheen, Charlie
(Carlos Irwin Estevez)
*3. 9. 1965 New York City
Sohn des Schauspielers Martin Sheen, neben dem er 1974 sein Debüt im TV-Film *The Execution of Private Slovik* hat. Auf der High-School spielt er Baseball mit der Hoffnung auf eine Karriere als Berufsspieler. Beeindruckt von den Dreharbeiten zu Francis Ford Coppolas Vietnam-Film *Apocalypse Now*, zu denen er seinen Vater begleitet, beschließt er, Schauspieler zu werden. Erste Filmrolle in John Milius' Kalter-Kriegs-Fiktion *Red Dawn* (1984). Der athletische Sheen zählt in der zweiten Hälfte der 80er Jahre zu den populärsten Jungstars Hollywoods. Vor allem Zusammenarbeit mit Oliver Stone: in *Platoon* als amerikanischer G.I. in Vietnam, als ehrgeiziger junger Banker in *Wall Street*. Hauptrollen in Jim Abrahams zwei erfolgreichen *Hot Shots!*-Folgen, Satiren auf populäre Hollywood-Filme wie *Top Gun* und *Rambo*. Bereits als Jugendlicher Film-Experimente mit Super 8 und Video. Später Regie des Dokumentarfilms *One Family* über amerikanische Obdachlose sowie eines Musikvideos mit Stevie Nicks. In *Tale of Two Sisters* trägt er eigene Gedichte vor. Schwester Renée Estevez und Bruder Emilio Estevez sind ebenfalls Schauspieler.

[US] 1974: The Execution of Private Slovik (Die Hinrichtung des Soldaten Slovik) [TV]; The California Kid (California Kid) [TV]. 1979: Apocalypse Now (Apocalypse Now). 1984: Silence of the Heart [TV]; Red Dawn (Die rote Flut). 1985: The Boys Next Door (Blind Rage). 1986: Ferris Bueller's Day Off (Ferris macht blau); Wisdom (Wisdom – Dynamit und kühles Blut); The Wraith (Interceptor); Platoon (Platoon); Lucas (Lucas); Three for the Road (Drei auf dem Highway – Three for the Road). 1987: No Man's Land (No Man's Land – Tatort 911); Wall Street (Wall Street). 1988: Eight Men Out (Acht Mann und ein Skandal); Young Guns (Young Guns); Never on Tuesday (Das Highway-Trio). 1989: Backtrack/Catchfire (Catchfire) [2 Versionen]; Courage Mountain (Nightwalker); Major League (Die Indianer von Cleveland). 1990: Cadence (Ein fremder Klang); The Rookie (Rookie – Der Anfänger); Navy SEALs (Navy Seals); Men at Work (Men at Work). 1991: Hot Shots! (Hot Shots – Die Mutter aller Filme). 1992: Fixing the Shadow (Made of Steel – Hart wie Stahl); Beyond the Law. 1993: Gettysburg (Gettysburg); National Lampoon's Loaded Weapon 1 (Loaded Weapon 1); The Three Musketeers (Die drei Musketiere); Deadfall (Deadfall); Hot Shots! Part Deux (Hot Shots – Der 2. Versuch). 1993/94: Major League II (Die Indianer von Cleveland 2); The Chase (Highway Heat) [D,P]. 1994: Terminal Velocity (Tödliche Geschwindigkeit). 1995/96: The Shadow Conspiracy. 1996: Loose Women; The Arrival.

Sheen, Martin
(Ramon Estevez)
*3. 8. 1940 Dayton (Ohio)
Besuch der Chaminade High School in Dayton. Ende der 50er Jahre Mitglied des experimentellen Living Theatre, großer Erfolg in «The Connection». 1964 Broadway-Debüt in «Never Live Over a Pretzel Factory». Im selben Jahr Erfolg in «The Subject Was Roses» (1968 Filmversion). Nach kleinen Rollen in TV-Filmen und Serien 1967 Kino-Debüt in Larry Peerces *The Incident* als Punk, der einen U-Bahn-Wagen terrorisiert. Auf der Bühne 1968 in einer modernen «Hamlet»-Inszenierung von Joseph Papp und in «Romeo and Juliet», 1975 in «Death of a Salesman». Im Fernsehen 1967/68 in der Serie *As the World Turns*, 1974 in der Titelrolle von *The Execution of Private Slovik*. Für seine Rolle eines jungen Gewalttäters auf der Flucht in Terence Malicks Kultfilm *Badlands* wird er beim Festival in San Sebastian ausgezeichnet. Er spielt den Captain Willard in Francis Ford Coppolas Vietnam-Film *Apocalypse Now*. In den 80er Jahren weitere Filmaufgaben, u. a. als Walker in Richard Attenboroughs *Gandhi* oder – neben seinem Sohn Charlie Sheen

– in Oliver Stones *Wall Street*. Sheen engagiert sich häufig für politische Dokumentarfilme und Außenseiterproduktionen wie Emile de Antonios *In the King of Prussia* (1982), der einen Prozeß gegen Anti-Atom-Protestanten nachstellt. Daneben erfolgreiche TV-Karriere, u.a. Emmy für *The Long Road Home* (1982). Titelrolle des Präsidenten in der Mini-Serie *Kennedy* von Jim Goddard. Auch eigene Regiearbeiten, zunächst im Fernsehen, 1990 Kino-Regie mit dem antimilitaristischen *Cadence*, an dem ein großer Teil seiner schauspielenden Familie beteiligt ist. Tochter Renée Estevez sowie die Söhne Charlie Sheen und Emilio Estevez sind ebenfalls Schauspieler bzw. Regisseure.

[US] 1960–63: Route 66: And the Cat Jumped over the Moon [TV]. 1961–64: The Defenders [TVS]. 1963: East Side, West Side [TVS]. 1963–64: Outer Limits: Nightmare [TV]. 1965–73: The F.B.I. [TVS]. 1967: The Incident (Incident). 1967–68: As the World Turns [TVS]. 1967–74: Mannix [TVS]. 1968: The Subject Was Roses (Rosen für die Lady); Then Came Bronson [TV]. 1969–75: Medical Center [TVS]. 1970: Catch-22 (Catch 22); The Andersonville Trial [TV]. 1970–75: Cannon [TVS]. 1971: Goodbye, Raggedy Ann [TV]; Mongo's Back in Town [TV]. 1972: That Certain Summer (Damals im Sommer) [TV]; Rage (Die Rache ist mein); Pursuit [TV]; No Drum, No Bugles; Pick Up on 101; Welcome Home, Johnny Bristol [TV]. 1973: Badlands (Badlands); Message to My Daughter [TV]; Crime Club [TV]; Letters from Three Lovers [TV]; Catholics – A Fable of the Future (Katholiken) [TV – GB]. 1974: The California Kid (California Kid) [TV]; Missiles of October [TV]; The Story of Pretty Boy Floyd [TV]; Harry O [TVS]; The Execution of Private Slovik (Die Hinrichtung des Soldaten Slovik) [TV]. 1975: The Legend of Earl Durand [TV]; The Last Survivors [TV]. 1976: The Cassandra Crossing [BRD/IT]; The Little Girl Who Lives Down the Lane (Das Mädchen am Ende der Straße) [CA]. 1978–82: Taxi [TVS]. 1979: Eagle's Wing (Adlerflügel) [GB]; Apocalypse Now (Apocalypse Now); Blind Ambition [TV]. 1980: Loophole (Safeknacker) [GB]; Sweet Hostage (Geliebte Geisel) [TV]; The Final Countdown (Der letzte Countdown). 1982: In the King of Prussia (In Sachen King of Prussia); In the Custody of Strangers [TV]; That Championship Season (Saison der Sieger); Gandhi (Gandhi) [GB]. 1983: Choices of the Heart [TV]; Enigma (Enigma) [GB]; Man, Woman, and Child (Herzen in Aufruhr); Kennedy [TV]; The Dead Zone (Dead Zone). 1984: Firestarter (Der Feuerteufel); The Guardian (Der Wächter) [TV]. 1985: The Atlanta Child Murders [TV]; The Fourth Wise Man [TV]; Out of the Darkness [TV]; Consenting Adult (Wie sag ich's meinen Eltern) [TV]. 1986: The Believers (Das Ritual); Shattered Spirits [TV]; News at Eleven (Schlagzeile: Rufmord) [TV]; Babies Having Babies [R – TV]; Samaritian: The Mitch Snyder Story [TV]. 1987: Wall Street (Wall Street); Conspiracy: The Trial of the Chicago 8 [TV]; Siesta (Siesta). 1988: Judgement in Berlin; DA [D,CoP]. 1989: Advance to Ground Zero (Nightbreaker) [TV]; Personal Choice (Moon Trek); Marked for Murder (Marked for Murder); Beverly Hills Brats (Beverly Hills Brats); Cold Front (Cold Front – Ein Killer läuft Amok) [CA]; Beyond the Stars (Moon Trek – Das Licht der dunklen Seite). 1990: Cadence (Ein fremder Klang) [D,R,A]; The Maid (Anthony das Kindermädchen) [US/FR]. 1990/91: Chi tocca muore/Touch and Die/Bei Berührung Lebensgefahr [TV – IT/GB/BRD]. 1991: Hearts of Darkness – A Filmmaker's Apocalypse (Hearts of Darkness – A Filmmaker's Apocalypse); Original Intent. 1992: Queen (Queen) [TV]. 1993: Fortunes of War (Fortunes of War); Hear No Evil; Gettysburg (Gettysburg); Final Justice (Blutende Herzen – Eine Familie zerbricht); The Break; The Killing Box (The Killing Box); When the Bough Breaks (Ermordet am 16. Juli); Trigger Fast/The Floating Outfit. 1994: Boca; Born Wild; Guns of Honor [TV – GB]; The Water Engine (Die Wassermaschiene – Eine Jagd auf Leben und Tod); Les cent et une nuits/A Hundred and One Nights (101 Nacht – Die Träume des Monsieur Cinema) [FR/GB]. 1995: The American President (Hallo, Mr. President); The Bomber Boys/Captain Nuke and the Bomber Boys (The Bomber Boys); The Break; Dillinger & Capone; Project: ALF (Alf – Der Film) [TV]; Ghost Brigade. 1996: The War At Home; Entertaining Angels: The Dorothy Day Story; Marlon Brando: The Wild One [TV-DOK – GB/US]. 1996/97: Spawn; Hostile Waters [TV – DE/GB/US]. 1997: Truth or Consequences, N.M.

Shepard, Sam

(Samuel Shepard Rogers)
* 5. 11. 1943 Fort Sheridan (Illinois)

Besuch der Duarte High School und des Mount San Antonio Junior College, Walnut, California. Verschiedene Jobs, u.a. Schafscherer und Orangenpflücker. 1962 Schauspieler bei Bishop's Repertory Company in Burbank. Ab 1963 in New York Zusammenarbeit mit verschiedenen experimentellen Theatergruppen. 1964 produziert er «Cowboys» und «Rock Garden», seine ersten Stücke. 1979 Pulitzer-Preis für sein Drama «Buried Child». Shepard arbeitet als Autor, Schauspieler, Regisseur und Musiker für Bühne und Film, häufig gleichzeitig in mehreren Funktionen. Co-Autor bei Michelangelo Antonionis *Zabriskie Point* (1969/70) und bei der skandalumwitterten Sexrevue *Oh Calcutta!* (1971). 1971–74 in England, dann Rückkehr in die USA. 1975 als Teilnehmer von Bob Dylans «Rolling Thunder Review» spielt er in dessen Filmversuch *Renaldo and Clara* (1978) mit. In Terrence Malicks *Days of Heaven* ist er ein junger, einsamer Rancher. 1982 neben seiner Lebensgefährtin Jessica Lange in Graeme Cliffords Filmbiografie *Frances*. In Philip Kaufmans Astronauten-Saga *The Right Stuff* verkörpert er den legendären Testpiloten Chuck Yeager und wird für einen Nebenrollen-Oscar nominiert. 1984 Erfolg als Autor von Wim Wenders' *Paris, Texas*, basierend auf einer seiner Kurzgeschichten aus «Motel Chronicles». Im folgenden Jahr spielt Shepard neben Kim Basinger in *Fool for Love* (Robert Altman), der Verfilmung eines seiner Bühnenstücke. In Volker Schlöndorffs *Homo Faber* ist Shepard wieder der verschlossene, einsame Fremde. Wenig erfolgreiches Regiedebüt 1988 mit *Far North*. Auch sein zweiter Versuch als Autor/Regisseur, der philosophische Western *Silent Tongue* (1992), kommt erst nach dem publizitätsfördernden Tod des Schauspielers River Phoenix ins Kino. Neben Publikationen seiner zahlreichen Stücke auch andere Veröffentlichungen: 1973 «Hawk Moon: A Book of Short Stories, Poems, and Monologues», 1977 «Rolling Thunder Logbook», 1982 «Motel Chronicles», 1984 «Paris Texas» (Drehbuch, mit Wim Wenders), 1996 «Cruising Paradise».

[US] 1968/69: Me and My Brother [CoA]. 1969/70: Zabriskie Point (Zabriskie Point) [CoA]. 1971: Oh! Calcutta! [CoA]. 1978: Days of Heaven (In der Glut des Südens); Renaldo and Clara (Renaldo und Clara). 1980: Resurrection (Der starke Wille). 1981: Raggedy Man (Der geheimnisvolle Fremde). 1982: Frances (Frances). 1983: The Right Stuff (Der Stoff, aus dem die Helden sind). 1984: Paris, Texas [A – BRD/FR]; Country (Country). 1985: Fool for Love (Fool for Love – Verrückt nach Liebe) [D,A]. 1986: Baby Boom (Baby Boom – Eine schöne Bescherung); Crimes of the Heart (Verbrecherische Herzen). 1988: Far North [R,A]. 1989: Steel Magnolias (Magnolien aus Stahl – Die Stärke der Frauen). 1991: Thunderheart (Halbblut); Defenseless (Wehrlos); Homo Faber [DE/FR]. 1992: Bright Angel. 1993: The Pelican Brief (Die Akte). 1993/94: Silent Tongue (Schweigende Zunge) [R,A]. 1994: Safe Passage. 1995: The Good Old Boys [TV]. 1996: Streets of Laredo; Lily Dale [TV]. 1997: The Only Thrill.

Shi Hui

(Shi Yutao)
* 1915 Tianjin (China)
† 1957 bei Shanghai

Shi Hui muß die Schule abbrechen und übernimmt Gelegenheitsarbeiten, um die Familie mit zu ernähren. Er beginnt eine Schauspielausbildung. 1940 nach Shanghai, wo er sich mit dem modernen Theater beschäftigt. Während der japanischen Besetzung leitet er mit anderen die Theatertruppe «Kugan jutuan». Von 1947–51 zumeist bei der Wenhua Filmgesellschaft, 1953–57 beim Filmstudio Shanghai. Er beweist seine Wandlungsfähigkeit in einem weiten Rollenspektrum: z. B. als der reiche Vater der jungen Ehefrau, der väterliche Autorität und menschliche Schwäche für junge Frauen in sich vereint, in *Taitai wansui* (Sang Hu), als schonungsloser Gasthausbesitzer in *Yedian* (Huang Zuolin), nach Gorkijs «Na dne», als Anwalt der Gerechtigkeit in *Yan yang tian* (Cao Yu), als unbeugsamer Untergrundkämpfer in *Fushi* (Huang) sowie als kaiserlicher General in *Song Jingshi* (Zheng Junli, Sun Yu). In seinem Element ist er jedoch in humanen, humorvollen Rollen. In Sang Hus *Aile zhongnian* spielt er einen Schuldirektor und Witwer mit drei großen Kindern, dem die materialistische Einstellung des Sohnes, der die Tochter eines Bankiers geheiratet hat, fremd bleibt; er ist überfordert, als die junge neue Schuldirektorin ihm ihre Liebe gesteht. Seit 1948 führt Shi Hui gelegentlich Regie. Er verkörpert den Kompanieführer der Befreiungsarmee im selbstinszenierten *Guan lianzhang*, aber dieser bei den Untergebenen beliebte Held ist gar nicht heldenhaft und dogmatisch-schablonenhaft, sondern als gütiger Mann dargestellt. In seinem bekanntesten Werk, *Wozhe yi beizi*, bei dem er auch Regie führt, präsentiert er 1950 das Schicksal eines kleinen Mannes vom 22jährigen Arbeitslosen über einen Polizisten bis zum alten Bettler. 40 Jahre seines Lebens werden dabei mit der turbulenten chinesischen Geschichte vom Ende der Qing-Dynastie bis kurz vor Gründung der Volksrepublik verknüpft. Als 1956 die Reformbewegung in der Filmbranche entsteht, initiiert er mit anderen die Künstler-Gruppe «Wu hua she» (Gruppe fünf Blumen). Im folgenden Jahr wird er im Kampf gegen «Rechts-Tendenzen» so heftig kritisiert und erniedrigt, daß er sich das Leben nimmt. Erst 1979 wird er rehabilitiert.

[CN] 1947: Luanshi Fengguang; Shijie ernü; Taitai wansui; Yedian; Fan hun xiang; Jiafeng xuhuang. 1948: Deng jin ke fu; Yan yang tian; Muqin [D,R]. 1949: Aile zhongnian. 1950: Wozhe yi beizi [D,R]; Fushi; Taiping chun. 1951: Jiejie meimei zhan qilai; Guan lianzhang [D,R]. 1954: Jimaoxin [D,R]. 1955: Tianxian pei [D,R]; Song Jingshi. 1957: Wuhai yehang [D,R,A].

Sidney, Sylvia

(Sophia Kosow)
* 8. 8. 1910 Bronx (New York)

Tochter jüdisch-russischer Emigranten. Besuch der Washington Irving High School, Studium an der New Yorker Theatre Guild School. 1926 Bühnendebüt mit «Challenges of Youth» in Washington. 1927 am Broadway mit «The Squall», im selben Jahr erster Filmauftritt. 1929 als Prozeßzeugin in *Thru Different Eyes* (John G. Blystone). Außerordentlicher Erfolg neben Gary Cooper in Rouben Mamoulians Gangsterfilm *City Streets* und als Roberta Alden in Josef von Sternbergs *An American Tragedy*. Sie wird einer der bekanntesten Paramount-Stars. Nach der Aufführung von Marion Gerings *Madame Butterfly* wirbt ein japanischer Kondom-Hersteller mit ihrem Porträt. Mit ihren großen traurigen Augen wird sie gerne als unterdrücktes Arbeitermädchen besetzt und spielt in den 30er Jahren den Typus der verletzlichen Frau. Auch Erfolg in Komödien, so in Gerings *Thirty Day Princess* und in Wesley Ruggles' *Accent On Youth*. Ab 1936 arbeitet sie für den Produzenten Walter Wanger. Erfolg in Filmen von Fritz Lang: Freundin des von der Lynchjustiz gehetzten Joe Wilson (Spencer Tracy) in *Fury* und als Joan Graham in *You Only Live Once*. An der Seite von Humphrey Bogart spielt sie in Ray Enrights *The Wagons Roll At Night* eine Zirkus-Wahrsagerin. 1945 neben James Cagney in Frank Lloyds *Blood on the Sun*. Nach dem Krieg nur noch wenig Filmangebote. Verstärkt Theater- und ab 1950 TV-Arbeit. Tourneen mit der National Repertory Company. Bühnenerfolge in «Enter Laughing», «Barefoot in the Park» (1964) sowie «Vieux Carré» (1977). 1973 Kino-Comeback als Mutter in Gilbert Cates' Melodram *Summer Wishes, Winter Dreams*, wofür sie für den Nebenrollen-Oscar nominiert wird. Danach wieder vereinzelt Film- und TV-Auftritte, so in Paul Newmans TV-Film *The Shadow Box* und Beeban Kidrons All-Star-Familien-Saga *Used People*. Buch-Autorin: 1968 «Needlepoint Book», 1974 «Question and Answer Book on Needlepoint».

[US] 1927: Broadway Nights. 1929: Thru Different Eyes. 1931: An American Tragedy (Eine amerikanische Tragödie); Street Scene; Confessions of a Coed; Ladies of the Big House (Frauengefängnis); City Streets (Straßen der Weltstadt). 1932: Madame Butterfly (Madame Butterfly); Merrily We Go to Hell (Joan und Jerry); Make Me a Star (Mach mich zum Star); The Miracle Man. 1933: Pick-Up (Flucht vor dem Gestern); Jennie Gerhardt (Jennie Gerhardt – Ein Frauenschicksal); Good Dame. 1934: Thirty Day Princess (Dreißig Tage Prinzessin); Behold My Wife. 1935: Mary Burns, Fugitive; Accent on Youth (Eine Frau von 20 Jahren). 1936: Fury (Zorn); Sabotage (Sabotage) [GB]; The Trail of the Lonesome Pine (Kampf in den Bergen); You Only Live Once (Gehetzt). 1937: Dead End (Im Schatten der Wolkenkratzer). 1938: You and Me (Du und ich); ... One Third of a Nation. 1941: The Wagons Roll at Night (Von Stadt zu Stadt). 1945: Blood on the Sun (Spionage in Fern-Ost). 1945/46: The Searching Wind (Liebe zwischen Krieg und Frieden). 1946: Mr. Ace. 1947: Love from a Stranger. 1952: Les Misérables (Die Legion der Verdammten). 1955: Violent Saturday (Sensation am Sonnabend). 1956: Behind the High Wall (Verdammte hinter Gittern). 1958–62: Naked City: A Hole in the City [TV]. 1960–63: Route 66: Child of a Night [TV]; Route 66: Like a Motherless Child [TV]. 1971: Do Not Fold, Spindle or Mutilate [TV]. 1973: Summer Wishes, Winter Dreams (Sommerwünsche – Winterträume). 1975: Winner Take All [TV]; The Secret Night Caller [TV]. 1976: Death at Love House [TV]; Raid on Entebbe (... die keine Gnade kennen) [TV]; God Told Me. 1977: Snowbeast [TV]; I Never Promised You a Rose Garden (Ich hab' dir nie einen Rosengarten versprochen). 1978: Damien: Omen II (Das Omen II); Siege (Ich bin der King) [TV]. 1979: The Gossip Columnist (Die Skandalreporterin) [TV]. 1980: F.D.R.: The Last Year [TV]; The Shadow Box (Endstation Malibu) [TV]. 1981: A Small Killing (Ein kleiner Mord) [TV]. 1982: Hammett (Hammett); Having It All (Zweimal täglich – Having It All) [TV]; Copkiller (Copkiller) [IT]. 1984: Finnegan, Begin Again (Finnegan, fang nochmal an!) [TV]. 1985: An Early Frost (Früher Frost – Ein Fall von AIDS) [TV]. 1986: Pals [TV]; Morning Star/Evening Star [TV]. 1987: The Witching of Ben Wagner (Großmutters Fluch) [TV]. 1988: Beetlejuice (Beetlejuice). 1990: Andre's Mother [TV]; The Exorcist III (Der Exorzist III). 1992: Used People (Die Herbstzeitlosen); The Muppet Christmas Carol (Die Muppets Weihnachts-Geschichte). 1996: Mars Attacks! (Mars Attacks!).

Signoret, Simone

(Simone Henriette Charlotte Kaminker)
*25. 3. 1921 Wiesbaden
†30. 9. 1985 Autheuil-Athouillet bei Paris

Tätigkeit als Dolmetscherin und Korrespondentin. Im 2. Weltkrieg Kontakt zum Theater; Arbeit als Komparsin. In Filmen von Yves Allégret (den sie 1944 heiratet) als Prostituierte eingesetzt. In der Spielweise sind Einflüsse des italienischen Neorealismus erkennbar. Erster Erfolg 1946 mit Marcel Blistènes *Macadam*; für diese Rolle 1947 Prix Suzanne Bianchetti. In Max Ophüls' *La ronde* und Jacques Beckers *Casque d'or* spielt sie mit ironischem Unterton psychologisch überzeugend laszive Frauen. In den 50er Jahren, ohne systematische Schauspielausbildung, auch große Erfolge am Theater, u.a. in Arthur Millers «The Crucible». Für ihre Elizabeth Proctor in Raymond Rouleaus Verfilmung dieses Stoffes unter dem Titel *Les sorcières de Salem* (Co-Produktion

Frankreich/DDR) Auszeichnung in Karlovy Vary. 1952, 1957 und 1959 Auszeichnung als beste Schauspielerin durch die Britische Filmakademie; 1959 Oscar für ihre Rolle in Jack Claytons *Room at the Top*, für diesen Film auch Auszeichnung in Cannes. Angebote aus Hollywood lehnt sie ab. Im Frankreich der 60er Jahre bleibt ihr wegen ihres linken Engagements der Weg in die staatlichen Medien versperrt. Auf der Berlinale Auszeichnung für ihre Rolle in Pierre Granier-Deferres *Le chat* (1970/71); César 1978 als Madame Rosa in *La vie devant soi* (Moshe Mizrahi). In ihren späten Rollen verkörpert sie selbstbewußte Frauen, die sich gegen das Vergessen von Geschichte wehren. Kaum eine andere Schauspielerin hat sich so zu ihrem Älterwerden bekannt wie Simone Signoret. 1951 heiratet sie Yves Montand, mit dem sie bis zu ihrem Tod zusammenlebt. 1976 Veröffentlichung ihrer Memoiren «La nostalgie n'est plus qu'elle était» (Ungeteilte Erinnerungen), fortgesetzt 1979 mit «Le lendemain, cela était souriante», die ebenso zu Bestsellern werden wie ihr Roman «Adieu Volodia» (1984).

[FR] 1941: Boléro; Le prince charmant. 1942: Les visiteurs du soir (Die Nacht mit dem Teufel); L'ange de la nuit (Engel der Nacht). 1943: Béatrice devant le désir; Adieu Léonard; Service de nuit (Ein Fräulein vom Amt); Le mort ne reçoit plus; La boîte aux rêves. 1945: Les démons de l'aube; Le couple idéal. 1946: Macadam (Zur roten Laterne). 1946/47: Fantômas (Fantomas). 1947: Dédée d'Anvers (Schenke zum Vollmond). 1947/48: Against the Wind [GB]. 1948: Impasse des Deux Anges. 1949: Manèges (Eine Frau im Sattel). 1950: La ronde (Der Reigen); Sans laisser d'adresse (Adresse unbekannt); Ombre et lumière (Licht und Schatten); Le traqué (Unterwelt von Paris); Swiss Tour (Ein Seemann ist kein Schneemann) [CH]. 1951: Casque d'or (Goldhelm). 1953: Thérèse Raquin/Teresa Raquin (Therese Raquin – Du sollst nicht ehebrechen) [FR/IT]. 1954: Les diaboliques (Die Teuflischen). 1956: Les sorcières de Salem/Die Hexen von Salem [FR/DDR]; La mort en ce jardin (Pesthauch des Dschungels) [FR/MX]. 1957: Die Windrose [EP – DDR]. 1958: Room at the Top (Der Weg nach oben) [GB]. 1960: Adua e le compagne (Adua und ihre Gefährtinnen) [IT]; Les mauvais coups (Hunger nach Liebe). 1961: Les amours célèbres/Amori celebri. 2. EP: Jenny de Lacour (Galante Liebesgeschichten) [EP – FR/IT]. 1962: Term of Trial (Spiel mit dem Schicksal) [GB]. 1962/63: Le jour et l'heure/Il giorno e l'ora (Nacht der Erfüllung) [FR/IT]. 1963: Dragées au poivre/Confetti al pepe (Bonbons mit Pfeffer) [FR/IT]. 1965: Ship of Fools (Das Narrenschiff) [US]; Compartiment tueurs (Mord im Fahrpreis inbegriffen); Paris brûle-t-il?/Is Paris Burning? (Brennt Paris?) [FR/US]. 1966: The Deadly Affair (Anruf für einen Toten) [GB]. 1967: Games (Satanische Spiele) [US]. 1969: L'armée des ombres/L'armata degli eroi (Armee im Schatten) [FR/IT]; L'Américain; L'aveu (Das Geständnis). 1970: Comptes à rebours (Der Boß). 1970/71: Le chat/Le chat, l'implacabile uomi di Saint Germain (Die Katze) [FR/IT]. 1971: La veuve Couderc/L'evaso (Der Sträfling und die Witwe) [FR/IT]. 1973: Rude journée pour la reine (Ein schwerer Tag für die Königin); Les grandes brûlées/La mia legge (Die Löwin und ihr Jäger) [FR/IT]; Défense de savoir (Gefährliches Wissen/Mord paßt nicht in sein Konzept). 1975: Le chair de l'orchidée/Un'orchidea rossa sangue/Das Fleisch der Orchidee [FR/IT/BRD]. 1975/76: Police Python 357/Im tödlichen Kreis [FR/BRD]. 1976: Madame le juge/Die Untersuchungsrichterin: 2 + 2 = 4/Zweimal zwei ist vier [TV – FR/BRD]. 1977: La vie devant soi (Madame Rosa). 1978: L'adolescente (Mädchenjahre); Judith Therpeauve (Die letzte Ausgabe). 1979: Chère inconnue (Liebe Unbekannte). 1981: Guy de Maupassant; L'étoile du Nord (Stern des Nordens).

Simmons, Jean

(Jean Merilyn Simmons)
*31. 1. 1929 Crouch-Hill (London)

Besuch der Orange Hill School for Girls und der Ada Foster School of Dancing. 1944 frühes Filmdebüt in *Give Us the Moon* (Val Guest). 1945 Vertrag mit dem Produzenten Arthur J. Rank. 1946 als die junge Estella in David Leans Dickens-Verfilmung *Great Expectations*. 1947 tritt die dunkelhaarige Schauspielerin in einer kleinen Rolle als verführerische Inderin Kanchi in *Black Narcissus* (Michael Powell, Emeric Pressburger) auf. Die Rolle der Ophelia in Lawrence Oliviers *Hamlet* (1948) bringt den internationalen Durchbruch, obwohl Simmons keinerlei Shakespeare-Erfahrung mitbringt und überdies eine absurde blonde Perücke tragen muß. Anfang der 50er Jahre Vertrag mit Howard Hughes' RKO-Studio in Hollywood und, gemeinsam mit ihrem damaligen Mann Stewart Granger, Übersiedlung in die USA. Fortan Rollen in Filmen aller Genres, darunter die Diana Tremayne in Otto Premingers Film Noir *Angel Face* (1952), der die schon in ihren Anfängen vorhandene Spannung zwischen sexueller Anziehungskraft und «Unschuldsimage» grandios ausreizt. Im folgenden Jahr von George Cukor als Ruth Gordon in *The Actress* neben Spencer Tracy in der Rolle des sturen Vaters eingesetzt, der die Tochter nicht Schauspielerin werden lassen will. 1959 überzeugend an der Seite von Burt Lancaster als Sister Sharon Falconer in *Elmer Gantry*, einer Sinclair Lewis-Verfilmung von Richard Brooks. 1964 amerikanisches Bühnendebüt in dem Stück «Big Fish, Little Fish». Seit Ende der

60er Jahre arbeitet Simmons fast nur noch für das Fernsehen. In den 80er Jahren späte Erfolge mit Mehrteilern wie *The Thorn Birds* und *Inherit the Wind*. Simmons ist seit 1960 in zweiter Ehe mit dem Regisseur und Autor Richard Brooks verheiratet.

[US] 1944: Give Us the Moon [GB]; Mr. Emmanuel [GB]; Meet Sexton Blake [GB]; Kiss the Bride Goodbye [GB]. 1944/45: Sports Day [KF – GB]. 1945: Caesar and Cleopatra (Cäsar und Cleopatra) [GB]; The Way to the Stars [GB]. 1946: Hungry Hill (Der kupferne Berg) [GB]; Great Expectations (Geheimnisvolle Erbschaft) [GB]. 1947: Uncle Silas [GB]; Black Narcissus (Schwarze Narzisse) [GB]. 1948: The Woman in the Hall (Die Schwindlerin) [GB]; Hamlet (Hamlet) [GB]. 1948/49: The Blue Lagoon (Die blaue Lagune) [GB]. 1949: Adam and Evalyn (Adam and Evelin) [GB]. 1950: So Long at the Fair (Paris um Mitternacht) [GB]; Trio. EP: Sanatorium (So ist das Leben) [EP – GB]; Cage of Gold (Frau im Netz) [GB]; The Clouded Yellow (Auf falscher Spur) [GB]. 1952: Affair with a Stranger (Ein Mann ohne Bedeutung); Angel Face (Engelsgesicht); Androcles and the Lion (Androklus und der Löwe). 1953: The Actress (Theaterfieber); The Robe (Das Gewand); Young Bess (Die Thronfolgerin). 1954: She Couldn't Say No; A Bullet Is Waiting (Eine Kugel wartet); The Egyptian (Sinuhe, der Ägypter); Désirée (Désirée). 1955: Footsteps in the Fog (Zwischen Haß und Liebe) [GB]; Guys and Dolls (Schwere Jungen, leichte Mädchen). 1956: Hilda Crane (Männer um Hilda Crane). 1957: Until They Sail (Land ohne Männer); This Could Be the Night (Kein Platz für feine Damen). 1958: The Big Country (Weites Land); Home Before Dark (Bevor die Nacht anbricht). 1959: This Earth Is Mine (Diese Erde ist mein). 1960: Spartacus (Spartacus); The Grass Is Greener (Vor Hausfreunden wird gewarnt) [GB]; Elmer Gantry (Elmer Gantry). 1963: All the Way Home (Ein Schmetterling flog auf). 1965: Life at the Top (Ein Platz ganz oben) [GB]. 1966: Mister Buddwing (Gesicht ohne Namen). 1967: Rough Night in Jericho (Als Jim Dolan kam); Divorce American Style (Scheidung auf amerikanisch); Heidi kehrt heim/Heidi [TV – BRD/US]. 1969: The Happy Ending (Happy End für eine Ehe). 1970: Say Hello to Yesterday [GB]. 1975: Mr. Sycamore. 1978: Dominique (Schatten um Dominique) [GB]; The Dain Curse (Der Fluch des Hauses Dain) [TV]. 1979: Beggarman, Thief [TV]. 1981: A Small Killing (Ein kleiner Mord) [TV]; Jacqueline Susan's Valley of the Dolls (Das Tal der Puppen) [TV]; Golden Gate [TV]. 1983: The Thorn Birds (Dornenvögel) [TVS]. 1984: December Flowers (Späte Blüten) [TV – GB]. 1985: Midas Valley [TV]. 1985–86: North and South (Fackeln im Sturm) [TVS]. 1987: Perry Mason: The Case of the Lost Love [TV]. 1987/88: The Dawning (Der Fremde am Strand) [TV – GB]. 1988: Going Undercover (Going Undercover); Inherit the Wind (Der Brady-Skandal) [TV]. 1988/89: Great Expectations (Große Erwartungen) [TV – GB]. 1990: Laker Girls (Die Laker Girls); Sensibility and Sense [TV]; People Like Us [TV]. 1990/91: Dark Shadows [TVS]. 1991: They Do It with Mirrors [TV – GB]. 1993: Angel Falls [TVS]. 1994: One More Mountain (One More Mountain – Der letzte Paß) [TV]. 1995: How to Make an American Quilt (Ein amerikanischer Quilt); Daisies in December [GB].

Simon, Günther

*11. 5. 1925 Berlin-Pankow
†25. 6. 1972 Berlin

Gymnasium, daneben Schauspielunterricht. Reichsarbeitsdienst, 1943 Kriegsfreiwilliger, Fallschirmjäger an der Invasionsfront in der Normandie, ab 1944 Kriegsgefangener in den USA, Beteiligung an einer Theatergruppe. Nach der Heimkehr 1947 erneut Schauspielunterricht in Berlin, Bühnendebüt in Köthen; an Bühnen in Schwerin, Dresden, Leipzig. 1951 Leinwanddebüt im DEFA-Film *Das verurteilte Dorf* (Martin Hellberg), seitdem nur noch einzelne Bühnen-Gastspiele. Popularität durch die Titelrolle in Kurt Maetzigs zweiteiligem *Ernst Thälmann*-Film (1954 Nationalpreis, 1956 Auszeichnung in Karlovy Vary). Dieser Film prägt auf Jahre Simons Image und zugleich das Bild Thälmanns bei der jungen DDR-Generation. Bis in die 60er Jahre häufig Rollen vorbildlicher, klassenbewußter Arbeiter und Revolutionäre, so der Matrose Erich Steigert in *Das Lied der Matrosen* (Maetzig/Günter Reisch), oder Identifikationsfiguren wie der «bewährte Arbeiterfunktionär» in *Brot und Rosen* (Heinz Thiel, Horst E. Brandt). Ab Mitte der 60er Jahre auch TV-Rollen heldischer Arbeiter, z. B. als bundesdeutscher Bergarbeiter in der Max-von-der-Grün-Adaption *Irrlicht und Feuer* (Thiel, Brandt). 1967–69 größte TV-Rolle als Krupp-Arbeiter Fred Krause im Fünfteiler *Krupp und Krause/Krause und Krupp* (Thiel, Brandt, 1969 Nationalpreis im Kollektiv). Aber auch differenzierte Problemrollen, so der von seiner NS-Vergangenheit in Starrheit und Lakonie gedrängte Obersteiger in Konrad Wolfs *Sonnensucher* und der zum Verräter gewordene kubanische Revolutionär in Maetzigs *Preludio 11*. Gelegentlich komische Rollen wie der Vater in Konrad Petzolds Kinderfilm *Alfons Zitterbacke*. 1971/72 in *Reife Kirschen* wieder als klassenbewußter Arbeiter im Konflikt zwischen Familie und Gesellschaft.

[DDR] 1951: Das verurteilte Dorf. 1952: Anna Susanna. 1952/53: Jacke wie Hose. 1953/54: Ernst Thälmann – Sohn seiner Klasse. 1954/55: Ernst Thälmann – Führer seiner Klasse. 1955: Drei Mädchen im Endspiel. 1955/56: Lied über dem Tal [Unvollendet]. 1956:

Das Traumschiff; Treffpunkt Aimée; Damals in Paris [TV]; Tinko. 1956/57: Sheriff Teddy. 1957: Vergeßt mir meine Traudel nicht. 1957/58: Sonnensucher; Meine Frau macht Musik; Černý prapor (Das schwarze Bataillon) [CS]. 1958: Der Lotterieschwede; Das Lied der Matrosen; Geschwader Fledermaus. 1958/59: Der kleine Kuno; Senta auf Abwegen; Eine alte Liebe. 1959: Der schweigende Stern/Milczaca gwiazda [DDR/PL]; Einer von uns; Kein Ärger mit Cleopatra. 1959/60: Die heute über 40 sind; Der Moorhund. 1960: Die Frau seiner Träume [KF; Die Liebe und der Co-Pilot [TV; Der Fremde; Ärzte. 1961: Der Traum des Hauptmann Loy; Der Tod hat ein Gesicht; Eine Handvoll Noten; Das Kleid [Verboten]. 1961/62: Der Vierte [TV]; Mord ohne Sühne; An französischen Kaminen. 1962: Die heilige Johanna [TV]; Nebel; Geheimarchiv an der Elbe. 1963: Was ihr wollt [TV]; Schwarzer Samt; Preludio 11. 1964: Titel hab' ich noch nicht [TV]; Das Lied vom Trompeter; Der Reserveheld. 1964/65: Lots Weib. 1965: Der Frühling braucht Zeit; Wenn du groß bist, lieber Adam; Alfons Zitterbacke. 1965/66: Reise ins Ehebett. 1966: Irrlicht und Feuer [TV]. 1967: Brot und Rosen; Heroin. 1967/68: Krupp und Krause. 5. Teile. [TV]. 1969: Der große Klaus [TV]; Die Zeichen der Ersten [TV]; Verdacht auf einen Toten [TV]; Weil ich dich liebe ... 1969/70: Jeder stirbt für sich allein [TV]. 1970: Zwei Briefe an Pospischiel [TV]; KLK an PTX – Die Rote Kapelle. 1971: Junger Mann [TV]. 1971/72: Gefährliche Reise [TV]; Der Regimentskommandeur [TV]; Reife Kirschen. 1972: Nakoval'nja ili molot/Nakoval-nja ili čuk/Hammer oder Amboß sein [SU/BG/DDR].

Simon, Michel

(François Simon)
*9. 4. 1895 Genf
†30. 5. 1975 Bry-sur-Marne

Boxer, Hilfsfotograf und Straßenhändler. 1911 erste Auftritte als clownesker Tanzakrobat in Music-Halls von Paris. Dort 1918 Theaterdebüt. 1925 durch Marcel L'Herbier zum Film. 1928 Richter Lemaître in Carl Theodor Dreyers *La passion de Jeanne d'Arc*. Bekannt wird er durch Jean Choux' *Jean de Lune* (1931). In der Zusammenarbeit mit Jean Renoir zu Beginn der 30er Jahre entwickelt er sich zu einem der wichtigsten Charakterdarsteller im französischen Film. Hervorzuheben sein bedauernswerter Kassierer Maurice Legrand in Renoirs *La chienne* und der anarchistische Clochard Boudu in *Boudu sauvé des eaux*. 1934 als alter versponnener Seemann Père Jules in Jean Vigos *L'Atalante*. In Marcel Carnés Klassikern *Drôle de drame* und *Quai des brumes* hat er tragende Rollen. Nach dem Krieg zahlreiche Darstellungen psychologisch differenzierter, zumeist liebenswerter Charaktere. Zu den Höhepunkten seiner Charakterisierungskunst gehören die Rollen in Sacha Guitrys *La Poison* (1951) und in *Austerlitz* (Abel Gance, 1959/60). 1967 Auszeichnung auf der Berlinale für seine Rolle eines antisemitischen Bauern, der während der deutschen Okkupation – unwissend – ein Judenkind beschützt, in *Le vieil homme et l'enfant* (Claude Berri). Sein langgezogenes, zerknittertes Gesicht mit riesiger Nase und sein Nuscheln sind in Frankreich ebenso Markenzeichen des «heiligen Monsters» wie seine abfälligen Äußerungen über den romantisierenden Stil von Kollegen wie Gérard Philipe und seine Extravaganzen wie die legendäre Sammlung des Erotomanen.

[FR] 1924: Feu Mathias Pascal (Mattia Pascal). 1925: La vocation d'André Carrel. 1926: Casanova (Casanova); L'inconnue des six jours. 1928: La passion de Jeanne d'Arc (Johanna von Orleans); Tire au flanc. 1929: Pivoine. 1930: L'enfant de l'amour. 1931: Baleydier; Jean de la lune; La chienne; On purge Bébé. 1932: Boudu sauvé des eaux. 1933: Léopold le bien-aimé; Miquette et sa mère; Du haut en bas. 1934: Lac aux Dames; L'Atalante (Atalante). 1935: Adémai au Moyen-Age; Le bonheur; Amants et voleurs; Le bébé de l'escadron. 1936: Jeunes filles de Paris; Les jumeaux de Brighton; Moutonnet; Faisons un rêve; Le mort en fuite; Sous les yeux d'Occident. 1937: Choc en retour; Boulot aviateur; Mirages; Drôle de drame (Ein sonderbarer Fall); La bataille silencieuse; Naples au baiser de feu. 1938: Quai des brumes (Hafen im Nebel); Noix de Coco; Les nouveaux riches; Eusèbe, député; Les disparus de Saint-Agil (Das Geheimnis von Saint-Agil); Le ruisseau; La fin du jour (Lebensabend); La chaleur du sein; Belle étoile. 1938/39: Derrière la façade. 1939: Le dernier tournant; Cavalcade d'amour (Liebeskavalkade); Circonstances atténuantes; Les musiciens du ciel; Fric-frac. 1940: Tosca (Tosca) [IT]; La comédie du bonheur (Das Glück); Paris – New York. 1942: Una signora dell'Ovest [IT]; Le roi s'amuse. 1943: Au bonheur des dames (Paradies der Damen); Vautrin. 1945: Boule de suif; Un ami viendra ce soir. 1946: Panique (Panik); La taverne du Poisson Couronné. 1947: Non coupable (Das Doppelleben eines Arztes); La Carcasse et le Tord-cou; Les amants du Pont Saint-Jean (Hafenliebchen). 1947/48: Fabiola (Fabiola) [IT]. 1950: La beauté du diable/La bellezza del diavolo (Der Pakt mit dem Teufel) [FR/IT]. 1951: Le due verità (Engel oder Sünderin) [IT]; Hôtel des Invalides; La poison (Das Scheusal). 1952: Le rideau rouge; Monsieur Taxi; Brelan d'as; La fille au fouet; Le chemin de Damas (Der Weg nach Damaskus); Le marchand de Venise/Il mercante di Venezia [FR/IT]; La vie d'un honnête homme. 1953: Saadia; Tempi nostri. 6. Ep: Casa d'altri/Temps d'aujourd'hui (Tempi nostri) [EP – IT/FR]; Par ordre du Tsar/Ungarische Rhapsodie [FR/BRD]; L'étrange désir de M. Bard (Eine wunderbare Liebe); Femmes de Paris. 1955: Les mémoires d'un flic; L'impossible monsieur Pipelet.

1956: La joyeuse prison. 1957: Un certain M. Jo (Ein gewisser Monsieur Jo); Les trois font la paire (Die Zwillinge und der Mörder). 1958: Es geschah am hellichten Tag/El cebo [CH/BRD/ES]. 1959: Die Nackte und der Satan [BRD]. 1959/60: Austerlitz/Napoleone ad Austerlitz (Austerlitz – Glanz einer Kaiserkrone) [FR/IT]. 1960: Pierrot la tendresse; Candide ou l'optimisme au XXe siècle (Candide oder Der Optimismus im 20. Jahrhundert). 1961/62: Le bateau d'Émile/Letto, fortuna e femmine (Madeleine und der Seemann) [FR/IT]. 1962: Le diable et les dix commandements/Le tentazioni quotidiane (Der Teufel und die zehn Gebote) [EP – FR/IT]. 1963: Cyrano e d'Artagnan/Cyrano et d'Artagnan/Cyrano y d'Artagnan (Der letzte Musketier) [IT/FR/ES]. 1964: Le train/Il treno (Der Zug) [FR/IT]. 1965: Deux heures à tuer [FR/BE]. 1966: Le vieil homme et l'enfant (Der alte Mann und das Kind). 1967: Ce sacré grand-père (Der verflixte Großvater). 1969/70: Contestazione generale. 3. Ep: Concerto a tre pifferi (Generalstreik) [EP – IT]. 1970: La maison (Das Haus). 1971: Blanche. 1972: La più bella serata della mia vita/la plus belle soirée de ma vie [IT/FR]. 1974: Le boucher, la star et l'orpheline. 1975: Trop c'est trop; L'ibis rouge.

Simon, Simone

*23. 4. 1911 Béthune

Sie wächst in Marseille auf; in Paris als Modezeichnerin und Mannequin. 1931 Operettendebüt in Paris. Durch die Hauptrolle der katzenhaften Kindfrau in Marc Allégrets *Lac aux dames* (1934) wird sie international bekannt. Darryl F. Zanuck holt sie nach Hollywood, doch ihr Vertrag mit der 20th Century-Fox bringt nur unbefriedigende Ergebnisse. Nach Frankreich zurückgekehrt, wird sie in der Rolle der falschen Unschuld in Jean Renoirs *La bête humaine* (1938) zum Star. Während des Kriegs dreht sie wieder in den USA, tritt in Revuen auf und soll als Sängerin aufgebaut werden, was vergeblich bleibt. In Maurice Tourneurs *Cat People* (1942) ist ihre Rolle als europäische Exotin mit liebenswertem Akzent und Vorbehalten gegen erotische Verstrickungen so erfolgreich, daß eine Fortsetzung gedreht wird. Ihre ungleich bedeutendere Rolle in Robert Wises Maupassant-Verfilmung *Mademoiselle Fifi* findet dagegen wenig Anklang. Nach dem Krieg engagiert Max Ophüls sie für seine erotischen Gesellschaftsbilder *La ronde* und *Le plaisir*, nun in der Rolle von reifen, selbstbewußten Frauen. Danach zieht sie sich weitgehend aus dem Filmgeschäft zurück.

[FR] 1931: Mam'zelle Nitouche [Version]; Durand contre Durand [Version]; La petite chocolatière; Le chanteur inconnu. 1932: Un fils d'Amérique (Ich liebe dich); Le roi des palaces; Pour vivre heureux; Prenez garde à la peinture. 1933: L'étoile de Valencia [Version – DE]; Tire au flanc. 1934: Lac aux Dames. 1935: Les yeux noirs (Schwarze Augen); Les beaux jours (Die schönen Tage). 1936: Ladies in Love [US]; Girls' Dormitory [US]. 1937: Seventh Heaven [US]; Love and Hisses [US]. 1938: La bête humaine (Bestie Mensch); Josette [US]. 1939: Cavalcade d'amour (Liebeskavalkade). 1941: All That Money Can Buy/The Devil and Daniel Webster (Der Teufelsbauer) [US]. 1942: Cat People (Katzenmenschen) [US]. 1943: Tahiti Honey [US]. 1944: Johnny Doesn't Live Here Anymore [US]; The Curse of the Cat People [US]; Mademoiselle Fifi. 1946: Pétrus (Freibeuter der Liebe). 1946/47: Temptation Harbour (Hafen der Versuchung) [GB]. 1949/50: Donne senza nome (Frauen ohne Namen) [IT]. 1950: La ronde (Der Reigen); Olivia. 1951: Le plaisir/EP: Le modèle (Pläsier) [EP]. 1954: Das zweite Leben/Double destin [BRD/FR]; I tre ladri/Trois voleurs (Gaunerparade) [IT/FR]. 1956: The Extra Day. 1972/73: La femme en bleu (Die unbekannte Schöne) [FR/IT].

Sinatra, Frank

(Francis Albert Sinestra)

*12. 12. 1915 Hoboken (New Jersey)

Besuch der Demarest High School in Hoboken. Sportreporter und Sänger bei «The Hoboken Four». Als Sänger in verschiedenen Swing-Bands: 1939 bei Harry James, 1940–42 bei Tommy Dorsey. Ab 1935 Filmauftritte als Sänger. Produktion von Platten und Teilnahme an Wettbewerben. Anfang der 40er Jahre Popularität als Solist – «The Voice» wird der Schwarm vieler junger Mädchen. Radio-Arbeit: 1943–44 in «Hit Your Parade», 1945/47 Radio-Show «Songs by Sinatra». 1950/52 im Fernsehen *The Frank Sinatra Show*. In Hollywood zunächst in Musikfilmen mit kleinem Budget. Häufig Partner von Gene Kelly, so in George Sidneys *Anchors Aweigh* (1945) und in *On the Town* (Stanley Donen, Gene Kelly). Die Karriere endet abrupt 1952, als er Probleme mit der Stimme bekommt. Kurz darauf beginnt seine zweite Filmkarriere mit dramatischen Rollen. 1953 erhält er den Nebenrollen-Oscar als G.I. Angelo Maggio in Fred Zinnemanns *From Here to Eternity*. Weitere Oscar-Nominierung als drogenabhängiger Musiker Frankie Machine in Otto Premingers *The Man with the Golden Arm* (1955). Der Schauspieler, dessen Stimmbänder bald wieder gesunden, wird einer der Superstars des amerikanischen Kinos. Neben Bing Crosby und Grace Kelly als unbekümmerter Reporter in Charles Walters' *High Society*, Titelrolle in George Sidneys Musical-Verfilmung *Pal Joey*, Korea-Veteran in John Frankenheimers *The Manchurian Candidate*, Colonel Joseph Ryan in Mark Robsons *Van Ry-*

an's Express. Ende der 60er Jahre in Krimis, u. a. als Joe Leland in Gordon Douglas' *The Detective*. Nur noch wenige Filmaufgaben, u. a. als Polizeiinspektor Frank Horannes im TV-Film *Contract on Cherry Street*. Seit 1956 Produzent (Sinatra Enterprises). 1960 gründet er die erfolgreiche Plattenfirma Reprise Records. 1965 Regiedebüt mit dem Kriegsfilm *None But the Brave*. 1980 Rückzug vom Film- und Fernsehgeschäft und Konzentration auf Welttourneen als Sänger, häufig mit seinen Kumpels – «Rat Pack» – Sammy Davis Jr. und Dean Martin. 1970 mit dem Jean Hersholt Humanitarian Award geehrt. 1992 TV-Serie *Sinatra* mit Philip Casnoff in der Titelrolle. Zu Sinatras Ehefrauen gehören u. a. Ava Gardner, Mia Farrow und Barbara Blakely, die Witwe von Zeppo Marx. Seine Tochter Nancy Sinatra ist Sängerin.

[US] 1935: Major Bowes' Amateur of the Air. 1941: Las Vegas Nights. 1942: Ship Ahoy (Schiff ahoi!). 1943: Higher and Higher; Reveille with Beverly. 1944: Step Lively; The Road to Victory [KF]. 1945: The House I Live In [KF]; Anchors Aweigh (Urlaub in Hollywood); The All-Star Bond Rally [KF]. 1946: Till the Clouds Roll By (Bis die Wolken vorüber zieh'n). 1947: It Happened in Brooklyn. 1948: Double Dynamite (Doppeltes Dynamit); The Miracle of the Bells (Die Glocken von Coaltown); The Kissing Bandit. 1949: Take Me out to the Ball Game (Spiel zu dritt); On the Town (Heute gehn wir bummeln). 1950–52: The Frank Sinatra Show [TVS]. 1951: Meet Danny Wilson (Zu allem entschlossen). 1953: From Here to Eternity (Verdammt in alle Ewigkeit). 1954: Suddenly (Der Attentäter); Young at Heart (Man soll nicht mit der Liebe spielen). 1955: The Tender Trap (Zärtlich schnappt die Falle zu); Not As a Stranger (... und nicht als ein Fremder); Guys and Dolls (Schwere Jungen, Leichte Mädchen); The Man with the Golden Arm (Der Mann mit dem goldenen Arm). 1955/56: Meet Me in Las Vegas (Viva Las Vegas!). 1956: High Society (Die oberen Zehntausend); Around the World in 80 Days (In 80 Tagen um die Welt); Johnny Concho [D,P]. 1957: The Pride and the Passion (Stolz und Leidenschaft); The Joker Is Wild (Schicksalsmelodie); Pal Joey (Pal Joey). 1957–58: The Frank Sinatra Show [TVS]. 1958: Some Came Running (Verdammt sind sie alle); Kings Go Forth (Rivalen). 1959: Can-Can (Ganz Paris träumt von der Liebe); A Hole in the Head (Eine Nummer zu groß); Never So Few (Wenn das Blut kocht); Invitation to Monte Carlo [GB]. 1960: Pepe (Pepe – Was kann die Welt schon kosten?); Ocean's Eleven (Frankie und seine Spießgesellen). 1961: The Devil at Four O'Clock (Der Teufel kommt um vier). 1961/62: Sergeants 3 (Die siegreichen Drei) [D,P]. 1962: The Manchurian Candidate (Botschafter der Angst); The Road to Hong Kong (Der Weg nach Hongkong) [GB]; Sinatra in Israel [KF]. 1963: The List of Adrian Messenger (Die Totenliste); 4 for Texas (Vier für Texas); Come Blow Your Horn (Wenn mein Schlafzimmer sprechen könnte/Buddy und das süße Leben). 1964: Robin and the Seven Hoods (Sieben gegen Chikago) [D,P]. 1964/65: None but the Brave/Yusha nomi (Der Lohn der Mutigen) [D,R,P – US/JP]. 1965: The Oscar (... denn keiner ist ohne Schuld); Von Ryan's Express (Colonel von Ryans Expreß); Marriage on the Rocks (Dreimal nach Mexiko). 1966: Assault on a Queen (Überfall auf die Queen Mary); Cast a Giant Shadow (Der Schatten des Giganten). 1967: The Naked Runner (Der Mann am Draht) [GB]; Tony Rome (Der Schnüffler). 1968: The Detective (Der Detektiv); Lady in Cement (Die Lady in Zement). 1970: Dirty Dingus Magee (Der schärfste aller Banditen). 1974: That's Entertainment! (Das gibt's nie wieder – That's Entertainment) [DOK]. 1977: Contract on Cherry Street (Das Cherry Street-Fiasko) [TV]. 1980: The First Deadly Sin (Die erste Todsünde). 1984: Cannonball Run II (Highway 2 – Auf dem Highway ist wieder die Hölle los); Magnum P.I.: Laura (Magnum) [TV]. 1986: The Spencer Tracy Legacy: A Tribute By Katharine Hepburn (Spencer Tracy – Ein Porträt von Katharine Hepburn) [DOK]. 1987: Who Framed Roger Rabbit? (Falsches Spiel mit Roger Rabbit) [S]. 1989: Frank, Liza and Sammy: The Ultimate Event [TV]. 1990: Listen Up: The Lives of Quincy Jones (Listen Up) [DOK]. 1994: It Could Happen to You (2 Mio. Dollar Trinkgeld). 1995: Sinatra: 80 Years My Way [TV-DOK].

Sjöström, Victor

(Victor David Sjöström)
*20. 9. 1879 Silbodal (Värmland)
†3. 1. 1960 Stockholm

Mit den Eltern in den USA. Nach dem Tod der Mutter, einer ehemaligen Schauspielerin, Rückkehr nach Schweden. Schulbesuch in Uppsala. Schauspieler bei einer Wanderbühne in Finnland. 1899 am Folketeatern Göteborg als Schauspieler und Regisseur. Durch Charles Magnusson 1912 als Schauspieler, Szenarist und Regisseur zur Filmgesellschaft Svenska Biografteatern. Regiedebüt 1912. Seine Leistungen als Schauspieler in eigenen Filmen und unter der Regie des kongenialen Mauritz Stiller sind bestimmend für die Entwicklung der schwedischen Kinematografie zur künstlerisch eindrucksvollsten in Europa. Expressives Spiel, technische Avanciertheit und belangvolle literarische Drehbuchvorlagen schaffen eine Filmsprache, in der neben einem ausgeprägten sozialen Dokumentarismus erstmals die Naturgewalten eine Symbolfunktion für Seelenzustände erhalten. Zu den klassischen Stationen dieser Entwicklung gehören: *Ingeborg Holm* (1913), *Terje Vigen* (1916), *Berg-Ejvind och hans hustru* (1917) und *Körkarlen* (1920). 1922 Engagement als Regisseur bei Goldwyn, dann M-G-M in Hollywood. Unter dem Namen Victor Seastrom inszeniert er 1923–29 neun Filme, u. a. mit Lilian Gish und Greta Garbo. 1930 Rückkehr nach Schweden, wo er die Einführung des Tons berät und einen Film in schwedischer und deutscher Version dreht. Danach nur noch als Schauspieler tätig. Seine letzte Regiearbeit entsteht 1937 in England: *Under the Red Robe*. In Schweden ab 1939 Zusammenarbeit mit Gustaf Molander und Arne Mattson. Während des Weltkriegs künstlerischer Leiter von Svensk Filmindustri. 1950 in *Till glädje* unter der Regie von Ingmar Bergman, in dessen *Smultronstället* (1957) er als lebensweiser Professor Borg ein letztes überzeugendes Beispiel einer Reihe von abgeklärten alten Männern bietet, die er in den letzten Jahren seiner Karriere verkörpert.

[SE] 1912: Ett hemligt giftermål eller Bekännelsen på dödsbädden [R,A]; Löjen och tårar [R]; Äktenskapsbyrån [R,A]; Trädgårdsmästaren [D,R]; De svarta maskerna (Die schwarze Maske); Livets vår; Vampyren (Liebeswahn). 1913: Halvbold (Halbblut) [R]; Prästen (Der Pastor) [R]; Miraklet (Das Wunderwerk) [R]; Livets konflikter [D,R]; Lady Marions sommarflirt [R]; Barnet (Das Kind); För sin kärleks skull (Aufgeopfert); Kärlek starkare än hat eller Skogsdotterns hemlighet [R]; När kärleken dödar (Wenn die Liebe stirbt); Ingeborg Holm (Ingeborg Holm/Unser täglich Brot) [D,A]; Blodets röst [D,R,A]. 1914: Dömen icke [R]; Gatans barn (Ein Kind der Straße) [R]; En av de många [R,A]; Sonad skuld [R,A]; Strejken [D,R,A]; Högfjällets dotter (Waina, die junge Lappländerin) [D,R,A]; Hjärtan som mötas [R]; Bra flicka reder sig själv [R,A]. 1915: Hon segrade [D,R]; Judaspengar [R]; Landshövingens döttrar (Die Töchter des Landeshauptmanns) [R,A]; I prövningens stund (In der Stunde der Versuchung) [D,R]; Havsgamar [R]; Skepp som mötas [R]; Skomakare bliv vid din läst [R,A]; Det var i maj [R,A]. 1916: Guldspindeln; Terje Vigen (Terje Vigen) [D,R,A]; Dödskyssen [D,R]; Thérèse [R,A]. 1917: Tösen från Stormyrtorpet (Das Mädchen vom Moorhof) [R,A]; Thomas Graals bästa film (Der beste Film von Thomas Graal); Berg-Ejvind och hans hustru (Berg-Ejvind und sein Weib) [D,R,A]. 1918: Thomas Graals bästa barn; Ingmarssönerna I & II (Die Ingmarssöhne) [D,R,A]. 1919: Karin Ingmarsdotter (Karin vom Ingmarshof) [D,R,A]; Hans nåds testamente [R,A]; Klostret i Sendomir (Das Kloster von Sendomir) [R,A]. 1920: Körkarlen (Der Fuhrmann des Todes) [D,R,A]; Mästerman (Ich gab dich zum Pfande) [D,R]. 1921: Vem döner? (Beatrix) [R,A]. 1922: Det omringade huset [D,R,A]; Eld ombord (Feuer an Bord) [D,R,A]. 1923: Name the Man (Wer war der Vater?) [R – US]. 1924: He Who Gets Slapped (Der Mann, der die Ohrfeigen bekam) [R,CoA – US]; Confessions of a Queen (Die Beichte einer Königin) [R – US]. 1925: The Tower of Lies (Der Narr und die Dirne) [R – US]. 1926: The Scarlet Letter (Der scharlachrote Buchstabe) [R – US]. 1927: The Divine Woman (Das göttliche Weib) [R – US]; The Wind (Der Wind) [R – US]. 1928: The Masks of the Devil (Die Masken des Erwin Reiner) [R – US]. 1929: A Lady in Love [R – Version – US]; Die Sehnsucht jeder Frau [R – Version – US]. 1930: Markurells i Wadköping [D,R – Version]; Väter und Söhne [R – Version – SE/DE]. 1934: Synnöve Solbakken. 1935: Valborgsmässoafton. 1937: Under the Red Robe (Unter der roten Robe) [R – GB]; John Ericsson – Segraren vid Hampton Roads. 1938: Gubben kommer (Der Greis kommt). 1939: Mot nya tider. 1941: Striden går vidare. 1943: Ordret (Das Wort); Det brinner en eld. 1944: Kejsaren av Portugallien (Der Kaiser von Portugal). 1947: Jag är med eder … (Station Afrika); Rallare. 1948: Farlig vår. 1950: Kvartetten som sprängdes; Till glädje (An die Freude). 1952: Hård klang (Du sollst nicht begehren); Kärlek. 1954: Männe i mörker. 1957: Smultronstället (Wilde Erdbeeren).

Śląska, Aleksandra

* 4. 11. 1925 Kattowitz
† 18. 9. 1989 Warschau

1947 nach externem Schauspielexamen am Słowacki Teatr in Krakau. In den 50er Jahren in Warschau zunächst am Współczesny Teatr, später am Narodowy Teatr, ab 1961 am Ateneum. 1947 erste Filmrolle, durch die sie sofort international bekannt wird: In Wanda Jakubowskas *Ostatni etap* verkörpert sie die KZ-Oberaufseherin. 1949 erhält sie die Hauptrolle, Basia, in Jan Rybkowskis Iwaszkiewicz-Adaption *Dom na pustkowiu*. Der von der Zensur stark gekürzte Film zeugt nichtsdestoweniger von ihrer überragenden Schauspielkunst. In Aleksander Fords *Młodość Chopina* spielt sie 1951 Chopins Geliebte Konstancja Gładkowska. Die Rolle der lyrischen und empfindsamen Krystyna in Wojciech J. Has' Hłasko-Verfilmung *Pętla* bringt ihr 1957 große Anerkennung. Ein Höhepunkt in ihrer Karriere ist 1963 die Titelrolle der Liza in Andrzej Munks Filmfragment *Pasażerka*, in dem sie die Heldin mit differenzierten Charakterzügen ausstattet. In den 70er Jahren tritt sie überwiegend in Fernsehproduktionen auf. Große Popularität erringt sie 1980 in der Titelrolle von Janusz Majewskis TV-Serie *Królowa Bona*. Śląska, die 1950, 1956 und 1964 den Staatspreis erhält, arbeitet in ihren letzten Lebensjahren vor allem als Professorin an der Theaterhochschule in Warschau.

[PL] 1947: Ostatni etap (Die letzte Etappe). 1949: Dom na pustkowiu (Das Haus in der Einöde). 1951: Die Sonnenbrucks [DDR]; Młodość Chopina (Chopins Jugend). 1953: Piątka z ulicy Barskiej (Die Fünf aus der Barska-Straße); Autobus odjeżdża 6.20. 1957: Pętla. 1960: Historia współczesna; Rok pierwszy (Als der Tag begann). 1961: Ein Tag in der Woche [TV – BRD]. 1961/63: Pasalerka (Die Passagierin). 1962: Spotkanie w «Bajce» (Um 7 Uhr im Café Märchen). 1963: Mansarda; Ich dzień powszedni (Alltag einer Ehe). 1965: Śmierć w środkowym pokoju [TV]. 1967: Czarna suknia (Das schwarze Kleid) [TV]. 1971: Bolesław Śmiały (Boleslaw der Kühne). 1972: Wyspy szczęśliwe [TV]; Wielka miłść Balzaka/Un grand amour de Balzac (Die große Liebe des Herrn Balzac) [TVS – PL/FR]. 1980: Królowa Bona (Königin Bona) [TVS]. 1982: Epitafium dla Barbary Radziwiłłówny (Abschied von Barbara).

Smith, Maggie
(Lady Margaret Smith)
*28. 12. 1934 Ilford (Essex)
High-School in Oxford, Schauspielstudium an der Oxford Playhouse School. 1952 Bühnendebüt, 4 Jahre später in New York. Auf beiden Seiten des Atlantiks über drei Jahrzehnte auf der Bühne erfolgreich. 1959/60 am Old Vic in London, 1963–68 Mitglied des National Theatre. 1958 Filmdebüt an der Seite von George Nader in der Ealing-Produktion *Nowhere to go* (Seth Holt). 1965 als Desdemona in *Othello* (Stuart Burge), einer Filmversion nach der 1964er Old-Vic-Inszenierung, erstmals für einen Oscar nominiert. 1968 mit großer darstellerischer Bandbreite und mit einem Oscar ausgezeichnet als Edinburgher Lehrerin und Titelfigur in *The Prime of Miss Jean Brodie* (Ronald Neame) nach Muriel Spark. 1972 weitere Oscar-Nominierung für die Rolle der Tante Augusta in *Travels With My Aunt* (George Cukor). Zusammenarbeit mit dem Team James Ivory und Ismail Merchant 1981 bei *Quartet* nach Jean Rhys und 1986 bei *A Room With a View* nach E. M. Forster, die Rolle der neurotischen Anstandsdame vereint wieder souverän komische und tragische Züge. Neben Bob Hoskins im melancholischen Film *The Lonely Passion of Judith Hearne* eindrucksvoll als alte, alkoholkranke irische Jungfer, die sich von einem Heim zum nächsten schleppen muß. 1986 erneuter Theatererfolg in London und am Broadway mit dem von Peter Shaffer für sie geschriebenen Stück «Lettice and Lovage». 1990 geadelt.

[GB] 1956: Child in the House (Ein Kind kommt ins Haus). 1958: Nowhere to Go (Gejagt). 1961/62: Go to Blazes (Diebe haben Vorfahrt). 1963: The V.I.P.s (Hotel International). 1964: The Pumpkin Eater (Schlafzimmerstreit); Young Cassidy (Cassidy, der Rebell) [GB/US]. 1965: Othello (Othello). 1967: The Honey Pot (Venedig sehen und ... erben) [US]. 1968: The Prime of Miss Jean Brodie (Die besten Jahre der Miss Jean Brodie); Hot Millions (Das Millionending) [US]. 1968/69: Oh! What a Lovely War (Oh! What a Lovely War). 1972: Love and Pain and the Whole Damn Thing (Liebe und Schmerz und das ganze verdammte Zeug) [US]; Travels With My Aunt (Reisen mit meiner Tante) [US]. 1976: Murder by Death (Eine Leiche zum Dessert/Verzeihung, sind Sie der Mörder?) [US]. 1978: Death on the Nile (Tod auf dem Nil); California Suite (Das verrückte California-Hotel) [US]. 1981: Clash of the Titans (Kampf der Titanen); Evil Under the Sun (Das Böse unter der Sonne); Quartet (Quartett) [GB/FR]. 1982: The Missionary (Der Missionar). 1983: Better Late Than Never (Ein Opa kommt selten allein) [US/GB]. 1983/84: Lily in Love/Játszani kell (Lily in Love) [US/HU]. 1984: A Private Function (Magere Zeiten). 1986: A Room with a View (Zimmer mit Aussicht). 1987/88: The Lonely Passion of Judith Hearne (Die große Sehnsucht der Judith Hearne). 1988: Talking Heads: Bed Among the Lentils [TV]. 1990: Romeo-Juliet [S]. 1991: Memento Mori [TV]; Hook (Hook) [US]. 1992: Running Late; Suddenly, Last Summer [TV]; Sister Act (Sister Act – Eine himmlische Karriere) [US]. 1993: The Secret Garden (Der geheime Garten); Sister Act 2: Back in the Habit (Sister Act 2 – In göttlicher Mission) [US]. 1995: Richard III. (Richard III.). 1996: The First Wives Club (Der Club der Teufelinnen) [US]. 1997: Washington Square [US].

Smoktunovskij, Innokentij
(Innokentij Michajlovič Smoktunovskij)
*28. 3. 1925 Tatjanovka (Gebiet Tomsk)
Studium an einer medizinischen Fachschule, dann am Schauspielstudio des Puškin-Theaters von Krasnojarsk. Später Engagement am Leningrader Dramatischen Theater. Filmdebüt 1956 in einer Episodenrolle in *Ubijstvo na ulice Dante* (Michail Romm). Durch die Rolle des Wissenschaftlers Kulikov in Romms *Devjat' dnej odnogo goda* (1962) sowie durch die Titelrolle in Grigorij Kozincevs Shakespeare-Verfilmung *Gamlet* (1964) wird Smoktunovskij ein international bekannter Schauspieler. Für seinen Hamlet wird er von den Lesern der Zeitschrift «Sovetskij ekran» als bester sowjetischer Schauspieler des Jahres ausgezeichnet. Denselben Preis erhält er 1966 zusammen mit Tichonov für die Hauptrolle in El'dar Rjazanovs *Beregis' avtomobilja*, ein drittes Mal 1970 für die Titelrolle in *Čajkovskij* (Igor' Talankin) zugesprochen. Zugleich erhält er dafür auf dem Filmfestival von San Sebastián den Darstellerpreis. Weitere wichtige Rollen: sein Gouverneur Zejdler in *Zvezda plenitel'nogo sčast'ja* (Vladimir Motyl', 1975), über eine anti-zaristische Verschwö-

rung 1825, der Komponist Sal'eri in *Malen'kie tragedii* (Michail Švejcer, 1980) und sein Margaritov in dem TV-Film *Pozdnjaja ljubov'* (Leonid Pčelkin, 1984). Ab 1976 in Moskau am Künstlertheater und am Malyj-Theater, wo er vor allem in der Titelrolle von Aleksej Tolstojs «Car Fedor Ioannovič» erfolgreich ist. Am Künstlertheater spielt er 1977 u. a. die Hauptrolle in Čechovs «Ivanov» (in einer Inszenierung von Oleg Efremov) und den Dorn in Čechovs «Čajka». Smoktunovskij erhält mehrere nationale Auszeichnungen.

[SU/RU] 1956: Ubijstvo na ulice Dante; Kak on lgal ee mužu. 1957: Štorm; Soldaty. 1958: Den' pervyj (Nacht der Entscheidung); Rjadom s nami; Dorogoj bessmertnaja [TV]. 1959: Nočnoj gost'. 1960: Neotpravlennoe pis'mo (Der Brief, der nicht abging). 1961: Do buduščej vesny (Bis zum nächsten Frühling). 1962: Visokosnyj god; Devjat' dnej odnogo goda (Neun Tage eines Jahres); Mocart i Sal'eri. 1964: Gamlet (Hamlet). 1966: Beregis' avtomobilja (Autoaffären); Na odnoj planete; Pervyj posetitel'. 1968: Živoj trup (Der lebende Leichnam). 1969: Prestuplenie i nakazanie (Schuld und Sühne); Pervaja ljubov' [TV]; Stepen' riska (Herzen in meiner Hand). 1970: Čaikovskij/Tchaikovsky (Tschaikowski) [SU/US]. 1971: Djadja Vanja (Onkel Wanja); Malye dramy (Kleine Dramen). 1972: Ukroščenie ognja (Bändigung des Feuers). 1974: Romans o vljublennych (Romanze für Verliebte); Ispolnenie želanij (Erfüllte Wünsche); Moskva – Kassiopeja (Start zur Kassiopeia). 1975: Oni sražalis' za Rodinu (Sie kämpften für die Heimat); Otroki vo vselennoj (Roboter im Sternbild Kassiopeia); Zerkalo (Der Spiegel); Dočki-materi (Töchter und Mütter); Vežnie vody (Phantasie); Zvezda plenitel'nogo sčast'ja (Traum vom fernen Glück). 1976: Vybor celi (Die Wahl des Ziels); Anna i Komandor (Als du da warst). 1977: Princessa na gorošine (Prinzessin gesucht); Step' (Die Steppe); Legenda o Tile (Till Ulenspiegel). 1978: V četverg i bol'še nikogda; Vragi. 1979: Barchatnyj sezon [SU/YU]; Barierata (Jenseits der Barriere) [BG]. 1980: Malen'kie tragedii (Kleine Tragödien) [TV]; Moskva slezam ne verit (Moskau glaubt den Tränen nicht). 1981: Roždennye burej. 1982: Pikovaja dama (Pique Dame) [TV]. 1983: Dvoe pod odnim zontom (Zwei unter einem Regenschirm). 1984: Mertvye duši (Tote Seelen) [TV]; Pozdnjaja ljubov' (Späte Liebe) [TV]. 1985: Deti solnza [TV]. 1986: Poslednjaja doroga (Der letzte Weg); Rus' iznačal'naja (Die ursprüngliche Rus); Priključenija Šerloka Cholmsa i doktora Vatsona. Dvadcatyj vek načinaetsja (Sherlock Holmes im 20. Jahrhundert) [TV]; Strannaja istorija doktora Džekila i mistera Chajda (Der seltsame Fall des Dr. Jekyll und Mister Hyde). 1987: Pervaja vstreča, poslednjaja vstreča; Na vstrečnom kurse. 1988: Bez solnca (Ohne Sonne); Gardemariny, vpered! [TV]; Na ischode noči (Im Morgengrauen); Zapretnaja zona; Zagadočnyj naslednik. 1989: Černyj koridor. 1990: Damskij portnoj; Mat' (Die Mutter); Lovuška dlja odinokogo mužčiny; Osada Venecii/L'assedio di Venezia [RU/IT]. 1991: Delo Suchovo-Kobylina [TV]; Caccia alla vedova [TV – IT/RU/FR]; Dina. 1993: Zoloto [RU/IT]; Zakoldovannje [RU/BY]. 1996: Vino iz oduvančkov [TV – UA/RU].

Söderbaum, Kristina

*5. 9. 1912 Djursholm

Schul- und Internatsbesuch in Stockholm, der Schweiz und Frankreich. Schauspielunterricht in Berlin. 1936 erste Filmrolle in Erich Waschnecks *Onkel Bräsig* nach Fritz Reuter. 1937/38 in *Jugend* unter der Regie von Veit Harlan (ab 1939 ihr Ehemann), dessen bevorzugte Hauptdarstellerin sie nun wird, in Melodramen wie *Verwehte Spuren, Immensee* und *Opfergang* sowie in seinen propagandistischen Großproduktionen: *Der große König, Jud Süß* und *Kolberg*. Aufgebaut zum Typus der blonden Kindfrau voller Unschuld und Reinheit, oft Konflikten ausgesetzt, die nur durch Freitod zu lösen sind, vorzüglich in Seen und Mooren. Beim Publikum deshalb als «Reichswasserleiche» bekannt. Nach 1945 Theater in Hamburg; ihr mit Berufsverbot belegter Mann inszeniert, ohne öffentlich genannt zu sein. Erst in Nachkriegsfilmen Harlans wieder auf der Leinwand, zuerst 1950/51 in *Unsterbliche Geliebte*. Nur einmal in einem Film Geza von Bolvarys: *Zwei Herzen im Mai* (1957). Nach Harlans Tod (1964) Beendigung der schauspielerischen Laufbahn; ab 1966 Mode- und Porträtfotografin in München. In dem mit zahlreichen Altstars besetzten *Karl May* von Hans Jürgen Syberberg steht sie 1974 wieder vor der Kamera; in den 80er und 90er Jahren gelegentliche Gastauftritte. 1983 erscheint die Autobiografie «Nichts bleibt immer so».

[DE/BRD] 1936: Onkel Bräsig. 1937/38: Jugend. 1938: Verwehte Spuren. 1938/39: Das unsterbliche Herz. 1939: Die Reise nach Tilsit. 1940: Jud Süß. 1940–42: Der große König. 1941/42: Die goldene Stadt. 1942/43: Immensee. 1942–44: Opfergang. 1943–45: Kolberg. 1950/51: Unsterbliche Geliebte. 1951: Hanna Amon. 1952: Die blaue Stunde. 1953: Sterne über Colombo. 1953/54: Die Gefangene des Maharadscha. 1954: Verrat an Deutschland. 1957: Zwei Herzen im Mai. 1958: Ich werde Dich auf Händen tragen. 1974: Karl May. 1977: Das ist Ihr Leben: Kristina Söderbaum [TV-DOK]. 1983/84: Frauengeschichten: Kristina Söderbaum [TV-DOK]. 1984: Jimmy's Clan [IT]. 1986/87: Let's Go Crazy [IT]. 1992: Night Train to Venice [IT]; Der Bergdoktor [TVS]; Die Reise nach Schweden [TV-DOK].

Söhnker, Hans
(Hans Albert Edmund Söhnker)
*11. 10. 1903 Kiel-Gaarden
†20. 4. 1981 Berlin-Grunewald
1910–19 Mittelschule. Höhere Handelsschule, kaufmännische Lehre; zugleich Schauspielunterricht u. a. bei Gustaf Gründgens. 1922 Debüt am Stadttheater Kiel. Bis 1932 an verschiedenen Bühnen. Mitte der 30er Jahre Theater in Berlin. Filmdebüt 1933 als Partner Marta Eggerths in *Der Zarewitsch* (Victor Janson). Buffo-Rollen in *Schwarzwaldmädel* (Georg Zoch) und *Die Czardasfürstin* (Georg Jacoby). Als *Arzt aus Leidenschaft* (Hans H. Zerlett) Wechsel zu seriöseren Charakteren mit gewisser sportlicher Eleganz. Großer Erfolg z. B. als leichtlebiger Rühmann-Gegenspieler in *Der Mustergatte* (Wolfgang Liebeneiner). Ab 1939 formt vor allem Helmut Käutner den Typ des hintergründigen Charmeurs: Anspruchsvoller Bräutigam in *Frau nach Maß*, ein seine Frau vernachlässigender Wochenschaureporter in *Auf Wiedersehen, Franziska!* und erfolgreich um Ilse Werner bemühter Albers-Konkurrent in *Große Freiheit Nr. 7*. Nach Kriegsende Berliner Schloßpark-Theater. Zuerst 1947 in Rudolf Jugerts *Film ohne Titel* wieder vor der Kamera. Väterlicher Freund junger Damen und distinguierter Kavalier im seichten Unterhaltungskino der 50er Jahre, so in *Männer im gefährlichen Alter* (Carl Heinz Schroth). Lebenserprobt und reif in Kriminalfilmen wie *Der Fall Rabanser* (Kurt Hoffmann) und der deutsch-italienischen Co-Produktion *Schatten über Neapel* (Hans Wolff, Marino Girolami), Melodramen wie *Nur eine Nacht* (Fritz Kirchhoff) mit Marianne Hoppe sowie Käutners *Weiße Schatten* mit Hilde Krahl. Mitte der 50er Jahre verstärkt Bühnenarbeit. Ab Beginn der 60er überwiegend im Fernsehen: Agile Patriarchen in TV-Filmen und Serien wie *Der Forellenhof* (Wolfgang Schleif), Vorsitzender Richter in *Lokaltermin* (Heinz Schirk) und *Beschlossen und verkündet* (Thomas Engel). 1969–71 Moderation der Unterhaltungssendung *Es muß nicht immer Schlager sein*. 1977 Filmband in Gold für langjähriges und hervorragendes Wirken im deutschen Film. 1974 veröffentlicht Söhnker seine Memoiren «. . . und kein Tag zuviel».

[DE/BRD] 1933: Der Zarewitsch; Schwarzwaldmädel. 1933/34: Annette im Paradies; Die große Chance. 1934: Die Csardasfürstin; Ich sing' mich in Dein Herz hinein; Jede Frau hat ein Geheimnis; Sie und die Drei. 1935: Eva [AT]; Die Pusztakomtesse/Liebesträume [Version – HU/AT/DE]; Der junge Graf; Herbstmanöver. 1935/36: Faithful [GB]; Arzt aus Leidenschaft. 1936: Flitterwochen; Die Drei um Christine; Diener lassen bitten; Wo die Lerche singt [DE/CH/HU]; Und Du, mein Schatz, fährst mit; Truxa. 1936/37: Patricia Gets Her Man [GB]. 1937: Der Mustergatte; Musik für dich [AT]. 1937/38: Es leuchten die Sterne. 1938: Der Tag nach der Scheidung; Asszony a válaszúton/Die Frau am Scheidewege [HU/DE]; Die 4 Gesellen; Geld fällt vom Himmel [DE/SE]. 1939: Männer müssen so sein; Irrtum des Herzens; Gold in New Frisco; Brand im Ozean; Nanette. 1939/40: Frau nach Maß; Blutsbrüderschaft. 1940/41: Auf Wiedersehen, Franziska! 1941: Der Strom. 1941–43: Nacht ohne Abschied. 1942: Meine Frau Teresa. 1942/43: Liebespremiere. 1943: Ein Mann mit Grundsätzen? 1943/44: Große Freiheit Nr. 7. 1944: Der Engel mit dem Saitenspiel. 1944/45: Tierarzt Dr. Vlimmen [Unvollendet]. 1947: Film ohne Titel. 1949: Hallo Fräulein!; 1 x 1 der Ehe; Geliebter Lügner. 1949/50: Nur eine Nacht. 1950: Der Fall Rabanser. 1950/51: Schatten über Neapel/Amore e sangue [BRD/IT]. 1951: Weiße Schatten; Mein Freund, der Dieb. 1952: Königin der Arena. 1953: Das singende Hotel; Die Stärkere; Muß man sich gleich scheiden lassen?; Ein Leben für Do. 1953/54: Männer im gefährlichen Alter. 1954: Hoheit lassen bitten; Ihre große Prüfung. 1954/55: Oberarzt Dr. Solm. 1955: Eine Frau genügt nicht?; Vor Gott und den Menschen; Studentin Helene Willfüer; Ferien in Tirol/Zärtliches Geheimnis. 1956: Wenn wir alle Engel wären; Geliebte Corinna. 1957: Die Freundin meines Mannes; Wie schön, daß es dich gibt [AT]; Immer, wenn der Tag beginnt. 1958: Worüber man spricht. 1958/59: Die singenden Engel von Tirol [AT]; Serenade einer großen Liebe/For the First Time [BRD/US]. 1959: Jacqueline. 1959/60: Ich heirate Herrn Direktor; Einer von Sieben [TV]; Die erste Mrs. Selby [TV]. 1960: Immer will ich Dir gehören; Schachnovelle; Die Fastnachtsbeichte. 1961: The Longest Day (Der längste Tag) [US]; Fast ein Poet [TV]; Das Schweigen [TV]; Unser Haus in Kamerun. 1962: Sherlock Holmes und das Halsband des Todes/Sherlock Holmes et le collier de la mort/Sherlock Holmes – La valle del terrore [BRD/FR/IT]. 1963: Die 5. Kolonne: Treffpunkt Wien [TV]; Maria Stuart [TV]. 1963/64: Das Phantom von Soho. 1964: Sechs Stunden Angst [TV]; Jetzt dreht sich die Welt um dich. 1965: Olivia [TV]; Der Forellenhof [TVS]; Briefe der Liebe. Goethe und Bettina [TV – BRD/AT/CH]. 1966: Im Jahre Neun [TV]. 1967: Der Hund von Blackwood Castle. 1968: Salto Mortale (1. Staffel) [TVS – BRD/CH]. 1969: Hauptsache Minister [TV]; Kellerassel [TV]; Meine Schwiegersöhne und ich [TVS]. 1970: Endspurt [TV]. 1971: Der erste Frühlingstag [TV]; Salto Mortale (2. Staffel) [TVS – BRD/CH]. 1972: Manolescu [TV]; Dem Täter auf der Spur: In Schönheit sterben [TV]. 1972/73: Lokaltermin [TVS]. 1975: Beschlossen und verkündet [TVS]. 1977: Vorhang auf, wir spielen Mord [TV]. 1977/78: Der Alte: Ein Koffer [TV]. 1979: Die Weber [TV]. 1980/81: Im schönsten Bilsengrunde [TVS].

Sokoloff, Wladimir

(Vladimir Sokolov)
*25. 12. 1889 Moskau
†14. 2. 1962 West Hollywood
Wächst bei einer deutschen Familie in Moskau auf. Nach Schulabschluß an der Theaterschule des Künstlertheaters; dort u. a. bei Konstantin Stanislavskij und Ivan Moskvin. 1913 erste kleine Rollen am Künstlertheater, dann am Kammertheater. Prägend sind der Kontakt mit der japanischen Theatertruppe Hanako in Moskau und die Freundschaft mit der Tänzerin Isadora Duncan. Nach dem Berlin-Gastspiel des Kammertheaters wird er von Max Reinhardt engagiert. Ab 1926 auch im Film, zunächst meist mit gelenkigem Körperspiel und schalkhaft-unschuldigem Blick kleine, satirisch pointierte Rollen: Listige Außenseiter mit angedeuteter Melancholie wie der schnurrige Schnorrer Bàron in Robert Siodmaks poetisch-realistischem Tonfilm *Abschied*. Eindringlich als in der Schlacht taubstumm gewordener Schneider neben Ernst Busch in Victor Trivas pazifistischem *Niemandsland*. Oft bei G. W. Pabst in Nebenrollen wie schon 1927 einprägsam als hilfreich-verschmitzter Sowjet-Kommissar in *Die Liebe der Jeanne Ney* und vor allem 1932 als Hetman in *Die Herrin von Atlantis* (auch französische Version). 1933 Emigration nach Frankreich, Arbeit u. a. mit Pabst, Siodmak, Marc Allégret und Jean Renoir. 1937 weiter in die USA. In zahlreichen amerikanischen Filmen als «supporting actor» mit präzisen Charakterstudien, so der verschlossene Anselmo in *For Whom the Bell Tolls* (Sam Wood) und der Atomwissenschaftler Dr. Polda in Fritz Langs *Cloak and Dagger*.

[US] 1926: K 13513. Die Abenteuer eines Zehnmarkscheines [DE]. 1926/27: Der Sohn der Hagar [DE]. 1927: Die Liebe der Jeanne Ney [DE]. 1928: Die weiße Sonate (Das Geheimnis der Villa Saxenburg) [AT]. 1929: Sensation im Wintergarten [DE]; Das Schiff der verlorenen Menschen [DE]; Katharina Knie [DE]. 1930: Moral um Mitternacht [DE]; Westfront 1918 [DE]; Abschied [DE]; Liebling der Götter [DE]; Das Flötenkonzert von Sanssouci [DE]; Die heilige Flamme [US]. 1930/31: Die 3-Groschen-Oper [Version – DE/US]; L'Opéra de quat'sous [Version – DE/US/FR]; Kismet [Version – US]. 1931: Niemandsland [DE]. 1932: Teilnehmer antwortet nicht [DE]; Strafsache van Geldern [DE]; Die Herrin von Atlantis [Version] [DE]; L'Atlantide [Version – DE/FR]; Gehetzte Menschen [DE]. 1932/33: Don Quichotte [Version – FR/GB]; Don Quixote [Version – FR/GB]. 1933: Dans les rues [FR]; Du haut en bas [FR]. 1934: Lac aux Dames [FR]; Le secret des Woronzeff [Version – DE]. 1934/35: Napoléon Bonaparte [FR]. 1935/36: Mayerling [FR]. 1936: La vie est à nous (Das Leben gehört uns) [FR]; Sous les yeux d'Occident [FR]; Mister Flow/Les amants traqués [FR]; Les bas-fonds (Nachtasyl) [FR]. 1937: The Life of Emile Zola (Das Leben des Emile Zola); The Prisoner of Zenda (Der Gefangene von Zenda); Alcatraz Island; Conquest (Maria Walewska); West of Shanghai; Beg, Borrow or Steal; Tovarich; Expensive Husbands; Arséne Lupin Returns. 1938: Blockade; The Amazing Dr. Clitterhouse (Das Doppelleben des Dr. Clitterhouse); Spawn of the North (Raubfischer in Alaska); Ride a Crooked Mile (Auf verbotenen Wegen). 1938/39: Juarez. 1939: Song of the Street; The Real Glory (Verrat im Dschungel). 1940: Comrade X. 1941: Love Crazy. 1942: Crossroads; Road to Morocco (Der Weg nach Marokko). 1943: Mission to Moscow (Botschafter in Moskau); For Whom the Bell Tolls (Wem die Stunde schlägt); Mr. Lucky; Song of Russia; Passage to Marseille (Fahrkarte nach Marseille). 1944: Till We Meet Again; The Conspirators (Der Ring der Verschworenen). 1944/45: A Royal Scandal (Skandal bei Hofe). 1945: The Blonde from Brooklyn; Back to Bataan (Stahlgewitter); Paris Underground; Scarlet Street (Straße der Versuchung). 1945/46: A Scandal in Paris/Thieves Holiday. 1946: Cloak and Dagger (Im Geheimdienst); Two Smart People. 1947/48: To the Ends of the Earth (Opium). 1949/50: The Baron of Arizona (Der Baron von Arizona). 1951/52: Macao (Macao). 1956: While the City Sleeps (Die Bestie). 1956/57: Istanbul (Istanbul). 1957: I Was a Teenage Werewolf (Der Tod hat schwarze Krallen); Sabu and the Magic Ring; The Monster from Green Hell. 1958: Twilight for the Gods (Hart am Wind). 1959: Playhouse 90: For Whom the Bell Tolls [TV]; Five Fingers: The Judas Goat [TV]. 1959/60: Man on a String (Geheimakte M). 1960: Beyond the Time Barrier; The Magnificent Seven (Die glorreichen Sieben); Cimarron (Cimarron). 1961: Mr. Sardonicus (Der unheimliche Mr. Sardonicus); Escape from Zahrain (Flucht aus Zahrain). 1962: Taras Bulba (Taras Bulba).

Solonicyn, Anatolij

(Anatolij Alekseevič Solonicyn)
*30. 8. 1934 Nižni-Tagil
†11. 6. 1982 Moskau
Von der Moskauer Theaterhochschule viermal abgelehnt, Studium an der Schauspielschule von Sverdlovsk. 1960 am Schauspielhaus von Sverdlovsk in Stücken aller Genres. Zu seinen großen Erfolgen gehört die Titelrolle in «Boris Godunov». Noch vor der ersten Kinofilmrolle in *Komissar* (Aleksendr Askol'nov, 1967) debütiert er in der Sverdlovsker Fernsehinszenierung *Delo Kurta Klauzevetca*, die erstmals 1988 gesendet wird. Für seine weitere künstlerische Entfaltung ist die Zusammenarbeit gerade mit jungen Regisseuren von Vorteil, so 1968 mit Gleb Panfilov in *V ogne broda net* und mit Andrej Tarkovskij als russischer Ikonenmaler in *Andrej Rublev*

(1971), als Sartarins in *Soljaris* (1973), als Prochožij in *Zerkalo* (1975) und als Schriftsteller in *Stalker* (1980). Mit diesen Filmen wird er international bekannt. Gefordert wird er auch 1973 von Sergej Gerasimov mit der Rolle des Architekten Kalmykov in *Ljubit' čeloveka*. 1982 erhält er in Berlin zusammen mit Jack Lemmon den Darstellerpreis für seinen Dostoevskij in Aleksandr Zarchis *26 dnej iz žizni Dostoevskogo*. 1977 spielt er in einer Inszenierung von Andrej Tarkovskij im Moskauer Theater des Leninschen Komsomol den Hamlet. Solonicyn ist Verdienter Künstler der RSFSR.

[SU]: 1963: Delo Kurta Klauzevetca [TV – UA: 1988]. 1967: Komissar (Die Kommissarin). 1968: V ogne broda net (Durchs Feuer führt keine Furt); Anjutina doroga (Anjutas Weg). 1969: Odin šans iz tysjači. 1971: Kolovert (Der Strudel) [TV]; V lazerovoj stepi (In der flimmernden Steppe); Andrej Rublev (Andrej Rubljow). 1972: Grossmejster (Der Großmeister). 1973: Ljubit' čeloveka (Den Menschen lieben); Proverka na dorogach (Straßenkontrolle); Zarubki na pamjat'; Soljaris (Solaris). 1974: Svoj sredi čužich, čužoj sredi svoich (Fremd unter seinesgleichen). 1975: Poslednij den' zimy (Der letzte Tag des Winters); Vozduchoplavatel' (Luftschiffer) [TV]; Zerkalo (Der Spiegel); Pod kamennym nebom. 1976: Tam za gorizontom; Doverie (Vertrauen) [SU/FI]; Meždu nebom i zemlej; Naslednik (Die Erben) [TV]. 1977: Voschoždenie (Aufstieg); Legenda o Tile (Till Ulenspiegel); Poka stojat gory … (Wenn die Berge locken). 1978: Julija Vrevskaja (Zwischen Zarenhof und Schlachtfeld – Julia Wrewskaja) [SU/BG]; A u nas byla tišina (Und bei uns war es still); Sumka inkassatora. 1979: Predveščaet pobedu; Trassa [SU/CS]; Povorot (Die Wende). 1980: Stalker; Telochranitel' (Der Leibwächter). 1981: Mužiki! … (Vater werden …); Sergej Ivanovič uchodit na pensiju; Iz žizni otdychajuščich (Aus dem Leben von Kurgästen); Tainstvennyj starik (Der geheimnisvolle Alte); Tajna zapisnoj knižki (Das Geheimnis des Notizbuches); 26 dnej iz žizni Dostoevskogo (26 Tage aus dem Leben Dostojewskis). 1982: Ostanovil'sja poezd (Der Schuldige); Šljapa (Starallüren); Raskidannoe gnezdo.

Sommer, Elke

(Elke Schletz)
* 5. 11. 1940 Berlin-Spandau
1942 mit der Familie nach Erlangen evakuiert, dort aufgewachsen, humanistisches Gymnasium bis zum Abitur. Au-pair-Mädchen in London, Fremdsprachen-Ausbildung. 1958 Filmdebüt in Giuseppe Bennatis Komödie *L'amico del giaguaro* und an der Seite Vittorio de Sicas in *Uomini e nobiluomini* (Giorgio Bianchi). Erste deutsche Filmrolle neben Mario Adorf und Horst Buchholz in Georg Tresslers *Das Totenschiff* (1959). Flittchen und Gangsterbraut ist die blonde «Sexbombe» in Gerd Oswalds *Am Tag, als der Regen kam*. In Jürgen Goslars *Das Mädchen und der Staatsanwalt* bringt die «Lolita» den Titelhelden um den Verstand. Danach im US-Film in Monroe-Nachfolge, zuerst 1963 als anschmiegsame Schwedin und Partnerin von Paul Newman in Mark Robsons Agentenfilm *The Prize*. Internationale Karriere mit schmalem Rollenspektrum. Wiederholt aufgedrehte Ulk-Rollen, so als verdiente DDR-Sportlerin, die mit einem Hochsprungstab über die Berliner Mauer hüpft, in der Komödie *The Wicked Dreams of Paula Schultz* (George Marshall). Als überkandidelte Provinzlerin in Edgar Reitz' Komödie *Die Reise nach Wien*. Mit ironischer Brechung ihres Typus 1981 in *Der Mann im Pyjama* (Christian Rateuke, Hartmann Schmige). In Manfred Stelzers *Himmelsheim* als mediengeschädigte Hausfrau 1988 schon nahe an derber Karikatur. Im Fernsehen u. a. in Marvin J. Chomskys historischen Mehrteilern, z. B. als Magda Goebbels in *Inside the Third Reich*. Auch in deutschen und amerikanischen TV-Shows. Moderatorin des Motorsport-Magazins *Elke Sommer's World of Speed and Beauty*. Seit Beginn der 70er Jahre auch auf der Bühne, 1973 in Chicago als jahresbeste Theaterschauspielerin ausgezeichnet. In Deutschland vorwiegend Tourneen oder Boulevardtheater, auch als Regisseurin. Ab 1966 zweite Karriere als Malerin. 1989 erscheint ihre «Autobiographische Zwischenbilanz».

1958: L'Amico del giaguaro [IT]; Uomini e nobiluomini [IT]. 1959: La pica sul Pacifico [IT]; Am Tag, als der Regen kam [BRD]; Das Totenschiff [BRD/MX]; I ragazzi del juke box [IT]. 1959/60: Lampenfieber [BRD]; Urlatori alla sbarra [IT]. 1960: Femmine di lusso (Luxusweibchen) [IT]; Himmel, Amor und Zwirn [BRD]; Und so was nennt sich Leben! [BRD]; Saffo, Venere di Lesbos/Sapho (Sappho, Venus von Lesbos) [IT/FR]. 1960/61: Geliebte Hochstaplerin [BRD/LI]. 1961: De quoi tu te mêles, Daniéla/Zarte Haut in schwarzer Seide [FR/BRD]; Don't Bother to Knock (Herein ohne anzuklopfen) [GB]; Auf Wiedersehn [BRD]. 1961/62: Café Oriental [BRD]; Douce violence (Sie nennen es Liebe) [FR]; Das Mädchen und der Staatsanwalt [BRD]. 1962: Bahia di Palma (Spiel und Leidenschaft) [ES]; Nachts ging das Telefon [BRD]; Les bricoleurs (Gelegenheitsarbeiter) [FR]; Un chien dans un jeu de quilles/Uno sconosciuto nel mio letto [FR/IT]. 1962/63: Verführung am Meer/Ostrva [BRD/YU]; The Victors (Die Sieger) [US/GB]. 1963: … denn die Musik und die Liebe in Tirol [BRD]; A Shot in the Dark (Ein Schuß im Dunkeln) [US]; The Prize (Der Preis) [US]. 1964: Unter Geiern/Parmi les vautours [BRD/FR]. 1964/65: Hotel der toten Gäste [BRD]; Le bambole/Les poupées. 2. EP: Le trattoria di eugenetica (Die Puppen) [EP – IT/FR]. 1965: Tausend Takte Übermut [BRD]; The Oscar (... denn keiner ist ohne Schuld) [US]; The Heroes of Telemark (Kennwort «Schweres Wasser»/Stoßtrupp Telemark) [GB]; The Art of Love (Bei Madame Coco) [US]. 1965/66: The Money Trap (Goldfalle) [US]. 1966: Deadlier Than the Male (Heiße Katzen) [GB]; The Venetian Affair (Mitternacht Canale Grande) [US]; Die Hölle von Macao/Les corrompus/Il sigillo di Pechino [BRD/FR/IT]; Boy, Did I Get the Wrong Number (Völlig falsch verbunden) [US]. 1967: The Wicked Dreams of Paula Schultz [US]. 1967/68: Las Vegas, 500 milliones/Radiografia di un colpo d'oro/An einem Freitag in Las Vegas/Les hommes de Las Vegas [ES/IT/FR]. 1968: The Wrecking Crew (Rollkommando) [US]. 1970: Percy (Percy – der Spatz in der Hand) [GB]; Zeppelin (Zeppelin) [GB]; The Invincible Six (Die schmutzigen Helden von Yucca) [US/IR]. 1971: Jamaican Gold [GB]; Elke [TV – US]. 1971/72: Gli orrori del castello di Norimberga/Die Schrecken des Nürnberger Schlosses [IT/BRD]. 1972: Search: Probe [TV – US]. 1973: Die Reise nach Wien [BRD]; Einer von uns beiden [BRD]. 1973: The Six Million Dollar Man (Der Sechs-Millionen-Dollar-Mann) [TVS – US]. 1974: Ein Unbekannter rechnet ab/... E poi, non ne rimase nessuno/Diez negritos/Dix petits nègres [BRD/IT/ES/FR]; Percy's Progress [GB]. 1975: The Swiss Conspiracy/Per Saldo Mord [US/BRD]; La casa dell'esorcismo/El diablo se lleva a los muertos/Der Teuflische [IT/ES/BRD]; Das Netz [BRD]; Carry On Behind (Alles geht nach hinten los) [GB]. 1976: Six Million Dollar Man: H + 2 + O = Death [TV – US]; Thoroughbreads [GB]; Pronto ad uccidere/Tote pflastern seinen Weg [IT/BRD]; Forty Million Bucks on a Dead Man's Chest/Treasure Seekers (Vierzig Millionen Dollar) [GB]. 1977: Celebrity Challenge of the Sexes 2 [TV – US]; The Astral Factor/Invisible Strangler [US]. 1978: Forever Fernwood [TVS – US]. 1978/79: The Prisoner of Zenda (Der Gefangene von Zenda) [US]. 1979: Circus of the Stars 4 [TV – US]; The Double McGuffin (Sechs kleine Detektive) [TV – US]; I Miss You – Hugs and Kisses (Im Bannkreis des Todes) [CA]; The Top of the Hill (Top of the Hill) [TV – US]; Stunt Seven [TV – US]. 1980: Exit Sunset Boulevard [BRD]; The Biggest Bank Robbery/A Nightingale Sang in Berleky Square [GB]. 1981: Love Boat [TVS – US]; Der Mann im Pyjama [BRD]; Fantasy Island: Druids [TV – US]. 1981/82: Inside the Third Reich [TV – US]. 1982: Nina [TV – BRD]. 1983/84: Lily in Love/Játszani kell (Verheiratet mit einem Star – Lily in Love) [US/HU]. 1984: Coconuts [BRD/AT]; Elke Sommer's World of Speed and Beauty [TV – US]; Niemand weint für immer [BRD]. 1984/85: Peter the Great (Peter der Große) [TV – US]. 1985: Jenny's War [TV – GB/US]. 1986: Anastasia: The Mystery of Anna (Anastasia) [TV – US]; St. Elsewhere [US]. 1986/87: Der Stein des Todes/Death Stone [BRD/Sri Lanka]. 1987: Adventures Beyound Belief [US]. 1988: Himmelsheim [BRD]. 1992: Severed Ties [US]. 1994: Schauplatz der Geschichte: Hollywood [TV – DE]. 1996: Happy Holiday: Der Star [TV – DE]; Alles nur Tarnung [DE].

Sordi, Alberto

*15. 6. 1919 Rom-Trastevere

Kurz an der Accademia d'Arte Drammatica in Rom. Als 17jähriger zur Compagnia Ermete Zacconis; als Komiker in Revuen und intensiv als Synchronsprecher tätig. 1938 Filmdebüt in *La principessa Tarakanova, dann* zunächst mehrere unbedeutende Rollen. Nach dem Krieg an der Seite von Anna Magnani und Aldo Fabrizi erfolgreich in Revuen, wird durch den Rundfunk zum beliebten Unterhaltungskünstler. Als Schauspieler bleibt Sordi zunächst ohne Erfolg. Seinen Durchbruch verdankt er Federico Fellini, der ihm 1951 die Titelrolle in *Lo sceicco bianco* anbietet und in dessen *I vitelloni* er großen Erfolg hat. Sordi zeichnet die Figur eines trägen, ängstlichen, zugleich auch gewalttätigen und egoistischen Mannes, der im Grunde kindlich und gutmütig ist. Diese Figur, der er seine Popularität verdankt, variiert er von Film zu Film. Ab Mitte der 50er Jahre ist Sordi der beliebteste und meistbeschäftigte Schauspieler Italiens. Unter teils hervorragenden, oft durchschnittlichen Filmen sind u. a. das Lustspiel *Gastone* (Mario Bonnard) und das kritische Lustspiel *Il diavolo* (Gian Luigi Polidoro) erwähnenswert. Sordis beste Leistungen überschreiten die Grenzen der Gattung Lustspiel und zeigen ihn in teils bitteren, teils grotesken Komödien wie z. B. in Mario Monicellis *La grande guerra* bis zu *La più bella serata della mia vita* (Ettore Scola) und in *Un borghese piccolo piccolo* (Monicelli), wo das tragische Element überwiegt. In den 80ern wiederholt sich Sordi nur stereotyp und spielt in Filmen, die fast immer finanziell erfolgreich, aber qualitativ mittelmäßig sind. Ab 1966 auch Regie, z. B. *In viaggio con papà* (1982), *Nestore, l'ultima corsa* (1994). In Zusammenarbeit mit Drehbuchautor Rodolfo Sonego, mit dem er seit den 50er Jahren ständig arbeitet, entsteht eine Galerie unvergeßlicher Figuren, in denen sich die Nachkriegsgeschichte Italiens widerspiegelt.

[IT] 1938: La principessa Tarakanova. 1939: La notte delle beffe. 1940: Cuori nella tormenta. 1941/42: Le signorine della villa accanto. 1942: Casanova farebbe così!; Giarabub; La signorina; I tre aquilotti. 1943: Chi l'ha visto?; Sant'Elena, piccola isola. 1944: Tre ragazze cercano marito; Circo equestre Za-Bum. 5. EP: Galop finale al circo [EP]. 1945: Le miserie del signor Travet (Die Nöte des Signor Travet); L'Innocente Casimiro. 1947: Che tempi!; Il delitto di Giovanni Episcopo (Das Verbrechen des Giovanni Episcopo); Il passatore; Il vento mi ha cantato una canzone. 1948: Sotto il sole di Roma (Unter der Sonne Roms). 1951: Totò e i re di Roma; Cameriera bella presenza offresi ...; Mamma mia, che impressione! [D,CoA]. 1951/52: Lo sceicco bianco (Die bittere Liebe); E' arrivato l'accordatore. 1952: Giovinezza. 1953: L'Incantevole nemica/Pattes de velours [IT/FR]; Via Padova 46; Un giorno in pretura (Drei Sünderinnen); Ci troviamo in galleria; Canzoni, canzoni, canzoni [EP]; Tempi nostri. 7. EP: Scusi, ma .../Temps d'aujourd'hui (Tempi nostri) [EP – IT/FR]; I vitelloni/Les inutiles (Die Müßiggänger)) [IT/FR]. 1953/54: Due notti con Cleopatra (Zwei Nächte mit Cleopatra); Gran varietà. 4. EP: Fregoli [EP]; Il matrimonio. 1954: «Tripoli, bel suol d'amore»; L'Arte di arrangiarsi (Kanaille von Catania); Accadde al commissariato; Amori di mezzo secolo. 4. EP: Dopoguerra 1920 [EP]; L'Allegro squadrone/Les gaités de l'escadron (Husarenstreiche) [IT/FR]; Le rouge et le noir/L'uomo e il diavolo (Rot und Schwarz) [FR/IT]; Un americano a Roma (Ein Amerikaner in Rom); Il seduttore [D,CoA]; Una Parigina in Roma/Begegnung in Rom [IT/BRD]. 1955: Il segno di Venere (Im Zeichen der Venus); La bella di Roma/La belle de Rome [IT/FR]; Buona notte, avvocato! (Gut Nacht, Herr Advokat!); Lo scapolo/El soltero [IT/ES]; Da qui all'eredità; Faccia da mascalzone; Piccola posta; I pappagalli; Bravissimo (Der Wunderknabe); Un eroe dei nostri tempi (Ein Held unserer Tage); Accadde al penitenziario (Ein Haus voller Unschuldslämmer). 1956: Mi permette, babbo!; Mio figlio Nerone/Les Week-Ends de Néron (Neros tolle Nächte) [IT/FR]; Guardia, guardia scelta, brigadiere e maresciallo; Era di venerdì 17/Sous le ciel de Provence (Vater wider Willen) [IT/FR]. 1957: Souvenir d'Italie (Rendezvous in Rom); Il medico e lo stregone (Arzt und Hexenmeister); Il marito/El marido (Die Freuden der Familie) [IT/ES]; Il conte Max (Luftschlösser); A Farewell to Arms (In einem anderen Land) [US]; Le septième ciel/La vedova elettrica (Der siebente Himmel) [FR/IT]; Arrivano i dollari!. 1958: Oh! Qué mambo!/Il giovane leone [FR/IT]; Nella città l'inferno/L'Enfer dans la ville (Hölle in der Stadt) [IT/FR]; Venezia, la luna e tu/Venise, la lune et toi (Der Windhund von Venedig) [IT/FR]; Racconti d'estate/Femmes d'un été [IT/FR]; Fortunella (Fortunella) [IT/FR]; Domenica è sempre domenica [D,CoA]; Ladro lui, ladra lei (Dieb hin, Dieb her). 1958/59: Policarpo, «ufficiale di scrittura»/Policarpo de Tapetti (Tolpatsch macht Karriere) [IT/FR/ES]. 1959: Costa azzurra/Le miroir aux alouettes (Zweimal Riviera ... und zurück) [IT/FR]; I magliari (Auf St. Pauli ist der Teufel los) [IT/FR]; La grande guerra/La grande guerre (Man nannte es den großen Krieg) [IT/FR]; Il moralista; Il vedovo (Der Witwer); Vacanze d'inverno/Brèves amours [IT/FR]; Brevi amori a Palma di Majorca [IT/ES]. 1959/60: Gastone. 1960: Tutti a casa/La grande pagaille (Der Weg zurück) [IT/FR]; Crimen/Chacun son alibi (Die Leiche ist im falschen Koffer) [IT/FR]; Il vigile (Wie schön, ein Polizist zu sein). 1961: I due nemici (Liebenswerte Gegner); Il giudizio universale/Le jugement dernier (Das Jüngste Gericht findet nicht statt) [IT/FR]; Una vita difficile (Das Leben ist schwer). 1962: Il commissario; Mafioso; Canzoni di ieri, canzoni di oggi, canzoni di domani. 1963: Il diavolo (Amore in Stockholm); Il boom; Il maestro di Vigevano; Tentazione proibite (Mondo Erotico). 1964: Il disco volante; La mia signora. 1965: Those Magnificent Men in Their Flying Machines (Die tollkühnen Männer in ihren fliegenden Kisten) [GB]; I complessi. 3. EP: Guglielmo il dentone/Les complexés (Einmal zu wenig, einmal zu viel) [EP – IT/FR]; Made in Italy. 5. EP: La famiglia (Made in Italy) [EP – IT/FR]; I tre volti. 3. EP: Latin Lover (Drei Gesichter einer Frau) [EP]; Thrilling. 3. EP: L'autostrada del sole [EP]. 1966: Scusi, lei è favorevole o contrario? [R]; Le streghe/Les sorcières. 2. EP: Senso civico (Hexen von heute. Ep:) [EP – IT/FR]; Le fate/Les ogresses. 4. EP: Fata Marta (Die Gespielinnen) [EP – IT/FR]; Fumo di Londra [D,R,CoA]; I nostri mariti. 1. EP: Il marito di Roberta (Unsere Ehemänner) [EP – IT/FR]. 1967: Un italiano in America [D,R,A]. 1968: Il medico della mutua [D,CoA]; Riusciranno i nostri eroi a ritrovare l'amico misteriosamente scomparso in Africa?. 1969: Nell'anno del Signore/Les conspirateurs (Im Jahre des Herrn) [IT/FR]; Il Prof. Dott. Guido Tersilli primario della Clinica Villa Celeste convenzionata con le mutue; Amore mio, aiutami [D,R,CoA]. 1969/70: Contestazione generale. 4. EP: Il prete (Generalstreik) [EP]. 1970: Il presidente del Borgorosso Football Club [D,CoA]; Le coppie. 2. EP: La camera [D,R,CoA – EP]; Le coppie. 3. EP: Il leone [D,CoA – EP]. 1971: Bello, onesto, emigrato Australia sposerebbe compaesana illibata [EP]; Detenuto in attesa di giudizio (Untersuchungshaft). 1972: Roma (Fellinis Roma) [IT/FR]; La più bella serata della mia vita/La plus belle soirée de ma vie (Die schönste Soiree meines Lebens) [IT/FR]; Lo scopone scientifico (Teuflisches Spiel). 1973: Anastasia mio fratello [D,CoA]; Polvere di stelle [R]. 1974: Finché c'è guerra c'è speranza [D,R,CoA]. 1975: Di che segno sei? [D,CoA – EP]. 1976: Quelle strane occasioni. 3. EP: L'ascenore [EP]; Il comune senso del pudore [D,R,CoA – EP]. 1977: I nuovi mostri. 14. EP: Elogio funebre (Viva Italia) [EP]; I nuovi mostri. 6. EP: First Aid (Pronto soccorso) (Viva Italia) [EP]; Un borghese piccolo piccolo (Ein kleiner, kleiner Bürger). 1978: Dove vai in vacanza? 3. EP: Le vacanze intelligente [D,R,CoA – EP]; Il testimone/Le témoin (Der Zeuge) [IT/FR]. 1978/79: L'Ingorgo (Una storia impossibile)/Le grand embouteillage/Stau/El gran atasco [IT/FR/BRD/ES]. 1979: Il malato immaginario (Der eingebildete Kranke) [D,CoA]. 1980: Io e Caterina (Ich und Katharina) [D,R,CoA – IT/FR]. 1981: Il marchese del Grillo/Le Marquis s'amuse (Die tolldreisten Streiche des Marchese del Grillo) [D,CoA – IT/FR]. 1982: In viaggio con papà [D,R,CoA]; Io so che tu sai che io so (Die Geheimnisse meiner Frau) [D, R]. 1983: Il tassinaro [D,R,CoA]. 1984: Tutti dentro (Ab in den Knast) [D,R,CoA]; Bertoldo, Bertoldino e Cacasenno. 1985: Sono un fenomeno paranormale [D,CoA]; Troppo forte [D,CoA]. 1987: Un tassinaro a New York [D,R,CoA]. 1988: Una botta di vita; I promessi sposi/Die Verlobten [TVS – EURO]. 1990: In nome del popolo sovrano; L'Avaro/El avaro [D,CoA – IT/FR/ES]. 1991: Vacanze di Natale '91 [D,CoA]. 1991/92: Assolto per aver commesso il fatto [D, R]. 1993: Nestore, l'ultima corsa [D,R]. 1995: Romanzo di un giovane povero/Le roman d'un jeune homme pauvre [IT/FR].

Sorel, Jean

(Jean Marquis de Combault-Roquebrune)

*25. 9. 1934 Marseille

Jean Sorel ist als Journalist tätig, bevor er Schauspielunterricht nimmt. Theaterdebüt in Shakespeares «The Merchant of Venice», kommt über Statistenrollen zum Film. Zunächst als Darsteller junger Helden in Kostümfilmen (*La-ronde*-Version von Roger Vadim, 1964) und als jugendlicher Liebhaber in Gegenwartsfilmen (z. B. in Michel Drachs *Amélie ou le temps d'aimer* (1962) eingesetzt. Sorel ist gleichermaßen in Italien und Frankreich aktiv. In Charakterrollen agiert er als inzestuöser Bruder in Luchino Viscontis *Sandra* (1964) und als Ehemann von Catherine Deneuve in Luis Buñuels *Belle de jour* (1966/67). Einige Male wird er auch in den USA engagiert; in Fred Zinnemanns *The Day of the Jackal* spielt er den Bastien-Thiry. Seit Mitte der 70er Jahre ist die Zahl seiner Rollen sehr überschaubar geworden; Sorel tritt des öfteren als Finsterling auf. Die Fernseharbeit überwiegt.

[FR] 1959: J'irai cracher sur vos tombes (Auf Euren Hochmut werde ich spuken); Les lionceaux (Bittere Frucht der Liebe). 1960: I dolci inganni/Les adolescentes (Süße Begierde) [IT/FR]; La giornata balorda/Ca s'est passé à Rome (Wenn das Leben lockt) [IT/FR]; Vive Henri IV, Vive l'Amour!/I celebri amori di Enrico IV (Das Bett des Königs) [FR/IT]. 1961: Julia, du bist zauberhaft/Adorable Julia [BRD/FR]; Vu du pont/Uno sguardo dal ponte (Blick von der Brücke) [FR/IT]; Il disordine/Le désordre (Verwirrung) [IT/FR]; L'Oro di Roma/Traqués par la Gestapo [IT/FR]. 1962: Amélie ou le temps d'aimer (Amélie oder Die Zeit um Lieben); Ipnosi/Hipnosis/Nur tote Zeugen schweigen [IT/ES/BRD]; Le quattro giornate di Napoli (Die vier Tage von Neapel) [IT]. 1963: Germinal [FR/IT]; Un marito in condominio [IT]; Chair de poule/Pelle d'oca (Rasthaus des Teufels) [FR/IT]. 1964: Amori pericolosi. 2. EP: La ronda [EP – IT/FR]; De l'amour/La calde pelle (De l'amour) [FR/IT]; La ronde/Il piacere e l'amore (Der Reigen) [FR/IT]; Vaghe stelle dell'Orsa ... (Sandra) [IT]. 1964/65: Le bambole/Les poupées. 4. EP: Monsignor Cupido (Die Puppen) [EP – IT/FR]. 1965: Made in Italy. 3. EP: La donna (Made in Italy) [EP – IT/FR]; L'Uomo che ride (Der Mann mit der goldenen Klinge) [IT/FR]. 1966: Le fate/Le Digestif. 3. EP: Fata Elena (Die Gespielinnen) [EP – IT/FR]. 1966/67: Belle de jour (Belle de jour – Schöne des Tages) [FR/IT]. 1967: Un italiano in America [IT]; Diabolik/Danger: Diabolik (Gefahr: Diabolik) [IT/FR]; Fai in fretta ad uccidermi ... ho freddo!/Tue-moi vite, j'ai froid (Mach mich kalt, ich friere) [IT/FR]. 1967/68: I protagonisti (Bandit zu besichtigen) [IT]. 1968: Adélaïde/Fino a farti male (Adelaide) [FR/IT]. 1969: Una sull'altra/Perversion Story/Una historia perversa (Nackt über Leichen) [IT/FR/ES]. 1970/71: Una lucertola con la pelle di donna/Una lagartija con piel de mujer/Carole [IT/ES/FR]. 1971: Malastrana/Chi l'ha vista morire? [BRD/IT]; La controfigura (Love Inferno) [IT]. 1972: The Day of the Jackal/Chacal (Der Schakal) [GB/FR]. 1973: Trader Horn (Trader Horn) [US]; La polizia sta a guardare (Und die Polizei guckt zu) [IT]. 1973/74: La profanazione [IT]. 1977: Les enfants du placard (Die verschworenen Kinder). 1978: Der Mann im Schilf [BRD]. 1978/79: Les sœurs Bronte (Die Schwestern Brontë). 1980/81: Les ailes de la colombe/Storie di donne (Die Flügel der Taube) [FR/IT]. 1981: Aimée; Aspern/Les papiers d'Aspern [PT/FR]. 1982: Bonnie e Clyde all'italiana (Total irre) [IT]; L'Affaire suisse [CH]. 1985: Rosa la rose, fille publique (Rosa La Rose – Liebe wie ein Keulenschlag). 1986: Il burbero (Der Brummbär) [IT]. 1989: Casablanca Express (Casablanca Expreß) [IT/MA]. 1990: Miliardi (Millions – Der Clan der Milliardäre) [IT]; Un piede in Paradiso (Wenn man vom Teufel spricht) [IT]; Vostra per sempre, Elvira [TV – IT]. 1991: Speaking of the Devil (Wenn man vom Teufel spricht) [IT]; Come una mamma [TV – IT]; Prigioniera di una vendetta [TVS – IT]. 1992: La scalata [TV – IT (EURO)].

Spacek, Sissy

(Mary Elizabeth Spacek)

*25. 12. 1949 Quitman (Texas)

Besuch der Quitman High School. Ende der 60er Jahre in New York wenig erfolgreiche Versuche als Sängerin unter dem Namen Rainbo. Kleine Aufgaben im Werbe-Fernsehen. Schauspiel-Ausbildung am Lee Strasberg Theatrical Institute. 1970 als Statistin in Andy Warhols *Trash*, erste Rolle in Michael Ritchies *Prime Cut*. Erfolg hat die zierliche und ausdrucksstarke Charakterdarstellerin als junge Holly Sargis in Terence Malicks *Badlands*. 1976 wird sie als besessenes junges Mädchen in Brian DePalmas Horrorfilm *Carrie* für den Oscar nominiert. Als Country-Sängerin Loretta Lynn in Michael Apteds Filmbiografie *Coal Miner's Daughter* (1980) bekommt sie den Oscar. Weitere Oscar-Nominierungen als Beth Horman, die ihren Mann in Pinochets Chile sucht, in Costa-Gavras' Polit-Thriller *Missing* (1982) und als willensstarke Farmersfrau Mae Garvey in Mark Rydells *The River* (1984). In den 90ern auch interessante Aufgaben im Fernsehen, so 1992 als Thalidomit-geschädigte Mutter in Joan Micklin Silvers *A Private Matter*. Ihr Ehemann ist der Szenograf und

Regisseur (*Raggedy Man*) Jack Fisk.

[US] 1970: Trash (Trash). 1972: Prime Cut (Die Professionals). 1973: Badlands (Badlands); Ginger in the Morning (Der Morgen, als Ginger kam) [TV]; The Girls of Huntington House [TV]. 1974: The Migrants [TV]; Phantom of the Paradise (Das Phantom im Paradies) [AST]. 1975: Katherine [TV]. 1976: Carrie (Carrie – Des Satans jüngste Schwester); Welcome to L.A. (Willkommen in Los Angeles). 1977: Saturday Night [TV]; Great Performances: Verna – USO Girl [TV]; Three Women (Drei Frauen). 1979: Heart Beat (Herzschläge). 1980: Coal Miner's Daughter (Nashville Lady). 1981: Raggedy Man (Der geheimnisvolle Fremde). 1982: Missing (Vermißt). 1984: The River (Menschen am Fluß). 1985: Marie (Marie – eine wahre Geschichte). 1986: 'Night, Mother (Nacht, Mutter); Crimes of the Heart (Verbrecherische Herzen); Violets Are Blue (Liebe ist nur eine Illusion). 1990: The Long Walk Home (Der lange Weg). 1991: J.F.K. (J.F.K. – John F. Kennedy – Tatort Dallas); Hard Promises (Der Mann meiner Frau). 1992: A Private Matter [TV]. 1993: Trading Mom (The Mommy Market). 1994: A Place for Annie. 1995: The Grass Harp (Die Grasharfe); The Good Old Boys [TV]; Streets of Laredo [TV]. 1996: If These Walls Could Talk [TV]; Beyond the Call. 1997: Affliction.

Spencer, Bud

(Carlo Pedersoli)

* 31. 10. 1929 Neapel

Schulbesuch in Südamerika. Komposition von Pop-Songs mit Domenico Modugno. Als Schwimmer Teilnahme an den Olympischen Spielen in Helsinki (1952) und Melbourne (1956). Leiter einer Textilfabrik. In den 50er Jahren beim Film zunächst Stuntman. 1952 kleine Rolle in Dino Risis *Vacanze col gangster*. Nach dem Sandalenfilm *Annibale* (1959) hat er erst in Luchino Viscontis *Il Gattopardo* (1963) wieder einen kurzen Auftritt. Den Durchbruch verdankt Spencer 1968 Giuseppe Colizzis Italo-Western *I quattro dell'Ave Maria*, in dem er erstmals unter dem Namen Bud Spencer auftritt und an der Seite von Terence Hill den Bambino spielt, einen ungeschickten, fetten Cowboy, der es vorzieht, statt der Pistole seine fürchterlichen Fäuste zu benutzen. Dieser Figur bleibt Spencer unter E.B. Cluchers Regie treu und hat einen überraschenden internationalen Erfolg bis in die 70er Jahre. Unter Stenos Regie paßt Spencer die Figur dem Geschmack eines jüngeren Publikums an und beginnt mit *Piedone lo sbirro* eine neue Serie, in der er den schlagkräftigen Polizisten «Plattfuß» spielt, der in exotische Abenteuer gerät. In die gleiche Richtung gehen Ende der 70er die Filme von *Lo chiamavano Bulldozer* (1978) bis *Occhio alla penna* (1980/81) unter der Regie von Michele Lupo. Nach fast 10jähriger Trennung arbeiten Spencer und Hill ab 1981 wieder zusammen, mit anhaltendem Erfolg. Seine Filme finden außerhalb Italiens besonders in Deutschland und Südamerika Anklang.

[IT] 1952: Vacanze col gangster. 1954: Siluri umani (Torpedomänner greifen an). 1955: Un eroe dei nostri tempi. 1957: A Farewell to Arms (In einem anderen Land) – US]. 1959: Annibale (Hannibal). 1962: Il Gattopardo (Der Leopard) [IT/FR]. 1967: Dio perdona ... io no! / Tu perdonas ... yo no (Gott vergibt ... Django nie!) [IT/ES]. 1968: I quattro dell'Ave Maria (Vier für ein Ave Maria); Oggi a me ... domani a te (Heute ich ... morgen du); Al di là della legge / Die letzte Rechnung zahlst du selbst [IT/BRD]. 1969: Un esercito di 5 uomini (Die fünf Gefürchteten); La collina degli stivali (Hügel der blutigen Stiefel); Gott mit uns (Dio è con noi) (Die im Dreck krepieren) [IT/YU]. 1970: Lo chiamavano Trinità ... (Die rechte und die linke Hand des Teufels). 1971: Il Corsaro Nero / El Corsario Nero (Freibeuter der Meere) [IT/ES]; ... continuavano a chiamarlo Trinità (Vier Fäuste für ein Halleluja). 1972: Più forte ragazzi! (Zwei Himmelhunde auf dem Weg zur Hölle); Torino nera / La vengeance du sicilien (Der Sizilianer) [IT/FR]; Quattro mosche di velluto grigio / Quatre mouches de velours gris (Vier Fliegen auf grauem Samt) [IT/FR]; Una ragione per vivere e una per morire / Une raison pour vivre, une raison pour mourir / Una razón para vivir y una para morir / Sie verkaufen den Tod [IT/FR/ES/BRD]; Si può fare ... amigo / Amigo! ... Mon Colt a deux mots à te dire / En el Oeste se puede hacer, amigo (Halleluja ... Amigo) [IT/FR/ES]. 1973: Anche gli angeli mangiano fagioli / Tambien los ángeles comen judias (Auch die Engel essen Bohnen) [IT/ES/FR]; Piedone lo sbirro / Un flic hors-la-loi (Sie nannten ihn Plattfuß) [IT/FR]. 1974: Porgi l'altra guancia / Les deux missionaires [IT/FR]; ... altrimenti ci arrabbiamo! / Y si no, nos enfadamos (Zwei wie Pech und Schwefel) [IT/ES]. 1975: Piedone a Hong Kong (Plattfuß räumt auf). 1975/76: Il soldato di ventura / La grande bagarre (Hector, der Ritter ohne Furcht und Tadel) [IT/FR]. 1977: Due superpiedi quasi piatti (Zwei außer Rand und Band); Charleston (Charleston). 1978: Pari e dispari (Zwei sind nicht zu bremsen); Lo chiamavano Bulldozer / Sie nannten ihn Mücke [IT/BRD]; Piedone l'Africano / Plattfuß in Afrika [IT/BRD]. 1979: Uno sceriffo extraterrestre ... poco extra e molto terrestre (Der Große mit seinem außerirdischen Kleinen); Io sto con gli ippopotami. 1980: Piedone d'Egitto (Plattfuß am Nil); Chissà perché ... capitano tutte a me (Buddy haut den Lukas). 1980/81: Occhio alla penna (Eine Faust geht nach Westen). 1981: Chi trova un amico trova un tresoro (Zwei Asse trumpfen auf). 1982: Bomber (Bomber); Cane e gatto (Bud, der Ganovenschreck); Nati con la camicia / Go For It (Zwei bärenstarke Typen) [IT/US]; Banana Joe [IT/BRD]. 1984: Non c'è due senza quattro. 1985: Miami Supercops / I Polizotti dell'Ottava strada (Die Miami-Cops) [US/

IT]. 1986: Superfantagenio (Aladin). 1987: Chiamate il professore. 1988: Black and White [US]. 1989: Big Man [TVS]. 1990: Un piede in Paradiso. 1992: Detective Extralarge/Zwei Supertypen in Miami [TVS – US/IT/DE]. 1994: Pugni di natale [IT/US]. 1994/95: Die Troublemaker [DE/IT].

Sprogøe, Ove

*21. 12. 1919 Odense

Filmdebüt 1946 in *Hans store aften*. In den frühen 50er Jahren ist er der erfolgreichste dänische Schauspieler. Er wird öfter von Peer Gulbrandsen besetzt, u. a. in *Der var engang en gade* (1958), in der amerikanisch-dänischen Co-Produktion *The Green-Eyed Elephant* (1960), *Lykkens musikanter* (1962) und *Der kom en soldat* (1969). Intensive Zusammenarbeit gibt es auch mit Erik Balling (u. a. *Vi som går køkkenvejen*, 1953; *Poeten og Lillemor og Lotte*, 1960; *Sommer i Tyrol*, 1964; *Rend mig i revolutionen*, 1970). Meist spielt er komische Rollen. Seit 1968 ist er auch außerhalb Dänemarks vor allem bekannt als Erik Olsen in Ballings Gangster-Komödie *Olsen-banden*, der zahlreiche Fortsetzungen folgen. In der 24teiligen TV-Serie *Matador* (Balling, 1978–81) spielt er einen Arzt, der große Autorität genießt.

[DK] 1946: Hans store aften; Diskret Ophold. 1947: Hatten er sat. 1948: Søtt står den danske sømand; Penge som græs; Tre år efter; I de lyse nætter. 1949: Berlingske Titende; Kampen mod uretten. 1950: Smedestræde 4; Lyn-fotografen. 1951: Dorte; Nålen; Vores fjerde far. 1952: Rekrut 67 Petersen. 1953: Kriminalsagen Tove Andersen; Ved Kongelunden; Far til fire; Den gamle mølle på Mols; Vi som går køkkenvejen. 1954: I kongens klæ'r; Det er så yndigt at følges ad. 1955: På tro og love; Det var på Rundetårn. 1956: Penge med posten; Den kloge mand; Hvad vil De ha'; Færgekroen; Kispus. 1957: Tag til marked i Fjordby; Snevit gør hvide trusser sorte; Styrmand Karlsen; Ingen tid til kærtegn; Der var engang en gade. 1959: Charles' tante; Poeten og Lillemor (Einesteils der Liebe wegen – 1. Teil); Onkel Bill fra New York. 1960: Poeten og Lillemor og Lotte (Einesteils der Liebe wegen – 2. Teil); Baronessen fra benzintanken (Baronesse); Forelsket i København; The Green-Eyed Elephant/Elefanter på loftet [US/DK]. 1961: Sorte Shara; Journey to the Seventh Planet [US/DK]; Poeten og Lillemor i forårshumør (Einesteils der Liebe wegen – 3. Teil); Gøngehøvdingen; Støv på hiernen. 1962: Drømmen om det hvide slot; Oskar; Det stod i avisen; Det støver stadig; Sømænd og svidermødre; Det tossede paradis (Das tosende Paradies); Lykkens musikanter. 1963: Et døgn uden løgn; Frøken Nitouche; April; Støv for alle pengene; Vi har det jo deiligt; Dronningens vagtmester; Peters landlov; Bussen; Pigen og pressefotografen (Das tosende Himmelbett). 1964: Majorens op-passer (Blindgänger vom Dienst); Når enden er go'; Sommer i Tyrol; Don Olsen kommer til byen. 1965: Slå først, Frede! (Kaliber 7,65 – Diebesgrüße aus Kopenhagen); Mor bag rattet; Flådens friske fyre (Die Flottenpflaume); Een pige og 39 sømænd; Pigen og millionæren; En ven i bolignøden; Passer passer pigen. 1966: Pigen og greven; Der var engang; Tre små piger; Søskende; Soyas tagsten; Slap af, Frede!; Flagermusen. 1967: Martha; Min kones ferie; Onkel Joakims hemmelighed; Jeg – en marki/Jag en markis – med uppdrag att älska [DK/SE]; Jeg er sgu min egen; Elsk ... din næste/Vergiß nicht, deine Frau zu küssen [DK/BRD]; Det er ikke apelsiner – det er heste; Historien om Barbara. 1968: Det er så synd for farmand; Dyrlægens plejebørn; Dage i min fars hus/The Whistle [DK/US]; Mord i mørket (Mord im Dunkeln); Olsen-banden (Die Olsenbande); Det var en lrdag aften; Soldaterkammerater på bjørnetjeneste; Min søster børn vælter byen. 1969: De fem og spionerne; Pigen fra Egborg; Olsen-banden på spanden (Die Olsenbande in der Klemme/Die Panzerknackerbande); Der kom en soldat; Sjov i gaden; Kys til højre og venstre. 1970: Rend mig i revolutionen; Giv Gud en chance om søndagen; Oktoberdage/The Only Way [DK/PA]; De fem i fedtefadet/Fünf Freunde in der Tinte [DK/BRD]; Amour [DK/FR]; Præriens skrappe drenge. 1971: Revolutionen i vandkanten; Ballade på Christanshavn; Olsen-banden i Jylland (Die Olsenbande fährt nach Jütland); Den forsvundne fuldmægtig. 1972: Olsenbandens store kup (Die Olsenbande und ihr großer Coup); Familien med de 100 børn; Mor, jeg har patienter; Lenin, din gavtyv!; Nu går den på Dagmar. 1973: Afskedens time; Olsenbanden går amok. 1974: Olsen-bandens sidste dedrifter. 1975: Damilien Gyldenkål; Olsen-banden på sporet (Die Olsenbande stellt die Weichen). 1976: Affæren i Mølleby; Hjerter er trumf; Den korte sommer; Olsen-banden ser rødt. 1977: Olsen-banden deruda' (Die Olsenbande schlägt wieder zu); Pas på ryggen, professor! 1978: Olsen-banden går i krig; Du er ikke alene; Lille speil; Hvem myrder hvem? 1978–81: Matador [TVS]. 1979: Krigernes børn; Johnny Larsen; Olsenbanden overgiver sig aldrig (Die Olsenbande ergibt sich nie); Rend mig i traditionerne. 1980: Danmark er lukket. 1981: Slingrevalsen; Olsen-bandens flugt over plankeværket (Die Olsenbande fliegt über die Planke); Olsenbanden over alle bjerge (Die Olsenbande fliegt über alle Berge). 1982: Penge-ne eller livet; Den ubetænksomme elsker. 1983: Kurt og Valde. 1984: Midt om natten. 1985: Når engle elsker. 1986: Mord i mørket. 1987: Hip Hip Hurra [SE/DK/NO]; Sidste akt. 1988: Elvis Hansen – en samfundshælper. 1990: Fuglekrigen i Kanøfleskoven. 1996: Charlot og Charlotte [TVS].

Stalińska, Dorota

*1. 6. 1953 Danzig

Bereits als Studentin an der Theaterhochschule Warschau spielt sie die Hauptrolle in Leon Kruczkowskis «Pierwszy dzień wolności» am Theater na Woli, an dem sie nach dem Diplom von 1976–80 engagiert ist. Aufmerksamkeit erregt sie besonders mit One-Woman-Shows. Filmdebüt 1976 in Agnieszka Hollands TV-Film *Niedzielne dzieci*. Ihre Karriere ist vor allem mit dem Werk der Regisseurin Barbara Sass verbunden, die ihr seit 1980 die Hauptrollen fast aller ihrer Filme anvertraut. Mit großer Ausdruckskraft gestaltet sie zumeist junge Frauen, die mitunter auch durch zweifelhafte Methoden versuchen, Anerkennung und Erfolg in einer von Männern dominierten Gesellschaft zu erlangen. Für die Rolle der Journalistin Ewa Bracka in *Bez miłości* (1980) wird sie mit dem Cybulski-Preis als beste Nachwuchsdarstellerin und mit dem Darstellerpreis des Nationalen Spielfilmfestivals in Danzig ausgezeichnet. Einen weiteren Darstellerpreis erhält sie 1984 für die Rolle der Schwester Marianna «Perełka» in *Krzyk* (Sass). 1981 verkörpert sie in Janusz Rzeszewskis *Miłość ci wszystko wybaczy* die in der Vorkriegszeit populärste polnische Schauspielerin und Sängerin Hanka Ordonówna. Krzysztof Kieślowski besetzt sie in *Dekalog III* (1988). In Barbara Sass' *Historia niemoralna* (1990) sind Analogien zwischen den Biografien der Stalínska und der von ihr verkörperten Protagonistin erkennbar.

[PL] 1976: Niedzielne dzieci [TV]; Człowiek z marmuru (Der Mann aus Marmor). 1977: Wesela nie będzie (Der Scheidungsgrund). 1978: Roman i Magda; Ślad na ziemi [TVS]. 1979: ... droga daleka przed nami ... 1980: Bez miłości (Ohne Liebe). 1981: Białe tango (Der weiße Tango) [TVS]; Wahadełko [TV]; Miłość ci wszystko wybaczy; Debiutantka. 1982: Krzyk. 1983: Seksmisja (Sexmission); Lata dwudzieste ... lata trzydzieste ... (Die zwanziger und die dreißiger Jahre); To tylko rock (Es ist nur Rock). 1985: Temida [TV]; Dziewczęta z Nowolipek. Rajska jabłon (Die Mädchen aus Nowolipki). 1986: Klatka [TV]; Rajska jabłoń (Der Paradiesapfelbaum). 1987: 07 zgłoś się (07 – Bitte melden) [TVS]. 1988: Męskie sprawy; Dekalog III (Dekalog, Drei) [TV]. 1989: Ostatni dzwonek. 1990: Historia niemoralna. 1991: Ferdydurke/30 Door Key [PL/GB/FR].

Stallone, Sylvester

(Sylvester Enzio Stallone)
*6. 7. 1946 New York City

Er wird mehrerer Schulen verwiesen. 1965–67 am American College in der Schweiz. Später kurz auf der University of Miami in Coral Gables. Nach Gelegenheitsarbeiten in New York 1970 Schauspielerdebüt in einem Sexfilm. Danach fünf Jahre kleine Rollen. Als er seine Karriere fast schon für beendet hält, schreibt er das Drehbuch zu *Rocky*, 1976 wird es von John G. Avildsen verfilmt. Der Film wird mehrfach für den Oscar nominiert, u. a. Stallone selbst als Darsteller des Boxers Rocky Balboa und für das Drehbuch. Vier Fortsetzungsfilme folgen (teilweise in eigener Regie und Produktion). In den 70er und frühen 80er Jahren ist der dunkelhaarige, athletische Schauspieler einer der erfolgreichsten US-Filmstars, spielt den Macho in Actionfilmen. 1982 als Superheld und Vietnam-Veteran John Rambo in Ted Kotcheffs reaktionärem *First Blood* – zwei weitere Rambo-Filme folgen und machen die Figur zum sprichwörtlichen Gewalt-Macho. Wenig andere Filmaufgaben, u. a. neben Dolly Parton als Taxifahrer und Country-Sänger in Bob Clarks *Rhinestone* oder mit Kurt Russell als Cop Ray Tango in Andrei Konchalovskys Drogen-Krimi *Tango & Cash*. 1993 Erfolg in Renny Harlins trickreichem Bergfilm *Cliffhanger*. Für den Polizei-Thriller *Cop Land* ändert Stallone sein Image und legt 15 Kilo Gewicht zu. Gemeinsam mit den Action-Kollegen Arnold Schwarzenegger und Bruce Willis betreibt er die Restaurant-Kette «Planet Hollywood».

[US] 1970: Party at Kitty and Stud's/ The Italian Stallion (Randy – Die Sex-Abenteuer des Sylvester Stallone). 1971: Bananas (Bananas). 1972: Klute (Klute). 1973/80: No Place to Hide/Rebel (Der letzte Ausweg). 1974: Kojak: My Brother My Enemy [TV]; The Lords of Flatbush; Mandingo (Mandingo). 1975: The Prisoner of Second Avenue (Das Nervenbündel); Farewell, My Lovely (Fahr zur Hölle, Liebling); Capone (Capone); Death Race 2000 (Frankensteins Todesrennen). 1976: Rocky (Rocky) [D,A]; Cannonball (Cannonball) [US/HK]. 1977/78: F.I.S.T. (F.I.S.T. – Ein Mann geht seinen Weg) [D,CoA]. 1978: Paradise Alley (Vorhof zum Paradies) [D,R,A]. 1979: Rocky II [D,R,A]. 1980: Nighthawks (Nachtfalken). 1981: Victory (Flucht oder Sieg?). 1982: Rocky III (Rocky III – Das Auge des Tigers) [D,R,A]; First Blood (Rambo). 1983: Staying Alive (Staying Alive) [D,R,CoA,CoP]. 1984: Rhinestone (Der Senkrechtstarter) [D,CoA]. 1985: Rambo: First Blood, Part II (Rambo II – Der Auftrag) [D,CoA]; Rocky IV (Rocky IV – Der Kampf des Jahrhunderts) [D,R,A]. 1986: Over the Top (Over the Top) [D,CoA]; Cobra (Die City Cobra) [D,A]. 1987: Rambo III (Rambo III) [D,CoA]. 1989: Lock Up (Lock up – Überleben ist alles); Tango & Cash (Tango & Cash). 1990: Rocky V (Rocky V) [D,A]. 1991: Oscar (Oscar – Vom Regen in die Traufe). 1992: Stop! Or My Mom Will Shoot (Stop! Oder meine Mami schießt). 1993: Cliffhanger (Cliffhanger – Nur die Starken überleben) [D,CoA]; Demolition Man (Demolition Man). 1994: The Specialist (Der Spezialist). 1994/95: Judge Dredd (Judge Dredd). 1995: Assassins (Assassins – Die Killer). 1996: Daylight. 1997: Cop Land; An Alan Smithee Film.

Stamp, Terence
(Terence Henry Stamp)
* 22. 7. 1939 Stepney (East London)

Besuch der Webber-Douglas Drama School, anschließend Bühnenschauspieler. 1962 Filmdebüt in Peter Ustinovs *Billy Budd* (Oscar-Nominierung). Für die Hauptrolle des seltsamen Schmetterlingssammlers in William Wylers *The Collector* (1965) wird er in Cannes ausgezeichnet. Dann als «sidekick» von Monica Vitti in dem Comicstrip-Film *Modesty Blaise* (Joseph Losey), als Kavallerist und einer von drei um Julie Christie buhlenden Männern in *Far From the Madding Crowd* (John Schlesinger), als Kleinverbrecher, der seinen gefangenen Kumpans mit dessen Frau betrügt, in *Poor Cow* (Ken Loach) und als engelsgleicher Fremder im Widerspiel mit einer bourgeoisen Familie in *Teorema* (Pier Paolo Pasolini). In den 70er Jahren weniger erfolgreich. Als General Zod in *Superman* (Richard Donner) und *Superman II* (Richard Lester). Eine besonders intensive Leistung 1983/84 als aus Rache verschleppter Ex-Gangster im englischen Wüsten-Thriller *The Hit* (Stephen Frears). 1990 Regie, Rolle und Drehbuch bei seiner ersten Spielfilm-Inszenierung *Stranger in the House*. Stamps Markenzeichen sind seine blassen, immer leicht wäßrigen Augen. In Ehren ergraut, bereichert er auch zweitklassige Filme mit seiner erstaunlichen Präsenz, so den hektischen Einbrecherfilm *The Real McCoy* (Russel Mulcahy), wo er seine alte Freundin und Widersacherin Kim Basinger in aller Ruhe vom rechten Weg abbringt. 1994 Erfolg als Transvestit Bernadette in der australischen Komödie *The Adventures of Priscilla – Queen of the Desert* (Stephan Elliott). Stamp tritt auch während seiner Film-Engagements beim Theater auf. 1987–89 veröffentlicht er seine dreiteilige Autobiografie: «Stamp Album», «Coming Attractions» und «Double Feature».

[GB] 1962: Billy Budd (Die Verdammten der Meere); Term of Trial (Spiel mit dem Schicksal). 1965: The Collector (Der Fänger) [US/GB]. 1965/66: Modesty Blaise (Modesty Blaise – die tödliche Lady). 1967: Poor Cow (Poor Cow – geküßt und geschlagen); Far from the Madding Crowd (Die Herrin von Thornhill). 1968: Histoires extraordinaires/Tre passi dal delirio. 4. EP: Il ne faut jamais parier sa tête avec le diable/Toby Dammit (Außergewöhnliche Geschichten) [EP – FR/IT]; Blue (Inferno am Fluß) [US]; Teorema (Teorema – Geometrie der Liebe) [IT]. 1969: The Mind of Mr. Soames. 1971: Una stagione all'inferno/Une saison en enfer [IT/FR]. 1974: Hu-man [FR]. 1975: Divina creatura (Ein göttliches Geschöpf) [IT]. 1976: Strip-tease [ES]. 1978: Superman (Superman) [US]; The Thief of Baghdad (Der Dieb von Bagdad) [TV – GB/FR]. 1978/79: Amo non amo (I love you I love you not) [IT]. 1979: Meetings With Remarkable Men (Gurdijeff – Begegnungen mit bemerkenswerten Menschen). 1980: Misterio en la isla de los monstruos/Monster Island (Reise zur Insel des Grauens) [ES/US]; Superman II (Superman II – Allein gegen alle). 1982: Morte in Vaticano/Muerte en el Vaticano (Das Vatikan-Komplott) [IT/ES]. 1983: Bloody Chamber; Chess Game. 1: Flying Blind/2: Enter Hassan/3: Enter Hassan 3: The Roman Connection [TV]. 1983/84: The Hit (The Hit). 1984: The Company of Wolves (Zeit der Wölfe). 1985/86: Link (Link – Der Butler). 1986: Directed by William Wyler [TV-DOK – US]; Legal Eagles (Staatsanwälte küßt man nicht) [US]; Hud [NO]. 1986/87: The Sicilian (Der Sizilianer) [US]. 1987: Wall Street (Wall Street) [US]. 1988: Young Guns (Young Guns) [US]; Alien Nation (Space Cop L.A. 1991) [US]. 1990: Genuine Risk (Risky Game); Stranger in the House [D,R,A]. 1991: Beltenebros [ES]. 1993: The Adventures of Priscilla, Queen of the Desert (Priscilla, Königin der Wüste) [AU]; The Real McCoy (Karen McCoy – Die Katze) [US]. 1995: Mindbender. 1996/97: Bliss [US]; Tire à part [FR]. 1997: The Bitter End [US].

Stanton, Harry Dean
* 14. 7. 1926 West Irvine (Kentucky)

Besuch der University of Kentucky in Lexington. Weltkriegs-Teilnahme in der US Navy. Ab 1957 kleine Rollen in Film- und Fernsehproduktionen. Erste Aufmerksamkeit als Dixey in Leslie Stevens' *Hero's Island*. Seitdem als verläßlicher und wandlungsfähiger Charakterdarsteller in Filmen nahezu aller Genres. Zusammenarbeit mit Regisseuren des New Hollywood. In Sam Peckinpahs Spätwestern *Pat Garrett & Billy the Kid* spielt er den Luke, in Francis Ford Coppolas Mafia-Epos *The Godfather Part II* ist er ein FBI-Agent und in Dick Richards' Krimi *Farewell, My Lovely* ein ausgelaugter Musiker. Eine herausragende Leistung ist der Calvin in Arthur Penns *The Missouri Breaks*. Neben Bette Midler spielt er in Mark Rydells *The Rose* einen legendären Country-Sänger. Mit einer Reihe von Außenseiter-Rollen wie dem erfolgreichen Schuldeneintreiber Bud in Alex Cox' Kultfilm *Repo Man*, der Hauptrolle des Travis, eines eigenbrötlerischen Suchers nach seiner Vergangenheit und Familie, in Wim Wenders' *Paris, Texas* oder auch als Apostel Paulus in Martin Scorseses umstrittenem Bibel-Film *The Last Temptation of Christ* und als Detective Johnnie Farragut in David Lynchs *Wild at Heart* erreicht Stanton so etwas wie einen alternativen Star-Status. Daneben auch in TV-Filmen, u. a. in Lynchs Kult-Serie *Twin Peaks* (auch in der Kino-Fassung).

[US] 1957: Tomahawk Trail (Alarm in Fort Bowie); Revolt at Fort Laramie (Fort Laramie); Alfred Hitchcock Presents: Four O'Clock [TV]. 1958: The Proud Rebel (Der stolze Rebell). 1959: Pork Chop Hill (Mit Blut geschrieben). 1960: The Adventures of Huckleberry Finn (Abenteuer am Mississippi). 1961: A Dog's Best Friend; Hero's Island (Insel der Gewalt). 1962: How the West Was Won (Das war der Wilde Westen) [EP]. 1963: The Man from the Diner's Club (Der Mann vom Diners Club). 1965: Ride in the Whirlwind. 1966: The Hostage (Kidnapped). 1967: Mini-Skirt Mob (Die Satans-Engel von Nevada); A Time for Killing (Der gnadenlose Ritt); Cool Hand Luke (Der Unbeugsame). 1968: Day of the Evil Gun (Totem). 1970: Rebel Rousers (Rebel Riders); Kelly's Heroes (Stoßtrupp Gold) [US/YU]. 1971: What's the Matter with Helen? (Was ist denn bloß mit Helen los?); Cisco Pike (Cisco Pike); Two Lane Blacktop (Asphaltrennen). 1972: Count Your Bullets (Gebrannte Haut). 1973: Pat Garrett and Billy the Kid (Pat Garrett jagt Billy the Kid); Dillinger (Jagd auf Dillinger). 1974: Rancho de Luxe; Cockfighter/Born to Kill; Zandy's Bride (Zandys Braut); Where the Lilies Bloom (Wo die Lilien blühen); The Godfather II (Der Pate II). 1975: Win, Place or Steal/Three for the Money; 92 in the Shade (33° im Schatten); Farewell, My Lovely (Fahr zur Hölle, Liebling); Rafferty and the Gold Dust Twins (Rafferty und die wilden Mädchen). 1976: The Missouri Breaks (Duell am Missouri). 1978: Renaldo and Clara (Renaldo und Clara); Straight Time: He wrote it for Criminals (Stunde der Bewährung). 1979: Wise Blood (Die Weisheit des Blutes); Alien (Alien – Das unheimliche Wesen aus einer fremden Welt); The Rose (The Rose); Flatbed Annie & Sweetie Pie: Lady Truckers (Lady Truckers) [TV]; La mort en direct/Death Watch – Der gekaufte Tod [FR/BRD]; Girls of the Road [TV]. 1980: The Black Marble (Nieten unter sich); One from the Heart (Einer mit Herz); Private Benjamin (Schütze Benjamin). 1981: Oldest Living Graduate [TV]; Escape from New York (Die Klapperschlange). 1982: Young Doctors in Love (Küß mich Doc!). 1983: Christine (Christine); I Want to Live [TV]. 1984: Repo Man (Repoman); The Bear; Red Dawn (Die rote Flut); Paris, Texas [BRD/FR]. 1985: Fool for Love (Fool for Love – Verrückt nach Liebe); Uforia; One Magic Christmas (Wenn Träume wahr wären); Rip Van Winkle [TV]. 1986: Pretty in Pink (Pretty in Pink). 1987: Slam Dance (Slam Dance) [GB]. 1988: The Last Temptation of Christ (Die letzte Versuchung Christi); Monster Maker [TV – GB]; Dream a Little Dream (Dream a Little Dream); Mr. North (Mr. North – Liebling der Götter); Stars and Bars (Stars and Bars – Der ganz normale amerikanische Wahnsinn). 1989: Twister (Twister – Keine ganz normale Familie); The Fourth War (Powerplay); Les Français vues par David Lynch: Cowboy and the Frenchman [TV-KF – FR]. 1990: Wild at Heart (Wild at Heart – Die Geschichte von Sailor & Lula); Motion & Emotion; Stranger in the House [GB]. 1991: Payoff (Payoff). 1991/92: Man Trouble (Man Trouble). 1992: Hotel Room [EP]; Hostages (Verlorene Jahre) [TV – GB]; Twin Peaks: Fire Walk With Me (Twin Peaks – Der Film). 1993: Against the Wall (Against the Wall); Blue Tiger (Blue Tiger) [US/JP]. 1994: Les cent et une nuits/A Hundred and One Nights (101 Nacht – Die Träume des Monsieur Cinema) [FR/GB]. 1995: Playback (Playback); Down Periscope (Mission: Rohr frei); Never Talk to Strangers (Spiel mit dem Feuer – Never Talk to Strangers). 1996: Larry McMurtry's Dead Man's Walk [TV]. 1997: She's So Lovely; Fire Down Below; The Mighty.

Stanwyck, Barbara
(Ruby Stevens)
* 16. 7. 1907 Brooklyn (New York)
† 20. 1. 1990 Santa Monica (California)

Schulbesuch in Brooklyn. 1922 Nightclub-Tänzerin in New York, Mitglied der «Ziegfeld Follies of 1923». Danach Beteiligung an Musical- und Revue-Produktionen. 1926 erste dramatische Rolle in «The Noose», 1927 Filmdebüt als Tänzerin. 1929 Filmvertrag von Joseph M. Schenck. Erste Erfolge unter der Regie von Frank Capra, so als Kay Arnold in *Ladies of Leisure* und als verliebte Bibliothekarin in *Forbidden*. 1931–35 bei Warner Bros. unter Vertrag. Die für ihren professionellen Arbeitsstil bekannte Schauspielerin prägt über zwei Jahrzehnte entscheidend das Bild des Hollywoodkinos. Sie spielt Hauptrollen in Komödien wie in Western, in Gangsterfilmen, Thrillern und schließlich in Werken der schwarzen Serie. In der Titelrolle von King Vidors Melodram *Stella Dallas* (1937) wird sie für einen Oscar nominiert – das erste von 4 Malen, stets vergeblich. Sie spielt die Mollie Monahan in Cecil B. DeMilles Eisenbahn-Western *Union Pacific*, in Preston Sturges Komödie *The Lady Eve* die Hochstaplerin Jean Harrington. Neben Gary Cooper hat sie in Capras populistischer Polit-Komödie *Meet John Doe* Erfolg. Als Gangsterliebchen Sugarpuss neben Gary Cooper in Howard Hawks' klassischer Screwball-Comedy *Ball of Fire* ist sie ebenso überzeugend wie als verbrecherische Witwe in Billy Wilders Krimi *Double Indemnity* – wieder vergebliche Oscar-Nominierungen, schließlich auch als neurotische Frau in Todesangst in Henry Hathaways *Sorry, Wrong Number*. Frühzeitig Radioarbeit: 1936 Beteiligung am Lux Radio Theatre. Ab 1957 TV-Arbeit, für die sie mehrfach ausgezeichnet wird: Emmy Award für *The Barbara Stanwyck Show* (1960/

61), 1965–68 in 112 Folgen der Serie *The Big Valley* (Emmy 1966), 1983 in Mini-Serie *The Thorn Birds* (Emmy). In den 80er Jahren im *Dynasty*-Ableger *The Colbys*. 1981 wird sie mit einem Special Oscar für ihr Gesamtwerk geehrt.

[US] 1927: Broadway Nights; Dance Magic. 1929: The Locked Door. 1930: Mexicali Rose; Ladies of Leisure; Ten Cents a Dance. 1931: Illicit; Night Nurse; The Miracle Woman; Forbidden (Sehnsucht ohne Ende); Shopworn. 1932: So Big; The Purchase Price; The Bitter Tea of General Yen. 1933: Ladies They Talk About; Baby Face; Ever in My Heart (Ihre letzte Nacht). 1934: Gambling Lady (Die Spielerin); A Lost Lady; The Secret Bride; The Woman in Red. 1935: Red Salute; Annie Oakley. 1935/36: A Message to Garcia (Die Botschaft an Garcia). 1936: The Bride Walks Out; His Brother's Wife (Zwischen Haß und Liebe); Banjo on My Knee (Mississippi-Melodie); The Plough and the Stars. 1937: Interns Can't Take Money (Assistenzarzt Dr. Kilder); This Is My Affair (Unter vier Augen); Stella Dallas (Stella Dallas); Breakfast for Two. 1938: Always Goodbye; The Mad Miss Manton. 1938/39: Union Pacific (Die Frau gehört mir!). 1939: Golden Boy (Golden Boy). 1940: Remember the Night (Die unvergeßliche Nacht). 1941: Meet John Doe (Hier ist John Doe); You Belong to Me; The Lady Eve (Die Falschspielerin); Ball of Fire (Die merkwürdige Zähmung der Gangsterbraut Sugarpuss). 1942: The Gay Sisters (Die Gaylords); The Great Man's Lady. 1943: Flesh and Fantasy (Das zweite Gesicht); Lady of Burlesque. 1944: Double Indemnity (Frau ohne Gewissen); Hollywood Canteen (Hollywood-Kantine). 1945: Christmas in Connecticut (Weihnachten nach Maß). 1946: The Bride Wore Boots; My Reputation; The Strange Love of Martha Ivers (Die seltsame Liebe der Martha Ivers). 1946/47: California (California). 1947: The Other Love (Die andere Liebe); The Two Mrs. Carrolls (Die zwei Mrs. Carrolls); Cry Wolf; Variety Girl. 1948: Sorry, Wrong Number (Du lebst noch 105 Minuten); B.F.'s Daughter. 1949: East Side, West Side (Verlorenes Spiel); The Lady Gambles (Spielfieber); Thelma Jordan/The File on Thelma Jordan (Strafsache Thelma Jordan). 1950: To Please a Lady (Tod im Nakken); The Furies (Die Farm der Besessenen); No Man of Her Own (Entgleist). 1951: The Man with a Cloak. 1951/52: Clash by Night (Vor dem neuen Tag). 1952/53: All I Desire (All meine Sehnsucht). 1953: Blowing Wild (Wilde Glut); The Moonlighter; Jeopardy (Sekunden der Angst); Titanic (Untergang der Titanic). 1954: Witness to Murder (Zeugin des Mordes); Cattle Queen of Montana (Königin der Berge); The Violent Men (Rauhe Gesellen); Executive Suite (Die Intriganten). 1955: Escape to Burma (Flucht nach Burma); There's Always Tomorrow (Es gibt immer ein Morgen). 1956: Crime of Passion (Das war Mord, Mr. Doyle); The Maverrick Queen (Der Teufel von Colorado); These Wilder Years (Das Herz eines Millionärs). 1957: Forty Guns (Vierzig Gewehre); Turn of Fate: Three Years Dark [TV]; Trooper Hook (Fluch der Gewalt). 1959–62: The Untouchables: Search for a Dead Man [TV]. 1960–61: Barbara Stanwyck Show [TVS]. 1961–62: The Dick Powell Show: Special Assignment [TV]. 1962: Walk on the Wild Side (Auf glühendem Pflaster). 1963: Wagon Train: The Kate Crawley Story [TV]; Wagon Train: The Molly Kincaid Story [TV]. 1964: Roustabout (König der heißen Rhythmen); The Night Walker (Er kam nur nachts). 1965–68: The Big Valley [TVS]. 1970: The House That Wouldn't Die (Das Geisterhaus) [TV]. 1971: A Taste of Evil (Der Hauch des Bösen) [TV]. 1972: The Letters [TV]. 1983: The Thorn Birds (Dornenvögel) [TVS]. 1985–87: Dynasty II: The Colbys (Die Colbys) [TVS].

Steiger, Rod

(Rodney Stephen Steiger)
*14. 4. 1925 Westhampton (New York) † 2002

Besuch öffentlicher Schulen in Irvington, Bloomfield und in Newark, New Jersey. Weltkriegs-Teilnahme bei der US Navy. Zivildienst in der Veteranen-Betreuung. 1947 Schauspielausbildung in New York an der New School for Social Research, dem Dramatic Workshop und dem Actors Studio. Bühnendebüt in «The Trial of Mary Dugan» und TV-Arbeit. 1951 am Broadway in Clifford Odets' «Night Music» und Filmdebüt in Fred Zinnemanns *Teresa* (1950/51). Nominierung zum Nebenrollen-Oscar für seine erste bedeutende Aufgabe als korrupter Anwalt Charlie Malloy in Elia Kazans *On the Waterfront* (1954). Im folgenden Jahr als Filmproduzent in Robert Aldrichs *The Big Knife* und als liebeskranker Judd in Zinnemanns Musical-Verfilmung *Oklahoma!* Er arbeitet auch weiterhin für Fernsehen und Theater. Broadway-Erfolge: Arthur Millers Ibsen-Bearbeitung «Ein Volksfeind», 1959 «Rashomon», 1962 «Moby Dick». Ab 1963 auch Filmarbeit in Italien. Internationale Anerkennung – Darstellerpreis in Berlin und Oscar-Nominierung – durch die Titelrolle des jüdischen Emigranten in Spanish Harlem in Sidney Lumets *The Pawnbroker* (1965) und in Tony Richardsons Begräbnis-Satire *The Loved One*. In David Leans *Doctor Zhivago* spielt er Komarovsky. Er erhält einen Oscar als Südstaaten-Sheriff Bill Gillespie in Norman Jewisons *In the Heat of the Night* (1967). Er spielt den Würger in Jack Smights schwarzer Komödie *No Way to Treat a Lady* und als latent homosexueller Sergeant Albert Callan in John Flynns *The Sergeant*. Der bullige, zugleich sensible Charakterdarsteller erhält Filmaufgaben bis in die 90er Jahre, als Napoleon in Sergei Bondarčuks *Waterloo*, als italienischer Diktator in Carlo Lizzanis *Mussolini – Ultimo Atto*, im arabischen Heldenlied *Omar Mukhar*. Als alter Rabbi Saunders in Jeremy Paul Kagans *The Chosen* wird er beim Festival in Montreal mit dem Darstellerpreis ausgezeichnet.

[US] 1950/51: Teresa (Teresa). 1953: Tales of Tomorrow [TVS]. 1954: Marty (Marty); On the Waterfront (Die Faust im Nacken). 1955: The Big Knife (Hollywood-Story); The Court-Martial of Billy Mitchell (Verdammt zum Schweigen); Oklahoma! (Oklahoma!). 1956: Jubal (Der Mann ohne Furcht); Back from Eternity (Zurück aus der Ewigkeit); The Harder They Fall (Schmutziger Lorbeer). 1957: Across the Bridge (Brücke der Vergeltung) [GB]; Run of the Arrow (Hölle der 1000 Martern). 1958: Cry Terror! (In brutalen Händen); The Unholy Wife (Weib ohne Gewissen). 1959: Seven Thieves (Sieben Diebe); Al Capone (Al Capone). 1960: The Mark (Gebrandmarkt) [GB]. 1960–63: Route 66: Welcome to the Wedding [TV]. 1960/61: An einem Freitag um halb zwölf/Vendredi 13 heures/Il mondo nella mia tasca [BRD/FR/IT]. 1961: The Longest Day (Der längste Tag). 1962: 13 West Street (Der Tiger ist unter uns); Convicts Four/Reprieve. 1963: Le mani sulla città (Hände über der Stadt) [IT]. 1964: Gli indifferenti/Désirs pervers (Die Gleichgültigen) [IT/FR]. 1965: The Pawnbroker (Der Pfandleiher); The Loved One (Tod in Hollywood); Doctor Zhivago (Doktor Schiwago); ... e venne un uomo/And There Came a Man (Und es kam ein Mensch – Auf den Spuren von Johannes XXIII.) [IT/GB]. 1967: In the Heat of the Night (In der Hitze der Nacht); Movie Maker [TV]; La ragazza e il generale/La fille et le général (Das Mädchen und der General) [IT/FR]. 1968: No Way to Treat a Lady (Bizarre Morde); The Sergeant (Der Sergeant). 1968/69: Three Into Two Won't Go (2 durch 3 geht nicht) [GB]. 1969: The Illustrated Man (Der Tätowierte). 1970: Waterloo/Vaterloo (Waterloo) [IT/SU]. 1971: Happy Birthday Wanda June; Giù la testa (Todesmelodie) [IT]. 1972: Gli eroi/Les enfants de chœur/Los héroes millionarios (Die Helden von Afrika) [IT/FR/ES]. 1972/73: Lucky Luciano (Lucky Luciano) [IT/FR]. 1973: Lolly-Madonna XXX. 1973/74: Mussolini ultimo atto (Mussolini – die letzten Tage) [IT]. 1974/75: Les innocents aux mains sales/Gli innocenti dalle mani sporche/Die Unschuldigen mit den schmutzigen Händen [FR/IT/BRD]. 1975: Hennessy (Ein Mann namens Hennessy) [GB]. 1976: W.C. Fields and Me. 1977: Portrait of a Hitman (Blutzoll/Ein Killer für alle Fälle); Gesù di Nazareth/Jesus of Nazareth (Jesus von Nazareth) [TV – IT/GB]. 1977/78: F.I.S.T. (F.I.S.T. – Ein Mann geht seinen Weg). 1978: Breakthrough; Love and Bullets (Ein Mann räumt auf); Wolf Lake (Amok-Jagd). 1979: Steiner – Das Eiserne Kreuz 2. Teil [BRD]; Jack London's Klondike Fever (Klondike-Fieber) [CA]; The Amityville Horror (Amityville-Horror). 1980: Lucky Star (Lucky Star) [CA]. 1981: Omar Mukhtar/Lion of the Desert (Omar Mukhtar – Löwe der Wüste) [LY/GB]; The Chosen (Die Erwählten); Cattle Annie and Little Britches (Zwei Mädchen und die Doolin-Bande). 1982: Der Zauberberg/La montagne magique/La montagna incantata [KINO + TV – BRD/FR/IT]. 1983: Cook and Peary: The Race to the North Pole (Mission Nordpol) [TV]. 1984: The Glory Boys (Handlanger des Todes) [TV – GB]; The Naked Face (Das nackte Gesicht). 1985: Hollywood Wives (Hollywood – intim und indiskret) [TV]. 1986: The Kindred (Anthony); Sword of Gideon (Gesetz des Terrors); The Last Contract. 1987: American Gothic (Dark Paradise) [GB]; Feel the Heat/Catch the Heat (Fire Game). 1988: Passion and Paradise (Mord im Paradies) [TV]; Desperado: Avalanche at Devil's Ridge (Desperado 3 – Ritt in die Hölle) [TV]. 1989: Tennessee Nights (Minnie); Black Water; The January Man (Im Zeichen der Jungfrau); Man of Respect (Mann mit Ehre); That Summer of White Roses (Der Sommer der weißen Rose) [GB/YU]. 1990: Exiles; The Ballad of the Sad Café (Die Ballade vom traurigen Café). 1991: Prisoner (Prisoners); In the Line of Duty: Manhunt in the Dakotas [TV]; Due vite, un destino (The Outsider) [TV – IT]; Midnight Murders. 1992: Sinatra II (Frank Sinatra – Der Weg an die Spitze II) [TV]; The Player (The Player); Guilty As Charged (Prisoners) [TV]. 1993: The Neighbor (Mary's Nachbar) [CA]; Tales of the City [TV – GB/US]. 1994: The Specialist (Der Spezialist); The Last Tattoo (Taking Liberties) [NZ]. 1995: Dalva (Dalva); In Pursuit of Honor (Blutiger Befehl); Tom Clancy's «OP Center» [TV]; Livers Ain't Cheap; Out There; Choices of the Heart: The Margaret Sanger Story [TV]; The Bomber Boys/Captain Nuke and the Bomber Boys (The Bomber Boys); Columbo: Strange Bedfellows [TV]; The Glory Boys. 1996: That Summer of the White Roses; Mars Attacks!; Carpool. 1997: Shiloh; Truth or Consequences, N.M.; Incognito.

Steiner, Sigfrit

(Siegfried Albert Steiner)

* 31. 10. 1906 Basel

†21. 3. 1988 München

Aufgewachsen in St. Gallen, Kantonschule bis zum Abitur. Studium der Innenarchitektur, Arbeit als Journalist. 1927 Studio des Théâtre de l'Atelier in Paris, dann Schauspielschule des Deutschen Theaters Berlin. Statist im Ufa-Atelier Neubabelsberg. 1928 Theater in Gera, 1930/31 Deutsches Theater Berlin, dann wieder Gera. Nach der Machtergreifung Hitlers zurück nach St. Gallen, Leitung einer Strickerei. 1935 Stadttheater Luzern, 1937 Stadttheater Bern, dort auch Regie. Professur am Bühnenstudio Zürich. 1939–57 Schauspielhaus Zürich. Filmdebüt 1938 als Leutnant im wehrbereiten *Füsilier Wipf* (Hermann Haller, Leopold Lindtberg). Danach u. a. in Lindtbergs, Edmund Heubergers und Max Hauflers wichtigsten Schweizerfilmen. 1941 auch Regisseur und Co-Autor von *Der doppelte Matthias und seine Töchter*. 1942 Inszenierung des Dialektfilms *Steibruch*, u. a. mit Heinrich Gretler, Max Haufler und der jungen Maria Schell. Sonst in den 40er Jahren u. a. Nebenrollen wie als Militärarzt in Lindtbergs Welterfolg *Die letzte Chance,* in Fred Zinnemanns *Die Gezeichneten* und in Gustav Ucickys *Nach dem Sturm.* In den 50er Jahren wiederholt in Filmen von Lindtbergs bisherigem Assistenten Kurt Früh. 1955/56 Co-Regisseur der schwyzerischen Version der Produktion *S'Waisechind vo Engelberg.* 1957 Theater in Frankfurt, 1959 in München, 1972–74 Burgtheater Wien. In der BRD oft in Film und Fernsehen. 1964 Goldenes Filmband für die Nebenrolle in Franz Peter Wirths *Ein Mann im schönsten Alter.* 1976 später Karriere-Höhepunkt mit der Titelrolle in Kurt Gloors *Die plötzliche Einsamkeit des Konrad Steiner.* 1981 Goldenes Filmband für den knorrigen Einödbauern in Jörg Grasers bayerischer Bauernballade *Der Mond ist nur a nackerte Kugel.*

[BRD] 1938: Füsilier Wipf. Aus der schweizerischen Grenzbesetzung 1914 bis 1918 [CH]. 1938/39: Derrière la façade [FR]. 1939: Wachtmeister Studer (Kriminalkommissar Studer) [CH]. 1940: Dilemma (Ist Dr. Ferrat schuldig?) [CH]. 1940/41: Das Menschlein Matthias [CH]. 1941: Bider der Flieger [CH]; Der doppelte Matthias und seine Töchter (Das Fünfmäderlhaus) [D, R,CoA – CH]. 1941/42: Menschen, die vorüberziehen/Gens qui passent [CH]. 1942: Steibruch (Gottesmühlen/Stimme des Blutes) [R,CoA – CH]; Matura-Reise (Das Leben beginnt) [R,CoA – CH]. 1943–45: Die letzte Chance [CH]. 1944: Der Kondukteur und sein Publikum [R – KF – CH]. 1946: Siedlungen der Industrie [R – KF – CH]. 1946/47: Matto regiert (§ 51 – Seelenarzt Dr. Laduner) [CH]. 1947/48: Die Gezeichneten/The Search [CH/US]. 1948: Nach dem Sturm (Nach dem Sturm. Opfer aus Liebe) [CH/AT/LI]; Familie M [CoR – KF – CH]. 1949: Demokratie in Gefahr [KF – CH]. 1951/52: Palace Hotel (Palast Hotel) [CH]. 1952/53: Unser Dorf/The Village (Sie fanden eine Heimat/Kinder in Gottes Hand) [CH/GB]. 1954: Der Prozess der Zwanzigtausend [CH]; Landarzt Dr. Hilfiker heiratet [KF – CH]. 1955: Polizischt Wäckerli (Leben und leben lassen) [CH]; Uli der Pächter (... und ewig ruft die Heimat) [CH]. 1955/56: S'Waisechind vo Engelberg/Bonjour jeunesse (Heidemarie) [CoR – CH/FR]. 1956: Oberstadtgass (In allen Gassen wohnt das Glück) [CH]. 1957: Taxichauffeur Bänz [CH]; Der Richter und sein Henker [TV – BRD/CH]. 1958: Es geschah am hellichten Tag/El cebo [CH/BRD/ES]; César [TV]; Schinderhannes; Du gehörst mir. 1959: Nachtasyl [TV]. 1960: Ein Fingerhut voll Mut [TV]; Der Teufel hat gut lachen (3 schräge Vögel/Eine Nacht in Campione) [CH]. 1960/61: Anne Bäbi Jowäger. 2. Jakobli und Meyeli [CH]; Die Falle [TV]. 1961/62: Verräterische Spuren [TV]. 1962: Der Rosenstock [TV]; Dreht euch nicht um! [TV]; Der kleine Lord [TV]. 1963: Ödipus [TV]; Ein Mann im schönsten Alter. 1964: Actis [TV]; Die Teepuppe [TV]; Die erste Legion [TV]; Lydia muß sterben [TV]; Sie werden sterben, Sire [TV]. 1965: Des Meeres und der Liebe Wellen [TV]; Mutter Courage und ihre Kinder [TV]. 1966: Der Ritter vom Mirakel [TV]; Betty Blue [TV]; Der Fall Jeanne d'Arc [TV]; Bethanien [TV]; Ohne festen Wohnsitz [TV]; Polizischt Wäckerli in Gefahr [R,CoA – CH]. 1967: Der Blinde [TV]; Asche und Glut [TV]; Ein Schweigen am Himmel [TV]. 1968: Das Mißverständliche im Leben des Herrn Knöbel [TV]. 1969: Adrienne Mésurat [TV]; Sturm im Wasserglas [TV]; Der Tanz des Sergeanten Musgrave [TV]; Der Nagel [TV]. 1969/70: Der Mann am Strick [TV]. 1970: Claus Graf Stauffenberg [TV]; General Oster – Verräter oder Patriot [TV]; Vor Sonnenuntergang [TV]; Hetzjagd [TV – CH]; Prometheus aus der Seitengasse [TV]; Preußen über alles – Bismarcks deutsche Einigung [TV]. 1970/71: Elsa Brandström [TV]. 1971: Der Befund [TV – CH]; Vertrauensbruch [TV – CH]; Klassenkampf [TV – CH]; Iwanow [TV]; Gute Abig, Signor Steiger [TV – CH]. 1971/72: Im Namen der Freiheit [TV]. 1972: Novellen aus dem wilden Westen. 7. Der Wert eines Dollars [TVS]; Tanz auf dem Regenbogen [TVS – CH/BRD]; Frohe Ostern [TV]; Fegefeuer in Ingolstadt [TV – CH]; Der 21. Juli [TV]. 1972/73: Der Kommissar: Schwarzes Dreieck [TV]. 1973: Der rote Schal [TV]; Der Fußgänger [BRD/CH]; Fünf Frauen [TV – CH]. 1973/74: Selbstbildnis Béatrice S. [TV]. 1974: Fluchtgefahr [CH]. 1976: Insel der Rosen [TV]; Die plötzliche Einsamkeit des Konrad Steiner [CH]; Die Magd [TV – CH]. 1976/77: Woher wir kommen [TVS]; Krock & Co [TV – CH/BRD]; Heinrich. 1977: Laub voll Trauer [TV]; Eden End [TV]; Waldrausch; Liebesgeschichten: Eine Jugendliebe [TV]; Liebesgeschichten: Schulzeit [TV]; Liebesgeschichten: Stark wie der Tod [TV]; Die Eisernen [TV]. 1978: Brot und Steine [CH]; Die Macht der Finsternis [TV]; Der Weg nach Tournon [AT/FR/CH/BRD]; Geschlossene Gesellschaft [TV – DDR]; Zeit zum Aufstehen [TV]; Als Hitler das rosa Kaninchen stahl [TV]; Wunnigel [TV – BRD/AT]; Brass Target (Verstecktes Ziel) [US]; Nathan der Weise [TV]; Der Galgensteiger [TV – CH]. 1978/79: Buddenbrooks [TV – BRD/PL/AT]. 1979: Hausgäste [KF]; Mirko und Franka [TV – AT]; Le comte de Monte Cristo/Der Graf von Monte Christo [TV – FR/BRD]; Das gefrorene Herz [CH]. 1980: Ehe der Hahn kräht [TV]; Kaiserhofstraße 12 [TV]; Kein Platz für Idioten [TV – CH]; Nächtliches Gespräch mit einem verachteten Menschen [TV]; Der Mond ist nur a nackerte Kugel. 1980/81: Don Quichottes Kinder. 1981: Das doppelte Leben [TV – AT/BRD]; Preußische Nacht [TV]; Der Fall Maurizius [TV]; Derrick: Tod eines Italieners [TV]. 1981/82: Die Leidenschaftlichen [TV – BRD/CH]; Imperativ. 1982: Der Alte: Tod am Sonntag [TV]. 1982/83: Wagner (Wagner) [TV – GB/HU/AT]. 1983: Die schwarze Spinne [CH]; Spätholz [TV – CH]; Glut [CH/BRD]; Eine Liebe in Deutschland/Un amour en Allemagne [BRD/FR]; Joseph Süß Oppenheimer [TV]; Der Schatz im Haus [TV]; Der Snob [TV]; Lisa und die Riesen [TV].

1983/84: Blaubart [TV – BRD/CH]. 1984: Derrick: Tödlicher Ausweg [TV]; Die Platzanweiserin [TV]; Steckbriefe [TV]; Wochenendgeschichten: Schwarzer Bube [TV]. 1984/85: Die Schwarzwaldklinik. 3: Der Weltreisende [TVS]. 1985: Die Frau mit den Karfunkelsteinen [TV]. 1986: Sigfrit Steiner. Porträt eines Schauspielers; Unser Haus reicht nur für drei [TV]; Der Alte: Das Attentat [TV]; Fatherland/Vaterland [TV – GB/BRD]; Duet for One [US]. 1987: Am Abend aller Tage [KF]. 1988: Das Königsstechen [TV]; Wenn ich die Antwort wüßte... [TV]. 1987–89: La nuit de l'eclusier/Die Nacht des Schleusenwärters [CH/DE/FR].

Steinrück, Albert
*20. 5. 1872 Wetterburg (Waldeck)
†11. 2. 1929 Berlin
Mit 18 Jahren kurz an der Kunstakademie Düsseldorf, Beschränkung auf Freizeitmalerei. Ohne Schauspielausbildung Anfang der 90er Jahre Theater in Mühlhausen, anschließend 4 Jahre Lobe-Theater Breslau, dann Hannover, ab 1901 in Berlin am Schillertheater und anderen Bühnen, 1906 Deutsches Theater und Aufstieg zum gefeierten Reinhardt-Schauspieler. 1908–20 Hof- und Nationaltheater München, dort auch Regie, zuletzt Intendant. Dann erneut in Berlin, u. a. Staatliches Schauspielhaus, Deutsches Theater und Piscator-Bühne. Filmdebüt vermutlich 1910 in *Edelmut eines Japaners,* erste nachgewiesene Rolle 1917 in *Bruder Felix,* seit 1919 kontinuierliche Filmarbeit, so als verkommener Stiefvater neben Rosa Valetti in Reinhold Schünzels «Sittenfilm» *Das Mädchen aus der Ackerstraße.* Aufstieg zum vielbeschäftigten Leinwandschauspieler besonders mit Darstellungen harter bis brutaler Männlichkeit. 1920 als magiekundiger Rabbi Loew in *Der Golem, wie er in die Welt kam* (Paul Wegener, Carl Boese). In zahlreichen Filmen als «Schicksalsbesessener», u. a. in Ludwig Bergers *Der Richter von Zalamea,* E.A. Duponts *Die Geier-Wally,* G.W. Pabsts *Der Schatz,* Richard Oswalds *Lützows wilde verwegene Jagd* und Kurt Bernhardts *Schinderhannes.* Überwältigender Erfolg in nationalistischen Kreisen 1920/21 als harter Preußenkönig Friedrich I. in Arzen von Cserépys zweiteiligem *Fridericus Rex.* Letzte Filmrolle 1928/29 in Joe Mays *Asphalt* als paragraphentreuer Hauptwachtmeister, der den eigenen Sohn verhaftet. Bei einer Gedenkvorstellung aus Anlaß von Steinrücks Tod, an der sich die Berliner Theater-Prominenz beteiligt, werden Gemälde von ihm ausgestellt.

[DE] 1910?: Edelmut eines Japaners. 1917: Bruder Felix. 1919: Die sterbende Salome. 1919/20: Das Milliardentestament. 1920: Das Mädchen aus der Ackerstraße. 1. Teil; Madame Recamier; Katharina die Große; Berlin W; Das Mädchen aus der Ackerstraße. 2. Teil; Der Golem, wie er in die Welt kam; Der Richter von Zalamea; Schieber; Der Raub der Mumie; Die Schuld der Lavinia Morland; Die geschlossene Kette; Exzellenz Unterrock. 1920/21: Der Streik der Diebe; Brennendes Land; Der Leidensweg der Inge Krafft; Fridericus Rex.1. Sturm und Drang/2. Vater und Sohn. 1921: Schattenpflanzen der Großstadt; Das Mädchen, das wartet; Das Blut; Der Sträfling von Cayenne; Das Haus in der Weichselgasse; Das Geheimnis der Santa Margherita; Die Nacht ohne Morgen; Das Gewissen der Welt. 1. Das tote Hotel; Die Geier-Wally; Der Eisenbahnkönig. 1. Mensch und Mammon/2. Lauernder Tod; Sappho; Die Geschichte des grauen Hauses. 2. Ep: Der Mord aus Verworfenheit [EP]; Perlen bedeuten Tränen. 1921/22: Der Todesreigen; Scheine des Todes [Verboten]. 1922: Macbeth; Die Küsse der Ira Toscari; Die Flucht in die Ehe; Monna Vanna. 1922/23: Der Schatz; Friedrich Schiller. 1923: Kavaliere; Der Wetterwart; Der rote Reiter; Die Madonna am Portal; Der Kaufmann von Venedig.1923/24: Helena. 1. Der Raub der Helena/2. Der Untergang Trojas; Das Haus am Meer. 1924: Sklaven der Liebe; Die Tragödie der Entehrten; Die Schuld; Mädchen, die man nicht heiratet; Arabella. Der Roman eines Pferdes; Dekameron-Nächte/Decameron Nights [DE/GB]; Das goldene Kalb; Hedda Gabler. 1924/25: Reveille, das große Wecken. 1925: Der tanzende Tod; Die vom Niederrhein. 2 Teile; Götz von Berlichingen zubenannt mit der eisernen Hand; Der erste Stand. Der Großkapitalist. 2 Teile; Das Haus der Lüge/Arme, kleine Hedwig. 1925/26: Die drei Kuckucksuhren. 1926: Die elf Schillschen Offiziere; Zopf und Schwert; Überflüssige Menschen; Brennende Grenze; Die Sporck'schen Jäger; Liebeshandel; Mitgiftjäger. 1926/27: Das Mädchen aus der Fremde; Lützows wilde verwegene Jagd; Kinderseelen klagen euch an. 1927: Einer gegen Alle; Venus im Frack; Am Rande der Welt; Regine, die Tragödie einer Frau; Die Vorbestraften; Das Frauenhaus von Rio/Plüsch und Plümowski; Leichte Kavallerie; § 182 Minderjährig; Die Sandgräfin. 1927/28: Majestät schneidet Bubiköpfe/Hans kunglig höghet shinglar [DE/SE]; Schinderhannes; Herbstzeit am Rhein. 1928: Das letzte Fort; Der Zarewitsch; Die von der Scholle sind; Der rote Kreis/The Crimson Circle. 1928/29: Fräulein Else; Asphalt. Der Polizeiwachtmeister und die Brillantenelse.

Stewart, James
(James Maitland Stewart)
*20. 5. 1908 Indiana (Pennsylvania)
†2. 7. 1997 Beverly Hills (California)
Erste Bühnenauftritte bei den Pfadfindern. Architekturstudium an der Princeton Universi-

ty, New Jersey. 1932 Mitglied bei Joshua Logan's University Players in West Falmouth, Massachusetts. Mit diesem Ensemble 1935 Broadway-Debüt in «Carrie Nation». Im selben Jahr Filmdebüt und Vertrag von M-G-M. Erster Erfolg neben Eleanor Powell in Roy Del Ruths Musical *Born To Dance*. 1938 besetzt Frank Capra den langen Schlaksigen mit dem ländlichen Akzent erstmals in einer seiner populistischen Komödien: *You Can't Take It With You*; Oscar-Nominierung und Darsteller-Preis der New York Film Critics für die Titelrolle des Politikers aus der Provinz in Capras *Mister Smith Goes to Washington* (1939). Überzeugend auch als waffenscheuer Sheriff in George Marshalls Western-Komödie *Destry Rides Again* und als vor der Polizei Flüchtender in Van Dykes Screwball-Comedy *It's a Wonderful World*. Stewart wird einer der großen Stars des amerikanischen Kinos. Er verkörpert dabei – auch privat – das konservative, traditionelle Element. Für den schnoddrigen Reporter in George Cukors Gesellschaftskomödie *The Philadelphia Story* (1940) erhält er einen Oscar. 1942–45 im Weltkrieg als Colonel (später Brigade-General) der Air Force. Weitere Oscar-Nominierung für die Rolle des von einem Engel vor dem Selbstmord zurückgehaltenen Mister Bailey in Capras sentimentalem Film *It's a Wonderful Life* (1946), ebenso als lepusculophiler Provinz-Sonderling Elwood Dowd in Henry Kosters *Harvey* (1950, zuvor Erfolg auf der Bühne). In den 50er Jahren häufig in Filmen von Anthony Mann, so im Western *Bend of the River* oder als Bandleader in *The Glenn Miller Story*. Auch weitere Zusammenarbeit mit Alfred Hitchcock: als immobiler Fotograf in *Rear Window*, als verzweifelter Vater in *The Man Who Knew Too Much* und von einer verlorenen Frau besessen in *Vertigo*. Als Verteidiger Paul Biegler in Otto Premingers *Anatomy of a Murder* (1959) wird er noch einmal von den New Yorker Kritikern ausgezeichnet. In den 60ern auch in einigen der letzten klassischen Western von John Ford: als angeblicher Titelheld Ranson Stoddard in *The Man Who Shot Liberty Vance* und als zynischer Sheriff in *Two Rode Together*. Für die Titelrolle des geplagten Familienvaters in Henry Kosters *Mr. Hobbs Takes a Vacation* (1962) erhält er den Darstellerpreis in Berlin. In den 70ern Erfolg am Broadway mit einer Neuaufnahme von «Harvey». Im Fernsehen mit der Komödien-Serie *The Jimmy Stewart Show* (1971) und der dramatischen Serie *Hawkins on Murder* (1973). In den 80er Jahren wird der populäre Star mit Ehrungen überschüttet: 1980 Life Achievement Award des American Film Institute, 1983 des Kennedy Center in Washington, 1985 Spezial-Oscar für das Lebenswerk und Medal of Freedom, der höchste zivile Orden der USA, 1990 von der Film Society des Lincoln Center. 1989 Veröffentlichung von «Jimmy Stewart and His Poems».

[US] 1935: Important News [KF]; Rose Marie (Rose Marie); Next Time We Love; Murder Man (Der elektrische Stuhl). 1935/36: Small Town Girl (Kleinstadtmädel); Wife vs. Secretary (Seine Sekretärin). 1936: The Gorgeous Hussy; Speed; Born to Dance (Zum Tanzen geboren); After the Thin Man (... und so was nennt sich Detektiv). 1937: Seventh Heaven (Im 7. Himmel); The Last Gangster; Navy Blue and Gold (Seekadetten). 1937/38: Vivacious Lady. 1938: Made for Each Other (Ein ideales Paar); Of Human Hearts; You Can't Take It with You (Lebenskünstler); The Shopworn Angel (Engel aus zweiter Hand). 1938/39: The Ice Follies of 1939 (Tanz auf dem Eis). 1939: Mister Smith Goes to Washington (Mr. Smith geht nach Washington); Destry Rides Again (Der große Bluff); It's a Wonderful World (Drunter und drüber); The Shop Around the Corner (Rendezvous nach Ladenschluß). 1940: No Time for Comedy; The Philadelphia Story (Die Nacht vor der Hochzeit); The Mortal Storm (Tödlicher Sturm). 1940/41: Come Live With Me (Komm, bleib bei mir). 1941: Pot o' Gold; Ziegfeld Girl (Mädchen im Rampenlicht). 1942: Fellow Americans [KF]; Winning Your Wings [KF]. 1946: It's a Wonderful Life (Ist das Leben nicht schön?). 1947: Magic Town (Die Modellstadt). 1948: On Our Merry Way/A Miracle Can Happen; You Gotta Stay Happy (Startbahn ins Glück); Rope (Cocktail für eine Leiche); 10,000 Kids and a Cop [DOK]; Call Northside 777 (Kennwort 777). 1949: The Stratton Story; Malaya (Malaya). 1950: The Jackpot (Abenteuer eines Pechvogels); Broken Arrow (Der gebrochene Pfeil); Winchester '73 (Winchester 73); Harvey (Mein Freund Harvey). 1951: No Highway/No Highway in the Sky (Die Reise ins Ungewisse) [GB/US]. 1952: Bend of the River (Meuterei am Schlangenfluß); Carbine Williams (Stärker als Ketten); The Greatest Show on Earth (Die größte Schau der Welt). 1953: The Naked Spur (Nackte Gewalt); The Glenn Miller Story (Die Glenn-Miller-Story); Thunder Bay (Die Todesbucht von Louisiana). 1954: Rear Window (Das Fenster zum Hof); The Far Country (Über den Todespaß). 1955: The Man from Laramie (Der Mann aus Laramie); Strategic Air Command (In geheimer Kommandosache). 1956: The Man Who Knew Too Much (Der Mann, der zuviel wußte). 1957: The Spirit of St. Louis (Lindbergh: Mein Flug über den Ozean); Night Passage (Die Uhr ist abgelaufen). 1958: Bell, Book and Candle (Hilfe! Meine Braut ist übersinnlich); Vertigo (Aus dem Reich der Toten). 1959: The

FBI Story (Geheimagent des FBI); Anatomy of a Murder (Anatomie eines Mordes). 1960: The Mountain Road (Der Kommandant). 1961: Two Rode Together (Zwei ritten zusammen). 1962: The Man Who Shot Liberty Valance (Der Mann, der Liberty Valance erschoß); How the West Was Won (Das war der Wilde Westen) [EP]; Mr. Hobbs Takes a Vacation (Mr.Hobbs macht Ferien). 1963: Take Her, She's Mine (In Liebe eine 1). 1964: Dear Brigitte (Geliebte Brigitte); Cheyenne Autumn (Cheyenne). 1965: The Flight of the Phoenix (Der Flug des Phönix); Shenandoah (Der Mann vom großen Fluß). 1965/66: The Rare Breed (Rancho River). 1967/68: Firecreek (Die fünf Vogelfreien). 1968: Bandolero! (Bandolero!). 1970: The Cheyenne Social Club (Geschossen wird ab Mitternacht). 1971: The American West of John Ford [TV-DOK]; Directed by John Ford [DOK]; Jimmy Stewart Show (Alle meine Lieben) [TVS]; Fools' Parade (Die Gnadenlosen). 1973: Hawkins on Murder (Hawkins) [TVS]. 1976: The Shootist (Der Scharfschütze). 1977: Airport '77 (Verschollen im Bermudadreieck). 1978: The Big Sleep (Tote schlafen besser) [GB]; The Magic of Lassie. 1981: Afurika Monogatari (Der Fremde im Regenwald) [JP]. 1984: Right of Way (Am Ende des Weges) [TV]. 1985–86: North and South (Fackeln im Sturm) [TVS]. 1991: An American Tail: Fievel Goes West [S – ANI]. 1996: Marlene Dietrich: Shadow and Light [TV-DOK].

Štrauch, Maksim

(Maksim Maksimovič Štrauch)
*24. 2. 1900 Moskau
†3. 1. 1974 Moskau

1921–24 Mitwirkung am Ersten Arbeitertheater «Proletkul't». Ab 1932 Engagement am Moskauer Majakovskij-Theater. Štrauchs Wirken im sowjetischen Stummfilm ist eng mit dem Schaffen von Sergej Ejzenštejn verbunden, bei dem er in mehreren Filmen auch als Regieassistent tätig ist. Er debütiert 1925 als Spitzel in *Stačka*. Während seine Stummfilmrollen vom exzentrischen Schauspielstil des Proletkults geprägt sind, wird er im Tonfilm zu einem Schauspieler von großem psychologischem Realismus, so 1950 als MacChild in *Zagovor obrečennych* (Michail Kalatozov). Štrauch wird besonders bekannt als Lenin-Darsteller, von *Čelovek s ruž'em* (1938) bis *Lenin v Pol'še*. (1966), beides unter der Regie von Sergej Jutkevič. Štrauch wird Volkskünstler der UdSSR und Träger mehrerer nationaler Auszeichnungen.

[SU] 1925: Stačka (Streik) [D,RAS]; Bronenosec «Potemkin» (Panzerkreuzer Potemkin) [D,RAS]. 1927: Kafe Fankoni [D,RAS]; Oktjabr' (Oktober) [D,RAS]. 1929: Prividenie, kotoroe ne vozvraščaetsja (Menschenarsenal); Staroe i novoe (Der Kampf um die Erde) [RAS]. 1931: Gosudarstvennyj činovnik. 1932: Dlja vas najdetsja rabota. 1933: Dezertir (Der Deserteur); Doktor Ajbolit. 1934: Četyre vizita Samuelja Vul'fa1935: Živoj bog. 1938: Čelovek s ruž'em (Der Mann mit dem Gewehr). 1939: Vyborgskaja storona (Die Wyborger Seite). 1940: Jakov Sverdlov (Der erste Präsident). 1942: Ego zovut Suche-Bator (Suche Bator). 1943: Dva bojca. 1946: Kljatva (Der Schwur). 1947: Starinnyj vodevil' (Liebe siegt). 1949: Sud česti (Das Ehrengericht). 1950: Padenie Berlina (Der Fall von Berlin); Zagovor obrečennych. 1956: Delo no. 306 (Akte 306); Ubijstvo na ulice Dante. 1957: Leningradskaja Simfonija (Leningrader Sinfonie). 1958: Rasskazy o Lenine (Erzählungen über Lenin). 1966: Lenin v Pol'še (Lenin in Polen).

Streep, Meryl

(Mary Louise Streep)
*22. 6. 1949 Basking Ridge (New Jersey)

Besuch des Vassar College in Poughkeepsie. 1969 New Yorker Bühnendebüt in «The Playboy of Seville». 1975 Yale Drama School. Danach erfolgreich am Broadway und beim Shakespeare Festival im Central Park, u.a. in Williams' «27 Wagons Full of Cotton», «Henry V», «Measure for Measure» (1976), «The Taming of the Shrew» (1978), «Alice in Concert» (1980). 1977 TV-Debüt, auch erste Filmrolle in Fred Zinnemanns *Julia*. Internationale Aufmerksamkeit und Emmy Award für die Rolle einer arischen Deutschen, die ihren jüdischen Mann zu retten versucht, in Marvin Chomskys TV-Serie *Holocaust* (1978). Oscar-Nominierung für die Nebenrolle der Linda in Michael Ciminos Vietnam-Film *The Deer Hunter*. Die ausdrucksstarke und wandlungsfähige Schauspielerin wird zu einer der beliebtesten Charakterdarstellerinnen. Die New Yorkerin spielt in Woody Allens *Manhattan* und bekommt einen Nebenrollen-Oscar in Robert Bentons Scheidungsdrama *Kramer vs. Kramer* (1979) als um ihr Kind kämpfende Mutter. Neben Jeremy Irons in der Doppelrolle der Sarah/Anna in Karel Reiszs viktorianischem Liebesdrama *The French Lieutenant's Woman*. Sie erhält den Oscar für die Titelrolle der seelisch zerrütteten Polin, die Auschwitz überlebt hat, in Alan J. Pakulas *Sophie's Choice* (1981/82). Titelrolle der engagierten Gewerkschafterin in Mike Nichols' *Silkwood*. Sie überzeugt ebenso neben Robert Redford als elegante dänische Baronin Blixen in Sidney Pollacks *Out of Africa* wie als heruntergekommene Stadtstreicherin Helen in Hector Babencos *Ironweed* oder als drogenabhängige Schauspielerin Suzanne Vale in Nichols' Hollywood-Drama *Postcards from the Edge*. Seit Ende der 80er Jahre häufig auch in komischen Rollen, so als extravagante Schriftstellerin in Susan Seidelmans

She-Devil und als egomane Schauspielerin, die nicht altern will, in Robert Zemeckis *Death Becomes Her*. In *The River Wild* stürzt sie sich auf einem Floß in Wildwasser-Abenteuer. Neben Regisseur Clint Eastwood als einsame Farmersfrau im Liebesfilm *The Bridges of Madison County*.

[US] 1977: Secret Service [TV]; The Deadliest Season [TV]; Julia (Julia). 1978: Holocaust (Holocaust) [TVS]; Uncommon Women and Others [TV]; The Deer Hunter (Die durch die Hölle gehen). 1979: Kramer vs. Kramer (Kramer gegen Kramer); Manhattan (Manhattan); The Seduction of Joe Tynan (Die Verführung des Joe Tynan). 1981: The French Lieutenant's Woman (Die Geliebte des französischen Leutnants) [GB]. 1981/82: Sophie's Choice (Sophies Entscheidung). 1982: Still of the Night (In der Stille der Nacht). 1983: Silkwood (Silkwood). 1984: Falling in Love (Der Liebe verfallen); In Our Hands [DOK]. 1985: Plenty (Eine demanzipierte Frau); Out of Africa (Jenseits von Afrika). 1986: Heartburn (Sodbrennen). 1987: Ironweed (Wolfsmilch). 1988: A Cry in the Dark/Evil Angels (Ein Schrei in der Dunkelheit) [AU]. 1989: She-Devil (Die Teufelin). 1990: Postcards from the Edge (Grüße aus Hollywood); Defending Your Life (Rendezvous im Jenseits – Eine himmlische Komödie über das Leben danach). 1992: Death Becomes Her (Der Tod steht ihr gut); Secret Service [TV]. 1993: Das Geisterhaus/The House of Spirits/Åndernes Hus [DE/PT/DK]. 1994: The River Wild (Am wilden Fluß). 1995: The Bridges of Madison County (Die Brücken am Fluß); Before and After (Davor und danach – Nichts ist wie es war). 1996: Marvin's Room (Marvins Töchter). 1996/97: ...First Do No Harm [TV].

Streisand, Barbra

(Barbara Joan Streisand)
*24. 4. 1942 Brooklyn (New York)

Besuch der Erasmus Hall High School. Auftritt in New Yorker Nightclubs. Mehrfach erfolglose Beteiligung an Amateur-Sängerwettbewerben. 1961 Off-Broadway-Debüt in der Revue «Another Evening with Harry Stones». 1963 Kritikerpreis als Musicaldarstellerin des Jahres für ihr Broadway-Debüt in «I Can Get It for You Wholesale» mit ihrem zeitweiligen Ehemann Elliot Gould. 1964 Triumph als Fanny Brice im Musical «Funny Girl». Darauf Erfolge in Bühnen- und TV-Shows und mit Schallplatten. Filmdebüt und Oscar in William Wylers Leinwand-Adaption von *Funny Girl* (1968). Anfangs ist das schauspielerische Multi-Talent nur in Musicalfilmen beschäftigt, später auch in Komödien ohne Musik: als Dolly Levi in Gene Kellys *Hello Dolly*, als Dummchen Doris in Herbert Ross' Beziehungs-Komödie *The Owl and the Pussycat*. Oscar-Nominierung als engagierte Kommunistin Katie Morosky neben Robert Redford in Sidney Pollacks *The Way We Were* (1973). Als Sängerin Esther Hoffman neben Kris Kristofferson in Frank Piersons in die Rock-Szene verlegtem Remake *A Star Is Born* (Oscar für den Song «Evergreen» zusammen mit Paul Williams). 1969 zusammen mit Paul Newman und Sidney Poitier Gründung der First Artists Productions. 1972 eigene Firma Barwood Film. In ihrem Regiedebüt *Yentl* (1983) spielt sie eine junge jüdische Frau, die sich als Mann verkleidet, um den Talmud studieren zu können. Sie produziert Martin Ritts *Nuts* und spielt darin. 1991 Erfolg als Regisseurin, Co-Produzentin und Hauptdarstellerin des Psychiater-Dramas *The Prince of Tides* – mehrere Oscar-Nominierungen, nur nicht für Regie, was ihren Protest wegen Diskriminierung auslöst.

[US] 1965: My Name is Barbara [TV]. 1966: Color Me Barbara [TV]. 1968: Funny Girl (Funny Girl). 1969: Hello, Dolly! (Hello Dolly!). 1970: The Owl and the Pussycat (Die Eule und das Kätzchen); On a Clear Day You Can See Forever (Einst kommt der Tag ...). 1972: What's up, Doc? (Is' was, Doc?); Up the Sandbox (Sandkastenspiele). 1973: The Way We Were (Cherie Bitter). 1974: For Pete's Sake (Um Himmels willen). 1975: Funny Lady (Funny Lady). 1976: A Star Is Born (A Star Is Born). 1979: The Main Event (Was, du willst nicht?). 1980: All Night Long (Jede Nacht zählt). 1983: Yentl (Yentl) [D,R,CoA,P]. 1987: Nuts (Nuts ... Durchgedreht) [D,M,P]. 1990: Listen Up: The Lives of Quincy Jones (Listen Up) [DOK]. 1991: The Prince of Tides (Herr der Gezeiten) [D,R,M,P]. 1994: Serving in Silence: The Margarethe Cammermeyer Story [P – TV]. 1996: The Mirror Has Two Faces [D,R,CoM,P].

Stroheim, Erich von

(Erich Oswald Stroheim)
*22. 9. 1885 Wien
†12. 5. 1957 Schloß Maurepas bei Paris

Sohn eines jüdischen Strohhutfabrikanten. Nach kurzer Militärzeit in Österreich um 1908 Emigration nach New York. Arbeit in verschiedenen Jobs. 1914 als Stuntman beim Film, kurz darauf Schauspieler, Regieassistent und militärischer Berater bei David W. Griffith' Firma Triangle. Aufgrund seiner Herkunft und Physiognomie erhält er während des Weltkriegs vor allem Rollen als brutaler teutonischer Militär, erstmals in Wesley Ruggles' *For France* (1917). Er wird populär als «The Man You Love to Hate». 1919 Regiedebüt mit *Blind Husbands* (auch Szenarist und Szenograf). Es folgen weitere opulente Sittenbilder europäischer Dekadenz: *The Devil's Passkey* und *Foolish Wives*, in denen Stroheim zugleich die Hauptrolle des skrupellosen Verführers spielt. Wegen extremer Budget-Überschreitungen Konflikt mit Universal und 1923 Wechsel zu M-G-M. Dort nur hinter der Kamera (Regie, Buch, Ausstattung) bei *Merry-Go-Round* (durch Rupert Julian ersetzt). Das überlange Meisterwerk *Greed* nach dem naturalistischen Roman «McTeague» von Frank Norris kommt nur radikal gekürzt ins Kino. Auch die eher populäre Operetten-Verfilmung *The Merry Widow* stößt bei Studio und Zensur auf Probleme. Wechsel zu Famous Players-Lasky. In seinem *The Wedding March* spielt Stroheim wieder die Rolle des Verführers, doch der Zweiteiler kommt wieder nur verstümmelt heraus. *Queen Kelly* mit Gloria Swanson in der Hauptrolle wird 1928 nicht beendet. Der Regie-Versuch mit dem Tonfilm *Walking Down Broadway* (1932/33) scheitert ebenso. Stroheim muß sich auf eine Karriere als Schauspieler zurückziehen, daneben hilft er Kollegen als Skript-Doktor. In Rollen wie der des zwielichtigen Zauberkünstlers *The Great Gabbo* (1929) beginnt er zunehmend, sein Image des Fieslings oder seinen Standardauftritt als knalliger Offizier ironisch zu brechen, später auch resignativ zu vermenschlichen. Höhepunkt ist der deutsche Offizier Rauffenstein in Jean Renoirs *La Grande Illusion* (1936/37). Ab Mitte der 30er Jahre arbeitet er zunehmend auch in Frankreich, wo er ab 1946 lebt. Für eine seiner letzten großen Rollen, den zum Kammerdiener und Chauffeur der Ex-Diva (Gloria Swanson) abgestiegenen Stummfilmregisseur in Billy Wilders *Sunset Boulevard* (1950) wird er für einen Nebenrollen-Oscar nominiert.

[US] 1914/15: The Birth of a Nation (Die Geburt einer Nation). 1915: Captain Macklin [?]; The Failure [?]; Ghosts [?]; Old Heidelberg. 1916: His Picture in the Papers [D,RA]; The Flying Torpedo; Macbeth [ASS]; Intolerance (Intoleranz); The Social Secretary [D,RA?]; Less Than the Dust. 1917: Panthea; In Again – Out Again; Blind Man's Luck [Techn. Ltg.]; For France; Draft 258; Reaching for the Moon; Sylvia of the Secret Service; Wild and Woolly [Techn. Ltg.]. 1918: The Unbeliever; Hearts of the World [RA]; The Hun Within. 1919: The Heart of Humanity; Blind Husbands (Du sollst nicht begehren) [D,R,A,B]. 1920: The Devil's Passkey [R,A,B]. 1920/21: Foolish Wives (Törichte Frauen) [D,R,A,CoB]. 1922/23: Merry-Go-Round (Rummelplatz des Lebens) [CoR]. 1923: Soul for Sale; Greed (Gier nach Geld) [R,A,CoB]. 1924/25: The Merry Widow (Die lustige Witwe) [R,CoA,CoB]. 1926/27: The Wedding March (Hochzeitsmarsch) [R,CoA,CoB]. 1927: Tempest [CoA]. 1928/29: Queen Kelly [CoR,A,CoB]. 1929: The Great Gabbo (Der große Gabbo). 1930: Three Faces East. 1931: Friends and Lovers. 1931/32: The Lost Squadron (Die letzten Vier). 1932: As You Desire Me (Wie du mich wünschst). 1932/33: Walking Down Broadway/Hello Sister [CoR,A]. 1934: Fugitive Road (Gefährliche Grenze); Crimson Romance. 1935: Anna Karenina (Anna Karenina) [Techn. Ber.]; The Crime of Doctor Crespi. 1936: Marthe Richard au service de la France [FR]; The Devil Doll (Die Teufelspuppe) [CoA]. 1936/37: La grande illusion (Die große Illusion) [FR]. 1937: L'alibi (Alibi) [FR]; L'affaire Lafarge [FR]; The Emperor's Candlesticks [CoA]; Between Two Women [CoA]; Mademoiselle Docteur [GB]. 1938: Gibraltar (Gibraltar) [FR]; Les disparus de Saint-Agil (Das Geheimnis von Saint-Agil) [FR]; Les pirates du rail [FR]; Ultimatum [FR]. 1938/39: Derrière la façade (Geheimnis im Hinterhaus) [FR]. 1939: Menaces [FR]; Paris – New York [FR]; Rappel immédiat [FR]; Tempête [FR]; La révolte des vivants [FR]; Macao, l'enfer du jeu (Die Spielhölle von Macao) [FR]; Pièges (Der Fallensteller) [FR]. 1939/40: I Was an Adventuress. 1940/41: So Ends Our Night. 1943: The North Star; Five Graves to Cairo (Fünf Gräber bis Cairo). 1943/44: The Lady and the Monster. 1944: Storm Over Lisbon. 1944/45: The Great Flamarion. 1945: Scotland Yard Investigator. 1946: The Mask of Dijon; On ne meurt pas comme ça [FR]; La foire aux chimères (Der blinde Engel) [FR]. 1948: Le signal rouge (Rote Signale) [FR]; La danse de mort/La prigioniera dell'isola [FR/IT]. 1949: Portrait d'un assassin [FR]. 1950: Sunset Boulevard (Boulevard der Dämmerung). 1952: Alraune [BRD]. 1953: L'envers du paradis [FR]; Minuit Quai de Bercy (Der Lohn der Sünde) [FR]; Alerte au Sud/Allarme a Sud (Alarm im Süden) [FR/IT]. 1954/55: Napoléon/Napoleone Bonaparte (Napoleon) [FR/IT]. 1955: L'homme aux cent visages [FR]; La Madonne des sleepings [FR]; Série noire (Gangster von Paris) [FR].

Stuhr, Jerzy

*18. 4. 1947 Krakau

Studium in Krakau: bis 1970 an der Philologischen Fakultät der Jagiellonen-Universität, 1972 Diplom der Theaterhochschule. Engagement am Stary Teatr Krakau, wo er in mehreren Andrzej-Wajda-Inszenierungen spielt: so 1971 in seinem Bühnendebüt als Verchovenskij in der Camus/Dostojevskij-Adaption «Besy», 1974 als Wysocki in der Wyspiański-Inszenierung «Noe listopadowa», 1981 als Hamlet und als Porfirij in «Prestuplenie i nakazanie». 1972 Filmdebüt in Grzegorz Królikiewicz' *Na wylot*. Erster Erfolg 1977 mit der tragischen Darstellung des niederträchtigen kleinen Strebers Danielak in Feliks Falks *Wodzirej*. Ein weiterer Höhepunkt ist 1979 die Titelrolle des engagierten Filmamateurs Flip Mosz in

Krzysztof Kieślowskis *Amator,* für die er den Darstellerpreis des nationalen Spielfilmfestivals in Danzig erhält. Seither zählt Stuhr zu den wichtigsten Schauspielern des von den jungen polnischen Regisseuren bestimmten Kinos der «moralischen Unruhe». Bekannt wird er vor allem auch durch seine komischen Rollen. Als Hauptdarsteller tritt er in mehreren Filmen von Juliusz Machulski auf, u. a. als Maks in dessen Komödie *Seksmisja* (1983) sowie durch die Filme *Kingsajz* (1987) und *Déjà vu* (1989). Interessante Aufgaben erhält Stuhr in Piotr Szulkins apokalyptischen Filmen *O-bi, o-ba, koniec cywilizacji* (1984) und *Ga, ga. Chwała bohaterom* (1985). In Feliks Falks *Bohater roku* nimmt er 1986 die Rolle des Danielak noch einmal auf. 1988 engagiert ihn Krzysztof Kieślowski für *Dekalog X.* Häufig ist Stuhr an der Erarbeitung seiner Dialoge beteiligt. Stuhr ist Rektor der Theaterhochschule Krakau.

[PL] 1971: Na wylot; Milion za Laurę; Trzecia część nocy. 1972: Przyjęcie na 10 osób plus 3 [TV];. 1973: Odejścia, powroty [TV]. 1974: Die Schlüssel [DDR]. 1975: Strach. 1976: Próba ciśnienia [TV]; Spokój (Gefährliche Ruhe) [TV]; Blizna (Die Narbe). 1977: Zezem [TVS]; Wodzirej (Der Conferencier). 1978: Aktorzy prowincjonalni (Provinzschauspieler); Bez znieczulenia (Ohne Betäubung); Seans [TV]. 1979: Łuk Erosa (Erosbogen); Po drodze/Utközben (Zuhause in einem fremden Land) [PL/HU]; Szansa (Die Chance); Amator (Der Filmamateur). 1980: Z biegiem lat, z biegiem dni ... [TVS]; Ćma; Coś wesołego [TV-KF]; Wizja lokalna 1901. 1981: Przypadek (Der Zufall möglicherweise); Wojna światów – Następne stulecie; Da un paese lontano (Giovanni Paolo II)/From a Far Country – Pope John Paul II (Aus einem fernen Land – Papst Johannes Paul II) [IT/GB]. 1982: Matka Królów. 1983: Przeznaczenie (Vorahnung); Wir (Im Sog) [TV]; Seksmisja (Sexmission). 1984: Rok spokojnego słońca/Das Jahr der ruhigen Sonne/The Year of Quiet Sun [PL/BRD/US]; O-bi, o-ba, koniec cywilizacji. 1985: Medium; Ga, ga. Chwała bohaterom. 1986: Bohater roku; Pociąg do Hollywood (Zug nach Hollywood); Ucieczka [TV]. 1987: Łuk Erosa (Erosbogen); Śmierć Johna L.; Kingsajz. 1988: Dekalog X (Dekalog, Zehn) [TV]; Obywatel Piszczyk. 1989: Déjà vu [PL/SU]. 1990: Życie za życie. Maksymilian Kolbe/Leben für Leben [PL/BRD]. 1993: Trzy kolory: Biały/Trois couleurs: Blanche [PL/FR]; Uprowadzenie Agaty (Die Entführung Agatas). 1994: Spis cudzołożnic.

Suhasini

* Parmakudi (Südindien)

Tochter des Schauspielers Charruhasan und Nichte des Tamilenstars Kamalahasan. Im Madras Film Institute Ausbildung zur Filmvorführerin. Als Assistentin von J. Mahendran erhält sie 1980 ihre erste Filmrolle in *Nenjathai Killathey*. Oft spielt sie feministische Rollen, so in *Swati* (1984) und *Lawyer Suhasini* (1987). Sehr bald entwickelt sie sich zu einer reifen Schauspielerpersönlichkeit und spielt vor allem in Malayalam-Filmen, u. a. in *Adaminte Variyellu* (K. G. George, 1983) und *Koodevide?* (Padmarajan, 1983). Suhasini ist mit dem tamilischen Regisseur Mani Rathnam verheiratet.

[IN] 1980: Nenjathai Killathey. 1981: Palaivana Solai; Kudumbam Oru Kadambam; Kotha Jeevithulu. 1982: Manchu Pallaki; Marumagaley Varuga; Lottery Ticket; Gopurangal Saivathillai; Nandri Meendum Varuga; Kalyana Kalam; Azhagiya Kanney; Thottalsudum. 1983: Pudhiya Sangamam; Koodevide?; Thayi Veedu; Oru Indhiya Kanavu; Mukku Pudaka; Benki Alli Aralida Hoovu; Uruvavugal Maralam; Maa Intiki Randi; Maha Maharaju; Veetile Raman Veliyele Krishnan; Shubha Muhurtam; Adaminte Variyellu; Muddula Mogudu. 1984: Challenge; Swati; Mangammagari Manavudu; Unni Vanna Divasam; Ente Upasana; Aksharangal; Bandhana; Intiguttu; Santhanam; Justice Chakravarthy; Gudigantalu Mrogayi; Bava Maradallu; Aparadhi; Adhiko Alladiko; Nirdoshi; Illalu Priyuralu; Thathamme Poocha Poocha; Arorumariyathe. 1985: Katha Ithuvare; Kirathakudu; Kongumudi; Jackie; Brahma Mudi; Mangalya Bandham; Dampatyam; Mazhakkala Megham; Sindhu Bhairavi; Mugguru Mithrulu; Maharaju; Bullet; Shiksha; Sagar; Muddula Manavarralu. 1986: Shrivenella; Patnam Pilla Palletoori; Karpura Deepam; Mr Bharat. 1987: Aradhana; Ezhuthapurangal; Gauthami; Brahma Nayudu; Presidentgari Abbayi; Manadhil Urudhi Vendhum; Manchi Donga; Thene Manushulu; Samsaram Oka Chadarangam; Manivathoorile Ayiram Sivarathrikal; Sadar Krishnama Nayudu; Punya Dampathulu; Lawyer Suhasini. 1988: Suprabhata; Ramudu Bheemudu; Oru Sayahnathinte Swapnam; Oohakachavadam; Marana Mridangam; Chattamtho Chadarangam; Chuttalabbai; Dharmathin Thalaivan; En Bommu Kutti Ammavukku; Bharya Bartulu. 1989: Mamatala Kovela; Bala Gopaludu; En Purushanthan Enakkum Mattumthen. 1990: Muthina Hara. 1993: Radhasarathi.

Šukšin, Vasilij

(Vasilij Makarovič Šukšin)
*25. 7. 1929 Srostki (Altaigebiet)
†2. 10. 1974 Moskau

Nach verschiedenen Tätigkeiten in Kolchosen, als Lehrer und in der Armee wird Vasilij Šukšin Ende der 50er Jahre bekannt als Autor sibirischer Erzählungen. 1954–60 Studium in Moskau an der Filmhochschule VGIK bei Michail Romm. Seinem Filmschauspieler-Debüt 1959 in *Dva Fedora* folgen noch während des Studiums weitere Rollen. Als

Filmregisseur und Autor debütiert er 1964 mit dem international ausgezeichneten Film *Živet takoj paren'*. Weitere wichtige Filme sind 1966 *Vaš syn i brat*, 1970 *Strannye ljudi*, 1972 *Pečkilavočki*. Die Leser der Zeitschrift «Sovetskij ekran» wählen Šukšin für die Verkörperung des ehemaligen Häftlings Egor Prokudin in seiner turbulenten Komödie *Kalina krasnaja* zum besten Schauspieler des Jahres 1974. Als Schauspieler und Regisseur zeichnet Šukšin ungeschminkte Porträts einfacher Menschen und ihres Alltagslebens. Seine Darstellung des Chauffeurs Stepan in *Alenka* (Boris Barnet, 1962), des Kombinatsdirektors Čenych in *U ozera* (Sergej Gerasimov, 1970) und des Fedja in *Prošu slova* (Gleb Panfilov, 1974) bringen frischen Wind in das sowjetische Kino. 1976 wird er für seine Leistung als Soldat Petr Lopachin in Sergej Bondarčuks Šolochov-Verfilmung *Oni sražalis' za Rodinu* (1975) wieder zum besten Schauspieler des Jahres gewählt. Šukšin schreibt auch Drehbücher für andere Regisseure, so 1972 für *Prišel soldat s fronta*, Nikolaj Gubenkos Regiedebüt. 1972 verfilmt Boris Golovnja den Roman «Ljubaviny» von Šukšin unter dem Titel *Konec Ljubavinych*. Šukšins Filme und Bücher sind in den 70er Jahren fruchtbare Impulse für Kino und Theater in der Sowjetunion. Er erhält mehrere nationale Auszeichnungen.

[SU] 1959: Dva Fedora (Die beiden Fjodors); Zolotoj ešelon (Der goldene Zug). 1960: Prostaja istorija. 1962: Alenka; Kogda derev'ja byli bol'šimi (Als die Bäume groß waren); Komandirovka; Miška, Serega i ja. 1963: My, dvoe mužčin. 1964: Živet takoj paren' (Von einem der auszog, die Liebe zu finden) [R,A]. 1965: Kakoe ono more? (Der Junge und das Meer). 1966: Vaš syn i brat (Euer Sohn und Bruder) [R,A]. 1967: Žurnalist; Tri dnja Viktora černyševa; Komissar (Die Kommissarin). 1969: Mužskoj razgovor (Männergespräch). 1970: Kapaszkodj a fellegekbe! (Halt dich an den Wolken fest) [HU/SU]; Strannye ljudi (Seltsame Leute) [R,A]; U ozera (Am See). 1970/72: Osvoboždenie (Befreiung). 1972: Pečkilavočki (Reisebekanntschaften) [R,A]; Prišel soldat s fronta (Ein Soldat kehrt von der Front zurück) [D,A]; Daurija (Dauria – Die Liebe der Kosaken/Dauria – Sibirisches Abenteuer); Konec Ljubavinych (Das Ende der Ljubawins) [CoA]. 1974: Pozovi menja v dal' svetluju (Ruf mich in die lichte Ferne) [D,A – UA: 1978]; Prošu slova (Ich bitte ums Wort) [UA: 1976]; Kalina krasnaja (Kalina Krasnaja – Roter Holunder) [D,R,A]; Esli chočeš' byt' sèastlivym (Wenn du glücklich sein willst). 1974/75: Zemljaki [D,A]; Oni sražalis' za Rodinu (Sie kämpften für die Heimat).

Sutherland, Donald

(Donald McNichol Sutherland)
* 17. 7. 1934 St. John
(New Brunswick/Kanada)

Besuch von Public Schools in Bridgewater, Nova Scotia. Als Teenager Discjockey. Nach Studium an der Ingenieur-Fakultät der University of Toronto 1956 nach London, Besuch der Royal Academy of Dramatic Arts. Mitwirkung bei Sommertheatern. Londoner Bühnendebüt in «The Gimmick», auch TV-Arbeit. Später Theater-Erfolg mit «Two for the Seesaw». 1964 Filmdebüt mit einer Doppelrolle in einem italienischen Horrorfilm. Trotz vielfältiger Tätigkeit in britischen wie amerikanischen Produktionen Popularität erst 1970 als Chirurg Hawkeye Pierce in Robert Altmans antimilitärischer Groteske *M.A.S.H.* Titelrolle des ehemaligen Polizisten in Alan J. Pakulas Thriller *Klute* neben Jane Fonda, in deren Schauspieltruppe er sich auch in verschiedenen Funktionen gegen den Vietnam-Krieg engagiert (Dokumentation: *F.T.A.*). Seither beiderseits des Atlantiks erfolgreich in alltäglichen Gegenwartsstoffen wie Kostümfilmen, mit einer gewissen ironischen Lockerheit verleiht er dramatischen wie komischen, positiven wie negativen Rollen eine menschliche Note. Neben Julie Christie überzeugend als trauernder Vater in Nicholas Roegs okkultem Thriller *Don't Look Now*. Höhepunkte sind der Faschist Attila im Bernardo Bertoluccis Epos *Novecento* und die Titelrolle in Federico Fellinis *Casanova*. In Robert Redfords Regiedebüt *Ordinary People* verkörpert er einen besorgten Familienvater, in Richard Marquands Spionage-Thriller *Eye of the Needle* den Nazi-Agenten Henry Faber. Überzeugend auch als südafrikanischer Lehrer in Euzhan Palcys *A Dry White Season* und als Colonel «X» in Oliver Stones Verschwörungsdrama *J.F.K.* Ende der 70er Jahre Gründung der eigenen Produktionsfirma McNichol Picture. 1981 in New York Bühnen-Erfolg mit «Lolita». Sohn Kiefer Sutherland (* 21. 12. 1966) ist ebenfalls Schauspieler.

[US] 1964: Il castello dei morti vivi (Das Schloß der lebendigen Toten) [IT/FR]; Dr. Terror's House of Horrors (Die Todeskarten des Dr. Schreck) [GB]. 1964/65: Fanatic (Das düstere Haus) [GB]. 1965: The Bedford Incident (Zwischenfall im Atlantik) [GB]; Promise Her Anything (Versprich ihr alles) [GB]. 1967: The Billion Dollar Brain (Das Milliarden-Dollar-Gehirn) [GB]; The Dirty Dozen (Das dreckige Dutzend) [US/GB]; Interlude (Zwischenspiel) [GB]; Oedipus the King (König Ödipus) [GB]; Sebastian (Sebastian) [GB]. 1968: The Split (Bullen, wie lange wollt ihr leben?); Sunshine Patriot [TV]; Joanna (Joanna)

[GB]. 1970: Start the Revolution Without Me (Die französische Revolution findet nicht statt/Macht die Revolution ohne mich); Act of the Heart [CA]; Kelly's Heroes (Stoßtrupp Gold) [US/YU]; M.A.S.H. (M.A.S.H.); Alex in Wonderland (Alex im Wunderland). 1971: Little Murders (Kleine Mörder); Johnny Got His Gun (Johnny zieht in den Krieg); Klute (Klute). 1972: F.T.A.; Steelyard Blues (Schrottplatz Blues). 1973: Alien Thunder (Ferner Donner) [CA]; Lady Ice (Diamantenlady). 1974: S*P*Y*S (S.P.Y.S.); Don't Look Now (Wenn die Gondeln Trauer tragen) [GB]. 1975: The Day of the Locust (Der Tag der Heuschrecke). 1975/76: Der Richter und sein Henker [BRD]. 1976: The Eagle Has Landed (Der Adler ist gelandet) [GB]; Il Casanova di Fellini (Fellinis Casanova) [IT]; Novecento (Atto I e II)/1900 (I + II)/1900. 1. Gewalt, Macht, Leidenschaft. – 1900. 2. Kampf, Liebe, Hoffnung [IT/FR/BRD]. 1977: Blood Relatives/Les liens de sang (Blutsverwandte) [CA/FR]; The Disappearance (Sein letzter Mord) [GB]. 1978: National Lampoon's Animal House (Ich glaub' mich tritt ein Pferd); The First Great Train Robbery (Der erste große Eisenbahnraub); The Kentucky Fried Movie (Kentucky Fried Movie); Invasion of the Body Snatchers (Die Körperfresser kommen). 1979: A Man, a Woman and a Bank (Der Trick mit dem großen Geld) [CA]; Bear Island (Die Bäreninsel in der Hölle der Arktis) [GB/CA]; Murder by Decree (Mord an der Themse) [CA/GB]. 1980: Nothing Personal; Ordinary People (Eine ganz normale Familie). 1981: Gas [CA]; Eye of the Needle (Die Nadel). 1982: Threshold (Herzchirurg Dr. Vrain) [CA]. 1983: Max Dugan Returns (Max Dugans Moneten); The Winter of Our Discontent [TV]. 1984: Bethune [TV]; Catholic Boys (Die Himmelsstürmer); Ordeal by Innocence (Tödlicher Irrtum) [GB]; Crackers (Fünf Gauner machen Bruch/Pechvögel). 1985: Trouble with Spys. 1985/86: Revolution (Revolution) [GB]. 1986: Wolf at the Door (Die Augen des Wolfs) [DK]; Oviri/Le passage du sauvage (Die Augen des Wolfes) [DK/FR]. 1987: Apprentice to Murder (Die Nacht der Dämonen); Rosary Murders (Der Mörder mit dem Rosenkranz). 1988: Bethune: The Making of a Hero (Bethune – Arzt und Held) [TV – CA/CN/FR]. 1989: Lock Up (Lock up – Überleben ist alles); Eminent Domain; The Road Home/Lost Angels (Road Home); A Dry White Season (Die weiße Zeit der Dürre). 1991: Schrei aus Stein [DE]; Busters Bedroom [DE]; Backdraft (Backdraft – Männer die durchs Feuer gehen); Quicksand – No Escape (Am Abgrund); J.F.K. (J.F.K. – John F. Kennedy – Tatort Dallas); Docteur Norman Bethune [FR]. 1992: Homeward Bound: The Incredible Journey (Zurück nach Hause: Die unglaubliche Reise) [S – ANI]; Younger & Younger; Benefit of the Doubt (Im Bann des Zweifels); Buffy, the Vampire Slayer (Buffy – Der Vampirkiller); Agakuk [FR]. 1992/93: Shadow of the Wolf (Der Schatten des Wolfes) [FR/CA]; Total Control [IL]. 1993: The Breakthrough (Experiment des Grauens); 6 Degrees of Separation; Red Hot (Red Hot) [CA]; The Railway Station Man [UK]. 1994: Puppet Masters (The Puppet Masters); Disclosure (Enthüllung); The Oldest Living Confederate Widow Tells All [TV]; The Lifeforce Experiment [TV]. 1994/95: Outbreak (Outbreak – Lautlose Killer). 1995: Hollow Point (Lethal Point); Citizen X (Citizen X) [TV]. 1996: A Time to Kill (Die Jury); Natural Enemy (Hate) [CA]; The Shadow Conspiracy. 1997: Virus; The Assignment; Pre; Fallen.

Swanson, Gloria

(Gloria Josephine May Swensson)
*27. 3. 1899 Chicago (Illinois)
†4. 4. 1983 Manhattan (New York)

Die Offizierstochter besucht zahlreiche Schulen in verschiedenen Städten. Studium am Chicago Art Institute. 1913 Filmvertrag als Komparsin beim Essanay-Studio in Chicago. Mit ihrem ersten Ehemann Wallace Beery 1916 Wechsel zu Mack Sennetts Keystone Company nach Hollywood. Sie spielt in romantischen Komödien mit Bobby Vernon. 1919 Wechsel zu Famous Players-Lasky. Sie wird Star der Paramount in mondänen Gesellschaftskomödien von Cecil B. DeMille, so in *Don't Change Your Husband*, in *Why Change Your Life?* oder in *The Affairs of Anatol*. Als eine der populärsten Hollywood-Diven, zeitweise «Queen of Hollywood», wird sie berühmt für ihre aufwendigen Roben. Häufig auch Zusammenarbeit mit dem Regisseur Sam Wood, so in *The Great Moment* oder in *My American Wife*. Nach den Dreharbeiten in Paris zu Léonce Perrets *Madame Sans-Gêne* (1925) triumphale und werbewirksame Rückkehr mit ihrem dritten Mann, dem Marquis Le Bailly de la Falaise de la Coudraye. 1926 Gründung der Gloria Swanson Productions im Rahmen der United Artists, ihr Finanzier ist Joseph Kennedy. Die erste eigene Produktion ist *The Love of Sunya* (Albert Parker). Trotz Problemen mit dem Hayes-Office wird sie für die Titelrolle der Verführerin in Raoul Walshs *Sadie Thompson* (1928) für den Oscar nominiert, erneut als Marion Donnell in Edmund Gouldings *The Trespasser* (1929). Als Star und Produzentin von *Queen Kelly* gerät sie in Konflikt mit Regisseur Erich von Stroheim, der Film wird nicht fertiggestellt (später als Fragment rekonstruiert). In der Tonfilmepoche nur noch sporadisch Filmarbeit. In den 40er Jahren häufig auf der Bühne: «Reflected Glory», «Let Us Be Gay» und «A Goose for a Gander». 1951 Bühnenerfolg in «Twentieth Century». 1950 engagiert Billy Wilder sie neben Stroheim als vergessenen Stummfilmstar Norma Desmond in *Sunset Boulevard*, sie wird noch einmal für einen Oscar nominiert. In den 60er und 70er Jahren TV-Arbeit. 1971 Erfolg am Broadway in «Butterflies Are Free». Gründerin von Essence of Nature Cosmetics. Auch Malerin und Kostüm-Designerin. 1976 sechste Ehe. 1980 Memoiren «Swanson on Swanson».

[US] 1915: The Ambition of the Baron; At the End of a Perfect Day; Sweedie Goes to College; The Broken Pledge; The Romance of an American Duchess; The Fable of Elvira and Farina and the Meal Ticket; His New Job (Chaplin will zum Film). 1916: A Social Club; Love on Skates; Hearts and Sparks; Haystacks and Steeples; A Dash of Courage; The Danger Girl. 1917: Teddy at the Throttle; The Nick of Time Baby; A Pullman Bride; Dangers of a Bride; Sultan's Wife; Baseball Madness. 1918: Society for Sale/The Honorable Billy; Her Decision; Station Content; You Can't Believe Everything; Everywoman's Husband; Shifting Sands; Secret Code; Wife or Country. 1919: Don't Change Your Husband; For Better, For Worse; Male and Female (Vom Diener zum Herrscher). 1920: Why Change Your Wife?; Something to Think About. 1921: The Great Moment; The Affairs of Anatol (Anatol der Frauenretter); Under the Lash; Don't Tell Everything. 1922: Her Husband's Trademark; Beyond the Rocks (Du sollst nicht begehren deines Nächsten Weib); Her Gilded Cage; The Impossible Mrs Bellew. 1923: My American Wife; Prodigal Daughters (Verlorene Töchter); Bluebeard's Eighth Wife; Zaza (Zaza, das Mädel vom Varieté). 1924: The Humming Bird; A Society Scandal (Ein Gesellschaftsskandal); Manhandled; Her Love Story; Wages of Virtue. 1925: Madame Sans-Gêne; The Coast of Folly; Stage Struck (Theaterfimmel). 1926: The Untamed Lady; Fine Manners. 1927: The Love of Sunya (Sunyas Liebe) [D,P]. 1928: Sadie Thompson (... aber das Fleisch ist schwach) [D,P]; Queen Kelly [D,P]. 1929: The Trespasser. 1930: What a Widow! 1931: Indiscreet; Tonight or Never. 1932: Perfect Understanding [D,P – GB]. 1934: Music in the Air (Liebesreigen). 1941: Father Takes a Wife. 1950: Sunset Boulevard (Boulevard der Dämmerung). 1952: 3 for Bedroom C. 1956: Mio figlio Nerone/Les Week-Ends de Néron (Neros tolle Nächte) [IT/FR]. 1974: Airport 1975 (Giganten am Himmel); The Killer Bees [TV].

Sydow, Max von

(Carl Adolf von Sydow)
* 10. 4. 1929 Lund
Sohn eines bekannten schwedischen Volkskundlers. Studium an der Königlichen Akademie für dramatische Kunst in Stockholm. 1951–53 Städtisches Theater Norrköping-Linköping, 1953–55 in Hälsingborg. 1955–60 Stadsteater Malmö unter Ingmar Bergman, u. a. in dessen Inszenierungen von «Cat on a Hot Tin Roof», «Peer Gynt», «Faust». 1960 Königliches Theater Stockholm. Erster bemerkenswerter Filmauftritt in Alf Sjöbergs Strindberg-Verfilmung *Fröken Julie* (1950). 1957 Beginn der Film-Zusammenarbeit mit Ingmar Bergman: als selbstquälerischer Ritter, der mit dem Tod Schach spielt, im düsteren Historiendrama *Det sjunde inseglet*. Mit dieser Rolle wird von Sydows unverwechselbar kantiges, langgezogenes Gesicht mit dem suchenden Blick international bekannt. Es folgen bis 1970 zehn weitere Rollen in Bergman-Filmen, darunter (als Partner Liv Ullmanns) die des obsessiven, selbstzerstörerischen Ehemanns in *Vargtimmen* (1967). 1965 erstes Hollywood-Engagement als Christus in George Stevens' Monumentalfilm *The Greatest Story Ever Told*. Neben Fortsetzung der Arbeit in Skandinavien tragende Rollen im internationalen Film. Diszipliniert-distanziertes Spiel wechselt mit Rollen von suggestivem Zuschnitt: Mitte der 70er Jahre in Mafia-Klassikern von Francesco Rosi und Sydney Pollacks *Three Days of the Condor* (1974), 1973 Titelrolle in William Friedkins spekulativem Gruselhit *The Exorcist* (auch Teil 2, 1977) und Rolle in John Milius' martialischem *Conan the Barbarian* (1981). Fortsetzung der Zusammenarbeit mit Jan Troell (erstmals 1964), in dessen eindrucksvoll realistischem zweiteiligem Auswandererdrama *Utvandrarna* (1971) und *Nybyggarna* (1972) er durch die historisch-psychologische Exaktheit seiner Darstellung überzeugt. In den 80er und 90er Jahren neben Fernseharbeit und Actionfilm-Dutzendware u. a. wichtige Rollen in Filmen von John Huston, David Lynch, Andrej Konchalovsky, Woody Allen, Sven Nykvist, Wim Wenders und Bille August. Sydow wird vielfach ausgezeichnet: 1987 und 1988 als bester Darsteller in Schweden. 1988 Europäischer Filmpreis Felix für die Darstellung des liebenswerten Papa Lasse in Bille Augusts *Pelle Erobreren*. Für seine Verkörperung des umstrittenen Nobelpreisträgers in Jan Troells TV-Biografie *Hamsun* wird er mit einem Guldbagge ausgezeichnet. 1977 Broadwaydebüt, Ende der 80er Jahre am Old Vic in London in einer Inszenierung von «The Tempest». 1988 Regiedebüt mit der dänisch-schwedischen Kleinstadt-Romanze *Katinka*.

[SE] 1949: Bara en mor (Rya-Rya – Nur eine Mutter). 1950: Fröken Julie (Fräulein Julie). 1953: Ingens mans kvinna (Die Liebenden vom Gullbrandstal). 1955: Rätten att älska (Das Recht zu lieben). 1956: Det sjunde inseglet (Das siebte Siegel). 1957: Nära livet (Nahe dem Leben); Prästen i uddarbo; Smultronstället (Wilde Erbeeren). 1958:

Ansiktet (Das Gesicht); Spion 503. 1959: Jungfrukällan (Die Jungfrauenquelle). 1960: Bröllopsdagen (Hochzeit mit Verzögerung). 1961: Såsom in en spegel (Wie in einem Spiegel). 1962: Älskarinnan (Schlafwagenabteil); Nils Holgerssons underbara resa (Die Abenteuer des Nils Holgersson); Nattvardsgästerna (Licht im Winter). 1964: 4 x 4. 1965: The Greatest Story Ever Told (Die größte Geschichte aller Zeiten) [US]; The Reward. 1966: Hawaii (Hawaii) [US]; Här har du ditt liv (Hier hast du dein Leben); The Quiller Memorandum (Das Quiller Memorandum: Gefahr aus dem Dunkel) [GB]. 1967: Vargtimmen (Die Stunde des Wolfs). 1968: Svarte palmkroner; Skammen (Schande). 1969: Made in Sweden (Made in Sweden); En passion (Passion). 1969/70: The Kremlin Letter (Der Brief an den Kreml) [US]. 1970: The Night Visitor (Der unheimliche Besucher) [US]; Beröringen/The Touch (Die Berührung (The Touch)) [SE/US]. 1971: Äppelkriget (Apfelkrieg); Embassy (Am Tor zur Freiheit liegt der Totenschein) [GB]; I havsbandet [TV]; Utvandrarna (Die Emigranten). 1972: Nybyggarna (Das neue Land). 1973: The Exorcist (Der Exorzist) [US]. 1974: Ägget är löst!; Three Days of the Condor (Die drei Tage des Condors) [US]; Steppenwolf [US]. 1975: Cuore di cane/Warum bellt Herr Bobikow? [IT/BRD]; The Ultimate Warrior (New York antwortet nicht mehr) [US]; Foxtrot/The Far Side of Paradise (Foxtrott) [MX/CH]. 1975/76: Cadaveri eccellenti/Cadavres exquis (Die Macht und ihr Preis) [IT/FR]. 1976: Il deserto dei Tartari/Le désert des Tartares/Die Tatarenwüste [IT/FR/BRD]; Voyage of the Dammed (Reise der Verdammten) [GB]. 1977: Exorcist II: The Heretic (Exorzist II – Der Ketzer) [US]; March or Die (Marschier oder stirb) [GB]; Gran bollito [IT]; A Look at Liv – Norway's Liv Ullmann. Liv Ullmann's Norway [DOK – US]. 1978: Brass Target (Verstecktes Ziel) [US]. 1979: La mort en direct/-Death Watch – Der gekaufte Tod [FR/BRD]; Hurricane (Hurrikan) [US]. 1979/80: Bugie bianche [IT]. 1980: Flash Gordon [GB]; Flash Gordon (Flash Gordon) [GB]; She Dances Alone [US/AT]. 1981: Victory (Flucht oder Sieg?) [US]; Conan the Barbarian (Conan – Der Barbar) [US]. 1982: Ingenjör Andrées luftfärd/Der Flug des Adlers [SE/BRD/NO]. 1982/83: Never Say Never Again (James Bond – Sag niemals nie) [GB]. 1983: Le cercle de passions (Im Bann der Leidenschaft) [FR/IT/ES]; Strange Brew (Zwei Superflaschen räumen auf) [CA]. 1984: Samson and Delilah (Samson und Delilah) [TV – US]; Dune (Der Wüstenplanet) [US]; Target Eagle (Target – Gewalt gegen Gewalt) [ES]; Christopher Columbus/Christoph Columbus [TV – IT/BRD/US]; Der letzte Zivilist [TV – BRD/FR]. 1985: Quo vadis [IT]; Il pentito (Der Denunziant) [IT]; Emerald (Codename: Emerald) [US]; Kojak: The Belarus File (Kojak: Die Akte Belarus) [TV – US]. 1986: Hannah and Her Sisters (Hannah und ihre Schwestern) [US]; Duet for One [US]; The Second Victory (Der zweite Sieg) [GB]; Oviri/Le passage du sauvage (Die Augen des Wolfes) [DK/FR]. 1987: Pelle Erobreren/Pelle Erövraren (Pelle der Eroberer) [DK/SE]. 1988: Katinka (Katinka) [R – SE/DK]; Ved vejen/Vid vägen [R – DK/SE]. 1989: Cellini: A Violet Life. 1989/90: Mio caro dottor Gräsler/Der Badearzt/The Bachelor [IT/DE/GB]. 1990: Oxen; Awakenings (Zeit des Erwachens) [US]; Father; Hiroshima: Out of the Ashes (Brennende Erde) [US]; A Kiss Before Dying (Der Kuß vor dem Tode) [US]; Europa [DK/FR/DE]. 1990/91: Bis ans Ende der Welt/Until the End of the World [DE/FR/AU]. 1991: Den goda viljan/Die besten Absichten [TV – DK/EURO]; The Young Indiana Jones Chronicles (Die Abenteuer des jungen Indiana Jones) [TV – US]. 1992: The Silent Touch/Dotkniecie reki (Der Klang der Stille) [GB/PL/DK]; Morfars Resa [SE/DE/DK]. 1993: The Bachelor [US]; Needful Things (In einer kleinen Stadt) [US]. 1993/94: Radetzkymarsch/La Marche de Radetzky [TV – AT/FR/DE/IT]. 1994/95: Judge Dredd (Judge Dredd) [US]. 1995: Citizen X (Citizen X) [TV – US]; Lumière et Compagnie [EP – FR/ES/SE]. 1996: Jerusalem [SE/DK/NO/FI/IS]; Hamsun [TV – NO/SE/DK/DE]; Enskilda samtal [TV]. 1996/97: Hostile Waters [DE/GB/US].

Szakall, Szöke

(Jenö/Eugen Gerö / S. Z. Sakall)
*2. 2. 1882 Budapest
†12. 2. 1955 Hollywood

Noch während der Schulzeit verfaßt «Yani» Sketche und Liedertexte für das Varieté und benutzt dabei seinen Spitznamen Szöke Szakáll (= Blond-Bart) als Pseudonym. Arbeit als Bankangestellter; im 1. Weltkrieg Soldat in der K.-u.-K.-Armee. Nach dem Krieg Autor, Schauspieler und Komiker an Theatern und Varietés in Budapest. Anfang der 20er Jahre Kabarett in Wien, Mitte der 20er in Berlin am Nelson-Theater, Großen Schauspielhaus und Metropol-Theater. Erfolg als Komiker und Autor von Einaktern; Gastspiele in ganz Europa. Gemeinsam mit dem Komponisten Otto Stranski Eröffnung des «Boulevard-Theater». 1926 Co-Autor der turbulenten Reinhold-Schünzel-Komödie *Hallo Cäsar!*, dann auch als Darsteller auf der Leinwand erfolgreich. Ab 1930 in Unterhaltungsfilmen wie *Zwei Herzen im ¾ Takt* (Geza von Bolvary), als jonglierender Schwiegervater in Joe Mays Tonfilm-Spaß *Ihre Majestät die Liebe*, in *Die Faschingsfee* (Hans Steinhoff) und *Gräfin Mariza* (Richard Oswald). 1933 nach Wien, Auftritte u. a. am Ronacher Theater und an der Staatsoper, Sprecher im Rundfunk. Filmarbeit in Wien und Budapest. 1937 von Friedrich Zelnik für *The Lilac Domino* nach London geholt. 1939 nach Hollywood, dort vereinfacht er seinen Namen zu S. Z. Sakall. Ab 1940 in zahlreichen Filmen, mit gemütlich rundlicher Erscheinung, Doppelkinn, Hängebacken und Akzent vor allem in komischen Nebenrollen, von Jack Warner «Cuddles» getauft. In *Casablan-*

ca unter der Regie seines Landsmanns und alten Freundes Michael Curtiz/Kertesz als liebenswürdiger Oberkellner Carl. In der «Hollywood Canteen» bei der Truppenbetreuung tätig. Ab 1954 gelegentlich im Fernsehen. 1954 erscheinen die Erinnerungen «The Story of Cuddles. My Life Under the Emperor Francis Joseph, Adolf Hitler, and the Warner Brothers».

[DE] 1916: Az ujszhülött apa (Der neugeborene Vater) [HU]; Suszterherceg (Schusterherzog) [KF – HU]. 1917: A dollárnéni (Die Dollartante) [KF – HU]. 1918: Az önkéntes tüzoltó [KF – HU]. 1926: Hallo Caesar! [CoA]; Wenn das Herz der Jugend spricht. 1926/27: Der Himmel auf Erden; Da hält die Welt den Atem an/Maquillage [DE/FR]. 1927: Familientag im Hause Prellstein; Der fidele Bauer. 1928: Mary Lou; Einladung zum Nachtessen [CoA]; Rutschbahn [DE/GB]. 1928/29: Großstadtschmetterling [DE/GB]. 1929: Wer wird denn weinen, wenn man auseinander geht; Die Frau ohne Nerven. 1930: Zwei Herzen im ¾ Takt; Zweimal Hochzeit; Komm' zu mir zum Rendezvous; Susanne macht Ordnung; Der Hampelmann; Ihre Majestät die Liebe; Kopfüber ins Glück [FR/DE]. 1930/31: Die Faschingsfee; Ihr Junge [CS/DE/AT]; Walzerparadies. 1931: Ich heirate meinen Mann [Version – US/FR]; Der Stumme von Portici [KF]; Meine Cousine aus Warschau; Der Zinker [DE/AT]; Die schwebende Jungfrau; Der unbekannte Gast. 1931/32: Ein harmloser Fall [KF]; Mädchen zum Heiraten. 1932: Melodie der Liebe; Ich will nicht [KF]; Besserer Herr gesucht zwecks … [KF]; Ich will nicht wissen, wer Du bist; Gräfin Mariza; Mein Name ist Lampe [KF]; Immer die Motorradfahrer [KF]; Ahoi, Ahoi [KF]; Eine Stadt steht Kopf; Kaiserwalzer/Audienz in Ischl; Glück über Nacht; Muß man sich gleich scheiden lassen?; Streichquartett [D,CoA – KF]. 1932/33: Eingetragener Verein [KF]; Eine Frau wie Du; Jubiläum [KF]; Es war einmal ein Musikus. 1933: Az ellopott szerda [Version – HU]; Großfürstin Alexandra [AT]; Pardon, tévedtem [Version – HU]. Abenteuer am Lido [AT]; Skandal in Budapest [Version]; Mindent a nöért. Ep: A pampák bikája (Der Pampa-Stier) [EP – HU]; Frühlingsstimmen [AT]; Tokajerglut (Der Liebesfotograf) [Version – HU/AT]; Wenn du jung bist, gehört dir die Welt [AT]. 1934: Ende schlecht – alles gut [Version – HU/AT]; Helyet az öregeknek [Version – HU/AT]. 1934/35: Bretter, die die Welt bedeuten [AT]. 1935: Barátságos arcot kérek! (Bitte recht freundlich) [HU]; 4 Musketiere/Három és fél muskétás [AT/HU]; Das Tagebuch der Geliebten [Version – IT/AT]. 1936: Fräulein Lilli (Fräulein Lilly) [AT]; Mircha/Bubi/Der kleine Kavalier [HU/AT]. 1937: The Lilac Domino [GB]. [ab hier US] 1939/40: Florian. 1940: It's a Date; My Love Came Back; Spring Parade. 1940/41: That Night in Rio (Carioca); The Man Who Lost Himself. 1941: The Devil and Miss Jones (Mary und der Millionär); Ball of Fire (Die merkwürdige Zähmung der Gangsterbraut Sugarpuss). 1942: Yankee Doodle Dandy; Broadway; Seven Sweethearts (Sieben junge Herzen); Casablanca (Casablanca). 1942/43: The Human Comedy (… und das Leben geht weiter). 1943: Wintertime; Thank Your Lucky Stars. 1943/44: Shine On Harvest Moon. 1944: Hollywood Canteen (Hollywood-Kantine). 1945: Wonder Man (Der Wundermann/Mein zauberhafter Bruder); Christmas in Connecticut (Weihnachten nach Maß); The Dolly Sisters (Dolly Sisters); San Antonio (San Antonio/Ein Mann der Tat). 1945/46: Cinderella Jones. 1946: Two Guys From Milwaukee; Never Say Goodbye; The Time, the Place and the Girl (Der Himmel voller Geigen). 1947: Cynthia. 1947/48: April Showers. 1948: Romance on the High Seas (Zaubernächte in Rio); Embraceable You; Whiplash. 1949: My Dream is Yours (Mein Traum bist du); Look for the Silver Lining (Der Stern vom Broadway); In the Good Old Summertime (Damals im Sommer); It's a Great Feeling (Ein tolles Gefühl/Judy erobert Hollywood); Oh, You Beautiful Doll! 1949/50: Montana (Montana); The Daughter of Rosie O'Grady. 1950: Tea for Two (Bezaubernde Frau). 1950/51: Sugarfoot (Ein Fremder kam nach Arizona); The Lullaby of Broadway (Das Wiegenlied vom Broadway); It's a Big Country. Ep 4: Rosika, the Rose [EP]. 1951: Painting the Clouds with Sunshine. 1953: Small Town Girl. 1954: Ford Theatre: Yours for a Dream [TV]; The Student Prince (Alt-Heidelberg).

Szapołowska, Grażyna

*19. 9. 1953 Bydgoszcz

Nach dem Abitur Bühnendebüt bei Henryk Tomaszewski am Theater Pantomimy in Breslau. Bis 1977 Ausbildung an der Schauspielschule in Warschau. Bereits als Studentin erster Erfolg am Teatr na Woli als Inge in Leon Kruczkowskis «Pierwszy dzień wolności». 1977–84 Engagement am Narodowy Teatr in Warschau. Nach ersten kleinen Rollen bei Fernsehen und Film fast ausschließlich Filmarbeit. Ihr Erfolg im ungarischen Film *Egymásra nézve* (Karoly Makk) verschafft ihr auch international Beachtung. Für Krysztof Kieślowski spielt sie u. a. die Hauptrollen in *Bez końca* (1985) und *Krótki film o miłości* (1988), für letztere erhält sie den Darstellerpreis des Nationalen Spielfilmfestivals in Danzig. Szapołowska verkörpert meist den Typ der schönen Femme fatale, so 1985 in *Medium* (Jacek Koprowicz), in Filip Bajons *Magnat* (1986) und István Szabós *Hanussen* (1988). In der italienischen TV-Serie *Piazza di Spagna* (1991) ist sie eine schöne Gräfin. Neben ihrer Filmarbeit tritt sie seit 1989 als Kabarettistin im «Pod Egidą» auf.

[PL] 1974: Najważniejszy dzień życia (Der wichtigste Tag des Lebens) [TVS]. 1975–77: Czterdziestolatek (Stefek, der Vierzigjährige) [TVS]. 1976/77: Parada oszustów (Parade der Betrüger) [TVS]. 1977: Lalka (Die Puppe) [TVS];

Miris poljskog cveća (Der Geruch wilder Blumen) [YU]; Wielki podryw. 1978: Nyolcvan huszár (80 Husaren) [HU]; Zapach ziemi [PL/YU]. 1979: Hotel klasy lux. 1980: Grzeszny żywot Franciszka Buły (Das sündhafte Leben des Franciszek B.); Przed odlotem. 1981: Wielka majówka; 07 zgłoś się (07 – Bitte melden) [TV]; Najdłuższa wojna nowoczesnej Europy [TVS]. 1982: Wielki Szu (Das Poker-As); Bluszcz (Die Schlingpflanze); Egymásra nézve (Der andere Blick) [HU]. 1983: Lata dwudzieste ... lata trzydzieste ... (Die zwanziger und die dreißiger Jahre); Nadzór (Unter Aufsicht). 1984: W starym dworku, czyli niepodległość trójkątów; Szirmok, virágok, koszorúk (Blüten, Blumen, Kränze) [HU]; Fort XIII; Przyśpieszenie. 1985: Besuch bei van Gogh [DDR]; Bez końza (Ohne Ende); Medium; Przez dotyk [TV]. 1986: Komediantka (Die Komödiantin); Magnat/Der Magnat [PL/BRD]; Biała wizytówka/Die Söhne der Fürsten [TVS – PL/BRD]. 1987: Cudowne dziecko. 1988: Hanussen [BRD/HU/AT]; Tabu; Pervaja vstreča, poslednjaja vstreča [SU]; Dekalog VI (Dekalog, Sechs) [TV]; Krótki film o miłości (Ein kurzer Film über die Liebe); Zagon [SU]; Pomiędzy wilki. 1989: Der Skipper [BRD]; Opowieść o «Dziadach» Adama Mickiewicza. Lawa. 1990: Seszele. 1991: Lebewohl, Fremde [DE]; La condanna (Die Verurteilung) [IT]; Piazza di Spagna [TVS – IT]. 1992: Piękna nieznajoma/Prekrasnaja neznakomka [PL/RU]; Abissinia [TV – IT]. 1994: Trzy kolory: Biały/Trois couleurs: Blanche (Drei Farben: Weiß) [PL/FR].

Szykulska, Ewa

* 11. 9. 1949 Warschau

1972 Diplom der Theaterhochschule Warschau. Bereits während des Studiums seit 1966 zahlreiche Aufgaben bei Film und Fernsehen. Erste bedeutende Rolle 1968 in István Gaáls *Keresztelő*. Danach Rollen in Filmen aller Genres. Ab 1973 Engagement am Studio-Theater Warschau. Seit Beginn ihrer Laufbahn Filmverpflichtungen in verschiedenen Ostblock-Ländern, u. a. in Ungarn, der DDR und besonders in der Sowjetunion, wo sie 1978 in Ilja Averbachs Lenfilm-Produktion *Objasnenie v ljubvi* zum Erfolg des Films beiträgt. In den 80er Jahren vor allem Fernseharbeit.

[PL] 1966: Tandem [TV]; Duet [KF]. 1967: Ojciec [TV]. 1968: Człowiek z M-3 (Der Mann mit der 2-Zimmerwohnung). 1969: Jak zdobyć pieniądze, kobietę i sławę [TV]; Gra; W każdą pogodę [TV]. 1970: Draka [TV]; Signale – ein Weltraumabenteuer/Sygnały MMXX [DDR/PL]; Hydrogzagadka [TV]. 1971: Gonitwa [TV]; Motodrama; Samochodzik i Templariusze (Das Miniauto und die Tempelherren) [TVS]. 1972: Fortuna (Fortuna oder Liegt das große Geld auf der Straße?) [TV]; Skorpion, Panna i Łucznik; Dziewczyny do wzięcia [TV]. 1972/73: Aber Vati! (1. Vati will nicht heiraten. – 2. Vati will heiraten. – 3. Vati hat geheiratet) [TV – DDR]. 1973: Janosik (Janosik, Held der Berge); Pies [TV]. 1974: Głowy pełne gwiazd; Potop (Sintflut); Ile jest życia (Wieviel ist das Leben wert?) [TVS]; Padalce (Bloß keinen Streit vermeiden) [TV]. 1975: Zvezda plenitel'nogo sčast'ja (Traum vom fernen Glück) [SU]. 1976: Zielone, minione (Hasard) [TV]. 1977: Wakacje [TVS]. 1978: 07 zgłoś się (07 – Bitte melden) [TVS]; Objasnenie v ljubvi (Eine Liebeserklärung) [SU]; Rodzina Połanieckich (Familie Polaniecki) [TVS]. 1979: Ród Gąsieniców [TVS]; Kariera Nikodema Dyzmy (Die seltsame Karriere des Nikodemus D.) [TVS]; Gazda z Diabelnej (In den Wäldern von Diabelna) [TVS]. 1980: Don Juan, Karl-Liebknecht-Str. 78 [DDR]. 1981: Okolice spokojnego morza; Jan Serce [TVS]; On, ona, oni; Vabank (Alles auf eine Karte); 26 dnej iz žizni Dostoevskogo (26 Tage aus dem Leben Dostojewskis) [SU]; Ślepy bokser [TV]. 1982: 24 časa dâžd (24 Stunden Regen) [BG]. 1983: Seksmisja (Sexmission); Nadzór (Unter Aufsicht); Kamienne tablice. 1984: Vabank II, czyli Riposta (Die Retourkutsche); Kim jest ten człowiek (Wer ist der Mann?); Dom św. Kazimierza. 1985: Epizod Berlin West; W cieniu nienawiści [TV]; Medium; Zaproszenie (Die Einladung). 1986: Magma: Janina B. czyli, rewanż [TVS]; Pogrzeb lwa [TV]; Klatka [TV]. 1987: Kolory kochania; Pięć kobiet na tle morza [PL/BG]; Pantarej; Ballada o Januszku [TVS]. 1988: Warszawskie gołębie [TV]. 1989: Zmowa.

T

Tabakov, Oleg
(Oleg Pavlovič Tabakov)
* 17. 8. 1935 Saratov

Bis 1957 Ausbildung in Moskau an der Schauspielschule des Künstlertheaters, anschließend Engagement am Sovremennik-Theater, das er ab 1971 zusammen mit Galina Volčok leitet. Ab 1983 spielt er am Moskauer Künstlertheater. Er profiliert sich als ausdrucksstarker Charakterdarsteller. Filmdebüt 1957 als Saša Komelev in *Saša vstupaet v žizn'* (Michail Švejcer). Es folgen u. a. 1960 der Viktor in *Ljudi na mostu* (Aleksandr Zarchi) sowie 1961 die kleine, aber eindrucksvolle Rolle des Sergej in *Čistoe nebo* (Grigorij Čuchraj). International bekannt macht ihn 1970 die Rolle des revolutionären Künstler Iskremas in *Gori, gori, moja zvezda* (Aleksandr Mitta). 1972 spielt er in dem DDR-TV-Film *Ballade von der Geige* (Ingrid Sander) den Saschka. Rollen mit komischem Einschlag gestaltet er bei Nikita Michalkov als Ščerbuk in *Neokonèennaja p'esa dlja mechaničeskogo pianino* (1977) und als Oblomov in *Neskol'ko dnej iz Lžzni I. I. Oblomova* (1980). Tabakov erhält den Staatspreis der UdSSR und ist Volkskünstler der RSFSR. Sein Sohn Anton Tabakov ist ebenfalls Schauspieler.

[SU/RU] 1957: Saša vstupaet vžizn'. 1958: Delo «Pestrych». 1959: Nakanune (Vorabend) [SU/BG]. 1960: Ljudi na mostu; Ispytatel'nyj srok. 1961: Čistoe nebo (Klarer Himmel); Šumnyj den'. 1962: Molodo-zeleno. 1964: Živye i mertvye (Die Lebenden und die Toten). 1966: Doroga k morju; Stroitsja most. 1966/67: Vojna i mir (Krieg und Frieden). 1967: Vystrel (Der Schuß). 1970: Gori, gori, moja zvezda (Leuchte, mein Stern, leuchte); Korol'-Olen'; Obyknovennaja istorija (Eine alltägliche Geschichte) [TV]. 1971: Serdce Rossii (Das Herz Rußlands); Sluèaj s Polyninym (Das Ereignis mit Polinin); Tajna železnojdveri (Das Geheimnis der eisernen Tür). 1972: Ballade von der Geige [TV – DDR]; Mal'èiki; Dostojanie respubliki (Geraubte Schätze). 1972/73: Semnadcat' mgnovenii vesny (Siebzehn Augenblicke des Frühlings) [TV]. 1973:

Dača (Die Datsche). 1975: Kaštanka [TV]; Vol'nyj černogo morja (Es blinkt ein einsam Segel) [TVS]. 1976: Dvenadcati stul'ev (Zwölf Stühle) [TV]; Menjaju sobaku na paravoz; Skaz pro to, kak car' Petr arapa ženil (Wie Zar Peter seinen Mohren verheiratete). 1977: Rozygryš; Neokončennaja p'esa dlja mechaničeskogo pianino (Unvollendetes Stück für ein mechanisches Klavier). 1978: Transsibirskij ekspress (Transsibirien-Expreß); Sovremennaja idillija (Balalaikin und Co.); Birjuk (Isegrim); Krasavec-Mužina (Ein schöner Mann). 1979: Nakanune prem'ery; D'Artagnan i tri mušketera (D'Artagnan und die drei Musketiere) [TV]; Otkrytaja kniga (Das offene Buch) [TV]. 1980: Moskva slezam ne verit (Moskau glaubt den Tränen nicht); Neskol'ko dnej iz žizni I. I. Oblomova (Tage aus dem Leben Ilja Oblomows). 1981: Nezvanyj drug. 1982: Vakansija (Die Vakanz); Pečniki (Ofensetzer); Vse naoborot (Alles verdreht). 1983: Pozelui (Der Kuß) [TV]; Koe-čto iz gubernskoj žizn' (Aus dem Gouvernementsleben) [TV]; Polety vo sne i najavu (Tagträumer). 1984: Vremja i sem'ja Konvej; Čužaja žena i muž pod krovatju (Eine fremde Frau und der Mann unterm Bett) [TV]; Esli možeš, prosti; Ogljanis'. 1985: Gorod nevest; Aplodismenty, aplodismenty (Applaus, Applaus ...). 1986: Posle doždička, v četverg ... (Ein Kuckucksei am Zarenhof); Korabl' prišel'zev (Das Schiff der Außerirdischen). 1987: Čelovek s bul'vara Kapuzinov (Der Mann vom Kapuziner-Boulevard). 1988: Dorogoe udovol'stvie. 1989: Tote Kinder lachen nicht [SU/JP/BRD]; Raz, dva – gore ne beda. 1990: Carskaja ohota; Iskusstvo žit' v Odesse; Ono; Gorodskie podrobnosti [TV]; Šapka. 1991: Čoknutye; El Proiezionista/Bli nij krug [IT/RU]. 1992: Stalin [TV – GB/US]. 1995: Moskovski'e kanikulij; Shirli-Myrli. 1996: Belje djunij. 1997: Tri istorii [RU/UA].

Takakura Ken

(Oda Toshimasa)

*16. 2. 1931 Nakama (Präfektur Fukuoka, Japan)

Während der Oberschulzeit Gründer eines Boxvereins, als Student in Tokio Mitglied eines Aikidô-Clubs. Nach Abschluß des Studiums der Handelswissenschaft 1954 zunächst arbeitslos; durch Zufall lernt er einen Direktor der Toei-Filmgesellschaft kennen, die ihn als Nachwuchsdarsteller verpflichtet. Debüt mit *Denkô Karate-uchi* (Fujio Tsuda). Bis in die erste Hälfte der 60er Jahre Hauptrollen in Karate-, aber auch Detektiv- und Gangsterfilmen. In Unterhaltungsfilmen oft Partner der populären Schauspielerin Hibari Misora. Durch die Darstellung zweier Yakuza-Figuren in *Bôryoku-gai* (Tsuneo Kobayashi) und *Jinsei Gekijô, Hishakaku* (Tadashi Sawashima) empfiehlt er sich als Serienheld für *Nippon Kyôkaku-den* (Masahiro Makino, 11 Teile), *Shôwa Zankyô-den* (Kiosho Saeki, 10 Teile) und *Abashiri Bangaichi* (Tervo Ishi, 18 Teile). Diese Serie, deren Titellieder er auch selbst singt, steigert seine Popularität als Typ eines stoischen Yakuza oder eines Vorbestraften. Das erstere Image nutzt Sydney Pollack, letzteres Yôji Yamada und später Yasuo Furuhata. Die von ihm verkörperten schweigsamen Einzelgänger, die lange gelassen bleiben, um schließlich doch zu explodieren und das Böse zu beseitigen, treffen während der 70er Jahre in der Zeit der damaligen Studentenbewegung auf große Sympathie. In seiner dritten Hollywoodproduktion, *Black Rain* (Ridley Scott), spielt er an der Seite von Michael Douglas als strengem Hüter des Gesetzes überzeugend einen Kriminalbeamten.

[JP] 1956: Denkô Karate uchi; Daigaku no Ishimatsu. 1957: Tajô Busshin. 1958: Tarao Bannai: Jûsan no Maô; Mori to Mizuumi no Matsuri; Hijôsen. 1959: Sempû Kazoku. 1960: Tenka no Kaidanji, Mannen Tarô. 1961: Akuma no Temari-uta; Beranmei-Geisha makaritôru; Hana to Arashi to Gyangu; Ore wa Jigoku no Tejinashi da. 1962: Tôkyô Marunouchi; Sen-Hime to Hideyori; 2,26 Jiken: Dashutsu. 1963: Jinsei Gekijô: Hishakaku; Bôryoku-gai. 1963/65: Miyamoto Musashi. 1964: Ookami to Buta to Ningen; Nippon Kyôkaku-den; Jakoman to Tetsu; Kiga Kaikyô; Tôkyô Gyangu tai Honkon Gyangu. 1965: Abashiri Bangaichi; Shôwa Zankyô-den. 1966: Ippiki Ookami. 1967: Aa Dôki no Sakura. 1968: Gionmatsuri; Jinsei Gekijô: Hishakaku to Kiratsune. 1969: Hibotan-Bakuto: Hanafuda Shôbu. 1970: Too Late the Hero (Zu spät für Helden – Antreten zum Verrecken) [US]. 1971: Nippon Yakuza den: Sôchô e no Michi. 1972: Kantô Hizakura Ikka. 1973: Gorugo 13; Yamaguchi-gumi Sandaime. 1974: Yadonashi; The Yakuza (Yakuza) [US]. 1975: Shinkansen Dai-bakuba (Panik im Tokyo-Express); Kôbe Kokusai Gyangu. 1976: Kimi-yo Fundo no Kawa o watare. 1977: Shiawase no kiiroi Hankachi; Hakkôda-san. 1978: Fuyu no Hana; Yasei no Shômei. 1980: Dôran; Haruka-naru Yama no Yobigoe. 1981: Eki Station. 1982: Kaikyô. 1983: Nankyoku Monogatari; Izakaya Chôji. 1985: Yasha. 1988: Umi e. 1989: Black Rain (Black Rain) [US]; A Un. 1992: Mr. Baseball [US]. 1994: Shijushichinin no Shikaku.

Takamine Hideko

(Hirayama Hideko)

*27. 3. 1924 Hakodate

Als Sechsjährige zufällig von Hôtei Nomura entdeckt, entwikkelt sie sich schnell zum Kinderstar, einem japanischen Pendant zu Shirley Temple. Nach Beendigung der Schule 1937 Vertrag beim Tôhô Studio. Müheloser Rollenwechsel zur Erwachsenen, in den 30er und 40er Jahren Typ des heiteren jungen Mädchens. Herausragend ihre Darstellung der Lehrerin in dem antimilitaristischen Film *Nijûshino Hitomi* (Keisuke Kinoshita), der optimistischen Striptease-Tänzerin im ersten japanischen Farbfilm *Karumen Kokyô ni kaeru* (Kinoshita), und der in eine tragische Liebesbeziehung verstrickten Yukido in *Ukigumo* (Mikio Naruse). Seit den 50er Jahren tritt sie auch als Essayistin hervor. 1955 Heirat mit Keisuke Kinoshitas Regieassistenten Zenzô Matsuyama, der später selber Regisseur und Drehbuchautor wird.

[JP] 1929: Haha. 1930: Dai-Tôkyô no Ikkaku; Reijin. 1931: Ichitarô yai; Bôfûu no Bara; Watashi no Papa-san Mama ga suki; Ai yo Jinrui to Tomo ni are; Tôkyô no Gasshô; Shimai; Reijin no Bishô. 1932: Nezumi-kozô Jirokichi; Nantsu no Umi, Kô-hen, Teisô-hen; Hototogisu; Jônetsu; Edo-gonomi, Ryôgoku-zôshi; Tengoku ni musubu Koi. 1933: Rappa to Musume; Jûku no Haru; Hoho o yosureba; Yotamono to Kyakusenbi; Hatsukoi no Haru. 1934: Nihon-josei no Uta; Tôyô no Hah; Sono Yo no Onna. 1935: L'Amour eternel. 1936: Shindô. 1937: Otto no Teisô; Hanakago no Uta; Hanayome Karuta. 1938: Niji tatsu Oka; Chokoreto to Heitai; Tsuzurikata Kyôshitsu. 1939: Uruwashiki Shûppatsu; Warera ga Kyôkan; Hana-tsumi Nikki; Higuchi Ichiyô; Hoojiro Sensei; Chûshingura. 1940: Hideko no Ooendanchô; Soyokaze to Tomo ni; Saongokû. 1941: Hideko no Shashô-san; Tsurigamesô; Ane no Shussei; Awa no Odoriko; Kinô kieta Otoko; Uma. 1942: Matteita Otoko; Onna Keizu; Minami kara kaetta Hito; Kibô no Seishun. 1943: Ai no Sekai: Yamaneko Tomi no Hanashi; Aben-sensô; Wakaki Hi no Yorokobi. 1944: Sanjaku Sagobei; Yottsu no Kekkon. 1945: Kita no Sannin; Shôri no Hi made. 1946: Yôkina Onna; Aru Yo no Tanosama; Urashima Tarô no Kôei. 1947: Tôhô Senichiya; Ai yo Hoshi to Tomo ni; Kôfukue no Shôtei; Ooedo no Oni. 1948: Good-bye; Sanbyakurokujûgo-ya; Machiko yori-Hana hiraku. 1949: Haru no Tawamure; Ginza Kankan-Musume. 1950: Munekata Shimai; Sasaneyuki; Sasaki Kojirô; Shojo-takara. 1951: Karumen Kokyô ni Kaeru; Waga Ya wa tanoshi. 1952: Karumen Junjôsu; Inazuma; Asa no Hamon. 1953: Gan; Entotsu no mieru Basho. 1954: Kono hiroi Sora no Dokokani; Nijûshi no Hitomi (24 Augen); Onna no Sono. 1955: Tôi Kumo; Ukigumo; Wataridori Itsu kaeru. 1956: Nagareru; Tsuma no Kokoro; Kodome no Me; Shin Heike Monogatari: Yoshinaka o meguru Sannin no Onna. 1957: Worokobi mo Kanashimi mi Ikutoshitsuki; Tûzen no Tomoshibi; Arakure. 1958: Harikomi; Muhô-matsu no Isshô (Der Rikaschamann). 1959: Onna ga Kaidan o Agarutoki (Die Mädchen der Ginza). 1960: Fuefuki-gawa; Musume, Tsuma, Haha; Ningen no Jôken: Kanjetsu-hen (Barfuß durch die Hölle. 3. Teil). 1961: Tsuma-toshite Haha-toshite; Eien no Hito; Na mo naku mazushiku utsukushiku. 1962: Futari de aruita Ikutoshitsuki; Onn no Za; Sanga ari; Burari burabura Monogatari; Hôrô-ki. 1963: Onna no Rekishi. 1964: Hitisubu no Mugi naredo; Midareru. 1965: Rokujô Yukiyama-tsumugi. 1966: Hihinige. 1967: Zoku Na mo naku mazushiku utsukushiku: Chichi to Ko; Hahoka Seishû no Tsuma. 1969: Oni no sumu Yakata. 1973: Kôkotsu no Hito. 1976: Futari no Ida; Suriranka no Ai to Wakare. 1979: Shôdô-satsujin, Musuko-yo.

Tati, Jacques

(Jacques Tatischeff)
* 9. 10. 1907 Le Pecq (Yvelines)
† 5. 11. 1982 Paris

Zunächst als Leistungssportler aktiv (Rugby). Arbeit als Pantomime am Kabarett und Auftritte in Music-Halls in Paris. In den 30er Jahren Darsteller in Kurzfilmen, 1938 erste Regie: *Retour à la tevre*. 1945 Darsteller in *Sylvie et le fantôme* (Claude Autant-Lara). Schon sein erster eigener Spielfilm *Jour de fête* (1947), der in Venedig für das beste Drehbuch ausgezeichnet wird, weist alle Merkmale seiner turbulenten, Klamauk nicht scheuenden Gesellschaftssatiren auf, die mit Nonchalance und Charme der temporeichen modernen Welt das alte, provinzielle Frankreich als poetische Provinz entgegensetzen. Mit *Les vacances de Monsieur Hulot* (1953) stellt Tati den großen Komödianten der Filmgeschichte einen kleinbürgerlichen Protagonisten an die Seite, dem die moderne Welt die Sprache verschlägt. Seine Modernismus-Kritik in *Mon oncle* ist jedoch nicht frei von Spießertum, in *Trafic* auch von perspektivloser Technikfeindlichkeit. Tati, dessen Bedeutung von der Filmindustrie nicht erkannt wird, kann wegen andauernder Finanzprobleme nur fünf Filme realisieren. 1974 in Moskau im Kinderfilm-Wettbewerb Hauptpreis für *Parade*.

[FR] 1932: Oscar, Champion de tennis [KF]. 1934: On demande une brute [KF]. 1935: Gai dimanche [KF]. 1936: Soigne ton gauche [KF]. 1938: Retour à la tevre [R–KF]. 1945: Sylvie et le fantôme (Sylvia und das Gespenst). 1946: Le diable au corps (Stürmische Jugend); L'Ecole des facteurs [D,R–KF]. 1947: Jour de fête (Tempo-Tempo, Tatis Schützenfest) [D,R]. 1953: Les vacances de Monsieur Hulot (Die Ferien des Monsieur Hulot) [D,R]. 1958: Mon oncle/Mio zio (Mein Onkel) [D,R – FR/IT]. 1967: Playtime (Tatis herrliche Zeiten) [D,R – FR/IT]. 1970/71: Trafic/Monsieur Hulot nel caos del traffico (Trafic – Tati im Stoßverkehr) [D,R – FR/IT]. 1973: Parade [D,R].

Taylor, Elizabeth

(Elizabeth Rosemond Taylor)
* 27. 2. 1932 London

Tochter amerikanischer Eltern. 1939 nach Los Angeles. Besuch der Hawthorne School, Beverly Hills, der M-G-M Studio School und der University High School in Hollywood. 1942 Filmdebüt in Harold Youngs Komödie *There's One Born Every Minute*. 1943 Vertrag mit M-G-M. Die junge Schönheit wird zum

Kinderstar aufgebaut. Erfolg u. a. neben Mickey Rooney als Velvet Brown in Clarence Browns Pferdefilm *National Velvet*. Die Frühreife – 1949 erste Ehe mit Hotel-König Nick Hilton – spielt in Filmen von George Stevens, so als reiches, verwöhntes Mädchen in *A Place in the Sun* und als Leslie Lynnton Benedict in *Giant*. Oscar-Nominierung als Südstaaten-Schönheit neben Montgomery Clift in Edward Dmytryks *Raintree Cowboy* (1957). Sie spielt oft Frauen, die mit einem psychologischen Problem ringen: die unter der emotionalen Kälte ihres Ehemannes leidende Maggie in Richard Brooks' *Cat On a Hot Tin Roof*, Catherine Holly in Joseph L. Mankiewiczs *Suddenly, Last Summer*. 1960 Oscar als Callgirl in Daniel Manns *Butterfield 8*. In den 60er Jahren vor allem in Filmen gemeinsam mit ihrem fünften und sechsten Ehemann, Richard Burton: Titelrolle in Mankiewiczs' *Cleopatra*, erneut ein Oscar als trinkende und streitsüchtige Ehefrau in Mike Nichols' *Who's Afraid of Virginia Woolf?* (1966), als Shakespeares widerspenstige Katherina, in Zeffirellis *La bisbetica domata* und als Helena in Burtons Regie-Versuch *Doctor Faustus*. Darstellerpreis in Berlin als Jean Jackson in Peter Ustinovs *Hammersmith Is Out* (1972). 1973 in Waris Husseins TV-Zweiteiler *Divorce His – Divorce Hers*. 1981 am Broadway in «The Little Foxes». Im Lou Antonios TV-Film *Between Friends* versucht sie gemeinsam mit Carol Burnett die Probleme einsamer, älterer Frauen zu behandeln. Das turbulente Privatleben der schwarzhaarigen Schauspielerin – von manchen als «schönste Frau der Welt» bezeichnet – gibt immer wieder Anlaß zu Reportagen der Klatsch- und Sensationspresse. 1991 heiratet sie zum achten Mal. 1985 Gründerin und Präsidentin der American Foundation for AIDS Research. Aus Anlaß ihres 65. Geburtstags wird sie durch eine TV-Gala geehrt. Publikationen: 1965 «Her Own Story», 1988 «Elizabeth Taylor Takes Off On Self-Esteem and Self-Image».

[US] 1942: There's One Born Every Minute. 1943: Lassie Come Home (Heimweh). 1944: Jane Eyre (Die Waise von Lowood); National Velvet (Kleines Mädchen, großes Herz); The White Cliffs of Dover. 1946: Courage of Lassie (Held auf vier Pfoten). 1947: Life with Father (Unser Leben mit Vater); Cynthia. 1948: A Date with Judy (Wirbel um Judy); Julia Misbehaves (Julia benimmt sich schlecht). 1949: Little Women (Kleine tapfere Joe); Conspirator (Verschwörer) [GB]. 1950: The Big Hangover; Father of the Bride (Vater der Braut). 1951: Callaway Went Thataway (Der Cowboy, den es zweimal gab); Father's Little Dividend (Ein Geschenk des Himmels); Quo vadis (Quo vadis?); Love Is Better Than Ever (Die süße Falle); A Place in the Sun (Ein Platz an der Sonne). 1951/52: Ivanhoe (Ivanhoe – Der schwarze Ritter) [GB]. 1953: Elephant Walk (Elefantenpfad); The Girl Who Had Everything (Ein verwöhntes Biest). 1954: Rhapsody (Symphonie des Herzens); Beau Brummel (Beau Brummel); The Last Time I Saw Paris (Damals in Paris). 1956: Giant (Giganten). 1957: Raintree County (Das Land des Regenbaums). 1958: Cat on a Hot Tin Roof (Die Katze auf dem heißen Blechdach). 1959: Scent of Mystery. 1959/60: Suddenly Last Summer (Plötzlich im letzten Sommer) [GB]. 1960: Butterfield 8 (Telefon Butterfield 8). 1963: The V.I.P.s (Hotel International) [GB]; Cleopatra (Cleopatra) [US/GB]. 1965: The Sandpiper (...die alles begehren). 1966: Who's Afraid of Virginia Woolf? (Wer hat Angst vor Virginia Woolf?). 1966/67: Doctor Faustus/Il dottor Faustus (Doktor Faustus) [GB/IT]. 1967: The Comedians/Les comé- diens (Die Stunde der Komödianten) [US/BM/FR]; Reflections in a Golden Eye (Spiegelbild im goldenen Auge); La bisbetica domata/The Taming of the Shrew (Der Widerspenstigen Zähmung) [D,CoP – IT/US]. 1967/68: Boom! (Die Brandung) [GB]. 1968: Secret Ceremony (Die Frau aus dem Nichts) [GB]. 1969/70: Anne of the Thousand Days (Königin für 1000 Tage) [GB]; The Only Game in Town (Das einzige Spiel in der Stadt). 1971: Under Milk Wood (Unter dem Milchwald) [GB]; Zee & Co. (X, Y und Zee) [GB]. 1972: Hammersmith Is Out (Hammersmith is out). 1973: Ash Wednesday (Die Rivalin); Divorce His, Divorce Hers (Seine Scheidung, ihre Scheidung) [TV – GB]; Night Watch (Die Nacht der tausend Augen) [GB]. 1974: Identikit [IT]. 1976: Victory at Entebbe (Unternehmen Entebbe) [TV]; The Blue Bird/Sinjaja ptica (Der blaue Vogel) [US/SU]. 1978: Return Engagement [TV]; A Little Night Music. 1979: Winter Kills (Philadelphia Clan). 1980: The Mirror Crack'd (Mord im Spiegel) [TV – GB]. 1983: Between Friends (Freundinnen fürs Leben) [TV]. 1983–85: Hotel (Hotel) [TVS]. 1985: Malice in Wonderland (Das verrückte Hollywood) [TV]. 1985–86: North and South (Fackeln im Sturm) [TVS]. 1986: The Spencer Tracy Legacy: A Tribute by Katharine Hepburn (Spencer Tracy – Ein Porträt von Katharine Hepburn) [DOK]; There Must Be a Pony (Schatten des Ruhms) [TV]. 1987: Poker Alice (Poker Alice) [TV]. 1988: Il giovane Toscanini/Toscanini [IT/FR]. 1989: Sweet Birth of Youth [TV]. 1994: The Flintstones (Flintstones – Die Familie Feuerstein). 1997: Happy Birthday Elizabeth: A Celebration of Life [TV-DOK].

Taylor, Robert

(Spangler Arlington Brugh)
*5. 8. 1911 Filley (Nebraska)
†8. 6. 1969 Santa Monica

Besuch von Betarice High School, Doane College, Nebraska, und Pamona College in California. 1933 Schauspielausbildung an der Neely Dixon Dramatic School, Hollywood. 1934 Filmdebüt und M-G-M-Vertrag (bis 1958). Erste bedeutende Rolle, ausgeliehen an Universal, als geheilter Alkoholiker Bobby Merrick in John M. Stahls Melodram *Magnificent Obsession*. Danach ist der elegante Mann mit dem «schönsten Profil» Star zahlreicher M-G-M-Produktionen, sowohl romantischer Held wie auch glaubwürdiger Bösewicht. Er ist u. a. Partner von Greta Garbo als Armand Dural in George Cukors *Camille* und neben seiner ersten Ehefrau (1939–51) Barbara Stanwyck als Undercover-Agent in William A. Seiters Krimi *This Is My Affair*. Er spielt den Revolverhelden in David Millers *Billy The Kid* und die Titelrolle des gefühllosen Gauners in Mervyn LeRoys *Johnny Eager*. 1943–46 als Flug-Ausbilder in der US-Navy, auch Regie von Trainingsfilmen. In Vincente Minnellis *Undercurrent* ist er der skrupellose und gefährliche Ehemann von Katharine Hepburn. Auch häufig Hauptrollen in Kostümfilmen, so in *Quo Vadis*, als Ritter in *Ivanhoe* und in der Sir-Walter-Scott-Ballade *Quentin Durward*. Auch in Abenteuerfilmen und vor allem in Western, u. a. Titelrolle in John Sturges' *The Law and Jake Wade* und in James Neilsons TV-Film *Return of the Gunfighter*. 1958 Gründung der Robert Taylor Productions. 1959–62 als Police Detective Matt Holbrook Star in der TV-Serie *The Detectives*, 1966–68 in der TV-Serie *Death Valley Days*.

[US] 1934: Handy Andy; A Wicked Woman; There's Always Tomorrow. 1935: Murder in the Fleet; Buried Loot; Broadway Melody of 1936 (Broadway-Melodie); West Point of the Air (Helden von heute); Society Doctor (Der junge Arzt); Times Square Lady; Magnificent Obsession. 1935/36: Small Town Girl (Kleinstadtmädel). 1936: The Gorgeous Hussy; Private Number (Frauenehre); Camille (Die Kameliendame); His Brother's Wife (Zwischen Haß und Liebe). 1937: Lest We Forget [KF]; Personal Property (Der Mann mit dem Kuckuck); Broadway Melody of 1938 (Broadway-Melodie 1938); This Is My Affair (Unter vier Augen). 1937/38: A Yank at Oxford (Der Lausbub aus Amerika) [GB]. 1938: The Crowd Roars; Three Comrades. 1938/39: Stand Up and Fight (Die Stunde der Vergeltung). 1939: Remember?; Lady of the Tropics; Lucky Night. 1940: Escape; Waterloo Bridge (Ihr erster Mann); Flight Command. 1941: Johnny Eager (Der Tote lebt); When Ladies Meet; Billy the Kid (Der letzte Bandit). 1942: Her Cardboard Lover; Stand By for Action. 1943: Song of Russia; The Youngest Profession; Bataan (Bataan). 1944: Gentle Annie. 1946: Undercurrent (Der unbekannte Geliebte). 1948: The High Wall (Anklage: Mord). 1949: Conspirator (Verschwörer) [GB]; The Bribe (Geheimaktion Carlotta). 1950: Devil's Doorway (Fluch des Blutes); Ambush (Die Letzten von Fort Gamble). 1951: Quo vadis (Quo vadis?); Westward the Women (Karawane der Frauen). 1951/52: Ivanhoe (Ivanhoe – Der schwarze Ritter) [GB]. 1952: Above and Beyond (Die letzte Entscheidung). 1953: All the Brothers Were Valiant (Die schwarze Perle); I Love Melvin (Fotograf aus Liebe); Ride, Vaquero! (Verwegene Gegner). 1953/54: Knights of the Round Table (Die Ritter der Tafelrunde) [GB]. 1954: Valley of the Kings (Das Tal der Könige); Rogue Cop (Heißes Pflaster). 1955: Many Rivers to Cross (Ein Mann lebt gefährlich); The Adventures of Quentin Durward (Liebe, Tod und Teufel) [GB]. 1956: The Last Hunt (Die letzte Jagd); D-Day, the Sixth of June (Zwischen Himmel und Hölle); The Power and the Prize (Die Macht und ihr Preis). 1957: Saddle the Wind (Vom Teufel geritten); Tip on a Dead Jockey (Luftfracht Opium). 1958: Party Girl (Das Mädchen aus der Unterwelt); The Law and Jake Wade (Der Schatz der Gehenkten). 1959: The Hangman (Der Henker); Killers of Kilimanjaro (Rivalen unter heißer Sonne) [GB]; The House of the Seven Hawks (Das Haus der sieben Falken) [GB]. 1959–62: Detectives [TVS]. 1962/63: Miracle of the White Stallions (Flucht der weißen Hengste). 1963: Cattle King (Revolverhelden von Wyoming). 1964: A House Is Not a Home (Madam(e) P. und ihre Mädchen); The Night Walker (Er kam nur nachts). 1966: Johnny Tiger; Pampa Salvaje/Savage Pampas (Die Verfluchten der Pampas) [ES/AR/US]; Hondo and the Apaches (Hondo). 1966–68: Death Valley Days [TVS]. 1967: Return of the Gunfighter (Heiße Colts in harten Fäusten) [TV]; La sfinge d'oro/La esfinge de cristal (Die gläserne Sphinx) [IT/ES]. 1968: Where Angels Go … Trouble Follows!; Le rouble à deux faces/El rublo de las dos caras [FR/ES].

Temple, Shirley
(Shirley Jane Temple)
* 23. 4. 1928 Santa Monica (California)

Besuch der Westlake School for Girls. Bereits mit vier Jahren Hauptdarstellerin in einer parodistischen Kurzfilm-Serie für Educational Pictures, auch erste kleine Rollen in Spielfilmen. Popularität durch ein Lied in McFaddens *Stand Up and Cheer*. 1934 Vertrag mit Fox. Sie erhält noch im selben Jahr einen Special Oscar. Der vorlaute, puppige Lockenkopf wird in den Jahren 1935–38 populärster Star Hollywoods. Singend und tanzend erobert sie in auf sie zugeschnittenen Filmen das Herz der Erwachsenen in aller Welt: als Findelkind Ching-Ching zwischen China und Amerika in William A. Seiters *Stowaway*, als Priscilla neben Aubrey C. Smiths britischem Offizier in Indien in John Fords *Wee Willie Winkie* und neben Jean Hersholts Almöhi in Dwans *Heidi*. Weitere Erfolge in Filmen von Allan Dwan sind die Titelrolle als angehender Radio-Star in *Rebecca of Sunnybrook Farm* oder als Waise in *Susannah of the Mounties*. Nach einigen wenig erfolgreichen Filmen als Teenager 1949 Rückzug vom Film. Vergebliche Comeback-Versuche beim Fernsehen: 1958–59 mit der Serie *Shirley Temple's Storybook* und 1960/61 mit *The Shirley Temple Theatre*. Danach politisch-soziales Engagement: Als Shirley Temple-Black 1968 US-Vertreterin bei der UNO, 1974–76 US-Botschafterin in Ghana, 1976/77 Protokoll-Chefin und 1989 Botschafterin in Prag. 1988 Veröffentlichung ihrer Memoiren «Child Star».

[US] 1932: Glad Rags to Riches [KF]; The Runt Page [KF]; War Babies [KF]; Pie Covered Wagon [KF]; Red Haired Alibi. 1933: Merrily Yours [KF]; Dora's Dunkin' Doughnuts [KF]; Kid 'n' Africa [KF]; Kid 'n' Hollywood [KF]; The Kid's Last Fight [KF]; Pooly-tix in Washington [KF]; Out All Night; To the Last Man. 1933/34: Mandalay. 1934: New Deal Money [KF]; Managed Money [KF]; Pardon My Pups [KF]; Carolina; Stand Up and Cheer; Now I'll Tell; Change of Heart; Little Miss Marker; Baby, Take a Bow (Shirley's großes Spiel); Now and Forever (Treffpunkt Paris!); Bright Eyes. 1934/35: The Little Colonel. 1935: Our Little Girl (Unser kleines Mädchen); Curly Top; The Littlest Rebel (Der kleinste Rebell); Captain January (Shirley Ahoi!). 1936: Poor Little Rich Girl; Dimples; Stowaway (Sonnenscheinchen). 1937: Wee Willie Winkie (Rekrut Willi Winkie); Heidi (Heidi); Rebecca of Sunnybrook Farm (Shirley auf Welle 303). 1938: Little Miss Broadway; Just Around the Corner. 1939: Little Princess (Die kleine Prinzessin); Susannah of the Mounties (Fräulein Winnetou); The Blue Bird. 1940: Young People. 1941: Kathleen. 1942: Miss Annie Rooney. 1944: Since You Went Away (Als du Abschied nahmst); I'll Be Seeing You (Ich werde dich wiedersehen). 1945: Kiss and Tell (Küsse und verschweig mir nichts!). 1947: Honeymoon; The Bachelor and the Bobby Soxer (So einfach ist die Liebe nicht); That Hagen Girl. 1948: Fort Apache (Bis zum letzten Mann). 1949: Adventure in Baltimore; Mr. Belvedere Goes to College; The Story of Seabiscuit; A Kiss for Corliss. 1958–59: Shirley Temple's Storybook [TVS]. 1960: The Land of Oz [TV]. 1960–61: The Shirley Temple Theatre [TVS].

Terechova, Margarita

(Margarita Borisovna Terechova)
*25. 8. 1942 Turinsk

Bis 1964 Ausbildung am Studio des Mossovet-Theaters bei Jurij Savadskij. Anschließend Engagement an dieser Bühne, wo sie u. a. die Cleopatra in Shaws «Caesar and Cleopatra» und die Königin Gertrud in Shakespeares «Hamlet» spielt. Filmdebüt 1966: In *Zdravstvuj, eto ja!* (Frunze Dovlatjan) spielt sie die junge Moskauerin Tanja. Terechova profiliert sich unter der Regie von Andrej Smirnov (*Belorusskij vokzal,* 1971), Il'ja Averbach (*Monolog,* 1973) und George Cukor in einer amerikanisch-sowjetischen Co-Produktion (*The Blue Bird / Sinjaja ptica,* 1976). Künstlerische Höhepunkte sind 1975 ihre Doppelrolle, die Mutter und das Mädchen Natal'ja, in Andrej Tarkovskijs autobiografischem *Zerkalo* und 1977 die Rotarmistin Svetlana in Konrad Wolfs *Mama, ich lebe.* Weitere wichtige Rollen hat sie in *Deti kak deti* (Ajan Šachmaečeva, 1978) und *Davaj poženimsja* (1983). Ab 1973 erhält sie Aufgaben in TV-Filmen, so u. a. als Maša in der Čechov-Verfilmung *Moja Žizn'* (Grigorij Nikulin), vor allem aber in Gegenwartsfilmen, wo sie eindrucksvolle Frauencharaktere verkörpert. Margarita Terechova wird Verdiente Künstlerin der RSFSR.

[SU] 1965: Zdravstvyj, eto ja!. 1967: Dnevnye zvezdy; Beguščaja po volnam [SU/BG]. 1971: Belorusskij vokzal (Belorussischer Bahnhof). 1973: Monolog (Monolog); Moja Žizn' (Mein Leben) [TV]; Četvertyj. 1975: Zerkalo (Der Spiegel). 1976: Dnevnoj poezd [TV]; Brillianty dlja diktatury proletariata (Brillanten für die Diktatur des Proletariats); Rikki-Tikki-Tavi (Rikki-Tikki-Tavi); The Blue Bird/Sinjaja ptica (Der blaue Vogel) [US/SU]; Doverie (Vertrauen) [SU/FI]. 1977: Sobaka na sene (Der Hund im Heu) [TV]; Poka stojat gory ... (Wenn die Berge locken); Mama, ich lebe [DDR]. 1978: Kto poedet v Truskavec?; Deti kak deti (Kinder sind Kinder) [TV]. 1979: D'Artagnan i tri mušketera (D'Artagnan und die drei Musketiere) [TV]; Raspisanie na poslezavtra. 1980: Santa Esperanca (Santa-Esperansa). 1983: Za zinimi nočami (Die Zeit der weißen Nächte) [TV]; Davaj poženimsja; Vse moglo byt' inače. 1986: Rus' iznačal'naja (Die ursprüngliche Rus). 1988: Dissident (Der Dissident). 1989: Ono (Es – Von Zaren und Monstern). 1990: Otče naš; Zelenyj ogon' kozy. 1991: Slomannyj svet [RU]. 1994: Zabranenijat plod (Die verbotene Frucht) [BG].

Thalbach, Katharina

*19. 1. 1954 Berlin

Tochter der Schauspielerin Sabine Thalbach und des Regisseurs Benno Besson. Schon mit vier Jahren auf der Bühne, im Fernsehen und im Film. Noch während der Oberschulzeit 1969 als Hure Betty in der «Dreigroschenoper»-Inszenierung des Berliner Ensembles, vertretungsweise in der Hauptrolle der Polly und als Entdeckung gefeiert. Weiterhin am Berliner Ensemble und an der Volksbühne Berlin. Erste größere Filmrolle 1971/72 als Tini in *Es ist eine alte Geschichte* (Lothar Warneke). Dann u. a. in zwei von Egon Günther inszenierten Goethe-Filmen: *Lotte in Weimar* und – erstmals in einer Hauptrolle –

als Charlotte Buff in *Die Leiden des jungen Werthers*. 1976 mit ihrem Mann, dem Schriftsteller und Regisseur Thomas Brasch, nach West-Berlin. 1978 in Braschs «Lovely Rita» am Schillertheater. Auch im Film mit ihrer spezifischen Mischung aus Unschuld, Sex-Appeal und Lebenserfahrung sofort in wichtigen Rollen: in Margarethe von Trottas *Das zweite Erwachen der Christa Klages* als Bankangestellte bei der Verfolgung einer Bankräuberin, in Volker Schlöndorffs *Die Blechtrommel* als Oskars junge Stiefmutter und Liebhaberin, in Hans W. Geissendörfers TV-Mehrteiler *Theodor Chindler* als revolutionäre Tochter des Reichstagsabgeordneten. Die größten Rollen in den Filmen von Thomas Brasch: die im Berlin der Nachkriegsjahre auf Raub ausgehende Lisa Gabler in *Engel aus Eisen*; die Schauspielerin Lisa in *Domino* (1983 in Locarno ausgezeichnet); die im KZ verkrüppelte Maskenbildnerin in *Der Passagier – Welcome to Germany*. In Peter Sehrs *Kaspar Hauser* ist sie die intrigante Gräfin Hochberg. Auch die Tochter Anna spielt bereits in den gemeinsamen Filmen ihrer Eltern mit. Seit Ende der 80er Jahre auch erfolgreich als Bühnen-Regisseurin: u. a. 1989 Brechts «Mann ist Mann» am Thalia Theater Hamburg, 1993 «Wie es euch gefällt» am Schiller-Theater, 1994 «Die Dreigroschenoper» am Thalia Theater, 1996 am Maxim Gorki Theater Berlin «Der Hauptmann von Köpenick» (wo sie für den indisponierten Harald Juhnke vertretungsweise auch die Titelrolle übernimmt). 1997 erstmals Opern-Regie in Berlin: «Don Giovanni» mit Techno-Einlagen. Zahlreiche Auszeichnungen für Bühnen- und Filmarbeit in Ost und West: 1971 Beste Nachwuchs-Schauspielerin der DDR, 1980 (West-) Deutscher Darstellerpreis, 1982 von Theater heute zur Schauspielerin des Jahres gekürt, 1987 Bundesfilmpreis für *Paradies*, 1997 gemeinsam mit Corinna Harfouch der Adolf-Grimme-Preis für Hermine Huntgeburts TV-Film *Gefährliche Freundin*.

[DDR] 1958: Begegnung im Dunkel [TV]. 1960: Gerichtet bei Nacht [TV]. 1963: Der Neue. 1. Teil [TV]. 1964: Der Neue. 2. Teil [TV]. 1969: Dolles Familienalbum [TVS]. 1971/72: Es ist eine alte Geschichte. 1973: Der nackte Mann auf dem Sportplatz. 1973/74: Johannes Kepler. 1974: Die Frauen der Wardins [TV]; Nachtasyl [TV]. 1974/75: Lotte in Weimar. 1975: Im Schlaraffenland [TV]; Das blaue Licht. 1975/76: Die Leiden des jungen Werthers. [ab hier BRD] 1977: Fluchtweg nach Marseille [TV]; Winterspelt 1944; Das zweite Erwachen der Christa Klages. 1978/79: Die Blechtrommel/Le tambour [BRD/FR]; Theodor Chindler [TV]. 1980: Das Kätchen von Heilbronn [TV]; Mosch [TV]. 1980/81: Engel aus Eisen. 1981/82: Sophie's Choice (Sophie's Entscheidung) [US]; Domino. 1982/83: Fräulein Berlin; Friedliche Tage. 1983: Glut [CH/BRD]. 1984/85: Väter und Söhne [TV]; Traumspuren. 1985/86: Close-Up [KF]; Flucht in den Norden [BRD/FI]. 1986: Paradies. 1987: Couleur du temps (Berlin, Aoút 1945) [KF – FR]; Helsinki Napoli – All Night Long [FI/BRD/CH/IT]; Kitsch [TV]; z. B. ... Otto Spalt. 1987/88: Der Passagier – Welcome to Germany. 1988/89: Follow Me. 1989: Der achte Tag. 1989/90: God afton, Herr Wallenberg (Guten Abend, Herr Wallenberg) [SE]; Vorwärts [TV-KF]. 1992: Die Denunziantin; Benno Besson, l'ami étranger/Benno Besson – Der fremde Freund [DOK – CH/DE]. 1992/93: Lilien in der Bank. 1993: Kaspar Hauser – Verbrechen am Seelenleben; 1993/94: Alles auf Anfang. 1994: Mein lieber Mann. 1995/96: Liebe, Leben, Tod [TV]; Gefährliche Freundin. 1996: Unter die Haut [TV].

Thein, Ulrich

* 7. 4. 1930 Braunschweig
† 21. 6. 1995 Berlin

Abitur, Musikstudium (Harfe), zugleich Schauspielunterricht. Tanzmusik zum Broterwerb, Amateurboxer. Nach einem kurzen Engagement am Staatstheater Braunschweig 1951–63 am Deutschen Theater Ost-Berlin, Gastspiele an anderen Bühnen der DDR. Ab 1952 bei der DEFA, ab 1964 zunehmend auch im Fernsehen. Schon im zweiten langen Film in einer Hauptrolle: Tierpfleger in Gerhard Kleins *Alarm im Zirkus*, dann u. a. Westberliner Arbeitsloser in Kleins *Eine Berliner Romanze*. Darstellung klassenbewußter Kämpfer wie in *Das Lied der Matrosen* (Kurt Maetzig, Günter Reisch) und *Fünf Patronenhülsen* (Frank Beyer). Das Rollenspektrum umfaßt auch widersprüchliche Charaktere wie den Kleinbürger Dr. Hans Schramm in Maetzigs *Septemberliebe* und vor allem den zwiespältigen SA-Mann Jürgen in Beyers *Königskinder*. 1977 großer Erfolg als Reischs *Anton der Zauberer*, der sich gewitzt durch den real existierenden Sozialismus gaunert, u. a. 1979 in Moskau ausgezeichnet. 1981–83 als *Martin Luther* (Kurt Veth) in einem aufwendig produzierten TV-Fünfteiler zum Luther-Jahr, 1984 als Johann Sebastian Bach in *Bachs Leben* (Lothar Bellag). Thein ist auch hinter der Kamera tätig: z. B. 1963 erstmals Drehbuch und Regie beim zweiteiligen TV-Film *Der andere neben dir*. Danach weitere Regie nach eigenen Stoffen, teils auch nach Vorlagen u. a. von Erik Neutsch und Hermann Kant. Er ist bemüht, die Realität der DDR in volkstümlichen Stoffen zu erfassen; so zeigt *Ein altes Modell* die komödiantisch angelegten Versuche eines Rentners

(Erwin Geschonneck), seine Kaffeemühle reparieren zu lassen. Thein ist in erster Ehe mit der Schauspielerin Annekathrin Bürger verheiratet, mit der er mehrfach gemeinsam vor der Kamera steht; in zweiter Ehe mit der Schauspielerin Renate Geißler, die u. a. die Hauptrollen in seinen TV-Filmen *Jule – Julia – Juliane* und *Dach überm Kopf* spielt. Ab 1990 nur noch sporadisch Beschäftigung in verschiedenen TV-Serien.

[DDR] 1952: Geheimakten Solvay. 1953: Der König in Thule [KF]; Eine Liebesgeschichte [KF]. 1953/54: Alarm im Zirkus. 1954: Der Fall Dr. Wagner; Das Wirtschaftswunder [KF]. 1954/55: Hotelboy Ed Martin. 1955: Marysa [TV]. 1955/56: Thomas Müntzer; Eine Berliner Romanze. 1956: Kleine Fische [KF]; Schlösser und Katen. 2 Teile. 1957: Golden Boy [TV]; Spur in die Nacht [D,CoMUS]. 1957/58: Sie kannten sich alle. 1958: Das Lied der Matrosen. 1958/59: SAS 181 antwortet nicht. 1959: Etüde für Kontrabaß [TV]. Ehesache Lorenz; Maria Stuart [TV]; Sensation in Glückstal [KF]. 1959/60: Haus im Feuer [Unvollendet]; Fünf Patronenhülsen. 1960: Revolte der Gefühle [TV]; Septemberliebe. 1960/61: Professor Mamlock. 1961: Der Traum des Hauptmann Loy. 1961/62: Der Vierte [TV]; ... und deine Liebe auch; Königskinder. 1962: Zum goldenen Anker [TV]; Fanny [TV]; Rue Paradies [TV]; Die Glatzkopfbande. 1963: Jetzt und in der Stunde meines Todes; Der andere neben dir [R,A – TV]. 1964: Titel hab' ich noch nicht [R,A – TV]; Das Mädchen aus dem Dschungel [TV]; Die Glasmenagerie [TV]; Chronik eines Mordes. 1966: columbus 64 [R,A – TV]. 1966/67: Geschichten jener Nacht. 2. EP: Die Prüfung [R,CoA – EP]; Geschichten jener Nacht. 3. EP: Materna [EP]. 1968: Das siebente Jahr; Mitten im kalten Winter [R,CoA – TV]. 1969: Unbekannte Bürger [R,CoA – TV]. 1970/71: Salut Germain [TVS]. 1972: Jule – Julia – Juliane [D,R,CoA – TV]. 1973–75: Broddi [R,CoA – TV]. 1975/76: Ein altes Modell [R,CoA – TV]. 1977: Anton der Zauberer; Polizeiruf 110: Die Abrechnung [TV]. 1978/79: Tull [TV]. 1979: Die Matrosen von Cattaro [TV – DDR/YU]. 1979/80: Dach überm Kopf [R,A]. 1980: Polizeiruf 110: Der Teufel hat den Schnaps gemacht [TV]; Der Direktor [TV]. 1980/81: Polizeiruf 110: Trüffeljagd [TV]. 1981: Romanze mit Amélie [R]. 1981–83: Martin Luther [TVS]. 1983–86: Treffpunkt Flughafen [TV – DDR/CU]. 1984: Bachs Leben [TV]. 1985/86: Die Weihnachtsklempner [TV]. 1985–90: Wie ein Vogel im Schwarm [TV]. 1986/87: Liane; Mit Leib und Seele. 1987/88: Mensch, mein Papa ... [D,R,CoA – TV]; Aufstand der Fischer von St. Barbara [TV]. 1990: Tatort/Polizeiruf 110: Unter Brüdern [TV]. 1991: Agentur Herz [D,CoR – TV]. 1995: Zappek: Über den Jordan [TV]; Ärzte: Weiß wie Schnee [TV]; Blutige Spur [TV].

Thiele, Hertha

*8. 5. 1908 Leipzig
†5. 8. 1984 Berlin/DDR

Nach Abitur und kurzer Theaterausbildung 1928 Debüt am Leipziger Schauspielhaus. Danach an verschiedenen Berliner Theatern. Erfolgreiches Filmdebüt 1931 in Leontine Sagans Pensionats-Film *Mädchen in Uniform*, in dem auch Dorothea Wieck spielt. In Slatan Dudows *Kuhle Wampe oder Wem gehört die Welt?* spielt sie anschließend eine Kleinbürger-Tochter, der es mißlingt, weibliches Selbstbewußtsein zu entwickeln. In Frank Wysbars *Anna und Elisabeth* wieder mit Wieck als Partnerin in einem Film um eine erotisch gefärbte Frauenfreundschaft. Der demonstrierte Anspruch der «neuen Frau» auf Bildung und qualifizierte Berufstätigkeit bleibt in Carl Froelichs *Reifende Jugend* unentwickelt, denn die Liebe zu einem Lehrer führt nur in die Ehe. 1936 Ausschluß aus Reichstheater- und -filmkammer, u. a. wegen der Weigerung, im Nazi-Propagandafilm *Hans Westmar* mitzuwirken. 1937 Emigration in die Schweiz. Arbeit in einem filmtechnischen Labor, dann Hausangestellte. 1942 am Berner Stadttheater. 1949 aus politischer Überzeugung in die DDR, dort u. a. Arbeit am Berliner Rundfunk. 1952–55 an einer Berner Bühne. Ausbildung zur Psychiatrie-Hilfsschwester, in Paris in diesem Beruf tätig. 1966 in die DDR. Theater-Engagements in Magdeburg und Leipzig. 1968–79 gehört sie dem Ensemble des Deutschen Fernsehfunks an, wird vorwiegend als Arbeiterfrau oder -mutter eingesetzt. Selten in DEFA-Spielfilmen. Größere Aufgaben erhält sie 1976 in Lothar Warnekes *Die unverbesserliche Barbara* und zuletzt 1980 im Hochschulfilm *Insel am See* (Wolfgang Münstermann): Eine alte Frau erinnert sich an ihren vergeblichen Versuch, in der inhumanen Zeit des 2. Weltkriegs menschlich zu handeln.

[DE/DDR] 1931: Mädchen in Uniform. 1931/32: Kuhle Wampe oder Wem gehört die Welt? 1932: Frau Lehmanns Töchter; Mensch ohne Namen; Die elf Schill'schen Offiziere; Das erste Recht des Kindes. 1933: Anna und Elisabeth; Kleiner Mann – was nun?; Reifende Jugend; Elisabeth und der Narr; Die weiße Majestät [CH/DE]. 1966: Wiedersehen mit Hertha Thiele [TV-DOK]. 1967: Geheimcode b 13 [TV]. 1970: Der Mörder sitzt im Wembley-Stadion [TV]; Husaren in Berlin. 1970/71: Herr Peter Squenz [TV]. 1971: Die Verschworenen [TV]; Istanbul-Masche [TV]; Florentiner 73 [TV]. 1971/72: Lützower; Reife Kirschen. 1972: Polizeiruf 110: Minuten zu spät [TV]. 1972/73: Eva und Adam. 3: Eva und Adam oder Wieviel Sterne hat der Himmel [TV]. 1973: Eva und Adam. 4: Eva und Adam oder Drum prüfe! [TV]; Der Staatsanwalt hat das Wort: ... und wenn ich nein sage?

[TV]; Die Kaffeestunde [TV]. 1974: Neues aus der Florentiner 73 [TV]. 1975: Ein Feigenblatt für Kuhle Wampe – oder Wem gehört die Welt [TV]; Das Herz auf der linken Seite [TV-DOK]; Hostess. 1975/76: Polizeiruf 110: Schwarze Ladung [TV]. 1976: Die Bibliothekarin [TV]; Die unverbesserliche Barbara. 1979: Don Juan, Karl-Liebknecht-Str. 78. 1980: Insel im See KF].

Thimig, Hermann

*3. 10. 1890 Wien
†7. 7. 1982 Wien

Sohn des Schauspielers, Regisseurs und späteren Burgtheaterdirektors Hugo Thimig. Auch die Geschwister Helene und Hans gehen zur Bühne. Volksschule und Gymnasium in Wien, 1902–08 Landerziehungsheime in Deutschland, Mitwirkung in Laiengruppen. Militärdienst in Wien, 1910–14 Engagement am Hoftheater Meiningen. Bis 1915 Kriegsteilnahme als Meldereiter. Gastspiel am Königlichen Schauspielhaus Berlin. Auftritte an der Volksbühne, ab 1916 am Deutschen Theater. 1918 am Theater des Westens erstmals Regie. Gastspiele in Wien und im Ausland. Ab 1934 Burgtheater. Filmdebüt 1916 in *Die Gräfin Heyers* (William Wauer). Verschiedentlich Partner Henny Portens und Ossi Oswaldas. In seinen Rollen zurückhaltend und sympathisch, wie bei Lubitsch als schüchterner Bandit in *Die Bergkatze* und als gehemmter Bonvivant in *Die Flamme*. Der humoristische Körper-Ausdruck des untersetzten Schauspielers erinnert Zeitgenossen an Chaplin und Jackie Coogan. Oft in Filmoperetten und Tonfilmkomödien so als «Revisor» in Gustaf Gründgens' Gogol-Variante *Eine Stadt steht kopf*. Mehrmals Partner Renate Müllers: *Die Privatsekretärin* (Wilhelm Thiele), *Der kleine Seitensprung* (Reinhold Schünzel), *Mädchen zum Heiraten* (Thiele); größter gemeinsamer Erfolg wird Schünzels *Viktor und Viktoria* mit Thimig als Schmierenkomödiant und Damenimitator. Mit diesem spezifisch unheroischen Gestus auch als Pinneberg in der Fallada-Verfilmung *Kleiner Mann – was nun?* (Fritz Wendhausen). Die Theo-Lingen-Komödie *Johann* (Robert A. Stemmle) markiert 1942/43 den Rollenwechsel zum gütigen älteren Herrn, so auch zumeist in den Nachkriegsfilmen wie G. W. Pabsts *Der Prozeß* und *Geheimnisvolle Tiefe*. Thiming erhält zahlreiche österreichische Auszeichnungen. 1965 wird er Ehrenmitglied des Burgtheaters. 1969 Filmband in Gold für langjähriges und hervorragendes Wirken im deutschen Film.

[DE] 1916: Die Gräfin Heyers. 1917: Des Prokurators Tochter; Gesühnte Schuld; Ossis Tagebuch. 1918: Auf Probe gestellt; Agnes Arnau und ihre drei Freier; Keimendes Leben. 2 Teile. 1919: Ihr Sport; Moral und Sinnlichkeit; Die schwarze Locke; Die Braut des Entmündigten; Das törichte Herz; Komtesse Dolly; Die Puppe; Freie Liebe. 1919/20: Das Valutamädel; Mein Mann – der Nachtredakteur. 1920: Die Brüder Karamasoff; Die goldene Krone; Der Freihof; Der Sohn der Magd; Putschliesel; Zwischen den Dreien. 1920/21: Hannerl und ihre Liebhaber. 1921: Die Bergkatze; Das Abenteuer des Dr. Kircheisen; Kleider machen Leute [AT/DE]; Der Fluch des Schweigens. 1921/22: Das Mädel mit der Maske; Der Strom. 1922: Die Sünden der Mutter; Bardame; Sie und die Drei [Verboten]; Die Flamme; Die Küsse der Ira Toscari; Das Weib auf dem Panther. 1923: Der verlorene Schuh. 1923/24: Die Radio-Heirat. 1925: Der ungebetene Gast [AT]; Der Tänzer meiner Frau. 1926/27: Die Familie ohne Moral [AT]. 1927: Madame macht einen Seitensprung/Madame wagt einen Seitensprung. 1928/29: Dein ist mein Herz [KF]. 1929: Napoleon auf St. Helena. 1930/ 31: Die Privatsekretärin; Die 3-Groschen-Oper [Version – DE/US]. 1931: Wenn die Soldaten ...; Der kleine Seitensprung; Ich bleib' bei Dir; Mein Freund, der Millionär; Der Herr Bürovorsteher; Zwei himmelblaue Augen; Mein Leopold. 1931/32: Eine Nacht im Paradies; Ein bißchen Liebe für Dich; Mädchen zum Heiraten. 1932: Traum von Schönbrunn; Kiki [DE/FR]; Das Blaue vom Himmel; Marion, das gehört sich nicht; Eine Stadt steht kopf; Glück über Nacht. 1933: Kleiner Mann – was nun?; Die Fahrt ins Grüne; Viktor und Viktoria. 1933/34: Csibi, der Fratz (Früchtchen) [AT]. 1934: Karneval und Liebe [AT]; Liebe dumme Mama; Peter, Paul und Nanette; Der Herr ohne Wohnung [AT]; Die Fahrt in die Jugend [AT]. 1934/35: Der Himmel auf Erden [AT]. 1935: Tanzmusik [AT]; Im weißen Rößl [AT/DE]. 1936: Der geheimnisvolle Mister X. 1937: Die Austernlilli. 1939: Marguerite: 3 (Eine Frau für Drei). 1941/42: Brüderlein fein. 1942/43: Johann. 1943: Die kluge Marianne; Liebesbriefe. 1944: Die goldene Fessel; Am Vorabend/Ein Blick zurück. 1944/ 45: Wie ein Dieb in der Nacht [DE (AT)]. 1946: Praterbuben [AT]. 1947/48: Der Prozeß [AT]. 1949: Geheimnisvolle Tiefe [AT]; Prämien auf den Tod [AT]. 1951: Der Fünf-Minuten-Vater (Die Wirtin zum roten Ochsen) [AT]; Fräulein Bimbi (Das unmögliche Mädchen) [AT]. 1952: Ich hab' mich so an Dich gewöhnt [AT]; Abenteuer im Schloß [AT]. 1953: Eine Nacht in Venedig (Komm in die Gondel) [AT]. 1954: Ewiger Walzer [BRD]. 1955: Hermann Thimig – ein Künstlerporträt [KDOK – BRD]. 1956: Die Magd von Heiligenblut [AT]; Der Verschwender [TV – AT]. 1958: Eine Reise ins Glück; Der veruntreute Himmel [TV – AT]. 1959: Wenn die Glocken hell erklingen [AT]. 1960/ 61: Frau Irene Besser. 1961/62: Die vergessenen Jahre [DOK – AT]. 1967: Der Arzt wider Willen [TV – AT].

Thompson, Emma

*15. 4. 1959 London

Entstammt einer Theaterfamilie: Mutter Schauspielerin, Vater Regisseur, Schauspieler und Theaterdirektor, die jüngere Schwester Sophie ist ebenfalls Schauspielerin. 1982 Studienabschluß in englischer Literatur an der Cambridge University. Zuvor 3 Jahre im Footlights Ensemble der Universität. Co-Autorin, Co-Produzentin und Co-Regisseurin von «Woman's Hour», der ersten ausschließlich von Frauen bestrittenen Revue in Cambridge. Anschließend Auftritte als Stand-up-Comedian und in Revuen. Mehrere Komödienrollen führen zu ihrem BBC-Special *Up for Grabs*. Es folgen die TV-Serien *Tutti Frutti* (mit Robbie Coltrane) und *Thompson*. 1986 lernt sie den Regisseur und Schauspieler Kenneth Branagh kennen, mit dem sie 1989–1995 verheiratet ist. Mit ihm als Partner und Regisseur gemeinsame Theaterarbeit. 1988/89 Kinodebüt als Krankenschwester in der Komödie *The Tall Guy* (Mel Smith). Branaghs Shakespeare-Adaption *Henry V* mit ihr als Katherine ist ihre erste Kino-Zusammenarbeit. 1990 Doppelrolle in Branaghs amerikanischem Thriller *Dead Again*. Unter seiner Regie auch in *Peter's Friends* als introvertierte Verlegerin und neuerlich als spöttische Beatrice in der Shakespeare-Verfilmung *Much Ado About Nothing*. Oscar und Golden Globe für die Rolle der Margaret Schlegel in *Howard's End*, einer 1991 von James Ivory inszenierten E.-M.-Forster-Adaption. 1992/93 in einer weiteren Merchant-Ivory-Produktion: Rolle der schönen, in den Butler (Anthony Hopkins) verliebten Haushälterin Miss Kenton in *The Remains of the Day*. 1993 als kämpferische Anwältin Gareth Peirce im Kampf um Gerechtigkeit für in England verurteilte Iren in der irisch-englisch-amerikanischen Produktion *In the Name of the Father* (Jim Sheridan). 1996 bekommt sie einen Oscar für das Drehbuch für die ausgezeichnete Jane-Austen-Verfilmung von *Sense and Sensibility*, in der sie auch die Hauptrolle spielt.

[GB] 1987: Tutti Frutti [TVS]; Fortunes of War [TV]. 1988: Thompson [TVS]; The Winslow Boy [TV]. 1988/89: The Tall Guy (Das lange Elend); Henry V (Henry V.). 1989: Look Back in Anger [TV]. 1990/91: Impromptu (Verliebt in Chopin). 1991: Dead Again (Schatten der Vergangenheit) [US]. 1991/92: Peter's Friends (Peter's Friends). 1992: Howards End (Wiedersehen in Howards End). 1992/93: The Remains of the Day (Was vom Tage übrig blieb) [GB/US]; Much Ado About Nothing (Viel Lärm um nichts) [US]. 1993: In the Name of the Father (Im Namen des Vaters); My Father, the Hero (Daddy Cool) [US]. 1994: Junior (Junior) [US]; The Blue Boy [TV]. 1995: Sense and Sensibility (Sinn und Sinnlichkeit) [D,A – US]; Carrington (Carrington) [GB/FR]. 1996: The Winter Guest. 1997: Primary Colors [US].

Thulin, Ingrid

*27. 1. 1929 Solleftea (Schweden)

Ballettstudium; Schauspielunterricht am Königlichen Theater Stockholm. Theaterengagements u.a. in Stockholm und Malmö (unter Bergman). Filmdebüt 1948. Zunächst in melodramatischen und komischen Rollen. International bekannt durch ihre herausfordernd schöne Schwägerin in Bergmans *Smultronstället* (1957). Bis 1984 in 8 weiteren Bergman-Filmen, wo ihr meist die Rolle der Ehefrau zukommt, die zwischen körperlicher Lust und seelischer Qual einen Weg zu finden sucht: 1958 Auszeichnung in Cannes für ihre sinnliche Cecilia Ellius in *Nära livet*; 1963 Ester in dem von Moralaposteln heftig bekämpften *Tystnaden*; 1972 mit Liv Ullmann und Harriet Andersson in dem Seelendrama *Viskningar och rop*. Hervorhebenswert in schwedischen Produktionen die Irene in Mai Zetterlings *Nattlek* (1966). In den 50er und 60er Jahren einzelne Engagements nach Hollywood. Bedeutendere als wartende Ehefrau und Partnerin Yves Montands in Alain Resnais' *La guerre est finie* (1965/66) und als Baroness Sophie von Essenbeck in Viscontis *La caduta degli dei* (1969). In den 80er Jahren Konzentration auf TV-Arbeit. 1965 Regiedebüt mit einem Kurzfilm; 1985 Regie und Buch für *Brusten Himmel*.

[SE] 1948: Dit vindarna bär/Jörund Smed [SE/NO]. 1949: Havets son; Kärleken segrar. 1950: Hjärter knekt; Nar kärleken kom till byn. 1951: Möte med livet (Gefahren der Liebe); Leva på «hoppet» (Leben auf der «Hoffnung»). 1952: Kalle Karlson fran Jularbo. 1953: En skärgårdsnatt; Göingehövdingen (Freibeuter, Rebellen und Musketiere). 1954: I rök och dans; Tva sköna juveler. 1955: Hoppsan!; Foreign Intrigue (Die fünfte Kolonne) [US]; Danssalongen. 1956: Aldrig i livet (Stockholm 2 Uhr nachts). 1957: Nära livet (Nahe dem Leben); Smultronstället (Wilde Erdbeeren). 1958: Ansiktet (Das Gesicht). 1960: Donnaren. 1962: Nattvardsgästerna (Licht im Winter); The Four Horsemen of the Apocalypse (Die vier apokalyptischen Reiter) [US]; Agostino [IT]. 1963: Sekstet [DK]; Tystnaden (Das Schweigen). 1964: Die Lady [BRD/FR]. 1965: Hängivelse [R – KF]; Return from the Ashes (Eine Tür fällt zu) [US/GB]. 1965/66: La guerre est finie/Kriget är slut (Der Krieg ist vorbei) [FR/SE]. 1966: Nattlek (Verschwiegene Spiele) [R]. 1967: Vargtimmen (Die Stunde des Wolfs); Domani non siamo più qui [IT]; Elvira Madigan (Das Ende einer großen Liebe) Un diablo bajo la almohada / Calda e ... infedele / Le diable sous l'oreiller [ES/IT/FR]. 1968: Badarna; Adélaïde / Fino a farti male (Adelaide) [FR/IT]. 1968/69: La caduta degli dei / Die Verdammten [IT/BRD]. 1969: Un diablo bajo la Almohada [ES]; Riten (Der Ritus) [TV]. 1970: It Rained All Night the Day I Left [?]. 1971: N. P. il segreto [IT]. 1972: Viskningar och rop (Schreie und Flüstern) [D,P]; La Sainte Famille [?]. 1974: La cage (Der Ehekäfig) [FR]; ... e cominciò il viaggio nella vertigine [IT]; En handfull kärlek (Eine Handvoll Liebe). 1975: Monismanien 1995. 1975/76: Salon Kitty [IT/BRD/FR]. 1976: L'agnese va a morire [IT]; Cassandra Crossing [BRD/IT]; Mosè/Moses (Moses) [TV – IT/ GB]. 1977: En och en (Eins und eins) [CoR]. 1982: Brusten Himmel [R,A]. 1984: Efter repetitionen / Nach der Probe [SE/BRD/AT]. 1985: Der Freibeuter [TV – BRD/IT/AT]. 1986/87: Il giorno prima / Contrôle / Control – The Day Before (Control) [IT/FR/CA]. 1990: La casa del sorriso (Haus der Freuden) [IT].

Tichonov, Vjačeslav

(Vjačeslav Vasil'evič Tichonov)
* 8. 2. 1928 Pavlovo-Posad (Gebiet Moskau)

Bis 1950 Ausbildung an der Filmhochschule VGIK. Filmdebüt unter der Regie von Gerasimov als Volodja Os'muchin in der Fadeev-Verfilmung *Molodaja gvardija* (1947/48). Erfolgreich sind 1963 sein Aleksej in *Optimističeskaja tragedija* (Samson Samsonov) und 1966/67 der Andrej Bolkonskij in der Tolstoj-Verfilmung *Vojna i mir* (Sergej Bondarčuk). Für diese Leistung wird er von den Lesern der Zeitschrift «Sovetskij ekran» (gemeinsam mit Smoktunovskij) zum besten sowjetischen Schauspieler des Jahres gewählt. Weitere wichtige Rollen hat er als Lehrer in *Doživem do ponedel'nika* (Stanislav Rostockij, 1968) sowie in *Belyj Bim Černoe ucho* (Rostockij, 1977) und *Evropejskaja istorija* (Igor' Gostev, 1984). Populär wird Tichonov 1972/73 durch die Rolle des Štirlic in dem mehrteiligen TV-Film *Semnadcat' mgnovenij vesny* von Tat'jana Lioznova. Er erhält für seine künstlerische Arbeit mehrere nationale Auszeichnungen. 1980 entsteht über ihn das Filmporträt *Professija – kinoakter* (Stanislav Rostockij). Sein Sohn Vladimir Tichonov debütiert 1968 als Filmschauspieler.

[SU] 1947/48: Molodaja gvardija (Die junge Garde). 1951: V mirnye dni (In friedlichen Tagen). 1953: Maksimka (Der Junge vom Sklavenschiff). 1954: Ob etom zabyvat' nel'zja. 1955: Zvezdy na kryl'jach. 1956: Serdce b'etsja vnov'. 1958: Delo bylo v Pen'kove. 1959: ČP – Črezvyčajnoe proissestvie (Piraten vor Taiwan); Majskie zvezdy / Majove hvezdy (Sterne im Mai) [SU/CS]. 1960: Žažda; Mičman Panin (Die Fahrt führt nach Le Havre). 1961: Dve Žizni. 1962: Na semi vetrach (Das Haus in den sieben Winden). 1963: Optimističeskaja tragedija (Optimistische Tragödie). 1966/ 67: Vojna i mir (Krieg und Frieden). 1967: Put' v «Saturn» (Der Weg zum Saturn). 1968: Doživem do ponedel'nika (Warten wir den Montag ab). 1969: Žuravuška (Kleiner Kranich). 1970: Semejnoe čast'e / Das Familienglück [SU/CH]. 1971: Priključenija Želtogo èemodanèika (Die Abenteuer des gelben Köfferchens). 1972: Russkoe pole; Čelovek s drugoj storony (Der Mann, der seinen Tod überlebte). 1972/73: Semnadcat' mgnovenii vesny (Siebzehn Augenblicke des Frühlings) [TV]. 1973: Egor Bulyčov i drugie (Jegor Bulytschow und andere). 1974: Dva dnja trevogi. 1975: Front bez flangov (Front ohne Flanken); Oni sražalis' za Rodinu (Sie kämpften für die Heimat). 1976: ...i drugie oficial'nye lica (... und andere offizielle Persönlichkeiten). 1977: Belyj Bim Černoe ucho (Weißer Bim – Schwarzohr). 1978: Dialog [TV]; Front za liniej fronta (Front hinter der Frontlinie). 1979: Píseò o stromu a rûži [CS]. 1980: Professija: kinoakter [DOK]; Vozroždenie [TV]. 1982: Front v tylu vraga (Im Rücken des Feindes). 1984: Evropejskaja istorija; TASS upolnomočen zajavit ... (TASS ist ermächtigt zu erklären) [TVS]. 1987: Približenie k buduščemu; Apelljacija. 1988: Ubit' drakona / Den Drachen töten [SU/BRD]. 1991: Prizraki zeljonoi komnatij [RU/UA]. 1992: Besij. 1993: Nesravnennaja [RU/UA]. 1994: Bulvarnij roman; Utomlennye solncem / Soleil trompeur (Die Sonne, die uns täuscht) [RU/FR]. 1995: Avantjura [RU/UA]. 1996: Milji drug davno zabitich let ...

Tierney, Gene

(Gene Eliza Tierney)
* 20. 11. 1920 Brooklyn (New York)
† 6. 11. 1991 Houston (Texas)

Besuch des Privatschule Chateau Brilliantmont in der Schweiz sowie von Miss Porter's School in Farmington, Connnecticut. 1939 Broadway-Debüt mit «Mrs. O'Brien Entertains». 1940 Erfolg mit «The Male Animal» von James Thurber und Elliott Nugent. 1940 Hollywood-Vertrag von 20th Century-Fox und kurze Star-Karriere beim Film. Debüt neben Henry Fonda als Eleanor Stone in Fritz Langs Western *The Return of Frank James.* Als Eurasierin in Josef von Sternbergs *The Shanghai Gesture.* Als Martha in Ernst Lubitschs *Heaven Can Wait.* Höhepunkt der Filmkarriere ist 1944 die Titelrolle der geheimnisvollen schönen Frau in Otto Premingers Melodram *Laura.* Als eifersüchtige Ellen in John M. Stahls Melodram *Leave Her to Heaven* für den Oscar nominiert. 1947 als von Gespenstern umworbene einsame Witwe Lucy in Joseph L. Mankiewiczs *Komödie The Ghost and Mrs. Muir.* In William A. Wellmans Kalter-Kriegs-Thriller *The Iron Curtain* spielt sie Anna Gouzenko, die Frau eines russischen Überläufers. In den 50er Jahren wegen persönlicher und psychischer Probleme nur wenig bedeutsame Filmaufgaben. Nach einem Comeback in Premingers Polit-Drama *Advise and Consent* (1962) absolviert Tierney nur noch einzelne Auftritte bei Film und Fernsehen. 1974 veröffentlicht sie ihre Memoiren «Self-Portrait».

[US] 1940: The Return of Frank James (Rache für Jesse James). 1941: Sundown (Waffenschmuggler von Kenya); Belle Starr; The Shanghai Gesture; Hudson's Bay; Tobacco Road (Tabakstraße). 1942: China Girl; Thunderbirds; Son of Fury (Abenteuer in der Südsee); Rings on Her Fingers (Das große Spiel). 1943: Heaven Can Wait (Ein himmlischer Sünder). 1944: Laura (Laura). 1945: A Bell for Adano; Leave Her to Heaven (Todsünde); Dragonwyck (Weißer Oleander). 1946: The Razor's Edge (Auf Messers Schneide). 1947: The Ghost and Mrs. Muir (Ein Gespenst auf Freiersfüßen). 1948: The Iron Curtain; That Wonderful Urge (Ich heirate dich doch). 1950: Where the Sidewalk Ends (Faustrecht der Großstadt); The Night and the City (Die Ratten von Soho) [GB/US]; The Mating Season (SOS – Zwei Schwiegermütter); Whirlpool. 1951: The Secret of Convict Lake (Vergeltung am Teufelssee); Close to My Heart; On the Riviera (An der Riviera). 1952: Plymouth Adventure (Schiff ohne Heimat); Way of a Gaucho (König der Gauchos). 1953: Never Let Me Go (Es begann in Moskau) [GB]; Personal Affair (Ihre erste Enttäuschung) [GB]. 1954: The Black Widow (Die Spinne); The Egyptian (Sinuhe, der Ägypter). 1955: The Left Hand of God (Die linke Hand Gottes). 1962: Advise and Consent (Sturm über Washington). 1963: Toys in the Attic (Puppen unterm Dach). 1964: The Pleasure Seekers (Drei Mädchen in Madrid). 1969: Daughter of the Mind [TV]. 1980: Scruples [TV].

Tiller, Nadja

(Nadja Maria Tiller)
* 16. 3. 1929 Wien
Tochter eines Schauspieler-Ehepaars. Wegen des unsteten Berufslebens ihrer Eltern in 18 Schulen. Realgymnasium in Wien. Dort ab 1945 am Reinhardt-Seminar Ausbildung in Tanz, Ballett und Schauspiel. Nebenher Mannequin. 1949 und 1951 Miss Austria. 1949 Abschluß der Musik- und Schauspiel-Akademie. Bis 1952 Theater in der Josefstadt. Filmdebüt 1949 in *Märchen vom Glück* (Arthur de Glahs). Gegenspielerin von Hildegard Knef 1952 in Rudolf Jugerts *Illusion in Moll,* von Grethe Weiser 1953 in *Die Kaiserin von China* (Steve Szekely). Extravagant und vamphaft 1954 auch erstmals unter der Regie von Rolf Thiele in *Sie,* zusammen mit Walter Giller, seit 1956 ihr Ehemann. In Unterhaltungsfilmen häufig die Verführerin, das Luxusgeschöpf und die Lebedame wie in *Liebe und Trompetenblasen* (Helmut Weiß). Bei Thiele auch 1958 im international erfolgreichen Film *Das Mädchen Rosemarie* nach dem Roman und Drehbuch von Erich Kuby, auf dem authentischen Skandalfall Nitribitt beruhend und auf Unmoral und Wohlstandsdekadenz in der Adenauer-Ära weisend. 1960 Bundesfilmpreis für den Thiele-Film *Labyrinth der Leidenschaften.* Ab Ende der 50er Jahre oft im Ausland, z. B. in Robert Siodmaks *L'Affaire Nina B.* und in Roberto Rosselinis *Anima nera.* Im Fernsehen zuerst 1969 in *Waterloo (Jiří Weiss),* dann u. a. in einigen Folgen von TV-Serien wie *Der Kommissar* und *Tatort* sowie in den Serien *Das Traumschiff* und *Die Schwarzwaldklinik.* Ab Ende der 60er Jahre Tourneen, auch zusammen mit Walter Giller, Gastauftritte in Lübeck, Berlin und Wien. 1985/86 als geheimnisvolle Waffen-Expertin in Hans-Christoph Blumenbergs Thriller *Der Sommer des Samurai.* In der Saison 1996/97 spielt sie an den Hamburger Kammerspielen in dem Stück «Nächte mit Joan» (R: Horst Königstein) die US-Schauspielerin Joan Crawford. 1979 Filmband in Gold für langjähriges und hervorragendes Wirken im deutschen Film.

[AT] 1949: Märchen vom Glück (Traum vom Glück/Küß' mich, Casanova). 1950: Kind der Donau (Das Kind der Donau). 1952: Illusion in Moll [BRD]; Ich hab' mich so an Dich gewöhnt; Schäm Dich, Brigitte! (Wir werden das Kind schon schaukeln). 1953: Liebe und Trompetenblasen [BRD]; Ein tolles Früchtchen/Das Früchtchen; Einen Jux will er sich machen/Einmal keine Sorgen haben [AT/BRD]; Die Kaiserin von China [BRD]; Schlagerparade [BRD]. 1954: Der letzte Sommer [BRD]; Mädchen mit Zukunft [BRD]; Sie [BRD]. 1954/55: Gestatten, mein Name ist Cox [BRD]. 1955: Die Barrings [BRD]; Ball im Savoy [BRD]; Mozart (Reich mir die Hand, mein Leben); Wie werde ich Filmstar? [BRD]; Hotel Adlon [BRD]; Griff nach den Sternen [BRD]. 1955/56: Das Bad auf der Tenne [BRD]; Ich suche Dich [BRD]. 1956: Fuhrmann Henschel; Friederike von Barring [BRD]; Spion für Deutschland [BRD]. 1957: Für zwei Groschen Zärtlichkeit/Kaerlighed mod betaling [BRD/DK]; Drei Mann auf einem Pferd [BRD]; La tour, prends garde/Agli ordine del re (Des Königs bester Mann) [FR/IT]; Banktresor 713 [BRD]; El Hakim [BRD]. 1958: Das Mädchen Rosemarie [BRD]; Le désordre et la nuit (Im Mantel der Nacht) [FR]; 1958/59: Du rififi chez les femmes/Rififi fra le donne (Rififi bei den Frauen) [FR/IT]. 1959: Buddenbrooks. 2 Teile [BRD]; Labyrinth der Leidenschaften/Labyrinth/Neurose [BRD/IT]; The Rough and the Smooth (Das Bittere und das Süße) [GB]. 1960: Die Botschafterin [BRD]. 1960/61: An einem

Freitag um halb zwölf/Vendredi 13 heures/Il mondo nella mia tasca [BRD/FR/IT]; Geliebte Hochstaplerin [BRD/LI]. 1961: L'Affaire Nina B (Affäre Nina B.) [FR]. 1961/62: La chambre ardente/I peccatori della Foresta Nera (Das brennende Gericht) [FR/IT]. 1962: Lulu; Anima nera (Schwarze Seele) [IT/FR]. 1963: Das große Liebesspiel [BRD/AT]; Schloß Gripsholm [BRD]; Moral 63 [BRD]; L'Amore difficile/Erotica [EP – IT/BRD]. 1964: Tonio Kröger [BRD]. 1965: Das Liebeskarussell. 1. EP: Sybill [EP – AT]; Rendezvous der Killer/Pleins feux sur Stanislas [BRD/FR]. 1965/66: Alfie (Der Verführer läßt schön grüßen) [GB]. 1966: L'Estate (Sommer zu dritt) [IT]; Du rififi à Paname/Rififi internazionale/Rififi in Paris [FR/IT/BRD]; Come imparai ad amare le donne/Das gewisse Etwas der Frauen/Comment j'ai appris à aimer les femmes [IT/BRD/FR]; The Poppy Is Also a Flower/Danger Grows Wild (Mohn ist auch eine Blume) [UN]; Tendre vouyou/Un avventuriero a Tahiti (Geliebter Schuft) [FR/IT]; Dymky/Pfeifen, Betten, Turteltauben/Die nackte Sennerin [CS/AT]; 1968: Le calde notti di Lady Hamilton/Lady Hamilton – zwischen Schmach und Liebe/Les amours de Lady Hamilton [IT/BRD/FR]. 1969: Waterloo [TV – BRD]; 11 Uhr 20 [TV – BRD]; Blonde Köder für den Mörder/La morte bussa due volte [BRD/IT]; Hotel Royal [TV – BRD]; Ohrfeigen [BRD]. 1970: Oh Happy Day [BRD]; Engel, die ihre Flügel verbrennen [BRD]; Die Feuerzangenbowle [BRD]. 1971: Ubica dolazi iz groba/L'etrusco uccide ancora/Das Geheimnis des gelben Grabes [YU/IT/BRD]. Hallo, wer dort? [TV – BRD]. 1972: Der Kommissar: Überlegungen eines Mörders [TV – BRD]; Le moine/Il monaco/Der Mönch und die Frauen [FR/IT/BRD]. L'Occhio nel labirinto [IT/BRD]. 1972–75: Hallo, Hotel Sacher ... Portier! [TVS – AT/BRD]. 1972/73: Geschichten zu zweit [TV-EP – BRD]. 1975: Baby sitter (Un maledetto pasticcio)/La baby-sitter/Das ganz große Ding [IT/FR/BRD]. 1976: Urlaub auf der Zunge [TVS – BRD]; ... in allen Lebenslagen [TV-EP – BRD]. 1976/77: Es muß nicht immer Kaviar sein [TVS – BRD]; 4tel vor 8 [TVS – BRD]. 1977: Die schöne Marianne [TVS – BRD]. 1978: Hotel zur schönen Marianne [TVS – BRD]. 1979: Ein Mann für alle Fälle. 3 [TV-EP – BRD]. 1980: Liebling, ich laß' mich scheiden [TV – BRD]; Sternensommer [TVS – BRD]. 1980/81: Die Laurents – Geschichte einer Berliner Hugenottenfamilie [TVS – BRD]. 1982: Tatort: Mordkommando [TV – BRD]. Sein erster Fall oder Die schwarze Katze im Sack [TV – BRD/AT]. 1982/83: Das Traumschiff. Folge 5. 2. EP: Frau Schliemann und das Abenteuer [TV-EP – BRD]. 1983: Locker vom Hocker [TVS – BRD]. 1983/84: Er-Goetz-liches [TV-EP – BRD]. 1985: Mütter und Töchter. EP: 2. Teddybären weinen nicht [TV-EP – BRD]. 1985/86: Die Schwarzwaldklinik. 23. Der Infarkt [TVS – BRD]; Die Zierpflanze [TV – BRD]; Der Sommer des Samurai [BRD]. 1986/87: Geschichten aus der Heimat. 13. EP: Der Gebrauchtwagen [TV-EP – BRD]. 1987: Ein Abend für Nadja Tiller und Walter Giller [TV – BRD]. 1990: Il ricatto 2 [TV – IT]. 1992: Geschichten aus der Heimat. XX [TV-EP – DE]. 1993: Böses Blut [TV]; Schicksal der Woche [TVS – DE]. 1994/95: Sylter Geschichten: Die Gräfin [TV – DE]; Pakten/The Sunset Boys [NO/DE]. 1996: Stunden der Entscheidung [TV – DE]. 1996/97: Zu Gast bei Ulrich Tukur [TV – DE].

Tognazzi, Ugo

*23. 3. 1922 Cremona
†27. 10. 1990 Rom

Zunächst Angestellter, als Laiendarsteller im Firmen-Theater. Er schafft dann den Schritt zur Revue. In der Nachkriegszeit wird Tognazzi auf der Bühne populär und hat mit seinem Partner Raimondo Vianello im Fernsehen mit dem Programm *Uno, due, tre* Erfolg. 1950 Filmdebüt in *I cadetti di Guascogna* (Mario Mattoli), woran sich viele unbedeutende Unterhaltungsfilme anschließen, in denen er meist die Figuren, die ihn auf der Bühne populär gemacht haben, wiederholt. Ausnahmen sind seine Leistungen in Stenos *Totò nella luna* (1958) und in der Titelrolle von *Il federale,* einer Persiflage auf den Faschismus. 1962 bedeutet *La voglia matta,* in dem Tognazzi in einen Ingenieur verkörpert, der seinen Kopf wegen eines Mädchens verliert, einen qualitativen Fortschritt in seiner Filmlaufbahn. Er begegnet dem Regisseur Marco Ferreri, dem er einige seiner besten Rollen verdankt: Von *L'ape regina* (1962/63) bis *L'udienza* (1971) und *La grande bouffe* (1973) zeichnet er etliche groteske Charaktere, im Kontrast zum selbstzufriedenen Kleinbürger Alberto Sordis. In den 60er Jahren ist Tognazzi Hauptdarsteller mehrerer gelungener Komödien, u. a. *I mostri* (Dino Risi); er behauptet sich auch in Werken wie Ettore Scolas *Il commissario Pepe* und Pier Paolo Pasolinis Groteske *Porcile*. In den 70er Jahren zählt er zu den beliebtesten Schauspielern Italiens. Mario Monicellis *Amici miei* und Eduard Molinaros *La cage aux folles,* in dem er neben Michel Serrault mit Einfühlungsvermögen einen Homosexuellen spielt, sind große Kassenschlager. 1981 in Cannes Schauspielerpreis für seine Leistung als Käsefabrikant Primo Spaggiari in Bernardo Bertoluccis Drama *La tragedia di un uomo ridicolo*. Als Mitte der 80er Filmrollen spärlicher werden, wendet er sich wieder der Bühne und dem Fernsehen zu.

[IT] 1950: I cadetti di Guascogna. 1951: Auguri e figli maschi!; Una bruna indiavolata; La paura fa 90. 1953: Amore in città. 6. Ep: Gli italiani si voltano (Liebe in der Stadt) [EP]; Sua Altezza ha detto: no!; Siamo tutti milanesi; Se vincessi 100 milioni. 2. Ep: Il principale [EP]; L'incantevole nemica/Pattes de velours [IT/FR]. 1954: Café Chantant; Milanesi a Napoli; Ridere, ridere, ridere! 1955: La moglie è uguale per tutti. 1958: Mia nonna polizotto; Marinai, donne e guai/Marineros, ¡no miréis a las chicas! [IT/ES]; Fantasmi e ladri; Mia nonna polizotto; Totò nella luna; Domenica è sempre domenica; Il terribile Teodoro. 1958/59: Non perdiamo la testa. 1959: Tipi da spiaggia; La pica sul Pacifico; La sceriffa (Tina räumt auf); Assi alla ribalta; Guardatele, ma non toccatele (Petticoats und Fallschirmjäger); La ducessa di Santa Lucia; Noi siamo due evasi/Somos dos fugitivos [IT/ES]; Psicanalista per signora/Le confident de ces dames [IT/FR]; La cambiale; Le cameriere; I baccanali di Tiberio. 1959/60: Genitori in blue jeans (Die halbstarken Eltern); Il principe fusto (Von mir aus auch mit Liebe). 1960: Femmine di lusso (Luxusweibchen); Il mio amico Jekyll; Psycosissimo; Un dollaro di fifa; A noi piace freddo ...!!; Tu che ne dici?; Le olimpiadi dei mariti. 1961: Gli incensurati; Dott. Tanzanella, medico personale del ... fondatore dell'impero (Sua eccellenza si fermò a mangiare); Tognazzi e la minorenne (La ragazza di 1000 mesi); Pugni, pupe e marinai; I magnifici tre; Il federale (Zwei in einem Stiefel); Cinque marines per cento ragazze; Che gioia vivere!/Quelle joie de vivre (Halt mal die Bombe, Liebling) [IT/FR]; Il mantenuto (Die Nächste bitte!) [D,R, CoA]. 1961/62: Una domenica d'estate. 1962: Fra Diavolo/I tromboni di fra' Diavolo [ES/IT]; La voglia matta (Lokkende Unschuld); La marcia su Roma/La marche sur Rome [IT/FR]; La cuccagna; Il giorno più corto; I motorizzati/Los motorizados [IT/ES]. 1962/63: L'ape regina/Le lit conjugal (Die Bienenkönigin) [IT/FR]. 1963: I mostri/Les monstres [EP – IT/FR]; Liolà/Le coq du village [IT/FR]; I fuorilegge del matrimonio [EP]; La donna scimmia/Le mari de la femme à barbe [IT/FR]; Le ore dell'amore; La donna degli altri è sempre più bella. 4. Ep: Luna di miele [EP]; Ro.-Go.Pa.G. 4. Ep: Il pollo ruspante/Le poulet qui gratte la terre [EP – IT/FR]; Follie d'estate; Alta infideltà. 4. Ep: Gente moderna/Haute infidelité (Ehen zu dritt) [EP – IT/FR]. 1963/64: La vita agra. 1964: Il magnifico cornuto/Le cocu magnifique (Cocü) [IT/FR]; Controsesso. 2. Ep: Il professore [EP – IT/FR]. 1965: Una moglie americana/Mes femmes américaines (Schlüsselparty in Texas) [IT/FR]; Io la conosceve bene/Je la connaissais bien/Ich habe sie gut gekannt [IT/FR/ BRD]; I complessi/Les complexés. 2. Ep: Il complesso della schiava nubiana [EP – IT/FR]; Ménage all'Italiana; Oggi, domani, dopodomani. 1. Ep: L'uomo dei cinque palloni [EP – IT/FR]; Una questione d'onore/Une question d'honneur (Eine Frage der Ehre) [IT/FR]. 1966: I nostri mariti. 3. Ep: Il marito di Attilia [EP – IT/ FR]; Le piacevoli notti. 1. Ep [EP]; Marcia nuziale. 1. Ep: Famiglia felice/2. Ep: Prime nozze/3. Ep: Dovere coniugale/4. Ep: Igiene coniugale [EP – IT/FR]. 1966/ 67: Il fischio al naso [D,R,CoA. 1967: L'harem [IT/FR]; L'immorale/Beaucoup trop pour un seul homme (Unmoralisch lebt man besser) [IT/FR]. 1968: Sissignore [D,R,CoA]; Straziami, ma di baci saziami/Fais-moi très mal ... mais couvremoi de baisers [IT/FR]; Il padre di famiglia/Jeux d'adultes (Familienvater) [IT/FR]; Sissignore [D,R,CoA]; La bambolona; Barbarella (Barbarella) [IT/FR]. 1968/69: Satyricon (Die Degenerierten). 1969: Il commissario Pepe; Cuori solitari (Einsame Herzen); Nell'anno del Signore/Les conspirateurs [IT/ FR]; Porcile/Porcherie (Der Schweinestall) [IT/FR]. 1969/70: La Califfa (La Califfa) [IT/FR]. 1970: Venga a prendere il caffè ... da noi (Schwestern teilen alles); Splendori e miserie di Madame Royale/Que fais-tu grande folle? [IT/FR]. 1970/71: Stanza 17–17, palazzo delle tasse, ufficio delle imposte. 1971: In nome del popolo italiano; L'udienza/L'Audience (Die Audienz) [IT/FR]; La supertestimone. 1971/72: Questa specie d'amore (Eine merkwürdige Liebe). 1972: Il generale dorme in piedi; Il Maestro e Margherita/Majstor i Margarita (Der Meister und Margarita) [IT/YU]. 1972/73: Vogliamo i colonnelli (Cronaca di un colpo di stato). 1973: La proprietà non è più un furto/La propriété, c'est plus le vol [IT/FR]; La grande bouffe/La granda abbuffata (Das große Fressen) [FR/IT]; Touche pas la femme blanche/Non toccare la donna bianca (Hände weg von weißen Frauen!) [FR/IT]. 1974: Permette, signora, che ami vostra figlia? [IT/FR]; Romanzo popolare/Romances et confidences [IT/FR]; La mazurka del barone, della Santa e del fico fiorone. 1974/75: La faille/La smagliatura/Der dritte Grad [FR/IT/BRD]. 1975: Un sorriso, uno schiaffo, un bacio in bocca; L'anatra all'arancia (Ente auf Orange); Amici miei (Ein irres Klassentreffen). 1976: Telefoni bianchi; Al piacere di rivederla [IT/FR]; Signore e signori, buonanotte [EP]; Cattivi pensieri [D,R,CoA]. 1977: La stanza del vescovo/La chambre de l'évêque [IT/FR]; Nenè; I nuovi mostri. 8. Ep: Pornodiva [EP]; Casotto (Strandgeflüster); Il gatto (Der Kater läßt das Mausen nicht). 1978: La cage aux folles/Il vizietto (Ein Käfig voller Narren) [FR/IT]; Dove vai in vacanza? 2. Ep: Sarò tutta per te [EP]; Primo amore di Dino Risi (Ein Sack voller Flöhe); La mazzetta. 1978/79: L'ingorgo (Una storia impossibile)/Le grand embouteillage/Stau/El gran atasco [IT/FR/BRD/ES]. 1979: I viaggiatori della sera/Los viajeros del atardecer [D,R,CoA – IT/ES]. 1979/80: La terrazza/La terrasse (Die Terrasse) [IT/ FR]. 1980: Arrivano i bersaglieri; Sono fotogenico/Je suis photogénique [IT/FR]; Les séducteurs/I seduttori della domenica. 4. Ep: Le carnet d'Armando (Sunday Lovers) [EP – FR/IT]; La cage aux folles II/Il vizietto II (Ein Käfig voller Narren 2) [FR/IT]. 1981: La tragedia di un uomo ridicolo (Die Tragödie eines lächerlichen Mannes). 1982: Scusa se è poco. 1. Ep: Gli ultimi cinque minuti (Sex von Seite 17) [EP]; Amici miei, atto II. 1983: Scherzo del destino in agguato dietro l'angolo come un brigante da strada; Il petomane. 1984: Fatto su misura; Bertoldo, Bertoldino e Cacasenno; Dagobert/Le bon roi Dagobert (Der dicke König Dagobert) [IT/FR]. 1985: Sogni e bisogni [TV]; Amici miei, atto III; La cage aux folles III/Matrimonio con vizietto (Ein Käfig voller Narren III – Jetzt wird geheiratet) [FR/IT]. 1986: Yiddish connection (Safe Breaker) [FR]. 1987: Ultimo minuto (In letzter Minute). 1988: Arrivederci e grazie (Das Chaoten-Duo); I giorni del commissario Ambrosio. 1989: Tolérance [FR]. 1990/91: La batalla de los tres reyes/Tamburi di fuoco/Bitva treh korolej [ES/MA/IT/RU]. 1991: Una famiglia in giallo [TVS].

Tolnay, Klári

*27. 7. 1914 Mohora

Beginn ihrer Schauspielerkarriere 1934 an der Komödie in Budapest; auch nach 1945 dort an verschiedenen Bühnen. Filmdebüt 1934 in István Szekelys *Meseautó*. Im Film seit den 30er Jahren zahlreiche, sehr vielfältige Aufgaben, u. a. bei den Regisseuren Victor Bánky (*Bors István,* 1939), ihrem Ehemann Ákos Ráthonyi (*Egy csók és más semmi,* 1940) und Jozsef Daroczy (*Férfiküség,* 1942). Sie spielt oft Mutterrollen in Unterhaltungsfilmen, beherrscht aber auch das Charakterfach. Eine ihrer Glanzpartien ist die Titelfigur in László Kalmárs *Déryné* (1951), herausragend ebenso die Verkörperung der Mutter Vajkay in László Ranódys *Pacsirta* (1963). Die Protagonistin ist sie auch in *Szemtől szeme* (Zoltán Várkonyi, 1970). Wieder unter Regie von Várkonyi ist Tolnay 1977 die Gräfin Treudelinda in *Fekete gyémántok*. Eine reife Frauengestalt, die Erzieherin Geraldin, verkörpert sie in dem Historienfilm *Vörös grófnő* (András Kovács, 1985). Danach fast nur noch als Synchronsprecherin tätig.

[HU] 1934: Meseautó (Märchenauto). 1935: Az okos mama (Die kluge Mama). 1936: Dunaparti randevú (Rendezvous an der Donau); Légy jó mindhalálig (Sei gut bis in den Tod). 1937: Az én lányom nem olyan (Meine Tochter ist nicht wie die anderen); Pesti mese (Eine Budapester Geschichte); A kölcsönkért stastély (Das geliehene Schloß). 1938: Gyímesi vavirág (Gyimes Blume); Döntő pillanat (Der entscheidende Augenblick). 1939: Troprini naász (Troprins Nächte); Bors István. 1940: Erzsébet királyné (Königin Elisabeth); Havasi napsütés; Tóparti látomás (Vision am See); Vissza az úton (Rückkehr); Egy csók és más semmi (Ein Kuß und weiter nichts). 1941: Az ördög nem alszik (Der Teufel schläft nicht); A Karthausi (Das stumme Kloster); Három csengö (Drei Sonette). 1942: Pista tekintetes úr (Monsieur Etienne); Férfiküség (Die Treue eines Mannes). 1943: Rákóczi nótája (Rákóczis Lied); Meneful ... ember (Der Mann auf der Flucht); Féltékenység (Eifersucht). 1944: Idegen utakon. 1946: XIV. Reneé/Renée XIV. Der König streikt [Unvollendet]. 1948: Tûz! (Feuer); Beszterce ostroma (Die Belagerung von Beszterc). 1949: Egy asszony elindul (Eine Frau beginnt das Leben). 1951: Déryné (Frau Déry). 1954: Rokonok (Verwandte). 1956: Ünnepi vacsora (... aber die Verwandten); Mese a 12 találatról (Märchen von den 12 Treffern). 1957: Dani (Konflikt des Herzens). 1958: A tettes ismeretlen (Der Schuldige ist unbekannt); Micsoda éjszaka! (Was für eine Nacht). 1959: Akiket a pacsirta elkísér (Der Hof in der Pußta). 1960: Virrad (Der Tag bricht an); Fûre lépni szabad (Oh, diese Untermieter). 1961: Nem ér a nevem (Nur ein Spaß). 1962: Fagyosszentek (Hagelwetter); Angyalok földje (Das Land der Engel); Mindenki ártatlan? (Jeder ist unschuldig). 1963: Pacsirta (Die Lerche); Hogy állunk fiatalember? (Wie steht's junger Mann?). 1966: Apa (Vater); Aranysárkány (Der goldene Drachen). 1967: Utószezon (Nachsaison); Az özvegy és a százados (Die Witwe und der Hauptmann); Tutoszezon (Die Vorladung); A koppányi Aga testamentuma (Das Testament des Aga) [TV]. 1968: Elsietett házasság (Die übereilte Heirat). 1970: Hatholdas rózsakert (Ein Rosengarten von sechs Joch) [TV]; Szemtől szeme; Szerelmi álmok/Liszt (Liebesträume) [HU/SU]. 1971: Jó estét nyár, jó estét szerelem (Gute Nacht, Liebe) [TV]; Reményke ők (Eine herrliche Familie). 1972: Volt egyszer egy család (Es war einmal eine Familie). 1975: Osszony a viharban (Eine Frau im Sturm) [TV]. 1976: Ballagó idö (Lausbuben in den Ferien). 1977: Fekete gyémántok (Schwarze Diamanten). 1978: Nem élhetek muzsikaszó nélkûl (Ohne Musik kann ich nicht leben); Legato (Legato). 1979: Hatholdas rózsakert (Hatholdas Rosengarten). 1980: Kojak Budapesten. 1981: A messziről jött ember (Der große Reisende) [TV]; Rózsa néni elintézi (Tante Rosa greift ein) [TV]. 1983: A csoda vége; Ök tudják mi a szerelem [TV]; Reumavalcer (Ernste Absichten – heitere Aussichten) [TV]; Felhőjáték (Capricen im Transit). 1985: Vörös grófnő (Die rote Gräfin). 1991: Egy igazi bohóc [TV]. 1994: Drága kisfiam [TV – HU/CA].

Tolubeev, Jurij

(Jurij Vladimirovič Tolubeev)
*1. 5. 1905 St. Petersburg
†28. 12. 1979 Leningrad

Bis 1929 Ausbildung am Theaterinstitut in Leningrad. Danach Engagements an verschiedenen Bühnen, ab 1942 am Puškin-Theater. Filmdebüt 1935. Mehrere Rollen bei Grigorij Kozincev, so 1937 als Streikbrecher in *Vozvraščenie Maksima,* 1957 neben Nikolaj Čerkasov als Sančo Pansa in *Don Kichot* und 1964 als Polonij in *Gamlet.* Sein Rollenfach sind auch Charaktere wie der Generalmajor Lavrov in *Velikij perelom* (Fridrich Ermler, 1945) und der Professor Beljaev in *Front za liniej fronta* (Igor' Gostev, 1978). 1952 erscheint sein Buch «Put' k obrazy». 1967 wird ihm ein Dokumentarfilm gewidmet. Mehrere nationale Auszeichnungen.

[SU] 1935: Soveršennoletie; Lunnyj kamen'. 1937: Vozvraščenie Maksima (Maxims Rückkehr); Šachtery; Tajga zolotaja; Na otdyche; Doè Rodiny. 1938: Professor Mamlok (Professor Mamlock); Čelovek s ruž'em (Der Mann mit dem Gewehr). 1938/39: Velikij graždanin (Der große Patriot). 1939: Vyborgskaja storona (Die Wyborger Seite); Doktor Kaljužnyj (Der Sonne entgegen). 1940: Jakov Sverdlov (Der erste Präsident). 1941: Frontovye podrugi. 1943: Princ i niščij. 1945:

Velikij perelom (Die große Wende); Prostye ljudi. 1946: Ostrov bezymjannyj. 1949: Konstantin Zaslonov; Aleksandr Popov (Das erste SOS); Stalingradskaja bitva (Stalingrader Schlacht). 1950: Velikaja sila (Die große Kraft). 1952: Revizor (Der Revisor). 1953: Čest' tovarišča (Söhne der Heimat); Belinskij; Les. 1955: Michajlo Lomonosov; Neokončennaja povest' (Sehnsucht). 1957: Don Kichot (Don Quichotte). 1958: Den' pervyj (Nacht der Entscheidung). 1960: Šinel' (Der Mantel). 1962: Duša zovet; Gorizont; Razdum'ja. 1964: Gamlet (Hamlet). 1965: Avarija. 1968: Chronika pikirujuščego bombardirovščika (... und sie waren noch nicht erwachsen). 1971: Noènaja smena. 1972: Dostojanie respubliki (Geraubte Schätze). 1973: Mečenyj atom (Ein Spion wird gejagt); Pjataja četvert' (Träume mit Luftschaube). 1978: Front za liniej fronta (Front hinter der Frontlinie).

Tordai, Teri

(Teri Torday)
*28. 12. 1941 Debrecen
Nach einer Ballettausbildung Studium an der Theater- und Filmhochschule in Budapest, Diplomabschluß 1964. Anschließend Engagements an verschiedenen Bühnen. Bereits 1962 hat sie ihr Filmdebüt in *Esős vasárnap* (Márton Keleti). Schwerpunkt ihrer künstlerischen Arbeit sind auch weiterhin Film und Fernsehen. Zwischen 1965 und 1975 arbeitet sie überwiegend in der BRD, in Österreich, Italien und Frankreich, so u.a. unter Regie von Franz Antel relativ textilarm in einer Reihe von platten Sex-Lustspielen wie *Susanne – die Wirtin an der Lahn, Frau Wirtin hat auch einen Grafen* und *Frau Wirtin treibt es jetzt noch toller*. Als Bildhauerin Lenie in *Mephisto* (István Szábo, 1980/81) erhält sie eine differenzierte Aufgabe. Ebenfalls bei Szábo ist sie die Gräfin Festetich in *Redl ezredes* (1984/85). Große Popularität als Großmutter in *Piroska és a farkas* (Márta Mészaros, 1988).

[HU] 1962: Esős vasárnap (Verregneter Sonntag). 1963: Párbeszéd (Dialog); Az utolsó előtti ember (Der Vorletzte). 1964: Mit csinál felséged 3-től 5-ig? (Majestät auf Abwegen). 1965: Ferien mit Piroschka [AT/BRD]; Tilos a szerelem (Liebe ist verboten); Háry János (Háry János); Ketten haltak meg (Sie starben zu zweit). 1966: Nem szoktam hazudni (Ich lüge nie); Kárpáthy Zoltán (Die Vergeltung); Egy magyar nábob (Die Fehde der Geier); Sok hüség semmiért (Die Treue der Eva); Columbus 64 [TV – DDR]. 1967: Sellőa pecsétgyűrűn (Die Nixe auf dem Siegelring) [TV]; Könnyű kis gyilkossag (Ein leichter kleiner Mord) [TV]; Susanne – die Wirtin an der Lahn/I dolci vizi della casta Susanna/Suzanne (Die Wirtin von der Lahn) [AT/IT/HU]. 1968: Elsietett házasság (Die übereilte Heirat); Frau Wirtin hat auch einen Grafen/Susanna ... e i suoi dolci vizi alla corte del re/A fogadosnenak is van egy grofja [BRD/AT/IT/HU]; Otto ist auf Frauen scharf [AT/BRD]; Próféta voltál szivem (Du warst auch ein Prophet, mein Lieber); Der Turm der verbotenen Liebe/Le dolcezze del peccato/La tour de Nesle [BRD/IT/FR]. 1968/69: Frau Wirtin hat auch eine Nichte/Il trionfo della casta Susanna [AT/BRD/CH]. 1969: Warum hab' ich bloß zweimal ja gesagt/Der liebestolle Schlafwagenschaffner/Professione bigamo [BRD/IT]; Liebe durch die Hintertür/Nacke-di, nacke-du, nackedei [AT/BRD]. 1969/70: Frau Wirtin bläst auch gern Trompete/Le piacevoli notti di Justine [BRD/AT/IT]. 1970: Frau Wirtin treibt es jetzt noch toller [AT/BRD]. 1971: Der Kapitän [BRD]; Jó estét nyár, jó estét szerelem (Gute Nacht, Liebe) [TV]; Hurra, wir sind mal wieder Junggesellen [BRD]; Einer spinnt immer [BRD]; Mein Vater, der Affe und ich [AT/BRD]. 1972: Bob Herceg (Prinz Bob) [TV]. 1973: Frau Wirtins tolle Töchterlein/Leva lo diavolo tuo dal ... convento [BRD/IT]. 1974: Es war nicht die Nachtigall [BRD]; Monika und die Sechzehnjährigen [BRD]; A Pendragon legenda (Die Pendragon-Legende); Jelbeszéd (Zurück ins Leben). 1975: Verbrechen nach Schulschluß [BRD]. 1976: Gilgames (Gilgamesch) [TV]. 1978: Nem élhetek muzsikaszó nélkűl (Ohne Musik kann ich nicht leben); Love-Hotel in Tirol/Das Liebeshotel in Tirol [BRD/AT]; Kinek a törvénye (Wessen Gesetz?). 1980: Der Bockerer [AT/BRD]; A névtelen vár (Die namenlose Burg) [TV]. 1980/81: Mephisto [HU/BRD]. 1981: Anna/Une mère, une fille (Geliebte Anna) [HU/FR]. 1982: Viadukt/Der Fall Sylvester Matuska/Sylvester Syndrome [HU/BRD/US]; Névtelen vár; Liszt Ferenc/Franz Liszt [TVS – HU/BRD/IT/FR]. 1983: Délibábok országa (Im Land des Trugbildes). 1984: Popcorn & Paprika [BRD/HU]. 1984/85: Redl ezredes/Oberst Redl [HU/BRD]. 1985: Vörös grófnő (Die rote Gräfin). 1986: Aranyidő (Goldene Zeiten) [TV]; Banánhéjkeringő. 1987: Szeleburdi vakáció (Familie Wirbelwind auf Urlaub); Napló szerelmeimnek (Tagebuch für meine Lieben); Isten velentek, barrátaim. 1988: Vadon (Wie ein Blatt im Wind); Titánia, Titánia [HU/BRD]; Hanna's War (Hanna's War) [US]. 1989: Piroska es a farkas 2000-ben/Bye Bye Red Riding Hood (Abschied vom Zauberwald) [HU/CA]. 1993: A Magzat (Anna, die Leihmutter) [HU/PL]; Privát kopó I: Örökség [TV].

Torn, Rip

(Elmore Rual Torn Jr.)
*6. 2. 1931 Temple (Texas)
Landwirtschaftsstudium an der University of Texas. Mitte der 50er Jahre erste kleine Fernsehrollen und 1956 Filmdebüt in Elia Kazans *Baby Doll*. Danach Schauspielstudien am Actors Studio und Tanzunterricht bei Martha Graham. Als Finley Jr. in «Sweet Bird of Youth» am Broadway. Seit Ende der 50er Jahre Charakterdarsteller in zahlreichen Kino- und Fernsehfilmen, häufig auch unabhängigen Produktionen. Bisweilen auch in Hauptrollen, denen er ungewöhnliche Züge und Tiefe verleiht: in Joseph Stricks *Tropic*

of Cancer als Henry Miller im Paris der 20er Jahre, als tingelnder Country-Sänger in Daryl Dukes Kultfilm *Payday*, als Hinterwäldler in Florida in Martin Ritts *Cross Creek* (Oscar-Nominierung). 1988 mit Whoopie Goldberg und Elliott Gould besetzter Regie-Versuch *The Telephone* nach einem Drehbuch von Harry Nilsson und Terry Southern.

[US] 1956: Baby Doll (Baby Doll). 1957: Time Limit (Wenn Männer zerbrechen); A Face in the Crowd (Das Gesicht in der Menge). 1959: Pork Chop Hill (Mit Blut geschrieben). 1961: The King of Kings (König der Könige); Hero's Island (Insel der Gewalt). 1962: Sweet Bird of Youth (Süßer Vogel Jugend). 1963: Critic's Choice (Tu das nicht, Angelika). 1965: The Cincinnati Kid (Cincinnati Kid); One Spy Too Many (Ein Spion zuviel). 1966: You're a Big Boy Now (Big Boy, jetzt wirst du ein Mann!). 1967: Beach Red (Blutiger Strand); Sol Madrid (Kugeln sind sein Autogramm). 1968: Beyond the Law. 1969: Coming Apart. 1969/70: Tropic of Cancer (Wendekreis des Krebses). 1971: The President's Plane Is Missing [TV]; Maidstone. 1972: Slaughter (Slaughter). 1973: Payday (Zahltag). 1973/74: Crazy Joe (Testament in Blei) [US/IT]. 1975: Attack on Terror (FBI – Kampf dem Terror) [TV]. 1976: The Birch Interval; The Man Who Fell to Earth (Der Mann, der vom Himmel fiel) [GB]. 1977: Nasty Habits (Eine beispiellose Affäre) [GB]. 1978: Coma (Coma); Betrayal [TV]; The Private Files of J. Edgar Hoover (Ich bin der Boß). 1979: Blind Ambition [TV]; Steel Cowboy (Cowboy mit 300 PS) [TV]; A Shining Season [TV]; Heartland (Land meines Herzens); The Seduction of Joe Tynan (Die Verführung des Joe Tynan). 1980: Sophia Loren: Her Own Story (Sophia Loren – Mein Leben) [TV]; Rape and Marriage: The Rideout Case (Verhängnisvolle Leidenschaft) [TV]; One Trick Pony (Die Scheinwerfer verlöschen); The First Family. 1982: A Stranger Is Watching; The Beastmaster (Beastmaster – Der Befreier); Jinxed (Verhext); Airplane II: The Sequel (Die unglaubliche Reise in einem verrückten Raumschiff); The Blue & the Gray (Die Blauen und die Grauen) [TVS]. 1983: Cross Creek. 1984: City Heat (City Heat – Der Bulle und der Schnüffler); Songwriter (Songwriter); Misunderstood; When She Says No [TV]; Flashpoint (Flashpoint – Die Grenzwölfe); Cat on a Hot Tin Roof [TV]. 1985: Beer (B.I.E.R.); The Execution (The Execution) [TV]; Summer Rental. 1986: Manhunt for Claude Dallas (Manhunt for Claude Dallas) [TV]; Laguna Heat (Laguna brennt). 1986/87: Extreme Prejudice (Ausgelöscht). 1987: Destination America (Straße nach Nirgendwo) [TV]; Nadine (Nadine – Eine kugelsichere Liebe). 1988: The Telephone (Telefone Terror) [R]; Blind Curve [KF]. 1989: The Hit List (Mörderischer Irrtum); Cold Feet (Cold Feet); Zwei Frauen [BRD]. 1990: The Hunt for Red October (Jagd auf Roter Oktober); Pair of Aces (Zwei Asse schlgen zu) [TV]; By Dawn's Early Light (Condition Red) [TV]; Kojak: None So Blind (Kojak: Die Verschwörung) [TV]; Defending Your Life (Rendezvous im Jenseits – Eine himmlische Komödie über das Leben danach). 1990/91: Beautiful Dreamers [CA]. 1991: Another Pair of Aces: Three of a Kind (Zwei Asse schlagen wieder zu) [TV]; My Son Johnny [TV]; Hard Promises (Der Mann meiner Frau); Columbo: Dead Hits the Jackpot (Columbo: Tödlicher Jackpot) [TV]; Dolly Dearest. 1992: Beyond the Law; Dead Ahead: The Exxon Valdez Disaster; T Bone N Weasel [TV]; Mother's Right: The Elizabeth Morgan Story [TV]. 1993: RoboCop 3 (RoboCop 3); Heart of a Child (Ein Herz für mein Baby); Where the Rivers Flow North. 1994: Canadian Bacon (Unsere feindlichen Nachbarn); John Jakes' Heaven & Hell: North & South, Book III [TV]. 1995: For Better or Worse (Mein Partner mit der heißen Braut); Chicago Hope: Hello Goodbye [TV]; She Stood Alone: The Tailhook Scandal [TV]; The Almost Perfect Bank Robbery [TV]; How to Make an American Quilt (Ein amerikanischer Quilt); Letter to My Killer (Blackmail); Down Periscope (Mission: Rohr frei). 1996: Trial and Error. 1997: Men in Black.

Törőcsik, Mari

* 23. 11. 1935 Pély

Bis 1957 Studium an der Theater- und Filmhochschule in Budapest, anschließend am Nationaltheater. Ihr eindrucksvolles Filmdebüt in der Rolle des Mädchens Mari in Zoltán Fábris *Körhinta* (1955) macht sie sofort international bekannt; es folgen anspruchsvolle Hauptrollen sowohl dramatischen als auch komödiantischen Charakters. Zahlreiche Festivalauszeichnungen als beste Schauspielerin, u. a. in Karlovy Vary 1960 für die Gestaltung der Titelrolle, des Frechdachses Borbála Varga, in Mihály Szemes' *Kölyök* bzw. 1972 für die Rolle der Juli in István Gaáls *Holt vidék*. 1976 Schauspielerpreis in Cannes für die Darstellung der Frau Déry in *Déryné, hol van?* In dem TV-Film *Peer Gynt* (Gáal, 1987) spielt sie die Aase. Seit 1993 ist sie Direktorin des neuen Künstlertheaters Budapest.

[HU] 1955: Körhinta (Karussell). 1957: Külvárosi legenda (Vorstadtlegende); Két vallomás (Zwei Geständnisse). 1958: Édes Anna (Schuldig?); Vasvirág (Die Eisblume); Szent Péter esernyője (Der Regenschirm des heiligen Petrus) [HU/CS]. 1959: Kölyök (Der Frechdachs); Gyalog a mennyországba (Zu Fuß in den Himmel); Kard és kocka (Säbel und Würfel); Almatlan évek (Traumlose Jahre). 1960: Légy jó mindhalálig (Der Freischüler); Két emelet boldogság (Zwei Stockwerke Glück); Három csillag. 1961: Az igéret földje (Das Land des Versprechens); Házasságból elégséges (Ehe: genügend). 1962: Isten őszi csillaga (Stern am Herbsthimmel); Elveszett paradicsom (Das verlorene Paradies). 1963: Pacsirta (Die Lerche); Párbeszéd (Dialog); Bálvány (Das Idol). 1964: Négy lány egy udvarban (Stunde ohne Wiederkehr). 1965: Nem (Nein); Tilos a szerelem (Liebe ist verboten). 1966: Othello gyulaházán (Viel Lärm um Othello) [TV]; Čs akkor a pasas ... (Und dann hat der Kerl ...); Sikátor (Winkelgasse). 1967: Kártyavár (Das Kartenhaus); Jaguár. 1968: Holdudvar (Entgleistes Leben); Mocorgo [TV]; A Pál utcai fiúk/The Boys of Paul Street (Die Jungs aus der Paulstraße) [HU/US]; Csend és kiáltás (Stille und Schrei). 1969: Szemüvegesek (Brillenträger); Egy őrült éjszaka (Verrückte Nacht); Szeressétek Odór Emiliát (Liebt Emilia!). 1970: N. N. a halál angyala (N. N., der Todesengel); Kékliszta szerelem [TV]; Utazás a koponyám körül (Reise um meinen Schädel); Szerelem (Liebe); Mérsékelt égöv (Gemäßigte Zone); Volt egyszer egy borbély (Es war einmal ein Barbier) [TV]. 1971: Prés (Zwang); Hangyaboly (Ameisennest); Trotta [BRD]; Holt vidék (Toter Ort). 1972: Volt egyszer egy család (Es war einmal eine Familie); A Müller család halála (Der Tod der Familie Müller) [TV]; Harminckét nevem volt (Meine 32 Namen); Jó estét nyár, jó estét szerelem (Gute Nacht, Liebe). 1973: Végül. 1974: Felelet (Die Antwort) [TV]; Szerelmem Elektra (Meine Liebe – Elektra); Macskajáték (Katzenspiel); Szarvassá vált fiúk (Söhne des Feuers). 1975: Déryné, hol van? (Frau Déry, wohin gehen Sie?); Várakozók (Die Wartenden). 1976: Kapenz-Rekviem egy hazmesterlaynert (Torgeld) [TV]. 1977: Teketória (Faxen); Ki látott engem? 1979: Kinek a törvénye (Wessen Gesetz?); A téglafal mögött (Hinter der Ziegelmauer). 1980: Két történet a félmúlból; Szines tintákról álmodom (Ich träume in Farben). 1981: Fogadó az Örök Világossághoz (Die Herberge «Zur ewigen Klarheit»). 1982: Visszaesők (Rückfällige); Szerencsés Dániel (Daniel nimmt den Zug). 1983: ? (Der Besuch) [TV]; Szegény Dzsoni és Arnika (Der arme Jonny und die Prinzessin Arnika); A csoda vége; Felhőjáték (Capricen im Transit). 1984: Klapka légió; Anna és Anton [TV]. 1985: A Rejtőzködő; Első kétszáz évem. 1986: Szamarköhögés (Keuchhusten). 1987: Peer Gynt (Peer Gynt) [TV]. 1989: Music Box (Music Box – Die ganze Wahrheit) [US]; Eszterkönyv; A hecc. 1990: Napló apamnak, anyamnak (Tagebuch für meine Eltern). 1993: A turné (Die Tournee); Vigyázók (Die Aufseher); Hoppá. 1994: Drága kisfiam [HU/CA]. 1995: A részleg [HU/RO]; Eretlenek [TVS]. 1997: Hosszú Alkony.

Totò

(Antonio de Curtis Gagliardi Ducas Comneno di Bisanzio)
*15. 2. 1898 Neapel
†15. 4. 1967 Rom

Nach dem Studium Arbeit als Bühnenschauspieler, bei der er sich bald als hervorragender Komiker entpuppt. Schon damals entsteht sein unverwechselbares Erscheinungsbild: schäbiger Zylinder, zu große Beinkleider, bunte Socken, die unter der Hose herausschauen. Filmdebüt 1936 im Film *Fermo con le mani!* (Gero Zambuto), der wenig Anklang findet. Er kehrt in den 40er Jahren zum Theater zurück, wo er in Zusammenarbeit mit Anna Magnani große Erfolge feiert. Im Kino gelingt ihm der Durchbruch 1947 mit Mario Mattolis *I due orfanelli*. Er intensiviert seine Filmarbeit, bis er sich ihr ab 1950 ausschließlich widmet. Obwohl er ein Publikumsliebling ist, werden Totòs Erfolge *Totò le Moko* (C. L. Bragaglia) und *Totò a colori* (Mario Monicelli, Steno) von der Kritik kaum beachtet oder gering geschätzt. Auch als ernster Schauspieler kann er sich behaupten. In tiefgründigen Filmen von Eduardo De Filippo (*Napoli milionari*), Mauro Bolognini (*Arrangiatevi!*) und Vittorio de Sica (*L'oro di Napoli*) setzt er sich als Schauspieler gekonnt mit sozialkritischen Themen auseinander. Auch Roberto Rossellini verpflichtet ihn 1953 für *Dov'è la libertà ...?* Anfang der 60er Jahre setzt Totò die lange währende Zusammenarbeit mit Eduardo De Filippo fort. Zusammen spielen sie u. a. 1960/61 in *Signori si nasce* (Mattoli), in *Chi si ferma è perduto* (Sergio Corbucci) und in *Totò, Peppino e ... la dolce vita* (Corbucci). 1966 begegnet Totò Pier Paolo Pasolini, der ihm die Hauptrolle in seinem Film *Uccellacci e uccellini* anbietet und ihn dann für die Episoden *La terra vista dalla Luna* in *Le streghe* und *Che cosa sono le nuvolo* in *Capriccio all'italiana* verpflichtet. Es sind seine letzten Arbeiten, in denen er zugleich lächerliche und tragische, poetische und exzentrische Menschen darstellt; sie gehören zweifellos zu seinen besten Leistungen. Einsetzend mit der kritischen Neubewertung seines Werkes in den 70er Jahren, gilt Totò als einer der großen Komiker der Weltkinematografie – bisweilen auch als mehr als ein Komiker.

[IT] 1936: Fermo con le mani! 1939: Animali pazzi. 1940: San Giovanni decollato. 1941: L'allegro fantasma. 1943: Due cuori fra le belve. 1945: Il ratto delle Sabine/Il professor Trombone. 1947: I due orfanelli. 1948: Fifa e arena; Totò al giro d'Italia. 1949: Totò cerca casa; Totò le Mokò; Yvonne la nuit; I pompieri di Viggiù; L'imperatore di Capri. 1949/50: Totò cerca moglie. 1950: Napoli milionaria (Millionenstadt Neapel); Tototarzan; Totò sceicco (Toto als Scheich); Le sei mogli di Barbablù; Figaro qua, Figaro là; 47 morto che parla. 1951: Totò terzo uomo; Sette ore di guai; Totò e i Re di Roma; Guardie e ladri (Räuber und Gendarm). 1952: Totò e le donne; Totò a colori. 1953: Dov'è la libertà ...?; Una di quelle; Tempi nostri. 9. Ep: La macchina fotografica./Temps d'aujourd'hui (Tempi nostri) [EP – IT/FR]; Questa è la vita. 3. Ep: La patente (So geht's im Leben) [EP]; Il più comico spettacolo del mondo; Un turco napoletano; L'uomo, la bestia e la virtù (Der Mensch, das Tier und die Tugend). 1954: Totò cerca pace; Il medico dei pazzi; Miseria e nobiltà (Verkaufte Unschuld); I tre ladri/Trois voleurs (Gaunerparade) [IT/FR]; L'oro di Napoli. 1. Ep: Il guappo (Das Gold von Neapel) [EP]. 1954/55: Totò all'Inferno; Totò e Carolina. 1955: Siamo uomini o caporali? [D,CoA]; Destinazione Piovarolo; Racconti romani/Les mauvais garçons (Vier Herzen in Rom) [IT/FR]; Il coraggio (Der Lebensretter). 1955/56: La banda degli onesti. 1956: Totò, Peppino e i fuorilegge; Totò lascia o raddoppia?; Totò, Peppino e ... la malafemmina [D,CoA]. 1957: Totò, Vittorio e la dottoressa/Dites 33/Mi mujer es doctor (Mein Allerwertester) [IT/FR/ES]; La legge è legge/ La loi ... c'est la loi (Gesetz ist Gesetz) [IT/FR]. 1958: Gambe d'oro; Totò e Marcellino/Mon gosse [IT/FR]; I soliti ignoti (Diebe haben's schwer); Totò a Parigi/ Parisien malgré lui [IT/FR]; Totò, Peppino e le fanatiche; Totò nella luna; Totò, Eva e il pennello proibito/Un coup fumant/La culpa fue de Eva [IT/FR/ES]. 1959: I ladri [IT/ES]; I tartassati/Fripouillard et Cie [IT/FR]; Arrangiatevi ; La cambiale. 1959/60: Noi duri (Die Hartgesottenen). 1960: Totò, Fabrizi e i giovani d'oggi; Risate di gioia (Dieb aus Leidenschaft); Letto a tre piazze; Signori si nasce. 1961: Totò contro Maciste; I due marescialli; Chi si ferma è perduto; Dott. Tanzanella, medico personale del ... fondatore dell'impero (Sua eccellenza si fermò a mangiare); Totò, Peppino e ... la dolce vita; Tototruffa ‹62. 1962: Totò diabolicus; Lo smemorato di Collegno; Totò e Peppino divisi a Berlino; I due colonnelli (Die zwei Obersten); Il giorno più corto; Totò di notte n. 1. 1963: Le motorizzate; Il comandante; Il monaco di Monza; Totò contro i quattro; Gli onorevoli; Totò e Cleopatra; Totò sexy. 1964: Risate all'italiana; Che fine ha fatto Totò Baby?; Totò contro il pirata Nero; Totò de Arabia/Totò d'Arabia [ES/IT]. 1965: La Mandragola/La Mandragore (Mandragola) [IT/FR]; Rita, la figlia americana; Le belle famiglie/Ah! Les belles familles. 3. Ep: Amare è un po'morire [EP – IT/FR]; Gli amanti latini. 4. Ep: Amore e morte [EP]. 1966: Uccellacci e uccellini (Große Vögel – kleine Vögel); Operazione San Gennaro/Unser Boss ist eine Dame/Opération San Gennaro [IT/ BRD/FR]; Le streghe/ Les sorcières. 3. Ep: La terra vista dalla luna (Hexen von heute) [EP – IT/FR]. 1968: Totò Story; Capriccio all'italiana. 1. Ep: Il mostro della domenica/3. Ep: Che cosa sono le nuvole? [EP]. 1978: Antologia di Totò [Kompilation]. 1980: Supertotò.

Tracy, Spencer

(Spencer Bonaventure Tracy)
*5. 4. 1900 Milwaukee (Wisconsin)
†10. 6. 1967 Beverly Hills

Besuch der Jesuitenschule St. Rosa's Parochial School sowie der West Side High School in Milwaukee. 1917 bei der Navy. Studium an der Marquette Academy in Milwaukee und der Northwestern Military Academy in Lake Geneva, Wisconsin. 1922 Schauspielstudium in New York an der American Academy of Dramatic Arts und Bühnendebüt. Auftritte in der Provinz. 1926 Broadway-Debüt in «Yellow», 1930 im Gefängnis-Drama «The Last Mile». 1930 Verpflichtung des populären Bühnenschauspielers durch John Ford für seinen Gangsterfilm *Up the River*. Nach einigen Kurzfilmen Vertrag von Fox. 1932 erster Erfolg als Häftling in Michael Curtiz' *20.000 Years in Sing Sing*. 1935–55 arbeitet er für M-G-M. Mit seiner natürlichen, unaufwendigen Spielweise und seinem leisen Humor ist er der ideale Filmschauspieler. Er bietet beeindruckende Leistungen in fast allen Hollywood-Genres. In Fritz Langs *Fury* wandelt er sich als Joe Wheeler vom unschuldig Verfolgten zum harten Gangster. Nach seiner ersten Oscar-Nominierung als burschikoser Pater Mullin in W.S. Van Dykes Erdbebenfilm *San Francisco* (1936) erhält er in den nächsten Jahren zwei Oscars in Folge: als sympathischer Fischer Manuel in Victor Flemings *Captains Courageous* und als Pater Flanagan in Norman Taurogs *Boys' Town*. Er spielt die Titelrolle in Victor Flemings Version von *Dr. Jekyll and Mr. Hyde*. 1941/42 in George Stevens' *Woman of the Year* erstmals neben Katherine Hepburn. Es beginnt damit eine lebenslange Partnerschaft der beiden eigenwilligen Schauspieler, privat und auf der Leinwand. In ausgezeichnet geschriebenen Beziehungskomödien liefern sie sich brillante Wortduelle: Journalist und Witwe eines nationalen Helden in George Cukors *Keeper of the Flame*, Hausbesitzerin und Erfinder in Harold S. Bucquets *Without Love*, Politiker-Ehepaar in Capras *State of the Union*, Rechtsanwälte in Cukors *Adams Rib*, schließlich Sportler in *Pat and Mike* (1952). In den 50er und 60er Jahren mehrere Oscar-Nominierungen, jetzt meist in väterlichen Rollen: als gestreßter Brautvater von Liz Taylor in Vincente Minnellis *Father of the Bride* (1950), als einarmiger Fremder in John Sturges' *Bad Day at Black Rock* (1954) zugleich Darstellerpreis in Cannes, als alter Fischer in Sturges' *The Old Man and the Sea* (1958). Drei weitere Nominierungen für Rollen in Filmen des Regisseurs Stanley Kramer, so als Richter Henry Drummond in *Inherit the Wind* (1960), als Richter Haywood in *Judgment at Nuremberg* (1961) und als Liberaler in Nöten in *Guess Who's Coming to Dinner?* (1967). 1986 präsentiert Katharine Hepburn die TV-Kompilation *The Spencer Tracy Legacy*.

[US] 1930: The Hard Guy [KF]; Taxi Talks [KF]; Up the River. 1931: Quick Millions; Six Cylinder Love; Goldie; Sky Devils (Teufelsflieger). 1931/32: She Wanted a Millionaire. 1932: Disorderly Conduct; Young America; Society Girl; The Painted Woman; Me and My

Gal; 20,000 Years in Sing Sing (20.000 Jahre in Sing Sing); The Face in the Sky. 1933: Shanghai Madness; The Power and the Glory; The Mad Game; Man's Castle (Ein Schloß in New York). 1934: The Show-Off; Looking for Trouble; Bottoms Up (Wovon Mädchen träumen); Now I'll Tell; Marie Galante (Hallo, Marie ...!). 1935: It's a Small World; Murder Man (Der elektrische Stuhl); Dante's Inferno; Whipsaw; Riffraff. 1936: Fury (Zorn); San Francisco (San Franzisko); Libeled Lady (Lustige Sünder). 1936/37: Captains Courageous (Manuel). 1937: They Gave Him a Gun; Big City; Mannequin. 1938: Test Pilot (Der Werkpilot); Boys' Town (Teufelskerle). 1939: Stanley and Livingstone. 1939/ 40: I Take This Woman. 1940: Northwest Passage (Nordwest-Passage); Edison the Man (Der große Edison); Boom Town (Der Draufgänger). 1941: Men of Boys Town (Das sind Kerle); Dr. Jekyll and Mr. Hyde (Arzt und Dämon). 1941/42: Woman of the Year (Die Frau, von der man spricht). 1942: Tortilla Flat; Keeper of the Flame (Die ganze Wahrheit/Hüter der Flamme). 1943: A Guy Named Joe. 1944: Thirty Seconds Over Tokyo (Dreißig Sekunden über Tokio); The Seventh Cross (Das siebte Kreuz). 1944/45: Without Love (Zu klug für die Liebe). 1946: The Sea of Grass (Endlos ist die Prärie). 1947: Cass Timberlane (Fesseln der Liebe). 1948: State of the Union (Der beste Mann). 1948/49: Edward, My Son (Edward, mein Sohn) [GB]. 1949: Malaya (Malaya); Adam's Rib (Ehekrieg). 1950: Father of the Bride (Vater der Braut). 1951: The People Against O'Hara; Father's Little Dividend (Ein Geschenk des Himmels). 1952: Plymouth Adventure (Schiff ohne Heimat); Pat and Mike (Pat und Mike). 1953: The Actress (Theaterfieber). 1954: Bad Day at Black Rock (Stadt in Angst); Broken Lance (Die gebrochene Lanze/Arizona). 1956: The Mountain (Der Berg der Versuchung). 1957: The Desk Set (Die Frau, die alles weiß). 1958: The Last Hurrah (Das letzte Hurra); The Old Man and the Sea (Der alte Mann und das Meer). 1960: Inherit the Wind (Wer den Wind sät). 1961: The Devil at Four O'Clock (Der Teufel kommt um vier); Judgment at Nuremberg (Urteil von Nürnberg). 1963: It's a Mad, Mad, Mad, Mad World (Eine total, total verrückte Welt). 1967: Guess Who's Coming to Dinner (Rat mal, wer zum Essen kommt). 1986 The Spencer Tracy Legacy: A Tribute by Katharine Hepburn (Spencer Tracy – Ein Porträt von Katharine Hepburn) [TV].

Travolta, John

*18. 2. 1954 Englewood (New Jersey)

Der Sohn irisch-italienischer Schauspieler verläßt die Schule, um ebenfalls Schauspieler zu werden. Nach kleinen Rollen im Musical «Grease» und am Broadway hat er 1975–79 Erfolg als altkluger Vinnie Barbarino in der Sitcom *Welcome Back, Kotter*. Filmdebüt 1975. Nach Rollen in Brian DePalmas High-School-Schocker *Carrie* hat er 1977 als Vorstadt-Casanova Tony Manero in John Badhams Disco-Film *Saturday Night Fever* einen Welterfolg und wird für einen Oscar nominiert. Folgende Versuche seiner Produzenten, aus der Verbindung von Film und Musik (Soundtrack-LP) Kapital zu schlagen, haben weniger Erfolg: Randal Kleisers *Grease*, James Bridges *Urban Cowboy*. In den 80er Jahren schwindet sein Star-Image, obwohl er auch in ernsten Rollen sein Können beweist, so als Toningenieur in DePalmas Thriller *Blow Out*. 1989 Comeback des bekennenden Scientologen mit der Komödie *Look Who's Talking* und der Fortsetzung *Look Who's Talking Too*. Schließlich kritische Anerkennung und Oscar-Nominierung in der Nebenrolle eines Killers in Quentin Tarantinos brutalem *Pulp Fiction*.

[US] 1975: The Devil's Rain (Nachts, wenn die Leichen schreien). 1976: Carrie (Carrie – Des Satans jüngste Schwester); Boy in the Plastic Bubble [TV]. 1976–77: Welcome Back, Kotter (Kehre zurück, Kotter) [TVS]. 1977: Saturday Night Fever (Nur Samstag Nacht). 1978: Grease (Schmiere). 1979: Moment by Moment (Von Augenblick zu Augenblick). 1980: Urban Cowboy (Urban Cowboy). 1981: Blow Out (Blow out – Der Tod löscht alle Spuren). 1983: Two of a Kind (Zwei vom gleichen Schlag); Staying Alive (Staying Alive). 1985: Perfect (Perfect). 1987: Basements. 1. EP: The Dumb Waiter (Basements: Der stumme Diener) [TV-EP]. 1989: Look Who's Talking (Kuck' mal, wer da spricht); Eyes of an Angle; The Experts (Die Experten). 1990: Look Who's Talking Too (Kuck' mal, wer da spricht 2). 1991: The Tender (Gefährliche Freundschaft); Boris and Natasha [TV]; Chains of Gold (Ketten aus Gold) [TV]; Shout (Shout). 1993: Look Who's Talking Now! (Kuck' mal, wer da jetzt spricht!). 1994: Pulp Fiction (Pulp Fiction). 1995: Get Shorty (Schnappt Shorty); White Man's Burden (Straße der Rache); Broken Arrow (Operation: Broken Arrow). 1996: Michael (Michael); Phenomenon (Phenomenon). 1996/97: She's So Lovely [D,P]; Mad City; Buddy. 1997: Face/Off; Primary Colors.

Trenker, Luis

*4. 10. 1892 St. Ulrich (Südtirol)
†12. 4. 1990 Bozen

Schulbesuch in St. Ulrich und Bozen, Realschule in Innsbruck, in den Ferien Bergführer und Skilehrer. 1912–14 Technische Hochschule Wien (Architektur). 1914–18 Soldat, ab 1915 Offizier einer Bergführerkompagnie in den Dolomiten. 1920–22 Fortsetzung und Abschluß des Architekturstudiums in Wien und Graz. 1922–27 Architekt in Bozen. Filmdebüt 1923/24 beim Bergfilm-Regisseur Arnold Fanck in *Der Berg des Schicksals*. 1928 nach Berlin. Schauspielerisch auf Berge, Schnee und Eis spezialisiert, so als Partner Leni Riefenstahls in Fancks *Der heilige Berg* und *Der große Sprung*. Als Regisseur auf Themen der Tiroler Heimat zugreifend. Die Kriegsfilme *Berge in Flammen* und *Der Rebell* plädieren für Völkerversöhnung und nationale Unabhängigkeit. *Der verlorene Sohn* und *Der Kaiser von Kalifornien* um scheiternde Auswanderer spielen ganz oder teilweise in Amerika. Die folgenden Bergfilme sind dramatisch, wie *Der Berg ruft* (Remake des Stummfilms *Der Kampf ums Matterhorn* von 1928) und *Der Feuerteufel*, oder komödiantisch wie *Liebesbriefe aus dem Engadin*. 1942 nach Italien, dort u. a. ein Dokumentarfilm über Papst Pius XII.: *Pastor Angelicus*. 1949 Rückkehr nach Tirol, Filmarbeit in München, überwiegend Kurz-Dokumentarfilme. Mitte der 50er Jahre Beteiligung an der Heimatfilm-Welle: Regie und Darsteller u. a. bei *Von der Liebe besiegt* nach seinem Roman «Schicksal am Matterhorn», nur Regie z. B. bei *Sein bester Freund* (mit dem Ski-As Toni Sailer). Im Fernsehen u. a. als Erzähler in Serien wie *Luis Trenker erzählt* und *Berge und Geschichten*. Als Autor von Romanen und Bergbüchern erfolgreich. 1965 erscheinen die Memoiren «Alles gut gegangen». 1982 Filmband in Gold für langjähriges und hervorragendes Wirken im deutschen Film.

[DE/BRD] 1923/24: Der Berg des Schicksals. 1925/ 26: Südtirol [DOK]; Der heilige Berg. 1927: Der große Sprung. 1928: Der Kampf ums Matterhorn [ASS]. 1929: Der Ruf des Nordens/Polarstürme [D,P]. 1929/30: Die heiligen drei Brunnen. 1930: Der Sohn der weißen Berge [D,CoA – Version]; Les chevaliers de la montagne [D,CoA – Version – DE/FR]; Die große Sehnsucht. 1931: Berge in Flammen [D,CoR,A – Version]; Les monts en flammes [D,CoR,A – Version – DE/FR]. 1932: The Doomed Battalion [D,A – US]; Der Rebell [D,CoR,CoA – Version]. 1932/33: The Rebel [D,CoR,CoA – Version – DE/US]. 1933: 5 Minuten Skikurs [D, R? – KDOK]. 1933/34: Der verlorene Sohn [D,R,CoA]. 1935/36: Der Kaiser von Kalifornien [D,R,A,P]. 1936/ 37: Condottieri [D,R,CoA – ital. Version – IT/DE]; Condottieri [D,CoR,CoA – dt. Version – IT/DE]. 1937: Der Berg ruft [D,R,CoA,P]; The Challenge [D,CoR, CoA,CoP – DE/GB]. 1937/38: Es leuchten die Sterne. 1938: Der König der Berge [R,A,P – KDOK]; Liebesbriefe aus dem Engadin [D,CoR,CoA,P]. 1939: Grenzfeuer [P]; Urlaub im Schnee [R,P – KDOK]. 1939/40: Der Feuerteufel [D,R,CoA,P]. 1940: Unsere Gebirgspioniere [R?, P – KDOK]. 1942: Pastor Angelicus [KO – DOK – IT]. 1942/43: Germanin. 1943: Monte Miracolo [D, R,A – Version – IT/AT]. 1943–48: Im Banne des Monte Miracolo [D,R,A,P – Version – IT/AT]. 1949/50: Benvenuto, reverendo! [KO – IT]; Barriera a settentrione (Duell in den Bergen) [D,R,CoA – IT]. 1950: Bildschnitzer im Grödnertal [R,A,CoP – KDOK]; Skiurlaub in den Dolomiten [R,A,CoP – KDOK]; An der Dolomitenstraße [R,A,CoP – KDOK]; Frühling in Südtirol [R,A,CoP – KDOK]; Schönes Venedig [R,A,CoP – KDOK]; Gondelfahrt durch Venedig [R,A,CoP – KDOK]; Niemals mutlos [R,A,CoP – KDOK]. 1950/51: Urlaub im Schnee [R,A,CoP – KDOK]; Lofotenfischer [R,A,CoP – KDOK]; Aus König Laurins Rosengarten [R,A,P]. 1951/52: Bergsommer [R,A,CoP – KDOK]; Kleine Kletterfahrt [R,A,CoP – KDOK]. 1952: Die Sphinx von Zermatt [R,A,CoP – KDOK]. 1952/53: Sonniges Südtirol [R,A,P – KDOK]. 1953: Liebe zum Fels [R,A,P – KDOK]; Pulverschnee und Seilbahn [R,A,P – KDOK]. 1954: Kavaliere im Eis [R,A,CoP – KDOK]. 1954–56: Gold aus Gletschern [R,P – DOK]. 1955: S.O.S. Zinne-Nordwand [R,A,P – KDOK]; Ski Heil [P – KDOK]; Prigioniero della montagna/Flucht in die Dolomiten [D,R,CoA – IT/BRD]. 1956: Von der Liebe besiegt/Schicksal am Matterhorn [D,R,CoA]. 1957: Wetterleuchten um Maria [R]; Unser Freund der Haflinger [R,P – KDOK]. 1960: Grüß Gott, Herr Pfarrer [R,A,KAM,P – KDOK]. 1961: Zwei Wege, ein Gipfel [D, R,A – KDOK]. 1962: Sein bester Freund [R,CoA]; Filmatelier in Fels und Eis [D,R,A – TV-DOK]. 1964 ?: Sonntag in Gröden [KDOK]. 1966: Zufallsreise [R – TV-DOK]. 1966/67: Der weiße Rausch – einst und jetzt [D,CoA – DOK]. 1968: Der Tageslauf eines Bergpfarrers [R,A,P – KDOK]. 1969: Luftsprünge [TVS]. 1970: Skifreuden in den Dolomiten [R,A,P – KDOK]; Mein Südtirol [R – TV-DOK]. 1971: Ich filmte am Matterhorn [R,A,P – TV-DOK]. 1971–73: Berge und Geschichten [TV-DOK – AT]. 1972: Komm mit nach Sexten! [D,R,A – KDOK]. 1973: Sperrfort Rocca Alta [R,A,P – KDOK]. 1975/76: Liebeserklärung an Südtirol [R,A,P – DOK]. 1978: Krone der Schönheit [R,A,P – KDOK]. 1979: Heimat aus Gottes Hand/Südtirol – Heimat aus Gottes Hand [R,A,P – KDOK]. 1982: Südtirol und seine Bergführer [R – KDOK]; Kein Mime – sondern eine Natur [TV-DOK]. 1986: Fast ein Jahrhundert – Luis Trenker [TV-DOK – BRD/AT/IT]. 1989: Wer war Arnold Fanck? [TV-DOK].

Trintignant, Jean-Louis

*11. 12. 1930 Pont-St. Esprit

1950 Abbruch des Jurastudiums. Schauspielunterricht bei Charles Dullin und Tanja Balachowa; ab 1951 Auftritte an Pariser Bühnen als jugendlicher Held in klassischen und modernen Stükken. 1955 Filmdebüt in Christian-Jaques Seefahrerdrama *Si tous les gars du monde*. 1956 Typ des schmächtigen, schüchtern-verkrampften Mannes in Roger Vadims *Et Dieu créa la femme*. Nach Militärdienst (1956–59) internationaler Erfolg als Partner Anouk Aimées in Claude Lelouchs *Un homme et une femme* (1966): Er spielt einen Witwer, der sich nur schwer aus seinem emotionalen Versteck befreien kann. Danach zahlreiche Rollen als Charakterdarsteller in Italien und Frankreich, bevorzugt in gesellschaftskritischen Filmen und Polit-Thrillern, in denen er wortkarg, mit ironischem Understatement und sparsamen Gesten agiert. Er beherrscht das schauspielerische Repertoire der Figuren des Film noir. 1968 in Berlin Auszeichnung für seine Rolle in *L'homme qui ment* (Alain Robbe-Grillet) und 1969 in Cannes für seinen unbequemen Untersuchungsrichter in Costa-Gavras' Z. In Bernardo Bertoluccis *Il conformista* (1969/70) Hauptrolle als homosexueller Faschist, der bei seinen Taten einem zynisch-ästhetischen Moralsystem folgt. Ab 1960 mehrfach in Filmen seiner zweiten Frau Nadine (Marquand) Trintignant (*1934) die er 1960 nach kurzer Ehe mit Stephane Audran heiratet. Auch in ihren Filmen übernimmt Trintignant häufig den Part von Zynikern und obsessiven Verbrechern, deren Handeln mit unkommentierter Selbstverständlichkeit vorgeführt wird: Besonders beeindruckend als humpelnder Machiavellist und Kommentator einer Aufsteigerin (Romy Schneider) in Francis Girods *La banquière*. In den 80er Jahren experimentiert Trintignant mit unterschiedlichen schauspielerischen Stilmitteln, um das Image des Thrillerspezialisten abzulegen, und tritt in differenzierten, eher grüblerischen Rollen auf, u. a. in Filmen von Ettore Scola, François Truffaut, André Téchiné und Nicole Garcia. 1972 Regiedebüt mit *Une journée bien remplie*; 1978 folgt *Le maître-nageur*.

[FR] 1955: La loi des rues (Das Gesetz der Straße); Si tous les gars du monde (TKX antwortet nicht). 1956: Club de femmes/Club di ragazze (Für Männer verboten) [FR/IT]; Et Dieu créa la femme (Und immer lockt das Weib). 1959: Les liaisons dangereuses 1960 (Gefährliche Liebschaften); La millième fenêtre (Das Haus der 1000 Fenster); Estate violenta/Eté violent (Wilder Sommer) [IT/FR]. 1959/60: Austerlitz/Napoleone ad Austerlitz (Austerlitz – Glanz einer Kaiserkrone) [FR/IT]. 1960: Pleins feux sur l'assassin (Mitternachtsmörder); Le cœur battant (Herzklopfen). 1960/61: Antinea, l'amante della città sepolta/L'Atlantide (Die Herrin von Atlantis) [IT/FR]. 1961: Horace '62/Appuntamento per uccidere (Horace 62) [FR/IT]; Le jeu de la vérité (Mitternachtsparty); Les 7 péchés capitaux/I sette peccati capitali. 4. EP: La luxure (Die sieben Todsünden) [EP – FR/IT]. 1962: Le combat dans l'île (Der Kampf auf der Insel); Il sorpasso (Verliebt in scharfe Kurven) [IT]. 1963: Château en Suède/Il castello in Svezia (Ein Schloß in Schweden) [FR/IT]; Il successo [IT/FR]. 1964: Angélique, marquise des Anges/Angélique/Angelica [FR/BRD/IT]; La bonne occase (Gelegenheitskauf); Les pas perdus; Mata Hari, agent H 21/Mata Hari agente segreto H 21 (Mata Hari, Agent H21) [FR/IT]. 1964/65: Merveilleuse Angélique/Angélique 2.Teil [FR/BRD/IT]. 1965: Io uccido, tu uccidi. 2. EP: La donne che viveva sola [EP – IT/FR]; Un jour à Paris; La longue marche; Compartiment tueurs (Mord im Fahrpreis inbegriffen); Angélique et le Roi/Angélique und der König/Angelica alla corte del Re [FR/BRD/IT]. 1966: Paris brûle-t-il?/Is Paris Burning? (Brennt Paris?) [FR/US]; Safari diamants/Für eine Handvoll Diamanten [FR/BRD]; Un homme et une femme (Ein Mann und eine Frau); Mon amour, mon amour; Trans-Europ-Express (Trans-Europa-Express). 1966/67: Col cuore in gola/En cinquième vitesse (Ich bin wie ich bin) [IT/FR]; Col cuore in gola/En cinquième vitesse (Ich bin wie ich bin) [IT/FR]. 1967: La morte ha fatto l'uovo/La mort a pondu un œuf (Die Falle) [IT/FR]; Un homme à abattre (Hetzjagd) [FR/ES]; L'Homme qui ment (Der Lügner) [FR/CS]. 1967/68 Les biches /Les biches (Le cerbiatte) (Zwei Freundinnen) [FR/IT]. 1968: Il grande silenzio/Le grand silence (Leichen pflastern seinen Weg) [IT/FR]; La matriarca (Huckepack) [IT]; Z (Z) [FR/DZ]. 1968/69: Metti, una sera a cena [IT]. 1969: Ma nuit chez Maud (Meine Nacht bei Maud); Le voleur de crimes; Così dolce ... così perversa/Si douces, si perverses [IT/BRD/FR]; L'Américain; Las secreatas intenciones/Intentions secrètes; L'Opium et le bâton. 1969/70: Il conformista/Le conformiste (Der große Irrtum) [IT/FR]. 1970: Le voyou/Vouyou (La canaglia) (Voyou oder Ein Strolch in Paris) [FR/IT]. 1971: Sans mobile apparent/Senza movente (Neun im Fadenkreuz) [FR/IT]. 1972: L'Attentat/L'Attentato/Das Attentat [FR/IT/BRD]; Un homme est mort (Brutale Schatten); La course du lièvre à travers les champs/La corsa della lepre attraverso i campi (Treibjagd) [FR/IT]; Une journée bien remplie/Una giornata spesa bene [R,A – FR/IT]. 1973: Les violons du bal (Die Geigen des Balls); Le serpent/Il serpente/Die Schlange [FR/IT/BRD]; L'Escapade (Der Seitensprung) [CH]; Défense de savoir (Gefährliches Wissen/Mord paßt nicht in sein Konzept); Le train/Noi due senza domani (Le Train – Nur ein Hauch von Glück) [FR/IT]; Le mouton enragé/Il montone infuriato (Das wilde Schaf) [FR/IT]. 1974: L'Agression (Sombres vacances)/Appuntamento con l'assassino (Die Entfesselten) [FR/IT]; Le jeu avec le feu/Giochi di fuoco (Das Spiel mit dem Feuer) [FR/IT]; Le secret (Das Geheimnis). 1975: La donna della domenica/La femme du dimanche (Die Sonntagsfrau) [IT/FR]; Le voyage de noces; L'Ordinateur des pompes funèbres/Caccia al montone (Computer morden leise) [FR/IT]; Il pleut sur Santiago (Es regnet über Santiago) [FR/BE]; Flic Story (Flic Story) [FR/IT]. 1976: Les passagers/Viaggio di paura (Der Schatten, der uns verfolgte) [FR/IT]; Il deserto dei Tartari/Le désert des Tartares/Die Tatarenwüste [IT/FR/BRD]. 1977: Répérages (Rollenspiele) [CH/FR]. 1978: L'Argent des autres (Das Geld der anderen); Le maître nageur [D,R]. 1979: Mélancolie baby [FR/CH/BE]. 1979/80: La terrazza/La terrasse (Die Terrasse) [IT/FR]. 1980: La banquière (Die Bankiersfrau); Un assassin qui passe (Ein Mörder geht vorbei). 1980/81: Passione d'amore/Passion d'amour (Passion der Liebe) [IT/FR]. 1981: Eaux profondes (Stille Wasser); Une affaire d'hommes (Eine Angelegenheit unter Männern/Eine Männersache); Le grand pardon (Der Super-Boss); Boulevard des assassins (Boulevard der Mörder); Malevil [FR/BRD]. 1981/82: La nuit de Varennes/Il mondo nuovo (Flucht nach Varennes) [FR/IT]. 1982: Colpire al cuore (Ins Herz getroffen) [IT/FR]. 1983: Viva la vie (Viva la vie – Es lebe das Leben); Vivement dimanche! (Auf Liebe und Tod); Under Fire (Under Fire – Unter Feuer) [US]; La crime (Das Wespennest). 1984: Partir revenir (Weggehen und wiederkommen); Le bon plaisir; L'Été prochain (Die Familienpyramide); Femmes de personne (Nobody's Woman). 1985: David, Thomas et les autres [FR/HU]; L'Homme aux yeux d'argent (Der Mann mit dem stahlharten Blick); Rendez-vous (Rendez-Vous). 1986: Le moustachu; La femme de ma vie (Die Frau meines Lebens); Un homme et une femme: vingt ans déjà (Ein Mann und eine Frau – 20 Jahre später). 1987: La vallée fantôme (Das Geistertal). 1989: Bunker Palace Hôtel. 1990: Merci la vie (Merci la vie). 1992: L'Oeil ecarlate; L'Instinct de l'ange [FR/CH]. 1993/94: Trois couleurs: Rouge/Trzy kolory czerwony (Drei Farben: Rot) [FR/CH/PL]. 1994: Regarde les hommes tomber; Fiesta. 1994/95: La cité des enfants perdus [S]. 1995: C'est jamais loin; Jenseits der Wolken/Par-delà les nuages/Al di là delle nuvole [DE/FR/IT]; Les Bidochon [FR/PT]. 1995/96: Tykho Moon [FR/IT/DE]; Un héros très discret. 1996: L'insoumise; Un homme est tombé dans la rue.

Trotta, Margarethe von

(Margarethe Maria von Trotta)
*21. 2. 1942 Berlin

Nach Kriegsende mit der Mutter nach Düsseldorf. Schulbesuch bis zur Mittleren Reife, 2 Jahre Höhere Handelsschule, dann Bürotätigkeit. In Paris Kontakt zu Filmschaffenden und an Dreharbeiten beteiligt. In Düsseldorf Abitur, Beginn eines Kunststudiums, dann Germanistik und Romanistik in München und Paris. Nebenher Schauspielschule in München. 1964 Bühnendebüt in Dinkelsbühl, 1965 Theater in Stuttgart, 1969/70 in Frankfurt/Main. Seit 1967 in Filmen und TV-Produktionen u. a. von Volker Schlöndorff (z. B. *Baal*), Rainer Werner Fassbinder (z. B. *Götter der Pest*) und Herbert Achternbusch (z. B. *Der Atlantikschwimmer*). Mit scheinbar distanziertem, dennoch emotional engagiertem Spiel eine der bekanntesten Schauspielerinnen des Neuen deutschen Films. Ab 1970 Mitarbeit an Drehbüchern ihres damaligen Ehemannes Schlöndorff. 1975 an Buch und Regie beteiligt bei der politisch brisanten Böll-Adaption *Die verlorene Ehre der Katharina Blum*, dem ersten großen Publikumserfolg des Neuen deutschen Films (Auszeichnung in San Sebastian). 1976 schreibt Trotta eine Bühnenfassung der Böll-Erzählung. Seit 1977 fast ausschließlich Regie. Bereits die erste eigenständige Arbeit wendet konsequent Frauen-Perspektive an: *Das zweite Erwachen der Christa Klages* (1977) um eine Kindergärtnerin, die für ihren Kinderladen eine Bank überfällt (Bundesfilmpreis). Internationale Beachtung mit dem 1982 in Venedig, Valladolid, Chicago und Berlin ausgezeichneten dritten Film: *Die bleierne Zeit* um das Leben der Terroristin Gudrun Ensslin und ihrer Schwester Christiane. 1986 Bundesfilmpreis und Auszeichnung in Karlovy Vary für das Biopic *Rosa Luxemburg*. In Italien entstehen 1990 die wortlastige Dreiecksgeschichte *L'Africaine* und 1992/93 der Anti-Mafia-Film *Il lungo silencio*. 1995 eröffnet ihr deutsches Trennungs-Liebesdrama *Das Versprechen* die Berlinale.

[BRD] 1967: Tränen trocknet der Wind. 1968: Spielst du mit schrägen Vögeln. 1969: Baal [TV]; Brandstifter [TV]; Götter der Pest; Warum läuft Herr R. Amok? 1969/70: Drücker [TV]. 1970: Der amerikanische Soldat; Hauptbahnhof München: Inspektor a. D. Kaminski und der geprellte Türke [TV]; Der plötzliche Reichtum der armen Leute von Kombach [D,CoA – TV]; Warnung vor einer heiligen Nutte [BRD/IT]; Hauptbahnhof München: Inspektor a. D. Kaminski und das hinderliche Kind [TV]; Der Kommissar: Der kleine Schubelik [TV]; Hauptbahnhof München: Inspektor a. D. Kaminski und der lebenslang Verdächtige [TV]. 1970/71: Der Kommissar: Tod eines Ladenbesitzers [TV]; Paul Esbeck [TV]. 1971: Die Moral der Ruth Halbfass [D, RAS]. 1972: Strohfeuer [D,CoA]. 1972/73: Desaster [TV]. 1973: Der Kommissar: Sonderbare Vorfälle im Hause von Professor S. [TV]; Übernachtung in Tirol [TV]. 1974: Histoires insolites: Une invitation à la chasse [TV – FR]; Georginas Gründe [TV]; Das Andechser Gefühl. 1975: Die verlorene Ehre der Katharina Blum [CoR,CoA]; Die Atlantikschwimmer. 1975/76: Der Fangschuß/Coup de grâce [D,CoA – BRD/FR]. 1976: Bierkampf. 1977: Das zweite Erwachen der Christa Klages [R,CoA]. 1977–79: Die Patriotin [CoR (EP) – EP]. 1979: Schwestern oder Die Balance des Glücks [R, A]; Margarethe von Trotta [TV-DOK]. 1980/81: Die Fälschung/La faussaire [CoA – BRD/FR]. 1981: Die bleierne Zeit [R,A]. 1982: Heller Wahn/Folie des Femmes [R,A – BRD/FR]. 1983/84: Blaubart [TV – BRD/CH]; Unerreichbare Nähe [CoA]. 1985: «Ein Film aus Gesten, Blicken, Zwischentönen». Margarethe von Trotta zu ihrem Spielfilm «Heller Wahn» [TV]. 1985/86: Rosa Luxemburg [R]; Die Lust zu kämpfen – die Kraft zu lieben. Margarethe von Trotta über «Rosa Luxemburg» [TV-DOK]. 1987: Felix. 3. EP: Eva [R – EP]. 1987/88: Paura e amore/Trois soeurs/Fürchten und Lieben [R – IT/FR/BRD]. 1990: Die Rückkehr/L'Africana/L'Africaine

[R – FR/BRD]. 1992/93: Il lungo silencio/Zeit des Zorns [R – IT/DE]. 1994: Die Nacht der Regisseure [Bilder in Bewegung – Das Jahrhundert des Kinos (4)]. 1994/95: Das Versprechen/La promesse [R,CoA – DE/CH/FR]. 1995: Die Neugier immer weiter treiben [TV-DOK]. 1996/97: Frauen in der Rosenstraße [R,A – DE].

Tschechowa, Olga

(Olga von Knipper)
*26. 4. 1897 Alexandropol am Kaukasus
†9. 3. 1980 München

Kindheit und Jugend in Georgien, Moskau und St. Petersburg. Das Elternhaus hat Verbindung zum Zarenhof und ist kulturelles Zentrum: Anton Čechov ist der Mann ihrer Tante, der berühmten Schauspielerin Olga Knipper-Čechova. Studium der Bildhauerei in Moskau, gleichzeitig Besuch der Schauspielschule von Konstantin Stanislavskij, erste Rollen am Künstlertheater. 1914 Ehe mit Mikhail Čechov, einem Neffen Anton Čechovs; die Tochter Ada wird ebenfalls Schauspielerin. Ab 1917 kleine Filmrollen in Moskau. Ab 1920 in Berlin, vorübergehend Presse- und Plakatzeichnerin. Häufig Bühnenauftritte. Erste Erfolge als Baronin in F.W. Murnaus *Schloß Vogelöd* und in der Titelrolle von Berthold Viertels Ibsen-Adaption *Nora*. In Frankreich 1927 in *Un chapeau de paille d'Italie* (René Clair), in England in *Moulin Rouge* (E. A. Dupont). 1928/29 (Co)Produzentin von fünf Filmen, Regie bei *Der Narr seiner Liebe*, mit Michael Tschechow in der Hauptrolle. Ab 1930 deutsche Staatsbürgerin. Im frühen Tonfilm u.a. im Kassenerfolg *Die Drei von der Tankstelle* (Wilhelm Thiele) und in *Mary* (Alfred Hitchcock), der deutschen Version von *Murder*. Spezialisierung auf die Grande Dame und verführerische mondäne Frau, so als Baronin in *Burgtheater* (Willi Forst) oder Gräfin in *Andreas Schlüter* (Herbert Maisch). Im Nachkriegsfilm nur selten größere Aufgaben wie mit den Alt-Stars Willy Birgel, Rudolph Forster und Paul Hartmann (Partner schon in Stummfilm-Zeiten) in *Rittmeister Wronski* (Ulrich Erfurth). 1950 erneut Gründung einer eigenen Produktionsfirma. Ende der 50er Rückzug vom Film. In den 70ern noch in zwei *Immenhof*-Filmen. Ab 1937 erwirbt sie Diplome als Kosmetikerin und gründet 1958, nach dem Scheitern ihres Kosmetik-Salons, die Firma Olga-Tschechowa-Kosmetik, die sie bis zu ihrem Tod führt. Vadim Glowna, Ehemann der Tschechowa-Enkelin Vera, dreht 1984 das Clan-Porträt *Tschechow in meinem Leben*. Autobiografische Bücher: «Ich verschweige nichts» (1952) und «Meine Uhren gehen anders» (1973).

[DE/BRD] 1917/18: Anja Kraeva [RU]. 1918: Kaliostro [RU]; Posledenie priključenija Arsena Ljupena [RU]. 1920/21: Hochstapler. 1921: Schloß Vogelöd; Violet. 1921/22: Der Todesreigen. 1922/23: Nora; Die Pagode. 1923: Tatjana; Der verlorene Schuh; Die Fahrt ins Glück. 1924: Soll und Haben; Die Bacchantin. 1924/25: Die Venus vom Montmartre; Die Millionenkompagnie; Die Stadt der Versuchung. 1925: Das alte Ballhaus. 2 Teile; Liebesgeschichten/Mädels von heute; Soll man heiraten?/Soll ein Mann heiraten?; Die Gesunkenen; Der Mann aus dem Jenseits. Feldgrau. 1925/26: Die Mühle von Sanssouci; Familie Schimeck. 1926: Trude, die Sechzehnjährige; Der Feldherrnhügel [DE/AT]; Der Mann im Feuer; Sein großer Fall; Brennende Grenze. 1926/27: Das Meer; Die selige Exzellenz. 1927: Der Meister der Welt; Un chapeau de paille d'Italie (Der Florentiner Hut) [FR]. 1927/28: Moulin Rouge (Moulin Rouge) [GB]. 1928: Marter der Liebe; Weib in Flammen [D,P]; After the Verdict (Die Siegerin) [D,CoP – GB]. 1928/29: Diane [D,P]. 1929: Die Liebe der Brüder Rott [D,P]; Der Narr seiner Liebe [R,P]; Blutschande § 173 St.G.B/Strafbare Ehen; Stud. chem. Helene Willfüer. 1929/30: Liebe im Ring. 1930: Der Detektiv des Kaisers; Troika; Die große Sehnsucht; Die Drei von der Tankstelle [Version]; Le chemin du paradis [Version]; Liebling der Götter; Zwei Krawatten; Ein Mädel von der Reeperbahn [Version – DE/CS]; Liebe auf Befehl [Version – US]; Mary [Version – GB]. 1931: Panik in Chicago; Die Nacht der Entscheidung [Version – US/FR]; Das Konzert [Version – US/FR]; Nachtkolonne. 1932: Trenck; Die Galavorstellung der Fratellinis/Spione im Savoy-Hotel. 1932/33: Der Choral von Leuthen; Liebelei [Version]. 1932–34: Liebelei. Une histoire d'amour [Version – FR]. 1933: Wege zur guten Ehe [Version]; L'Amour qu'il faut aux femmes [Version – DE/FR]; Ein gewisser Herr Gran [Version]; Un certain M. Grant [Version]; Heideschulmeister Uwe Karsten; Der Polizeibericht meldet. 1933/34: Zwischen zwei Herzen; Die Welt ohne Maske. 1934: Was bin ich ohne Dich; Maskerade [AT]; Abenteuer eines jungen Herrn in Paris; Regine; Peer Gynt; Asew/Lockspitzel Asew [AT/DE]. 1935: Die Pusztakomtesse/Liebesträume [HU/AT/DE]; Künstlerliebe; Die ewige Maske [CH/AT]; Sylvia und ihr Chauffeur (Ein Walzer um den Stephansturm) [AT]. 1935/36: Der Favorit der Kaiserin. 1936: Manja Valewska [AT]; Hannerl und ihre Liebhaber [AT]; Burgtheater [AT]; Seine Tochter ist der Peter [AT]. 1936/37: Liebe geht seltsame Wege. 1937: Unter Ausschluß der Öffentlichkeit; Die gelbe Flagge; Gewitterflug zu Claudia. 1937/38: Das Mädchen mit dem guten Ruf. 1938: Rote Orchideen; Verliebtes Abenteuer; Zwei Frauen. 1938/39: Bel Ami; Ich verweigere die Aussage. 1939: Parkstraße 13; Die unheimlichen Wünsche; Befreite Hände. 1939/40: Angelika; Leidenschaft. 1940: Der Fuchs von Glenarvon. 1941: Menschen im Sturm. 1941/42: Andreas Schlüter.

1942: Mit den Augen einer Frau. 1942/ 43: Reise in die Vergangenheit. 1943: Der ewige Klang; Gefährlicher Frühling. 1943/44: Melusine [Verboten]. 1944/ 45: Mit meinen Augen (Im Tempel der Venus). 1949: Eine Nacht im Séparée. 1949/50: Kein Engel ist so rein. 1950: Zwei in einem Anzug; Maharadscha wider Willen; Aufruhr im Paradies [D,P?]; Der Mann, der zweimal leben wollte. 1950/51: Begierde/Die Perlenkette; Eine Frau mit Herz [D,P]. 1951: Talent zum Glück/Das Geheimnis einer Ehe [D,P]; Mein Freund, der Dieb. 1951/52: Hinter Klostermauern [CoP]. 1953: Heute Nacht passiert's; Alles für Papa. 1954: Rosen-Resli; Rittmeister Wronski. 1955: Ich war ein häßliches Mädchen; Die Barrings. 1958: U 47 – Kapitänleutnant Prien. 1973: Die Zwillinge vom Immenhof. 1974: Frühling auf Immenhof.

Tscherkassow, Nikolai → Čerkasov, Nikolaj

Tschiaureli, Sofiko → Čiaureli, Sofiko

Tschirkow, Boris → Čirkov, Boris

Tschokmorow, Sujmenkul → Čokomorov, Sujmenkul

Tschurikowa, Inna → Čurikova, Inna

Tsukasa Yôko
(Shoji Yôko)
* 20. 8. 1934 Sakai-minato
Studiert zunächst Hauswirtschaft an der Schule für junge Frauen von Kyoritsu. Beginnt ihre Schauspiellaufbahn als Sekretärin der Shin-Nihon Film-Gesellschaft in Osaka, arbeitet auch als Modell. Debütiert 1954 als Kumiko in *Kimi shinitamoukoto nakare* von Seiji Maruyama. Dann arbeitet sie für die Toho Studios. Sie ist zunächst festgelegt auf die Rolle des hübschen und sympathischen großbürgerlichen Mädchens und spielt mit so berühmten Stars wie Ryo Ikebe, Akira Tadarada und Koji Tsuruta. Ende der 50er Jahre ist sie eine der populärsten melodramatischen Schauspielerinnen in Japan. Mit ihrer Darstellung der Ehefrau eines armen Schriftstellers in *Aisai-ki* (Seiji Hisamatsu, 1959) und der einer wohlhabenden Tochter in *Aoi yaju* (Horimichi Horikawa, 1960) erregt sie erste Aufmerksamkeit. Ihre glaubwürdige Verkörperung von gutherzigen Töchtern in Porträts bourgeoiser Familien von Yasijirô Ozu (*Akibiyori* und *Kohayagawa-ke no Aki*) bringt ihr die verdiente Anerkennung. Ihr nächster wichtiger Schritt ist die Zusammenarbeit mit Mikio Naruse, der ihr in *Hikinige* (1966) die Rolle einer gutsituierten Ehefrau gibt, die einen Autounfall verursacht, und in *Midare-Gumo* die der Gattin eines Unfallopfers. Ihr Spiel besticht durch seine Sensibiliät. Ihre bekannteste Rolle ist die der Heldin in *Fumio-no maki* (Nakamura, 1966), wo sie das Leben einer Frau in einer typisch ländlichen Familie darstellt. Tsukasa tritt seit Mitte der 60er Jahre auch im Fernsehen auf und beginnt in den 70ern eine weitere Karriere als Theaterschauspielerin.

[JP] 1954: Kimi shinitamoukoto nakare. 1955: Tenka tahei; Yuki no honoo; Fumetsu no nekkyu; 33-go-sha oto nashi; Oensan; Hatsukoi san-nin masuko; Ai no rekishi; Meoto zenzai; Kuchizuke. 1956: Konyaku samba-garasu; Nisshoku no natsu; Ani to Sono Imôto; Aru tu sono no baai; Gendai no yokubo; Hesokuri shacho; Zoku hesokuri shacho; Chiemi no hatsukoi chaccha musume; Mogotona musume; Hanayome kaigi; Harikiri shacho; Aoi me. 1957: Kiken na eiyu; Aoi Sanmyaku; Sono yo no himegoto; Bokyaku no Hanabira: Kanketsu-hen; Bibo no miyako; Zoku aoi sanmyaku; Daigaku no samuri-tachi. 1958: Hana no bojo; Mimizuko seppo; Iwashigumo; Furyu onsen nikki; Zoku shacho sandai-ki; Shacho sandai-ki; Aijo no miyako; Tokyo no Kyujitsu. 1959: Aru kengo no shogai (Samurai Saga); Wakai koibitotachi; Daigaku no nijuhachi-nin shu; Nippon tanjo; Daigaku no oneichan; Aisai-ki; Hananoren; Suzukake no sampo-michi; Sengoku gunto-den. 1960: Shin onna daigaku; Akibiyori (Spätherbst); Sarariiman Chusingura; Chino hate ni ikiru mono; Yoru no nagare; Aoi yaju; Ankokugai no taiketsu (Viertel der Finsternis); Hijotoshi. 1961: Yojimbô (Der Leibwächter); Zoku saraiiman Chushingura; «Chosen» yoi: Ali to honoo to; Honkon no yoru; Kohayagawa-ke no Aki (Herbst der Familie Kahayagawa); Wakarete ikirutokimo. 1962: Ekimae onsen; Chushingura: Hana no maki, Yuki no maki; Yoru no keisha; Zoku saraiiman Shimizu minato; Sonoobasho no onna arite; Horoki; Onna no za; Sarariiman Shimizu minato; Furyu onsen: banto nikki. 1963: Warera sarariiman; Onna na tsuyokunaru kufu no kazukazu; Tsuma to iu na no onnatachi; Domburi-ike. 1964: Nishi no taisho higashi no taisho; Danchi nanatsu-no taizai; Gendai shinshi yaro; Tanuki no hanamichi; Tadaima shinsatsu-chu; Shacho shinshiroku; Zoku shacho shinshiroku. 1965: Shacho ninpo-cho; Daikon to Ninjin (Rettich und Karotten); Zoku shacho ninpo-cho; Urakaidan; Kokokara hajimaru. 1966: Zoku shacho gyogo-ki; Jinchoge; Kinokawa: Hana-no maki, Fumio-no maki; Shacho gyojo-ki; Hikinige. 1967: Shacho sen-ichiya; Sasaki Kojiro; Joiuchi: Hairyozuma shimatsuki; Zoku shacho sen-ichiya; Midare-Gumo (Wirre Wolken). 1968: Haru ranman; Shacho hanjo-ki; Zoku shacho hanjo-ki; Yamamoto Isoroku. 1969: Zoku shacho enma-cho; Goyokin; Nihonkai Daikaisen; Shacho enma-cho. 1970: Shacho-gaku ABC; Zoku shacho-gaku ABC; Nihon ichi no yakuza otoko; Shinsen-gumi. 1971: Yomiga eru daichi; Tochan no po ga kikoeru.

1974: Nagare no fu: Doran Yoake; Nostoradamusu no daiyogen. 1977: Gokumon-to. 1978: Jaobachi; Zansho. 1980: Harukanaru soro.

Tukur, Ulrich

*29. 7. 1957 Viernheim (Hessen)

Wächst in Westfalen, Hessen und Niedersachsen auf. Abitur in Hannover, High-school-Abschluß in Boston; studiert Germanistik, Anglistik und Geschichte in Tübingen. Jobs als Akkordeonspieler und Sänger. 1980–83 Schauspielausbildung an der Hochschule für Musik und Darstellende Kunst Stuttgart, 1982 Bühnendebüt; erstes Engagement in Heidelberg. Filmdebüt in *Die Weiße Rose* (1981/82; Michael Verhoeven). 1984 an der Freien Volksbühne Berlin Erfolg als SS-Offizier in der Peter-Zadek-Inszenierung «Ghetto». Ab 1985 am Deutschen Schauspielhaus Hamburg, u. a. in «Julius Caesar», Titelrolle in «Hamlet» und «Der Löwenjäger». 1986 «Schauspieler des Jahres» (Theater heute). Beachtung als RAF-Terrorist Andreas Baader in Reinhard Hauffs *Stammheim*, 1987 Titelrolle des feministischen Retortenmannes *Felix* in dem Episodenfilm von Christel Buschmann, Helke Sander, Helma Sanders-Brahms und Margarethe von Trotta. Wiederholt in Filmen von Hans-Christoph Blumenberg, u. a. als Hans Albers in der Spieldokumentation *In meinem Herzen, Schatz ...* und als Conrad Veidt im Reinhold-Schünzel-Porträt *Beim nächsten Kuß knall ich ihn nieder!* Bei Verhoeven 1994/95 als deutscher Offizier in der Verfilmung von George Taboris *Mutters Courage*. Auch im Fernsehen in deutsch-historischen Rollen, so als Engels in *Lenz oder die Freiheit* (Dieter Berner), in der Titelrolle als kommunistischer Politiker im Exil in *Wehner – Die unerzählte Geschichte* (Heinrich Breloer), aber auch als jungdynamischer Karrierist der Gegenwart in *Das Milliardenspiel* (Peter Keglevic) und *Geschäfte* (Michael Schottenberg). Tukur, der 1990 seine erste Platte «Tanzpalast» aufnimmt, singt und spielt auch Hauptrollen in Peter Wecks erfolglosem Musical «Freudiana» (1990/91) und der 1993/94 eigenproduzierten Mörder-Revue «Blaubarts Orchester». 1995 wird er mit dem Bühnenregisseur Ulrich Waller künstlerischer Leiter der Hamburger Kammerspiele. 1996 Bühnen/Film-Revue um einen phantasievollen Kinopianisten: *Einmal Casanova sein.*

[BRD] 1982: Die Weiße Rose. 1983: Liebe Melanie [TV – BRD/AT]; Kaltes Fieber; Die Schaukel. 1984: Der letzte Zivilist [TV]. 1985: Stammheim; Ghetto [TV]. 1986: Lenz oder die Freiheit [TVS]; Solaris TV – der freundliche Sender im All [TVS]. 1987: Felix. EP: Er am Ende. – Muss ich aufpassen? – Eva. – Are You Lonesome Tonight? 1988: Ballhaus Barmbek – Let's Kiss And Say Good Bye; Julius Caesar [TV]. 1989: In meinem Herzen, Schatz ...; Musikalisches Intermezzo: «Ach, verzeih'n Sie, meine Dame ...». Ulrich Tukur singt. [TV]; Das Milliardenspiel (2 Teile) [TV]. 1991: Lulu (2 Teile) [TV]; Die Spur des Bernsteinzimmers; Die Kaltenbach-Papiere (2 Teile) [TV]. 1992: Den demokratiske terroristen/Der demokratische Terrorist [SE/DE]; Das letzte U-Boot [TV – DE/JP/AT]. 1993: Maus und Katz [TV]; Wehner. Die unerzählte Geschichte. [TV]; Rotwang muß weg !. 1993/94: Felidae [SPR – ANI]. 1994: Schöne Frauen, schöne Leichen – Blaubart backstage [TV-Dok.]; Blaubarts Orchester [D,CoA – TV]; Der Mörder und sein Kind [TV]; Der König: Lebendig begraben [TVS]; Geschäfte [TV – AT]; Die Fröste der Freiheit [TV]; Goethes Faust Wurzel aus 1+2 [TV]. 1994/95: Verweile doch, du bist so schön [TV-DOK]; Mutters Courage [DE/GB/AT]; Beim nächsten Kuß knall ich ihn nieder! 1995: Lieder, so schön wie der Norden [TV]; Charms Zwischenfälle [AT/DE]; Das Alibi [TV]; Letzte und erste Tage [TV]; Nikolaikirche [TV]; Tar ur Steini/Tears of Stone [IS/GB/DE/SE]. 1996: Tatort: Perfect Mind [TV]. 1996/97: Freier Fall [TV]; Zu Gast bei Ulrich Tukur [TV]; Männer brauchen Liebe [CoA – DE]; Tatort: Im Labyrinth [TV]. 1997: Der Vulkan [DE/AT/FR/CH].

Turner, Kathleen

*19. 6. 1954 Springfield (Missouri)

Studium an der Southwest Missouri State University in Springfield und der University of Maryland. Besuch der Central School of Speech and Drama in London. Mitglied der Manitoba Theatre Company, später der Baltimore Arena Players, dann Off-Off-Broadway. 1976 Broadway-Debüt mit «Gemini». 1977–78 in der Soap-Opera *The Doctors*. 1981 Kinodebüt als kaltblütige Mord-Anstifterin in Lawrence Kasdans *Body Heat*. Die selbstbewußte Blondine zählt zu den populärsten Schauspielerinnen des US-Kinos der 80er Jahre mit Mut zu einem breiten Rollenspektrum: Ehefrau von Steve Martin in Carl Reiners Farce *The Man With Two Brains* und guter Kumpel von Michael Douglas in Robert Zemeckis Abenteuer-Komödien *Romancing the Stone* und *The Jewel of the Nile*. In Ken Russells düsterem *Crimes of Passion* ist sie die von Anthony Perkins belauerte Teilzeit-Hure China Blue. 1985 neben Jack Nicholson in John Hustons Mafia-Komödie *Prizzi's Honor*. Oscar-Nominierung für ihre Darstellung einer Mutter, die ihren Schulabschluß noch einmal erlebt, in Francis Ford Coppolas Teenager-Nostalgie *Peggy Sue Got Married* (1986). Überzeugend – wieder neben Michael Douglas – als rachsüchtiges Weib in Danny DeVitos makabrem Ehekrieg *The War of the Roses*. In John Waters' Satire *Serial Mom* ist sie fürsorgliche Vorstadt-Mutter und erfolgreiche Serienmörderin zugleich.

[US] 1977–78: Doctors [TVS]. 1981: Body Heat (Heißblütig – kaltblütig). 1983: The Man With Two Brains (Der Mann mit zwei Gehirnen). 1984: Crimes of Passion (China Blue bei Tag und Nacht); Romancing the Stone (Auf der Jagd nach dem grünen Diamanten); A Breed Apart (Die Brut des Adlers). 1985: Prizzi's Honor (Die Ehre der Prizzis); The Jewel of the Nile (Auf der Jagd nach dem Juwel vom Nil). 1986: Peggy Sue Got Married (Peggy Sue hat geheiratet). 1987: Giulia e Giulia (Julia und Julia) [IT]; Who Framed Roger Rabbit? (Falsches Spiel mit Roger Rabbit) [S]. 1988: The Accidental Tourist (Die Reisen des Mr. Leary); Switching Channels (Eine Frau steht ihren Mann). 1989: The War of the Roses (Der Rosen-Krieg). 1991: V. I. Warshawski (V. I. Warshawski – Detektiv in Seidenstrümpfen). 1993: House of Cards; Undercover Blues (Undercover Blues – Ein absolut cooles Trio). 1993/94: Naked in New York (Naked in New York); Serial Mom (Serial Mom – Warum läßt Mama das Morden nicht?). 1995: Friends At Last [TV – CA/US]; Moonlight & Valentino (Moonlight & Valentino). 1997: A Simple Wish; The Real Blonde.

Turner, Lana

(Julia Jean Mildred Frances Turner)
* 8. 2. 1920 Wallace (Idaho)
† 29. 6. 1995 Century City (California)

Besuch der Hollywood High School. 1936 Filmdebüt als Statistin und Vertrag des Regisseurs und Produzenten Mervyn LeRoy. 1938 Wechsel zu M-G-M; diesem Studio bleibt sie bis 1956 verbunden. Anfangs erhält sie kleine Rollen in Musikfilmen und anderen unterhaltenden Produktionen sowie in Filmserien wie *Andy Hardy* und *Dr. Kildare*. Auch Tänzerin und Sängerin. In den 40er Jahren größere Aufgaben und Aufbau des «Sweater Girl» mit einer Vorliebe für enge Pullover zum Glamour-Star. Neben Clark Gable in Jack Conways romantischem Western *Honky Tonk*. In dieser Zeit auch Rollen in einigen wichtigen Filmen der «schwarzen Serie», so als geheimnisvolle, verführerische Cora Smith in Tay Garnetts *The Postman Always Rings Twice*. Als junge Frau von Spencer Tracy in George Sidneys *Cass Timberlane* sowie erneut neben Gable in LeRoys Kriegsromanze *Homecoming*. Die elegante, selbstsichere Schauspielerin wird häufig in Melodramen besetzt, spielt den alkoholkranken Filmstar Georgia Lorrison in Vincente Minnellis *The Bad and the Beautiful*. Als neurotische Witwe in *Peyton Place* (1957), Mark Robsons Geschichte einer kleinen Stadt im mittleren Westen, wird sie für den Oscar nominiert. Die ehrgeizige Schauspielerin Lola Meredith in Douglas Sirks *Imitation of Life* ist eine ihrer letzten bedeutenden Rollen. In den 60er Jahren vor allem TV-Arbeit: 1969 in 15 Folgen der Serie *The Survivors*, später auch Gastauftritte in *Falcon Crest*. Tätigkeit als Produzentin, seit 1958 Lanturn Productions, ab 1966 Eltee Productions. 1971 Bühnen-Erfolg mit «40 Carats». 1982 Memoiren «Lana: The Lady. The Legend. The Truth».

[US] 1936: A Star Is Born (Ein Stern geht auf). 1937: They Won't Forget; The Great Garrick; The Adventures of Marco Polo (Die Abenteuer des Marco Polo). 1938: Love Finds Andy Hardy; The Chaser; Rich Man, Poor Girl; Dramatic School. 1939: Calling Dr. Kildare (Dr. Kildare: Unter Verdacht); These Glamour Girls; Dancing Coed (Nicht schwindeln, Liebling). 1940: Two Girls on Broadway; We Who Are Young. 1941: Honky Tonk (Ein toller Bursche); Johnny Eager (Der Tote lebt); Ziegfeld Girl (Mädchen im Rampenlicht); Dr. Jekyll and Mr. Hyde (Arzt und Dämon). 1942: Somewhere I'll Find You. 1943: Slightly Dangerous; The Youngest Profession; Du Barry Was a Lady. 1944: Marriage Is a Private Affair. 1945: Week-End at the Waldorf (Weekend im Waldorf); Keep Your Powder Dry. 1946: The Postman Always Rings Twice (Im Netz der Leidenschaften). 1947: Cass Timberlane (Fesseln der Liebe); Green Dolphin Street (Taifun). 1948: The Three Musketeers (Die drei Musketiere); Homecoming (Dr. Johnsons Heimkehr). 1950: A Life of Her Own. 1951: Mr. Imperium. 1952: The Bad and the Beautiful (Die Stadt der Illusionen); The Merry Widow (Die lustige Witwe). 1953: Latin Lovers (Serenade in Rio). 1954: Flame and the Flesh (Flammende Sinne); Betrayed (Verraten). 1955: The Prodigal (Tempel der Versuchung); The Rains of Ranchipur (Der große Regen); The Sea Chase (Der Seefuchs). 1956: Diane (Diane – Kurtisane von Frankreich). 1957: The Lady Takes a Flyer (Immer Ärger mit den Frauen); Peyton Place (Glut unter der Asche). 1958: Another Time, Another Place (Herz ohne Hoffnung) [GB]; Imitation of Life (Solange es Menschen gibt). 1960: Portrait in Black (Das Geheimnis der Dame in Schwarz). 1961: By Love Possessed (Und die Nacht wird schweigen); Bachelor in Paradise (Junggeselle im Paradies). 1962: Who's Got the Action? (Immer nur deinetwegen). 1964/65: Love Has Many Faces (Heißer Strand Acapulco). 1966: Madame X (Madame X). 1969: The Last of the Powerseekers [TV]; Survivors [TVS]; The Big Cube (Dosierter Mord). 1974: Persecution (Verfolgung) [GB]. 1976: Bittersweet Love (Bittersüße Liebe). 1978: Witches' Brew. 1982–83: Falcon Crest [TVS].

Tushingham, Rita

*14. 3. 1940 Liverpool

Erste Bühnenerfahrungen bei Schüleraufführungen im Convent, das sie besucht. Schauspielunterricht am Liverpool Playhouse. 1960 professionelles Bühnendebüt. Im folgenden Jahr Filmdebüt in Tony Richardsons Filmversion von *A Taste of Honey*. Für ihre einfühlsame Darstellung eines Mädchens, das von einem Schwarzen schwanger und von einem Schwulen gepflegt wird, gewinnt sie u. a. den Darstellerpreis in Cannes, den Nachwuchs-Preis der Britischen Filmakademie und der New York Film Critics. Sie wird zur führenden Darstellerin des britischen «Spülstein-Realismus» der 60er Jahre. Als *Girl With Green Eyes* (Desmond Davis) kommt sie vom Land in die große Stadt, eine Situation, die in Richard Lesters übermütiger Komödie *The Knack ... and How to Get It* komisch gewendet wird. In *Doctor Zhivago* (David Lean) spielt sie die Tochter von Julie Christie und Omar Sharif. Ihr Image als Symbol des Swinging London nutzt James Ivory 1968/69 in *The Guru*, der Entwicklungen in der damaligen Musikszene reflektiert. In den 70er Jahren, nachdem ihr Typ in England außer Mode gekommen ist, spielt sie in mehreren italienischen Komödien. Später zieht sie mit ihrem zweiten Mann, dem Fotografen und Regisseur Ousama Rawi, durch die Welt. Gemeinsam drehen sie 1986 in Kanada den Thriller *A Judgment in Stone*, in dem sie eine psychotische alte Jungfer spielt, die die Stelle einer Haushälterin übernimmt. Der deutsche TV-Regisseur Horst Königstein setzt in seiner Beatles-Nostalgie *Hard Days, Hard Nights* auf ihr altes Image.

[GB] 1961: A Taste of Honey (Bitterer Honig). 1963: A Place To Go. 1963/64: Girl With Green Eyes (Das Mädchen mit den grünen Augen). 1965: The Leather Boys (Lederjungen); The Knack ... and How To Get It (Der gewisse Kniff); Doctor Zhivago (Doktor Schiwago) [US]. 1966: The Trap (Wie ein Schrei im Wind). 1967: Smashing Time (Smashing Time). 1968: Diamonds for Breakfast (Diamanten zum Frühstück). 1968/69: The Guru [US/IN]. 1969: The Bed Sitting Room (Danach). 1970: Rochester [GB ??]; Free [GB ??]. 1971: The Case of Laura C. [IT]. 1972: Situation [AT]; Situation (Deadline) [AT]; Where Do You Go From Here? [GB ??]. 1974: Straight On Till Morning (Ehe der Morgen graut). 1975: The Human Factor (Ein Mann rechnet ab); Rachel's Man [IL/GB]; Instant Coffee. 1976: Il ragazzo di borgata [IT]. 1977: Pane, burro e marmellata (Abendessen mit anschließendem Frühstück) [IT]; Gran bollito [IT]. 1979: Mysteries/Mystères [NL/FR]. 1982: Spaghetti House (Spaghetti House) [IT]. 1985: Dream to Believe (Träume werden wahr) [US]. 1986: A Judgment in Stone (Blutiger Engel) [CA]. 1987: Flying (Träume werden wahr) [USA]. 1988/89: Resurrected. 1989: Hard Days, Hard Nights [TV – BRD]. 1990: Sunday Pursuit; Dieter Gütt – ein Journalist [TV – DE]. 1992: Paper Marriage/Papierowe malzenstwo (Liebe nicht inbegriffen) [GB/PL]; Hamburger Gift [TV – DE]; A csalás gyönyöre [HU]. 1993: Ewangelia wedlug Harry'ego [PL]. 1994: An Awfully Big Adventure (Eine sachliche Romanze); Desert Lunch [US]. 1996: The Boy from Mercury [GB/IE/FR].

Tyszkiewicz, Beata

*14. 8. 1938 Warschau

Filmdebüt 1957 als Klara in Leonard Buczkowskis *Zemsta*. Danach Studium an der Theaterhochschule Warschau. 1973 erhält sie ohne Prüfung ihr Diplom. Bereits während des Studiums entwickelt sie sich zu einer der führenden polnischen Schauspielerinnen, u. a. als Partisanin Katarzyna in Tadeusz Konwickis *Zaduszki* (1961). 1964, als schöne Dona Rebeca Uzeda in Wojciech J. Has' *Rękopis znaleziony w Saragossie*, profiliert sie sich zur Charakterdarstellerin. Bekannt wird sie vor allem durch die Verkörperung adliger Damen, so als Prinzessin Elżbieta in Andrzej Wajdas *Popioły* (1965) und als Marysia in Leonard Buczkowskis *Marysia i Napoleon* (1966). Große Popularität erringt sie als Isabella Łecka in der Has'-Prus-Adaption *Lalka* (1968). Wajda engagiert sie 1968 als Beata in *Wszystko na sprzedaż*. Sie spielt häufig im Fernsehtheater und in TV-Serien, so 1972 die Frau Hańska in Wojciech Solarz' *Wielka miłość Balzaka*. Seit Mitte der 60er Jahre bis in die Gegenwart arbeitet Tyszkiewicz auch im Ausland, so in Belgien, Ungarn, der DDR (Charlotte in Siegfried Kühns *Die Wahlverwandtschaften*, 1973/74), Frankreich und Italien. Im polnischen Film spielt sie in den 80er Jahren vor allem in Komödien, beeindruckt aber auch als würdevolle und eiskalte Wissenschaftlerin Berta in Juliusz Machulskis *Seksmisja*.

[PL] 1957: Zemsta. 1959: Wspólny pokój (Das gemeinsame Zimmer). 1960: Szklana góra (Die Schöne aus der Hauptstadt). 1961: Dziś w nocy umrze miasto (Die unvergessene Nacht); Zaduszki (Allerseelen); Samson; Odwiedziny prezydenta (Sein großer Freund); Historia żółtej ciżemki (Die Geschichte vom Saffianschuh). 1962: Spóźnieni przechodnie; Czarne skrzydła. 1963: Skąpani w ogniu; Yokmok; Naprawdê wczoraj (Eine Frau, die man nie vergessen kann). 1964: Rękopis znaleziony w Saragossie (Die Handschrift von Saragossa); Pierwszy dzień wolności (Der erste Tag der Freiheit); Spotkanie ze szpiegiem (Begegnung mit einem Spion). 1965: Alexander und Chanakaya [Unvollendet – DDR/IN]; Popioły (Legionäre/Zwischen Feuer und

Asche); De man die zijn haar kort liet knippen (Der Mann, der sich die Haare kurzschneiden ließ) [BE]. 1966: Marysia i Napoleon (Maria und Napoleon). 1966–68: Stawka większa niż życie (Sekunden entscheiden) [TVS]. 1967: Pieśń triumfującej miłości (Das Lied vom Sieg der Liebe) [TV]. 1968: Lalka (Die Puppe); Az idő ablakai (Fenster der Zeit) [HU]; Hasło «Korn» (Parole Korn); Wszystko na sprzedaż (Alles zu verkaufen). 1969: Dvorjanskoe gnezdo (Ein Adelsnest) [SU]. 1970: Egy örült ejszaka [HU]; Szép magyar komédia (Galante Geschichten) [HU]; Książę sezonu [TV]. 1972: Wielka miłość Balzaka/Un grand amour de Balzac (Die große Liebe des Herrn Balzac) [TVS – PL/FR]. 1973: Noštite na inspektora [TVS – BG]. 1973/74: Die Wahlverwandtschaften [DDR]. 1974: Jej powrót (Ihre Rückkehr) [TV]. 1975: Noce i dnie (Nächte und Tage); Wieczór u Abdona [TV]; Dom moich synów (Das Haus meiner Söhne) [TV]. 1976: Schach von Wuthenow [TV – DDR]. 1977: Tańczący jastrząb; Polskie drogi (Polskie drogi – Wege Polens) [TVS]. 1978: Sowizdrzał Świętokrzyski. 1979: Niewdzičczność (Undankbarkeit) [TV]; Po drodze/Utközben (Zuhause in einem fremden Land) [PL/HU]. 1980: Don Juan, Karl-Liebknecht-Str. 78 [DDR]; Kontrakt (Die Braut sagt nein) [TV]; Mniejsze niebo. 1981: W obronie własnej (Ehe zu dritt); Najd łuższa wojna nowoczesnej Europy [TVS]. 1983: Edith et Marcel (Edith und Marcel) [FR]; Les cerfs volants [TVS – FR]; Synteza; Seksmisja (Sexmission). 1984: W starym dworku, czyli niepodległość trójkątów; Vabank II, czyli Riposta (Die Retourkutsche); Przyśpieszenie; Evropejskaja istorija [SU]; 1944: Edward i Stefan [TV]. 1985: Sezon na ba¿anty. 1986: Epizod Berlin West; Komediantka (Die Komödiantin). 1987: Śmieciarz [TVS]; Kingsajz. 1988: Bernadette [FR]; Deux [FR]. 1989: Spielergeschichten: Alles auf Pique Dame [TV – BRD]. 1991: Ferdydurke/30 Door Key [PL/GB/FR]; V.I.P.; Śmierć dziecioroba. 1992: Dwa księżyce [TV]; La petite apokalypse/La piccola apocalisse/Mała apokalipsa (Die kleine Apokalypse) [FR/IT/PL]; The Silent Touch/Dotkniecie reki (Der Klang der Stille) [GB/PL/DK]. 1993: Piękna nieznajoma/Prerasnaja neznakomka [PL/RU]. 1995: Niemcy.

U

Ul'janov, Michail
(Michail Aleksandrovič Ul'janov)
*20. 11. 1927 Bergamak (Gebiet Omsk)

Ausbildung an der Ščukin-Schauspielschule in Moskau, anschließend Engagement am Vachtangov-Theater, wo sein Repertoire sowohl sowjetische Gegenwartsdramatik, etwa die Rolle des Sergej Seregin in Aleksej Arbuzovs «Irkutskaja istorija», als auch klassische Rollen der Weltliteratur umfaßt. Sein Filmdebüt wird 1953 die Kinofassung von Gor'kijs *Egor Bulyčov i drugie* (Julija Solnceva). Nach mehreren Episodenrollen rückt er 1961 als Bachirev in *Bitva v puti* (Vladimir Basov) in die erste Reihe der sowjetischen Schauspieler. Viel beachtet ist auch sein Bykov in *Tišina* (Basov, 1964) sowie der Egor Trubnikov in *Predsedatel'* (Aleksej Saltykov, 1964). Für letztere Rolle wird er von den Lesern der Zeitschrift «Sovetskij ekran» zum besten sowjetischen Schauspieler des Jahres gewählt. 1965 und 1967 spielt Ul'janov bei der DEFA: den Frolow in Günter Reischs Liebknecht-Biografie *Solange Leben in mir ist* und den Alexej Gorbatow in *Die gefrorenen Blitze* (János Veiczi). Nach dem Tod des Regisseurs Ivan Pyr'ev (1968) vollendet Ul'janov mit Kiril Lavrov *Brat'ja Karamazovy*, er selbst spielt den Dmitrij Karamazov. Konfliktreiche Rollen in Filmen zu aktuellen Themen sind seine häufigsten künstlerischen Aufgaben. In mehreren Filmen der 70er und 80er Jahre verkörpert er den legendären Sowjet-Marschall Georgij K. Žukov. 1982 gestaltet er mit fast ästhetischer Strenge den Sergej Abrikosov in Julij Rajzmans *Častnaja žizn'*. Für diese Rolle eines engagierten Betriebsdirektors, der nach seiner Pensionierung erkennt, daß er sich seiner Familie entfremdet hat, erhält er den Darstellerpreis des Festivals in Venedig. Er ist Träger mehrerer nationaler Auszeichnungen.

1975 erscheint sein Buch «Moja professija» (Mein Beruf).

[SU/RU] 1953: Egor Bulyčov i drugie. 1956: Oni byli pervymi. 1957: Dom, v kotorom ja živu (Das Haus, in dem ich wohne); Ekaterina Voronina. 1958: Dobrovol'cy (Die Freiwilligen); Stučis' v ljubuju dver' (Du bist nicht allein); Šli soldaty. 1960: Prostaja istorija. 1961: Bitva v puti (Schlacht unterwegs); Baltijskoe nebo. 1962: Molodo-zeleno; Pust' svetit. 1963: Eto slučilos' v milicii (Es geschah in der Miliz). 1964: Živye i mertvye (Die Lebenden und die Toten); Predsedatel'; Tišina (Die Stille). 1965: Solange Leben in mir ist [DDR]. 1967: Die gefrorenen Blitze [DDR]. 1968: Brat'ja Karamazovy (Die Brüder Karamasow). 1969: Vozmezdie (Man wird nicht als Soldat geboren). 1970: Na puti k Leninu/Unterwegs zu Lenin [SU/DDR]. 1970/72: Osvoboždenie (Befreiung). 1971: Trotz alledem! [DDR]; Anflug Alpha I [DDR]; Beg (Die Flucht); Egor Bulyčov i drugie (Jegor Bulytschow und andere). 1972: Slu šajte, na toj storone! (Hört, auf der anderen Seite) [SU/MN]. 1973: Samy poslednij den' (Sein allerletzter Tag) [R,A]. 1974–77: Soldaty svobody (Soldaten der Freiheit). 1975: Blokada (Blockade). 1977: Legenda o Tile (Till Ulenspiegel); Ličnoe sčast'e (Das persönliche Glück) [TV]. 1978: Blokada II, IV (Blockade); Obratnaja svjaz' (Rückkopplung); Pozovi menja v dal' svetluju (Ruf mich in die lichte Ferne). 1979: Tema (Das Thema). 1981: Fakty minuvšego dnja; Poslednij pobeg. 1982: Častnaja žizn' (Das Privatleben); Fevral'skij veter (Februarwind). 1983: Bez svidetelej (Gespräch ohne Zeugen); Den' komandira divizii (Der Tag des Divisionskommandeurs); Esli vrag ne sdaetsja (Wenn der Feind sich nicht ergibt). 1983/84: Pobeda/Der Sieg. 2 Teile [SU/DDR]. 1985: Bitva za Moskvu (Schlacht um Moskau); Kontrudar (Der Gegenstoß); Strategija pobedy (Strategie des Sieges) [TV]; Teve-moločnik (Tewje, der Milchmann) [TV]. 1987: Vybor. 1989: Naš bronepoezd (Unser Panzerzug). 1991: Dom pod zvesdnym nebom; Delo Suchovo-Kobylina [TV]. 1993: Sam ja – vjatski uroženec. 1994: Master i Margarita. 1997: Taina Marcello.

Ullmann, Liv

(Liv Johanne Ullmann)
*16. 12. 1938 Tokio

Tochter eines in Japan tätigen norwegischen Ingenieurs. Nach Kriegsbeginn Heimkehr nach Norwegen, Schulbesuch in Trondheim, achtmonatiger Besuch einer Schauspielschule in London. Ende der 50er Jahre drei Jahre am Theater in Stavanger. 1960 in Oslo am Nationaltheater und am Norwegischen Theater, wo sie sowohl in klassischen als auch in modernen Stücken spielt. 1957 Filmdebüt; in vier norwegischen und schwedischen Produktionen bis zur Begegnung mit Ingmar Bergman 1965. Ihre erste Bergman-Rolle ist die sprachgehemmte Elisabeth Vogler in der psychologischen Studie *Persona*. In Zusammenarbeit mit Bergman entstehen bis 1978 – neben einer gemeinsamen Tochter – acht Filme, mit denen Liv Ullmann Weltruhm erlangt. Es sind komplex angelegte Studien über Frauen in Krisensituationen. Nachhaltige Wirkung erzielt sie durch ihr variationsreiches Mienenspiel, das Bergman in extensiven Großaufnahmen festhält. Für ihre Rolle als Eva Rosenberg in *Skammen* wird sie 1969 in Schweden als beste Schauspielerin ausgezeichnet; Preise der New York Film Critics für ihre Rollen in *Viskningar och rop* (1972) und in *Scener ur ett äktenskap* (1973). Sowohl die sechsstündige Fernsehfassung als auch die Kinofassung des von Liv Ullmann und Erland Josephson gespielten Kinodramas beeindrucken ebenso durch präzisen Gestus wie Liv Ullmanns erschütterndes Solo in *Ansikte mot ansikte* (1976), für das sie erneut von den New York Film Critics geehrt sowie zum Oscar nominiert wird. Sie beeindruckt auch in Jan Troells realistischen Auswandererfilmen *Utvandrarna* (Oscar-Nominierung) und *Nybyggarna*. Ab 1970 Rollen in europäischen und amerikanischen Produktionen, darunter auch Musicals und Action-Filme. 1982 Regiedebüt mit *Love*. Politische Aktivitäten als Unicef-Botschafterin. 1977 Veröffentlichung der autobiografischen Reflexionen «Forandringen», (Wandlungen) 1984 fortgesetzt mit «Choices» (Gezeiten).

1957: Fjols til fjells [NO]. 1959: Ung flukt [NO]. 1962: Kort är Sommaren [SE]. 1965: Persona (Persona) [SE]. 1967: Vargtimmen (Die Stunde des Wolfs) [SE]. 1968: Ann-Margritt (Ann-Margritt) [NO]; Skammen (Schande) [SE]. 1969: En passion (Passion) [SE]. 1970: The Night Visitor (Der unheimliche Besucher) [US]; De la part des copains (Kalter Schweiß) [FR]; De la part des copains/L'uomo dalle due ombre (Kalter Schweiß) [FR/IT]. 1971: Pope Joan (Papst Johanna) [GB]; Utvandrarna (Die Emigranten) [SE]. 1972: Viskningar och rop (Schreie und Flüstern) [SE]; Nybyggarna (Das neue Land) [SE]; Lost Horizon (Der verlorene Horizont) [US]; 40 Carats (Vierzig Karat) [US]. 1973: Scener ur ett äktenskap (Szenen einer Ehe) [SE]. 1974: Zandy's Bride (Zandys Braut) [US]; The Abdication [GB]. 1975: Léonor/Leonor (Eleonore) [FR/ES/IT]. 1976: Ansikte mot ansikte (Von Angesicht zu Angesicht) [TV – SE]; A Bridge Too Far (Die Brücke von Arnheim) [US]. 1976/77: Das Schlangenei/The Serpent's Egg [BRD/US]. 1977: Herbssonate [BRD]; A Look at Liv-Norway's Liv Ulman. Liv Ulman's Norway [DOK – US]. 1980: Richard's Things (Richards Erbe) [GB]. 1982: Love [EP – CA]. 1983: The Wild Duck (Die Wildente) [AU]. 1983/84: Duell ohne Gnade/La diagonale du fou [CH/FR/BRD]. 1984: The Bay Boy (Das nächste Opfer) [CA]. 1986: Speriamo che sia femmina/Pourvu que ce soit une fille (Hoffen wir, daß es ein Mädchen wird) [IT/FR]; Mosca, addio (Moskau – Schalom) [TV – IT]. 1987: Gli indifferenti/Falschmünzer der Liebe [TV – IT/BRD]; Gaby: A True Story (Gaby – Eine wahre Geschichte) [US/MX]. 1988: La amiga [BRD/AR]. 1989: Der Rosengarten/The Rose Garden [BRD/US]. 1990: Mindwalk (Wendezeit) [US]; Oxen [SE]. 1991: The Long Shadow [US]. 1992: Sofie [R,CoA – DK/NO/SE]. 1994: Drømspel/Drömspel [NO/SE]; Zorn [SE/NO/FI/IS]. 1995: Kristin Lavransdatter/Kristin Lavransdotter. Brudkronan [R,A – NO/SE/DE]; Lumière et Compagnie [D,CoR – DOK – FR/ES/SE]. 1996: Enskilda samtal [R – TV – SE].

Ullrich, Luise

(Luise Aloisia Elisabeth Ullrich)
*30. 10. 1911 Wien-Döbling
†22. 1. 1986 München

Mädchenoberschule in Wien, Mittlere Reife. Mit 14 Jahren Schauspielausbildung an der Akademie für Musik und darstellende Kunst. Bühnendebüt 1926 an der Volksbühne in Wien, später am Burgtheater. 1931 Volksbühne am Alexanderplatz in Berlin, 1931/32 und 1935/36 Berliner Staatstheater. Auch schriftstellerisch tätig. Filmdebüt 1932 in Ufa-Kurzfilmen zum 100. Todestag Goethes. Erste Spielfilmrolle als Erika in Luis Trenkers *Der Rebell*. Erfolg als armes süßes «Weaner Madl» Mizzi in Max Ophüls' Schnitzler-Adaption *Liebelei*. In natürlicher Jungmädchenhaftigkeit auch bei Erich Waschneck in *Regine* als einfache Magd, die den Aufstieg in die «große Welt» nicht bewältigt. Nach 1933 Erfolg mit allen Filmen, auch wenn die Hamsunsche *Viktoria* (Carl Hoffmann) für den zarten Mädchentyp zu tiefgründig und doppelbödig ist. 1941 in Venedig Coppa Volpi für das Melodram *Annelie* (Josef von Baky). Auch nach dem Krieg hält ihre Beliebtheit an. Zuerst 1949 als am Christentum zweifelnde Ärztin in Harald Brauns problemüberladener *Nachtwache*. In den 50ern als burschikos patente Frau der Nachkriegszeit. Typisch sind selbstlose, für die Familie unentbehrliche Mütter mit einem Schuß Selbstbewußtsein und trockenem Witz, z. B. in *Vergiß die Liebe nicht* (Paul Verhoeven) und *Die liebe Familie* (Helmut Weiß). Anfang der 60er Abwendung vom Film und nur gelegentlich im Fernsehen wie 1972 als resolute Oma in Rainer Werner Fassbinders Familien-Serie *Acht Stunden sind kein Tag*. 1979 Filmband in Gold für langjähriges und hervorragendes Wirken im deutschen Film. Bis Anfang der 80er immer wieder auf der Bühne. 1973 veröffentlicht sie ihre Autobiografie «Komm auf die Schaukel, Luise».

[DE/BRD] 1932: Goethe-Gedenkfilm. 2 Teile. [KF]; Der Rebell [Version]. 1932/33: Liebelei [Version]. 1932–34: Liebelei. Une histoire d'amour [Version – FR]. 1933: Heimkehr ins Glück; Leise flehen meine Lieder [AT/DE]; Glück im Schloß. 1933/34: Der Flüchtling aus Chicago; Zwischen zwei Herzen. 1934: Liebe dumme Mama; Regine; Vorstadtvarieté [AT]. 1935: Das Einmaleins der Liebe; Viktoria. 1936: Schatten der Vergangenheit [AT]. 1937: Versprich mir nichts! 1938: Ich liebe Dich; Der Tag nach der Scheidung. 1939/40: Liebesschule. 1941: Annelie. 1942: Ich warte auf dich/Der Fall Rainer. 1943: Nora. 1944/45: Kamerad Hedwig [Unvollendet]. 1949: Nachtwache; Die Reise nach Marrakesch. 1953: Vergiß die Liebe nicht. 1953/54: Regina Amstetten. 1954: Eine Frau von heute; Ihre große Prüfung. 1955: Ich weiß, wofür ich lebe; Sarajevo (Um Thron und Liebe) [AT]. 1956: Der erste Frühlingstag; Die liebe Familie [AT]. 1957: Alle Wege führen heim. 1957/58: Examen des Lebens [TV]. 1958: Ist Mama nicht fabelhaft? 1959/60: Ein Student ging vorbei. 1960: Bis daß das Geld euch scheidet ... 1960/61: Frau Irene Besser. 1961: Froher Herbst des Lebens [TV]; Die Schatten werden länger [CH/BRD]. 1962: Doña Rosita bleibt ledig [TV]. 1964: Frau Warrens Gewerbe [TV]. 1966: Die gelehrten Frauen [TV]; Schöne Geschichten mit Mama und Papa [TV]. 1969/70: Der Kommissar: Dr. Meinhardts trauriges Ende [TV]. 1972: Die Ullrich [TV-DOK]; Acht Stunden sind kein Tag. 5 Folgen [TVS]. 1975: Treffpunkt Herz [TV]. 1979: Nachbarn und andere nette Menschen. Episode: Warnung vor der Mama [TV-EP – BRD/AT/CH]. 1981: Bring's mir bei, Celine [TV]. 1984: Geschichten aus der Heimat IV EP: Bescheidenheit ist eine Zier [TV-EP]; Komische Geschichten: Luise Ullrich [TV-DOK].

Urbanskij, Evgenij

(Evgenij Jakovlevič Urbanskij)
*27. 2. 1932 Moskau
†5. 11. 1965 Kysil-Kum (Tadschikistan)

Studium in Moskau an der Schauspielschule des Künstlertheaters. 1958 engagiert ihn Julij Rajzman für die Hauptrolle, den Vasilij Gubanov, in *Kommunist* und schafft damit eine der gelungensten Heldengestalten des Sowjetfilms der 50er Jahre. Sehr schnell wird Urbanskij einer der populärsten Schauspieler der Sowjetunion. Ein weiterer Höhepunkt seines Schaffens ist 1961 der Aleksej Astachov in *Čistoe nebo* (Grigorij Čuchraj). Über den bereits mit 33 Jahren tödlich verunglückten Schauspieler dreht Elena Staśevskaja-Narodizkaja 1968 für Mosfilm einen abendfüllenden Dokumentarfilm. Urbanskij ist Verdienter Künstler der RSFSR.

[SU] 1958: Kommunist (Ein Kommunist). 1959: Ballada o soldate (Die Ballade vom Soldaten). 1960: Neotpravlennoe pis'mo (Der Brief, der nicht abging); Ispytatel'nyj srok. 1961: Čistoe nebo (Klarer Himmel). 1964: Pjad' zemli; Bol'šaja ruda. 1966: Car' i general (Der Zar und der General) [BG]. 1968: Evgenij Urbanskij [DOK].

Ustinov, Peter
(Sir Peter Alexander Ustinov)
*16. 4. 1921 Swiss Cottage (London)

Sohn eines deutschen Journalisten mit russischen Vorfahren und einer Bühnenbildnerin italienisch-französischer Abstammung. Viersprachig in London aufgewachsen. 1934–37 an der Eliteschule Westminster, anschließend am Theatre Studio bei Michael St. Denis. 1938 Bühnendebüt am Barn Theatre von Shere (Surrey). 1939 Debüt in London mit dem eigenen Sketch «The Bishop of Limpopoland». 1940 in *Hullo, Fame!* erstmals vor der Kamera. 1942–46 Armeedienst, u. a. in einer Film-Einheit. Zusammen mit Eric Ambler Co-Autor des von Carol Reed 1944 inszenierten Kriegsfilms *The Way Ahead*. 1946 Regiedebüt beim Film mit *School for Secrets*, eine mit Richard Attenborough und Ralph Richardson prominent besetzte Mischung aus Komödie, Drama, Kriegsfilm und Dokumentation um die Erfinder des Radars. 1951 unter der Regie von Mervyn Le Roy erstmals in Hollywood: Sein dümmlicher Nero in dem erfolgreichen römischen Antikfilm *Quo Vadis?* bleibt unvergessen. Das gilt auch für seinen Ausbrecher Jules in Michael Curtiz' *We're No Angels* (1955). Eine Glanzleistung ist 1955 die Rolle des Manegenmeisters in *Lola Montès* (Max Ophüls). 1960 als habgieriger Sklavenhändler im Antikfilm *Spartacus* (Stanley Kubrick) mit einem Nebenrollen-Oscar ausgezeichnet. 1964 ein weiterer Oscar für seinen Arthur in Jules Dassins *Topkapi*. Auch als Regisseur, Autor und Darsteller im Fernsehen, u. a. Emmy Awards 1957 für eine TV-Biografie über Dr. Samuel Johnson und als Darsteller des Sokrates in *Barefoot in Athens* (1966). Ustinovs Talent adelt auch mittelmäßige Filme durch virtuose Interpretation von Nebenrollen. Anfang der 60er Jahre ist er als Regisseur und Hauptdarsteller erfolgreich mit der auf den kalten Krieg zielenden beißenden Komödie *Romanoff and Juliet* (1961) und dem nachdenklichen Abenteuerfilm *Billy Budd* (1962) nach Herman Melville. Seit den späten 70er Jahren häufiger als belgischer Detektiv Hercule Poirot in verschiedenen Agatha-Christie-Adaptionen für Kino und Fernsehen, angefangen 1978 bei John Guillermins *Death on the Nile*. Neben Fernsehrollen, u. a. 1977 in der Fernsehserie *Gesù di Nazareth*, gelegentlich Filmauftritte, so als vorsichtiger Professor Nikolais in *Lorenzo's Oil*. Ustinov arbeitet für Theater- und Opernbühnen, Film und Fernsehen, ist beliebt als Erzähler auf Schallplatten und im Radio, Synchronsprecher, Musikclown, Preisträger sowie als Dramatiker und Buchautor, setzt dabei seine zahlreichen Talente jedoch nicht immer wählerisch ein. 1961 ein Buch mit Cartoons: «We Were Only Human». 1977 Memoiren «Dear Me». Ustinov ist Botschafter für die Kinderhilfsorganisation UNICEF. 1990 wird das Multitalent zum Ritter geschlagen. 1994 Deutscher Kulturpreis.

[GB] 1940: Hullo Fame! 1941: Mein Kampf, My Crimes. 1941/42: One of Our Aircraft Is Missing. 1942: The Goose Steps Out; Let My People Sing. 1943: The New Lot [DOK]. 1944: The Way Ahead [D,CoA]. 1945: The True Glory. 1946: School for Secrets [D,P]; Carnival (Ein Herz geht verloren) [CoA]. 1947: Vice Versa [D,A]. 1949: Private Angelo [D,CoR]. 1950: Odette. 1951: Quo vadis (Quo vadis?) [US]; The Magic Box; Hotel Sahara (Hotel Sahara). 1954: Beau Brummell (Beau Brummel) [US]; The Egyptian (Sinuhe, der Ägypter) [US]. 1955: Lola Montès/Lola Montez [FR/BRD]; We're No Angels (Wir sind keine Engel) [US]. 1956: I girovaghi (Der Narr und die Tänzerin) [IT]. 1957: Les espions/Le spie (Spione am Werk) [FR/IT]; Un angelo é sceso a Brooklyn/Un ángel paó por Brooklyn (Der Hund, der Herr Bozzi hieß) [IT/ES]. 1959: Adventures of Mr. Wonderful [S]. 1960: The Sundowners (Der endlose Horizont) [US]; Spartacus (Spartacus) [US]. 1961: Romanoff and Juliet (Romanoff und Julia) [D,A – US]. 1962: Billy Budd (Die Verdammten der Meere) [D,R,A]. 1963: La donna nel mondo (Alle Frauen dieser Welt) [IT]. 1964: The Peaches; Topkapi (Topkapi) [US]. 1965: Lady L (Lady L.) [D,A – US/FR/IT]; John Goldfarb, Please Come Home! (Eine zuviel im Harem) [US]. 1967: The Comedians/Les comédiens (Die Stunde der Komödianten) [US/BM/FR]; Blackbeard's Ghost (Käpt'n Blackbeard's Spuk-Kaschemme) [US]. 1968: Hot Millions (Das Millionending) [D,CoA – US]. 1969: Viva Max! (Viva Max) [US]. 1972: Hammersmith Is Out (Hammersmith is out) [US]. 1976: Logan's Run (Flucht ins 23. Jahrhundert) [US]; One of Our Dinosaurs Is Missing (Wer hat unseren Dinosaurier geklaut?) [US]; Treasure of Matecumbe [US]. 1977: The Last Remake of Beau Geste (Drei Fremdenlegionäre) [US]; Doppio delitto/Enquête à l'italienne (Vom Blitz getroffen) [IT/FR]; Un taxi mauve (Das malvenfarbene Taxi) [FR]. 1978: Ashanti (Ashanti) [CH]; The Thief of Baghdad (Der Dieb von Bagdad) [TV – GB/FR]; Winds of Change [S-ANI-US]; The Mouse and His Child [S – US]; Tarka the Otter (Tarka, der Otter); Death on the Nile (Tod auf dem Nil). 1979: Nous maigrirons ensemble [FR]. 1980: Grendel, Grendel, Grendel [S – ANI – AU]; Charlie Chan and the Curse of the Dragon Queen (Charlie Chan und der Fluch der Drachenkönigin) [US]. 1981: The Great Muppet Caper (Die große Muppet-Sause); Evil Under the Sun (Das Böse unter der Sonne). 1984: Memed My Hawk [D,A]. 1985: 13 at Dinner (Mord à la carte) [TV – US]. 1986: Dead Man's

Folly (Mord mit verteilten Rollen) [TV]; Ferdinand [S-TV-BRD]. 1987: Three Act Tragedy [TV – US]; Appointment with Death (Rendezvous mit einer Leiche) [US]. 1988: Tango Bar (Tango Bar) [AR]; Peep and the Big Wide World [KF]. 1989: Around the World in 80 Days (In 80 Tagen um die Welt) [TV – US]; C'era un castello con 40 cani/Au bonheur des chiens (Spatzi, Fratzi + Co.) [IT/FR/ES]; Grandpa; La Révolution française: 1. Les années lumière [FR/IT]. 1992: Lorenzo's Oil (Lorenzos Öl) [US]. 1993: The Phoenix and the Magic Carpet. 1994: The Old Curiosity Shop [TV – GB]. 1996: Stiff Upper Lips.

V

Valentin, Karl
(Valentin Ludwig Fey)
*4. 6. 1882 München-Au
†9. 2. 1948 Planegg bei München

Volksschule, Schreinerlehre. 1897–1908 Auftritte als «Vereinshumorist» in und um München. 1902 an einer Varieté-Schule. 1908 erster öffentlicher Vortrag eines selbstverfaßten Monologs («Das Aquarium»), danach an der berühmten Münchner Volkssängerbühne im «Frankfurter Hof». Ab 1911 Zusammenarbeit mit der Soubrette Elisabeth Wellano (1892–1960), in Liesl Karlstadt umgetauft. 1912 macht der bayerische Volksschauspieler erste, erfolglose Versuche in Filmen. Gastspiele in Kabaretts, in den Münchner Kammerspielen und im Deutschen Theater sowie in Wien, Zürich und Berlin. Zusammen mit Liesl Karlstadt Verfilmungen vieler ihrer Sketche, die ihre groteske Komik zum Großteil aus Valentins ungewöhnlicher Physiognomie ziehen: Seine spindeldürre Figur, mit überproportional langen Beinen und Nase, wird durch die kleine gedrungene Gestalt Karlstadts kontrastiert und hervorgehoben. Rollen u. a. 1922 im «surrealistischen» Film-Experiment *Mysterien eines Frisiersalons* von Bertolt Brecht und Erich Engel und 1932 in *Die verkaufte Braut* von Max Ophüls. 1931 Gründung eines bald geschlossenen eigenen Theaters in München. 1932 «Das Karl Valentin Buch». 1934 Eröffnung der bald geschlossenen Nonsens-Kuriositäten-Sammlung «Panoptikum», u. a. ein Grund für den Bruch 1935 mit der finanziell beteiligten Liesl Karlstadt. Zensurmaßnahmen in der NS-Zeit: *Der Firmling* und *Straßenmusik* mit Jugendverbot belegt, *Die Erbschaft* wegen «Elendstendenzen» mit Totalverbot. Ab 1939 Zusammenarbeit mit der Soubrette Annemarie Fischer. Letzter Leinwand-Auftritt 1941 in Liesl Karlstadts von der Bühne abgefilmtem Sketch «In der Apotheke», der für den Film *Der Tobis Trichter. Volkshumor aus deutschen Gauen* verwendet wird. 1942 Rückzug auch von der Bühne. Nach dem Krieg nur noch selten im Radio. Valentin stirbt verarmt und fast vergessen.

[DE] 1912: Die lustigen Vagabunden [D,CoA]; Karl Valentins Hochzeit [D,A]. 1914: Der neue Schreibtisch [D,CoA]. 1920/21: Die Schönheitskonkurrenz oder: Das Urteil des Paris. 1921: Der «entflohene» Hauptdarsteller. 1922: Mysterien eines Frisiersalons. 1923: Der Sonderling. 1929: In der Schreinerwerkstatt [KF]. 1932: Die verkaufte Braut; Im Photoatelier [D,A – KF]. 1933: Orchesterprobe [D,CoA – KF]. 1933/34: Es knallt [KF]. 1934: Der Zithervirtuose [D,A – KF]; Der Theaterbesuch [D,CoA – KF]; Der Firmling [D,CoA – KF]; Der verhexte Scheinwerfer [D,CoA – KF]; So ein Theater [D,CoA – KF]; Im Schallplattenladen [D,CoA – KF]. 1935: Kirschen in Nachbars Garten. 1936: Ein verhängnisvolles Geigensolo [D,CoA – KF]; Kalte Füße/Beim Nervenarzt [KF]; Beim Rechtsanwalt [D,CoA – KF]; Die karierte Weste [D,CoA – KF]; Straßenmusik; Musik zu zweien [D,CoA – KF]; Der Bittsteller [D,CoA – KF]; Donner, Blitz und Sonnenschein; Die Erbschaft [D,CoA – KF – Verboten]. 1937: Ewig Dein [KF]. 1938: München [DOK – Verboten]; Der Antennendraht/Im Senderaum [D,A – KF]. 1938?: Selbst Valentin macht mit [Werbefilm]; Nur nicht drängeln [Werbefilm]. 1941: Der Tobis-Trichter. Volkshumor aus deutschen Gauen.

Valentino, Rudolph

(Rudolpho Alfonzo Raffaelo Pierre Filibert Guglielmi di Valentina d'Antonguolla)
*6. 5. 1895 Castellaneta (Italien)
†23. 8. 1926 New York City

Besuch von Internaten in Norditalien. 1913 Emigration nach Amerika. Gelegenheitsjobs als Straßenhändler, Gärtner, Tellerwäscher, Tanzlehrer und Tänzer in Night Clubs. Tanz-Komparse in Filmproduktionen an der Ostküste, ab 1918 auch in Hollywood. Statist für D.W. Griffith und in Carl Laemmles Universal Studio. 1921 setzt die Autorin June Mathis beim Metro-Studio seine Besetzung als Argentinier Julio Desnoyer in Rex Ingrams *The Four Horsemen of the Apocalypse* durch. Aufstieg zum Star. Er wird eine der großen Hollywood-Legenden und Schwarm vieler Frauen. Das Musterbild des «Latin Lover» feiert weitere Erfolge in großen romantischen Rollen mit einem Schuß Exotik: neben Alla Nazimova als Armand in Ray Smallwoods *Camille* und als Scheich Ahmed Ben Hassan in George Melfords *The Sheik*, als Torero Juan Gallardo in Fred Niblos *Blood and Sand*. Als aus Liebe tiefstapelnder Duc de Chartres in Sidney Olcotts *Monsieur Beaucaire*. 1925 bei United Artists als russischer Robin Hood Vladimir Dubrovsky in Clarence Browns *The Eagle*. Letzte Rolle 1926 Ahmed in George Fitzmaurices *Son of the Sheik*. Obwohl er von der Presse wegen Bigamie und als effeminierter «Pink Powder Puff» angegriffen wird, löst sein früher Tod eine Massenhysterie aus. Er steigt zum vergötterten Superstar auf. Von Valentino erscheinen folgende Bücher: 1923 «How You Can Keep Fit» und Gedichtband «DayDreams», 1929 postum Memoiren «My Private Diary», 1931 «The Intimate Journal of Rudolph Valentino». 1951 Bio-Pic von Lewis Allen *Valentino* mit Anthony Dexter. 1976 Rudolf Nurejew in Ken Russells *Valentino*.

[US] 1914: My Official Wife. 1916: Patricia. 1918: Alimony; A Society Sensation; All Night; The Married Virgin/Frivolous Wives. 1919: The Homebreaker; The Big Little Person; The Delicious Little Devil; Virtuous Sinners; A Rogue's Romance; Nobody Home/Out of Luck; Eyes of Youth. 1920: Stolen Moments; Passion's Playground; The Cheater; Once to Every Woman, The Wonderful Chance. 1920/22: An Adventuress/The Isle of Love. 1921: The Four Horsemen of the Apocalypse; Uncharted Seas; The Conquering Power (Siegende Kraft); Camille (Eine von vielen); The Sheik (Der Scheich). 1922: Moran of the Lady Letty (Das Piratenschiff); Beyond the Rocks (Du sollst nicht begehren deines Nächsten Weib); Blood and Sand (Blut und Sand); The Young Rajah. 1924: Monsieur Beaucaire; A Sainted Devil. 1925: The Eagle (Der Adler); Cobra. 1926: Son of the Sheik (Der Sohn des Scheichs).

Valli, Alida

(Alida Maria Altenburger)
*31. 5. 1921 Pola (damals Italien)

Filmdebüt als 13jährige in *Il capello a tre punte* (Mario Camerini). 1937 spielt sie die Hauptrolle an der Seite von Angelo Musco in *Il feroce Saladino* (Mario Bonnard). Danach wird sie als Hauptdarstellerin in Unterhaltungsfilmen und sentimentalen Komödien populär, so unter Max Neufelds Regie in *Mille lire al mese*. Valli beweist ein vielfältiges Talent, tritt u.a. in Kostümfilmen von Carmine Gallone auf (*Manon Lescaut*). Eine ihrer besten Leistungen ist 1941 die Luisa Maironi in Mario Soldatis Drama *Piccolo mondo antico*. Unter Mario Mattòlis Regie spielt Valli die Hauptrolle in den Melodramen *Luce nelle tenebre* und *Stasera niente di nuovo*, wodurch sie endgültig zur Diva des italienischen Films aufsteigt. 1942 verpflichtet sie Goffredo Alessandrini für seine antisowjetischen Monumentalfilme *Noi vivi* und *Addio, Kira*. Nach dem Krieg spielt sie die Titelrolle in Soldatis *Eugenia Grandet*. Alfred Hitchcock verpflichtet sie als Partnerin Gregory Pecks für seinen Gerichtsfilm *The Paradine Case*. 1949 spielt sie eine Nebenrolle in Carol Reeds *The Third Man*, kehrt dann nach Italien zurück, weil sie in Hollywood keinen Erfolg hat. Vorübergehend arbeitet Valli in Filmen zweiten Ranges in Italien und Frankreich, bis ihr 1954 Luchino Visconti die bedeutendste Rolle ihrer Karriere anbietet, die Livia Serperi in seinem Meisterwerk *Senso*. Hier zeichnet sie eine der unvergeßlichsten Frauenfiguren des italienischen Kinos. 1957 verkörpert Valli die Irma in Michelangelo Antonionis Film *Il grido*. Es ist ein Höhepunkt ihrer Karriere. In den 60er und 70er Jahren behauptet sie sich als Charakterdarstellerin u. a. in Pier Paolo Pasolinis mythologischem Drama *Edipo re* sowie in Bernardo Bertoluccis *La strategia del ragno* und *Novecento*. In den letzten Jahren wird Alida Vallis Tätigkeit im Film spärlicher. 1984 in Giuseppe Bertoluccis *Segreti, segreti* als alte Gouvernante. 1997 erhält sie beim Festival in Venedig einen Goldenen Löwen für ihr Lebenswerk.

[IT] 1934: Il capello a tre punte. 1936: I due sergenti. 1937: Il feroce Saladino; Sono stato io!; L'Ultima nemica. 1938: La casa del peccato; L'Amor mio non muore ...; Mille lire al mese. 1939: Assenza ingiustificata; Ballo al castello; Manon Lescaut; L'Ha fatto una signora. 1939/40: Taverna rossa. 1940: Oltre l'amore; La prima donna che passa. 1941: Piccolo mondo antico (Kleine alte Welt); Luce nelle tenebre; L'Amante segreta; Ore 9: lezione di chimica. 1941/42: Catene invisibili. 1942: I pagliacci [IT/DE]; Noi vivi; Addio, Kira; Le due orfanelle (Heimatlos); Stasera niente di nuovo. 1943: Apparizione; T'amerò sempre. 1944: Circo equestre Za-Bum. 4. EP: Il postino [EP]; Circo equestre Za-Bum. 2. EP: Gelosia [EP]. 1945: Il canto della vita – Giovanna; La vita ricomincia (Zu neuem Leben). 1946: Eugenia Grandet (Eugenie Grandet). 1947: The Paradine Case (Der Fall Paradin) [US]. 1948: The Miracle of the Bells (Die Glocken von Coaltown) [US]. 1949: Walk Softly, Stranger (Glücksspiel des Lebens) [US]; The Third Man (Der dritte Mann) [GB]. 1950: The White Tower (Hölle am weißen Turm) [US]. 1951: Ultimo incontro (Erotik); Les miracles n'ont lieu qu'une fois/I miracoli non si ripetono (Einmal nur leuchtet die Liebe) [FR/IT]. 1952: Les amants de Toléde/Gli amanti di Toledo/El tirano de Toledo (Die Liebenden von Toledo) [FR/IT/ES]. 1952/53: Il mondo le condanna/Les anges déchus (Die von der Liebe leben) [IT/FR]. 1953: Siamo donne. 2. EP: Alida Valli (Wir Frauen) [EP]; La mano dello straniero/The Stranger's Hands [IT/GB]. 1954: Senso (Senso). 1957: La diga sul Pacifico (Heiße Küste); La grande strada azzurra (Squarciò)/Un dénommé Squarcio/Leben ohne Gnade [IT/FR/BRD]; Il grido/The Cry (Der Schrei) [IT/US]. 1957/58: Les bijoutiers du clair de lune/Gli amanti del chiaro di luna (In ihren Augen ist immer Nacht) [FR/IT]. 1958: L'Amore più bello (L'Uomo dai calzoni corti) /Tal vez mañana (Ein kleiner Mann aus Sizilien) [IT/ES]. 1959: Arsène Lupin et la toison d'or [FR]. 1959/60: Les yeux sans visage/Occhi senza volta (Das Schrekkenshaus des Dr. Rasanoff) [FR/IT]. 1960: Il peccato degli anni verdi; Le dialogue des Carmélites/I dialoghi delle Carmelitane (Opfergang einer Nonne) [FR/IT]; Le gigolo (Der Gigolo) [FR]. 1961: Une aussi longue absence (Noch nach Jahr und Tag) [FR]; The Happy Thieves (Rendezvous in Madrid) [US]. 1961/62: Ophélia [FR]. 1962: Homenaje a la hora de la siesta [AR]; Al otro lado de la ciutad [ES]; El valle de las espadas/The Castilian (Die Kastilier) [ES/US]; Il disordine/Le désordre (Verwirrung) [IT/FR]. 1964: L'Autre femme/La otra mujer/Quella terribile notte [FR/ES/IT]. 1965: Umorismo in nero/Humorismo negro/Humour noir. 3. EP: La cornacchia [EP – IT/ES/FR]. 1967: Edipo Re (Edipo Re – Bett der Gewalt). 1969: L'assassin frappe à l'aube/Le Champignon (Pilzgift) [FR/GB]. 1970: La strategia del ragno (Die Strategie der Spinne). 1972: L'Occhio nel labirinto [IT/BRD]; Diario di un italiano (Tagebuch eines Italieners); La prima notte di quiete/Le professeur (Oktober in Rimini) [IT/FR]. 1973: La grande trouille [FR]; No es nada, mamá, sólo un juego (Die Macht des Stärkeren) [ES/VE]. 1974: L'Anticristo (Der Antichrist). 1975: Ce cher Victor (Der liebe Viktor) [FR]; Il caso Raoul; La casa dell'esorcismo/El diablo se lleva a los muertos/Der Teuflische [IT/ES/BRD]; Le chair de l'orchidée/Un'orchidea rosso sangue/Das Fleisch der Orchidee [FR/IT/BRD]. 1976: Cassandra Crossing [BRD/IT]; Novecento (Atto I e II)/00 (I + II)/00. 1. Gewalt, Macht, Leidenschaft.- 1900. 2. Kampf, Liebe, Hoffnung [IT/FR/BRD]; Le jeu du soltaire [FR]. 1977: Suspiria (Suspiria); Zoo/zéro [FR]; Berlinguer ti voglio bene; Un cuore semplice (Ein schlichtes Herz). 1978: Indagine su un delitto perfetto (Eine mörderische Karriere); Porco mondo (porno) [IT/ES]. 1979: La luna (La Luna) [IT/US]; Suor omicidi (Geständnis einer Nonne); Inferno (Horror Infernal). 1981: La caduta degli angeli ribelli; Aspern/Les papiers d'Aspern [PT/FR]. 1982: Sogni mostruosamente proibiti (Ein pikanter Traum). 1984: Segreti segreti. 1987: 32 dicembre. 1990: La bocca. 1991: Zitti e mosca; Una vita in gioco 2 [TV – IT (EURO)]. 1992: Delitti privati [TV – IT/DE]. 1992/93: Il lungo silencio/Zeit des Zorns [IT/DE]. 1993: Bugie rosse [TV]. 1995: A Month by the Lake (Ein Sommer am See) [US/GB]. 1995/96: Fatal Frames.

Vallone, Raf

(Raffaele Vallone)
* 17. 2. 1917 Tropea (Italien)
Studium an der Universität Turin (Jura und Philosophie). Schauspieler und Journalist. 1948 Filmdebüt in der neorealistischen Romanze *Riso amaro* von Giuseppe De Santis, der ihm die Hauptrolle des unterdrückten Bauern in *Non c'è pace tra gli ulivi* überträgt. 1950 als jugoslawischer Flüchtling in Luigi Zampas *Cuori senza frontiere*

und als Bergarbeiter-Führer in Pietro Germis *Il cammino della speranza* erstmals an der Seite seiner späteren Ehefrau Elena Varzi. Er verkörpert Garibaldi in dem historischen Helden-Epos *Camicie rosse*. Filmarbeit in Spanien, Frankreich und Deutschland, so neben Maria Schell in Horst Hächlers Melodram *Liebe* und in Wolfgang Staudtes *Rose Bernd*. Zu Beginn der 60er Jahre inszeniert er in Paris Arthur Millers Bühnenstück «A View From the Bridge» und übernimmt selbst die Rolle des immigrierten Vaters, ebenso in Sidney Lumets Verfilmung *Vu du pont*. 1962 als Ehemann in Jules Dassins Mythen-Modernisierung *Phaedra*. Neben internationalen Produktionen in ganz Europa auch Rollen in Hollywood-Filmen: in Otto Premingers *The Cardinal*, neben Carroll Baker als Stiefvater der *Harlow* (Gordon Douglas), in J. Lee Thompsons voyeuristischer Onassis-Kolportage *The Greek Tycoon*. In Michael Ritchies *An Almost Perfect Affair* spielt er den Ehemann von Monica Vitti. 1990 als sympathischer Papst in Coppolas *The Godfather III*. Außer im Film ist Vallone auch auf der Bühne und im Fernsehen aktiv.

[IT] 1948/49: Riso amaro (Bitterer Reis). 1950: Non c'è pace tra gli ulivi (Vendetta); Cuori senza frontiere (Herzen kennen keine Grenzen); Il cammino della speranza (Weg der Hoffnung). 1950/51: Il bivio (Zu spät, Dr. Marchi); Il Cristo proibito (Der verbotene Christus). 1951: Anna (Anna) [IT/FR]; Carne inquieta; Le avventure di Mandrin/Mandrin, le chevalier sans loi (Der König der Rebellen) [IT/FR]; Camicie rosse/Les chemises rouges (Anita Garibaldi) [IT/FR]. 1951/52: Roma ore 11/Onze heures sonnaiment (Es geschah Punkt 11) [IT/FR]. 1952: Los ojos dejan huellas/Uomini senza pace (Auch die Augen hinterlassen Spuren) [ES/IT]; Perdomani! (Verzeih mir). 1953: Gli eroi della domenica (Die Helden des Sonntags); Thérèse Raquin/Teresa Raquin (Therese Raquin – Du sollst nicht ehebrechen) [FR/IT]; Destini di donne/Destinées. 3. Ep: La nemica della guerra/Lysistrata (Liebe, Frauen und Soldaten) [EP – IT/FR]. 1953/54: La spiaggia/La pensionnaire (Der Skandal) [IT/FR]. 1954: Delirio/Orage (Du mußt mich vergessen) [IT/FR]; Obsession/Domanda di grazia (Menschen am Trapez) [FR/IT]; Siluri umani (Torpedomänner greifen an). 1955: Il segno di Venere (Im Zeichen der Venus); Andrea Chénier/André Chénier (Treu bis in den Tod) [IT/FR]; Les possédées (Die Besessenen) [FR]. 1955/56: Le secret de Sœur Angèle/Il segreto di Suor Angela (Das Geheimnis des Schwester Angelika) [FR/IT]. 1956: Rose Bernd [BRD]; Liebe/Uragano sul Po [BRD/IT]. 1956/57: Guendalina (Gwendalina) [IT/FR]. 1957/58: La violetera/La violetera (La bella fioraia di Madrid) (Es begann in der Silvesternacht) [ES]. 1958: Le piège/La trappola si chiude (Die Falle) [FR/IT]. 1958/59: La venganza/La vendetta [ES/IT]. 1960: Recours en grâce/Tra due donne [FR/IT]; La garçonnière; La ciociara (Und dennoch leben sie) [IT/FR]. 1961: El Cid (El Cid) [US]; Vu du pont/Uno sguardo dal ponte (Blick von der Brücke) [FR/IT]. 1962: Phaedra (Phaedra) [FR]. 1963: The Cardinal (Der Kardinal) [US]. 1964: The Secret Invasion (Geheimauftrag Dubrovnik) [US]. 1965: Una voglia da morire/Jeux de société [IT/FR]; Harlow (Die Welt der Jean Harlow) [US]. 1966: Se tutte le donne del mondo; Nevada Smith (Nevada Smith) [US]. 1969: The Italian Job (Charlie staubt Millionen ab) [GB]. 1970: La morte risale a ieri sera/Gemordet wird nur samstags [IT/BRD]; Cannon for Cordoba [US]; The Kremlin Letter (Der Brief an den Kreml) [US]. 1971: Honor Thy Father [TV – US]; A Gunfight (Duell in Mexiko) [US]. 1972: Un verano para matar [ES]. 1973: Grazie amore mio [ES]. 1973/74: Histoire de l'œil/Simona [BE/IT]. 1975: That Lucky Touch (Bleib mir ja vom Leib) [GB]; Rosebud (Unternehmen Rosebud) [US]; The Human Factor (Ein Mann rechnet ab) [US]. 1977: The Other Side of Midnight (Jenseits von Mitternacht) [US]. 1978: The Greek Tycoon (Der große Grieche) [US]. 1979: An Almost Perfect Affair (Eine fast perfekte Affäre) [US/FR]. 1981: Omar Mukhtar/Lion of the Desert (Omar Mukhtar – Löwe der Wüste) [LY/GB]. 1983: A Time to Die (Zeit zu sterben) [US]; The Scarlet and the Black (Im Wendekreis des Kreuzes) [TV – US]. 1985: Le pouvoir du mal (Paradigme)/Il potere del male (Paradigma) [FR/IT]. 1990: The Godfather III (Der Pate III) [US].

Vanel, Charles

(Marie-Charles Vanel)
*21. 8. 1892 Rennes
†15. 4. 1989 Cannes

Vanel muß seine Seefahrtsausbildung wegen unzureichender Sehkraft abbrechen. 1908 Theaterdebüt in Paris; zahlreiche Tourneen mit Sacha Guitry. Ab 1920 auch beim Film, erste wichtige Rolle 1924 in Jacques de Baroncellis Fischerdrama *Pêcheur d'Islande*. Die Zusammenarbeit mit de Baroncelli währt bis 1944. Als Liebhaber in René Clairs *La proie du vent* (1926) wird er populär. 1928 Napoleon in Karl Grunes *Waterloo*. Zu Beginn der 30er Jahre in Deutschland; Mitwirkung in französischen Versionen deutscher Produktionen. 1933 als Partner von Hary Baur in Raymond Bernards *Les misérables*. Wichtige Rollen in Filmen von Jacques Feyder und Marcel Carné. In den 50er Jahren häufen sich die Auszeichnungen für den Schauspieler mit dem sparsamen Mienenspiel; er ist prädestiniert für schweigsame, nicht recht durchschaubare Rollen in gesellschaftskritischen Kriminalfilmen. Er ist Yves Montands verschlagener Partner in Henri-Georges Clouzots Thriller *Le salaire de la peur*, 1953 Auszeichnung in Cannes.

Wiederum mit Clouzot entsteht der finstere Thriller *Les diaboliques.* 1954 Auszeichnung für seine Rolle in Julien Duviviers *L'affaire Maurizius* in Karlovy Vary; 1957 Darstellerpreis in San Sebastián für seine Rolle in Henri Decoins *Le feu aux poudres.* Weitere wichtige Rollen in *To Catch a Thief* von Alfred Hitchcock, in Luis Buñuels *La mort en ce jardin,* 1957 als wortkarger Geheimdienstchef in Bernard Borderies *Le Gorille vous salue bien.* Zu seinen faszinierendsten späten Auftritten gehören stumme Szenen in Francesco Rosis Mafia-Film *Cadaveri eccelenti* (1975/76). 1978 Spezial-César für sein Lebenswerk.

[FR] 1920: Miarka, la fille à l'ourse. 1921: Phroso; La fille de la Camargue; L'enfant du Carnaval; Crépuscule d'épouvante. 1922: La maison du mystère (Das geheimnisvolle Haus); Tempêtes; L'âtre. 1923: L'autre aile; Calvaire d'amour; La mendiante de Saint-Sulpice; Du crépuscule à l'aube; Le vol. 1924: Ame d'artiste; Pêcheur d'Islande; Les cinquante ans de Don Juan; La flambée des rêves. 1925: La flamme; La nuit de la revanche; 600000 francs par mois; Barocco (Barocco – Das Geheimnis der Rabba); L'orphelin du cirque; Le réveil. 1926: Martyre; Feu!; Nitchevo (U-Boot in Gefahr); La proie du vent. 1927: Da hält die Welt den Atem an/Maquillage [DE/FR]; Le passager; L'esclave blanche/Die weiße Sklavin [FR/DE]; Charité; Paname n'est pas Paris/Die Apachen von Paris [FR/DE]. 1927/28: Königin Luise [DE]. 1928: La femme rêvée; Les Fourchambault; Waterloo [DE]. 1929: Drei Tage auf Leben und Tod [DE]; Die Liebe der Brüder Rott [DE]; Dans la nuit (In der Nacht) [D,R]. 1930: Chiqué; Maison de danses; Le capitaine jaune; Accusée, levez-vous!; L'Arlésienne. 1930/31: La maison jaune de Rio. 1931: Les croix du bois (Hölzerne Kreuze/Jenseits der deutschen Gräben); Au nom de la loi; Faubourg-Montmartre. 1932: Gitanes. 1933: Les misérables; Le grand jeu; Au bout du monde [Version – DE/FR]. 1934: Roi de Camargue. 1935: Le domino vert [Version – DE/FR]; L'équipage; L'impossible aveu; Michel Strogoff [Version – FR/DE]. 1936: La flamme; Les grands; La peur; La belle équipe (Uns lachte das Glück, Zünftige Bande); L'assaut; Jenny; Courrier-Sud; Port-Arthur [DE]; Les bateliers de la Volga (Wolgaschiffer). 1937: Abus de confiance (Vertrauensbruch); Feu!; L'occident; La femme du bout du monde; Les pirates du rail; Police mondaine; Troika sur la piste blanche. 1938: S.O.S. Sahara; Légions d'honneur (Ehren-Legion); Carrefour; Bar du Sud. 1939: La brigade sauvage; La loi du Nord (Das Gesetz des Nordens); Yamilé sous les cèdres; L'or du Cristobal. 1940: La nuit merveilleuse; Diamant noir. 1941: Le soleil a toujours raison. 1942: Haut le vent; Les affaires sont les affaires; Promesse à l'inconnue. 1943: Le ciel est à vous (Sprung aus den Wolken); Les Roquevillard. 1945: La ferme du pendu (Entfesselte Leidenschaften). 1946: Gringalet (Vatersorgen); Le bâteau à soupe; La cabane aux souvenir. 1947: Le diable souffle. 1948: Vertigine d'amore [IT]; La femme que j'ai assassiné. 1948/49: In nome della legge (Im Namen des Gesetzes) [IT]. 1949/50: Cuori sul mare [IT]. 1950: Il bivio (Zu spät, Dr. Marchi) [IT]. 1951: Incantesiomo tragico (Oliva) [IT]; L'ultima sentenza [IT]; Gli inesorabili (Unerbittliche Liebe) [IT/FR]. 1952: Le salaire de la peur/Vite vendute (Il salario della paura) (Lohn der Angst) [FR/ IT]; Tempête sur les mauvents [FR/ES]; Les belles-de-nuit/Le belle della notte (Die Schönen der Nacht) [FR/ IT]. 1953: Si Versailles m'était conté (Versailles – Könige und Frauen). 1953/54: L'affaire Maurizius/Il caso Maurizius (Der Fall Maurizius) [FR/IT]; Maddalena/Une fille nommée Madeleine (Magdalena – Tagebuch einer Verlorenen) [IT/FR]. 1954: L'allegro squadrone/Les gaités de l'escadron (Husarenstreiche) [IT/FR]; To Catch a Thief (Über den Dächern von Nizza) [US]; Les diaboliques (Die Teuflischen). 1955: Un missionaire; Tam tam Mayumbe/Tam-Tam (Bringt ihn lebend) [IT/ FR]. 1956: La mort en ce jardin (Pesthauch des Dschungels) [FR/MX]; Le feu aux poudres/X3 operazione dinamite (Dem Satan ins Gesicht gespuckt) [FR/IT]; Difendo il mio amore/Scandale à Milan (Ihr schlechter Ruf) [IT/FR]. 1957: Le Gorille vous salue bien (Der Gorilla läßt schön grüßen); Les suspects; Rafles sur la ville (Nacht über Paris/Montmartre null Uhr dreißig. 1958: Le piège/La trappola si chiude (Die Falle) [FR/IT]; Les naufrageurs (Die Verfemte); I battellieri del Volga/Les bateliers de la Volga (Wolgaschiffer) [IT/FR]. 1959: Pêcheurs d'Islande; La valse du Gorille (Der Gorilla schlägt zu). 1960: La vérité (Die Wahrheit). 1961: Lo sgarro/Quand la colère éclate (Schüsse auf der Piazza) [IT/FR]; La steppa/La steppe (Die Steppe) [IT/FR]; Tintin et la mystère de la toison d'or (Tintin und das Geheimnis des goldenen Vlieses). 1962: Rififi à Tokyo/Rififi a Tokio (Rififi in Tokio) [FR/ IT]. 1963: L'âiné des Ferchaux/Lo sciacallo (Die Millionen eines Gehetzten) [FR/IT]; Un roi sans divertissement; Symphonie pour un massacre (Sieben Tote hat die Woche). 1965: Le chant du monde (Und die Wälder werden schweigen). 1966: Un homme de trop/Il 13° uomo (Ein Mann zuviel) [FR/IT]. 1969: Maldonne; La nuit bulgare; Ballade pour un chien (Ballade für einen Hund). 1970: Comptes à rebours (Der Boß). 1972: Camorra/Les tueurs à gages [IT/FR]; La più bella serata della mia vita/La plus belle soirée de ma vie [IT/FR]. 1973: L'oiseau rare. 1974: Par le sang des autres/Ultimatum alla polizia (Der Rücksichtlose) [FR/ IT/CA]. 1975: Sept morts sur ordonnance/Quartett Bestial [FR/ES/BRD]; Es herrscht Ruhe im Land [BRD]. 1975/76: Cadaveri eccellenti/Cadavres exquis (Die Macht und ihr Preis) [IT/FR]. 1976: La nuit d'or [FR/BRD]; Comme un boomerang/Il figlio del gangster (Wie ein Bumerang) [FR/IT]; Alice ou la dernière fugue (Alice). 1977: Ne pleure pas. 1979: Le chemin perdu (Die verlorene Zeit) [CH]. 1980: La puce et le privé. 1980/81: Tre fratelli/Trois frères (Drei Brüder) [IT/FR]. 1987: Si le soleil ne revenait pas [FR/CH]; Les saisons du plaisir (Ein turbulentes Wochenende).

Veidt, Conrad

(Hans Walter Conrad Veidt)
*22. 1. 1893 Berlin
†3. 4. 1943 Hollywood

Gymnasium ohne Abitur. 1913 an Max Reinhardts Theaterschule am Deutschen Theater. Auftritte in kleinen und mittleren Rollen. 1914 eingezogen. 1916 Freistellung für das Fronttheater; dann in Berlin an den Reinhardt-Bühnen. 1919–21 an den Barnowsky-Bühnen. 1922/23 Renaissance-Theater. Ab 1916/17 im Film. 1918 Aufstieg zum Star in den Sitten- und Aufklärungsfilmen von Richard Oswald: gesellschaftliche Außenseiter, elegante Negativfiguren oder gebrochene Helden u. a. neben Werner Krauß, Reinhold Schünzel und Anita Berber. So als homosexueller Geiger, der nach einer Erpressung Selbstmord begeht, in *Anders als die Andern*. In eigener Produktion und unter eigener Regie in *Wahnsinn* und *Die Nacht auf Goldenhall*. Willenlos mordendes Medium Cesare in Robert Wienes *Das Cabinet des Dr. Caligari*. Mit bizarrer Körpersprache etabliert sich Veidt als idealer expressionistischer Schauspieler; der «Dämon» des deutschen Stummfilms ist stilbildend für die «Filme des Grauens» wie Paul Lenis *Das Wachsfigurenkabinett* und Henrik Galeens *Der Student von Prag*. 1921 als Maharadscha in *Das indische Grabmal* (Joe May), aber auch der liebevolle Vater (von Elisabeth Bergner) in *Der Geiger von Florenz* (Paul Czinner). Neben Emil Jannings höchstbezahlter deutscher Star. 1927–29 vier Hollywood-Filme, u. a. *The Beloved Rogue* (Alan Crosland) mit John Barrymore. Im Tonfilm wird das Rollenbild nüchterner. 1933 mit seiner jüdischen Frau nach London. In Großbritannien mit meist positiven Figuren Aufstieg zum Star. 1934 Titelrolle in der Feuchtwanger-Verfilmung *Jew Süss* (Lothar Mendes), wegen prosemitischer Tendenz in Deutschland verketzert. 1938 wird Veidt britischer Staatsbürger. Ab 1940 in Hollywood, dort antifaschistisches Engagement privat und auf der Leinwand, meist in Rollen von Nazis, so als Major Strasser im Emigranten-Film *Casablanca* (Michael Curtiz) – dieser Auftritt wird in den 50er Jahren aus der deutschen Verleihfassung herausgeschnitten und erst in den 70er Jahren wieder ergänzt.

[DE] 1916/17: Der Weg des Todes. 1917: Wenn Tote sprechen; Furcht; Der Spion/In die Wolken verfolgt; Das Rätsel von Bangalor. 1918: Die Serenyi; Es werde Licht! 4. Sündige Mütter; Das Dreimäderlhaus; Das Tagebuch einer Verlorenen; Dida Ibsens Geschichte; Colomba; Jettchen Geberts Geschichte. 2 Teile; Peer Gynt. 2 Teile; Die Reise um die Erde in 80 Tagen; Opium; Opfer der Gesellschaft. 1918/19: Die Mexikanerin; Anders als die Andern; Nocturno der Liebe; Die Japanerin. 1919: Das gelbe Haus/Die Prostitution; Die sich verkaufen. Die Prostitution 2. Teil; Die Okarina; Prinz Kuckuck; Wahnsinn [D,R,P]; Unheimliche Geschichten [EP]; Satanas [EP]. 1919/20: Sehnsucht; Nachtgestalten (Eleagabal Kuperus); Das Cabinet des Dr. Caligari; Patience. Die Karten des Todes. 1920: Der Reigen; Die Nacht auf Goldenhall [D,R,P]; Kurfürstendamm; Die Augen der Welt; Der Januskopf; Moriturus; Abend – Nacht – Morgen; Die Sippschaft; Manolescus Memoiren; Künstlerlaunen; Liebestaumel; Der Gang in die Nacht; Weltbrand. Christian Wahnschaffe. 1. Teil; Der Graf von Cagliostro [AT/DE]; Das Geheimnis von Bombay. 1920/21: Menschen im Rausch; Der Leidensweg der Inge Krafft. 1921: Die Liebschaften des Hektor Dalmore; Christian Wahnschaffe. 2. Die Flucht aus dem goldenen Kerker; Landstraße und Großstadt; Lady Hamilton; Das indische Grabmal. 1. Die Sendung des Yoghi/2. Der Tiger von Eschnapur. 1922: Lucrezia Borgia. 1922/23: Paganini [D,KO,P]. 1923: Wilhelm Tell; Glanz gegen Glück; Das Wachsfigurenkabinett [EP]. 1923/24: Carlos und Elisabeth; Der Film im Film. Ein Blick hinter die Kulissen [DOK]. 1924: Nju; Orlacs Hände (Orlac's Hände) [AT]; Schicksal. 1925: Le Comte Kostia/Graf Kostja [FR/DE]; Liebe macht blind; Ingmarsarvet (Die Erde ruft) [SE]. 1925/26: Der Geiger von Florenz; Die Brüder Schellenberg. 1926: Dürfen wir schweigen?; Kreuzzug des Weibes; Der Student von Prag; Die Flucht in die Nacht. 1927: The Beloved Rogue (Der Bettelpoet) [US]; A Man's Past (Eines Mannes Vergangenheit/Der seltsame Fall eines Arztes) [US]. 1927/28: The Man Who Laughs (Der Mann, der lacht) [US]. 1929: Das Land ohne Frauen; The Last Performance (Illusion) [US]. 1929/30: Die letzte Kompagnie. 1930: Die große Sehnsucht; Menschen im Käfig [Version – GB]. 1930/31: Der Mann, der den Mord beging/Nächte am Bosporus. 1931: Die Nacht der Entscheidung [US/FR]; Der Kongreß tanzt [Version]; Congress Dances [Version]; Die andere Seite. 1931/32: Rasputin. 1932: Der schwarze Husar; Rome Express (Rom-Expreß) [GB]; F.P.1/Secrets of F.P.1 [Version]. 1932/33: Ich und die Kaiserin [Version]. 1933: I Was a Spy [GB]; The Wandering Jew [EP – GB]; Wilhelm Tell [Version – DE/CH]. 1933/34: Wiliam Tell [Version – DE/CH]. 1934: Bella Donna [GB]; Jew Süss [GB]. 1935: The Passing of the Third Floor Back [GB]; King of the Damned [GB]. 1936: Dark Journey [GB]. 1937: Under the Red Robe (Unter der roten Robe) [GB]. 1937/38: Tempête sur l'Asie (Sturm über Asien) [FR]. 1938: Le joueur d'échecs [FR]. 1938/39: The Spy in Black [GB]. 1939/40: Contraband [GB]; The Thief of Bagdad (Der Dieb von Bagdad; 1949) [GB]. 1940: Escape [US]. 1941: A Woman's Face (Erpressung) [US]; Whistling in the Dark [US]; The Men in Her Life (Roman einer Tänzerin) [US]; All Through the Night (Agenten der Nacht) [US]. 1942: Nazi Agent [US]; Casablanca (Casablanca) [US]. 1943: Above Suspicion [US].

Ventura, Lino
(Angelo Borrini)
* 14. 7. 1919 Parma
†23. 10. 1987 Paris-Saint-Cloud

Mit 10 Jahren zieht Ventura nach Frankreich; dort Mechanikerlehre, dann Arbeiter. Als Ringer im griechisch-römischen Stil wird er mit 30 Jahren Europameister; wegen eines Sportunfalls muß er seine Karriere beenden. Durch Jean Gabin ermuntert, hat er zunächst Auftritte als hartgesottener Gangster in Nebenrollen französischer und italienischer Produktionen. Großer internationaler Erfolg mit Jean-Pierre Melvilles *Le deuxième souffle* (1966). In San Sebastián 1973 Auszeichnung für seine Rolle in Claude Lelouchs *La bonne année*. Er spielt mit äußerst sparsamer Mimik den harten, aber zutiefst menschlichen Typus, der verschlossen wirkt, sich aber durch kleine Gesten und sehr deutliche Handlungen mitteilt. Oft ist der Grundton Melancholie: mit Enttäuschungen im Gepäck verkörpert Ventura den Typus, der auf echte Freundschaft setzt, aber kaum überrascht ist, wenn er erneut hintergangen wird. Klassisch in Henri Verneuils *Le clan des Siciliens* (1969), in Denys Granier-Deferres *Adieu Poulet* (1975), in Francesco Rosis *Cadaveri eccelenti* (1975/76) und in Yves Boissets *Espion lève-toi* (1981). Ventura entzieht sich dem Starrummel; er ist dennoch in der zweiten Hälfte der 80er Jahre der Publikumsliebling in Frankreich. Hierzu mögen sein unspektakuläres Auftreten und sein soziales Engagement (besonders für geistig behinderte Kinder) beigetragen haben.

[FR] 1953: Touchez pas au grisbi/Grisbi (Wenn es Nacht wird in Paris) [FR/IT]. 1955: Razzia sur la chnouf (Razzia in Paris); La loi des rues (Das Gesetz der Straße). 1956: Crime et châtiment (Schuld und Sühne); Le feu aux poudres/X3 operazione dinamite (Dem Satan ins Gesicht gespuckt) [FR/IT]; Action immédiate (Spione). 1957: Ces dames préfèrent le mambo/Le signore preferiscono il mambo (Morphium, Mord und kesse Motten/Eddie küßt mit Blei) [FR/IT]; Le rouge est mis (Die Nacht bricht an); Ascenseur pour l'échafaud (Fahrstuhl zum Schafott); Trois jours à vivre (Du hast noch drei Tage); Maigret tend un piège/Il commissario Maigret (Kommissar Maigret stellt eine Falle) [FR/IT]; L'étrange Monsieur Steve (Auf schiefer Bahn); Le Gorille vous salue bien (Der Gorilla läßt schön grüßen). 1957/58: Montparnasse 19 (Les amants de Montparnasse)/Montparnasse (Montparnasse 19) [FR/IT]. 1958: Le fauche est lâché (Das Raubtier rechnet ab); Douze heures d'horloge/Ihr Verbrechen war Liebe/... auch Tote zahlen den vollen Preis [FR/BRD]; Morte per procura (Il misterio della pensione Edelweiss)/Sursis pour un vivant (Guten Tag, ich bin Ihr Mörder) [IT/FR]; Marie-Octobre (Marie-Octobre). 1959: 125, rue Montmartre (Tatort Paris); Un témoin dans la ville/Appuntamento con il delitto (Der Mörder kam um Mitternacht) [FR/IT]; Classe tous risques/Asfalto che scotta (Der Panther wird gehetzt) [FR/IT]; Le chemin des écoliers/Furore di vivere (Die Schüler) [FR/IT]. 1959/60: Herrin der Welt. 2 Teile/Il misterio dei tre continenti/Le mystères d'Angkor [BRD/IT/FR]. 1960: Un taxi pour Tobrouk (Taxi nach Tobruk) [FR/ES]; La ragazza in vetrina/La fille dans la vitrine (Mädchen im Schaufenster) [IT/FR]. 1961: Il giudizio universale/Le jugement dernier (Das Jüngste Gericht findet nicht statt) [IT/FR]; Les lions sont lâchés/I leoni scatenati (Vor Salonlöwen wird gewarnt) [FR/IT]; Il re di Poggioreale/Le roi des truands (Der König von Poggio Reale) [IT/FR]. 1961/62: Le bateau d'Émile/Letto, fortuna e femmine (Madeleine und der Seemann) [FR/IT]; Les petits matins (Wir bitten zu Bett). 1962: Le diable et les dix commandements/Le tentazioni quotidiane (Der Teufel und die zehn Gebote) [EP – FR/IT]; Carmen di Trastevere/Carmen '63 (Carmen von Trastevere) [IT/FR]. 1962/63: Die Dreigroschenoper/L'Opéra de quat'sous [BRD/FR]. 1963: Les tontons flingueurs/In famiglia si spara/Mein Onkel, der Gangster [FR/IT/BRD]; 100000 dollars au soleil/100000 dollari al sole (100000 Dollar in der Sonne) [FR/IT]. 1964: Les barbouzes (Mordrezepte der Barbouzes); Llanto por un bandido/I cavalieri della vendetta/La charge des rebelles/Ballade pour un bandit (Cordoba) [ES/IT/FR]. 1965: Ne nous fâchons pas (Nimm's leicht – nimm Dynamit); L'arme à gauche/Armas para el Caribe/Corpo a corpo (Schieß, solange du kannst) [FR/ES/IT]; La métamorphose des cloportes/Sotto il tallone (Ganoven rechnen ab) [FR/IT]. 1966: Les grandes gueules/Una vampata di violenza (Die großen Schnauzen) [FR/IT]; Le deuxième souffle (Der zweite Atem); Avec la peau des autres/Sciarada per quattro spie (Die Haut der anderen) [FR/IT]. 1966/67: Les aventuriers/I tre avventurieri (Die Abenteurer) [FR/IT]. 1967: Le rapace/Il rapace (Im Dreck verreckt/Fremder, wohin gehst du?) [FR/IT]. 1969: Le clan des Siciliens (Der Clan der Sizilianer); L'armée des ombres/L'armata degli eroi (Armee im Schatten) [FR/IT]; Dernier domicile connu/L'ultimo domicilio conosciuto (Gesucht wird: Roger Martin) [FR/IT]. 1970: Boulevard du Rhum/La via del rhum (Rum-Boulevard) [FR/IT/ES]. 1970/71: Il Rompiballe ... rompe ancora/Fantasia chez les ploucs (Die Filzlaus kehrt zurück) [IT/FR]. 1972: L'aventure, c'est l'aventure/L'avventura è l'avventura (Die Entführer lassen grüßen) [FR/IT]; Le silencieux/L'uomo che non seppe tacere [FR/IT]; La raison du plus fou est toujours la meilleure; Joe Valachi (I segreti di «Cosa Nostra»)/Cosa Nostra (L'affaire Valachi) (Die Valachi-Papiere) [IT/FR]. 1972/73: La bonne année/Una donna e una canaglia (Ein glückliches Jahr) [FR/IT]. 1973: Le far west [FR/BE]; L'emmerdeur/Il rompiballe (Die Filzlaus) [FR/IT]. 1974: La gifle/Lo sciaffo (Die Ohrfeige) [FR/IT]; Uomini duri/Les durs (Zwei Fäuste des Himmels) [IT/FR].

1975: La cage (Der Ehekäfig); Adieu Poulet (Adieu, Bulle). 1975/76: Cadaveri eccellenti/Cadavres exquis (Die Macht und ihr Preis) [IT/ FR]. 1978: The Medusa Touch (Der Schrecken der Medusa) [GB]; Un papillon sur l'épaule (Mord in Barcelona). 1979: L'homme en colère (Der wütende Mann). 1980: Les séducteurs/I seduttori della domenica. 1. Ep: La méthode française (Sunday Lovers) [EP – FR/IT]. 1981: Espion, lève-toi (Der Maulwurf); Garde à vue (Das Verhör). 1982: Les misérables (Die Legion der Verdammten); Le ruffian (Der Rammbock). 1984: Cento giorni a Palermo/Cent jours à Palerme (Die 100 Tage von Palermo) [IT/FR]; La septième cible. 1986: La rumba.

Vernon, Suzy

(Amélie Paris)
*26. 6. 1901 Nizza

Sie wird von Jacques Feyder für das Kino entdeckt. Von Mitte der 20er Jahre bis Anfang der 30er Jahre als stets gutgelaunte Geliebte und Diva ist sie in Frankreich und Deutschland, wo sie in mehreren Ufa-Produktionen mitwirkt, sehr populär. Ein Abstecher nach Hollywood zu Beginn der Tonfilmzeit bleibt künstlerisch und finanziell unbefriedigend. Schon vor dem Krieg hat sie den Zenit ihrer Karriere überschritten. Sie heiratet einen libanesischen Chirurgen; ihre Spur verliert sich im Jahre 1958.

[FR] 1922: La conquête des Gaules. 1923: Visages d'enfants (Die aus erster Ehe). 1925: Das Bildnis [AT]; L'orphelin du cirque; Barocco (Barocco – Das Geheimnis der Rabba); Napoléon vu par Abel Gance (Napoleon). 1926: Grand gosse [ES]; Le roman d'un jeune homme pauvre (Mitgiftjäger) [FR/DE]; Martyre; Nitchevo (U-Boot in Gefahr). 1927: Die geheime Macht [DE]; Schuldig [DE]; Das Frauenhaus von Rio/ Plüsch und Plümowski [DE]; Der letzte Walzer [DE]. 1927/28: Der Präsident [DE]. 1928: Indizienbeweis [DE]; Tu m'appartiens; La vierge folle. 1929: Das grüne Monokel [DE]; Paris-Girls. 1930: Contre-enquête; Le rebelle [Version]; Lopez le bandit; Le chanteur de Séville. 1931: La femme de mes rêves; Le masque d'Hollywood [Version]; Le sergeant X [Version]; Miche; Un homme en habit. 1932: Une étoile disparaît; La perle; Le chasseur de chez Maxim's [Version]. 1933: Pour être aimé. 1934: Un homme en or; Brevet 95–75. 1934/35: Napoléon Bonaparte. 1935: Adémai au Moyen-Age; Le clown Bux; Les epoux scandaleux; Touche-à-tout. 1936: Puits en flammes. 1940: Retour au bonheur.

Villaggio, Paolo

*31. 12. 1932 Genua

Zunächst Angestellter. Erste Auftritte an kleinen Bühnen in Genua. 1966 holt Ivo Chiesa ihn zum Teatro Stabile, wo er sich in mehreren Avantgarde-Produktionen Beachtung verschafft. Gleichzeitig erlangt Villaggio im Fernsehen als Moderator und Komiker große Popularität. Seine Figur des kleinen Angestellten, der sich mit seinem Chef und den Ungerechtigkeiten des täglichen Lebens herumschlägt, zeichnet er mit beißendem, derbem Humor. Im Film 1969 in *I quattro del Pater noster* (Ruggero Deodato). Sein Können kann er in der Hauptrolle von Vittorio Gassmans *Senza famiglia nullatenenti cercano affetto* (1972) unter Beweis stellen. Im selben Jahr spielt Villaggio unter Sergio Corbuccis Regie in *Che c'entriamo noi con la rivoluzione?* 1973/74 ist er Hauptdarsteller in Nanni Loys *Sistemo l'America e torno*. 1975 erlangt er den Höhepunkt seines Erfolges, als er unter Luciano Salces Regie seine Figur *Fantozzi* auf die Leinwand bringt; Salces führt auch bei *Il secondo tragico Fantozzi* Regie, danach wird die Serie unter Neri Parenti fortgesetzt. Gleichzeitig wirkt Villaggio in einer Vielzahl anderer anspruchsloser Komödien mit und entwickelt sich zu einem der beliebtesten humoristischen Schauspieler des Italiens der 70er und 80er Jahre. In den 90er Jahren bietet die Fantozzi-Serie nur noch farblose Wiederholung. Doch erhält Villaggio 1990 durch eine Hauptrolle in Federico Fellinis letztem Film *La voce della luna* die Chance, sich von dem Stereotyp der Figur zu befreien. Es folgt die Hauptrolle in Ermanno Olmis Fabel *Il segreto del bosco vecchio*, 1994 wirkt er in Mario Monicellis *Cari fottutissimi amici* mit. In Paolo Nichettis *Palla di neve* ist er der Multimillionär Billy Bolla. 1992 wird Villaggio beim Festival in Venedig mit einem Goldenen Löwen für sein Lebenswerk ausgezeichnet.

[IT] 1968/69: Eat it. 1969: I quattro del Pater Noster; Pensando a te; Il terribile ispettore. 1970: Brancaleone alle crociate (Brancaleone auf Kreuzzug ins Heilige Land) [IT/DZ]. 1972: Senza famiglia nullatenenti cercano affetto; Che c'entriamo noi con la rivoluzione?/¿Qué no importa la rivolución? [IT/ES]; Beati i ricchi. 1973: Touche pas la femme blanche/Non toccare la donna bianca (Hände weg von weißen Frauen!) [FR/IT]; La torta in cielo. 1973/74: Sistemo l'America e torno (Ich geh' mal eben nach Amerika ...). 1974: La mazurka del barone, della Santa e del fico fiorone; Alla mia cara mamma nel giorno del suo compleanno. 1975: Fantozzi (Das größte Rindvieh weit und breit) [D,CoA]; Di che segno sei? [EP]. 1976: Signore e signori, buonanotte [EP]; Il signor Robinson, mostruosa storia d'amore e d'avventure (Robinson jr.) [D,CoA]; Quelle strane occasioni. 1. Ep: Italian Superman [EP]; Il secondo tragico Fantozzi [D,CoA]. 1977: Tre tigri contro tre tigri [EP]; Il ... Belpaese [D,CoA]. 1978: Professor Kranz tedesco di Germania [D,CoA – IT/BR]; Quando c'era lui ... caro lei!; Dove vai in vacanza? 1. Ep: Sì buana [EP]; Io tigro tu tigri egli tigra [EP]. 1979: Dottor Jeckyll e gentile signora. 1980: Rag. Arturo De Fanti, bancario-precario; La locandiera (Mirandolina); Fantozzi contro tutti [D,CoR,CoA]. 1981: Fracchia, la belva umana [D,CoR,CoA,CoP]; Il turno. 1982: Sogni mostruosamente proibiti; Bonnie e Clyde all'italiana. 1983: Pappa e ciccia [D,CoA]; Fantozzi subisce ancora [D,CoA]. 1984: A tu per tu. 1985: Fracchia contro Dracula; I pompieri. 1986: Superfantozzi [D,CoA]; Grandi Magazzini; Scuola di ladri. 1986/87: Rimini Rimini. 1987: Com'è dura l'avventura; Missione eroica – I pompieri 2; Roba da ricchi; Scuola di ladri 2. 1988: Fantozzi va in pensione [D,CoA]; Rimini Rimini – Un anno dopo; Il Volpone. 1989: Ho vinto la lotteria di capodanno. 1990: Fantozzi alla ricossa [D,CoA]; Le comiche; La voce della luna (Die Stimme des Mondes); Le comiche 2. 1992: Fantozzi in Paradiso; Io speriamo che me la cavo. 1993: Il segreto del bosco vecchio. 1994: Cari fottutissimi amici. 1995: Io no spik inglish; Camerieri; Palla di neve. 1996: Fantozzi – Il ritorno.

Vitti, Monica

(Maria Luisa Ceciarelli)
*3. 11. 1931 Rom

Besuch der Accademia d'Arte Drammatica in Rom. 1953 Bühnendebüt, dann in Fernsehproduktionen. 1954 Filmdebüt in *Ridere, ridere, ridere!* (Edoardo Anton). Erste Rolle von Bedeutung 1957 in Mario Amendolas Komödie *I dritti*. In der Zwischenzeit lernt sie Michelangelo Antonioni kennen, unter dessen Regie sie im Theater u. a. in John Osbornes «Look Back In Anger» spielt. Vittis Begegnung mit Antonioni, mit dem sie eine enge Beziehung eingeht, markiert einen Einschnitt in ihrer Karriere. 1960 gibt er ihr die Hauptrolle in seinem Meisterwerk *L'avventura;* sie verkörpert meisterhaft die Claudia, eine junge Frau in einer Lebenskrise, eine Rolle, die sie in *La notte* (1960/61), *L'eclisse* (1962) und *Deserto rosso* (1964) weiterentwickelt. Unter Antonionis Regie wird Vitti international bekannt. Sie ist in den 60er Jahren auch im Ausland tätig, u. a. in Roger Vadims *Château en Suède*. 1966 parodiert sie in Joseph Loseys als *Modesty Blaise* James Bond. Vitti wendet sich der Komödie zu und erobert sich auch in diesem Genre einen Platz. Ihr Typus, dichte, glatte blonde Haare, freche Fransen über der Stirn, große, helle Augen, wird ein Markenzeichen des italienischen Films. Erfolg verzeichnet sie u. a. in *La ragazza con la pistola* (Mario Monicelli), in *Polvere di stelle* (Alberto Sordi) und in *Il tango della gelosia* (Steno). In den 70er Jahren arbeitet Vitti im Ausland, z. B. 1974 in Luis Buñuels *Le fantôme de la liberté,* mit. 1979 vertraut ihr wieder Antonioni die Hauptrolle in seinem experimentellen Fernsehfilm *Il mistero di Oberwald* an. 1984 wird Vitti mit dem Schauspielerpreis in Berlin für ihre Leistung in Roberto Russos Debütfilm *Flirt* ausgezeichnet. 1989 inszeniert Vitti *Scandalo segreto,* für den das Publikum kaum Interesse zeigt. In den letzten Jahren ist Vitti wieder häufig auf der Bühne und im Fernsehen zu sehen.

[IT] 1954: Ridere, ridere, ridere! 1955: Adriana Lecouvreur. 1956: Una pelliccia di visone (Der Nerzmantel). 1957: I dritti [IT/FR]. 1960: L'avventura (Die mit der Liebe spielen) [IT/FR]. 1960/61: La notte/La nuit (Die Nacht) [IT/FR]. 1962: L'eclisse/L'éclipse (Liebe 1962) [IT/FR]; Les quatre vérités/Le quattro verità/Las cuatro verades. 1. EP: Le lièvre et la tortue (Die vier Wahrheiten) [EP – FR/IT/ES]. 1963: Dragées au poivre/ Confetti al pepe (Bonbons mit Pfeffer) [FR/IT]; Château en Suède/Il castello in Svezia (Ein Schloß in Schweden) [FR/IT]. 1964: Deserto rosso/Le desert rouge (Die rote Wüste) [IT/FR]; Il disco volante; Alta infedeltà. 3. Ep: Sospirosa/Haute infidelité (Ehen zu dritt) [EP – IT/FR]. 1964/65: Le bambole/Les poupées. 3. Ep: La minestra (Die Puppen) [EP – IT/FR]. 1966: Modesty Blaise (Modesty Blaise – die tödliche Lady) [GB]; Le fate/Les ogresses. 1. Ep: Fata Sabina (Die Gespielinnen) [EP – IT/FR]. 1967: Ti ho sposato per allegria; Fai in fretta ad uccidermi ... ho freddo! / Tue-moi vite, j'ai froid (Mach mich kalt, ich friere) [IT/FR]; La cintura di castità (Der Keuschheitsgürtel). 1968: La femme écarlate/La donna scarlatta (Kalte Augen) [FR/IT]; La ragazza con la pistola (Mit Pistolen fängt man keine Männer). 1969: Amore mio, aiutami [D,R,CoA]. 1970: La pacifista [IT/FR/BRD]; Le coppie. 1. Ep: Il frigorifero [EP]; Le coppie. 3. Ep: Il leone [EP]; Dramma della gelosia (tutti i particolari in cronaca)/El demonio de los celos [IT/ES]; Ninì Tirabusciò, la donna che inventò la mossa. 1971: Noi donne siamo fatte così [EP]; La supertestimone. 1972: Gli ordini sono ordini. 1972/73: La Tosca. 1973: Teresa la ladra (Teresa, die Diebin); Polvere di stelle. 1974: Le fantôme de la liberté/Il fantasma della libertà (Das Gespenst der Freiheit) [FR/IT]. 1975: A mezzanotte va la ronda del piacere (Eine Laus im Pelz); Qui comincia l'avventura; L'anatra all'arancia (Ente auf Orange). 1976: Mimì Bluette ... fiore del mio giardino [IT/FR]; Basta che non si sappia in giro! ... 1. Ep: La macchina d'amore 3. Ep: L'equivoco [EP]; 1976/77: L'altra metà del cielo. 1977/78: La raison d'etat/Ragione di stato (Staatsraison) [FR/IT]. 1978: Amori miei; Per vivere meglio divertitevi con noi. Ep: Un incontro molto ravvicinato [EP]. 1978/79: Letti selvaggi/Camas calientes. 4. EP: Una mamma (Wilde Betten – Lippenstift Tigerinnen) [EP – IT/ES]. 1979: An Almost Perfect Affair [US/FR]; Il mistero di Oberwald (Das Geheimnis von Oberwald) [TV]. 1980: Camera d'albergo/Chambre d'hôtel [IT/FR]; Non ti conosco più Amore. 1981: Il tango della gelosia. 1982: Scusa se è poco. 2 Episoden [EP]; Io so che tu sai che io so. 1983: Flirt [D,CoA]. 1986: Francesca è mia [D,CoA]. 1988/89: Le finte bionde. 1989: Scandalo segreto [D,R].

Vlady, Marina

(Marina Catharina de Poliakow-Baidarow)

*10. 5. 1938 Clichy-la-Garenne

Tochter eines Opernsängers. Als Kind unter dem Namen Marina Versois Auftritte im Ballett der Pariser Oper. 1949 für den Film entdeckt; Rollen in Italien, in der Bundesrepublik und in Frankreich; 1954 Auszeichnung mit dem Prix Suzanne Bianchetti für ihre Rolle in André Cayattes *Avant le déluge*. Vlady tritt zunächst als aufreizender Teenager, dann als verführerischer Vamp in Erscheinung: *La sorcière* (André Michel) wird zum größten Publikumserfolg ihrer Karriere. 1955 Heirat mit Robert Hossein, mit dem sie mehrfach zusammen auftritt. Ende der 50er Jahre in eher konventionellen Filmen wie Jean Delannoys *La princesse de Clève*. In den 60er Jahren gelingt es ihr, das Image eines Sexstars abzulegen. Die Hauptrolle der *Angélique*-Filme lehnt sie ab. 1963 Auszeichnung in Cannes für ihre Titelrolle als sich emanzipierende Ehefrau in Marco Ferreris moralkritischem *L'ape regina*. 1966 Zusammenarbeit mit Orson Welles in dessen «Falstaff»-Variante *Campanadas a medianoche*. Dann übernimmt sie die Hauptrolle in Jean-Luc Godards *Deux ou trois choses que je sais d'elle*. Theatergastspiele u. a. in Rumänien und der Sowjetunion, wo sie in vierter Ehe 1970 den Schauspieler und Sänger Vladimir Vysockij (1938–1980) heiratet. In Márta Mészarós' *Ök ketten* (1977) haben sie ihren einzigen gemeinsamen Filmauftritt. In den 80er Jahren neben der Fernseharbeit herausragende Rollen als Bordellwirtin in Maria Knillis Emigrationsstudie *Follow Me* und als Partnerin Marcello Mastroiannis in Ettore Scolas Abgesang auf bessere Kinozeiten *Splendor*. 1987 Veröffentlichung der Erinnerungen an ihren verstorbenen Mann, die in der Sowjetunion zum Bestseller werden. (Deutsch 1991: «Eine Reise zwischen zwei Welten. Mein Leben mit Wladimir Wyssozkij»).

[FR] 1948: Orage d'été. 1949: Dans la vie tout s'arrange. 1952: Fanciulle di lusso (Mädchen ohne Moral) [IT]; La figlia del Diavolo [IT]; Le infedeli (Untreue) [IT]; Grand gala. 1953: L'Età dell'amore/L'Age de l'amour (Erste Liebe) [IT/FR]; Avant le déluge/Prima del diluvio (Vor der Sintflut) [FR/IT]; Musoduro (Musoduro) [IT]. 1954: Le avventure di Giacomo Casanova/Casanova (Casanova – seine Lieben und Abenteuer) [IT/FR]; Sinfonia d'amore (Schubert)/Symphonie inachevée (Dein ist mein erz) [IT/FR]; Sie [BRD]; Giorni d'amore/Jours d'amour (Tage der Liebe) [IT/FR]. 1955: La sorcière (Die blonde Hexe); Sophie et le crime (Das Mädchen vom dritten Stock); Les salauds vont en enfer (Die Lumpen fahren zur Hölle); Le crâneur (Mädchen in schlechter Gesellschaft). 1956: Pardonnez nos offenses (Die Wölfe); Crime et châtiment (Schuld und Sühne). 1957: V proudech/La liberté surveillée (In den Strömen) [CS/FR]. 1958: Toi, le venin (Nachts fällt der Schleier). 1959: La nuit des espions/La notte delle spie (Die Nacht der Spione) [FR/IT]; Les canailles/Le canaglie (Die Kanaille) [FR/IT]. 1960: La ragazza in vetrina/La fille dans la vitrine (Mädchen im Schaufenster) [IT/FR]; La princesse de Clèves/La principessa di Clèves (Prinzessin Cleve) [FR/IT]. 1961: Les 7 péchés capitaux/I sette peccati capitali. 5. EP: L'orgueil (Die sieben Todsünden) [EP – FR/IT]; Climats (Die Nacht und die Versuchung); La steppa/La steppe (Die Steppe) [IT/FR]. 1962: Le meurtrier/L'omicida/Der Mörder [FR/IT/BRD]. 1962/63: L'Ape regina/Le lit conjugal (Die Bienenkönigin) [IT/FR]; Les bonnes causes/Il delitto Dupré (Des Teufels schwache Seite/Mordfall Dupré) [FR/IT]. 1963: La cage; Dragées au poivre/Confetti al pepe (Bonbons mit Pfeffer) [FR/IT]. 1964: La ronde/Il piacere e l'amore (Der Reigen) [FR/IT]. 1965: Le avventure di Golden Boy/On a volé la Joconde (Der Dieb der Mona Lisa) [IT/FR]; Una moglie americana/Mes femmes américaines (Schlüsselparty in Texas) [IT/FR]. 1966: Chimes at Midnight/Campanadas a medianoche (Falstaff) [CH/ES]; Deux ou trois choses que je sais d'elle (Zwei oder drei Dinge, die ich von ihr weiß). 1969: Le temps de vivre (Junge Frau in Frankreich); Sirokkó (Sirocco) [FR/HU]; Pour un sourire. 1969/70: Contestazione generale. 4. EP: Il prete (Generalstreik) [EP – IT]. 1970: Sappho. 1972: La nuit bulgare; Tout le monde il est beau, tout le monde il est gentil (Die große Masche). 1973: Le complot. 1974: Que la fête commence (Das Fest soll beginnen). 1975: Sept morts sur ordannance/Quartett Bestial [FR/ES/BRD]. 1977: Ö ketten (Marie und Julie) [HU]; Triángulo diabólico de las Bermudas/Il triangolo delle Bermude (SOS-SOS-SOS Bermuda-Dreieck) [MX/IT]. 1978: The Thief of Baghdad (Der Dieb von Bagdad) [TV – GB/FR]; Les égouts du paradis (Der Weg ins Paradies). 1979: Il malato immaginario (Der eingebildete Kranke) [IT]; Duos sur canapé (Laßt uns doch das Sofa teilen); L'Oeil du maître. 1980: Les jeux de la comtesse Dolingen de Gratz. 1984: Bis später – ich muß mich erschießen [TV – BRD/FI]. 1985: Tangos: El exilio de gardel (Tango im Exil) [AR/FR]. 1986: Un'isola/L'isola/Un'insula (Die Insel) [TV – IT/FR/ES]; Una casa in bilico [IT]; Twist Again à Moscou (Twist Again in Moskau). 1988: Les exploits d'un jeune Casanova. 1988/89: Follow Me [BRD]. 1989: Splendor (Splendor) [IT/FR]. 1990: La montagna dei diamanti [TV – IT]. 1991: Il sapore del grano [IT].

Vogler, Rüdiger

*14. 5. 1942 Warthausen bei Biberach/Riss

1963–65 Staatliche Hochschule für Musik in Heidelberg. Bühnendebüt am dortigen Zimmertheater, 66–72 Theater am Turm (TAT) Frankfurt/Main, Profilierung als Darsteller in Stükken von Peter Handke. Gastspiele u. a. 1973 am Staatstheater Darmstadt und der Freien Volksbühne Berlin. 1980/81 Théâtre des Amandiers/Nanterre in Paris. 1982 bei den Salzburger Festspielen. Ab 1966 TV-Arbeit, u. a. 1970 in Handkes Inszenierung *Chronik der laufenden Ereignisse*. 1971/72 Filmdebüt und Beginn der Zusammenarbeit mit Wim Wenders: Kleine Rolle als Dorfdepp in *Die Angst des Tormanns beim Elfmeter* nach einem Handke-Drehbuch. 1973/74 erste Hauptrolle als Journalist, der sich plötzlich um ein kleines Mädchen kümmern muß, im Wenders-Film *Alice in den Städten*. Mit leicht ironischem Lächeln und verhaltener Sprechweise vor allem in den früheren Wenders-Filmen immer wieder in der Rolle des bemüht mit sich Ringenden, z. B. als Möchtegern-Schriftsteller in *Falsche Bewegung* (1975 Bundesfilmpreis im Gesamtensemble). Ungebunden, genügsam bis teilnahmslos besonders in *Im Lauf der Zeit* neben Hanns Zischler als «King of the Road», der entlang der deutsch-deutschen Grenze die letzten Kino-Projektoren instand hält. Wie ein Selbstporträt erscheint die Rolle des zurückhaltenden Schauspielers in Handkes *Die linkshändige Frau*. Auch bei anderen Regisseuren des Neuen deutschen Films (z. B. in Margarethe von Trottas *Die bleierne Zeit*) und in Fernsehspielen (u. a. Titelrolle in Heinz Bütters *Melzer*). Nebendarsteller in Euro-Produktionen, so als König Karl III. in *Il sole anche di notte* (Paolo und Vittorio Taviani). Seit Ende der 80er Jahre im Fernsehen wiederholt in Krimi-Reihen wie *Tatort*. Bei Wenders in den 90ern gewohnt unaufdringlich und liebenswert tolpatschig u. a. als Detektiv Phillip Winter im Zukunftsspektakel *Bis ans Ende der Welt* und als Toningenieur im Hör-Film *Lisbon Story*. 1995 als Wolfram in der aktuellen Komödie *Peanuts – Die Bank zahlt alles*.

[BRD] 1966: Publikumsbeschimpfung [TV]. 1967/68: Meine Mutter macht Mist mit mir [TV]. 1968: Graf Öderland [TV]. 1969: Kaspar [TV]. 1970: Chronik der laufenden Ereignisse [TV]. 1971/72: Die Angst des Tormanns beim Elfmeter. 1972: Agent aus der Retorte [TV]. 1972/73: Der scharlachrote Buchstabe/La letra scarlata [BRD/ES]. 1973: Die Gräfin von Rathenow [TV]. 1973/74: Alice in den Städten; Dein gutes Recht. 12 (Helfer in der Not) [TVS]. 1974/75: Falsche Bewegung. 1975: Am Wege [TV – BRD/AT]; Im Lauf der Zeit; Schülerrevolte [TV]; Hilde Breitner [TV]; Nach der Scheidung [TV]; Reden und Reden lassen [TV]. 1976: Loch im Kopp [TV]; Kreutzer; Café Hungaria [TVS – AT/BRD/CH]. 1976/77: Gruppenbild mit Dame/Portrait de groupe avec dame [BRD/FR]. 1977: Die linkshändige Frau; Fluchtweg nach Marseille [TV]. 1977/78: L'État sauvage/Lautlose Angst [FR/BRD]; Alzire oder Der neue Kontinent [CH/BRD]. 1978: Gesche Gottfried [TV]. 1978/80: Wer andern eine Grube gräbt. EP: Ende schlecht, alles gut [TV-EP – BRD/CH]. 1979: Johannes [TVS]; Letzte Liebe; Henry Angst [TV]. 1980: Die grüne Seite [TV – AT]; Typisch Eddie [TV-DOK]. 1981: Die bleierne Zeit; Beate und Mareile [TV – BRD/AT]; Logik des Gefühls. 1981/82: La passante du Sans-souci/Die Spaziergängerin von Sans-Souci [FR/BRD]. 1982: L'Hôpital de Leningrad [TV – FR]. 1982/83: Fanny-Morgane oder Irgendwie muß das Glück ja heißen [TV]; Melzer [CH/BRD]. 1983: La nuit du carrefour [TV – FR]; Machinations [TV – FR]; Wochenendgeschichten: Wanda [TV]; Der Havarist; Gefängnispostsack X4 Südafrika [TV-DOK]. 1983/84: Gnadenlos [TV]. 1984: Un caso d'incoscienza [TV – IT]. 1984/85: Väter und Söhne. 1.Teil: Lieb Vaterland ... [TVS]; Die Praxis der Liebe [AT/BRD]. 1985: Laputa; Geteiltes Land [KF]. 1985/86: Tarot. 1986: Mademoiselle Fifi [TV]. 1986/87: Evelyn und die Männer oder Wie Hund und Katze [TV]. 1987: Das Treibhaus [BRD/?]; Madrid [ES]; Plaza Real; Das Winterhaus [TV]. 1987/88: Felicitas auf leisen Pfoten [TVS]. 1988: Erdenschwer; Das Milliardenspiel [TV]; El mundo de Juan Lobón/Lobón – Wilderer de Sierra [TV – ES/BRD]. 1989: Der Fahnder: Alte Kameraden [TV]; Transit [FR]; Il sole anche di notte/Le soleil même la nuit/Nachtsonne [IT/FR/BRD]. 1989/90: Tatort: Tini [TV]; Pink Palace Paradise Beach [AT]. 1990: Das lange Gespräch mit dem Vogel; Ein Fall für Jean Abel: Reiche Kunden killt man nicht [TV]; Die Geschichte mit Armin [TV]; Chasse gardée [FR]; Länder, Menschen, Abenteuer: Der Mann hinter dem Schleier [S – TV]. 1990/91: Anna Göldin – letzte Hexe [DE/CH]; Bis ans Ende der Welt/Until the End of the World [DE/FR/AU]. 1991: Mordsgeschichten: Noch Zweifel, Herr Verteidiger? [TV]; Kleine Chefs und große Tiere [TV-EP]; Pronto Soccorso 2 [IT]. 1991/92: Derrick: Mord im Treppenhaus [TV]. 1992: Pointe d'Orgue [FR?]; Bärenbach [TV]; Tatort: Bienzle und der Biedermann [TV]; Princesse Alexandra (Prinzessin Alexandra) [TV – FR]; Der Alte: Der Tod ist kein Ende [TV]. 1992/93: Schöne Feindin [TV]. 1993: Amico mio/Bleib' bei uns, Hellen! [IT/DE]; Bommels Billigflüge [TV]; Feuer und Flamme: Die Macht des Geldes [TVS]; Das Sahara-Projekt [TV]; In weiter Ferne, so nah!; Der Fahnder [TV]; Ein Fall für zwei: Polizistenmord [TV]; Wonderboy – De sueur de sang/Wonderboy – Die Zärtlichkeit des Tigers [FR/DE]; Revue de Jeunesse [FR]. 1993/94: Tatort: Singvogel [TV]; Rosa Roth: In Liebe und Tod [TV]. 1993/95: Die Brüder Skladanowsky. 1994: Tod in Miami [TV]; Saubere Aktien [TV]; Les Milles [FR]; Le Chagrin des Belges [TVS – DE/BE/FR]; Hasenjagd – Vor lauter Feigheit gibt es kein Erbamen [AT/DE/LU]; Lisbon Story [DE/PT]; Arisha, der Bär und der steinerne Ring [KF]; Tatort: Aasfresser [TV]. 1994/95: Wolffs Revier: Mausetot [TV]; Zwischen Liebe und Verrat – Der Clan der Anna Voss [TV]. 1995: Peanuts – Die Bank zahlt alles.

Voight, Jon

*29. 12. 1938 Yonkers (New York)

Besuch der Archbishop Stepinac High School in White Plains, New York, sowie der Catholic University in Washington, D.C. Nach einer Schauspielausbildung bei Sanford Meisner am Neighborhood Playhouse ab Mitte der 60er Jahre im Broadway-Musical «The Sound of Music». 1965 am Off-Broadway in Arthur Millers «A View From the Bridge». 1967 mit Irene Papas am Broadway in «That Summer – That Fall». Im selben Jahr Filmdebüt mit der Titelrolle des *Fearless Frank* in Philip Kaufmans schwacher Satire auf die Superhelden. Als Co-Star von Dustin Hoffman wird er für seine Darstellung des Straßenjungen Joe Buck in John Schlesingers *Midnight Cowboy* (1969) für den Oscar nominiert. Voight hat Erfolg als Ed in John Boormans Survival-Film *Deliverance*. Der engagierte Vietnamkriegs-Gegner wird für sein Porträt eines an den Rollstuhl gefesselten Vietnam-Veteranen in Hal Ashbys *Coming Home* (1978) mit dem Darstellerpreis in Cannes und einem Oscar ausgezeichnet. Als brutaler entsprungener Häftling Manny in Andrei Konchalovskys Action-Drama *Runaway Train* (1985) wird er erneut für den Oscar nominiert. Der blonde, blauäugige Schauspieler bevorzugt weiterhin das Theater und erscheint nur sporadisch auf der Leinwand, häufig in Filmen, die sein politisches Engagement widerspiegeln: In Eugene Corrs *Desert Bloom* spielt er einen verbitterten Kriegsveteranen in Nevada zur Zeit der A-Bomben Tests. Bei Steven Pauls *Eternity*, einem ökologischen Fantasy-Film, beteiligt er sich auch am Drehbuch. Für das Fernsehen spielt er in der amerikanisch-britisch-russischen Co-Produktion *Chernobyl: The Final Warning* und in Harry Hooks *The Last of His Tribe* als Anthropologe, der den letzten Indianer eines ausgestorbenen Stammes entdeckt.

[US] 1958–62: Naked City: Alive and Still a Second Lieutenant [TV]. 1967: Frank's Greatest Adventure/Fearless Frank; Hour of the Gun (Die fünf Geächteten). 1969: Midnight Cowboy (Asphalt-Cowboy); Out of It (Out of It). 1970: Catch-22 (Catch 22); The Revolutionary. 1972: Deliverance (Beim Sterben ist jeder der Erste). 1973: The All-American Boy. 1974: Conrack (Abschied von einer Insel); The O.D.E.S.S.A. File/Die Akte Odessa [GB/BRD]; Accident of War [GB]. 1975/76: Der Richter und sein Henker [BRD]. 1978: Coming Home (Coming Home – Sie kehren heim). 1979: The Champ (Der Champ). 1982: Lookin' to Get Out (Zocker/Zwei in der Tinte) [D,CoA,P]. 1983: Table for Five (Ein Tisch für Fünf) [D,P – TV]. 1985: Runaway Train (Runaway Train); Desert Bloom (In der Hitze von Nevada). 1990: Eternity (Avatar) [D,A]. 1991: Chernobyl: The Final Warning [TV – US/GB/RU]. 1992: The Last of His Tribe [TV]; The Rainbow Warrior [US/NZ]. 1993: Return to Lonesome Dove (Wildes Land) [TV]. 1994: Mission: Impossible (Mission: Impossible). 1995: Heat (Heat); Tin Soldier [D,R – TV]; Convict Cowboy. 1996: Rosewood. 1996/97: Anaconda. 1997: U-Turn.

Voit, Mieczysław

*2. 8. 1928 Kalisz
†31. 1. 1991 Warschau

Studium der Kunstgeschichte und Malerei an der Jagiellonen-Universität und der Kunsthochschule in Krakau, dort 1948 Bühnendebüt am Rapsodyczny Teatr. 1953 externes Diplom an der Theaterhochschule. Danach Engagements an Theatern in Krakau und Łódź, später auch in Warschau am Narodowy Teatr, am Dramatyczny Teatr sowie am Ateneum. 1958 Filmdebüt in Antoni Bohdziewicz' *Kalosze szczęścia*. Seine dritte Filmarbeit, der Pater Suryn aus Jerzy Kawalerowiczs Iwaskiewicz-Adaption *Matka Joanna od Aniołów*, macht ihn 1961 auch international bekannt. Der Film wird prägend für seine weitere künstlerische Entwicklung. Er spielt immer wieder Geistliche aller Schattierungen von der Antike über das Mittelalter bis zur Gegenwart: so in Kawalerowicz' *Faraon* (1965), die Hauptrolle, den Pater Hubina in Stanisław Różewicz' *Samotność we dwoje* (1968), den Großinquisitor in Konrad Wolfs *Goya* (1970/71) und den Abt von Tyniec in Witold Lesiewicz' *Bolesław Śmiały* (1971). Voit ist auch als Maler und Karikaturist bekannt.

[PL] 1958: Kalosze szczęścia. 1960: Krzyżacy (Die Kreuzritter). 1961: Zaduszki (Allerseelen); Matka Joanna od Aniołów (Mutter Johanna von den Engeln); Droga na Zachód (Strecke zwischen Tod und Leben). 1962: Zerwany most (Die abgerissene Brücke). 1964: Przerwany lot (Der unterbrochene Flug). 1965: Faraon (Pharao). 1966–68: Stawka większa niż życie (Sekunden entscheiden) [TVS]. 1967: Człowiek, który zdemoralizował Hadleyburg (Der Mann, der Hadleyburg korrumpierte) [TV]. 1968: Samotność we dwoje (Einsamkeit zu zweit); Komedie pomyłek: Człowiek, który zdemoralizował Hadleyburg. 1970/71: Goya/Goja [DDR/SU]. 1971: Podróż za jeden uśmiech (Reise für ein Lächeln) [TVS]; Bolesław Śmiały (Boleslaw der Kühne). 1972: Wielka miłość Balzaka/Un grand amour de Balzac (Die große Liebe des Herrn Balzac) [TVS – PL/FR]; Droga w świetle księżyca (Das geheimnisvolle Vermächtnis) [TV]; Wesele (Die Hochzeit). 1973: Sanatorium pod klepsydrą (Das Sanatorum zur Todesanzeige); Czarne chmury (Schwarze Wolken) [TVS]. 1974: Potop (Sintflut). 1975: Mazepa; Mniejszy szuka dużego

(Der Kleine sucht den Großen); Dzieje grzechu (Geschichte einer Sünde); Noce i dnie (Nächte und Tage). 1976: Hasło (Das Kennwort) [TV]; Zaklęty dwór (Das verwunschene Schloß) [TVS]; Czerwone ciernie; Najpiękniejszy naświecie [KF]. 1977: Pasja; Lalka (Die Puppe) [TVS]; Szarada (Flüsternde Wände); 1978: Układ krążenia [TVS]; Zielona miłość [TVS]. 1979: Lekcja martwego jêzyka; Śnić we śnie [TV]; Porwanie Savoi/Pachiščenie «Savoi» [PL/SU]; Terrarium [TV]. 1980: Dzień Wisły; Ukryty w słońcu; Wizja lokalna 1901. 1981: Najdłuższa wojna nowoczesnej Europy [TVS]; Stacja [TV]; 07 zgłoś się (07 – Bitte melden) [TV]; Polonia Restituta; Klejnot wolnego sumienia; Białe tango (Der weiße Tango) [TVS]. 1982: Alternatywy 4 [TVS]. 1983: Thais. 1984: Hania [TV]; Sąd nad Braćmi Polskimi [TV]. 1986: ESD (Codewort: Lächeln); Komediantka (Die Komödiantin) [TVS]; Stanisław i Anna. 1988: Alchemik; Serenité. 1989: Modrzejewska [TVS]; Stan strachu. 1990: Odbicia. 1991: Dzien Wisly.

Volonte, Gian Maria

*9. 4. 1933 Mailand
†6. 12. 1994 Florina (Griechenland)

Er absolviert die Accademia d'Arte Drammatica in Rom und macht 1959 durch seine Darstellung des Fürsten Myschkin in einer Fernsehadaption von Dostoevskijs «Idiot» auf sich aufmerksam. Ein Jahr später Erfolg als Romeo in William Shakespeares «Romeo und Julia». Nach seinem Filmdebüt in Duilio Colettis *Sotto dieci bandiere* (1959/ 60) behauptet er sich in mehreren engagierten Filmen wie Valerio Zurlinis *La ragazza con la valigia* und Nanni Loys *Le quattro giornate di Napoli* (1962). In den 60er Jahren erringt Volonte Popularität als zynischer und unbarmherziger Bandit in dem ersten Italo-Western von Sergio Leone (*Per un pugno di dollari*). Ebenso überzeugt er in Lustspielen, so 1965 in Mario Monicellis *L'armata Brancaleone* als verdorbener und wollüstiger Teofilatto. In den späten 60er Jahren entwickelt er sich zu einem der interessantesten Schauspieler des italienischen Films und spielt vornehmlich in politisch links engagierten Filmen. So verkörpert er u.a einen mexikanischen Revolutionär in Damiano Damianis *Quien sabe?* und den wandlungsfähigen König in Tavianis politischer Allegorie *Sotto il segno dello scorpione*. In den 70er Jahren Höhepunkt seines Erfolges. Der Freundschaft mit dem Regisseur Elio Petri verdankt er einige seiner besten Rollen: z. B. die eines Arbeiters in *La classe operaia va in paradiso* (1971) und die eines korrupten Politikers in *Todo modo* (1976). In diesen Jahren ist Volonte der Hauptdarsteller par excellence der wichtigsten Filme der sozialen Anklage und arbeitet u. a. mit Francesco Rosi (*Lucky Luciano, Cristo se è fermato a Eboli*) und Giuliano Montaldo (*Giordano Bruno*). Auch im Ausland findet Volonte Anerkennung, u. a. wirkt er in Jean-Luc Godards politischem Western *Vento dell'est* mit. Für seinen Journalisten Fontana in Claude Gorettas *La mort de Mario Ricci* erhält er 1983 den Schauspielerpreis in Cannes. 1988 spielt Volonte die Hauptrolle in André Delvaux' *L'œuvre au noir*. In Peter von Guntens *Pestalozzis Berg* spielt er den reformerischen Pädagogen in einer tiefen Lebenskrise. Bemerkenswert sind seine letzten Rollen in Gianni Amelios *Porte aperte* und in Emidio Grecos *Una storia semplice* – zwei Filme, die aus verschiedenen Perspektiven das vielschichtige Problem der italienischen Mafia aufzeigen. Er stirbt bei den Dreharbeiten zu Thodoros Angelopoulos' *To vlemma tou Odyssea*.

[IT] 1959/60: Sotto dieci bandiere (Unter zehn Flaggen). 1960: La ragazza con la valigia/La fille à la valise (Das Mädchen mit dem leichten Gepäck) [IT/FR] 1961: A cavallo della tigre (Vergewaltigt in Ketten); Antinea, l'amante della città sepolta/L'Atlantide [IT/FR]; Ercole alla conquista di Atlantide/Hercule à la conquête de l'Atlantide (Herkules erobert Atlantis) [IT/ FR]. 1962: Le quattro giornate di Napoli (Die vier Tage von Neapel); Un uomo da bruciare (Gebrandmarkt). 1962/63: Noche de verano/Il peccato [ES/IT]. 1963: Il terrorista/Le terroriste [IT/FR]. 1964: Il magnifico cornuto/Le cocu magnifique (Cocü) [IT/FR]. 1964/65: Per un pugno di dollari/Por un puñado de dólares/Für eine Handvoll Dollar [IT/ES/BRD]. 1965: Per qualche dollaro in più/Für ein paar Dollar mehr/La muerte tenía un precio [IT/BRD/ES]; L'armata Brancaleone/L'armée Brancaleone (Die unglaublichen Abenteuer des hochwohllöblichen Ritters Branca Leone) [IT/FR]. 1965/66: Svegliati e uccidi (Lutring)/Lutring, réveille-toi et meurs (Feuertanz) [IT/FR]. 1966: Quien sabe? (Töte Amigo); La strega in amore (Hexe der Liebe). 1966/67: A ciascuno il suo (Zwei Särge auf Bestellung). 1967: Faccia a faccia/Cara a cara (Von Angesicht zu Angesicht) [IT/ES]; Het Gangstermeisje [NL]. 1967/68: Banditi a Milano (Die Banditen von Mailand). 1968: L'Amante di Gramigna/Liubovnitzata na Graminia [IT/BG]; Summi/Un corps ... une nuit [IT/FR]; I sette fratelli Cervi (Die sieben Brüder Cervi). 1969: Sotto il segno dello scorpione. 1969/70: Uomini contro/Ljudi protiv (Bataillon der Verlorenen) [IT/YU]. 1970: Indagine su un cittadino al di sopra di ogni sospetto (Ermittlungen gegen einen über jeden Verdacht erhabenen Bürger); Vento dell'Est/Vent d'Est/Ostwind [IT/FR/BRD]; Documenti su Giuseppe Pinelli. Ep: Ipotesi [DOK-EP]; Le cercle rouge/I senza nome (Vier im roten Kreis) [FR/IT]. 1971: La classe operaia va in paradiso; Sacco e Vanzetti/Sacco et Vanzetti [IT/FR]; Il caso Mattei (Der Fall

Mattei). 1972: La tenda in piazza [R – DOK]; Sbatti il mostro in prima pagina/ Viol en première page (Knallt das Monstrum auf die Titelseite!) [IT/FR]; L'Attentat/L'attentato/Das Attentat [FR/ IT/BRD]; Reggio Calabria [R – DOK]. 1972/73: Lucky Luciano (Lucky Luciano) [IT/FR]. 1973: Giordano Bruno. 1975: Actas de Marusia [MX]; Il sospetto di Francesco Maselli. 1976: Todo modo (Todo Modo). 1977: Io ho paura (Ich habe Angst). 1978/79: Cristo se è fermato a Eboli/Le Christ s'est arreté à Eboli (Christus kam nur bis Eboli) [IT/ FR]. 1979: Operación Ogro/ Ogro [ES/ IT/FR]. 1979/80: Stark System. 1980: La dame aux camélias/La storia vera della signora dalle camelie (Die Kameliendame) [IT/FR]. 1982: La mort de Mario Ricci/Der Tod des Mario Ricci [CH/FR/BRD]. 1986: Il caso Moro – I giorni dell'ira (Die Affäre Aldo Moro). 1986/87: Cronaca di una morte annunciata/ Chronique d'une mort annoncée (Chronik eines angekündigten Todes) [IT/FR]. 1987: Un ragazzo di Calabria/Un enfant de Calabria (Der Junge aus Kalabrien) [IT/FR]. 1987/88: Pestalozzis Berg [CH/DDR]. 1988: L'œuvre au noir [FR/BE]. 1990: Tre colonne in cronaca; Porte aperte (Offene Türen). 1991: Una storia semplice. 1993: Tirano Banderas [ES/CU]; Funes, un gran amor [AR].

W

Wachowiak, Jutta

*13. 12. 1940 Berlin

Nach der Schulzeit Ausbildung als Sekretärin. 1961–63 Studium an der Filmhochschule Babelsberg. Danach am Hans-Otto-Theater Potsdam. 1968 Städtisches Theater Karl-Marx-Stadt, ab 1970 Deutsches Theater in Berlin. Seit 1961 bei DEFA und DDR-Fernsehen tätig. Ende der 60er Jahre größere Beachtung, so als Babka in Helmut Schiemanns *Der Streit um den Sergeanten Grischa* und als Liberta Schulze-Boysen in *KLK an PTX – Die rote Kapelle* (Horst E. Brandt). Die Zusammenarbeit mit Thomas Langhoff Mitte der 70er Jahre führt zu Wachowiaks eigentlicher «Entdeckung»: Zuerst im TV-Film *Die Forelle*. In den nächsten Jahren bevorzugte Langhoff-Protagonistin in Alltagsgeschichten wie *Befragung – Anna O* sowie in seinen eigenwilligen Adaptionen literarischer Vorlagen wie *Stine* und *Stella nach Goethe*. Ihre Darstellung von Frauen im Widerstand gegen Faschismus und Krieg gelingen ohne Pathos; so als Miriam in Langhoffs *Muhme Mehle* und der Titelrolle der Hella Lindau in *Die Verlobte* (Günther Rücker, Günter Reisch), der international beachtet und 1982 auf dem Nationalen Spielfilmfestival der DDR ausgezeichnet wird. Präzision bei Alltagsfiguren auch in Filmen Roland Gräfs: Erziehungshelferin in *P.S.*, Mutter Voß in *Das Haus am Fluß* und Hans Falladas Ehefrau Anna in *Fallada – Letztes Kapitel*. 1986 in Ralf Kirstens Filmbiografie *Käthe Kollwitz – Bilder eines Lebens* als die Malerin in ihren späteren Jahren. Seit Ende der 80er in Inszenierungen des Deutschen Theaters, teils auch für das Fernsehen aufgezeichnet (z. B. *Kikeriki*, 1988; *Haus Herzenstod*, 1992; Der Biberpelz, 1993).

[DDR] 1961: Auf der Sonnenseite. 1961/62: Altweibersommer [Unvollendet]; Ach, du fröhliche ... 1962: Wind von vorn [Unvollendet]; Die Glatzkopfbande; Der Fluch der bösen Tat [KF]. 1963: Es geht nicht ohne Liebe [TV]; Die Spur führt in den «Siebenten Himmel» [TV]; Engel, Sünden und Verkehr. 1. Schutzengel [EP]. 1963/64: Mir nach, Canaillen! 1964/65: König Drosselbart. 1965: Der Nachfolger [TV]; Die Mutter und das Schweigen [TV]. 1966: Trick 17b [TV]; Pygmalion [TV]; Geheimkommando Bumerang [TV]; Exekution [KF]. 1967/68: Der Streit um den Sergeanten Grischa [TV]; Krupp und Krause. 3 Teile [TV]. 1969: Seine Hoheit – Genosse Prinz; Sankt Urban [TV]; Netzwerk. 1970: Die Illegalen [TV]; KLK an PTX – Die Rote Kapelle. 1971: Bürgschaften [TV]; Anflug Alpha 1. 1972: Martina [TV]. 1973: Der kaukasische Kreidekreis [TV]; Unterm Birnbaum. 1973/74: ... verdammt, ich bin erwachsen. 1974/75: Blumen für den Mann im Mond; Bankett für Achilles. 1975/76: Die Forelle [TV]. 1976: Leben und Tod König Richard des Dritten [TV]; Absage an Viktoria [TV]. 1977: Befragung – Anna O [TV]; Das Herz der Dinge [TV]; Rückkopplung [TV]; Tod und Auferstehung des Wilhelm Hausmann [TV]. 1978: Sabine Wulff; Stine [TV]; P.S. 1978/79: Glück im Hinterhaus. 1979/80: Muhme Mehle [TV]; Guten Morgen, du Schöne! 4. Rosi [TVS]; Die Verlobte. 1981: Furcht und Elend des Dritten Reiches [TV]; Märkische Forschungen. 1982: Stella nach Goethe [TV]. 1982/83: Verzeihung, sehen Sie Fußball? [EP]. 1984: Ab heute erwachsen; Einzug ins Paradies. 6 Teile [TV]. 1984/85: Das Haus am Fluß. 1985: Jorinde und Joringel [TV]. 1985/86: So viele Träume. 1986: Käthe Kollwitz – Bilder eines Lebens. 1988: Fallada – Letztes Kapitel; Der blaue Boll [TV]; Kikeriki [TV]. 1990: Schlaraffenland [TV – BRD]. 1991: Sie und Er [TV]. 1992: Scheusal [TV]; Haus Herzenstod [TV]. 1993: Mein Name ist Marlene Dietrich [TV]; Der Biberpelz [TV]. 1994: Tatort: Geschlossene Akten [TV]. 1995: Nikolaikirche; Der Trinker [TV].

Walbrook, Anton → Wohlbrück, Adolf

Washington, Denzel

*28. 12. 1954 Mount Vernon (New York)

Journalismus- und Theater-Studium an der Fordham University in der Bronx, Schauspielunterricht am American Conservatory Theatre, San Francisco. Bühnenarbeit, u. a. in «A Soldier's Story» (Obie Award) bei der Negro Ensemble Company, «Othello» und «Richard III» (1990). 1977 Fernsehdebüt im Biopic *Wilma* über die Sprinterin Wilma Rudolph. 1981 Filmdebüt in Michael Schultz' Komödie *Carbon Copy* als schwarzer Sohn eines weißen Vaters. 1982–88 TV-Erfolg als umgänglicher und hilfsbereiter Dr. Chandler in der Krankenhaus-Serie *St. Elsewhere*. Daneben in Filmen, die immer wieder das Rassenproblem behandeln: als schwarzer G.I. in Norman Jewisons Kommißdrama *A Soldier's Story*, als südafrikanischer Bürgerrechtler Steve Biko in Richard Attenboroughs *Cry Freedom* (1986/87). Hierfür wird er für einen Nebenrollen-Oscar nominiert, den er 1989 für *Glory* (Edward Zwick) gewinnt, in dem er einen entlaufenen Sklaven spielt, der sich im Bürgerkrieg als tapferer Soldat auszeichnet. In Spike Lees *Mo' Better Blues* ist er ein arroganter Trompeter. Für sein intensives Porträt des Black-Power-Aktivisten *Malcolm X* (Lee) erhält er wieder eine Oscar-Nominierung. In den 90er Jahren beweist er seine Vielseitigkeit und spielt in der schwarz-weißen Liebesgeschichte *Mississippi Masala* (Mira Nair), in Kenneth Branaghs Shakespeare-Komödie *Much Ado About Nothing*, neben Julia Roberts im Thriller *The Pelican Brief* und als homophober Anwalt in Jonathan Demmes Aids-Drama *Philadelphia*.

[US] 1977: Wilma (Wilma Rudolph, die schwarze Gazelle) [TV]. 1981: Carbon Copy. 1984: A Soldier's Story (Sergeant Waters – Eine Soldatengeschichte); License to Kill [TV]. 1986: Power (Power – Weg zur Macht); The George McKenna Story [TV]. 1986/87: Cry Freedom (Schrei nach Freiheit) [GB]. 1988: For Queen and Country (For Queen & Country) [GB/US]. 1989: The Mighty Quinn (Big Bad Man). 1990: Heart Condition (Der Chaoten-Cop); Mo' Better Blues (Mo' Better Blues). 1991: Ricochet (Ricochet – Der Aufprall). 1991/92: Mississippi Masala (Mississippi Masala). 1992: Malcolm X (Malcolm X). 1992/93: Much Ado About Nothing (Viel Lärm um nichts). 1993: The Pelican Brief (Die Akte). 1993/94: Philadelphia (Philadelphia). 1994/95: Crimson Tide. 1995: Devil in a Blue Dress (Teufel in Blau); Virtuosity (Virtuosity). 1996: The Preacher's Wife; Courage Under Fire (Mut zur Wahrheit). 1997: Fallen.

Wayne, John

(Marion Michael Morrison)
*26. 5. 1907 Winterset (Iowa)
†11. 6. 1979 Los Angeles

Besuch der Glendale High School in California. Jura- und Volkswirtschaftsstudium an der University of Southern California, Los Angeles, Football-Spieler. 1926 Requisiteur im Fox-Studio. Komparse und ab 1928 Darsteller kleiner Rollen in den Filmen seines Freundes John Ford. In den Anfangsjahren unter dem Namen Duke Morrison. Erster großer Erfolg 1930 als Treck-Führer Breck Coleman in Raoul Walshs Western *The Big Trail*. In der Folgezeit in vielen Western, meist B-Pictures und Serials wie *Hurricane Express* und *Shadow of the Eagle* sowie *The Three Musketeers*. Erst 1939 Starstatus durch seine Rolle des Outlaw Ringo Kid in Fords klassischem Western *Stagecoach*. 1942–43 in der Radio-Serie «Three Sheets to the Wind».

Danach wird «Duke» einer der führenden Hollywood-Stars: starker Mann mit unerschütterlichem Willen und Glauben an die traditionellen amerikanischen Ideale. Oft in Uniform aller Waffengattungen: Fliegerheld in *Flying Tigers,* mit philippinischen Guerillas in *Back to Bataan,* Mariner in *They Were Expendable* (R: Admiral John Ford), Oscar-Nominierung als Sgt. John M. Stryker in Allan Dwans *Sands of Iwo Jima* (1949), Marines-Major in *Flying Leathernecks.* Hauptsächlich wird er jedoch der klassische Westernheld. Wichtigster Regisseur bleibt Ford: neben dem Dreikönigs-Western *Three Godfathers* in der Kavallerie-Trilogie *Ford Apache, She Whore a Yellow Ribbon* und *Rio Grande,* als einsamer Indianer-Hasser Ethan Edwards in *The Searchers* und als heimlicher Held in *The Man Who Shot Liberty Valance.* Ausnahmsweise komisch in Fords Irland-Nostalgie *The Quiet Man.* Ford unterstützt ihn beim Regiedebüt mit dem texanischen Durchhalte-Epos *The Alamo* (1960). Waynes zweiter bedeutender Western-Regisseur ist Howard Hawks: beim Rindertreck in *Red River,* als nicht mehr ganz intakter Revolverheld in den ironisch gebrochenen Spätwestern *Rio Bravo, El Dorado* und *Rio Lobo.* Oscar für seinen Marshal «Rooster» Cogburn in Henry Hathaways *True Grit* (1969). Letzte Rolle ist 1979 der alte krebskranke Revolverheld in Don Siegels *The Shootist.* 1944 Mit-Gründer der Motion Picture Alliance for the Preservation of American Ideals, Auftritte als Propagandist einer reaktionären amerikanischen Politik. 1968 Unterstützung der US-Politik während des Krieges in Südostasien durch den von ihm produzierten und inszenierten Kriegsfilm *The Green Berets.* Ab 1947 auch Produzent: Seine W.-Fellows Productions, später Batjac Production Company, geführt von seinem Sohn Michael, sind an der Herstellung der meisten späteren Filme beteiligt. Sohn Patrick wirkt als Schauspieler in den Filmen des Vaters mit.

[US] 1926: Brown of Harvard. 1927: The Drop Kick; Mother Machree [Requisite]. 1927/28: Four Sons [Requisite]. 1928: Mother Machree; Hangman's House. 1929: Words and Music; Salute. 1930: Men Without Women; Rough Romance; Cheer Up and Smile; The Big Trail (Die große Fahrt). 1930/31: Three Girls Lost. 1931: Girls Demand Excitement; Men Are Like That; The Deceiver [als Leiche]; The Range Feud; Maker of Men; The Voice of Hollywood – 2. Serie, No. 13 [KF]. 1932: The Hollywood Handicap [KF]; Station S-T-A-R [KF]; Shadow of the Eagle: 1. The Carnival Mystery/2. Pinholes/3. The Eagle Strikes/4. The Man of a Million Voices/5. The Telephone Cipher/6. The Code of the Carnival/7. Eagle Vulture/8. On the Spot/9. When Thieves Fall Out/10. The Man Who Knew/11. The Eagle's Wing/12. The Shadow Unmasked [Serial]; Texas Cyclone; Two-Fisted Law; Lady and Gent (Wer hat hier recht?); The Hurricane Express: 1. The Wrecker/2. Flying Pirates/3. The Masked Menace/4. Buried Alive/5. Danger Light/6. The Airport Mystery/7. Sealed Lips/8. Outside the Law/9. The Invincible Enemy/ 10. The Wrecker's Secret/11. Wings of Death/12. Unmasked [Serial]; Ride Him, Cowboy; The Big Stampede; Haunted Gold. 1933: The Telegraph Trail; The Three Musketeers: 1. The Fiery Circle/2. One for All and All for One/3. The Master Spy/4. Pirates of the Desert/5. Rebels' Rifles/6. Death's Marathon/7. Naked Steel/8. The Master Strikes/9. The Fatal Cave/ 10. Trapped/11. The Measure of Man/12. The Glory of Comrades [Serial]; Central Airport; Somewhere in Sonora; The Life of Jimmy Dolan; His Private Secretary; Baby Face; The Man from Monterey; Riders of Destiny; College Coach; Sagebrush Trail. 1933/34: West of the Divide. 1934: The Lucky Texan; Blue Steel; The Man from Utah; Randy Rides Alone; The Star Packer; The Trail Beyond; The Lawless Frontier; ›Neath Arizona Skies. 1935: Texas Terror; Rainbow Valley; The Desert Trail; The Dawn Rider; Paradise Canyon (Feuerwasser und frische Blüten); Westward Ho (Westwärts!); The New Frontier (Flammende Grenze); The Lawless Range. 1935/36: The Oregon Trail; The Lawless Nineties. 1936: King of the Pecos (Der König der Pecos); The Lonely Trail (Wie vom Winde verweht); Winds of the Wasteland; The Sea Spoilers; Conflict. 1937: California Straight Ahead; I Cover the War; Idol of the Crowds; Born to the West (Die Spielhölle von Wyoming); Adventure›s End. 1938: Pals of the Saddle (Freunde im Sattel); Overland Stage Raiders (Gold in den Wolken); Santa Fe Stampede (Aufruhr in Santa Fe); Red River Range. 1938/39: Stagecoach (Höllenfahrt nach Santa Fe/Ringo). 1939: The Night Riders (Reiter in der Nacht); Three Texas Steers; Wyoming Outlaw (Der Bandit von Wyoming); New Frontier; Allegheny Uprising (Black River). 1940: Dark Command (Schwarzes Kommando); Three Faces West; The Long Voyage Home (Der lange Weg nach Cardiff); Seven Sinners (Das Haus der sieben Sünden). 1941: A Man Betrayed; Lady from Louisiana; The Shepherd of the Hills (Verfluchtes Land). 1942: Lady for a Night; Reap the Wild Wind (Piraten im Karibischen Meer); The Spoilers (Die Freibeuterin); Reunion in France/Reunion (Reunion); In Old California (Der Draufgänger von Boston); Flying Tigers (Unternehmen Tigersprung); Pittsburgh. 1943: A Lady Takes a Chance (Harte Burschen – steile Zähne); In Old Oklahoma (Die Hölle von Oklahoma). 1944: The Fighting Seabees (Alarm im Pazifik); Tall the Saddle (Mit Büchse und Lasso). 1945: Flame of the Barbary Coast (San Francisco-Lilly); Back to Bataan (Stahlgewitter); They Were Expendable (Schnellboote vor Bataan);

Dakota (Liebe in der Wildnis). 1946: Without Reservations. 1947: Angel and the Badman (Der schwarze Reiter); Tycoon. 1948: Fort Apache (Bis zum letzten Mann); Red River (Panik am roten Fluß). 1949: Hollywood Rodeo [KF]; Three Godfathers (Spuren im Sand); Wake of the Red Witch (Im Banne der roten Hexe); The Fighting Kentuckian (In letzter Sekunde); She Wore a Yellow Ribbon (Der Teufelshauptmann); Sands of Iwo Jima (Du warst unser Kamerad). 1950: Rio Grande (Rio Grande); Jet Pilot (Düsenjäger) [UA: 1957]. 1951: Operation Pacific (Unternehmen Seeadler); Flying Leathernecks (Stählerne Schwingen). 1952: Big Jim McLain (Marihuana); The Quiet Man (Der Sieger). 1953: Trouble Along the Way; Island in the Sky (Das letzte Signal); Hondo (Man nennt mich Hondo). 1954: The High and the Mighty (Es wird immer wieder Tag). 1955: Screen Directors Playhouse: Rookie of the Year [TV]; The Sea Chase (Der Seefuchs); Blood Alley (Der gelbe Strom). 1956: The Conqueror (Der Eroberer); The Searchers (Der schwarze Falke). 1957: The Wings of Eagles (Dem Adler gleich); Legend of the Lost (Die Stadt der Verlorenen); I Married a Woman (Links und rechts vom Ehebett). 1957–61: Wagon Train: The Colter Craven Story [TV]. 1958: The Barbarian and the Geisha (Der Barbar und die Geisha). 1959: Rio Bravo (Rio Bravo); The Horse Soldiers (Der letzte Befehl). 1960: The Alamo (Alamo) [D,R]; North to Alaska (Land der tausend Abenteuer). 1961: The Comancheros (Die Comancheros). 1962: Flashing Spikes [TV]; The Man Who Shot Liberty Valance (Der Mann, der Liberty Valance erschoß); Hatari! (Hatari!); The Longest Day (Der längste Tag); How the West Was Won (Das war der Wilde Westen) [EP]. 1963: Donovan's Reef (Die Hafenkneipe von Tahiti); McLintock! (MacLintock). 1964: Circus World (Circus-Welt/Held der Arena). 1965: The Greatest Story Ever Told (Die größte Geschichte aller Zeiten); In Harm's Way (Erster Sieg); The Sons of Katie Elder (Die vier Söhne der Katie Elder). 1966: Cast a Giant Shadow (Der Schatten des Giganten). 1967: The War Wagon (Die Gewaltigen); El Dorado (El Dorado). 1968: The Green Berets (Die grünen Teufel); Hellfighters (Die Unerschrokkenen). 1969: True Grit (Der Marshal); Undefeated (Die Unbesiegten). 1970: Chisum (Chisum); Rio Lobo (Rio Lobo). 1971: Big Jake (Big Jake); Directed by John Ford [DOK]. 1972: The Cowboys (Die Cowboys); Cancel My Reservation. 1973: The Train Robbers (Dreckiges Gold); Cahill, United States Marshal (Geier kennen kein Erbarmen). 1974: McQ (McQ schlägt zu). 1975: Rooster Cogburn (Mit Dynamit und frommen Sprüchen); Brannigan (Brannigan – Ein Mann aus Stahl) [GB]. 1976: The Shootist (Der Scharfschütze).

Weaver, Sigourney

(Susan Alexandra Weaver)
* 8. 10. 1949 New York City

Tochter der Schauspielerin Elizabeth Inglis und von Pat Weaver, einem Präsidenten der NBC. Besuch der Stanford University. Schauspielausbildung an der Yale Drama School. 1974 am Broadway in «The Constant Wife». Filmdebüt 1976 in der israelischen Produktion *Madman* (Dan Cohen). Im nächsten Jahr kurzer Auftritt in Woody Allens *Annie Hall*. Erster Erfolg 1979 als langlebige Astronautin Lieutenant Ripley in Ridley Scotts Science-fiction-Film *Alien* (auch in drei Fortsetzungen). James Camerons Fortsetzung *Aliens* (1986) führt zur ersten Oscar-Nominierung. Weaver bevorzugt selbstbewußte, unabhängige Frauenrollen, so als Freundin eines Journalisten in Peter Weirs Polit-Romanze *The Year of Living Dangerously*, zeigt ihr komisches Talent in Ivan Reitmans Erfolgskomödien *Ghostbusters (I + II)*. 1988 folgen zwei weitere Oscar-Nominierungen: als böse Karrierefrau Katharine Parker in Mike Nichols' Komödie *Working Girl* und als Affen-Forscherin Dian Fossey in Michael Apteds *Gorillas in the Mist*. In Reitmans *Dave* übersieht sie als Präsidenten-Gattin den Austausch ihres Mannes gegen einen Doppelgänger (Kevin Kline), in Roman Polanskis Psychodrama *Death and the Maiden* glaubt sie in einer Zufallsbekanntschaft (Ben Kingsley) ihren Folterer erkannt zu haben. Als Produzentin ist sie u. a. an *Alien³* beteiligt.

[US] 1976: Madman [IL]. 1977: Best of Families [TVS]; Annie Hall (Der Stadtneurotiker). 1979: Alien (Alien – Das unheimliche Wesen aus einer fremden Welt). 1980: Eyewitness (Der Augenzeuge). 1982: The Year of Living Dangerously (Ein Jahr in der Hölle) [AU]. 1983: Deal of the Century (Das Bombengeschäft). 1984: Ghostbusters (Die Geisterjäger). 1985: Une femme ou deux (Eine Frau zum Verlieben) [FR]. 1985/86: Aliens (Aliens – Die Rückkehr). 1986: Half Moon Street (Half Moon Street). 1988: Gorillas in the Mist (Gorillas im Nebel); Working Girl (Die Waffen der Frau); Helmut Newton: Frames From the Edge [DOK – BRD]. 1989: Ghostbusters II (Ghostbusters II). 1992: 1492 – The Conquest of Paradise/La Conquista del Paraiso (1492 – Die Eroberung des Paradieses) [GB/FR/ES]; Alien³ (Alien 3) [D,CoP]. 1993: Dave (Dave); Jeffrey (Jeffrey). 1994: Death and the Maiden/La jeune fille et la mort (Der Tod und das Mädchen) [GB/US/FR]. 1995: Copycat (Copykill). 1996/97: Snow White in the Black Forest; Alien Ressurection. 1997: The Ice Storm.

Wegener, Paul

* 11. 12. 1874 Jerrentowitz (Westpreußen)
† 13. 9. 1948 Berlin-Wilmersdorf

Kindheit auf dem väterlichen Gut Bischdorf (Ermland), 1883–94 Gymnasien in Rössel und Königsberg bis zum Abitur, daneben als Komparse am Stadttheater. Jurastudium in Freiburg (Breisgau) und Leipzig; Schauspielunterricht. 1895 Stadttheater Rostock, 1896 bis 1903 wechselnde Bühnen, 1906 Deutsches Theater Berlin. Bei Max Reinhardt gewichtiger Darsteller auch schurkischer oder zerrissener Helden. 1913 an Meinhardt-Bernauers Theater in der Königgrätzer Straße. 1914 Kriegsfreiwilliger, 1915 aus Gesundheitsgründen nach Berlin zurück. Bis 1920 wieder bei Reinhardt, dann an zahlreichen Bühnen, Gastspiele auch im Ausland. Gemeinsam mit dem Autor Hanns Heinz Ewers und dem Kameramann Guido Seeber erarbeitet er das Drehbuch zu *Der Student von Prag*, 1913 von Stellan Rye mit Wegener in der Doppelrolle gedreht; der Film gilt neben Max Macks *Der Andere* (1912/13) als das erste künstlerisch bedeutende Werk des deutschen Films. Die Befreiung der Bildästhetik vom Plot und die Integration von Phantastik in die Handlung bestimmen Wegeners Arbeit als Regisseur und Darsteller, z. B. in *Rübezahls Hochzeit* und *Der Rattenfänger*. *Der Golem, wie er in die Welt kam* nach einer jüdischen Legende ist 1920 ein Erfolg. In *Der Yoghi* (1916) und der Eigenproduktion *Lebende Buddhas* (1923/24) vermischt Wegener westliche Phantasien mit seiner Faszination für den Fernen Osten. 1926 bei M-G-M wieder als düsterer Okkultist in *The Magician* (Rex Ingram) nach dem Somerset-Maugham-Roman. In den 30er Jahren – auch in Propagandafilmen – meist negative Rollen wie 1933 als Kommunist in der Horst-Wessel-Verherrlichung *Hans Westmar* (Franz Wenzler); schließlich als schwächlicher Stadtkommandant in Veit Harlans Durchhaltefilm *Kolberg*. 1933–37 außerdem Regie bei Genrefilmen. Ab 1938 am Schillertheater, ab 1943 Staatliches Schauspielhaus. Nach Kriegsende führend an der Gründung des Kulturbunds zur Erneuerung Deutschlands beteiligt. Auf der Bühne beeindruckt er 1945 als «Nathan der Weise» am Deutschen Theater, *Der große Mandarin* (Karl-Heinz Stroux) ist 1948 seine letzte Film-Rolle.

[DE/BRD] 1913: Der Student von Prag; Evinrude; Der Verführte. 1914: Der Golem [D,CoR,CoA]. 1914/15: Die Rache des Blutes. 1916: Der Yoghi [D,R,A]; Rübezahls Hochzeit [D,R,A]. 1917: Der Golem und die Tänzerin [D,R,A]; Hans Trutz im Schlaraffenland [D,R,A]. 1918: Der fremde Fürst [D,R, A]; Der Rattenfänger [D,R,A]; Apokalypse [D,A]; Gegen den Bruderkrieg [R,A(?) – KF]. 1919: Der Galeerensträfling. 2 Teile [D,A]. 1919/20: Nachtgestalten (Eleagabal Kuperus). 1920: Sumurun; Der Golem, wie er in die Welt kam [D,CoR,A]; Steuermann Holk; Der verlorene Schatten. Der Student von Prag [D,A]. 1921: Die Geliebte Roswolskys; Das Weib des Pharao. 1921/22: Sterbende Völker. 2 Teile. 1922: Herzog Ferrantes Ende [D,R,A]; Das Liebesnest. 2 Teile; Vanina. Die Galgenhochzeit; Lucrezia Borgia; Monna Vanna. 1922/23: Der Schatz der Gesine Jakobsen. 1923: SOS. Die Insel der Tränen. 1923/ 24: Lebende Buddhas/Götter von Tibet [D,R,Co-A,P]. 1925: Der Mann aus dem Jenseits. Feldgrau. 1926: The Magician (Der Dämon) [US]; Dagfin. 1927: Die Weber; Glanz und Elend der Kurtisanen; Svengali; Arme kleine Sif; Die Welt ohne Waffen; Ramper. Der Tiermensch; Alraune. 1929: Chinesische Märchen [KF]. 1930: Fundvogel. 1932: Unheimliche Geschichten; Marschall Vorwärts; Das Geheimnis um Johann Orth. 1933: Hans Westmar; Inge und die Millionen. 1934: Die Freundin eines großen Mannes [R]; Ein Mann will nach Deutschland [D,R]; Der rote Tod von Riga [Unvollendet]. 1935: ... nur ein Komödiant [AT]; Der Mann mit der Pranke. 1935/36: August der Starke [R – PL/DE]. 1936: Die Stunde der Versuchung [R]; Moskau – Shanghai (Der Weg nach Shanghai; BRD 1949) [R]. 1936/37: Krach und Glück um Künnemann [R]. 1937: Unter Ausschluß der Öffentlichkeit [R]. 1938: Stärker als die Liebe; In geheimer Mission. 1938/39: Das unsterbliche Herz. 1939: Das Recht auf Liebe. 1939/40: Zwielicht. 1940: Das Mädchen von Fanö. 1940/41: Mein Leben für Irland. 1940–42: Der große König. 1941/42: Hochzeit auf Bärenhof. 1942: Diesel. 1942/43: Wenn die Sonne wieder scheint. 1942–44: Zwischen Nacht und Morgen (Augen der Liebe; 1951). 1944: Seinerzeit zu meiner Zeit. 1943–45: Kolberg. 1944/45: Der Fall Molander [Unvollendet]; Tierarzt Dr. Vlimmen [Unvollendet]. 1945: Dr. phil. Döderlein [Unvollendet]. 1948/49: Der große Mandarin.

Weiser, Grethe

(Mathilde Ella Dorothea
Margarethe Nowka)
*27. 2. 1903 Hannover
†2. 10. 1970 in der Nähe von
Bad Tölz

Aufgewachsen in Klotzsche und Dresden, Neustädter Höhere Töchterschule und Privatschule in Dresden-Blasewitz. In Berlin pachtet ihr Mann Josef Weiser ein Kabarett am Kurfürstendamm, dort erste Auftritte. Gesangsunterricht, Elevin an der Volksbühne, Debüt 1926. Dann in Operetten und an Kabaretts; Schauspielerin und Sängerin an der Komischen Oper, Gastspiele in Hamburg und Dresden, komische Rollen am Theater am Kurfürstendamm. Nach Scheidung 1934 mit dem Filmjuristen und Produzenten Hermann Schwerin liiert (Heirat 1958). Im Film zunächst nur in Nebenrollen von Köchinnen, Hausmädchen, Zofen usw. wie 1927 in *Männer vor der Ehe* (Constantin J. David). Erst 1937 mit schlagfertigem Witz und «Screwball»-Begabung erfolgreich in der Titelrolle von Erich Waschnecks *Die göttliche Jette* über den Aufstieg der Berliner Vorstadtkomödiantin Jette Schönborn zum Revue-Star Henriette Sonntag. Anschließend Hauptrollen, z. B. als ehekittende Platzanweiserin in *Meine Freundin Barbara* (Fritz Kirchhoff) und als kesse Soubrette in Johannes Meyers *Ehe in Dosen,* danach kleinere Aufgaben, u.a. die Köchin Jette in Carl Froelichs zweiteiliger Gründerzeit-Saga *Familie Buchholz* und *Neigungsehe* (1943/44). Nach Kriegsende zunächst Gelegenheitsauftritte, 1947 in Hamburg an der Jungen Bühne, ab 1949 Hamburger Kammerspiele, u.a. erstmals in ihrer «Paraderolle» Mary Miller in «Das Kuckucksei» von Walter und Irma Firner. 1954 nach Berlin. In Gegenwartsfilmen der Nachkriegszeit gern als «Herz mit Schnauze»: in Rollen obsiegender Witwen und resoluter älterer Tanten voll Angriffslust und Mutterwitz, berlinerisch schnodderig und zugleich elegant. Mit amüsanter Kodderschnauze z. B. als erholungsbedürftiger Bühnenstar Käthe Greiser in *Ferien vom Ich* (Hans Deppe), als Nachtlokal-Wirtin in *Damenwahl* (E.W. Emo) und als umtriebige Geschäftsfrau in *Lemkes sel. Witwe* (Helmut Weiß). In den 60er Jahren vor allem an Theatern in Berlin und München.

[DE/BRD] 1927: Männer vor der Ehe. 1930: Kasernenzauber. 1931: Salto mortale. 1933: Kind, ich freu' mich auf Dein Kommen; Gutgehendes Geschäft zu verkaufen [KF]; Gretel zieht das große Los; Schlagerpartie [KF]. 1934: Die bunte Palette [KF]; Schützenkönig wird der Felix; Die einsame Villa [KF]; Am Telefon wird gewünscht [KF]. 1934/35: Frischer Wind aus Kanada. 1935: Der Mann mit der Pranke; Einer zuviel an Bord; Lady Windermeres Fächer; Anschlag auf Schweda; Familie Schimek. 1935/36: Martha/Letzte Rose; Der Raub der Sabinerinnen; Engel mit kleinen Fehlern. 1936: Der verkannte Lebemann; Eskapade/Seine offizielle Frau; Männer vor der Ehe; Hilde und die 4 PS; Fräulein Veronika (Alles für Veronika) [CH]; Geheimnis eines alten Hauses. 1936/37: Menschen ohne Vaterland. 1937: Die göttliche Jette; Mädchen für alles; Gabriele eins, zwei, drei; Meine Freundin Barbara. 1938: Unsere kleine Frau [Version – IT/DE]; Mia moglie si diverte [Version – IT/DE]; Frauen für Golden Hill. 1938/39: Liebe streng verboten. 1939: Frau am Steuer; Marguerite: 3 (Eine Frau für Drei; 1950); Die Geliebte; Ehe in Dosen; Irrtum des Herzens; Verdacht auf Ursula; Hochzeitsreise zu dritt; Das Glück wohnt nebenan; Mein Mann darf es nicht wissen; Rote Mühle. 1939/40: Alles Schwindel; Polterabend. 1940: Der rettende Engel; Wie konntest Du, Veronika!; Links der Isar – rechts der Spree; Zwischen Hamburg und Haiti. 1941: Krach im Vorderhaus; Oh diese Männer; Sonntagskinder. 1941/42: Die große Liebe; Drei tolle Mädels [IT/ DE]; Alles aus Liebe [Verboten]. 1942: Wir machen Musik; Ein Walzer mit dir. 1943/44: Familie Buchholz; Neigungsehe; Der Meisterdetektiv; Hundstage; Die Frau meiner Träume. 1944/45: Das alte Lied; Ich glaube an dich (Mathilde Möhring/Mein Herz gehört Dir); Verlobte Leute [Unvollendet]. 1945: Shiva und die Galgenblume [Unvollendet]. 1948: Morgen ist alles besser. 1948/49: Liebe 47. 1949: Amico; Nichts als Zufälle; Tromba; Die Freunde meiner Frau; Artistenblut; 1 x 1 der Ehe; Die Reise nach Marrakesch. 1949/50: Gabriela. 1950: Wenn Männer schwindeln; Die Nacht ohne Sünde; Die Dritte von rechts. 1951: Hilfe, ich bin unsichtbar; Die verschleierte Maja; Fanfaren der Liebe; Durch Dick und Dünn; Tanz ins Glück [AT]; Gangsterpremiere (So ein Theater) [AT]; Johannes und die 13 Schönheitsköniginnen. 1952: Der Fürst von Pappenheim; Der keusche Lebemann; Der Obersteiger [AT]; Ferien vom Ich; Du bist die Rose vom Wörthersee; Königin der Arena. 1952/53: Der Onkel aus Amerika. 1953: Die Rose von Stambul; Hollandmädel; Damenwahl; Die Kaiserin von China; Der Vetter aus Dingsda; Hurra – ein Junge! 1953/54: Die tolle Lola; Bei Dir war es immer so schön. 1954: Mädchen mit Zukunft; Geld aus der Luft; Die sieben Kleider der Katrin; Victoria und ihr Husar; Keine Angst vor Schwiegermüttern; Die Stadt ist voller Geheimnisse. 1954/55: Premiere im Metropol [TV]. 1955: Solang' es hübsche Mädchen gibt; Der doppelte Ehemann; Mein Leopold/Ein Herz bleibt allein; Drei Tage Mittelarrest; Meine Kinder und ich; Vatertag. 1955/56: Ein Herz schlägt für Erika; Ein Herz und eine Seele (... und wer küßt mich?) [AT]. 1956: Ich und meine Schwiegersöhne; Kirschen in Nachbars Garten; Du bist Musik; Süß ist die Liebe in Paris/Bonsoir Paris/Bonsoir Paris, bonjour l'amour [BRD/FR]; Der schräge Otto. 1956/57: Die verpfuschte Hochzeitsnacht. 1957: Tante Wanda aus Uganda; Das haut hin; Lemkes sel. Witwe; Einmal eine große Dame sein; Liebe, Jazz und Übermut; Casino de Paris [FR/IT/BRD]; Die Beine von Dolores; Der Kaiser und das Wäschermädel [AT]. 1958: Zauber der Montur (Wenn Mädchen ins Manöver ziehen) [AT]; Scala – total verrückt; Der Haustyrann. 1959: So angelt man keinen Mann. 1960: Freddy und die Melodie der Nacht; Die junge Sünderin; Wir wollen niemals auseinandergehn. 1961: Ach Egon!; Freddy und der Millionär/La signorina miliardo [BRD/IT]. 1962: Wenn die Musik spielt am Wörthersee; Eine Nachtlang am Lago Maggiore/Der singende Vagabund/Lieder erklingen am Lago Maggiore [CH/BRD]. 1963: Ferien vom Ich. 1964: Liebesgrüße aus Tirol [AT]. 1965: Die Chefin [TV]; Jenny und der Herr im Frack [TV]. 1965/66: Bei Pfeiffers ist Ball [TV]. 1966: Brille und Bombe: Bei uns liegen Sie richtig! [BRD/BR]. 1967: Keine Leiche ohne Lily [TV]. 1969: Die Lokomotive [TV]. 1970: Die lieben Kinder [TV]; Das Kuckucksei [TV]; Theatergarderobe [TVS].

Welch, Raquel

(Raquel Tejada)
*5. 9. 1940 Chicago
Die Tochter eines Bolivianers wächst in California auf. Besuch der La Jolla High School. Ballettunterricht bei Irene Clark. Als 14jährig siegt sie in einem Schönheitswettbewerb. Wetter-Mädchen bei einem TV-Sender in San Diego. Fotomodell. Schauspielunterricht am San Diego State College. 1963 nach Hollywood, mit dem Presseagenten (und späteren Mann) Patrick Curtis Gründung der Firma Curtwell Enterprises. Seine Publicity-Kampagne führt zu einem Filmvertrag mit 20th Century Fox. Internationale Popularität als miniaturisierte Medizinerin Cora Peterson in Richard Fleischers *Fantastic Voyage* und als Loana, eine knappbekleidete Frühbewohnerin der Erde, in Don Chaffeys *One Million Years B.C.* Als Sex-Symbol in der Nachfolge von Monroe und Mansfield spielt sie in europäischen Produktionen. Ende der 60er Jahre ist sie eine der populärsten amerikanischen Schauspielerinnen. Außer in Vamp-Rollen wird sie auch als Lateinamerikanerin besetzt: Neben James Stewart und Dean Martin in Andrew V. McLaglens Mexiko-Western *Bandolero!* oder als mexikanische Indianerin in Tom Gries' *100 Rifles*. Titelrolle eines zur Frau gewandelten Mannes in Michael Sarnes *Myra Breckinridge*. Richard Lester besetzt sie als Constance in seinen zwei ironischen Swashbucklern *The Three/Four Musketeers*. In Claude Zidis *L'animal* läßt sie sich von einem doppelten Jean-Paul Belmondo umschwärmen. Der Übergang zum Charakterfach mißlingt, und sie zieht sich Ende der 70er Jahre weitgehend vom Showbusiness zurück. Gelegentlich TV-Aufgaben und Produktion eines Aerobic-Videos. 1982 Comeback-Versuch mit «Woman of the Year» am Broadway. Tochter Tahnee Welch ist ebenfalls Schauspielerin.

[US] 1964: A House Is Not a Home [Madam(e) P. und ihre Mädchen]; Roustabout (König der heißen Rhythmen). 1965: Do Not Disturb (Bitte nicht stören); A Swingin' Summer. 1966: The Biggest Bundle of Them All (Die Platinbande); Fantastic Voyage (Die phantastische Reise); One Million Years B.C. (Eine Million Jahre vor unserer Zeit) [GB]; Le fate/Le Digestif. 3. EP: Fata Elena (Die Gespielinnen) [EP – IT/FR]; Spara forte, più forte ... non capisco (Schieß laut, lauter ... ich verstehe nicht) [IT]. 1967: Bedazzled (Mephisto 68) [GB]; Fathom (Feuerdrache) [GB]; Le plus vieux métier du monde/Das älteste Gewerbe der Welt/L'amore attraverso i secoli. 6. EP: La belle époque [EP – FR/BRD/IT]. 1968: Bandolero! (Bandolero!); Lady in Cement (Die Lady in Zement). 1969: Flareup (Tote Bienen singen nicht); The Magic Christian (Magic Christian – Ein Beatle im Paradies) [GB]; 100 Rifles (100 Gewehre). 1970: Beloved (Die Sünde) [GB]; Myra Breckenridge (Myra Breckenridge – Mann oder Frau?). 1971: Hannie Caulder (In einem Sattel mit dem Tod) [GB]. 1972: Kansas City Bomber (Round up); Fuzz (Auf leisen Sohlen kommt der Tod); Barbe-Bleue/Barbablù/Blaubart [FR/IT/BRD]. 1973: The Last of Sheila (Sheila); The Three Musketeers (The Queen's Diamond) (Die drei Musketiere) [PA]. 1974: The Four Musketeers (The Revenge of Milady) (Die vier Musketiere der Königin) [PA]. 1975: The Wild Party (Die wilde Party). 1976: Mother, Jugs & Speed (C.R.A.S.H.). 1977: L'Animal (Ein irrer Typ) [FR]. 1978: The Prince and the Pauper (Der Prinz und der Bettler) [PA]. 1979: The Legend of Walks Far Woman [D,P – TV; UA: 1982]. 1987: Right to Die (Right to Die) [TV]. 1988: Scandal in a Small Town (Scandal in Town) [TV]. 1989: Trouble in Paradise (Gefährliches Paradies – Ein Sarg voller Heroin) [TV]. 1990: Hero for Hire. 1993: Tainted Blood [TV]; Judith Krantz's «Torch Song» [TV]. 1993/94: The Naked Gun 33 ⅓: The Final Insult (Die Nackte Kanone 33 ⅓). 1995: Central Park West [TVS]. 1997: Chairman of the Board.

Weld, Tuesday

(Susan Ker Weld)
*27. 8. 1943 New York City
Besuch von Public Schools in Fort Lauderdale sowie in New York City. Bereits mit drei Jahren ist sie Fotomodell. Später populärer Kinderstar in Kino und Fernsehen. Als Kind bereits mit Alkohol-Problemen, unternimmt als 12jährige einen Selbstmordversuch. 1956 Filmdebüt in Will Prices High School-'n'-Roll-Film *Rock, Rock, Rock!* neben Alan Freed, Chuck Berry u.a. Zahlreiche Teenager-Rollen folgen, oft als frühreif verführerische Kindfrau, in Billigproduktionen wie *Sex Kittens Go to College*. 1959–60 als Thalia Menninger in mehreren Folgen der TV-Serie *The Many Loves of Dobie Gillis*. In den 60er Jahren auch in dramatischen Filmen und Komödien, so neben Jackie Gleason und Steve McQueen als Bobby Jo Perrerdine in Ralph Nelsons *Soldier in the Rain*. Ihr Erfolgsimage als sexy High School Girl beibehaltend, wandelt Weld sich zur ernstzunehmenden Schauspielerin, so als Barbara Ann Greene in George Axelrods schwarzer Komödie *Lord Love a Duck* (1966) oder als Lockvogel des Brandstifters Anthony Perkins in Noel Blacks *Pretty Poison*. In John Frankenheimers *I Walk The Line* zerstört sie als verführerische Tochter eines Schwarzbrenners die Karriere des alternden Sheriffs Gregory Peck. Oscar-Nominierung für die Nebenrolle als Katherine Dunne in Richard Brooks' Singles-Thriller

Looking for Mr. Goodbar (1977). Neben Nick Nolte in Karel Reisz' Vietnam- und Drogen-Drama *Who'll Stop the Rain*. In den 80ern zieht sie sich zurück, während eine wachsende Fan-Gemeinde ihre frühen Filme wiederentdeckt.

[US] 1956: Rock, Rock, Rock (Rock, Rock, Rock). 1957: The Wrong Man (Der falsche Mann). 1958: Rally 'round the Flag, Boys! (Keine Angst vor scharfen Sachen). 1958–62: Naked City: A Case Study of Two Savages [TV]. 1959: The Five Pennies (Fünf Pennys). 1959–60: Many Loves of Dobie Gillis [TVS]. 1960: Because They're Young; High Time (Der Spätzünder); The Private Lives of Adam and Eve; Sex Kittens Go to College. 1960–63: Route 66: Love Is a Skinny Kid [TV]. 1961: Return to Peyton Place (Rückkehr nach Peyton Place); Wild in the Country (Lied des Rebellen); Bachelor Flat (Dinosaurier bevorzugt). 1963: Soldier in the Rain. 1965: Lord Love a Duck (Mollymauk, der Wunderknabe); I'll Take Sweden (Schweden – nur der Liebe wegen); The Cincinnati Kid (Cincinnati Kid). 1968: Pretty Poison (Der Engel mit der Mörderhand). 1970: I Walk the Line (Der Sheriff). 1971: A Safe Place. 1972: Play It As It Lays. 1974: Reflections of Murder [TV]. 1976: F. Scott Fitzgerald in Hollywood [TV]. 1977: Looking for Mr. Goodbar (Auf der Suche nach Mr. Goodbar). 1978: Who'll Stop the Rain? (Dreckige Hunde). 1980: Mother and Daughter – The Loving War [TV]; A Question of Guilt [TV]; Serial (Crazy Family/Eine total verrückte Familie). 1981: Madame X [TV]; Thief/Violent Streets (Der Einzelgänger). 1982: Author! Author! (Daddy! Daddy! Fünf Nervensägen und ein Vater). 1982–84: Once Upon a Time in America (Es war einmal in Amerika). 1983: The Winter of Our Discontent [TV]. 1984: Scorned and Swindled [TV]. 1986: Something in Common (Herzklopfen zu dritt) [TV]; Circle of Violence: A Family Drama [TV]. 1987: Reflections of Murder [TV]. 1988: Heartbreak Hotel (Heartbreak Hotel). 1993: Falling Down (Falling Down – Ein ganz normaler Tag). 1996: Feeling Minnesota.

Welles, Orson

(George Orson Welles)
*6. 5. 1915 Kenosha (Wisconsin)
†10. 10. 1985 Los Angeles

Bühnendebüt als 3jähriger an der Oper in Chicago. Besuch der Todd School in Woodstock, Illinois, als Schauspieler, Regisseur und Szenenbildner an der Schulbühne. Anschließend am Chicago Art Institute. 1931 Irland-Reise und Engagement am Gate Theatre in Dublin, Debüt als Karl Alexander von Württemberg in «Jew Süss». Auch Regisseur, Bühnenbildner und Journalist. 1933 nach New York: Theaterarbeit, Autor, Produzent und Sprecher beim Rundfunk. Erster Kurzfilm. 1937 mit John Houseman Gründung des Mercury Theatre, auch CBS-Radioshow «Mercury Theatre on the Air» (ab Dezember 1938 «The Campbell Playhouse»). Am 30. 10. 1938 löst seine Rundfunkadaption von H.G. Wells' «The War of the Worlds» eine Panik bei den Hörern aus. 1939 Hollywood-Vertrag mit RKO Pictures als Regisseur, Schauspieler, Autor und Produzent. Im Sommer 1940 entsteht der Debütfilm *Citizen Kane*, der von der Kritik gefeiert wird, jedoch nur eine schwache Publikumsresonanz findet. Inzwischen gilt er als einer der besten Filme aller Zeiten. Welles erhält zusammen mit Herman J. Mankiewicz den Oscar für das Original-Drehbuch, Nominierung für die Titelrolle. Die Familiensaga *The Magnificient Ambersons* wie auch sein Spionage-Thriller *Journey Into Fear* werden von RKO stark gekürzt, während Welles in Südamerika an seinem Projekt *It's All True* arbeitet, das unvollendet bleibt. Erfolg als Darsteller des misanthropischen Edward Rochester in Robert Stevensons *Jane Eyre*. 1946/47 inszeniert er den Thriller *The Lady from Shanghai*, spielt zugleich die Rolle des Michael O'Hara neben Rita Hayworth, seiner zweiten Ehefrau (1943 bis 47). Anschließend entsteht die Low-budget-Produktion *Macbeth* nach einer Bühneninszenierung von und mit Welles. 1948 nach Europa. Er überzeugt als Schwarzhändler Harry Lime in Carol Reeds Wien-Film *The Third Man*. Während er stückweise *Othello* (auch Titelrolle) dreht und mit «An Evening With Orson Welles» durch Frankreich und Deutschland tourt, spielt er in einigen Hollywood-Produktionen, die in Europa und Nordafrika entstehen: Cagliostro in Gregory Ratoffs *Black Magic*, Cesare Borgia in Henry Kings *Prince of Foxes*, General Bayan in Henry Hathaways *The Black Rose*, auch in europäischen Produktionen als Darsteller und Sprecher. Rundfunk- und Theater-Arbeit in England. Er veröffentlicht Erzählungen und Artikel. 1952 gewinnt *Othello* in Cannes die Goldene Palme. 1954/55 spielt und inszeniert er *Mr. Arkadin*. Mitte der 50er Jahre vorübergehend Rückkehr in die USA, Theater-, Show- und TV-Auftritte. 1957 Regie und neben Charlton Heston im Grenz-Thriller *Touch of Evil*. 1958 nach Rom. Rollen in eigenen Filmen: Hastler in *Le Procès*, Sir John Falstaff in *Chimes at Midnight*, in den unvollendeten Projekten *Don Quixote* (ab 1960) und *The Deep* (1967–69). Mit seinem zunehmend massigen Körper absolviert er Auftritte in Werbespots, TV-Shows und Filmen anderer Regisseure:

Russe in John Hustons *The Kremlin Letter* oder König Louis XVIII. in Sergei Bondarčuks *Waterloo*, oft, um seine eigenen Filmprojekte zu finanzieren. Welles wird mit seiner sonoren Stimme auch gern als Sprecher in Spiel- und Dokumentarfilmen eingesetzt. 1974 entsteht mit Geldern aus Teheran, Paris und Frankfurt die Semidokumentation *F for Fake*, in der Welles berühmte Fälscher vorstellt und seiner lebenslangen Liebhaberei für Zaubertricks frönen kann. Der Regisseur und Schauspieler gilt als eine der großen Persönlichkeiten des Kinos, und sein Werk hat der Filmkunst wesentliche Impulse gegeben. 1971 Special Oscar, 1972 Life Achievement Award des American Film Institute. 1992 erscheint das Buch «This Is Orson Welles», das auf mehreren Gesprächen zwischen Welles und Peter Bogdanovich beruht.

[US] 1934: The Hearts of Age [D,CoR,A – KF]. 1938: Too Much Johnson [R,A,CoP – KF, unvollendet]. 1940/41: Citizen Kane (Citizen Kane) [D,R, CoA,P]. 1941/42: It's All True. Ep: My Friend Bonito [P – EP]; The Magnificent Ambersons (Der Glanz des Hauses Amberson) [R,A,P]. 1942: Journey into Fear (Von Agenten gejagt) [D,(CoR,CoA),P]. 1944: Jane Eyre (Die Waise von Lowood); Follow the Boys. 1945: Tomorrow Is Forever (Morgen ist die Ewigkeit). 1946: The Stranger (Die Spur des Fremden) [D,R,CoA]. 1946/47: The Lady from Shanghai (Die Lady von Shanghai) [D,R,A]. 1947: Macbeth (Macbeth) [D,R,A,P]. 1947/48: Black Magic/Cagliostro (Graf Cagliostro) [US/IT]. 1949: The Third Man (Der dritte Mann) [GB]; Prince of Foxes (In den Klauen der Borgia). 1949–52: Othello (Othello) [D,R,A,P]. 1950: The Black Rose (Die schwarze Rose). 1951: Désordre [K-DOK – FR]. 1952: Return to Glennascaul [KF – IE]; Trent's Last Case (Trents letzter Fall) [GB]. 1953: L'uomo, la bestia e la virtù (Der Mensch, das Tier und die Tugend) [IT]; Si Versailles m'était conté (Versailles – Könige und Frauen) [FR]; Omnibus: King Lear [TV]. 1954: Trouble in the Glen (Scherereien mit seiner Lordschaft) [GB]. 1954/55: Napoléon/Napoleone Bonaparte (Napoleon) [FR/IT]; Mr. Arkadin/Confidential Report (Herr Satan persönlich) [D,R,A,B,K,CoP – US/FR/ES + span. Version]. 1955: Around the World with Orson Welles [D,R,A – TVS – GB]; Orson Welles Sketchbook [TVS – GB]; Three Cases of Murder. Ep: Lord Mountdrago (Mord ohne Mörder) [EP – GB]. 1955/56: Moby Dick (Moby Dick) [US/GB]. 1956: Continental Classroom: Out of Darkness [S – TV]; Ford Star Jubilee: Twentieth Century [TV]; Orson Welles and People: Camille, the Naked Lady and the Musketeers [D,R,A,B,P – TV; ungesendet]; I Love Lucy: Lucy Meets Orson Welles [TV]; The Colgate Palmolive Theatre: The Fountain of Youth [D,R,A,B,CoP – TV; UA: 1958]. 1957: The Merchant of Venice [TV]; King Lear [TV]; The Fall of the City [S – TV]; Macbeth [TV]; Man in the Shadow (Des Teufels Lohn); Touch of Evil (Im Zeichen des Bösen) [D,R,A]. 1957–60: Don Quixote [D,R,A,P – Unvollendet – ES]. 1958: South Sea Adventure [S – DOK]; Portrait of Gina [D,R,A – TV]; The Long Hot Summer (Der lange heiße Sommer); The Vikings (Die Wikinger) [S]; The Roots of Heaven (Die Wurzeln des Himmels). 1959: Compulsion (Der Zwang zum Bösen); Ferry to Hong Kong (Fähre nach Hongkong) [GB]. 1959/60: Austerlitz/Napoleone ad Austerlitz (Austerlitz – Glanz einer Kaiserkrone) [FR/IT]. 1960: An Arabian Night [S – TV – GB]; David e Golia (David und Goliath) [IT]; Crack in the Mirror (Drama im Spiegel); I tartari (Die Tataren) [IT]. 1961: Désordre [KF – FR]; The King of Kings (König der Könige) [S]; Tempo: Orson Welles on the Art of Bullfighting [R,A – TV-DOK]; Nella Terra di Don Chisciotte [D,R,A,P – TVS – IT]. 1961/62: La Fayette/La Fayette, una spada per due bandiere (Der junge General) [FR/IT]. 1962: Rivers of the Ocean [S – DOK]; Le procès/Der Prozeß/Il processo [D,R,A – FR/BRD/IT]. 1963: Wide World of Entertainment [TV]; RO.GO.PA.G. 3. Ep: La ricotta (Der Weichkäse) [EP – IT/FR]; The V.I.P.s (Hotel International) [GB]. 1964: The Finest Hours [S – US/GB]. 1964–66: Camopanadas a medianoche/Chimes at Midnight/Falstaff (Falstaff) [ES/CH]. 1964/65: Le meravigliose avventure di Marco Polo (Lo scacchiere di Dio)/La fabuleuse aventure de Marco Polo (L'echequier de Dieu) (Im Reich des Kublai Khan) [IT/FR]. 1965: Miss Goodall and the Wild Chimpanzees [S – TV-DOK – GB]; National Geographic Specials: Americans on Everest [S – TV-DOK]. 1966: Paris brûle-t-il?/Is Paris Burning? (Brennt Paris?) [FR/US]; La bibbia [(CoA) – IT]; A Man for All Seasons (Ein Mann zu jeder Jahreszeit) [GB]. 1966–68: Une histoire immortelle (Stunde der Wahrheit) [D,R,A – TV – FR]. 1966/67: Casino Royale (Casino Royale) [GB]. 1967: Revenge of TV Bloopers [TV]; The Sailor from Gibraltar (Nur eine Frau an Bord) [GB]; I'll Never Forget What's 'is Name (Was kommt danach?) [GB]; Oedipus the King (König Ödipus) [GB]. 1967–70: The Deep [D,R,A,P – IT]. 1967–71: The Dean Martin Show [TVS]. 1968: Orson Welles [DOK – FR]; The Jackie Gleason Show [TV]; Tepepa/Tepepa (Viva la revolución) (Tepepa) [IT/ES]. 1968–70: Orson's Bag/Around the World with Orson Welles [D,R,A,P – TVS; ungesendet]. 1968/69: Kampf um Rom I/La guerra per Roma [BRD/IT]; Kampf um Rom II [BRD]; Bitka na Neretvi/Die Schlacht an der Neretva/La battaglia della Neretva [YU/BRD/IT]. 1969: Mihai Viteazul (Michael der Tapfere) [RO]; Sutjeska [D,CoA – YU]; Barbed Water [S – DOK]; House of Cards (Jedes Kartenhaus zerbricht); L'etoile du sud/The Southern Star (Stern des Südens) [FR/GB]; Una su 13/12+1 (Zwölf plus eins) [IT/FR]. 1969/70: The Kremlin Letter (Der Brief an den Kreml). 1970: To Build a Fire [S – TV – GB]; Start the Revolution Without Me (Die französische Revolution findet nicht statt/Macht die Revolution ohne mich); The David Frost Show [TVS]; Catch-22 (Catch 22); Upon This Rock [DOK]; The Name of the Game: The Enemy Before Us [TV];

Waterloo/Vaterloo (Waterloo) [IT/SU]. 1970–76: The Other Side of the Wind [D,R – IE/FR]. 1971: Malpertuis (Malpertuis – Geisterschloß des Todes) [BE]; Rowan & Martin's Laugh In [TVS]; Kelly Country [S – DOK]; Secrets of the African Baobab [S – DOK]; Sentinels of Silence [S – KF]; Happiness in Twenty Years (Prague 48–68) [S – DOK]; The Silent Years [TVS]; Directed by John Ford [S – DOK]; A Safe Place; National Geographic [S – DOK]; Night Gallery: Silent Snow, Secret Snow [S – TV]; La décade prodigieuse/Dieci incredibili giorni (Der zehnte Tag) [FR/IT]; Freedom River [S – DOK]. 1972: To Kill a Stranger [S]; Marty Feldman Comedy Machine [TV – GB]; Salvador Dali par Jean-Christophe Averty [S – DOK – FR]; Sutjeska (Sutjeska. Heldenkampf in Bosnien) [YU]; Get to Know Your Rabbit (Hilfe, ich hab Erfolg); The Last of the Wild Mustangs [S – TV]; I racconti di Canterbury/Les contes de Canterbury (Pasolinis tolldreiste Geschichten) [IT/FR]; Future Shock [TV]; Necromancy; Hallmark Hall of Fame: The Man Who Came to Dinner [TV]; La isla del tesoro/L'isola del tresoro/L'île au tresor/Die Schatzinsel [ES/IT/FR/BRD]; Treasure Island [D,CoA – Version – GB/(ES/IT/FR/BRD)]. 1973: Power and Corruption [KF]. 1973/74: Orson Welles' Great Mysteries [TV – GB]. 1974: Une légende, une vie: Citizen Welles [DOK – FR]; F for Fake/Vérités et mensonges/F wie Fälschung [D,R,A – IE/FR/BRD]; Ein Unbekannter rechnet ab/ ... E poi, non ne rimase nessuno/Diez negritos/Dix petits nègres [S – BRD/IT/ES/FR]. 1974–79: Filming «Othello» [D,R,A – DOK – BRD]. 1975: Magnificient Monsters of the Deep [S – TV]; Bugs Bunny Superstar [S – ANI]; Challenge of Greatness [S]; Rikki-Tikki-Tavi [S – ANI]; The Other Side of the Mountain (Die Kehrseite der Medaille) [S]; And the World Was Watching [S]. 1976: NBC – The First Fifty Years [TV]; Voyage of the Damned (Reise der Verdammten) [GB]. 1976–81: The Magic Show [DOK]. 1977: The World of Franklin and Jefferson [S – DOK]; Tut: The Boy King [S – DOK]; The Rime of the Ancient Mariner [S – ANI]; The Late, Great Planet Earth [S – DOK]; The Greatest Battle [S – DOK]; It Happened One Christmas [TV]. 1977–78: The Merv Griffin Show [TV]. 1978: Hot Tomorrows [S]; Mysterious Castles of Clay [S – TV]; A Woman Called Moses [S – TV]. 1979: Never Trust an Honest Thief [Unveröffentlicht]; The Double McGuffin (Sechs kleine Detektive); Tajna Nikole Tesle (Das Geheimnis des Nikola Tesla) [YU]; The Eleven Powers [S – DOK]; The Muppet Movie (Muppet Movie) [GB]. 1980: The Shah of Iran [S – DOK]; Arena: The Orson Welles Story [TV – GB]. 1980–85: The Dreamers [D,R,A,P – Unvollendet]. 1980/83: Shogun (Shogun) [S (1983er Fassung) – TV]. 1981: Real Heroes [S – DOK]; Genocide [S – DOK]; The Greenstone [S – DOK]; Butterfly (Butterfly – Der blonde Schmetterling); History of the World – Part 1 (Mel Brooks verrückte Geschichte der Welt) [S]; Greatest Adventure [S – DOK]; Magnum, P.I.: J. Digger Doyle [S – TV]. 1982: Slapstick (of Another Kind) (Slapstick) [S – ANI]; Orson Welles à la Cinémathèque [DOK – FR]; Magic with the Stars [TV]; Magnum, P.I.: Double Jeopardy [TV]; Night of 100 Stars [TV]; Baryshnikov in Hollywood [S – DOK]. 1983: It's All True [DOK – GB]; Tales from Klondike [S – TV – CA]; Magnum, P.I.: Birdman of Budapest [TV]; Magnum, P.I.: The Big Blow [TV]; Pleine lune [TV-DOK – FR]. 1984: In Our Hands [DOK]; Natalie – A Tribute to a Very Special Lady [TV]; Dom De Luise and Friends [TV]; King Penguins – Stranded Beyond the Falklands [S – TV-DOK]; Snowstorm in the Jungle [S – TV-DOK – FR]; Seven Days to Eternity [S – DOK]; The Muppets Take Manhattan (Die Muppets erobern Manhattan); Where Is Parsifal? (Die Himmelsmaschine) [GB]. 1984/85: Scene of the Crime [TVS]. 1985: Moonlighting: Dream Sequences Always Ring Twice [TV]; Someone to Love (Ein Tag für die Liebe); The Transformers [S – ANI].

Werich, Jan

*26. 2. 1905 Prag
†31. 10. 1980 Prag

Jurastudium an der Karlsuniversität in Prag. Werich gründet 1922 das Intime Theater sowie 1927 mit Hií Voskovec und dem Komponisten Jaroslav Jež das Befreite Theater in Prag, das wegen seines antifaschistischen Engagements 1938 geschlossen wird. 1930 produziert er mit Voskovec in Paris die tschechische Version *Paramount revui* der Tonfilm-Präsentation *Paramount en parade*. Filmschauspielerdebüt 1931 als Schutzmann in *Pudr a benzin* (Jindich Honzl), bei dem er auch am Buch beteiligt ist. Nach der deutschen Besetzung der Tschechoslowakei 1938 geht er mit Jiří Voskovec in die USA, wo sich beide dem Theatre Arts Committee anschließen. Nach der Rückkehr 1946 Leitung des ABC-Theaters in Prag. Zusammenarbeit mit dem Puppenfilmer Jiří Trnka, Verfasser moderner Märchen, Drehbücher und Feuilletons. Werich ist als Schauspieler, Autor und Berater für den tschechoslowakischen Film tätig. 1963 Schauspielerpreis auf dem Fernsehfestival in Monte Carlo für den TV-Film *Medvěd*. 1951 Staatspreis für die Mitarbeit am Szenarium und für die schauspielerische Leistung in einer Doppelrolle in Martin Fric' *Císařův pekař! Pekřův císař*. 1963 Volkskünstler, mehrfacher Staatspreisträger.

[CS] 1931: Pudr a benzin [D,CoA]. 1932: Peníze nebo život [D,CoA]. 1934: U nás v Kocourkovì (Bei und in Krähwinkel); Hej rup! [D, A]. 1937: Svìt patí nám [D,CoA]. 1951: Císaùv peka! Pekùv císa (Der Kaiser und sein Bäcker) [D,A]. 1953: Tajemstvi krve (Geheimnis des Blutes) [CoA]. 1954: Hudba z Marsu (Musik vom Mars); Byl jednou jeden král (Es war einmal ein König) [D, A]. 1955: Vzorný kinematograf Haška Jaroslava. 1960/61: Italienisches Capriccio [DDR]. 1962: Baron Prášil (Baron Münchhausen); Slzy, které svět nevidí [KF]. 1963: Až přijde kocour (Wenn der

Kater kommt); Medvìd [TV]. 1965: Magneticke vlny léči [TV]. 1967: Assignment K (Geheimauftrag K) [GB]. 1971: Pan Tau (Die Abenteuer des Herrn Tau) [TV]; Muž, který rozdával smích. 1972: Hledá se pan Tau.

Werner, Oskar

(Oskar Josef Bschließmayer)
*13. 11. 1922 Wien-Gumpendorf
†23. 10. 1984 Marburg an der Lahn

1928–41 Volksschule, Realschule und Realgymnasium in Wien-Margareten, ab 1937 erste Kabarett- und Bühnenauftritte, Sprecher im Schulfunk. Filmdebüt 1937/38 mit Auftritt als Laufbursche in *Geld fällt vom Himmel* (Heinz Helbig). 1940/41 privater Schauspielunterricht, Bühnendebüt 1941 am Burgtheater. Soldat, abends in Wien auf der Bühne. Ende 1944 mit seiner «halbjüdischen» Frau und der gerade geborenen Tochter Flucht in die Wälder bei Wien. Ab 1945 am Burgtheater und anderen Bühnen in Wien, Gastspiele in Basel, Zürich und Salzburg. 1948 Regie am Akademietheater. 1948 erste große Rolle als Nazi in *Der Engel mit der Posaune* (Karl Hartl). 1951 spielt er in dem erfolgreichen Hollywood-Film *Decision Before Dawn* (Anatole Litvak) einen Kriegsgefangenen, der sich zum Spion ausbilden läßt. Der erklärte Pazifist spielt wiederholt junge Soldaten wie in G.W. Pabsts *Der letzte Akt* und Franz Antels *Spionage*. 1953 in Frankfurt erstmals in der «Paraderolle» des Hamlet auf der Bühne. 1956 Gründung des Theaterunternehmens Stratford Company, Tourneen durch Deutschland, Österreich und die Schweiz. 1958 unter dem Pseudonym Erasmus Nothnagel Regisseur, Co-Autor und Hauptdarsteller bei dem TV-Film *Ein gewisser Judas*. 1968 «Jedermann» auf den Salzburger Festspielen. Bei François Truffaut neben Jeanne Moreau und Henri Serre als bohemienhafter deutscher Schriftsteller in *Jules et Jim*, sowie als zuerst bücherverbrennender, dann lesender Feuerwehrmann Montag in *Fahrenheit 451* nach Ray Bradbury. Rollen in den Erfolgsfilmen *Ship of Fools* (Stanley Kramer) und *The Spy Who Came In From the Cold* (Martin Ritt). Zuletzt neben Faye Dunaway als resignierter jüdischer Emigrant in *Voyage of the Damned* (Stuart Rosenberg). Der «schwierige» Schauspieler, der unter wachsenden Alkoholproblemen leidet, zieht sich nach 1976 vom Film, und weitgehend auch vom Theater, zurück; Rezitationstourneen. 1966 wird Werner mit dem Grand Prix der Académie du Cinéma Française geehrt.

1937/38: Geld fällt vom Himmel [DE/SE]. 1938/39: Hotel Sacher [DE]. 1939: Leinen aus Irland [DE]. 1948: Der Engel mit der Posaune [AT]. 1949: Eroica [AT]. 1949/50: The Angel With the Trumpet [Version – GB]; The Wonder Kid (Entführung ins Glück) [GB/AT]. 1950: Ruf aus dem Äther (Ruf aus dem Äther/Piraten der Berge) [BRD]; Ein Lächeln im Sturm [Version – FR]; Das gestohlene Jahr [BRD/AT]. 1951: Decision Before Dawn (Entscheidung im Morgengrauen) [US]. 1954/55: Spionage [AT]; Der letzte Akt [AT]. 1955: Mozart (Reich mir die Hand, mein Leben) [AT]; Lola Montès/Lola Montez [FR/BRD]. 1958: Ein gewisser Judas [D,R,CoA – TV – BRD]. 1961: Jules et Jim (Jules und Jim) [FR]. 1964: Torquato Tasso [TV – BRD]. 1965: Ship of Fools (Das Narrenschiff) [US]; The Spy Who Came In from the Cold (Der Spion, der aus der Kälte kam) [GB]. 1966: Fahrenheit 451 (Fahrenheit 451) [GB]. 1967: Interlude (Zwischenspiel) [GB]. 1968: The Shoes of the Fisherman (In den Schuhen des Fischers) [US]. 1968/69: Oskar Werner. Ansichten eines Schauspielers [TV-DOK – BRD]. 1972: Columbo: Playback (Playback) [TV – US]. 1976: Voyage of the Damned (Reise der Verdammten) [GB].

Wessely, Paula †

*20. 1. 1908 Wien

Nichte der Burgschauspielerin Josefine Wessely. Wächst in Wien auf, wo sie auch seit 1922 an der Staatsakademie für Musik und darstellende Kunst, dann am Max-Reinhardt-Seminar Schauspiel studiert. 1924 am Deutschen Volkstheater Wien; Neues Deutsches Theater Prag, 1927 wieder in Wien, seit 1929 Ensemblemitglied des Theaters in der Josefstadt; 1930 von Reinhardt zu den Salzburger Festspielen geholt. In Berlin 1932 Durchbruch mit «Rose Bernd» am Deutschen Theater, wo sie bis 1945 regelmäßig spielt. Filmdebüt 1934 als Fräulein Leopoldine Dur in Willi Forsts erfolgreichem Wien-Film *Maskerade*. Ihre Natürlichkeit und ihr unverkrampfter Wiener Charme fallen auf und bringen ihr weitere Filmangebote, auch aus dem Ausland. Wessely bleibt mit ihrem Mann, dem Schauspieler Attila Hörbiger, in Österreich und Deutschland, wo sie bis 1944 jährlich einen Film dreht. Von der Nazi-Propaganda wird sie zum Ideal-Typus der gesunden, schlichten und erdverbundenen deutschen Frau stilisiert. Als «germanischer» Alternativ-Star zum Hollywood-Glamour ist sie die zeitweise höchstverdienende Filmschauspielerin des «Dritten Reichs». In routinierten, ästhetisch teilweise sehr gelungenen Melodramen (z. B. *Ein Leben lang*, Gustav Ucicky) meist in der Rolle der zwischen Pflichterfüllung und Selbstverwirklichung Schwankenden; dabei verschieden stark propagandistisch eingefärbt: Berüchtigt Ucickys antipolnischer Hetzfilm *Heimkehr*. Nach dem Krieg Fortsetzung der Filmkarriere in heiter-volkstümlichen Stoffen, 1950–59 in eigener Produktion (Paula Wessely-Filmgesellschaft) z. B. *Die Wirtin zur goldenen Krone*. In den 60ern langsamer Rückzug zur Bühne. Paula Wessely ist Ehrenmitglied des Wiener Burgtheaters.

[AT] 1934: Maskerade; So endete eine Liebe [DE]. 1935: Episode. 1936: Die Julika. 1937: Die ganz großen Torheiten [DE]. 1938: Spiegel des Lebens. 1939: Maria Ilona [DE]. 1940: Ein Leben lang [DE]. 1941: Heimkehr [DE]. 1942/43: Späte Liebe [DE]. 1943: Die kluge Marianne [DE]. 1944: Das Herz muß schweigen [DE]. 1948: Der Engel mit der Posaune. 1949: Vagabunden (Vagabunden der Liebe). 1950: Cordula [D,P]. 1951: Maria Theresia [D,P]. 1953: Ich und meine Frau [D,P]. 1954: Das Licht der Liebe (Wenn du noch eine Mutter hast) [D,P]; Der Weg in die Vergangenheit [D, P]. 1955: Die Wirtin zur Goldenen Krone [D,P]. 1955/ 56: Liebe, die den Kopf verliert [P]. 1956: Wo die Lerche singt [P]; Maria Stuart [TV]. 1957: Unter 18 (Noch minderjährig) [D,P]; Anders als du und ich [BRD]. 1958: Im Prater blüh'n wieder die Bäume [P]. 1959: Die unvollkommene Ehe [D,P]. 1960: Das weite Land [TV]. 1961: Der Bauer als Millionär; Jedermann; Anatol [TV-EP]. 1962: Überfahrt [TV – DE]. 1963: Port Royal [TV – BRD]. 1964: Eine Frau ohne Bedeutung [TV]. 1968: Fast ein Poet [TV]. 1969: Rumpelstilz [TV – BRD]. 1973: Nichts als Erinnerung [TV]. 1976: Die Dämmerung der Sehnsucht [TV]. 1977: Glückssachen [TV]. 1978: Der große Karpfen Ferdinand [TV – BRD]. 1979: Augenblicke [TV-EP]. 1983/84: Wie war das damals? [TV]. 1985: Aschermittwoch der Künstler [TV]. 1985/86: Der Unbestechliche [TV].

West, Mae
*17. 8. 1892 Brooklyn (New York)
†22. 11. 1980 Hollywood
Tochter eines Boxers und einer französischen Schauspielerin. Besuch von Public Schools in Brooklyn. Mit 8 Jahren in Hal Clarendon's Stock Company. Durch mehrere Tourneen wird sie als «Baby-Vamp» bekannt. 1911 Broadway-Debüt in der Revue «A la Broadway and Hello, Paris». Vielbeschäftigte Vaudeville-Schauspielerin. 1926 Autorin, Regisseurin und Hauptdarstellerin des Stücks «Sex», das einen Skandal auslöst. Im Jahr darauf Regie ihres Stücks «Drag» über Homosexuelle. Erfolg auf Tourneen und am Broadway mit eigenen Stücken, vor allem mit «Diamond Lil». 1932 Hollywood-Verpflichtung durch Paramount und Filmdebüt. Rollen in Komödien, zumeist eigenen Stoffen mit witzigen Dialogen. Die üppige Blondine verkörpert den lebenslustigen, leicht aggressiven Vamp als Kontrast zur prüden amerikanischen Gesellschaft. Erfolge u. a. als Lady Lou in Lowell Shermans *She Done Him Wrong* und als Tänzerin Tira in Wesley Ruggles' *I'm No Angel* sowie als Wildwest-Sängerin Ruby Carter in Leo McCareys *Belle of the Nineties*. 1936 in Raoul Walshs *Klondike Annie* als Frisco Doll, die auf der Flucht vor der Polizei bei der Heilsarmee unterschlüpft. In Edward Clines *My Little Chickadee* ist W.C. Fields ihr rhetorischer Sparringspartner. Konflikte mit Polizei, Frauenvereinen und Hollywoods Zensurbehörde, dem Hays-Office. Kampagnen der konservativen Hearst-Presse führen zur Trennung von Paramount. In den 40er Jahren Rückzug von Film und Bühne. Mitte der 50er Jahre Comeback. Tourneen durch Night Clubs, Platten-Produktionen. 1970 Hollywood-Comeback der 78jährigen in Michael Sarnes Sex-Komödie *Myra Breckinridge*. 1978 spielt sie neben Tony Curtis, Ringo Starr und Alice Cooper in der Verfilmung ihrer Hollywood-Satire *Sextette*. Neben Buchausgaben ihrer Stücke veröffentlicht sie 1959 ihre Memoiren «Goodness Had Nothing to Do With It» und 1967 «The Wit and Wisdom of Mae West».

[US] 1932: Night After Night. 1932/33: She Done Him Wrong (Sie tat ihm unrecht). 1933: I'm No Angel (Ich bin kein Engel) [D,A]. 1934: Belle of the Nineties (Die Schöne der Neunziger Jahre) [D,A]. 1935: Goin' to Town [D,A]. 1935/36: Klondike Annie [D,A]. 1936: Go West, Young Man [D,A]. 1937: Every Day's a Holiday (Jeder Tag ist ein Feiertag) [D,A]. 1939/40: My Little Chickadee (Mein kleiner Gockel) [D,CoA]. 1943: The Heat's On. 1970: Myra Breckinridge (Myra Breckinridge – Mann oder Frau?). 1978: Sextette [D,CoA].

Wicki, Bernhard
*28. 10. 1919 St. Pölten (Niederösterreich) †2000
Wicki wächst in Wien auf. Seit dem 12. Lebensjahr in der «Bündischen Jugend». 1938 Abitur in Bad Warmbrunn / Schlesien. Schauspielschule des Staatlichen Schauspielhauses in Berlin. Wegen seiner Aktivitäten in der Jugend-Malklasse am Bauhaus Dessau denunziert und 1938/39 im KZ Sachsenhausen. Stadtverbot für Berlin, 1939/40 Staatsakademie Wien, Auftritt als Statist in *Der Postmeister*. 1940 Bühnendebüt in Schönbrunn, dann in Bremen und München. 1943 bei den Salzburger Festspielen. 1944–50 an Bühnen in Zürich und Basel. Seit 1950 an den Staatstheatern München,

auch erfolgreicher Fotograf. 1950 Rolle in *Der fallende Stern* (Harald Braun). 1953/54 Erfolg als jugoslawischer Partisanenführer in Helmut Käutners *Die letzte Brücke*, bei ihm 1957 auch Regie-Volontär bei *Monpti*. Regie-Debüt mit *Warum sind sie gegen uns?* um das Problem der Halbstarken (Bundesfilmpreis 1959). International beachtet als Regisseur des vielfach ausgezeichneten Antikriegsfilms *Die Brücke* (1959). Regie bei *Das Wunder des Malachias*, einer Satire auf das Wirtschaftswunder (u. a. 1962 Bundesfilmpreis), danach auch bei internationalen Produktionen, so z. B. bei den deutschen Episoden von *The Longest Day* und der europäisch co-produzierten Dürrenmatt-Adaption *Der Besuch*. 1970 erste TV-Inszenierungen, z. B. *Das falsche Gewicht* nach Joseph Roth. Weitere Bundesfilmpreise für *Die Eroberung der Zitadelle* und *Die Grünstein-Variante*. Letzte Regiearbeiten sind der TV-Film *Sansibar oder Der letzte Grund* nach Alfred Andersch und *Das Spinnennetz* nach Joseph Roth (u. a. 1990 Bundesfilmpreis). Als Schauspieler in Filmen u. a. von Peter Schamoni, Rainer Werner Fassbinder, Hans W. Geissendörfer, Thomas Brasch, Andrzej Wajda und Wim Wenders. Häufig schwergewichtige Gastauftritte im Stil von Orson Welles. Synchronarbeit als Sprecher und Regisseur. Wicki führt mehrfach Theaterregie, u. a. am Burgtheater; 1977 Auftritt bei den Salzburger Festspielen. 1976 Filmband in Gold für langjähriges und hervorragendes Wirken im deutschen Film.

[DE/BRD] 1939/40: Der Postmeister. 1950: Der fallende Stern. 1953: Junges Herz voll Liebe/Der Haflinger Sepp. 1953/54: Die letzte Brücke/Poslednji most [AT/YU]; Rummelplatz der Liebe/ ... und immer lockt die Sünde [Version – BRD/US]. 1954: Gefangene der Liebe; Das zweite Leben/Double destin [BRD/FR]; Die Mücke; Ewiger Walzer. 1954/55: Kinder, Mütter und ein General. 1955: Es geschah am 20. Juli; Du mein stilles Tal; Rosen im Herbst. 1955/56: Frucht ohne Liebe. 1956: Weil du arm bist, mußt du früher sterben; Tierarzt Dr. Vlimmen/Skandal um Dr. Vlimmen. 1956/57: Königin Luise; Die Zürcher Verlobung. 1957: Flucht in die Tropennacht; Monpti [D,R-Volontariat]; Es wird alles wieder gut; Madeleine und der Legionär. 1958: La chatte (Die Katze) [FR]; Unruhige Nacht; Frauensee [AT]; Frau im besten Mannesalter; Warum sind sie gegen uns? [R]. 1959: Die Brücke [R,CoA]. 1959/60: Lampenfieber. 1960: Die Nashörner [TV]. 1960/61: La notte/La nuit (Die Nacht) [IT/FR]; Das Wunder des Malachias [R,CoA]. 1961: The Longest Day (Der längste Tag) [CoR – US]. 1962: L'amore difficile. Ep: Il serpente/Erotica. Ep: Liebe macht erfinderisch [EP – IT/BRD]. 1962/63: Vacances portugaises (Ferien in Portugal) [FR]. 1963: Elf Jahre und ein Tag. 1963/64: Der Besuch/La rancune/La vendetta della signora [R – BRD/FR/IT]. 1964: Morituri (Morituri) [R – US]. 1965: Transit [R,CoA – Unvollendet – CH]. 1967: Ostwind [TV]; Die Träne [R,CoA – KF]. 1968: Affäre Dreyfus [TV]; Der Feldmarschall [TV – AT]; Graf Öderland [TV]. 1969: Deine Zärtlichkeiten. 1970/71: Karpfs Karriere [R – TV]; Carlos [TV]; Das falsche Gewicht [R,CoA – TV]. 1972: Der Kommissar: Toter gesucht [TV]. 1973: Der Kommissar: Herr und Frau Brandes [TV]. 1975: Crime and Passion/Frankensteins Spukschloß [US/BRD]. 1975/76: Die Eroberung der Zitadelle [R,CoA,P]. 1976: Mein Kind [TV]; Glückssucher [TV]; Drei Wege zum See [TV]. 1976/77: Derrick: Eine Nacht im Oktober [TV]. 1977: Curd Jürgens – Der Filmstar, der vom Theater kam [R – TV-DOK]; Die linkshändige Frau; Die gläserne Zelle; Despair – Eine Reise ins Licht/Despair [BRD/FR]. 1978: Der Mann im Schilf; Die Abenteuer des David Balfour [TV – BRD/FR/GB]. 1978/79: Theodor Chindler [TV]; Lemminge [TV]. 1979: Der Alte: Alte Kameraden [TV]; La mort en direct/Death Watch – Der gekaufte Tod [FR/BRD]. 1979/80: Alpensaga. 6: Ende und Anfang [TV – AT]. 1980: Derrick: Zeuge Yurowski [TV]. 1980/81: Im Schlaraffenland [TV]. 1981: Der Alte: Der Zigeuner [TV]. 1981/82: Domino. 1982: Max Haufler, «Der Stumme» [CH]; Der geheimnisvolle Fremde/The Mysterious Stranger [TV – AT/BRD/US]. 1982/83: Frühlingssinfonie; Bereg/Das Ufer [SU/BRD]. 1983: Eine Liebe in Deutschland/Un amour en Allemagne [BRD/ FR]; La diagonale du fou/Duell ohne Gnade [CH/FR/ BRD]; Eine Art von Zorn [TV]. 1983/84: Duell ohne Gnade/La diagonale du fou [CH/FR/BRD]; Ein Fall für Zwei: Elf Jahre danach [TV]; Paris, Texas [BRD/FR]. 1984: Die Grünstein-Variante [R,CoA]. 1984/85: Marie Ward – Zwischen Galgen und Glorie. 1985: Erlkönig; Wicki liest Borchert [TV]; Ich stelle mich: Agnes Fink und Bernhard Wicki mit Claus Hinrich Casdorff [TV]; Killing Cars. 1985–87: Sansibar oder Der letzte Grund [R – TV]. 1985/86: Pattbergs Erbe [TV]. 1986–89: Das Spinnennetz [D,R,CoA]; Schauplatz «Spinnennetz» [TV-DOK]. 1988: I promessi sposi/Die Verlobten. [TV – EURO]. 1988/89: Das Erbe der Guldenburgs. Folge 21, 22, 24 [TVS]. 1989: Bernhard Wicki: Regisseur [TV]. 1990: Ich über mich. – Autobiographische Notizen von Bernhard Wicki [TV-DOK]; Erfolg [TV]. 1993: Prinzenbad; Das Geheimnis [TV]. 1993/94: Auf der anderen Seite des Himmels [TV-DOK]. 1994: Rosamunde Pilcher: Wilder Thymian [TV].

Widmark, Richard

*26. 12. 1914 Sunrise (Minnesota)

Absolvent der Princeton High School in Illinois und des Lake Forest College. Dort ab 1936 Unterricht als Sprecherzieher. 1938 nach New York. Umfangreiche Radioarbeit: Hörspiel-Serien wie «Jenny's Real Life Stories», «Stella Dallas», «The March of Time» und «Inner Sanctum».

Während des Weltkriegs Truppenbetreuung. 1943 Broadway-Debüt mit «Kiss and Tell». Weitere Broadway-Produktionen – u. a. mit Elia Kazan – folgen. 1947 Filmdebüt als Killer Tommy Udo in Henry Hathaways Gangsterfilm *Kiss of Death* – Darstellerpreis in Cannes und Nominierung zum Nebenrollen-Oscar. Filmvertrag von 20th Century-Fox und Besetzung vorwiegend in Kriminal- und Gangsterfilmen. Er überzeugt auf beiden Seiten des Gesetzes: als Polizist, Verbrecher, Privatdetektiv und Gangster. Später häufig auch in Western. Seine Figuren haben oft einen psychopathischen Einschlag, so die Titelrolle des Killers in André de Toths *Slattery's Hurricane*. 1953 als verfolgter Taschendieb Skip McCoy in Sam Fullers *Pickup on South Street*. 1961 spielt er Lieutenant Jim Gary in John Fords Western *Two Rode Together* und den Vertreter der Anklage in Stanley Kramers *Judgment At Nuremberg*. Als Captain Thomas Archer in Fords *Cheyenne Autumn*. Die Titelfigur des Polizei-Sergeants in Don Siegels *Madigan* (1968) verkörpert er 1972–73 auch in einer Reihe von TV-Filmen. In den 70er und 80er Jahren in mehreren TV-Filmen sowie Gastauftritte, so in Taylor Hackfords Thriller *Against All Odds*. 1957 Gründung der Firma Heath Productions.

[US] 1947: Kiss of Death (Der Todeskuß). 1948: Yellow Sky (Herrin der toten Stadt/Nevada); The Street With No Name (Straße ohne Namen); Road House (Nachtclub-Lilly). 1949: Slattery's Hurricane (Sturmflug); Down to the Sea in Ships (Seemannslos). 1950: The Night and the City (Die Ratten von Soho) [GB/US]; Panic in the Streets (Unter Geheimbefehl); No Way Out (Haß ist blind). 1951: The Halls of Montezuma (Okinawa). 1952: The Frogmen (Froschmänner); My Pal Gus; Red Skies of Montana/Smoke Jumpers (Die Feuerspringer von Montana); Don't Bother to Knock (Versuchung auf 809); O. Henry's Full House. EP: Clarion Calls (Vier Perlen. Ep: Die alte Schuld) [EP]. 1953: Take the High Ground (Sprung auf, marsch, marsch); Pickup on South Street (Polizei greift ein); Destination Gobi (Durch die gelbe Hölle). 1954: Garden of Evil (Der Garten des Bösen); Hell and High Water (Inferno); Broken Lance (Die gebrochene Lanze/Arizona). 1954/55: A Prize of Gold (Kennwort: Berlin-Tempelhof) [GB]. 1955: The Cobweb (Die Verlorenen). 1956: Run for the Sun (Der Sonne entgegen); The Last Wagon (Der letzte Wagen); Backlash (Das Geheimnis der fünf Gräber). 1957: Saint Joan (Die heilige Johanna); Time Limit (Wenn Männer zerbrechen) [D,CoP]. 1958: The Tunnel of Love (Babys auf Bestellung); The Trap (Die Falle von Tula); The Law and Jake Wade (Der Schatz der Gehenkten). 1959: Warlock (Warlock). 1960: The Alamo (Alamo). 1960/61: The Secret Ways (Geheime Wege) [D,P]. 1961: Judgment at Nuremberg (Urteil von Nürnberg); Two Rode Together (Zwei ritten zusammen). 1962: How the West Was Won (Das war der Wilde Westen) [EP]. 1963: The Long Ships/Dugi brodovi (Raubzug der Wikinger) [GB/YU]. 1964: Flight from Ashiya (Wir warten in Ashiya); Cheyenne Autumn (Cheyenne). 1965: The Bedford Incident (Zwischenfall im Atlantik) [GB]. 1966: Alvarez Kelly (Alvarez Kelly). 1967: The Way West (Der Weg nach Westen). 1968: Madigan (Nur noch 72 Stunden). 1969: Death of a Gunfighter (Frank Patch – Deine Stunden Stunden sind gezählt); A Talent for Loving. 1970: The Moonshine War (Whisky brutal). 1971: Vanished [TV]. 1972: When the Legends Die (Wenn die Legenden sterben); Brock's Last Case (Brocks letzter Fall) [TV]. 1972/73: Madigan: The Midtown Beat (Sergeant Madigan: Der Tod wartet in Harlem) [TV]; Madigan: The London Beat (Sergeant Madigan: Einsatz in London) [TV]; Madigan: The Naples Beat (Sergeant Madigan: Einsatz in Neapel) [TV]; Madigan: The Manhattan Beat (Sergeant Madigan: The Manhattan Beat) [TV]; Madigan: The Lisbon Beat (Sergeant Madigan: Ein Fall in Lissabon) [TV]. 1973: Park Avenue Beat (Sergeant Madigan: Gefahr in der Park Avenue) [TV]. 1974: Murder on the Orient Express (Mord im Orient-Expreß) [GB]. 1975: The Last Day (Der letzte Ritt der Daltons) [TV]; Benjamin Franklin: Rebel [TV]. 1975/76: The Sell Out/La spia senza domani (Von allen Hunden gehetzt) [GB/IT]. 1976: To the Devil a Daughter (Die Braut des Satans) [GB]. 1977: Rollercoaster (Achterbahn); The Domino Principle (Das Domino-Prinzip); Twilight's Last Gleaming (Das Ultimatum). 1978: Coma (Coma); The Swarm (Der tödliche Schwarm); Dinero maldito/Il braccio violento della mala [ES/YU/IT]. 1979: Bear Island (Die Bäreninsel in der Hölle der Arktis) [GB/CA]; Mr. Horn (Scouts) [TV]. 1980: All God's Children (Wir sind alle Gotteskinder) [TV]; A Whale for the Killing (Walmord) [TV – CA]. 1982: National Lampoon Goes to the Movies (National Lampoon's Movie Madness); Hanky Panky (Hanky Panky/Der Geisterflieger); Who Dare Wins (Das Kommando) [GB]. 1984: Against All Odds (Gegen jede Chance). 1985: Blackout (Blackout – Bestie in Schwarz) [TV]. 1986/87: A Gathering of Old Men (Ein Aufstand alter Männer) [TV]. 1988: Texas Guns [TV]; Once Upon a Texas Train [TV]. 1989: Cold Sassy Tree [TV]. 1991: True Colors (Der Preis der Macht).

Wieman, Mathias

(Mathias Carl Heinrich Franz Wiemann)

*23.6. 1902 Osnabrück

†3. 12. 1969 Hamburg

Wächst in Wiesbaden und Berlin auf, wo er das Schiller-Gymnasium besucht. Telegrafenbote, 2jähriges Studium der Kunstgeschichte und Philosophie, 3 Monate Schauspielschule des Deutschen Theaters in Berlin. 1922 Wanderbühne (Holtorf-Truppe); Unterricht bei Hubert Heinrich. 1924 ans Deutsche

Theater Berlin engagiert. Zusammen mit der Schauspielerin Erika Meingast (seit 1926 seine Frau) 1929 zum Deutschen Künstlertheater. Erst im Theater, ab 1925 auch im Film als jugendlicher, unverstandener Außenseiter besetzt, z. B. Titelheld der Verfilmungen von Marcel Pagnols «Marius» (Alexander Kordas *Zum goldenen Anker,* 1931) und Theodor Storms *Der Schimmelreiter* (Hans Deppe, Curt Oertel, 1933). Außer in den Verwechslungskomödien von Carl Lamac (u. a. *Das verliebte Hotel,* 1933) und Wolfgang Liebeneiner (*Das andere Ich,* 1941), worin er die Rolle des Juniorchefs einnimmt, meistens als edel-ernster Arzt, Offizier oder Künstler in Melodramen, Berg- und Soldatenfilmen: In Leni Riefenstahls *Das blaue Licht* als Maler Vigo an der Seite der Regisseurin; bei Werner Hochbaums *Vorstadtvarieté* (1934) und *Die ewige Maske* (1935) als sich auflehnendes Individuum gegen den propagandistischen Strom, bei Karl Ritter *(Patrioten, Kadetten)* pathetisch-nationalistisch: Bei dem Film *Unternehmen Michael* (1937), der selbst von der Wehrmacht abgelehnt wird, weil er das sinnlose Sterben der Soldaten propagiert, ist Wieman am Drehbuch beteiligt. Ab 1932 freier Schauspieler in Berlin und Wien; auch Theaterregie, u. a. 1936 beim «gutdeutschen» Singspiel «Das Frankenburger Würfelspiel». 1937 Ernennung zum Staatsschauspieler. Ab 1944 Zusammenarbeit mit Harald Braun: Zuerst – zwischen Genie und Wahnsinn – in der Rolle des Robert Schumann in *Träumerei,* Anfang der 50er als Nebendarsteller u. a. Dr. Überbein in *Königliche Hoheit.* 1954 wieder in einer Hauptrolle: Väterlichweise und gütig als Staatspräsident in *Der letzte Sommer.* Als Studienrat in Ulrich Erfurths *Reifende Jugend* (1955) wird die würdige Autorität durch die Affäre mit einer Schülerin gebrochen. Gefühlsarm und berechnend 1954 in Roberto Rosellinis *Angst,* frei nach einer Novelle von Stefan Zweig, worin der Wissenschaftler Professor Albert Wagner seine Frau – gespielt von Ingrid Bergman – unter massiven psychischen Druck setzt, um sie zum Eingeständnis eines Seitensprungs zu bewegen. Wegen seiner markanten und sonoren Stimme auch als Rezitator und Rundfunksprecher beliebt.

[DE/BRD] 1925: Freies Volk. 1926/27: Potsdam, das Schicksal einer Residenz; Der Sohn der Hagar. 1927: Feme; Mata Hari; Der fidele Bauer; Königin Luise. 1. Die Jugend der Königin Luise. 1927/28: Königin Luise. 2. Teil; Die Durchgängerin. 1928: Unter der Laterne. 1928/29: Tagebuch einer Kokotte. 1929: Das Land ohne Frauen. 1930: Rosenmontag; Stürme über dem Montblanc. 1931: Zum goldenen Anker [Version – US/FR]. 1931/32: Die Gräfin von Monte Christo. 1932: Das blaue Licht; Mensch ohne Namen; Die Herrin von Atlantis [Version]; L'Atlantide [Version – DE/ FR]; The Mistress of Atlantis [Version – DE/GB]. 1933: Anna und Elisabeth; Fräulein Hoffmanns Erzählungen; Das verliebte Hotel; Der Schimmelreiter. 1933/34: Achtung! Wer kennt diese Frau?. 1934: Das verlorene Tal [DE/CH]; Klein Dorrit; Vorstadtvarieté [AT]. 1935: Die ewige Maske [CH/AT]; Viktoria. 1936/37: Togger. 1937: Patrioten; Unternehmen Michael [CoA]. 1937/38: Anna Favetti. 1938–40: Michelangelo. Das Leben eines Titanen [S – DOK – DE/CH]. 1938/39: Die Hochzeitsreise. 1939: Kadetten. 1941: Ich klage an; Das andere Ich. 1942/43: Paracelsus. 1943: Man rede mir nicht von Liebe. 1944: Träumerei; Das Herz muß schweigen. 1944/45: Wie sagen wir es unseren Kindern? [UA: 1949]. 1950: Wenn eine Frau liebt; Melodie des Schicksals. 1951/52: Herz der Welt. 1953: Solange Du da bist; Königliche Hoheit; Schicksal und Vermächtnis [S – DOK]. 1953/54: Eine Liebesgeschichte. 1954: Der letzte Sommer; La paura/Angst [IT/BRD]; Unsere kleine Stadt [TV]. 1955: Reifende Jugend. 1955/56: Die Ehe des Dr. med. Danwitz. 1956: Si tous les gars du monde/TKX antwortet nicht/S.O.S.Lutezia [FR/BRD/IT]; Robinson soll nicht sterben. 1957: Ruf der Götter [S – DOK]; Wetterleuchten um Maria. 1961: Der entscheidende Augenblick [TV]. 1963: Der Sittlichkeitsverbrecher [CH]. 1964: Der Gefangene der Botschaft [TV – CH/AT/BRD]; Geld und Geist [CH].

Wilder, Gene

(Jerry / Jerome Silberman)
*11. 6. 1935 Milwaukee (Wisconsin)

Besuch des Black-Foxe Military Institute, Los Angeles. 1951 Absolvent der Washington High School, Milwaukee. Schauspielunterricht bei Herman Gottlieb. Besuch der University of Iowa. Bühnenauftritte in Sommeraufführungen. Fortsetzung der Schauspielausbildung in England an der Old Vic Theatre School in Bristol. 1956–58 arbeitet er in der Neuropsychiatrie des Valley Forge Hospitals der US Army in Pennsylvania. Fortsetzung der Schauspielstudien in New York im Herbert Berghof Studio und im Actor's Studio. 1961 Debüt mit «Roots». Theater-Höhepunkte: 1963 «Mutter Courage und ihre Kinder» und «One Flew Over the Cuckoo's Nest» sowie 1966 «Luv». 1967 Filmdebüt als verschüchterter Leichenbestatter in Arthur Penns *Bonnie and Clyde.* Erfolg als Komiker, vor allem in Zusammenarbeit mit Mel Brooks, so 1967 in der Nebenrolle des Leo Bloom in *The Producers*

(Oscar-Nominierung), 1974 als alkoholabhängiger Ex-Revolverheld Jim in *Blazing Saddles* und Titelrolle in *Young Frankenstein*. In Waris Husseins *Quackser Fortune Has a Cousin in the Bronx* spielt er einen Mann, der in Dublins Straßen Pferdemist aufsammelt. 1972 als in ein Schaf verliebter Dr. Ross in Woody Allens *Everything You Always Wanted To Know About Sex*. 1975 Regiedebüt mit der Komödie *The Adventures of Sherlock Holmes' Smarter Brother*, sein *The World's Greatest Lover* ist eine platte Satire auf das Hollywood der 20er Jahre. Häufig auch mit Richard Pryor als schwarz-weißes Team, so in Arthur Hillers *Silver Streak*, als rastloser Idealist in Sidney Poitiers *Stir Crazy*, als taub/blinde Kombination in Hillers *See No Evil, Hear No Evil* und in Maurice Philips' *Another You*. 1984 spielt er im selbstinszenierten *The Woman in Red* neben seiner Frau, der Kabarettistin Gilda Radner (1946–89). 1994 eigene TV-Serie *Something Wilder*.

[US] 1967: The Producers (Frühling für Hitler); Bonnie and Clyde (Bonnie und Clyde). 1970: Quackser Fortune Has a Cousin in the Bronx (Quackser Fortune hat 'nen Vetter in der Bronx) [IE]; Start the Revolution Without Me (Die französische Revolution findet nicht statt/Macht die Revolution ohne mich). 1971: Willy Wonka and the Chocolate Factory (Charlie und die Schokoladenfabrik); Thursday's Game (Bluff am Donnerstag) [TV; UA: 1974]. 1972: Everything You Always Wanted to Know about Sex but Were Afraid to Ask (Was Sie schon immer über Sex wisse[illegible] wollten, aber bisher nicht zu [illegible]wagten). 1973: Scarecrow [illegible]ten). 1974: Blazing Saddles [illegible]ff?); Young Frankenstein [illegible]unior) [D,CoA]; The Lit[illegible]eine Prinz); Rhinoceros. 1975: The Adventures of Sherlock Holmes' Smarter Brother (Sherlock Holmes' cleverer Bruder) [D,R]. 1976: Silver Streak (Trans-Amerika-Expreß). 1977: The World's Greatest Lover (Der größte Liebhaber der Welt) [D,R]. 1979: The Frisco Kid (Ein Rabbi im Wilden Westen). 1980: Les séducteurs/I seduttori della domenica. 3. EP: Skippy (Sunday Lovers) [D,R,A – EP – FR/IT]; Stir Crazy (Zwei wahnsinnig starke Typen). 1982: Hanky Panky (Hanky Panky/Der Geisterflieger). 1984: The Woman in Red (Die Frau in Rot) [D,R]. 1985/86: Haunted Honeymoon (Hochzeitsnacht im Geisterschloß) [D,R]. 1987: Hello Actor's Studio (Hello Actor's Studio). 1989: See No Evil, Hear No Evil (Die Glücksjäger) [D,CoA]. 1990: Funny About Love (Kein Baby an Bord). 1991: Another You (Das andere Ich). 1994: Something Wilder [TVS].

Wilhelmi, Roman

*6. 6. 1936 Poznań
†3. 11. 1991 Warschau

1958 Diplom an der Theaterhochschule Warschau. Engagement am Ateneum. 1960 Filmdebüt in Aleksander Fords Historienflim *Krzyżacy*. Populär wird er 1966–68 mit der Fernsehserie *Czterej pancerni i pies* und 1979 als Titelheld der Serie *Kariera Nikodema Dyzmy*. Zwielichtige Charaktere spielt er als Bandit Prochoń in Walerian Borowczyks Żeromski-Verfilmung *Dzieje grzechu* (1974) und als Zaremba in Janusz Majewskis *Sprawa Gorgonowej* (1977). Mehrfach wird Wilhelmi in Polen als bester Schauspieler ausgezeichnet: für die Verkörperung des Oberkellners Fornalski in Majewskis *Zaklęte rewiry / Dvojni svět hotelu «Pacific»* erhält er 1975 den Darstellerpreis des Nationalen Spielfilmfestivals Danzig. Sein Rundfunk-Journalist Jan in Tomasz Zygadłos *Ćma* wird 1981 mit dem Darstellerpreis des Filmfestivals Moskau prämiert. In den 80er Jahren erhält Wilhelmi, der mehrfach im Ausland arbeitet – 1983 in Frank Beyers *Der Aufenthalt* –, zahlreiche Hauptrollen von Regisseuren der jungen Generation. In Piotr Szulkins im Jahr 2000 angesiedelten *Wojna światów – Nastepne stulecie* (1981) spielt er einen Journalisten. Besondere Popularität erlangt er als Hausmeister in der TV-Serie *Alternatywy 4* (1982).

[PL] 1960: Krzyżacy (Die Kreuzritter). 1961: Dziewczyna, przygoda i ... [KF]; Dziś w nocy umrze niasto (Die unvergessene Nacht). 1962: Wielka, większa, największa. 1963: Wiano. 1964: Życie raz jeszcze (Das Leben noch einmal). 1966–68: Czterej pancerni i pies (Vier Panzersoldaten und ein Hund) [TVS]. 1967: Mąż podłóżkiem (Der Ehemann unter dem Bett) [TVS]; Westerplatte. 1968: Komedie pomyłek: Mąż podłóżkiem. 1969: Paragon, gola!; Do przerwy 0:1 [TVS]. 1970: Weil ich dich liebe ... [DDR]; Wakacje z duchami. 1972: Stawiam na Tolka Banana [TVS]. 1973: Nagrody i odznaczenia (Schicksale am Kreuzweg). 1974: Dzieje grzechu (Geschichte einer Sünde); S.O.S. (Das Risiko heißt Mord) [TVS]. 1975: Zaklęte rewiry/Dvojni svět hotelu «Pacific» (Hotel Pacific) [PL/CS]. 1976: Mistrz zawsze traci (Die Meister verlieren immer) [TV]; Zaklęty dwór (Das verwunschene Schloß) [TVS]. 1976/77: Parada oszustów (Parade der Betrüger) [TVS]. 1977: Lalka (Die Puppe) [TVS]; Próba ognia i wody; Sprawa Gorgonowej (Der Fall Gorgonowa); Sam na sam (Mit sich allein). 1978: Zielona miłość [TVS]; Bez znieczulenia (Ohne Betäubung). 1979: Aria dla atlety (Arie für Athleten); Kariera Nikodema Dyzmy (Die seltsame Karriere des Nikodemus D.); Das unsichtbare Visier: Insel des Todes [TV – DDR]. 1980: Ćma; Mniejsze niebo. 1981: Wojna światów – Następne stulecie; Okolice spokojnego morza; Zapach psiej sierści (Lösegeld) [PL/BG]. 1982: Alternatywy 4 [TVS]; Odwet. 1983: Der Aufenthalt [DDR]; Widziadło. 1985: Pan W. [TV]. 1986:

Rykowisko (Brunftzeit); Jesienią o szczęściu (Glück im Herbst) [TV]. 1987: Klątwa Doliny Węży/Zakljatie doliny smej (Der Fluch des Schlangentals) [PL/SU]; Zad wielkiego wieloryba; Prywatne śledztwo. 1988/89: Narrenweisheit [TV – DDR]. 1991: La note bleue [FR/DE].

Williams, Esther

(Esther Jane Williams)

* 8. 8. 1923 Los Angeles

Den Besuch des City College in Los Angeles bricht die Meisterschwimmerin (Olympiahoffnung durch Krieg vereitelt) und Fotoschönheit ab, um beim Wasserballett Billy Rose's Aquacade aufzutreten. Filmvertrag von M-G-M und erste Rolle neben Mickey Rooney in einem Andy-Hardy-Abenteuer. Mit George Sidneys *Bathing Beauty* beginnt eine Reihe erfolgreicher Filme, die Williams' spektakuläre Schwimmnummern und Show-Auftritte aktueller Stars mit einer dünnen Handlung an technicolor-bunten Spielorten verbinden: Hawaii in *On an Island With You* (Richard Thorpe), *Neptune's Daughter* (Edward Buzzell), Tahiti in *Pagan Love Song* (Robert Alton), *Million Dollar Mermaid* (Mervin LeRoy), *Dangerous When Wet* (Charles Waters). Sie steigt zu einem der größten Kassenstars der 40er und frühen 50er Jahre auf. Ein Übergang zu dramatischen Rollen mißlingt. Sie zieht sich vom Film zurück und macht Tourneen, tritt im Fernsehen auf und präsentiert eigene Bademoden und Swimmingpools.

[US] 1942: Andy Hardy's Double Life. 1943: A Guy Named Joe. 1944: Bathing Beauty (Badende Venus). 1945: Thrill of a Romance (Flitterwochen zu dritt). 1946: Till the Clouds Roll by (Bis die Wolken vorüber zieh'n); Ziegfeld Follies (Broadway Melodie 1950); The Hoodlum Saint; Easy to Wed (Eine Falle für die Braut). 1947: Fiesta (Mexikanische Nächte); This Time for Keeps (Bezaubernde Lippen). 1948: On an Island with You (Auf einer Insel mit dir). 1949: Take Me out to the Ball Game (Spiel zu dritt); Neptune's Daughter (Neptuns Tochter). 1950: Duchess of Idaho (Die Venus verliebt sich); Pagan Love Song. 1951: Callaway Went Thataway (Der Cowboy, den es zweimal gab); Texas Carnival (Karneval in Texas). 1952: Skirts Ahoy! (Mädels Ahoi!); Million Dollar Mermaid (Die goldene Nixe). 1953: Dangerous When Wet (Die Wasserprinzessin); Easy to Love (Du bist so leicht zu lieben). 1954: Jupiter's Darling (Jupiters Liebling). 1956: The Unguarded Moment (In den Fängen des Teufels). 1958: Raw Wind in Eden (Sturm über Eden). 1961: The Big Show (Die große Attraktion); La fuente magica [ES]. 1994: That's Entertainment! III (That's Entertainment! III).

Williams, Robin

* 21. 7. 1952 Chicago (Illinois)

Besuch der High-School in Marin County, California. Politik-Studium am Claremont Men's College. Kurz darauf Wechsel zum Marin College. Dort Studium der Theaterwissenschaft. Schauspielunterricht in New York an der Juillard School bei John Houseman. Als Stand-up Comedian in Night Clubs und ab 1976 im Comedy Store, Los Angeles. Erste Auftritte in TV-Shows, Höhepunkt als außerirdischer Besucher Mork in *Happy Days* und 91 Folgen der Anschluß-Serie *Mork and Mindy* (1978–82). Internationaler Erfolg durch die Titelrollen der Comic-Figur in Robert Altmans *Popeye* und in George Roy Hills Adaption von John Irvings Sozial-Komödie *The World According to Garp*. Der eher durch übersprudelnden Sprachwitz wirkende Charakterkomiker erhält Oscar-Nominierungen als frecher Disc-Jockey Adrian Cronauer in Barry Levinsons *Good Morning, Vietnam* (1987) und als unkonventioneller Lehrer in Peter Weirs *Dead Poets Society* (1989). An der Seite von Robert De Niro verkörpert er in Penny Marshalls *Awakenings* den Neurologen Oliver Sacks, in Terry Gilliams *The Fisher King* ist er der gestörte Bettler und Dichter Parry. In Chris Columbus' *Mrs. Doubtfire* erfolgreich als englisches Kindermädchen; 1996 im Hollywood-Remake der Travestie *La cage aux folles*.

[US] 1977: Comedy Tonight [TV]. 1977–78: Laugh-In [TVS]. 1978–82: Happy Days [TVS]; Mork and Mindy (Mork vom Ork) [TVS]. 1979: Out of the Blue [TVS]; Can I Do It ... Till I Need Glasses?. 1980: Popeye (Popeye – Der Seemann mit dem großen Schlag). 1982: The World According to Garp (Garp und wie er die Welt sah); Faerie Tale Theatre: Tale of the Frog Prince [TV]. 1983: The Survivors (Die Überlebenskünstler); An Evening with Robin Williams [TV]. 1984: Moscow on the Hudson (Moskau in New York). 1985: The Best of Times (Rocket Man – Das unglaublichste Football-Spiel der Welt). 1986: Club Paradise (Club Paradise); Seize the Day [TV]; Robin Williams Live [TV]; The Best of Comic Relief [TV]. 1987: Comic Relief 2 [TV]; Good Morning, Vietnam (Good Morning, Vietnam). 1987/88: The Adventures of Baron Munchhausen/Die Abenteuer des Baron Münchhausen [GB/BRD]. 1988: An All-Star Toast to the Improv [TV]. 1989: Dead Poet's Society (Der Club der toten Dichter). 1990: Cadillac Man (Cadillac Man); Awakenings (Zeit des Erwachens). 1991: Dead Again (Schatten der Vergangenheit); The Fisher King (König der Fischer); Hook (Hook); Shakes the Clown (Clowns – Ihr Lachen bringt den Tod). 1992: Being Human (Wer hat meine Familie geklaut?); Toys (Toys); Aladdin (Aladdin) [S – ANI]; FernGully – The Last Rainforest (FernGully – Christas und Zaks Abenteuer im Regenwald) [S – ANI – AU]. 1993: Mrs. Doubtfire (Mrs. Doubtfire). 1994: Nine Months (Neun Monate); To Wong Foo, Thanks for Everything, Julie Newmar; In the Bleak Midwinter (Ein Winternachtstraum) [GB]; In Search of Dr. Seuss [TV]. 1995: Jumanji. 1996: Jack; Hamlet; The Birdcage (The Birdcage – Ein Paradies für schrille Vögel); Secret Agent [US]. 1997: I Am Your Child [TV]; Deconstructing Henry.

Willis, Bruce
(Bruce Walter Willis)
*19. 3. 1955 Idar-Oberstein
1957 mit seinen Eltern nach Amerika, wächst in New Jersey auf. Arbeit in einer Chemiefabrik. Schauspielunterricht am Montclair State College. Aufmerksamkeit als Schauspieler 1977 in der New Yorker Produktion «Heaven and Earth». Daneben Jobs als Barkeeper, Musiker und Jeans-Model. Erster Erfolg 1984 in der Broadway-Aufführung von Sam Shepards «Fool for Love». Filmdebüt als Komparse 1980. Auftritt in der TV-Serie *Miami Vice*. Er wird populär als großmäuliger Privatdetektiv neben Cybill Shepherd in der TV-Serie *Moonlighting* (1985–89), einer ironischen Mischung aus Krimi und Screwball-Comedy, für die er 1987 mit einem Emmy ausgezeichnet wird. Durch den Regisseur Blake Edwards Kontakt zum Kino: 1987 Co-Star von Kim Basinger in der Komödie *Blind Date*. Als schlagfertiger Cop John MacLane in John McTiernans Actionfilm *Die Hard* (1987, Fortsetzungen 1990, 1995) wird er einer der erfolgreichsten Actiondarsteller der 90er Jahre. Daneben in einigen spektakulären Mißerfolgen: als heruntergekommener Journalist in Brian DePalmas *The Bonfire of the Vanities*, Titelrolle in Michael Lehmans *Hudson Hawk* (auch Drehbuchmitarbeit und Titelsong). 1991 an der Seite seiner Ehefrau Demi Moore in Alan Rudolphs *Mortal Thoughts* und neben Dustin Hoffman in Robert Bentons Gangster-Nostalgie *Billy Bathgate*. Neben Filmaufgaben, darunter zahlreichen Gastauftritten, ist er weiterhin als Musiker tätig. 1986 und 1992 eigene Schallplatten.

[US] 1984–86: Moonlighting (Das Model und der Schnüffler) [TVS]. 1987: Blind Date (Blind Date – Verabredung mit einer Unbekannten); Die Hard (Stirb langsam). 1988: Sunset (Sunset – Dämmerung in Hollywood). 1989: In Country (Zurück aus der Hölle). 1990: The Bonfire of the Vanities (Fegefeuer der Eitelkeiten); Die Harder (Stirb langsam 2 – Die Harder). 1991: The Last Boy Scout (Last Boy Scout – Das Ziel ist überleben); Hudson Hawk (Hudson Hawk – Der Meisterdieb); Hook (Hook); Mortal Thoughts (Tödliche Gedanken); Billy Bathgate (Billy Bathgate). 1992: The Player (The Player); Death Becomes Her (Der Tod steht ihr gut). 1993: National Lampoon's Loaded Weapon 1 (Loaded Weapon 1). 1993/94: Striking Distance (Tödliche Nähe). 1994: Pulp Fiction (Pulp Fiction); Color of Night (Color of Night); North (North); Nobody's Fool (Nobody's Fool). 1995: Die Hard With a Vengenance (Stirb langsam: Jetzt erst recht); Four Rooms (Four Rooms); Twelve Monkeys (Twelve Monkeys). 1996: The Fifth Element (Das fünfte Element); Last Man Standing (Last Man Standing).

Winger, Debra
*17. 5. 1955 Cleveland (Ohio)
Kindheit in California. Nach der High-School arbeitet sie ein Jahr in einem israelischen Kibbuz und dient 3 Monate lang in der israelischen Armee. Seit 1977 Fernseh- und Filmaufgaben. Im Kino verkörpert sie unabhängige, leidenschaftliche Frauen. Neben John Travolta in James Bridges' *Urban Cowboy*. Oscar-Nominierungen als aufstrebende Arbeiterin Paula Pokrifki in Taylor Hackfords Romanze *An Officer and a Gentleman* (1982) und als Emma Horton, Shirley MacLaines Tochter, in James L. Brooks' komischem Melodram *Terms of Endearment* (1983). Neben Robert Redford als Rechtsanwältin in Ivan Reitmans Kriminal-Komödie *Legal Eagles*. Neben Action-Rollen wiederholt auch anspruchsvolle Aufgaben: als Ehefrau neben John Malkovich in Bernardo Bertoluccis Afrika- und Psychoabenteuer *The Sheltering Sky* und als amerikanische Dichterin Joy Gresham, die in Richard Attenboroughs *Shadowlands* den Dichter und eingefleischten Junggesellen C.S. Lewis (Anthony Hopkins) verführt.

[US] 1977: Wonder Woman [TVS]; Slumber Party '57. 1978: Special Olympics [TV]; Thank God, It's Friday (Gottseidank, es ist Freitag). 1979: French Postcards (Wer geht denn noch zur Uni?). 1980: Urban Cowboy (Urban Cowboy). 1982: Mike's Murder (Mikes Murder) [UA: 1984]; Cannery Row (Straße der Oelsardinen); An Officer and a Gentleman (Ein Offizier und ein Gentleman). 1983: Terms of Endearment (Zeit der Zärtlichkeit). 1986: Legal Eagles (Staatsanwälte küßt man nicht). 1987: Made in Heaven (Made in Heaven); Black Widow (Die schwarze Witwe). 1988: Betrayed (Verraten). 1989/90: The Sheltering Sky (Der Himmel über der Wüste) [GB/IT]. 1990: Everybody Wins (Everybody Wins) [GB]. 1992: Leap of Faith (Der Schein-Heilige). 1993: Wilder Napalm (Die Sache mit dem Feuer); A Dangerous Woman; Shadowlands (Shadowlands). 1995: Forget Paris (Forget Paris).

Winters, Shelley
(Shirley Schrift)
*18. 8. 1922 East St. Louis (Illinois)
Wächst in Brooklyn (New York) auf, Besuch der Thomas Jefferson High School. Schauspielunterricht an der New Theatre

School sowie bei Charles Laughton. Fotomodell, Auftritte im La Conga Night Club und bei Sommer-Theatern. 1940 Bühnendebüt, 1941 am Broadway mit «The Night Before Christmas», 1942 Erfolg in Max Reinhardts «Rosalinda». 1943 Filmdebüt und Vertrag von Columbia. Zunächst nur kleine Rollen. Erster Erfolg als Mädchen Pat in George Cukors *A Double Life*. 1951 Fortsetzung der Schauspielausbildung am Actors Studio. Oscar-Nominierung in George Stevens' *A Place in the Sun* (1951) als schwangere Arbeiterin Alice Tripp, die von ihrem Verführer ermordet wird. In Charles Laughtons düsterem *The Night of the Hunter* ist sie die getäuschte Witwe. Nebenrollen-Oscar als Nachbarin Mrs. van Daan in Stevens' *The Diary of Anne Frank* (1959). In Stanley Kubricks *Lolita* ist sie die liederliche Mutter des Mädchens. Nebenrollen-Oscar als blinde Rose-Ann in Guy Greens Melodram *A Patch of Blue* (1965), weitere Nominierung für Ronald Neames Katastrophenfilm *The Poseidon Adventure* (1972). Die Ehefrau (1952–54) des italienischen Schauspielers Vittorio Gassman tritt in den 60er und 70er Jahren häufig auch in europäischen Produktionen auf. In den USA u. a. als jüdische Mutter in Paul Mazurskys *Next Stop, Greenwich Village* oder als griesgrämige Pianistin Mrs. Fraser in Lewis Gilberts *Stepping Out*. Zwischendurch verstärkt Theaterarbeit, so 1955 in «A Hatful of Rain», 1963 in Williams' «The Night of the Iguana» und «Cages», 1966 in «Under the Weather». 1971 erfolglose Aufführung ihres autobiografischen Stückes «One Night Stands of a Noisy Passenger». Memoiren «Shelley, Also Known as Shirley» (1980) und «Shelley II: The Middle of My Century» (1989).

[US] 1943: What a Woman! (Eine Frau hat Erfolg). 1943/44: Knickerbocker Holiday. 1944: Nine Girls; Sailor's Holiday; The Racket Man; Two-Man Submarine; She's a Soldier Too. 1945: A Thousand and One Nights (1001 Nacht); Tonight and Every Night. 1947: A Double Life (Ein Doppelleben); The Gangster; Living in a Big Way (Liebe auf den zweiten Blick). 1948: Red River (Panik am roten Fluß); Larceny; Cry of the City (Schrei der Großstadt). 1949: The Great Gatsby; Take One False Step; Johnny Stool Pigeon (Kokain). 1950: Frenchie (Revolverlady); Winchester '73 (Winchester 73); South Sea Sinner (Südsee-Vagabunden). 1951: Behave Yourself! (Gangster unter sich); He Ran All the Way (Steckbrief 7–73); Meet Danny Wilson (Zu allem entschlossen); A Place in the Sun (Ein Platz an der Sonne); The Raging Tide. 1952: Untamed Frontier (Der Tag der Vergeltung); Phone Call from a Stranger (Ein Fremder ruft an); My Man and I. 1954: Mambo (Mambo) [IT]; Tennessee Champ; Executive Suite (Die Intriganten); Saskatchewan (Saskatschewan); To Dorothy a Son/Cash on Delivery (Das Millionenbaby) [GB]; Playgirl. 1955: I Am a Camera [GB]; The Big Knife (Hollywood-Story); I Died a Thousand Times (Gegen alle Gewalten); The Night of the Hunter (Die Nacht des Jägers); The Treasure of Pancho Villa (Heißer Atem). 1957: Wagon Train: The Ruth Owens Story [TV]. 1959: The Diary of Anne Frank (Das Tagebuch der Anne Frank); Odds Against Tomorrow (Wenig Chancen für morgen). 1960: Let No Man Write My Epitaph (Die Saat bricht auf). 1961: The Young Savages (Die jungen Wilden). 1962: Lolita (Lolita) [GB]; The Chapman Report (Der Chapman-Report). 1963: The Balcony; Wives and Lovers (Ach Liebling ... nicht hier!); Two Is the Number [TV]. 1964: A House Is Not a Home (Madam(e) P. und ihre Mädchen); Gli indifferenti/Désirs pervers (Die Gleichgültigen) [IT/FR]. 1965: A Patch of Blue (Träumende Lippen); The Greatest Story Ever Told (Die größte Geschichte aller Zeiten). 1965–67: Badman [TVS]. 1965/66: Alfie (Der Verführer läßt schön grüßen) [GB]. 1966: Harper (Ein Fall für Harper). 1967: Enter Laughing. 1968: Wild in the Streets (Wild in den Straßen); Buona sera, Mrs. Campbell (Buona Sera, Mrs. Campbell); The Scalphunters (Mit eisernen Fäusten). 1969: Arthur! Arthur? [FR]; The Mad Room (Das Haus der blutigen Hände). 1970: Bloody Mama (Bloody Mama); Flap (Der Indianer); How Do I Love Thee? (Wie ich Dich liebe). 1971: Something to Hide [GB]; Revenge! [TV – GB]; What's the Matter with Helen? (Was ist denn bloß mit Helen los?); Who Slew Auntie Roo? (Wer hat Tante Ruth angezündet?) [GB]; A Death of Innocence [TV]. 1972: The Poseidon Adventure (Die Höllenfahrt der Poseidon); The Devil's Daughter [TV]; The Adventures of Nick Carter [TV]. 1973: Cleopatra Jones (Ein Fall für Cleopatra Jones); Blume in Love; Double Indemnity [TV]. 1974: The Sex Symbol [TV]; Big Rose [TV]. 1975: Diamonds (Der Diamanten – Clou) [US/IL]; That Lucky Touch (Bleib mir ja vom eib) [GB]. 1976: Next Stop Greenwich Village (Ein Haar in der Suppe); Journey into Fear (Reise in die Angst) [CA]; Mimì Bluette ... fiore del mio giardino [IT/FR]; Le locataire (Der Mieter) [FR]. 1977: Tentacoli (Der Polyp – Die Bestie mit den Todesarmen) [IT]; Un borghese piccolo piccolo (Ein kleiner, kleiner Bürger) [IT]; Gran bollito [IT]; Pete's Dragon (Elliott, das Schmunzelmonster); The Three Sisters; Kojak: The Captain's Brother's Wife (Einsatz in Manhattan: Der Unglücksrabe) [TV]. 1978: Diamonds (Der Diamanten-Clou) [IL]; Diamonds (Der Diamanten-Clou) [US/IL]; King of the Gypsies (König der Zigeuner); The Initiation of Sarah [TV]. 1979: City on Fire (Stadt in Flammen); The Magician of Lublin (Der Magier) [IL]; The French Atlantic Affair (Victor Charlie ruft Lima Sierra) [TV]; Elvis – The Movie (Elvis – The King) [TV]; Redneck Country; The Visitor/Stridulum (Die Außerirdischen) [US/IT]. 1981: Looping – Der lange Traum vom kurzen Glück [BRD]; S.O.B. (Hollywoods letzter Heuler – S.O.B.); My Mother, My Daughter. 1982/83: Fanny Hill – Memoirs of a Woman of Pleasure (Fanny Hill) [GB]. 1983: Over the Brooklyn Bridge (Over the Brooklyn Bridge). 1984: Déja Vu [GB]; Ellie. 1985: Witchfire; Alice in Wonderland (Alice im Wunderland); The Delta Force (Delta Force). 1986: Very Close Quarters. 1988: The Purple People Eater (Purple People Eater – Der kleine lila Menschenfresser). 1989: An Unremarkable Life. 1990: Touch of a Stranger. 1991: Stepping Out (Stepping Out) [CA/US]; Superstar: The Life and Times of Andy Warhol [DOK]. 1992: Weep No More My Lady [TV]. 1993: The Pickle (Stage Fright – Eine Gurke erobert Hollywood); The Silence of the Hams (Das Schweigen der Hammel) [US/IT]. 1994: Jury Duty; Raging Angels [Video]; Backfire! (Backfire – Die total verrückte Feuerwehr). 1994/95: Heavy. 1995: Mrs. Munck (Das teuflische Geheimnis der verrückten Mrs. Munck). 1996: Marlon Brando: The Wild One [TV-DOK – GB/US].

Wiśniewska, Ewa

*25. 4. 1942 Warschau

Als 15jährige gewinnt sie den von der Zeitschrift «Film» veranstalteten Wettbewerb «Schöne Mädchen auf die Leinwand». 1959 hat sie einen kurzen Auftritt in Andrzej Munks *Zezowate szczęście*. 1963 Diplom an der Theaterhochschule in Warschau, in den folgenden Jahren an verschiedenen Theatern: Teatr Ludowy, Teatr Kwadrat, Teatr Nowy. Mehrere Auszeichnungen auf Theaterfestivals. Nach der ersten größeren Aufgabe in Janusz Nasfeters Kriminalfilm *Zbrodniarz i panna* (1963) erhält sie zahlreiche überwiegend komische Rollen bei Film und Fernsehen, in den 70er Jahren vor allem in TV-Serien. Seit 1980 bis in die Gegenwart kann sie mit anspruchsvolleren Aufgaben im Kino-Film ihr Talent beweisen, so 1982 in Tadeusz Konwickis Miłosz-Verfilmung *Dolina Issy*. Für die Titelrolle in Ryszard Bers *Cudzoziemka* erhält sie 1986 den Darstellerpreis des Nationalen Spielfilmfestivals in Danzig.

[PL] 1959: Zezowate szczęście (Das schielende Glück). 1963: Zbrodniarz i panna (Der Mörder und das Mädchen). 1964: Prawo i pięść; Życie raz jeszcze. 1965: Sam pośród miasta; Przedświąteczny wieczór; Perły i dukaty (Perlen und Dukaten) [TVS]; Trzy kroki po ziemi; Podziemny front (Die unterirdische Front) [TVS]. 1966–68: Stawka większa niż życie (Sekunden entscheiden) [TVS].1967: Die gefrorenen Blitze [DDR]; Szach i mat (Schach und matt) [TV]. 1967–68: Opowieści niezwykłe [TV]. 1968: Mistrz tańca (Der Tanzmeister) [TV]. 1969: Tylko umarły odpowie (Nur der Tote kann es sagen). 1970: Album polski (Album Polen); Doktor Ewa [TVS]. 1971: Diament radży [TV]; Magia Jerzego Nowosielskiego [KF]. 1972: Wielka miłość Balzaka/Un grand amour de Balzac (Die große Liebe des Herrn Balzac) [TVS – PL/FR]; Ogłoszenie matrymonialne (Heiratsanzeige) [TV]. 1973: Janosik (Janosik, Held der Berge) [TVS]. 1975: Wyjazd służbowy (Dienstreise) [TV]. 1977: Lalka (Die Puppe) [TVS]; Wesołych Świat [TV]; Granica (Erinnere dich, erinnere dich an alles); Co mi zrobisz, jak mnie złapiesz (Was machst du mit mir, wenn du mich fängst?). 1978: Kvártély [TV – HU]; Hallo Szpicbródka, czyli ostatni występ króla kasiarzy; Roman i Magda; Umarli rzucają cień. 1979: Paciorki jednego różańca (Perlen eines Rosenkranzes). 1980: Głosy. 1981: Wielka majówka; Białe tango (Der weiße Tango) [TVS]; Alicja [PL/BE/GB]. 1982: Dolina Issy; Odwet. 1983: Lata dwudzieste ... lata trzydzieste ... (Die zwanziger und die dreißiger Jahre); Thais. 1984: Mgła; Sceny dziecięce z życia prowincji. 1985: Zielone kasztany (Grüne Kastanien). 1986: Cudzoziemka; Osobisty pamiętnik grzesznika ... przez niego samego spisany. 1987: Śmieciarz [TVS]. 1988: Dotknięci. 1990: Napoleon w Europie/Napoleon [TV – PL/FR]; Życie za życie. Maksymilian Kolbe/Leben für Leben [PL/BRD]; Ucieczka z kina «Wolność». 1991: Czerwona kurtyna. 1992: Przeklęta Ameryka.

Wohlbrück, Adolf

(Adolf Wilhelm Anton Wohlbrück)

*19. 11. 1896 Wien

†9. 8. 1967 Garatshausen (Starnberger See)

Sohn des Hamburger Zirkusclowns Adolf II. Wohlbrück; schon ein Ururgroßvater war Schauspieler. Klosterschule bei Wien, Gymnasium in Berlin. Nach dem Abitur an Max Reinhardts Schauspielschule, dann am Deutschen Theater. Leutnant im 1. Weltkrieg, in französischer Gefangenschaft Gründer des Aucher Gefangenschaftstheaters. Nach dem Krieg Theater in München, Dresden, Düsseldorf und ab 1930 Berlin. Filmdebüt 1915 in *Marionetten* (Richard Löwenbein). Mitte der 20er Jahre in einigen Filmen der Stuart-Webbs-Detektivserie. Ab 1931 regelmäßig beim Film. 1933 als Johann Strauß in *Walzerkrieg* (Ludwig Berger), als «begehrtester Junggeselle Londons» in *Viktor und Viktoria* (Reinhold Schünzel), 1934 weltmännisch mit Wiener Eleganz und weißem Seidenschal als leicht zwielichtiger Maler in Willi Forsts international erfolgreicher *Maskerade*. 1936 Emigration über Frankreich und die USA nach England (1947 britischer Staatsbürger). Unterstützung jüdischer Schauspieler und ihrer Angehörigen in Deutschland. Filmarbeit unter dem Namen Anton Walbrook. Gleich in seinem ersten britischen Film in der Rolle des Prinzgemahls in *Victoria the Great* (Herbert Wilcox) erfolgreich. Dann u. a. als Ballett-Impresario in *The Red Shoes* (Michael Powell, Emeric Pressburger) und als sanft-ironischer Conférencier in Max Ophüls' Schnitzler-Adaption *La Ronde*. Im deutschen Nachkriegsfilm so gut wie keine Rollen. Ab 1951 Theatergastspiele in der Bundesrepublik, zuerst bei Gustaf Gründgens am Düsseldorfer Schauspielhaus. Spezialist für kultiviert-noble Rollen in anspruchsvollen Boulevard-Stücken. 1967 Filmband in Gold für langjähriges und hervorragendes Wirken im deutschen Film.

[DE/BRD] 1915: Marionetten. 1923: Martin Luther. 1925: Der Fluch der bösen Tat. 1931: Salto mortale; Der Stolz der 3. Kompagnie. 1931/32: Drei von der Stempelstelle; Die fünf verfluchten Gentlemen [Version – FR]. 1932: Melodie der Liebe; Baby [Version – FR/DE]. 1933: Walzerkrieg; Keine Angst vor Liebe; Viktor und Viktoria [Version]; Georges et Georgette [Version – DE/FR]. 1934: Die vertauschte Braut; Eine Frau, die weiß, was sie will [Version – CS/DE]; Maskerade [AT]; Die englische Heirat; Regine. 1934/35: Der Zigeunerbaron [Version]; Le baron tzigane [Version – DE/FR]. 1935: Ich war Jack Mortimer; Der Student von Prag; Michel Strogoff [Version – FR/DE]. Der Kurier des Zaren [Version – FR/DE]. 1936: Allotria; Port-Arthur [Version – CS/FR]; Port Arthur [Version – CS/ DE/FR]; The Soldier and the Lady [US]. 1937: Victoria the Great (Königin Viktoria) [GB]; The Rat (Die Ratte) [GB]. 1938: Sixty Glorious Years [GB]. 1940: Gaslight [GB]. 1941: Dangerous Moonlight [GB]; 49th Parallel [GB]. 1943: The Life and Death of Colonel Blimp (Leben und Sterben des Colonel Blimp) [GB]. 1944/45: The Man from Morocco (Der Mann aus Marokko) [GB]. 1948: The Red Shoes (Die roten Schuhe) [GB]. 1948/ 49: The Queen of Spades (Pique Dame) [GB]. 1950: La Ronde (Der Reigen) [FR]; König für eine Nacht. 1951: Wien tanzt (Wiener Walzer) [AT/LI]. 1953/54: L'affaire Maurizius/Il caso Maurizius (Der Fall Maurizius). [FR/IT]. 1955: Oh Rosalinda!/Fledermaus 1955 [GB/BRD]; Lola Montès/Lola Montez [FR/BRD]. 1956: Der Schwierige [TV]. 1957: Saint Joan (Die heilige Johanna) [US]. 1957/58: I Accuse [GB]. 1960: Venus im Licht [TV]. 1962: Laura [TV]. 1963: Der Arzt am Scheidewege [TV]. 1964: Robert und Elisabeth [TV].

Wong, Anna May

(Wong Liu Tsong)
*3. 1. 1902 Los Angeles
†3. 2. 1961 Santa Monica (California)

Sie wächst in der Chinatown von L.A. auf. 1919 Filmdebüt als Statistin. 1922 Hauptrolle in einem der ersten Zweifarbenfilme: *The Toll of the Sea*. 1924 spielt sie Tiger Lily in Herbert Brenons *Peter Pan*. Die eigentliche Filmkarriere der schlanken und eleganten Schauspielerin und Tänzerin beginnt als mongolische Sklavin in Raoul Walshs Orient-Spektakel *The Thief of Bagdad*. In der zweiten Hälfte der 20er Jahre Erfolg durch eine Reihe von Thrillern im chinesischen oder orientalischen Milieu: als Ohtai in Kerrs *A Trip to Chinatown*, Loo Sang in Nighs *Mr. Wu* und als Tänzerin in Paul Lenis *The Chinese Parrot*. 1928–30 in Europa. Sie arbeitet in London und Berlin, u. a. als Star in deutsch-englischen Produktionen von Richard Eichberg: *Song* neben Heinrich George, *Großstadtschmetterling* mit Alexander Granach und *Wasted Love*. In E.A. Duponts *Piccadilly* steigt sie vom Abwaschmädel zum Tanzstar auf. Wieder in Amerika spielt sie Hue Fei neben Marlene Dietrich in Josef von Sternbergs *Shanghai Express*. Bis in die 40er Jahre regelmäßige Filmaufgaben. 1929 in London Bühnendebüt neben Laurence Olivier in «The Circle of Chalk». 1930 in Wien im Stück «Tschuin Tschi». In diesem Jahr auch New Yorker Bühnendebüt mit «On The Spot». 1934 Broadway-Debüt mit «Chu Chin Chow». 1951 in einer Fernsehserie.

[US] 1919: The Red Lantern. 1920: Dinty. 1921: The First Born; Shame; Bits of Life. 1922: The Toll of the Sea. 1923: Drifting; Thundering Dawn. 1924: Lilies of the Field; The 40th Door; The Alaskan; Peter Pan; The Thief of Bagdad (Der Dieb von Bagdad). 1925: Forty Winks; His Supreme Moment [D?]. 1926: Fifth Avenue; A Trip to Chinatown; Silk Bouquet/Dragon Horse [D,R]; The Desert's Toll. 1927: Driven from Home; Mr. Wu; Old San Francisco; The Chinese Parrot (Der Chinesen-Papagei); The Devil Dancer. 1928: Song [DE]; Streets of Shanghai; Across to Singapore (Pflicht und Liebe); The Crimson City; Chinatown Charlie. 1928/29: Piccadilly [Nachtwelt (Piccadilly)] [GB]. 1929: Großstadtschmetterling [DE].1929/30: Elstree Calling [GB]; The Flame of Love [Version – GB/DE]; Hai-Tang. Der Weg der Schande [Version – GB/DE]; Hai-Tang [Fr. Version – GB/DE]. 1931: Daughter of the Dragon. 1931/32: Shanghai Express (Shanghai-Expreß). 1933: A Study in Scarlet; Tiger Bay [GB]. 1934: Chu Chin Chow [GB]; Java Head [GB]; Limehouse Blues. 1937: Daughter of Shanghai. 1938: Dangerous to Know (Gefährliche Mitwisser); When Were You Born?; King of Chinatown (Überfall im Chinesenviertel). 1939: Island of Lost Men (Die Insel der verlorenen Männer). 1941: Ellery Queen's Penthouse Mystery. 1942: The Lady from Chunking; Bombs over Burma. 1949: Impact. 1951: Gallery of Mme. Liu [TVS]. 1953: Ali Baba Nights. 1959/60: Ombre bianche/Les dents du diable (Im Land der langen Schatten) [IT/FR]. 1960: Portrait in Black (Das Geheimnis der Dame in Schwarz).

Wood, Natalie

(Natasha Gurdin)
*20. 7. 1938 San Francisco
†29. 11. 1981 Santa Catalina Island

Tochter einer Ballett-Tänzerin. Filmdebüt als 5jährige in Irving

Pichels *Happy Land*. Sie wird einer der bekanntesten Kinderstars der 40er Jahre. 1953–54 in 40 Folgen der Familien-Serie *The Pride of the Family*. Übergang zu Rollen von Teenagern und jungen Frauen. Nominierung zum Nebenrollen-Oscar als sensibles Mädchen Judy in Nicholas Rays *Rebel Without a Cause* (1955). Weibliche Hauptrolle der Maria in *West Side Story* von Robert Wise und Jerome Robbins. 1961 Oscar-Nominierung als neurotische Wilma Dean Loomis in Elia Kazans *Splendor in the Grass*. Weitere Oscar-Nominierung als Italo-Amerikanerin Angela in Robert Mulligans *Love With the Proper Stranger* (1963). Titelrolle in Mulligans *Inside Daisy Clover*. Paul Mazursky setzt sie in seinen Alltagskomödien ein: als Carol Sanders in *Bob & Carol & Ted & Alice*, in einer Nebenrolle seiner Jules-&-Jim-Variation *Willie and Phil*. In den 70er und 80er Jahren nur wenige Filmaufgaben, kaum TV-Arbeit. Die Rolle der Karen in der TV-Fassung von James Jones' *From Here to Eternity* (Buzz Kulick) ist eine der letzten Arbeiten vor ihrem Tod durch Ertrinken. Ihre Schwester Lana Wood ist ebenfalls Schauspielerin.

[US] 1943: Happy Land. 1945: Tomorrow Is Forever (Morgen ist die Ewigkeit). 1946: The Bride Wore Boots. 1947: Miracle on 34th Street (Das Wunder von Manhattan); The Ghost and Mrs. Muir (Ein Gespenst auf Freiersfüßen); Driftwood. 1948: Scudda Hoo! Scudda Hay! 1949: Father Was a Fullback; Chicken Every Sunday; The Green Promise. 1950: Our Very Own (Unser eigenes Ich); No Sad Songs for Me (Mein Glück in deine Hände); Never a Dull Moment; The Jackpot (Abenteuer eines Pechvogels). 1951: The Blue Veil (Das Herz einer Mutter); Dear Brat. 1952: The Star; Just for You (Nur für Dich); The Rose Bowl Story. 1953–54: The Pride of the Family [TVS]. 1954: The Silver Chalice (Der silberne Kelch). 1955: One Desire (Und wäre die Liebe nicht ...); Rebel Without a Cause (Denn sie wissen nicht, was sie tun). 1956: The Burning Hills (Horizont in Flammen); A Cry in the Night (Schrei in der Nacht); The Girl He Left Behind (Playboy – marsch, marsch!); The Searchers (Der schwarze Falke). 1957: Bombers B-52 (Bomber B-52); No Sleep Till Dawn. 1958: Kings Go Forth (Rivalen); Marjorie Morningstar (Die Liebe der Marjorie Morningstar). 1959: Cash McCall (Eine Frau für zwei Millionen). 1960: All the Fine Young Cannibals (Früchte einer Leidenschaft). 1961: Splendor in the Grass (Fieber im Blut); West Side Story (West Side Story). 1962: Gypsy (Gypsy – Königin der Nacht). 1963: Love with the Proper Stranger (Verliebt in einen Fremden). 1964: Sex and the Single Girl (... und ledige Mädchen). 1965: The Great Race (Das große Rennen rund um die Welt); Inside Daisy Clover (Verdammte süße Welt). 1966: This Property Is Condemned (Dieses Mädchen ist für alle); Penelope (Penelope). 1969: Bob & Carol & Ted & Alice (Bob & Caroline & Ted & Alice). 1972: I'm a Stranger Here Myself (Ich bin selbst ein Fremder hier) [DOK]; The Candidate (Bill McKay – der Kandidat). 1973: The Affair (Liebe in Fesseln) [TV]. 1975: Peeper (Die falsche Schwester). 1976: Cat on a Hot Tin Roof [TV]. 1979: Meteor (Meteor); Hart to Hart (Hart, aber herzlich) [TV]; From Here to Eternity (Verdammt in alle Ewigkeit) [TV]. 1980: The Cracker Factory (Durchgedreht) [TV]; The Last Married Couple in America (Ehe mit Hindernissen); The Memory of Eva Ryker [TV]; Willie and Phil (Willie & Phil). 1981/82: Brainstorm (Projekt Brainstorm).

Woods, James

*18. 4. 1947 Vernal (Utah)
Kindheit in Illinois, Virginia, auf Guam und hauptsächlich auf Long Island. Politikstudium am Massachusetts Institute of Technology in Boston. Gleichzeitig erste schauspielerische Erfahrungen am MIT, in Harvard sowie bei der Theatre Company of Boston. 1970 New Yorker Bühnendebüt mit «Borstal Boy». Spätere Theater-Erfolge: «The Trial of the Cattonsville Nine», «Green Julia», «Finishing Touches», «Moonchildren» und am Off-Broadway «Saved» und «Conduct Unbecoming». Zahlreiche Auszeichnungen für die Theaterarbeit. 1972 Filmdebüt in Elia Kazans *The Visitors*. In Sidney Pollacks *The Way We Were* spielt er den jungen politischen Aktivisten und Freund von Barbra Streisand. Erster Erfolg als kaltblütiger Killer in Harold Beckers *The Onion Field*. Internationale Popularität 1978 als verfolgter jüdischer Künstler in Marvin Chomskys TV-Serie *Holocaust*. Oscar-Nominierung als amerikanischer Journalist in Lateinamerika in Oliver Stones *Salvador* (1986). Anspruchsvolle Aufgaben auch in TV-Filmen, so 1986 neben James Garner in Glenn Jordans *The Promise* (Emmy-Award), als Begründer der Anonymen Alkoholiker in Daniel Petries *My Name Is Bill W.* und in der Titelrolle des opportunistischen McCarthy-Anwalts in Frank Piersons speziell fürs Kabelfernsehen produziertem *Citizen Cohn*.

[US] 1972: The Visitors (Die Besucher); Hickey and Boggs (Magnum Heat); A Great American Tragedy [TV]. 1973: The Way We Were (Cherie Bitter). 1974: The Gambler (Spieler ohne Skrupel). 1975: Foster and Laurie [TV]; Distance (Tödlicher Abstand); Night Moves (Die heiße Spur); Welcome Back, Kotter [TV]. 1976: Raid on Entebbe (... die keine Gnade kennen) [TV]; Alex and the Gypsy (Liebe und andere Verbrechen); The Disappearance of Aimee (Warum verschwand Aimee?) [TV]; F. Scott Fitzgerald in Hollywood [TV].

1977: The Choirboys (Die Chorknaben). 1978: Holocaust (Holocaust) [TVS]; The Gift of Love [TV]. 1979: The Onion Field (Mord im Zwiebelfeld); And Your Name Is Nonah [TV]; The Incredible Journey of Doctor Meg Laurel [TV]. 1980: Eyewitness (Der Augenzeuge); The Black Marble (Nieten unter sich). 1981: Fast Walking; All the Way Home [TV]. 1982: Videodrome (Videodrome) [CA]; Split Image (Das Idol/Gefährliche Freunde). 1982–84: Once Upon a Time in America (Es war einmal in Amerika). 1984: Against All Odds (Gegen jede Chance). 1985: Badge of the Assassin (Das As im Ärmel) [TV]; Joshua Then and Now [CA]; Cat's Eye (Katzenauge); Salvador (Salvador). 1986: The Promise (Trage deines Bruders Bürde) [TV]; In Love and War (P.O.W. – Prisoner of War). 1987: Best Seller (Bestseller); Cop (Der Cop). 1988: The Boost (Der Preis des Erfolges); Hills Like White Elephants [TV]; True Believer/Fighting Justice (Das dreckige Spiel). 1989: My Name Is Bill W. [TV]; Immediate Family (Second Hand Family). 1990: The Guys (Wahre Freunde); Women & Men: Stories of Seduction. 3. EP: Hills Like Elephants (Männer und Frauen) [TV-EP]. 1991: The Boys [TV]; The Hard Way (Auf die harte Tour). 1991/92: Chaplin (Chaplin) [GB/US]. 1992: Straight Talk (Sag's offen Shirlee); Diggstown (Ihr größter Coup); Citizen Cohn [TV]. 1993: Getaway (Getaway); Fallen Angels. EP: [TV-EP]. 1994: Stranger Things; Next Door (Next Door – Zur Hölle mit den Nachbarn) [TV]; Getting Even With Dad (Allein mit Dad & Co.); The Specialist (Der Spezialist); Curse of the Starving Class 1994/95: Casino. 1995: Killer: A Journal of Murder; Indictment: The McMartin Trial (Unter Anklage – Der Fall Mc Martin); Mighty Aphrodite (Geliebte Aphrodite); Nixon (Nixon). 1996: Ghosts of Mississippi. 1996/97: Contact; The Summer of Ben Tyler [TV].

Woodward, Joanne

(Joanne Gignilliat Woodward)
*27. 2. 1930 Thomasville (Georgia)

Besuch einer High-School in Greenville, South Carolina, sowie der Louisiana State University in Baton Rouge. Erste schauspielerische Erfahrungen an der High-School. In New York Schauspielunterricht bei Sanford Meisner am Neighborhood Playhouse. Kleine Rollen im Fernsehen. 1955 Vertrag von 20th Century-Fox und Filmdebüt. 1956 am Broadway mit «The Lovers». Oscar für ihre Darstellung einer schizophrenen Patientin in Nunnally Johnsons *The Three Faces of Eve* (1957). Häufig Partnerin ihres Ehemannes Paul Newman, so als Südstaatlerin in Martin Ritts *The Long Hot Sommer*, in Mark Robsons *From the Terrace* oder in Stuart Rosenbergs *WUSA*. Besonders erfolgreich unter Newmans Regie: für ihre Titelrolle der psychisch gehemmten Lehrerin in seinem Regiedebüt *Rachel, Rachel* (1968) Oscar-Nominierung, als Witwe Beatrice in *The Effect of Gamma Rays on Man-in-the-Moon Marigolds* (1973) erhält sie den Darstellerpreis in Cannes. Ihre Porträts in Newmans Filmen zählen zu den bedeutsamsten Frauenfiguren des amerikanischen Films jener Jahre. 1973 wird sie als Ehefrau Rita Walden in Gilbert Cates' Melodram *Summer Wishes, Winter Dreams* für einen Oscar nominiert, ebenso als duldsame Rechtsanwaltsgattin Mrs. Bridge in James Ivorys *Mr. & Mrs. Bridge* (1990). Umfangreiche TV-Arbeit und mehrere Emmy-Awards. 1976 als Psychiaterin neben Sally Fields in Daniel Petries Doku-Drama *Sybil*. Häufig auch am Theater, u. a. in «Gespenster», «The Glass Menagerie», «Sweet Bird of Youth», «Love Letters» und «Picnic». Auch Regie-Arbeit und – [gemeinsam] mit Newman – Engagement für politische und soziale Anliegen. 1978 Schauspiel-Debüt ihrer Tochter Susan Kendall Newman.

[US] 1955: Count Three and Pray; Alfred Hitchcock Presents: Momentum [TV]. 1956: A Kiss Before Dying (Ein Kuß vor dem Tode). 1957: The Three Faces of Eve (Eva mit den drei Gesichtern); No Down Payment (Fenster ohne Vorhang). 1958: The Long Hot Summer (Der lange heiße Sommer); Rally 'round the Flag, Boys! (Keine Angst vor scharfen Sachen). 1959: The Sound and the Fury (Fluch des Südens). 1960: From the Terrace (Von der Terrasse); The Fugitive Kind (Der Mann in der Schlangenhaut). 1961: Paris Blues (Paris Blues). 1963: A New Kind of Love (Eine neue Art von Liebe); The Stripper (Die verlorene Rose). 1965: Signpost to Murder (Wegweiser zum Mord). 1966: A Big Hand for the Little Lady (Höchster Einsatz in Laredo); A Fine Madness (Simson ist nicht zu schlagen). 1968: Rachel, Rachel (Die Liebe eines Sommers). 1969: Winning (Indianapolis – Wagnis auf Leben und Tod). 1970: WUSA (Machenschaften); King: A Filmed Record ... Montgomery to Memphis (« ...dann war mein Leben nicht umsonst» Martin Luther King). 1971: They Might Be Giants (Der verkehrte Sherlock Holmes). 1973: The Effect of Gamma Rays on Man-in-the-Moon-Marigolds (Die Wirkung von Gammastrahlen auf Ringelblumen); Summer Wishes, Winter Dreams (Sommerwünsche – Winterträume). 1975: The Drowning Pool (Unter Wasser stirbt man nicht). 1976: Sybil [TV]. 1977: Come Back, Little Sheba (Kehre zurück, kleine Sheba) [TV]. 1978: The End (Nobody is Perfect); A Christmas to Remember (Ein unvergeßliches Weihnachtsfest) [TV]; See How She Runs [TV]. 1979: The Streets of L.A. [TV]. 1980: The Shadow Box (Endstation Malibu) [TV]. 1981: Crisis at Central High (Krise in der Central High School) [TV]. 1982: Come Along With Me [R]. 1983/84: Harry & Son (Harry und Sohn). 1984: The Hump Back Angel [R]; Passions (Die Lüge – Trauerflor für 2 Geliebte) [TV]. 1985: Do You Remember Love? (Vergeßt die Liebe nicht) [TV]. 1987: The Glass Menagerie (Die Glasmenagerie); Hallmark Hall of Fame: Blind Spot [TV]. 1990: Mr. & Mrs. Bridge (Mr. & Mrs. Bridge). 1993: Foreign Affairs (Foreign

Affairs); Blind Spot (Tödliche Sucht) [TV]. 1993/94: Philadelphia (Philadelphia). 1994: Hallmark Hall of Fame: Breathing Lessons [TV]. 1996: James Dean: A Portrait [TV-DOK].

Wright, Teresa

(Muriel Teresa Wright)
*27. 10. 1918 New York City

Besuch der Rosehaven School bei Tenafly und der Columbia High School in Maplewood, New Jersey. 1937/38 erste Bühnenerfahrungen im Wharf Theatre Provincetown, Massachusetts. 1938 New Yorker Bühnen-Debüt und Tournee-Theater mit Thornton Wilders «Our Town». 1940 Broadway-Erfolg mit «Life With Father». 1941 Vertrag von Samuel Goldwyn. Erste Erfolge unter der Regie von William Wyler, so Oscar-Nominierung für die Nebenrolle der Alexandra Giddens in ihrem Filmdebüt *The Little Foxes* (1941), im folgenden Jahr erhält sie als Schwiegertochter Carol Beldon im Antikriegsfilm *Mrs. Miniver* einen Nebenrollen-Oscar. Gleichzeitig ist sie als attraktive Eleanor Gehrig in Sam Woods *The Pride of the Yankees* für den Oscar nominiert. In Alfred Hitchcocks *Shadow of a Doubt* muß sie als naive junge Charlie Newton feststellen, daß ihr geliebter Onkel ein Mörder ist. Wieder für Wyler spielt sie die Peggy Stephenson im Heimkehrerdrama *The Best Years of Our Lives* (1946). Ende der 50er Jahre Abschied vom Film und Konzentration auf Fernsehen und Bühne. 1962 Broadway-Erfolge mit «Mary, Mary» und Arthur Millers «Death of a Salesman». In den 70er Jahren einige Gastauftritte, so 1977 als May in James Ivorys Episodenfilm *Roseland*. Späte Filmaufgabe ist 1988 die Großmutter in Leonard Nimoys *The Good Mother*.

[US] 1941: The Little Foxes (Die kleinen Füchse). 1942: Shadow of a Doubt (Im Schatten des Zweifels); Mrs. Miniver (Mrs. Miniver); The Pride of the Yankees (Der große Wurf). 1944: Casanova Brown (So ein Papa). 1946: The Best Years of Our Lives (Die besten Jahre unseres Lebens). 1947: The Trouble with Women; The Imperfect Lady; Pursued (Verfolgt). 1948: Enchantment (Betrogene Jugend). 1950: The Men (Die Männer); The Capture. 1952: Something to Live for (Wofür sich das Leben lohnt); California Conquest (Kalifornien in Flammen). 1953: The Steel Trap (Die Stahlfalle); The Actress (Theaterfieber); Count the Hours (Die Nacht vor dem Galgen). 1954: Track of the Cat. 1956: The Search for Bridey Murphy. 1957: Escapade in Japan (Verschollen in Japan). 1958: The Restless Years (Zu jung). 1964: Bonanza: My Son, My Son (Bonanza: Mein Sohn ist kein Mörder) [TV]. 1969: Hail, Hero!; The Happy Ending (Happy End für eine Ehe). 1971: Crawlspace [TV]. 1974: The Elevator (Fahrstuhl des Schreckens) [TV]. 1976: Flood! (Die Flut bricht los) [TV]. 1977: American Short Story: Golden Honeymoon [TV]; Roseland (Der Tanzpalast). 1980: Somewhere in Time (Ein tödlicher Traum); The Rocking Chair Rebellion. 1983: Bill: On His Own [TV]. 1986: Morning Star/Evening Star [TV]. 1988: The Good Mother (Der Preis der Gefühle). 1990: Perry Mason: The Case of the Desperate Deception [TVS]. 1997: The Rainmaker.

Wünscher, Marianne

*30. 12. 1930 Berlin
†9. 8. 1990 Berlin

Aufgewachsen in Berlin, Oberschule. 1947–51 Schauspielausbildung, nebenher Sprecherin beim Berliner Rundfunk. 1951 Bühnendebüt am Deutschen Theater. 1952 Theater am Schiffbauerdamm, ab 1954 Volksbühne. Aufstieg zur beliebten «Volksschauspielerin». Filmdebüt 1953/54 in Artur Pohls *Kein Hüsung* nach Ehm Welks Adaption von Fritz Reuters sozialkritischer Vers-Erzählung. In den 60er und 70er Jahren zahlreiche Nebenrollen in Filmen aller Genres, z. B. im Märchen *König Drosselbart* (Walter Beck), in der Hochstaplersatire *Ein Lord am Alexanderplatz* (Günter Reisch), dem dokumentaren *Dr. med. Sommer II* (Lothar Warneke) und der Alltagskomödie *Der Mann, der nach der Oma kam* (Roland Oehme). Populär als Mutter und Oma der DDR-Fernsehnation in Gegenwartsstücken wie Klaus Gendries TV-Dreiteiler *Aber Vati!* (1972/73) und Serien und in Krimi-Reihen wie *Der Staatsanwalt hat das Wort* und *Polizeiruf 110*. Differenzierte Charakterstudien z. B. unter Martin Eckermanns Regie: Magd Sina in *Verflucht und geliebt* (1980/81) in Helmut Sakowskis fünfteiligem Fernsehroman über die frühen Jahre der DDR und als Sophie im Fernsehspiel *Casanova auf Schloß Dux*. Gesangsauftritte in TV-Sendungen wie «Chansons mit Marianne», sowie in literarisch-musikalischen Programmen in Theatern und Kulturklubs. 1977–81 in der Berliner Stadtverordnetenversammlung, 1981 und 1986 in die Volkskammer der DDR gewählt. 1977 Nationalpreis.

[DDR] 1953/54: Kein Hüsung. 1954/55: Ein Polterabend. 1955: Es geht um die Wurst [KF]. 1955/56: Thomas Müntzer. 1956: Die Millionen der Yvette; Das Gold in der Ackerstraße [KF]. 1956/57: Wo du hingehst. 1957: Ein Mann mit Herz [KF]; Gejagt bis zum Morgen; Emilia Galotti. 1957/58: Nur eine Frau. 1958: Der Prozeß wird vertagt; Klotz am Bein; Blaues Blut und zarte Pelle [TV]; Verkaufskräfte gesucht [KF]. 1958/59: Ware für Katalonien; Senta auf Abwegen; Verwirrung der Liebe. 1959: Schlauberger oder Die Kinderkonferenz! [KF]; Kabale und Liebe; Alles maßlos übertrieben [KF]. 1959/60: Was wäre, wenn …?; Seilergasse 8. 1960: Die letzte Probe [TV]; Menschen von Budapest [TV]; Die Gänse von Bützow [TV]; Der Diener zweier Herren [TV]; Die Trickbetrügerin [KF]; Der Raub der Sabinerinnen [TV]; Die schöne Lurette; Pickhuhns Geburtstag [KF]; Man geht der Sache nach [KF]. 1960/61: Der Mann mit dem Objektiv. 1961: Heute bei Krügers [TVS]; Die Vogelscheuche [KF]; Der Schatten [TV]; Tanz am Sonnabend – Mord?; Was für ein Tag [TV-KF]. 1961/62: Die schwarze Galeere; Ach, du fröhliche ...; An französischen Kaminen. 1962: Fernsehpitaval: Der Fall Hellseher Drost [TV]; Josef und alle seine Brüder [TV]; Wind von vorn [Unvollendet]; Fetzers Flucht [TV]; Klapper macht Karriere [KF]. 1963: Jupitersinfonie [TV]; Die gute Partie [TV]; Der Tanzlehrling; Engel, Sünden und Verkehr. 1. Schutzengel [EP]. 1963/64: Geliebte weiße Maus; Mir nach, Canaillen! 1964: Sommer in Heidkau [TV]; Wolf unter Wölfen. Teil 1–3 [TV]. 1964/65: König Drosselbart. 1965: Die Himmelfahrt der Galgentoni [TV]; Tiefe Furchen [TV]. 1966: Irrlicht und Feuer [TV]; Hannes Scharf 2. Auf Freiers Füßen [TVS]. 1966/67: Die Erben des Manifests. 3 Teile [TV]; Ein Lord am Alexanderplatz; Geschichten jener Nacht. 4. Ep: Der große und der kleine Willi [EP]; Turlis Abenteuer. 1967: Mirandolina [TV]; Geliebter Herr Kollege [TV]; Heißer Sommer. 1967/68: Ich – Axel Caesar Springer. 1. Vom schweren Anfang/2. Männer werden gemacht/3. Seid nett zueinander [TV]. 1968: Jungfer, Sie gefällt mir; Nebelnacht; Androklus und der Löwe [TV]. 1968/ 69: Krause und Krupp. 4. Zerbrochen sind die Ringe/ 5. Die Zeit der Fundamente [TV]; Effi Briest [TV]. 1969: Telegenerell. 4. Ep: Tor [TV-EP]; Aus unserer Zeit. 4. Ep: Der Computer sagt: nein [EP]; Dr. med. Sommer II; Weil ich dich liebe ... 1969/70: Ehrenmänner [TV]; Der rote Reiter. 1970: Fisch zu viert [TV]; Denn ich sah eine neue Erde [TV]. 1971: Die Verschworenen [TV]; Die kürzeste Nacht [TV]; Der Mann, der nach der Oma kam. 1972: Ich hab meine Tante geschlachtet [TV]; 27 Waggons Baumwolle [TV]; Das Hochzeitskleid war tintenblau [TV]; Ich hab unterm Kleid kein Hemd [TV]; Der kleine Kommandeur; Eva und Adam oder Privat nach Vereinbarung [TV]. 1972/73: Eva und Adam oder Wieviel Sterne hat der Himmel [TV]; Aber Vati! [TV]. 1973: Alphabettgeschichten [TV]; Eva und Adam oder Drum prüfe! [TV]; Erlesenes: Die Waffe [TV]; Wie füttert man einen Esel. 1973–75: Das Mädchen Krümel. [TVS]. 1973/74: Spätsaison [TV]. 1974: Der Staatsanwalt hat das Wort: Schwester Martina [TV]; ABC der Liebe [TV]; Die Entführung [TV]. 1974/75: Der Staatsanwalt hat das Wort: 2,5 Karat [TV]; Heute ist Freitag [TV]; Konzert für Bratpfanne und Orchester; Soviel Lieder, soviel Worte/Ulybnis rowesnik [DDR/SU]. 1975: Im Schlaraffenland [TV]; Die Ausgezeichneten [TV]; Bin ich Moses? [TV]; Jede Woche Hochzeitstag [TV]. 1975/76: Liebesfallen. 1976: Die Jungfrau von Orleans [TV]; Strategie der Träume [TV]; Ottokar der Weltverbesserer; DEFA Disko 77. 1976/77: Die Flucht. 1977: Der Staatsanwalt hat das Wort: Ein Strauß roter Nelken [TV]; Polizeiruf 110: Alibi für eine Nacht [TV]; Cyankali [TV]; Vier Tropfen. Ep: Das Fest [TV-EP]; Anton der Zauberer. 1977/78: Polizeiruf 110: Bonnies Blues [TV]; Rentner haben niemals Zeit [TVS]. 1978: Caballero im geborgten Frack [TV]; Für Mord kein Beweis; Die Geburtstagsfeier [TV]. 1978–80: Ein recht seriöser Herr [TV]. 1978/79: Die lange Straße. 5 Teile [TV]; Einfach Blumen aufs Dach. 1979: Alles im Garten [TV]. 1980: Schauspielereien: Von Mensch zu Mensch [TV]. 1980/81: Verflucht und geliebt [TV]. 1981: Casanova auf Schloß Dux [TV]. 1981/82: Familie Rechlin [TV]; Polizeiruf 110: Der Unfall [TV]. 1982/83: Verzeihung, sehen Sie Fußball? [EP]; Alfons Köhler [TV]; Zille und ick; So wie du lebst [TV]. 1983: Der Biberpelz [TV]; Ich, der Vater [TV]. 1983/84: Der Staatsanwalt hat das Wort: Ich geh' zu Oma [TV]. 1984: Schlucker, oder Fahren wir eben mal nach Görlitz [TV]; Koritke [TV]; Ach du meine Liebe [TV]. 1984/85: Pelle der Eroberer [TV]. 1985: Schauspielereien: Balancen [TV]. 1985/86: Polizeiruf 110: Das habe ich nicht gewollt [TV]; Das Buschgespenst [TV]; Claire Berolina [TV]; Polizeiruf 110: Im Kreis [TV]. 1986/87: Jan Oppen [TV]; Künstler, König und Modell [TV]. 1987/88: Tiere machen Leute. 9 Folgen [TVS]. 1989/90: Pause für Wanzka [TV]; Albert Einstein. 2. Eine Formel explodiert [TV].

Wyman, Jane

(Sarah Jane Fulks)
*4. 1. 1916 St. Joseph (Missouri)

Besuch der Los Angeles High School. Nach erfolglosem Filmdebüt 1932 (als Sarah Jane Fulks) Besuch der University of Missouri in Columbia. Auftritte als Radiosängerin (unter dem Namen Jane Durrell). 1936–49 Vertrag mit Warner Bros., zunächst überwiegend in Nebenrollen. In einigen Filmen ist sie Partnerin Ronald Reagans, ihres zweiten Ehemanns (1940–48). 1945 spielt sie Helen St. James in Billy Wilders Trinkerdrama *The Lost Weekend* und überzeugt 1946 als Ma Baxter in Clarence Browns *The Yearling* (Oscar-Nominierung). 1948 Oscar als taubstumme, vergewaltigte Farmerstochter in Jean Negulescos *Johnny Belinda*. Neben dramatischen Rollen auch einzelne Ausflüge in die leichte Unterhaltung, so neben Bing Crosby in Frank Capras Musical *Here Comes the Groom*. Anerkennung (und Oscar-Nominierungen) findet sie jedoch eher in Melodramen: als Kindermädchen Louise Mason in Curtis Bernhardts *The Blue Veil* (1951) und neben Rock Hudson in zwei Filmen von Douglas Sirk: *Magnificent Obsession* (1954) und *All That Heaven Allows* (1955). Ab Mitte der 50er Jahre vor allem Fernsehtätigkeit, u. a. in 163 Folgen der Serie *Fireside Theatre/Jane Wyman Theatre* (1956–60), in den 80er Jahren in der Serie *Falcon Crest*.

[US] 1932: The Kid from Spain (Der falsche Torero). 1933: Elmer the Great. 1934: College Rhythm. 1934/35: Rumba. 1935: All the King's Horses; Stolen Harmony; King of Burlesque. 1936: Anything Goes; Gold Diggers of 1937; Cain and Mabel; My Man Godfrey (Mein Mann Godfrey); Polo Joe; Stage Struck; Smart Blonde. 1937: The Singing Marine; Public Wedding; Mr. Dodd Takes the Air; The King and the Chorus Girl; Slim (Slim); Ready, Willing and Able. 1937/38: The Spy Ring. 1938: The Crowd Roars; She Couldn't Say No; Brother Rat; Fools for Scandal (Madame haben geläutet?); Tail Spin; Wide Open Faces. 1939: Kid Nightingale; The Kid from Kokomo; Private Detective; Torchy Plays with Dynamite. 1939/40: Brother Rat and a Baby. 1940: Tugboat Annie Sails Again; Gambling on the High Seas; My Love Came Back; Flight Angels; An Angel from Texas (Ein Bombenerfolg). 1941: Bad Men of Missouri (Die Rächer von Missouri); You're in the Army Now (Schrecken der 2. Kompanie); The Body Disappears; Honeymoon for Three. 1942: Larceny, Inc. (Die fröhliche Gauner GmbH); My Favorite Spy; Footlight Serenade. 1943: Princess O'Rourke. 1944: Make Your Own Bed; Crime by Night; Hollywood Canteen (Hollywood-Kantine); The Doughgirls. 1945: The Lost Weekend (Das verlorene Wochenende). 1946: One More Tomorrow; The Yearling (Die Wildnis ruft); Night and Day (Tag und Nacht denk' ich an dich). 1947: Cheyenne (Wyoming-Expreß); Magic Town (Die Modellstadt). 1948: Johnny Belinda (Schweigende Lippen). 1948/49: A Kiss in the Dark. 1949: The Lady Takes a Sailor (Glück in Seenot); It's a Great Feeling (Ein tolles Gefühl/Judy erobert Hollywood). 1950: The Glass Menagerie (Die Glasmenagerie); Stage Fright (Die rote Lola) [GB]. 1951: Starlift; The Blue Veil (Das Herz einer Mutter); Here Comes the Groom (Hochzeitsparade); Three Guys Named Mike. 1952: The Story of Will Rogers; Just for You (Nur für Dich). 1953: Let's Do It Again (Diese Frau vergißt man nicht); So Big. 1954: Magnificent Obsession (Die wunderbare Macht). 1955: All That Heaven Allows (Was der Himmel erlaubt); Miracle in the Rain; Lucy Gallant (Ich will, daß Du mich liebst). 1956–60: Jane Wyman Theatre [TVS]. 1959: Holiday for Lovers (Ferien für Verliebte). 1960: Pollyanna (Alle lieben Pollyanna). 1962: Bon Voyage! (Champagner in Paris). 1969: How to Commit Marriage. 1971: The Failing of Raymond [TV]. 1979: The Incredible Journey of Doctor Meg Laurel [TV]. 1981–90: Falcon Crest (Falcon Crest) [TVS].

Y

Yamamura Sô
(Koga Yoshisda)
* 24. 2. 1910 Tenri
(Präfektur Nara, Japan)

Nach Abschluß des Germanistikstudiums 1935 an der Reichsuniversität Tokio Mitglied der Theatergruppe Taiyô-za. Er betätigt sich in den Abteilungen für Inszenierung und Dramaturgie, erste Auftritte als Schauspieler. 1942 wird er einer der Leiter der Theatergruppe Bunka-za; 1944/45 Kriegsdienst. Filmdebüt 1946 mit *Inochi aru kagiri* (Kiyoshi Kusuda); anschließend rasche Profilierung zum Charakterdarsteller durch zahlreiche, sehr präzise das Innenleben der Figuren gestaltende Rollen. Herausragend z. B. seine Verkörperung des sich für die Resozialisierung obdachloser Kinder einsetzenden Fischers in *Dai-ni no Jinsei* (Hideo Sekigawa, 1948) oder des machtbesessenen, schließlich von allen verlassenen Unternehmers in *Kizudarake no Sanga* (Satsuo Yamamoto, 1964). Er arbeitet mit Yasurirô Ozu zusammen, u. a. als vielbeschäftigter, ältester Sohn in *Tôkyô Monogatari* (1953), mit Mizuguchi und Ichikawa. 1952 Gründung der linksorientierten Produktionsfirma Gendai Production, für die er als Drehbuchautor, Regisseur, Darsteller und Produzent *Kanikosen* (1953) inszeniert; für diese genaue Schilderung der Ausbeutung japanischer Krabbenfischer erhält er den Regiepreis in Karlovy Vary. 1954–65 Leiter der Ginza Production. Hochgeschätzt vor allem *Kuroi Ushio*, in dem er selbst einen Zeitungsreporter auf der Suche nach der Wahrheit über den Tod des Staatsbahn-Präsidenten Shimoyama darstellt.

[JP] 1946: Inochi aru kagiri. 1947: Chikagai no Nojiuyo-jikan; Jôyû Sumako no Koi (Die Liebe der Schauspielerin Sumako). 1948: Dai-ni no Jinsei; Otoko o Sabaku Onna; Taifû-ken no Onna; Midori naki Shima; Yukyo no Mure. 1949: Onna no Tatakai; Kirare no Senta; Utsukushiki Batsu; Ryusei; Umi no

Yaju; Daitokai no Kao; Maboroshi Fujin; Hana no Sugao. 1950: Shojo-dakara; Kageboshi; Hakuchi no Ketto; Ha-ha-tsubaki; Tôkyô Mushuku; Josei tai Dansei; Ai no Sanga; Dokuga; Shiroi Yuju; Nankai no Joka; Munekata Shimai; Senka o koete; Yuki-Fujin Ezu; Gukan Sudeni Kemuri Nashi; Otone no Yogiri; Kikyô; Jonetsu no Rumuba. 1951: Eriko to tomoni; Zenma; Nessa no Byakuran; Jiyû Gakkô; Sonohito no na wa Ienai; Dare ga Watashi o sabakunoka; Sekirei no Kyoku; Maihime; Musashino Fujin; Hirate Miki; Hibari no Komori-uta; Honoo no Hada. 1952: Meshi; Kenju Jigoku; Keian Hi-cho; Gunro no Machi; Seishun Kaigi; Kaze Futatabi; Uogashi Shunjitsu; Okuni to Gohei; Sginrun Dorobo; Atakake no Hitobito; Konna Watashi ja Nakattani; Onna no Inochi; Asakusa Yonin Shimai; Gendai-jin; Choito Neesan Omoide Yanagi; Ashi ni sawatta Onna; Oka wa Hanazakari; Ringo-en no Shojo; Joka. 1953: Fukeyo Harukaza; Murahachibu; Shukuzu; Ganpeki; Ochiba Nikki; Tôkyô Monogatari (Die Reise nach Tokyo); Nigorie; Kanikô-sem [D,R,A]; Yama no Oto. 1954: Moeru Shanhai; Shinjitsu Ichiro; Rakei Kazoku; Kaze Tachinu; Mama no Shinkon-ryoka; Kakute Yume Ari; Dobu; Kuroi Ushio [D,R]; Nihon Yuburezu; Karatachi no Hana; Otsukisama niwa Waruikedo. 1955: Hitokiri Hikosai; Aisureba Koso; Sugata Sanshiro; Ikitoshi Ikeru Mono; Sengoku Hibun; Bocchan Kisha; Ai no Inomotsu; Mori Ranmaru; Yuki no Honoo; Jukyu no Hanayome; Seishun Kaidan; Sara no Hana no Tôge [D,R]; Yôkihi (Die Prinzessin Yang); Ashita kuru Hito; Fukushu no Shichikamen. 1956: Sôshun (Früher Frühling); Ma no Kisetsu: Haru no Mizuumi; Mahiru no Ankoku; Shu to Midori; Wasureenu Bojô/Typhon sur Nagasaki [JP/FR]; Tsuruhachi Tsurujiro; Nisshoku no Natsu; Tsukigata Hanpeita: Hana no Maki, Arashi no Maki; Yonjûhassai no Teikô; Hana Futatabi.1957: Kyofu no Kuchu satsujin; Hakuji no Hito; Fujinka-i no Kokuhaku; Tôkyô Boshoku; Doshaburi; Jigokubana; Chieko-shô; Yoru no Chô; Bakuon to Daichi; Ana. 1958: The Barbarian and the Geisha (Der Barbar und die Geisha) [US]; Anzukko; Ningen no Jôken: Dai ichi-ni Bu (Barfuß durch die Hölle. 1. Barfuß durch die Hölle); Gendai mushuku; Yatsu no Hajiki wa Jigoku Daze; Oban: Kanketsu-hen; Hibari noHanagata Tantei Gassen; Kibo no Otome; Murasaki zukin; Musume no naka no Musume. 1959: Chushingura; Ningen no Jôken: Dai San-yon Bu (Barfuß durch die Hölle. 2. Die Straße zur Ewigkeit); Muhomachi no Yarodomo; Oyako-gusa [D,R]; Yoru no Haiyaku; Kurobune; Itazura; Tatsumaki Bugyo; Jigoku no soko Made Tsukiauze; Jyan Arima no Shugeki; Shizukanaru Kyodan; Shingo Jubanshobu II; Yami o Yokogire; Kashimanada no Onna [D,R]. 1960: Fûryû Fukagawa Uta [D,R]; Ningen no Jôken: Kanketsu Hen (Barfuß durch die Hölle. 3. Und dann kam das Ende); Hibari no Zoku Beranmee Geisha; Hatamoto to Banshiin: Otoko no Taiketsu; Orekara Ikuzo; Shori to Haiboku; Keishicho Monogatari: Kikikomi; Fundoshi Isha; Sabaku o Wataru Taiyo; Furyo Shojo. 1961: Berammee Geisha Makaridoru; Ore ga Jigoku no Tejina-shi da; Are ga Minato no Tomoshibi da; Hanjo; Hatamoto Kenka-daka; Gonin no Tatsugekitai; Waga koi no Tabiji; Hayabusa Daimyo; Anju to Zushio-maru [S – ANI]; Kako; Haitoku no Mesu; Netsuaisha; Happyakuman-goku ni Idomu Otoko; Sekai Dai-sensô; Aijû no Keifu. 1962: Katei no Jijo; Senkyaku Banrai; Yume de Aritai; Yopparai Tengoku; Karamiai; Musume to Watashi; Taiheiyo Senso to Himeyurri Butai; Ano Kumo no Hate ni Hoshi wa Matataku; Akitsu Onsen; Honkon no Hoshi; Yama no Sanka, moyuru Wakamonotachi; Gishi Shimatu-ki; Namida o Shishi no Tategami no; Fûten Rôjin Nikki; Kawano Hotoride. 1963: Ano Hashi no Tamoto de III: Ano Hito was Ima; Staatanjo; Hana no Saku ie; Zoku Shinobi no Mono; Gyangu Chushingura; Onikenji; Akatsuki no Gassho. 1964: Kizudarake no Sanga. 1965: Nikutai no Gakkô; Ane to Imouto; Utsukushisa to Kanashimi to; Taiheiyo Kiseki no Sakusen: Kisuka. 1967: Nihon no Ichiban nagai Hi. 1970: Tora! Tora! Tora! (Tora! Tora! Tora!) [US]; Gekidô no Shôwa-shi: Gunbatsu. 1972: Kozure Ookami: Oya no Kokoro ko no Kokoro. 1973: Hissatsu Shikake-nin; Hissatsu Shikake-nin: Baiko Ari-jigoku. 1974: Hissatsu Shikake-nin: Shinsetsu Skikake-bari; Nosutoradamusu no Daiyogen. 1975: Dômyaku-Rettô. 1978: Inubue. 1982: Wien Monogatari: Gemini: Y to S. 1991: Gojira vs King Gidora (Godzilla – Duell der Megasaurier). 1994: Sakura.

Yamazaki Tsutomu

*2. 12. 1936 Matsudo (Präfektur Chiba, Japan)
1956 Abschluß der Oberschule; Aufnahme in das Ausbildungsinstitut der Theatergruppe Haiyû-za. Leinwanddebüt 1960 mit *Daigaku no Sanzokutachi* (Kihachi Okamoto). Akira Kurosawa engagiert ihn als Darsteller des intelligenten, nihilistischen Kidnappers in *Tengoku to Jigoku* (1963). Seine Verbrecher-Rollen eskalieren danach bis zum Amokläufer in *Yatsuhaka-mura* (Yoshitarô Nomura, 1977). In der 80er Jahren ist er sehr erfolgreich in den ersten drei Filmen Jûzô Itamis – *Osôshiki* (1984), *Tampopo* (1985) und *Marusa no Onna* (1987), in denen er wandlungsfähig jeweils einen Schauspieler, einen Vagabunden sowie einen die Steuer hinterziehenden Stundenhotelbesitzer verkörpert.

[JP] 1960: Daigaku no Sanzokutachi. 1961: Tôkyô Yowa. 1962: Sono Basho ni Onna ari-te. 1963: Tengoku to Jigoku (Himmel und Hölle). 1964: Aku no Monshô. 1965: Nikutai no Gakkô; Aku no Kaidan; Akahige (Rotbart). 1967: Akane-gumo. 1974: Hissatsu Shikakenin: Shunrai Shikake-bari. 1977: Yatsuhaka-mura. 1980: Kagemusha (Kagemusha – Der Schatten des Kriegers). 1981: Surôna Bugi ni shitekure. 1982: Daiyamondo wa Kizu-tsukanai. 1984: Saraba, Hakobune; Osôshiki. 1985: Tampopo. 1987: Marusa no Onna. 1989: Rikyû; Maihime; Harimao.

1993: Bokura wa Minna ikiteiru; Mizu no Tabibito Samurai Kids.

York, Michael

(Michael York-Johnson)
*27. 3. 1942 Fulmer (Buckinghamshire)

Besuch von Hurstpierpoint College und Bromley Grammar School, danach National Youth Theatre, dort bereits mit 16 Jahren auf der Bühne. Während des Studiums an der Universität Oxford im Ensemble der Drama Society. Nach Studienabschluß zunächst 1963/64 am Dundee Repertory Theatre, 1964–66 unter Laurence Olivier am National Theatre, später an weiteren führenden Bühnen in London. 1967 neben Elizabeth Taylor und Richard Burton als Lucentio in der opulenten Shakespeare-Verfilmung *The Taming of the Shrew* (Franco Zeffirelli). Mit unverwechselbarem Äußeren spielt York blonde, blauäugige, charmant-unschuldige, zumeist aber zwiespältige Männer. 1972 internationale Beachtung als introvertierter bisexueller Schriftsteller im amerikanischen Musical *Cabaret* (Bob Fosse). In den Fernseh-Serien *Gesù di Nazareth* (1977) als Johannes der Täufer und 1979 *A Man Called Intrepid*. 1986 im australischen Film *The Far Country* (George Miller) als tschechischer Arzt, der sich lange nach dem 2. Weltkrieg in Australien für Kollaboration mit den deutschen Faschisten verantworten muß. Im selben Jahr unter dem Österreicher Peter Patzak neben Peter Maffay eine der Hauptrollen im ironischen Polizeifilm *Der Joker* und 1988 als Bösewicht in *Killing Blue*. Unter Wert 1988 im zweitklassigen englischen Mantel-und-Degen-Film *The Lady and the Highwayman* (John Hough) nach einem Roman von Barbara Cartland und in *The Return of the Musketeers* (Richard Lester) aus demselben Genre. 1973 erstmals am Broadway, dort in den 90er Jahren Erfolg in «Someone Who'll Watch Over Me». 1991 erscheint die Autobiografie «Travelling Plague».

[GB] 1962: The Mind Benders. 1966: Accident (Accident – Zwischenfall in Oxford). 1967: La bisbetica domata/The Taming of the Shrew (Der Widerspenstigen Zähmung) [IT/US]; Red and Blue [KF – US]; Smashing Time (Smashing Time); Justine (Alexandria – Treibhaus der Liebe) [US]; Liefdesbekentenissen [NL]. 1967/68: Romeo e Giulietta/Romeo and Juliet (Romeo und Julia) [IT/GB]; The Strange Affair (Skandal bei Scotland Yard). 1968/69: The Guru [US/IN]. 1969: Alfred the Great (Alfred der Große – Bezwinger der Wikinger). 1970: Something for Everyone [US]; Zeppelin (Zeppelin); La poudre d'escampette (Drei auf der Flucht) [FR]. 1971/72: Fratello Sole, sorella Luna/Brother Sun, Sister Moon (Bruder Sonne, Schwester Mond) [IT/GB]. 1972: England Made Me (England Made Me) [GB/YU]; Cabaret (Cabaret) [US]; Lost Horizon (Der verlorene Horizont) [US]. 1973: The Three Musketeers (The Queen's Diamond) (Die drei Musketiere) [PA]. 1974: Murder on the Orient Express (Mord im Orient-Expreß); Great Expectations [TV]; The Four Musketeers (The Revenge of Milady) (Die vier Musketiere der Königin) [PA]. 1975: Conduct Unbecoming (Die Schande des Regiments). 1976: Logan's Run (Flucht ins 23. Jahrhundert) [US]; Seven Nights in Japan (Königliche Hoheit in Japan) [GB/FR]. 1977: Gesù di Nazareth/Jesus of Nazareth (Jesus von Nazareth) [TV – IT/GB]; The Last Remake of Beau Geste (Drei Fremdenlegionäre) [US]; The Island of Dr. Moreau (Die Insel des Dr. Moreau) [US]. 1978: The Riddle of the Sands [TV]; Fedora [BRD]. 1979: A Man Called Intrepid (Der Furchtlose) [TV – CA/US]; The White Lions [US]. 1980: Final Assignment (Der eiserne Vorhang – Wenn der KGB versagt ...) [CA]. 1983: The Phantom of the Opera (Das Phantom von Budapest) [TV – US]; The Weather in the Streets [TV]; Au nom de tous les miens [FR/CA]. 1984: The Master of Ballantrae [TV – US]; Success Is the Best Revenge/Le succès à tout prix [GB/FR]. 1985: L'Aube [FR/IL]. 1986: Sword of Gideon (Gesetz des Terrors) [TV – CA]; Till we meet again (Die Champagner-Dynastie). 1987: Il segreto del Sahara/Das Geheimnis der Sahara [TV – IT/FR/BRD/ES]; Der Joker [BRD]. 1988: The Lady and the Highwayman (Silver Blade); The Return of the Musketeers (Rückkehr der Musketiere) [GB/FR/ES]; Killing Blue [BRD]. 1988/89: The Heat of the Day (Einer zuviel) [TV]. 1990: Come See the Paradise (Komm und sieh das Paradies) [US]; Duel of Hearts (Duell der Leidenschaften); Night of the Fox [TV – US/GB/FR/BRD]. 1991: Eline Vere [BE/FR/NL]. 1993: Wide Sargasso Sea (Sargasso Sea – Im Meer der Leidenschaft) [AU]. 1994: Gospa [US]. 1995: Rosamunde Pilchers September/September [TV – DE/GB]; Not of this Earth (Not of this Earth) [US]. 1996: The Ring [TV – US]. 1996/97: Austin Powers – International Man Of Mystery [US].

York, Susannah

(Susannah Yolande Fletcher)
*9. 1. 1939 London

Ausbildung am Marr College von Troon. 1956–58 Studium an der Royal Academy of Dramatic Art in London. Erste Bühnenerfahrungen an Provinz-Bühnen. Auch später wiederholt Bühnenauftritte. 1960 Filmdebüt in der Komödie *There Was a Crooked Man* (Stuart Burge). Bekannt wird die blonde, blauäugige York 1963 durch die komödiantische Fielding-Adaption *Tom Jones* (Tony Richardson), in der sie das Objekt von Albert Finneys Zuneigung abgibt. Überzeugende Darstellungen auch 1966 als ernste, intellektuelle Tochter von Sir Thomas More in *A Man for All Seasons* (Fred Zinnemann), 1968 als lesbische Stubenkameradin von Beryl Reid in der eindringlichen Studie *The Killing of Sister George* (Robert Aldrich) und im folgenden Jahr als Jean Harlow ähnliche Marathon-Tänzerin in *They Shoot Horses, Don't They?* (Sydney Pollack). Die wohl gegensätzlichsten Rollen sind 1978 die Mutter des Helden *Superman* (auch in mehrereren Fortsetzungen) und die von Alan Bates verführte Ehefrau John Hurts in Jerzy Skolimowskis *The Shout*. 1980 als Co-Autorin und Hauptdarstellerin der kleinen Romanze *Falling in Love Again* (Steven Paul). 1988/89 [spielt sie] neben Jeroen Krabbé im politischen Thriller *Melancholia* (Andi Engel), einer englisch-deutschen Co-Produktion. Vor allem seit den 80er Jahren auch im Fernsehen, z. B. 1982 in *We'll Meet Again*, 1984 in *A Christmas Carol*, 1991 in *Devices and Desires*. Die Mutter zweier Kinder veröffentlicht mehrere Bücher: 1973 «In Search of Unicorns», 1974 «Larks Castle», 1984 «Devices and Desires».

[GB] 1960: There Was a Crooked Man; Tunes of Glory (Einst ein Held). 1961: The Greengage Summer (Es geschah in diesem Sommer). 1962: Freud (Freud) [US]. 1963: Tom Jones (Tom Jones – Zwischen Bett und Galgen). 1964: The Seventh Dawn (Beim siebten Morgengrauen) [GB/US]; Scene Nun, Take One [KF]. 1965: A Game Called Scruggs; Sands of the Kalahari (Die Verdammten der Kalahari). 1966: Kaleidoscope (Der Gentleman-Zinker); A Man for All Seasons (Ein Mann zu jeder Jahreszeit). 1967: Sebastian (Sebastian). 1968: Duffy (Duffy, der Fuchs von Tanger); The Killing of Sister George [US]. 1968/69: Lock Up Your Daughters!; Oh! What a Lovely War (Oh! What a Lovely War). 1969: Battle of Britain (Luftschlacht um England); They Shoot Horses, Don't They? (Nur Pferden gibt man den Gnadenschuß) [US]; Country Dance. 1970: Jane Eyre (Jane Eyre – eine Frau kämpft um ihr Glück) [TV]. 1971: Happy Birthday Wanda June [US]; Zee & Co. (X, Y und Zee). 1972: Images [IRL]. 1974: Gold (Gold); The Maids (Die Zofen) [GB/CA]. 1975: Conduct Unbecoming (Die Schande des Regiments); That Lucky Touch (Bleib mir ja vom Leib). 1976: Sky Riders (Auf der Fährte des Adlers) [US/GR]; Eliza Fraser/A Faithful Narrative of the Capture, Sufferings and Miraculous Escape of Eliza Fraser/The Rollicking Adventures of Eliza Fraser [AU]. 1978: The Shout (Der Todesschrei); The Riddle of the Sands [TV]; Superman (Superman) [US]. 1979: The Golden Gate Murders (Mord auf der Golden Gate-Brükke) [TV – US]; The Silent Partner (Give – Sein Partner ist der Tod) [CA]. 1980: Falling in Love Again (Meine erste große Liebe/ Midlife Crisis) [D,CoA – US]; Loophole (Safeknacker); Superman II (Superman II – Allein gegen alle); The Awakening (Das Erwachen der Sphinx); Long Shot. 1981: Alice. 1982: Nelly's Version; We'll Meet Again [TV]. 1982/83: Yellowbeard (Dotterbart) [US]. 1983: Macho [TV]. 1984: A Christmas Carol (Charles Dickens' Weihnachtsgeschichte) [TV]. 1985: Star Quality [TVS]. 1986: Thriller [TV – US]; Walkie Talkie; Daemon. 1987: Prettykill (Pretty Kill) [US]; American Roulette (Amerikanisches Roulette); Mio min Mio/Mio, moj Mio (Mio, mein Mio) [S/SU/N]; Barbablù Barbablù [IT/FR]. 1987/88: A Summer Story (Ein schicksalhafter Sommer). 1988: Just Ask for Diamond (Die Malteser des Falken). 1988/89: Melancholia/ Der fünfte Freitag [GB/BRD]. 1990: The Man from the Pru [TV]. 1991: Devices and Desires [TV]; Fate [US]. 1992: Illusions (Träume der Angst) [US]. 1993: Piccolo grande amore [IT]; The Higher Mortals.

Young, Loretta

(Gretchen Michaela Belzer)
* 6. 1. 1914 Salt Lake City (Utah)

Tochter deutscher Immigranten. Kindheit in Hollywood. Mit vier Jahren Filmdebüt als Komparsin, Auftritte als «Wampas Baby Star» zusammen mit ihrer Schwester Polly Ann Young (später Sally Blame). Besuch des Ramona Convent in Alhambra, California. Ihre eigentliche Filmkarriere beginnt 1927 als Teenager mit einer kleinen Rolle in Millard Webbs *Naughty But Nice*. Vertrag von First National. Neben Lon Chaney in Herbert Bernons *Laugh, Clown, Laugh*. Häufig Partnerin von Douglas Fairbanks Jr., u. a. als Erbin in Ted Wildes *Loose Ankles*. In Roy Del Ruths Melodram *Taxi!* spielt sie die Ehefrau von James Cagney, neben Edward G. Robinson in William A. Wellmans *The Hatchet Man*. 1933 Wechsel zur 20th Century-Fox, dort Entwicklung zu einer der führenden Hollywood-Schauspielerinnen. Als Bankierstochter Julie in Alfred L. Werkers *The House of Rothschild*. Einsatz in aufwendigen Großproduktionen, so in Cecil B. DeMilles *The Crusades*. Auch in zahlreichen Lustspielen und Kriminalfilmen Zusammenarbeit mit fast allen männlichen Stars jener Epoche: Clark Gable, David Niven, Don Ameche, Tyrone Power, Ronald Colman und Robert Taylor. Auch nach dem Weltkrieg weiterhin starke Produktivität. 1947 Oscar für ihre Darstellung des zur Kongreßabgeordneten aufsteigenden Dienstmädchens in *The Farmer's Daughter* (H. C. Potter). 1949 Oscar-Nominierung als französische Ordensschwester in New-England in Henry Kosters *Come to the Stable*. 1953 letzte Filmrolle. Young ist einer der ersten Hollywood-Stars, die für das Fernsehen arbeiten: 1953–61 in 255 Folgen von *The Loretta Young Show*, 1962/63 folgt die Drama-Serie *The New Loretta Young Show*. 1954, 1956 und 1958 Auszeichnung mit Emmy Awards als beste Serien-Schauspielerin. 1961 veröffentlicht Young ihre Memoiren «The Things I've Learned».

[US] 1916: Sweet Kitty Bellairs. 1917: Sirens of the Sea. 1919: The Only Way. 1921: The Sheik (Der Scheich). 1927: Her Wild Oat; Naughty But Nice (Susannes erstes Abenteuer). 1928: The Magnificent Flirt (Ihr großer Flirt); Scarlet Seas; The Whip Woman; Laugh, Clown, Laugh (Lach, Clown, lach); The Head Man. 1929: The Girl in the Glass Cage [t]; The Careless Age; Fast Life; The Forward Pass; The Show of Shows; The Squall. 1930: The Truth About Youth; Loose Ankles; The Second Floor Mystery; The Man from Blankley's; Road to Paradise; The Devil to Pay; The Devil to Pay. 1930/31: Beau Ideal; The Right of Way; Three Girls Lost. 1931: I Like Your Nerve; The Hatchet Man (Der Rächer des Tong); Platinum Blonde (Vor Blondinen wird gewarnt); Big Business Girl; The Ruling Voice; Too Young to Marry. 1931/32: Play Girl; Taxi!. 1932: Life Begins; Weekend Marriage; They Call It Sin. 1932/33: Grand Slam. 1933: The Life of Jimmy Dolan; Heroes for Sale; Midnight Mary; Man's Castle (Ein Schloß in New York); She Had to Say Yes; Employees' Entrance; The Devil's in Love; Zoo in Budapest (Revolte im Zoo); Born to Be Bad. 1934: Bulldog Drummond Strikes Back; The House of Rothschild; Men in White; The White Parade; Clive of India (Kampf um Indien); Caravan [VERS]. 1934/5: The Call of the Wild (Goldfieber). 1935: Shanghai (Mädchen in Shanghai); The Crusades (Kreuzritter/Kreuzritter Richard Löwenherz). 1936: Ramona; The Unguarded Hour; Ladies in Love; Private Number (Frauenehre). 1937: Café Metropole (Café Metropol); Wife, Doctor and Nurse; Love Is News (Der Liebesreporter); Love under Fire; Second Honeymoon. 1938: Three Blind Mice; Suez (Suez); Four Men and a Prayer (Vier Mann – ein Schwur); Kentucky (Die goldene Peitsche). 1938/39: Wife, Husband and Friend. 1939: The Story of Alexander Graham Bell (Liebe und Leben des Telefonbauers Alexander Graham Bell); Eternally Yours (Zauberer der Liebe). 1940: He Stayed for Breakfast; The Doctor Takes a Wife. 1941: The Men in Her Life (Roman einer Tänzerin); The Lady from Cheyenne. 1942: A Night to Remember; Bedtime Story. 1943: China. 1944: Ladies Courageous; And Now Tomorrow (Der Morgen gehört uns). 1945: Along Came Jones (Der Vagabund von Texas). 1946: The Perfect Marriage; The Stranger (Die Spur des Fremden). 1947: The Farmer's Daughter (Die Farmerstochter); The Bishop's Wife (Jede Frau braucht einen Engel). 1948: The Accused (Vergewaltigt/Frau in Notwehr); Rachel and the Stranger (Ehe ohne Liebe). 1949: Come to the Stable (... und der Himmel lacht dazu); Mother Is a Freshman. 1950: Key to the City (Ein charmanter Flegel). 1951: Cause for Alarm (Grund zur Aufregung); Half Angel. 1952: Paula (Paula); Because of You (Aus Liebe zu Dir). 1953: It Happens Every Thursday (Jede Woche neu). 1953–61: Loretta Young Show [TVS]. 1962–63: The New Loretta Young Show [TVS]. 1986: Christmas Eve (Frohe Weihnachten, Mrs. Kingsley) [TV]. 1989: Lady in the Corner [TV].

Z

Žakov, Oleg
(Oleg Petrovič Žakov)
*1. 4. 1905 Sarapul
†4. 5. 1988
Studium in Leningrad am Technikum der darstellenden Künste und in der «Fabrik des exzentrischen Schauspielers». Nach zwei kleineren Rollen erregt er 1929 Aufmerksamkeit in Leonid Traubergs *Novyj Vavilon*. Großen Erfolg hat Žakov 1936 als Kurt Schefer in Sergej Gerasimovs Arktis-Abenteuer *Semero smelych* und 1938 als Widerstandskämpfer Rolf in der Friedrich-Wolf-Verfilmung *Professor Mamlok* (Gerbert Rappaport). Weitere wichtige Rollen sind sein Fedor Talanov in *Našestvie* (Abram Room, 1945), der Gelehrte Barmin in Sergej Gerasimovs *U ozera* (1970) über den Aufbau eines Zellulosewerks am Baikalsee und der Professor Fedorov im Afganistan-Film *Žarkoe leto v Kabule* (Ali Chamraev, 1983). Oleg Žakov erhält mehrere nationale Auszeichnungen.

[SU] 1926: Šinel'. 1927: S. V. D. (Der Bund der großen Tat). 1929: Novyj Vavilon (Kampf um Paris). 1930: Ledjanaja sud'ba; Veter v lico. 1931: Polden'. 1932: Ošibka geroja; Čelovek iz tjur'my. 1933: Moja Rodina; Pervyj vzvod. 1934: Ljublju li tebja; Častnyj slučaj (Ein privater Fall). 1935: Zolotye ogni. 1936: My iz Kronštadta (Wir aus Kronstadt); Semero smelych (Die sieben Kühnen); Junost' poeta (Die Jugend des Dichters). 1937: Deputat Baltiki (Stürmischer Lebensabend); Za Sovetskuju Rodinu. 1938: Bolotnye soldaty; Professor Mamlok (Professor Mamlock). 1938/39: Velikij graždanin (Der große Patriot). 1939: Druz'ja vstrečajutsja vnov'; Mužestvo. 1941: Frontovye podrugi. 1942: Ubijcy vychodjat na dorogu; Boevoj kinosbornik No. 12. 1943: Podvodnaja dodka T-9; Odna sem'ja. 1944: Mart – aprel'. 1945: Našestvie; Ivan Groznyj (Iwan, der Schreckliche). 1946: Belyj klyk (Wolfsblut); Synov'ja (Söhne); Pesni Abaja (Abais Lieder); Ostrov bezymjannyj. 1947: Vo imja žizni (Im Namen des Lebens). 1948: Rjadovoj Aleksandr Matrosov; Dragocennye zerna. 1949–53: Zvezda. 1950: Zagovor obrečennych. 1951: Doneckie šachtery (Die Kumpels vom Donbass).

1953: Vichri vraždebnye (Feindlicher Wirbelwind). 1954: Povest' o lesnom velikane; Velikij voin Albanii Skanderbeg (Skanderbeg – Ritter der Berge); Deti partizana (Ferienabenteuer). 1955: Sledy na snegu (Spuren im Schnee); Ten' u pirsa (Schatten am Pier). 1956: Koster bessmertija; Doroga pravdy (Weg der Wahrheit); Priključenija Artemki. 1957: Moja doč' (Meine Tochter); Roždennye burej; Koordinaty neizvestny (Standort unbekannt). 1958: Prostaja vešč'; Kočubej (Kotschubej). 1958/59: Kievljanka (Das Mädchen aus Kiew). 1959: Tavrija [TV]; Ego pokolenie (Seine Generation); Anjuta. 1960: Svet v okne; Pervoe svicanie; Zare navstreču (Dem Morgenrot entgegen). 1961: Samye pervye; Operacija «Kobra» (Operation Cobra). 1962: Put' k pričalu (Der Weg zum Hafen); Sud. 1963: Buchta Eleny; Im pokorjaetsja nebo (Eroberer der Lüfte). 1964: Gosudarstvennyj prestupnik (Der Staatsverbrecher); Slepaja ptica (Der blinde Vogel); Krinicy. 1965: Utolenie žaždy. 1966: Udivitel'naja istorija, pochožaja na skazku (Eine wunderbare Geschichte); Rano utrom (Früh am Morgen). 1967: Beguščaja po volnam [SU/BG]; Bur'jan; Braslet-2 (Der weiße Hengst). 1968: I sette fratelli Cervi (Die sieben Brüder Cervi) [IT]. 1969: Den' angela; Ošibka rezidenta («Nadeshda» sendet weiter). 1970: Korol' gor i drugie (Der König der Berge und andere); U ozera (Am See). 1971: Missija v Kabule (Mission in Kabul). 1972: Sed'moe nebo. 1973: Nočnoj motociklist; Naznačenie [TV]; Stal'noe kolečko (Stahlring) [TV]; Iščů čeloveka (Gesucht wird ...); Zemlja, do vostrebovanija (Erde – postlagernd). 1974: Zdes' naš dom. 1975: Den' priema po ličnym voprosam (In persönlicher Angelegenheit); Front bez flangov (Front ohne Flanken); Bez prava na ošibku; Pamjat' [TV]. 1976: Raspisanie na zavtra [TV]; Kogda drožit zemla (Wenn die Erde bebt). 1977: Vooružen i očen' opasen (Durch den wilden Westen); Samy krassivy kon' (Ein Pferd für Igor); Priključenija Travki (Trawkas Abenteuer). 1978: Front za liniej fronta (Front hinter der Frontlinie). 1979: Moj general [TV]. 1980: Ippodrom (Hippodrom/Mord auf der Rennbahn); Sergej Ivanovič uchodit na pensiju; Takie že kak my. 1981: Sto radostej, ili Kniga velikach otkryti (Taiga-Abenteuer). 1982: Devuška i Grand. 1983: Žarkoe leto v Kabule (Heißer Sommer in Kabul).

Zapasiewicz, Zbigniew

*13. 9. 1934 Warschau

1951/52 Chemiestudium am Polytechnikum in Warschau. 1956 Diplom der Theaterhochschule in Warschau, danach Engagement an verschiedenen Theatern. Er wird einer der führenden polnischen Bühnenschauspieler und arbeitet auch als Regisseur. Filmdebüt 1963 in Jan Łomnickis *Wiano*. An der Seite Maja Komorowskas erhält er 1972 seine erste Hauptrolle in Edward Żebrowskis *Ocalenie*. Ab 1976 Zusammenarbeit mit Krzysztof Zanussi: Für die Rolle des zynischen Dozenten in *Barwy ochronne* erhält Zapasiewicz den Darstellerpreis beim Nationalen Spielfilmfestival in Danzig. Ein Höhepunkt seiner Karriere ist 1978 der Chefredakteur in Andrzej Wajdas *Bez znieczulenia*. Seine Popularität wächst in den 80er Jahren durch seine Mitwirkung in *Matka Królów* (Janusz Zaorski, 1982), *Maskarada* (Janusz Kijowski, 1986) sowie Krzysztof Kieślowskis *Krótki film o zabijaniu* (1987) und *Dekalog V* (1988). Er gestaltet einflußreiche, häufig tragische Figuren der «sozialistischen Vergangenheit». Zapasiewicz erhält zahlreiche Auszeichnungen für seine Theater-, Film- und Fernseharbeit, u. a. 1980 den Staatspreis. Seit 1959 ist er Dozent an der Schauspiel- und Regiefakultät der Theaterhochschule Warschau, seit 1981 Dekan der Hochschule. 1987 Direktor des Dramatyczny Teatr in Warschau.

[PL] 1963: Wiano. 1964: Spotkanie ze szpiegiem (Begegnung mit einem Spion). 1965: Sposób bycia. 1966: Bariera (Barriere); Ktokolwiek wie ... (Wer kennt diese Frau?). 1966–68: Stawka większa niż życie (Sekunden entscheiden) [TVS]. 1969: Strzały pod Arsenałem [TV]. 1970: Wawelski conventus dowódców [TV]; Szansa [TV]. 1971: Za ścianą (Hinter den Fenstern) [TV]; Kłopotliwy gość. 1972: Ocalenie (Die Errettung); Wyspy szczęśliwe [TV]; Rozstrzygniecie (Entscheidung) [TV]. 1973: Nocleg [TV]; Drzwi w murze. 1974: Urodziny Matyldy (Mathildes Geburtstag); Ziemia obiecana (Das gelobte Land); Dzieje grzechu (Geschichte einer Sünde). 1975: Obrazki z życia; Mazepa; Skazany (Der Verurteilte); Tylko Beatrycze [TV]. 1976: Con Amore (Con Amore); Ostatnie takie trio (Zum letzten Mal als Trio) [TV]; Polskie drogi (Polskie drogi – Wege Polens) [TVS]; Barwy ochronne (Tarnfarben); Sidła (Die Fallen) [TV]. 1977: Akcja pod Arsenałem; Pasja; Lalka (Die Puppe) [TVS]. 1978: Bez znieczulenia (Ohne Betäubung); Panny z Wilka/Les demoiselles de Wilko (Die Mädchen vom Wilkohof) [PL/FR]; Szpital Przemienienia (Spital zur Wandlung/Hospital der Verklärung); Koty to dranie [TV]. 1979: Wege in der Nacht [TV – BRD]; Kung-fu (Selbstverteidigung); Doktor Murek (Die Affären des Dr. Murek) [TVS]. 1980: Kontrakt (Die Braut sagt nein) [TV]; W biały dzień; Gorączka (Fieber). 1981: Podwójne calypso; Przypadek (Der Zufall möglicherweise); Znachor (Der Kurpfuscher); Dziecinne pytania (Kindische Fragen). 1982: Imperativ [TV – BRD]; Limuzyna Daimler-Benz/Der Konsul [PL/BRD]; Matka Królów (Mutter Król und ihre Söhne); Choinka strachu. 1984: Rok spokojnego słońca/Das Jahr der ruhigen Sonne/The Year of Quiet Sun [PL/BRD/US]; Idol; Baryton (Der Bariton). 1985: C. K. Dezerterzy (K.u.K. Deserteure); ... jestem przeciw. 1986: Zuhanás közben (Absturz) [HU]; Laura [HU]; A hálal árnyéka [TV – HU]; Maskarada. 1987: Krótki film o zabijaniu (Ein kurzer Film über das Töten); Túsztörténet [HU]. 1988: Dekalog V (Dekalog, Fünf) [TV]. 1989: Mistrz i

Małgorzata [TVS]; Gdzieśkolwiek jest, jeśliś jest .../Wo immer du bist/Whenever You Are [PL/BRD/US]. 1990: Po upadku. Sceny z życia nomenklatury. 1992: Psy; Enak [PL/DE/FR].

Žarov, Michail

(Michail Invanovič Žarov)
*27. 10. 1900 Moskau
†15. 12. 1981 Moskau
Bis 1919 Schauspielausbildung, anschließend Engagements am Ersten Künstlerischen Front-Theater, am Mejerchol'd-Teatr in Moskau, an den Bühnen von Baku und Kasan, von 1931–37 am Moskauer Kammertheater, danach am Malyj Teatr. Filmdebüt – noch ohne Ausbildung – bereits 1915 in *Car' Ivan Vasil'evič Groznyj*. Als er sich fast 10 Jahre später erneut dem Film zuwendet, spielt er zunächst Episodenrollen wie den verliebten Büroangestellten in *Paparosnica ot Mossel'proma* (Jurij Željaužskij, 1924) oder den verzagten Kellner in *Miss Mend* (Fedor Ocep; Boris Barnet, 1926). Bekannt wird er 1931 als Žigan im ersten sowjetischen Tonfilm *Putevka v žizn'* von Nikolaj Ekk. Wichtige Rollen spielt er auch in *Okraina* (Barnet, 1933), in beiden Teilen von *Petr Pervyj* (Vladimir Petrov, 1937/39) als Menžikov und in *Oborona Caricyna* (Georgij und Sergej Vasil'ev, 1942) als Kosak Perčichin. In Ejzenštejns *Ivan Groznyj*-Projekt (1945) spielt er Maljuta Skuratov, den Vertrauten des Zaren. In den 60er und 70er Jahren verkörpert er den Detektiv Aniskin in den TV-Filmen *Derevenskij detektiv*, *Aniskin i Fantomas* und *I snova Aniskin* (Ivan Lukinskij). 1946 führt Žarov in *Bespokojnoe chozjajstvo* Regie. Er erhält mehrere nationale Auszeichnungen. 1967 erscheint sein Buch «Žizn', teatr, kino» (Leben, Theater, Kino).

[SU] 1915: Car' Ivan Vasil'evič Groznyj [RU]. 1916: Tot, kto polučaet poščečiny [RU]. 1924: Aelita (Der Flug zum Mars); Papirosnica ot Mossel'proma. 1925: Šachmatnaja gorjačka; Doroga k sčast'ju; Ego prizyv (Sein Mahnruf). 1926: Miss Mend; Poslednij vystrel; Sluèaj na mel'nice. 1927: Čelovek iz restorana (Der Kellner aus dem Palasthotel); Anja; Kto ty takoj? 1928: Bez ključa; Belyj orel; Don Diego i Pelageja. 1929: Živoj trup (Der lebende Leichnam). 1930: Dva-Bul'di-Dva. 1931: Putevka v žizn' (Der Weg ins Leben). 1933: Dvadcat' šest' komissarov; Manometr – 2; Okraina. 1934: Mečtateli; Marionetki; Groza (Das Gewitter). 1935: Tri tovarišča; Po sledam geroja; Ljubov' i nenavist'. 1937: Vozvraščenie Maksima (Maxims Rückkehr); Petr Pervyj I (Peter der Erste. 1. Teil). 1938: Medved' (Der Bär). 1939: Ošibka inženera Kočina (Der Fehler des Ingenieurs Kotschin); Petr Pervyj II (Peter der Erste. 2. Teil); Stepan Razin (Stepan Rasin); Vyborgskaja storona (Die Wyborger Seite); Čelovek v futljare. 1941: Bogdan Chmel'nickij. 1942: Sekretar' rajkoma; Oborona Caricyna; Boevoj kinosbornik No. 12. 1943: Aktrisa; Vozdušnyj izvozčik (Der Luftfuhrmann); Vo imja Rodiny. 1945: Bliznecy; Ivan Groznyj (Iwan, der Schreckliche). 1946: Bespokojnoe chozjajstvo [R]. 1948: Za tech, kto v more. 1949: Mičurin (Die Welt soll blühen); Sčastlivyj rejs. 1953: Vassa Železnova (Wassa Shelesnowa). 1954: Anna na šee (Herz ohne Liebe). 1955: Revizory ponevole. 1958: Devuška c gitaroj (Das Mädchen mit der Gitarre); Krasnye list'ja; Sapogi. 1959: Mlečnyj put'. 1962: Čužoj bumažnik. 1963: Kain XVIII; Vnimanie! V gorode vol'šebnik!. 1967: Staršaja sestra (Die ältere Schwester). 1969: Derevenskij detektiv (Der Dorfdetektiv). 1970: Žarov rasskazyvaet [Porträt]. 1974: Aniskin i Fantomas [TV]. 1978: I cnova Aniskin [TV].

Zelnik, Friedrich

*17. 5. 1885 Czernowitz
†29. 11. 1950 London
Gymnasium in Czernowitz bis zum Abitur 1903; Mitwirkung an Schüler-Aufführungen. Studium an der Universität Wien, zunächst Philosophie, dann Jura bis zum Staatsexamen. Danach am Raimundtheater Wien. Ab 1909 Theater in Nürnberg, Aachen, Worms und Prag, dann an den Meinhardt-Bernauerschen Bühnen in Berlin. 1910 Filmdebüt in der Messter-Produktion *Des Sängers Fluch*. Mit eleganter, aristokratischer Erscheinung Aufstieg zum Star. Ab 1915 auch Produzent, zunächst oft als Darsteller, später auch als Regisseur beteiligt. Zelnik baut seine Frau Lya Mara zum weiblichen Star auf. Kassenerfolg mit knapp kalkulierten, anspruchslosen Filmen. Er zieht sich gegen Ende der 10er Jahre langsam von der Schauspielerei zurück, konzentriert sich auf Produktion und Regie. In den 20er Jahren Inszenierung gefühlsseliger Kostümfilme wie *Die Försterchristel*, *An der schönen blauen Donau* und *Heut' tanzt Mariett* – alle mit Lya Mara und wechselnden Uniformträgern wie Harry Liedtke, Wilhelm Dieterle und Harry Halm. Bis heute nachwirkender Erfolg mit der für ihn eher untypischen «seriösen» Inszenierung *Die Weber* nach Gerhart Hauptmann. Problemlose Entfaltung des Operetten-Stils auch im frühen Tonfilm, zuerst mit dem Remake *Die Försterchristel*. 1933 mit Lya Mara nach London in die Emigration. Dort zuerst Regie bei *Happy*, dem englischen Remake seines letzten deutschen Films *Es war einmal ein Musikus*. Danach nur sporadisch als Regisseur und Produzent tätig, 1938/39 auch in den Niederlanden. Britische Staatsbürgerschaft.

[DE] 1910: Des Sängers Fluch; Verkannt. 1911: Der Müller und sein Kind [Verboten]; Im Glück vergessen; Das Glöckchen des Glücks. 1912: Europäisches Sklavenleben. 1915: § 14 BGB; Arme Maria; Der eiserne Ring; Seelen, die sich nachts begegnen; Das dunkle Schloß; Das Abenteuer des van Dola; Die Schwestern; Die büßende Magdalena; Das Rätsel von Sensenheim; Ein Gruß aus der Tiefe [D,P]. 1916: Der Einsiedler von St. Georg [D,P]; Spiel im Spiel [D,P]; Die Fiebersonate [D,P]; Dorian Dare [D,P]; Am Amboß des Glücks [D,P]. 1917: Das große Los [R,P]; Ihr Sohn/Sturmflut (Ihr Sohn) [D,P]; Klein Doortje [R,P]; Die Krone von Kerkyra [R,P]; Die Gräfin von Navarra [R,P]; Das Geschlecht der Schelme. 1. Teil/Das Geschlecht der Grafen von Gheyn [D,P]; Das Doppelgesicht [D,P]; Edelweiß [R,P]; Durchlaucht Hypochonder [R,P]. 1917/18: Die Rose von Dschiandur [D,P]; Gänseliesel [R,P]. 1918: Graf Michael [D,P]; Die Nonne und der Harlekin [D (?), P]; Die Verteidigerin [R,P]; Das Frühlingslied [D,P]; Die Rothenburger/Leib und Seele [D,P]; Maximum [D,P]; Nachtschatten [R,P]; Das Geschlecht der Schelme. 2. Teil [D,P]; Margarete [R,P]. 1918/19: Liebeswirren (Lache, Narr ...) [D,P]; Charlotte Corday [R,P]. 1919: Lucas, Kapitel 15. Der verlorene Sohn [D,P]; Die Damen mit den Smaragden [R,P]; Eugen Onegin [D,P]; Leichtsinn und Genie. Kean [D,P]; Die Madonna mit den Lilien [D,R,P]; Das Fest der Rosella [R,P]; Leichtsinn und Lebewelt [R,B,P]; Manon. Das hohe Lied der Liebe [R,P]; Der rote Sarafan [D,P]; Menschen in Ketten [D,P]; Maria Evere [R,P]; Die gelbe Fratze [D,P]; Die Erbin von Monte Christo [R,P]; Im Dienste der Liebe [D,P]; Das Haus der Unschuld [R?,P]; Das Paradies der Dirnen [R,P]. 1919/20: Spiritismus [R,P]; Das Grauen/ Im Taumel der Leidenschaft [D,P]. 1920: Die Erlebnisse der berühmten Tänzerin Fanny Elßler [R,P]; Der Abenteurer von Paris [D,P]; Der gelbe Diplomat [D,P]; Das Gesetz der Wüste [D?,P]; Anna Karenina [R,P]; Kri-Kri, die Herzogin von Tarabac [R,P]; Der Apachenlord [D,P]; Fasching [R,P]; Der Mann mit den drei Frauen [D,P]. 1920/21: Die Geliebte des Grafen Varenne [R,P]; Monte Carlo [D,P]; Miss Beryll ... Die Laune eines Millionärs [R,P]. 1921: Um ein Erbe [D,P]; Der unsichtbare Gast [R,P]; Aus den Memoiren einer Filmschauspielerin [R,P]; Der Sträfling von Cayenne [D,P]; Trix, der Roman einer Millionärin [R,P]; Tanja, die Frau an der Kette [R,P]; Das begrabene Ich; Das Mädel von Piccadilly. 2 Teile [R,P]; Klub der Entgleisten [D,P]; Die Ehe der Fürstin Demidoff [R,P]. 1921/22: Die Geliebte des Königs [R,P]; Die Kreutzersonate [D,P]. 1922: Yvette, die Modeprinzessin [R,P]; Se. Exellenz der Revisor [D,R,P]; Die Tochter Napoleons [R,P]; Erniedrigte und Beleidigte [R,P]; Graf Festenberg [D,R,P]; Das Mädel aus der Hölle [R,P]; Lyda Ssanin [R,P]; Die Männer der Sybill [R,P]. 1922/23: Irene d'Or [D,R,P]. 1923: Daisy. Das Abenteuer einer Lady [D,R,P]; Auferstehung. Katjuscha Maslowa [R,P]; Die Marionetten der Fürstin [D,R,P]; Der Matrose Perugino [D,R,P]; Nelly, die Braut ohne Mann [R,P]. 1924: Die Herrin von Monbijou [R,P]; Das Mädel von Capri [R,P]; Auf Befehl der Pompadour [R,P]. 1924/25: Athleten [R,P]; Die Venus vom Montmartre [R,CoP]. 1925: Frauen, die man oft nicht grüßt [R,P]; Briefe, die ihn nicht erreichten [R,P]; Das Geheimnis der alten Mamsell [D,P?]; Der Bankkrach Unter den Linden [KO]; Die Kirschenzeit [R,P]. 1925/26: Die Mühle von Sanssouci [KO,P]; Die Försterchristl [R,P]. 1926: An der schönen blauen Donau [R,P]; Der Veilchenfresser [R,P]; Die lachende Grille [R,P]. 1926/27: Der Zigeunerbaron [R,P]. 1927: Die Weber [R,P]; Das tanzende Wien [R,P]. 1927/28: Heut' tanzt Mariett [R,P]. 1928: Mary Lou [R,P]; Mein Herz ist eine Jazzband [R,P]; Der rote Kreis/The Crimson Circle [R,P]. 1930/31: Die Försterchristl [R]; Walzerparadies [R,P]. 1931: Jeder fragt nach Erika [R,P]; Ein süßes Geheimnis [R,P]. 1932: Die Tänzerin von Sanssouci [R,P]; Die Galavorstellung der Fratellinis/ Spione im Savoy-Hotel [R,P]; Kaiserwalzer/Audienz in Ischl [R,P]. 1932/33: Es war einmal ein Musikus [R,P – Version]; C'était un musicien [CoR – Version – DE/ FR]. 1933: Happy [R – GB]. 1934: Mister Cinders [R – GB]. 1936: Southern Roses [R – GB]. 1937: The Lilac Domino [R – GB]. 1938: Vadertje Langbeen [R – NL]. 1938/39: Morgen gaat 't beter [R – NL]. 1943/44: Heaven Is Round the Corner [P – GB]. 1944: Give Me the Stars [P – GB]. 1948/49: The Glass Mountain/La montagna di cristallo (Echo der Liebe) [CoP – GB/ IT]. 1950/51: Hell Is Sold Out [P – GB].

Żentara, Edward

* 18. 3. 1956 Sianów bei Koszalin (Polen)

1979 Bühnendebüt am Osterwa-Teatr Lublin. 1980 Diplom der Schauspielfakultät der Polnischen Filmhochschule in Łódź, dann Engagement am Polski Teatr Warschau, 1983–90 am Stary Teatr in Krakau. Noch als Student 1978 erste schauspielerische Aufgaben in TV-Serien. Seit Mitte der 80er Jahre ist Żentara vielbeschäftigter Darsteller bei Film und Fernsehen. Ein Höhepunkt seiner Karriere ist 1985 der Schriftsteller und Waldarbeiter Janek Pradera in Witold Lęszczyńskis *Siekierezada*. Er arbeitet auch häufig im Ausland, so 1987–89 in Peter Fleischmanns düsterer Science-Fiction *Es ist nicht leicht, ein Gott zu sein* in der Hauptrolle des Adligen Rumata. Als polnischer Märtyrer Pater Maksymilian Kolbe in Krzysztof Zanussis *Życie za życie. Maksymilian Kolbe* (1990) findet er international Beachtung und Anerkennung.

[PL] 1978: Rodzina Połanieckich (Familie Polaniecki) [TVS]. 1979: W słońcu i w deszczu [TVS]. 1981: Był jazz; Zderzenie [TV]. 1982: Austeria (Die Herberge); Wielki bieg [TV]; Karate po polsku. 1983: Wedle wyroków twoich/Zu Freiwild verdammt [PL/BRD]. 1984: Love and War [US]; Trzy młyny (Drei Mühlen) [TV]. 1984/85: Redl ezredes/Oberst Redl [HU/BRD]. 1985: Temida [TV]; C. K. Dezerterzy (K.u.K. Deserteure); Siekierezada (Die Ballade von der Axt); Sam pośród swoich. 1985–87: Zdaniem obrony [TVS]. 1986: Klatka [TV];

Zygfryd (Siegfried); Jesienią o szczęściu (Glück im Herbst) [TV]. 1987: Łuk Erosa (Erosbogen); Anioł w szafie [TV]; Sala nr 6; Opowieści Harleya. 1987–89: Es ist nicht leicht, ein Gott zu sein/Trudno bit begom/Un dieu rebelle [BRD/SU/FR]. 1990: Życie za życie. Maksymilian Kolbe/Leben für Leben [PL/BRD]. 1992: Piêkna nieznajoma/Prekrasnaja neznakomka [PL/RU]; Enak [PL/DE/FR]; Przeklęta Ameryka. 1993: Republik der Träume [DE]. 1995: Pestka.

Zetterling, Mai

*24. 5. 1925 Västerås
†17. 3. 1994 London

1942–45 Schauspielunterricht am Königlichen Theater Stockholm; Ensemblemitglied bis 1947. Filmdebüt 1941. Durch die Rolle als Opfer eines sadistischen Professors in Sjöbergs *Hets* (1944) international bekannt. Ab 1948 Engagement in London. Neben der Filmarbeit Rollen in Theaterstücken von Anouilh, Čechov und Ibsen. Beim Film in eher leichtgewichtigen, romantisierenden Filmen. Ein kurzer Ausflug nach Hollywood bleibt 1953 für sie ebenso unbefriedigend wie die Arbeit in England, so daß sie ab Mitte der 60er Jahre keine Rollen mehr annimmt. Ab 1960 Produktion und Regie von Dokumentarfilmen für die BBC, die sich u. a. kritisch mit dem gängigen europäischen Umgang mit ethnischen Minderheiten, Erziehungsproblemen und Frauendiskriminierung auseinandersetzen. Für den Kurzfilm *The War Game* 1963 Auszeichnung in Venedig. Ab 1964 in Schweden mit ihrem damaligen Mann David Hughes als Co-Regisseur Drehbücher und Regie für Spielfilme, die wegen ihrer provozierenden Direktheit, technischen Ausgefeiltheit und literarischen Komposition internationales Aufsehen erregen: Einsamkeit und sexuelle Obsession sind ihre dominierenden Themen. *Nattlek* (1966) – nach ihrem Roman «Night Games» – wird in Venedig wegen seiner drastischen Szenen vom Wettbewerb ausgeschlossen. 1989 in Roegs *The Witches* erstmals wieder als Schauspielerin. Seit Mitte der 60er Jahre hat Mai Zetterling mehrere Romane veröffentlicht, u. a. «Shadow of the Sun» (1974), «Bird of Passage» (1976) sowie ihre Erinnerungen «All Those Tomorrows» (1985).

[SE] 1941: Lasse-Maja. 1943: Jag dräpte. 1944: Prins Gustaf; Hets (Die Hörige). 1946: Driver dagg, faller regn (Das Mädchen vom Germundshof); Iris och löjtnantshjärta. 1947: Musik i mörker (Musik im Dunkeln). 1948: Nu börjar livet. 1950: Blackmailed (Verbrechen ohne Schuld) [GB]. 1952: The Tall Headlines [GB]; The Ringer [GB]. 1952/53: Desperate Moment (Sekunden der Verzweiflung) [GB]. 1953: Knock on Wood (Die Lachbombe) [US]. 1954: Dance Little Lady (Zum Tanzen geboren) [GB]. 1954/55: A Prize of Gold (Kennwort: Berlin-Tempelhof) [GB]. 1956: Et dockhem. 1956/57: Abandon Ship! (Die Angst hat tausend Namen) [GB]. 1957/58: The Truth About Women [GB]. 1958: Lek pa regnbagen. 1959: Jet Storm (Der Tod hat Verspätung) [GB]. 1959/60: Faces in the Dark [GB]. 1960: Piccadilly Third Stop (Das Signal steht auf Rot) [GB]; Offbeat [GB]; The Polite Invasion [R – KF – GB]. 1961: Lords of Little Egypt [R – KF – GB]; Only Two Can Play (Lieben kann man nur zu zweit) [GB]. 1962: The Main Attraction (Die Nächte mit Nancy) [GB]; The Man Who Finally Died [GB]; The Prosperity Race [KF – GB]; The War Game [R,P – KF – GB]. 1962/63: The Bay of St. Michael [GB]. 1963: The Do-It-Yourself Democracy [KF – GB]. 1964: Älskande par (Liebende Paare) [R]. 1965: Lianbron. 1966: Nattlek (Verschwiegene Spiele). 1967: Dr. Glas (Dr. Glas) [DK]. 1968: Flickorna (Die Mädchen). 1971: Vincent the Dutchman [CoR,P – DOK – GB]. 1973: Visions of Eight. EP: The Strongest [R – EP – GB]. 1976: We har manje namn [D,R]. 1977: Stockholm [D – DOK – CA]. 1982: Scrubbers [R – GB]; Love [EP – CA]. 1985/86: Amorosa (Amorosa) [R]. 1988: Calling the Shots (Frauen führen Regie) [DOK – CA]. 1989: The Witches (Hexen hexen) [US]. 1990: Hidden Agenda (Hidden Agenda) [GB]; Sunday Pursuit [R – GB]. 1992: Morfars Resa [SE/DE/DK].

Zhao Dan

(Zhao Fengao)
*1914 Yangzhao (China)
†19. 10. 1980 Beijing

Der Sohn eines Kinobesitzers interessiert sich früh für Film und Theater. Mit 11 Jahren debütiert er auf der Leinwand. Neben dem Studium der Landschaftsmalerei an der Kunsthochschule in Shanghai von 1931–34 schreibt er Erzählungen und Bühnenstücke für eine linksorientierte Zeitschrift und beteiligt sich an einer Theatergruppe. Er spielt regelmäßig auf der Bühne und im Film. 1937 in zwei bedeutenden Filmen: In *Shizi jietou* (Shen Xiling) verkörpert er einen arbeitslosen jungen Akademiker, der später als Zeitungsreporter über die Arbeiterinnen in einer Spinnerei berichtet; in der Tragikomödie *Malu tianshi* (Yuan Muzhi) ist er ein gütiger Trompeter, der mit einem Mädchen, das mit ihrer älteren Schwester ans Freudenhaus verkauft ist, den Zuhälterring bekämpft. Als das japanische Militär Shanghai besetzt, schließt er sich dem antijapanischen Theater an. 1939 wird er von der Kuomintang-Regierung verhaftet und verbringt vier Jahre im Gefängnis. Nach dem Ende des Krieges spielt er in *Yaoyuande ai* (Zhen Liting) einen Professor, dessen Erziehungsversuche an einem Zimmermädchen, seiner späteren Frau, scheitern, weil sie ihm ideologisch schon entwachsen ist. In dem als neorealistisch geschätzten Film *Wuya yu maque* (Zheng Junli) ist er ein Budenbesitzer. In *Wu Xun zhuan* (Sun Yu) spielt er 1950 den Titelhelden, der am Ende des 19. Jahrhunderts durch Straßenkunst und Betteln Schulen für arme Kinder gründet. Der Film wird von Mao Tse-tung scharf kritisiert. Nach dieser Affäre spielt Zhao oft vorbildliche Parteigenossen, wie den Ehemann in *Women fufu zhi jian* (Zheng Junli), den aufständischen Matrosen in *Hai hun* (Xu Tao) und den kommunistischen Führer in *Lie Huozhong yongsheng* (Shui Hua), seinem letzten Film (1965). Daneben verkörpert er aber auch den Apotheker der Ming-Dynastie im Historienfilm *Li Shizhen* (Chen Fu). Zhaos typische Rolle ist der blasse, später gewichtige Intellektuelle. Während der Kulturrevolution kommt er für fünfeinhalb Jahre ins Gefängnis. Nach seiner Entlassung 1973 ist er u. a. als Lehrer beim Filmstudio Schanghai und der Fudan Universität tätig.

[CN] 1925: Feng dai shaoye. 1932/33: Pipa chunyuan. 1933: Er dui yi; Shidai de ernü; Shanghai ershisi xiaoshi. 1934: San zimei; Nü'er jing; Qingchuan xian; Nüxing de choudi; Xiangchou; Dao xibei qu. 1935: Luohua shijie; Ye lai xiang; Dai jiating; Rexie zhonghun/Minzu hun; Fei-cui ma. 1936: Qingming jie; Xiao Lingzi; Nu quan. 1937: Shizi jietou; Malu tianshi. 1939: Zhonghua ernü. 1947: Xingfu kuangxiangqu; Yaoyuan de ai. 1948: Guanbuzhude chunguang. 1949: Liren xing; Wuya yu maque. 1950: Wu Xun zhuan. 1951: Women fufu zhi jian. 1956: Li Shizhen; Weiliao huoping. 1957: Hai hun. 1959: Lin Zexu; Nie Er. 1964: Qingshan ai. 1965: Lie Huozhong yongsheng.

Ziemann, Sonja

(Sonja Alice Selma Toni Ziemann)
*8. 2. 1926 Eichenwalde bei Berlin

Mit zehn Jahren Ballettunterricht, dann Tanzschule bei Tatjana Gsovsky in Berlin, dort bereits 1941 Bühnendebüt an der Plaza. In verschiedenen Revuen und Operetten. Nach dem Krieg im Kabarett und am Theater; Erfolge in Operetten des Metropol-Theaters. Danach Auftritte u. a. in Zürich, München, Frankfurt und Köln. Ab 1941/42 kleinere Filmrollen. 1949 Aufstieg zu einer der beliebtesten Filmschauspielerinnen der Adenauer-Ära; festgelegt auf die Rolle des netten, unkomplizierten Mädels in zahlreichen Unterhaltungs- und Heimatfilmen. Gemeinsam mit dem seriösen Rudolf Prack Film-«Traumpaar» («Zieprack») in Publikumserfolgen wie *Schwarzwaldmädel* und *Grün ist die Heide* von Hans Deppe. Die Rolle der Studentin Agnieszka in *Osmy dzien tygodnia* (Aleksander Ford) nach einer Erzählung des polnischen Schriftstellers Marek Hlasko (1961 Ziemanns Ehemann) durchbricht 1957/58 erstmals das Rollenklischee. Danach in weiteren internationalen Produktionen wie *The Secret Ways* (Phil Karlson) und *The Bridge at Remagen* (John Guillermin), sowie in deutschen Filmen mit ernster Thematik, z. B. in Frank Wysbars *Hunde, wollt ihr ewig leben* und *Nacht fiel über Gotenhafen.* Ab Mitte der 60er Jahre seltener beim Film. Im Fernsehen u. a. 1971 im Krimi-Dreiteiler *Das Messer* (Rolf von Sydow) und 1973 in der Kriminalserie *Der Kommissar.*

[DE/BRD] 1941/42: Ein Windstoß. 1942/43: Die Jungfern vom Bischofsberg. 1943: Geliebter Schatz. 1943/44: Hundstage; Freunde [Verboten]; Eine kleine Sommermelodie [Verboten]; Spuk im Schloß. 1944/45: Liebe nach Noten (Du bist Musik für mich; 1947); Eine reizende Familie. 1946: Allez hopp [Unvollendet – DDR]; Sag' die Wahrheit. 1947: Herzkönig. 1947/48: Wege im Zwielicht. 1949: Nichts als Zufälle; Die Freunde meiner Frau; Nächte am Nil; Um eine Nasenlänge; Nach Regen scheint Sonne; Eine Nacht im Séparée. 1950: Maharadscha wider Willen; Schwarzwaldmädel; Die lustigen Weiber von Windsor [DDR]. 1950/51: Schön muß man sein. 1951: Die Frauen des Herrn S; Grün ist die Heide; Johannes und die 13 Schönheitsköniginnen. 1952: Die Diebin von Bagdad; Alle kann ich nicht heiraten; Made in Heaven (Muß das sein, Fräulein?) [GB]; Am Brunnen vor dem Tore. 1953: Hollandmädel; Mit 17 beginnt das Leben; Die Privatsekretärin. 1953/54: Bei Dir war es immer so schön. 1954: Die sieben Kleider der Katrin; Meine Schwester und ich; Große Star-Parade; Der Zarewitsch/Le tzarevitch [BRD/FR]. 1955: Liebe ohne Illusion; Ich war ein häßliches Mädchen; Mädchen ohne Grenzen. 1955/56: Das Bad auf der Tenne. 1956: Dany, bitte schreiben Sie; Opernball [AT]; Suprema confessione/Die große Sünde [IT/BRD]; Kaiserball [AT]; Nichts als Ärger mit der Liebe [AT]. 1956/57: Die Zürcher Verlobung. 1957: Frühling in Berlin; Frauenarzt Dr. Bertram. 1957/58: Gli italiani sono matti/Los Italianos estan locos (Heimweh, Stacheldraht und gute Kameraden) [IT/ES]; ósmy dzień tygodnia/Der 8. Wochentag [PL/BRD]. 1958: Sérénade au Texas (Texasmädel) [FR]; Tabarin (Tabarin) [FR/IT]; Die Beklagte [TV]. 1958/59: Hunde, wollt ihr ewig leben. 1959: Liebe auf krummen Beinen; Menschen im Hotel/Grand Hotel [BRD/FR]; Abschied von den Wolken/Angst im Nacken; Strafbataillon 999. 1959/60: Nacht fiel über Gotenhafen. 1960: Au voleur/Affäre Nabob [FR/BRD]. 1960/61: The Secret Ways (Geheime Wege) [US]. 1961: Denn das Weib ist schwach; A Matter of Who (Verpfiffen) [GB]; Der Traum von Lieschen Müller/Happy-End im siebten Himmel. 1961/62: Ihr schönster Tag. 1962: Journey into Nowhere (Der Tod fährt mit) [GB]; Axel Munthe, der Arzt von San Michele/Le livre de San Michele/Donne senza paradiso [F/I/BRD – BRD/FR/IT]. 1964: Frühstück mit dem Tod [AT/BRD]; Hall i himmelsengen/2 x 2 im Himmelbett [DK/BRD]. 1965: Das Leben des Horace A. W. Tabor [TV – CH/BRD]. 1967: Josephine [TV]; Liebesgeschichten: Nach all den Jahren [TV]. 1968: Kolportage [TV]. 1968/69: De Sade/Das ausschweifende Leben des Marquis de Sade [US/BRD/GB]. 1969: The Bridge at Remagen (Die Brücke von Remagen) [US]; Alle hatten sich abgewandt [TV]. 1970: Fröhliche Weihnachten [TV]. 1971: Das Messer [TV]. 1973: Der Kommissar: Der Geigenspieler [TV]. 1977: Das Biest [TV]. 1979: Intimitäten [TV]. 1980: Jahre unseres Lebens 1950–1952: Bilder einer Zeit [MOD – TV-DOK]. 1986: Träume über Träume [TV-DOK]. 1993: Frauengeschichten: Star sein ist kein Beruf [TV-DOK].

Zischler, Hanns

*18. 6. 1947 Nürnberg

Aufgewachsen in Mittelfranken. 1966 Abitur. Studium der Ethnologie, Philosophie, Musik und vergleichenden Literaturwissenschaft in München und Berlin. Ab 1967 Übersetzungen wissenschaftlicher Literatur aus dem Französischen und Englischen. Ab 1968 in Berlin Produktionsdramaturgie an der Schaubühne am Halleschen Ufer Berlin. Ab 1976 eigene Inszenierungen in Basel, Karlsruhe und an den Staatlichen Schauspielbühnen Berlin (1983–85). Beiträge in «Filmkritik», «Freibeuter» und anderen Zeitungen und Zeitschriften. Hörspiele und Rundfunkessays. Seit 1967 als Darsteller beim Film, zunächst mit Studenten der Filmhochschule in München; z. B. in Wim Wenders' *Same Player Shoots Again* und *Summer In the City*. Als Logopäde Robert Lander in inniger Männerfreundschaft mit Rüdiger Vogler in Wenders' Selbstfindungs-Roadmovie *Im Lauf der Zeit*. TV-Regiearbeit zuerst mit Harun Farocki *Die Schlacht. Szenen aus Deutschland*, es folgen literarische Essays wie *«Amerika» vor Augen* und *Puschkin zweistimmig*. Legende wird sein Auftritt am Flügel singend in Rudolf Thomes *Berlin Chamissoplatz*. Bei Robert van Ackeren stellt Zischler den kultivierten Stammfreier Kurt in *Die flambierte Frau* dar. Häufig auch im französischen Film; u.a. unter der Regie von Claude Chabrol (*Dr. M*) und 1991 als Count Zelten in Jean-Luc Godards episodischem Deutschland-Film *Allemagne neuf zéro*. Distingierte, oft anrüchige Präsenz in deutschen TV-Reihen, z. B. Erzbösewicht im *Tatort: Bienzle und Biedermann*, als ehebrecherischer Priester in *Alles Glück dieser Erde*. 1996 erscheint das Buch «Kafka geht ins Kino», an dem Zischler seit seiner TV-Filmarbeit *«Amerika» vor Augen oder Kafka in 43 Min. 30 Sec.* (1978) gearbeitet hat. Es wird im Februar 1997 vom französischen Kritikerverband als bestes nicht-französischsprachige Buch über das Kino ausgezeichnet.

[BRD] 1967: Boomerang [KF]; Same Player Shoots Again [KF]. 1968/69: Alabama: 2000 Light Years [KF]. 1969: Blinker [TV]; Super [TV-KF]. 1969–71: Summer in the City. Dedicated to the Kinks [KF]. 1970/71: Ballantine's [KF]. 1973: Einmal wirst auch du mich lieben [TV-DOK]; Make-up [KF]. 1974: Callgirls [TV-KF]. 1975: Erzählen [TV]; Im Lauf der Zeit; Auf Biegen oder Brechen. 1976: Die Schlacht. Szenen aus Deutschland [CoR – TV]; Die Tannerhütte [TV]. 1977: Jean Rouch [R, A(?) – TV-DOK]; Horizonville [CH]; La vie devant soi (Madame Rosa) [TV – FR]; Wilhelm Meisters Lehrjahre [TV]; Die linkshändige Frau; Laub voll Trauer [TV]. 1978: Les rendez-vous d'Anna/Rendezvous d'Anna [FR/BE/BRD]; «Amerika» vor Augen oder Kafka in 43 Min. 30 Sec. [D,R,A,P – TV]; Une femme semblable [KF – FR]. 1979: Henry Angst [TV]; De verwording van Herman Duerer [NL]. 1980: Berlin Chamissoplatz [D, MUS]; Total vereist; Hast du Lust, mit mir einen Kaffee zu trinken? [KF]. 1980/81: Kalt wie Eis; Malevil [FR/BRD]; Engel aus Eisen. 1981: (Majakowski) [TV-DOK]; Logik des Gefühls [D, MUS]; Etwas wird sichtbar; Das Haus im Park; «Ich gehe in ein anderes Blau» [R, A(?) – TV-DOK]. 1981/82: Die Leidenschaftlichen [TV – BRD/CH]; Doktor Faustus; Domino. 1982: Schlagschatten [TV]; L'Alègement [CH]; Chormann [TV – CH]; Leuchtturm des Chaos. 1982/83: Die flambierte Frau; System ohne Schatten. 1983: Rache am Ernst [KF]. 1983/84: L'Air du crime (Zeit des Argwohns) [TV – CH]; Das Autogramm/L'Autographe [BRD/FR]; Das Jahrhundert des Fortschritts [R, A(?) – TV-DOK]. 1984: Im Innern des Wals; Lieber Vater [CH]; Die Erfindung des Wassermotors [R,CoA – TV]; Diderot. Fragmente aus dem Leben eines Verschwenders [D,R,A(?), P – TV-DOK]. 1984: Nemesis [R,CoA, P – Unvollendet (?)]. 1984–86: Kir Royal. 3. Das Volk sieht nichts [TVS]. 1985: Tarot; Interno Berlinese/Leidenschaften [IT/BRD]; Part of the Struggle: Art and Politics in the Weimar Republic [KDOK – GB]. 1985/86: Das Verschwinden des Ettore Majorana [DOK – CH/BRD]. 1986: Douce France/Douce France [FR/BRD]; Ich bin ein Mann der Bilder [R – TV-DOK]; Puschkin zweistimmig [R – TV]; Entführt [TV – IT/BRD/AT]. 1986/87: Das Treibhaus. 1987: Couleur du temps (Berlin, Aoút 1945) [KF – FR]. 1987–89: Es ist nicht leicht, ein Gott zu sein/Trudno bit begom/Un dieu rebelle [BRD/SU/FR]. 1987/88: Die Venusfalle. 1988: Der Leibwächter [TV]; Himmelsheim. 1989: Der Rosengarten/The Rose Garden [BRD/US]; Dr. M/Doctor M [BRD/IT/FR]; Derrick: Diebachs Frau [TV]. 1989/90: Die Schönheit des

Schimpansen [TV]; Hitlerjunge Salomon/Europa, Europa [BRD/FR]. 1990: Das vergessene Tal [CH/BRD]; A viso coperto [TV – IT]; Das Haus im Watt [TV]. 1991: Abgetrieben [TV]; Der Alte: Es war alles ganz anders [TV]; Allemagne neuf zéro (Deutschland neu(n) null) [FR]. 1991/92: Salz auf unserer Haut/Salt On Our Skin [DE/FR/CA]. 1992: Zorc – Der Mann ohne Grenzen [TVS]; Herzsprung [TV]; Die weiße Falle [TV]; Der König vom Bärenbach [TVS]; Tatort: Bienzle und der Biedermann [TV]. 1993: Derrick: Geschlossene Wände [TV]; Wolffs Revier: Roulette [TV]; Adelheid und ihre Mörder: Kleine Fische [TV]; Rotlicht [TV]; Die Männer vom K3 [TV]; Der Blaue. 1993/94: Alles Glück dieser Erde [TVS]. 1994: Le joueur de violon [FR/BE/DE]; Charlie und Louise – Das doppelte Lottchen; Das Baby der schwangeren Toten [TV]; Ein Fall für zwei: Das fremde Herz [TV]. 1994/95: A.S.: Der Test [TV]; Im Zweifel für … [TV]. 1995: Z-Man's Kinder [TV]; Die Männer von K 3: Das 3. Mädchen [TV]. 1995/96: Ehebruch – Eine teuflische Falle [TV]; Die Tunnelgangster von Berlin; Nach uns die Sintflut [TV]. 1996: Der Clown [TV]; Der Fahnder: Klassentreffen [TV]; Das Mädchen Rosemarie [TV]; Der Mann ohne Schatten – Der Mörder unseres Vaters [TV]; Der letzte Kurier [TV]. Null Risiko und reich [TV]. 1997: Ende einer Leidenschaft [TV]; Tatort: Mordsgeschäfte [TV].

Die 100 des Jahrhunderts

Menschen, die die Welt bewegten
Wer waren die wichtigsten Persönlichkeiten, die das 20. Jahrhundert bestimmt haben? Eine neue Reihe bei *rororo handbuch* stellt die «100 des Jahrhunderts» mit Bild und biographischen Porträts in kompakter, präziser Form vor. Die Bücher bieten mehr Information als gewöhnliche Lexikon-Artikel und sind hilfreich für alle, die privat oder beruflich schnelle Informationen benötigen.

Die 100 des Jahrhunderts: Politiker
(rororo handbuch 16450)
Sie haben den Lauf der Welt bestimmt, ihre Namen sind mit Krieg und Frieden, mit politischen Systemen und sozialen Konflikten, mit internationalen Bündnissen und wirtschaftlichem Aufstieg verknüpft.

Die 100 des Jahrhunderts: Naturwissenschaftler
(rororo handbuch 16451)

Die 100 des Jahrhunderts: Fußballer
(rororo handbuch 16458)
Ihre Tore und Paraden begeisterten Millionen, ihre Niederlagen und Schicksale bewegten ganze Völker.

Die 100 des Jahrhunderts: Sportler
(rororo handbuch 16453)
Sie ziehen Millionen Menschen in aller Welt in ihren Bann – mit Höchstleistungen und Rekorden auf Bahnen und Pisten, in Hallen und Stadien.

rororo handbuch

Die 100 des Jahrhunderts: Filmregisseure
(rororo handbuch 16452)
Ihre Filme entführen in Bildwelten, deren Faszination sich niemand entziehen kann.

Die 100 des Jahrhunderts: Komponisten
(rororo handbuch 16457)

Die 100 des Jahrhunderts: Schriftsteller
(rororo handbuch 16455)

Die 100 des Jahrhunderts: Unternehmer und Ökonomen
(rororo handbuch 16454)

Die 100 des Jahrhunderts: Filmstars
(rororo handbuch 16459)
Hier treten sie auf, die eleganten Divas und die unwiderstehlichen Herzensbrecher, die großen Schauspieler und die einsamen Heroinnen.

Die 100 des Jahrhunderts: Pop-Stars
(rororo handbuch 16460)

3506/4

Marilyn Monroe
RUTH-ESTHER GEIGER
rororo

Film und Fernsehen

John Updike
Die Hexen von Eastwick
(rororo 12366)
Updikes amüsanten Roman über Schwarze Magie, eine amerikanische Kleinstadt und drei geschiedene Frauen hat George Miller mit Cher, Susan Sarandron, Michelle Pfeiffer und Jack Nicholson verfilmt.

Bernd Schwamm
Die Gang *Der Roman zur Serie im Ersten*
(rororo 22112)

Christian Pfannenschmidt
Der Mann aus Montauk
Der neue Roman zur ZDF-Serie Girlfriends
(rororo 22267)

E. Beleites / E. Theophil
Männerpension *Das Buch zum Film von Detlev Buck*
(rororo 13933)
Die ungemein komische Story über zwei Knastbrüder und die Liebe – verfilmt mit Detlef Buck und Til Schweiger in den Hauptrollen.

Dieter Wedel / Sven Böttcher
Held *Roman nach dem Fernsehfilm «Der Schattenmann» von Dieter Wedel*
320 Seiten Klappenbroschur
(Wunderlich Verlag)

Oliver Sacks
Awakenings – Zeit des Erwachens
(rororo 8878)
Ein fesselndes Buch – ein mitreißender Film mit Robert De Niro.

Michael Friedman
Batman & Robin *Der Roman zum Film*
(rororo 22240)

3290/3

rororo Unterhaltung

Boileau / Narcejac
Tote sollten schweigen *Der Roman zum Film «Diabolisch» mit Sharon Stone und Isabelle Adjani*
(rororo 13894)
Das Autorenduo lieferte mit diesem Buch die Vorlage zu einem atemberaubenden Film von Erfolgsproduzent Marvin Worth.

Quentin Tarantino & Allison Anders / Alexandre Rockwell / Robert Rodriguez
Four Rooms *Das Buch zum Film*
(rororo 13955)
Gemeinsam mit drei anderen Regisseuren inszenierte Oskar-Preisträger Quentin Tarantino («Pulp Fiction») diesen furiosen Kultfilm mit Tim Roth, Bruce Willis, Madonna und Antonio Banderas.

Richard Woodley
Con Air
(rororo 22241)
Der Roman zum Film mit Nicolas Cage, John Malkovich und John Cusack in den Hauptrollen.

Fit im Kopf

Intelligenter, einfallsreicher, kreativer werden, der Vergeßlichkeit in zunehmendem Alter vorbeugen und entgegenwirken: praktische Ratgeber für ein gezieltes Training des Gedächtnisses.

Kathleen Gose / Gloria Levi
Wo sind meine Schlüssel?
Gedächtnistraining in der zweiten Lebenshälfte
(rororo sachbuch 8756)
Die Autorinnen dieses praktischen Ratgebers haben ein Programm entwickelt, das ein gezieltes Training des Gedächtnisses ermöglicht. Nebenbei werden auf anschauliche Weise Funktionen und Leistungen des Gedächtnisses erklärt.

Raymond Hull
Alles ist erreichbar *Erfolg kann man lernen*
(rororo sachbuch 6806)

Walter F. Kugemann /Bernd Gasch
Lerntechniken für Erwachsene
(rororo sachbuch 7123)

Ellen J. Langer
Fit im Kopf *Aktives Denken oder Wie wir geistig auf der Höhe bleiben*
(rororo sachbuch 9509)
Ein psychologisches Sachbuch – spannend, manchmal witzig, wissenschaftlich fundiert und trotzdem handfest praxisbezogen –, das mehr Licht in unser Leben bringt und mehr Leben in unseren Alltag.

Hans-Jürgen Eysenck
Intelligenz-Test
(rororo sachbuch 6878)

rororo sachbuch

Ernst Ott
Das Konzentrationsprogramm
Konzentrationsschwäche überwinden – Denkvermögen steigern
(rororo sachbuch 7099)
Optimales Denken
Trainingsprogramm
(rororo sachbuch 6836)
Optimales Lesen *Schneller lesen – mehr behalten. Ein 25-Tage-Programm*
(rororo sachbuch 6783)

Wolfgang Zielke
Konzentrieren – keine Kunst
Ratschläge und Übungen für den Alltag
(rororo sachbuch 9556)
Der Autor zeigt, wie man seine Konzentrationsfähigkeit durch Veränderungen des eigenen Verhaltens und Arbeitens erhöhen kann. Er bietet eine vergnügliche und leicht zu lesende Sammlung von hilfreichen Ratschlägen und Tips.

3628/1